Echternkamp • Soldaten im Nachkrieg

Beiträge zur Militärgeschichte

Begründet vom
Militärgeschichtlichen Forschungsamt

Herausgegeben vom
Zentrum für Militärgeschichte und
Sozialwissenschaften der Bundeswehr

Band 76

Soldaten im Nachkrieg

Historische Deutungskonflikte und westdeutsche Demokratisierung 1945–1955

Von
Jörg Echternkamp

DE GRUYTER
OLDENBOURG

Umschlagabbildung unter Verwendung von:
Jeanne Mammen, Die Gestrigen: »Komm nur, wir wickeln Dich schon ein«, erschienen im »Ulenspiegel«, Oktober 1946, *VG Bild Kunst, Bonn 2013*

Bibliografische Information der Deutschen Nationalbibliothek
Die Deutsche Nationalbibliothek verzeichnet diese Publikation in der Deutschen Nationalbibliografie; detaillierte bibliografische Daten sind im Internet über dnb.de abrufbar.

Library of Congress Cataloging-in Publication Data
A CIP catalog record for this book has been applied for at the Library of Congress.

Das Zentrum für Militärgeschichte und Sozialwissenschaften der Bundeswehr (ZMSBw) ist hervorgegangen aus dem Militärgeschichtlichen Forschungsamt (MGFA) und dem Sozialwissenschaftlichen Institut der Bundeswehr (SOWI).

Rosenheimer Straße 143, 81671 München, Deutschland
www.degruyter.com/oldenbourg
Ein Unternehmen von De Gruyter

Redaktion: ZMSBw, Schriftleitung
Projektkoordination und Lektorat: Aleksandar-S. Vuletić
Bildredaktion und -lizenzen: Marina Sandig
Satz: Antje Lorenz
Umschlaggestaltung: Maurice Woynoski

Gedruckt in Deutschland
Dieses Papier ist alterungsbeständig nach DIN/ISO 9706.

ISBN 978-3-11-035093-7
eISBN 978-3-11-035122-4

MIX
Papier aus verantwortungsvollen Quellen
FSC® C016439

Inhalt

Anhang

Vorwort

Forschungen zum Zeitalter der Weltkriege und zur Militärgeschichte nach 1945 stehen in der Regel nebeneinander. Indem Jörg Echternkamp nach den Vor- und Darstellungen, den »kollektiven Repräsentationen« des Krieges und der Wehrmacht in der deutschen Nachkriegsgesellschaft fragt, schlägt er eine Brücke über die geschichtliche Zäsur von 1945 und den Graben zwischen den geschichtswissenschaftlichen Teilgebieten hinweg. Seine Leitfrage lautet: Welche Rolle spielten die Erfahrungen und der Umgang mit der Vergangenheit des nationalsozialistischen Krieges für den Aufbau einer demokratischen Staats- und Gesellschaftsordnung in Westdeutschland?

Die Antwort fällt anders aus als vielleicht erwartet. Statt eine mangelhafte Vergangenheitsbewältigung zu beklagen, deutet Echternkamp die vielschichtigen und konfliktgeladenen Thematisierungen der jüngsten Vergangenheit im Spannungsfeld von Entmilitarisierung und Wiederbewaffnung als einen Ausdruck der Pluralisierung der Öffentlichkeit und damit als einen wesentlichen Beitrag zur »inneren Demokratisierung« der Bundesrepublik Deutschland. Diese Entwicklung war lange nicht so klar, wie sie heute im Rückblick erscheinen mag. Das zeigt die nicht unberechtigte Sorge, welche die deutsche Künstlerin Jeanne Mammen mit ihrer allegorischen Darstellung von 1946 andeutete, die hier für das Umschlagbild gewählt wurde: Die Deutschen haben sich letztlich nicht erneut von Nationalsozialismus und Militarismus »einwickeln« lassen.

Die schwierige Transformation von einer Kriegs- zu einer Nachkriegsordnung, zumal in Verbindung mit einem Regimewechsel, ist nicht nur ein historisches, sondern ein aktuelles sicherheitspolitisches Problem. »Kriegsenden, Nachkriegsordnungen und Folgekonflikten im 19. und 20. Jahrhundert« war daher am ehemaligen MGFA ein problemorientierter Forschungsbereich gewidmet, aus dem auch dieser Band hervorging. Ein gleichnamiger Sammelband hat 2012 weitere Ergebnisse präsentiert. Das vorliegende Buch ist die gekürzte und aktualisierte Fassung einer Habilitationsschrift, die 2010/11 an der Martin-Luther-Universität Halle-Wittenberg eingereicht wurde.

Mein Dank gilt daher in erster Linie dem Autor und langjährigen Mitarbeiter Privatdozent Dr. Jörg Echternkamp. Danken möchte ich darüber hinaus der Schriftleitung des Zentrums für Militärgeschichte und Sozialwissenschaften der Bundeswehr für die Publikationsvorbereitung. Mit Dr. Aleksandar-Saša Vuletić stand ein gewissenhafter und aufmerksamer Lektor zur Verfügung. Antje Lorenz hat in professioneller Weise die Indexierung des Personenregisters vorgenommen, die

Korrekturen umgesetzt und das Layout des Bandes gestaltet; das Cover wurde von Maurice Woynoski entworfen. Dipl.-Phil. Marina Sandig hat in bewährter Art die Bildvorlagen und die für die Veröffentlichung erforderlichen Lizenzen beschafft.

Ich wünsche diesem Werk, das rechtzeitig zum 70. Jahrestag des Kriegsendes und zum 60. Jahrestag der Wiederbewaffnung 1955 erscheint, eine gute Aufnahme in der Fachwissenschaft und viele interessierte Leserinnen und Leser.

Dr. Hans-Hubertus Mack
Oberst und Kommandeur des Zentrums für Militärgeschichte
und Sozialwissenschaften der Bundeswehr

Danksagung

Überraschend ist es wohl nicht, dass ein Buch, in dem es um die Geschichte der Vergangenheit geht, selbst eine längere Geschichte hat. Im Mittelpunkt meines Interesses standen seit meinem Wechsel zum Militärgeschichtlichen Forschungsamt (MGFA) Ende der 1990er Jahre zunächst die Erfahrungen der Kriegsendphase und der unmittelbaren Nachkriegszeit in Deutschland um 1945. Dann schob sich ein mehrjähriges Großprojekt dazwischen, in dem es um die deutsche Kriegsgesellschaft zwischen 1939 und 1945 ging. Diese intensive kultur- und gesellschaftsgeschichtliche Beschäftigung mit dem Zweiten Weltkrieg bot schließlich einen geeigneten Ausgangspunkt, um nach den Vergegenwärtigungen von Kriegsvergangenheit und ihrer Bedeutung für die Transformation von einer Diktatur zu einer Demokratie, für den Weg aus dem Krieg zu fragen. Das Projekt profitierte dabei von der bis heute ungebrochenen Konjunktur der Erinnerung, von einer runderneuerten Militärgeschichte und von einer Zeitgeschichte, welche die verstaubten 1950er Jahre aus der historischen Mottenkiste holt und in einem neuen Licht erscheinen lässt.

Mitwirkung von vielen Seiten hat mir die Arbeit wesentlich erleichtert. Sie entstand größten Teils im Rahmen meiner Tätigkeit am Zentrum für Militärgeschichte und Sozialwissenschaften der Bundeswehr (bis 2012: MGFA) in Potsdam. Dass sie hier trotz anderer dienstlicher Obliegenheiten fertiggestellt werden konnte, verdanke ich zuletzt in besonderer Weise Winfried Heinemann als meinem langjährigen Abteilungsleiter und Hans-Hubertus Mack als dem Kommandeur des Zentrums. Mein ausdrücklicher Dank geht darüber hinaus an Gisela Baus und Petra Nippold für ihre professionelle »technische« Unterstützung am Zentrum sowie an das Bibliotheks-Team um Gabriele Bosch. Zu danken habe ich auch, wenigstens summarisch, den Mitarbeiterinnen und Mitarbeitern anderer Institutionen, insbesondere der einschlägigen Archive in Deutschland – vor allem des Bundesarchivs, Abt. Militärarchiv –, in Frankreich, Großbritannien und den USA, die mir bereitwillig Auskunft gegeben und Akten überlassen haben.

Undenkbar wäre die Studie jedoch ohne die akademische Auseinandersetzung. Dass ich seit den späten 1990er Jahren mannigfache Gelegenheit hatte, auf internationalen Fachtagungen, als Gast an den Deutschen Historischen Instituten Paris und London, nicht zuletzt als Gastprofessor und -dozent an Universitäten im In- und Ausland Konzeption und Thesen des Projekts mit Kolleginnen und Kollegen sowie nicht zuletzt mit Studierenden zu diskutieren und dabei immer wieder Neues zu lernen, erfüllt mich mit besonderer Dankbarkeit.

In meinen Dank schließe ich meine langjährigen Kollegen und Freunde am Zentrum ein, namentlich Helmut R. Hammerich und Thomas Vogel, die auf ihre eigene Weise zum Gelingen des Unternehmens beigetragen haben. Ähnliches gilt für Stefan Martens (DHI Paris), der durch gemeinsame Konferenzen und Publikationen, durch die Vernetzung mit französischen Partnern und nicht zuletzt dank seiner Gastfreundschaft immer wieder ein produktives Umfeld im französischen Nachbarland geschaffen hat. Ebenso hat das gemeinsam mit ihm und Corine Defrance (Paris/Berlin) an der Université Paris 1 (Panthéon-Sorbonne) von 2006 bis 2010 durchgeführte Forschungsseminar »Les sociétés allemandes d'après-guerres« nicht nur den Blickwinkel, sondern auch den Freundes- und Kollegenkreis erheblich erweitert.

Dem Buch liegt eine gekürzte und aktualisierte Fassung meiner Habilitationsschrift zugrunde, die 2011/12 an der Philosophischen Fakultät 1 (Sozialwissenschaften und historische Kulturwissenschaften) der Martin-Luther-Universität Halle-Wittenberg angenommen wurde. Für ihre fruchtbaren Anregungen danke ich Manfred Hettling (Halle/S.), Hans-Ulrich Thamer (Münster) und Patrick Wagner (Halle/S.), die das Manuskript begutachtet haben. Mein ganz besonderer Dank gilt Manfred Hettling. Seine stete Bereitschaft zum Gespräch, seine nutzbringende Kritik und sein geduldiges Beharren darauf, dieses und jenes noch einmal zu überdenken, haben den Fortgang der Arbeit maßgeblich geprägt. Dass sich darüber hinaus eine vielfältige wissenschaftliche Zusammenarbeit entwickelt hat, ist auch ein Ausdruck seines Engagements.

Am Ende gebührt Aleksandar-S. Vuletíc nicht zum ersten Mal Dank dafür, dass er mein Manuskript mit größter Sorgfalt und Kompetenz lektoriert und die Klippen auf dem Weg zur Drucklegung erfolgreich umschifft hat. Dem Verlag De Gruyter/Oldenbourg sei erneut gedankt dafür, ein Manuskript in seiner Schriftenreihe »Beiträge zur Militärgeschichte« zu veröffentlichen.

Ohne die unbegreifliche Geduld meiner Frau und die begreifliche Ungeduld unseres Sohnes schließlich wäre die »Habil« nicht zustande gekommen. Ihnen und meinen Eltern, die nicht länger auf ihr »Belegexemplar« zu warten brauchen, ist das Buch deshalb in großer Dankbarkeit gewidmet.

Jörg Echternkamp — Potsdam, im Januar 2014

I. Einleitung

1. Das Problem: Wege aus dem Krieg

Der Krieg endet nicht mit dem Kriegsende. Vor allem dann nicht, wenn in der Nachkriegsordnung neue, womöglich bewaffnete Konflikte drohen. Zwar sei »der organisierte Tod gebannt«, doch gehe weiter das »Kriegsgespenst« um, schrieb *Die Zeit* im November 1946. Frieden sei »keine mühelose Frucht des Sieges«, sondern »eine neue schwere Aufgabe«, so lautete anderthalb Jahre nach der Kapitulation ein frühes Fazit[1]. Es könnte aktueller kaum sein. Der Übergang von einer Kriegsgesellschaft, die wesentlich durch die Erfahrungen der aktiven und passiven Gewalt der militärischen Konflikts geprägt ist, zu einer Nachkriegsgesellschaft, die auf der Grundlage eines geänderten Wertesystems eine soziale Neuordnung anstrebt, ist ein mehrschichtiger Transformationsprozess, der nicht ohne politische, soziale und kulturelle Konflikte abgeht. Er endet auch nicht von heute auf morgen. Wenngleich der Begriff der Nachkriegsgesellschaft die Kriegsfolgen als einen vergesellschaftenden Faktor kennzeichnet, evoziert doch selbst die begriffliche Unterscheidung von Krieg und Nachkrieg Trennlinien, die allzu oft der zeitgenössischen Wahrnehmung nicht gerecht werden. Treffender ist insofern die französische Kategorie des *sortie de guerre*, weil sie die Dichotomie von Krieg und Nachkrieg vermeidet, stattdessen den transitorischen Charakter zum Ausdruck bringt und eine Entwicklungsrichtung andeutet, ohne deren Ergebnis, die Art der neuen sozialen Ordnung vorwegzunehmen.

Zwar informiert die Geschichtswissenschaft längst ausführlich über den Weg der Deutschen in die NS-Diktatur und den Krieg. Doch wie sie aus dieser Phase extremer Gewalt wieder herausgefunden haben, darüber ist vergleichsweise wenig bekannt[2]. Wie konnte eine Gesellschaft, auf die Krieg und Völkermord lange Schatten warfen, eine friedfertige und demokratische Ordnung ausbilden? Im Folgenden geht es auch, jedoch nicht in erster Linie um die *politische* Frage, wie sie etwa die politische Kulturforschung im Hinblick auf den Regimewechsel untersucht hat: inwiefern die Stabilität der neuen politischen Ordnung durch die Übereinstimmung von »objektivem« System und »subjektiven« Einstellungen zu diesem System vor dem Hintergrund der Diktaturerfahrung gewährleist war[3]. Vor allem aber soll die

---

[1] Lorenz, Das Kriegsgespenst. In: Die Zeit, 14.11.1946.

[2] Vgl. Berghahn, Recasting Bourgeois Germany, hier S. 340; Vgl. Nachkrieg des Krieges; Echternkamp, Nach dem Krieg; Echternkamp, Im Schlagschatten in Deutschland; Echternkamp, Fin de la guerre; zur privaten Dimension vgl. Demokratie im Schatten der Gewalt.

[3] Vgl. Schwelling, Wege in die Demokratie; Danyel, Die geteilte Vergangenheit; Schwieriges Erbe.

Frage nach Kontinuität und Diskontinuität in den Einstellungen gegenüber »Krieg« und »Militär« als Testfall für das grundsätzliche Problem genommen werden, das bei der Transformation einer Gesellschaft im Übergang von der Kriegs- in die Nachkriegszeit ansteht: die mögliche Diskrepanz zwischen den neuen sozialen, politischen, militärischen Strukturen und dem Wertehorizont der Menschen, die sich in ihnen zurechtfinden mussten. Das gilt umso mehr, wenn mit der Transformation ein radikaler Wechsel des politischen Systems verbunden ist, im westdeutschen Fall von der Diktatur zur Demokratie. Dabei soll nicht von der vereinfachenden Dichotomie alter und neuer Werte ausgegangen werden. Denn »neue« Werte konnten sich nicht zuletzt deshalb durchsetzen, weil sie an »alte« Werte des Kaiserreichs oder der Zwischenkriegszeit anknüpften. Interessanter ist es deshalb, die jeweiligen Mischungsverhältnisse auszuloten, wie sie in den Kriegsdeutungen aufscheinen, und auf ihre politischen Aktualisierungen und Instrumentalisierungen in der Zeit zu untersuchen.

Wenn man ganz im Sinne der neu konzeptualisierten historischen Politikforschung den Demokratiebegriff nicht auf das politische System reduziert, sondern von einer breit verstandenen demokratischen Kultur ausgeht und die kommunikative Dimension von Politik, die politische Funktion von Semantik, Symbolen und Ritualen berücksichtigt[4], stellt sich nicht zuletzt die Frage, wie die Menschen über den Krieg und seine Soldaten sprachen, als die Waffen schwiegen. Die Kontinuität und Diskontinuität von Darstellungskonventionen des Krieges und des deutschen Militärs unter radikal geänderten Rahmenbedingungen zählen zu jenen Sinnkonstruktionen, die den politischen Raum wesentlich prägten. Eine Antwort gäbe daher Auskunft, so lautet eine Hypothese, über die neue politische Kultur (für die Krieg und Militär überraschend schnell neue Relevanz erhielten), über das kollektive Selbstverständnis (das durch die Deutung der kriegerischen und militärischen Vergangenheit maßgeblich geformt wurde) und über das Aushandeln politischer und kultureller Konflikte (die aus dieser konkurrierenden Deutung resultierten und sich an ihr erkennen ließen).

Der Studie liegt die Annahme zugrunde, dass die Analyse der Transformation einer Gesellschaft von der diktatorischen Kriegs- zur demokratischen Nachkriegsgesellschaft ohne ein Verständnis für die politische Funktionalität historischer Deutungszuschreibungen unzulänglich bleibt. Das kulturgeschichtliche Interesse an der diskursiven und symbolischen Vergegenwärtigung des Vergangenen (und des Vor-Vergangenen) erschöpft sich nicht in dem Nachweis zentraler Deutungsmuster, etwa des Opfer-Mythos, sei es in ideologiekritischer Absicht, sei es als l'art pour l'art. Vielmehr muss es darum gehen, die unterschiedlichen und wandelbaren diskursiven Funktionen dieser Geschichtsbilder in einer Gesellschaft herauszuarbeiten. Welche Bedeutungen wurden der Vergangenheit in der Gegenwartsgesellschaft zu welchem gegenwärtigen Zwecke zugeschrieben?

Im Brennpunkt liegen der Krieg und das Militär, das Krieg geführt hat oder führen könnte. In Ergänzung zu einem politikgeschichtlichen Interesse an der

[4] Vgl. zur Debatte seit den 1970er Jahren: Conze, »Moderne Politikgeschichte«; Mergel, Überlegungen zu einer Kulturgeschichte; Neue Politikgeschichte. Vgl. Echternkamp, Krieg.

Transformation als einem zumeist radikalen Wechsel politischer Systeme – wie es etwa derzeit den postdiktatorischen Gesellschaften Osteuropas entgegengebracht wird[5] – soll für den (west)deutschen Fall die primär politische Frage des Systemwechsels mit der kulturgeschichtlich motivierten, nicht minder politischen Frage der kollektiven Vor- und Darstellungen des Krieges gekoppelt werden, der nicht nur zum ideologischen Wesen des Nationalsozialismus gehörte, sondern auch den unmittelbaren Erfahrungshintergrund des zerfallenden NS-Regimes ausmachte. Im Hinblick auf die übergeordnete Frage, wie die Westdeutschen mit der nationalsozialistischen Vergangenheit umgingen, kann die Fokussierung auf ein Thema weiterhelfen, das *vordergründig* nicht so unmittelbar auf den Nationalsozialismus verweist, wie das etwa in Studien zur Entnazifizierung, zur Elitenkontinuität oder zur Vergangenheitspolitik der Fall ist. So gesehen, lenkt die Frage nach den Vorstellungen von Krieg und Wehrmacht den Blick auf Diskurse und soziale Praktiken, die nicht in gleichem Maße explizit mit dem Nationalsozialismus verknüpft sind. Das ändert selbstredend nichts an der auf einer anderen Betrachtungsebene liegenden Feststellung, dass Krieg und Wehrmacht unauflöslich mit dem NS-Regime verbunden waren.

Diese genuin militärgeschichtliche Akzentuierung erlaubt es zudem, den Bogen über den Systemwechsel hinweg zu schlagen und so nicht nur, was naheliegt, die Brüche im kollektiven Selbstverständnis nachzuweisen, sondern auch mentalen Kontinuitäten auf die Spur zu kommen, was den Beginn der Erinnerung womöglich in die Zeit *vor* den Systemwechsel verlagert. Zudem bietet die Konzentration auf die Kriegs- und Soldatenbilder eine Folie, auf der die Deutungskonkurrenz einzelner sozialer Gruppen – mithin ein zentrales Merkmal der pluralistisch verfassten Neuordnung – ernst genommen und genauer untersucht werden kann. Die widerstreitende Rede vom Zweiten Weltkrieg und der Wehrmacht spiegelt, so lautet die Annahme, stets einen politischen und sozialen Aushandlungsprozess wider, der die Diskussion um das neue Selbstverständnis der Gesamtgesellschaft befeuerte. Die Studie dreht sich daher im Kern immer wieder um die Frage, wie sich jeweils die Inszenierung von Vergangenheit im Diskurs und in der sozialen Praxis der Kriegserinnerung zur Formulierung und Legitimation primär politischer Forderungen verhielt.

Um den Tunnelblick zu vermeiden, der vieles ausblendet und anderes übergroß erscheinen lässt, was man schon vorher zu sehen meinte, sollen das Erkenntnisinteresse und die daraus resultierenden Leitfragen zunächst vergleichsweise offen definiert werden – offener beispielsweise als die Frage nach der Genese des Mythos von der »sauberen Wehrmacht«, die in den neunziger Jahren auf große Aufmerksamkeit stieß[6]; offener auch als die normativ aufgeladene Debatte über die Kontinuität eines

---

5 Vgl. Nationen und ihre Selbstbilder.

6 Während die Wissenschaft den Mythos bereits in den siebziger und achtziger Jahren ad acta gelegt hatte (Messerschmidt, Die Wehrmacht im NS-Staat; Streit, Keine Kameraden; Krausnick/Wilhelm, Die Truppe des Weltanschauungskrieges), nahm eine größere Öffentlichkeit erst durch die (erste), von 1995 bis 1999 gezeigte Wanderausstellung des Hamburger Instituts für Sozialforschung »Vernichtungskrieg. Verbrechen der Wehrmacht 1941–1944« und die Debatte, die sich an ihr entzündete, von den Verbrechen vor allem im Osten und auf dem Balkan Kenntnis. Vgl. nur Prantl, Wehrmachtverbrechen.

westdeutschen Militarismus oder, umgekehrt, über den Pazifizierungserfolg alliierter Entmilitarisierungspolitik und die nukleare Entwicklung[7]. Die Militarismus-Rhetorik der späten vierziger und der fünfziger Jahre kann dann historisiert und ihrerseits als eine Deutungskomponente im Kontext von Krieg und Militär untersucht werden, wie das im Zuge der Diskussion um eine moderne Militärgeschichte angeregt worden ist[8]. Das Blickfeld wird so breit abgesteckt, dass unterschiedliche soziale Gruppen, Politikfelder, Parteien ebenso berücksichtigt werden können wie der literarische Massenmarkt, der unter neuen medialen Rahmenbedingungen die westdeutsche »Öffentlichkeit« nach 1945 geprägt hat. In den fünfziger Jahren entwickelte sich zudem eine »Geschichtskultur«[9], deren Formen und Inhalte nicht auf den professionellen Leser zielten und die in der Regel nicht auf akademische Fachleute, die Historiker, zurückging.

Bereits ein flüchtiges Blättern in den Zeitungen, den Zeitschriften oder der Memoirenliteratur bestätigt die Grundannahme: Der Krieg war Vergangenheit und Gegenwart zugleich, die Wehrmacht war endgültig passé und doch sehr präsent. Ungeachtet aller politischer, mentaler und bildungsgeschichtlicher Veränderungen von den zwanziger Jahren bis weit in die fünfziger Jahre des 20. Jahrhunderts bot etwa das Thema Krieg neben der Biografie den beliebtesten Lesestoff. Auch nach 1945 war, wie nach 1918, das Interesse an dem letzten Krieg und seinen Folgen ungebrochen. Das zeigen die Vorabdrucke der Romane in Illustrierten und die hohen Verkaufszahlen der Buchausgaben. Um hier nur ein Beispiel zu nennen: »So weit die Füße tragen«, Joseph Martin Bauers Roman von der Flucht eines deutschen Kriegsgefangenen aus dem sowjetischen Lager, erzielte eine Auflagenhöhe von 780 000 Exemplaren[10]. Die diskursive und visuelle Präsenz von Krieg und Militär in der jungen Bundesrepublik sagt freilich noch nichts darüber aus, welche Bedeutungen ihnen jeweils zugeschrieben wurden und welche Rolle sie, genauer: diese Zuschreibungen im Prozess des *nation building* nach dem viel zitierten politischen, sozialen, wirtschaftlichen und nicht zuletzt militärischen Zusammenbruch gespielt haben.

Besonders reizvoll ist dieser Untersuchungszeitraum, das erste Nachkriegsjahrzehnt, schon wegen der vergleichsweise großen Kontingenz der historischen Entwicklung – sowohl in den Augen der Zeitgenossen als auch im historischen Rückblick. So zeigt eine ideengeschichtliche Analyse der zwischen 1945 und 1948 erschienenen selbstständigen Broschüren und Bücher die Vielfalt der politischen Entwürfe für die äußerst ungewisse Zukunft des besetzten Deutschland in sozialökonomischer und staatsrechtlicher Hinsicht, darunter »gescheiterte« Großprojekte wie das einer autonomen »Schwäbisch-Allemannischen Demokratie«[11]. Umgekehrt, im Rückblick

---

7 Von der Kriegskultur zur Friedenskultur?; vgl. auch Heuser, The Bomb.

8 Kühne/Ziemann, Militärgeschichte. Vgl. Wettig, Entmilitarisierung und Wiederbewaffnung.

9 Vgl. Hardtwig, Geschichtskultur.

10 Bauer, So weit die Füße tragen; vgl. Hardtwig, Geschichte für Leser, S. 25.

11 Vgl. auch zu Autoren wie Alexander Abusch, Walther Dirks, Otto Feger, Karl Jaspers, Eugen Kogon, Ernst Niekisch, Wilhelm Röpke, Paul Sering (d.i. Richard Löwenthal) oder Helmut Schelsky: Politisches Denken in Deutschland; vgl. auch Olick, In the House of the Hangman.

auf die Vergangenheit, hatte sich noch keine »Meistererzählung«[12] herausgebildet, welche die öffentliche Vergangenheitsdeutung dominierte. Statt der kulturellen Hegemonie einer solchen *master narrative* haben wir es mit der Konkurrenz von Deutungsmustern zu tun, die zudem facettenreicher ausfallen. Erinnert sei nur an konkurrierende Entwürfe, insbesondere in der unmittelbaren Nachkriegszeit, von Eugen Kogon[13], Karl Jaspers[14] oder, aus der Emigration, von Hannah Arendt[15]. Diese Vergangenheitsbezüge der Nachkriegszeit sind mittlerweile ihrerseits zum Gegenstand der Geschichte geworden, einer Geschichte »zweiten Grades« (Pierre Nora).

2. Die Nachkriegszeit als Gegenstand der historischen Forschung

In der historischen Aufarbeitung des Themas lässt sich bis heute eine merkwürdige Zweiteilung beobachten. Auf der einen Seite stehen die Forschungen zum Nationalsozialismus, zum Zweiten Weltkrieg und zum Holocaust, die zunehmend voneinander Kenntnis genommen und so insbesondere die Wechselwirkungen von Krieg und Nationalsozialismus, von Kriegführung und Massenmord herausgearbeitet haben. Auf der anderen Seite steht die Geschichte der beiden deutschen Staaten, für welche die Jahre nach dem Krieg vor allem die Jahre vor der Teilung Deutschlands waren. Die Zeitgeschichte als eine dynamische Kategorie der Periodisierung nimmt ihren Ausgangspunkt immer häufiger 1945/49. Der Strukturwandel der Nachkriegszeit, der zunehmend anhand regionalgeschichtlicher Beispiele untersucht wird, lenkt den Blick ebenfalls vom Neuanfang »nach vorn« in die sechziger, siebziger Jahre[16]. Auch im Zeitzeugen-Boom der neunziger Jahre, der sich etwa in Walter Kempowskis Kollage von Erinnerungsfragmenten widerspiegelte, die das Bedürfnis des Publikums nach authentischer Wahrnehmung literarisch ummünzte[17], werden entweder die Kriegszeit und das Kriegsende *oder* die Besatzungszeit thematisiert. Kein Wunder, dass auch die popularen Geschichtsdarstellungen in den Printmedien und im Fernsehen diese duale Sicht vermitteln. Im historischen Bewusstsein überwiegt Anfang des 21. Jahrhunderts die Auffassung: Der Krieg war das eine, die Besatzungs- und Teilungszeit das andere. Dieses arbeitsteilige Verfahren in der Geschichtswissenschaft tendiert dazu, den hier in Rede stehenden Zeitraum im einen Fall als Endpunkt, im anderen Fall als Ausgangspunkt jener Epochen zu behandeln, denen das eigentliche Interesse der Spezialdisziplinen gilt.

---

12 Die historische Meistererzählung.

13 Kogon, Der SS-Staat; 1947 gab es 100 000 Exemplare (so Moeller, War Stories, S. 202 FN 9). Kogon, Gericht und Gewissen. In: Frankfurter Hefte 1, Nr. 1 (1946), S. 29–31; Kogon, Über die Situation. In: Frankfurter Hefte, 2 (1947) Nr. 1, S. 29, 34; Vgl. Prümm, Entwürfe einer zweiten Republik.

14 Jaspers, Die Schuldfrage; vgl. Abusch, Der Irrweg einer Nation; vgl. Rabinbach, In the Shadow of Catastrophe; vgl. Olick, In the House of the Hangman.

15 Arendt, The Aftermath of Nazi Rule.

16 Vgl. Schlemmer, Umbruch in der Provinz. Vgl. dagegen bereits 1988: Von Stalingrad zur Währungsreform.

17 Vgl. Kempowski, Fuga furiosa. Vgl. dagegen Taylor, Zwischen Krieg und Frieden.

Auf der einen Seite liegt so insbesondere der Schwerpunkt der Weltkriegsforschung naturgemäß auf den Jahren bis zur Kapitulation[18]. Das gilt grundsätzlich umso mehr, wo beide Weltkriege in den Blick genommen werden und das »Zeitalter der Kriege« untersucht wird. Hier zielt das Interesse in erster Linie und zu Recht auf die erste Hälfte des 20. Jahrhunderts, auf militärgeschichtliche Kontinuitäten und Brüche zwischen 1914 und 1945. Je mehr die Jahre vorher und nachher einbezogen würden, desto unschärfer geriete das Konzept des »zweiten Dreißigjährige Krieges«[19]. Wie immer der 8. Mai 1945 erinnerungspolitisch zu bewerten ist: In der historischen Forschung markiert er zumeist eine Trennlinie. Daran ändert auch die gesteigerte, jedoch eher punktuelle Aufmerksamkeit nichts, die das Kriegsende 1945 in Deutschland spätestens seit dem 60. Jahrestag erfährt[20]. Der immer mal wieder, zuletzt 2005 aufflammende Streit um den 8. Mai als einen Tag der Niederlage oder Befreiung zieht seine Dynamik aus dem Spannungsverhältnis von individueller zeitgenössischer Erfahrung und kollektiver, öffentlicher Erinnerung, die im Rückblick nur normativ sein kann. Das trifft mit großer zeitlicher Verzögerung auch auf Ostdeutschland zu. Dass die Kapitulation dort weniger als Überwindung des NS-Regimes denn als Beginn neuer Gewalterfahrungen (Vertreibung, Besatzung, SED-Herrschaft) bewertet wurde und, so eine These, die Kontinuität der »Verbrechen gegen die Menschlichkeit« zu verzeichnen sei, ändert daran prinzipiell nichts[21].

Auf der anderen Seite steht die Geschichte der beiden deutschen Staaten, die nach dem Ende der DDR und den damit verbundenen Perspektivwechseln unter dem Stichwort Beziehungs- und Verflechtungsgeschichte ebenfalls auf ein gesteigertes Interesse stößt. Selbst die fünfziger Jahre, die lange als eine wenig aufregende Zeit des Stillstands vor den radikalen Veränderungen der späten sechziger Jahre erschienen, sind längst aus dem Schatten der Forschung getreten. Sie galten lange als Zeit der »Verdrängung«, der gescheiterten (und mittlerweile häufig in Anführungszeichen gesetzten) »Vergangenheitsbewältigung«[22], in der die große Mehrheit der Westdeutschen einen Mantel des Schweigens über die Jahre des Dritten Reiches und des Zweiten Weltkrieges gehüllt habe. Diese Geschichte des Vergessens ist ihrerseits Teil der Nachkriegszeit und hat mehrere Varianten. Bereits seit den späten fünfziger Jahren war von der Unfähigkeit der Deutschen die Rede, ihre Vergangenheit zu bewältigen. Theodor Adorno sah in den Gründen, warum die »Aufarbeitung der Vergangenheit«[23]

---

[18] Das 2010 abgeschlossene Reihenwerk des Militärgeschichtlichen Forschungsamtes »Das Deutsche Reich und der Zweite Weltkrieg« spiegelt diese Tendenz wider. Immerhin wagt der letzte Band einen knappen Ausblick auf die Wirtschafts-, Politik- und Kulturgeschichte der unmittelbaren Nachkriegszeit. Vgl. Das Deutsche Reich und der Zweite Weltkrieg, Bd 10.

[19] Vgl. Echternkamp, 1914–1945: Ein zweiter Dreißigjähriger Krieg?

[20] Vgl. etwa Casdorff, Weihnachten 1945; 1945 – Der Krieg und seine Folgen; Kriegsende 1945.

[21] Vgl. Knabe, Tag der Befreiung? Dazu u.a. meine Rezension in: sehepunkte 5 (2005), Nr. 7/8 [15.7.2005] URL: http://www.sehepunkte.de/2005/07/8421.html (20.5.2010).

[22] Dass diese selbst »lexikonreif« geworden ist, kann als sicherer Hinweis darauf gelten, dass ihre Hochzeit vorbei ist – und sie unter erinnerungsgeschichtlichem Aspekt und als Materialsammlung aktuell bleibt. Vgl. Lexikon der »Vergangenheitsbewältigung«: weniger kontextualisierend: Wörterbuch der »Vergangenheitsbewältigung«. Vgl. auch Hettling, Die Historisierung der Erinnerung; Echternkamp, Die Bundesrepublik 1945/49–1969. Dagegen König, Die Zukunft.

[23] Adorno, Was bedeutet: Aufarbeitung der Vergangenheit?

erfolglos geblieben sei, die Kontinuität der objektiven Voraussetzungen – des kapitalistischen Systems – für den Faschismus. Alexander und Margarete Mitscherlich untersuchten aus einem psychologischen Blickwinkel die »Unfähigkeit zu trauern«: Es sei den Deutschen nicht gelungen, sich ihre Identifizierung mit Hitler und der »Volksgemeinschaft« einzugestehen und dadurch ihre Mitverantwortung für die Verbrechen des Regimes anzuerkennen, das sie mehrheitlich unterstützt hätten. Der Aufbruch in die Zukunft habe den Blick zurück verstellt, erst in den späten sechziger Jahren sei es schließlich zu seiner selbstkritischen Prüfung, zu einer Aufarbeitung der Vergangenheit gekommen[24]. Einem späteren Argument zufolge war das Schweigen weniger ein Ausdruck des Verdrängens als der Notwendigkeit, sich von der schmerzlichen Kriegs- und NS-Vergangenheit durch deren »Beschweigen« zu distanzieren, weil der Aufbau einer demokratischen Bundesrepublik anders nicht zu haben gewesen wäre[25]. Zuviel Erinnerung hätte, so lautet diese Variante, der psychischen Labilität der westdeutschen Nachkriegsgesellschaft im heiklen Prozess der demokratischen Erneuerung Vorschub geleistet[26].

Das Bild der fünfziger Jahre wurde, pointiert resümierend, durch zwei gegenläufige Sichtweisen geprägt. Einerseits vertraten Anhänger der Restaurationsthese, zu der die Verdrängungsthese gehörte, die Auffassung, dass die Bundesrepublik mittelfristig, bis in die sechziger Jahre hinein, wie gelähmt gewesen sei. Mit dieser Grundaussage konnten linksliberale Historiker und Zeitgenossen bis in die siebziger Jahre erklären, warum die tatsächlichen Entwicklungen nach dem Ende des Krieges und der NS-Diktatur hinter den eigenen Erwartungen so weit zurückgeblieben waren[27]. Dieses retrospektive Urteil lieferte ein eher statisches Bild der durch Normalisierung und Restauration im Wiederaufbau charakterisierten fünfziger Jahre als einer Zeit der Angst vor Veränderungen. »Keine Experimente!« Dieser Wahlkampfslogan der CDU aus dem Jahr 1957 bringt diese im Kern konservative Einstellung bis heute auf den Punkt. Drei sich überlagernde Entwicklungen, die alle in die Zeit vor dem Dritten Reich, zum Teil bis in die Wilhelminische Zeit zurückwiesen, kennzeichneten demzufolge die fünfziger Jahre: Die zu Kriegsende und in der unmittelbaren Nachkriegszeit kurzfristig veränderten Geschlechterrollen wurden entsprechend den Mustern der Kriegs- und Vorkriegszeit gestaltet, die Entwicklung gleichsam zurückgedreht. Die Kirchen wurden wieder zu den Wächtern über die Moral. Die Bundesrepublik wurde wiederbewaffnet und in den Westen integriert. Westdeutschland erlebte, so gesehen, eine im konservativen Sinn verstandene Normalisierung der sozialen, kulturellen, politischen und militärischen Verhältnisse.

Andererseits entwickelten Verfechter der Modernisierungsthese ein dynamisches Bild dieser ersten Dekade der Bundesrepublik. Die stärker sozial- und kulturgeschichtliche Annäherung hat beispielsweise gezeigt, wie sich das Konsumverhalten,

---

24 Vgl. etwa Benz, Postwar Society, S. 2.

25 Lübbe, Der Nationalsozialismus; die Wiederauflage der Streitschrift: Lübbe, Vom Parteigenossen zum Bundesbürger.

26 So Herf, Divided Memory, S. 225. Axer, Die Aufarbeitung; Berghoff, Zwischen Verdrängung und Aufarbeitung.

27 Vgl. Schildt/Sywottek, »Reconstruction« and »Modernization«; Modernisierung im Wiederaufbau.

die Haushaltsstrukturen, die Produktion und die Mobilität[28] veränderten. Darauf weisen die Konsumwelle, die über Nahrungsmittel, Wohnungseinrichtungen und Kleidung schwappte, und die Motorisierung vor allem seit der zweiten Hälfte der fünfziger Jahre hin, wie sie die Erfolgsgeschichte des Volkswagens zeigt. Auch der Tourismus, der Ende des Jahrzehnts auf dem besten Weg zu einem Massenphänomen war, signalisiert diese neue Mobilität. Schließlich verdeutlicht der rasante technologische und industrielle Wandel, den die Zeitgenossen erlebten, wie sehr sich die westdeutsche Gesellschaft im Zuge ihrer »Amerikanisierung«[29] veränderte. Nichts zeigte das deutlicher als der Schock, den die entlassenen Kriegsgefangenen erlitten, als sie Mitte der fünfziger Jahre wie mit einer Zeitmaschine in das neue Zeitalter katapultiert wurden – dazu später mehr. Nicht die Rückkehr zum Alten, sondern der Aufbruch zu etwas Neuem charakterisierte danach die Jahre des sogenannten Wirtschaftswunders unter dem Einfluss von Währungsreform und Marshall-Plan. Die wirtschaftliche Entwicklung lässt die Dynamik besonders deutlich erkennen.

Zudem wird die düstere Darstellung der fünfziger Jahre seit den neunziger Jahren noch unter einem anderen Gesichtspunkt in Frage gestellt. Wenn Kritiker von der »Legende einer zweiten Schuld« sprechen, weisen sie den Vorwurf zurück, durch die Verdrängung hätten sich die Westdeutschen nach dem Krieg ihrer Verantwortung entzogen und dadurch erneut schuldig gemacht[30]. Bei genauerem Hinsehen wird vielmehr deutlich, dass die Erinnerung an bestimmte Aspekte des Krieges, vor allem seines Endes, zu den Charakteristika der fünfziger Jahre gehört. Statt vom Krieg zu schweigen, wurden emotionsgeladene Debatten über die Kriegsjahre, insbesondere über den Verlauf und die Folgen des Zweiten Weltkriegs geführt. Auch wenn es sich dabei um höchst selektive Debatten handelte: Von Schweigen – ob Verschweigen oder Beschweigen – kann keine Rede sein[31]. Die Jahre nach dem Krieg waren für die Erinnerung an den genozidalen Krieg wesentlich bedeutsamer als bislang angenommen[32].

Ging es in diesen Debatten häufig darum, Mitläufer und Täter zu Opfern der Alliierten zu stilisieren, zu Opfern einer Entnazifizierungspolitik, die auf dem Vorwurf der Kollektivschuld gründete, zeichnete sich in den fünfziger Jahren ein anders gelagerter Diskussionszusammenhang ab, in dem einige wenige Deutsche aufgrund ihrer Opposition zum NS-Regime Beispiele vorbildlichen Handelns in der ersten Hälfte der vierziger Jahre lieferten. Anders als in der DDR stand nicht der kommunisti-

28 Hilger, Die mobilisierte Gesellschaft; Jarausch/Geyer, Zerbrochener Spiegel.

29 Vgl. Schildt/Sywottek, »Reconstruction« and »Modernization«; kulturgeschichtlich mit dem Schwerpunkt auf dem amerikanischen Einfluss: Maase, BRAVO Amerika; Poiger, Jazz, Rock, and Rebels.

30 Steinbach, Zur Auseinandersetzung; Graml, Die verdrängte Auseinandersetzung; Kittel, Die Legende von der »Zweiten Schuld«; Hoffmann, Stunde Null?; Wengst, Geschichtswissenschaft und ›Vergangenheitsbewältigung‹.

31 Vgl. zum Folgenden: Moeller, War Stories. Als forschungsorientierte Überblicksdarstellungen vgl. Geppert, Die Ära Adenauer; Stöver, Die Bundesrepublik Deutschland; weiterhin: Kleßmann, Die doppelte Staatsgründung.

32 Confino/Fritzsche, Introduction. In: The Work of Memory, S. 14: »The years after the war, which are so often uncomplicatedly labled as years of denial and repression, may be much more important than previously thought for molding the memory of war and genocide […] Before and after 1945, the noises of the past reverbated loudly in German society and culture. We may not like the articulation of some of these pasts, but ›silence‹ is not the right term to describe the presence of the past in modern German history.«

sche Widerstand im Mittelpunkt der Erinnerung, sondern der Attentatsversuch am 20. Juli 1944 (sowie, in zweiter Linie, der studentische Widerstand der Weißen Rose und die kirchliche Opposition). Die Verschwörung gegen Hitler schien zu beweisen, dass die Deutschen auch ohne die Hilfe der Alliierten ein Ende des NS-Regimes herbeiführen und sich selbst befreien wollten[33]. Hinzu kamen die Auseinandersetzungen um die staatliche Hilfe für jene Millionen Menschen, die während des Luftkriegs ihr Hab und Gut verloren hatten, die »ausgebombt« und evakuiert worden waren und nun ihrerseits den Opferstatus für sich reklamierten[34].

Die Geschichtsforschung hat die späten vierziger und die fünfziger Jahre schließlich auch unter Gesichtspunkten einer modernen, sozial- und kulturgeschichtlich erweiterten Militärgeschichte betrachtet. Schon früh galt die Wiederbewaffnung als Fluchtpunkt einer Analyse, die mit der Entmilitarisierung nach 1945 einsetzte und der alliierten Politik ein besonderes Gewicht gab[35]. Die außen-, innen- und sicherheitspolitischen Aspekte, die organisations- und institutionsgeschichtlichen Bedingungen der Aufstellung neuer Streitkräfte, die gesellschaftlichen Spannungen und das interne Bemühen der Militärreformer um eine neue Führungsphilosophie wie auch die heikle Frage der Traditionsstiftung weckten das Interesse der Historiker[36]. Zum 50-jährigen Gründungsjubiläum der westdeutschen Armee 2005/06 wurden zahlreiche Studien zur Aufbauphase der Bundeswehr vorgelegt, die in den frühen fünfziger Jahren ihren Ausgang nehmen und die Entwicklung von Heer, Marine und Luftwaffe in der Regel bis in die siebziger Jahre betrachten. Darüber hinaus stießen seit den neunziger Jahren die ehemaligen Wehrmachtsoldaten im Verhältnis zur Gesamtgesellschaft zunehmend auf wissenschaftliches Interesse. Zu den Themenfeldern zählten: ihre schwierige, aber unter dem Strich erfolgreiche Integration in die neue demokratische Gesellschaft, ihre formelle Organisation in Veteranenverbänden und die Entwicklung einer »Veteranenkultur« sowie ihre zumeist gegen die Alliierten und die Adenauer-Regierung gerichteten politischen Aktivitäten, dazu die Rolle einzelner Angehöriger der ehemaligen Wehrmachtelite[37].

Die florierende Täterforschung rückt seit einiger Zeit die verantwortlichen Entscheidungsträger der zweiten und dritten Reihe in den Fokus[38]. Hier, wie auch in den Untersuchungen zur Kontinuität der Eliten, die ihren Aufstieg in der Weimarer Republik begonnen, im Dritten Reich Karriere gemacht und in der frü-

---

[33] Vgl. zur Rezeptionsgeschichte des Widerstandes: Der 20. Juli 1944. Bewertung und Rezeption des deutschen Widerstandes; Stauffenberg: Der 20. Juli 1944, auch u.d.T. Stauffenberg und das Attentat; Frei, Erinnerungskampf.

[34] Krause, Flucht vor dem Bombenkrieg; Moeller, Remembering the War.

[35] Vgl. Wettig, Entmilitarisierung und Wiederbewaffnung; übergreifend: Fischer, Entmilitarisierung und Aufrüstung.

[36] Anfänge westdeutscher Sicherheitspolitik, Bd 1; vgl. zur Traditionsfrage die Pionierstudie von Abenheim, Bundeswehr und Tradition.

[37] Meyer, Soldaten ohne Armee; Anfänge westdeutscher Sicherheitspolitik, Bd 1 (Beitrag Meyer); Wette, Die deutsche militärische Führungsschicht; Diehl, The Thanks of the Fatherland; Large, Germans to the Front; Wulfhorst, Der »Dank des Vaterlandes«; Lockenour, Soldiers as Citizens; Searle, Wehrmacht Generals; Manig, Die Politik der Ehre; Lingen, Soldiers into Citizens. Weitere Literaturhinweise, v.a. zur »Heimkehr« der ehemaligen Kriegsgefangenen, finden sich im entsprechenden Kontext im Folgenden.

[38] Vgl. zur jüngeren Täterforschung: Karrieren der Gewalt.

hen Bundesrepublik fortgesetzt hatten[39], geht es jedoch in erster Linie um NS-Täter und die nationalsozialistische, nicht die »militaristische« Dimension der Biografien. Kritische Arbeiten etwa zur Gründergeneration der Bundeswehr stecken noch in den Anfängen[40]. Die Studien streifen die hier interessierenden gesamtgesellschaftlichen Fragen vor allem im Hinblick auf die Entmilitarisierung, bilden wichtige, nicht zuletzt institutionengeschichtliche Grundlagen, setzen aber einen anderen Akzent, indem sie sich auf die soziale Gruppe der westdeutschen Veteranen beschränken.

Dagegen hatte die Militarismusforschung von Anfang an das Verhältnis von Militär und ziviler Gesellschaft im Blick, ging es doch früh um politische, ökonomische, soziale und kulturelle Aspekte, in der Regel aus einer militärkritischen Perspektive[41]. Vor und nach 1945 bildete das – keineswegs klar definierte – Konzept des »Militarismus« zudem ein Interpretationsmodell sowohl auf Seiten der Alliierten als auch, nach Kriegsende, unter deutschen Historikern[42], wenn es darum ging, Deutschlands Rolle im Zweiten Weltkrieg zu erklären und daraus politische Konsequenzen abzuleiten. Die Geschichtsforschung hatte sich langezeit in der Regel entweder dem »militaristischen« Charakter des Nationalsozialismus oder der Wehrmacht zugewandt, bevor sie die Gretchenfrage nach der Verquickung von NS-Regime, Wehrmacht und Gesellschaft stellte. Der anschließende Wertewandel unter Besatzungsbedingungen wurde jüngst mit dem auch zeitgenössischen Konzept der »Entmilitarisierung« als Interaktion von (intendierter) Besatzungspolitik und entsprechendem Verhalten auf deutscher Seite betrachtet[43]. Die Motive und Grundannahmen der US-amerikanischen Politiker stießen zum Teil auf Widerspruch, zum Teil deckten sie sich mit den geänderten Erwartungen der Besetzten, sodass die Entmilitarisierung als ein Gemeinschaftsunternehmen in den Blick gerät – ein Befund, der den Vorstellungen von »Amerikanisierung« und »Westernisierung« zuwider läuft.

Zwar zielt die Militarismusforschung damit auf einen Teilaspekt unseres Themas, indem sie Militarismus als das Ergebnis einer Durchdringung von Staat und Gesellschaft mit militärischen Denk- und Handlungsweisen betrachtet. Für eine umfassendere Betrachtung jedoch, die nicht allein auf die Wehrmacht und den Grad der militärischen Prägung einer zivilen Gesellschaft abhebt, sondern nach der Bedeutung der kollektiven Vergegenwärtigung des Zweiten Weltkrieges im Prozess der inneren Demokratisierung fragt, soll hier ein offener formuliertes heuristisches

39 Karrieren im Zwielicht; Verwandlungspolitik; Wildt, Generation des Unbedingten; vgl. zur Forschung Herbert, Rückkehr in die Bürgerlichkeit? Lommatzsch, Hans Globke; Conze [u.a.], Das Amt und die Vergangenheit; Schatten der Vergangenheit.

40 Weitgehend unkritisch: Meyer, Adolf Heusinger; Scholten, Offiziere. Als Beispiel neuerer Biografien führender Militärs, die das Dritte Reich nicht überlebten, vgl. Kroener, Der starke Mann im Heimatkriegsgebiet, und Müller, Generaloberst Ludwig Beck. Vgl. Militärische Aufbaugenerationen. Vgl. für eine ostdeutsche Karriere: Diedrich, Paulus.

41 Zur Geschichte vgl. weiterhin: Berghahn, Militarism; für Deutschland seit dem Kaiserreich vgl. die Überblicksdarstellungen: Militarismus in Deutschland; Wette, Militarismus in Deutschland; vgl. für Frankreich zum Kriegsdiskurs der Revolution von 1789: Kruse, Die Erfindung des modernen Militarismus; vgl. auch Berghahn, Europe in the Era of Two World Wars.

42 Ritter, Staatskunst und Kriegshandwerk; Sauer, Die politische Geschichte.

43 Nawyn, »Striking at the Roots of German Militarism«, S. 15, spricht von einem »interactive enterprise«.

Instrument gewählt werden, das nicht den historischen und ideologischen Ballast der Dimension der Militarismus-Debatte zu tragen hat, das Aspekte, die dem Anschein nach nicht »militaristisch« sind, nicht vorzeitig ausblendet und das daher eher geeignet ist, die schwammige Militarismus-Rhetorik der Nachkriegszeit zu historisieren[44] und so in die Analyse einzubinden. Darauf ist gleich zurückzukommen. Darüber hinaus müssen sowohl die Kriegserfahrungen als auch die Entmilitarisierungspolitik als Prägekräfte und Topoi untersucht werden. Einstellungen zu Krieg und Militär werden daher im Folgenden als Ausdruck des durch die Erfahrungen von Krieg *und* Besatzung hervorgerufenen Wertewandels interpretiert.

So haben sich neue Deutungslinien der fünfziger (und sechziger) Jahre abgezeichnet. Was lange als eine Phase des relativen Stillstands nach den kriegs- und diktaturbedingten Umbrüchen galt, wird als ein Prozess der Transformation beschrieben, sei es in der Perspektive einer Öffnung nach Westen, sei es im Rahmen eines Modernisierungsprozesses, in dem die Eckpfeiler der politischen Kultur im Zuge einer Liberalisierung im Sinne von Demokratie und Pluralismus durch neue ersetzt werden. Wenn in diesem politikgeschichtlichen Zusammenhang im Folgenden von Demokratisierung die Rede ist, dann nicht primär im Sinne des institutionen- und organisationsgeschichtlichen Strukturwandels, also der Etablierung neuer demokratischer Institutionen. Dieser Demokratisierungsprozess »von oben« ist gut erforscht. Für unsere Leitfrage zählt der umgekehrte Blick auf die Demokratisierung »von unten«, die Verwurzelung demokratischer Werte in Westdeutschland im Verlauf der ersten zehn Nachkriegsjahre im Spannungsfeld von deutschen autoritären Traditionen und westlichen Demokratievorstellungen. Schließlich hatten die westlichen Besatzungsmächte zunächst wenig Grund zu der Annahme einer durchgreifenden Demokratisierung der Deutschen, zu gering schien die Distanz der meisten (erwachsenen) Deutschen zum NS-Regime. Daher verfolgten auch die amerikanischen Stellen statt einer homogenen Nachkriegsplanung unterschiedliche Pläne. Demokratisierung war in den Augen der Amerikaner ein längerfristiges Projekt. Kurz- und mittelfristig stand die Beseitigung des Nationalsozialismus und des als typisch deutsch verstandenen »Militarismus« und des autoritären Denkens der Deutschen auf der Agenda. Hier setzte man nicht so sehr auf die Weimarer Zeit als auf liberale Traditionen (Theodor Mommsen)[45]. Dabei spielten deutsche Emigranten als Offiziere im Dienst der US Army zunächst eine aktive Rolle, nicht zuletzt im kulturellen Bereich (Medien); die meisten kehrten in den vierziger Jahren in die USA zurück, besaßen aber ebenso wie andere »transatlantische Mittler« durch Netzwerke, Austauschprogramme und Vortragsreisen auch in den fünfziger Jahren Einfluss[46].

Die allmähliche Demokratisierung in Westdeutschland wurde ironischerweise, wie die Forschungen zur Politikgeschichte gezeigt haben, durch den halb-autoritären Führungsstil des ersten Bundeskanzlers möglich, der den Bogen von den fünfziger

[44] In dieser Historisierung liegt das Erkenntnisinteresse und der teils phänomenologische Ansatz der regionalen Fallstudie von Nawyn, »Striking at the Roots of German Militarism«, bes. S. 28.

[45] Vgl. Die Wurzeln der westdeutschen Nachkriegsdemokratie; Rupieper, Die amerikanische Demokratisierungspolitik; zu Frankreich vgl. Vaillant, Frankreichs Beitrag zur Demokratisierung; Demokratiewunder.

[46] Krauss, Heimkehr in ein fremdes Land.

Jahren zum folgenen Jahrzehnt schlug. Das erste Nachkriegsjahrzehnt ist insofern durch das Paradoxon gekennzeichnet, dass eine politische Elite mit eher autoritären als liberalen Werthorizonten die Demokratie in Westdeutschland aufgebaut hat. Eine ähnliche Brückenfunktion wird gemeinhin dem Antikommunismus zugeschrieben, der es den (West-)Deutschen erlaubte, an die älteren antibolschewistischen und antislawischen Deutungsmuster der dreißiger und vierziger Jahre nahtlos anzuknüpfen und gleichzeitig ein »westliches« Weltbild aufzugreifen. Dieser letztlich erstaunlich erfolgreiche Prozess der »inneren Demokratisierung«, die Verinnerlichung der Demokratie als einer durch Partizipation und Emanzipation geprägten Staats- und Gesellschaftsordnung, war ein vielschichtiger Interaktionsprozess – zu vielschichtig, als dass man ihn mit dem einseitigen Modell der Implementierung von außen erklären könnte. Gleichwohl war die zweite Hälfte der vierziger Jahre durch intensive Eingriffe von außen in die westdeutsche Nachkriegsgesellschaft geprägt, welche die Weichen für die Bindung an den Westen, namentlich die USA, gestellt haben[47]. Die Konzepte »Amerikanisierung« und »Westernisierung« können der Komplexität dieser Einflüsse und der Heterogenität der Aneignung einzelner Elemente des amerikanischen Demokratiemodells – genauer: was man jeweils dafür hielt – schwer gerecht werden[48]. Sie sind zu pauschal und zu einseitig, als dass sie die politische und kulturelle Pluralität auf dem Weg der Annäherung an demokratische Staats- und Gesellschaftsvorstellungen einfangen könnten. Zudem kann, was die Rolle des Militärs nach 1945 betrifft, von einer Übertragung des amerikanischen Modells in der Besatzungszeit keine Rede sein. Die Entmilitarisierungspolitik der amerikanischen Militärregierung zielte ja nicht auf die Transformation der Wehrmacht, sondern auf ihre Abschaffung. Schon aus diesem Grund und weil »Entmilitarisierung« nur als ein interaktiver Prozess verstanden werden kann, greifen Konzepte wie »Westernisierung« oder »Amerikanisierung« hier zu kurz[49].

Die verbreiteten Vorstellungen von Krieg und Militär; Konrad Adenauers Wiederbewaffnungspolitik, die im Werben für die »neue Wehrmacht« auch Medienpolitik und Öffentlichkeitsarbeit war; die »Demokratisierung« der neuen (west)deutschen Streitkräfte durch eine neue Führungsphilosophie; die öffentlich bekundete Einstellung der Zivilbevölkerung und der ehemaligen Soldaten zur Wehrmacht; ihre Haltung gegenüber neuen (west)deutschen Streitkräften angesichts der realen und perzipierten militärischen Bedrohung; die soziale Praxis des Protests, auch in der Auseinandersetzung um die als Kriegsverbrecher verurteilten Wehrmachtsoldaten: Diese teils öffentlich behandelten, teils privat verarbeiteten Streitpunkte sind wesentliche Teile dieser Spannung zwischen Implementierung von außen und Wertewandel im Inneren. Die Einstellungen zu Krieg und Militär einzubeziehen entspräche da-

---

47 Vgl. Rupieper, Die Wurzeln der westdeutschen Nachkriegsdemokratie. Zur »kulturellen« Umerziehung: Monod, Settling Scores; Pape, Kultureller Neubeginn; Gienow-Hecht, Transmission Impossible; Füssl, Die Umerziehung der Deutschen; Vgl. auch weiterhin Tent, Mission on the Rhine. Zu weiteren kulturpolitischen Feldern der Besatzungspolitik vgl. Bausch, Die Kulturpolitik der US-amerikanischen Information Control Division; Hartenian, Controlling Information; Hahn, Umerziehung durch Dokumentarfilm?; Lange, Theater in Deutschland.

48 Zur Konzeptionalisierung vgl. The American Impact on Western Europe.

49 Das betont zu Recht Nawyn, »Striking at the Roots of German Militarism«, S. 15 f.

her der Forderung nach einem differenzierteren, die kulturelle Dimension stärker berücksichtigenden Demokratiebegriff im Sinne einer politischen Kulturforschung, der seit geraumer Zeit auch das Interesse der Historiker gilt. Die kontroverse Auseinandersetzung mit militärischen Werten, sei es »von oben«, sei es »von unten«, ist – so lautet hier die Hypothese – ein zentrales Element jenes öffentlichen diskursiven Prozesses, der eine demokratische Ordnung im Kern legitimiert. Dadurch wird die Frage nach Kontinuität und Diskontinuität nicht ausgeklammert. Im Gegenteil: Auf dieser prozeduralen Ebene lässt sich das Mischungsverhältnis von älteren und neuen politischen Rechtfertigungsmustern ausloten. So spielten, um hier nur ein Beispiel zu geben, tradierte Deutungs- und Argumentationsmuster des Nationalismus, die Verquickung von Krieg und Nation, von staatlicher Souveränität und Militär weiterhin eine Rolle. Umgekehrt lässt sich das Erkenntnisinteresse durch eine negative Formulierung präzisieren: Die folgende Untersuchung dreht sich in erster Linie *nicht* um den Krieg und das Militär selbst, sondern um ihre Rolle in der inneren Demokratisierung Westdeutschlands.

An dieser Stelle setzt die Studie an. Die Frage nach der Wahrnehmung der veränderten Rede vom Krieg und seinen Soldaten im Zuge des Systemwechsels dient als ein Brennglas für die Perzeption dieser Transformation. Den Schwerpunkt so zu setzen lohnt sich umso mehr, als die rasante militärgeschichtliche Entwicklung zwischen dem Zusammenbruch der Wehrmacht, der Entmilitarisierungspolitik der Alliierten und der Wiederbewaffnung der beiden deutschen Staaten einen zentralen »realhistorischen« Aspekt des Wandels erfasst, sowohl im Hinblick auf das Selbstverständnis der großen sozialen Gruppe der ehemaligen Soldaten als auch auf die erste große nationale Debatte der Bundesrepublik und deren internationale Rolle. Wie fruchtbar dieser Ansatz sein kann, haben Studien zur politischen Funktionalität von »Kriegsgeschichten« (*war stories*, Robert G. Moeller[50]) gezeigt.

Die Untersuchung der sogleich näher zu erläuternden »kollektiven Repräsentationen« von Krieg und Militär gibt anhand einer zentralen Dimension der Neuordnung von Staat und Gesellschaft einen tiefen Einblick in das Mischungsverhältnis von Kontinuität und Wandel auf dem Weg von der militarisierten »Volksgemeinschaft« des NS-Regimes zur demokratischen Gesellschaft der Bundesrepublik. An den Repräsentationen lässt sich jeweils ablesen, inwiefern der Zusammenbruch und die militärische Niederlage von 1945 einen Einschnitt dargestellt haben, wie sich die Westdeutschen auf dem Weg der Modernisierung an neue Rahmenbedingungen angepasst haben, die sich zwischen 1945 und 1955 ihrerseits drastisch veränderten, nicht zuletzt in sicherheitspolitischer Hinsicht. Antworten auf die Frage nach westdeutschen Repräsentationen von Krieg und Militär tragen daher zu einer Geschichte der frühen Bundesrepublik bei. Die Analyse eines zentralen politischen Konfliktfelds zwischen 1945 und 1955 soll auch Aufschluss darüber geben, wie sich die Westdeutschen und ihre Politiker auf den schwierigen Weg der Demokratisierung gemacht und welche Rolle öffentliche Aushandlungsprozesse dabei gespielt haben. Immerhin handelte es sich bei der Beurteilung der militärischen Vergangenheit und Zukunft nicht um einen militärtheoretischen Disput, sondern um

[50] Moeller, War Stories (1996); Moeller, War Stories (2001).

ein gesellschaftliches Kernproblem: die soziale Integration von Millionen Menschen, die symbolpolitische Auf- oder Abwertung der jüngsten Vergangenheit und die folgenreiche normative und organisatorische Weichenstellung für die Zukunft durch das Aufstellen »neuer« Streitkräfte.

Der innen- und außenpolitische Wandel vollzog sich in einem anderen Tempo als der eher zähe Prozess mentaler Veränderungen. Der Überhang älterer, teils aus dem 19. Jahrhundert stammender Deutungs- und Sinnstiftungsmuster ist in einem Bereich besonders ausgeprägt, in dem es mit dem Soldatenbild um das eigene (männliche) Selbstverständnis und mit der Legitimation des Wehrdienstes um die Definition des Verhältnisses von Staat und Gesellschaft ging – wesentliche Fragen also, die nach 1945 keineswegs vom Tisch waren, sondern in neuer Weise gestellt wurden und zu Konflikten, ja politischen Krisen führten. Von oben – zunächst durch das NS-Regime, dann die Alliierten, schließlich die Adenauer-Regierung – wurde den Deutschen immer wieder vorgegeben, wie sie es mit ihrem Militär zu halten hatten. Dass weite Teile der Bevölkerung diesen Vorgaben zumal nach 1949 nicht ohne Weiteres folgen mochten, befeuerte Konflikte zwischen verschiedenen sozialen Trägergruppen, die nicht zuletzt als politische Deutungskonflikte zu beschreiben sind. Eine Aufgabe der Untersuchung wird es daher sein zu klären, in welchen konkreten historischen Konstellationen diese Konflikte gründeten, welche Themen im Vordergrund standen und wie sich womöglich der Schwerpunkt der Konflikte zwischen der Kapitulation 1945 und der Aufstellung der Bundeswehr 1955/56 verschob.

Im Rückblick mag die Entwicklung von der Wehrmacht zu den reformierten Streitkräften der Bundeswehr mittlerweile manchem relativ unproblematisch und selbstverständlich, geradezu »normal« erscheinen. Doch diese Sichtweise wird der historischen Entwicklung nicht gerecht, die in der unmittelbaren Nachkriegszeit zunächst in die entgegengesetzte Richtung lief und – nicht zu vergessen – bis zu einem gewissen Grade durch Kontingenz, nicht durch Zwangsläufigkeit geprägt war. Die tatsächliche mentale und militärpolitische Entwicklung war das Ergebnis eines immer neuen Austarierens von Beharrungskräften und Reformanstrengungen, von personellen Kontinuitäten und Neuanfängen, unter dem Eindruck wechselnder innen- und außenpolitischer Ereignisse. Das Kriegsende, die Besatzungsherrschaft, der Kalte Krieg und die Teilung des Landes sowie neue militärische Konflikte im Ausland steckten den Rahmen ab, in dem eine neue, liberale Staats- und Gesellschaftsordnung entstand. Zwar besaßen die Westdeutschen mit der kurzen demokratischen Phase der Weimarer Zeit einen ideellen und personellen Anknüpfungspunkt. Doch wirkungsmächtiger war die lange Traditionslinie eines Weltbildes, dessen Schlüsselbegriffe »Nationalismus«, »Militarismus« und »Obrigkeitsdenken« den Werten einer liberalen Staatsbürger-Gesellschaft entgegenstehen, die Konflikte akzeptiert und individuelle Handlungsräume garantiert. So richtig es ist, dass die zweite Demokratie daher nicht aus dem Nichts entstehen musste, so sehr ist daran zu erinnern, dass ihre politische Kultur und ihre politische Elite über lange Jahre durch undemokratische, ja antidemokratische Faktoren beeinflusst blieben.

Auch wäre es zu kurz gegriffen, diesen Prozess allein als ein militärinternes Problem zu behandeln, das um die Führungsphilosophie der Bundeswehr, um die Reformideen und ihre Durchschlagkraft oder um die logistischen, rüstungswirtschaftlichen Schwierigkeiten in der Aufstellungsphase der neuen Streitkräfte kreiste. Verblüffend und damit erklärungsbedürftig erscheint vielmehr die Frage, wie innerhalb der relativ kurzen Zeitspanne von zehn Jahren eine Entwicklung, die durch die Stichpunkte Kapitulation, Entmilitarisierung, Wiederbewaffnung unter den Bedingungen eines politischen Systemwechsels skizziert ist, überhaupt möglich wurde. Wie es zur Wiederbewaffnung kam, ist dabei nur ein Aspekt; die tiefergreifende Frage lautet: Warum wurde die »Remilitarisierung« *als Teil der Demokratisierung* möglich? Oder besser umgekehrt: Wie gelang die Demokratisierung Westdeutschlands trotz (oder wegen?) der Wiederbewaffnungsproblematik? Warum gefährdeten die Widersprüche der Wertvorstellungen nicht ernsthaft den gesellschaftlichen Minimalkonsens und die zumindest institutionell verankerte Demokratie? Trug der Streit um militärische Werte womöglich zur inneren Demokratisierung der Bundesrepublik bei? In jedem Fall eignet sich der gewählte Gegenstand dazu auszuloten, inwieweit unterschiedliche Gruppen unter den ehemaligen Soldaten in der Zivilbevölkerung an alten Werten festhielten oder sich auf neue Werte einließen. Zu vermuten ist, dass es sich hier nicht um eine Alternative Alt/Neu handelte, sondern – darin liegt der besondere Reiz – um Mischungsverhältnisse. Alte Deutungs- und Sinnstiftungsmuster wurden danach, so weit erforderlich, der neuen historischen Lage angepasst, überkommene Symbole mit neuen Inhalten gefüllt, Argumentationsstrategien entwickelt, die Vergangenheit und Zukunft auf eine Weise verbanden, die der grundsätzlichen, die westdeutsche Demokratie legitimierenden Abgrenzung von der nationalsozialistischen Vergangenheit nicht entgegenstanden. Nur über diese Brücke ließen sich Millionen Menschen in die neue Gesellschaft überführen; die Analyse dieses Mischungsverhältnisses trägt daher auch zu der sozialgeschichtlichen Frage nach der sozialen Kohäsion vor dem Hintergrund der vielfachen Verwerfungen dieser außergewöhnlichen Umbruchszeit bei. Lässt sich der Wertewandel nach dieser Hypothese an den Vorstellungen von Krieg und Militär festmachen, wird umgekehrt zu prüfen sein, inwieweit diese Vorstellungen ihrerseits den Wertewandel gebremst oder beschleunigt haben.

Alles in allem gilt es, das vergleichsweise einfache Argument zu überwinden, dass die Westdeutschen in der frühen Nachkriegszeit nur mit einem »Schweigen« auf die jüngste Vergangenheit reagiert hätten, das später durch die 68er-Bewegung endlich gebrochen worden sei. Die vorliegende Arbeit soll dazu beitragen, unser Bild des ersten Nachkriegsjahrzehnts weiter zu differenzieren und in den Entwicklungen den *Beginn* einer Auseinandersetzung mit der Vergangenheit zu sehen. Statt die Zeit als eine Phase zu betrachten, die dann *en bloc* überwunden wurde, soll stärker herausgearbeitet werden, inwiefern durch eine Pluralisierung von Deutungsangeboten bereits auch Weichen für die späteren Jahrzehnte gestellt wurden. Insofern versteht sich die Untersuchung nicht zuletzt als Beitrag zu einer Gesellschaftsgeschichte der Bundesrepublik, an der seit einiger Zeit gearbeitet wird. Neben der Auswertung eines breitgefächerten Quellenbestandes kann dazu auf neuere Spezialstudien zu einzelnen Ereignissen oder Personen sowie eigene Vorarbeiten zur Kriegs- und Nachkriegsgeschichte[51] zurückgegriffen werden. Mit dem Arrangement der empirischen Daten im Rahmen einer methodisch reflektierten Konzeption französischer Provenienz soll zugleich auf die berechtigte Kritik an den in Deutschland vorherrschenden kulturtheoretischen Modellen reagiert werden.

3. Methodische Überlegungen

In der jüngeren Vergangenheit haben sich im Hinblick auf den Umgang mit der kollektiven, deutschen Vergangenheit, abgesehen vom fachwissenschaftlichen Vergangenheitsbezug, drei Arten der Geschichtsbetrachtung herauskristallisiert, die dem zeitgenössischen Kampfbegriff der »Vergangenheitsbewältigung« analytische Konzeptionen entgegensetzen. Sie können in einem ersten Schritt anhand der Leitbegriffe »Vergangenheitspolitik«, »Gedächtnis« / »Erinnerung(skulturen)« und (generationelle) »Erfahrung« festgemacht werden. Wenngleich sich ihre Fragestellungen, Gegenstandsbereiche und Methoden in der Forschungspraxis überlappen, lassen sie sich anhand unterschiedlicher Grundmuster doch sinnvoll voneinander abgrenzen. In einem zweiten Schritt soll dann das für den Großteil der folgenden Untersuchung vorgeschlagene Konzept der »kollektiven Repräsentationen« erläutert und, in einem dritten, sein Mehrwert gegenüber den vorherrschenden älteren Kategorien beziffert werden.

Erstens ging es für die westdeutsche Geschichte nach 1945 vor allem um jene Aspekte des Übergangs von der Diktatur in die Demokratie, die den nach der Befreiung anstehenden Umgang mit den Akteuren des NS-Regimes und seinen Opfern betrafen. Es ging um Strafverfolgung und politische Säuberung, um Versorgungsfragen und Entschädigungsregelungen zwischen parlamentarischer Gesetzgebung und alliierter Intervention. Kriegsverbrecherfrage, Entnazifizierung, Wiedergutmachung, Lastenausgleich: So lauten einige Stichworte zwischen Amnestie, Rehabilitierung und Integration auf der einen und der Abgrenzung von Nationalsozialismus und Antisemitismus auf der anderen Seite. Im Mittelpunkt stand daher die Frage nach der inneren Stabilisierung der frühen Bundesrepublik durch die »Vergangenheitsbewältigung« nach dem *regime change*. Ohne einen strategischen Masterplan hinter den politischen Entscheidungen und den einzelnen Gesetzgebungen zu unterstellen, lassen sie sich im Rückblick als ein zusammenhängendes Ganzes betrachten, das als »Vergangenheitspolitik« auf den Begriff gebracht werden kann. In diesem Modus der Annäherung an die Vergangenheit erscheint das Thema als ein politikgeschichtliches[52]. Doch gemeinsame Vergangenheitsbezüge

---

51 Vgl. insbes. Echternkamp, Wut auf die Wehrmacht?; Echternkamp, Mit dem Krieg seinen Frieden schließen; Echternkamp, »Kameradenpost bricht auch nie ab ...«; Echternkamp, Kriegsschauplatz Deutschland 1945. Weitere Titel im Literaturverzeichnis.

52 Vgl. Frei, Vergangenheitspolitik, S. 13: »Vergangenheitspolitik bezeichnet [im Unterschied zu »Vergangenheitsbewältigung«] einen politischen Prozeß, der sich ungefähr über eine halbe Dekade erstreckte und durch hohe gesellschaftliche Akzeptanz gekennzeichnet war, ja geradezu kollektiv

sind nicht auf Gesetze und politische Programme beschränkt; sie erschöpfen sich auch nicht in der Absicht einzelner Akteure.

Zweitens steht daher der komplexe Zusammenhang von Individuum und Gesellschaft bei der Bildung kollektiver Identitäten durch »Erinnerung« im Mittelpunkt gängiger Vergangenheitsbezüge. Diesen Nexus haben zuerst Maurice Halbwachs und in seiner Folge Jan Assmann untersucht. Halbwachs' Grundkonzept einer *mémoire collective* zielte auf den Anteil der überindividuellen, gemeinsamen Erinnerungen und Kategorien an der individuellen Erinnerung[53]. Individuelle Gedächtnisse sind sozial konfiguriert; sie setzen Interaktion und Kommunikation mit der jeweiligen sozialen Gruppe voraus. Halbwachs prägte dafür das Bild der *cadres sociaux*, der gesellschaftlichen Rahmen, in denen sich die Aneignung und Umarbeitung von Vergangenheit vollzieht und ohne die es keine Erinnerung gäbe. Diesem sozialdynamischen Modell ist umgekehrt die Einsicht in die Wandelbarkeit und Vielfalt der individuellen Gedächtnisse zu verdanken. Einzig der Prozess des Erinnerns selbst ist unveränderlich.

Jan Assmanns Unterscheidung zwischen einem kommunikativen und einem kulturellen Gedächtnis zieht der »Erinnerung« eine zeitliche Struktur ein. Kommunikative Erinnerungen beziehen sich auf die jüngste Vergangenheit, gründen auf einer Erfahrung, die das Individuum selbst gemacht hat und selbst im Alltag kommuniziert, und sie bestehen solange, bis die »Zeitzeugen« nicht mehr leben, mithin über drei bis vier Generationen. Dagegen ist das »kulturelle Gedächtnis [...] eine Sache institutionalisierter Mnemotechnik«[54]. Es weist einen hohen Grad der Geformtheit auf und äußert sich in Zeremonien, an Gedenktagen oder Festen, wird von Erinnerungsexperten, durch feste Objektivationen und symbolische Kodierung vermittelt. Während das kommunikative Gedächtnis einen Zeithorizont besitzt, der sich mit der Gegenwart verschiebt (*floating gap*), bezieht sich das kulturelle Gedächtnis in der Regel auf eine weiter zurückliegende, »absolute«, mythische (Ur-)Zeit. Hier setzen weitere Unterscheidungen an. Dazu gehört insbesondere die analytische Trennung der privaten von »öffentlichen« und »repräsentativen« Erinnerungen. »Öffentlich« sind Erinnerungen, die gleich welche Akteure im öffentlichen Raum inszenieren. Sind Repräsentanten von Staat und Gesellschaft die Träger der öffentlichen Erinnerung, kommt diese mit dem Anspruch auf eine gewisse, auf dem vermuteten Konsens beruhende Verbindlichkeit daher. Von einer »offiziellen« Erinnerung kann sinnvollerweise nur mit Bezug auf eine Diktatur gesprochen werden.

Inhalte und Formen kultureller Erinnerung wurden seit Mitte der neunziger Jahre – nicht zuletzt nach Gründung des gleichnamigen Sonderforschungsbereichs (SFB) an der Universität Gießen 1997 – unter dem Begriff der »Erinnerungskulturen« untersucht. Auch der SFB richtete sich gegen die ältere Beschwörungsformel der Vergangenheitsbewältigung; er lenkt den Blick jedoch stärker auf die »kulturelle

erwartet wurde.« Frei deutet die Selbstverständlichkeit der Amnestierung und Reintegration als vergangenheitspolische Mittel zur Legitimierung der jungen Demokratie. Ebd., S. 16.

53 Halbwachs, Das kollektive Gedächtnis, S. 14 f. Vgl. zum folgenden Jureit/Schneider, Gefühlte Opfer, S. 54–73, und Erll, Kollektives Gedächtnis, S. 13–18. Halbwachs, Das Gedächtnis und seine sozialen Bedingungen; posthum Halbwachs, Das kollektive Gedächtnis.

54 J. Assmann, Das Kulturelle Gedächtnis, S. 52.

Kommemoration«: die Transformation des Geschehenen in Erinnerung, der ein kollektives Bedürfnis nach Sinnstiftung zugrundeliegt. Über Assmanns relativ statisches und kultur*theoretisches* Grundmuster hinaus unterstreicht das Konzept der Erinnerungskultur*en* die Dynamik, die Prozesshaftigkeit und nicht zuletzt die Pluralität der kulturellen Erinnerung. Nicht zufällig tritt hier der Gedächtnis-Begriff hinter den Erinnerungs-Begriff zurück. Der Plural signalisiert nicht nur die diachrone Vielfalt der Vergangenheitsbezüge, sondern auch die synchrone Pluralität der »Modi der Konstitution der Erinnerung, die komplementäre ebenso wie konkurrierende, universale wie partikulare, auf Interaktion wie auf Distanz- und Speichermeiden beruhende Entwürfe beinhalten können«[55].

Um die Kategorie der historischen Erinnerung zu historisieren, wurde ein Modell zur Beschreibung von kulturellen Erinnerungsprozessen entworfen, das drei Ebenen unterscheidet: die Rahmenbedingungen des Erinnerns (Gesellschaftsformation, Wissensordnung, Zeitbewusstein und »Herausforderungslage«), die Formen spezifischer Erinnerungskulturen (Hoheit, Interessen, Techniken, Gattungen der Erinnerung) sowie das konkrete Erinnerungsgeschehen (Gedächtnis / Erinnerung, Typen der Erinnerungsarbeit, erfahrene / nicht erfahrene Vergangenheit, Rezeptionsgeschichte der Medien des kulturellen Gedächtnisses)[56]. Der Schwerpunkt dieser kultur*historischen* Gedächtnisforschung des SFB lag auf der interdisziplinären Untersuchung der Ausformungen bestimmter Erinnerungskulturen in der Vergangenheit.

Erinnerungskulturelle Arbeiten schlagen dort einen Bogen zur Vergangenheitspolitik, wo der Vergangenheitsbezug in erster Linie in einem politischen Zusammenhang gedeutet und funktional definiert wird. Häufig sollen Deutungsmuster der Geschichte das politische Handeln historisch unterfüttern und legitimieren: Feindbilder, offizielle Gedenktage, kommunale und nationale Denkmalstiftungen oder die Produktion von Mythen und Nationalhelden etwa durch Schulbücher sind typische Themen erinnerungskultureller Untersuchungen[57]. Dabei spielen Abgrenzung und Gegnerschaft so häufig eine Rolle, dass »Geschichte als Waffe« bezeichnet worden ist[58].

Aleida und Jan Assmann verknüpfen nun in ihrer kulturwissenschaftlichen Theorie die kulturelle Erinnerung mit der politischen Legitimierung, vor allem aber mit der kollektiven Identität. Blieb Halbwachs vergleichsweise vage, wenn es um die Mechanismen der Vergemeinschaftung durch Vergangenheitsbezug ging, rückte Jan Assmann, dessen Arbeiten die Rezeption von Halbwachs in Deutschland maßgeblich geprägt haben, das kollektive Gedächtnis als identitätsstiftendes Element

---

55 Zum Gießener SFB 434 (1997–2008), der kulturelle Erinnerungsprozesse von der Antike bis ins 21. Jh. interdisziplinär untersucht hat, vgl. zusammenfassend Erll, Kollektives Gedächtnis, dort auf S. 34 das Zitat von Marcus Sandl. Vgl. die rd. 40-bändige Reihe »Formen der Erinnerung« (Göttingen: V & R). Vgl. auch Cornelißen, Was heißt Erinnerungskultur? Für die militärische Selbstdarstellung vgl. Militärische Erinnerungskultur; Militärische Erinnerungskulturen.

56 Die Angaben nach Erll, Kollektives Gedächtnis, S. 34 f.

57 Reichel, Politik mit der Erinnerung; Wolfrum, Geschichtspolitik; Amnestie oder die Politik der Erinnerung; A. Assmann, Der lange Schatten; Verletztes Gedächtnis.

58 Wolfrum, Geschichte als Waffe.

in den Mittelpunkt der Ethnogenese. Nicht nur soziale Gruppen, sondern ganze Gesellschaften und Kulturen schaffen ihr Selbstbild durch den kollektiven Vergangenheitsbezug. Auch für Aleida Assmann sind kulturelles Gedächtnis und kollektive Identität zwei Seiten einer Medaille[59]. Doch Erinnerung schafft nicht per se Identität. Regelmäßiges, ritualisiertes Gedenken droht irgendwann ins Leere zu laufen.

Drittens hat sich »Erfahrung« als eine kulturwissenschaftliche Leitkategorie herauskristallisiert, die mit dem Erinnerungs- und Gedächtnisbegriff in einem so engen Zusammenhang steht, dass die Grenzen manches Mal verschwimmen[60]. Die neueren erfahrungsgeschichtlichen Ansätze gehen zum einen von Reinhart Kosellecks Überlegungen zur historischen Semantik aus. Seine Unterscheidung zwischen dem »Erfahrungsraum« und dem »Erwartungshorizont«, den jener präfiguriert, spielt dabei ebenso eine Rolle wie die Trennung von »vergangener Gegenwart und Zukunft« und »gegenwärtiger Vergangenheit und Zukunft«[61]. Zum anderen haben die wissensoziologischen Überlegungen von Peter L. Berger und Thomas L. Luckmann die konstruktivistische Konzeption von »Erfahrung« geprägt. Nicht die, wie man umgangssprachlich meinen könnte, tatsächlichen, vermeintlich authentischen Erfahrungen stehen im Brennpunkt der Forschung, sondern jene sozialen und kulturellen Deutungszusammenhänge, die sie prägen und die durch sie geprägt werden, sowie die zeitliche Struktur, die mediale Vermittlung der Erfahrungen Dritter und schließlich die handlungsleitende, praxeologische Dimension dieser Sinnzuschreibungen. Das Gedächtnis ist hier »eine Art Schaltstelle, die Erfahrungen prospektiv und retrospektiv organisiert«[62]: indem es regelt, was denn überhaupt wahrgenommen und verarbeitet wird, und in dem es durch die (narrative) sinnstiftende Rückschau auf die Vergangenheit das Erlebnis zur Lebenserfahrung macht. Doch der vieldeutig schimmernde Erfahrungsbegriff wird durch seinen häufigen Gebrauch nicht deutlicher. Kritiker fordern daher zu Recht eine theoretische Präzisiserung, die den Mehrwert gegenüber der älteren historischen Semantik Kosellecks betont[63].

Als problematisch hat sich nicht zuletzt die Verknüpfung von »Erfahrung« und »Generation« erwiesen. Vor allem der neue Blick auf die fünfziger Jahre und die Debatte über die Bedeutung der »68er« haben die Generationszugehörigkeit und damit die Nähe und Ferne zum NS-Regime und zum Zweitem Weltkrieg als eine handlungsleitende Kraft und damit die Generation als ein weiteres Ordnungsmuster ins Blickfeld gerückt. Generation lässt sich in erster Linie als eine

59 Vgl. A. Assmann, Erinnerungsräume; vgl. dazu die Kritik von Jureit/Schneider, Gefühlte Opfer, S. 70 f.; Stephan, Erinnerungen.

60 Buschmann/Carl, Vorwort; Buschmann/Carl, Zugänge zur Erfahrungsgeschichte.

61 Vgl. Koselleck, »Erfahrungsraum« und »Erwartungshorizont«; Koselleck, Vom Sinn und Unsinn der Geschichte. Auf Koselleck ist im zweiten Kapitel zurückzukommen.

62 Erll, Kollektives Gedächtnis, S. 110. Vor allem der Sonderforschungsbereich 437 an der Universität Tübingen »Kriegserfahrungen. Krieg und Gesellschaft in der Neuzeit« (1999–2008) hat den erfahrungsgeschichtlichen Ansatz in den letzten Jahren für eine moderne Militärgeschichte fruchtbar gemacht, indem er den Blick auf die deutende Aneignung der Kriegswirklichkeit sowie die Ausbildung von Kriegserfahrung und ihre Auswirkung auf die Nachkriegszeit gelenkt hat. Zum SFB URL: http://www.uni-tuebingen.de/SFB437/F.htm (1.8.2009).

63 Erll, Kollektives Gedächtnis, S. 110.

»Selbstbeschreibungsformel«[64] verstehen und empirisch nachzeichnen: Menschen, die ungefähr das gleiche Alter haben, schreiben ihr Denken und Handeln aufgrund ähnlich gelagerter Sozialisationsbedingungen ihrem Alter zu und thematisieren sich selbst als eine Generation. Hier soll daher der Rückblick auf kollektive Erfahrungen Gemeinschaft stiften. Schaut man jedoch näher hin, sind die Erfahrungen einer Altersgruppe keineswegs so »kollektiv«, dass sie den Generationszusammenhang zwangsläufig herstellen. Als Modus der Vergangenheitsbetrachtung ist daher auch die Verbindung von Erfahrung und Generation, wie sie im Begriff der generationellen Erfahrungsgemeinschaft zugespitzt wird, höchst problematisch. Tatsächlich handelt es sich auch bei der generationellen Deutung von Vergangenheit um einen Vergemeinschaftungsprozess. Zum einen wären daher Typen verschiedener Erfahrungen (etwa von Kriegsgefangenschaft) zu identifizieren, anstatt einheitliche »Erfahrungskohorten« zu unterstellen. Zum anderen wären die sozialen Träger und kommunikativen Mechanismen dieser Vergemeinschaftung (etwa als Heimkehrer) angemessen zu beschreiben, anstatt nicht nachweisbare Automatismen zu unterstellen.

Das sozial- und kulturwissenschaftliche Konzept der »kollektiven Repräsentationen« (*représentations collectives*; Roger Chartier), das jetzt in einem zweiten Schritt für den konkreten Untersuchungszeitraum des ersten Nachkriegsjahrzehnts vorgeschlagen wird, spiegelt jene Grundannahme der kulturwissenschaftlichen Gedächtnisforschung wider, die den Vergangenheitsbezug mit poststrukturalistischen Einsichten in »die Wirklichkeit (und Vergangenheit) konstituierende Kraft von Signifikationsprozessen und medialen Repräsentationen«[65] und in die Narrativität von Geschichtsschreibung verbindet.

»Kollektive Repräsentationen« sollen im Folgenden als eine heuristische Kategorie dienen, die dem skizzierten Interesse entspricht und das notwendige Maß an Flexibilität gegenüber Formen (Medien, Quellen) und Inhalten historischer Bedeutungszuschreibungen garantiert. »Repräsentation« (aus stilistischen Gründen wird im Folgenden auch diese Kurzform benutzt und auf Anführungszeichen verzichtet) als hauptsächliches Instrument der kulturellen Analyse taugt nicht nur für die französische Gesellschaft des Ancien Régime (Chartiers Forschungsgegenstand), wo der Begriff selbst verwendet wurde, sondern auch für die (west)deutsche Nachkriegsgesellschaft, wo er aus naheliegenden Gründen nicht zum zeitgenössischen Repertoire gehörte. »Repräsentation« hat scheinbar gegensätzliche Bedeutungen: zum einen die Trennung zwischen dem Darstellenden und dem Dargestellten (dem realen oder symbolischen Bild, das in Erinnerung ruft), zum anderen das Vorzeigen einer anwesenden Person oder Sache (die öffentliche Präsentation). Es gibt »keine Tätigkeit oder Struktur [...], die nicht durch die widersprüchlichen und aufeinander prallenden Vorstellungen (*représentations*) erzeugt werden, mit denen Individuen

64 Jureit/Schneider, Gefühlte Opfer, S. 78. Vgl. ausführlicher: Jureit, Generationsforschung, S. 40–52 und 78–85.

65 Erll, Kollektives Gedächtnis, S. 4. Darin liegt sicher, wie Erll zu Recht betont, eine wesentliche Erklärung für den memory boom seit den neunziger Jahren. Vgl. auch das Handbuch Cultural Memory Studies.

und Gruppen ihrer Welt einen Sinn verleihen[66].« Eine Kulturgeschichte, die sich mit dem Kampf um die Repräsentationen befasst, kehrt zum Sozialen zurück, denn, so Chartier, »sie richtet ihre Aufmerksamkeit auf die symbolischen Strategien, die Positionen und Beziehungen determinieren und die für jede Klasse, jede Gruppe oder jedes Milieu eine wahrgenommene Daseinsweise konstruieren, die für ihre Identität konstitutiv ist[67]«. Schon jetzt ist festzuhalten, dass Chartier wie Halbwachs von der sozialen Bedingtheit des Vergangenheitsbezuges ausgeht; sein Verständnis kollektiver Trägerschichten vermeidet indes den Kurzschluss von Erinnerung und Nation bzw. nationaler Identität.

Vier Bedeutungsschichten der Konzeption von »Repräsentation« lassen sich, kurz gesagt, trennen. Erstens bezeichnet »Repräsentation« die materielle, unmittelbar wahrnehmbare Überlieferung gleich welcher Art, die zwischen der Vergangenheit und dem Betrachter steht. Zweitens ist die visuelle und sprachliche Struktur dieser Überlieferung gemeint, die Textur, die dem Betrachter Muster der Sinnstiftung anbietet. Drittens steht »Repräsentation« auf der imaginären Ebene für die Vorstellung, die sich durch das Zusammenwirken von materieller Überlieferung, ihrer Textur und der jeweiligen Wahrnehmung und Deutungsvorgaben speist. Viertens umfasst die Konzeption die Praxis der Repräsentation, die symbolische Selbstdarstellung, die soziale Differenzen markiert.

Während die Mentalitätsgeschichte die Grundeinstellungen der Menschen, ihre kollektiven Denk- und Wahrnehmungsmuster (Repräsentationen) beschrieb, die in Émile Durkheims Augen eher eine soziale Integrationsfunktion besaßen, geht es mit Chartiers Konzeptionalisierung um das Konfliktpotenzial kollektiver Repräsentationen in der sozialen Praxis, um nicht zu sagen: um die Kampfkraft der mit den Repräsentationen verbundenen Handlungen[68]. Repräsentationen sind hier nicht in erster Linie Ausdruck unbewusster Mentalitäten (Stichwort: Militarismus), sondern interessengeleitete, situationsspezifische Deutungen (hier: der militärischen Vergangenheit) durch bestimmte Teile der Gesellschaft, die mit unterschiedlichen, bewusst gewählten Strategien die soziale Ordnung klassifizieren und den (prominenten) Platz ihrer Gruppe darin definieren. Das entspricht dem Erkenntnisinteresse wegzukommen von der bereits zeitgenössischen Frage nach dem »Militarismus« der Deutschen, dem militaristischen Nationalcharakter, wie sie sich noch in der Entmilitarisierungspolitik der Alliierten niederschlug, die *den* Deutschen eben jene Mentalität austreiben wollten. Die Untersuchung von kollektiven Repräsentationen des Krieges und des Militärs dienen dem Ziel, die kulturelle Selbstdeutung von Individuen und zugleich ihre soziale Position zueinander in Beziehung zu setzen.

Im Gegensatz zu *mentalité* bietet sich der Repräsentationsbegriff für den Forschungsgegenstand daher auch aus einem weiteren Grund an. Er eignet sich für die Untersuchung des Wandels von Deutungsmustern in relativ kurzfristigen Zeitspannen – Krieg und Kriegsende, Besatzungszeit, frühe Bundesrepublik. Noch eins kommt hinzu. Die Aneignung im Sinne Chartiers zielt auf eine Sozialgeschichte

66 Chartier, Die Welt als Repräsentation, S. 326.
67 Ebd., S. 337.
68 Vgl. Chartier, Kulturgeschichte.

der Verwendungen und Interpretationen, die »ins Verhältnis gesetzt werden zu ihren grundlegenden Determinationen und sich in die speziellen Praktiken einschreiben, die sie hervorbringen«[69]. Deshalb sind die Bedingungen und Prozesse zu untersuchen, »die sehr *konkret* die Vorgänge der Sinnkonstruktion tragen«. Das weist auf die mediengeschichtliche Frage, welche Verbreitung bestimmte Vorstellungen in der Öffentlichkeit jeweils gefunden haben: in der Tageszeitung, im Bildband oder in der Alltagspraxis des örtlichen Veteranenvereins. Welche Chancen und Grenzen der Öffentlichkeit gab es jeweils? Welche Medien standen zur Verfügung und wurden genutzt? Welche Rolle spielten die NS-Propaganda im Dritten Reich und dann nach 1945 in Westdeutschland die *Public Relations* vor allem des späteren Verteidigungsministeriums bei der medialen Vermittlung? Doch die soziale Ordnung bietet nicht nur einen »Rahmen« für die Repräsentationen; vielmehr hängt die Existenz dieser Ordnung nicht zuletzt davon ab, dass die kollektiven Repräsentationen sie durch ihre Integrationskraft konstituieren[70].

In diesem Rückbezug auf die Kommunikation auf einer kognitiven wie emotionalen Ebene und im Sensibilisieren für das Konfliktpotenzial, das die fortwährende Konkurrenz der Repräsentationen birgt, liegt der Vorzug gegenüber einer ideengeschichtlichen Höhenkammwanderung oder einer aktengläubigen Fixierung auf die Sicht »von oben« oder auch einer reinen Erfahrungsgeschichte »von unten«[71]. Das leitet zum dritten Schritt über.

Das hier vorgeschlagene Konzept besitzt gegenüber den skizzierten kulturwissenschaftlichen Grundmustern einen erkennbaren, theoretisch reflektierten Mehrwert, weil es nicht nur den erreichten Stand der gedächtnistheoretischen Diskussion aufgreift und bestimmte Vorzüge bündelt, sondern auch zentrale Defizite der dominanten Erinnerungskategorie ausgleicht. So arbeitet es einem künftigen Bezug auf die spezifische Vergangenheit von Krieg und Nachkrieg zu, welcher der geänderten

---

69 Chartier, Die Welt als Repräsentation, S. 331.

70 Dieses Verständnis liegt dem interdisziplinären SFB 640 »Repräsentationen sozialer Ordnungen im Wandel« an der Humboldt-Universität zu Berlin zugrunde, der damit auf den Vergleich zwischen Europa und außereuropäischen Kulturen und die Untersuchung ihrer Verflechtungen zielt. Repräsentationen werden hier als »öffentlich ausgehandelte oder durchgesetzte, gesellschaftlich konsensfähige oder umstrittene Vorstellungen und Bilder verstanden, die vergangene, gegenwärtige oder zukünftige gesellschaftliche Wirklichkeiten darzustellen beanspruchen und in denen Entwürfe des Eigenen wie des Anderen enthalten sind. Repräsentationen sind unter dieser Perspektive nicht bloße Widerspiegelungen von sozialen Ordnungen, sondern auch Modelle für die Wirklichkeit, so interessieren vor allem die Wirkungen von Repräsentationen auf soziale Ordnungen.« URL: http://www.repraesentationen.de (15.8.2010). Vgl. Selbstbilder und Fremdbilder; Baberowski, Was sind Repräsentationen sozialer Ordnungen?

71 Hinzu kommt, dass der Begriff in unterschiedlichen politik- und geschichtswissenschaftlichen, erkenntnistheoretischen und kulturphilosophischen Diskussionen verwendet wird, was seine Mehrschichtigkeit bedingt. Der aus dem Französischen (Roger Chartier, Paul Ricoeur) übernommene Begriff besitzt aus historiografischer Sicht den Charme einer Mehrdeutigkeit, die die Vergangenheit mit der Gegenwart durch den Vermittlungsaspekt verknüpft. Der französische Begriff *représentation* kann mit »Vergegenwärtigung« wie auch mit »Darstellung« übersetzt werden und hängt zudem mit dem Begriff der *représentance* (Vertretung, Stellvertretung; »Repräsentanz«) zusammen. Wegen dieser mehrfachen Konnotationen wird der französische Terminus üblicherweise nicht in verschiedene deutsche Wendungen übersetzt, sondern mit »Repräsentation« widergegeben. Vgl. etwa Ricœur, Geschichtsschreibung und Repräsentation.

Erinnerungskonstellation in der Bundesrepublik zu Beginn des 21. Jahrhunderts Rechnung trägt. Für diese Diskussion sind sieben Aspekte zu unterscheiden.

Die Konzeption der »kollektiven Repräsentation« verhindert, *erstens*, eine starre Kopplung von Erinnerung und kollektiver Identität – wie sie vor allem Assmanns Rezeption von Halbwachs zugrunde liegt. Die Vorstellung einer kulturellen Identität sollte ungeachtet aller Differenzierungen die nationale Gesellschaft als eine nationale Einheit fassen. Nationale »Identität« wurde hier zur Norm erhoben, zuweilen durch das Postulat einer ethnischen Homogenität als Basis des nationalen Kollektivs aufgeladen – das realiter eine Ausnahmeerscheinung ist – und nachgerade als ein Konstituens für die Ausdrucksform einer politischen Gemeinschaft.

Auch die Studien nationaler »Erinnerungsorte« weisen in der Regel nicht über den Zaun der Nationalgeschichte hinaus, sieht man von ersten Ansätzen einer europäisch-vergleichenden oder weltgeschichtlichen Ausweitung ab[72]. Die *lieux de mémoire*, die Pierre Nora in seinem siebenbändigen Monumentalwerk (1984–1992) beschreibt, sind als mnemotechnische *loci* der Nation im weiten Sinne gedacht[73]. Dem französischen Gedächtnis sollte die Beschreibung geografischer Orte ebenso auf die Sprünge helfen wie die von Denkmälern, historischen Persönlichkeiten oder symbolischen Taten. Im Gegensatz zu Halbwachs ging Nora freilich weder davon aus, dass es ein kollektives Gedächtnis (der französischen Nation) gebe, wie das noch in der Dritten Republik auf natürliche Weise der Fall gewesen sei, noch davon, dass die Reflexion über Erinnerungsorte ein solches generieren würde. Die bunte Mischung von Erinnerungsorten stellte vielmehr ein Angebot für verschiedene Vergangenheitsbezüge dar. Wenngleich Nora zwischen einer materiellen, funktionalen und symbolischen Dimension der jeweiligen kulturellen Objektivation scheinbar klar unterschied, verschwimmen die Kriterien für die Bestimmung eines »Erinnerungsortes« in der Praxis, sodass Kritiker die Unschärfe, ja Beliebigkeit einer solchen erinnerungshistorischen Geschichtsschreibung bemängeln.

Dass es problematisch ist, im Zeitalter der Massenmedien und der ebenso vielfältigen wie flüchtigen Identitätsangebote von einer (nationalen) kollektiven Identität zu sprechen, liegt auf der Hand. Doch auch für die Selbstentwürfe der frühen deutschen Nachkriegsgesellschaft, der die Gewissheit nationaler Identität abhanden gekommen war und die angesichts ihrer Instrumentalisierung unter dem rasseideologischen Rubrum der »Volksgemeinschaft« nicht mehr ohne Weiteres salonfähig war, ist man gut beraten, *nicht* von einem homogenen Kollektiv auszugehen, das sich durch kollektive Erinnerung konstituierte und diese dadurch zugleich verfestigte (zu schweigen davon, dem so konstituierten Kollektiv intentionales Handeln zuzuschreiben). Das gilt erst recht für die postsouveränen Nationalstaaten in der heutigen

[72] Vgl. für Deutschland: Deutsche Erinnerungsorte. Eine erste Ausnahme ist das polnisch-deutsche Großprojekt des Historischen Zentrums Berlin der Polnischen Akademie der Wissenschaften »Deutsch-polnische Erinnerungsorte«. Hier wird der transnationale Ansatz mit dem Konzept der lieux de mémoire kombiniert, indem u.a. die unterschiedlichen Deutungskontexte desselben Erinnerungsortes oder zweier funktional äquivalenter Erinnerungsorte dargestellt werden. Vgl. Der Kampf um das Gedächtnis; Erinnerungskulturen. Deutschland, Italien und Japan; Erinnerungstage.

[73] Les lieux de mémoire, t. I–III; vgl. Nora, Das Abenteuer der Lieux de mémoire; vgl. Erll, Kollektives Gedächtnis, S. 23–26.

»Weltgesellschaft«, in der die Internationalisierung der Märkte die Souveränität der Nationalstaaten längst untergraben hat. Diese Entwicklung ist jedoch kein neues Phänomen, dessen Aspekte hier in die Vergangenheit projiziert würden. Vielmehr liegen die Anfänge der Weltgesellschaft in der Mitte des 20. Jahrhunderts, folglich im Untersuchungszeitraum selbst. Der Zusammenhang zur Erfahrung des Zweiten Weltkrieges lag auf der Hand: Der Souveränitätsverzicht sollte kriegerische Konflikte begrenzen, wenn nicht unmöglich machen. Das Ende des Zweiten Weltkrieges war auch eine Zäsur für die Institutionalisierung der Weltgesellschaft (wenngleich noch ohne die entsprechende Selbstthematisierung)[74]. Nach »kollektiven Repräsentationen« zu fragen, macht es möglich, anstelle einer einheitlichen statisch gedachten Identität Identifikation als Prozess zu untersuchen, empirisch nachweisbare Identifikations*angebote* herauszuarbeiten und zu zeigen, wie dazu kulturelles Wissen aktualisiert, angeeignet und angepasst wurde.

Gegen die homogenisierende Lesart ist die Pluralität der Gruppenidentitäten herauszustreichen. Wie die genannten Grundmuster unterstreicht die Repräsentationskategorie den Gegenwartsbezug der Vergangenheitsbetrachtung. Für Maurice Halbwachs war bereits klar: Die Angehörigen einer sozialen Gruppe *machen* sich ein Bild von der Vergangenheit, sie rekonstruieren sie nicht. Mit Jan Assmann könnte man von der »Rekonstruktivität« der Repräsentationen sprechen. Stärker als diese Konzepte zwingt das hier vorgeschlagene Muster jedoch, *zweitens*, zur Identifizierung der Gruppen, um deren geschichtsbasierte Identität es geht. Wo von »kollektiven Repräsentationen« die Rede ist, handelt es sich nicht um den Erhalt eines Volkes (Assmann), sondern um die jeweilige Selbstthematisierung spezifischer Gruppen einer Gesellschaft. Der öffentliche, nicht der im autoritären Sinn offizielle Vergangenheitsbezug steht in Rede: Er wird nicht verkürzt auf eine Geschichtspolitik von oben, ist zugleich aber offen für die intentionale, strategische Dimension der Erinnerung, der Instrumentalisierung von Vergangenheit für Gruppeninteressen. Diese Rückbindung an die verschiedenen sozialen Gruppen der Akteure ist mit der Privilegierung einer bestimmten Gruppe unvereinbar und wird so der Pluralität der kollektiven Erinnerungen und Gedächtnis*se* besser gerecht.

Der Begriff und die Vorstellung einer kollektiven Identität durch Erinnerung sind noch auf eine andere Weise problematisch. Individuen und soziale Formationen sind in ihrer »Identität« nicht durch Vergangenheit festgelegt[75]. Die Kategorie der »kollektiven Repräsentation« vermeidet – darin liegt ihr *dritter* Vorzug – das Missverständnis, Geschichte begründe Identität. Sie legt die Funktion von Geschichte nicht auf kol-

---

[74] Ulrich Bielefeld (Nation und Weltgesellschaft) erinnert an die Teilprozesse: rechtlich die Herausbildung eines trans- und internationales Recht (Gründung der Vereinten Nationen 1945/48, Völkerrecht), finanzwirtschaftlich die Neuordnung des internationalen Währungssystems mit dem US-Dollar als Leitwährung in Bretton-Woods 1944, ökonomisch die Gründung der Europäischen Gemeinschaft für Kohle und Stahl (EGKS) 1951; sicherheitspolitisch der Abschluss des Nordatlantikvertrages 1948/49 und die Pläne zur Europäischen Verteidigungsgemeinschaft (EVG) 1952.

[75] Vgl. kritisch v.a. Niethammer, Kollektive Identität, S. 314–366; Niethammer, Gedächtnis und Geschichte. Vor einer vorschnellen Übertragung des personenbezogenen Identitätsbegriffs auf Kollektive warnt auch Straub, Personale und kollektive Identität.

lektive Identität fest, und ihr liegt auch kein determinierendes Verständnis von Vergangenheit und Erfahrung zugrunde, wie es in der Vorstellung einer Generation als Erfahrungsgemeinschaft anklingt. Auch hier bietet das Konzept der kollektiven Repräsentationen einen weiterführenden Zugang, nicht zuletzt in Verbindung mit Mediengeschichte und Öffentlichkeitsforschung. Wo es um die Selbst- oder Fremdzuschreibung als Generation geht, wird die Repräsentation von Vergangenheit als Teil eines Verständigungsprozesses unter den jeweiligen kommunikationsgeschichtlichen Bedingungen verstanden. Wird der Generationenbegriff seiner substanzialistischen Prämissen entledigt, öffnet sich der Blick auf die Konstruktion von Generationen durch spezifische Vergangenheitsbezüge in Teilbereichen des öffentlichen und halböffentlichen Raumes. Erneut liegt ein Vorzug des Konzepts darin, nicht allein das Integrationspotenzial, sondern auch die Sprengkraft dieser Rückbezüge offenzulegen. Wer sich als Angehöriger einer Generation begreift und vorstellt, grenzt sich in der Regel implizit oder explizit von Dritten ab, die er als Angehörige einer anderen Generation hinstellt, denen wiederum andere Erfahrungen zuzuschreiben seien.

Die Annahme einer ausschließlich positiven Funktionalität von gemeinschaftlicher Erinnerung im Sinne der für das Kollektiv notwendigen Identitätsstiftung, wie sie dem kulturtheoretischen Grundmuster von Assmann & Assmann zugrunde liegt, wird zudem dort besonders problematisch, wo sich die zur Erinnerung anstehende Vergangenheit gegen komplexreduzierende Deutungen im Stil heroisierender Mythenbildung in höherem Maß sperrt. Die Vergangenheit der Gewalterfahrungen im totalen Krieg und der nationalsozialistischen Verbrechen, um die es in dieser Studie geht, lässt sich nicht ohne Weiteres für eine stabilisierende nationale Identitätsstiftung umdeuten. Sie lässt sich auch nicht vergessen[76]. Weil es offener für die Komplexitäten ist, kann das Konzept der »Repräsentation« dieser Ambivalenz besser gerecht werden.

Das weist auf einen *vierten* Vorzug hin. Erinnern ist das Gegenteil von Vergessen oder Vergessen ein Komplement von Erinnern – so scheint es. Die Kategorie »Repräsentation« vermeidet dagegen dieses Missverständnis, das im kulturtheoretischen Grundmuster »Erinnern« angelegt ist. Tatsächlich schließt Erinnern Vergessen zwangsläufig ein; beide sind Teile desselben Prozesses, auch das Vergessene ist ein Teil des Gedächtnisses. Was dabei vergessen wird, ist nicht für immer aus der Welt, es ist lediglich ein zu einem bestimmten Moment abwesender Teil der Vergangenheit, der indes weiter zur Verfügung steht und durchaus zu einem späteren Zeitpunkt abgerufen – »re-präsentiert« – werden kann. Dem neutraleren Terminus ist umso mehr der Vorzug zu geben, als er ohne Moralisieren auskommt. Denn der im Begriff des Erinnerns angelegte Fehlschluss hat eine moralische Dimension: Wer sich erinnert, ist auf der moralisch richtigen Seite; wer vergisst, auf der falschen – möchte man meinen. Diesem Dualismus, der im alltagssprachlichen Verständnis angelegt ist, entzieht »Repräsentation« die Grundlage. Obwohl hier kein Gegenbegriff mitschwingt – wer denkt bei Repräsentation schon an Nicht-Repräsentation? –, ist der selektive Charakter jeglicher Repräsentation von Vergangenheit offenkundig. Von

[76] Vgl. zum Folgenden die Kritik von Jureit/Schneider, Gefühlte Opfer, S. 74–76.

einer bestimmten Vergangenheit zu reden heißt, von einer anderen (vorübergehend) schweigen. Auch unter diesem Aspekt hat das Konzept seine Vorzüge gegenüber der dominanten kulturtheoretischen Gedächtniskategorie.

Für den gewählten Untersuchungszeitraum eignet sich die hier vorgeschlagene Kategorie, *fünftens*, deshalb in hohem Maße, weil die von Assmann & Assmann eingeführte kategoriale Trennung zwischen zwei zeitlich versetzten Modi des Gedächtnisses, dem (frühen) kommunikativen und dem (späteren) kulturellen, leicht in die Irre führen kann. Da die Untersuchung um die Gegenwärtigkeit einer jüngsten, unmittelbaren, soeben erst abgeschlossenen Vergangenheit kreist, da von einem Geschehen zu reden ist, über das die Betroffenen – heute würde man sagen: die »Zeitzeugen« – selbst sprachen (oder schwiegen), bietet die Konzeptionalisierung dieser Gemengelage als kollektiver Repräsentationen einen differenzierteren Zugriff. Formen und Inhalte der Artikulation »von unten« gehen mit kulturell überformten Deutungsangeboten und -vorgaben »von oben« einher. Der Reiz des gewählten Zeitraums der Betrachtung liegt gerade darin, dass man es mit dem »Kurzzeitgedächtnis« der Nachkriegsgesellschaft zu tun hat, während gleichzeitig die Weichen für das durch Medien und Institutionen kulturell geformte, epochenübergreifende Langzeitgedächtnis gestellt wurden. Erfahrungen, Erzählungen und Erinnerungen sind enger ineinander verflochten, als das binäre Modell es ahnen ließe. Die Veränderung zwischen 1945 und 1955 lässt sich vielmehr als ein Prozess der kulturellen Verfestigung des Erinnerten deuten und untersuchen.

Einen *sechsten* Vorzug mag man darin sehen, dass eine belastete Vergangenheit mit einem »unbelasteten Begriff« untersucht wird. Während der geschichtspolitische und gedächtniskulturelle Ansatz im deutschen Fall in erster Linie auf die nationalsozialistische Vergangenheit und die NS-Verbrechen zielen und sich als kritischer Beitrag zur Aufarbeitung dieser Vergangenheit verstehen, steht das aus Frankreich stammende Konzept der »kollektiven Repräsentation« nicht von vornherein in diesem spezifischen Kontext, und es ist nicht thematisch eng konnotiert. Positiv formuliert: Auch wenn der Begriff im Deutschen sperrig klingen mag, ist die Konzeption vergleichsweise offener und für die spezifische Analyse der Kriegsvergangenheit, der militärgeschichtlichen Anteile an der NS-Zeit, flexibler zu handhaben, nicht zuletzt, um neben den Opfern auch die Mitläufer und Täter zu thematisieren. Damit ist ein letzter, in die Zukunft weisender Gesichtspunkt angedeutet.

Durch das Zusammenwirken der genannten Faktoren kann schließlich, *siebtens*, das hier vorgeschlagene heuristische Instrument eine neue Perspektive auf die Vergangenheit des Krieges und den Umgang mit ihr im Nachkrieg eröffnen. Zu Recht wurde jüngst auf die anhaltende Gefahr des moralisierenden Erinnerns hingewiesen, das die Opfer gleichsam vereinnahmt und eine erstarrte Erinnerungskultur auf Dauer stellt, die im Modus der »Betroffenheit« und der ritualisierten Empörung eine Entlastungsfunktion erhält: Kann schuldig sein, wer sich erinnert? Die damit verbundene Allgegenwärtigkeit der Opfer würde die Täter an den Rand kollektiver Repräsentationen des Krieges manövrieren und das Bild der Vergangenheit verzerren[77]. Chartiers Modell könnte dazu beitragen, das Spannungsverhältnis von subjektiver Erfahrung und kulturellen Gedenkens, in dem die individuelle Erinnerung oszilliert, neu zu vermessen. Weil es die Täter und Mitläufer als Trägergruppen kollektiver Repräsentationen und Akteure der Vergegenwärtigung von Kriegsvergangenheit stärker einbezieht, eignet es sich in höherem Maße für eine Geschichtsbetrachtung, die den Kurzschluss von Kulturtheorie und Opferidentifikation vermeidet, den Blickwinkel nicht auf die Identifikation mit den Opfern verengt und die deshalb das seit etwa vierzig Jahren in der Bundesrepublik dominierende »opferidentifizierte« Deutungskorsett aufsprengen könnte. Auf diesen – wie zu hoffen steht – produktiven Verstoß gegen die erinnerungspolitische Norm ist am Ende des empirischen Testfalls zurückzukommen.

Gegen die kritische Auffassung, dass das Konzept von der historischen Wirklichkeit wegführe und die Kenntnis der Vergangenheit auf ihre Mythen reduziere, unterstrich Chartier 2010 noch einmal den heuristischen Nutzen[78]. Für die Verwendung des Begriffs im historischen Diskurs unterschied er zunächst dessen »transitive« Funktion von der »reflexiven«, womit er an die erwähnte Gegensätzlichkeit der Bedeutungen erinnerte: *Représentation* bezeichnete einerseits das Bild, die Vorstellung einer Sache und ersetzte das Repräsentierte, das selbst abwesend war. Andererseits bezeichnete das Konzept die Darstellung (*exhibition*) der Sache selbst und machte ihre Präsenz augenfällig; *représentation* steht hier für die sprachliche und visuelle Anwesenheit des Repräsentierten, verweist also auf sich selbst. Besser als der ältere Begriff der »Mentalität«, so erneut sein Argument, weise »Repräsentation« auf die sozialen Beziehungen und ihre Konflikte hin, die sich als Ausdruck der Konkurrenz um Repräsentationen lesen lassen. Vor allem in demokratischen, nicht umfassend »kodifizierten« Gesellschaften wird eine soziale Gruppe durch Repräsentationen konstruiert, wie Chartier mit Verweis auf Pierre Bourdieu betonte. Zum einen hingen diese von den zur Verfügung stehenden Ressourcen ab, zum anderen definierten und perpetuierten sie diese strukturellen Bedingungen. Repräsentationen seien daher ebenso real wie die realen Objekte. Insofern sei das Konzept geeignet zu erklären, wie soziale Wirklichkeit konstruiert werde, so lautete sein Fazit.

Für die deutsche Geschichtswissenschaft zog Hartmut Kaelble jüngst eine Zwischenbilanz. Das Konzept werde hier seltener als in Frankreich verwendet und sei bislang nicht in die deutsche Tradition eingeordnet worden, werde jedoch mit steigender Tendenz positiv rezipiert, vorrangig in der Geschichte des Mittelalters und der Frühen Neuzeit, weniger bislang in der Zeitgeschichte. Kaelble macht meh-

---

77 Jureit/Schneider, Gefühlte Opfer. Jureit hatte die Federführung bei der Neugestaltung der »Wehrmacht-Ausstellung«.

78 Einen aufschlussreichen Einblick in den aktuellen Stand der Debatte und die Rezeption des Konzepts in Deutschland bot im Mai 2010 eine Podiumsdiskussion am Deutschen Historischen Institut Paris. Im Rahmen der vom DHI und dem Centre de recherche interdisciplinaire sur l'Allemagne (CRIA, EHSS) organisierten Veranstaltungsreihe »Les mots de l'Histoire. Historiens allemands et français face à leurs concepts et à leurs outils« war eine Sitzung mit Vorträgen von Roger Chartier (Collège de France, Paris) und Hartmut Kaelble (HU Berlin) dem Thema »Vorstellung / Représentations« gewidmet (Paris, 7. Mai 2010); Kommentar: Pierre Monnet (EHES); danach das Folgende. Ich danke Stefan Martens (Paris) für den Hinweis und die Einladung.

rere Faktoren aus, die eine Rezeption im deutschsprachigen Raum erschwerten. Erstens stoße die Verwendung auf semantische Barrieren. Der Schlüsselbegriff konkurriere im Deutschen mit der gängigen Bedeutung der politischen Vertretung und einer veralteten Bedeutung, wie sie in »Repräsentationskosten« anklingt. Zweitens sei der Begriff sperrig, weil er eine Vielzahl von teils gegensätzlichen Übersetzungen ermögliche – man denke nur an »Einstellung«, »Vorstellung«, »Darstellung« sowie »Aufstellung« und »Ausstellung«. Drittens handele es sich um einen *terminus technicus*, dessen Verwendung dem Anspruch des Historikers auf allgemeine Verständlichkeit entgegenstehe. Gleichwohl sieht auch Kaelble gute Gründe für die weitere Rezeption des Konzepts in der deutschen Geschichtswissenschaft. Im Unterschied etwa zur Ideengeschichte hält auch er eine Geschichte der Repräsentationen für attraktiver, weil sie mehrere Dimensionen wie soziale Konflikte, politischen Folgen oder die Rolle der Medien und des öffentlichen Raumes erschließe. Das Konzept ist in hohem Maße über die Historiografie hinaus anschlussfähig, weil es international und interdisziplinär ist – auch die Literaturwissenschaft und die Kunstgeschichte beispielsweise greifen darauf zurück[79]. Zu den Forschungsfeldern, für die das Konzept einen besonderen Ertrag verspricht, zählt für Kaelble die Geschichte der Begegnungen mit dem (außer-europäischen, »barbarischen«) Anderen etwa im Rahmen der Globalgeschichte, die Geschichte sozialer, politischer Ordnungen und Identitäten sowie insbesondere die Erforschung der Deutung epochaler Krisen. Wie Kaelble zu Recht betont, eröffnet *représentation* als heuristisches Instrument den Zugang zu deren Folgen, die sich als Auseinandersetzung um die Deutung von Zäsur und Neuanfang, das heißt als Konfrontation unterschiedlicher Repräsentationen interpretieren lassen. Ob eine Gesellschaft eine Phase der Orientierungslosigkeit durchlebt, an alten Ordnungsvorstellungen festhält oder sich an neuen, womöglich von außen angetragenen Vorgaben als Antwort auf die Krise orientieren muss: Große Krisen intensivieren und verändern regelmäßig die Selbst- und die Fremdwahrnehmung in einem Maße, das über die politische Kritik der Krise (Koselleck) hinausgeht.

Der epochale Umbruch nach 1945 ist daher in hohem Maße geeignet, im Lichte der Veränderung von Repräsentationen untersucht zu werden. Das gilt umso mehr, als die konkurrierenden Deutungen der unmittelbaren Vergangenheit, des Weltkrieges und der Wehrmacht eine Schlüsselrolle für die Neuorientierung in Westdeutschland gespielt haben. Dass kurz darauf in den fünfziger Jahren der Deutungsraum um jene Phase erweitert wurde, in der die Deutschen mit Repräsentationsvorgaben von außen, durch die Alliierten, konfrontiert wurden, die Frühphase konkurrierender Vergangenheitsdeutungen in der Besatzungszeit also ihrerseits in die identitätsstiftende Einstellung gegenüber der Vergangenheit vor 1945, in ihre Vor- und Darstellung einbezogen wurde, lässt den Ansatz noch interessanter erscheinen. Darin liegt die doppelte Historizität des Konzepts: dass beide Zeiträume, die Vergangenheit, von der man spricht, und die Gegenwart, in der man spricht, Gegenstand der historischen Betrachtung werden. Die repräsentationsgeschichtliche Annäherung rückt die ursächlichen Bedingungen der Krise (den nationalsozialistischen Krieg und die bedingungslose Kapitulation 1939–1945) ebenso ins Blickfeld wie jene Herrschaft

[79] Vgl. die Zeitschrift Representations (Berkeley).

(das Besatzungsregime 1945–1949), in der ein neues Repräsentations-System durch die Kontrolle nicht nur des Raumes, sondern der sinn- und legitimationsstiftenden Deutungs- und Argumentationskategorien (vor allem: die Entmilitarisierung) vorgegeben wurde. Im Mittelpunkt steht jedoch nicht die Krise selbst, sondern die Rückkehr zur Stabilität nach der Krise. Anders gesagt: Das Konzept der Repräsentation setzt den Akzent der Untersuchung nicht auf die Kriegs-, sondern die Nachkriegszeit. Es eignet sich darüber hinaus für die systematische Strukturierung des Untersuchungszeitraums, weil es Konfliktfelder absteckt, die durch revalisierende Repräsentationen erzeugt werden. Diese gesellschaftlichen Felder ermöglichen dann auch den systematischen Aufbau der vorliegenden Studie.

So bildet die Frage der konkreten Bedingungen von Repräsentationen einen Leitfaden der Untersuchung. Was Chartier für den Wandel von der Monarchie des Ancien Régime zur Republik im Frankreich des 17. und 18. Jahrhunderts feststellt – die Entstehung eines »Raum[es] für freie Kritik« und damit die »fortschreitende Politisierung kultureller Praktiken«, die zuvor weitgehend vom Staat dominiert worden waren oder sich in der Sphäre des Privaten entwickelt hatten[80] –, das lässt sich auf den Übergang von der NS-Diktatur zur bundesdeutschen Demokratie übertragen. Die Veränderung von Machtausübung veränderte die Regeln, welche die Praktiken organisierten. Darin liegt ein Vorzug des Ansatzes: kulturelle Praxis mit Machtausübung neu zu verbinden.

Auf der einen Seite dominierten in der Kriegsgesellschaft Zensur und Propaganda die Öffentlichkeit, wenngleich rege Feldpostkorrespondenz und Gerüchte, die Soldaten auf Urlaub oder während eines Lazarettaufenthalts streuten, je später, desto mehr für eine staatsferne Öffentlichkeit auch unter den Bedingungen der Diktatur sorgten. Auf der anderen Seite führte die Demokratisierung der Westdeutschen nach 1945 zu einer neuen Öffentlichkeit, einem Pluralismus der Meinungen, zum – wie Chartier für das 18. Jahrhundert formuliert hat – »Hervortreten einer selbstständigen literarischen Sphäre und [zur] Herausbildung eines Marktes symbolischer Güter und geistiger und ästhetischer Urteile«. Das galt zunächst unter den Bedingungen der Besatzungsherrschaft, etwa mit der Lizenzierung der Herausgabe von Zeitungen und Zeitschriften, der »Lizenzpresse«, und mit Beschränkungen, insbesondere im Hinblick auf das sensible Thema Krieg und Wehrmacht im Zuge der Entmilitarisierungspolitik. Mit Gründung der Bundesrepublik entfielen manche Beschränkungen. Ehemalige Soldaten durften sich nun auch förmlich organisieren, sodass sich seit den frühen fünfziger Jahren eine öffentliche »Veteranenkultur« entwickelte. Die Nürnberger Prozesse in den vierziger Jahren, die Inhaftierung der sogenannten »sogenannten Kriegsverbrecher« (sic) und die Wiederbewaffnung der beiden deutschen Staaten schufen neue Bedingungen der Kriegs- und Militär-Repräsentationen. Die Öffentlichkeitsarbeit des Amtes Blank (des Vorläufers des Bundesministeriums für Verteidigung), die Werbung für die »neue Wehrmacht« und den »neuen Soldaten«, den »Bürger in Uniform«, sorgten für neue Vermittlungswege.

Chartiers Konzept lässt sich daher auch mit dem Interesse an einer kulturhistorischen Medien- und Kommunikationsgeschichte verbinden, die von der Prämisse aus-

80 Chartier, Die Welt als Repräsentation, S. 344.

geht, »dass jenes Geflecht von Wahrnehmung, Orientierung, Sinnstiftung, Symbolik und Handlungsdispositionen, welches Kultur ausmacht, kommunikativ und damit ggf. auch medial zustande kommt, sich erhält und fortentwickelt«[81]. Nicht die technischen Voraussetzungen der Medien, wie sie Gegenstand einer positivistischen Mediengeschichte wären, sind also gemeint, sondern die Medien werden selbst als Voraussetzung, als »Sphäre und Formen des Austauschs und der Stiftung von Sinn und Handlung« betrachtet. Sie sind Prägekräfte des politischen Raumes. Konkret ist daher hier nach den kommunikativen und medialen Konstruktionsprozessen zu fragen, die Repräsentationen von Krieg und Militär hervorgebracht haben. Deren Untersuchung trägt insofern dazu bei, mediale und kulturelle Praktiken sowie den Wirkungs- und Bedeutungszusammenhang von Medien und Kultur in den späten vierziger und in den fünfziger Jahren zu untersuchen.

Die Reibungen kamen auf dem neuen Forum der Öffentlichkeit zum Ausdruck. Zu den veränderten Rahmenbedingungen zählt ein Strukturwandel der Öffentlichkeit[82]. Die Nachkriegsjahre waren insbesondere dadurch gekennzeichnet, dass die weitgehende, wenngleich nie hundertprozentige Kontrolle der öffentlichen Kommunikation zunehmend aufgehoben wurde und die drängenden sozialen, wirtschaftlichen wie auch politischen Probleme und Entscheidungen zum Thema massenmedial vermittelter Darstellungen und Diskussionen wurden. Die Untersuchung der Repräsentationen von Krieg und Militär steht daher nicht nur im Kontext der Debatte um die westdeutsche Demokratisierung, sondern trägt auch zur Geschichte der politischen Kommunikation nach 1945 bei.

Dieses Thema hat spätestens seit den neunziger Jahren durch den Bedeutungszuwachs der Medien in der Öffentlichkeit an Aufmerksamkeit gewonnen[83]. Was aber ist Öffentlichkeit, was öffentliche Meinung? An Definitionen dieser Begriffe herrscht schon aufgrund ihres hohen Stellenwerts für die Demokratie kein Mangel; an ihrem amorphen Charakter auch nicht. Fest steht, dass öffentliche und veröffentlichte Meinung in der Regel nicht dasselbe sind[84]. Zum Zwecke der Untersuchung beschreibt »Öffentlichkeit« den Raum, in dem sich die Gesellschaft über sich selbst verständigt, dazu Themen auswählt und kontrovers debattiert. Diesem pragmatischen Verständnis zufolge kann man Öffentlichkeit verstehen als »Medium der Selbstreferenz einer Gesellschaft [...], als eine Arena, in der kollektive

81 Tschopp/Weber, Grundfragen der Kulturgeschichte, S. 14.

82 Jürgen Habermas' gleichnamige Studie von 1962, die für das 18./19. Jahrhundert eine idealtypische Öffentlichkeit konstruiert, wäre als Teil der zeitgenössischen Debatte interessant, weniger als Modell. Vgl. Habermas, Strukturwandel der Öffentlichkeit.

83 Die westlichen Demokratien befinden sich auf dem Weg zu einer Informationsgesellschaft, in der auch die Politik, die Politiker ihr Verhältnis zu den Medien neu definieren (müssen). Durch die Medialisierung von Politik – etwa die »Amerikanisierung« des Wahlkampfes – erhält die Symbolpolitik einen immer höheren, Kritiker meinen: zu hohen Stellenwert. In der Mediendemokratie treten intermediäre Instanzen wie Parteien und Parlamente in den Hintergrund, sodass derzeit über die Ursachen und möglichen Folgen eines erneuten Strukturwandels der Öffentlichkeit debattiert wird, vor allem in demokratietheoretischer Perspektive unter Politologen. Politik braucht Legitimation durch Kommunikation. Ohne die öffentlich begründende Darstellung ist Politik in der Demokratie nicht möglich. Vgl. Beierwaltes, Demokratie und Medien.

84 Zur Begriffsgeschichte vgl. Gallus/Lüthe, Öffentliche Meinung und Demoskopie, S. 10–49; Gallus, Medien, öffentliche Meinung und Demoksopie; Kleinsteuber, Artikel »Öffentliche Meinung«.

Deutungsmuster generiert, Werte ausgehandelt und Interessenkonflikte ausgetragen werden[85].« Um Krieg und Militär kreisten die kollektiven Deutungsmuster, anhand dieses Themas wurden neue, über das Militärische im engeren Sinn weit hinausgehende Werte ausgehandelt, und am Krieg und seinen Folgen entzündete sich der erste große Interessenkonflikt der jungen Bundesrepublik. Im Gegensatz zu Habermas' Idealtypus *einer* Öffentlichkeit sucht die Forschung verschiedene Öffentlichkeiten zu unterscheiden und zueinander in Beziehung zu setzen.

Die politische Kommunikationsforschung boomt; Mediengeschichte stößt auf große Resonanz[86]. Allerdings bleiben die Aussagen über die kommunikative, mediale Seite des politischen Prozesses häufig allgemein, als wären sie weltweit übertragbar. Auch auf dem Feld der Militärgeschichte wird zunehmend nach der medialen Inszenierung des Militärischen, nach der Rolle von Journalisten und Kriegsberichterstattern und den öffentlichen Bildern des Krieges gefragt. Die öffentliche Darstellung trägt gerade in Demokratien dazu bei, die Präsenz von Streitkräften und das Führen eines Krieges zu legitimieren oder zu delegitimieren. Das gilt in hohem Maße in der »Mediendemokratie« seit dem späten 20. Jahrhundert, das galt aber auch in den Anfängen der Bundesrepublik und für die Frühformen der Medien-Öffentlichkeit, deren Akteure – wie könnte es anders sein? – nicht bei »Null« anfingen, sondern zum Teil in der Kontinuität der Kriegs- und Vorkriegszeit standen[87].

Der gewählte Untersuchungszeitraum liegt insofern am Beginn einer mediengeschichtlichen Entwicklung, die durch die Ausbreitung des Fernsehens in den sechziger Jahren, der neuen Rundfunkprogramme und -sender in den siebziger Jahren, schließlich mit dem Aufkommen privater Radio- und Fernsehsender in den achtziger Jahren gekennzeichnet ist, von den »neuen Medien« seit den 2000er Jahren ganz zu schweigen – und von einem Stilwandel des Journalismus hin zu Skandalisierung und Entertainment begleitet wird. In der unmittelbaren Nachkriegszeit und in den fünfziger Jahren konnte davon noch keine Rede sein. Vergleicht man die ersten beiden Nachkriegsjahrzehnte mit der Pluralisierung der Medienöffentlichkeit seit den siebziger Jahren, erscheint die Öffentlichkeit im Untersuchungszeitraum relativ homogen, zumal die Medien in der unmittelbaren Nachkriegszeit den Vorgaben der alliierten *Re-education* folgen mussten. Unter dieser Voraussetzung erst ist es sinnvoll, die »öffentliche Meinung« als eine Variable in die Untersuchung des »militärischen« Wertewandels einzubeziehen.

Eine pragmatische, wenngleich positivistische Herangehensweise besteht darin, als öffentliche Meinung das zu verstehen, was als Ergebnis repräsentativer demoskopischer Interviews über die Einstellung der Befragten ans Tageslicht kommt. Um die qualitative Analyse von Einzelstimmen quantitativ zu untermauern, werden daher die Ergebnisse der Demoskopen hinzugezogen. Die Auguren der öffentlichen Meinung prägen seit Kriegsende das Verhältnis von Öffentlichkeit und Politik.

---

85 Hodenberg, Konsens und Krise, S. 17. Dort weitere Literaturangaben.

86 Vgl. das in Braunschweig, Freiburg und Ilmenau angesiedelte interdisziplinäre DFG-Projekt »MilMed«. Kooperation, Kritik und Konkurrenz: Das Militär und seine Beziehungen zu den Medien im 20. Jahrhundert – ein internationaler Vergleich (Laufzeit: 2009–2012). URL: http://www.militaer-und-medien.de (15.8.2011); vgl. auch Kriegsberichterstatter.

87 Vgl. Köhler, Wir Schreibmaschinentäter.

Meinungsforschung bereitet politische Entscheidungen vor – argumentieren die Verfechter –, indem sie die Entscheidungsträger »über die Lebensweise, die Mentalität oder den latenten politischen Willen des Volkes« informiert[88], und erhöht den Grad der Rückkopplung von Politik und Bürger (Responsivität) in einem egalitären, wahrhaft demokratischen Verfahren. Kritiker halten dagegen, dass Meinungsforscher zu Meinungsmachern werden. Die Bedeutung, welche die Politik der Demoskopie von Beginn an beimaß, spiegelte sich nicht zufällig in dem Bemühen der Regierung Adenauer wider, stets ein möglichst genaues Bild der öffentlichen Meinung der Westdeutschen zu gewinnen, um diese bei Entscheidungen zu berücksichtigen oder um sie durch entsprechende Strategien in der Öffentlichkeitsarbeit in eine bestimmte Richtung zu lenken. Die Meinungsforschung fasste in Westdeutschland früh Fuß. Die bis heute bedeutenden Meinungsforschungsinstitute nahmen unmittelbar nach Kriegsende ihre Arbeit auf: 1945 gründete Karl-Georg von Stackelberg im ostwestfälischen Bielefeld EMNID (»Erforschung der öffentlichen Meinung, Marktforschung, Nachrichten, Informationen, Dienstleistungen«), 1947 rief Elisabeth Noelle-Neumann das Institut für Demoskopie (IfD) in Allensbach am Bodensee ins Leben. Dessen Jahresberichte liefern wertvolle quantitative Informationen über die kollektiven Vorstellungen der Westdeutschen und ihre Veränderung in der Zeit.

Wandel vollzieht sich nicht im luftleeren Raum, sondern ist an konkrete Akteure, an einzelne Personen und soziale Organisationen, gebunden. Auch wenn es nicht das Ziel dieser Untersuchung ist, einzelne Akteursgruppen und Einrichtungen etwa mit generationen- bzw. institutionengeschichtlichen Methoden auszuleuchten, soll doch deutlich werden, dass kollektive Repräsentationen nicht aus abstrakten Strukturen hervorgingen, sondern durch handelnde Personen und Institutionen geprägt wurden, die zu identifizieren und auf ihre Erfahrungen und Interessen zu befragen sind. Der Kreis der betrachteten Akteure beschränkt sich im Folgenden nicht auf die (ehemalige) politische, intellektuelle und militärische Elite. Neben Regierungsmitgliedern, Parteipolitikern und höheren Ministerialbeamten, neben Offizieren, Schriftstellern, Anwälten und Journalisten geht es beispielsweise um (ehemalige) einfache Soldaten. Unterhalb der parlamentarischen Handlungsebene richtet sich der Blick etwa auf parteiinterne Ausschüsse. Auch die »breite« Öffentlichkeit, die sich im Leserbrief, auf einem Demonstrationsplakat oder in einer Meinungsumfrage äußerte, wird in den Blick genommen. Im Übrigen scheint die Öffentlichkeit zwischen den Zeilen indirekt auf, wenn etwa der Zeitungsartikel, die Zeitschriftenserie oder die Verbandsbroschüre ein Bild des jeweiligen Adressaten erkennen lässt.

Ein Faktor der Entwicklung ist generationell. Die Kriegserfahrung wirkt sich insofern aus, als ihre Verarbeitung die Bedingung eines politisch und gesellschaftlich wirkungsmächtigen »Generationszusammenhangs« ist. Nicht die bloße Zugehörigkeit zu einer Jahrgangskohorte, auch nicht ein bestimmtes, prägendes Kriegserlebnis begründet diesen Zusammenhang, sondern dessen vorherrschende, um nicht zu sagen hegemoniale Deutung innerhalb dieser sozialen Gruppe. Wie die Angehörigen dieser Gruppe (politisch) handeln, hängt wiederum von den sinnstiftenden Deutungsmustern ab, mit deren Hilfe die Vergangenheit als eine »ge-

[88] Schmidtchen/Noelle-Neumann, Die Bedeutung repräsentativer Bevölkerungsumfragen, S. 171.

meinsame« konstruiert wird. Generationen sind daher kollektive Akteure, die sich durch ähnliche Erfahrungen und ihre Deutung konstituieren und die sich trotz aller Unterschiede im Einzelfall als eine geschichtsprägende Kraft erkennen lassen.

Dass sich »das« Kriegserlebnis unterschiedlich deuten lässt – um bei unserem Untersuchungsgegenstand zu bleiben –, weist zugleich auf die Möglichkeit konkurrierender Interpretationen hin, die auf unterschiedliche, wenn nicht gegensätzliche Weise handlungsleitend sein und, in der Sprache der Generationenforschung, zu unterschiedlichen »Generationseinheiten« (Karl Mannheim) führen können[89]. Wer in etwa derselben Altersgruppe angehört, wird bei einer vergleichbaren biografischen Lage in seiner politisch prägenden Lebensphase derselben Generation mit einer gewissen Wahrscheinlichkeit angehören. Zwangsläufig ist das jedoch nicht, sowenig wie umgekehrt allein der (ohnehin nur vage zu fassende) Generationszusammenhang das Handeln determiniert. Zwar wird »Generation« vor allem angesichts der Konzentration auf einen vergleichsweise kurzen Untersuchungszeitraum im Folgenden nicht als die heuristische Leitkategorie fungieren. Gleichwohl wird von generationellen Prägungen, von der Zugehörigkeit zu einer bestimmten Generation die Rede sein. Die besondere Aufmerksamkeit gilt hier der generationellen Selbstdefinition, wenn es um die handlungsleitende und sozialisierende Funktion der generationellen Deutung von Kriegs- und Kriegsgefangenschaftserlebnissen durch die »Heimkehrer« oder die politische Elite geht.

Am Ende steht dann ein militärgeschichtlich akzentuierter Beitrag zu einer Kulturgeschichte des Politischen[90]: insofern, als die Repräsentationen von Krieg und Militär in der Transformationsphase zu den kulturellen Parametern zählen, die politisches Handeln konstituierten – etwa im Hinblick auf die Demobilisierung und Wiederbewaffnung – wie auch zu den kulturellen Determinanten von verteidigungspolitischen Institutionen. Der repräsentationsgeschichtliche Ansatz bindet die Analyse diskursiver Strategien und Praktiken unauflöslich an die Untersuchung bestimmter Akteure oder Akteursgruppen, nicht zuletzt aus dem Umfeld der (ehemaligen) Soldaten. Und er greift die Forderung auf, die zentrale Rolle der Gewalt und des staatlichen Gewaltmonopols, nicht zuletzt im Bereich der Sicherheit, in der historischen Politikforschung stärker zu berücksichtigen – wenn etwa die amtliche Werbung um Rekruten für die Wiederbewaffnung auf historische Deutungszuschreibungen analysiert wird[91]. Anders formuliert: Durch eine so umrissene kulturgeschichtliche

---

[89] Für einen systematischen Überblick und mit Hinweisen auf die seit Mannheims Pionierstudie weitverzweigte Literatur vgl. hier nur: Jureit, Generationsforschung. Die Bedeutung der Generationenabfolge für die Herausbildung der westdeutschen Öffentlichkeit unterstreicht Hodenberg, Konsens und Krise.

[90] Frevert, Neue Politikgeschichte; Neue Politikgeschichte; Landwehr, Diskurs – Macht – Wissen; Lipp, Politische Kultur; Mergel, Überlegungen zu einer Kulturgeschichte, S. 574–606; Mergel, Kulturwisssenschaft der Politik; Was heißt Kulturgeschichte des Politischen? Vgl. dagegen Nicklas, Macht – Politik – Diskurs.

[91] Vgl. Haupt, Historische Politikforschung, und die Kritik von Gabriele Metzler, Rezension zu: Neue Politikgeschichte. Perspektiven einer historischen Politikforschung, Frankfurt a.M. 2005. In: H-Soz-u-Kult, 29.10.2005, URL: http://hsozkult.geschichte.hu-berlin.de/rezensionen/2005-4-064 (5.7.2009). Vgl. das Forschungsdesign des 2001 eingerichteten Bielefelder SFB 584, URL: http://www.uni-bielefeld.de/geschichte/sfb584 (5.7.2009).

Annäherung an ein Problem der Militärgeschichte in seinem politischen und sozialen Zusammenhang droht weder das »Verschwinden des Sozialen im gesellschaftlichen Diskurs«[92] noch das Ausblenden politischer Probleme. Auch die »Institutionalität« der sozialen Neuordnung wird berücksichtigt, wo – um beim Beispiel zu bleiben – Leitideen des späteren Bundesministeriums für/der Verteidigung als ein Beitrag mit Geltungsanspruch für kulturelle Sinn- und Wertvorstellungen untersucht werden[93].

4. Untersuchungszeitraum, Quellen und Aufbau der Studie

Anhand dieser methodischen Vorüberlegungen lässt sich schließlich der Untersuchungszeitraum sinnvoll abstecken. Um dem Wandel der kollektiven Repräsentationen von Krieg und Militär auf die Spur zu kommen, muss auch, zumindest für einen Moment, hinter die politisch-militärische Zäsur des 8. Mai 1945 in die letzten Kriegsjahre zurückgegangen werden. Ein typisches Merkmal der historischen Periodisierungsproblematik gilt auch für den Wendepunkt von 1945. Eine Zäsur markiert das Kriegsende, für das der 8. Mai als Chiffre steht, im Hinblick auf bestimmte (hier: politische, militärische) Entwicklungen. Wechselt man den Blickwinkel und setzt andere Schwerpunkte, relativiert sich der Einschnitt rasch, den viele Zeitgenossen gar nicht bemerkt hatten. Grundsätzlich kann man davon ausgehen, dass makrostrukturelle Neuanfänge die in diesen Strukturen lebenden Menschen nicht in gleichem Maße verändern, da deren Erfahrungs-, Erklärungs-, und Handlungspotenziale durch kulturelle Tradierungsprozesse biografisch gefestigt sind. Insofern ist die Transformationsphase im Übergang von Krieg zum Nachkrieg durch die Ungleichzeitigkeit der institutionellen und der individuellen Veränderungen gekennzeichnet. Auch deshalb ist nach dem Wandel der kollektiv geteilten Deutungsmuster im Zusammenhang der politischen, gesellschaftlichen und damit auch militärischen Neuordnung der Gesellschaft zu fragen. Das Bild vom Krieg und seinen Soldaten spielt – das liegt theoretisch wie empirisch auf der Hand – eine zentrale Rolle in dieser Transformation.

In umgekehrter Richtung wird der Untersuchungsrahmen weiter gezogen, als dies bei Arbeiten zum Kriegsende regelmäßig der Fall ist, die sich auf die unmittelbare Nachkriegszeit zwischen 1945 und 1948 beschränken. Besatzungsherrschaft und die Not der Nachkriegsjahre bis zur Währungsreform stehen hier im Mittelpunkt. Für das skizzierte Erkenntnisinteresse muss der Zeitraum der Transformationsphase jedoch breiter gefasst werden. Blickt man weiter nach vorn, hat die zeithistorische Forschung in den letzten Jahren einer älteren, politikgeschichtlich orientierten Meistererzählung der bundesdeutschen Geschichte Stück für Stück den Boden ent-

[92] Vgl. kritisch gegenüber dem »Kulturalismus« Kaschuba, Kulturalismus, S. 80–95; Maurer, Alte Kulturgeschichte – Neue Kulturgeschichte?; vgl. auch Echternkamp, Militärgeschichte; Echternkamp, Wandel.

[93] Das heißt, es geht nicht um die Geschichte der Institution z.B. als »Organisation«; vgl. das Forschungsprogramm des SFB 537 »Institutionalität und Geschichtlichkeit« an der TU Dresden (Laufzeit 1997–2008).

zogen. Danach markierte das Jahr 1968 einen tiefen Einschnitt. Ende der sechziger Jahre sei, hieß es, die von der NS-Diktatur geprägte autoritäre Gesellschaft von Grund auf verändert worden. »Mehr Demokratie wagen« – dieses Motto der Regierung Willy Brandt von 1969 läutete eine zweite, auf mehr Demokratie zielende Gründung ein, die von den »68ern« vorangetrieben wurde. Neuere Arbeiten sehen »1968« nun als einen Moment in einer Phase des Wandels, die um 1958/59 begann und 1973/74 endete. In dieselbe Richtung weist die Militärgeschichte, für die ihrerseits 1955/56 ein epochales Datum darstellt. Die Gründung der Bundeswehr steht wie kein anderes Ereignis für den Wandel von der Entmilitarisierung zur Wiederbewaffnung. Zur selben Zeit trafen die letzten »Heimkehrer« aus der Sowjetunion ein; die meisten Soldaten, darunter prominente Wehrmachtgeneräle, waren aus den Gefängnissen der westlichen Alliierten entlassen. Künftige Debatten über Krieg und Militär fanden unter neuen Rahmenbedingungen und anderen innenpolitischen Vorzeichen statt. Die letzte Kriegsphase 1944/45 und die Mitte der fünfziger Jahre bilden daher den Anfangs- bzw. Endpunkt des zentralen Untersuchungszeitraums. Eine deutlich weiterreichende Periodisierung, die das Ende des Kalten Krieges als Schlussakkord eines »langen Nachkriegs« wählt, ist dagegen hier schon wegen der damit verbundenen heuristischen Unschärfe wenig hilfreich[94].

Die Studie konzentriert sich mit ihrem Interesse an Deutungskonflikten für die Jahre nach 1945 auf *West*deutschland, ohne mögliche »Verflechtungen« aus dem Blick zu verlieren. In Ost- wie in Westdeutschland ging es darum, das Kriegsende in Gründungsmythen einzubinden, welche die neuen Nachkriegsgesellschaften legitimieren und ehemalige Anhänger des Nationalsozialismus integrieren sollten. Doch in der SBZ/DDR steckte der »Antifaschismus« alsbald das ideologische Sichtfeld offiziell ab. In einer holzschnittartigen Gegenüberstellung war die Bundesrepublik ein Hort ehemaliger Nationalsozialisten, während in der DDR die »Opfer des Faschismus« eine Heimat gefunden hatten – jene Menschen, die sich dem NS-Regime und dem Krieg von Anfang an widersetzt hatten. Diese Deutungsvorgabe führte zwangsläufig zu einer anderen, öffentlichen Interpretation des Krieges, in der – zugespitzt – das Leiden der von den Nationalsozialisten verfolgten Kommunisten den Fluchtpunkt bildete und der Krieg im Osten als ein Befreiungskampf der Roten Armee gefeiert wurde, die den deutschen Faschismus schließlich zerstört hatte. Eine solche Deutungslinie wurde in der pluralistischen Gesellschaft Westdeutschlands nicht vorgegeben[95].

Dieser Pluralismus und die methodische Entscheidung, das Konzept der Repräsentation zu testen, ermöglicht, ja bedingt den Rückgriff auf zeitgenössisches Quellenmaterial von großer Bandbreite. Die methodische Weichenstellung, von der »Medialität« historischer Praxis, der formgebundenen Vermittlung geschichtlicher Erfahrung auszugehen, führt zwangsläufig zu der Grundannahme, dass erst die me-

---

94 Vgl. den Bericht über die Tagung am DHI Washington, D.C., 29.–31.5.2008, Gender and the Long Postwar: Reconsiderations of the United States and the Two Germanys, 1945–1989. In: GHI Bulletin, No. 43 (Fall 2008), S. 163–170.

95 Zum deutsch-deutschen Vergleich: Frei, NS-Vergangenheit unter Ulbricht und Adenauer; Danyel, Die beiden deutschen Staaten. Vgl. auch Herf, Zweierlei Erinnerung, und Biess, Homecomings.

dialen Überlieferungen einen Zugang zu vergangenem Geschehen eröffnen, sei es im Text, im Bild oder im Gegenstand, wobei – so lautet die medientheoretische Prämisse – die Form der Kommunikation das Kommunizierte selbst beeinflusst und mithin in der Analyse zu berücksichtigen ist[96]. Der kulturgeschichtliche Anstoß, menschliche Erfahrungswelten in ihren Wechselbeziehungen in den Blick zu nehmen, lässt deshalb eine Vielzahl von Quellenarten nützlich erscheinen, die von menschlicher Sinnstiftung zeugen.

Der sogleich zu erläuternde systematische Aufbau der Studie setzt kapitelweise Schwerpunkte in der Auswahl der Quellen. Je nach Leitfrage sind daher nacheinander unterschiedliche Quellentypen bevorzugt heranzuziehen. So stehen zunächst, im ersten Teil, wenn es um die Kriegszeit geht, Selbstzeugnisse wie Feldpostbriefe und Tagebücher im Zentrum. Die anschließende Untersuchung der medialen Repräsentationen von Gerichtsprozessen, der Kriegsgefangenenproblematik oder trivialisierenden Kriegsgeschichten stützt sich vor allem auf publizistische Quellen mit hoher Auflage: auf Tageszeitungen wie den Berliner *Tagesspiegel*, auf Wochenzeitungen und -zeitschriften wie *Der Spiegel* und *Die Zeit*, auf politisch-kulturelle Zeitschriften wie die *Frankfurter Hefte* und auf populäre Illustrierte wie *Quick* und *Stern*. Wenn es im zweiten Teil um die Veteranenkultur geht, müssen Verbandspublikationen wie *Der Heimkehrer* oder *Der Notweg*, auch historiografische Werke wie Chroniken und Biografien hinzugezogen werden. Dazu kommen Autobiografien, literarische Werke und Kinofilme. Aussagen über die Wahrnehmungen und Deutungen des Krieges lassen sich auch aufgrund der »von oben« veranlassten Stimmungsberichte und Meinungsumfragen treffen, die zum Teil quantitative Auswertungen mit qualitativen Beispielen verbinden, allerdings mit der gebotenen Vorsicht zu genießen sind: sei es während des Krieges die Einschätzung einer Feldpostprüfstelle, sei es in der frühen Nachkriegszeit ein Stimmungsbericht für den französischen Hochkommissar oder in den fünfziger Jahren die Analyse eines Sozialforschungsinstituts. Im dritten Teil, wo es nicht zuletzt um die »Öffentlichkeitsarbeit« von Regierung und Parteien geht, sind interne Sitzungsprotokolle, Denkschriften und die sogenannte Graue Literatur der Propaganda besonders wichtige Quellengrundlagen.

Quer dazu liegt ein weiteres Kriterium der Quellenauswahl. Denn jenseits des schriftlichen Korpus sind in allen drei Teilen auch jene Hinterlassenschaften zu berücksichtigen, die Text und Bild kombinieren: Plakate, illustrierte Flugblätter, Denkmäler, Fotografien und Ausstellungskataloge. Auch ein Bild lässt auf die mentalen Dispositionen der Akteure schließen – als materielles Artefakt, als Metapher (Sprachbild) oder als ideelles Konzept (das »Bild im Kopf«). Hinzu kommen performative Praktiken wie (militärische) Zeremonien und Rituale wie das Totengedenken am »Volkstrauertag«.

Die Vieldeutigkeit von Bildern hat lange dem Zugriff der Geschichtswissenschaft im Wege gestanden, die im Sinne des Rationalismus an Kontinuität und Wandel, an Kausalität und Kontingenz interessiert war und die zu deren Erforschung in ers-

96 Vgl. Crivellari, Kirchmann und Schlögl, Einleitung, S. 19. Zur Konstruktion von Medienrealität und zum kommunikationswissenschaftlichen Konstruktivismus vgl. auch Theorien öffentlicher Kommunikation.

ter Linie, wenn nicht ausschließlich auf Textquellen setzte[97]. Dagegen eignet sich die Vielschichtigkeit des Repräsentationskonzepts dazu, die Quellenbasis über die Analyse textlicher Diskurse um das Visuelle auszuweiten, ohne sie auf die Betrachtung von Bildern im engeren Sinne zu verkürzen. Ein so verstandener *visual turn* operiert mit einem weit gefassten Bildbegriff, der materielle wie sprachliche Bilder bezeichnet[98]. In der Sprache der Historischen Bildforschung: Trägergebundene Bilder sind ebenso zu berücksichtigen wie sinngebundene Bilder (Erscheinungen, Träume) und kontextgebundene Bilder (sprachliche, narrative Bilder)[99].

Gegenüber Ansätzen, deren Quelle bereits durch die Themenwahl mehr oder minder festgelegt wird – Untersuchungen von Generalsmemoiren, Landserheften oder einer bestimmten Zeitung sind Beispiele – ist das weniger komfortabel. Freilich kommt es nicht darauf an, die Erscheinungsformen einer jeden spezifischen Quellengattung im Untersuchungszeitraum vollständig zu erfassen. Schließlich geht es darum, wie durch ein Weitwinkelobjektiv den Blick auf eine große Bandbreite medialer Vermittlungsformen und -inhalte zu richten und entsprechend wirkungsmächtigen Deutungsmustern und -konventionen auf die Spur zu kommen, nicht jedoch darum, sämtliche Variationen innerhalb eines spezifischen, etwa literarischen Genres nachzuzeichnen. Es geht auch nicht primär darum, aus dem Verwaltungsschriftgut (den »Akten«) die vermeintlich maßgebliche, offizielle Sicht herzuleiten, wie es ein irreführender Begriff von Grundlagenforschung nahelegen mag. Nur am Rande werden deshalb Texte herangezogen, die Experten für ein Fachpublikum geschrieben haben. Hier interessiert nicht so sehr der Krieg in der Kriegsgeschichte als vielmehr der Krieg in der Alltagskultur. Der Begriff ist im Sinne von *popular culture* zu verstehen, mithin ohne den abwertenden Unterton, den »populär« im Deutschen re-

---

97 In diesem Primat der Sprache spiegelte sich das Bemühen, Vieldeutigkeit in rationalen Narrativen aufzulösen. Das gilt insbesondere für die Geschichte des 19. und 20. Jahrhunderts. In der Geschichte des Mittelalters und der Frühen Neuzeit dagegen spielten visuelle Dokumente schon aufgrund der Quellensituation insgesamt eine größere Rolle. Die elementare Politisierung im 19. Jahrhundert, die massenhafte Verbreitung von Bildern im Zuge der technischen Reproduktion, schließlich die Verknüpfung von Politik und Massenmedien im 20. Jahrhundert führten dazu, dass Bilder vor allem als Quellen für politische Botschaften ins Blickfeld gerieten. Die Kriegspropaganda von 1914/1918 und, mehr noch, von 1939/1945 führte zu einer Inflation des Bildes, die mit der Singularität eines Kunstwerkes nichts mehr zu tun hatte. Die zunehmende Relevanz von Bildern führte indes zunächst nicht zu einer entsprechenden Berücksichtigung ihres Wertes als historischer Quelle weder in den französischen Annales noch in der Historischen Sozialwissenschaft. Welche Rolle hier auch immer das rationalistische Wissenschaftspostulat gespielt hat: Die historische Bedeutung des Visuellen, der Einfluss des Imaginären auf die soziale Praxis, der massenmediale Grundzug der modernen Gesellschaft ließen sich mit einer »ikonophoben« Einstellung nicht fassen. Der *linguistic turn* hat die Vorherrschaft des Verbalen noch verstärkt, wenngleich doch mit Hayden White das Gespür für die Fortdauer des Metaphorischen in der (rationalen) Geschichtswissenschaft des 19. Jahrhunderts ein wesentlicher Ausgangspunkt war. Im Mittelpunkt des linguistic turn stand die Einsicht, dass Vergangenheit stets (sprachlich) vermittelt ist und deshalb nicht als solche unmittelbar thematisiert und strukturiert werden kann. Das Vergangene spiegelt sich nicht in den Quellen wider, sondern die Quellen konstruieren das Vergangene. Die Analyse der rhetorischen Mittel, mit denen das passierte, der intensivere Blick auf die narrativen Strukturen, auf Leitbegriffe und Metaphern war die forschungspraktische Konsequenz.

98 Vgl. Roeck, Visual turn?

99 Vgl. Mitchell, Was ist ein Bild?

gelmäßig besitzt. Die Berücksichtigung populär-kultureller Ausdrucksformen hilft, das Ausmaß des vermeintlich vergessenen oder verdrängten Krieges bis in die trivialen Formen in den Blick zu nehmen. Doch die Grenzen sind oft fließend. Zum einen beteiligen sich akademisch gebildete Autoren an der Produktion populärer Kriegs- und Soldatengeschichten, zum anderen zielen diese nicht zuletzt auf ein bildungsbürgerliches, mithin auch auf ein akademisches Publikum. (Umgekehrt lässt sich auch die Trennlinie zwischen wissenschaftlich und nicht wissenschaftlich nicht immer eindeutig festlegen.)

Die öffentliche Erinnerung ist nicht deckungsgleich mit der Vielzahl der privaten, individuellen Erinnerungen an den Krieg, denen einige Historiker seit den siebziger/achtziger Jahren mit dem Instrumentarium der *Oral History* nachspüren[100]. Das betraf die Erinnerung der Soldaten ebenso wie die der Zivilbevölkerung. Die jüngste Welle der Befragung von »Zeitzeugen« wurde durch das neue Interesse am Leiden der Deutschen im Bombenkrieg und nach Kriegsende ausgelöst. Allerdings soll hier nicht der Versuch unternommen werden, einen im Vergleich zu den medial vermittelten Erinnerungsformen direkteren Zugang zu der Kriegsvergangenheit zu erlangen. Erinnerungen der »Zeitzeugen« sind nicht authentisch in dem Sinne, dass sie uns einen unverstellten Blick auf die Kriegs- und Nachkriegsjahre gewähren. Für die persönliche Erinnerung der Kriegsgeneration wirkten die Formen und Inhalte der öffentlichen Erinnerung (*public memory*) in den Nachkriegsjahren, nicht zuletzt im Kontext der Gründungsmythen der jungen Bundesrepublik zum einen wie ein Filter, zum anderen als eine auf lange Zeit prägende Kraft. Wer in den vergangenen Jahrzehnten seinem Interviewpartner die Frage stellte, wie jener unter dem Krieg gelitten und den Verlust von Angehörigen verwunden habe, muss wissen, wie Leid und Trauer zwischenzeitlich artikuliert worden sind. Das Aufzeichnen und Auswerten der »privaten« Kriegserzählungen setzt die Kenntnis der »öffentlichen« Kriegsgeschichten voraus[101]. Für die hier angestrebte Studie der fünfziger Jahre dagegen sind die aus eben dieser Nachkriegszeit stammenden Interviews, wie sie etwa das Frankfurter Institut für Sozialforschung 1956/57 durchgeführt hat, aufschlussreich für das politische Bewusstsein ehemaliger Kriegsgefangener.

Nichtveröffentlichte Quellen, Akten wie auch Publikationen der sogenannten Grauen Literatur konnten in zahlreichen Archiven in Deutschland, Frankreich, Großbritannien und den USA ausgewertet werden. Im Bundesarchiv, Abt. Militärarchiv in Freiburg i.Br. wurden vor allem die Militärgeschichtlichen Sammlungen, Nachlassbestände und Akten der Feldpostprüfstellen auf die subjektive Dimension der sich abzeichnenden Niederlage und des Kriegsendes untersucht, um die es zu Beginn gehen wird. Für den dann analysierten justiziellen Deutungszusammenhang lohnte die Recherche im Archiv der Zentralen Stelle der Landesjustizverwaltungen zur Aufklärung nationalsozialistischer Verbrechen (Ludwigsburg). Die danach, vor

[100] Vgl. die Pionierstudien von Niethammer, v.a. Niethammer, Heimat und Front; vgl. auch Schröder, Die Vergegenwärtigung des Zweiten Weltkrieges; Schröder, Die gestohlenen Jahre; Rosenthal, Vom Krieg erzählen; »Als der Krieg kam, hatte ich mit Hitler nichts mehr zu tun«; Lehmann, Im Fremden ungewollt zuhause; Lehmann, Gefangenschaft und Heimkehr.

[101] Vgl. das Argument bei Moeller, War Stories (2004), S. 174; Domansky, A Lost War; Geyer, The Place of the Second World War.

allem im dritten Teil, zu betrachtenden Diskussionen über den Krieg und seine Soldaten im politischen und vorpolitischen Raum der Nachkriegszeit auf lokaler und Landesebene stützen sich auf Akten aus dem Bundesarchiv (Koblenz; Berlin), dem Archiv des Liberalismus (ADL, Gummersbach), dem Archiv für Christlich-Demokratische Politik der Konrad-Adenauer-Stiftung (ACDP, Bonn/St. Augustin) und dem Archiv der sozialen Demokratie der Friedrich-Ebert-Stiftung (AdsD, Bonn) sowie aus dem Archiv des Instituts für Zeitgeschichte (IfZ, München). Das Allensbacher Archiv im Institut für Demoskopie Allensbach eröffnete aufgrund der vertraulich angefertigten demoskopischen Auftragsarbeiten, etwa für das Presse- und Informationsamt der Bundesregierung, über die veröffentlichten Jahrbücher hinaus Einsichten in das Meinungsbild der Bundesbürger, wobei es immer wieder um repräsentative Einstellungen gegenüber der militärischen Vergangenheit und Zukunft ging. Informationen nicht nur im Hinblick auf die besatzungspolitischen Maßnahmen zur Entmilitarisierung, sondern auch zum Blick »von außen« im gesamten Untersuchungszeitraum lieferten die einschlägigen Archive der westlichen Besatzungsmächte: Die National Archives and Records Administration (NARA) in Washington, D.C. und College Park/Maryland, und The National Archives in Kew/London (TNA, bis 2003 Public Record Office) sowie das Bureau des Archives de l'Occupation française en Allemagne et en Autriche in Colmar (seit 2010 im Diplomatischen Archiv des französischen Außenministeriums in La Courneuve, Paris). Nicht zuletzt die Fachbibliothek des Zentrums für Militärgeschichte und Sozialwissenschaften der Bundeswehr (vormals Militärgeschichtliches Forschungsamt), Potsdam, wiewohl kein Archiv, hielt manches Fundstück aus der Grauen Literatur sowie eine Presseausschnitt-Sammlung des ehemaligen Militärgeschichtlichen Instituts der DDR bereit, auf die vor allem im dritten Teil zurückgegriffen werden konnte.

Unter den wechselnden Bedingungen der Herrschaftsausübung und der Öffentlichkeit lassen sich Konfliktfelder ausmachen, auf denen – um auf Chartier zurückzugreifen – die Diskrepanzen und Rivalitäten der kollektiven Repräsentationen erzeugt werden, mit denen einzelne Akteure und soziale Gruppen der westdeutschen Nachkriegsordnung einen Sinn zuschrieben. Drei solcher Konfliktfelder, die im Untersuchungszeitraum zum Teil mit unterschiedlichen »Kräfteverhältnissen« wechselten, zum Teil eine Akzentverschiebung in der gesellschaftlichen Bedeutung eines bestimmten Themas widerspiegeln, bilden die Grundstruktur des Aufbaus der Untersuchung: die Konfrontation mit dem Krieg im justiziellen Kontext, die Herausbildung von Soldatenbildern vor allem durch die Veteranen sowie die Vergangenheitsbezüge im (vor-)politischen Raum im Rahmen von Wiederbewaffnung und Wiederaufbau. Das Buch ist daher in erster Linie *systematisch* angelegt. Die Konzentration auf Konfliktfelder führt zu einer Gliederung in drei Teile, die in mehreren Kapiteln unterschiedliche Perspektiven auf die Problematik eröffnen. Die Kapitel kreisen um die jeweiligen Schwerpunkte der Konflikte, wobei die Untersuchungen dann jeweils systematischen *und* chronologischen Kriterien folgten, wenn nach dem historisch-genetischen Prinzip etwa unterschiedliche Positionen und deren Entwicklung in der Zeit herausgearbeitet werden.

Der *erste Teil* (Kap. II) gibt zunächst einen Überblick über die erfahrungsgeschichtlich relevanten Ereignisstrukturen der deutschen »Kriegsgesellschaft«. Hier soll idealtypisch gezeigt werden, zu welchen gemeinsamen Bewusstseinsprägungen und kollektiven »Erfahrungschancen« (Koselleck) der letzte militärische Konflikt im Zeitalter der Weltkriege geführt hat. Besondere Aufmerksamkeit gilt dem Kriegsende 1944/45, zum einen als der Nahtstelle zwischen Krieg und Nachkrieg, zum anderen als dem später wichtigen Bezugspunkt der kollektiven Repräsentationen von Krieg und Militär. Diese standen im Spannungsfeld von offiziellen Durchhalteparolen und Einstellungen, die das Regime als Defätismus brandmarkte.

Sodann stehen die Darstellungen und Vorstellungen vom Krieg im Lichte der politischen Säuberungen im Mittelpunkt. Unter den Bedingungen des unmittelbaren politischen, militärischen und sozialen Umbruchs, den Vorgaben der Besatzungspolitik und der Entstehung neuer Öffentlichkeiten erscheinen Krieg und Wehrmacht aufgrund der justiziellen Aufarbeitung des Krieges und der Rolle der Wehrmacht und einer politisch-kulturellen »Entmilitarisierung« in einem neuen Licht. Unter der Oberfläche der Debatte über ihre Bewertung und der Kampagne gegen die »sogenannten Kriegsverbrecher« wurde offen, das heißt medial verbreitet, um das veränderte Selbstverständnis der postdiktatorischen Gesellschaft gestritten, nicht zuletzt im Hinblick auf den verbrecherischen Charakter des Krieges und die Verantwortlichkeit der Beteiligten.

Im *zweiten Teil* (Kap. III) verschiebt sich der Akzent auf die Auseinandersetzung mit den mittelfristigen, vor allem sozialen Kriegsfolgen. Das immer dringendere Problem der deutschen Soldaten in sowjetischer Kriegsgefangenschaft und ihrer »Heimkehr« boten in der frühen Bundesrepublik öffentlichkeitswirksame Projektionsflächen für die gesellschaftliche Selbstverständigung. Nachdem sie in der unmittelbaren Nachkriegszeit aufgrund alliierter Restriktionen informelle Netzwerke geknüpft hatten, organisierte sich ein Teil der ehemaligen Wehrmachtsoldaten seit Anfang der fünfziger Jahre in Veteranenverbänden, die eine ausgeprägte »Veteranenkultur« entwickelten. Debatten über Kriegsgefangenschaft und »Heimkehr« sowie die »Kriegsverbrecher« wurden durch Verbandszeitungen und -zeitschriften und die überregionale Presse in die Öffentlichkeit getragen. Krieg und Wehrmacht scheinen in den Selbstthematisierungen ehemaliger Soldaten auf. Hier geht es vorrangig um kollektive Repräsentationen, die sich auf die autoritäre Vergangenheit und den Umgang mit ihr in der demokratischen Gegenwart richteten. Deutlich wird die Ambivalenz der historischen Bedeutungszuschreibung von Krieg und Kriegsgefangenschaft, die in der Konfrontation mit der Konsumgesellschaft nicht nur als eine Leidenszeit vor- und dargestellt wurden.

Veteranen konstituierten sich als Erfahrungsgemeinschaft nicht nur positiv durch sinn- und identitätsstiftende Deutungen ihrer Vergangenheit, sondern auch negativ durch die aktive wie passive Abgrenzung von den »Anderen«: nach Innen von den Männern des militärischen Widerstandes, die, eben noch Verräter, plötzlich als traditionstaugliche Vorbilder für die junge Demokratie und ihre neuen Streitkräfte hingestellt wurden; von den »schwarzen Schafen« der Wehrmacht: den Wehrunwürdigen, Deserteuren und Überläufern; aber auch vom eigenen »Führer«. Nach außen galt die

Abgrenzung den ehemaligen Kriegsgegnern: den Westmächten und der Sowjetunion. Die Trivialisierung des Krieges repräsentierte den Krieg schließlich nach den Regeln der Medienlogik mit skurrilen Einzelgängern in der Hauptrolle in spannenden und unterhaltsamen Episoden, mit denen die Berichte des gemeinen Heimkehrers von der Monotonie des Lagerlebens nicht mithalten konnten.

Im *dritten Teil* (Kap. IV) wird eine weitere Perspektive eröffnet, die deutlicher auf die Zukunft der Vergangenheit gerichtet ist. Das Mischungsverhältnis von traditionellen und modernen Komponenten der kollektiven Repräsentationen von Krieg und Militär wird für einen militärischen Deutungszusammenhang herausgearbeitet, in dem es um Sinnzuweisungen in Richtung Vergangenheit und Zukunft geht. Dazu wird anhand der Leitfrage eine Entwicklung unter die Lupe genommen, die Ende der vierziger/Anfang der fünfziger Jahre ihre Wurzeln hatte: die Aufstellung neuer deutscher Streitkräfte auf (west)deutschem Boden. Dabei geht es nicht, wie bei der Bundeswehrgeschichte, um die institutions- und traditionsgeschichtlichen Wurzeln der neuen Streitkräfte und die schwierige Umsetzung der Militärreform in der Truppe oder um die rüstungstechnische und außenpolitische Seite der deutschen Wiederbewaffnung – darüber wurde bereits viel geschrieben. An dieser Stelle sollen vielmehr Quellen »gegen den Strich gelesen« und auf zugrundeliegende (Wert-)Vorstellungen und historische Sinnzuschreibungen abgeklopft werden, insoweit sie den Zweiten Weltkrieg und die Wehrmacht zur »neuen Wehrmacht« und ihrem Soldatenbild in Bezug setzen. Welche historische Deutungen der jüngsten Vergangenheit enthielten die Zukunftsvisionen der Militärreformer? Wie mischten sich tradierte und neue Elemente zu Kriegs- und Soldatenbildern, die den normativen Kern der »modernen« militärischen Führungsphilosophie ausmachten? Auf welche Weise bedienten sich die Vertreter des (künftigen) Verteidigungsministeriums der medialen Öffentlichkeit, um für die Wiederbewaffnung zu werben? Welches Kriegs- und Soldatenbild entwickelten dagegen die Kritiker aus den Reihen der »Ohne mich«-Bewegung? Dieses für die frühe Bundesrepublik zentrale Konfliktfeld soll als eine weitere Projektionsfläche der inneren Demokratisierung gelesen werden.

Um den Untersuchungszeitraum seinerseits in eine historische Perspektive zu rücken und zu prüfen, inwieweit das Argument in die vergangene Zukunft hinein verlängert werden kann, folgt ein Ausblick auf die einschlägigen Debatten von den späten fünfziger Jahren bis in die Gegenwart. In einer Schlussbetrachtung werden die wichtigsten Ergebnisse dann thesenartig zusammengefasst und in laufende Diskussionen auf den jeweiligen Forschungsfeldern eingeordnet.

II. Konfrontationen mit dem Krieg

1. Bewusstseinsprägungen und Erfahrungschancen vor 1945

Die Leitfrage nach den kollektiven Repräsentationen von Krieg und Militär in der neuen Öffentlichkeit zwischen 1945 bis 1955 und ihre Bedeutung für die innere Demokratisierung Westdeutschlands lenkt das Interesse zunächst auf zwei Aspekte: Zum einen handelt es sich in erster Linie um Deutungs- und Sinnstiftungsmuster, bei denen es sich um *historische*, auf die Kriegsvergangenheit der ersten Hälfte des 20. Jahrhunderts bezogene Bedeutungszuschreibungen handelt. Um diese auch historisch einordnen und mögliche Kontinuitäten und Brüche herausarbeiten zu können, ist in einem ersten Schritt an diese zeitgenössischen, teils konkurrierenden Kriegsbilder im »Zeitalter der Weltkriege«[1] kurz zu erinnern. Zum anderen geht es bei diesen Repräsentationen immer um die Deutungsmuster einer Vielzahl von Menschen. Das wirft die weiterführende Frage auf, wie sich solche geteilten Vorstellungen von der Kriegs-Vergangenheit empirisch fassen lassen, wo doch jedes Individuum seine subjektive Wahrnehmung und höchst persönliche Erinnerung hat. Aus diesen beiden Gründen soll im Folgenden auf Überlegungen zurückgegriffen werden, die Reinhart Koselleck bereits Mitte der achtziger Jahre im Hinblick auf die Weltkriege entwickelt hat.

Die Weltkriege führten in einem bis dahin unvorstellbaren Ausmaß zu Erfahrungseinbrüchen und Erfahrungsschüben bei den betroffenen Zeitgenossen; ihr Bewusstsein wurde – das lässt sich zweifelsfrei schlussfolgern – im Krieg und durch den Krieg maßgeblich geprägt. Geht man über die individuelle Ebene hinaus, lassen sich jedoch diese Prägungen schwerer fassen, weil sie eine Gemeinsamkeit voraussetzen, die zwingend auf gemeinsamen Erfahrungen und somit auf gemeinsamen Bedingungen des Bewusstseins basiert. Zwar waren alle vom Krieg betroffen, aber nicht alle gleichermaßen. Koselleck hat auf die methodische Gretchenfrage hingewiesen, »wieweit jeweils die Gemeinsamkeit reicht, die alle Betroffenen und Handelnden zugleich erfasst hat – und wo muss differenziert werden, je nach dem Grad unterschiedlicher Betroffenheit und unterschiedlicher Voraussetzung der Bewusstseinsprägung«[2]? Dazu trennte er als erstes feinsäuberlich zwischen dem Krieg und den Kriegsfolgen. Das ist *analytisch* geboten, nicht obwohl, sondern weil in den

---

[1] Vgl. zur Periodisierungsproblematik mit weiterführender Literatur: Echternkamp, 1914–1945: Ein zweiter Dreißigjähriger Krieg?

[2] Das Folgende nach Koselleck, Der Einfluß der beiden Weltkriege.

Erfahrungen und im Bewusstsein der Betroffenen beides zusammenfällt. Erst danach kann diese Überlagerung herausgearbeitet werden.

Allerdings wurde dieses Bewusstsein nicht allein durch die Kriegsereignisse geprägt, sondern war immer schon vorgeprägt. Wie die synchronen Ereignisse wahrgenommen und verarbeitet wurden, hing von Faktoren ab, die bereits *vor* dem Krieg das Bewusstsein geprägt hatten. Während des Krieges filterten sie gleichsam die Kriegserlebnisse, indem sie festlegten, welche Erfahrungen überhaupt möglich waren und welche nicht. Zu diesen Vorprägungen zählt Koselleck: die Zugehörigkeit zu einer Sprachgemeinschaft, deren Begriffe, Sprachbilder und Topoi die Kriegserfahrungen strukturierten; die religiöse und weltanschauliche Überzeugung; die Zugehörigkeit zu einer politischen Handlungseinheit, dem Staat vor allem, aber auch den Parteien oder der Kirche; die Generationszugehörigkeit, da sich die Kriegserfahrung und -erinnerung von Kindern, Heranwachsenden, Erwachsenen und alten Menschen naturgemäß deutlich unterschied; das Geschlecht, weil Frauen und Männer den totalen Krieg potenziell verschieden erfuhren; schließlich die Zugehörigkeit zu ökonomisch oder sozial bedingten Klassen, weil die Erfahrung des Krieges nicht zuletzt vom sozialen Umfeld und der sozialen Herkunft abhing. All diese analytisch zu unterscheidenden, empirisch gesehen gleichzeitig, wenn auch nicht gleichermaßen wirkenden Faktoren eröffnen bestimmte *gemeinsame* Erfahrungschancen und *kollektive* Bewusstseinsprägungen.

Deshalb ist hier zunächst ein wirkungsmächtiger weltanschaulicher Filter zu skizzieren, der die »Erfahrungschancen« des Zweiten Weltkrieges wesentlich beeinflusst hat: die Kriegsbilder im Zeitalter der Weltkriege. Danach sind die gemeinsamen Erfahrungschancen während des letzten totalen Krieges zu umreißen. Erst nach dieser Rückblende können die kollektiven Repräsentationen zwischen 1945 und 1955 unter den veränderten Rahmenbedingungen der Nachkriegszeit sinnvoll analysiert und historisch eingeordnet werden. Erst dann auch ist die nähere Bestimmung des jeweiligen Mischungsverhältnisses von Alt und Neu und eine historische Beurteilung von Inhalt und Ausmaß möglich, den der Wertewandel in Westdeutschland zu Beginn der Aufstellung neuer Streitkräfte Mitte der fünfziger Jahre erreicht hatte.

a) Heroische Kriegsbilder im Zeitalter der Weltkriege

Zwei Weltkriege prägten die Transformation nach 1945, nicht zuletzt die Vorstellungen, die sich die Menschen von Krieg und Soldaten selbst machten. Doch die begriffliche Trennung in einen Ersten und einen Zweiten Weltkrieg legt eine Abfolge nahe, die den vielfältigen Verflechtungen nicht gerecht wird, wie sie etwa die heuristische Konzeption eines Zweiten Dreißigjährigen Krieges oder eines »Zeitalters der Weltkriege« zu berücksichtigen sucht. Auch diese Feststellung trifft nicht zuletzt auf das Kriegsbild selbst und auf den Wandel der Haltung gegenüber Krieg und Militär im Übergang von der Kriegs- zur Nachkriegsgesellschaft in den vierziger und fünfziger Jahren zu. Mehr noch: Für die Bedeutung dieses Wandels als eines kultur- und militärgeschichtlich bedeutsamen Faktors jener Transformation bildeten der Erste Weltkrieg und seine Rolle in der »ersten« Nachkriegszeit seit 1918/19 jenen

Erfahrungshorizont, vor dem die (West-)Deutschen sich auf den Weg nach Westen, aus dem Dritten Reich in die Bundesrepublik, das westliche Bündnis und den Kalten Krieg gemacht haben. Grundüberzeugungen, die das deutsche Militär betrafen, blieben älteren zählebigen Deutungs- und Argumentationsmustern verhaftet – oder rieben sich an ihnen. Diese Muster stammten zum Teil aus dem Kaiserreich oder gar dem frühen 19. Jahrhundert, entfalteten ihre ganze Wirkungsmacht im Ersten Weltkrieg, wirkten über die später sogenannte Zwischenkriegszeit fort in die Jahre des letzten totalen Krieges, bis sie spätestens 1945 radikal ihre Wirkungsmacht einbüßten – *zu einem Teil.* Nicht weil der Zweite Weltkrieg sich ohne den Ersten kaum erklären ließe (darum geht es hier nicht), sondern weil die Repräsentationen von Krieg und Militär in der Transformationsphase der späten vierziger und fünfziger Jahre ohne die mit dem Ersten Weltkrieg und der ersten Nachkriegszeit verknüpften Vergegenwärtigen des Militärischen und auch des Übergangs nach einem Kriegsende unverständlich blieben, muss der Blick zunächst zurückgelenkt werden auf die »Urkatastrophe« des 20. Jahrhunderts in Europa und ihre sozial-, kultur- und militärgeschichtlichen Auswirkungen. Ein letztes Mal, so scheint es bis heute, konnte sich eine heroische Sicht des Krieges entwickeln und durchsetzen, deren Axiome frühestens 1944/45 ihre Gültigkeit verloren.

Kaum ein Mythos hat nach 1918/19 eine solche Wirkungskraft entfaltet wie die »Dolchstoß-Legende«[3]. Die Botschaft war klar und deutlich: Das deutsche Heer war militärisch erfolgreich und »im Felde unbesiegt«, während die Heimat ihren Soldaten in den Rücken gefallen war. Die Heimat: das waren in der Propaganda der nationalistischen Presse in diesem Fall bestimmte Teile der Bevölkerung wie insbesondere die revolutionäre Linke, die Anhänger von SPD und USPD und »die Juden«. Die Legende, die schon bald auch durch Schulbücher an die jüngere Generation vermittelt wurde, stellte den Sachverhalt auf den Kopf. Sie lenkte von dem Versagen der militärischen Führung ab, widersprach den Auflösungserscheinungen im Heer gegen Kriegsende und verdrängte die militärische Niederlage[4].

Die Kriegserfahrungen hatten in der deutschen Bevölkerung zu unterschiedlichen Einstellungen gegenüber Krieg und Militär geführt. Zwischen der pazifistischen Ablehnung militärischer Gewalt auf der einen Seite und ihrer erneuten Idealisierung auf der anderen griff schon bald eine Gleichgültigkeit Platz, die angesichts der schrecklichen Erlebnisse, der Nachbeben des Krieges und der Friedenssehnsucht vor allem der Frontsoldaten erklärungsbedürftig ist. Bereits Anfang der zwanziger Jahre befürchtete der Pazifist Kurt Tucholsky, dass die kommende Generation »mit frischdämlicher Begeisterung [...] die Knarre wieder auf den Buckel nimmt«[5]. Tatsächlich schienen viele die Schrecken der Frontkämpfe rasch vergessen und durch weniger

---

[3] Vgl. Barth, Dolchstoßlegenden.

[4] Vgl. weiterhin Heinemann, Die verdrängte Niederlage; Jardin, La legende du coup de poignard.

[5] Zit. nach Krieg im Frieden, S. 7. Ende der zwanziger Jahre dichtete er unter dem Pseudonym Theobald Tiger: »Sämtliche Buchhändlerfenster sind voll / von Kriegsbüchern und Romanen. / Die Presse war schuld! Der Kaiser war toll! / [...] Aber – : / Geht das morgen wieder los, / vertauscht du nur die Farben, / dann erleiden Millionen ein schlimmeres Los – vergessen, wie andere starben. / Polen zum Beispiel ... der Korridor ... / Da stürmen zehntausend Freiwillige vor ...«. In: Kurt Tucholsky, Panter, Tiger & Co., S. 211.

schmerzvolle Erinnerungen an die Zeit auf den Schlachtfeldern verdrängt zu haben. Nicht die endlosen Stunden im Schlamm der Schützengräben, nicht das mal qualvolle, mal sekundenschnelle Sterben, nicht der Kriegsalltag mit seinem Prinzip von Befehl und Gehorsam, dem Kasernenton der Unteroffiziere, kurz: nicht der schnöde Kriegsalltag prägte im Rückblick das Bild des Krieges, sondern das Außergewöhnliche. Im Schlüsselbegriff »Kriegserlebnis«, das den seit der Jahrhundertwende etwa von Georg Simmel verbreiteten Erlebnisbegriff mit den Kriegserwartungen und -deutungen semantisch verknüpfte, verdichtete sich das Besondere des Kriegsalltags der Soldaten. Das intensive Erleben von Totalität, Authentizität und Realität machte den Kriegsalltag, so schien es, zu einer einmaligen Erfahrung, die sich denen partout nicht vermitteln ließ, die ihn nicht erlebt hatten[6]. Die ehemaligen Soldaten beschworen erneut die »Schützengraben-Gemeinschaft« und überhöhten das »Fronterlebnis« zu einem mythischen Ereignis. »Der Landser«, eben noch ein Objekt des maschinisierten Krieges, womöglich ein »Drückeberger« an der Westfront 1918, wurde wieder zum Helden stilisiert, der sein Leben für Volk und Vaterland an der Front riskierte, wenngleich nur wenige Männer die gesamten vier Kriegsjahre dort verbracht hatten. Nur eine republikanische Minderheit der Veteranen erinnerte mit militärkritischen Publikationen noch an das erlittene Unrecht und machte das Offizierkorps für das militärische Scheitern und die Aufstände gegen Kriegsende verantwortlich.

Die sozialen und politischen Entwicklungen der Weimarer Republik erklären besser als der Hinweis auf die anthropologische Konstante des Vergessens und Verdrängens, warum sich in den zwanziger und dreißiger Jahren ein ganz untypisches Soldatenbild als das vermeintlich repräsentative in breiten Teilen der Bevölkerung und im öffentlichen Diskurs durchsetzte. Als typischer Veteran des Weltkrieges galt demnach nicht der reintegrierte Familienvater, dem nichts ferner lag als die Rückkehr zur Gewalt der Frontkämpfe, sondern der an Gewalt gewohnte Frontsoldat, der nach Kriegsende allein in einem der rund 120 antidemokratischen, antirevolutionären Freikorps »seinen« Platz finden konnte, die im Einvernehmen mit der Obersten Heeresleitung (OHL) entstanden waren, 1919 im Baltikum gegen russische Verbände gekämpft und kommunistische Aufstände im Reich (z.B. Bayern) niedergeschlagen hatten[7].

Der durch seine Willensstärke überlegene Frontkämpfer, der sein Vaterland verteidigte: Auf diese auch nationalistisch überhöhte Figur lief die stereotypische Repräsentation des deutschen Soldaten von 1914/18 in der Nachkriegsgesellschaft immer öfter hinaus. In zahllosen Publikationen und öffentlichen Veranstaltungen sorgten die Kriegervereine und Frontsoldatenverbände für eine mythologisierende Repräsentation des Krieges. Freikorpsromane wie Ernst von Salomons »Die Geächteten« (1930) lieferten literarische Munition für den Freikorps-Mythos, des-

6 Hettling, Kriegserlebnis, S. 638 f.; »Keiner fühlt sich hier mehr als Mensch ...«.

7 Tatsächlich fand nur die vergleichsweise kleine Zahl von 400 000 der rund 13 Millionen ehemaligen Soldaten ihren Weg in die paramilitärischen Verbände; weit mehr Veteranen waren in den frühen zwanziger Jahren im sozialdemokratischen »Reichsbund der Kriegsbeschädigten, Kriegsteilnehmer und Kriegerhinterbliebenen« organisiert, der noch pazifistische Positionen vertrat, als die »Nie wieder Krieg!«-Bewegung längst versandet war. Zudem besaßen nicht wenige Freikorpsmitglieder, Studenten vor allem, keine Kriegserfahrung.

sen Nationalismus ihn mit einer Deutung des Weltkriegserlebnisses verknüpfte, der den Tod der Soldaten als Mahnung an die Überlebenden sah, zur nationalen »Schicksalsgemeinschaft« der Kriegszeit zurückzukehren. Der neue Nationalismus suchte den Zweck des vergangenen Krieges in der Zukunft des deutschen Volkes[8]. Dem massenhaften Sterben der Soldaten, das den nicht zu leugnenden Kern des Krieges ausgemacht hatte, sollte ein politischer Totenkult nachträglich Sinn zuschreiben. Kriegerdenkmäler schossen vor allem vor der Hyperinflation von 1922/23 in den Dörfern und kleinen Städten aus dem Boden. Aufgetürmte, mit Zement verfugte Findlinge mit einem Verzeichnis der Namen auf einer eingelassenen schwarzen Granitplatte, in der Nähe ein Eisernes Kreuz: Diese weitgehend gleichförmig gestalteten Denkmäler mit ihrer zumeist christlichen und nationalistischen Symbolik erinnerten an die Gefallenen und lieferten wie die zahllosen Gedenktafeln, Trauerfeiern und Gedenktage Deutungsangebote, die nicht zuletzt den Hinterbliebenen und überlebenden Frontsoldaten durch die Vorstellung der Erlösung und des notwendigen Opfers für das Vaterland Trost spenden sollten.

Seit Mitte der zwanziger Jahre wurde auch der Bau eines Reichsehrenmals diskutiert. Ein »Heiliger Hain«, wie ihn die – linken und rechten – Frontsoldatenverbände bei Bad Berka in Thüringen als den zentral gelegenen Ort des Gedenkens an die Gefallenen des Weltkriegs mitten in der Natur gefordert hatten, wurde indes ebenso wenig realisiert wie ein Reichsehrenmal am Rhein, das viele Rheinländer favorisierten. Stattdessen entstand in Berlin auf Betreiben der preußischen Regierung 1931 ein Ehrenmal in der umgestalteten Neuen Wache. Hitler erhob vier Jahre später das Tannenberg-Denkmal, wohin der Leichnam des 1934 gestorbenen Reichspräsidenten Paul von Hindenburg überführt worden war, in den Rang eines Reichsehrenmals. Einen »Volkstrauertag« hatte vor allem der Volksbund Deutsche Kriegsgräberfürsorge (VDK) gefordert. Seit 1925 wurde an jedem zweiten Fastensonntag (»Reminiscere«) der Gefallenen des Weltkrieges gedacht, zumeist in revisionistischem und nationalistischem Geiste.

Mehr als zehn Jahre nach Kriegsende erlebte die Kriegsliteratur einen Boom, nicht eher. Rund 300 Kriegsromane wurden zwischen 1918 und 1933 publiziert. Auf der einen Seite verbreiteten sie die mythischen Bilder des Fronterlebnisses, die sich politisch durchaus auch republikanisch deuten ließen. Auf der anderen Seite setzte sich die »linke« Literatur kritisch mit der Idealisierung des Krieges auseinander, wie sie in den popularen Romanen und Erzählungen, aber auch in den »offiziellen« Deutungen des Militärs betrieben wurde.

Das NS-Regime bereitete der relativ offenen Auseinandersetzung um die Repräsentationen des Krieges und der deutschen Soldaten ein rasches Ende. »Die Zeit der willkürlichen Kriegserinnerungen ist vorbei«, stellte der Militärpädagoge Erich

---

[8] Der Herausgeber der Zeitschrift des Kyffhäuserbundes der deutschen Kriegervereine, Otto Riebicke, beispielsweise glorifizierte die Landser an der Somme als die »deutschen Soldaten mit dem deutschen Siegfriedhelm, mit der Faust am heißen Gewehr, mit den ehernen Gesichtszügen von Mut, Liebe und Grauen, diese Heroen [...] sind die Wehr im ungeheuerlichsten Orkan des Krieges, hinter der die Heimat sorglos und voller Zuversicht zur hohen Ernte geht.« Otto Riebicke, Ringen an der Somme – Das seelische Erleben eines Frontkämpfers, Berlin (1917) 1928, S. 21, zit. nach Krieg im Frieden, S. 155 f.

Weniger 1935 fest[9]. An die Stelle rivalisierender Deutungsangebote und -ansprüche trat von Staats wegen die eindeutige und verbindliche Interpretationsvorgabe. Die für den Nationalsozialismus zentrale nationale »Wehrbereitschaft« und die Idealisierung des »Kampfes« sollten nicht durch eine widersprüchliche, nationale Kriegsliteratur unterminiert werden, die den Weltkrieg als ein abschreckendes historisches Beispiel in Erinnerung rief und die Ablehnung des vergangenen Krieges womöglich mit der eines künftigen Krieges verknüpft hätte. Die Wiedereinführung der allgemeinen Wehrpflicht 1935 und die militärische Aufrüstung gaben neue innenpolitische Rahmenbedingungen vor. Die Wehrpflicht, die aus dem Hunderttausend-Mann-Heer ein »Volksheer« machte, galt den Nationalrevolutionären als eine Zäsur, um endlich »Ordnung in das Chaos der Erinnerungen zu bringen, aus ihnen die echten Erfahrungen zu gewinnen und in die Überlieferung der Heeres- und Volkserziehung einzuschmelzen«[10]. Dass die meisten Deutschen weit weniger enthusiastisch auf die Wiedereinführung der Wehrpflicht reagierten und sich über die wachsende Kriegsgefahr sorgten, steht auf einem anderen Blatt.

Die ideologische Überhöhung der militarisierten »Volksgemeinschaft« und das programmatische Ziel der Expansion im Zeichen des Rassismus, die von Anfang an im Zentrum des Nationalsozialismus standen, bildeten einen Interpretationskontext, der die Erinnerung an den Weltkrieg für die »geistige« Mobilisierung im großen Stil nutzte. Die sogenannte Weltanschauung des Nationalsozialismus gab die Deutungsmuster für die Zukunft, die Gegenwart und die Vergangenheit mit diktatorischer Macht vor. Darin nahm der Weltkrieg einen besonderen Platz ein. Für pazifistische Satiriker wie Kurt Tucholsky (»Wenn unser Sterben nicht völlig sinnlos war, / verhüte wie 1914 ein Jahr«[11]!) war da kein Platz mehr – wohl aber für die etwa dreißigjährigen Karrieristen, die den Ersten Weltkrieg an der »Heimatfront« als ein aufregendes Spektakel erlebt hatten, sich nun bedingungslos in den Dienst der völkischen Sache stellten und, akademisch gebildet, in der SS und in der SiPo (Sicherheitspolizei) den Ton angaben[12].

An dieser Stelle überlagerten sich die Interessen der nationalsozialistischen Führung und der militärischen Elite, die stets von der Rückkehr zu militärischer Stärke nach innen und außen geträumt und zu diesem Zweck die Erinnerung an die vergangene Herrlichkeit des deutschen Heeres wach gehalten hatte. Der Bruch mit dem »Schandfrieden von Versailles« bildete einen gemeinsamen Nenner in einer politischen Kultur der Weimarer Republik, die wesentlich von der Diskussion um die Kriegsschuldfrage und die Revision des Versailler Vertrages geprägt war[13]. Die geistige Mobilisierung der zivilen Gesellschaft und der Soldaten im Sinne der nationalsozialistischen Ideologie in den ersten Jahren des Dritten Reiches, durch

---

9 Erich Weniger, Kriegserinnerung und Kriegserfahrung. In: Deutsche Zeitschrift, Jg. 48, August/Sept. 1935, zit. nach Krieg im Frieden, S. 195 (Dok. 27 c).

10 Weniger, Kriegserinnerung und Kriegserfahrung (wie vorherige Anm.).

11 Theobald Tiger, Gebet nach dem Schlachten (1924). In: Tucholsky, Panter, Tiger & Co., zit. S. 212. Tucholsky beging 1935 im schwedischen Exil Selbstmord.

12 Wildt, Generation des Unbedingten.

13 Vgl. Heinemann, Die Verdrängte Niederlage; Lorenz, »Die Weltgeschichte ist das Weltgericht!«.

die Medien, die Schule, die Gliederungen der NSDAP, stellte die Weichen für die Kriegspropaganda ab 1939, welche die ganze »Volksgemeinschaft« auf *eine* Haltung einschwor.

Als Leitidee diente ein Kriegsbild, das im Zuge der militärischen Auswertung des Ersten Weltkrieges entwickelt worden war: die Vorstellung vom künftigen Krieg als »totalem Krieg«. Ehemalige Militärs, die sich als Schriftsteller versuchten, aber auch aktive Offiziere machten sich wie schon vor 1914 Gedanken darüber, wie ein künftiger Krieg aussehen könnte und sollte. Dass es wesentlich auf die wirtschaftlichen Mittel und die Einstellung der Bevölkerung ankam, galt nach den Erfahrungen des Weltkrieges als ausgemacht. Erich Ludendorff, der ehemalige Stellvertreter Paul von Hindenburgs als Chef der 3. Obersten Heeresleitung (OHL) und de facto ihr eigentlicher Kopf, ordnete in seiner Vision einer Militärdiktatur im ausdrücklichen Gegensatz zu Carl von Clausewitz nicht die Kriegführung der Politik, sondern die Politik der Kriegführung unter[14]. Er setzte auf die massenhafte militärische Mobilisierung im Zeichen von Antisemitismus und Nationalismus und überhöhte den Krieg als »die höchste Äußerung völkischen Lebenswillens.« Militär und Volk bildeten daher zwei Seiten einer Medaille mit völkischer Prägung[15]. Wenngleich Ludendorff der NSDAP suspekt blieb und Hitlers spätere Kriegführung schon aufgrund des politisch-ideologischen Primats von den Vorstellungen des ehemaligen Ersten Generalquartiermeisters abwich, lieferte sein Konzept des totalen Krieges doch zahlreiche Stichwörter für das nationalsozialistische Kriegsbild.

Dazu gehörte auch der politische Totenkult. Das traurig-trotzige Gedenken an die Gefallenen des Weltkrieges wurde umgemünzt zur Feier der Helden von 1914/18. Der Volkstrauertag wurde zum Heldengedenktag, einem gesetzlichen Feiertag, umgewidmet und 1939, als »Tag der Wehrfreiheit«, auf den 16. März verlegt[16]. So verknüpften die Nationalsozialisten den Anlass zur Trauer mit dem Antrieb zum Kampf; das Sterben erhielt seinen Sinn als Opfer für den späteren Sieg. Nicht auf Halbmast wehte denn auch ab 1939 die Fahne, sondern auf Vollstock. »Heldengedenken« verherrlichte das Selbstopfer der Soldaten, bekräftigte die Einheit von Volk und »Führer« und schwor die »Volksgemeinschaft« auf den Krieg ein. Später gehörte dieses Heldengedenken zu den Durchhalteparolen der Endsiegpropaganda.

Das Bild, das im Rahmen der geistigen Aufrüstung seit den dreißiger Jahren von dem deutschen Soldaten gezeichnet wurde, sollte nationalsozialistische und militärische Ideale in Einklang bringen. Zu diesem Zweck stellten Offiziere wie Hermann Foertsch die nationalsozialistische Wehrmacht in einen nationalgeschichtlichen

---

14 Vgl. Ludendorff, Der totale Krieg, S. 10.

15 Dass Frauen dabei wie im Weltkrieg 1914/18 auch künftig eine große Bedeutung spielen sollten, unterstrich zur selben Zeit Marie-Elisabeth Lüders. Die Sozialpolitikerin, die zwischen 1920 und 1932 für die liberale Deutsche Demokratische Partei (DDP) im Reichstag gesessen hatte, unterschied das »Frauenheer der Hilfe« vom »Frauenheer der Arbeit«. Der Militarisierung der Heimat leistete sie auch semantisch Vorschub, wenn sie die Frauen im »Kampf im wirtschaftlichen Schützengraben« sah, jeder Haushalt in ihren Augen zur »›Feldküche‹ und zur ›Kleiderkammer‹« geriet und sie die Frau als »befehlende[n] Kompanieführer ihrer eigenen Wirtschaft und zugleich dienende[n] Soldat im heimischen Heere« charakterisierte. Lüders, Das unbekannte Heer, S. 75 f.

16 Vgl. grundlegend Behrenbeck, Der Kult um die toten Helden.

Zusammenhang, der die Gegenwart nach der sogenannten Machtergreifung zum Höhepunkt einer kontinuierlichen militärisch-nationalen Entwicklung stilisierte[17].

Einzelne Deutungsmuster dieses Soldatenbildes wurden nach 1945 auf den Kopf gestellt, andere hatten vor allem im Dunstkreis der Veteranenverbände weit über die fünfziger Jahre hinaus Bestand, weshalb sie hier zumindest zu skizzieren sind. Der deutsche Soldat war demnach der Sieger des Ersten Weltkrieges, der sein Vaterland bis zuletzt treu verteidigt hatte. Ungeachtet des Feinddiktats von Versailles und des pazifistischen Irrglaubens der zwanziger Jahre habe, so Foertsch, das Hunderttausend-Mann-Heer das militärische »Erbe« weitergetragen, dessen eigentliche Anfänge er in der Entstehung »nationaler Volksheere« mit den preußischen Heeresreformen im frühen 19. Jahrhundert vermutete. Der deutsche Soldat »lebt im Glauben seiner Deutschen an Volk und Vaterland« fort – auch ohne ein Grabmal für den unbekannten Soldaten. Die politische Bewegung des Nationalsozialismus wurde als Teil dieser militärischen Tradition gedeutet. Foertsch beschwor das sogenannte Erlebnis des August 1914, als »ein Volk aufstand wie ein Mann, um die Bedrohung von Heimat und Vaterland abzuwehren«, ebenso wie das »Fronterleben« als Ausgangspunkte auch der nationalsozialistischen Bewegung. Im »Kampf um das neue Reich« lebe dieses Erbe auf, und die Deutschen sollten in der »Nacheiferung soldatischer Art« nicht nachlassen. Wer dieses Angebot der Traditionsstiftung annahm, dem musste es wie Foertsch folgerichtig erscheinen, dass »ein Mann aus der feldgrauen Schar« an der Spitze des Deutschen Reiches stand[18]. Der Führer des Reiches sei Hitler, »der deutsche Soldat des Großen Krieges, sein Schirmherr Hindenburg, der Führer der deutschen Soldaten«. Zu deren Idealen zählten die Kameradschaft – Gruppe Bosemüller[19] –, Disziplin und Führertum. Zugleich pries Foertsch das ritterliche Ideal eines »männlichen Kampfes« Mann gegen Mann, das die Wertschätzung des Feindes – so er denn ebenso »männlich« kämpfte – nicht ausschloss und die Soldaten in allen beteiligten Ländern in einer »Internationale des Frontsoldatentums« zusammenschloss, aus welcher der deutsche Soldat einzig durch besondere Leistung und Opferbereitschaft heraussteche. Dies war ein Topos des soldatischen Nationalismus, wie er nach dem Ersten Weltkrieg vielfach literarisch variiert wurde[20]. Dank der Prägung durch den Nationalsozialismus und politische Veteranenverbände wie den »Stahlhelm« spiegelte der Soldat der Wehrmacht eine »neue Form des deutschen Kriegertums« wider: Er war ein »politische[r] Soldat« geworden[21]. Die Idee des unpolitischen Soldaten hingegen, wie sie für das 19. Jahrhundert und die Weimarer

---

17 Foertsch, Der deutsche Soldat; vgl. den vielgelesenen Band Foertsch, Der Offizier der deutschen Wehrmacht. Foertschs fünf Jahre jüngerer Bruder, Generalleutnant Friedrich A. Foertsch, war im Januar 1945 Stabschef der Heeresgruppe Kurland und von 1945 bis 1956 in Kriegsgefangenschaft in der UdSSR, nachdem er 1950 als Kriegsverbrecher zu 25 Jahren Zwangsarbeit verurteilt worden war – er wurde u.a. für die Zerstörung Leningrads verantwortlich gemacht. Hermann Foertsch wurde 1961 Adolf Heusingers Nachfolger im Amt des Generalinspekteurs der Bundeswehr.

18 Ebd., S. 3–9.

19 Vgl. ebd., S. 24 f. Foertsch verwies auf den Frontroman von Werner Beumelburg, Gruppe Bosemüller, 1930, der die »Schützengrabengemeinschaft« und den zukünftigen »Frontsoldatenstaat« beschwor. Vgl. Busch, »Und gestern, da hörte uns Deutschland«.

20 Vgl. etwa Pöhlmann, »Das große Erleben da draußen«.

21 Foertsch, Der deutsche Soldat, S. 10, 28, 34, 39 f.

Republik typisch war, wurde ausdrücklich zurückgewiesen. Der Wehrmacht attestierte man im Reichskriegsministerium wenige Jahre vor dem Krieg eine »nationalpolitische« Bedeutung, die in der Formel mündete, dass ein guter Soldat ein nationalsozialistischer Soldat sein müsse[22].

Die Nationalsozialisten schufen in diesem Zusammenhang ein ideologisch gefärbtes Wunschbild Preußens, das durch Auswahl und Verzerrung der eigenen historischen Legitimation dienen sollte[23]. Reichspropagandaminister Joseph Goebbels legte viel Wert auf die Feststellung, dass das Dritte Reich die Erfüllung des wahren Preußentums sei. Seine Inszenierung des »Tages von Potsdam« am 21. März 1933 steht – bis heute – für das Bemühen des Regimes, den äußeren Schein der Kontinuität zu wahren und vermeintlich an die preußische Tradition anzuknüpfen. Das galt nicht zuletzt für das Militärische. Preußische Geschichte diente wiederholt als Projektionsfläche für die Instrumentalisierung von Vergangenheit im Sinne des Nationalsozialismus. Durchhaltefilme wie »Kolberg« (1945, Regie: Veit Harlan) inszenierten den Volksaufstand in Anlehnung an den Kampf einer preußischen Garnison gegen französische Truppen 1807.

Diese Mobilisierung war Teil einer Durchhalte-Propaganda, mit der das NS-Regime die Menschen angesichts zunehmender militärischer Niederlagen an der Front und an der »Heimatfront« bei der Stange halten wollte. Ein historisch untermauerter Nationalismus überhöhte den Krieg zu einem Kampf um die Existenz der Nation als solcher. Goebbels bündelte die Grundzüge in seinen 1943 veröffentlichten »dreißig Kriegsartikeln für das deutsche Volk«. Den Kern bildete die Vorstellung, dass der Krieg für die Deutschen der »gewaltigste Schicksalskampf der Geschichte« sei. Es handele sich um einen »Verteidigungskrieg«, den die Feinde den Deutschen aufgezwungen hätten, um ihnen jede »nationale Lebens- und Entwicklungsmöglichkeit abzuschneiden« (Art. 3). Die Konsequenz lag auf der Hand: Eine Niederlage verbiete sich, käme sie doch dem Verlust dessen gleich, was »ungezählte deutsche Generationen in einem jahrtausendelangen Lebenskampf erworben« hätten. Bereits der Gedanke an eine Kapitulation stelle einen »feigen Verrat am Lebensrecht seines Volkes« dar. Eine Niederlage »wäre das Ende unseres Volkes und seiner Geschichte« (Art. 2). Die Soldaten der Wehrmacht wie auch die Zivilbevölkerung wurden durch dieses Kriegs- und Geschichtsbild in die Pflicht der nationalen Schicksalsgemeinschaft genommen – ein Deutungs- und Argumentationsmuster, das nicht zuletzt aus der nationalkonservativen Erinnerung an den Ersten Weltkrieg bekannt war. Demzufolge wurden die Überlebenden auf die Toten verpflichtet. Der Wille zum Weiterkämpfen und die Bereitschaft, sein Leben zu riskieren, erschienen als »ein Vermächtnis der Gefallenen unseres Volkes an die Lebenden«, als eine »harte Mahnung und strenge Aufforderung« und als »Bestätigung [der tapfere(n) deutsche(n) Soldaten] hohen Opfersinns«[24].

---

22 Kayser, Die nationalpolitische Bedeutung der Wehrmacht. Vgl. die Schrift eines Oberregierungsrats im Reichskriegsministerium: Ebd., S. 5.

23 Zur Ambivalenz des Verhältnisses von Preußen und Nationalsozialismus vgl. Clark, Preußen.

24 Mehr noch: Die Propaganda arbeitete mit einem Paradoxon des Nationalismus, wenn sie die Existenz der deutschen Nation auf der einen Seite axiomatisch behauptete, diese auf der anderen Seite jedoch von der Opferbereitschaft ihrer Angehörigen abhängig machte. Denn der Kampf war

Die Durchhaltepropaganda dramatisierte die Situation weiter, indem die nationalgeschichtliche Grundregel just in der Gegenwart des Jahres 1943 in Frage gestellt war. Der lebenden Generation, mithin den Adressaten der Propaganda, sei es aufgegeben, die Freiheit und damit die Nation zu retten. Hier aktualisierte Goebbels die ältere, auch nach 1918 virulente Vorstellung von der grundsätzlichen militärischen Überlegenheit des deutschen Soldaten. Die Aufforderung an den Landser, »treu« an den Führer und an den Sieg zu glauben, unterfütterte Goebbels mit dem stereotypen Selbstbild, dass Hitler »ein Kind des tapfersten und fleißigsten Volkes der Erde« sei (Art. 30, S. 16). Dieses Selbstbild stand im Kontrast zu dem Fremdbild, das die deutsche Propaganda von den Alliierten entwarf und das die Gräueltaten der vorrückenden Roten Armee anheizte[25].

Das NS-Regime versuchte 1944/45, die Intensität der Kämpfe und das Ausmaß der Verluste für sich zu nutzen und zu einem Mittel der ideologischen Mobilisierung im Rahmen der wehrgeistigen Führung umzumünzen[26]. Das Scheitern des Attentats vom 20. Juli 1944 deutete die Propaganda sogleich in einen Wink der Vorsehung um, die ein weiteres Mal die Mission des »Führers« unterstreiche. Doch so mancher Soldat nahm den Anschlag nicht als zustimmendes Zeichen des Schicksals, sondern als das, was er war: ein nicht zu übersehendes Signal, das die Existenz einer Opposition selbst innerhalb der Wehrmacht anzeigte – wie immer das zu bewerten war. »Zum erstenmal [sic] ist damit das Vorhandensein einer Gegenströmung in militärischen Kreisen offen zum Ausdruck gekommen«, stellte beispielsweise der Unteroffizier Heinrich Voigtel zwei Tage nach dem Anschlag fest. »Selbst sehr einfältige Menschen werden einsehen können, dass diese Offiziere, die einen wahrscheinlich besseren Einblick

---

– auch das ein Versatzstück der nationalsozialistischen Erinnerung an den Ersten Weltkrieg und die »Märzgefallenen« – ein Kampf um die Freiheit der Nation. Was die Deutschen besitzen, haben sie sich »als freies Volk erkämpft«, ohne die Freiheit verlöre es seine »Daseinsmöglichkeit« (Art. 25, S. 14). Es sei besser für eine »Nation, zwar bettelarm aber frei, als scheinbar ungeschmälert in ihrem Besitz, aber unfrei aus einem Kriege hervorzugehen.« Diese »Einsatzpflicht im Kriege geht sogar so weit, dass der einzelne sein Leben hingeben muss, um das Leben seines Volkes zu erhalten und zu beschützen.« Denn »erst durch die Bereitwilligkeit zu solchen Opfern wird aus einer Ansammlung von Menschen ein Volk und in einem höheren Sinne aus einem Volk eine Nation.« (Art. 26, S. 14 f.). Dr. Goebbels, Dreissig Kriegsartikel für das deutsche Volk, München 1943, BArch, ZSg 2/412. Vgl. auch in gleicher Aufmachung die englische Propagandaversion: Ein Volksgenosse antwortet Dr. Goebbels auf seine Dreissig Kriegsartikel für das deutsche Volk, München 1944, die 1944 und Anfang 1945 mit Flugzeugen und Ballons über dem damaligen Reichsgebieten verbreitet wurde (Faksimile. Hrsg. von K. Kirchner, Erlangen 1974).

25 Steinert, Hitlers Krieg; Wette, Das Rußlandbild; Pietrow-Ennker, Die Sowjetunion in der Propaganda; Grossmann, A Question of Silence.

26 Am 21. Juli 1944, einen Tag nach dem gescheiterten Attentat auf Hitler, forderte der neue Chef der Heeresrüstung und Befehlshaber des Ersatzheeres – nach der Verhaftung des Generaloberst Friedrich Fromm hatte Hitler noch am selben Tag den Reichsführer SS Heinrich Himmler ernannt – die Befehlshaber auf, darauf zu achten, dass jeder Kommandeur und Einheitsführer mit Unterstützung des Nationalsozialistischen Führungsoffiziers (NSFO) auf »das gewaltige Kampfgeschehen an den Fronten im Westen, Süden und Osten« eingehen solle. Denn »an dem Beispiel der mit äußerstem Fanatismus kämpfenden deutschen Offiziere und Soldaten« könne der die Soldaten des Ersatzheeres auf ihren »persönlichen Einsatz« vorbereiten. BArch, RH 13/51, fol. 3: Chef der Heeresrüstung und Befehlshaber des Ersatzheeres, Stab/NSF Nr. 610/44, Berlin, 21.7.1944. Himmler hatte den SS-Obergruppenführer und General der Waffen-SS Hans Jüttner zu seinem Chef des Stabes ernannt.

in die milit. [sic] Gesamtlage als die Masse des Volkes besaßen, eben nicht mehr an das Wunder der Wendung und den Sieg mit neuen Waffen glaubten.« Voigtel vermutete zudem, dass die Attentäter nur die Spitze des Eisbergs seien und man nun davon ausgehen könne, dass es nicht nur vereinzelte Opposition im Militär und in der Zivilbevölkerung gebe, sondern »eine wahrscheinlich mächtige, organisierte [Gegenbewegung]«. Im Kreise seiner Kameraden an der Italien-Front beobachtete er deshalb ein Auseinanderklaffen der propagandistischen Darstellung und der tatsächlichen Wirkung des Attentats in der Truppe: »Noch nie ist so offen von Niederlage und Zusammenbruch gesprochen worden wie jetzt. Die Hoffnungen sind auf ein Minimum gesunken[27].« Andererseits verfehlte die propagandistische Rede vom Wunder der Errettung und vom Beweis des göttlichen Auftrags ihre Wirkung »auf einfache Gemüter« nicht. Mit der Beschwörung künftiger Wunderwaffen konnte Goebbels – davon zeigte sich Voigtel überzeugt – in seiner Rede nach dem Attentat bei vielen Hörern »eine gewisse Beruhigung, ein nochmaliges Hinausschieben des Termins« erreichen, ab dem sie »nicht mehr zu hoffen willens sind«[28].

Im Unteroffizierunterricht erörterten die Soldaten unter der Leitung eines Batteriechefs verhältnismäßig offen das Für und Wider der deutschen Erfolgschancen, auch wenn die Antworten auf kritische Fragen hohl blieben und es ein Tabu gab: Zweifel an der Redlichkeit eines fürsorglichen »Führers« durften nicht geäußert werden. An der Überzeugung, dass es Hitler nach bestem Wissen und Gewissen um das Wohl des ganzen deutschen Volkes ging, durfte nicht gerüttelt werden. Immerhin: Voigtel wusste von wenigen Soldaten, die auch diese Grenze überschritten, freilich im engsten Kameradenkreis[29]. Wenig später – kurz vor der Befreiung von Paris am 25. August 1944 – unterschied der Unteroffizier in seinem Umkreis drei Gruppen von Soldaten, was die Haltung zum Kriegsverlauf anging: Erstens »solche, die an die baldige Wende und den Sieg durch neue Waffen glauben«; zweitens »solche, die glauben und nicht glauben, also im Zweifel sind, aber für eine begrenzte Zeitspanne noch abwarten wollen«; drittens »solche, die nicht glauben, sich gewöhnen, das Unglück zu sehen und abwarten«. Die meisten Soldaten gehörten nach Voigtels Beobachtung der zweiten Gruppe an[30]. Glauben war hier durchaus in einer tieferen, voluntaristischen Bedeutung zu verstehen. Allein der Glaube konnte die Kriegswende herbeiführen. Das jedenfalls suggerierte die Durchhaltepropaganda, wie Voigtel im Herbst 1944 treffend bemerkte. Immer wieder werde an »die Kraft des Glaubens und des Willens« appelliert, so als könne man die Parolen der frühen Reichsparteitage der NSDAP – »Sieg des Glaubens« (1933), »Triumph des Willens« (1934) – auf außenpolitische und militärische Entscheidungen übertragen[31].

---

27 BArch, MSg 1/2684 und 1/2685: Heinrich Voigtel, Tagebuchband 11.3.1944–4.6.1945, Eintrag 24.7.1944.

28 Ebd., Eintrag 26.7.1944.

29 Ebd.

30 Ebd.

31 Ebd., Eintrag 4.9.1944. Ein Beispiel für die nationalsozialistische Sicht des Krieges gibt der Tagebucheintrag des Chefs eines Feldersatzbattallions Ende 1944. Als ein Kamerad die NSDAP kritisierte und der Divisionspfarrer ihm beipflichtete, habe er contra gegeben. »Von meiner einmal gewonnenen Erkenntnis lasse ich nicht: es sind Welten, auch in Deutschland, die um die

In dieser Politisierung des Soldaten, wie sie die NS-Propaganda wieder und wieder forderte, lag in den fünfziger Jahren ein Grund dafür, dass sich Veteranen gegenüber einer erneuten Politisierung des Soldaten – wenn auch unter dem demokratischen Vorzeichen des »Bürgers in Uniform« – ausgesprochen skeptisch zeigten. Beides weist auf den ganz anders gelagerten Interpretationskontext hin: die Deutungen des Krieges durch die Soldaten und Zivilbevölkerung selbst.

b) Gemeinsame Erfahrungschancen im totalen Krieg

Durch die Ereignisse im Krieg kommt die »Primärerfahrung« zustande, »die allein auf den Krieg zurückzuführen ist« – ähnliche und wiederholte Erfahrungen auf der skizzierten Grundlage vorgeprägter Erfahrungsmöglichkeiten, die Gemeinsamkeiten im Bewusstsein stiften. Einstellungs- und Verhaltensmuster werden durch die Kriegserlebnisse geprägt, die wiederum auf Ereignissen beruhen, mit denen der einzelne Betroffene jeweils zu tun hatte. Ist die Zahl dieser Erlebnisse prinzipiell so groß wie die der Betroffenen, weist das bewusstseinsprägende »Kriegserlebnis« auf einer höheren Abstraktionsebene Übereinstimmungen je nach »übergreifenden typischen Situationen und Lagen« auf[32]. Diese Gemeinsamkeiten ziehen sich durch die individuell verschiedenen Erlebnissituationen hindurch und schaffen gemeinsame Bewusstseinslagen. Um ein Beispiel zu geben: Wer »ausgebombt« wurde, wer durch einen Bombenangriff seine eigene Wohnung, sein persönliches Hab und Gut, womöglich Familienangehörige verloren hatte, der machte in diesem Moment eine individuelle, eine private Erfahrung, die er *cum grano salis* mit Hunderttausenden teilte. Ähnliches gilt beispielsweise für Flucht, Vertreibung und Kriegsgefangenschaft.

Nachdem die zuvor existierenden bewusstseinsprägenden Faktoren skizziert worden sind, sollen nun verschiedene »gemeinsame Erfahrungschancen« erläutert werden. Verschieden waren die Chancen, weil sie sich auf unterschiedliche historische Konstellationen bezogen, und gemeinsam, weil sie eine Vielzahl von Menschen betrafen. Der erfahrungsgeschichtlichen Verdichtung zu Idealtypen liegt die Auswertung einer Vielzahl von »Ego-Dokumenten« wie Tagebüchern und Feldpostbriefen zugrunde, die ich zum Teil an anderer Stelle ausführlicher analysiert und dokumentiert habe[33]. Darüber hinaus können *Oral History*-Studien herangezogen werden, die

Entscheidung ringen, wir werden siegen. Vieles ist faul, bestimmt, aber das sondert der Kampf aus.« Zwar halte er nichts von dem Treiben der SS – das ihm mithin bekannt war –, doch gebe es das auch bei anderen Truppen. BArch, MSg 200/1195: Samson-Himmelstjerna, 1945. Ein Jahr in Briefen und Tagebüchern, S. 28, Herv. im Orig.; vgl. ebd., S. 29 (31.12.1944). »jetzt erst recht! Nur felsenfester und blinder [...] Glaube kann uns retten!«, schrieb er in einem Brief an seine Frau am 18.1.1945, ebd. Die antwortete angesichts des sowjetischen Vormarsches entsprechend: »Und trotzdem, Geliebter, je schlimmer uns zugesetzt wird, desto fester werde ich im Glauben an unsere Stärke und dass wir es schaffen werden.« Ebd., S. 48, Erfurt, 19.1.1945; ebenso ebd., S. 51, 23.1.1945. Vgl. ebd., S. 66, 26.2.1945: »Irgendwie wird es schon klappen. Es muß ja sein!«

32 Koselleck, Der Einfluß der beiden Weltkriege; vgl. Hockerts, Zugänge zur Zeitgeschichte.

33 Echternkamp, Kriegsschauplatz Deutschland 1945; Echternkamp, Im Kampf an der inneren und äußeren Front; Echternkamp, »Kameradenpost bricht auch nie ab ...«.

durch lebensgeschichtliche Interviews ihre eigenen Quellen geschaffen haben[34]. In beiden Fällen geht es um die deutende Erfahrung von Kriegserlebnissen und deren lebensgeschichtliche Konsequenzen. Das Ziel der Bildung dieser Idealtypen von Erfahrungen *vor* Kriegsende weist voraus auf die anschließende Untersuchung der kollektiven Repräsentationen in der Nachkriegszeit. Für den Zeitraum von 1945 bis etwa 1955 kann in einem weiteren Schritt herausgearbeitet werden, *welche* Muster von Kriegserfahrung aufgegriffen, positiv oder negativ bewertet und aktualisiert wurden – und welche nicht. Erst in Kenntnis der Vielzahl potenzieller Rückgriffe auf die Geschichte lassen sich die in der Öffentlichkeit der Nachkriegsgesellschaft tatsächlich zu beobachtenden Vergegenwärtigungen einordnen. Der methodische Vorzug zeitgenössischer Dokumente gegenüber späteren Zeitzeugen-Interviews liegt hier darin, dass aufgrund der Zukunftsoffenheit der Situation im Krieg und der fehlenden erinnerungspolitischen Überformungen der Zirkelschluss vermieden werden kann, im Hinblick auf Aktualisierungen in der Nachkriegszeit einzig das zu berücksichtigen, was ex post auch Berücksichtigung zu verdienen scheint[35].

Grundsätzlich ist es ebenso naheliegend wie sinnvoll, eine erste Unterscheidung zwischen Soldaten und der Zivilbevölkerung zu treffen, obgleich es nachgerade ein Signum der Jahre von 1939 bis 1945 ist, dass der Krieg – und nicht etwa die soziale Klasse oder das Milieu – der wesentliche vergesellschaftende Faktor war und man deshalb von einer »Kriegsgesellschaft« sprechen kann[36]. Die Männer, die als Berufssoldaten oder Wehrpflichtige in der Wehrmacht kämpften, machten in einem weitaus höheren Maße Erfahrungen hinsichtlich passiver *und* aktiver und Gewalt – schließlich war es ihre Aufgabe zu kämpfen und zu töten. Das führte zu kollektiven Erfahrungschancen der Soldaten, die auch dann ein Spezifikum blieben, als Front und »Heimatfront« (wie es im NS-Jargon hieß, um die Geschlossenheit der militarisierten »Volksgemeinschaft« zu unterstreichen) seit 1942 verstärkt durch den Bombenkrieg und schließlich 1944/45 durch den Kampf der Alliierten auf deutschem Boden zusammenfielen. Die Erfahrungschancen der Soldaten unterschieden

34 Manche persönliche Erinnerungen waren zu oftmals erzählten Geschichten geronnen, zu festgefügten Erinnerungsmustern, nicht selten mit Happy-End: »Wir sind nochmal davon gekommen!«; andere Erinnerungsformen sind insofern »offen«, als hier die Eindrücke aus der Kriegszeit noch unstrukturiert und so unverarbeitet sind, dass sie noch Jahrzehnte nach dem Erlebten zu Gefühlsausbrüchen führen, als läge das leidvolle Ereignis erst wenige Tage zurück. Die Unterscheidung trifft Hoppe, »Hätte ich Dir bloß das blaue Kleid gegeben ...«, S. 132.

35 Um ein Missverständnis zu vermeiden: Damit soll nicht suggeriert werden, dass die sog. Ego-Dokumente aufgrund einer vermeintlichen Gleichzeitigkeit von Aufzeichnung und Ereignis authentischer wären. Vielmehr ist auch an dieser Stelle daran zu erinnern, dass prinzipiell jede Aufzeichnung in einer zeitlichen Distanz zum Aufgezeichneten steht und stets das Ergebnis eines Deutungsprozesses ist.

36 Vgl. ausführlicher mein Plädoyer für den Begriff in Echternkamp, Im Kampf an der inneren und äußeren Front. Vgl. aus soziologischer Perspektive jetzt Kruse, Mobilisierung und kriegsgesellschaftliches Dilemma. Kruse schlägt mit Blick auf die allgemeine Soziologie vor, die hierarchisch organisierte und zentral gesteuerte Kriegsgesellschaft als eine Gesellschaftsform sui generis von der funktional differenzierten Zivilgesellschaft zu unterscheiden, als welche die Soziologie die Moderne bislang ausschließlich konzipiert habe. Für die Analyse der Transformation (im Ersten Weltkrieg) untersucht er die Kategorien »Mobilisierung« und »kriegsgesellschaftliches Dilemma«. Insofern ließe sich das Ziel der vorliegenden Arbeit auch als Beitrag zur Analyse der Retransformation von der Kriegs- zur Zivilgesellschaft beschreiben.

sich zudem in geschlechtergeschichtlicher Hinsicht von denen der Zivilbevölkerung. Kriegführung blieb fast bis zum Schluss Männersache. Frauen in der Wehrmacht entsprachen nicht der NS-Ideologie, und im Zielkonflikt zwischen dem Festhalten an dem Ideal von Mutter und Ehefrau auf der einen und der umfassenden Mobilisierung auf der anderen Seite zeigte sich auch im NS-Regime die Grenze des totalen Krieges hinsichtlich der Mobilisierung der Bevölkerung. Die Gewalterfahrung des Soldaten verknüpfte sich daher mit dem nationalsozialistischen Männlichkeitsideal des heroischen Kämpfers.

Die Institution, der sie angehörten, war indes kein Staat im Staate, sondern mit der zivilen Welt eng verknüpft und muss als ihr Spiegelbild betrachtet werden. Denn die Wehrmacht war eine Wehrpflichtarmee. Etwa 18 Millionen Männer haben im Laufe des Krieges in ihren Reihen gedient; selbst im Offizierkorps befanden sich die Berufssoldaten in der Minderheit[37]. Altgediente Offiziere, die aus dem Hunderttausend-Mann-Heer der Zwischenkriegszeit stammten und unter Umständen bereits in der kaiserlichen Armee gedient hatten, sammelten sich vorwiegend in der Führungsspitze. So fanden sich Arbeiter, Angestellte und Handwerker, Arbeitslose und Akademiker nach und nach irgendwo in der Etappe oder an der Front wieder[38].

Ob der »Vernichtungskrieg« bereits mit dem Angriff auf Polen begann[39], wo die Einsatzgruppen der Wehrmacht auf dem Fuß folgten[40], oder erst 1941 mit dem Überfall auf die Sowjetunion, ist umstritten. Unstrittig ist mittlerweile, dass die Wehrmacht aufgrund einer völkerrechtswidrigen, verbrecherischen Kriegführung auf dem Kriegsschauplatz in Ost- und Südosteuropa die Grenzen der bis dahin bekannten konventionellen Kriegführung durchbrach. In diesem »Weltanschauungskrieg«, an dessen rasseideologischen Zielen die nationalsozialistische Führung keinen Zweifel gelassen hatte, entwickelte sich eine Kriegspraxis, in der Soldaten zu Tätern oder Mitläufern von Verbrechen wurden. Kein Zweifel besteht insbesondere an der Beteiligung der Wehrmacht am Massenmord der europäischen Juden; auch die Dimension des Verbrechens ist bekannt[41]. Hier sei nur daran erinnert, dass auf sowjetische Gefangene keine Rücksicht genommen wurde. Zwischen Herbst 1941 und Februar 1942 starben in improvisierten deutschen Kriegsgefangenenlagern etwa zwei Millionen sowjetische Kriegsgefangene an Erfrierungen und unmenschlicher Behandlung; »Tod durch Hunger« war kein Schicksal, sondern Kalkül[42]. Kommunistische Funktionäre (»Kommissare«) wurden ebenso wie Juden gar nicht erst gefangen genommen, sondern gezielt ermordet. Weitere Zehntausende von Rotarmisten starben an Epidemien in den Sammellagern oder auf den Transporten

---

[37] Vgl. Hitlers militärische Elite, Bd 2.

[38] Zur Organisation vgl. grundlegend: Absolon, Die Wehrmacht im Dritten Reich.

[39] So lautet die These von Böhler, Auftakt zum Vernichtungskrieg; Böhler, »Größte Härte ...«; Böhler, Der Überfall.

[40] Vgl. Einsatzgruppen in Polen.

[41] Aus der Vielzahl der Studien zur Wehrmachtforschung vgl. als Überblick und mit weiterführender Literatur: Die Wehrmacht. Mythos und Realität; Hartmann, Wehrmacht im Ostkrieg; Wette, Die Wehrmacht.

[42] Weiterhin einschlägig: Streit, Keine Kameraden.

zur Zwangsarbeit nach Deutschland. Die Rekrutierung von Zwangsarbeitern und Zwangsarbeiterinnen gehörte zu den wichtigen Aufgaben der Frontverbände[43].

Wer in den Frontverbänden der Wehrmacht eingesetzt war – sie stellten den Großteil der Truppen –, konnte prinzipiell an allen Tatkomplexen beteiligt gewesen sein. Unklar ist (und bleibt vermutlich) die genaue Zahl der direkt oder indirekt involvierten Soldaten. Dabei sind nicht nur die durch das Ausmaß der Vernichtung besonders großen Verbrechen zu bedenken, sondern »die Alltäglichkeit des Vernichtungskrieges« durch den Zusammenhang und die Summe von Repression, Ausbeutung, Versklavung und fortgesetzter Lebensgefahr[44]. Wenn man ferner berücksichtigt, dass der einzelne Soldat zwischen dem Gefechtsgebiet und der Ruhestellung hin- und herwechselte und daher auch zahlreiche Aufgaben in den rückwärtigen Gebieten, im Besatzungsalltag hinter der Front, übernahm, wo er häufiger mit Ausbeutungsmaßnahmen zu tun hatte, wird deutlich, dass ein nicht geringer Teil der Soldaten in die verbrecherische Kriegspraxis involviert war und ein noch größerer Kreis zumindest Kenntnis davon hatte.

Eine andere, für die kollektiven Erfahrungschancen nicht unwichtige Frage ist allerdings ebenfalls noch nicht hinreichend beantwortet: Was hat im konkreten Fall dazu geführt, dass aus »ganz normalen Männern« Akteure des Vernichtungskriegs wurden und sie den Krieg weiterführten, als er längst nicht mehr zu gewinnen war? Die Ideologisierung im Sinne des Nationalsozialismus[45], die Kohäsion der kleinen Kampfgruppe, der deutsche Nationalismus und seine Feindbilder[46] werden als Motive diskutiert; eine kriminelle Wehrmachtjustiz übte Druck »von außen« aus[47]. Sicher wird man auch im Einzelfall genauer hinsehen und die konkrete Situation unter die Lupe nehmen müssen.

Prinzipiell stellte sich die Situation für die Soldaten im Rahmen des militärischen Herrschaftskomplexes aufgrund des Prinzips von Befehl und Gehorsam ähnlich dar. Sie alle hatten Handlungsanweisungen ihrer Vorgesetzten zu befolgen, ob es um den Beschuss eines sowjetischen Panzers T-34 ging oder das Plündern und Niederbrennen eines Dorfes in der Ukraine. Sie alle standen aber auch immer wieder vor der Entscheidung, auf welche Weise genau sie die Befehle ausführten oder ob sie diese verweigerten. Vor allem dort, wo sie nur einer indirekten Kontrolle unterlagen und ihr Handlungsspielraum größer war, mussten die Soldaten für sich entscheiden, wie sie sich verhielten und wie sie handelten: Ob sie einen Einheimischen beraubten, eine Frau vergewaltigten oder eine andere als Partisanin verdächtigten und ermordeten, blieb ein Stück weit der eigenen Entscheidung überlassen. Wahrscheinlich führte dabei die »Brutalisierung« der Männer durch die tägliche Erfahrung von aktiver und passiver Gewalt dazu, dass sie Taten begingen, die ihnen außerhalb des institutionellen Handlungsrahmens Wehrmacht im zivilen Leben, weit weg von der Ostfront, völlig undenkbar erschienen wären. Mancher wurde sich dieses Prozesses schmerz-

[43] Vgl. die Fallstudie von Rass, »Menschenmaterial«; Rass, Das Sozialprofil.
[44] Rass, Verbrecherische Kriegführung, S. 89.
[45] Bartov, Hitler's Army: Soldiers; Förster, Die Wehrmacht im NS-Staat.
[46] Müller, Deutsche Soldaten und ihre Feinde.
[47] Messerschmidt, Die Wehrmachtjustiz.

haft bewusst und ging, obgleich weiterhin ein Rädchen in der Kriegsmaschine, innerlich auf Distanz wie etwa der Lehrer Wilm Hosenfeld, der als Reserveoffizier in Warschau eine Sportschule leitete[48], oder der 20-jährige Schriftsteller Willy Peter Reese, der als Soldat in der Heeresgruppe Mitte an der Ostfront nicht nur das Leid, die Entbehrung, die Zerstörung und die Verbrechen, sondern auch die wachsende Gleichgültigkeit »entmenschte[r] Karikaturen« und den eigenen (moralischen) Niedergang beschrieb[49]. Die verbrecherische Kriegspraxis, die spezifischen Handlungsoptionen und die damit verbundene Verantwortung waren – neben der kriegstypischen Konfrontation mit massenhaftem Tod und Sterben auf dem Schlachtfeld – zentrale Prägekräfte der kollektiven Kriegserfahrungen der Soldaten.

Aber auch das Gegenteil gehörte dazu: die Langeweile des Landsers. Wochen- und monatelange Untätigkeit in einer abgelegenen Bunkerstellung, der Drill auf dem Exerzierplatz und die Wochen im Lazarett ließen den Krieg je nach Standort und Phase zu einer schrecklich zähen Angelegenheit werden. Der junge Heinrich Böll etwa sah sich deshalb und wegen der Isolation des Intellektuellen in einer durch und durch »ungeistigen Gesellschaft« als ein Gefangener des Krieges, lange bevor er in Kriegsgefangenschaft geriet. Hunderte Briefe an seine spätere Frau waren sein Fluchtweg aus dem Gleichmaß dieses Kriegsalltages. Auch im totalen Krieg prägte unspektakulärer Stumpfsinn den Wehrdienst. Die Neugier auf den »wirklichen Krieg«, Anfang 1941 im Osten, war die Kehrseite dieser Langeweile nicht nur bei Böll, der schließlich durch Fronterfahrung eines Besseren belehrt wurde[50].

Die Erfahrungen, die Soldaten in der Sowjetunion gesammelt hatten, trugen wesentlich zur Radikalisierung der deutschen Besatzungsmacht in Frankreich bei. Auch in Westeuropa führte die Wehrmacht keinen ritterlichen Kampf nach althergebrachtem Muster. Wehrmacht und Waffen-SS haben auch in Frankreich Verbrechen an der Zivilbevölkerung begangen; insgesamt schätzungsweise 15 000 Franzosen kamen durch Repressalien ums Leben[51]. Doch sind die ideologischen Grenzen der Gewalt im Vergleich zum Geschehen in Ost- und Südosteuropa nicht zu übersehen. Zwar schürte hier das ältere antiwestliche Feindbild ebenfalls Ressentiments, doch dem Anderen wurde das Menschsein nicht in der Weise abgesprochen wie den jüdischen »Untermenschen«. Trotz der antiwestlichen Propaganda gegen die »Plutokraten« blieben die französischen Soldaten für die Wehrmachtangehörigen doch »Kameraden«. Alles in allem zeigt der Vergleich zwischen beiden Kriegsschauplätzen mehr Unterschiede als Ähnlichkeiten. Der Weltanschauungskrieg im Westen fand nur ansatzweise statt. Aber auch die verbreitete Annahme, wenigstens im Westen habe die Wehrmacht einen »sauberen« Krieg geführt, wurde als Legende entlarvt. Insofern ergaben sich bei einem Einsatz in Westeuropa wiederum spezifische gemeinsame Erfahrungschancen der Kriegs- und Besatzungspraxis.

---

[48] Vgl. Hosenfeld, »Ich versuche jeden zu retten«; Heinrichs, Hauptmann d.R. Wilm Hosenfeld, S. 69–88.

[49] Vgl. Reese, »Mir selber seltsam fremd«.

[50] Böll, Briefe aus dem Krieg, Bd 1, S. 205, 505; vgl. meine Rezension in: MGZ, 61 (2002), S. 292–294.

[51] Vgl. Delacor, Attentate und Repressionen, und Lieb, Konventioneller Krieg.

Zu den kollektiven Erfahrungschancen der Kriegsjahre gehörte die monate-, manchmal jahrelange Trennung von den Angehörigen. Zwar wird häufig unterschätzt, wie häufig Soldaten im Urlaub und auf Dienstreise waren oder für einen Lazarettaufenthalt zwischen Einsatzort und Heimat pendelten. Zwar gingen rund 30 bis 40 Milliarden Feldpostsendungen während des Krieges zwischen Front und Heimat wie auch innerhalb der Wehrmacht hin und her, den Dienstverkehr der Wehrmacht eingerechnet; etwa 12 000 Feldpostbedienstete sorgten in 400 Feldpostämtern dafür, dass Postkarten, Briefe und Zeitungen ohne Freimachung durch Postwertzeichen mit dem Vermerk »Feldpost« versehen und im »Großdeutschen Reich« verschickt wurden, zum Austausch von Informationen und Waren. Doch die bange Frage gehörte zum Kriegsalltag der Soldaten: Wie geht es meiner Frau, meinen Kindern, meinen Eltern? Warum höre ich nichts von ihnen? Wann kann ich sie endlich wiedersehen? Umgekehrt machten sich die Angehörigen zu Hause Sorgen über den Verbleib des Mannes, Vaters, Sohnes in Uniform. Der anhaltende Schmerz über die persönliche Trennung, gepaart mit der Angst vor dem endgültigen Verlust eines geliebten Menschen, zählt wie die Trauer über den Toten – das hat die Auswertung von Feldpostbriefen als erfahrungsgeschichtlicher Quelle gezeigt[52] – zu den von Soldaten wie Zivilisten gleichermaßen geteilten Erfahrungschancen des Krieges *und* teilweise der Nachkriegszeit.

Die Feldpost und die Heimataufenthalte der Soldaten sorgten für einen informellen Informationsfluss zwischen den Kriegs- und Besatzungsgebieten und der Heimat. Briefe und persönlich überbrachte Nachrichten nährten wechselseitige Gerüchte. So entwickelten die »Volksgenossen« im Reich durchaus Vorstellungen etwa vom Krieg im Osten und die Soldaten vom Bombenkrieg über deutschen Städten, die nicht der offiziellen Lesart der NS-Propaganda entsprachen. Die 1914/18 noch weitgehende Trennung zwischen Front und Heimat wurde auch durch diese wechselseitige Kommunikation aufgehoben, die ein gemeinsames Bewusstsein von der jeweiligen Lage vermittelte. Auch die Zivilbevölkerung hatte diesseits ideologischer und religiöser Überhöhung eine vergleichsweise klare Vorstellung davon, was es bedeutete, Soldat zu sein, und welche Auswirkungen der Einsatzort auf die Art der Kriegführung und die Überlebenschancen hatte. Als schließlich auch Frauen die Uniform anzogen und in vielfältigen Funktionen als »Wehrmachthelferinnen« eingesetzt wurden, wurde die Grenzlinie des Geschlechts, das zwischen zivilen und soldatischen Erfahrungschancen verlief, weiter verwischt[53].

---

52 Zur Quellenproblematik vgl. Latzel, Vom Kriegserlebnis zur Kriegserfahrung; Latzel, Wehrmachtsoldaten zwischen Normalität und NS-Ideologie; Latzel, Kriegsbriefe und Kriegserfahrung; Humburg, Feldpostbriefe aus dem Zweiten Weltkrieg; Kilian, Die Anderen zu Wort kommen lassen; Latzel, Feldpostbriefe: Überlegungen zur Aussagekraft einer Quelle. Vgl. auch Echternkamp, Kriegsschauplatz Deutschland 1945.

53 Die Täterforschung hat jüngst auch die Frauen häufiger in den Blick genommen. Vgl. Sie waren dabei; Mailänder Koslov, Gewalt im Dienstalltag. Zu den Frauen, die als Lehrerinnen, Kindergärtnerinnen oder Beraterinnen für volksdeutsche »Umsiedler« im »deutschen Osten« arbeiteten, vgl. Harvey, Erinnern und Verdrängen; Harvey, »Der Osten braucht dich!«. Zu den Lebenserfahrungen der Wehrmachthelferinnen: Maubauch, Die Stellung halten.

Immer häufiger erhielten die Familien im Reich Nachricht vom Tod des Mannes und Vaters. Der Verlust und die Trauer, welche die Nachricht, aber auch die wiederkehrende Erinnerung auslösten, gehörten ebenfalls zu den gemeinsamen Grunderfahrungen, weit über das Kriegsende hinaus. Die »Volksgemeinschaft« wurde immer mehr zu einer nationalen Trauergemeinde. Die Zeitgenossen mussten nicht die Verluststatistiken kennen, um zu wissen, dass der Kriegsverlauf mehr Menschenleben kostete, als sie in der Hoffnung auf einen kurzen, siegreichen Krieg bis 1941 gemeint hatten. Gerüchte meldeten immer neue Gefallene, Vermisste und Verwundete. Die Todesanzeigen in den Lokalzeitungen kündeten täglich von der Lebensgefahr, in der sich die eingezogenen Ehemänner, Brüder oder Söhne befanden. Die Siegesfanfaren der Wochenschauen konnten nicht lange darüber hinwegtäuschen, dass auch die Soldaten der Wehrmacht nicht unverwundbar waren und dass auch (vorübergehende) Siege nicht ohne den massenhaften Verlust von Menschenleben in den eigenen Reihen abgingen. Manche Frau, die erst kurz vor dem Krieg oder während des Krieges geheiratet hatte, war schon bald Witwe. Manche Ehen wurden ausgesetzt, kaum dass sie begonnen hatten. Die Frau, die das Pech hatte, dass ihr Mann kurz nach der Heirat eingezogen wurde und wenig später in Kriegsgefangenschaft geriet, musste fünf, zehn oder mehr Jahre warten, bis er wieder vor der Tür stand – wie die meisten 1948 –, falls er die Gefangenschaft überlebte.

Im Gegensatz zum Ersten Weltkrieg mit seiner Spannung zwischen Front und Heimat war der Zweite Weltkrieg durch Bombenkrieg, Terror und Völkermord »totaler«. Mit der Aufhebung des Gegensatzes von Front und Heimat verkleinerte sich der Unterschied der Geschlechterrollen und verstärkte sich die Betroffenheit der Familien. Auch Frauen waren jetzt von extremer Kriegsgewalt unmittelbar betroffen, und indem sie mit den Folgen kämpften mussten, übernahmen sie in Abwesenheit der Männer neue Aufgaben, die traditionell deren Rolle zugeordnet waren. Der Bombenkrieg, die materielle Zerstörung und die menschlichen Verluste durch Luftangriffe gehören zu den Ereignisstrukturen, die bis in den Mai 1945 das gemeinsame Bewusstsein prägten. Das traf in erster Linie, aber nicht nur auf die Zivilbevölkerung zu: Auch Soldaten auf Heimaturlaub mussten erleben, wie hilflos die Menschen den Brand- und Sprengbomben der Alliierten ausgesetzt waren – eine Ohnmacht, die gerade kampfgewöhnte Männer als belastend empfanden.

Da ein Großteil der »Volksgenossen« diese Erfahrungschancen direkt oder indirekt teilte und diese den Erfahrungshintergrund für die kollektiven Repräsentationen des Krieges darstellen, lohnt der Blick auf den Kriegsalltag »unter Bomben«. Dabei geht es an dieser Stelle nicht um eine Sozial- und Kulturgeschichte des Zweiten Weltkrieges oder, spezieller, des Bombenkrieges – darüber ist in den vergangenen Jahren viel publiziert worden –, sondern erneut um wesentliche idealtypische Kriegserfahrungen wie die Aufenthalte im Luftschutzbunker, die Evakuierungen, die Einquartierungen und den improvisierten Alltag in Ruinen, schließlich die Kriegs-Kindheit und den Wandel der Frauenrolle.

Der strategische Bombenkrieg beeinflusste seit Ende 1942 das Leben im Reich, als die Royal Air Force (RAF) dichtbebaute historische Altstädte durch Brandbomben vernichtete. Zuvor war Hitler mit seinem Plan gescheitert, Großbritannien in der

»Luftschlacht von England« seinen Willen aufzuzwingen. Der Flächenangriff bildete den Auftakt zu einer fürchterlichen Dynamik wechselseitiger Luftangriffe, die im letzten Kriegsjahr noch einmal intensiviert wurden. Bis zum 1. Juli 1944 waren erst 28 Prozent aller Bomben abgeworfen worden, die bis Kriegsende fielen. Allein im Sommer 1944 starben bei Luftangriffen auf deutsche Städte (im NS-Jargon »Terrorangriffe« genannt) rund 135 000 Zivilisten. Der Angriff auf den Verkehrsknotenpunkt Dresden am 13./14. Februar 1945 stellt einen traurigen Höhepunkt der alliierten Flächenbombardements dar.

Die Menschen waren einer enormen Zerstörungskraft ausgesetzt, die regelmäßig auf die Kombination von Spreng- und Brandbomben zurückging. Das Muster war fast immer gleich: Die Sprengbomben zerstörten die Energie- und Wasserversorgung, die Zufahrtswege und die Dächer der Wohngebäude. Die Brandbomben ließen dann die alten Wohnhäuser in Flammen aufgehen. In den dicht bebauten Altstädten entwickelte der so entstandene Flächenbrand durch den Verbrauch von Sauerstoff einen gewaltigen Luftsog – den »Feuersturm« –, der für weitere Brände sorgte. Am Ende war in kürzester Zeit ein ganzes Stadtgebiet in Flammen aufgegangen. An Löschen war wegen der zerstörten Infrastruktur ohnehin nicht zu denken, von Chaos und Panik zu schweigen. Die Luftschutzkeller wurden zu tödlichen Fallen, in denen die Menschen erstickten oder verbrannten. Damit sich keine Seuchen ausbreiteten, wurden nach den Bränden die Toten, die Verbrannten geborgen. Die Erfahrung, selbst Leichen aus den einsturzgefährdeten Ruinen zu zerren, machten indes die wenigsten »Volksgenossen«, wurden dazu doch häufig KZ-Häftlinge eingesetzt. Zwangsarbeiter und Wehrmachthilfskommandos räumten den Schutt beiseite, wie beispielsweise Häftlinge des Außenlagers Neuengamme im Juli 1943 in Hamburg, wo das »Unternehmen Gomorrha« 40 000 Menschen das Leben gekostet hatte.

Zu den kollektiven Erfahrungschancen der von Bombenangriffen bedrohten Stadtbevölkerung gehörten die Aufenthalte in Luftschutzräumen[54]. Sobald die Sirenen heulten, flüchteten sich die Menschen in die Luftschutzkeller oder Bunker. Andere, auch Mütter und Kinder, gingen nach schweren Luftangriffen an den Vortagen spät abends vorsorglich in den eigenen Luftschutzkeller oder einen der großen öffentlichen Bunker und kehrten heim, wenn der Alarm ausblieb, oder verbrachten gleich die Nacht im öffentlichen Luftschutzkeller. Die nächtlichen Fliegeralarme vor allem brachten die Stadtbewohner/innen um den Schlaf. Große Müdigkeit gehörte immer wieder zu den Alltagserfahrungen der Frauen, insbesondere dann, wenn sie tagsüber erwerbstätig waren und früh aufstehen mussten. Das erschwerte den ohnehin zeit- und nervenraubenden Alltag noch mehr. Schon weil sie immer damit rechnen mussten, alles stehen und liegen zu lassen, um so schnell wie möglich unter der Erdoberfläche Schutz vor den Bomben zu suchen, kamen die Frauen, Kinder und älteren Menschen in den luftgefährdeten Städten kaum zur Ruhe, weder physisch noch psychisch. Die Gefahr des Luftangriffs machte die Menschen zu Getriebenen. Das Hin- und Herlaufen zwischen Wohnung und Bunker, das Heulen der Sirenen und der Bombenlärm waren ein maßgeblicher Grund für das Gefühl

54 Koser-Oppermann, Evakuiert, umquartiert, einquartiert; Hoppe, »Hätte ich Dir bloß das blaue Kleid gegeben ...«.

der »Unruhe«, dem die Überlebenden nach Kriegsende die Freude über die »Ruhe« gegenüberstellten. Die Zwangsgemeinschaft im Bunker entwickelte ihre eigene soziale Dynamik. Enge, Dunkelheit, Angst führten nicht selten zu Konflikten. Der Aufenthalt im Bunker war kein Ort, um »die Hausgemeinschaft [zu] festigen, sondern Kampfplatz für Meinungsverschiedenheiten und mehr oder minder heftiger Auseinandersetzungen«, berichtete etwa eine Oberfürsorgerin in St. Pauli[55].

Eine neue, kollektive Erfahrung bedeuteten die Evakuierungen. Die Menschen wurden entweder vor Ort in Sammelunterkünften, Massenquartieren wie Schulen, Kirchen und U-Bahnstationen sowie Privatquartieren untergebracht oder in festgelegte Aufnahmegaue überführt, wo sich die Nationalistische Volkswohlfahrt (NSV) um sie kümmerte. Zigtausende machten sich zu Fuß auf die Flucht aus der zerstörten Innenstadt, zumal wenn Gerüchte über weitere Bombardierungen die Angst schürten. Die Reichsbahn ließ Sonderzüge in die Aufnahmegebiete fahren. So verschlug es ausgebombte Hamburger nach Schleswig-Holstein, aber auch nach Oberfranken, in die Mark Brandenburg und nach Danzig. Die einen flüchteten sich zu Verwandten, die anderen waren auf die Organisation der Reichsverteidigungskommissare (RVK) und der NSV angewiesen, die den Obdachlosen eine Unterkunft zuwies[56].

Evakuierung war mehrheitlich auch *realiter* eine gemeinsame Erfahrung, die nicht zuletzt die Jüngeren betraf. Nicht nur Einzelpersonen und einzelne Familien wurden evakuiert; ganze Einrichtungen wie Schulen oder Altersheime schlossen ihre Tore und wurden zum Schutz vor künftigen Bombenangriffen in weniger gefährdete Gegenden verlagert, wenn der RVK das anordnete. Vor allem Kinder im Alter von sechs bis 14 Jahren sollten möglichst vollzählig zu Pflegeltern oder in Ferienheime gebracht werden. Die sogenannte Kinderlandverschickung (KLV) brachte nicht nur mehr Sicherheit für die Mädchen und Jungen. Sie bedeutete auch die monatelange Trennung der (Rest-)Familie, häufig bis Kriegsende. Trotz massiver Propaganda und einer bedingten Freiwilligkeit standen viele Eltern je länger, desto mehr dem Unternehmen skeptisch bis ablehnend gegenüber, sodass die Behörden mehr Druck machten, indem sie etwa die Möglichkeit des Schulbesuchs von der Teilnahme am KLV-Programm abhängig machten. Zu den zwiespältigen Erfahrungen zählt das Abwägen, ob der vermutete Gewinn an Sicherheit mit dem tatsächlichen Preis der Trennung bezahlt werden sollte. In der Not wollten die meisten Familien doch lieber zusammen sein. So manche Kinder wurden aus den Evakuierungsgebieten zurückgeholt, und Ehefrauen blieben dort, wo ihre Männer arbeiteten. Die Unzufriedenheit mit den Unterbringungsverhältnissen teilte sich gerüchteweise auch den Zurückgebliebenen in der Heimat mit, wie der Sicherheitsdienst der SS (SD) besorgt notierte. Die Bevölkerungsströme liefen daher bald in die entgegengesetzte Richtung[57]. Manche Flüchtlinge kehrten auch deshalb in ihre halbzerstörten Häuser zurück, weil sie fürchteten, ihre Wohnung sonst ganz zu verlieren oder auch noch

---

55 Meyer, Mit dem Krieg leben, S. 107. Vgl. die Schilderungen einer Berliner »Keller-Kochgemeinschaft«, der neben einem französischen Zwangsarbeiter auch zwei »privilegierte Mischehepaare« angehörten, im »Berliner Tagebuch 1945« der Publizistin Brigitte Beer (Archiv für Christlich-Demokratische Politik, I-442-001).

56 Vgl. Koser-Oppermann, Evakuiert, umquartiert, einquartiert, S. 178.

57 Vgl. ebd., S. 181.

ein Opfer von Plünderern zu werden, die sich von den drakonischen Strafen nicht abschrecken ließen. Lieber in der eigenen Ruine improvisieren, als alles aufgeben und in der Fremde mit nichts dazustehen, lautete hier die Devise.

Der Bombenkrieg verschärfte die Engpässe auf dem Wohnungsmarkt aus der Vorkriegszeit. »Ausgebombte« wurden in Wohnungen in weniger zerstörten Stadtteilen »einquartiert« – in Hamburg beispielsweise, wo im Juli 1943 fast eine Million Menschen obdachlos wurden, in den bürgerlichen Stadtteil Eppendorf. Mit Fremden nicht nur unter einem Dach, sondern in derselben Wohnung: Das war für beide Seiten eine schwierige Situation. Sowohl die Wohnungsinhaber als auch die Frauen mit ihren Kindern oder den Eltern, die eben noch ihre eigenen vier Wände besaßen und plötzlich auf Hilfe angewiesen waren, mussten sich arrangieren. Dass die intime Nähe zu Spannungen führte, liegt auf der Hand. Je nach Wohnungsgröße und -not wurde nicht *ein* Fremder aufgenommen, sondern mehrere Parteien lebten auf einem Raum, über den sonst ein Ehepaar allein verfügt hatte[58]. Eine Familie teilte sich nicht selten ein einziges Zimmer. Die Behörden bewirtschafteten den verbliebenen Wohnraum und suchten durch Zuzugssperren die Bevölkerungsströme zu kanalisieren. In den Wohnungsämtern häuften sich die Klagen gegen die Zwangseinweisungen.

Zu den Grunderfahrungen gehörte das Improvisieren bei existenziellen Problemen. Auch wer nicht völlig »ausgebombt« worden und weiterhin in seiner Wohnung geblieben war, bekam die Folgen der Bombenangriffe zu spüren. Wo die Infrastruktur nicht mehr intakt war, mangelte es sporadisch oder über längere Zeit an Strom, Gas und fließendem Wasser. Einige Betroffene richteten sich in den halbzerstörten Häusern so gut es ging ein, wohnten wie die Troglodyten in den nur notdürftig geschlossenen Höhlen, die sich hinter der einstigen Fassade auftaten, zogen in die Kellerräume oder suchten außerhalb des Hauses ein Dach über dem Kopf. In Baracken, Lauben in Schrebergärten, in den rasch errichteten Behelfsbauten – den »Leybuden«, wie sie nach dem Reichswohnungsminister Robert Ley im Volksmund hießen – und »Nissenhütten« drängten sich die Menschen. Wasser holten sie von nahegelegenen Pumpen oder Wasserwagen, gekocht wurde auf provisorischen Kohleherden, und wer keine Kochgelegenheit hatte, ging zu den öffentlichen Verpflegungsstellen[59].

Die bereits während des Krieges durch Einquartierungen angespannte Situation spitzte sich nach Kriegsende durch die Flüchtlinge aus den ehemaligen Ostgebieten weiter zu. Mehr noch, mit den Alliierten kamen neue »Einquartierungen«. Auch die Besatzungstruppen mussten untergebracht werden; sie requirierten Wohnraum und zwangen die Bewohner ihrerseits, bei Nachbarn oder Freunden unterzukommen. Das gab manchen den Rest: »Bisher hatte meine Mutter ja noch alles hingenommen«, erinnerte sich eine Frau an das Kriegsende, »aber als dann diese Familie mit zwei Kindern auch noch zu uns kam, ist sie in Ohnmacht gefallen[60].« In Hamburg waren

58 Vgl. die Erinnerungsberichte bei ebd., S. 183 f.
59 Vgl. Dokumente deutscher Kriegsschäden.
60 Vgl. Koser-Oppermann, Evakuiert, umquartiert, einquartiert, S. 184.

1959 noch immer 81 000 Familien auf der Suche nach einer eigenen Wohnung, obwohl die Stadt jährlich über 5000 Neubauten errichten ließ[61].

Dauerte es nur Minuten, um »ausgebombt« zu werden, währten Evakuierung, Einquartierung und notdürftige Unterkunft Monate, oft Jahre. Meistens reichten die Folgen über das Kriegsende hinaus. Die Bombardierung bedeutete nicht nur eine stadtgeschichtliche Zäsur, sondern stellte auch in der individuellen Lebensgeschichte und in der Kriegsbiografie einen, wenn nicht *den* Einschnitt dar, wie *Oral History*-Studien gezeigt haben. Aus der sicheren Entfernung dagegen boten Luftangriffe ein »großartiges Schauspiel«, das sich tief in das Gedächtnis einbrannte[62]. Die Wahrnehmung der Waffengewalt als faszinierendes Spektakel, über das auch Soldaten von der Front in ihren Feldpostbriefen immer wieder berichteten, fand hier ihr Gegenstück an der Heimatfront.

Schließlich sind weitere kollektive Erfahrungschancen nach Alter und Geschlecht zu unterscheiden. Auf die Lebensgeschichte der Jüngsten, der Generation der Ende der dreißiger Jahre Geborenen, hatte der Krieg ganz spezifische und weitreichende Auswirkungen[63]. Im Unterschied zu den bei Kriegsende Jugendlichen waren die Kinder nicht in die Fänge des nationalsozialistischen Erziehungssystems geraten. Nicht Massenorganisation, Jugendkult und bündische Tradition prägten ihre Erfahrungen, sondern der skizzierte Alltag der Kriegsgesellschaft. Bombenangriffe, Sirenengeheul, Bunkernächte, Flucht und Evakuierung, Versorgungsmangel: Im äußersten Fall befanden sich vor allem die Stadtkinder in einer extremen Belastungssituation. Noch fünfzig Jahre später erinnerte sich eine damals Fünfjährige an die Details eines Bombenangriffs: wie die Brandbombe in die Wohnung fiel, wie das Feuer die Wände zum Glühen brachte und die vertraute Umgebung zerstörte, wie ihre Lieblingspuppe verbrannte – und kein Erwachsener etwas dagegen tun konnte[64]. Weil der Kriegsalltag den Müttern Zeit und Kraft raubte, blieb kaum freie Zeit für die Familie. Es mangelte an dem, was Kinder am meisten benötig(t)en: Zuwendung und Aufmerksamkeit. Je chaotischer der Kriegsalltag, desto instabiler die Verhältnisse, in denen die Kinder aufwuchsen. Ihr Umfeld wurde in den Städten mehr und mehr zu einer Ruinenlandschaft. Kinderspiele in der Trümmerwelt, das bedeutete: Bauschutt statt Bauklötze.

Eine Besonderheit dieser Kindheit in den vierziger Jahren – das heißt im Krieg *und* in der frühen Nachkriegszeit – lag darin, dass die Kinder in der Regel ohne Väter auskommen mussten. Die Kinder wuchsen in einer Welt der Frauen und Großeltern auf, weil Väter eingezogen oder in Kriegsgefangenschaft geraten waren. Nur selten, im Fronturlaub etwa, tauchte der »Onkel« auf. Lebenszeichen beschränkten sich auf Karten und Briefe von der Front. Erwachsene Männer blieben Fremde, und als Fremder wurde der eigene Vater beim ersten Anblick wahrgenommen, wenn er

---

61 Vgl. ebd., S. 185.

62 Ebd., S. 176.

63 Als »Kriegskinder« meldeten sie sich in den neunziger Jahren zu Wort. Erst ein halbes Jahrhundert nach Kriegsende – und nach dem Ende der Berufsphase – wurde die kindliche Dimension der Erfahrungsgeschichte des Krieges ein Thema in der Öffentlichkeit. Vgl. nur Robert, Starke Frauen – ferne Väter; Schmidbauer, Ich wußte nicht, was mit Vater ist.

64 Meyer, »Man nahm so vieles hin ohne Regung«, S. 28.

aus der Kriegsgefangenschaft »heimkehrte«. Dass die kriegsbedingte Abwesenheit die Beziehung der Eltern veränderte, kam hinzu.

Die Alltagsgeschichte der Frauen im Krieg – die lange allein als Opfer des NS-Regimes und damit passiv dargestellt worden waren – hat die Handlungsspielräume und die Bandbreite ihres Handelns unter den schwierigen Bedingungen der Kriegs- und frühen Nachkriegszeit vor Augen geführt[65]. Die Frauen ließen sich nicht auf die Rolle als Ehefrau und Mutter festlegen, die der Nationalsozialismus ihnen eigentlich zugedacht hatte (und die aufgrund der kriegsbedingten ökonomischen und militärischen Zwänge am Ende ohnehin nicht mehr haltbar war). Zu den spezifisch weiblichen Kriegserfahrungen zählte die Herausforderung, den (Familien-)Alltag unter Kriegsbedingungen zu bewältigen. Die Versorgungslage, vor allem der Brennstoffmangel und später die Lebensmittelknappheit, erforderte Organisationstalent, Mobilität und Phantasie der Frauen, die zum Teil einer Erwerbstätigkeit nachgingen. Stundenlanges Schlangestehen vor den Geschäften, das Schleppen von Kohlen oder anderem brennbarem Material erforderten Kraft und Ausdauer. Lebensmittel waren rationiert und nur mit Lebensmittelmarken erhältlich, sofern sie überhaupt erschwinglich waren. Interviews mit Frauen der Jahrgänge 1908 bis 1925 aus dem Arbeitermilieu in St. Pauli wie auch die Stimmungs- und Lageberichte der Behörden und sozialen Einrichtungen zeigen beispielsweise, wie sehr die Frauen sich arrangierten und, zumindest im Rückblick, weniger die Probleme als ihre Lösungen in den Vordergrund rückten. Das galt vor allem gegen Kriegsende für das Beschaffen von Nahrungsmitteln, aber auch für die Bekleidung. Die Frauen versuchten, durch Häkeln, Stricken und Flicken den Bekleidungsmangel so gut es ging auszugleichen. Stromausfälle und Stromsperren machten alltägliche Dinge zu aufwendigen, zeitraubenden Angelegenheiten.

Ob im Haushalt, im Kino oder beim Friseur: Auf die einfachste Funktionalität war kein Verlass mehr. Der Versorgungsmangel wirkte sich durch die Wechselwirkung der verschiedenen Faktoren noch stärker aus. Zu den Strategien, mit dem Kriegsalltag umzugehen, gehörte es, persönliche Beziehungen im wechselseitigen Interesse zu nutzen. So ließ sich durch Tauschhandel über mehrere Stationen manches knappe Gut organisieren. Angesichts der existenziellen Notlage war kaum eine Frau von Gewissensbissen geplagt, wenn eine Ware am Rande der Legalität, durch Diebstahl am Arbeitsplatz oder auf dem Schwarzmarkt beschafft wurde, auf dem spätestens nach Kriegsende eifrig gehandelt wurde. Wer dort etwas erstehen wollte, musste nicht nur eine Razzia fürchten, sondern auch etwas zum Tausch anbieten können: Naturalien, (selbstgenähte) Kleidung oder selbst angebauten Tabak.

Die Erfahrungen der Opfer des nationalsozialistischen Terrors dagegen sind schon deshalb ungleich schwerer nachzuzeichnen, als ihr Tod nach langem Leiden die meisten um die Möglichkeit brachte, Zeugnis von diesem Leiden abzulegen. Persönliche Dokumente aus Lebzeiten – Tagebücher, Briefe – sind entsprechend selten. Zu be-

---

[65] Meyer, Mit dem Krieg leben; vgl. Heinemann, Complete Families; Heinemann, The Hour of Women; Heinemann, What Difference Does a Husband Make?

richten blieb einigen Überlebenden vorbehalten[66]. Oft dauerte es Jahrzehnte, bis sie die Erfahrungen der Verfolgten im Gespräch zum Ausdruck oder allein zu Papier brachten oder bis ihre Aufzeichnungen wie im Fall Victor Klemperers posthum veröffentlicht wurden[67]. Als Feinde stigmatisiert, waren sie aus der nationalsozialistischen »Volksgemeinschaft« ausgeschlossen. Der Krieg erschwerte ihren Alltag zusätzlich und barg weitere Gefahren für Leib und Leben. Wer wie beispielsweise die Jüdin Inge Deutschkron untergetaucht war oder etwa als Zwangsarbeiter keinen Platz mehr im überfüllten Bunker erhielt, war der Kriegsgewalt schutzloser ausgeliefert als die »Volksgenossen«. Der Krieg schuf zudem neue Risiken. Für die lebensgefährlichen Aufgaben der Leichenbergung nach einem Bombenangriff setzte das Regime Zwangsarbeiter und KZ-Häftlinge ein. So hatte Heinrich Himmler SS-Baubrigaden aufstellen lassen. Menschen, die diesen Arbeitskommandos angehört und überlebt hatten, wurden die Erinnerung daran nicht los: wie sie in menschlichem Fett wateten, die Asche von Dutzenden von Menschen zusammentrugen, die Knochen einsammelten und im Handkarren auf den Friedhof fuhren.

Der Blick auf die kollektiven Erfahrungschancen im Krieg, teils in der frühen Nachkriegszeit zeigt für unterschiedliche Lebensbereiche eine Verschiebung der Chronologie. Für die eigenen Biografien waren weniger die politischen und militärischen Zäsuren von Kriegsbeginn und Kapitulation maßgebliche Prägekräfte als der Moment und die Dauer der unmittelbaren Betroffenheit. Erst als der Krieg unübersehbare Rückwirkungen auf den Alltag an der »Heimatfront« hatte, begann er für die Zivilbevölkerung richtig. Nicht 1939, sondern 1941 markierte häufig den persönlichen Kriegsbeginn. Der Angriff auf die Sowjetunion, die katastrophale Niederlage bei Stalingrad 1943, schließlich der intensive strategische Bombenkrieg der Alliierten ab 1943 wirkten sich negativ auf den Alltag im Reich aus. Je mehr Männer zum Wehrdienst eingezogen wurden, je mehr Ehemänner, Brüder und Väter an der Front starben, je mehr »Ausgebombte« und »Einquartierungen« es gab – kurz: Je intensiver die Menschen selbst vom Krieg betroffen waren, desto stärker nahmen sie vor allem Frauen, Kinder, Jugendliche und ältere Menschen den Krieg als eine eigene Erfahrung wahr, wobei die Ereignisstrukturen zu unterscheidbaren gemeinsamen Erfahrungschancen im Sinne Kosellecks führten.

c) Das Kriegsende im Erwartungshorizont 1944/45

Nach diesem Rückblick auf das tradierte Kriegs- und Soldatenbild und seine nationalsozialistische Überhöhung auf der einen Seite und die kollektiven Erfahrungschancen während des Krieges auf der anderen sollen nun die Wahrnehmungen der Kriegsendphase aus zwei Gründen genauer betrachtet werden. Zum einen beschleunigte sich in den letzten Monaten des Krieges, als sich der politische und militärische Zusammenbruch immer deutlicher abzeichnete und eine Nach-Kriegszeit für immer mehr Menschen »denkbar«, wenn nicht »sagbar« wurde, der Wandel in

66 Vgl. Jureit/Sandnik: »Als ich eine Nummer war ...«; Orth/Melsen, »Hamburg beschäftigt mich am meisten«.
67 Klemperer, »Ich will Zeugnis ablegen«, Bd 8.

der Einstellung gegenüber dem Krieg und der Wehrmacht. Nicht zuletzt die nach 1945 öffentlich diskutierte Frage nach der Verantwortlichkeit der Deutschen, ihrer Kenntnis von und Beteiligung an den Verbrechen, spiegelt sich in der Erwartung des Kriegsendes, genauer in der Angst vor Vergeltung wider. Zum anderen nimmt das Kriegsende – im weiten Sinne verstanden – zusammen mit der unmittelbaren Nachkriegszeit einen zentralen Platz in den kollektiven Repräsentationen ein, sodass es sich auch unter diesem Gesichtspunkt lohnt, die Anfänge möglicher Kontinuitätslinien freizulegen.

Dazu soll die Perspektive nun ein Stück weit verschoben werden. Nicht die Erfahrungschancen, die sich aus dem militärischen Kriegsverlauf und der persönlichen Lage 1944/45 ergaben, stehen im Mittelpunkt, sondern die subjektiven Wahrnehmungen der Soldaten und der Zivilbevölkerung. Den Mustern subjektiver Deutung und Sinnstiftung soll insbesondere auf zwei Wegen, durch die Auswertung von Tagebuchaufzeichnungen und Briefen, nachgespürt werden. Als zeitgenössische Quellen der Privatsphäre sind beide »zukunftsoffen« und frei von Interpretationseinflüssen der Nachkriegszeit. Insofern sollen im Folgenden Stimmungslagen umrissen und Ängste und Hoffnungen registriert werden. Wie änderten sich 1944 und 1945 unter den Soldaten und in der Zivilbevölkerung die Vorstellungen vom Krieg, von der Wehrmacht und ihrer Führung? Welche »Stimmung« herrschte in der Truppe? Wie weit reichte noch die Hoffnung auf ein Kriegsende, wie weit die Gewissheit eines Siegfriedens? Wie wurde die NS-Propaganda rezipiert? Mit Blick auf die anschließende Konfrontation der Deutschen mit den Kriegsverbrechen steht dabei nicht zuletzt die Frage im Hintergrund, welche Kenntnis und welches Bewusstsein die Bevölkerung – Soldaten wie Zivilisten – von den Verbrechen noch während des Krieges hatten.

»Erfahrung« als gegenwärtige Vergangenheit und »Erwartung« als vergegenwärtigte Zukunft – wie Koselleck sie als metahistorische Kategorien versteht[68] – sind personengebunden und interpersonal zugleich und in der Gegenwart angesiedelt, dennoch ergänzen sich die Begriffe nicht symmetrisch, in dem sie etwa (Kriegs-)Vergangenheit und (Nachkriegs-)Zukunft einander spiegelbildlich zuordnen. Die Präsenz der Vergangenheit ist vielmehr eine andere als die der Zukunft. Erfahrung und Erwartung sind keine Gegenbegriffe, sondern weisen auf »ungleiche Seinsweisen« hin, deren Spannung geschichtliche Zeit hervorbringt. Erwartungen beruhen auf Erfahrungen, gehen aber nicht in ihnen auf. Erstens kommt es anders, zweitens als man denkt. Ein besonderer Reiz dieses Blicks auf die vergleichsweise kurze Zeitspanne »von unten« liegt deshalb darin, dass das Kriegsende lediglich im Erwartungshorizont der Zeitgenossen lag. Vom tatsächlichen Kriegsende im Mai 1945 war diese vergangene Zukunft zunächst einmal unabhängig. Umgekehrt sollte die Vorwegnahme des Endes, wie sich zeigen wird, dieses Ende mit hinauszögern. Eine Bilanz der Stimmungslage im Moment der Kapitulation schließt den Rückblick ab. Danach können in einem weiteren Schritt die kollektiven Repräsentationen dieser Vergangenheit unter den veränderten Rahmenbedingungen einer neuen

68 Vgl. Koselleck, »Erfahrungsraum« und »Erwartungshorizont«.

Nachkriegs-Gegenwart unter die Lupe genommen und auf ihre Bedeutung für die innere Demokratisierung der Westdeutschen betrachtet werden.

Kameradengespräche: Desillusionierung und Unrechtsbewusstsein

Studien zur subjektiven Dimension des Krieges und des Kriegsendes konzentrieren sich, wenn es um die Soldaten geht, auf die bekannteren Kriegsschauplätze. Insbesondere die Ostfront hat in den letzten Jahren zu Recht viel Aufmerksamkeit gefunden, aber auch das Kriegsende im Westen[69]. Im Folgenden soll stattdessen der Akzent auf Wehrmachtsoldaten in Norditalien gelegt werden, die sich nach dem Durchbruch der Alliierten bei Cassino Mitte Mai 1944 in einer beschleunigten Rückzugsbewegung befanden. Der empirische Befund zu den – im Unterschied zu Gefühlen und Affekten länger anhaltenden – Stimmungen der Truppe, ihrer Kriegsmüdigkeit und ihrer Wahrnehmung des Geschehens an der »Heimatfront« indes ist in weiten Teilen beispielhaft und trifft *mutatis mutandis* auch auf andere Kriegsschauplätze zu.

Ein scharfsinniger und eloquenter Beobachter des militärischen Milieus und der Wirkung der NS-Propaganda in der Wehrmacht war der bereits erwähnte Unteroffizier Heinrich Voigtel. Voigtel, der 1940 den Einmarsch in Belgien und Frankreich mitgemacht hatte[70], registrierte wie ein Seismograph die Stimmungsschwankungen unter seinen Kameraden. Spät in der Nacht schrieb er Tagebuch[71], im Quartier norditalienischer Dörfer, um ihn herum das Etappen-Leben: Die Soldaten gingen ins Kino oder Variété, lasen das Nachrichtenblatt der Division – und hin und wieder machte das Kriegsgericht kurzen Prozess mit »Defätisten« und Deserteuren[72].

Bereits im April 1944 beobachtete Voigtel unter seinen Kameraden, die nördlich von Cassino in Stellung lagen, einen »›Durchschnittsoptimismus‹«, wie er in seinem Tagebuch formulierte[73]. Allerdings stellte er in vielen Gesprächen fest, dass dieser

---

69 Für eine detailliertere Analyse der letzten Kriegswochen vgl. Echternkamp, Kriegsschauplatz Deutschland 1945; Echternkamp, »Kameradenpost bricht auch nie ab ...«. Im Fortwirken der Strukturen von Hitlers charismatischer Herrschaft sieht Ian Kershaw (Das Ende) den entscheidenden Grund für die Bereitschaft der meisten Deutschen, bis zum Schluss zu kämpfen. Vgl. Zimmermann, Pflicht zum Untergang; Kunz, Wehrmacht und Niederlage.

70 BArch, MSg 1/2684 und 1/2685: Heinrich Voigtel, Tagebuchbd 11.3.1944–4.6.1945, Eintrag 18.12.1944. Voigtel hatte in den dreißiger Jahren in Kiel und Halle/Saale verschiedene Fächer studiert – Kunstgeschichte, Literatur, alte Sprachen –, hatte religiöse Krisen durchgemacht und vorübergehend mit dem Pfarrerberuf geliebäugelt. Im Sommer 1939 verdiente er als Hauslehrer sein Brot. Anfang Januar 1945 wurde Voigtel in ein Artillerie-Lehrregiment nach Pommern versetzt, das wenig später, nach Beginn der Offensive der Roten Armee, aufgelöst wurde. Voigtel musste zu einem Panzerabwehrkommando nach Liegnitz marschieren, wurde von dort jedoch nach Pommern zurückgeschickt, bevor er den Wiederaufbau einer Artillerieschule im böhmischen Pibrans betreiben sollte. Das Tagebuch setzt hier, am 11. März 1945, wieder ein. Vgl. ebd., 21.12.1944. Am 7. April 1945 befand er sich beim Grenadier-Ersatz-Batallion 260 in Prag. Am 4. Mai 1945 brach Voigtel mit seiner Gruppe Richtung Westen auf, erreichte am 5. Mai das amerikanische Lager Roktzan bei Pilsen (ebd., nach Eintrag vom 3.5.1945).

71 Vgl. ebd., Eintrag 23.12.1944.

72 Ebd., Eintrag 15.12.1944. Zur Beteiligung am Kriegsgericht vgl. ebd., Eintrag 16.12.1944.

73 BArch, MSg 1/2684 und 1/2685: Heinrich Voigtel, Tagebuchbd 11.3.1944–4.6.1945, Eintrag 11.4.1944. Vgl. ebd., zu den Waffen, Eintrag 23.4.1944.

Optimismus in hohem Maße nicht mehr als »eine zur Schau getragene Maske ist oder ein Kleid, das man aus Gewohnheit trägt oder aus Anständigkeit glaubt anziehen zu müssen«. Wenn er unter vier Augen nachhakte, gaben seine Kameraden einen tieferen Einblick in die Gedanken, die ihnen durch den Kopf gingen – und damit in die Verdrängungsmechanismen, die das Weiterleben ermöglichten. Wenn man nicht darauf vertraute, meinte einer, »dass nicht alles Bluff ist, was sie heute sagen von Möglichkeiten, die wir noch haben, von neuen Waffen usw., dann könnte man wirklich alles aufgeben, alles.« Doch dieses Vertrauen stand nach Voigtels Einschätzung auf tönernen Füßen; der Unteroffizier bemerkte mit Verblüffung die Hilflosigkeit auch langjähriger Parteimitglieder. Selbst von Funktionären der NSDAP hörte er das Argument, dass die Führung, weil sie alles zu verlieren habe, den Krieg führen wolle. Dagegen zeigten sich viele Kameraden überzeugt, dass auch sie alles zu verlieren hatten: die berufliche Stellung, das Einkommen, die Familie. Unteroffizier Voigtel brachte die bittere Konsequenz, die diese Auffassung für die Kampfmoral besaß, auf den Punkt. All den Deutschen, die auf irgendeine Weise der NSDAP verbunden waren, »erscheint der Krieg unter allen Bedingungen gegenüber einem Frieden, der sie der Gewalt der Feinde ausliefern würde, als das kleinere Übel«. Die Alternative lautete: »Sieg oder Untergang«[74]. Die NS-Propaganda tat alles, um diese fatale Überzeugung zu nähren[75].

Ihre Glaubwürdigkeit büßte die Propaganda jedoch immer weiter ein. Das lag nicht nur am wachsenden Widerspruch zur eigenen Erfahrung, sondern auch an der privaten Kommunikation zwischen Heimat und Front oder innerhalb der Wehrmacht. Feldpostbriefe und persönliche Berichte von Kameraden, die aus dem Urlaub zurückkehrten, zeichneten ein düsteres Bild der Zustände im Reich. Pessimismus im Reich blieb in der Truppe nicht ohne Wirkung. So berichtete etwa ein Soldat, der im September 1944 vom »Bombenurlaub« aus dem zerstörten Aachen zur Truppe in Norditalien zurückkehrte, dass man in der Heimat nicht mehr an einen Sieg glaube. Soldaten aus dem Elsass informierten über Bombenangriffe auf Mühlausen, Straßburg und andere elsässische Städte. Ein Kamerad auf Urlaub in dem in Litzmannstadt umbenannten, ehemals polnischen Łódź meldete, dass dort sämtliche Betriebe stillstünden und die Straßen wie ausgestorben lägen, weil alle (deutschen und polnischen) Männer und alle polnischen Frauen an Befestigungsanlagen arbeiteten, während die Kinder evakuiert würden[76]. All diese Nachrichten erschütterten immer wieder das Vertrauen, auch wenn einzelne die Zerstörung als Ansporn empfanden[77]. Wer zudem aus den Wehrmachtberichten erfahren musste, dass die Stadt, in der Frau und Kinder lebten, bombardiert worden war, verlor vorüberge-

[74] Ebd., Eintrag 23.4.1944. Das war auch der Gegenseite bewusst. Vgl. PRO, PREM 3, 193/2 (Jan 1945).

[75] Ebd., Eintrag 11.4.1944.

[76] Das Ghetto im Norden der Stadt, ein Zwischenlager, in dem zwischen 1940 und 1941 über 41 000 Juden starben, erwähnte der Urlauber offenbar nicht – zumindest findet sich nichts darüber in Voigtels Tagebuch.

[77] Nach einem Besuch in Köln schrieb ein Offizier seiner Frau am Heiligabend 1944: »Da ist wirklich nichts mehr, so etwas habe ich noch nie gesehen. Erschütternd, aber erbitternd und anspornend!« (Herv. J.E.), BArch, MSg 200/1195: Samson-Himmelstjerna, 1945. Ein Jahr in Briefen und Tagebüchern, S. 18.

hend jede Zuversicht – und Vorsicht. Wenn ein Königsberger angesichts der brennenden Städte bilanzierte: »ein ganzes Volk zu opfern – das ist zuviel«, ging er über die gelegentlichen Zweifel am Endsieg weit hinaus, weil er Hitler des Verrats an den Deutschen bezichtigte[78].

Doch das konnte sich ebenso schnell wieder ändern. Aus einem Gespräch im kleinen Kreise berichtete Voigtel Mitte Oktober 1944. Zwar glaubten einige kaum noch an die rasche Wende durch Wunderwaffen, wohl aber an einen deutschen Sieg in ein, zwei Jahren – wenngleich sie sich keine Vorstellung davon machten, wie denn dieser Sieg militärisch zu erringen sein würde. Mehr Platz in den Soldatengesprächen nahm erstmals die Frage ein, unter welchen Umständen man den Krieg verlieren werde und welche Aussichten sich für die Zukunft des Einzelnen wie auch eines deutschen Staates daraus ergäben. In dem Szenario, das die Soldaten insgeheim durchspielten, bedeutete erst die vollständige Besetzung des Reiches, insbesondere die Besetzung der Hauptstadt Berlin die Voraussetzung für einen Sieg der Alliierten. Ihr Vordringen bis zum Rhein hatte wenig zu sagen; erst der Einmarsch ins Ruhrgebiet und nach Westfalen würde, da waren sich die Männer einig, die unwiderrufliche Niederlage bedeuten. Doch auch dann würden die Kampfhandlungen weitergehen, weil »gewisse deutsche Kreise« den Widerstand »bis zum Letzten« fortsetzen würden, solange ihnen die operativen und materiellen Möglichkeiten blieben. Dass sie selbst nach einer Besetzung des Reiches wie Partisanen im irregulären Widerstand aktiv würden, schlossen die Soldaten in ihrem spontanen Planspiel aus[79].

Ihren Platz sahen die Männer woanders: in der Familie. Im Moment der Niederlage wollten sie rechtzeitig vor Ort sein, um ihre Angehörigen zu schützen. Im September 1944 zitierte Voigtel einen Kameraden in seinem Tagebuch mit den Worten: »Dann hält mich kein Mensch mehr, wenn in Deutschland alles drunter und drüber geht, dann sehe ich, wie ich nach Hause komme; ich bin doch letzten Endes für meine Frau und Kinder da«. Sorgen machten sich die Männer nicht so sehr wegen der militärischen Gegner. Sorgen bereiteten ihnen die vermuteten Übergriffe derer, die bis dato als Feinde der »Volksgemeinschaft« ausgegrenzt und unterdrückt worden waren. So fürchteten die Männer »kommunistische Banden«, und auch »die Gefahr der ausländischen Arbeiter wird deutlich empfunden«. Die größte Angst jedoch hatten die Soldaten vor »Juden und Polen«. Scharfsinnig stellte der Unteroffizier mit Theologiestudium fest, dass im Augenblick der eigenen Lebensgefahr »die Last des begangenen Unrechts unverhüllt ins Bewusstsein« trat. Hier wurde deutlich ausgesprochen, was in der Regel vage blieb: Der Krieg wurde längst vor der Aufklärung und »Reeducation« durch die Alliierten immer stärker als ein verbrecherischer Krieg wahrgenommen, der die propagandistische Rede vom heiligen Krieg für die Freiheit der Nation Lügen strafte.

Diese Einsicht beschleunigte jedoch nicht den Verfall der Kampfmoral, sondern wirkte sich in der Regel stabilisierend aus. Wie man die Juden vor und im

---

[78] BArch, MSg 1/2684 und 1/2685: Heinrich Voigtel, Tagebuchbd 11.3.1944–4.6.1945, Eintrag 28.8.1944. Vgl. die Beobachtung zum Zusammenhang von Propaganda und Plausibilität ebd., Eintrag 6.9.1944.

[79] Ebd., Eintrag 6.9.1944.

Krieg behandelt hatte, wie man mit den Polen seit 1939 umgegangen war, galt manchen Soldaten nicht nur als ein politischer Fehler, sondern als »ein menschliches Unrecht«. In der Truppe wurden Stimmen laut: »Wenn die losgelassen werden, die haben eine Rechnung zu begleichen« und »Man hat es zu doll getrieben, das war ja nicht mehr menschlich«, heiße es selbst unter NSDAP-Mitgliedern[80]. Diese Stimmen belegen, dass die 1944/45 grassierende Angst vor Vergeltung nicht nur auf das Konto der nationalsozialistischen Propaganda ging, die diese Ängste schürte, um ihren Durchhalteparolen emotionales Gewicht zu geben. Vielmehr fürchteten viele Menschen die Rache der Russen, weil sie wussten oder doch zumindest ahnten, welche Verbrechen die Deutschen in Osteuropa verübt hatten. Die Selbstmordwelle in den ehemaligen Ostgebieten Anfang 1945 ist auch damit zu erklären.

Hier wurde zweierlei deutlich: zum einen, wie sehr die Soldaten fürchteten und darunter litten, dem Rollenbild als Beschützer von Frau und Kind nicht gerecht zu werden. Darauf lässt auch das Bedauern schließen, das die Männer nach der Heimkehr oder während der Kriegsgefangenschaft auf dem Postweg ihren Frauen gegenüber bekundeten[81]. Zum anderen zeigte sich erneut, dass bereits vor Kriegsende ein Gespür für den verbrecherischen Charakter der Kriegführung im weiten Sinne vorhanden war. Das (selbst)kritische Verständnis des zurückliegenden Krieges prägte die antizipierende Wahrnehmung des Kriegsendes und der Nachkriegszeit. Was hier in der Binnenperspektive eines Wehrmachtsoldaten aufschien, war kein vereinzeltes, womöglich verzerrtes Bild, sondern entsprach ganz dem Eindruck, den auch die Abteilung für psychologische Kriegführung der U.S. Army Ende 1944 nach Gesprächen mit der »befreiten« deutschen Bevölkerung in der Gegend von Aachen gewann. Den Amerikanern gegenüber wurde angedeutet, dass nun die Deutschen ihre gerechte Strafe erführen und sich das »Unrecht« räche, das an den Juden im Osten begangen worden sei. Die Deutschen hätten sich offenbar, lautete die Folgerung, mit Vergeltung abgefunden, weil die Strafe ihrem wenngleich unbestimmten Schuldbewusstsein entspreche[82]. Gegen die Annahme, dass die Befragten hier nur sagten, was die Vertreter der Besatzungsmacht ihres Erachtens hören wollten, spricht nicht zuletzt, dass die Gestapo schon im Sommer 1943 notierte, wie die Menschen in Franken die Bombardements der Städte als Vergeltung der Juden deuteten[83].

Wenn Voigtel weniger das Unrecht als das Unrechtsbewusstsein aufgriff, nahm er 1944 einen Topos der Nachkriegszeit vorweg. Der Unteroffizier deutete das Entsetzen seiner Kameraden in ein Zeugnis des nationalen Gewissens um und erklärte, um dem Widerspruch der vorangegangenen Gewissenlosigkeit zu entgehen, die Deutschen zu einem Opfer der NS-Propaganda. Nicht, dass die Einsicht so spät und damit zu spät kam, sondern dass sie überhaupt kam, galt als bemerkenswert. »Trotz

80 Ebd., Eintrag 6.9.1944.

81 Ein Beispiel: Aus dem Carburton-Camp in Nottinghamshire versicherte der Hauptgefreite Erich Albin seiner Frau, die ihm über ihre Erlebnisse während der letzten Kriegsmonate berichtet hatte, dass er sich »damals große Sorgen gemacht und konnte doch nichts anderes tun, als Euch Gottes Schutz anzubefehlen«. BArch, MSg 200/1138: Schreiben Erich Albin an Sofie Albin, 249. P.O.W.-Camp, Carburton-Camp, GB, 16. Juni 1946.

82 Vgl. Janowitz, German Reactions.

83 Vgl. bereits Kershaw, Popular Opinion, S. 368 f.

seiner zehnjährigen Erziehung« sei »das deutsche Volk« mehrheitlich »noch immer ein moralisch empfindendes Volk geblieben!« Erst die »satanische Verführungskunst« und ein »raffinierte[s] System der Massenräusche und der nationalen Überhitzung« hätten das deutsche Volk dazu gebracht, »was es getan und geduldet hat«. Wie eine Selbstbeschwörung klingen die kategorischen Feststellungen im Tagebuch im Herbst 1944, dass »der Deutsche [...] von jeher in besonderem Maße ein Mensch des Gewissens gewesen« sei – Martin Luther und Otto von Bismarck wurden als historische Zeugen aufgerufen. Die Opferrhetorik unter dem Vorzeichen des Nationalismus[84], die später von den eigenen Verbrechen wenig wissen wollte, blendete im Moment der Angst vor unabsehbaren Konsequenzen die Tatsachen nicht aus, zumindest im vertrauten Kreis der Kameraden und in privaten Aufzeichnungen. Perspektivisch gedacht, sollte das in der Nationalgeschichte der Deutschen fundierte »Gewissen« den Ausgangspunkt für das pädagogische Programm der Nachkriegszeit bilden, meinte Voigtel. Angesichts der drohenden Rache würden, fürchteten die Männer, auch Fleiß, Arbeitskraft und Leistungsbereitschaft nichts nützen. »Wenn man noch arbeiten könnte, noch die Schippe nehmen, ich bin kräftig, ich werde mich schon durchschlagen«, zitierte er einen Kameraden, den im nächsten Moment die Angst vor der Verschleppung beschlich, »die Schrecken der sibirischen Arbeitslager«. Die Deportation von Millionen Menschen, nicht zuletzt der »Ostarbeiter«, zur Zwangsarbeit für die Deutschen drohte in den Szenarien vom Kriegsende in die Deportation der Deutschen zur Zwangsarbeit im Osten umzuschlagen. Deutschland habe der Welt auch in dieser Hinsicht Beispiele gegeben, »deren Nachahmung wir mit Grauen erfahren könnten«[85].

Im April 1945, als nur noch eine kleine Minderheit – Voigtel schätzte zehn Prozent – an ein plötzliches Wunder glaubte, beobachtete er, dass nicht zuletzt zahlreiche ältere Soldaten, die in den ersten beiden Jahren den sogenannten Russlandfeldzug mitgemacht hatten, auf Meldungen von Gräueln in den deutschen Ostgebieten lakonisch reagierten: »alle Schuld rächt sich auf Erden[86].« Als man bei einem Soldaten in amerikanischer Kriegsgefangenschaft Ende Februar 1945 mehrere Fotos von erhängten russischen Zivilisten fand, wunderte sich ein Hauptmann nicht über das Motiv, sondern über die Dummheit seines Kameraden. »Wie kann man nur sowas als Renommeebilder mit sich herumschleppen?!«, notierte er wütend in sein Tagebuch. Die Kameraden waren »peinlich betroffen«, weil die Amerikaner die Fotos entdeckt hatten – und nicht wegen des Verbrechens, das sie dokumentierten[87].

Das inoffizielle, private Kommunikationsnetz der Deutschen war während des Krieges weiter und dichter gespannt, als man das angesichts der Zensur und Gleichschaltung seit 1933 erwartet hätte. Soldaten und Offiziere berichteten in Briefen und – was nur indirekt, durch schriftliche Notizen Dritter nachzuweisen ist – während ihres Heimaturlaubs oder Lazarettaufenthalts von Massenerschießungen.

---

84 Vgl. BArch, MSg 1/2684 und 1/2685: Heinrich Voigtel, Tagebuchbd 11.3.1944–4.6.1945, Eintrag 23.3.1945.

85 Ebd., Eintrag 6.9.1944.

86 Ebd., Eintrag 10.4.1945.

87 BArch, MSg 200/1195: Samson-Himmelstjerna, 1945. Ein Jahr in Briefen und Tagebüchern, S. 75 (Eintrag 28.2.1945).

Bereits im März 1942 hatte zum Beispiel der wegen seiner jüdischen Herkunft verfolgte Romanist Victor Klemperer gerüchteweise von »Auschwitz (oder so ähnlich)« erfahren[88]. Umgekehrt malten die Wehrmachtangehörigen, die nach einem Aufenthalt in der Heimat zur Truppe zurückkehrten, ein realistisches Bild der vom Bombenkrieg zerstörten Städte. Allein die weit verzweigte Organisation und Administration, die das beispiellose Ausmaß des Massenmords widerspiegelte, brachte es mit sich, dass zahllose Bahnbeamte, Polizisten, Verwaltungsbeamte und nicht zuletzt Soldaten von den Verbrechen wussten. Spätestens Ende 1942 war der Massenmord an den Juden zu einem offenen Geheimnis geworden. Wer nicht mit Absicht die Augen schloss, konnte über kurz oder lang nicht ahnungslos bleiben. Welches Schicksal hätten man sich denn auch sonst für die Juden vorgestellt, angesichts des offiziellen radikalen Antisemitismus? Zumindest wussten die meisten Deutschen, dass es besser war, nicht mehr zu wissen[89].

Daraus auf die breite Akzeptanz dieses radikalen Antisemitismus zu folgern, wäre freilich ein Kurzschluss (von der Vorstellung eines im Nationalcharakter angelegten Vernichtungswillens zu schweigen[90]). Zwar war eine Mehrheit der Deutschen bei Kriegsbeginn der Meinung, dass die Juden nicht der »Volksgemeinschaft« angehörten; den Genozid befürwortete indes nur eine Minderheit, wie auch nur eine Minderheit gegen die antisemitische Hetze der Nationalsozialisten öffentlich ihre Stimme erhob oder gar den Verfolgten ihre Hilfe anbot. Diese Indifferenz hatte ähnliche Ursachen wie die Gleichgültigkeit, mit der die Deutschen den Kriegsalltag bewältigten. Die ständige Reizüberflutung, die Gewöhnung an den Tod, die drückende Last der Versorgung, die Angst um Angehörige, die Zerstörung der Alltagsroutine durch den Bombenkrieg: All diese Kriegsfaktoren ließen die meisten kaum zur Besinnung kommen und Mitgefühl für Dritte entwickeln. Die Angst vor dem NS-Terror, durch Überwachung und Einschüchterung genährt, kam hinzu.

Doch das Entsetzen drängte nicht zum Handeln, es blieb bei einem vorübergehenden »Schaudern«. Vielmehr prägte eine Gleichgültigkeit die Wahrnehmung des Krieges, in der sich Gewöhnung und Abstumpfung paarten. Hier lag ein zentrales Paradoxon der Kriegserfahrung: Apathie war das eigentliche Movens. Unteroffizier Voigtel in der norditalienischen Etappe suchte im November 1944 diesen Gleichmut des Soldaten, auch des Frontsoldaten, in eine postheroische Prosa zu fassen, die noch während der Kämpfe die oben geschilderten überkommenen militärischen Ideale als ausgehöhlte Phrasen entlarvte.

> »Die Nähe des Feindes, die nächsten täglichen Pflichten erfüllen sein Denken und bestimmen den Rhythmus seines Daseins. Alles andere ist weit, die Strahlen der Ereignisse fallen wie durch schmale, farbig verglaste Fenster auf ihn zu oder über ihn hinweg. Nichts trifft ihn mehr, nicht das Elend, über das er hinwegschreitet, kaum der Tod der Kameraden. Der natürliche Zustand der Welt wird ihm allmählich der fortgesetzter Todesgefahr und allgemeiner Vernichtung. Wer es aber besser hat, lebt in den Tag hinein, seit Jahren an

---

88 Klemperer, »Ich will Zeugnis ablegen.«, Bd 8, S. 47 (16. März 1942).

89 Vgl. Bankier, Die öffentliche Meinung im Hitler-Staat; Longerich, »Davon haben wir nichts gewusst«.

90 Vgl. Goldhagen, Hitlers willige Vollstrecker.

das Außerordentliche gewöhnt, von hunderterlei Parolen, Aufforderungen, Berichten, wahren und falschen Gerüchten berannt, vermag er längst nicht mehr, Wahres und Falsches, Mögliches und Unmögliches, Wirkliches und Unwirkliches zu unterscheiden. In der angenommenen Gleichgültigkeit ist er bereit zu gehorchen ohne nachzudenken [...], zufrieden, im Schatten des Krieges einen Platz gefunden zu haben, an dem es ihm gegenüber dem Leiden der anderen wohlgeht. Ohne Verantwortung, ohne Willen, ohne Bewußtsein. Das ist die Wahrheit. Das wahre Gesicht des Kriegers, wie es sich hinter dem glorifizierenden Schleier aus Worten von Ruhm, Ehre, Pflicht, Opfer verbirgt. Wer dahinter sieht, wird in entleerte Züge, hilflose Augen hineinblicken[91]«.

Am Ende, im März 1945, interpretierte Voigtel die von der Propaganda als beispielhaft herausgestellten »Heldentaten« einzelner als Symptom der »Heroisierung des Untergangs«. Das alleinige Ziel des Kampfes schien ihm immer häufiger der Widerstand bis zur »eigenen Vernichtung« zu sein[92].

Auch das Verhältnis zwischen den Soldaten und der italienischen Bevölkerung verschlechterte sich, wie Voigtel mit einem Seitenblick hinter die Front feststellte. Als die deutschen Truppen durch verstärkte Partisanenaktivität, vor allem durch Sabotagehandlungen wie das Zerstören von Nachrichtenverbindungen, Verkehrswegen und Transportmitteln sowie durch Überfälle auf Nachschubtransporte, gefährdet wurden, reagierte die Wehrmacht mit Repressalien. (Darauf ist später, im Zusammenhang mit der Kriegsverbrecher-Problematik, zurückzukommen.) Bemerkenswert ist an dieser Stelle, dass die deutschen Soldaten selbst die Repressalien kritisch betrachtete.

Voigtel fasste Mitte September das Vorgehen und seine Folgen zusammen. Im Allgemeinen werde nach einem Sabotageakt so verfahren, »dass die nächsten umliegenden Gehöfte gebrandschatzt und eine Anzahl willkürlich aufgegriffener Zivilpersonen erschossen werden«. Das rücksichtslose Vorgehen erkläre die »allgemein sehr kühle Haltung«, stellte der Unteroffizier fest. Die Ablehnung durch die Bevölkerung, die die Truppe erfuhr, wurde durch die »rücksichtslose« Ausbeutung der Landwirtschaft weiter verstärkt. Den deutschen Soldaten in Norditalien ging es, was die Versorgung betraf, ein Dreivierteljahr vor Kriegsende »selten so gut wie in den vergangenen Wochen«. Unbegrenzt könne man Schlachtvieh requirieren – ob mit oder ohne Requirierungsschein. Öl und Fett wurden der Bevölkerung fast vollständig weggenommen; nur eine kleine Oberschicht könne sich Öl noch leisten[93].

Solange die Alliierten noch keinen Fuß in das Reich gesetzt hatten, ließ sich die militärische Lage mit dem Hinweis auf strategisches Kalkül und den Einsatz

---

91 BArch, MSg 1/2684 und 1/2685: Heinrich Voigtel, Tagebuchbd 11.3.1944–4.6.1945, Eintrag 23.3.1945, 23.11.1944. In diesem Sinn mokierte er sich im März 1945 über seinen Batteriechef, einen etwa 40-jährigen Reserveoffizier, im zivilen Leben Studienrat, der die drohende Niederlage aufgrund von »Reminiszenzen« aus dem 19. Jahrhundert ignoriere, wie »Ehre« und »Vaterland«, mit denen man »blind vor der Gegenwart lebe«. Dem Typus des bildungsbürgerlichen Idealistem stellte er einen anderen Bildungsbürger an die Seite: den »Stahlhelmer«, der vom Militarismus nicht loskomme: »Uniform, Gleichschritt, Ordnung, Gehorsam um jeden Preis.« Ebd., Eintrag 17.3.1945. Vgl. die Expertise britischer Attachés: PRO, FO 371/46864 (15.1.1945).

92 Ebd., Eintrag 28.3.1944.

93 Ebd., Eintrag 12.9.1944.

neuer Waffen schönreden. Eine Gretchenfrage lautete daher, ob es der Roten Armee gelingen würde, Ostpreußen zu erobern. Sie bildete, beobachte Voigtel im Juli 1944, den »Angelpunkt von Stimmung und Haltung, Widerstandswillen und Führungsglauben«. Solange der Feind nicht auf »altem Reichsboden« stehe, solange würden die meisten Deutschen auf die Kriegswende hoffen. War der Krieg erst einmal ins Reich getragen, waren die eigenen Familien in Gefahr – in dieser unmittelbaren Bedrohung lag die Quintessenz dieser Überlegung[94].

Das Bild der Soldaten, das in der psychologisierenden Innenansicht des Tagebuchs von Unteroffizier Voigtel aufscheint, ist düster. Seine Kritik galt den meisten Kameraden; sie war grundsätzlicher Natur und nicht, wie nach den Kriegsverbrecherprozessen, auf eine kleine, namentlich bekannte Führungselite beschränkt. Am Pranger stand »das Offizierkorps in den oberen wie in den unteren Rängen«, das kein Verantwortungsbewusstsein entwickelte und seine Entschlusskraft verloren hatte. »Politisch scheint es absolut hörig.« Allein die jüngeren Jahrgänge nahm Voigtel von seinem Schuldvorwurf aus, da sie nichts anderes als den nationalsozialistischen Drill kennengelernt hätten. Seine Wut richtete sich vor allem gegen die älteren Bildungsbürger, die es aufgrund ihrer Erziehung hätten besser wissen müssen. Von ihnen hätte man »eine bessere Einsicht« erwarten können, sie traf der Schuldvorwurf des Zeitgenossen – selbst ein junger Akademiker – mit ganzer Wucht[95]. Voigtel erkannte im Pakt der nationalkonservativen Stahlhelm-Fraktion mit den Nationalsozialisten, den für ihn der Tag von Potsdam symbolisierte, eine zentrale Ursache für die Kriegslage 1945. Und er zeigte sich skeptisch, ob es gelingen würde, sie nach dem Krieg aus einflussreichen Positionen zu entfernen. Vielmehr befürchtete er hellsichtig, dass sie nach dem Ende des Krieges ihre Unschuld beteuern und behaupten würden, »›etwas anderes gewollt [zu] haben‹«, dass sie ihre Läuterung durch den Krieg und ihren Willen herausstreichen würden, am Aufbau Deutschlands mitzuwirken, zu dessen Zerstörung sie selbst durch ihre Unterstützung des NS-Regimes beigetragen hätten[96].

Kriegsmüdigkeit und Militärkritik

Einen Einblick in die Gedanken und Gefühle, welche die Menschen an der Front und im Reich umtrieben, gibt auch die private Korrespondenz in der Feldpost, für die sich die sozial- und kulturgeschichtlich orientierte Militärgeschichte wiederholt interessiert hat. Statt einer qualitativen Detailanalyse einzelner Briefe soll an dieser Stelle die Auswertung zigtausender Briefe durch die Zensurbehörden herangezogen werden, durch die das Regime sich selbst ein Bild von der Kriegsmoral im Lande machen wollte. Seit 1940 wurde die Feldpost stichprobenartig kontrolliert und nach bestimmten Kriterien ausgewertet. Die Zensur sollte Spionage und »Wehrkraftzersetzung« verhindern. Die Korrespondenz von der Front in die Heimat (und umgekehrt) sollte nicht die Kriegspropaganda durch die Kommunikation

94 Ebd., Eintrag 8.8.1944.
95 Ebd., Eintrag 15.4.1945.
96 Ebd., Eintrag 15.4.1945.

negativer Nachrichten – Gerüchte, Feindpropaganda, Lageberichte – unterlaufen. Angesichts der Vielzahl der Briefe und Karten konnte nur ein geringer Teil erfasst werden.

Die Kontrolle war kein Geheimnis: Geöffnete und wieder zugeklebte Briefe erhielten den Aufdruck »Geöffnet – Feldpostprüfstelle«, kontrollierte Feldpostkarten trugen den Stempel »Geprüft – Feldpostprüfstelle«. Gleichwohl haben Analysen von Feldpostbriefen gezeigt, dass viele Soldaten in den Briefen entgegen den Zensurbestimmungen verbotene Angaben zu den militärischen Ereignissen machten, mit ihrer eigenen Meinung nicht hinterm Berg hielten und sich auch über die Stimmung im Kameradenkreis ausließen[97]. Die Feldpostprüfstellen, die ausführenden Organe der Zensurbehörde im Oberkommando der Wehrmacht (OKW), lieferten regelmäßig Feldpostprüfberichte, die auf der Basis Zehntausender ausgewerteter Briefe die »Haltung und Stimmung« an der Front und in der Heimat resümierten. Der Auswertung wurden Auszüge aus Briefen zur Veranschaulichung beigefügt.

Als Beispiel wird die Auswertung für einen kritischen Zeitraum herangezogen, der im Osten durch den Vormarsch der Roten Armee Richtung Ostpreußen bis kurz vor Warschau Anfang August 1944 und das weitere Vordringen über Rumänien und Bulgarien und im Westen durch den Vormarsch der Westalliierten nach der sogenannten Invasion gekennzeichnet war, die schließlich am 21. Oktober 1944 zur Einnahme Aachens führte[98]. Die Deutschen standen zudem unter dem unmittelbaren Eindruck des Abfallens der Bündnispartner Rumänien (25.8.1944), Bulgarien (8.9.) und Finnland (19.9.) sowie des Rückzugs der deutschen Truppen – im NS-Jargon war von »Verrat«, vom »Ausbruch aus der deutschen Abwehrfront« bzw. von »Absetzbewegungen« der Wehrmacht die Rede[99]. Was die Soldaten nicht wissen konnten: Ein letztes Mal würde es der Wehrmacht Ende des Jahres gelingen, die Fronten weitgehend zu stabilisieren und im Winter in der Ardennenoffensive einen letzten, vergeblichen Versuch zu unternehmen, die Kriegswende im Westen herbeizuführen.

In dieser kritischen Phase meldete beispielsweise die Prüfstelle bei der Heeresgruppe A, die sich am Sitz der Hauptfeldpostleitstelle 3 in Wien befand, 20 268 geprüfte Postsendungen für den September 1944, obwohl sie nach einem Bombenangriff am 10. September vorübergehend nur eingeschränkt arbeiten konnte; im Vormonat hatte man 25 647 Briefe geprüft. Der Anteil der schweren Verstöße (v.a. Zersetzung, Disziplin) fiel mit 0,05 Prozent gering aus, als leichte Verstöße wurden immerhin 8,2 Prozent (1668 Stück) der geprüften Sendungen bewertet. 68 Prozent der Briefe wurden von der Front ins Reich geschickt, 32 Prozent gingen den umgekehrten Weg.

---

97 Vgl. BArch, RH 13/49: Feldpostprüfberichte September 1944, fol. 23. Die Prüfstelle meldete, dass »immer wieder und in großer Zahl [...] Verstöße gegen die Geheimhaltung der Ortsnamen, Marschbewegungen und [-]ziele sowie Truppenbezeichnungen festgestellt« wurden, die geschwärzt werden mussten.

98 Diese Schwerpunktsetzung ergänzt meine Untersuchung von Feldpost aus den letzten Kriegswochen und –monaten; vgl. Echternkamp, Kriegsschauplatz Deutschland 1945; vgl. auch Kilian, Kriegsstimmungen, S. 251–288.

99 BArch, RH 13/49: Feldpostprüfberichte September 1944, fol. 20.

Was fanden die prüfenden Offiziere und Unteroffiziere heraus? Die Zensur konnte zunächst einmal zufrieden feststellen, dass es nicht an der »Ermunterung [fehlte], jetzt durchzuhalten und den Glauben an den Führer und an den Sieg nicht zu verlieren«. Die momentane Stimmungslage wurde auch durch unmittelbare Faktoren geprägt, wie im vorliegenden Fall die Freude über den geglückten Rückzug aus Rumänien und die Gewissheit, im Gegensatz zu anderen der sowjetischen Kriegsgefangenschaft entkommen zu sein. Dass die Stimmung in der Truppe trotz der eigenen physischen und psychischen Belastung als »an sich zuversichtlich« bewertet werden konnte, führte die Feldpostprüfstelle auf die verbreitete Hoffnung zurück, dass sich die Lage durch den Einsatz neuer Waffen in Kürze zugunsten der Deutschen wenden werde[100]. Insofern sandte die Truppe positive Signale und Durchhalteparolen an ihre Angehörigen im Reich. Das entsprach der Funktion, die die Propaganda der Feldpost zuerkannte und auf die sie in Frontzeitungen immer wieder hinwies[101].

Hier wurde die Wechselwirkung zwischen Front und Heimat ebenso deutlich wie in der Tatsache, dass bereits das lange Ausbleiben der Feldpost aus dem Reich die Männer Schlimmes befürchten ließ und ihren Pessimismus nährte[102]. In erster Linie hing die Wirkung der Kommunikation davon ab, was die Soldaten im Herbst 1944 aus der Heimat erfuhren und welches Bild des Krieges ihnen von dieser Seite gemalt wurde. Deshalb beobachtete das NS-Regime mit höchster Aufmerksamkeit auch die »Frontpost«, das heißt die an die Soldaten adressierten Briefe und Karten. Die Feldpostprüfstelle beim Armeeoberkommando (AOK) 16 hielt die Ergebnisse ihrer Auswertung im September gar für so wichtig, dass sie den Zeitpunkt für ihren regulären Monatsbericht an das Oberkommando der Heeresgruppe Nord nicht abwartete und nach der systematischen Prüfung von knapp 10 000 Sendungen binnen einer Woche einen Zwischenbericht vorlegte. Der sollte auf die Frage antworten, welchem Einfluss der Frontsoldat durch die Briefe aus der Heimat in dieser Zeit unterlag. Abgesehen von den rund zwei Dritteln rein persönlich oder sachlich gehaltener Briefe, musste die Prüfstelle feststellen, dass das Übergewicht von negativen gegenüber positiven Briefen »leider Tatsache« war und sie deshalb »besondere Aufmerksamkeit« erforderten. Akribisch meldete man ein Verhältnis von 15 zu 9 Prozent[103].

In rund 1500 Briefen schilderten die Angehörigen ihre Notlage und ihre Sorgen, stellten »bange Fragen« nach der militärischen Lage und der Zukunft der Familie. Aus

---

[100] Ebd., fol. 3.

[101] Vgl. Echternkamp, Kriegsschauplatz Deutschland 1945.

[102] BArch, RH 13/49: Feldpostprüfberichte September 1944, fol. 21. Die Prüfstelle unterschied Briefe aus dem Reich danach, ob sie den Frontsoldaten »besonders erfreuen und seelisch stärken«, ihn »zwar bedrücken und beunruhigen können, ohne jedoch seine Haltung wesentlich zu gefährden«, oder ihn »sehr beunruhigen und seine soldatische Haltung ernstlich schädigen oder gar zersetzen können«. Zu letzteren gehörte Feldpost, deren Absender hoffnungslos und »mit den Nerven fertig« waren, die »üble Gerüchtemacherei« und »Schwarzseherei« betrieben, die militärische und politische Maßnahmen kritisierten, den »Bombenterror« schilderten oder sich als »Schädlinge an der Volksgemeinschaft« erwiesen. Vgl. BArch, RH 13/49: Feldpostprüfberichte September 1944, fol. 29–31: dort Briefauszüge als Beispiele in den jeweiligen Kategorien.

[103] BArch, RH 13/49: Feldpostprüfberichte September 1944, fol. 58 f.

ihnen sprachen »Kriegsmüdigkeit« und »Zweifel am Sieg«; sie zeugten von der immer unerträglicheren Wirkung der Bombardements, des Näherkommens der Feinde, des »Zurückfluten[s]« der Wehrmacht mit der Folge einer »wilde[n] Gerüchtemacherei« im Hinblick auf das Verhalten des Gegners, die die »Nervosität« im Reich weiter steigerte. Die Absender – zumeist Frauen – wussten, dass sie mit derlei Nachrichten ihre Männer verunsicherten, konnten aber oft nicht anders, als »doch einmal ihr Herz aus[zu]schütten«. Beunruhigt stellten die Prüfer als Charakteristikum »vieler Frauenbriefe« fest, »dass die Schreiberinnen aus ihrer gewohnten Reserve jetzt herauszugehen beginnen und Kritik an Dingen üben, denen sie bisher gleichgültig gegenüberstanden«. Die persönliche Erfahrung der Kriegsfolgen, nicht zuletzt der verstärkte Arbeitseinsatz der Frauen, sorgte angesichts der Zuspitzung der Lage offenbar für einen späten Politisierungsschub, der gegen Durchhalteparolen und ihr beschönigendes bis glorifizierendes Bild der Wehrmacht immunisierte, auch wenn sie der eigene Ehemann per Feldpost vermittelte. Entsetzt führte die Prüfstelle das Beispiel einer Frau an, die sich von ihrem Mann »nicht mehr beeinflussen« ließ und ihm rundheraus erklärte: »Du brauchst mir so etwas Dummes auch nicht mehr zu schreiben, heute kann ich sehen, wie dumm die Soldaten sind, das glauben bei uns die Kinder nicht mehr[104].« Wahrscheinlich erhielt der Adressat einen solchen Brief, wenn überhaupt, über den Nationalsozialistischen Führungsoffizier (NSFO) – das jedenfalls empfahl die Prüfstelle, die die Sendung ihrerseits nicht an den Empfänger, sondern an den Ic, den Nachrichtenoffizier, weiterleitete.

Auch im Reich verdüsterte der Kriegsverlauf an der Westfront das Bild des Krieges. Die »Verlagerung des Kriegsgebietes zum Teil schon auf deutsches Gebiet (Aachen)« gab unter der Zivilbevölkerung zu »den ernstesten Besorgnissen« Anlass, was sich offenkundig in den Briefen an die Soldaten im Osten niederschlug. Zum einen setzten sich die entsetzten Schilderungen der Bombenangriffe, nicht zuletzt der Tiefflieger, fort. Zum anderen – das war neu – berichteten die Angehörigen im Reich häufig über Evakuierungen aus den Grenzgebieten wie dem Elsass, Lothringen und dem Saargebiet und schilderten die Probleme, die das Unterbringen ganzer Flüchtlingskolonnen bereitete. Wie in der Truppe sorgten sich auch die Menschen im Reich über die Konsequenzen eines möglichen Abfallens des ungarischen Verbündeten, nicht zuletzt für die dort lebenden »Volksdeutschen«. Frauen klagten »häufig«, berichtete die Prüfstelle, über lange Arbeitszeiten, die die Haushaltsführung erschwerten; Ernährungsprobleme scheinen hingegen kein Thema gewesen zu sein. Die Auswertung der mehr als 20 000 Postsendungen im September 1944 kam in einem zentralen Punkt zu einem ähnlichen Ergebnis wie der Unteroffizier Voigtel in seinem Tagebuch. Den vorhandenen Durchhaltewillen im Reich, den die Prüfstelle

104 Ebd. Dort in der Anlage Auszüge aus positiven und negativen Briefen. Zitat: Anna Bose an Obergefreiten (OG) Max Bose, 29.8.1944 (fol. 67). Vgl. auch den Brief von I. Rankl aus Eisenach an ihren Mann E. Rankl vom 8.9.1944: »Ich glaube, Du willst mir mit Deinen Voraussagen für ein Kriegsende nur immer wieder Mut machen. Wie stellst Du Dir das vor, wenn in 4–6 Wochen die Entscheidung fallen soll? An 3 Seiten des Reiches steht der Feind direkt an unseren Grenzen. Fast alles eroberte Land mußten wir preisgeben, da kann man sich überhaupt nicht vorstellen, wie es für uns zu einem Sieg kommen soll« (fol. 65).

einräumte, begründete sie in einem vielsagenden Nebensatz mit dem Wissen um die Folgen einer Niederlage[105].

Dennoch stellte die Zensur eine drastische Stimmungsverschlechterung fest. Die Stimmung im Reich sei »wesentlich abgesunken und hat einer allgemeinen Niedergedrücktheit Platz gemacht«. Wenn der Krieg im eigenen Land stattfinden würde, stellte das in der Tat eine Zäsur für den Kriegsverlauf wie für seine umfassende Deutung dar. Auch im Reich entzündete sich der letzte Funken Hoffnung an der Ankündigung des Einsatzes neuer Waffen; aber auch hier gab es Zweifel. Immer ging es jedoch darum, den Krieg möglichst rasch zu beenden. Acht Monate vor der Kapitulation verzeichneten die Feldpostprüfstellen Stimmen, »denen es lediglich auf eine rasche Beendigung des Krieges ankommt, um dem Terrorkrieg auf deutsches [sic!] Gebiet ein Ende zu machen« – das heißt auch um den Preis einer Niederlage[106]. Wie die Soldaten über das Verhalten einzelner Offiziere bestürzt waren, wetterten ihre Angehörigen aus dem Westen über das Verhalten der militärischen Führer vor Ort, die sich »mit ihre[m] vollbepackten Auto« davonmachten und »den Landser im Stich [ließen]«. Vor allem die Flüchtlinge sorgten für entsprechende Meldungen[107].

Viele Soldaten trieb die Angst vor den Auswirkungen des Kriegsverlaufs auf die Heimat um. Sie galt im Herbst 1944 nicht zuletzt der Entwicklung im Westen, weil sich dort die Front der Reichsgrenze immer weiter näherte und die Alliierten durch ihre Luftangriffe vor allem in West- und Südwestdeutschland das Leben der Bevölkerung bedrohten. Soldaten, deren Angehörige in diesen Regionen lebten, machten sich, wie die Korrespondenz erkennen ließ, große Sorgen um ihre Familien. Sie hätten vielfach den Wunsch geäußert, auch im Westen zur Grenzverteidigung eingesetzt zu werden, während umgekehrt aus Ostpreußen und Oberschlesien stammende Soldaten lieber an den östlichen Reichsgrenzen eingesetzt werden wollten. Hier wurde – wie im Tagebuch Voigtels – deutlich, dass die Soldaten immer mehr der Schutz ihrer Familien umtrieb als die Verteidigung des Vaterlandes oder der Erfolg im Kampf der Ideologien. Die Reichweite dieser relativ abstrakten Ideale fand trotz der Propaganda ihre Grenze in der Sorge um die engsten Angehörigen. Zudem mochten nicht alle den Glauben an die grundstürzende Wirkung neuer Waffen teilen. Die Prüfstelle vernahm auch »einige pessimistische Stimmen«. So mancher hielt den Krieg für verloren, falls der Einsatz der Wunderwaffen »nur ein Bluff« gewesen sein sollte. Die meisten wollten, aber nicht alle konnten an diese Durchhalteparole glauben. Im Übrigen bekräftigten einzelne Briefe den Zusammenhang von Rastlosigkeit und Reflexion, über den Voigtel im Tagebuch räsoniert hatte. Wie und wann der Krieg enden werde, darüber zu grübeln hatten viele Soldaten selten Gelegenheit. »Wir kommen eigentlich nicht viel darüber zum Nachdenken«, schrieb etwa der Gefreite Gerhard B. an Gertrud R. im sächsischen Oschatz am 7. September 1944, »denn dazu läßt man uns keine Zeit«[108].

---

105 BArch, RH 13/49: Feldpostprüfberichte September 1944, fol. 22: »Obwohl in der Heimat der Wille zum Durchhalten bis zum Endsieg vorhanden ist, da man die Folgen einer etwaigen Niederlage kennt« [meine Herv., J.E.].

106 Ebd., fol. 22.

107 Ebd., fol. 24: Fam. Willy L., Neidenfels/Westm., an Gefr. L., 7.9.1944.

108 Ebd., fol. 24 (Anlagen).

Für die deutschen Soldaten auf dem Rückzug in Südosteuropa wie für die in Norditalien blieb das Verhalten der einheimischen Bevölkerung nicht ohne Folgen für die Stimmung der Truppe und das Bild, das sie sich vom Krieg machte. Während sich einige positiv über die Gastfreundschaft der »Volksdeutschen« in Ungarn äußerten[109], klagten andere über die ablehnende Haltung der Bevölkerung, die die Bombenangriffe der Amerikaner und Briten auf die Anwesenheit deutscher Truppen zurückführte, und die allgemeine Haltung der Slowaken gegenüber deutschen Soldaten[110]. Kritik gab es auch am Verhalten einzelner Offiziere, die – namentlich beim Rückzug aus Rumänien – die Soldaten »rücksichtslos« ihrem Schicksal überlassen und sich nicht um die Verwundeten gekümmert hätten. Stattdessen würden sie, klagte ein Obergefreiter seiner Frau, »die Weiber, Luftw[affen-]Helferinnen usw. ihre Huren« im Auto mitnehmen[111]. Die Wut richtete sich auch gegen rumänische Soldaten, welche die in Gefangenschaft geratenen Wehrmachtsoldaten »völlig ausplünderten«[112]. Die Zensoren zitierten aus dem Brief eines Obergefreiten an seine Frau in Böhmisch-Kamnitz (Česká Kamenice) vom 8. September 1944: »Es ist kein [G]eist mehr in der Truppe«, fasste der seine Erfahrungen zusammen. Wie der Unteroffizier in Norditalien beobachtete der Obergefreite, dass die Kameraden »lieber heute heim [möchten] als morgen und wenn es zu Fuss heim gehen sol[l]te, aber es ging doch Heim«[113].

Soviel lässt sich festhalten: In den privaten Briefen und Aufzeichnungen von Gesprächen im Kameradenkreis wie auch in den privaten Briefwechseln zwischen Front und Heimat zeichnet sich ein komplexes Stimmungsbild ab, das mit Dichotomien wie Kampfbereitschaft / Kampfmüdigkeit und Täter / Opfer nicht zu erfassen ist. Wie unter einer Lupe wird die Instabilität der »Moral« erkennbar, die Bedeutung des Unrechtsbewusstseins für die Vorwegnahme des Kriegsendes und den Einfluss, den die Angst vor Vergeltung auf die Bereitschaft zum Weiterkämpfen hatte. Nicht nur die Soldaten der Heeresgruppe C schwankten am Ende zwischen Apathie, Zukunftsangst und Selbstbetrug. Die Bereitschaft, sich an den Strohhalmen der Wunderwaffenpropaganda zu klammern und weiterzukämpfen, der heimliche Wunsch, so rasch wie möglich zur Familie zurückzukehren, und die Sorge vor der Vergeltung durch die bislang Verfolgten standen nicht im Widerspruch zueinander. Die privaten Dokumente unterstreichen den intensiven Informationsaustausch zwischen den Soldaten und ihren Angehörigen dank eines bis zuletzt funktionierenden Feldpostsystems.

Die übermittelten Schreckensnachrichten hatten Rückkopplungseffekte. Das Bild der zerstörten Heimat und der »ausgebombten« oder evakuierten Familie vor Augen, fühlten sich immer mehr Männer an der Front fehl am Platze, und die Angehörigen verloren angesichts der schlechten Nachrichten von den Fronten, die sie auch zwischen den Zeilen des offiziellen Wehrmachtberichts lesen konnten, die letzten Illusionen

[109] Vgl. Durucz, Ungarn in der auswärtigen Politik des Dritten Reiches.
[110] BArch, RH 13/49: Feldpostprüfberichte September 1944, fol. 22.
[111] Ebd., fol. 22 und 26.
[112] Ebd., fol. 22.
[113] Ebd., fol. 25.

– falls sie die aufgrund eigener Erfahrungen nicht längst verloren hatten. Als die heroischen Kriegs- und Soldatenbilder verblassten, die der Gewalterfahrung einen Sinn gegeben hatten, verengte sich die Handlungsoption des Soldaten in dessen Augen auf die Alternative Kampf oder Bestrafung. Wer trotz der Einsicht in den Mangel an Erfolgschancen nicht weiterkämpfte, schien nicht nur seine Existenzgrundlage zu verlieren, sondern riskierte Leib und Leben. Weil Zwangsarbeit, Deportation und Massenmord an den europäischen Juden ein offenes Geheimnis waren und weil auch das völkerrechtswidrige Verhalten der Wehrmacht in den eigenen Reihen wohl registriert wurde, entwickelte sich mit dem Unrechtsbewusstsein eine letzte, gleichsam negative Antriebskraft.

Bereits während des Krieges setzten zudem Abwehrmechanismen ein und die Schuld wurde unterschiedlich verteilt. Die Regung moralischer Empfindungen im Kameradenkreis nahmen die Betroffenen als Beleg eines – lange unterdrückten – nationalen Gewissens, das pädagogische Anknüpfungspunkte bot. Die Wurzeln einer nationalisierenden Opferrhetorik reichten in die erste Hälfte der vierziger Jahre. Allerdings zeugen die Soldatengespräche, die Reflexionen des Unteroffiziers und die Feldpostbriefe auch von einer ersten internen Selbstverständigung darüber, wer wofür die Verantwortung trug. Spätestens im letzten Kriegsjahr machten Generationszugehörigkeit und militärischer Rang einen expliziten, von den Zeitgenossen thematisierten Unterschied. Jüngeren Soldaten, die aufgrund ihrer (para)militärischen Sozialisation im Nationalsozialismus der Manipulation weitgehend schutzlos ausgeliefert waren, war kaum ein Vorwurf zu machen, den älteren dagegen schon, lautete das Argument. Der Grad der Verantwortlichkeit nahm danach außerdem mit dem militärischen Status zu, wobei der Schuldvorwurf das Offizierkorps einschloss und sich nicht etwa auf eine Handvoll hitlertreuer Generale beschränkte. Die Militärkritik war weiter gefasst. So zumindest lässt sich das favorisierte Deutungsmuster der rangniederen Soldaten beschreiben, denen es eine minimale Verantwortung zuschrieb und somit ein maximales *psychic income* verschaffte. Insofern war – dieses Argument sei bereits im Vorgriff genannt – der mentale Boden für einen Wertewandel längst bereitet, den die Alliierten seit der Besetzung 1944/45 durch ihre Entmilitarisierungspolitik initiieren und vorantreiben wollten.

Gefühlslagen bei Kriegsende

Die kurzfristigen Gefühle im Mai 1945 waren kein plötzlicher Reflex auf die Bekanntgabe der Kapitulation, sondern entsprachen der emotionalen und kognitiven Entwicklung, die bereits *während* des Krieges einsetzte. Ging es in der eingangs erwähnten bundesdeutschen Debatte um den 8. Mai in der Regel um eine relativ enge Zeitspanne rund um diesen Wendepunkt, wurde der Blick deshalb in der vorliegenden Studie weiter in die Kriegszeit zurückgelenkt und das Bild des Krieges untersucht, das sich die Soldaten und die Zivilbevölkerung lange vor Kriegsende machten. Zudem: Für die Deutschen gab es nicht nur *einen* 8. Mai, sondern mehrere. Hier liegt eine Wurzel späterer geschichtspolitischer Spannungen in der Interpretation des Gedenktages: Tag der Befreiung oder der Niederlage[114]? Die verschiedenen Kriegsenden – und nicht der 8. Mai, der später zur Chiffre *des* Kriegsendes wurde – sind daher geeignete Bezugspunkte, wenn man das Spektrum der Deutungen differenzierend beleuchten und, rückblickend, auf Kontinuitäten und Brüche untersuchen möchte. Je nach dem, wo, wann und in welcher Rolle Männer und Frauen den Krieg und sein Ende erlebten, machten sie wiederum unterschiedliche Erfahrungen. Wichtiger noch als das objektive Ende – das Einstellen der Kampfhandlungen, der Gang in die Kriegsgefangenschaft – war, was man das subjektive Ende nennen könnte: der immer stärkere Wunsch, physisch und psychisch »am Ende zu sein« und nicht mehr kämpfen zu wollen, und die immer stärkere Gewissheit, dass der Krieg in Kürze zu Ende gehen und mit einer Niederlage enden werde.

Das Verständnis des Kriegsendes und die Gefühle, welche die Menschen an jenem Tag hatten, lassen sich nicht über einen Kamm scheren. Um jedoch auch an dieser Stelle nicht vor der Tatsache zu kapitulieren, dass es prinzipiell so viele Erfahrungen gab, wie Menschen, die sie machten, sollen wiederum idealtypisch jeweils mehrere gemeinsame Nenner für bestimmte soziale Gruppen gefunden werden. Zudem gilt auch für die differenzierte Betrachtung von Stimmungen, dass analytisch getrennt wird, was tatsächlich in ein und derselben Person in unterschiedlichen Mischungsverhältnissen gleichzeitig auftauchte, und dass die Stimmung von Tag zu Tag, von Stunde zu Stunde schwankte. Hinzu kommt, dass zwei unauflöslich verknüpfte, gleichwohl unterschiedliche Phänomene zu einem Ende kamen: das nationalsozialistische Regime und der Zweite Weltkrieg. Die Gefühle galten sowohl dem Zusammenbruch der NS-Herrschaft als auch dem Ende der militärischen Gewalt. Hing die Einstellung zum politischen Wandel von der Einstellung gegenüber dem Dritten Reich und der eigenen Funktion ab, war die Erleichterung über das Kriegsende im engeren Sinne allgemein. Vor diesem Hintergrund lassen sich folgende Gefühlslagen unterscheiden und begreifen[115].

Erstens zeigte sich bei einigen ein Gefühl der Erleichterung und Befreiung. Befreit fühlten sich in erster Linie diejenigen, die im Wortsinn aus ihrer Gefangenschaft befreit wurden. Freude über das Ende des Krieges, das ja nicht zuletzt das Ende der NS-Diktatur brachte, zeigte sich hauptsächlich im Kreise derer, die das Regime zu Feinden der »Volksgemeinschaft« erklärt, verfolgt und ins Exil – wenn nicht in den Tod – getrieben hatte. Die Überlebenden konnten die Konzentrationslager und Gefängnisse verlassen, konnten endlich aus ihren Verstecken im Untergrund hervorkommen, konnten aus dem Exil in ihre Heimat zurückkehren. Auch diejenigen, die andere versteckt gehalten hatten, konnten nun aufatmen. Für all jene, die aus der nationalsozialistischen »Volksgemeinschaft« per definitionem ausgeschlossen worden waren, für Juden und Zwangsarbeiter vor allem, öffnete sich mit den Lagertoren der Weg in eine neue Lebensphase. Manche Überlebende umschrieben

[114] Zum 50. Jahrestag des Kriegsendes vgl. nur: Vom Vergessen, vom Gedenken; Besiegt und befreit; Horstmann, Kein Grund für Tränen; Die Stunde Null; Miller, Der Krieg ist aus; Es wird nicht mehr zurückgeschossen ...; Mensch, der Krieg ist aus!; Müller/Ueberschär, Kriegsende 1945; Knopp, Damals 1945; Knopp, Das Ende 1945; Stunde 1; »Als der Krieg zu Ende war«; Schivelbusch, Vor dem Vorhang; Tormin, Der schwere Weg zur Demokratie.

[115] So auch Kaelble, Die zeitgenössische Erfahrung.

später diesen Tag als das Datum einer zweiten Geburt[116]. Die Befreiung musste für jene Gefangene umso unwirklicher und überwältigender erscheinen, die an ihre Befreiung nicht mehr geglaubt und auf sie nicht mehr zu hoffen gewagt hatten. Der erlösende Anblick der britischen, amerikanischen oder sowjetischen Panzer prägte sich tief in das Gedächtnis ein. Just der »erste Panzer« markierte im Nachhinein wie ein Symbol das Ende des Krieges. Die erstmalige Begegnung mit den Soldaten der Alliierten stand am Anfang der Befreiung aus der Isolation, die der Krieg jahrelang auch bedeutet hatte.

Willy Brandt, der nach der nationalsozialistischen Machtübernahme emigriert war, wies dem Krieg insofern gar einen positiven Sinn zu. In seinem kurzen Überblick über den Zweiten Weltkrieg erinnerte Brandt, der 1945 als Korrespondent für skandinavische Zeitungen aus dem Exil in Stockholm nach Deutschland zurückgekehrt war und über die Nürnberger Prozesse berichtete, an den Zweck der Opfer: die Weltherrschaft des Nationalsozialismus und damit das Ende jeder Freiheit zu verhindern[117]. Darüber hinaus sah Brandt den Krieg als Auslöser für »viele positive Kräfte«. Der Krieg habe die Voraussetzungen dafür geschaffen, »dass die Menschen und Völker glücklicher miteinander leben können. Mit dem Nazismus wurde das stärkste Bollwerk der destruktiven volksfeindlichen Elemente zertrümmert. Durch den Freiheitskampf wurden neue Kämpfe geweckt, die nun in den verschiedenen Ländern daran sind, das Leben der Völker neu zu gestalten[118].«

Doch die Freude war alles andere als ungetrübt angesichts des Verlustes von Familienangehörigen, von Freunden und Verwandten, der Angriffe auf die Heimatstadt. Wo Angehörige der Hitlerjugend, der Wehrmacht und SS die Übergabe ohne Aussicht auf Erfolg hinauszuzögern suchten, provozierten sie in letzter Minute massive Zerstörungen und Verluste. In Nörvenich beispielsweise stiegen Hitlerjungen, die im Kreis Düren zu Schanzarbeiten zusammengezogen worden waren, auf die Dächer von Wohnbaracken und schossen, wild gestikulierend, mit Gewehren auf die Flugzeuge der Alliierten, die daraufhin prompt einen Angriff flogen. Rund 70 Jugendliche wurden getötet oder verstümmelt[119].

Mit Erleichterung und tief bewegt nahmen die Exilanten die Nachricht vom Ende des NS-Regimes auf. Im Mai 1945 dominierte die Freude über den Zusammenbruch des Dritten Reiches[120]. Dass später nicht alle zurückkehrten und manche, die zu-

116 Vgl. etwa Harpprecht, Wer durch die Hölle ging.

117 Brandt, Der zweite Weltkrieg, S. 54.

118 Ebd., S. 57. »Die Opfer, die diese Auseinandersetzung gekostet hat, sind furchtbar. Aber es galt auch eine ungeheure Gefahr abzuwenden: die Gefahr der nazistischen Weltherrschaft und damit der Erstickung jeder Freiheit und allen sozialen Fortschritts. Der große Einsatz der Völker ist aber nur dann nicht vergebens gewesen, wenn es gelingt, den neuen Frieden sicher zu unterbauen, damit es nicht zu einem dritten Weltkrieg kommt« (S. 54) [...] »Durch den Krieg und die Zerschlagung des Nazismus sind aber auch viele positive Kräfte ausgelöst worden [...] Überall kann man einen starken Freiheitswillen spüren. Überall dringen auch neue Auffassungen darüber durch, wie man durch planmäßige Erschließung der materiellen und technischen Hilfsquellen größeren Wohlstand und ein reicheres kulturelles Leben erzielen kann.« Ebd., S. 57.

119 BArch, MSg 2/2212: Chronik der letzten Krieg- und ersten Besatzungsereignisse nach dem 2. Weltkrieg 1939 bis 1945 im Amtsbezirk Nörvenich, S. 6 f.

120 Vgl. Kühn, Widerstand und Emigration, S. 303 f.

rückkehren wollten, auf Hindernisse stießen[121], steht auf einem anderen Blatt. Ein Gefühl der Erleichterung und Befreiung empfanden auch viele Deutsche, die nicht in einem lebensbedrohlichen Sinn zu den Verfolgten des NS-Regimes zählten. Wer beispielsweise in einem NS-feindlichen Elternhaus aufgewachsen war, mit dem Regime nie sympathisiert und deshalb weniger die Privilegien als die Zwänge zu spüren bekommen hatte, reagierte ebenfalls erleichtert auf das Ende des Regimes.

Mit einem Gefühl der Erleichterung reagierten nicht zuletzt jene Männer auf das Ende des Krieges, die ihn geführt und erlitten hatten. Der Kriegslärm wich der Stille des Friedens. Es herrschte endlich »Ruhe«: Auf diese Formel stößt man in den Tagebüchern und Memoiren immer wieder. Sie war die logische Folge der monatelangen Kriegsmüdigkeit und der Sehnsucht nach Frieden, wie sie in der Feldpost so häufig zum Ausdruck gebracht worden war.

Zweitens lässt sich eine weniger intensive Gefühlslage mit dem Begriff der Zurückhaltung charakterisieren. Nicht so hochgestimmt, zuweilen skeptisch äußerten sich keineswegs nur Anhänger des Nationalsozialismus. Selbst auf seine Gegner machte das Kriegsende nicht immer den Eindruck, den man zumindest im Rückblick erwarten könnte. Für manche war der 8. Mai ein Datum ohne herausgehobene Bedeutung, das in den Tagebüchern und Erinnerungen keine besondere Erwähnung fand. Große Worte wie »Befreiung« fallen hier nicht. Eher beiläufig wurde das Kriegsende zur Kenntnis genommen. Die weltpolitische Zäsur lässt sich hinter der Belanglosigkeit, mit der sie erwähnt wird, kaum erahnen. Typische Schilderungen beschränkten sich auf die militärischen Ereignisse, die vor Ort das Ende der Kampfhandlungen bedeuteten – den Einmarsch und die Einquartierung der Alliierten etwa – oder darauf, wie und wo man selbst diesen Tag verbracht hatte. Selbst im Nachhinein, in Kenntnis der politischen Dimension, fielen zahlreiche Erinnerungen zumeist prominenter NS-Gegner an diesen Tag in ihrem Leben überraschend nüchtern aus[122]. Hier überwogen zum einen die Existenzangst und die Alltagsnot, zum anderen die Sorge, ja die Angst vor einer Zukunft in einem Land, das durch materielle und demografische Kriegsfolgen gezeichnet war und über dem das moralische Damoklesschwert der Schuld schwebte. In den wohl ersten, noch nicht von öffentlichen Deutungen überformten Gesprächen mit Deutschen aller Schichten, die der amerikanische Oberstleutnant Saul K. Padover im Dienste des Office of Strategic Services (OSS) noch während der Besetzung führte, räumten die meisten Befragten ein – gefühllos, wie es Padover vorkam –, dass sie vom Rassenmord an den Juden und von den Gräueln an Zwangsarbeitern und politisch Verfolgten wussten. »Infolge der Greueltaten, die die deutschen Armeen vor allem an Slawen und Juden verübt haben, existiert ein latentes, möglicherweise tiefsitzendes Schuldbewußtsein«, stellte Padover während des alliierten Vormarsches im Rheinland fest, und er registrierte die daraus resultierende Angst: »Viele Deutsche rechnen mit Vergeltungsmaßnahmen [...] Viele glauben, dass man sie zu Zwangsarbeit ins

121 Vgl. Krauss, Heimkehr in ein fremdes Land; »Auch in Deutschland waren wir nicht wirklich zu Hause.«

122 Vgl. Kaelble, Die zeitgenössische Erfahrung, S. 125 f., der als Beispiel die Reaktionen von Carlo Schmid, Konrad Adenauer, Heinz Kühn, Stephan Hermlin u.a. schildert.

Ausland schicken wird[123].« Zudem hatte das Leid der vergangenen Jahre so tiefe Wunden geschlagen, dass die Betroffenen die Vergangenheit nicht leicht abschütteln konnten – als ließe sich kurzerhand ein Schalter umlegen –, sondern Zeit brauchten, um zu dem Vergangenen soviel Distanz zu gewinnen, wie nötig war, um sich dem Gegenwärtigen und Zukünftigen zuzuwenden.

Drittens: Wer in existenzieller Weise auf sich selbst zurückgeworfen war und im Chaos der letzten Kriegswochen ums nackte Überleben gekämpft hatte, reagierte auf das Ereignis so gut wie gar nicht. Was bedeutete die Unterzeichnung der Kapitulationsurkunde in Reims und Karlshorst angesichts von Vertreibung, Vergewaltigung, Verlusten? Das Ende der Flächenbombardements, der Häuserkämpfe und des NS-Terrors war eben auch der Beginn eines neuen Schreckens. Da wurden das formale Kriegsende und die politischen Konsequenzen gar nicht oder zeitlich verzögert wahrgenommen; sie spielten aufgrund der Nöte des Alltags auch keine allzu große Rolle. Das materielle Wohlergehen der eigenen Familie war weiterhin unmittelbarer und erschien daher wichtiger als das politische Ereignis. Gleichgültigkeit spricht deshalb aus den Tagebüchern und Aufzeichnungen vieler Menschen, wo der 8. Mai manchmal gar nicht eigens erwähnt wird. Dieser Rückzug ins Private und die relative Indifferenz, die schon der Unteroffizier 1944 hinter der Front in Norditalien so feinsinnig registriert hatte, kennzeichneten wohl die Erfahrung sehr vieler, wenn nicht der meisten Deutschen. Von einem Freudentaumel war keine Spur zu erkennen. Den Zusammenbruch des Regimes erlebten sie auch als einen Zusammenbruch ihrer persönlichen Werteordnung. Überkommene Ideale wie Tapferkeit, soldatische Ehre, Heldentum galten nicht mehr oder waren zumindest in Frage gestellt.

Doch man griffe zu kurz, wollte man die Gleichgültigkeit und die Selbstisolation einzig als eine Folge der materiellen Notlage verstehen, so als habe der Alltag den Menschen gar keine Zeit gelassen, sich der politischen Zäsur bewusst zu werden. Vielmehr wirkte sich hier jene Apathie aus, die bereits während des Krieges zu einem Rückzug geführt hatte. Monate- und jahrelange Lagerhaft, die Nächte im Luftschutzbunker, die Entwurzelung durch Evakuierung oder Flucht: Diese häufig traumatisierenden Kriegserfahrungen zerstörten auch die Aufnahmefähigkeit der Zeitgenossen und schränkten insofern deren Wahrnehmung des Kriegsendes als eines Datums von weltpolitischer Bedeutung sehr ein – nicht nur in Deutschland. Statt positive Emotionen auszulösen, verknüpfte sich das Kriegsende mit negativen

[123] Vgl. Padover, Lügendetektor, S. 16 f. Padover berichtete u.a. von einem Aachener Immobilienmakler, der ihm gegenüber einräumte, »von den Greueltaten gehört zu haben, die die Deutschen an Polen und Juden verübt hatten«. Er zitiert ihn mit den Worten: »Zuerst konnte ich es nicht glauben, aber später hörte ich Einzelheiten von Erschießungen, Vergasung und Massenmord, und ich begriff, dass es die Wahrheit war.« Die Schuld sah er jedoch nicht bei »den Deutschen«, sondern bei den Nationalsozialisten. Ebd., S. 45 f. Ein »eigentümliches Schuldgefühl« registrierte Padover 1944/45 gegenüber den Juden: »man gesteht häufig ganz offen ein, dass großes Unrecht verübt wurde. Man hat Angst vor Rache und scheut sich, das ganze Ausmaß der Greueltaten zu erfahren«. Ebd., S. 86. Auch die Furcht vor den Russen verstand Padover als »Ausdruck einer Furcht vor Vergeltung«; diese Furcht sollte die Geringschätzung der Russen als »barbarisch« nur kaschieren. Die meisten »räumten ein, ›etwas darüber gehört‹ zu haben, meist von ›Soldaten die von der Ostfront heimkehrten‹. Deutsche wissen offenbar sehr viel mehr von dem, was in Rußland passiert ist, als sie zugeben.« Ebd., S. 87, vgl. auch auf S. 109 die Einschätzung der Sozialistin Anna Sittard.

Gefühlen. Zum einen engte die Angst vor der eigenen Zukunft den Blick ein. Zum anderen förderte auch die mehr oder minder ausgeprägte moralische Belastung, um nicht zu sagen: das Schuldgefühl, ein Abschotten nach außen. Der Rückzug in die eigenen vier Wände (sofern sie noch standen) kann auch als Abwehr gegenüber der unausgesprochenen Einsicht in den verbrecherischen Charakter des Regimes gelesen werden. Der leere Blick jener Deutschen, welche die Alliierten 1945 zum Anblick der Leichenberge gezwungen hatten, spricht Bände[124].

Diese Gleichgültigkeit ist jedoch nicht mit Tatenlosigkeit gleichzusetzen. Vielmehr setzte sich, *viertens*, die Tendenz des Jetzt-Erst-Recht fort, die sich bereits während des letzten Kriegsjahres abgezeichnet hatte: der unbedingte Leistungswille, der flexibel auf die Herausforderungen widriger Umstände reagierte, sei es im Krieg, sei es im Nachkrieg. Wer so dachte und redete, sah sich nicht als hilfloses Opfer. Die Kriegserfahrungen sollten hier bereits schnell umgemünzt werden in die Leistungsfähigkeit unter neuen Bedingungen. Pläne für die Nachkriegszeit, zum Teil *vor* Kriegsende geschmiedet, gaben mittelfristige Ziele vor. Die meisten Menschen suchten sich mit den neuen Machthabern zu arrangieren und bastelten schon bald an ihrer Nachkriegskarriere. Statt Apathie und Selbstmitleid prägten Tatendrang und Leistungsbewusstsein eine Stimmungslage, die sich über das Kriegsende hinaus ausdehnte. Auch in den Kriegsgefangenenlagern (von denen später noch die Rede sein wird) wurden Pläne geschmiedet. Wenn möglich, nutzten die Gefangenen die Zeit für die Ausbildung, was nicht zuletzt die Hoffnung der Angehörigen auf einen Neuanfang nähren sollte. Ein Hauptgefreiter, der nach seiner Entlassung ein Geschäft eröffnen wollte, berichtete seiner Frau, dass er sich mit Buchführung vertraut mache und Fremdsprachen lerne. Dieser vorerst gebremste Tatendrang prägte auch die privaten Pläne. »Einmal kommt der Tag der Heimkehr, und dann bauen wir uns unser Nest von neuem, aber mit dem Unterschied, dass darüber Tannen rauschen[125].«

Zeitgenössische Beobachtungen von Außenstehenden bestärken diesen Eindruck, den private Dokumente dem Historiker vermitteln. Aus dem amerikanischen Exil schrieb der Schriftsteller Alfred Döblin: »Die Zerstörung wirkt auf sie [die Deutschen] nicht deprimierend, sondern als intensiver Reiz zur Arbeit.« Döblin war überzeugt, »wenn sie die Mittel hätten, die ihnen fehlen, sie würden morgen jubeln, nur jubeln, dass man ihre alten, überalterten, schlecht angelegten Ortschaften niedergelegt hat und ihnen Gelegenheit gab, nun etwas Erstklassiges, ganz Zeitgemäßes hinzustellen[126].« Döblin lag nicht falsch. Diese verblüffende, weil positive Deutung des Bombenkriegs fand sich wenige Jahre später in der Tat etwa in den Stadtgeschichten, welche die Entwicklung von der Kriegs- in die Nachkriegszeit als eine lokalgeschichtliche *success story* beschrieben.

Reagierte die Mehrheit der Deutschen mit einem Gefühl zwischen Freude und Gleichgültigkeit auf das Ende des NS-Regimes, brach, *fünftens*, vor allem für des-

---

124 Vgl. Barnouw, Ansichten von Deutschland (1945), S. 21–53; Brink, Ikonen der Vernichtung.

125 BArch, MSg 200/1138: Schreiben Erich Albin an Sofie Albin, 249. P.O.W.-Camp, Carburton-Camp, GB, 16. Juni 1946.

126 Döblin, Südwestdeutschland, S. 188 f.

sen Anhänger im Wortsinn eine Welt zusammen. Ob Reichs- und Gauleiter, Kreis- und Ortsgruppenleiter: Die Funktionäre der NSDAP und ihrer angeschlossenen Verbände und Organisationen waren plötzlich ohne Amt und Würden. Doch auch jüngere Menschen, die im Dritten Reich sozialisiert worden waren, reagierten auf die Kapitulation mit Wut und Enttäuschung. Manche sahen sich getäuscht, andere sahen Gegenwart und Zukunft weiterhin durch die Brille der NS-Propaganda oder zumindest eines Nationalismus, der für die Kapitulation der Wehrmacht nur *ein* Deutungsangebot kannte: die nationale Schmach. Auch für ältere, nationalkonservative Soldaten bot sich diese Sichtweise an.

Was in diesen Köpfen vorging, zeigt der Eintrag des etwa 40-jährigen Walter Rochlitz in seinem privaten Kriegstagebuch für den 7. und 8. Mai. Das Wesentliche der Unterzeichnung der Kapitulationsurkunde war für ihn weder das Ende militärischer Gewalt noch das Ende eines Terrorregimes, sondern das »Finis Germaniae!« Die dicken schwarzen Linien, mit denen zweimal unterstrichen wurde, lassen die Empörung noch heute ins Auge springen. »Die Kapitulation war *bedingungslos*, stellte also die *größte Schmach* u. *Unterwerfung in der deutschen Geschichte* dar.« Mit der Klage über den Verlust nationaler Größe verband sich die bittere Rede vom Ende der »ruhmvollen u. traditionsreichen deutschen Wehrmacht. Wahrlich ein bitteres Ende und Schicksal!« Der Nationalismus, der während des NS-Regimes eine Teilidentität der Interessen hergestellt und vor allem die Nationalkonservativen an Hitlers Seite gebracht hatte, eignete sich spätestens im Moment des Kriegsendes bestens dazu, zum Nationalsozialismus auf Distanz zu gehen. Nicht weil sie einen verbrecherischen Krieg nach innen und außen geführt hatten, standen die NS-Funktionäre nun am Pranger, sondern weil sie das deutsche Vaterland fremden Mächten ausgeliefert hatten. Schuld waren Hitler, Goebbels, Himmler »und Konsorten«. Die nationale Sicht auf das Kriegsende prägte aber auch den Blick nach vorn und stellte die bange Frage in den Raum, ob Deutschland »auf Jahrhunderte geknechtet« und sich von diesem »Sturz« je erholen werde[127].

Angesichts der kollektiven Erfahrungschancen der deutschen Soldaten und der Zivilbevölkerung zwischen 1939 und 1945 und ihres Wissens um den verbrecherischen Charakter des Krieges werden die Reaktionen auf das Kriegsende verständlich. Ein veritables Gefühl der Befreiung empfanden die Opfer des Regimes; die meisten »Volksgenossen« reagierten eher verhalten oder mit einer Gleichgültigkeit, die bereits von neuer Unsicherheit und Sorge überschattet wurde. Während die einen im Niedergang ihren Aufbauwillen herausstrichen, brach für die ehemaligen Chargen des Regimes die Welt auch im übertragenen Sinne zusammen. Enttäuschung, aber auch die Angst vor der Rache ihrer Opfer ließ sie zur Pistole oder Giftampulle greifen. Nichts verdeutlicht das mit erschreckender Klarheit besser als die Selbstmordwelle im Frühjahr 1945[128].

Das Ende des Krieges hatte sich hinausgezögert, weil die Deutschen es gefürchtet hatten. Die Angst vor Rache, die Apathie der Gewöhnung und die psy-

---

[127] BArch, MSg 2/2365, Bd 4: 2. Weltkrieg (1939–1945), 3. Teil, Verfasser: Dr. Walter Rochlitz. Kursiv i.O. unterstrichen.

[128] Vgl. breit angelegt: Christian Goeschel, Selbstmord im Dritten Reich.

chische Notwendigkeit, an einem »fanatischen Glauben« an den Sieg festzuhalten: diese Zutaten machten die Kampfmoral aus[129]. Spätestens 1943 war der Krieg für Deutschland verloren, fast zwei weitere Jahre dauerte es noch bis zur Kapitulation. Goebbels suchte daraus Kapital zu schlagen und heizte die Angst durch Gräuelberichte an, die den Feind im Osten, aber auch im Westen als eine Schreckensgestalt darstellen sollten[130]. Der Krieg als Vernichtungskrieg war der Kitt, der das Regime und die »Volksgenossen« aneinander band. Die Beispiele aus Tagebüchern und Feldpostbriefen, die sich um Einzelbeispiele aus der Memoirenliteratur und von Abhörprotokollen ergänzen ließen[131], belegen einen Zusammenhang, der zu der von der jüngsten Forschung über das Dritte Reich herausgearbeiteten Reichweite der Kenntnis vom Holocaust passt[132]: Die Wahrnehmung des Krieges wurde auf deutscher Seite durch die Kenntnis seines verbrecherischen Charakters, insbesondere des durch ihn erst möglich gewordenen Massenmordes an der jüdischen Zivilbevölkerung in einer Weise geprägt, die seine zeitnahe Beendigung durch Verweigerung hintertrieb – was wiederum die Tötungsmaschinerie auf Hochtouren weiterlaufen ließ und noch wenige Wochen vor Schluss zu den »Kriegsendphasen-Verbrechen« führte. Zugespitzt: Weil das Regime die »Volksgenossen« zu Komplizen machte, fand der Krieg auch nach der militärischen Wende noch lange kein Ende. Millionen Menschen mussten sterben, weil Millionen Deutsche aus gutem Grund Angst hatten, dass der Frieden schlimmer sein würde als der Krieg – zumindest für sie. Dem Kriegsende stand die Angst vor der »Katastrophe« entgegen. Wie sich der (bisherige) Krieg in den Augen der Deutschen rückblickend darstellte, hatte daher bereits lange vor Kriegsende eine handlungsleitende Funktion. Krieg und Nationalsozialismus mögen in der späteren, apologetischen Deutung zwei Paar Schuhe gewesen sein; den meisten Zeitgenossen stand die Verquickung des von der Wehrmacht geführten Krieges mit dem nationalsozialistischen Regime und seinen Verbrechen vor Augen, auch wenn die Reaktionen unterschiedlich ausfielen. Die oben erwähnte Angst vor Verfolgung und Vergeltung wirkte in in der Nachkriegszeit in einer diffusen Form fort. Wer konnte sich schon sicher sein, nicht eines Tages doch zur Rechenschaft gezogen zu werden[133]? Auf diese Bewusstseinsprägung stieß die Entmilitarisierungspolitik der Alliierten.

---

129 Vgl. auch ebd., 15.12.1944.

130 Ebd., 28.3.1945.

131 Nur ein Beispiel: Felix von Eckardt, lange Adenauers Regierungssprecher, hielt in seinen Erinnerungen fest, dass ihm das Verhalten der Wehrmacht-Generale, die auch im Endstadium des Krieges Hitlers Befehlen folgten, »stets ein Rätsel geblieben« sei. Eckardt, der im Dritten Reich Drehbücher für Kriminalfilme, aber auch Propagandafilme geschrieben hatte, räumte ein, dass er »vieles, ja das Entsetzliche gewußt [habe], was von Gestapo und SD in Deutschland und in den besetzten Gebieten getrieben wurde«, er sich jedoch stets, wenn die Rede darauf kam, in einen »verachtenden Zynismus« geflüchtet habe. Eckart, Ein unordentliches Leben, S. 110, 108.

132 Die zentrale Rolle des Holocaust betonen jüngst, trotz unterschiedlicher Ansätze: Fritzsche, Life and Death in the Third Reich; Evans, The Third Reich at War; Kershaw, Hitler, the Germans, and the Final Solution; vgl. auch Das Deutsche Reich und der Zweite Weltkrieg, Bd 9; Bankier, The Germans and the Final Solution. Den radikalen Wandel der Interpretation zeigt der Vergleich mit einer der frühesten Darstellungen der NS-Diktatur. Karl-Dietrich Bracher (Die deutsche Diktatur), widmete dem Thema nur rund ein Dutzend Seiten.

133 Goltermann, Die Gesellschaft der Überlebenden, S. 61–76. Vgl. auch Goltermann, Kriegsheimkehrer.

2. Der Krieg als Verbrechen?

Die Unterscheidung zwischen den synchronen, im Krieg wirkenden Faktoren und den diachronen Faktoren der Kriegsfolgen (Koselleck) leitet über zu einer kategorial anderen Konfrontation der Deutschen mit Krieg und Militär durch kollektive Repräsentationen. Kriegserinnerung ist nicht statisch, sondern hängt von den Kriegsfolgen ab, die sie überformen können. Das meiste gerät in Vergessenheit, vieles wird verherrlicht, manches bleibt präsent, als wäre es eben erst geschehen, anderes wird verdrängt. Die Folgen des Krieges beeinflussen die Erinnerung an ihn. Dabei gilt, was eingangs über die synchronen Faktoren des Bewusstseins während des Krieges gesagt wurde. Der Erfahrungsraum des Krieges wird neu strukturiert durch neue Sprachinhalte, Ideologien, Werte. »Die Faktoren der Bewusstseinsbildungen [...] stammen zur gleichen Zeit aus der Vergangenheit des Krieges selber und aus den Folgen dieses Krieges, die das Bewusstsein weiterhin verändern[134].« Dabei ist die Frage, ob man zu den Siegern oder Besiegten gehört, eine »harte Alternative«, die das Bewusstsein des Krieges ganz unterschiedlich kanalisiert. Zu den unmittelbaren Kriegsfolgen, welche die Kriegserinnerung nachhaltig überformen, gehört zudem die innen- und außenpolitische Konstellation. Was die Oktober-Revolution für die Zeit nach 1918, war der Ost-West-Gegensatz für die Jahrzehnte nach 1945. Der Kalte Krieg, die Teilung Deutschlands, die Wiederbewaffnung und Integration Westdeutschlands in die NATO bildeten neue Sinnzusammenhänge, in denen die »Primärerfahrungen« des Zweiten Weltkrieges neu justiert wurden.

Die Transformation der politischen und gesellschaftlichen Ordnung von der Diktatur zur Demokratie soll hier als ein bedeutsamer synchroner Faktor untersucht werden, der auf den Wertewandel wirkte und den ursprünglichen Erfahrungsgehalt des Krieges überlagerte. Vor dem Erfahrungshintergrund des Nachkriegs wurde die Neuordnung der westdeutschen Gesellschaft im Hinblick auf die Einstellung gegenüber Krieg und Militär zunächst durch die Entmilitarisierungspolitik der Alliierten, insonderheit der US-Amerikaner, unter den Bedingungen einer neuen Öffentlichkeit vorangetrieben. Im Unterschied zur Monopolisierung der öffentlichen Meinung durch das NS-Regime sorgten die westlichen Alliierten umgehend für ein mediales Forum nach westlichem Muster, auf dem Nachrichten verbreitet, Meinungen ausgetauscht und Standpunkte verhandelt werden konnten – wenngleich zunächst unter alliiertem Vorbehalt. Schließlich sollten nicht irgendwelche Leitbilder, erst recht nicht die des Nationalsozialismus vermittelt werden, sondern demokratische Wertvorstellungen. Die Geschichtsforschung hat den Schwerpunkt in diesem Kontext zumeist auf die »Entnazifizierung« gelegt. In der Programmatik der westlichen Alliierten ging diese jedoch regelmäßig zusammen mit der bislang weit weniger berücksichtigten »Entmilitarisierung«, die dem Militärischen in der demokratischen Staats- und Gesellschaftsordnung und den Köpfen ihrer Bürger einen neuen Platz zuweisen sollte.

Erste Eindrücke von der Schwierigkeit des normativen Ablösungsprozesses konnten die Besatzungsmächte zunächst in der Parallelwelt ihrer Kriegsgefangenenlager

---

[134] Koselleck, Der Einfluß der beiden Weltkriege, S. 332.

bekommen, wo Hunderttausenden deutscher Kriegsgefangenen schon früh eine andere Sicht des Krieges vermittelt werden sollte, bevor sie nach Kriegsende mit teils geänderten Vorstellungen in ihre Heimat zurückkehrten. Insofern lohnt vorab ein Seitenblick auf das Spannungsfeld von alten und neuen Werten in den Lagergesellschaften der USA, zumal dieser Aspekt in der Geschichtsforschung zur deutschen Nachkriegszeit, die den Besatzungszonen gilt, meistens ausgeblendet wird. In Deutschland lag der Schwerpunkt dann in der justiziellen Aufarbeitung und ihren Folgen. Gerichtsverfahren, Verurteilungen, Haftstrafen und Entlassungsforderungen: Diese Stichwörter signalisieren den Kontext, in dem über den Krieg und seine Soldaten in der Medienöffentlichkeit des ersten Nachkriegsjahrzehnts unter wechselnden Vorzeichen gestritten wurde. Diese Öffentlichkeit muss deshalb vorher ebenfalls erläutert werden, bevor die in ihr und durch sie verhandelten kollektiven Repräsentationen im juristischen Kontext untersucht werden können.

a) Nachkriegszeit als Erfahrungshintergrund

Wenn John J. Maginnis, ein in Berlin eingesetzter amerikanischer Civil Affairs Officer, aus der ehemaligen Reichshauptstadt ins westliche Ausland fuhr, fühlte er sich geblendet, als käme er aus dem Dunkel ins grelle Sonnenlicht. All die für selbstverständlich gehaltenen Grundelemente des zivilen Lebens, die in Berlin fehlten, so erinnerte sich Maginnis im Hinblick auf eine Reise nach Belgien, waren plötzlich wieder da: intakte Gebäude, gut sortierte Geschäfte, angemessen gekleidete Leute, Musik, die aus dem Straßencafé schallte, hell erleuchtete Straßen – »the warm atmosphere of normal living where everything was in order and in its place[135].« In diesem Kontrast wurde das Bild der Zerstörung, das sich in den Besatzungszonen bot, besonders deutlich. Nach den teils chaotischen Verhältnissen in der Phase der Besetzung 1945[136] verschärften mittel- und längerfristig die zunächst schwierigen wirtschaftlichen Verhältnisse die Alltagsnot ebenso wie die beispiellosen demografischen Verwerfungen aufgrund von Flucht und Vertreibung der Deutschen auf der einen und der sukzessiven Rückkehr der Wehrmachtsoldaten aus der Kriegsgefangenschaft auf der anderen Seite. Zwar ist die Szenerie mittlerweile gut bekannt, gleichwohl muss man sich die Lebenslage der Menschen in den ersten Nachkriegsjahren als Erfahrungshintergrund für die kollektiven Repräsentationen von Krieg und Militär noch einmal kurz in Erinnerung rufen[137].

---

135 Maginnis, Military Government Journal, S. 308. Zum Einsatz der Civil Affairs Officers und Magginis vgl. Henke, Die amerikanische Besetzung Deutschlands, S. 235–237.

136 Vgl. nur zur Situation in der französischen Besatzungszone – zum Fehlverhalten der eigenen Truppe, der Lage der entlassenen Kriegsgefangenen und Deportierten – die wöchentlichen Berichte der einzelnen Détachements der Militärregierung aus dem ersten Halbjahr 1945 in: Archives de l'Occupation française en Allemagne et en Autriche, AAA, série: Bade 1102, Commissariat pour le Land Bade 1–102.

137 Vgl. als Überblick mit weiterführender Literatur: Echternkamp, Nach dem Krieg. Danach das Folgende.

Zerstörungen, Verluste und Alltagsnot

Da sind zuerst die menschlichen Verluste, die toten oder vermissten Angehörigen, Freunde, Nachbarn. Ungefähr 55 Millionen Menschen waren durch Kriegseinwirkung weltweit ums Leben gekommen. Eine Million Menschen galt als vermisst, zählte praktisch zu den Toten. Für den deutschen Fall steht die Zahl der militärischen Verluste mittlerweile recht verlässlich fest: 5,3 Millionen Wehrmachtsoldaten starben im Krieg. Aufschlussreich ist es, sich den Verlauf der Verluste der Wehrmacht anzuschauen. Aufschlussreich deshalb, weil einem hier die Folgen der Radikalisierung des Krieges ins Auge springen. Die Zahlen lauten für 1939/40: 88 353; 1930/41: 160 171; 1941/42: 485 000; 1942/43: 464 524; 1943/44: 573 238; bis 30.11.1944: 139 713. Im selben Zeitraum stieg die Zahl der Vermissten und Kriegsgefangenen von 5420 im ersten Kriegsjahr auf 974 249 in den Jahren 1943/44. Allein im Januar 1945 starben 450 000 deutsche Soldaten. Setzt man die Zahl der Toten mit der Bevölkerungszahl des jeweiligen Landes ins Verhältnis, wird deutlich, wer besonders stark betroffen war. So verlor Deutschland 8 Prozent seiner Einwohner, die UdSSR 10 Prozent (20 Mio.), Jugoslawien 10 Prozent (1 600 000), Polen 14 Prozent (5 800 000); deutlich niedriger liegen die Anteile zum Beispiel im Fall Japan mit 2 Prozent, (535 000), Frankreich mit 1,5 Prozent (535 000) und USA mit 0,2 Prozent (300 000). Vergleicht man die Zahlen mit denen des Ersten Weltkrieges (13 Mio. Tote), fällt nicht nur der Anstieg in absoluten Zahlen auf, sondern auch eine Verschiebung hin zu den zivilen Verlusten. Im totalen Krieg zwischen 1939 und 1945 starben erstmals mehr Zivilisten als Soldaten: in den Konzentrations- und Vernichtungslagern der Nationalsozialisten, in den sowjetischen Arbeits- und Internierungslagern, durch die Bombardierungen der Städte, durch Flucht und Vertreibung. In den Westzonen bzw. der Bundesrepublik Deutschland lebten 4 Millionen Verwundete, 1,4 Millionen Kriegswaisen und mehr als eine Million Kriegerwitwen. Zahllose Kinder wuchsen in einem »Haus ohne Hüter« (Heinrich Böll) auf, weil der Vater gefallen war, vermisst wurde oder sich in Kriegsgefangenschaft befand. Die nagende Ungewissheit, ob und wann der Vater und Ehemann zurückkehren würde, gehörte auf Jahre zum Gefühlshaushalt der zerrissenen Familien[138].

Rund 12,5 Millionen Flüchtlinge und Vertriebene aus den ehemaligen deutschen Ostgebieten konkurrierten mit den evakuierten »Ausgebombten« und den zurückkehrenden Wehrmachtsoldaten um Lebensmittel und Wohnraum, während wiederum Millionen *Displaced Persons*, befreite Zwangsarbeiter zumeist, auf dem Weg in die Heimat waren oder zwangsrepatriiert wurden. Die Flüchtlinge und Vertriebenen lebten viele Jahre lang in der Überzeugung des Übergangs. Das Behelfsquartier im Westen hielten die meisten zunächst für eine vorläufige Bleibe, hofften sie doch, über kurz oder lang in die Heimat zurückkehren zu können[139].

Mit Händen zu greifen waren die materiellen Schäden. Insbesondere die größeren und mittelgroßen Städte, die das Ziel der Bombardements gewesen waren, boten mit den zerstörten Wohngebäuden, Industrieanlagen, Straßen und Brücken ein Bild

[138] Vgl. Gregor, »Is he still alive, or long since dead?«.
[139] Vgl. nur Kossert, Kalte Heimat; Holian, Displaced Persons.

der Verwüstung. Aber nicht nur die Luftangriffe, sondern auch die Straßenkämpfe und Maßnahmen der Selbstzerstörung durch Hitlers »Taktik der verbrannten Erde« sind zu den Kriegszerstörungen zu rechnen. Einige Eckdaten des Alltagslebens verdeutlichen das Ausmaß der Zerstörung, der Wohnungsnot und der schwierigen Versorgungslage. Der tägliche Kampf um das »nackte Überleben« wurde durch den Mangel an Wohnraum verschärft, der in zweifacher Hinsicht eine Folge des Krieges war. Zum einen stand im Vergleich zur Vorkriegszeit erheblich weniger Wohnraum zur Verfügung. Zum anderen stieg die Nachfrage in den Zonen des verkleinerten Deutschlands durch Flüchtlinge und Vertriebene drastisch an, wenngleich zahlreiche Flüchtlinge wegen der Zerstörung in den Städten in ländliche, industriearme Gebiete geleitet wurden. 20 bis 30 Prozent des gesamten Wohnungsbestandes der Westzonen waren durch Kriegseinwirkung verloren gegangen. Etwa 2,25 Millionen Wohnungen lagen gänzlich in Schutt und Asche, rund 2,5 Millionen Wohnungen waren beschädigt[140]. Insgesamt hatten 131 Städte durch Luftangriffe Schaden genommen; am häufigsten traf es die »Reichshauptstadt« Berlin (29 mal), Braunschweig (21), Ludwigshafen und Mannheim (19), Kiel, Köln, Frankfurt am Main (18) sowie Hamburg und Münster (16). Auch einzelne Bombenangriffe richteten größten Schaden an. Bei dem Angriff auf das mit Flüchtlingen überfüllte Dresden am 13. Februar 1945 starben bis zu 25 000 Menschen[141]. Zu den am meisten zerstörten Großstädten gehörten Köln mit 70 Prozent Wohnungsverlust, Dortmund (65,8 %), Duisburg (64,8 %), Kassel (63,9 %), Kiel (58,1 %), Ludwigshafen (55 %), Hamburg (53,5 %), Bochum und Braunschweig (je 51,9 %), Bremen und Hannover (51,6 %)[142]. Schon vor Kriegsbeginn hatten rund eine Million Wohnungen gefehlt, was die Bauindustrie im Krieg nicht wettmachen konnte, weil die Produktion von Rüstungsgütern den Vorrang hatte. In der unmittelbaren Nachkriegszeit mussten viele Menschen in Kellern, Bunkern oder Notwohnungen leben. Die Bekämpfung der Wohnungsnot gehörte deshalb zu den vordringlichsten sozialpolitischen Zielen. Die vorhandenen Wohnungen waren ein rares Gut, dessen Verteilung reglementiert wurde. Die Wohnungsämter sollten sich gemäß dem Gesetz Nr. 18 des Alliierten Kontrollrats vom 8. März 1946 um die »Erhaltung, Vermehrung, Sichtung, Verteilung und Ausnutzung des vorhandenen Wohnraums« kümmern. Bestimmte Personengruppen wie die Opfer des Nationalsozialismus, Flüchtlinge und Vertriebene mussten eine Unterbringung erhalten; dagegen mussten andere, die aufgrund ihrer Position in Staat und Partei während der NS-Zeit besonders belastet waren, anfangs ihre Wohnungen räumen.

In der Industrie betrugen die Kriegszerstörungen etwa 20 Prozent; ebenfalls rund 20 Prozent der Bauten und des Inventars im Gewerbe, 20 bis 30 Prozent der Wohnungen und des Hausrats sowie 40 Prozent der Verkehrsanlagen waren zerstört. Die Leistung in der Industrie lag 1946 etwa 30 Prozent unter dem Stand von

---

140 Dokumente deutscher Kriegsschäden, Bd II/2, S. 11–14; vgl. Diefendorf, In the Wake of War, und Rosenfeld, Munich and Memory.

141 Die Zerstörung Dresdens 13. bis 15. Februar 1945.

142 Dokumente deutscher Kriegsschäden, Bd I, S. 51–55 (Wohnungsverluste), S. 56–62 (Luftkriegstote).

1939, in der Landwirtschaft betrug die Leistungsminderung 10 Prozent. Zudem gingen Auslandsguthaben und Patente im Wert von 12 bzw. 12,5 Mrd. Reichsmark verloren. Gleichwohl übertraf das reale Bruttoanlagevermögen 1945 den Stand von 1936 noch um 20 Prozent. Bis 1950 gingen in den Westzonen 3–5 Prozent der Kapazitäten (668 industrielle Anlagen) verloren[143].

Die Sorge, satt zu werden, bestimmte das Alltagsbewusstsein der meisten Menschen – nicht nur in Deutschland – vor allem in den ersten drei Nachkriegsjahren. Verbittert mussten die Menschen vor der ersten Friedensweihnacht feststellen: »Läuft man in den Trümmern der Stadt herum, findet man fast nirgends einen Laden, und hat man einen gefunden, ist nichts drin[144].« Die zweite Hälfte der vierziger Jahre war eine Zeit allgemeiner Not, in der das Phänomen »Armut« nicht nur eine kleine Unterschicht, sondern die Masse der Bevölkerung betraf. Jahrelang ging es für sie tagein, tagaus zuallererst um das Überleben. Im Nachkriegsdeutschland waren – wie in vielen anderen vom Krieg zerstörten Ländern – die Aussichten auf eine wirtschaftliche Erholung zunächst düster, und der Wiederaufbau verlief nicht so rasch, wie es die auf das spätere »Wirtschaftswunder« fokussierten Erfolgsgeschichten im Rückblick scheinen lassen mögen. Die materielle, personelle und ideelle Zerstörung traf die Menschen aufgrund der klimatischen Verhältnisse mit umso größerer Wucht. Nicht nur, dass ein trockener, heißer Sommer 1946 die Ernte noch geringer hatte ausfallen lassen, als ohnehin zu erwarten war. Vielmehr erlebten die Menschen in Europa von November 1946 bis März 1947 einen der kältesten Winter des 20. Jahrhunderts, mit Temperaturen unter Null Grad bereits im November, mehreren Frostwellen und neuen Minusrekorden im Januar. Intensität und Dauer dieses ersten Nachkriegswinters ließen ihn als »Hungerwinter« in die Geschichte eingehen. Vor allem in den zerstörten Großstädten litten die ohnehin oft ausgezehrten Menschen und kämpften mit dem Hunger; mehrere Hunderttausend, lautet die Schätzung, verloren nach Kriegsende durch die grimmige Kälte und den Mangel an Nahrungsmitteln ihr Leben[145].

In der Landwirtschaft mangelte es an Arbeitskräften, die Infrastruktur war wegen der Zerstörung des Verkehrsnetzes, zugefrorener Wasserwege und der Demontage der heil gebliebenen Maschinen unzureichend, Treibstoffmangel lähmte den Zugverkehr und ließ Industrieanlagen stillstehen. Durch die neuen Grenzen wurden ehemalige Lieferwege unterbrochen. Vor allem machte sich der Ausfall der Getreideeinfuhr aus den Ostgebieten bemerkbar, insbesondere in den industrialisierten Regionen. Die Einteilung des Landes in Besatzungszonen erschwerte die Lebensmittelversorgung zusätzlich. Zwischen Ost und West, aber auch beispielsweise zwischen der Britischen

---

143 Plato/Leh, Ein unglaublicher Frühling, S. 35; Karlsch, Allein bezahlt?, S. 290; Baar, Kriegsfolgen und Kriegslasten Deutschlands, S. 50.

144 Spitta, Neuanfang auf Trümmern, S. 287 (12.12.1945). Vgl. auch Deutscher, Reportagen; Dorn, Inspektionsreisen in der US-Zone.

145 Vgl. Trittel, Hunger und Politik; Gries, Die Rationen-Gesellschaft; Häusser/Maugg, Hungerwinter. Der Band ist das Begleitbuch zu einem 90-minütigen »Dokudrama« der ARD, das im Winter 2009/10 zur besten Sendezeit ausgestrahlt wurde und beispielhaft zeigt, wie die Medien auf den Bedarf des Publikums reagieren, sich mit dem eigenen Leiden in Kriegs- und Nachkriegszeit zu befassen. Dazu werden, wie in dem Format üblich, Interviews mit »Zeitzeugen« gezeigt.

und der Französischen Besatzungszone lief der Austausch nur stockend. Die Millionen Flüchtlinge verschärften die Situation. Der Kölner Erzbischof Joseph Kardinal Frings rechtfertigte in seiner Silvesterpredigt 1946/47 das »Organisieren« des Nötigsten: »Fringsen« ging als Synonym für das nicht ganz legale Beschaffen von Lebensmitteln und Kohle in die deutsche Sprache ein. Schwarzmarktgeschäfte und »Hamsterfahrten« zählten zu den eigentümlichen Erfahrungen der frühen Nachkriegsgesellschaft. Vor allem die Bevölkerung der großen Städte und Industrieregionen war darauf angewiesen, übriggebliebene Gegenstände aus dem Familienbesitz oder Selbstgemachtes gegen Lebensmittel oder Tabak zu tauschen[146].

Zwar endete die Kälteperiode im April 1947. Doch die Versorgungslage stabilisierte sich erst im Sommer 1948 mit der Durchführung der Währungsreform. Zunächst konnten pro Kopf 40 D-Mark gegen Reichsmark umgetauscht werden; Löhne, Gehälter und Mieten wurden 1:1, Sparguthaben 10:1 umgewertet. Preisbindung und Bewirtschaftung entfielen, der Schwarzmarkt gehörte nun der Vergangenheit an und *Lucky Strikes* hatten als Ersatzwährung ausgedient. Der Nachkriegshunger unterminierte das Vertrauen in die Versprechen der Alliierten, durch ihre Politik und ihr Versorgungssystem die Existenz der Deutschen zu gewährleisten. Enttäuschung und Misstrauen konnte schnell in grundsätzliche Skepsis und Ablehnung der »neuen Ordnung« umschlagen. Was nützte die Freiheit der Demokratie, wenn schon die Ernährung keine Wahl ließ?

Für die Zeitgenossen waren die ersten Nachkriegsjahre, soviel kann festgehalten werden, in besonders hohem Maße eine Phase des Übergangs in eine kaum kalkulierbare Zukunft – geprägt von einer nervenaufreibenden Alltagsnot, dem Wechsel von Hoffnung und Enttäuschung sowie der anhaltenden Desorientierung und der (drohenden) sozialen Deklassierung.

Strukturwandel der Öffentlichkeit

Für die Selbstverständigung der neuen westdeutschen Gesellschaft schufen die Medien die wesentlichen Voraussetzungen. Wie entwickelten sie sich und welche politisch-gesellschaftliche Rolle spielten sie zum einen in der Besatzungszeit, zum anderen in den ersten Jahren der Bundesrepublik? Besatzungspolitik bedeutete nicht zuletzt: Informationspolitik. Was die Medien anging, verfolgten die westlichen Militärregierungen klare Ziele. Erstens wollten sie die überkommenen Strukturen der NS-Propaganda zerstören, zweitens die Journalisten und Verleger entnazifizieren und drittens den Journalismus dem westlichen Presse-Modell anpassen. Seit Mitte 1944 hatte eine britisch-amerikanische Expertengruppe die »Instructions for German Press« erarbeitet, die als ersten Schritt, ab dem 24. November 1944, das Verbot des deutschen Informations- und Unterhaltungswesens und als zweiten die Herausgabe alliierter Militärzeitschriften vorsah. Das Gesetz Nr. 191 des Obersten Befehlshabers der alliierten Truppen setzte das nationalsozialistische Presserecht außer Kraft, erteilte allen Verlegern Berufsverbot und machte die Berufstätigkeit der Journalisten von ihrer Entnazifizierung abhängig. Die erste Tageszeitung, die von

146 Vgl. nur für Berlin: Zierenberg, Von Schiebern und Schwarzen Märkten.

einer Militärregierung herausgegeben wurde, war die *Tägliche Rundschau*, die am 15. Mai 1945 in der Sowjetischen Besatzungszone (SBZ) erschien. Ab Oktober gaben die amerikanische Militärregierung (OMGUS) die *Neue Zeitung* heraus, die sich im Untertitel als »Eine amerikanische Zeitung für Deutschland« präsentierte. Sie entpuppte sich als die erfolgreichste Zeitung der Alliierten, 1947 bereits mit einer Auflage von 1,2 Millionen, und erschien bis 1955. Die britische Militärregierung gab 1946 erstmals *Die Welt* heraus, ohne auf den offiziösen Charakter hinzuweisen; seit 1950 lag sie in deutscher Hand. In Deutsch und Französisch erschien die *Nouvelles de France*. Die Einführung der Lizenzzeitungen war die dritte Phase der anglo-amerikanischen Informationspolitik im besetzten Deutschland[147]. Allmählich etablierte sich die sogenannte Lizenzpresse. Wem wann eine Lizenz erteilt wurde, darüber entschied die jeweilige Militärregierung. Während die Lizenzierung in der SBZ auf die zugelassenen Parteien, Gewerkschaften und ähnliche Körperschaften beschränkt blieb, betraute OMGUS ausschließlich einzelne Personen mit der Herausgabe von Zeitungen, vorzugsweise mehrere unterschiedlicher politischer Couleur, um einer erneuten Parteipresse von vornherein entgegenzuwirken. Da zu den Lizenzträgern vor allem Journalisten und Redakteure zählen sollten, die sich im Dritten Reich nicht diskreditiert hatten, hatten die deutschen Herausgeber in Westdeutschland ein vergleichsweise hohes Durchschnittsalter (1947: 50). Der Vorreiter in der amerikanischen Zone war die seit dem 1. August 1945 erscheinende *Frankfurter Rundschau*. Es folgten *Der Tagesspiegel* (27. September 1945) und die *Süddeutsche Zeitung* (6. Oktober 1945); die *Neue Zeitung* erschien ab dem 18. Oktober 1945.

Die Pressepolitik der Westalliierten war ein Teil ihres Bemühens um die Demokratisierung der Deutschen und lief insofern auf eine Presselenkung hinaus. Mit der sorgfältigen Prüfung der Lizenzbewerber war es daher nicht getan. Vielmehr unterlagen alle Veröffentlichungen zunächst einer Vorzensur. In der Britischen, Amerikanischen und Französischen Besatzungszone wurde die Presse zudem umstrukturiert. Zum einen übernahm man spezifisch deutsche Traditionen wie das Feuilleton, die Glosse und das Organisationsprinzip des Ressortleiters, zum anderen wurden nach angelsächsischem Muster Nachricht und Kommentar deutlich getrennt, Informationsquellen genannt und Leserbrief-Ecken eingerichtet. Die Kontrollrats-Direktive Nr. 40 vom 12. Oktober 1946 hob die Vorzensur auf und erlaubte den freien Kommentar der deutschen und alliierten Politik. Auch wurden deutsche Nachrichtenagenturen in allen Zonen zugelassen. Zur Pressepolitik gehörte indes nicht nur die Kontrolle, sondern auch bereits seit 1946 die Ausbildung deutscher Journalisten; hier liegt die Keimzelle der Deutschen Journalistenschule in München.

Darüber hinaus schufen die Westalliierten gute Bedingungen für die Herausgabe politisch-kultureller Zeitschriften, in denen sich die Deutschen über ihre Ver-

---

147 Zur Pressepolitik vgl. Schuster, Presse; Frei, Amerikanische Lizenzpolitik; Frei, Die Presse; Hurwitz, Die Stunde Null der deutschen Presse; Koszyk, Pressepolitik für Deutsche. Vgl. autobiografisch: Habe, Im Jahre Null. Aus britischer Sicht: PRO, FO 371/46702.

gangenheit und ihre Zukunft verständigen sollten[148]. Die ersten Nachkriegsjahre sind die Blütezeit dieser Zeitschriften; 150 waren bis 1948 auf dem Markt. Die *Frankfurter Hefte, Der Ruf, Die Wandlung, Die Gegenwart* lauteten besonders bekannte Titel, deren Autoren das intellektuelle Leben der Nachkriegszeit wesentlich prägten.

Papiermangel, fehlende Druckkapazitäten und Transportprobleme schränkten die Wirkung der Lizenzpresse anfangs ein. Doch spätestes nach der Währungsreform war die deutsche Presse zu einer festen Größe geworden. Rund 400 Lizenzen für Zeitungen und Zeitschriften gab es in den vier Zonen. Bis zur Gründung der Bundesrepublik hatte sich eine bunte Presselandschaft entwickelt. Der Markt für Tageszeitungen war längst weitgehend gesättigt, als am 21. September 1949 die drei Hohen Kommissare mit dem Gesetz Nr. 5 die Lizenzpflicht in Westdeutschland aufhoben. Ein Vorbehalt bestand jetzt nur noch für den Fall, dass die Sicherheit von Angehörigen der Besatzungsmächte in Gefahr schien. Damit endete auch förmlich die Phase der »offiziellen Öffentlichkeiten«, die durch die »Säuberungen«, die Lizenzierung, das Erteilen und Verweigern von Druckgenehmigungen und die Papierzuteilung entstanden war[149].

War in den ersten zwei Nachkriegsjahren der vergleichsweise gründliche Neuanfang gelungen, kehrten spätestens 1947 die ehemaligen Medieneliten über persönliche Seilschaften und Netzwerke in die Redaktionsräume zurück, wo sie mit den neuen Kolleginnen und Kollegen über die Spielregeln der Alliierten stritten – eine Auseinandersetzung, die bis in die Mitte der fünfziger Jahre für Zündstoff sorgte. Ehemalige Soldaten beispielsweise holten ihre Kameraden nach. Vor allem aus der ehemaligen Propagandaabteilung des Auswärtigen Amtes (AA) fanden etliche den Weg in den Nachkriegsjournalismus. Der Leiter der Außenamts-Presseabteilung, Paul Carl Schmidt[150], publizierte unter dem Pseudonym Paul Carrell und P.C. Holm in unterschiedlichen Zeitungen, wo wiederum ehemalige Mitarbeiter des Auswärtigen Amtes als Redakteure beschäftigt waren. Nicht nur in *Christ und Welt* schrieben konservative Journalisten, auch *Die Zeit* war bis Mitte der fünfziger Jahre weit davon entfernt, eine liberale Wochenzeitung zu sein. Namentlich die *Frankfurter Allgemeine Zeitung* (FAZ) ging auf eine Fusion von Alt und Neu zurück: Die in Mainz lizenzierte *Allgemeine Zeitung* wandelte sich auf Betreiben von Journalisten der ehemaligen *Frankfurter Zeitung*, die bis 1943 erschienen war, am 1. November 1949 zur FAZ.

Fest verwurzelte kulturelle und professionelle Normen ließen sich nicht so einfach ersetzen, und auch in der Medienlandschaft bestand der Zwang, die nicht demokratisch geschulten Älteren in das neue politische System einzubinden. Die zeigten sich schon deshalb anpassungswillig und -fähig, weil sie die Erfahrung der Ausgrenzung unmittelbar nach Kriegsende sicher nicht noch einmal machen wollten. Nicht so sehr der Antikommunismus – wie es lange hieß –, sondern der Mangel an erfahre-

---

148 Laurien, Politisch-kulturelle Zeitschriften; vgl. auch den Ausstellungskatalog »Als der Krieg zu Ende war«.

149 Vgl. Peitsch, Nachkriegsliteratur, S. 51–61.

150 Benz, Paul Carell; Plöger, Von Ribbentrop zu Springer.

nen Journalisten wird den Prozess der Integration ehemaliger NS-Journalisten beschleunigt haben, nicht nur in den Zeitungen der belasteten Altverleger. Mancher Presseoffizier drückte ein Auge zu, zumal sowohl die britische als auch die französische Militärregierung pragmatischer vorgingen als die auf den besatzungspolitischen Prinzipien beharrende amerikanische. Bekannte Nationalsozialisten wie Hans Fritzsche, Otto Dietrich und Wilhelm Weiß fanden allerdings keinen Platz mehr in der neuen Medienlandschaft, und die von den Alliierten bestallten Chefredakteure und Herausgeber übten auch in der Bundesrepublik weiterhin Einfluss aus[151].

Insofern spricht die neuere Medienforschung nicht mehr von einer »Stunde Null« des Journalismus in den Besatzungsjahren. Gleichwohl gelang es den Westalliierten nach Kriegsende, mit den Lizenzzeitungen, dem unabhängigen Rundfunk und den neuen Nachrichtenagenturen[152] dauerhafte institutionelle Veränderungen herbeizuführen. Durch Schulungskurse und Austauschprogramme der Amerikaner ausgebildet, orientierten sich die nach 1945 eingesetzten jüngeren Journalisten an den Werten der westlichen Medienwelt. Zugleich machte die mit der Rückkehr der Älteren verbundene konservative Orientierung der Medien es dem nationalkonservativen Bürgertum in den fünfziger Jahren leichter, sich mit der alt-neuen Presse in der Demokratie anzufreunden.

Erst jüngst wurde die politische Öffentlichkeit der Bundesrepublik erstmals umfassend, empirisch und in diesem Forschungszusammenhang untersucht. Dabei erscheinen die ersten Nachkriegsjahre als »Ära der eingehegten Kritik«[153]. Im Gründungsjahrzehnt der Bundesrepublik waren die meisten Journalisten und Verleger auf Konsens, nicht Konflikt aus. Die Medien mit Millionenpublikum hielten sich bereitwillig von allem Politischen fern, sieht man von affirmativen Politikerporträts einmal ab. Politische Kolumnen, Kommentare, Magazine gab es bis Mitte der fünfziger Jahre so gut wie gar nicht. Die meisten Printmedien erscheinen im Rückblick eher bieder, provinziell und hausbacken. Auch die im Kino gezeigte »Wochenschau« enthielt sich jeder Kritik an der Politik[154]. Auflagenstarke Illustrierte wie *Stern, Quick*[155], *Revue*, vor allem die *Hör zu!* gaben sich als Blätter für die ganze Familie; sorgfältig arrangierte Fortsetzungsromane trafen den Kundengeschmack und fesselten ein großes Publikum. Die äußere Aufmachung erinnerte nicht zufällig an die Printmedien der dreißiger Jahre: Ältere Journalisten und Verleger griffen gerne auf Gestaltungsmuster der Vorkriegszeit zurück und sorgten so auch viusell für Kontinuität.

---

151 Vgl. auch zum Folgenden Hodenberg, Konsens und Krise; Köpf, Schreiben nach jeder Richtung.

152 Die Agentur in der Amerikanischen Besatzungszone, die Deutsche Allgemeine Nachrichtenagentur (DANA), dann die Deutsche Nachrichtenagentur (DENA), ging zusammen mit dem Deutschen Pressedienst (dpd) der Britischen Besatzungszone und der Süddeutschen Nachrichtenagentur (Südena) in der am 18. August 1949 gegründeten Deutschen Presse-Agentur (dpa) auf. Der sozialdemokratische Journalist Fritz Sänger war Geschäftsführer (bis 1955) und Chefredakteur (bis 1959).

153 Hodenberg, Konsens und Krise.

154 Vgl. Schwarz, Wochenschau.

155 Vgl. Holzer, Die aktuelle Illustrierte Quick.

Hinter dem vermeintlich politikfernen Ideal der Harmonie, das nicht zuletzt der Axel-Springer-Verlag zu vermitteln suchte, standen freilich die älteren politischen Vorstellungen eines autoritären Staats- und Politikverständnisses. Dessen Kern bildete die Auffassung, dass es ein für alle Bürger geltendes Allgemeinwohl gebe und dass dieses am besten durch ihr gemeinsames, nationales Bemühen nach den Vorgaben der Regierungspolitik erreicht werde – eine Haltung, die zum patriarchalischen Politikstil der Adenauer-Regierung bestens passte. Beides traf zudem den Geschmack des Publikums, das bei der unterhaltsamen Lektüre in den Illustrierten nicht auf die unschöne NS-Zeit gestoßen werden wollte. Wo die Presse dennoch auf die jüngste Vergangenheit zu sprechen kam, hagelte es zumeist Protest in der Leserbriefecke[156]. Eine Ausnahme bildete, wie sich zeigen wird, die selektive Darstellung des Krieges. Heldenhafte Landser, leidende Kriegsgefangene, mysteriöse Sonderkommandos: Mit diesen reißerischen Themen stillten die kommerziell ausgerichteten Illustrierten den Bedarf nach rückwirkender Anerkennung von Leiden und Leistung. Für die große Mehrheit, geschätzte vier Fünftel, kann von einem »Konsensjournalismus«[157] gesprochen werden. Die meisten Journalisten zeigten sich bereit, Einschränkungen der Pressefreiheit hinzunehmen oder Selbstzensur zu üben, wenn es um eine vermeintlich übergeordnete Sache ging. Am älteren Leitbild des Meinungsjournalismus orientiert, dem es in erster Linie um die unterhaltende Vermittlung von Gesinnung, weniger um Recherche und Informationen ging, suchten Journalisten den persönlichen Kontakt zu Regierung und Parteien, die ihrerseits enge Kommunikationsnetze flochten, um loyale Journalisten an sich zu binden – sehr zum Missfallen der Alliierten, die wohl beobachten, wie ihre Modernisierungsbemühungen zum Teil verpufften.

Eine Ausnahme in der Presselandschaft der frühen Bundesrepublik stellte *Der Spiegel* dar. Das Nachrichtenmagazin, das zunächst in Hannover unter britischer Ägide erschien, war dem Vorbild der amerikanischen Zeitschrift *Time* bis ins Detail nachempfunden. Verlag und Redaktion folgten dem amerikanischen Muster des »westlichen« Journalismus. Sein investigativer Stil, die namentlich nicht gekennzeichneten Artikel, die interne Ablauforganisation (Teamarbeit, Fachressorts, Dokumentationsarchiv) hoben die Zeitschrift bereits äußerlich heraus. Inhaltlich brach das Magazin mit dem Gesinnungs- und Konsensjournalismus der Konkurrenz, indem es politische Entscheidungen hinterfragte und kritisierte, statt Raum für amtliche Verlautbarungen zu geben und Rücksicht auf vermeintlich übergeordnete Zwecke wie Deutschlands Ansehen im Ausland oder seine Rolle im Ost-West-Konflikt zu nehmen[158]. Vor allem in den ersten Jahren stieß *Der Spiegel* auf große Skepsis und war als tendenziös, ja unseriös verschrien. Der provokativironische Stil (der erst Ende der fünfziger Jahre einer sachlicheren Darstellungsweise wich) widersprach der Konsensbereitschaft der regierungskonformen Journalisten, dem Harmoniebedürfnis der auf affirmative Berichte geeichten Leserschaft und allemal der autoritären Medienpolitik der Adenauerschen Kanzlerdemokratie. Durch

[156] Vgl. Hodenberg, Konsens und Krise, S. 188 f.

[157] Ebd., S. 195, 198. Von den affirmativen *Landser*-Heftchen zu schweigen; vgl. Nutz, Der Krieg als Abenteuer und Idylle.

[158] Ebd., S. 220–225.

politische Enthüllungen wirkte die *Spiegel*-Redaktion vielmehr in den politischen Raum hinein – beispielsweise trug ein Bericht über die Sozialistische Reichspartei 1952 zu deren Verbot und Auflösung bei – und wirkte so immer stärker als ein Kontrollinstrument der Öffentlichkeit gegenüber der Politik. Die Auflage stieg, und *Der Spiegel* wurde in den späten fünfziger und in den sechziger Jahren mit seinen Rubriken und seinem Stil zu einem Vorbild für andere, zunächst konfliktscheue Massenmedien, die auf diesem Umweg »westliche« Formen des Journalismus übernahmen. Für den Gang der Untersuchung bleibt festzuhalten, dass *Der Spiegel* bei der Suche nach Bruchstellen kollektiver Repräsentationen von Krieg und Militär eine ergiebige Quelle zu sein verspricht.

b) Entmilitarisierung als politisches Programm der Alliierten

Im Zusammenspiel mit den Erfahrungschancen des Krieges wirkte die Entmilitarisierungspolitik der Westalliierten auf Form und Inhalt der kollektiven Repräsentationen des Krieges und der Wehrmacht ein. Noch bevor (und zum Teil während) insbesondere die USA Einfluss auf die deutsche Nachkriegsgesellschaft nahmen, konfrontierten amerikanische Offiziere eine Vielzahl kriegsgefangener deutscher Soldaten mit einer anderen Sicht des Krieges und der Wehrmacht. Die Kriegsgefangenschaft war für sie der Ort, an dem das tradierte Selbstverständnis und die nationalsozialistische Deutung des Weltkrieges erstmals »offiziell« in Frage gestellt, ja bestritten wurden. Die Alliierten nutzten die massenhafte Präsenz deutscher Soldaten in ihrem Land nicht nur zu nachrichtendienstlichen Zwecken, sondern auch für erste, noch tastende Schritte der »Reeducation«. Zahlreiche Kriegsgefangene, die in den ersten zwei, drei Nachkriegsjahren in ihre Heimat zurückkehrten, waren durch ihren Zwangsaufenthalt in Nordamerika auf den Wertewandel in eigener Sache vorbereitet, der sie in den westlichen Besatzungszonen erwartete.

Für beide Fälle, die Lager- und Besatzungsgesellschaft, ist zunächst nach den Fremdbildern zu fragen, die der Umerziehung des Gegners zugrunde lagen und ihre Richtung bestimmten. In dem Bild, das sich die Westalliierten während des Krieges von *den* Deutschen machten, dominierte die Vorstellung einer unheilvollen Symbiose von Nationalsozialismus und Militarismus. Das Bild der Deutschen, das in der internationalen Öffentlichkeit und der politisch-historischen Publizistik auch die Wahrnehmung des laufenden Kampfes gegen sie prägte, verlängerte die Aggressionsbereitschaft weit zurück in die Vergangenheit und machte sie zu einem Grundzug der deutschen Kultur[159]. Amerikanische Regierungsvertreter führten den deutschen Militarismus auf ein historisch gewachsenes, vor allem mit Preußen und dem deutschen Offizierkorps assoziiertes kulturelles Milieu zurück, in dem Gewalt als ein Mittel der Politik galt, der Einfluss militärischer Ideen auf Staat und Gesellschaft

[159] Die unterschiedlichen Vorstellungen der amerikanischen Politiker von der Genese und dem Charakter eines deutschen Militarismus und der daraus folgende Mangel an Präzision des Entmilitarisierungsprogramms zeigt detailliert Nawyn, »Striking at the Roots of German Militarism«, S. 37–84 bzw. S. 85–118. Vgl. zur Wahrnehmung des NS-Regimes Hönicke-Moore, American Interpretations, S. 1–18; Hönicke, »Know Your Enemy«; vgl. auch Strachan, Die Vorstellungen der Anglo-Amerikaner.

enorm war und dass im Dritten Reich kulminierte: Kriegstreiber in der Regierung, auf Rüstungswirtschaft getrimmte Unternehmen und eine von militärischen Werten und Symbolen durchsetzte Alltagskultur bestimmten das Fremdbild.

Nach dieser weit verbreiteten Vorstellung war die Entfesselung des Zweiten Weltkrieges der vorläufige Höhepunkt einer Folge von brutalen Angriffen auf die Nachbarstaaten, die über 1939 und 1918 ins 19. Jahrhundert, bis zum Deutsch-Französischen Krieg von 1870/71, zurückwies. Dieser Militarismus stellte Hitler in eine Reihe mit Bismarck, Friedrich II. von Preußen und Martin Luther – eine Ahnengalerie, die auch die nationalsozialistische Propaganda konstruierte, wenngleich mit umgekehrtem Vorzeichen. Der »preußisch-deutsche Militarismus«, so schien es hier, war eine wesentliche Komponente des Nationalsozialismus und der entscheidende Faktor für die Bedrohung des Friedens in Europa, ja in der Welt[160].

Der »preußische Militarismus« wurde nicht rassistisch, als ein ererbter Zug des Nationalcharakters, definiert, sondern als ein historisch-kulturelles Problem ausgemacht, als eine über Generationen anerzogene Eigenschaft. Dementsprechend setzte die Besatzungspolitik auch in dieser Hinsicht auf »Umerziehung«: auf die psychologische Abrüstung. Das Ziel, den Militarismus für alle Zeiten durch eine radikale »Entmilitarisierung« auszuradieren, war die logische Konsequenz der Kriegführung und (späteren) Besatzungspolitik der Anti-Hitler-Koalition. Im Herbst 1943 hatten sich Großbritannien, die USA und die Sowjetunion darauf geeinigt, dass Deutschland als eine militärische Macht definitiv ausgeschaltet, das hieß die deutsche Armee vollständig aufgelöst werden sollte. Was das im Einzelnen bedeutete und wie der moralisch-politische Umerziehungsprozess genau aussehen sollte, blieb jedoch weitgehend offen. Das künftige Vorgehen gegenüber den Deutschen war Gegenstand der Debatte auf verschiedenen Planungsebenen, wie im Falle der USA im State Department und War Department[161]. In dieser Zeit sammelte man Erfahrungen mit den deutschen Kriegsgefangenen.

Wertekonflikte in der Kriegsgefangenschaft

Am 15. Februar 1945 befanden sich über 359 624 Kriegsgefangene in den USA, darunter 306 226 Deutsche (50 570 Italiener, 2628 Japaner), in 141 »base camps« and 313 »branch camps«, die auf alle Bundesstaaten verteilt waren[162]. Die meisten

---

160 Vgl. zum methodischen Problem: Albrecht, Der preußisch-deutsche Militarismus.

161 Vgl. dazu Wettig, Entmilitarisierung und Wiederbewaffnung. Zu den Plänen im amerikanisch-britischen Oberkommando (SHAEF) im Frühjahr 1944, zur ersten, noch recht allgemeinen Direktive CCS 551 der Verbundenen Stabschefs (Combined Chiefs of Staff, CCS) und zu dem detaillierten Handbuch für die britischen und amerikanischen Kommandeure in Deutschland und Österreich, das die Deutsche Sektion des Hauptquartiers von März bis August 1944 erarbeitete, vgl. zusammenfassend Olick, In the House of the Hangman.

162 NARA, Record Group 389: Office of the Provost Marshal General / Executive Division / Executive Assistant / Subject Correspondence File, 1943–45, box 5: Presentation of Major General Archer L. Lerch, U.S. Army, The Provost Marshal General, to be given at conference requested by the War Department with the Military Affairs Committees of the Senate and House of Representatives, p. 1. Vgl. die Übersichtskarten in: NARA, Record Group 389: Office of the Provost Marshal General, Exec. Ass. to the PMG, Subject Correspondance Files 1943–45, box 1.

Wehrmachtsoldaten, die 1944/45 in westliche Kriegsgefangenschaft gerieten, waren erleichtert, dass sie sich in amerikanischem oder britischem Gewahrsam befanden und ihnen die Gefangennahme durch die Rote Armee erspart geblieben war. Sie fügten sich in das Lagerleben ein und nahmen mehr oder weniger bereitwillig an den Umerziehungsprogrammen teil. Tausende Kilometer von der Heimat und der NS-Diktatur entfernt, sahen sie sich mit den Grundprinzipien einer demokratischen Herrschafts- und Gesellschaftsordnung konfrontiert. »Wir sind gut und sauber untergebracht. Die Behandlung war, mit wenigen Ausnahmen, korrekt«, berichtete beispielsweise der Hauptgefreite Erich Albin, der im August 1944 in amerikanische Kriegsgefangenschaft geraten war, aus Camp Bowie im Bundesstaat New York Anfang April 1945 seiner Frau im niederrheinischen Moers[163]. Einerseits nutzten die Amerikaner die Arbeitskraft und das »Insiderwissen« der Gefangenen[164], andererseits wirkten sie gezielt durch eine Umerziehungspolitik auf sie ein, die formale und inhaltliche Elemente der Besatzungspolitik vorwegnahm.

Das »Contract labour program« ermöglichte ab Ende 1942 den Einsatz von Kriegsgefangenen als Leiharbeiter in der Industrie und in der Landwirtschaft: im Straßenbau, bei der Instandsetzung, in Wäschereien, Lagerhallen, Autowerkstätten. In den Südstaaten pflückten sie Baumwolle, schnitten Zuckerrohre, ernteten Erdnüsse und Tabak oder sägten Holz. Allein 1944 erwirtschafteten die »Prisoners of War« (POWs) 100 000 000 US-Dollar – das meiste Geld floss direkt in die Staatskasse, die Gefangenen erhielten 60 Cent pro Tag. Dabei sollte die Genfer Konventionen strikt eingehalten werden, um Vergeltungsmaßnahmen gegen amerikanische Kriegsgefangene in deutscher Hand zu verhindern[165]. Eine strategische Überlegung kam hinzu. Je mehr sich die faire Behandlung auch in der Wehrmacht herumsprach, desto rascher würde die Kampfmoral der deutschen Soldaten sinken. So berichtete etwa der Korrespondent Victor G. Jones, wie die Truppen der 9. U.S. Army in Holland deutsche Befestigungen widerstandslos eingenommen hätten. Aus Gesprächen mit den Wehrmachtsoldaten wusste er, dass sie alle dank Briefkontakt mit Kameraden in POW-Lagern überzeugt waren, dass die Amerikaner und Briten ihre Kriegsgefangenen hervorragend (excellent) behandelten. Den Drohungen ihrer Offiziere, sie würden gefoltert und erschossen, hatten sie keinen Glauben geschenkt. Gegen wiederholte Vorwürfe aus den eigenen Reihen, die Feinde zu verhätscheln (»mollycoddle«), machte Archer L. Lerch, der Chef der amerikanischen Militärstrafverfolgungsbehörde, den großen militärischen Gewinn der »smart tactics« geltend.

---

[163] BArch, MSg 200/1138: Schreiben Erich Albin an Sofie Albin, Camp Bowie, New York, 2. April 1945. Vgl. den umfänglichen Briefwechsel Albins aus amerikanischer und britischer Gefangenschaft mit seiner Frau, Sofie Albin.

[164] Overy, Verhöre; Zagovec, Gespräche mit der »Volksgemeinschaft«; Neitzel, Abgehört; Neitzel/Welzer, Soldaten; »Der Führer war wieder viel zu human, viel zu gefühlvoll«.

[165] NARA, Record Group 389: Office of the Provost Marshal General / Executive Division / Executive Assistant / Subject Correspondence File, 1943–45, box 5: Presentation of Major General Archer L. Lerch, U.S. Army, The Provost Marshal General, to be given at conference requested by the War Department with the Military Affairs Committees of the Senate and House of Representatives, p. 7 f. Vgl. Reiß, »Die Schwarzen waren unsere Freunde«; Krammer, Deutsche Kriegsgefangene.

Für die amerikanische Seite waren die Kriegsgefangenen zudem eine nachrichtendienstliche Quelle erster Güte, welche die Military Intelligence Division im Generalstab des Kriegsministeriums anzapfen wollte. Bereits im Juni 1943 ordnete das War Department an, dass in jedem POW-Lager ein Offizier nebenamtlich als Nachrichtenoffizier tätig sein und durch Beobachtung, vorsichtiges Ausfragen und gelegentliche Befragung herausfinden sollte, welcher deutsche Kriegsgefangene Auskunft über das Kampfgeschehen, die Entwicklung neuer Waffen oder die Moral der Truppe machen konnte. Zwar ging man im War Department davon aus, dass vor allem Feldwebel, Unteroffiziere und Gestapo-Männer fanatische Nationalsozialisten seien. Andere wie der für die Logistik der U.S. Army zuständige Generalleutnant Brehon B. Somervell wiesen darauf hin, dass in den Lagern ja auch Sozialdemokraten, Kommunisten, Polen, Tschechen und andere NS-Gegner seien[166].

Um die Lagerkommandanten auf die Befragung deutscher Kriegsgefangener vorzubereiten, gab das War Department ihnen einen Leitfaden an die Hand. Er sollte den amerikanischen Offizieren helfen, die Wehrmachtsoldaten politisch einzuordnen. Die Broschüre unterschied zwischen den Opportunisten (den »März-Gefallenen«), den »Anti-Nazis«, den »Non-Nazis« (den nationalkonservativen Sympathisanten), den Nicht-Deutschen (Polen, Tschechen, Jugoslawen), den organisierten Nationalsozialisten. Eine besondere Gruppe bildeten die Berufssoldaten. Das War Department warnte davor, auf deren gerne vorgebrachte Unterscheidungen zwischen Partei und Armee, zwischen organisiertem Nationalsozialisten und guten, gehorsamen Soldaten hereinzufallen. So wollten Berufssoldaten ihren Gegenüber darüber hinwegtäuschen, dass sie das NS-Regime unterstützt und von ihm profitiert hätten. Auf die Masche des Militärs hereinzufallen, komme einem »shortcut to suicide« gleich, warnte die Broschüre[167]. Nationalsozialismus und »Militarismus« wurden hier also in einem unauflöslichen Zusammenhang betrachtet.

Besonders hartnäckig schienen jene ranghohen deutschen Offiziere und Generale zu sein, die vergleichsweise früh in Kriegsgefangenschaft geraten waren und die Folgen der Wende des Krieges nicht am eigenen Leib erlebt hatten. In einem Bericht für den Direktor der POW Division hieß es aus dem Lager Clinton, Mississippi, das es Spannungen nicht nur zwischen Generalen und einfachen Soldaten gebe, sondern auch unter den Generalen selbst, genauer: zwischen jenen, die als Angehörige des Afrika-Korps in Nordafrika in Gefangenschaft geraten waren (den »Afrikanern«, wie sie im Lager hießen), und jenen, die erst im Zuge der Landung der Alliierten in der Normandie gefangen genommen worden waren (den »Franzosen«). Die »Afrikaner« lebten in einer Traumwelt, weil sie nie die Wucht eines Bombenangriffs auf Deutschland erlebt hätten oder ein Bewusstsein für den Erfolg der sowjetischen Offensive besäßen. Sie glaubten weiterhin an sogenannte Geheimwaffen und an Männer vom Schlage eines Rommel. Alles andere täten sie als Propaganda ab, zu-

166 NARA, Record Group 389: Office of the Provost Marshal General / Executive Division / Executive Assistant / Subject Correspondence File, 1943–45, box 8: Army Service Forces, Office of the Adjutant General, 25 June 1943, to Commanding Generals, Third thru Ninth Service Commands.

167 NARA, Record Group 389: Office of the Provost Marshal General / Executive Division / Executive Assistant / Subject Correspondance Files 1943–45. War Department Pamphlet No. 19–1, What about the German Prisoner?, Washington 1944.

mal die Briefe aus dem Reich in der Regel wenig über das Leid der Angehörigen enthielten[168].

Im Rahmen eines »Reorientation Program« sollten die deutschen Kriegsgefangenen mit jener Einstellung (»attitude«) vertraut gemacht werden, die US-Bürger gegenüber ihrer Regierung und dem Leben im Allgemeinen hegten[169]. Dazu setzten die Verantwortlichen auf Printmedien. Amerikanische Zeitschriften wie Small Town *USA* und *Children of the USA* (die nach einer Befragung im Camp Campbell/ Kentucky gerne gelesen wurden) sollten ein Bild vom amerikanischen *Way of Life* vermitteln[170]. Vor allem deutschsprachige Zeitungen jedoch, die in den USA erschienen, waren den meisten deutschen Kriegsgefangenen willkommen. Das folgerte die Lagerleitung aus dem Umstand, dass die Soldaten auf eine rasche Zensur und Verteilung drängten[171]. Insbesondere die Kriegsgefangenenzeitung *Der Ruf* galt im Hauptquartier der Army Service Forces als ein »vital medium of the program«, das ab März 1945 in allen Kantinen für deutsche Kriegsgefangene verkauft werden und sich binnen Kurzem zu einer wöchentlich erscheinenden Zeitung entwickeln sollte. *Der Ruf*, für den qualifizierte und kooperationswillige deutsche Kriegsgefangene schrieben, bot eine Zusammenstellung von Nachrichten und anderen, für Kriegsgefangene interessanten Informationen. Sein Ziel sei es, den POWs auf eigenen Wunsch ein neutrales Medium an die Hand zu geben, in dem sie sich selbst artikulieren und miteinander in Verbindung bleiben könnten. Nachrichten aus Deutschland und der Welt, Bekanntmachungen von deutschen und kirchlichen Organisationen, Geschichten über das Leben in den USA und Witze machten den Inhalt aus. *Der Ruf* sollte, hieß es in einer geheimen Mitteilung aus dem War Department, keine unnötige Kritik provozieren, kein Misstrauen säen und dem Eindruck entgegenwirken, als ob einige politische Scharlatane gegen die Interessen der Mehrheit wirken könnten. Die Kriegsgefangenenzeitung sollte jedoch kein Blatt vor den Mund nehmen und über den grausamen Kriegsverlauf ebenso realistisch berichten wie über die laufende Entwicklung Richtung Frieden. Beiträge, die nicht auf dieser Linie la-

---

168 NARA, Record Group 389: Office of the Provost Marshal General (PMG)/ Executive Division / Executive Assistant / Subject Correspondance Files 1943–45, box 7: Special Progress Report #2. POW Camp, Clinton, Miss., submitted by Capt. Walter H. Rapp to Provost Marshal General, 12/9/44, p. 3.

169 Ein Memorandum des PMG für die POW Special Projects Division nannte das als zentrales Ziel und definierte es wie folgt: »namely, each citizen is an individual who is guaranteed by other citizens the right of freedom of thought and freedom of speech, together with an appreciation of the responsibilities resulting from such freedom of thought and speech; freedom of action so lag as that action does not endanger or hamper the action of other citizens; that when it becomes necessary all citizens volutarily band themselves together in a common cause subduing all individual achievements, making available all resources [...] thus presenting a common front against any and all opposition.« NARA, Record Group 389: Office of the Provost Marshal General: Brigadier General B.M. Bryan, Assistant of the The Provost Marshal General, Memorandum for Prisoner of War Special Projects Division, P.M.G.O., 2 May 1945.

170 NARA, Record Group 389: Office of the Provost Marshal General / Executive Division / Executive Assistant / Subject Correspondence File, 1943–45, box 8: Headquarters Army Service Forces, Office of the Adjutant General, 21 February 1945, to Commanding Generals, First thru Ninth Service Commands, p. 4.

171 NARA, Record Group 389: Office of the Provost Marshal General, enty 435, Anlage: Report about deletions from N.Y. Staats Zeitung and Herold.

gen, sollte die Zensur im Lager herausfiltern, bevor sie die Herausgeber erreichten. Um Autoren vor Diskriminierung und physischer Gewalt zu schützen, sollten sie mit den Herausgebern auch direkt kommunizieren können. So und vor allem durch ihre Politik könne die Zeitschrift den Obstruktionen einiger Extremisten entgegenwirken[172]. Im Hinblick auf das künftige Wirken der Gefangenen in ihrer Heimat setzte *Der Ruf* schließlich auf die Vermittlung deutscher Hochkultur. Das traf auch auf literarische Werke zu – etwa aus der »Bücherreihe Neue Welt« –, die in Lagerbibliotheken auslagen[173].

Ein spezielles »Training« bereitete eine Auswahl von deutschen Kriegsgefangenen auf ihre Verwendung in einer künftigen amerikanischen Militärregierung in Deutschland vor[174]. Die Kriegsgefangenen mussten eine streng geheime Erklärung abgeben, in der sie sich aus dem Loyalitätsverhältnis gegenüber der NS-Diktatur lösten und sich den amerikanischen Militärbehörden zur Verfügung stellten[175]. Sie versicherten, weder der ehemaligen deutschen Regierung, noch der NSDAP und ihren Organisationen Gefolgschaft zu schulden und nicht gegen die USA und ihre Alliierten zu agieren. Der Soldat verzichtete auf die mit seinem militärischen Dienstgrad verbundenen Vorrechte, verpflichtete sich zur Kooperation mit den Offizieren der U.S. Army und versprach, sich der Kontrolle des War Departments nicht durch Flucht zu entziehen. Außerdem musste er klarstellen, dass es ihm nicht um den persönlichen Vorteil ging, sondern darum, sich »für immer vom Nationalsozialismus und seinen Einrichtungen zu trennen«. Das Credo lautete schließlich: »Ich glaube an die Demokratie und verabscheue jede Form der Diktatur[176].«

Dieses neue Umfeld hielt – um die oben genutzte Formulierung aufzugreifen – für über 300 000 Männer eine kollektive Erfahrungschance bereit, die sich von dem Einsatz in der Wehrmacht fundamental unterschied. Die Kriegsgefangenschaft entzog die Soldaten dem Einfluss der Wehrmachtjustiz und konfrontierte sie mit einem

172 NARA, Record Group 389: Office of the Provost Marshal General / Executive Division / Executive Assistant / Subject Correspondence File, 1943–45, box 8: Headquarters Army Service Forces, Office of the Adjutant General, 21 February 1945, to Commanding Generals, First thru Ninth Service Commands, p. 2–3.

173 Dazu zählten Bücher von Heinrich Heine, Carl Zuckmayer (Bauer aus dem Taunus, Der Hauptmann von Köpenick), Franz Werfel (Die 40 Tage des Musa Dagh, Das Lied von Bernadotte), Thomas Mann (Der Zauberberg, Achtung Europa, Erich Maria Remarque (Im Westen nichts Neues), Arnold Zweig (Sergeant Grischa), Joseph Roth (Radetzkymarsch), Joseph Conrad (Der Freibeuter) und eine Anthologie der »schönsten Erzählungen deutscher Romantiker«. NARA, Record Group 389: Office of the Provost Marshal General / Executive Division / Executive Assistant / Subject Correspondence File, 1943–45, box 8: Headquarters Army Service Forces, Office of the Adjutant General, 21 February 1945, to Commanding Generals, First thru Ninth Service Commands, p. 7.

174 Vgl. die zahlreichen »Student personnel records« in: NARA, Record Group 389: Office of the Provost Marshal General, POW Operations Division / Operations Branch / Training Records of German POWs 1943–46.

175 Vgl. z.B. die Erklärung von Major Alfred Arnold, NARA, Record Group 389: Office of the Provost Marshal General, POW Operations Division / Operations Branch / Training Records of German POWs 1943–46. Der 47-jährige Arnold, im Zivilberuf Grundschullehrer, war Mitglied der NSDAP (seit 1937), des Kyffhäuser-Bundes und des Arbeiter-Gesangvereins gewesen. Arnold war am 21.11.1944 in Metz in Gefangenschaft geraten. Im Juni 1945 befand er sich in Camp Dermott (Arkansas). Vgl. den Personal-Fragebogen ebd.

176 Ebd.

demokratischen Gesellschaftsideal, in dem auch das Militär eine andere Rolle spielte. Dieser Wechsel vollzog sich keineswegs reibungslos. Ob sich die Wehrmachtsoldaten, für die der Krieg zu Ende war, auch vom NS-Regime abwandten, für das sie gekämpft hatten, oder ob sie auch in den Lagern der Alliierten – außer Reichweite von NS-Propaganda und NS-Terror – an der alten Frontstellung, an Feindbildern und Führerglauben festhielten, steht deshalb auf einem anderen Blatt. Tatsächlich zeugen die Konflikte, die um das Verhalten der Wehrmachtsoldaten in den Lagern kreisen, von der Kontinuität des älteren, nationalsozialistisch überformten Soldatenbildes und, sofern es um Streitigkeiten zwischen den Soldaten ging, von der Gleichzeitigkeit verschiedener, älterer und neuer Selbstbilder. Der Überhang älterer Deutungsmuster ist umso eindrücklicher, als sie nicht Ausdruck der Anpassung, sondern eines nonkonformen, strafbewehrten Verhaltens waren.

Immer wieder plagten sich die Leitungen der Kriegsgefangenenlager wie auch die Kriegsgefangenen mit Wehrmachtsoldaten herum, die sich in ihrem Führerglauben nicht beirren ließen und Sand ins Getriebe des Lagerlebens zu streuen suchten. Das zeigte sich bereits im Moment der Gefangennahme und in den ersten Tagen der Kriegsgefangenschaft. Als zum Beispiel der Hauptmann Jürgen von Samson, Batallionskommandeur in der 12. Division, am 26. Februar 1945 in Belgien in US-Gefangenschaft geriet, provozierte er die Amerikaner mit dem »Deutschen Gruß«, mokierte sich im Tagebuch über die »US-Primitivität«, übersetzte U.S.A. mit »Uhren-Sammler-Armee« und wies die Meinung des Dolmetschers, dass der Nationalsozialismus schlimmer als der Kommunismus sei, »fassungslos« als »völlig einseitige propagandistische Beeinflussung« zurück[177]. Als sie Mitte März im Lager Voves bei Chartres, einem ehemaligen Internierungslager, auf eine Gruppe von Offizieren trafen, die im August 1944 bei Marseille in Kriegsgefangenschaft geraten waren, zeigten sich Samson und seine Kameraden »fast alle sprachlos«, weil sie keine Hoheitszeichen an Uniform und Mütze trugen und offensichtlich »›anti‹« waren. »Das sind ja Lumpen, Verräter! Wie können die denn überhaupt sich noch als deutsche Offiziere fühlen!«, notierte er empört in sein Tagebuch. Unter den Kriegsgefangenen kam es zu »Rangeleien«, wenn jene Offiziere die Ehrenbezeigung der dienstgradniedrigeren Offiziere erwarteten, die diese ihnen »schroff« verweigerten[178]. Als Hauptmann von Samson Anfang Mai gerüchteweise von Hitlers Tod erfuhr, hielt er das für »unvorstellbar!« Einer der Offiziere brachte nach der Bekanntgabe beim Zählappell ein dreifaches »Sieg-Heil« aus, worauf die meisten, aber nicht mehr alle, ihren Arm zum »Deutschen Gruß« hoben. Es folgten »wüste Szenen, Beschimpfungen gegenseitig«[179]. Manche Offiziere, denen die Amerikaner Ritterkreuz und Eichenlaub abgenommen hatten, um die Kapitulation symbolisch vorwegzunehmen, wollten auf ihre Auszeichnungen auch im Mai 1945 nicht verzichten und formten sich als Ersatz aus einer Silbermünze ein Eichenlaub, das sie mit

177 BArch, MSg 200/1195: Samson-Himmelstjerna, 1945. Ein Jahr in Briefen und Tagebüchern, S. 74 f. (26./28.2.1945).

178 Ebd., S. 78 (20.3.1945). Empört beobachtete Samson, wie selbst deutsche Landser ihren Kameraden Ehrenzeichen abrissen; vgl. ebd., S. 92 (27.6.1945).

179 BArch, MSg 200/1195: Jürgen und Eva-Maria von Samson-Himmelstjerna, 1945. Ein Jahr in Briefen und Tagebüchern, S. 80 (1./4.5.1945).

einem Eisernen Kreuz I. Klasse verbanden[180]. Wie sehr Antisemitismus weiterhin die Wahrnehmung prägte, zeigt sich beispielsweise darin, dass Samson amerikanisches Personal ausdrücklich als jüdisch charakterisierte. So ist im Tagebuch etwa von einer »Filzung [...] durch den Juden Kempf« die Rede, oder es findet sich die Bemerkung, dass bei den Verhören »ein Ami – Gefreiter – deutscher Jude« besonders eifrig sei[181]. Als die Amerikaner die Gefangenen im Juni mit Aufnahmen aus den befreiten Konzentrationslagern konfrontierten, schien ihm das jedoch Propaganda: »unglaubliche KZ-Berichte, [...] mit Bildern, unglaubhaft, viel zu stark aufgetragen«[182].

Im November 1944 warnte das War Department die kommandierenden Generale der Lager, wachsam zu sein und das Personal anzuhalten, jedes Zeichen politischer Aktivität im Sinne des Nationalsozialismus ebenso zu melden wie Hinweise auf die Zugehörigkeit zur Gestapo oder eine Führungsposition in der NSDAP. Das POW Camp Alva in Oklahoma sollte deutsche Offiziere aufnehmen, bei denen es sich dem Anschein nach um führende Parteigenossen, Fanatiker (»extremists«), SS-Angehörige oder Gestapo-Männer handelte oder die durch ihre pro-nationalsozialistischen Aktivitäten den Interessen des Lagers schadeten, in dem sie interniert waren[183].

Besonders der Einsatz von deutschen Offizieren und Unteroffizieren in der Verwaltung des Lagers barg die Gefahr, den Bock zum Gärtner zu machen, fürchtete man im Hauptquartier der Army Service Forces, hatte die Erfahrung doch gezeigt, dass viele deutsche Sprecher und »supervisors« nur vorgaben zu kooperieren, in Wirklichkeit jedoch Unzufriedenheit schürten, Gewalt und Sabotage organisierten. In Washington war man überzeugt, die meisten Offiziere und Unteroffiziere seien nach langen Dienstjahren in der Wehrmacht »indoctrinated completely with the Nazi theory of discipline which permits them to terrorize enlisted men by any means available«. Geheime »Känguruh-Kriegsgerichte« – die Androhung von Gewalt und Repressalien gegen Familienangehörige – führten dazu, dass die Kriegsgefangenen dieses deutsche Lagerpersonal mehr fürchteten als das amerikanische[184].

Am 18. April 1945, zwei Tage vor Hitlers Geburtstag (und zwölf vor seinem Selbstmord), wies der Chef der Militärpolizei, der Provost Marshal General (PMG), die Befehlshaber der amerikanischen POW-Lager an, keinerlei Aktivitäten aus diesem Anlass zu tolerieren[185]. Die Feier von »Führers Geburtstag« oder das gemeinsame Erinnern daran wurde jedem Kriegsgefangenen von oberster Stelle strikt untersagt. Wäre das Gegenteil nicht zu befürchten gewesen, hätte es dieses Befehls

---

180 Ebd., S. 81 (5.5.1945).

181 Ebd., S. 80 (14.4.1945), S. 85 (17.5.1945).

182 Ebd., S. 89 (14.6.1945).

183 NARA, Record Group 389: Office of the Provost Marshal General. War Department to Commanding Generals, First thru Ninth Service Commands, 14 november 1944.

184 NARA, Record Group 389: Office of the Provost Marshal General / Executive Division / Executive Assistant / Subject Correspondence File, 1943–45, box 8: Headquarters Army Service Forces, Office of the Adjutant General, 24 March 1944, to Commanding Generals.

185 Das Amt des Provost Marshal General hatte von Juli 1941 bis April 1944 Major General Andrew W. Gullion inne; ihm folgten Major General Archer L. Lerch bis Juli 1945 und Brigadier General Blackshear M. Bryan bis April 1948.

kaum bedurft[186]. Kurz darauf ging der PMG ins Detail: Alle Fahnen, auf denen das Hakenkreuz zu sehen war, wurden konfisziert. Das galt auch im Todesfall: Starb ein deutscher Kriegsgefangener, sollte ihm zwar die übliche militärische Ehre erwiesen werden, doch Fahnen, Symbole, Grußformen und Zeremonien, die für den Nationalsozialismus standen, waren tabu. Ebenso war es verboten, Bilder von NS-Größen herumzuzeigen. Das Grüßen mit dem ausgestreckten Arm und andere parteibezogene Grußformen wurden ausdrücklich untersagt; deutsche Soldaten – wie auch die Italiener – sollten wieder mit gewinkeltem rechten Ellbogen grüßen[187]. Damit wurde Hitlers Anordnung revidiert, der den »Deutschen Gruß« nach dem gescheiterten Attentat vom 20. Juli 1944 für die Wehrmacht angeordnet hatte. Nur unter amerikanischem Befehl durften deutsche Soldaten gedrillt werden und in Formation stehen. Hitlerbildchen und kleine Hakenkreuze waren bis dahin toleriert worden, weil man der deutschen Seite keinen Anlass geben wollte, den amerikanischen Kriegsgefangenen in deutschem Gewahrsam den Besitz der US-Flagge und von Bildern des Oberbefehlshabers zu verbieten, wie der Provost Marshal General Lerch gegenüber den Military Affairs Committees des Senats und des Repräsentantenhauses bemerkte[188].

In einem vertraulichen Schreiben und einer Liste von über 50 »trouble makers« informierte beispielsweise ein kommandierender Offizier den Nachrichtenoffizier im Lager Fort Mead, P/W Branch Camp Nr. 3, in Maryland in Sachen »German Prisoners of War (Nazis)«[189]. Die deutschen Nazis, Mannschaftsdienstgrade vom Gefreiten bis zum Hauptgefreiten, hätten die Produktion von Industrieholz ins Stocken gebracht und das Abhalten von Gottesdiensten dadurch gestört, dass sie Kameraden an der Teilnahme hinderten und zahlreiche weitere Kriegsgefangene einschüchterten. Darüber hinaus hätten sie NS-kritische Zeitungen zerrissen und ihren Mitgefangenen einzureden versucht, dass sämtliche Meldungen, ob im Radio oder in der Presse, die von der bevorstehenden deutschen Niederlage ausgingen, nur amerikanische Propaganda und daher falsch seien. Um andere Gefangene einzuschüchtern, prahlten sie ihnen gegenüber damit, bereits vier Kriegsgefangene in den Lagern Camp Ashby und Maxey getötet und einen anderen schwer verletzt zu haben. Der Nachrichtenoffizier, Captain W.R. Burgess, riet jedoch von Strafmaßnahmen ab. Diese ließen die Delinquenten nur vermuten, dass jemand ihr Verhalten der Lagerleitung gemeldet habe, sodass weitere Ausschreitungen zu befürchten seien, sobald die Männer wieder mit den bereitwilligen Arbeitern (»willing workers«) im

---

186 NARA, Record Group 389: Office of the Provost Marshal General / Executive Division / Executive Assistant / Subject Correspondence File, 1943–45, box 8: Fernschreiben des POW Operation Division / PMG's Office vom 18. April 1945.

187 Ebd., Fernschreiben des POW Operation Division / PMG's Office vom 24. April 1945.

188 Ebd., Presentation of Major General Archer L. Lerch, U.S. Army, The Provost Marshal General, to be given at conference requested by the War Department with the Military Affairs Committees of the Senate and House of Representatives.

189 NARA, Record Group 389: Office of the Provost Marshal General, enty 435, subject correspondence file 1943–1945 re The care and treatment of Amer. POW's interned by the enemy and enemy prisoners of war interned in the U.S. 1943–45, box 3 (1945): Army Service Forces, Third Service Command, Fort George G. Meade, Maryland, P/W Branch Camp #3. Das Third Service Command hatte seinen Sitz in Baltimore, MD.

Wald zusammen träfen. Er fürchtete gar um das Leben der von den »Nazis« als Spitzel Verdächtigten. Die 51 deutschen Kriegsgefangenen, darunter drei namentlich bekannte Rädelsführer, waren jedoch offenbar eine Ausnahme. Allen anderen Deutschen bescheinigte Burgess einen guten Arbeitswillen und eine ordentliche Leistung.

Um die Angst nicht unnötig zu schüren, wurden Presseberichte über die von Deutschen an Deutschen verübten Repressalien und Verbrechen von amerikanischer Seite zensiert; auch der Sprecher der deutschen Kriegsgefangenen konnte dabei Empfehlungen abgeben. So löschte der Zensor eine Meldung der Associated Press in der *New York Staats-Zeitung* vom 3. Oktober 1944 unter der Schlagzeile »Gefangene in Kamps zum Selbstmord ›verurteilt‹«. Der *Lethbridge Herold* etwa hatte aus dem örtlichen Lager im kanadischen Alberta von deutschen »Känguruh-Kriegsgerichten« berichtet: Angehörige der Gestapo hielten in den Lagern Kriegsgerichte ab, die Mitgefangene zu drakonischen Strafen wie Prügel, Marter, Hunger oder gar zum Tode verurteilt hätten. In einigen Fällen, hieß es, habe die Gestapo den Opfern unter Androhung von Gewalt befohlen, Selbstmord zu begehen[190]. Im Februar 1945 lautete die Bilanz des Provost Marshal General: fünf Morde und zwei erzwungene Selbstmorde; die Täter wurden zum Tode verurteilt, aber noch nicht hingerichtet. Dass es seit dem letzten Mord am 6. April 1944 nicht zu weiteren Verbrechen gekommen war, wertete Lerch als Zeichen für den Erfolg seiner Politik der Trennung der nationalsozialistischen von den übrigen deutschen Kriegsgefangenen[191].

Die Behandlung der deutschen Wehrmachtsoldaten in amerikanischer Kriegsgefangenschaft lässt Grundzüge der (späteren) Besatzungsherrschaft und der zugrunde liegenden Prämissen erkennen. Offenkundig gingen die Verantwortlichen zum einen davon aus, dass die Wehrmacht mit dem NS-Regime so verquickt war, dass die Behauptung des Gegenteils als apologetischer Schachzug deutscher Soldaten galt. Dabei fiel das Bild der Wehrmachtsoldaten durchaus differenziert aus, was die Affinität zum NS-Regime und zum Zusammenhang zu Alter und Rang betraf. Zum anderen sah man offenkundig eine Chance, die militaristisch-nationalsozialistische Prägung mit »pädagogischen« Mitteln zu korrigieren – was, nebenbei, nicht der Fall gewesen wäre, wenn man die militaristische Veranlagung *der* Deutschen aufgrund einer letztlich rassistischen Deutung unterstellt hätte. So sollten bereits in den Lagern bestimmte Werte durch Medien wie Zeitungen und Bücher sowie durch eine entsprechende Symbolpolitik vermittelt werden. Die Entmilitarisierungspolitik in den Besatzungszonen unterschied sich freilich in einem wesentlichen Punkt: Hatten die Kriegsgefangenen bis zum Mai 1945 einen Sieg der Deutschen zumindest nicht gänzlich ausschließen können, bestand danach an der totalen Niederlage kein Zweifel. Spätestens jetzt änderten sich zentrale Voraussetzungen für die Selbstverständigung über Krieg und Militär. Die Deutschen standen als Verlierer fest, und die Alliierten mussten keine Rücksicht mehr auf die Behandlung ihrer eigenen Kriegsgefangenen nehmen.

---

190 Ebd., Anlage: Report about deletions from N.Y. Staats Zeitung and Herold.

191 NARA, Record Group 389: Office of the Provost Marshal General / Executive Division / Executive Assistant / Subject Correspondence File, 1943–45, box 5: Presentation of Major General Archer L. Lerch, U.S. Army, The Provost Marshal General, to be given at conference requested by the War Department with the Military Affairs Committees of the Senate and House of Representatives, p. 9.

Symbolpolitik in der westdeutschen Öffentlichkeit

Der Wandel von der »militarisierten Volksgemeinschaft« des NS-Regimes zu einer teilweise militär- und kriegskritischen Gesellschaft in Westdeutschland ist, so lautet wie erwähnt die Hypothese, im Kern auf zwei Faktoren zurückzuführen: zum einen auf die Erfahrungen des Krieges und des Soldatseins, zum anderen auf die Auswirkungen der Besatzungspolitik. Chronologisch betrachtet, überlappen sich daher zwei Bezugssysteme: die jüngste Vergangenheit von 1939 bis 1945 mit ihren kollektiven Erfahrungschancen, die wiederum aufgrund älterer Bewusstseinsprägungen wahrgenommen wurde, und die zeitgenössische Gegenwart des Besatzungsalltags. Krieg *und* Nachkrieg führten in Westdeutschland zu intensiven, von außen *und* innen angestoßenen Debatten über den Platz militärischer Gewalt in Deutschland – vor und nach 1945. Weder die Alliierten noch die Westdeutschen allein trieben diesen Wertewandel voran, wie zuletzt eine Fallstudie für das damalige Württemberg-Baden eindrücklich gezeigt hat[192].

Die Besatzungsmächte steckten den normativen und organisatorischen Rahmen ab. Sie formulierten die gesetzlichen Vorgaben, drängten auf die Einhaltung der Normen und bestimmten so das Ausmaß der Veränderung. Das heißt nicht, dass der Wertewandel sich stromlinienförmig nach klaren Planungsvorgaben vollzog – die existierten auch auf Seiten der Alliierten nicht. Allein auf die Frage nach der Definition von »militarism« gab es keine klare Antwort. Was genau ein deutscher Militarist ist, wie man ihn konkret entmilitarisiert und woran man den Erfolg dieses Unterfangens erkennt: darüber wurde auf amerikanischer Seite bereits während der Planungsphase vor 1945 trefflich gestritten. Schließlich gab es, anders als im Fall der Entnazifizierung[193], keinen Mitgliedsausweis, der den Vorwurf des Militarismus hätte belegen können, kein konkretes Ereignis in der Vergangenheit, auf das seine Entstehung hätte datiert werden können, kein »1933« und keine unmissverständlichen Symbole wie den Hitlergruß oder das Hakenkreuz, deren Verbot ein deutliches Zeichen gesetzt hätte. Dass *die* Deutschen Militaristen waren, stand außer Frage. Ob aber der einzelne Deutsche ein Militarist war, das zu beurteilen fiel dem Repräsentanten der Militärregierung weitaus schwieriger[194].

Welche konkreten Regelungen trafen die Alliierten? Auf der Konferenz in Jalta (4.–11.2.1945) herrschte unter den Regierungs- und Staatschefs Franklin D. Roosevelt (USA), Winston S. Churchill (Vereinigtes Königreich) und Iosif Stalin (UdSSR) Einigkeit darin, Deutschland künftig militärisch am Boden zu halten. Der »deutsche Militarismus« war auch hier eine zentrale Denkfigur.

> »Es ist unser unwandelbarer Vorsatz, den deutschen Militarismus und Nazismus zu zerstören und sicherzustellen, dass Deutschland niemals wieder imstande sein wird, den Frieden der Welt zu beeinträchtigen. Wir sind entschlossen, alle deutschen Streitkräfte zu entwaffnen und aufzulösen, den deutschen Generalstab für alle Zeiten zu zerschlagen, der wiederholt das Wiedererstehen des deutschen Militarismus in die Wege geleitet hat,

192 Nawyn, »Striking at the Roots of German Militarism«, S. 496.

193 Vgl. überblicksartig: Rauh-Kühne, Die Entnazifizierung.

194 Ebd.

alles deutsche Militärgerät zu entfernen oder zu zerstören, alle deutsche Industrie zu eliminieren oder zu kontrollieren, die für militärische Produktion genutzt werden könnte, alle Kriegsverbrecher einer gerechten und raschen Bestrafung zuzuführen[195].«

Damit hatten die Alliierten die Eckpunkte ihrer gemeinsamen Absicht benannt, das Deutsche Reich aus Sorge vor einem neuen Krieg im konkreten und übertragenen Sinn zu entwaffnen.

Harry S. Truman, der Roosevelt nach dessen Tod am 12. April 1945 im Amt des US-Präsidenten nachgefolgt war, billigte am 11. Mai 1945 die endgültige Fassung der Besatzungsdirektive JCS 1067. Im Vordergrund stand der Strafcharakter der Besetzung und das Ziel, einen dritten Weltkrieg zu verhindern. »Es sollte den Deutschen beigebracht werden, dass Deutschlands rücksichtslose Kriegführung und der fanatische Nazi-Widerstand die deutsche Wirtschaft zerstört und Chaos und Leiden unvermeidlich gemacht haben und dass die Deutschen nicht der Verantwortung für das entrinnen können, was sie selbst über sich gebracht haben. Deutschland wird nicht zum Zweck der Befreiung, sondern als eine besiegte Feindnation besetzt werden.« Als das »hauptsächliche alliierte Ziel« galt weiterhin, »Deutschland daran zu hindern, jemals wieder eine Bedrohung für den Frieden der Welt zu werden«. Die »Eliminierung von Nazismus und Militarismus« wurde als die wesentliche Maßnahme angeführt, des Weiteren die »industrielle Entwaffnung und Entmilitarisierung Deutschlands«, die »fortdauernde Kontrolle über Deutschlands Fähigkeit, Krieg zu führen«. Die Produktion von Waffen und Flugzeugen wurde verboten, ebenso alle Vereinigungen, welche die militärischen Traditionen pflegten[196].

Auf der Potsdamer Konferenz (17. Juli bis 2. August 1945) einigten sich die drei Siegermächte darauf, in gemeinsamer Verantwortlichkeit ein »demokratisches« und »friedliebendes« Deutschland zu schaffen. Dieser Konsens fiel nicht schwer, denn was das konkret bedeutete, konnte nach amerikanischer oder sowjetischer Lesart unterschiedlich definiert werden. Das positive Ziel, die Deutschen »demokratisch« und »friedlich« zu machen, war die Kehrseite des negativen Ziels, Nationalsozialismus und Militarismus zu beseitigen. Das zeigte schließlich die Entmilitarisierungsgesetzgebung des Alliierten Kontrollrats 1945/46[197]. Die Proklamation Nr. 2 wiederholte öffentlich die in Potsdam gefassten Beschlüsse über die Auflösung aller deutschen militärischen und paramilitärischen Institutionen oder Organisationen, darunter auch jene, die sich der Pflege militärischer Traditionen widmeten. Militärische Übungen, Propaganda und ähnliche Tätigkeiten wurden verboten, selbst bei grundsätzlich zivil orientierten Gruppen. Die Schifffahrt wurde von alliierten Genehmigungen abhängig gemacht; Flugzeuge durften nicht mehr

[195] Zit. nach Wettig, Entmilitarisierung und Wiederbewaffnung, S. 71.

[196] Zit. nach ebd., S. 60. Vgl. konkret z.B. PRO, WO 205/1035 und WO 205/1045–1047.

[197] Vgl. ebd., S. 102–106. Der Kontrollrat verkündete durch »Proklamationen« Angelegenheiten von besonderer Wichtigkeit für die Besatzungsmächte oder das deutsche Volk, erließ »Gesetze« zur allgemeingültigen Anwendung, »Befehle« für Forderungen an Deutschland, die nicht Gesetzesform erhielten, und »Instruktionen« für unmittelbare Forderungen an eine besondere Behörde. Durch »Direktiven« gab der Kontrollrat seine allgemeine Absichten oder Entscheidungen in verwaltungstechnischen Angelegenheiten bekannt; vgl. Kontrollratsdirektive Nr. 10 vom 22. September 1945.

gebaut werden[198]. Die Differenzen zwischen den Alliierten – Frankreich war ja an den Potsdamer Beschlüssen nicht beteiligt und daher nicht geneigt, sie grundsätzlich zu akzeptieren – beeinträchtigten die gemeinsame Entmilitarisierungspolitik nicht. Mit dem Befehl Nr. 1, den der Kontrollrat am 30. August 1945 erließ, verbot er den Deutschen, »militärische Uniformen in ihrer jetzigen Farbe sowie irgendwelche militärischen Rangabzeichen, Orden oder andere Abzeichen zu tragen«. Das Besatzungsstatut sicherte der Alliierten Hohen Kommission Befugnisse im Bereich der »Abrüstung und Entmilitarisierung, einschließlich der damit zusammenhängenden Gebiete der wissenschaftlichen Forschung« zu[199].

Die weitreichenden Maßnahmen des Kontrollrats zur Entmilitarisierung des besetzten Deutschland gingen über die unmittelbaren technischen, institutionellen Bedingungen militärischen Handelns hinaus. Das Verbot von Schriften, in denen auch nur annäherungsweise etwas über militärische Tradition und Vergangenheit, über Disziplin und Taktik zu lesen war, zeigte deutlich, wie sich die Alliierten darum bemühten, auch die mentalen Voraussetzungen für künftige militärische Aktivitäten zu beseitigen. Die Radikalität und Reichweite dieser Befehle der Viermächte-Verwaltung ist nur verständlich, wenn man deren Vorstellung in Rechnung stellt, dass es sich bei den Deutschen um eine ihrem Wesen nach kriegslüsterne Nation handelte, die, wenn man sie nicht mit aller Gewalt daran hinderte, alsbald alles daran setzen würde, die Niederlage des Zweiten Weltkrieges zum Anlass für einen neuen Krieg, einen Dritten Weltkrieg zu nehmen. Im Gegensatz zu 1918 sollte das Ende des einen Krieges nicht der Vorbote eines anderen sein. Deshalb sollte auch jegliche Erinnerung an die eigene militärische, kriegerische Vergangenheit ausgelöscht werden. Die Alliierten wollten die Deutschen »in eine geistige Welt versetzen, in welcher der Krieg keinen Platz hatte[200]«.

Von Anfang an bemühten sich die Alliierten, den verbrecherischen Charakter des nationalsozialistischen Krieges und seine Folgen in Film und Foto zu dokumentieren und den besiegten Deutschen zwangsweise vor Augen zu führen. Anders gesagt: Indem sie ihre eigenen Repräsentationen der unmittelbaren Vergangenheit produzierten und öffentlich verbreiteten, deren visuell-sprachliche Textur den Deutschen eine Sinnstiftung aufdrängen sollte, die in der Sinnlosigkeit der gezeigten Verbrechen und Kriegsfolgen bestand, wollten die Alliierten ein Schuldgefühl wecken, das sie als emotionale Voraussetzung für die Entmilitarisierung vermissten. »Wir haben nichts gewusst! Wir haben nichts gewusst!« Diese häufigen Beteuerungen kamen ausländischen Besuchern wie der US-amerikanischen Fotojournalistin Margaret Bourke-White im April 1945 »wie eine deutsche Nationalhymne«[201] vor. Um die Deutschen von ihrer Verantwortung zu überzeugen, verbreiteten die britischen und amerikanischen Besatzungsmächte Zeichnungen, Fotodokumentationen und Filme von der

198 FRUS, Conference of Berlin 1945, vol. I, S. 605, vol. II, S. 1008–1023, zit. nach Wettig, Entmilitarisierung und Wiederbewaffnung, S. 103.

199 Besatzungsstatut zur Abgrenzung der Befugnisse und Verantwortlichkeiten zwischen der zukünftigen deutschen Regierung und der Alliierten Kontrollbehörde vom 10. Mai 1949.

200 Wettig, Entmilitarisierung und Wiederbewaffnung, S. 105.

201 Bourke-White, Deutschland, April 1945, S. 90.

Befreiung der Konzentrationslager und zwangen die Bevölkerung, sich die Lager anzusehen und, in manchen Fällen, die Toten zu begraben[202].

Die narrative Vergegenwärtigung der Kriegsvergangenheit wurde ab dem Kriegsende auch visuell geprägt. Die Fotoaufnahmen der Briten und Amerikaner – vor allem des U.S. Army Signal Corps – sowie die Bilder deutscher Fotografen prägten Scham und Schuldgefühl, hielten aber auch das Leiden der Deutschen fest. Die Perspektive bestimmte im Wortsinn die Bedeutung[203]. Die alliierten Soldaten dokumentierten mit ihren Bildern ihren Auftritt als Befreier. Ihre Bilder von der geschlagenen Wehrmacht, von deutschen Kriegsgefangenen, zerstörten Städten und den Leichenbergen in Konzentrationslagern, von ausgezehrten Körpern, geschorenen Köpfen und ausgemergelten Gesichtern – die durch ihre Reproduktion in Zeitungen und Zeitschriften, Büchern und Ausstellungen längst zu »Ikonen der Vernichtung« geworden sind[204] – ließen keinen Zweifel daran, dass der militärische Sieg auch ein moralischer war. Die Botschaft der Bilder lautete nicht zuletzt, dass *die* Deutschen an den Verbrechen schuld seien und die Verantwortung übernehmen müssten; die visuelle Konfrontation würde diesen Prozess – »the German question« – mit auslösen. Diese Erwartung unterstrich die Veröffentlichung der Fotos in amerikanischen Magazinen wie *Illustrated* und *Life*. Die Bilder zeigten auch, wie Deutsche, deutsche Frauen vor allem, Leichen ausgruben, aufeinander stapelten und verbrannten. Die Gewalterfahrungen der Deutschen dagegen interessierte die Fotografen, namentlich die des amerikanischen Signal Corps, kaum. Die Bilder leisteten der Schwarz-Weiß-Malerei Vorschub; zwischen Gut und Böse schien eine klare Linie zu laufen. Dieses weitgehende Ausblenden von Ambivalenzen hatte früh Konsequenzen für die Erinnerung der Deutschen[205]. Umgekehrt legten deutsche Fotografen, darunter viele Remigranten, im Auftrag der kommunalen Verwaltungen Wert darauf, das Chaos der Trümmer und Flüchtlingstrecks den Alliierten und ihrer Deutschlandpolitik in Jalta und Potsdam zuzuschreiben[206].

Allerdings hatten die Fotografen im Moment der Aufnahme keine totale Kontrolle über ihr Bild und hielten unfreiwillig Mehrdeutigkeiten und Widersprüche fest; Fotos von »Ausgebombten« und Flüchtlingen erzählten in der Regel nicht nur die eine Geschichte, auf die eine Fotografin wie Bourke-White durch die Bildunterschrift in

202 Barnouw, Ansichten von Deutschland (1945); Brink, Ikonen der Vernichtung; Marcuse, Legacies of Dachau; Marcuse, Das ehemalige Konzentrationslager Dachau, S. 182–205; Culbert, American Film Policy; Dubiel, Niemand ist frei, S. 71; Frei, »Wir waren blind, ungläubig und langsam«; Abzug, Inside the Vicious Heart; Zelizer, Remembering to Forget; Chamberlain, »Todesmühlen«; Hoenisch, Film as an Instrument of the U.S. Reeducation Program.

203 Zur politischen Funktion der Fotos: Knoch, Die Tat als Bild. Zur Rolle von Bildern in der Konstruktion von Wirklichkeit vgl. mit weiterführender Literatur: Visual History.

204 Brink, Ikonen der Vernichtung.

205 Barnouw, Ansichten von Deutschland (1945).

206 Ebd., S. 136–198 (Kap. 3). Vgl. Andreas-Friedrich, Schauplatz Berlin auch u.d.T. Der Schattenmann. Pabel, der zuvor als Fotograf einer Propagandakompagnie gearbeitet hatte, war 1945 einer der Initiatoren der Kindersuchaktion des Roten Kreuzes; später arbeitete er für die Illustrierte Quick und in den sechziger Jahren für den Stern. Vgl. die Sammlung von Pabel, Jahre unseres Lebens.

der Publikation verwies, sondern ließen auch konkurrierende Deutungen zu[207]. Das Medium verweigerte sich gelegentlich der Distanz, die der Außenstehende zu den fotografierten Deutschen schaffen wollte. Der distanzierte Blick und der Eindruck einer Inszenierung des Motivs gaben dem Bild auch etwas Voyeuristisches, was seine pädagogische Wirkung schmälerte. Deutsche Fotografen (und Journalisten) dagegen wie Ruth Andreas-Friedrich, Friedrich Seidenstücker und Hilmar Pabel führten in emotionalen Bildern die körperlich und seelisch geschädigten Wehrmachtsoldaten vor Augen, die aus sowjetischer Gefangenschaft zurückkehrten und feststellen mussten, dass ihre Angehörigen geflohen oder womöglich im Feuersturm verbrannt waren – »Heimkehr« als eine archetypische Szene der unmittelbaren Nachkriegszeit. So zeigte beispielsweise eine Aufnahme einen in sich zusammengesunkenen Mann auf der Bank einer Haltestelle, barfuß, den Kopf auf beide Arme gestützt, im dreckigen Feldgrau. Der äußerliche Kontrast dieses zerrissenen, verletzlich und deprimiert wirkenden menschlichen Wracks zu den GIs in ihren schicken Uniformen unterstrich das Elend dieser Männer[208]. Auch die Soldaten-Bilder zeigen, wie sich das Medium der eindeutigen visuellen Botschaft entzieht: Fotos von Wehrmachtsoldaten, die Pabel als Kriegsfotograf während des Krieges für *Signal* geschossen hatte, fanden sich in einem Bildband der Nachkriegszeit wieder – mit geändertem Untertitel[209]. Die in Bildbänden eingenommene Deutungsperspektive prägte auch die kollektiven Repräsentationen der Nachkriegszeit. Bilder von zerstörten Städten, verzweifelten Menschen zwischen den Ruinen und Frauen und Männern, die Steine schleppten, aufräumten und aufbauten schufen eine visuelle Synthese von Zerstörung und Wiederaufbau, von Leiden und Leistung.

Die Fotos von unvorstellbaren Gräueltaten erzwangen die grauenhafte Vorstellung. Bildunterschriften stellten Zusammenhänge her. So kommentierte Bourke-White ein Foto, das »die braven deutschen Nachbarn« des KZ Buchenwald bei der von General George Patton erzwungenen Besichtigung zeigt (siehe Abb. auf S. 114), mit dem Hinweis, das auch Dwight D. Eisenhower das Lager besucht habe: »er war danach nicht mehr bereit, mit deutschen Generälen zu sprechen[210].«

Die Deutschen, die diese Bilder zu sehen bekamen, zeigten sich entsetzt, leugneten aber in der Regel eine Verbindung zur eigenen Person. Die Betrachter lasen die Bilder anders, als es die Alliierten erwartet hatten – weshalb die »optische Entnazifizierung« scheiterte[211]. Bereits diese frühen medialen Darstellungen der Szenerie des Kriegsendes und der Situation der ehemaligen Soldaten zeigen nicht nur, wie früh die Deutung der Vergangenheit einsetzte, sondern auch, dass diese Bemühungen um Deutung und Identität von Anfang an durch eine Vielschichtigkeit gekennzeichnet waren, die mit dichotomischen Konzepten, die mögliche Verhaltensweisen auf die

207 In der Widersprüchlichkeit sieht Brink, Ikonen der Vernichtung, den Ausdruck der Ereignisse, weshalb der Zusammenhang von Bildproduktion, Veröffentlichung und Rezeption zu untersuchen sei. Erst der Publikationsort (Bildband, Zeitung, Plakat, Gerichtssaal etc.) einschließlich der Bildtexte entscheidet über die Lesart.

208 Barnouw, Ansichten von Deutschland (1945), S. 340, Abb. 20.

209 Ebd., S. 179–183.

210 Bourke-White, Deutschland, April 1945, Abb. 61.

211 Zu diesem Ergebnis gelangt Brink, Ikonen der Vernichtung.

Die Befreiung des Konzentrationslagers Buchenwald: Deutsche werden von amerikanischen Truppen gezwungen, die Naziverbrechen zu betrachten, die nicht weit von ihren Wohnungen begangen wurden, April 1945. Foto: Margaret Bourke-White.
gettyimages/Margaret Bourke-White

Alternative von Verantwortung vs. Verdrängung reduzieren, nicht zu fassen ist[212]. Zudem überzeugte das die meisten Deutschen nicht[213]. Sie hielten dagegen: Zum einen, lautete das Argument, könne man nicht die Schuld für etwas auf sich nehmen, von dem man nichts gewusst habe; zum anderen impliziere der Vorwurf mitgemacht zu haben, dass man auch anders hätte handeln und sich widersetzen können, was jedoch an der Realität der NS-Diktatur vorbeigehe[214].

212 Vgl. hier nur die Kritik von Confino, Traveling as a Culture of Remembrance.
213 Janowitz, German Reactions to Nazi Atrocities, S. 141–146.
214 Vgl. Foschepoth, Zur deutschen Reaktion auf Niederlage und Besatzung.

So blieb die visuelle Botschaft der gezielt eingesetzten Repräsentationsformen ambivalent. Die Entmilitarisierungspolitik konzentrierte sich denn auch auf die im besetzten Deutschland vorgefundene unmittelbar wahrnehmbare Überlieferung, die zwischen den Deutschen und ihrer Vergangenheit stand. Deren Textur und deren symbolische Selbstdarstellung galt es zu prüfen und gegebenenfalls zu ändern, um auf die Imagination von Krieg und Militär im Sinne des Entmilitarisierungsprogramms einzuwirken. Was bedeutete das in der sozialen und kulturellen Praxis? Entmilitarisierung war in hohem Maße Symbolpolitik. Alles, was den Weltkrieg und die Wehrmacht in einer positiven, womöglich glorifizierenden Art und Weise öffentlich »repräsentierte«, sollte aus dem Straßenbild verschwinden. Das betraf alle vier Bedeutungsschichten der Repräsentation: die materielle Überlieferung, ihre visuelle Struktur wegen der dem Betrachter angebotenen Sinnstiftung, die Praxis der symbolischen Darstellung und schließlich die Imagination, das Militärische in den Köpfen. Mit dem Verbot der Wehrmachtuniform zielten die Alliierten in einen zentralen Symbolbereich des Militärischen. Die Uniform erinnerte an die »militarisierte Volksgemeinschaft« des Dritten Reiches, in der Uniformen aller Art das Straßenbild geprägt, Zugehörigkeit, Loyalität, Disziplin und nicht zuletzt gesellschaftliche Bedeutung und den (militärischen) Rang des Uniformträgers signalisiert hatten. Soldaten waren Männer, die Uniform trugen; umgekehrt trug die Uniform zur Männlichkeit bei in einer Zeit, in der diese durch die Attribute eines heroischen Soldatenbildes definiert wurde. Nichts symbolisierte nach innen wie nach außen die »Gleichschaltung« und Stärke der »Volksgenossen« mehr als uniformierte Massen im Gleichschritt. Entgegen ersten Plänen insbesondere der Franzosen, die Wehrmachtuniform ganz zu verbieten, untersagte der Alliierte Kontrollrat Ende August 1945 schließlich das Tragen von militärischen und paramilitärischen Uniformen in ihrer ursprünglichen Farbe sowie von Orden und Abzeichen ab dem 1. Dezember 1945. Diese Kleiderordnung wurde im September 1949, als die Diskussion über die Wiederbewaffnung Fahrt aufnahm, durch die Alliierten Hochkommissare bekräftigt; bei einem Regelverstoß drohten bis zu fünf Jahre Haft[215].

Angesichts der erläuterten kollektiven Erfahrungschancen des Militärs überrascht es kaum, dass viele entlassene Soldaten gar kein Interesse daran hatten, ihre alte Uniform länger als nötig zu tragen, war sie doch für jedermann ein unmissverständliches Signum der militärischen Niederlage. Statt der Stärke symbolisierte sie die Schwäche des Mannes. Der Träger selbst mochte froh sein, durch den Wechsel in zivile Kleidung nicht auch noch durch das Feldgrau täglich an die Gewalterfahrungen erinnert zu werden. Insbesondere die ehemaligen Soldaten, die zur Wehrmacht eingezogen worden waren, freuten sich darauf, wieder ihre »normalen« Sachen anziehen zu können; die neue Kleiderordnung kam dem Wunsch der Betroffenen entgegen, zumal sie so in der unmittelbaren Nachkriegszeit keine öffentlichen Anfeindungen provozierten. So färbten viele die feldgrauen Uniformen oder Uniformreste, um die wertvollen Textilien nutzen zu können. Auch wenn die Todesstrafe nicht drohte:

---

215 Vgl. mit weiterführender Literatur: Nawyn, »Striking at the Roots of German Militarism«, S. 289–317.

»It's dye or die«, färben oder sterben, notierte ein britischer Journalist angesichts der Menschenschlangen vor den Färbereien[216].

Zu einem Problem für die Alliierten wurde die Uniformfrage jedenfalls nicht. Ohnehin konnte es sich zunächst kaum jemand leisten, das »Ehrenkleid« für spätere Zeiten aufzubewahren, statt es einzufärben und weiter zu nutzen. Allerdings ließ auch die (wie man heute sagen würde) »umgenutzte« Uniform noch an die Wehrmacht denken – so wie der zum Kochtopf mutierte Stahlhelm.

Wie ein Zerrbild schienen dagegen die rund 300 000 GIs, die am Ende des Zweiten Weltkrieges in Deutschland stationiert waren, in ihrer »lässigen« Uniform die Disziplin der Wehrmacht zu bekräftigen, in der auf ein »korrektes« Erscheinungsbild Wert gelegt wurde – so jedenfalls dachte, wer sich über die GIs lustig machte. Amerikanische Soldaten waren uniformierte Zivilisten, keine Soldaten, wie die Deutschen sie kannten. Selbst zivilen Opfern des Regimes kam der Vergleich in den Sinn[217]. Wenn die Militärreformer der Adenauer-Regierung wenige Jahre später den »Bürger in Uniform« zum Leitbild einer westdeutschen Armee erhoben, konnten sie an die Begegnung mit der amerikanischen Variante eines vergleichsweise zivilen Soldatenbildes anknüpfen. Inwieweit dies auch äußerlich, durch eine neue Uniform, zum Ausdruck gebracht werden sollte, wird weiter unten zu klären sein.

Auf die Praxis-Dimension der Repräsentation zielte eine weitere Form der Darstellung von Soldaten, Waffen und Ausrüstung: die öffentliche Zeremonie der Militärparade. Die Aufstellung von Truppenteilen im öffentlichen Raum, ihre »Abnahme« durch einen ranghohen Offizier oder Politiker, das Defile im Gleichschrittt zu den Klängen von Marschmusik blieben den Deutschen als Ausdruck des »Militarismus« strikt verboten, gehörten jedoch auch in den Besatzungszonen zur militärischen Praxis der Alliierten. Die Parade zu besonderen Anlässen sollte den deutschen Zuschauern und Zeitungslesern demonstrieren, wer den Krieg gewonnen und wer ihn verloren hatte. Die Praxis der Repräsentation diente hier erkennbar dazu, soziale Differenzen zu markieren. Die symbolische Selbstdarstellung schuf ganz konkret einen Kontrast zwischen dem Strahlen der Sieger und dem verblassten Glanz der Besiegten. Doch die Reaktionen auf deutscher Seite fielen unterschiedlich aus: Die einen waren beschämt, andere erfreuten sich an den farbenfrohen Formationen im gewohnten Stil, wieder andere monierten die Doppelmoral der Besatzer. Als etwa die Alliierten am 7. September 1945 zur Feier des ersten Jahrestags der Landung in der Normandie in Berlin eine Militärparade abhielten, zeigten sich die Deutschen wenig interessiert. Wie der Civil Affairs Officer John J. Maginnis beobachtete, standen

---

216 Wettig, Entmilitarisierung und Wiederbewaffnung, S. 106.

217 Victor Klemperer beispielsweise – auf den Nawyn, »Striking at the Roots of German Militarism«, S. 328, verweist – notierte im Mai 1945 über die amerikanischen Soldaten in München: »Im Übrigen machen die Amerikaner weder einen bösartigen noch einen hochmütigen Eindruck. Sie sind überhaupt keine Soldaten im preußischen Sinn. Sie tragen keine Uniformen, sondern Monteuranzüge, Overalls oder Overall-ähnliche Kombinationen [...], sie tragen kein Seitengewehr, nur eine kurze Flinte oder einen langen griffbereiten Revolver, der Stahlhelm sitzt ihnen bequem wie ein Zivilhut auf dem Kopf, nach vorn oder hinten gerückt, wie es ihnen paßt [...] Marschieren habe ich noch nicht die kleinste Gruppe sehen: alle fahren [...] Auch der Verkehrsschutzmann hat nicht die straffe Haltung und Bewegung des Deutschen. Er raucht im Dienst [...]. Klemperer, Ich will Zeugnis ablegen, Bd 8, S. 789.

viele Alliierte, aber nur wenige Deutsche am Straßenrand, als rund 1000 Soldaten und 50 Militärfahrzeuge bei bestem Wetter vom Pariser Platz zum Tiergarten fuhren, vorbei an Tribünen mit alliierter Prominenz wie den Sieger der Schlacht um Berlin und Oberkommandierenden der Westgruppe der Roten Armee, Georgi K. Šukov, während Margaret Bourke-White das Ereignis für die amerikanische Presse fotografisch dokumentierte – und so für das Publikum in den USA auf neue Weise »repräsentierte«[218].

Problematischer als das Verbannen feldgrauer Uniformen, Orden und paradierender Soldaten aus dem öffentlichen Raum war der Umgang mit der monumentalen Repräsentation von Krieg und Militär: den Denkmälern. Die Kontrollrats-Direktive Nr. 30 vom 13. Mai 1946 sah vor, »deutsche Denkmäler und Museen militärischen und nationalsozialistischen Charakters« zu verbieten – eine weit gefasste Interpretation von »Militarismus«. Danach waren ab sofort untersagt: »die Planung, der Entwurf, die Errichtung, die Aufstellung und der Anschlag oder die sonstige Zurschaustellung von Gedenksteinen, Denkmälern, Plakaten, Statuen, Bauwerken, Straßen- oder Landstraßenschildern, Wahrzeichen, Gedenktafeln oder Abzeichen, die darauf abzielen, die deutsche militärische Tradition zu bewahren und lebendig zu erhalten, den Militarismus wachzurufen oder die Erinnerung an die nationalsozialistische Partei aufrechtzuerhalten, oder ihrem Wesen nach in der Verherrlichung von kriegerischen Ereignissen bestehen.« Sämtliche bestehenden Gedenksteine et cetera waren bis zum 1. Januar 1947 vollständig zu zerstören und zu beseitigen. Die vermutete Militarisierungsfunktion von Denkmälern war jedoch zeitlich begrenzt. Denkmäler aus der Zeit vor dem 1. August 1914, dem Beginn des Ersten Weltkrieges, blieben von der Säuberung verschont. In der Direktive wurde dazu Militarismus folgendermaßen definiert: »Die Ausdrücke ›militärisch‹ und ›Militarismus‹ sowie der Ausdruck ›kriegerische Ereignisse‹ im Sinne dieser Direktive beziehen sich auf Kriegshandlungen nach dem 1. August 1914 zu Lande, zu Wasser oder in der Luft und auf Personen, Organisationen und Einrichtungen, die mit diesen Handlungen in unmittelbarem Zusammenhange stehen.«

Ebenso blieben jene Gegenstände ausgespart, wenn sie »von wesentlichen Nutzen für die Allgemeinheit oder von großem architektonischen Wert« waren oder wenn durch die »Entfernung der zu beanstandenden Teile oder durch anderweitige Maßnahmen der Charakter einer Gedenkstätte wirksam ausgemerzt« werden konnte. Ausgenommen blieben auch Einzelgrabsteine und Gedenksteine, die einzig dem Gedenken an die Gefallenen regulärer Truppen dienten – mit Ausnahme also der paramilitärischen Verbände der SS und Waffen-SS – und die durch ihre Architektur, ihre Ausschmückung und ihre Inschriften weder eine militaristische Haltung förderten noch an die NSDAP erinnerten. Auch hier konnten bestehende Gedenk- und Grabsteine so verändert werden, dass die »anstößige[n] Merkmale« beseitigt wurden. Das bewahrte zahlreiche Kriegerdenkmäler des Ersten Weltkrieges vor der Zerstörung, wenngleich sie mehr oder weniger ausdrücklich an die Überwindung des Versailler Vertrages erinnerten oder die Hoffnung auf ein militärisches Wiedererstarken der deutschen Nation zum Ausdruck brachten. Gegebenenfalls konnten Denkmäler ent-

[218] Maginnis, Military Government Journal, S. 294–296.

sprechend verändert werden[219]. Die Direktive wurde am 5. Mai 1955 per Gesetz der Hohen Alliierten Kommission aufgehoben. In der Begrifflichkeit Chartiers: Die Alliierten definierten so einen kritischen Bestand an materiellen Überlieferungen, der nach Kriegsende zwischen der (militärischen) Vergangenheit und dem Betrachter stand, räumten zugleich die Möglichkeit der Manipulation seiner visuellen und sprachlichen Struktur ein, sodass dem Betrachter künftig Muster der Sinnstiftung angeboten wurden, die den normativen Vorgaben der Alliierten entsprachen, um auf diese Weise die Repräsentation als eine Vorstellung, die auf dem Zusammenspiel von materieller Überlieferung, Textur und Deutungsvorgaben beruht, im Sinne der Entmilitarisierung zu ändern.

Die Entmilitarisierungspolitik der Alliierten sorgte auch im Fall des monumentalen Kriegsgedenkens für Diskussionsstoff und Handlungsbedarf unter den Deutschen. Nicht nur in den Landesämtern für Denkmalpflege, sondern auch in der Presse wurde debattiert. Denkmäler mussten erfasst, auf ihr »militaristisches« Erscheinungsbild einzeln geprüft und eventuell entfernt oder den neuen erinnerungspolitischen Vorgaben angepasst werden. Im Einzelfall war zu entscheiden, wofür das Motiv des Stahlhelms oder des sterbenden Soldaten stand: für die Trauer um den Gefallenen oder die Mahnung, den Kampf nach dem »Schandfrieden« weiterzuführen? Hier zeigte sich, dass die politische Aussage von Kriegerdenkmälern und ihre politisch-moralische Beurteilung auch deshalb variierten, weil die jeweiligen Betrachter über ein unterschiedliches kulturelles Wissen verfügten und unterschiedliche Maßstäbe anlegten. Die Bildsprache des Kriegerdenkmals gab einen Interpretations*rahmen* vor, der in dem spezifischen politisch-kulturellen Kontext der Nachkriegszeit, angesichts der Erfahrungen des totalen Krieges und der Entmilitarisierungspolitik der Alliierten, neue Bedeutung(en) erhielt, die nicht selten im Gegensatz zu den älteren, positiven Aussagen standen[220].

Auch die Umbenennung von Straßen führte zu Kontroversen, auf alliierter wie deutscher Seite[221]. Welche Personen der Geschichte als »militaristisch« einzustufen waren und als Namensgeber nicht mehr in Frage kamen, war nicht zuletzt dort unklar, wo die Namen prominenter Militärs auf dem Straßenschild standen. Selbst Politiker wie Bismarck waren demjenigen ein Dorn im Auge, der sie für die Weltkriege mit verantwortlich machte. Die Entmilitarisierung der Buchgeschäfte und Bibliotheken schließlich war schon deshalb besonders heikel, weil das Bücherverbot unmittelbar an die nationalsozialistische Praxis denken ließ. An ihrem Ziel, das deutsche Kulturleben von kriegs- und militärverherrlichenden Einflüssen zu befreien, ließen die Alliierten keinen Zweifel. Doch auch auf diesem Feld gab es zu viele Unklarheiten und Zielkonflikte, als dass man von einer stringenten, rigiden Umsetzung der Direktive hätte sprechen können. Zwar wanderten zigtausende Exemplare in die Papiermühlen, doch den Sumpf an Literatur des soldatischen

219 Vgl. zum Folgenden: Nawyn, »Ausrottung des ›Kämpferischen Geistes‹!«; Rosenfeld, Munich and Memory. Zur britischen Kritik an der Zerstörung von Denkmälern des *Ersten* Weltkrieges vgl. PRO, FO 371/55818.

220 Koselleck, Kriegerdenkmale.

221 Zur Straßenumbenennung vgl. für Württemberg-Baden: Nawyn, »Striking at the Roots of German Militarism«, S. 356–364.

Nationalismus, der in der ersten Hälfte des 20. Jahrhunderts entstanden war, konnten die Alliierten nicht austrocknen. So blieb vor allem der Privatbesitz unangetastet, und auch die Forschungsbibliotheken fielen durch das Raster der Säuberung. Schon deshalb mangelte es in den fünfziger Jahren nicht an älteren Exemplaren eines literarischen Genres, das den Krieg und das Soldatentum glorifizierte oder auf die »handwerkliche« Dimension reduzierte und auf die Technikbegeisterung seiner (jungen) Leser setzte[222].

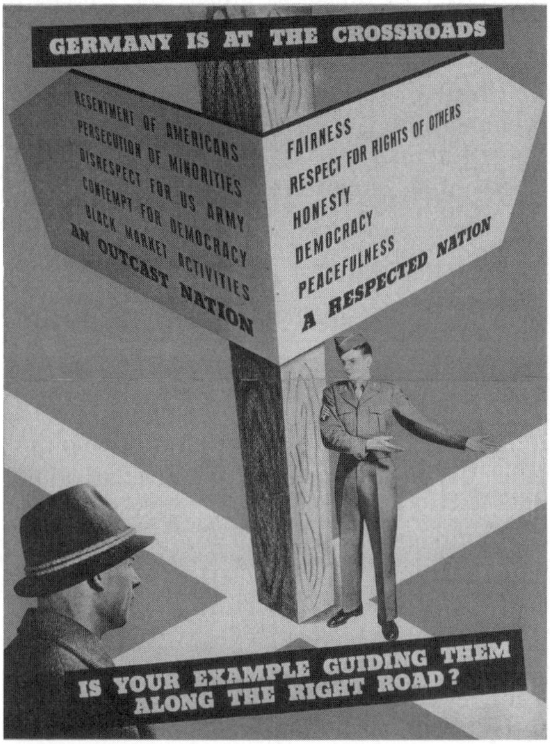

Germany is at the Crossroads. Amerikanisches Plakat zur »Reeducation«. U.S. Army, Amerikanische Besatzungszone, um 1947.
Stiftung Haus der Geschichte der Bundesrepublik Deutschland

Die Auseinandersetzung mit Krieg und Militär im Zuge der Entmilitarisierung litt unter einem offenkundigen Widerspruch, sollten die Deutschen doch durch eine militärische Besatzung entmilitarisiert werden. Ganz so wie schon die Zeitgenossen das Paradoxon der quasi-diktatorischen Einführung einer Demokratie aufs Korn nahmen, blieb ihnen auch der Widersinn der militärischen Entmilitarisierung nicht verborgen. Folgte der Wertewandel nicht dem Prinzip von Befehl und Gehorsam? Und waren nicht (wieder) die Soldaten gegenüber den Zivilisten des besetzten Landes in einer privilegierten Position? US-Soldaten wiesen deutschen Zivilisten den entmilitarisierten Weg zu einer neuen, friedlichen Gesellschaft. Ein Plakat zur Umerziehung bildete 1947 diesen Gegensatz augenfällig ab: An einer Weggabelung steht unter einem Schild, das die Deutschen – wie die Aufschriften unschwer er-

[222] Ebd., S. 389–400, 410–416.

kennen lassen – nach links in die falsche, nach rechts in die richtige Richtung weist, ein GI, der einem Mann mit Hut den im Wortsinn »rechten« Weg zur Aufnahme der Deutschen in die Staatengemeinschaft zeigt. Deutschland befindet sich, wie die Plakatüberschrift signalisierte, an einem Scheideweg. Die Botschaft richtete sich jedoch auf Englisch an die Besatzungskräfte: »Is your example guiding them along the right road[223]?« Militär wies den Weg zur »peacefulness«.

Deshalb und wegen der mangelnden Kohärenz des Programms fiel die Botschaft der Entmilitarisierung keineswegs eindeutig aus. Einerseits öffnete die Unschärfe der Definitionen den deutschen Entscheidungsträgern einen Handlungsspielraum, sodass zum Beispiel Kriegerdenkmäler und Gedenktafeln aus der Zeit vor 1914 von den visuellen Säuberungen verschont blieben. Mangelnde Klarheit bedeutete ja auch mehr Flexibilität gegenüber den Vorstellungen und Wünschen der deutschen Seite. Andererseits ließen weder die jahrelange Internierung der Wehrmachtelite (infolge des »automatischen Arrests«, der Verhaftung ohne Einzelfallprüfung, der nicht kriegsgefangenen Generalstabsoffiziere) noch das Streichen der Pensionen – beides gemäß der Direktive JCS 1067 –, noch die ungebrochene Antimilitarismus-Rhetorik den geringsten Zweifel daran, wie ernst es den westlichen Alliierten damit war, der (vermuteten) Gefahr des militärischen Widerstandes gegen die Besatzungsherrschaft zu begegnen[224].

In der Praxis amerikanischer Entmilitarisierungspolitik lassen sich zwei Phasen unterscheiden[225]. In den ersten zwei Jahren entwickelte sie sich von unkoordinierten Anfängen noch während der Besetzung zu einer halbwegs systematischen konzertierten Aktion mit detaillierten Vorgaben der amerikanischen Militärregierung und allgemeiner gehaltenen Kontrollrats-Direktiven, die zu einer Reihe von Maßnahmen auf unterschiedlichsten Gebieten von Kultur und Gesellschaft führte, auch wenn dem nie eine Konzeption aus einem Guss zugrunde lag. Die Praxis der »materiellen« Entmilitarisierung wie das Entfernen »militaristischer« Literatur, Straßennamen und Denkmäler kam Mitte 1947 zu einem Ende. In einer zweiten, bis Mitte 1949 währenden Phase hatten die Vertreter der Militärregierung in den Städten und Gemeinden und in den Ländern Entscheidungen auf der Grundlage des eingeführten und nicht weiter veränderten Regelwerks zu fällen: über die Gründung von Sportvereinen, die Genehmigung von Paraden oder die Einführung neuer Schulbücher. Hier wirkten sie häufig gemeinsam mit deutschen Entscheidungsträgern vor Ort, die sie ihrerseits in Militarismus-Angelegenheiten berieten.

In dieser Akzentverschiebung von der Intervention zur Überwachung kam der allgemeine, 1946/47 einsetzende Umschwung der Besatzungspolitik zum Ausdruck, der die Weichen für den Wiederaufbau und das Wiedererlangen der (west)deutschen Souveränität stellte und im Juli 1947 in der neuen Direktive JCS 1779 festgeschrie-

---

223 Ein Exemplar des Plakats befindet sich im Haus der Geschichte (Bonn), EB-Nr.: 1994/04/0331. Das Schild kontrastierte im Einzelnen »Resentment of Americans / Persecution of Minorities / Disrespect for US Army / Contempt for Democracy / Black Market Activities / AN OUTCAST NATION« mit »Fairness / Respect for Rights of others / Honesty / Democracy / Peacefulness / A RESPECTED NATION«.

224 Nawyn, »Striking at the Roots of German Militarism«, S. 504 f.

225 Vgl. für Südwestdeutschland: Ebd., S. 497.

ben wurde. Nicht, dass die Amerikaner zunächst allein auf Vergeltung und Bestrafung aus gewesen wären. Die Triebfeder ihrer Entmilitarisierungspolitik lag von Anfang an in der Entschlossenheit, durch die materielle und geistige Entwaffnung der Deutschen den Frieden zu sichern. Dazu wurden bis zum Ende der Besatzungszeit die wesentlichen Entmilitarisierungsziele konsequent verfolgt; viele konkrete Ziele wurden bereits 1947 erreicht. Die Verherrlichung des Zweiten Weltkrieges und der Wehrmacht blieben untersagt. Ob die Amerikaner aufgrund der Fraternisierung mit den Deutschen, vor der sexuellen Beziehung zu den deutschen »Fräuleins«, zwischenzeitlich ein »weibliches« Bild von den Deutschen entwickelt hatten, welches das ältere von dem »männlichen«, des kriegslüsternen Soldaten ablöste und die Deutschen auch in den Augen der GIs eher als Opfer, denn als Täter erscheinen ließ, sei dahingestellt[226]. Auch nach Gründung der Bundesrepublik hatten die Westalliierten ein Auge auf militärnahe Umtriebe, etwa der Veteranenorganisationen[227]. Die kulturelle Landschaft hatte sich erkennbar gewandelt. Manche Kriegerdenkmäler waren verschwunden, andere »entschärft« worden; Kriegs- und Militärliteratur, wie sie nach 1918 geboomt hatte, war in den Buchregalen der Büchereien und Buchgeschäfte kaum noch zu finden; in den Museen waren die alten Waffen und Großgeräte ins Depot verlagert, und auch das westdeutsche Vereinsleben hatte nach einer »Zivilisierungskur« seinen häufig paramilitärischen Charakter weitgehend abgelegt. Ehemalige Wehrmachtsoldaten hatten ihren Weg ins zivile Berufsleben gefunden: als Beamte im öffentlichen Dienst, als Journalisten und Verleger oder in der Wirtschaft beispielsweise[228]. Elegante Uniformen trugen die anderen.

Doch Entmilitarisierungspolitik war nicht nur Symbolpolitik. Zur Umerziehung der »Militaristen« gehörten vielmehr die justizielle Aufarbeitung des Krieges und die Verurteilung der militärischen Elite in den ersten Nachkriegsjahren.

c) Repräsentation als Rechtsproblem: Die militärische Führung vor Gericht 1945/46

Die öffentliche Verhandlung des Krieges und der Rolle der Wehrmacht vor Gericht, insbesondere vor dem Internationalen Militärgerichtshof (International Military Tribunal, IMT) in Nürnberg 1945/46, formte einen spezifischen, wirkungsmächtigen Kontext für deren kollektive Repräsentationen. Anhand der vier Bedeutungsschichten des Leitbegriffs lässt sich das wie folgt präzisieren. Erstens wurden im Zuge der Vorbereitung des Verfahrens Zigtausende von Dokumenten sichergestellt, in Nürnberg zusammengeführt und im Laufe des Prozesses auf den Tisch gelegt oder auf die Leinwand projiziert. Diese materiellen Überlieferungen repräsentierten den Krieg unmittelbar, sie standen zwischen Vergangenheit und Gegenwart. Zweitens wurde über ihre Textur, die schriftlich oder bildlich fixierten Inhaltsstrukturen und ihre Sinnangebote, im Gerichtssaal verhandelt. Durch das Zusammenspiel der Überlieferungen, ihrer visuellen und sprachlichen Struktur so-

226 So argumentiert Goedde, GIs and Germans.
227 Vgl. Glaser, Das Militärische Sicherheitsamt.
228 Vgl. die Zusammenfassung bei Nawyn, »Striking at the Roots of German Militarism«, S. 500.

wie ihrer Wahrnehmungen schälten sich drittens bestimmte Vorstellungen vom Krieg und von der Wehrmacht heraus, die den imaginären Ort des deutschen Militärs in der Nachkriegsgesellschaft bestimmten. Das Gerichtsverfahren und vor allem die ausführlichen Prozessberichte in der Lizenzpresse schließlich können – das ist die vierte Bedeutungsschicht – als Praxis der kollektiven Repräsentationen verstanden werden. Diese Praxis markierte soziale Differenzen, indem sie Teile des deutschen Militärs als Kriegsverbrecher verurteilte und weitere Angehörige der Wehrmacht, wenn nicht die Wehrmacht als Institution, unter Verdacht stellte und sie so von der deutschen Zivilbevölkerung wie auch von den Alliierten abgrenzte. Die Auseinandersetzung über die »Repräsentationen« als Vorstellung, die Anklage und Verteidigung strategisch zu steuern suchten, und die durch die Medien aus dem Gerichtssaal in die zunächst »lizenzierte« Öffentlichkeit getragen wurde, schuf über mehrere Jahre ein zentrales Forum der gesellschaftlichen Selbstverständigung über den Platz des Militärischen, die als eine Antriebskraft der »inneren Demokratisierung« gewirkt hat.

Unter *diesen* Gesichtspunkten vor allem soll es im Folgenden um die strafrechtliche Dimension der Entmilitarisierung und ihrer Folgen für den Wertewandel in Westdeutschland bis Mitte der fünfziger Jahre gehen. Nicht dem Prozess vor dem Internationalen Militärgerichtshof in Nürnberg als solchem gilt das primäre Interesse, sondern zum einen der Frage, welches (negative) Bild des Krieges und der Wehrmachtführung die Anklagevertreter mit Dokumenten und Zeugenaussagen entwarfen, zum anderen mit welchen Deutungs- und Argumentationsmustern die Verteidigung darauf reagierte, schließlich, wie sich diese Vorstellungen als kollektive Repräsentationen in den Printmedien widerspiegelten. Nebenbei lässt sich prüfen, inwiefern die eingangs idealtypisch geschilderten »Erfahrungschancen« der Soldaten im »Vernichtungskrieg« zu den konkreten Aussagen der Zeugen »passen«.

Rechtsproblematik und Anklage

Viele amerikanische und britische Soldaten standen den Gräueltaten zum ersten Mal gegenüber, als sie die ersten Konzentrationslager befreiten; zu dem Zeitpunkt hatten die sowjetischen Soldaten im eigenen Land längst ein anschauliches Bild von der deutschen Kriegführung gewonnen. Der moralische Druck, die Verbrechen auch strafrechtlich zu ahnden, war in den Staaten der Alliierten stets präsent gewesen und hatte 1942 zu ersten interalliierten Vereinbarungen geführt[229]. In London war die United Nations War Crimes Commission (UNWCC) als ein Gremium von vierzehn Mitgliedern gegründet worden, die am 11. Januar 1944 erstmals tagte. In ihrer Moskauer Erklärung vom 1. November 1943 hatten die Außenminister Großbritanniens, der USA und der Sowjetunion offiziell angekündigt, dass die Hauptverbrecher, deren Verbrechen nicht mit einem bestimmten geografischen Ort verbunden waren, durch ein gemeinsames Urteil der Regierungen der Verbündeten – folglich nicht durch die UNWCC – bestraft würden. Die NS-Propaganda hatte das als eine leere Drohung der Kriegsgegner abgetan[230].

---

229 Vgl. Taylor, Die Nürnberger Prozesse, S. 36–61, zur Londoner Charta, S. 77–102.

230 Vgl. die Zusammenstellung bei Glueck, The Nuremberg Trial, S. 109–113 (Appendix B).

Abgesehen von der Anweisung, den Internationalen Militärgerichtshof zu unterstützen, erhielten die amerikanischen Streitkräfte zunächst keine Direktive für die strafrechtliche Verfolgung von Kriegsverbrechern, sieht man von den militärisch notwendigen Verfahren ab. Im Juni kam jedoch eine zuvor in Paris gegründete Expertengruppe für Kriegsverbrechen unter der Leitung von Miltäranwalt General E.C. Betts nach Wiesbaden. Zeitgleich ermächtigten die Stabschefs (Combined Chiefs of Staff, CCS) ihre Besatzungstruppen, Menschen zu verhaften, die im Verdacht standen, Kriegsverbrechen begangen zu haben. Die amerikanische 3. und 7. Armee verbrachten ihre Verdächtigen in das ehemalige KZ Dachau bzw. in ein ziviles Internierungslager bei Ludwigsburg. Als die CCS am 19. Juni 1945 das Verbot aufhoben, nationalsozialistische Kriegsverbrecher während des Krieges zu verfolgen und SHAEF anwiesen, mutmaßlich deutsche Kriegsverbrecher bei sogenannten Military Government Courts vor Gericht zu stellen, fanden noch vor Beginn des IMT die ersten Verfahren vor britischen und amerikanischen Kriegsgerichten statt. Für Schlagzeilen sorgte der Prozess in Lüneburg gegen Angehörige des Wachpersonals im KZ Bergen-Belsen (17.9.–17.11.1945)[231]. Im Oktober 1945 standen in Wiesbaden Angehörige des Personals eines Sanatoriums in Hadamar wegen der Ermordung von über 400 polnischen und russischen Männern, Frauen und Kindern zwischen 1944 und 1945 vor Gericht. Da es sich bei den Opfern um Staatsangehörige der Alliierten handelte, wurden die Taten wie in Bergen-Belsen als Kriegsverbrechen behandelt. Die drei leitenden Mitarbeiter wurden zum Tode durch den Strang, die anderen zu langjährigen Gefängnisstrafen verurteilt. Der Prozess war jedoch untypisch. Die meisten folgenden Prozesse vor Militärgerichten betrafen zum einen Verbrechen nach dem Kriegsrecht gegen amerikanische Soldaten, auch die Tötung auf dem Schlachtfeld und die Misshandlung von Soldaten oder Luftwaffenangehörigen, die hinter der deutschen Front abgeschossen und von Deutschen, zumeist Zivilisten, misshandelt worden waren. Zum anderen ging es um die Tötung oder Misshandlung von alliierten Staatsangehörigen in deutschen Konzentrationslagern, die vor allem in Dachau, Buchenwald, Flossenbürg und Mauthausen von amerikanischen Soldaten befreit worden waren.

Das Londoner Viermächte-Abkommen der Alliierten von August 1945 sah vor, durch ein Spezialgericht und auf der Grundlage eines besonderen Gesetzes die Funktionselite des NS-Regimes strafrechtlich zu belangen. Es ging um jene »Hauptkriegsverbrecher [...], für deren Verbrechen ein geographisch bestimmter Tatort nicht gegeben ist«[232]. Dahinter steckte zumindest in der Roosevelt-Adminstration die Absicht, den internationalen Beziehungen einen neuen Rechtsrahmen zu geben. Bisher galt der internationale Rechtsgrundsatz, dass ein Staat über einen anderen keine Strafgewalt besitzt. Die auf Verträgen beruhenden internationalen Beziehungen erlaubten Sanktionen, die sich jedoch gegen den Staat, nicht gegen dessen politische,

[231] Taylor, Die Nürnberger Prozesse, S. 321 f. Autobiografisch auch: Sprecher, Inside the Nuremberg Trial.

[232] Vgl. die deutsche Fassung des Londoner Vier-Mächte-Abkommens vom 8. August 1945, wie sie den Verteidigern zur Verfügung stand, im Anhang bei Taylor, Die Nürnberger Prozesse, S. 742–744, Zitat S. 742.

militärische oder wirtschaftliche Elite richteten, die ihrerseits im Rahmen ihrer eigenen Gesetze souverän handelte. Der Sieger zwingt dem Besiegten seinen Willen auf, hält jedoch kein Strafgericht über jene ab, mit deren Hilfe man nach Friedensschluss einen Wiederaufbau plant.

Das Weltrechtssystem, das der amerikanische Präsident Woodrow Wilson nach dem Ersten Weltkrieg vorgeschlagen und das im Völkerbund seinen institutionellen Ausdruck gefunden hatte, lieferte das Vorbild für die Verurteilung der Angreifer als Kriminelle. Bei der Strafverfolgung führender Nationalsozialisten ging es gleichwohl um ein rechtsgeschichtliches Novum: Der Sieger saß über den Kriegsverlierer im Wortsinn zu Gericht. Wenn schon der Völkerbund den Zweiten Weltkrieg nicht hatte verhindern können, sollte er wenigstens die Täter bestrafen. Dazu bedurfte es der Fiktion, dass das Geflecht zwischenstaatlicher Vereinbarungen über Krieg und Frieden den Charakter eines Strafgesetzes besaß, gegen das zu verstoßen mithin eine Straftat darstellte. Das »Völkerrecht« diente als Ersatznorm, die das zuvor kraft Regelungskompetenz gesetzte nationale Recht erst zu Unrecht werden ließ und Tatbestände schuf, die geahndet werden konnten, ja mussten, obgleich sie zur Tatzeit nicht gegolten hatten. Nullum crimen sine lege: Dieser Rechtsgrundsatz zur Rückwirkung von Gesetzen wurde hier nicht angewendet.

Das »Völkerstrafrecht«, das im War Department unter Henry Stimson entworfen wurde, sah folgende Delikte vor: Verbrechen gegen den Frieden, Verbrechen gegen die Gesetze und Gebräuche des Krieges sowie Verbrechen gegen die Menschlichkeit. Die Hilfskonstruktion »Verbrechen gegen die Menschlichkeit« sollte es möglich machen, den Mord an jüdischen Deutschen, Ungarn, Tschechen, Slowaken, Jugoslawen, Rumänen, Vichy-Franzosen zu sühnen, die als Bürger des eigenen bzw. befreundeter Staaten bis 1945 nicht unter das Kriegsrecht gefallen wären[233]. Auf diese Weise wurde 1945 erstmals die Verfolgung von politischen, religiösen und »rassischen« Gegnern im eigenen Territorium zum Straftatbestand gemacht.

Die auch in amerikanischen Militärkreisen vorhandene Kritik insbesondere an den ersten zwei Punkten der Anklageschrift, die »Verbrechen gegen den Frieden« aufführten, ließ schließlich auch Telford Taylor, einen ehemaligen Collegeprofessor für Geschichte und Politologie, in Nürnberg klärende Worte angeraten erscheinen. Stand schon die gesetzliche Grundlage für die strafrechtliche Verfolgung eines Angriffskrieges auf wackeligen Beinen, so warf die Anwendung auf das Berufssoldatentum wegen des Gehorsamsprinzips weitere Fragen auf. Erneut betonte Taylor Anfang Januar 1946 seine Auffassung: Der Chef des OKW Generalfeldmarschall Wilhelm Keitel, der Chef des Führungsstabes Generaloberst Alfred Jodl, der Oberbefehlshaber (OB) der Kriegsmarine Erich Raeder, sein Nachfolger Großadmiral Karl Dönitz (und der OB der Luftwaffe Hermann Göring) – all diese Offiziere würden »nicht angeklagt, weil sie Soldaten sind« und getan hätten, was von einem Soldaten erwartet werde. Taylor verglich die Angeklagten mit einem Schlosser, der sein Fachwissen dazu missbrauchte, die Häuser seiner Nachbarn zu plündern. Entsprechend hätten sich die Soldaten ebenso wie die Politiker und Diplomaten in Ausübung ihrer Funktion zu

233 Jörg Friedrich, Vorwort. In: Kempner, Ankläger einer Epoche, S. 10.

einem ungesetzlichen Krieg verschworen[234]. Dem möglichen Einwand der Militärs, sie seien bloß »Techniker« gewesen, kam Taylor zuvor:

»Das würde bedeuten, dass Angehörige des Militärstandes eine Rasse für sich sind, verschieden von der gewöhnlichen Sorte Mensch, Menschen über und jenseits der moralischen und gesetzlichen Normen, denen andere unterworfen sind, und unfähig, von sich aus ein moralisches Urteil zu fällen [...] Solche Gesichtspunkte gelten zu lassen, wäre heute besonders verhängnisvoll, wo die militärischen Führer Kräfte in ihrer Gewalt haben, die unendlich stärker und zerstörender sind als je zuvor [...] Die Anklagevertretung [...] ist der Ansicht, dass der Waffenberuf ein angesehener Beruf ist. Wir glauben, dass die Ausübung dieses Berufs von ihren Führern den höchsten Grad von Unbescholtenheit und moralischer Stärke erfordert und nicht weniger technisches Können. Wir sind der Ansicht, dass, wenn militärische Führer sich mit den Führern auf anderen Gebieten des nationalen Lebens beraten und mit diesen zusammen planen, sie in Übereinstimmung mit dem Völkerrecht und mit den Vorschriften des öffentlichen Gewissens handeln müssen. Andernfalls werden die militärischen Kräfte einer Nation nicht in Übereinstimmung mit den Gesetzen einer modernen Gesellschaft, sondern nach den Gesetzen der Wildnis verwendet[235].«

Das Kriegsrecht, dessen Quellen die Abkommen der 1. und 2. Haager Friedenskonferenz von 1899 bzw. 1909 sowie die Genfer Konventionen[236] »Zur Verbesserung des Loses der Verwundeten und Kranken im Feld« waren, sollte die Kriegführung gewissen Regeln unterwerfen. Insbesondere verpflichtete das Kriegsrecht die Soldaten unter Androhung von Strafe durch den Vorgesetzten, Zivilisten zu schonen und Gefangene angemessen zu behandeln. Rechtlich problematisch wurde es dann, wenn der oberste Dienstherr selbst mit seinen Gesetzen brach und zum totalen Krieg aufrief. Dann geriet der Ankläger, dem es ja stets um die persönliche Schuld des Angeklagten, nicht um das Unrecht im Allgemeinen ging, in Beweisnot, musste er doch nachweisen, welchen Anteil der einzelne politische und militärische Akteur im hierarchischen Geflecht des Systems an dem Verbrechen gehabt hatte.

Die Anklagevertretung in Nürnberg hatte das Gros der Reichsakten in ihre Hände bekommen; gleichwohl war es ausgesprochen schwierig und zeitaufwendig, die Handlungskomplexe in einzelne Taten aufzuteilen und einzelnen Tätern zuzuordnen. In Nürnberg wurde deshalb auf ein weiteres Rechtskonstrukt zurückgegriffen: die »Verschwörung«. Wer sich an einer Verschwörung beteiligt, so lautete das Argument, trägt die strafrechtliche Verantwortung für den gesamten Tatkomplex, nicht nur für seine individuelle Beteiligung. Das Konstrukt, das aus dem Kampf gegen die amerikanische Bandenkriminalität zurückging, ermöglichte die Kriminalisierung des Einzelnen aufgrund seiner Zugehörigkeit zu einer Vereinigung, die sich strafbare Handlungen zum Ziel gesetzt hat. Die Vorstellung von einer Verschwörung der

234 Taylor, Die Nürnberger Prozesse, S. 300. Vgl. Birn, Wehrmacht.

235 Ebd., S. 300 f.

236 Erste Konvention vom 22.8.1864, die Zweite Genfer Konvention »Zur Verbesserung des Loses der Verwundeten und Kranken im Feld« am 6.7.1906. Sie wurde am 27.7.1929 im Militärstrafrecht der Wehrmacht umgesetzt. Am 12.8.1949 wurden vier neue Genfer Abkommen geschlossen (vgl. BGBl. 1954 II 783 f.). Im Juni 1977 vereinbarte eine Konferenz (noch ratifizierungsbedürftige) Zusatzprotokolle vom 12.12.1977 zu den Konventionen von 1949.

NS-Elite wurde ergänzt durch das Delikt der Gruppenkriminalität. Auch die Masse der »einfachen« Getreuen machte sich danach strafbar aufgrund ihrer Mitgliedschaft in »verbrecherischen Organisationen«. Dazu zählte die Anklage unter anderem das Korps der Politischen Leiter der NSDAP, die Gestapo und den SD, die SS, die SA, die Reichsregierung sowie den Generalstab und das OKW.

Diese letzte Gruppe, Generalstab und OKW, setzte sich aus den Personen zusammen, die zwischen Februar 1938 und Mai 1945 die höchsten Stellen im Heer, in der Kriegsmarine und in der Luftwaffe innehatten[237]. In diesen Funktionen und als Angehörige der höchsten Rangstufen der deutschen Wehrmacht waren die Amtsinhaber in besonderem Maße für das verantwortlich, was die vier Punkte der Anklageschrift als die zu verurteilenden Straftaten beschrieben.

Die strafrechtliche Klage gegen den Generalstab war umstritten. Während des Prozesses bemühte sich Taylor, seinerzeit juristischer Mitarbeiter des Hauptanklägers der USA, Robert H. Jackson, die öffentliche Kritik an den in der Anklageschrift erhobenen Vorwürfen gegen die deutschen militärischen Führer zu entkräften. Er betonte, dass es nicht die Meinung der Anklagevertretung sein könne, »dass es ein Verbrechen darstellt, Soldat oder Seemann zu sein oder seinem Land als Soldat oder Seemann in Kriegszeiten zu dienen. Der Soldatenberuf ist ein ehrenvoller Beruf und kann ehrenvoll ausgeübt werden; aber es ist unbestreitbar, dass ein Mann, der Verbrechen begeht, sich zur Verteidigung nicht darauf berufen kann, diese Verbrechen in Uniform begangen zu haben[238].«

Die Anklage konfrontierte die Angeklagten mit entsprechenden Dokumenten: mit dem »Kommandobefehl« zur Tötung gegnerischer kleiner Truppen, die im besetzten Gebiet zu Sabotage- oder Nachrichtenzwecken abgesetzt worden waren; mit dem »Barbarossa«-Befehl, der Reichenau-Direktive zum »Verhalten der Truppe im Ostraum«, sowie mit Dokumenten über die Beteiligung der Wehrmacht an der Zerstörung des Warschauer Ghettos[239]. Dazu gehörte auch eine eidesstattliche Erklärung von Adolf Heusinger. Der ehemalige Chef der Operationsleitung im Oberkommando des Heeres (OKH) von 1940 bis 1944 versicherte, er sei stets der Ansicht gewesen, dass »die Behandlungen der Zivilbevölkerung im Operationsgebiet und die Methoden der Bandenbekämpfung im Operationsgebiet der obersten politischen und militärischen Führung eine willkommene Gelegenheit bot, ihre Ziele durchzuführen, nämlich die systematische Reduzierung des Slawen- und Judentums«. Heusinger fügte hinzu, dass er stets diese »grausamen Methoden als eine militärische

[237] Im Einzelnen handelte es sich um folgende Posten: Oberbefehlshaber der Kriegsmarine, Chef (und früher Chef des Stabes) der Seekriegsleitung, Oberbefehlshaber des Heeres, Chef des Generalstabes des Heeres, Oberbefehlshaber der Luftwaffe, Chef des Generalstabes der Luftwaffe, Chef des Oberkommandos der Wehrmacht, Chef des Führungsstabes des Oberkommandos der Wehrmacht, Stellvertretender Chef des Führungsstabes des Oberkommandos der Wehrmacht, die Oberbefehlshaber im Felde im Range eines Oberbefehlshabers der Wehrmacht, Kriegsmarine, Heer, Luftwaffe.

[238] Talyor, Die Nürnberger Prozesse, S. 297. Vgl. ebd., S. 298–310, zur Strategie der Anklage, den Militärs Komplizenschaft bei der Führung eines Angriffskrieges nachzuweisen.

[239] Lauschberichte im Sonderlager Trenton Park belegen, wie früh und umfangreich die militärische Elite über die Kriegsverbrechen an der Ostfront und die katastrophale militärische Lage auf dem Laufenden war; vgl. Neitzel, Abgehört; Friedrich, Das Gesetz des Krieges.

Torheit angesehen [habe] (sic), da sie dazu beitrugen, den Kampf der Truppe gegen den Feind unnötig zu erschweren«[240].

Ferner wurde der Obergruppenführer und General der Waffen-SS Erich von dem Bach-Zelewski zu dem einzigen Zweck vorgeladen, als Augenzeuge der Anklage die Beteiligung der Wehrmacht an den Gräueltaten zu belegen. Bach-Zelewski, den Himmler Ende 1942 zum Chef der Partisanenbekämpfungs-Einheiten an der Ostfront ernannt hatte, bestätigte dann auch, dass neben der Waffen-SS und der Ordnungspolizei »in erster Linie die Wehrmacht« zur Partisanenbekämpfung eingesetzt worden sei. Von Göring und Jodl als »Verräterschwein« und »Hundesohn« beschimpft, bekräftigte er, dass den Soldaten bei Vergehen gegen die Zivilbevölkerung durch einen Befehl Straffreiheit zugesichert worden sei[241].

Taylor machte schließlich die Gruppe Generalstab und OKW dafür verantwortlich, dass die Wehrmacht »für Terror, Plünderung und Massengemetzel« verwendet wurde. Noch einmal unterstrich er, dass sich die Mitglieder der Gruppe nicht »hinter ihrer militärischen Uniform verstecken können oder dass sie eine Zufluchtstätte finden können, indem sie sich als Mitglieder eines Berufes bekennen, dem ihre Handlungen für immer zur Schande gereichten«[242]. Das amerikanische Presseecho fiel positiv aus. Taylor notierte zufrieden, dass etwa die *Washington Post* nun die Zweifel an der Anklage des Generalstabs ausgeräumt sah. Zu den Bombardierungen von Rotterdam, Coventry, London und anderen europäischen Städten enthielt die Anklageschrift im Übrigen keine Punkte – ganz offensichtlich vor dem Hintergrund der alliierten Flächenbombardierung deutscher Städte, die ohne Rücksicht auf militärische Ziele erfolgt war.

Für Furore sorgte der Zeuge der sowjetischen Anklagevertretung Mitte Februar 1946, wenngleich er nichts Neues berichtete. Der ehemalige Generalfeldmarschall Friedrich Paulus, der als Oberbefehlshaber der 6. Armee in Stalingrad kapituliert und in der Kriegsgefangenschaft dem Hitler-Regime abgeschworen hatte, zog vor allem die feindseligen Blicke der angeklagten ehemaligen Kameraden auf sich[243]. Im vollbesetzten Verhandlungssaal bekräftigte Paulus, dass es sich bei dem Krieg in Osteuropa nicht um einen Verteidigungskrieg als Reaktion auf sowjetische Vorstöße, sondern um einen Angriffskrieg gehandelt habe. Er bezeichnete Keitel, Jodl und Göring als aktive Teilnehmer an der Vorbereitung dieses Angriffskrieges. Göring schrie daraufhin seinem Anwalt zu, er solle »das dreckige Schwein [fragen], ob er wüßte, dass er ein Verräter ist[244]«.

Paulus wirkte aufgrund seines Auftritts. Dagegen erschütterten die von sowjetischer Seite vorgelegten eidesstattlichen Aussagen von Augenzeugen über die an der

---

240 Der Nürnberger Prozeß: Achtundzwanzigster Tag, 7. Januar 1946; Der Prozess gegen die Hauptkriegsverbrecher, Bd 4, S. 525 ff. Vgl. zur Konfrontation der Angeklagten mit den Dokumenten Taylor, Die Nürnberger Prozesse, S. 301–310.

241 Ebd., S. 307 f.

242 Ebd., S. 309.

243 Auch Taylor (Die Nürnberger Prozesse, S. 365 f.) fand es »faszinierend, von den Leppen eines der wenigen Männer, die die Drachensaat gesät hatten, aus der der größte und blutigste Krieg [...] hervorging, zu hören, wie und wo diese Saat ausgestreut worden war und wie sie aufgegangen war.«

244 Gilbert, zit. nach Taylor, Die Nürnberger Prozesse, S. 366.

Zivilbevölkerung begangenen Verbrechen im besetzten Osteuropa die Anwesenden, weil sie die in den vorangegangenen Monaten in Nürnberg präsentierten Verbrechen aufgrund der ideologischen Motivation der Täter an Grausamkeit noch übertrafen. Auch wenn, was nicht zu überprüfen war, nur ein kleiner Teil der Beweisführung der Wahrheit entsprach, reichte sie aus, um die besondere Grausamkeit der deutschen Kriegführung im Osten nachzuweisen. Aufgrund ihrer Authentizität übten die (deutschen) Fotografien und (sowjetischen) Filmaufnahmen, die das Sterben in den Tötungslagern dokumentierten, eine nachhaltige Wirkung aus. Die Vorführung des Dokumentarfilms »Die Grausamkeiten der deutsch-faschistischen Eindringlinge« setzte einen wirkungsvollen Schlusspunkt unter diesen Teil der sowjetischen Anklage[245].

Nicht selten ging es auch um die Wehrmacht, wenn vor Gericht über den kriminellen Charakter der SS als einer »verbrecherischen Organisation« verhandelt wurde. Alle Teile der SS waren, wie die Anklage erläuterte, von Anfang am Programm der Judenausrottung beteiligt. Ferner nahm sie durch die Allgemeine SS als eine halbmilitärische Organisation, durch die SS-Verfügungstruppe, die SS-Totenkopfverbände als berufsmäßige Kampftruppe und durch die »Volksdeutsche Mittelstelle« (VoMi) – seit 1941 ein für die »Umsiedlung« zuständiges SS-Hauptamt – als eine Fünfte-Kolonnen-Dienststelle an den Vorbereitungen für einen Angriffskrieg sowie durch ihre militärischen Einheiten an der Durchführung des Angriffskrieges im Westen und Osten teil (Punkt 1 und 2 der Anklageschrift). Im Laufe des Krieges beteiligten sich alle Teile der SS an den in Punkt 3 und 4 der Anklageschrift angeführten Kriegsverbrechen und Verbrechen gegen die Menschlichkeit: an Mord und Misshandlung der Zivilbevölkerung in den besetzten Gebieten, an Mord und Misshandlung von Kriegsgefangenen und an der »Germanisierung« eroberter Gebiete[246]. Im Zuge der Vernehmung einzelner ehemaliger SS-Angehöriger wie insbesondere des Führers der Einsatzgruppe D, Otto Ohlendorf, zeigte sich zum einen, dass verschiedene Wehrmachtstellen an den Verbrechen beteiligt waren. Zum anderen wurde deutlich, dass die sogenannten Einsatzkommandos, die an der Ostfront im Rücken der Front wüteten, nicht im luftleeren Raum und gleichsam inkognito operierten, wie von militärischer Seite behauptet wurde, sondern dass ein komplexes Zuständigkeits- und Weisungsverhältnis bestand.

Die sogenannte Germanisierung, die Besiedlung eroberter Länder mit rassisch und politisch erwünschten Deutschen, lag vor allem in der Hand der SS. »Zahlreiche SS-Führer und SS-Männer wirkten in unermüdlicher Arbeit mit an der planvollen Völkerwanderung, die in der Geschichte kein Vorbild kennt«, hieß es im *Nationalsozialistischen Jahrbuch 1941*, das in Nürnberg als Beweismittel diente. An der »unbürokratischen« Behebung der administrativen Schwierigkeiten war auch die Wehrmacht beteiligt. Auf ihrem rund vierstündigen, »Durchschleusung« genannten Gang durch die Dienststellen gelangten die »Umsiedler« über die Meldestelle, die Karteistelle, die Ausweis- und Lichtbildstelle und die Vermögensstelle schließlich

[245] Ebd., S. 368–372. Zur Reaktion der Angeklagten vgl. Gilbert, Nürnberger Tagebuch.

[246] Der Nürnberger Prozeß: Vierundzwanzigster Tag. Donnerstag, den 20. Dezember 1945; Der Prozess gegen die Hauptkriegsverbrecher, Bd 4, S. 255.

zu dem Ort, an dem ihre rassische »Bonität« geprüft wurde. Nach dem Beweisstück US-444 lag die »erbbiologische und gesundheitliche Begutachtung [...] in Händen von Ärzten und Sanitätsdienstgraden der SS und auch der Wehrmacht«[247].

Im Sommer 1946 ließen die Zeugenaussagen ehemaliger SS-Angehöriger keinen Zweifel daran, dass die Wehrmacht Kenntnis von den Verbrechen in den besetzten Ostgebieten besaß. Über die Verhältnisse in Westpolen, im »Warthegau«, informierte ein Bericht des Generals der Artillerie Walter Petzel vom 23. November 1939. Petzel klagte über die nachteiligen Folgen, welche die »›volkspolitischen Sonderaufträge‹« der SS-Formationen für die »große Aufbauarbeit« im Warthegau hätten. Die Neigung der SS, einen »›Staat im Staate‹ zu bilden«, vor allem »die Formen der Aufgabendurchführung« empörte die Truppe. Sie war offenbar wiederholt Zeuge geworden von »öffentliche[n] Erschießungen«, die »fast in allen größeren Orten« stattfanden, von Verhaftung und Internierung polnischer Gutsbesitzer und ihrer Familien und der Plünderung ihrer Anwesen, von Deportationen in Konzentrationslager (von denen, so die Befürchtung, eine Seuchengefahr für die Truppe ausging), schließlich von »Aktionen gegen Juden [...], die zu schwersten Übergriffen ausarteten«. Der Bericht zeugte von der Kenntnis grausamer Details[248].

Die Wehrmachtjustiz hatte gegenüber der SS unverhältnismäßige Milde walten lassen. Das versuchte F. Elwyn Jones als Hilfsankläger für das Vereinigte Königreich anhand einer Aktennotiz vom 14. September 1939 zu beweisen. Danach hatte der Chef des Heeresjustizwesens telefonisch mitgeteilt, wie das Feldkriegsgericht der Panzerdivision Kempf einen SS-Sturmmann eines SS-Artillerie-Regiments und einen Polizeiwachtmeister der Feldpolizei zu drei Jahren Gefängnis verurteilt habe, die beide etwa fünfzig Juden, die tagsüber zur Ausbesserung einer Brücke »herangezogen« worden waren, nach Beendigung der Arbeit abends in einer Synagoge zusammengetrieben und grundlos zusammengeschossen hätten[249]. Das Dokument zeigte, folgerte

---

247 Der Nürnberger Prozeß: Vierundzwanzigster Tag, 20. Dezember 1945; Der Prozess gegen die Hauptkriegsverbrecher, Bd 4, S. 253.

248 »In Turck fuhren am 30.10.1939 drei SS-Kraftwagen unter Leitung eines höheren SS-Führers durch die Straßen, wobei die Leute auf der Straße mit Ochsenziemern und langen Peitschen wahllos über die Köpfe geschlagen wurden. Auch Volksdeutsche waren unter den Betroffenen. Schließlich wurden eine Anzahl Juden in die Synagoge getrieben, mußten dort singend durch die Bänke kriechen, wobei sie ständig von den SS-Leuten mit Peitschen geschlagen wurden. Sie wurden dann gezwungen, die Hosen herunterzulassen, um auf das nackte Gesäß geschlagen zu werden. Ein Jude, der sich vor Angst in die Hosen gemacht hatte, wurde gezwungen, den Kot den anderen Juden ins Gesicht zu schmieren.« Der Nürnberger Prozeß: Einhundertsechsundneunzigster Tag. Dienstag, 6. August 1946; Der Prozess gegen die Hauptkriegsverbrecher, Bd 20, S. 406 f.

249 Das Urteil liege dem Oberbefehlshaber der 3. Armee zur Bestätigung vor; der Anklagevertreter habe die Todesstrafe wegen Mordes beantragt. In einer Randbemerkung bat General Franz Halder um Benachrichtigung über den Entscheid des Oberbefehlshabers. Jones zitierte dann aus einem Fernschreiben, das der Oberkriegsgerichtsrat der Armee, Lipski, an den Oberkriegsgerichtsrat beim Generalquartiermeister in Berlin, Lattmann, geschickt hatte und das laut einem Vermerk an den Adjutanten des OB des Heeres gegangen war. Lipski teilte mit, dass dem SS-Sturmmann mildernde Umstände zugebilligt worden seien. Er nannte gleich mehrere strafmildernde Gründe. Ein Unteroffizier habe ihm ein Gewehr gegeben und dadurch veranlasst, sich an den Erschießungen zu beteiligen; durch »zahlreiche Greueltaten der Polen gegen Volksdeutsche« sei er zudem in einem »Reizzustand« gewesen; dann habe der SS-Angehörige als solcher, »als SS-Mann in besonderem Maße beim Anblick der Juden die deutschfeindliche Einstellung des Judentums empfunden« und

Jones, die Duldsamkeit der obersten Justizbehörden und des Heeres für Mordtaten der SS. War es nicht »ein klares Einverständnis des Justizwesens des deutschen Heeres mit Massenmorden«? General Hermann Reinecke, dem Jones diese rhetorische Frage stellte, wiegelte ab und bestritt, dass die Reaktion dieses Kriegsgerichtsrats verallgemeinert werden könne. Für den britischen Anklagevertreter war jedoch die Tatsache, dass für den Mord an fünfzig Juden Totschlag als Tatbestand befunden worden war, symptomatisch. »Dieser Heeresrichter verhängte eine Strafe von drei Jahren Zuchthaus für fünfzigfachen Mord. Er war als Jurist einer Ihrer Kollegen, und ich behaupte Ihnen gegenüber, dass seine Einstellung typisch für Sie war [...] besonders für das Justizwesen der SS und des Heeres [...] typisch für Mord an Leuten, die Sie als Untermenschen zu bezeichnen beliebten.« Rassismus und Antisemitismus motivierten nicht nur den Massenmord, sondern auch die Milde der Militärjustiz in den besetzten Gebieten.

Mehr als Nachsicht zeigten Wehrmachtstellen, wenn es um die Erschießung von russischen Kriegsgefangenen durch den SD ging. Bereits im November 1945 berichtete der ehemalige General Erwin Lahousen im Zeugenstand von einer Konferenz unter dem Vorsitz des von 1938 bis 1945 unter Keitel für das Kriegsgefangenenwesen zuständigen Generals Reinecke im Sommer 1941. Zu den Teilnehmern zählten Obergruppenführer Heinrich Müller vom Reichssicherheitshauptamt (RSHA), Oberst Hans-Joachim Breyer, im OKW zuständig für die Abteilung Kriegsgefangenenwesen, und Lahousen als Vertreter von Admiral Wilhelm Canaris, den Leiter des Amtes Ausland/Abwehr im OKW. Kurz nach dem Angriff auf die Sowjetunion einigte man sich auf die »Behandlung« sowjetischer Kriegsgefangener; bestehende Befehle wurden erläutert und begründet. Insbesondere, so Lahousen, ging es erstens um »die Tötung der russischen Kommissare« und zweitens um »die Tötung aller jener Elemente unter den russischen Kriegsgefangenen, die nach einem Aussonderungsverfahren des SD durchgeführt werden sollte; also: bolschewistisch Verseuchte, beziehungsweise aktive Träger der bolschewistischen Weltanschauung«. Von Oberst John H. Amen, dem beigeordneten Ankläger der USA, nach der Begründung der Befehle befragt, nannte Lahousen den ideologischen Charakter des Krieges. Reinecke habe betont, »daß der Krieg zwischen Deutschland und Russland nicht ein Krieg zweier Staaten – also zweier Armeen – war, sondern eine Auseinandersetzung zweier Weltanschauungen, nämlich der nationalsozialistischen und der bolschewistischen; dass der Rotgardist nicht als Soldat im Sinne des Begriffs, wie er für unsere westlichen Gegner zutraf, genommen werden sollte, sondern als ideologischer Feind, das heißt, als Todfeind des Nationalsozialismus, und entsprechend zu behandeln sei«.

Canaris hatte Reinecke, der auch der »kleine« oder »andere Keitel« genannt wurde, für den »Prototyp eines allzeit willfährigen nationalsozialistischen Generals« gehalten und deshalb Lahousen geschickt, um gegen »diesen nicht nur brutalen, sondern völlig

deshalb »in jugendlichem Draufgängertum völlig unüberlegt gehandelt«. Ansonsten bescheinigte man diesem Draufgänger, der »unüberlegt« fünfzig Menschen erschossen hatte, ein »tüchtiger Soldat« zu sein, der bislang nicht vorbestraft gewesen sei. Es blieb bei nur drei Jahren Gefängnis, während die Haftstrafe des Polizeiwachtmeisters von neun auf ebenfalls drei Jahre reduziert wurde.

unsinnigen Befehl« mit einer Schärfe zu argumentieren, die sich Canaris selbst nicht hätte erlauben dürfen – so jedenfalls schilderte es Lahousen vor Gericht[250]. Dass die ideologische Stoßrichtung festlag, erhellt auch der Umstand, dass Canaris Lahousen instruiert hatte, nicht »etwa irgendwie Erwägungen allgemein menschlicher Natur in diesem Kreise fallen zu lassen, da ich mich ja sonst nur lächerlich machen würde«. Lahousen wollte damit nicht zuletzt begründen, warum die Aufzeichnungen wenig über seine ethischen Bedenken verrieten. Auf dem Treffen führte Lahousen dann auch als Argument die militärische Unzweckmäßigkeit an. Die Tötung von Kriegsgefangenen wurde nicht als solche wegen ihres verbrecherischen Charakters in Frage gestellt, sondern wegen der »äußerst ungünstigen Auswirkungen dieser Maßnahmen«, der demoralisierenden Wirkung, die ihr Anblick auf die Truppe haben konnte, insbesondere an der Front. Vor allem der Landser würde sie »niemals verstehen«. Um diesen Einwand zu bekräftigen, wies Lahousen nach eigener Aussage 1941 auf Berichte hin, wonach »die Exekutionen manchmal vor den Augen der Truppen stattfanden«.

Lahousens Vernehmung zeigte auch, dass die Ideologisierung der Kriegführung Anfang 1941 noch nicht das Offizierkorps erreicht hatte. Die bloße Tatsache der Notwendigkeit der Befehle, ihrer Erläuterung und Begründung, schließlich Reineckes ausdrückliche Feststellung, »dass diese Auffassung auch der Wehrmacht und ganz besonders dem Offizierkorps klar gemacht werden müsse«, ließen darauf schließen, dass die Indoktrination der Truppe in den Augen der politischen und militärischen Führung nicht weit genug fortgeschritten war. Reinecke habe – so Lahousen weiter – gewettert, dass sich das Offizierkorps »anscheinend noch in den Gedankengängen der Eiszeit bewege und nicht in denen der nationalsozialistischen Gegenwart«[251].

Aus den Reihen der SS dagegen stammten jene Einheiten, die wie zuvor in Polen in den eroberten Gebieten der Sowjetunion die Massenmorde hauptsächlich durchgeführt hatten. In welchem Verhältnis standen sie nun, nach dem, was in Nürnberg offenkundig wurde, zu den militärischen Instanzen? Eine Schlüsselrolle spielte in diesem heiklen Zusammenhang der 38-jährige Zeuge Otto Ohlendorf, von dem bereits die Rede war. Der ehemalige SS-Gruppenführer hatte von Juni 1941 bis zum Tode Reinhard Heydrichs in Prag im Juni 1942 die Einsatzgruppe D geführt. Er bezeichnete sich selbst als »Beauftragter des Chefs der Sicherheitspolizei und des SD bei der 11. Armee« und war nebenamtlich von 1939 bis 1945 Chef des Amtes III im RSHA.

[250] Der Nürnberger Prozeß: Neunter Tag. Freitag, 30. November 1945; Der Prozess gegen die Hauptkriegsverbrecher, Bd 2, S. 500 f. Lahousen rückte an dieser Stelle Canaris und die übrigen Abteilungschefs des Amtes Ausland/Abwehr in die Nähe zum Widerstand des 20. Juli 1944. Canaris habe schon zuvor gegen die Behandlung der russischen Kriegsgefangenen protestiert: »Dieser Protest oder diese Gegenargumente wurden durch Canaris über das Amt Ausland, also über Leopold Bürckner, weitergeleitet. Im Amt Ausland war nämlich ein Referat eingebaut, das sich mit Völkerrechtsfragen zu befassen hatte. Der Sachbearbeiter dieses Referats war der Graf [Helmuth James Graf von] Moltke, der ebenso wie andere Personen zum engeren Kreis [Hans] Oster gehört hatte und nach dem 20. Juli hingerichtet wurde.«

[251] Der Nürnberger Prozeß: Neunter Tag. Freitag, 30. November 1945; Der Prozess gegen die Hauptkriegsverbrecher, Bd 2, S. 500 f.

Als Zeuge der Anklagevertretung erläuterte Ohlendorf im Januar 1946 ein Abkommen, das vor dem Beginn des Überfalls auf die Sowjetunion zwischen dem RSHA auf der einen Seite, dem OKW und OKH auf der anderen Seite geschlossen wurde. Sein Zweck sei gewesen, »den Einsatz eigener sicherheitspolizeilicher Verbände im Operationsraum« zu regeln. Das Abkommen legte fest, »dass den Heeresgruppen, beziehungsweise Armeen, ein Beauftragter des Chefs der Sicherheitspolizei und des SD zugeteilt würde, dem gleichzeitig mobile Verbände der Sicherheitspolizei und des SD, in Form einer Einsatzgruppe, unterteilt in Einzelkommandos, unterstellt würden. Die Einsatzkommandos sollten nach Weisung der Heeresgruppe, beziehungsweise der Armee, den Heereseinheiten nach Bedarf zugeteilt werden[252].«

Auf Nachfrage berichtete Ohlendorf, dass es deshalb vor dem Angriff zu einem schriftlichen Abkommen zwischen OKW, OKH und RSHA gekommen war, das die Verwendung der Einsatzgruppen und Einsatzkommandos regelte. Ohlendorf versicherte, selbst bei Besprechungen über die Verhandlungen von Heydrich und Schellenberg, dem der Reichsführer SS die Verhandlung mit dem OKW und OKH übertragen hatte, dabeigewesen zu sein; er habe das schriftliche Ergebnis »selbst in die Hände bekommen, als ich die Einsatzgruppe übernahm«. Ohlendorf bestätigte weiter, dass er »bei allen Fragen, die über die Zuständigkeit der Armee den Einsatzgruppen gegenüber auftraten«, auf der Basis dieser Vereinbarung gehandelt habe[253]. Was war vereinbart worden? Laut Ohlendorf ging es zunächst um ein »Novum«: Während die Armee bislang die Aufgaben der Sicherheitspolizei selbst eigenverantwortlich durchgeführt hatte, wurden nun Einsatzgruppen und Einsatzkommandos aufgestellt, »die im Operationsraum arbeiten sollten«. In der Vernehmung wurde deutlich, dass jeder Heeresgruppe eine Einsatzgruppe zugeteilt werden und jene wiederum einzelne Einsatzkommandos den Armeen zuweisen sollte. Heeresgruppen bzw. Armeen seien für den Marsch und die Verpflegung der Einsatzgruppen zuständig gewesen. Die Zeit und der Raum des »Einsatzes« bestimmten sich durch den jeweiligen Vormarsch der Heeresgruppe, mit der sie gen Osten zog, während Heeresgruppe bzw. Armeen das Territorium für die Einsatzkommandos festlegten. Auf Amens Frage, ob das Armeekommando ihnen weitere Aufgaben zuweisen konnte, antwortete Ohlendorf: »Jawohl, über dem an sich vorhandenen sachlichen Weisungsrecht des Chefs der Sicherheitspolizei und des SD schwebte sozusagen die Generalformulierung, dass die Armee Weisungen geben konnte, wenn es die operative Lage notwendig machte[254].« Ein »Verbindungsführer« sorgte für den erforderlichen Kontakt zwischen Armeeoberkommando und dem SD.

In einer Weise, die keine Reue verriet, schilderte Ohlendorf vor dem Internationalen Militärgerichtshof 1946 die Verbrechen, die hinter der Front, jedoch nicht hinter ihrem Rücken begangen wurden. Am Beispiel seiner eigenen Einsatzgruppe D, die, wie Ohlendorf versicherte, der 11. Armee unmittelbar zugeteilt worden war und

---

252 Der Nürnberger Prozeß: Sechsundzwanzigster Tag. Donnerstag, 3. Januar 1946; Der Prozess gegen die Hauptkriegsverbrecher, Bd 4, S. 344 f. Zu den Einsatzgruppen vgl. Krausnick/Wilhelm, Die Truppe des Weltanschauungskrieges; Die Einsatzgruppen in der besetzten Sowjetunion 1941/42.

253 Der Nürnberger Prozeß: Sechsundzwanzigster Tag. Donnerstag, 3. Januar 1946; Der Prozess gegen die Hauptkriegsverbrecher, Bd 4, S. 344 f.

254 Der Prozess gegen die Hauptkriegsverbrecher, Bd 4, S. 348.

in der südlichen Ukraine zwischen Czernowitz, Odessa und Rostov am Don »operierte«, beschrieb Ohlendorf das Vorgehen. Als die Einsatzgruppen sich im Juni 1941 noch in Rumänien befanden, seien sie bereits von der 11. Armee angefordert worden und hätten sich dann zu den angegebenen Zielen in Marsch gesetzt. Zuvor erhielten sie die Weisung, »dass in dem Arbeitsraum der Einsatzgruppen im russischen Territorium die Juden zu liquidieren seien, ebenso wie die politischen Kommissare der Sowjets«. Wenige Tage vor dem Einmarsch in die Sowjetunion hatte Ohlendorf mit anderen Einsatzgruppen-Chefs und den Einsatzkommandoführern an einer Besprechung in Pretsch teilgenommen, wohin die Befehle Heydrichs und Himmlers aus dem RSHA überbracht wurden: darunter der »Liquidierungsbefehl«[255].

Amen interessierte sich weiterhin für die Frage, inwiefern die Armee über diesen Auftrag informiert war. Ohlendorf gab an, durch Himmler persönlich von einer Besprechung erfahren zu haben, in der Hitler vor Beginn des Angriffs auf die Sowjetunion den Oberbefehlshabern »diese Aufgabe mitgeteilt und die Oberbefehlshaber angewiesen hat, dabei entsprechende Unterstützung zu gewähren«[256]. Ohlendorf konnte also von der Zusammenarbeit zwischen SS und Wehrmacht hinter der Front ausgehen. Wenngleich die Chefs der Heeresgruppen selbst keinen Liquidierungsbefehl erhalten hatten, mussten sie dennoch von dem Befehl unterrichtet gewesen sein, da ihnen ja die Unterstützung jener »Liquidierungen« befohlen wurde, »die im Raume des Oberbefehls der Heeresgruppe beziehungsweise der Armee stattfanden«, Ohlendorf ließ keinen Zweifel daran, dass »ohne diese Anweisung an die Armee ein Tätigwerden der Einsatzgruppen in diesem Sinne nicht möglich gewesen wäre«. Auf Amens hartnäckige Nachfrage sagte Ohlendorf aus, dass die Aufgabe der Einsatzgruppen, der Befehl und die Durchführung den Befehlshabern der Armeegruppen bekannt gewesen war. Seine Kenntnis rührte von Besprechungen bei der Armee und von Weisungen, welche die Armee in Bezug auf die Durchführung erteilt habe. Auf der anderen Seite war das Abkommen mit dem OKW und dem OKH auch im RSHA kein Geheimnis[257].

Schließlich erläuterte Ohlendorf dem Gericht anhand seines eigenen Beispiels, wie die Zusammenarbeit zwischen dem Befehlshaber der 11. Armee – zuerst Eugen Ritter von Schober, dann Erich von Manstein – und der ihr zugewiesenen Einsatzgruppe D von statten ging. Ohlendorf berichtete von einem Befehl der 11. Armee in Nikolajew (Nikolaev), »dass die Liquidationen nur in einer Entfernung von 200 km vom Quartier der Oberbefehlshaber entfernt durchgeführt werden dürften«. In einem anderen Fall, in Simferopol, habe das Armeeoberkommando an die zuständigen Einsatzkommandos »die Bitte herangetragen, die Liquidationen zu beschleunigen, und zwar mit der Begründung, dass in diesem Gebiet Hungersnot drohe und ein großer Wohnungsmangel sei«. Nach Ohlendorfs eigenen Angaben töteten die Einsatzkommandos der Einsatzgruppe D unter seiner Führung zwischen Juni 1941 und Juni 1942 etwa 90 000 Menschen, einschließlich Frauen und Kinder. Ohlendorf selbst war bei zwei Massenhinrichtungen »inspektionsweise« dabei. Unter

255 Ebd., S. 348 f.
256 Ebd.
257 Ebd.

dem Vorwand der Umsiedlung wurden Juden zusammengetrieben, registriert und per Lastwagen zu dem Hinrichtungsort, zum Beispiel einem Panzerabwehrgraben, gefahren. Dort mussten sie sich mit freiem Oberkörper hinknien und wurden erschossen; wer sich noch bewegte, erhielt vom Führer des Peletons den Fangschuss. Anstelle dieser, wie Ohlendorf formulierte, »militärische[n] Liquidationsweise« bevorzugten einige Einheitsführer die einzelne Tötung durch Genickschuss[258].

Das Eigentum, die Kleider und Wertgegenstände der Opfer waren zuvor beschlagnahmt und über das RSHA oder direkt dem Reichsfinanzministerium übergeben worden. Die Kleider der Ermordeten wurden, so Ohlendorf, zunächst an die Bevölkerung verteilt und im Winter 1941/42 von der Nationalsozialistischen Volkswohlfahrt (NSV) unmittelbar erfasst und weiterverteilt. Dagegen seien die Uhren, die den Juden vor ihrer Ermordung abgenommen worden waren, »auf Anforderung der Armee der Front zur Verfügung gestellt« worden. Nicht nach Berlin gingen auch all jene Gegenstände, die an der Front von Nutzen sein konnten; sie wurden »dort unmittelbar verwendet«[259]. Damit die Massenhinrichtung nicht ruchbar wurde, füllten die Einsatzkommandos selbst die Gräber mit Erde an, bevor Arbeitskommandos, die aus der Bevölkerung rekrutiert wurden, die Fläche planierten[260].

Der stellvertretende Hauptankläger für die Sowjetunion, Oberst J.W. Pokrowsky, fragte Ohlendorf später noch einmal ausdrücklich, ob militärische Einheiten an den Massenhinrichtungen – es ging auch um die Tötung im Gaswagen – teilgenommen hatten. Ohlendorf stellte dazu fest, dass die Armee »in der Regel« nicht dabei war, erinnerte sich jedoch, dass in Nikolajew und auch in Simferopol »vorübergehend ein Zuschauer vom Armee-Oberkommando dabei gewesen ist«, wohl um sich selbst ein Bild zu machen. Eine offizielle Beauftragung militärischer Abteilungen mit der Hinrichtung habe es in beiden Städten nicht gegeben. Ohlendorf fügte in diesem Kontext hinzu, dass »überhaupt die Armee an und für sich gegen die Liquidationen war«. Pokrowsky interessierte sich jedoch weniger für die Einstellung der Betroffenen als für ihr tatsächliches Handeln und hakte noch einmal nach. Ohlendorf gab darauf hin an, dass »sich freiwillige Abteilungen hier und da zur Verfügung gestellt« hätten, schränkte seine eigene Erinnerung an konkrete Fälle jedoch auf das »Heeresgefolge« ein, klammerte also die Armee indirekt wieder aus[261]. Auf die Nachfrage von Francis Biddle, einem Mitglied des Gerichtshofs für die Vereinigten Staaten, räumte Ohlendorf zudem ein, dass die schriftliche Vereinbarung zwischen den Führern

---

[258] Ebd. Ab Frühjahr 1942 wurden Frauen und Kinder im »Gaswagen« ermordert, die das RSHA den Einsatzgruppen als Sonderkommandos zugewiesen hatte.

[259] Ebd., S. 351 f.

[260] Ebd., S. 395 f. Laut Ohlendorf umfasste seine Einsatzgruppe etwa 500 Personen, nicht gerechnet die »aus dem Lande« hinzugezogenen Hilfskräfte. Auf der Ebene der Sachbearbeiter waren vor allem Männer der Staatspolizei und der Kriminalpolizei eingesetzt, während Angehörige der Waffen-SS und der Ordnungspolizei die Mannschaften stellten.

[261] Ebd., S. 368 f. Von Franz Erxner später darauf angesprochen, präzisierte Ohlendorf, dass »nicht die Armee, sondern die führenden Personen [...] innerlich gegen die Liquidationen eingestellt [waren]«, wie er aus »gemeinsamen Gesprächen« wusste; »denn es waren ja nicht nur die führenden Personen der Armee gegen diese Liquidationen eingestellt, sondern der überwiegende Teil derjenigen, die diese Liquidationen durchführen mußten.« Ebd., S. 388.

der Einsatzgruppen und der Armee »auf keinen Fall die Aufgabe der Liquidation« enthielt.

Dieser kurze Blick in den Saal 600 des Nürnberger Justizpalastes reicht, um an die Bedeutung zu erinnern, die der Prozess gegen die »Hauptkriegsverbrecher« für die historische Aufarbeitung des nationalsozialistischen Krieges und der Rolle der Wehrmacht besaß. Das Sichern und Zusammentragen von Tausenden von Dokumenten, die Aufzeichnung der Aussagen von Angeklagten und Zeugen boten Repräsentationen der jüngsten Vergangenheit im Spannungsfeld von Aufklärung, Kritik und Entmilitarisierung auf der einen Seite und den Entlastungsversuchen der Verteidigung auf der anderen.

Verteidigungsstrategien und Schuldsprüche

Ab 1945 stellten sich ehemalige deutsche Generale in den Dienst der »Operational History (Germany) Section«, kurz »Historical Division« genannt, einer deutschen Arbeitsgruppe der Heeresgeschichtsabteilung der U.S. Army. Hatten die Amerikaner 1945 zunächst nach Dokumenten für die Kriegsverbrecherprozesse, nach Unterlagen der deutschen Nachrichtendienste und nach technischen Informationen über den Flugzeug- und Raketenbau gesucht, sammelten nun Historiker Material für die eigene Geschichtsschreibung des Zweiten Weltkrieges. Ehemalige deutsche Generale fertigten unter der Leitung des früheren Chefs des Generalstabs des Heeres, Generaloberst a.D. Franz Halder, im Lager Allendorf bei Marburg Fachstudien zu (ihren) militärischen Operationen an, die nicht nur, wie gewünscht, die Geschichtsschreibung auf amerikanischer Seite durch die Darstellung des Geschehens von der gegnerischen Seite ergänzten, sondern auch dem Zweck dienten, die Operationen des »Ostfeldzuges« nachzuzeichnen, um die Wehrmacht-Expertise im Hinblick auf den neuen alten Gegner Rote Armee an die Westalliierten weiterzugeben (was ihnen den fachlichen Respekt der amerikanischen und britischen Offiziere sicherte, mit denen sie in ständigem Kontakt waren). Im eigenen Interesse lag das dritte Ziel, sich im historischen Rückblick selbst ins rechte Licht zu rücken und auf diesem Wege die Vergangenheitspolitik der Alliierten zu beeinflussen[262]. In diesem Umfeld entstand auch die »Denkschrift der Generale«[263], die unter anderem die ehemaligen Generalfeldmarschälle Walther von Brauchitsch, Erich von Manstein, der ehemalige Generaloberst Franz Halder und der ehemalige General Siegfried Westphal gemeinsam für den Nürnberger Prozess verfassten.

[262] Vgl. Wegner, Erschriebene Siege; Greiner, »Operational History (German) Section«; Bald, Alte Kameraden, S. 62. Zur amerikanischen Sicht vgl. Burdick, Vom Schwert zur Feder, S. 69–80; Burdick, Deutschland und die Entwicklung der amtlichen amerikanischen Militärgeschichtsforschung; Wood, Captive Historians. Vgl. dazu demnächst die Dissertation von Esther Julia Howell (Atlanta/Augsburg), Die »Operational History (German) Section« und ihre Nachfolger. Die deutsch-amerikanischen Militärkontakte im Spannungsfeld von Kriegserinnerung, Geschichtspolitik und strategischer Planung im Kalten Krieg 1945–1961. Zu Halder: Hartmann, Halder.

[263] Westphal, Der deutsche Generalstab auf der Anklagebank. Vgl. dazu Messerschmidt, Vorwärtsverteidigung; Wette, Das Bild der Wehrmacht-Elite; Becker, Die Remilitarisierung der Bundesrepublik Deutschland. Vgl. bereits 1949: Halder, Hitler als Feldherr.

Einen roten Faden der Entlastungsstrategie bildete die Behauptung, der Krieg sei ein Krieg Hitlers gewesen, der die Expertise seiner Generalität nicht habe gelten lassen wollen und durch diese Unbelehrbarkeit wie seinen Dilettantismus den Krieg und die militärische Niederlage zu verantworten habe. Ein weiterer Grundzug, der sich über Jahrzehnte in den Repräsentationen des Krieges und seiner deutschen Soldaten wiederfinden sollte, war die Trennung zwischen Wehrmacht und SS: Hatte jene einen »sauberen« Krieg geführt, war diese für die Verbrechen hinter der Front verantwortlich[264]. Die Rechtsanwälte der Angeklagten und die Wehrmachtelite gaben bereits hier ein Motiv vor, das die Memoiren der Wehrmachtgenerale und -offiziere in den fünfziger Jahren nur variierte. Erstmals nach 1945 arbeiteten deutsche Offiziere an einem Selbst- und Kriegsbild, dessen antibolschewistische Stoßrichtung – ein dritter Grundzug – die militärische und politische Westintegration und die Wiederbewaffnung der Bundesrepublik ideologisch vorbereitete. Ihre freiwillige Mitarbeit bei der »Historical Division« mochte bei einigen Generalen wie Erich von Manstein ein Naserümpfen hervorrufen; in Großbritannien und in den USA stärkte sie den guten Ruf von manchem General und erleichterte die Suche nach Fürsprechern unter den ehemaligen Gegnern im Zuge der Kriegsverbrecherprozesse. Allgemein stärkte die Internierung eines Großteils des ehemaligen Offizierkorps die Kommunikation und erleichterte zum Beispiel das Einholen von Affidavits möglicher Entlastungszeugen unmittelbar nach Kriegsende enorm. Ab 1947 konnten die Angehörigen der »Historical Division« für ihre kriegsgeschichtlichen Studien gar auf Originaldokumente zurückgreifen. Zusammen mit dem ebenfalls in Allendorf internierten ehemaligen Stabschef beim Oberbefehlshaber West, Siegfried Westphal, sann etwa Albert Kesselring hier mit seinen Verteidigern auf eine tragfähige Entlastungsstrategie; darauf ist später zurückzukommen[265].

Zurück zur Entlastungsstrategie in Nürnberg: Nachdem das IMT im Februar 1946 das weitere Verfahren kontrovers erörtert hatte, begann die Verteidigung Ende des Monats mit ihren Beweisvorlagen. Den Vorschlag von Keitels Anwalt, dass die angeklagten Militärs eine »›vereinigte Front‹« unter der Führung seines Klienten bildeten, lehnten die übrigen Verteidiger mit dem Argument ab, ein solches Vorgehen könne das Gericht zu der Auffassung bringen, dass der Generalstab tatsächlich eine »Organisation« im Sinne der Anklage gewesen sei[266]. In der Reihenfolge der Anklageschrift fanden die Anhörungen statt. Im Unterschied zu den Eröffnungsreden der Hauptankläger durften die Verteidiger nach der Beweisvorlage je ein Plädoyer im Namen ihres jeweiligen Mandanten halten.

Als Zeugen der Verteidigung wurde nach Karl Bodenschatz und Erhard Milch auch Albert Kesselring (seit 1940 Kommandeur der Luftflotte, zuletzt Oberbefehlshaber an der Westfront) einen Tag lang verhört. Unter seinem Kommando waren die Bombenangriffe auf Warschau im September 1939, auf Rotterdam im Mai 1940 und auf Coventry im November 1940 geflogen worden – um, wie Kesselring entschieden versicherte, wichtige militärische Ziele zu zerstören.

---

264 Wegner, Erschriebene Siege, S. 291.
265 Lingen, Kesselrings letzte Schlacht, S. 140 f.
266 Taylor, Die Nürnberger Prozesse, S. 377.

Der Versuch von Görings Verteidiger Otto Stahmer, seinen Mandanten durch die Rechtfertigung der Bombardements zu entlasten, stieß jedoch ins Leere. Zum einen sah die Anklageschrift den unrechtmäßigen Luftangriff als Kriegsverbrechen gar nicht vor; zum anderen hatten die Alliierten ihrerseits noch schwerere Luftangriffe auf Großstädte in Deutschland und Japan durchgeführt, sodass sie um diesen Punkt wohl kaum »viel Aufhebens« machen würden. Außer der üblichen Beteuerung, dass die Luftwaffe eine reine Verteidigungswaffe gewesen sei, galt das Prinzip, nichts zuzugeben und sich an möglichst wenig zu erinnern. Die Zeugen versuchten, wie Taylor feststellen musste, mit der »üblen Verlogenheit so vieler deutscher Zeugen [...] das Wissen um etwas zu bestreiten, das sie gewußt haben mußten«[267]. Dennoch entpuppten sich manche Zeugen der Verteidigung als Belastungszeugen – wie etwa der schwedische Geschäftsmann Birger Dahlerus, der Göring be- und nicht entlastete.

Nachdem Göring als dem zweithöchsten Nationalsozialisten zwölf Gerichtstage eingeräumt worden waren, billigte das Gericht den übrigen zwanzig Angeklagten in dem bis Ende Juni dauernden Verfahren durchschnittlich je etwa vier Tage zu. Nach Rudolf Heß standen Joachim von Ribbentrop, Wilhelm Keitel, Ernst Kaltenbrunner, Alfred Rosenberg, Hans Frank, Wilhelm Frick und Julius Streicher vor Gericht; das vorgelegte Beweismaterial reichte für eine Verurteilung in allen Anklagepunkten aus, und die Angeklagten wurden später gehängt. Hier sei nur auf Keitel eingegangen, den ranghöchsten Offizier der Wehrmacht, der jedoch kein Befehlshaber war. Der Spitzname »Lakeitel«, den ihm seine Offizierkameraden gegeben hatten, beschrieb angemessen sein unterwürfiges Verhältnis zu Hitler. Immerhin bekannte sich Keitel zu den verbrecherischen Befehlen, die seinen Namen trugen und räumte ein, dass einige nicht auf militärischen, sondern weltanschaulichen Grundlagen beruhten, die mit dem Völkerrecht nicht vereinbar waren. Trotz seiner hohen Position leugnete er jedoch jede rechtliche Verantwortung. In seinem Schlussplädoyer versuchte der Verteidiger Otto Nelte, Keitel als einen tragischen Helden hinzustellen, den nicht eigene Schuld, sondern das Schicksal in die missliche Lage gebracht habe, Hitlers Befehle zu unterzeichnen und für ihre Durchführung zu sorgen. Keitel habe, so Nelte, »die warnende Stimme des Weltgewissens nicht gehört«. Er sei gegen jeden Gedanken, der seinem Verständnis von Gehorsam und Treue zuwiderlief, gleichsam immunisiert gewesen, weil »die Grundsätze seines soldatischen Lebens [...] sein Denken und Handeln so ausschließlich [beherrschten]«. Darin sah Nelte »die wahrhaft tragische Rolle«, die sein Mandant »in diesem furchtbarsten Drama aller Zeiten gespielt hat«[268].

Der junge Marinerichter Otto Kranzbühler – vor Gericht in Uniform, weil die Kriegsmarine noch mehrere Monate nach der Kapitulation existierte – hatte die Verteidigung von Karl Dönitz und zum Teil von Erich Raeder übernommen. Dem kenntnisreichen Verteidiger, den Taylor zu den zwei, drei besten deutschen Anwälten in Nürnberg zählte[269], gelang es, den amerikanischen Admiral Chester W. Nimitz

[267] Ebd., S. 386.
[268] Zit. ebd., S. 552.
[269] Ebd., Bildunterschrift nach S. 352. Allerdings kritisierte Taylor (S. 725), dass Kranzbühler wie auch Dönitz wohl die Kriegsjahre damit verbracht hätten, »aufs Meer hinauszusehen und sich

als Zeugen vorzuladen. Um Dönitz von dem Vorwurf zu entlasten, er habe durch das Versenken von britischen und anderen Handelsschiffen ohne Vorwarnung das Londoner U-Boot-Protokoll von 1936 verletzt, sollte Nimitz bezeugen, dass die U.S. Navy, deren Oberbefehlshaber im Pazifik er gewesen war, mit japanischen Handelsschiffen ebenso verfahren sei. Kranzbühler wollte damit jedoch keineswegs das alte Problem der Beweisführung durch Gegenanschuldigung heraufbeschwören. Tatsächlich wäre der Tatbestand der Kriegsrechtsverletzung durch einen anderen, und sei es durch den Ankläger, für die zur Entscheidung anstehende Frage unerheblich gewesen. Nicht um das leidige Tu-quoque-Argument ging es Kranzbühler, sondern im Gegenteil darum, die Rechtmäßigkeit des Verhaltens nachzuweisen. Das Abkommen sei in *beiden* Fällen auf die Handelsschiffe nicht anwendbar gewesen, da diese bewaffneten Widerstand geleistet und mit der Royal Navy kooperiert hätten, sodass auch die deutsche Kriegsmarine in diesem Punkt das Völkerrecht nicht verletzt habe[270]. Die Vernehmung war wohl der wichtigste Faktor, der dazu beitrug, den beiden Admirälen das Leben zu retten.

Dönitz präsentierte sich in Nürnberg als Befürworter des NS-Regimes und Bewunderer Hitlers und erklärte, von ihm nie einen Befehl erhalten zu haben, der gegen die »Kampfsittlichkeit« verstieß. Dass er den »Putsch« vom 20. Juli 1944 verurteilte, sicherte ihm ein Lob der meisten Mitangeklagten[271]. Mit seiner Rede zum Heldengedenktag am 12. März 1944 konfrontiert, entblödete sich Dönitz zwei Jahre später nicht, dem Ankläger Sir David Maxwell-Fyfe ungerührt sein Einverständnis mit der antisemitischen Vertreibungspolitik zu erläutern. Er sei der Auffassung gewesen, dass »die Durchhaltekraft des Volkes« im Krieg besser gewährleistet wäre, als wenn es »jüdische Volksteile« gegeben hätte[272].

Kranzbühler stellte Dönitz als einen ahnungslosen, unpolitischen und nationalbewussten Soldaten dar. Um jede Mitverantwortung für »gewisse Humanitätsverbrechen« abzuweisen, unterstrich er die relative Isolierung des (Groß-)Admirals in Marinekreisen. Dönitz habe während des ganzen Krieges stets in seinem Stabsquartier gelebt (zunächst an der Nordsee, seit 1940 in Frankreich, 1943 kurze Zeit in Berlin und dann im Lager »Koralle« bei Berlin), und bei einem Aufenthalt im Führerhauptquartier beim dortigen Marinestab gewohnt. Sein außerdienstlicher Verkehr habe also fast ausschließlich aus Marineoffizieren bestanden, was, so Kranzbühler, für »die Unkenntnis mancher Vorgänge« eine zusätzliche Erklärung gebe. Zwar räumte Kranzbühler ein, dass Dönitz Kenntnis von Konzentrationslagern

---

nicht darum zu kümmern«, was in den besetzten Gebieten geschah. Vgl. Wolmar, Als Verteidiger in Nürnberg.

270 Taylor, Die Nürnberger Prozesse, S. 465 f. Es ging um Dönitz' Befehl vom 17.9.1942 nach der Versenkung des britischen Schiffes »Lakonia« vor der afrikanischen Südwestküste, der »jegliche[n] Rettungsversuch von Angehörigen versenkter Schiffe« untersagte. Zit. ebd., S. 468 f.

271 Ebd., S. 470. Zu Dönitz vgl. Hartwig, Karl Dönitz; Kraus, Karl Dönitz; Kraus, Großadmiral Karl Dönitz.

272 Taylor, Die Nürnberger Prozesse, S. 472. Dönitz hatte 1944 erklärt: »Was wäre aus der Heimat heute, wenn der Führer uns nicht im Nationalsozialismus geeint hätte? Zerrissen in Parteien, durchsetzt von dem auflösenden Gift des Judentums und diesem zugänglich, da die Abwehr unserer jetzigen kompromißlosen Weltanschauung fehlte, wären wir längst der Belastung dieses Krieges erlegen und der erbarmungslosen Vernichtung unserer Gegner ausgeliefert worden.« Zit. ebd.

gehabt hatte. Wenn jedoch die Anklage von der Weitergabe eines Vorschlags des Rüstungsministeriums, 12 000 Mann aus Konzentrationslagern als Werftarbeiter einzusetzen, darauf schloss, dass Dönitz die Verhaftung unzähliger Unschuldiger, ihre Misshandlung und ihre Tötung in den Konzentrationslagern gekannt und gebilligt habe, sei das ein Fehlschluss. Dönitz wusste laut Kranzbühler, dass in den Lagern »außer den Berufsverbrechern politische Häftlinge verwahrt« wurden. Da die vorübergehende »Verwahrung politischer Gegner aus Sicherheitsgründen« eine zumindest in den Zeiten der Not übliche Maßnahme sei, könne die Kenntnis einer solchen Einrichtung also keinen Menschen belasten, zumal bei einer Bevölkerung von 80 Millionen 12 000 Häftlinge nicht auf ein Terrorregime schließen ließen. Im Übrigen, so Kranzbühler weiter, habe die Auslieferung von KZ-Insassen an die Industrie ihre Lage nur verbessert; sein zynisches Fazit: »Der weitergeleitete Vorschlag bedeutete also nichts Unmenschliches, sondern eher das Gegenteil.« Um Dönitz schließlich gegen den Vorwurf des Antisemitismus und der Kenntnis des Holocaust zu verteidigen – die Anklage hatte eine Äußerung zitiert, in der Dönitz vom »schleichenden Gift des Judentums« sprach –, betonte Kranzbühler, dass die Vernichtung des Judentums Dönitz ebenso unbekannt gewesen sei wie dessen Ausführung. Allerdings sei ihm »die Umsiedlung der in Deutschland ansässigen Juden nach dem Generalgouvernement« bekannt gewesen. Diese Belastung durch die Kenntnis von der Deportation suchte Kranzbühler dadurch zu entkräften, dass er den Alliierten im Juli 1946 die laufende Vertreibung der Deutschen aus den Ostgebieten unverhohlen vor Augen hielt: »Ich glaube nicht, dass man eine solche Umsiedlung [der Juden] verdammen kann in einer Zeit, wo in noch viel größerem Ausmaße Austreibungen von Deutschen stattfinden vor den Augen einer ruhig zuschauenden Welt[273].«

Auch Kranzbühler begründete die mangelnde Kenntnis der militärischen Elite mit dem unpolitischen Status des Soldaten. »Als aktiver Offizier, dem nach dem Wehrgesetz jede politische Betätigung verboten war«, habe Dönitz auch keinerlei Anlass gehab, sich näher mit dem Nationalsozialismus zu befassen. Seine Wahrnehmung war, wie Kranzbühler geschickt suggerierte, die eines ganz normalen Deutschen. »Wie Millionen anderer Deutscher« habe Dönitz die sozial- und wirtschaftspolitischen Erfolge Hitlers anerkannt. Als Soldat habe Dönitz die »Befreiung von den Bindungen von Versailles« besonders berührt. So war Dönitz bei seiner Ernennung zum Oberbefehlshaber ein loyaler Bürger des nationalsozialistischen Staates, jedoch »ohne jeden politischen Aktivismus«. Öffnete ihm die neue Position und die Nähe zu Hitler die Augen? Nicht, wenn man Kranzbühlers Ausführungen folgte. Er schilderte Hitler nicht nur in der bekannten Manier als faszinierende Persönlichkeit, von der auch Dönitz »aufs tiefste [...] beeindruckt« war; vielmehr präsentierte er den Oberbefehlshaber in einem Jekyll-und-Hyde-Argument als den perfekten Blender, der das Böse geschickt zu verbergen wusste. Kranzbühler hielt es für »sicher, dass [Hitler] nämlich mit vollendeter Kunst der Tarnung die menschlich abstoßenden Züge seines Charakters meisterhaft vor denjenigen seiner Mitarbeiter verborgen hat, denen er diesen Teil seines Wesens nicht zu offenbaren wagte«.

273 Der Nürnberger Prozeß: Einhundertneunundsiebzigster Tag. Dienstag, 16. Juli 1946; Der Prozess gegen die Hauptkriegsverbrecher, Bd 18, S. 404–406.

Und so hatte es das Gericht mit zwei Hitlern zu tun: Der Hitler, den der neue Oberbefehlshaber der Kriegsmarine damals verehrte, »war also ein völlig anderer als der, den die Welt – zu Recht oder zu Unrecht – heute sieht«. Nicht ganz widerspruchsfrei schob Kranzbühler nach: Da Dönitz die Regierung als einen Bundesgenossen im Kampf um den Sieg betrachtete, sei er auch bereit gewesen, Fehler zu übersehen. Kranzbühler stilisierte Dönitz zu guter Letzt zu einem Beispiel für »die Unrichtigkeit der These [...], dass jeder Nationalsozialist als solcher ein Verbrecher sein müsse«[274].

Schließlich ging Kranzbühler auf die Rolle von Dönitz in den letzten Kriegswochen ein. Die Anklage hatte Dönitz beschuldigt, im Februar 1945 aus politischem Fanatismus die unausbleibliche Kapitulation hinausgezögert zu haben. Kranzbühler betonte zunächst die Bedeutung, die dieser Anschuldigung »in den Augen des deutschen Volkes« zukomme, da sich die Deutschen an die Verluste und Zerstörungen der letzten Monate nur allzu gut erinnerten. Mit anderen Worten: Dönitz habe sich weniger im Sinne der Anklage als vor seiner Nation schuldig gemacht. Kranzbühler führte drei Argumente an. Erstens zeigte er sich überzeugt, dass die Frage einer bedingungslosen Kapitulation von »so ungeheurer Tragweite für ein Volk« sei, dass man erst nach Kriegsende beurteilen könne, ob ein Staatsmann darauf die richtige Antwort gegeben hat. Zweitens bemühte er das Tu-quoque-Argument und stellte dem Verhalten des Angeklagten Erklärungen des französischen Admirals François Darlan, des britischen Premierministers Neville Chamberlain und von Winston S. Churchill aus dem Jahre 1940 gegenüber, in denen diese »in einer kritischen Stunde ihres Landes zu verzweifeltem Widerstand, zur Verteidigung von jedem Dorf und von jedem Haus aufriefen«. Daraus könne man, folgerte Kranzbühler, nicht schließen, dass diese Politiker »fanatische Nationalsozialisten« gewesen seien[275].

Drittens hob Kranzbühler wiederum auf die eingeschränkte Verantwortlichkeit des Soldaten ab: Als Oberbefehlshaber der Kriegsmarine konnte Dönitz im Februar 1945 nicht seine Untergebenen auffordern, die Waffen niederzulegen, zu einem Zeitpunkt, als die politische Führung des Staates den militärischen Widerstand noch für zweckmäßig und notwendig hielt – das hielt Kranzbühler für ausgemacht. Die Frage, ob Dönitz aufgrund seiner hohen Position nicht verpflichtet gewesen wäre, Hitler auf die militärische Sinnlosigkeit der Fortsetzung des Krieges hinzuweisen, bejahte Kranzbühler für sich persönlich – vorausgesetzt freilich, dass Dönitz selbst eine Kapitulation zu diesem Zeitpunkt für richtig erachtet hätte, was nicht der Fall war. Da eine Kapitulation »Stehenbleiben der Armeen und Stehenbleiben der Bevölkerung« bedeutet hätte, wären die im Februar 1945 noch über zwei Millionen Mann starke deutsche Armee an der Ostfront und die gesamte Zivilbevölkerung der deutschen Ostprovinzen »in die Hand der Sowjetarmeen gefallen, und zwar in einem Wintermonat mit grimmiger Kälte«. Dönitz sei deshalb wie Jodl der Auffassung gewesen, dass die auf diese Weise eintretenden »Menschenverluste« ungleich höher gewesen wären als die, die durch eine Hinauszögerung der Kapitulation bis zu einer wärmeren Jahreszeit noch entstehen mussten. Kranzbühler stellte also den im Namen der Nation erhobenen Vorwurf auf den Kopf: Nicht gegen die vitalen

[274] Ebd.
[275] Ebd.

Interessen der Deutschen, sondern aus »ernstem Verantwortungsbewusstsein für das Leben deutscher Menschen« hatte Dönitz das Ende hinausgezögert. Dasselbe »Verantwortungsbewusstsein« veranlasste ihn, so Kranzbühler, dann auch als Staatsoberhaupt den Krieg im Westen zu beenden, die Kapitulation im Osten dagegen noch um einige Tage hinauszuzögern und so »Hunderttausenden« die Flucht in den Westen zu ermöglichen. Kranzbühler stellte Dönitz als einen verantwortlich und vernünftig handelnden Politiker dar, der im entscheidenden Moment den Krieg, für dessen Anfang er nicht verantwortlich war, auf eine Weise beendete, die ein »Chaos« und »Verzweiflungstaten führerlos gewordener Massen« verhinderte[276].

Dönitz' ehemaliger Vorgesetzter Erich Raeder schließlich, nach dem ehemaligen Außenminister und Reichsprotektor von Böhmen und Mähren Konstantin von Neurath der zweitälteste Angeklagte, hatte seit 1897 bei der Marine gedient und war 1928 zum Chef der Marineleitung ernannt worden, bevor Hitler ihn 1935 zum Oberbefehlshaber machte[277]. Damit war er der einzige Angeklagte, der bereits vor 1933 und in den ersten Jahren des NS-Regimes eine hohe militärische Position innehatte – und so aus Sicht der Anklage in der Vor- und Frühphase der vorgeblichen Verschwörung zum Angriffskrieg. Auf diesen Punkt konzentrierte sich dann auch sein Verteidiger Walter Siemers. Raeder versicherte, die kriegerischen Absichten Hitlers nicht wahrgenommen zu haben – was ihn jedoch nicht von dem Vorwurf entlastete, sich an der Führung eines Angriffskrieges beteiligt und im Falle Norwegens nachweislich die Initiative dazu ergriffen zu haben. Nach Ansicht der Anklagebehörde war es Raeder, der – so Jones – »mehr als irgendein anderer dafür sorgte, dass die deutsche Kriegsmarine der Nazi-Bewegung eine widerspruchslose Ergebenheit entgegenbrachte«, die Dönitz später »sogar noch fester und fanatischer« gestaltete. Der neue Treueid auf Hitler am 2. August 1934, das Anbringen des Hakenkreuzes in der Flagge der deutschen Kriegsmarine und das Tragen des Hakenkreuzes auf der Uniform von Marineoffizieren und Mannschaften wurden ebenso als Nachweis vorgebracht wie umgekehrt die Anerkennung, die dem Großadmiral in der NS-Presse zuteil wurde. So habe der *Völkische Beobachter* Raeder zu dessen 66. Geburtstag dafür gelobt, dass er »trotz der Fesseln von Versailles schon damals aus der zahlenmäßig kleinen Flotte ein schlagkräftiges Instrument gemacht« habe. Als »Soldat und Seemann« habe sich Raeder bewährt: »er ist der erste und der nächste seemännische Mitarbeiter des Führers«[278].

Die Antwort, die Raeders Verteidiger gab, zeigt beispielhaft das Spiel auf der Klaviatur des unpolitischen Soldaten. Dem Vorwurf an seinen Mandanten, den Eid auf Hitler für die Marine übernommen zu haben, hielt Siemers den Gesetzescharakter des von Hitler, Reichsinnenminister Wilhelm Frick und Reichswehrminister Werner von Blomberg unterzeichneten Dokumentes entgegen. Folglich habe nicht Raeder »an die Stelle des Vaterlandes Hitler gesetzt«, sondern »Hitler [hat] diesen Eid auf sich als Oberbefehlshaber der Wehrmacht von allen Soldaten verlangt«. Raeder da-

276 Ebd.

277 Vgl. Bird, Erich Raeder.

278 Der Nürnberger Prozeß: Vierunddreißigster Tag. Montag, 15. Januar 1946; Der Prozess gegen die Hauptkriegsverbrecher, Bd 5, S. 297 f.

gegen sei weder vorher informiert noch über den Text des Eides befragt worden; »er wurde einfach in die Reichskanzlei bestellt, ohne zu wissen, um was es sich handelte.« Die Unwissenheit und Passivität ergab sich für Siemers aus dem Verhältnis von Militär und Politik. Die Frage, welchen Eid ein Soldat leistet, hielt er für »eine politische Frage, eine Frage der Gesetzgebung«, und darauf hatte Raeder »als Soldat und Oberbefehlshaber der Marine keinen Einfluß«[279].

Im Gegensatz zu dem Bild, das Keitel abgab, konnten die Karriere und das Verhalten des ehemaligen Generaloberst Alfred Jodl vor allem auf Militärs »durchaus reizvoll« wirken, wie der amerikanische Hauptankläger einräumen musste. Jodl, der 1938 unter Keitel zum Chef des Wehrmachtführungsamtes im OKW aufgestiegen war, wirkte wie ein fähiger Offizier, der eine schwierige militärische Aufgabe trotz der Kritik Hitlers durchführte. In allen vier Anklagepunkten angeklagt und durch die vorherige Beweisaufnahme schwer belastet, ließ sich Jodl durch zwei prominente, straf- bzw. völkerrechtlich versierte Anwälte vertreten: Franz Exner und Hermann Jahrreiss, die im violetten Talar des Universitätsprofessors auftraten. In der Zeugenbefragung wurde schnell deutlich, dass Jodl an seinen Ansichten festhielt und weit davon entfernt war, ein Fehlverhalten zum Beispiel bei der Mitwirkung am Kommissarbefehl und der Weiterleitung des Kommandobefehls einzugestehen. Von einer Vernichtung der Juden habe er nie etwas gehört und Vorbereitungen des Angriffs auf die Tschechoslowakei leugnete er – obwohl aus seinem Tagebuch seine Kenntnis des Gegenteils hervorgeht. In einem OKW-Memorandum hatte Jodl zudem den Krieg in der bekannten Manier als ein unabänderliches, ja notwendiges »Naturgesetz« verherrlicht und seine Totalität mit dem »sittliche[n] Zweck« gerechtfertigt, den ein Krieg für die Vergangenheit und Zukunft eines Volkes habe[280]. Jodl berief sich jedoch nicht auf die älteren Einflüsse, die sein Handeln hätten erklären können, sondern er bestritt den Aggressionscharakter der militärischen Aktionen. So hielt er auch an der Propagandathese vom Präventivkrieg gegen die Sowjetunion fest. Im Übrigen zog sich auch Jodl auf die vermeintlich entlastende Trennung von Politik und Militär zurück, wenn er zum Beispiel die Deportation von 232 dänischen Juden in deutsche Konzentrationslager, an der er beteiligt war, als eine »politische Maßnahme« abtat. »Es ist nicht die Aufgabe der Soldaten, den Richter zu spielen über ihren Oberbefehlshaber. Möge das die Geschichte tun oder ein Gott im Himmel.« Mit diesem Satz, der auch dem hochrangigen militärischen Führer blinden Gehorsam zur Pflicht machte, formulierte Jodl seinen eigenen »Grabspruch«[281].

Am 9. August 1946 begann Hans Laternser seine Verteidigung des Generalstabes und des OKW, also jener Personen, die als ranghöchste Angehörige der Wehrmacht der Verletzung aller vier Anklagepunkte bezichtigt wurden[282]. Laternser war in letzter Minute als Offizialverteidiger herangezogen worden. Der Chief Clark (Bürochef) des Gerichtshofs war auf diesen jungen Anwalt und ehemaligen Leutnant aufmerksam

279 Der Nürnberger Prozeß: Einhundertneunundsiebzigster Tag. Dienstag, 16. Juli 1946; Der Prozess gegen die Hauptkriegsverbrecher, Bd 18, S. 418 f.
280 Taylor, Die Nürnberger Prozesse, S. 503–505.
281 Ebd., S. 509.
282 Vgl. dazu Laternser, Verteidigung der Soldaten.

gemacht worden, der zwei Wochen zuvor am Militärgericht in Wiesbaden dabei war, wo die Euthanasiemorde in Hadamar verhandelt wurden, und ließ ihn im Jeep nach Nürnberg bringen. Hier begann Laternsers Karriere als Verteidiger. Während andere Anwälte wie etwa Erich Schmidt-Leichner später neue Mandanten als ehemalige Nationalsozialisten haben sollten, ist Laternser »bei dieser Klientel geblieben«[283].

Der Rechtsanwalt aus Wiesbaden hatte selbst zur Luftwaffe gehört, war 1943 an der Front in Südrussland im Einsatz, und fühlte sich der Wehrmachtgeneralität schon aufgrund des militärischen Ehrenkodex verbunden. Laternser ist auch ein Beispiel für das fortgesetzte Denken in militärischen Hierarchien auch nach dem Ende des Krieges und der Wehrmacht, redete er doch seine Klienten mit ihrem militärischen Dienstgrad an. Laternser verteidigte im Hauptkriegsverbrecherprozess 1945/46 den Generalstab und exponierte sich auch in den Nachfolgeprozessen als Verteidiger, wo er die Generalfeldmarschälle Wilhelm List und Maximilian von Weichs (im sogenannten Prozess gegen die Südost-Generale) sowie den Generalfeldmarschall Wilhelm Ritter von Leeb (im sogenannten OKW-Prozess, Fall 12) verteidigte. 1947 trat der Kenner des angelsächsischen Prozessrechts, mit der Technik der »cross examination« bestens vertraut, als Kesselrings Verteidiger auf; 1949 übernahm er die Verteidigung von Generalfeldmarschall Erich von Manstein, der in Hamburg angeklagt war.

Laternser kann als einer der zentralen Wortführer der Verteidigung bezeichnet werden. Die Verteidigung war für ihn weniger ein Geschäft (sein Honorar ließ häufig auf sich warten) als eine Ehrensache – und eine Gelegenheit, an prominenter Stelle an einem Geschichtsbild zu arbeiten, das die Kriegführung und ihre Verantwortlichen in ein rechtes Licht rückte[284]. Zu seinem Umfeld gehörten Juristen wie Erich Schwinge[285], der Kommentator des Militärstrafrechts von 1936, der 1945 Richter beim OB Südwest gewesen war und später, 1954/55, Rektor der Marburger Universität wurde. Hatten sich die Juristen bereits 1945/46 im Umfeld des IMT informell vernetzt, trafen sie sich wenig später in einem pseudowissenschaftlichen Zirkel, dem »Heidelberger Kreis«, wo sie Entlastungsstrategien entwarfen und ihr weiteres Vorgehen in und nach den Kriegsverbrecherprozessen abstimmten, um die Freilassung ihrer Klienten zu erreichen[286]. Laternsers grundsätzliche Prämissen und

283 Kempner, Ankläger einer Epoche, S. 235.

284 Vgl. zu Laternser (1908–1969): Lingen, Kesselrings letzte Schlacht, S. 123–131. Vgl. ebd. zum Wandel der britischen Vergangenheitspolitik, den Auswirkungen des Prozesses auf das Bild vom Krieg in Italien und das Bild von der »sauberen Wehrmacht«.

285 Vgl. zu Schwinge (1903–1994): Garbe, »In jedem Einzelfall ... bis zur Todesstrafe«; Messerschmidt/Wüllner, Wehrmachtjustiz; Messerschmidt, Die Wehrmachtjustiz 1933–1945. Schwinge verfasste in den siebziger und achtziger Jahren Schriften zu seiner Verteidigung, die das Bild einer sauberen Wehrmachtjustiz prägten. Schwelling, Die deutsche Militärjustiz; Schwinge, Bilanz der Kriegsgeneration; Schwinge, Verfälschung und Wahrheit.

286 Zur Rolle der Juristen in dem Rehabilitierungsprozess vgl. Buchstab, Die Nürnberger Prozesse, S. 61–74. Dem Kreis gehörten u.a. an: die Rechtsanwälte Rudolf Aschenauer, der Otto Ohlendorf im Einsatgruppenprozess verteidigt hatte; Hellmut Becker, der Ernst von Weizsäcker im Wilhelmstraßenprozess zur Seite gestanden hatte; Otto Kranzbühler, der Verteidiger u.a. von Karl Dönitz vor dem IMT; Laternser. Vgl. Frei, Vergangenheitspolitik, S. 163–165. Der Kreis pflegte einen »vergangenheitspolitischen Rechtspositivismus mit dem Anspruch auf Objektivität und mit

Argumentationsmuster blieben durch all diese Prozesse hindurch weitgehend dieselben; sie wurden breit rezipiert, zumal sie sich seit 1950 bequem nachlesen ließen[287].

Laternser rief bei der Verteidigung des Generalstabes und des OKW drei ehemalige Generalfeldmarschälle als Zeugen auf: Walther von Brauchitsch, Erich von Manstein und Gerd von Rundstedt. Brauchitschs Ausführungen blieben vage oder absurd – wenn er etwa bestritt, dass es keine Pläne für die aggressiven Truppenbewegungen gegeben und auch keine Verbindung zwischen den Truppenteilen bestanden habe. Manstein, der ab Herbst 1941 Oberbefehlshaber der 11. Armee auf der Krim und später der Heeresgruppe Süd/Don gewesen war, bestritt, dass es sich bei der obersten militärischen Führung um eine »Gruppe« im Sinne der Anklage gehandelt habe[288]. Von Taylor ins Kreuzverhör genommen, hielt er an der Behauptung eines Präventivkrieges gegen die Sowjetunion fest und bestritt, von der Judenvernichtung durch die Einsatzgruppen gewusst zu haben. Taylor wollte dagegen zeigen, wie unsinnig die Annahme sei, dass sich bewaffnete mordende Kommandos zwischen der Front und der Nachhut einer Armee hin- und herbewegten, ohne dass ihr Kommandeur davon wissen konnte oder wollte. Taylor konnte Manstein mit einem von ihm unterzeichneten Dokument vom 20. November 1941 konfrontieren, in dem der Krieg gegen die Sowjetunion ausdrücklich als ein Ausrottungsfeldzug jenseits des Kriegsrechts beschrieben und gerechtfertigt wurde. Um das »jüdisch-bolschewistische System« endgültig zu vernichten, reiche ein »Kampf in hergebrachter Form [...] allein nach europäischen Kriegsregeln« nicht. Der deutsche Soldat trete vielmehr »auch als Träger einer völkischen Idee und Rächer für alle Grausamkeiten auf, die ihm und dem deutschen Volk zugefügt wurden«. Der Befehl forderte von den Soldaten »Verständnis« für die »harte Sühne am Judentum«, die auch notwendig sei, um die zumeist von Juden angezettelten »Erhebungen [...] im Keime zu ersticken«. Hätte Laternser von diesem Dokument gewusst, hätte er vermutlich Manstein nicht als Entlastungszeugen benannt[289]. In seinem Schlussplädoyer ließ Laternser denn auch außer Acht, dass sein Zeuge als Lügner und Befürworter einer antijüdischen Treibjagd überführt worden war. Er konzentrierte sich dagegen auf das Problem der Gruppen-Frage.

Die war auch unter den Anklägern heftig umstritten, und so zielte Taylor darauf ab, die Richter zu veranlassen, aufgrund der hohen Zahl der Kriegsverbrechen die Kriegführung der Wehrmacht zu verurteilen. Der Kommandobefehl – den Laternser als Vergeltungsmaßnahme für die Misshandlung deutscher Soldaten durch britische zu rechtfertigen versucht hatte –, und vor allem der Kommissarbefehl sollten nachweisen, wie die militärische Führung die untergebenen Soldaten demoralisiert hatte.

---

dem Ziel, das Kriegsverbrecherproblem aus der Welt zu schaffen«, urteilt Frei, Vergangenheitspolitik, S. 164.

287 Laternser, Verteidigung der Soldaten.

288 Vgl. Wrochem, Erich von Manstein. Wrochem zeigt, wie sehr Manstein am unbedingten Gehorsam auch gegenüber verbrecherischen Befehlen festhielt und nur dort auf Distanz ging, wo sein militärischer Erfolg gefährdet schien. Manstein übernahm in der Kriegsgefangenschaft eine führende Rolle unter den ehemaligen Generälen und leistete der Gegenüberstellung von SS und »sauberer Wehrmacht« wirkungsvoll Vorschub. Ebd., S. 110.

289 Vgl. Taylor, Die Nürnberger Prozesse, S. 600 f.

Außerdem schlug Taylor den Bogen in die Zukunft, indem er das Verhalten der Zeugen wie Manstein und Rundstedt im Gerichtshof 1945/46 als einen gefährlichen Ausgangspunkt für eine militaristische Legendenbildung brandmarkte. Taylors scharfer Blick auf die Bedeutung des Verfahrens für die Legendenbildung in der deutschen Nachkriegsgesellschaft lohnt das folgende Zitat:

> »Die ersten Schritte zur Wiedererweckung des deutschen Militarismus sind bereits hier in diesem Gerichtssaal getan worden. Der deutsche Generalstab hatte seit dem Frühjahr 1945 reichlich Zeit zum Nachdenken, und er weiß recht wohl, was hier auf dem Spiele steht. Die deutschen Militaristen wissen, dass ihre künftige Stärke davon abhängt, den Glauben des deutschen Volkes an ihre militärischen Fähigkeiten wieder zu erwecken, und dass sie sich selbst von den Grausamkeiten lossagen, die sie im Dienste des Dritten Reiches begangen haben [...]. Die Dokumente und Zeugenaussagen beweisen, dass dies durchsichtige Erfindungen sind. Aber hier sind die ersten Keime der Mythen und Legenden, die die deutschen Militaristen in den Köpfen der Deutschen zu verbreiten versuchen werden. Diese Lügen müssen gebrandmarkt und als das gekennzeichnet werden, was sie wirklich sind, solange das Beweismaterial noch frisch ist.«

Für die Anklage stand außer Frage, dass die Militärs sich mit Hitler verbündet, die Welt bewusst in einen Krieg gestürzt und der Menschheit einen so bösartigen »Schlag versetzt« hatten, dass ihr Bewusstsein noch auf Jahre aus dem Gleichgewicht sein würde. Taylor betonte zum Schluss noch einmal, dass es nicht darum gehe, das Soldatentum als solches zu kriminalisieren: »Das war kein Krieg, das war Verbrechen. Das war nicht Soldatentum, das war Barbarei[290].« Nicht als Soldaten, sondern als Verbrecher standen die Angeklagten vor Gericht. Allein Keitel konnte durch sein nüchternes Schlusswort zumindest bei der amerikanischen Anklagevertretung einen Pluspunkt verbuchen, weil er einräumte, das Verbrecherische seines soldatischen Handelns nicht erkannt zu haben, obgleich er es hätte erkennen müssen. Doch auch Keitel bemühte die Vorstellung einer fatalen Tragik, als die er den Missbrauch der soldatischen Tugenden, Treue und Gehorsam, bezeichnete. Indem er von »nicht erkennbare[n] Absichten« sprach und angab, für seine Pflichterfüllung ausgenutzt worden zu sein, entzog er sich zugleich wieder der persönlichen Verantwortung und erklärte das eigene Verhalten zu seinem »Schicksal«[291].

Ende August 1946 war das Verfahren abgeschlossen, und die Richter zogen sich zur Beratung und Urteilsbegründung zurück, die seit Mai durch die Arbeit der Assistenten vorbereitet worden war. Einen Monat später, am 30. September und am 1. Oktober 1946, verkündeten die vier Richterpaare in vier Schritten ihre Urteile. Zunächst ging es um den Aufstieg der Nationalsozialisten, die Verschwörung zu einem Angriffskrieg, die Kriegsverbrechen und Verbrechen gegen die Menschlichkeit[292]; dann um die angeklagten Organisationen[293], daraufhin um die einzelnen Angeklagten[294] und schließlich um die Verkündung des Strafmaßes[295].

290 Vgl. ebd., S. 613.
291 Vgl. ebd., S. 621.
292 Vgl. Das Urteil von Nürnberg 1946, S. 22–135.
293 Ebd., S. 136–171.
294 Ebd., S. 172–265.
295 Ebd., S. 297 f.

Angesichts der späteren Kritik an der Rechtskonstruktion der Verschwörung und an der Kollektivhaftung ist zweierlei festzuhalten: Zum einen wich das Gericht bei der Urteilsverkündung von den Auffassungen der Anklage weit ab. In Nürnberg setzte sich im Hinblick auf die »conspiracy« in der amerikanisch-englischen Judikatur die Ansicht durch, »man solle das so nicht durchziehen«, wie Robert W. Kempner formulierte, der als deutscher Anwalt in die USA geflohen war und dem als Hilfsankläger für die USA die Klage gegen Wilhelm Frick anvertraut worden war[296]. Im Gegensatz zur Anklageschrift und zu den Äußerungen der Anklagevertretung erklärte der Gerichtshof, dass allein im Hinblick auf das Entfachen des Krieges von einer Verschwörung ausgegangen werden könne, nicht hingegen bei Kriegsverbrechen und Verbrechen gegen die Menschlichkeit[297].

Zum anderen folgten die Mitglieder des Gerichtshofs der Idee der Kollektivhaftung durch Mitgliedschaft in einer »verbrecherischen Organisation« nur bedingt. Zwar hatten sie sich darauf geeinigt, dass für einen wegen Mitgliedschaft in einer verbrecherischen Organisation Angeklagten die Freiwilligkeit und die Mitwisserschaft Bedingung für seine Verurteilung seien, nicht jedoch die Beteiligung an den Verbrechen. Aber nur die Hälfte der angeklagten »verbrecherischen Organisationen« wurde als solche anerkannt: das Führerkorps der NSDAP, Gestapo und SD sowie die SS. (Von den über 500 000 Mitgliedern der Waffen-SS waren jene nicht betroffen, die nicht freiwillig beigetreten, sondern als Wehrpflichtige eingezogen worden waren.) Dagegen erklärte der Gerichtshof mit Ausnahme des sowjetischen Mitglieds Nikitschenko (Nikičenko) die SA, die Reichsregierung sowie den Generalstab und das OKW *nicht* für verbrecherische Organisationen. Die SA hielt der Gerichtshof bis zu ihrem Bedeutungsverlust 1934 für »eine aus Raufbolden und Draufgängern« zusammengesetzte Truppe, deren Ausschreitungen nicht Teil eines Plans zur Führung eines Angriffskrieges und deshalb nicht verbrecherisch im Sinne des Statuts gewesen waren[298]. Die Reichsregierung sei nach 1937 nicht als eine Gruppe oder Organisation in Erscheinung getreten; zudem seien acht der 48 Kabinettsmitglieder tot, und 17 stünden als einzelne Angeklagte vor Gericht und würden wegen ihrer Verbrechen verurteilt[299].

Im Hinblick auf die militärischen Organisationen, die hier besonders interessieren, wies der Präsident des Gerichts, der Brite Lord Geoffrey Lawrence, ebenfalls auf die überschaubare Zahl der Beschuldigten hin. Das war nicht als Reinwaschen gedacht, wie später gerne behauptet wurde. Im Gegenteil: Der Gerichtshof erklärte, dass »Einzelprozesse gegen diese Offiziere den hier verfolgten Zweck besser erreichen würden«. Einen zweiten, zwingenderen Grund sah der Gerichtshof darin, dass Generalstab und OKW keine Organisation im Sinne des Artikels 9 des Statuts darstellten und von der Anklagevertretung auch nicht als solche präsentiert worden seien. Denn wie in allen anderen Armeen handelte es sich lediglich um »eine

[296] Kempner, Ankläger einer Epoche, S. 221. Kempner hatte zuvor als Justitiar der Polizeiabteilung des preußischen Innenministeriums gearbeitet und war nicht zuletzt deshalb für die Klage gegen den ehemaligen Reichsinnenminister Frick qualifiziert.

[297] Das Urteil von Nürnberg 1946, S. 96.

[298] Ebd., S. 165.

[299] Ebd., S. 167.

Ansammlung von Militärs«, die zu bestimmten Zeiten hochrangige Positionen innehätten[300]. An dieser Stelle zog das Gericht den Vergleich mit den nicht-deutschen Streitkräften, nicht im Sinne eines »wir auch«, sondern zur logischen Begründung des formalen Arguments. Die Planungstätigkeit in den Stäben, die Besprechungen zwischen Stabsoffizieren und Feldkommandeuren, die Operationstechnik im Felde und in den Stabsquartieren sei, so hieß es im Urteil, »so ziemlich die gleiche [gewesen] wie bei den Armeen, Marinen und Luftwaffen aller anderen Länder«. Folglich konnte die Tätigkeit des OKW mit »einer ähnlichen, wenn auch nicht identischen Organisationsform bei anderen Armeen« verglichen werden. Die britisch-amerikanischen CCS (Combined Chiefs of Staff) dienten als Beispiel[301]. Aus der Schablone ihrer Tätigkeit das Bestehen einer Vereinigung oder Gruppe ableiten zu wollen, war nach Ansicht des Gerichtshofes nicht folgerichtig.

Auch konnte niemand, argumentierte Lawrence, dieser vermeintlichen Organisation bewusst beitreten, ganz gleich, ob freiwillig oder nicht. Wer in den deutschen Generalstab oder in das OKW aufstieg, tat das nicht in dem Bewusstsein, sich einer Gruppe anzuschließen – schon deshalb nicht, weil die Gruppe nur in der Anklageschrift existierte. Auch an dieser Stelle zeigte das Gericht die Parallele zu den eigenen Streitkräften auf. Auch wenn ein Offizier zum Generalstab zählte: Seine Beziehungen zu den Kameraden der jeweiligen Waffengattung und seine Kontakte zu denen der beiden anderen Waffengattungen »glichen im allgemeinen den auf der ganzen Welt üblichen Dienstverhältnissen«. Im Gegensatz zur Mitgliedschaft in der SS beispielsweise fehlte folglich das subjektive Element.

Taylor, den das Entnazifizierungsprogramm und die Effizienz von regulären Einzelprozessen längst dazu bewogen hatte, das Verfahren gegen die Organisationen für »völlig überflüssig« zu halten, hatte den Eindruck, dass der amerikanische Hauptankläger Jackson durch die Erklärung des Gerichtshofs die deutsche Militärelite insgesamt als verbrecherisch brandmarken und den bloßen Anschein ihrer Unschuld vermeiden wollte[302]. Die Befürchtung, dass nun die Urteilsbegründung trotz des erdrückenden Beweismaterials als ein Freispruch missverstanden werden könnte, währte jedoch nur kurz. Lawrence ließ am kriminellen Charakter der angeklagten Militärs nicht den geringsten Zweifel. Sie seien »in großem Maße verantwortlich gewesen für die Leiden und Nöte, die über Millionen Männer, Frauen und Kinder gekommen sind«. Ohne die militärische Führung hätten die Nationalsozialisten ihre Kriegspläne nicht in die Tat umsetzen können. Lawrence fand noch deutlichere Worte. Die Offiziere bildeten eine »rücksichtslose militärische Kaste«, die dem deut-

---

300 Die neuralgische Passage lautete wörtlich: »Die Anklagevertretung hat auch verlangt, Generalstab und Oberkommando der deutschen Wehrmacht zu einer verbrecherischen Organisation zu erklären. Der Gerichtshof ist der Ansicht, dass Generalstab und Oberkommando nicht für verbrecherisch erklärt werden sollten. Ist auch die Anzahl der beschuldigten Personen größer als im Falle der Reichsregierung, so ist sie doch so klein, dass Einzelprozesse gegen diese Offiziere den hier verfolgten Zweck besser erreichen würden als die verlangte Erklärung. Aber ein noch zwingenderer Grund ist nach der Meinung des Gerichtshofes darin zu ersehen, dass Generalstab und Oberkommando weder eine »Organisation«, noch eine »Gruppe« im Sinne der im Artikel 9 des Statuts gebrauchten Bezeichnungen ist.« Das Urteil von Nürnberg 1946, S. 171.

301 Ebd., S. 171.

302 Vgl. Taylor, Die Nürnberger Prozesse, S. 598 und 642, zu den unterschiedlichen Auffassungen.

schen Militarismus durch das Bündnis mit dem Nationalsozialismus zu einer neuen Blüte verholfen habe. Was bereits während des Verfahrens deutlich wurde, fand dann noch einmal seinen pointierten Ausdruck: Nicht weil sie (gegnerische) Soldaten waren, die ihrem Kriegshandwerk nachgingen, wurden sie verurteilt, sondern weil sie Verbrechen begingen, *obwohl* sie Soldaten waren. Auch der Gerichtshof maß die Angeklagten an der Meßlatte einer abstrakten, nicht an die Wehrmacht gebundenen soldatischen Ehre. Jodl, Keitel, Dönitz, Raeder und Göring standen nicht zuletzt deshalb am Pranger, weil sie »ein Schandfleck für das ehrenhafte Waffenhandwerk« geworden waren. Sie und andere Offiziere hätten »mit dem Soldateneid des Gehorsams gegenüber militärischen Befehlen ihren Spott getrieben«, indem sie sich dort, wo es ihnen zweckdienlich erschien, auf die Gehorsamspflicht beriefen, um sich kurz darauf mit der Verweigerung des Gehorsams gegenüber Hitlers verbrecherischen Befehlen zu rühmen. Ausdrücklich forderte der Gerichtshof dazu auf, »diese Leute« vor ein Gericht zu stellen, damit sie »ihrer Bestrafung nicht entgehen«[303]. Raeders Anwalt Victor von der Lippe sah darin einen »sehr bittere[n] Nachsatz«, der »den Freispruch« trübe. Auch wenn er sich darüber freuen mochte, dass »der Feind Nr. 1, die Kollektivschuldanklage«, für die militärische Führung fallengelassen wurde, konnte von einem Freispruch freilich keine Rede sein[304].

Der Schuldspruch gliederte sich nach Artikel 6 des Statuts in vier Punkte, welche die Zuständigkeit des Gerichtshofs begründeten[305]: 1. Verschwörung zur Führung eines Angriffskriegs, 2. Führung eines Angriffskriegs, 3. Kriegsverbrechen und 4. Verbrechen gegen die Menschlichkeit. Die ersten beiden Punkte wurden als »Verbrechen gegen den Frieden« inkriminiert: »nämlich Planung, Vorbereitung, Einleitung oder Führung eines Angriffskrieges oder eines Krieges unter Verletzung

---

303 Das Urteil von Nürnberg 1946, S. 171. Wegen der späteren Bedeutung lohnt das längere Zitat: »Obwohl der Gerichtshof der Meinung ist, dass die im Artikel 9 enthaltene Bezeichnung ›Gruppe‹ mehr enthalten muß, als eine Anhäufung von Offizieren, ist ihm doch viel Beweisstoff über die Teilnahme dieser Offiziere an der Planung und Führung des Angriffskrieges und an der Begehung von Kriegsverbrechen und Verbrechen gegen die Menschlichkeit vorgelegt worden. Dieses Beweisergebnis ist gegen viele von ihnen klar und überzeugend. Sie sind in großem Maße verantwortlich gewesen für die Leiden und Nöte, die über Millionen Männer, Frauen und Kinder gekommen sind. Sie sind ein Schandfleck für das ehrenhafte Waffenhandwerk geworden. Ohne ihre militärische Führung wären die Angriffsgelüste Hitlers und seiner Nazi-Kumpane akademisch und ohne Folgen geblieben. Wenn diese Offiziere auch nicht eine Gruppe nach dem Wortlaut des Statuts bildeten, so waren sie doch sicher eine rücksichtslose militärische Kaste. Der zeitgenössische deutsche Militarismus erlebte mit seinen jüngsten Verbündeten, dem Nationalsozialismus, eine kurze Blütezeit, wie er sie in der Vergangenheit kaum schöner gekannt hat. Viele dieser Männer haben mit dem Soldateneid des Gehorsams gegenüber militärischen Befehlen ihren Spott getrieben. Wenn es ihrer Verteidigung zweckdienlich ist, so sagen sie, sie hatten zu gehorchen; hält man ihnen Hitlers brutale Verbrechen vor, deren allgemeine Kenntnis ihnen nachgewiesen wurde, so sagen sie, sie hätten den Gehorsam verweigert. Die Wahrheit ist, dass sie an all diesen Verbrechen rege teilgenommen haben oder in schweigender Zustimmung verharrten, wenn vor ihren Augen größer angelegte und empörendere Verbrechen begangen wurden, als die Welt je zu sehen das Unglück hatte. Dies mußte gesagt werden. Wo es der Sachverhalt rechtfertigt, sollen diese Leute vor Gericht gestellt werden, damit jene unter ihnen, die dieser Verbrechen schuldig sind, ihrer Bestrafung nicht entgehen.«

304 Zit. nach Taylor, Die Nürnberger Prozesse, S. 678; vgl. Victor von der Lippe, Nürnberger Tagebuchnotizen, Düsseldorf 1951.

305 Das Urteil von Nürnberg 1946, S. 20 f.

internationaler Verträge« sowie die »Verschwörung« dazu. Als Kriegsverbrechen wurden »Verletzungen des Kriegsrechts und der Kriegsbräuche« definiert, namentlich die »Ermordung, Mißhandlung oder Verschleppung zur Zwangsarbeit«, die »Ermordung oder Mißhandlung von Kriegsgefangenen oder Personen auf hoher See, Tötung von Geiseln, Raub öffentlichen oder privaten Eigentums, mutwillige Zerstörung von Städten, Märkten und Dörfern oder jede durch militärische Notwendigkeit nicht gerechtfertigte Verwüstung«. Zu den »Verbrechen gegen die Menschlichkeit« zählte das Gericht die »Ermordung, Ausrottung, Versklavung, Verschleppung oder andere an der Zivilbevölkerung vor Beginn oder während des Krieges begangene unmenschliche Handlungen« sowie die »Verfolgung aus politischen, rassischen oder religiösen Gründen in Ausführung eines Verbrechens [...], unabhängig davon, ob die Handlung gegen das Recht des Landes, in dem es begangen wurde, verstieß oder nicht«[306].

Zwölf Angeklagte wurden zum Tode verurteilt, darunter Jodl, Keitel und Göring. Raeder erhielt eine lebenslängliche, Dönitz eine zehnjährige Gefängnisstrafe. Dönitz' Verurteilung stand wegen der unterschiedlichen Auffassung der Mitglieder des Gerichtshofs auf nicht ganz so festem Boden. Die von Donnedieu de Vabres, dem Mitglied des Gerichtshofs für die Französische Republik verlesene Urteilsbegründung war von dem britischen Richter Francis Biddle formuliert worden, der sich mit seinem Votum für einen Freispruch nicht hatte durchsetzen können. Biddle hatte dann unter Androhung einer abweichenden Erklärung darauf gedrängt, Dönitz, der nach den Punkten Eins, Zwei und Drei angeklagt war, nicht wegen seiner U-Boot-Kriegführung zu verurteilen, da Nimitz und auch die britische Seite die gleiche Taktik angewandt hatten. Mit einer Freiheitsstrafe von zehn Jahren war er schließlich einverstanden. Tatsächlich betonte das Gericht in seiner Urteilsbegründung, dass sich Dönitz' Strafe *nicht* auf seine Verstöße gegen die Internationalen Bestimmungen für den U-Boot-Krieg stützte[307]. Dönitz wurde auch von dem Vorwurf freigesprochen, an der Verschwörung zur Führung eines Angriffskrieges, seiner Vorbereitung oder Planung beteiligt gewesen zu sein. Zwar hatte er die U-Boot-Waffe aufgebaut, aber es gab keinen Beweis, dass er über die Kriegspläne Kenntnis besaß. Hier schien das Bild des Soldaten zu stimmen: »Er war Berufsoffizier, der rein militärische Aufgaben ausführte.« Der Gerichtshof warf ihm stattdessen vor, mit seinen für den Krieg vorbereiteten U-Booten als Hauptteil der Flotte, im Einklang mit den übrigen Wehrmachtteilen und im häufigen Kontakt mit Hitler die Angriffskriege geführt zu haben. dass Dönitz noch im April 1945 die Marine zur Fortführung des Kampfes aufgefordert hatte, obwohl er diesen zugegebenermaßen als hoffnungslos betrachtete, wog ebenso schwer wie der Befehl, den er als neues Staatsoberhaupt am 1. Mai zur Fortführung des Krieges im Osten gegeben hatte. Dönitz wurde deshalb für schuldig nach Punkt Zwei und, wegen der Kriegsverbrechen, nach Punkt Drei befunden[308].

306 Ebd., S. 20 f.

307 Ebd., S. 223.

308 Ebd., S. 219 f. Nur Dönitz und Raeder wurden aufgrund dieser Anschuldigung verurteilt, obwohl die Charta (Art. 6a) den Begriff »Durchführung« enthält, wie Taylor später kritisch anmerkte. Taylor teilte diese Verurteilung nach Punkt Zwei nicht, dass die Begründung auf fast alle befehlshabende Offiziere zutreffe. Taylor, Die Nürnberger Prozesse, S. 685, Anm.

Während die zum Tode Verurteilten in ihren alten Zellen blieben, mussten die übrigen sieben in einem anderen Stockwerk warten, bis sie nach vielen Verzögerungen am 18. Juli 1947 nach Berlin, in das Spandauer Gefängnis verlegt werden konnten, wo sie ihre Haftstrafen verbüßen sollten. Auch die drei Freigesprochenen (Hjalmar Schacht, Franz von Papen, Hans Fritzsche) blieben nach einer peinlichen Pressekonferenz im Justizgebäude mehrere Tage freiwillig im Gefängnis, nachdem sie erfahren hatten, dass vor dem Gericht eine wegen der Freisprüche aufgeregte Menschenmenge wartete, die deutsche Polizei das Gebäude abriegelte und sie verhaften wollte. Die zum Tode Verurteilten konnten in einer Frist von vier Tagen Gnadengesuche beim Alliierten Kontrollrat einreichen. Kaltenbrunner verzichtete darauf; für Göring, Frank und Streicher reichten deren Anwälte entgegen dem Willen ihrer Mandanten eine Petition ein. Bei den Gesuchen der Militärs ging es nicht zuletzt um die Art der Hinrichtung[309].

Wie sollte die Todesstrafe vollstreckt werden? Die Frage, die das Gericht und die Angeklagten gleichermaßen bewegte, ist deshalb interessant, weil sie Vorstellungen von der Ehre des Soldaten widerspiegelte. Tod durch Erhängen schien den Militärs unehrenhaft, sodass sie darauf drängten, dass die eventuelle Todesstrafe durch Erschießen vollstreckt würde. Das Londoner Abkommen verwies in Artikel 29 auf die Anordnung des Kontrollrats, der sich wiederum an der deutschen Praxis orientierte, die das Fallbeil oder Erhängen als angemessene Methoden der Todesstrafe vorsahen. Der Gerichtshof entschied sich für den »Tod durch den Strang«[310]. Auch dagegen richteten sich die Petitionen. So bat Görings Anwalt Stahmer, der Kontrollrat möge das Urteil in »lebenslänglich« umwandeln oder die Hinrichtung durch Erschießen gestatten; Stahmer unterstrich in diesem Zusammenhang Görings Tapferkeit und Ritterlichkeit im Ersten Weltkrieg. Auch Keitel und Raeder drängten auf die Umwandlung der Strafe in Tod durch Erschießen. Keitel beteuerte noch einmal, dass er die Grenze der soldatischen Tugenden nicht erkannt habe und hoffe, »diesen Irrtum durch einen Tod sühnen zu können, wie er einem Soldaten in allen Heeren der Welt zugestanden wird«, das hieß: »den Tod durch die Kugel«. Der zu lebenslanger Haft verurteilte Raeder schließlich bat um die »Begnadigung zum Tode durch Erschießen«. Der Kontrollrat hielt an den Urteilen fest, nicht ohne politischen Druck[311]. Zu einer Kontroverse kam es insbesondere aufgrund der zahlreichen Gnadengesuche für Jodl. So waren laut Luftmarschall Sholto Douglas die Generale Joseph Pierre Koenig und Josef T. McNarney der Meinung, dass man Jodl als ehemaligem General das Privileg der Erschießung gewähren sollte, während Marschall Wassili D. Sokolowski (Vasilij D. Sokolovskij) das entschieden ablehnte. Douglas hielt an der Entscheidung fest, weil er meinte, dass »die deutschen Generäle Verrat an der eigenen Sache begangen hatten«[312]. Weil sie wegen ihrer Verbrechen, nicht wegen ihres Soldatentums verurteilt wurden, hatten sie das Privileg des Soldaten verwirkt, wenngleich sie sich selbst als Soldaten im letzten Gefecht sahen. Als Keitel

309 Vgl. Taylor, Die Nürnberger Prozesse, S. 693 f.
310 Vgl. ebd., S. 645.
311 Vgl. Douglas, Combat and Command, zit. nach Taylor, Die Nürnberger Prozesse, S. 736–755.
312 Douglas zit. nach Taylor, Die Nürnberger Prozesse, S. 700.

in der Turnhalle des Gefängnisses am 16. Oktober zum Galgen hinaufstieg, stellte er die Strafvollstreckung als einen Tod im Kampf für Deutschland dar: »Über zwei Millionen deutsche Soldaten gingen mir im Tode für das Vaterland voraus. Ich folge meinen Söhnen.« Nach dem Erhängen wurden die Leichname in Särge gelegt, fotografiert und in ein Krematorium nach München überführt[313].

Der symbolische Schlussakkord – Strang oder Kugel? – weist auf eine Kernfrage der Vorstellung von der Wehrmacht im Krieg hin, an der sich auch fortan Widerspruch entzündete: Waren die Soldaten der Wehrmacht »nur« Soldaten oder militärische Handlanger eines verbrecherischen Regimes? Trug die durch und durch ahistorische Fiktion eines unpolitischen deutschen »Soldatentums«, das mit der NS-Diktatur, in die es eher zufällig hineingeraten schien, eigentlich nichts zu tun hatte? Die Alliierten ließen den angeklagten Generalen und Admiralen diese Logik einer quasi institutionellen Ausgliederung aus dem inkriminierten System nicht durchgehen und entlarvten sie angesichts der nachgewiesenen aktiven Teilhabe an einem verbrecherischen Angriffskrieg als das, was sie war: ein Scheinargument als Teil einer verabredeten Entlastungsstrategie. Eine militärische Führung, die ihr Verhalten fallweise (wie Keitel und Jodl) mit soldatischen Prinzipien wie Treue und Gehorsam begründete, sich (wie Dönitz und Raeder) von berufswegen unpolitisch und daher ahnungslos gab, oder behauptete (wie die Autoren der Denkschrift der Generale), »nahezu alle wichtigen Entscheidungen Hitlers missbilligt und gegen Kriegsverbrechen opponiert«[314] zu haben, die wider besseren Wissens an der nationalsozialistischen Kriegsdeutung festhielt und sich auf einen Präventivkrieg hinauszureden suchte oder eine originär »soldatische Ehre« beschwor: Eine solche Militärelite repräsentierte die Wehrmacht, kaum dass sie mit dem NS-Regime untergegangen war, antifaktisch als eine quasi ausgelagerte Institution des Dritten Reiches. Das Argument hatte eine Kehrseite: Indem sie die Verantwortlichkeiten für die Verbrechen säuberlich aufteilten, bescheinigten die obersten Repräsentanten der Wehrmacht dem NS-Regime einen kriminellen Charakter.

An den konkurrierenden Deutungen, die Ankläger, Beklagte, Verteidiger und Richter zwischen dem 20. November 1945 und dem 1. Oktober 1946 im Justizpalast Nürnberg vorbrachten, kristallisierte sich nicht so sehr ein Mentalitätsüberhang (auf deutscher Seite etwa ein preußischer »Militarismus«), der als bewusstseinsprägende Kraft eine bestimmte Wahrnehmung nahegelegt und die Militärführung zusammengeschweißt hätte. Vielmehr lenkt die Konzeption der »Repräsentation« den Blick auf die kurzfristige, situationsspezifische Deutung der Kriegsvergangenheit durch eine bestimmte soziale Gruppe. Das Netzwerk von nationalkonservativen, militäraffinen jungen Rechtsanwälten wie Hans Laternser und Otto Kranzbühler auf der einen und hochrangigen Militärs auf der anderen Seite, das sich im Hintergrund rasch gebildet hatte[315] – ironischerweise begünstigt durch die Internierung in bestimmten Lagern –, verfolgte mit *seiner* Lesart der Vergangenheit und seinen Sinnstiftungsangeboten

313 Keitel zit. nach ebd., S. 703, der sich auf Harris, Tyranny on Trial, S. 485–588, stützt.

314 Westphal, Der deutsche Generalstab auf der Anklagebank.

315 Vgl. dazu auch Bald, Reform des Militärs in der Ära Adenauer; Sicherheitspolitik der Bundesrepublik Deutschland, Bd 1.

konkrete Interessen: kurzfristig die Verteidigung vor Gericht, wo es um Leben und Tod ging; mittel- und langfristig das Entlasten der Wehrmacht als Reaktion auf die Entmilitarisierungspolitik der Alliierten. Aus Sicht der Generalität führte die politische Säuberung der Alliierten vor allem dort, wo sie auf den besonderen Bereich des Militärischen übertragen wurde, in Wirklichkeit zu einer Beschmutzung (der »Ehre«), die ein intensives »Reinwaschen« erforderlich zu machen schien. Das lag im Übrigen ganz auf der Linie der knapp eineinhalb Jahre zurückliegenden Selbstdeutung, die Großadmiral Karl Dönitz als ihr oberster Befehlshaber im letzten Wehrmachtbericht vom 9. Mai 1945 propagiert hatte, als er den Kampf der Wehrmacht als »heldenhaft« und »ehrenvoll« lobte[316].

Während die Entmilitarisierung in der ersten Phase auf vollen Touren lief, stellten hochrangige Militärs bereits die Weichen für die – wie es später hieß – »Legende von der sauberen Wehrmacht«. Die Entlastungsfunktion des in der unmittelbaren Nachkriegszeit vor dem Hintergrund der antikommunistischen Bedrohungszenarios entwickelten Argumentation erstreckte sich, wie noch zu zeigen sein wird, immer mehr auf die gesamte soziale Gruppe der ehemaligen Soldaten. Am Ende mutierten Täter zu Mitläufern, schließlich zu Opfern. Von Anfang an ging es darum, das Militär von möglichem moralischem Ballast freizuhalten, es für die Nachkriegsjahre verfügbar zu machen und seiner Elite die gesellschaftliche Anerkennung über den Systemwechsel hinweg zu sichern. Allerdings wäre es ein Missverständnis, würde man hier einen grundsätzlichen Widerspruch zur alliierten Entmilitarisierungspolitik sehen, richtete sich diese doch im Kern gegen eine kriegstreiberische »militaristische« Wehrmacht, nicht *prinzipiell* gegen die Existenz deutscher Streitkräfte. Die dichotomische Vorstellung von Krieg und Militär – Nationalsozialismus hier, Wehrmacht da – floss 1950 nahtlos in die geheimen Überlegungen zur Wiederbewaffnung ein; dieser Faden wird im letzten Teil weiterverfolgt. An dieser Stelle sollen die kollektiven Repräsentationen von Krieg und Wehrmacht im justiziellen Kontext des ersten Nachkriegsjahrzehnts weiter differenziert werden.

d) Widersprüchliche Vorstellungen: Wehrmacht zwischen Aufklärung und Mythos

Die juristische Aufarbeitung der jüngsten Vergangenheit lieferte nicht nur den institutionellen Rahmen und den inhaltlichen Kontext für exkulpatorische Deutungen von Krieg und Wehrmacht. Während die angeklagten ehemaligen Generale und ihre Verteidiger Entlastungsstrategien entwickelten und diese durch Schriften auch jenseits des Gerichtssaals verbreiteten, berichteten die Journalisten im Rahmen der Aufklärungsbemühungen der Alliierten ausführlich über das verbrecherische Treiben während des Krieges, nicht zuletzt über die Verbrechen der Wehrmacht. Für Vergangenheitsdeutungen, die den besatzungspolitischen Zielen der Entmilitarisierung und Umerziehung entsprachen, bot die oben erläuterte Lizenzpresse ein Forum der frühen Nachkriegsöffentlichkeit, auf dem sich die Deutschen über die militärische Vergangenheit neu verständigten. Erfahrungen und

316 Zit. nach Wette, Das Bild der Wehrmacht-Elite. Vgl. zum Ehrbegriff: PRO, FO 371/46864.

Beurteilungen, die zuvor den lebensgefährlichen Defätismus-Verdacht genährt hatten, galten nach den neuen Regeln als politisch korrekt und konnten, ja sollten deshalb öffentlich zum Ausdruck gebracht werden[317].

Kriegsverbrecher. Kritik in der lizenzierten Öffentlichkeit 1945–1947/48

Die Alliierten ließen deutsche Reporter im Gerichtssaal zu, sorgten gelegentlich für zusätzliche Papierlieferungen und werteten die deutsche Berichterstattung systematisch aus. Der Prozess war ein Medienspektakel ersten Ranges: Das Bild der NS-Granden auf der Anklagebank besaß Symbolcharakter. Die deutschen Reporter blieben freilich in der Minderzahl[318]. Die neuen, lizenzierten Zeitungen präsentierten ihren Lesern ein Bild des Krieges und des Kriegsendes, der politischen Führung und der Wehrmachtelite, das mit den Propagandabildern des Dritten Reiches nicht mehr viel zu tun hatte. Einerseits stellten die Zeitungen Diskussionszusammenhänge her, aus denen sich Wahrnehmungs- und Deutungsmuster, Bewusstseinslagen und Sinnstiftungsversuche filtern lassen. Andererseits spiegelten sie die Pressepolitik der Militärregierungen wider, die ebenso wie die Einrichtung deutscher Verwaltungen und die Zulassung von Parteien und Organisationen ein Teil des angestrebtem Aufbaus einer demokratischen Gesellschaft von unten war, der die Entnazifizierung der Politik und Verwaltung von oben ergänzte. Die meisten deutschen Journalisten und Verleger reklamierten für sich einen moralisch-politischen Erziehungsauftrag.

Die Öffentlichkeit, in der Krieg und Wehrmacht erstmals repräsentiert wurden, war durch die eingangs geschilderte soziale und wirtschaftliche Notlage der ersten Nachkriegjahre geprägt. Sie bildete den unmittelbaren Erfahrungshintergrund für die Konfrontation mit dem Krieg im Zuge der justiziellen Aufarbeitung. Die Tatsache, dass der Besatzungsalltag vor der Hand in der Verantwortung der Alliierten lag und diese zugleich über deutsche Spitzenfunktionäre zu Gericht saßen, hat die Wahrnehmung vor allem der Gerichtsprozesse maßgeblich geprägt und in der Bevölkerung zu dem weitverbreiteten Eindruck beigetragen, an einem gesellschaftlichen und geistigen Tiefpunkt angelangt zu sein – *nach* dem Krieg, wohlgemerkt.

Zum kleinen Kreis der deutschen Reporter zählte der damalige Herausgeber und Chefredakteur des am 19. September 1945 lizenzierten Bremer *Weser-Kurier* (WK), Felix von Eckardt. Noch zwanzig Jahre später hatte er diese brisante Gleichzeitigkeit von juristischer Abrechnung und sozialer Misere vor Augen. Eckardt, der ab 1952 als Leiter des Presse- und Informationsamtes der Bundesregierung eine politische

---

[317] Das habe ich an anderer Stelle ausführlicher analysiert, hier muss eine Zusammenfassung genügen. Vgl. Echternkamp, Wut auf die Wehrmacht?. Rundfunk und Printmedien im Südwesten – *Rhein-Neckar-Zeitung, Mannheimer Morgen, Badische Neueste Nachrichten* – berichteten in ähnlicher Manier ein Jahr lang über das Verfahren, vgl. dazu Pape, Kultureller Neubeginn, S. 117, und Nawyn, »Striking at the Roots of German Militarism«, S. 162–175.

[318] Zu den Augenzeugenberichten vgl. die Anthologie von Radlmaier, Der Nürnberger Lernprozess. Unter den Reportern waren Willy Brandt, William Shirer und Schriftsteller wie Alfred Döblin, Ilja Ehrenburg, Martha Gellhorn, Ernest Hemingway, Erich Kästner, Erika Mann, Peter de Mendelssohn und John Dos Passos. Für das Magazin *Life* berichtete John Dos Passos seit Ende 1945 aus dem zerstörten Europa; vgl. Dos Passos, Das Land des Fragebogens; Mann, Blitze überm Ozean.

Karriere machte, erinnerte sich, wie im Laufe des Prozesses vor dem Internationalen Militärgerichtshof »Tag für Tag immer wieder unvorstellbare Verbrechen« enthüllt wurden und zur selben Zeit »sich das Elend in Deutschland von Tag zu Tag [steigerte]. Zu Millionen strömten die Flüchtlinge aus den verlorenen Ostgebieten nach Mitteldeutschland [...] Während im Gerichtssaal die enthüllten Geschehnisse in Wort und Film über uns Berichterstatter wie eine Lawine hereinstürzten, umgaben uns auch nach Verlassen des Gerichtsgebäudes nichts als Trümmer, Hunger und Elend.« Den Winter 1946/47 bezeichnete er im Rückblick als »die furchtbarste Prüfung, die dem deutschen Volk auferlegt war«[319].

Durch die Prozessberichterstattung, die zahlreiche Zeugenaussagen und Verhörausschnitte wörtlich oder paraphrasiert wiedergab, konfrontierten die Lizenzzeitungen ihre Leser und damit die Öffentlichkeit mit anschaulichen Beschreibungen der Rolle der Wehrmacht, ihrer Führung und ihrer Soldaten. Während der Nürnberger Prozesse lasen die Deutschen vom Angriffskrieg auf die Sowjetunion, von der planmäßigen wirtschaftlichen Ausbeutung vor allem der besetzten Gebiete in Osteuropa und den katastrophalen Auswirkungen auf deren Wirtschaft. Das Bild verdunkelt sich noch mehr durch die Feststellung, dass nicht der Bedarf an militärisch notwendigen Waren, sondern die Gier nach Luxusgütern zu organisierten Plünderungen geführt hatte[320]. Nachzulesen war nun nicht nur, dass im letzten Kriegsjahr Wehrmachtangehörige für die NS-Propaganda tätig gewesen waren, sondern vor allem, dass die Wehrmacht auf unterschiedliche Weise in die Kriegsverbrechen und Verbrechen gegen die Menschlichkeit verwickelt war. Zumindest die Wehrmachtführung wusste von den Verbrechen; Soldaten waren bei Kriegsverbrechen anwesend und leisteten logistische Unterstützung etwa bei Massenerschießungen durch die Einsatzgruppen. Die Wehrmacht, las man, profitierte von Zwangsrekrutierungen und half dem NS-Regime, Personen aus politischen oder rassischen Gründen in »Schutzhaft« zu nehmen oder die Familien von Widerstandskämpfern zu internieren, ihr Vermögen zu beschlagnahmen und sie in bombengefährdete Gebiete oder nach Deutschland zu verschleppen[321]. Einzelne Verbrechen wurden in aller Deutlichkeit geschildert; detailliert und mit drastischen Worten zeigten die Journalisten etwa die Verhältnisse in den deutschen Kriegsgefangenenlagern, in denen sowjetische Gefangene massenhaft zu Tode kamen[322]. Der Wehrmachtoffizier als Zuschauer eines Verbrechens – diese Darstellung passte nicht zu dem Ideal eines Kriegers aus dem noch im Frühjahr 1945 beschworenen »Heldenvolk der Deutschen«[323]. Insbesondere durch die erwähnten Aussagen Otto Ohlendorfs wurde die Kooperation der Wehrmacht mit den Einsatzgruppen auch der breiten Nachkriegsöffentlichkeit konfrontiert.

Thematisiert wurde schließlich nicht nur das Verbrechen im Krieg, sondern auch der Krieg als Verbrechen. Vor gut einem Jahr noch zum »Schicksalskampf« des deutschen Volkes überhöht, wurde er nun als Angriffskrieg demaskiert. Insgeheim hatte

319 Eckardt, Ein unordentliches Leben, S. 121.
320 SZ, 2. Jg., Nr. 9 (29.1.1946), S. 2. Dies u. das Folgende nach: Echternkamp, Wut auf die Wehrmacht.
321 Ebd.
322 SZ, 1. Jg., Nr. 11 (9.11.1945), S. 1 f.
323 So noch wenige Wochen vor der Kapitulation Generalfeldmarschall Walter Model in einem Tagesbefehl an Soldaten im Rheinland; vgl. Front und Heimat, Nr. 81 (Februar 1945), S. 1 f.

die deutsche Generalität die Wiederaufrüstung betrieben und so den Krieg gezielt vorbereitet, hieß es nun. Immer wieder lieferte die Presse eindeutige Schlagzeilen: »Befohlene Barbarei«[324], »Verseucht, verbrannt, gefroren«[325], »Verbrecherische Seekriegsführung«[326], »Hinter den Panzern die Räuber«[327]. So rief die Wehrmacht nach ihrer Auflösung ein doppeltes Entsetzen über das hervor, was die NS-Presse verschwiegen oder verzerrt dargestellt hatte. Ende 1945 wurde die Wehrmacht in einer Zwischenbilanz der Aufklärung über die Verbrechen im NS-Regime eingeordnet, die mit den Enthüllungen über die Konzentrationslager in Bergen-Belsen und Dachau und die Rolle der SS begonnen hatte: »Und nun Nürnberg. Die Wehrmacht wird unter voller Beleuchtung sichtbar[328].«

Nicht zuletzt als Reaktion auf die Berichte über die Kriegsverbrecherprozesse geriet vor allem die Wehrmachtführung ins Rampenlicht. Ging es in den Prozessberichten um die Beteiligung der Wehrmacht an Kriegsverbrechen insbesondere außerhalb der (alten) Reichsgrenzen, besaß der Vorwurf der Kriegsverlängerung für die deutschen Leserinnen und Leser eine breitere erfahrungsgeschichtliche Dimension. Den Generalen wurde vorgehalten, die Durchhalteparolen der NS-Propaganda in den letzten Kriegsmonaten bereitwillig übernommen und ihnen durch entsprechende Befehle Geltung verliehen zu haben. Die verantwortlichen Kommandeure »brachten nicht den Mut auf«, zu kapitulieren und die Naziherrschaft »abzuschütteln«, obwohl ihnen die ausweglose Lage klar gewesen sei, hieß es etwa in der *Neuen Zeitung*[329]. Im Rückblick auf die Vorweihnachtszeit 1944 zeigte sich die damit zusammenhängende Desinformationspolitik des OKW. Meldungen von der Front, die gezeigt hätten, dass der »heldenhafte Widerstand« zusammenbrach, seien »vor dem Volke eifrig verheimlicht« worden[330]. Darüber hinaus entzündete sich die Empörung an der Bereitschaft, die schlecht ausgerüsteten, auch aus jungen Wehrpflichtigen und Kranken bestehenden »Volksgrenadierdivisionen«[331] und schließlich den »Volkssturm« als letztes Aufgebot in den sogenannten Endkampf zu schicken und dadurch den auch militärisch sinnlosen Tod deutscher Soldaten in Kauf zu nehmen. Verherrlichte die NS-Presse noch im Februar 1945 die »Helden der Hitlerjugend«[332], wurde das »Heer der Verzweiflung« nun als eine militärische Farce entlarvt, die primär der Disziplinierung nach Innen dienen sollte, und als der letzte Beweis dafür gesehen, dass die deutschen »Kriegsherren« längst »zu Befehlsempfängern degradiert« worden waren. Die

324 Der Tagesspiegel, 1. Jg., Nr. 11 (20.10.1945), S. 1.

325 Verseucht, verbrannt, gefroren – Serien-Experimente der Wehrmacht und SS. In: Der Tagesspiegel, 1. Jg., Nr. 28 (21.11.1945), S. 3 (Beilage). Dass Wehrmacht und SS dabei in einem Zug genannt wurden, mag als subtilere Art zu urteilen verstanden werden.

326 SZ, 2. Jg., Nr. 6 (18.1.1946), S. 1.

327 Der Tagesspiegel, 1. Jg., Nr. 44 (11.12.1945), S. 1.

328 Leo Menter, Das Schießgewehr In: Der Tagesspiegel, 1. Jg., Nr. 57 (27.12.1945), S. 3.

329 NZ, 1. Jg., Nr. 6 (4.11.1945), S. 1. Vgl. die Kritik von Theodor Heuss (Wehrmacht, S. 149): »Töricht willige Teile« der Armee ließen sich zum »Werkzeug« degradieren, das »die Partei« schließlich zur »Selbstvernichtung des Volkes« nutzen wollte.

330 Der Tagesspiegel, 1. Jg., Nr. 49 (16.12.1945), S. 5.

331 Ebd., S. 5.

332 Vgl. den Artikel, Helden der Hitlerjugend. In: Front und Heimat, Nr. 81 (2/1945), S. 2.

Kommandeure wurden als Handlanger für schuldig erklärt[333]. Der Vorwurf an die Wehrmachtführung, sich für das Regime und gegen das Volk entschieden zu haben, wurde in der öffentlichen deutschen Diskussion weniger in juristischen Kategorien als im Koordinatensystem überkommener soldatischer Normen festgemacht: Von dem Verlust der soldatischen »Ehre« war allenthalben die Rede[334].

Wie reagierten die Leserinnen und Leser auf den Prozess und die Medienberichte? Was hielten sie von den Anklagepunkten, was schließlich von den Schuldsprüchen? Zunächst ist festzuhalten, dass eine große Mehrheit der Deutschen das Geschehen trotz der dringlicheren Alltagsnöte aufmerksam verfolgte. Rund 80 Prozent der Befragten gaben im Januar 1946 gegenüber den amerikanischen Meinungsforschern an, die entsprechenden Zeitungsberichte auch tatsächlich zu lesen. Das Leserinteresse sank bis auf einen Tiefpunkt Mitte März von immerhin noch 65 Prozent kontinuierlich ab und erreichte dann wieder das Ausgangsniveau am Tag nach der Urteilsverkündung. Auch in den folgenden zwei Wochen blieb das Interesse an der Berichterstattung über das Urteil von Nürnberg so groß. Fast ebenso groß, konstant über 70 Prozent, war der Anteil derer, die den Zeitungsberichten auch trauten – nach Jahren der Kriegspropaganda keine Selbstverständlichkeit. In Berlin waren im Mai 1947 sogar 85 Prozent der Befragten der Meinung, dass die Informationen der Lizenzpresse vertrauenswürdiger seien als die Nachrichten zu Kriegszeiten. Zwar sank der Wert, als die Verteidiger vortrugen, weil die Presse ihnen nicht genügend Platz einräumte, wie die Befragten unterstellten. Doch selbst auf dem Tiefpunkt zeigten sich 7 von 10 Befragten mit der Prozessberichterstattung in puncto »integrity« und »detail« zufrieden[335].

Hatte auch das Medieninteresse nach der Anfangsphase im Laufe der Zeit nachgelassen – das Verfahren zog sich immerhin über 218 Tage hin –, war die Aufmerksamkeit in Deutschland wie im Ausland groß, als das Gericht am 30. September und 1. Oktober 1946 die Urteile gegen 22 »Hauptkriegsverbrecher« verkündete. Eine Umfrage der Propaganda- und Zensurabteilung in der Amerikanischen Besatzungszone, der Information Control Division (ICD), bestätigte, dass die Alliierten mit dem Prozess ihr Publikum zumindest im konkreten Sinn erreicht hatten: Fast jeder, 93 Prozent, kannte nach der Urteilsverkündung das Ergebnis des Verfahrens. Rund 80 Prozent derer, die die Männer von Information Control während des Prozesses und nach seinem Ende befragten, meinten, das Gerichtsverfahren sei ordnungsgemäß (just-

[333] Der Tagesspiegel, 1. Jg. (18.10.1945), S. 3. »Von der Wehrmacht war diese Organisation bewußten Volksmordes zwar nicht gefordert worden, aber sie wurde vom OKW skrupellos als Lückenbüßer verwandt. Darum haben sich unzählige Kommandeure an dieser Untat mitschuldig gemacht. Wider besseres [sic] Wissens handelten sie, als sei eine ›levée en masse‹ im Jahrhundert des technischen Krieges noch möglich [...] Die vielen Gräber unbekannter Volkssturmmänner bleiben stumme Ankläger eines Systems, das den letzten Deutschen als Kugelfang zu benutzen gedachte, um seine letzte Stunde um eine kurze Frist hinauszuschieben.« Vgl. Die Kriegsherren und der Herbst. In: Der Tagesspiegel, 1. Jg. (1.11.1945), S. 3.

[334] Vgl. Echternkamp, Wut auf die Wehrmacht?

[335] Trends in German Public Opinion, Report Number 60, April 1947, Opinion Survey Section, Information Control Division (ICD): Nuremberg Trials, »Readership of Newspaper Reports«, »Reliability of Newspaper Reports«; vgl. Report Number 58, 1 May 1947, ICD Opinion Surveys, OMGUS: »Confidence in News in Present-Day Germany«.

ly) durchgeführt worden. Das Vertrauen nahm in der Phase geringfügig ab, als die Verteidigung ihre Plädoyers vortrug[336]. Wie sehr die Beurteilung von allgemeinen Wahrnehmungsmustern abhing, zeigt der fortgesetzte Einfluss eines negativen Russen-Bildes. Gefragt nach der Einschätzung der russischen Anklagevertretung, äußerte sich die Hälfte negativ oder gar nicht. Wurden die Befragten nicht darauf hingewiesen, dass die Anklage gerade von russischer Seite vertreten wurde, äußerten sich Dreiviertel positiv[337].

Während des Prozesses erwartete eine knappe Mehrheit unterschiedliche Urteile. Am härtesten werde es die führenden Parteimitglieder wie Göring, Streicher, Ribbentrop, Kaltenbrunner, Sauckel, Rosenberg und Frank treffen, während man zum einen für Papen, Schacht und Fritzsche, zum anderen für die Militärs geringere Strafen vermutete. Am besten werde wohl, so die allgemeine Annahme, Hitlers ehemaliger Stellvertreter Rudolf Heß davonkommen, der sich 1941 nach Großbritannien abgesetzt hatte. Nach der Urteilsverkündung hielt eine Mehrheit von 60 Prozent die Urteile für angemessen, 20 Prozent erachteten einige Urteile für zu hart. Die öffentliche Kritik galt vor allem den Schuldsprüchen für Jodl, Keitel, Raeder und Dönitz. Nicht wenige Befragte waren der Meinung, dass sie zumindest den »Soldatentod« sterben sollten. Dazu passt, dass eine Mehrheit es zuvor abgelehnt hatte, den Generalstab als eine verbrecherische Organisation anzuklagen.

Ähnlich differenziert fiel die Zustimmung in der Französischen Besatzungszone aus[338], wo das Sozial-Psychologische Institut in Baden-Baden im Oktober 1946 dem öffentlichen Urteil mit einer Meinungsumfrage in Baden und Süd-Württemberg nachging. Hier zeigte sich die Hälfte der 802 Befragten mit dem Ergebnis des Prozesses zufrieden oder war der Meinung, dass Gerechtigkeit geübt worden sei. Eine kleine Zahl zeigte sich gleichgültig (13 %), erstaunt (10 %) oder verärgert (7 %). Für das Bild der militärischen Führung ist die weitergehende Frage nach den Gründen für die jeweiligen Gefühle aufschlussreich. Während 47 Prozent äußerten, dass die Angeklagten ihre Strafe verdient oder dass sie Unglück über Deutschland gebracht hätten, nahmen 10 Prozent die Militärs von dieser allgemeinen Kritik aus: »Les militaires n'auraient pas dû être condamnés à mort« – Die Militärs hätten nicht die Todesstrafen bekommen sollen. Vor allem Frauen (12 %) wollten die Offiziere nicht hängen sehen. Dass die Deutschen nicht als einzige den Krieg heraufbeschworen hätten, meinten 6 Prozent. Nach den Verurteilten im Einzelnen befragt, sahen die meisten das Urteil für Jodl (127) und Keitel (82) als ungerecht an, hingegen nur 10 das Urteil für Frick und 8 das für Göring.

Schon die Mitarbeiter des Instituts gaben zu bedenken, dass sich hinter dieser auf das Militär bezogenen Formel eine grundlegende Unzufriedenheit abzeichnen könnte, man daher das Ergebnis mit Vorsicht zur Kenntnis nehmen müsse. Allerdings interpretierten sie die Meinungsäußerungen zugunsten von Jodl und Keitel so, dass

[336] Trends in German Public Opinion, Report Number 60, April 1947, Opinion Survey Section, Information Control Division: Nuernberg Trials.

[337] Report Number 33, 18 December 1946, Surveys Branch, Office of Director of Information Control, OMGUS: The Trend of Public Reactions to the Nuernberg Trials.

[338] Ebd.

die Befragten damit wohl einen Unterschied machten zwischen den Politikern, die für den Krieg und die Katastrophe direkt verantwortlich seien, und den Militärs, die nur ihre Pflicht getan hätten (»qui n'ont fait qu'accomplir leur devoir«)[339]. Diese Vermutung deckte sich mit Beobachtungen, die der Offizier Saul K. Padover während des Vormarsches amerikanischer Truppen 1944/45 gemacht hatte. Seine deutschen Gesprächspartner wie etwa der bereits erwähnte Aachener Immobilienmakler räumten zwar den Umstand und ihre Kenntnis des verbrecherischen Krieges ein, stellten aber auch klar, dass die Wehrmachtgenerale keine Schuld trügen. »Sie sind Berufssoldaten, keine Politiker«, zitierte er seinen Gegenüber: »Sie beschäftigen sich nicht mit Politik. Sie führen Befehle aus[340].« Die Verantwortung für die bekannten Verbrechen sah die Mehrheit bei der politischen Führung, bei Hitler und den NS-»Bonzen«. In seinem Abschlussbericht notierte Padover scharfsinnig, dass man unter den Deutschen »nicht den Schimmer eigenen Schuldbewusstseins [entdeckte], kein Bewusstsein, dass der Krieg an sich verwerflich ist [...] Niemand kritisierte die Aggression als solche. Kritisiert wurde die gescheiterte Aggression. Hitler wird vorgeworfen, den Krieg verloren, und nicht, ihn begonnen zu haben[341].«

Die Umfrage aus der Französischen Besatzungszone weist darauf hin, wie unterschiedlich die Schuldsprüche insgesamt aufgenommen wurden. Weniger als die Hälfte der Befragten zeigte sich zufrieden. Bemerkenswert ist, dass die Soziologen die geringe Zustimmung zu den Todesurteilen für Jodl und Keitel auf deren militärische Ausnahme-Position zurückführten und damit den Interviewten eine Deutung unterstellten, die der Argumentationslogik der Verteidigung vor Gericht entsprach.

Die erste große Auseinandersetzung mit dem Krieg und seinen Protagonisten, der Prozess als Medienereignis sowie die Berichterstattung und Deutung in der Lizenzpresse zum Zwecke der Entmilitarisierung verstärkten bei einem Großteil der Bevölkerung ihr negatives Bild des Krieges und der Wehrmachtführung. Die kritische Darstellung fiel dort auf fruchtbaren Boden, wo sie sich mit den eigenen Eindrücken aus der Kriegszeit deckte und an das Wissen um den verbrecherischen Charakter anknüpfen konnte. Grundsätzlich beobachteten die Meinungsforscher des Office of Military Government for Germany, US, (OMGUS) einen Zusammenhang zwischen den Kriegserfahrungen der Menschen und ihrer Einstellung zu »war and militarism«. Menschen aus Gebieten, die unter dem Krieg, insbesondere dem Bombenkrieg, gelitten hatten, neigten weniger zu »militaristischen« Werten (hier vor allem verstanden als die Befürwortung militärischer Gewalt zur Durchsetzung politischer Ziele): Hessen weniger als Bayern, Bewohner der Großstädte Frankfurt am Main, Stuttgart und München weniger als Menschen aus Gemeinden mit weniger als 2000 Einwohnern und weit weniger als die Landbevölkerung. Unter den Landwirten waren »militaristic attitudes« am häufigsten. Bei den Frauen waren es vor allem die Witwen, die im Krieg unter der Trennung von ihrem Mann als Hauptverdiener und Lebensgefährte

339 Archives de l'Occupation française en Allemagne et en Autriche, Bibliothekssignatur AL-B2, S. 3 f., 7 f.

340 Padover, Lügendetektor, S. 45 f.

341 Ebd., S. 93 f. Aus dieser Feststellung folgte die für die amerikanische Einschätzung der Lage bei Kriegsende typische Sorge davor, dass die Deutschen einen neuen Krieg beginnen könnten, weil sie ihn nicht prinzipiell ablehnten.

gelitten hatten, die den Krieg verherrlichten, wie insgesamt Frauen militaristische Werte eher hochhielten als Männer. Die Offiziere von OMGUS differenzierten im Sommer 1946 auch nach Alter und attestierten den im NS-Regime sozialisierten Jugendlichen eine geringe Bereitschaft, sich von den Werten des Militarismus zu verabschieden, deutlich geringer jedenfalls, als das unter den Älteren der Fall war. Deutsche unter 20 Jahren akzeptierten Argumente, die einen Krieg rechtfertigten, wesentlich leichter. Aber nicht nur in der Zivilbevölkerung, sondern auch unter ehemaligen Wehrmachtsoldaten zeichneten sich Einstellungsunterschiede ab, die mit der spezifischen Erfahrungschance des Krieges korrellierten. So neigten Soldaten, die aus der westlichen Kriegsgefangenschaft zurückgekehrt waren, eher zu militaristischen Einstellungen als Soldaten, die nicht in Kriegsgefangenschaft geraten waren und bis zum Schluss gekämpft hatten (darunter wohl viele »Volkssturm«-Männer). Schließlich stellte OMGUS einen Zusammenhang zwischen Bildungsniveau und »anti-militarism« fest: Je länger die Schulausbildung, desto wahrscheinlicher der Widerstand gegen den Gebrauch von Waffengewalt. Da der Bildungsgrad wiederum häufig mit der Einkommenshöhe zusammenhing, überraschte deren Korrellation mit Antimilitarismus seinerzeit nicht[342].

Hatten die Prozessberichte in der deutschen Lizenzpresse einen Einfluss auf das historische Bewusstsein, die kollektiven Repräsentationen von Krieg und Militär? »The German people learned much recent history from the trials, and thereby saw the Nazi period in sharper focus«, stellte OMGUS zufrieden fest. Diese Einschätzung entsprach den Selbstaussagen der Befragten. Das galt vor allem für die Geschichte der Konzentrationslager, aber auch die Kriegspläne der Nationalsozialisten, das Treiben der Parteiführer und die geplante Vernichtung der Juden[343]. Zu diesem geschärften Blick trug nicht zuletzt der kulturelle Kontext bei, in dem die Prozessberichte der Lizenzpresse standen. In der ganz frühen Nachkriegsliteratur und in den ersten Filmproduktionen fanden sich deutliche Hinweise auf den verbrecherischen Charakter des Regimes und des Krieges. Daran ist zumindest stichwortartig zu erinnern. So entstand im Umfeld des Prozesses die erste Schilderung und Analyse der Konzentrationslager. Der katholische Publizist Eugen Kogon, der nach sechs Jahren Haft aus dem KZ Buchenwald gerettet worden war, schrieb bereits 1945 für die U.S. Army in deren Kriegsgefangenenlager und Verhörzentrum Camp King in Oberursel (Taunus) und begann seine Darstellung des Lagersystems, die 1946 unter dem Titel »Der SS-Staat« erschien[344]. Das Buch gehörte 1948 zu den am meisten gelesenen politischen Büchern, wie die ICD im Februar durch eine Umfrage unter

[342] Report No. 16, Survey Section, Intelligence Branch. Office of Director of Information Control, OMGUS, S. 16 (7. August 1946). Vgl. Gerhardt, Wandlungen der Sozialstruktur, S. 49–64, die sich zur Analyse von Einstellungsänderungen auf originale OMGUS-Survey-Reports stützt, statt auf deren Wiedergabe in Public Opinion in Occupied Germany. Vgl. kritisch zu den US-kritischen Merrits: Gerhard, Bestandsaufnahme mit Zeitwert. Ein nachträglicher Blick auf das Kompendium »Public Opinion in Occupied Germany«, URL: http://www.zeithistorische-forschungen.de/site/40208313/ default.aspx (5.6.2009).

[343] Report Number 33, 18 December 1946, Surveys Branch, Office of Director of Information Control, OMGUS: The Trend of Public Reactions to the Nuernberg Trials.

[344] Kogon, Der SS-Staat. Vgl. die nach der Befreiung aus dem KZ Buchenwald im Exil 1947 begonnene Studie von H.G. Adler (Adler, Theresienstadt 1941–1945), die 1955 veröffentlicht wurde, bis

3000 Deutschen in der Amerikanischen Besatzungszone herausfand. Vor allem gebildete, in einer Stadt lebende Männer der gehobenen sozialen und wirtschaftlichen Schichten zählten zu den Lesern[345].

Nicht nur die Journalisten, sondern auch die Schriftsteller nahmen sich früh des Kriegsthemas an, wie ein rascher Seitenblick auf die Nachkriegsliteratur zeigt. Zuerst 1945 im Osten Berlins, dann 1947 bei Rowohlt in Stuttgart erschien *Stalingrad*, der dokumentarische Roman des deutschen Schriftstellers Theodor Plievier[346]. Mit einer Auflage von 278 000 Stück in den Westzonen und 150 000 in der Sowjetischen Besatzungszone war Plieviers Roman »bei weitem das auflagenstärkste Buch« in der zweiten Hälfte der vierziger Jahre; bis 1949 erlebte es mehr als zwölf Auflagen und zählte zu den am meisten rezensierten Romanen der frühen Nachkriegszeit. Die Grundlage bildeten Lageberichte des Militärs, Feldpostbriefe und Gespräche mit rund hundert deutschen Soldaten und Offizieren, die Plievier durch die Vermittlung von Johannes R. Becher im Kriegsgefangenenlager Ljunow, dem Hauptquartier des Nationalkomitees Freies Deutschland (NKFD), hatte führen dürfen.

Den Blick allein auf das Geschehen auf deutscher Seite richtend, beschrieb Plievier schonungslos das Grauen der Schlacht im Detail – etwa die Explosion einer Granate in einem Panzer[347] –, das Versagen der militärischen Führung[348] oder das Wüten der Militärgerichte[349]. Er ließ keinen Zweifel an der Sinnlosigkeit des Soldatentods[350], die sich in der Gleichgültigkeit gegenüber dem Sterben ebenso spiegelte wie in den Fällen, in denen der Adressat eines Feldpostbriefes oder dessen Absender bereits gestorben war und die Nachricht gewissermaßen ins Leere lief[351]. Plievier rechnete mit der Wehrmacht ebenso ab wie mit dem NS-Regime. Mit großer Detailtreue schilderte er die Vernichtung der 6. Armee, die mit den zwei fiktionalen Protagonisten, dem ehemaligen SA-Mann Unteroffizier August Gnotke und dem Oberst Manfred Vilshofen, Gestalt annahm. Gnotke wandelte sich zu einem Kritiker des »Führers«, Vilshofen zu einem Verächter des Prinzips des blinden Gehorsams – eine Wandlung,

heute als Standardwerk gilt und 2005 als Reprint wieder veröffentlicht wurde. Vgl. auch Adler, Die verheimlichte Wahrheit.

345 Report No. 103, 24 March 1948, ICD Opinion Surveys, OMGUS: »Readership of Political Books and Pamphlets«, S. 1. Als Leser galten Personen, die auf die offene Frage nach der Lektüre eines politischen Buches oder einer politischen Broschüre selbst einen Titel nannten oder die aus fünf genannten Titeln einen auswählten.

346 Plievier, Stalingrad. Der Roman war erstmals 1943/44 in der Moskauer Exilzeitschrift »Internationale Literatur« in Fortsetzungen erschienen. Plievier erweiterte den Band zur Trilogie »Der große Krieg im Osten« (Moskau, 1951; Berlin, 1954). Damit umfasst seine Kriegsdarstellung den Zeitraum von 1942 bis 1953. Plievier war nach 1933 ins sowjetische Exil gegangen, wo er ab 1943 dem Nationalkomitee Freies Deutschland (NKFD) angehört hatte. Mit der Roten Armee nach Deutschland zurückgekehrt, arbeitete er in Weimar als Vertreter des Kulturbundes, bevor er sich 1948 als freier Schriftsteller in Hamburg niederließ. Im Folgenden wird zitiert aus: Plievier, Stalingrad (2001).

347 Ebd., S. 16 f.

348 Ebd., S. 219 f. Die Wehrmacht bezeichnete er als »Hitlerarmee« (S. 209), zu deren Verbrechen ebd., S. 242, 250–253.

349 Für das Beispiel der Erschießung wegen Postenvergehens vgl. ebd., S. 264–266. Zur Feldstrafgefangenenabteilung vgl. ebd., S. 5 f.

350 Vgl. etwa ebd., S. 137, 152, 180.

351 Vgl. ebd., S. 12 f., 87.

die den Roman über die Schilderung der militärischen und humanen Katastrophe hinaus in eine hoffnungsvolle Zukunft weisen ließ[352]. *Stalingrad* wurde zum Sinnbild der moralischen Krise des soldatischen Befehls und des für unabdingbar erachteten Gehorsams[353].

Auch im Kino war die unmittelbare Vergangenheit präsent. Die »Trümmerfilme« spiegelten nicht nur halbdokumentarisch die Not der Nachkriegsjahre wider, sondern thematisierten auch den Krieg und seinen verbrecherischen Charakter[354]. »Die Mörder sind unter uns« – der Titel dieses bis heute bekanntesten, ersten deutschen Nachkriegsspielfilms, der 1945/46 in den Babelsberger DEFA-Studios gedreht wurde, deutet auf ein Kriegsverbrechen: die Erschießung polnischer Zivilisten durch einen Hauptmann der Wehrmacht[355].

Dem negativen Kriegsbild entsprachen die Annahmen über die Kriegsursachen, wie sie die Demoskopen von OMGUS im November 1947 ermittelten. Zunächst gaben 64 Prozent der Befragten an, eine Vorstellung davon zu haben, worum es im Krieg eigentlich gegangen sei, der Rest hatte kein klares Bild. Unter den 64 Prozent fanden sich als Antwort auf die Frage »What was it all about?« folgende Deutungen und Überzeugungen: Hitler oder die Nazis wollten Krieg (30 %), Machtpolitik (24 %), »Lebensraum, colonies, etc.« (20 %), wirtschaftliche Motive wie Welthandel und Kapitalismus (12 %)[356]. Nach den Lehren gefragt, die sie aus dem Nürnberger Prozess zögen, wies knapp ein Drittel der Befragten auf die Gefahr der Diktatur, ein Viertel sah die Lektion darin, den Frieden zu bewahren, denn – so lautete die Begründung – »it is always the people who suffer from war«. Für die Alliierten stand fest: Der Internationale Militärgerichtshof und die breite Prozessberichterstattung in der neuen, lizenzierten Öffentlichkeit hatten viele Deutsche dazu veranlasst, »to express abhorrence of war for the misery it brings to common men«[357]. In dieser Begründung spiegelten sich die eingangs geschilderten »Erfahrungschancen« von Millionen Deutschen, Zivilisten wie Soldaten.

Wenn es jedoch darum ging, die abstrakten Einstellungen auf den konkreten Fall zu beziehen und zu einem Urteil über die eigene Rolle zu gelangen, zeigte sich die Mehrheit konstant uneinsichtig. Rund 70 Prozent bestritten zwischen Oktober

---

352 Vgl. Morina, Der Angriffskrieg als Lesestoff; Düsterberg, Soldat und Kriegsliteratur; Fritzsche, »Volkstümliche Erinnerung; Hardtwig, Fiktive Zeitgeschichte?; Deutsche Erinnerung; Bernig, Eingekesselt; Renner, Hirn und Herz; Baron, Stalingrad als Thema der deutschsprachigen Literatur; Geiger, Kriegsromanhefte in der BRD; Besser, Neuwertung der Vergangenheit; Koszyk, Presse unter alliierter Besetzung.

353 Vgl. Nickel, Faction.

354 Vgl. dazu Shandley, Rubble Films; Brandlmeier, Von Hitler zu Adenauer; vgl. auch Reichel, Erfundene Erinnerung.

355 Der Plot: Die Überlebende eines Konzentrationslagers, die Fotografin Susanne Wallner (Hildegard Knef), trifft in Berlin auf den erfolgreichen Geschäftsmann Ferdinand Brückner (Arno Paulsen), der 1942 als Hauptmann der Wehrmacht über hundert polnische Männer, Frauen und Kinder hatte erschießen lassen. Wallner verhindert seine Ermordung in Selbstjustiz und sorgt dafür, dass er sich vor Gericht zu verantworten hatte.

356 A Report on German Morale, Report Numer 72, November 1947, Opinion Survey Section, Information Control Division.

357 Report Number 33, 18 December 1946, Surveys Branch, Office of Director of Information Control, OMGUS: The Trend of Public Reactions to the Nuernberg Trials.

1945 und Dezember 1946, dass die Deutschen insgesamt für den Krieg verantwortlich seien, weil sie eine Regierung zugelassen hätten, die den Plan eines Weltkriegs gehabt habe, wie es in der Frage hieß, hinter der die Idee der Verschwörung aufschien. Immerhin verkündeten die Demoskopen einen Lichtblick (a bright spot): In der zweiten Jahreshälfte 1946 stieg die Bereitschaft, die Kriegsschuld zu akzeptieren, von 15 Prozent auf 28 Prozent[358]. Die Begründung lief häufig auf die Behauptung hinaus, dass man selbst nichts habe ändern können, dass die »kleinen Leute« nichts zu sagen gehabt hätten und deshalb die Führung verantwortlich sei. 41 Prozent der Befragten in der Amerikanischen Besatzungszone und 47 Prozent in Berlin argumentierten so. Dass sie den Krieg nicht gewollt hätten, brachten 11 bzw. 5 Prozent vor; dass sie keine Kenntnis besaßen 10 Prozent, dass sie (von Hitler) belogen und betrogen worden seien, gaben 8 Prozent an. Die Grundannahme der Frage – Deutschland wollte die Welt in einen Krieg stürzen – zogen lediglich 3 Prozent bzw. 2 Prozent in Zweifel. Eine Mehrheit von 56 Prozent gab bereitwillig an, dass das NS-Regime den Krieg begonnen habe, und folgerte daraus ebenso bereitwillig, dass das Regime auch die Verantwortung dafür tragen müsse. Damit blieben jedoch immerhin 44 Prozent, die weder sich selbst noch das NS-Regime für den Krieg verantwortlich machten[359]. Die Ablehnung einer gemeinsamen Schuld am Krieg (collective war guilt) nahm zunächst zu, was die ICD 1948 so deutete, dass immer weniger Deutsche bereit waren, Verantwortung für die Rolle zu übernehmen, die ihr Land bei der Entfesselung des Krieges gespielt hatte[360]. Von November 1947 bis Januar 1949 dagegen stieg die Zahl derer, die Deutschland für den Krieg verantwortlich machten, an, während umgekehrt weniger Befragte »besondere Umstände« (wie Hitler, Polen, Russland) als Ursache nannten[361]. Die Mehrheit der Deutschen indes koppelte sich in der Kriegsschuldfrage gleichsam vom Nationalsozialismus ab.

Die Experten der ICD stellten bei Umfragen unter über 3000 Deutschen in der Amerikanischen Besatzungszone Ende Dezember 1946 fest, dass diese bei verschiedenen anderen Fragen die Schuld mehrheitlich einräumten. Einzig wenn es darum ging, ob sie sich den Krieg vorwerfen lassen müssten, weil sie einer kriegstreiberischen Regierung zur Macht verholfen hätten, wies eine große Mehrheit der Befragten jede Verantwortung von sich. Die ICD interpretierte diese Gleichzeitigkeit von Verantwortungsübernahme und -ablehnung als einen Ausdruck von »double talk«: einer sprachlichen Strategie, um die Bedeutung eines Wortes bewusst zu verschleiern, sodass – linguistisch gesprochen – der Empfänger ihm einen andere Bedeutung gibt als die, welche der Sender im Sinn hatte. Einzig die Kriegsverantwortung ab-

358 »Do you think the entire German population is responsible for the war because they permitted to come into power which planned to plunge the whole world into war?«, lautete die Frage; Trends in German Public Opinion, Report Number 60, April 1947, Opinion Survey Section, Information Control Division: Nurnberg Trials, »Acceptance of War Guilt«. Die Differenz erklärt sich durch den Anteil derer, die »no opinion« äußerten.

359 Report No. 22, 25 September 1946, Surveys Branch: »A Study of Attitudes Toward the Reconstruction and Rehabilitation of Germany«, S. 40–42.

360 Report no. 100, March 1948, Opinion Surveys Section, Information Control Division.

361 Report no. 175, June 1949, Opinion Surveys Branch, Information Services Division: »Trends in German Public Opinion«, S. 10.

zulehnen, hieß es im Resümee der Umfragen, sei so, als würde man sagen: »I'll take the blame for all of the evil of the Hitler regime exept [sic!] the evil[362].« Auch hielten die Auswerter der Umfragen noch eine psychoanalytische Erklärung bereit, die das Verhältnis zwischen der Einstellung zum Zweiten Weltkrieg und dem Antisemitismus betraf: Dessen Fortdauer nach 1945 interpretierten sie als ein Element der Abwehr von Schuldgefühlen durch die Projektion der Schuld auf andere[363].

Wer in den Augen der Deutschen – hier in der Amerikanischen Besatzungszone – die eigentlichen Opfer waren, ließ sich an ihren Antworten auf die Frage ablesen, wem jetzt geholfen werden müsste? Mit großer Mehrheit befürworteten die Ende 1946 befragten 1524 Personen ein Hilfsprogramm für die »Kriegsopfer« (war victims) zu Lasten derer, die wirtschaftlich nicht gelitten hatten. 95 Prozent waren in der Amerikanischen Besatzungszone der Meinung, dass Menschen, die während des Krieges ein durchschnittliches Einkommen oder Ersparnisse erzielt hatten, denen helfen müssten, die weniger besaßen. Darüber hinaus zeichnete sich jedoch im Kreis der Hilfsbedürftigen eine deutliche Opfer-Hierarchie ab. Die Gruppe, die nach Auffassung der Befragten am ehesten staatliche Unterstützung verdiente, waren die Kriegsversehrten (63 %), dicht gefolgt von den »Ausgebombten« (57 %), den Flüchtlingen und Vertriebenen (jeweils 49 %) und den Hinterbliebenen von Kriegstoten (48 %). Mit deutlichem Abstand folgten die Opfer des NS-Terrors: Nur 25 Prozent befürworteten die Hilfe für politisch Verfolgte, lediglich 18 Prozent die Hilfe für Juden – der niedrigste Wert für eine präzise benannte Gruppe[364]. Einen »Lastenausgleich« befürworteten im Mai 1949 – mehr als drei Jahre vor der Verabschiedung des gleichnamigen Gesetzes – 74 Prozent der Befragten in der Amerikanischen Besatzungszone (90 % in Berlin und Bremen), wobei weiterhin Flüchtlinge und »Ausgebombte« auf der Liste der Hilfsbedürftigen ganz oben platziert wurden. Die politisch Verfolgten des NS-Terrors hatten zwischenzeitlich mit einer weiteren Gruppe hilfsbedürftiger Deutscher zu konkurrieren. Sie fielen in der Rangliste nun hinter jene Menschen zurück, die durch die Währungsreform 1948 ihre Ersparnisse endgültig verloren hatten[365].

Blickt man auf die Nachkriegszeit aus der Perspektive der oben geschilderten *ersten* Nachkriegszeit, wird der Bruch in den kollektiven Repräsentationen des Krieges und des Militärs noch klarer. Im Gegensatz zu den Jahren nach 1918 stand den meisten Deutschen nach 1945 nicht der Sinn danach, den Krieg im Namen eines soldatischen Nationalismus zu idealisieren. Kein Wunder: Eine Mehrheit sah

---

362 Report Number 51, 2 April 1947, Opinion Survey Section, OMGUS: »Attitudes toward Collective Guilt in the American Zone of Occupation«?.

363 Ebd. Vgl. dazu auf britischer Seite: PRO, WO 208/3136 (»Psychological Reactions to Defeat«).

364 Report Number 32, 10 Dec. 1946, Opinion Surveys Unit, OMGUS: »Income, Expenditures and Currency Holdings of the German Population and Attitudes Toward General Economic Problems«. Mehrere Antworten waren möglich. Vgl. AdsD, SPD LV Baden-Württemberg, 2.

365 Report No. 169, 6 May 1949, Opinion Surveys Branch, Information Services Division, OMGUS Bad Nauheim: »German Appraisals of Lastenausgleich«. Die Werte für die Amerikanische Zone (Amzon): Refugees: 70 %, Bombed out: 63 %, Aged, poor, sick, unabled: 40 %, Disabled war veterans and orphans of soldiers: 27 % People who lost all savings by the currency reform: 7 %; Political persecutees: 3 %, Returned PW's from Russia: 3 %, Others: 2 %. Mehrfachnennung möglich. Zum Lastenausgleich vgl. Hughes, Shouldering the Burdens of Defeat.

sich als Leidtragende des Krieges. Nationalsozialismus und Krieg – in der historischen Wirklichkeit unauflösbar miteinander verbunden – bildeten früh zwei unterschiedliche Bezugspunkte für die kollektiven Repräsentationen der Nachkriegszeit. Indem sie einerseits den Krieg mit dem NS-Regime »zusammendachten«, war den meisten Deutschen sein verbrecherischer Charakter auch nach Kriegsende *weiterhin* bewusst. Insofern wusste man sich auf der Seite der Täter, wies aber zugleich jede individuelle wie gesellschaftliche Verantwortung zurück. Schuld hatten andere: Hitler selbst und, in einem weiteren Sinne, die politische und militärische Führung. Das Urteil in Nürnberg schien das bestätigen. Indem sie andererseits den Krieg vom Nationalsozialismus lösten und ihn abstrakt als Gewaltphänomen begriffen, dessen Folgen ein jeder konkret erfahren hatte – allemal konkreter als die nationalsozialistische Herrschaft, von dem Leid ihrer Opfer ganz zu schweigen –, kamen sie mehrheitlich zu zwei weiteren Schlüssen: der Ablehnung von Krieg als Mittel der Durchsetzung politischer Ziele und zur Selbstdeutung als Leidtragende der jüngsten Vergangenheit, deren Opferrhetorik machtvolle Institutionen wie die Kirchen und die Parteien verstärkten.

Das Zusammenwirken von Kriegserfahrungen und Entmilitarisierungspolitik zeitigte daher in der unmittelbaren Nachkriegszeit eine mehrschichtige Bewusstseinslage, die mit der Täter/Opfer-Dichotomie nicht hinreichend erfasst werden kann. Vielmehr war die erfahrungsgesättigte Vorstellung, Leidtragende (gewesen) zu sein, auch in der unmittelbaren Nachkriegszeit bereits vorhanden und wurde durch die Erfahrungen der Alltagsnot 1945 bis 1947, den Anblick der materiellen Folgen der Niederlage sowie – paradoxerweise – den Schuldvorwurf der Alliierten noch verstärkt, der durch den Hinweis auf das eigene Leid abgewehrt werden sollte. Die anfängliche Kritik und Selbstkritik standen regelmäßig in einem emotionalen Kontext des eigenen Leidens und gezielter Deutungsstrategien der ehemaligen militärischen Elite sowie ihrer Vertreter und Anhänger. Was im Rückblick als Gegensatz erscheint (Täter- vs. Opfer-Gedächtnis), gehörte zeitgenössisch oftmals zusammen.

Zudem arbeiteten schon sehr früh kleine, aber einflussreiche Kreise an Entlastungsstrategien, die mit dem Deutungsangeboten der Lizenzpresse konkurrierten. Deren Lesart kontrastierte mit den den Versionen der Veteranen. Der Nürnberger Prozess und die Nachfolgeprozesse bestärkten die Wehrmachtoffiziere in ihrem Selbstbild als Opfer[366]. Dieser Faden ist hier zunächst weiterhin im justiziellen Kontext, im Streit über die Verurteilung der »sogenannten Kriegsverbrecher«, fortzuknüpfen. In anderen Zusammenhängen – die Debatte über die Heimkehr der Soldaten aus sowjetischer Kriegsgefangenschaft und die Gründung neuer deutscher Streitkräfte – soll er später wieder aufgegriffen werden. *Beide* Stränge wirkten, wie sich zeigen wird, bis in die Gegenwart der vermeintlich neuen Opferrhetorik seit den neunziger Jahren fort.

---

366 Nawyn, »Striking at the Roots of German Militarism«, S. 164 f.

»Sogenannte Kriegsverbrecher«. Medienkampagnen 1947/48–1953

Spätestens nach Ende des Prozesses im Oktober 1946, verstärkt dann ab 1948/49 wurde der Internationale Militärgerichtshof in die kollektiven Repräsentationen des Krieges und des Militärs als Teil der Entmilitarisierungskritik einbezogen und seine Legitimation in Frage gestellt. Vor allem ehemalige Soldaten erhoben immer lauter den Vorwurf, dass es sich hier wie in den Nürnberger Nachfolgeprozessen um Fälle von »Siegerjustiz« gehandelt habe. Der Begriff korrespondierte mit der Kritik, dass allein deutsche Gerichte den Angeklagten den Prozess hätten machen dürfen, um die aus der Situation zwangsläufig resultierende Ungerechtigkeit zu vermeiden. Wie in der unmittelbaren Nachkriegszeit sorgten vor allem die Printmedien für die Öffentlichkeit, in der sich die Westdeutschen weiterhin über den verbrecherischen Charakter des Krieges und die Rolle führender Militärs, über ihr eigenes Vergangenheitsverständnis und ihr Verhältnis zu den Alliierten verständigten. Die Debatte über Gerichtsverfahren gegen Wehrmacht-Prominenz, über deren Verurteilung und Freilassung, diente der westdeutschen Nachkriegsgesellschaft dazu, miteinander und mit den Alliierten über den verbrecherischen Krieg und seine Soldaten »im Gespräch« zu bleiben, statt das Thema zu tabuisieren, wenngleich dieses Gespräch phasenweise in eine heftige Auseinandersetzung ausartete. Auch wenn es das Ziel war, von der jeweils beschuldigten Person Schuld abzuwälzen: Indem sie den Schuldvorwurf benannte, die historischen Hintergründe schilderte und Verantwortlichkeiten klärte, erinnerte die Erörterung des Einzelfalls in der Presse, nicht nur im *Spiegel*, immer wieder an die auf deutscher Seite begangenen Kriegsverbrechen wie Geiselerschießungen und Plünderungen. Zugleich wurden die bereits vor dem Internationalen Militärgerichtshof ersonnenen Entlastungsstrategien weiterentwickelt und über einen längeren Zeitraum einer größeren Öffentlichkeit vorgetragen, teils von denselben ehemaligen Generalen und militärnahen Anwälten, die sich wie etwa Laternser bereits 1945/46 als gewiefte Apologeten hervorgetan hatten.

Die Debatte wurde – auch das war eine strukturelle Konstante – nicht ohne Einfluss »von außen« geführt. Die Stimmen aus den USA und vor allem aus Großbritannien folgten indes weniger den Imperativen des anfänglichen Entmilitarisierungsprogramms, sondern wurden angesichts der möglichen Wiederbewaffnung der Bundesrepublik durch die Anerkennung des ehemaligen militärischen Gegners beeinflusst. Während 1945 der deutsche »Militarismus« in der zivilen Öffentlichkeit der USA auf Ablehnung stieß, waren, wie sich Telford Taylor erinnerte, die Meinungen in den militärischen Kreisen des Landes durchaus geteilt. Unter Berufssoldaten habe gar »eine gewisse Affinität« geherrscht, die »über nationale Grenzen und sogar Frontlinien hinausreicht«. In Großbritannien wie in den USA habe es zahlreiche Offiziere gegeben, die das deutsche Berufssoldatentum bewunderten und der Auffassung gewesen seien, dass ihre Gegenspieler nur »ihre Pflicht getan« und deshalb Respekt verdient hätten – keinesfalls jedoch eine Verurteilung[367]. Das sah der Oberbefehlshaber der alliierten Streitkräfte Dwight D. Eisenhower laut Taylor seinerzeit ganz anders. Gegenüber dem damaligen britischen Botschafter in

[367] Taylor, Die Nürnberger Prozesse, S. 137.

Washington, Lord Halifax, habe er geäußert, dass der deutsche Generalstab diese und frühere Feldzüge mit dem Ziel geführt habe, Europa und die Welt zu beherrschen. Er würde den gesamten Generalstab vernichten, »oder seinetwegen könnte er auch in ein Konzentrationslager auf irgendeinem dafür geeigneten St. Helena gesteckt werden«[368]. Amerikaner und Briten haben seit den fünfziger Jahren viel daran gesetzt, die Vorstellung von einer Wehrmacht zu festigen, die stets einen fairen Kampf an allen Fronten geführt habe – ließ sich doch auf diese Weise die eigene militärische Reputation vortrefflich steigern. Im ordentlichen Kampf gegen einen zunächst überlegenen Gegner mit ebenso fairen Mitteln gesiegt zu haben: damit schmückten sich zahlreiche westalliierte Militärs und Politiker. Den Gegner von einst in die eigenen Reihen aufzunehmen, förderte diese Haltung.

So folgte etwa in der britischen Kriegsverbrecherpolitik einer – nach Planungen während des Krieges – zweiten, von 1945 bis 1949 währenden Phase der aktiven Verfolgung der NS-Täter und der Offiziere, die in den vormaligen besetzten Gebieten eines Kriegsverbrechens angeklagt wurden, eine bis 1952 dauernde Periode, in der an die Stelle der Bestrafung der Täter ihre Reintegration in die Gesellschaft trat. Der Handlungsdruck, den die öffentliche Meinung etwa durch Pressekampagnen in Deutschland, aber auch in Großbritannien und in den USA erzeugte, zeigte hier Wirkung. Dieser Wandel in der Politik der Westalliierten ging Hand in Hand mit der Rehabilitierung vieler Soldaten, die zunächst wegen Kriegsverbrechen zur Verantwortung gezogen worden waren.

Die der Urteilsverkündung auf den Fuß folgende Begnadigung 1948 und die krankheitsbedingte Entlassung 1952 von Generalfeldmarschall Albert Kesselring sind ein Beispiel. In dieser Zeit mussten sich dann auch Generalfeldmarschall Ferdinand Schörner, General Hasso von Manteuffel und General Theodor Tolsdorff vor *deutschen* Gerichten wegen Kriegsverbrechen verantworten[369]. Kesselring war einer der prominentesten hochrangigen Wehrmachtgenerale, für deren Freilassung sich weite Teile der westdeutschen Medien stark machten. Anfang der fünfziger Jahre wurde in der Bundesrepublik eine regelrechte Pressekampagne zur Beeinflussung der öffentlichen Meinung entfacht, die unter dem Motto »Freiheit für Kesselring!« stand. Sein Verteidiger Laternser korrespondierte eifrig mit den Redakteuren von *Christ und Welt, Stern, Der Spiegel* und *Die Zeit*, deren Artikel durch die Übernahme in anderen Zeitungen und Zeitschriften noch größere Resonanz er-

368 Zit. ebd., S. 138. Vgl. Eisenhowers Stellungnahme dazu auf einer Pressekonferenz des Pentagon am 18. Juni 1945, zit. ebd., S. 140 f.

369 Manteuffel wurde 1959 von einem Schwurgericht wegen Totschlags angeklagt, weil er, wie sich im Zusammenhang mit dem Schörner-Prozess beiläufig herausgestellt hatte, 1944 der Exekution eines Soldaten zugestimmt hatte, den ein Kriegsgericht wegen Feigheit vor dem Feind zum Tode verurteilt hatte. Der Soldat hatte ohne einzgreifen beobachtet, wie zwei Kameraden, die mit ihm auf Wache waren, durch Rotarmisten entführt wurden. Manteuffel wurde zu zwei Jahren Gefängnis verurteilt, nach zwei Monaten auf Fürsprache von Bundespräsident Theodor Heuss freigelassen. Vgl. nur: Gefängnis für General Manteuffel. In: Der Heimkehrer, 25.9.1959, S. 1. Zum Thema vgl. Searle, Wehrmacht Generals; Vergangenheitsbewältigung durch Strafverfahren?. Zum Wandel der Wahrnehmung Deutschlands in Großbritannien vgl. den Bericht des ehemaligen politischen Beraters Noel Annan, Changing Enemies.

hielten[370]. Albert Kesselring, dem seit November 1943 als »Oberbefehlshaber Südwest« die Wehrmachtverbände in Südeuropa und Nordafrika unterstanden hatten, hatte nach der Landung der Alliierten in Italien die Heeresgruppe C in verlustreichen Rückzugskämpfen von Neapel bis an den Po geführt, dabei Rom zur »offenen Stadt« erklärt und so vor der Zerstörung bewahrt, bevor er am 4. Mai 1945 kapitulierte. Zwei Jahre später, am 6. Mai 1947, hatte ihn ein britisches Militärgericht in Venedig-Mestre zum Tode durch Erschießen verurteilt, weil ihm Kenntnis und Duldung der Erschießung von zivilen Geiseln in den Tuffsteinhöhlen der Fosse Ardeatine in Süditalien zu Last gelegt wurden[371]. Im Juli 1947 war er zu lebenslanger Haft begnadigt und ins Militärgefängnis Werl unweit Bochum verlegt worden, wo auch Generalfeldmarschall von Manstein, die Generale Eberhard von Mackensen (OB 14. Armee), von Falkenhorst, Kurt Mältzer (der Stadtkommandant von Rom), Simon Gallenkamp sowie der Höchste SS- und Polizeichef (HSSPF) Italien und ehemalige Adjutant Himmlers, Karl Wolff, einsaßen. 1948 verkürzte man Kesselrings Haftdauer auf 21 Jahre.

Im April 1951 wusste *Der Spiegel* zu berichten, dass sich in der Zentralen Rechtsschutzstelle des Bundesjustizministeriums[372], das durch eine Interpellation beim britischen Hochkommissar auf die Überprüfung des Urteils und einen Strafnachlass für alle »KV-Häftlinge« hinwirkte, die »Entlastungsakten« bereits häuften[373]. Doch es ging nicht so recht voran mit der Entlassung. Die zögerliche Haltung der Briten wurde mit innen- und außenpolitischen Manövern der Labour-Regierung in Verbindung gebracht und damit doppelt diskreditiert: als unsachliches Taktieren linker Politiker. So spekulierte etwa *Der Spiegel*, ganz auf der Linie von Kesselring und seinem Verteidiger, dass »die Labourleute in London« den sowjetischen Außenminister Andrei Wyschinski (Vyšinskij), und den sowjetischen Vertreter im UN-Sicherheitsrat, Andrei Gromyko, durch die Freilassung ehemaliger Wehrmachtgenerale nicht provozieren wollten oder dass – »möglicherweise« – »linke

370 Vgl. etwa: Freiheit für Kesselring. In: Quick, 30 (1950); vgl. die Serie »Nicht Gnade, sondern Recht«. In: Stern, 5.8.1951, 12.8.1951, 19.8.1951; Kesselring, die Italiener und die Briten. Ein Attentat in Rom und seine verwirrenden Folgen. Revision in Werl? In: Christ und Welt, 2.8.1951. Vgl. Lingen, Kesselrings letzte Schlacht, S. 249–265, dort auch zum Einfluss Laternsers. Kesselring war auch Ehrenpräsident des »Luftwaffenringes« und des »Verbandes Deutsches Afrika-Korps«.

371 Vgl. zum Prozess, Lingen, Kesselrings letzte Schlacht, S. 122–170; Lingen, Konstruktion von Kriegserinnerung, S. 435–450; Lingen, »... wenn wir zum letzten Kampf in Italien antreten«. Vgl. zum Sachverhalt Schreiber, Deutsche Kriegsverbrechen in Italien; Schreiber, Partisanenkrieg; Andrae, Auch gegen Frauen und Kinder; Wedekind, Nationalsozialistische Besatzungs- und Annexionspolitik.

372 Die »Zentrale Rechtsschutzstelle« (ZRS) hatte bis März 1950 die Tätigkeit der zuvor unter dem Namen »Koordinierungsstelle zur Förderung des Rechtsschutzes für die deutschen Gefangenen im Ausland« operiert. Die Leitung hatte der Rechtsanwalt Hans Gawlik, ein ehemaliger Nürnberger Verteidiger und häufiger Gast im Heidelberger Juristenkreis. Die ZRS arbeitete mit dem Roten Kreuz, dem Evangelischen Hilfswerk für Kriegsgefangene und dem Deutschen Caritasverband zusammen, die sich bis dato um die Kriegsgefangenen gekümmert hatten. Die ZRS unterstützte u.a. durch finanzielle Mittel für die Verteidigung die Gefangenen – nicht nur im Ausland, sondern auch in Westdeutschland. Das zum Teil eigenmächtige Vorgehen des Justizministers Thomas Dehler (FDP), der aus seiner Ablehnung der »Siegerjustiz« keinen Hehl machte, befremdete die Alliierten. Frei, Vergangenheitspolitik, S. 185 f.

373 Italienischer Fimmel. In: Der Spiegel, 25.4.1951, S. 12–16.

Labourleute« gar ein politisches Interesse daran hätten, dass die ehemaligen deutschen Soldaten auch weiterhin den Westmächten und damit dem amerikanischen Ansinnen der Wiederbewaffnung reserviert gegenüberstünden.

Auch im Fall Kesselring wurde der ehemalige Feind als unverdächtiger Zeuge aufgeboten. Tatsächlich hatte es auch in Großbritannien nach Kesselrings Verurteilung Proteste gehagelt. Die eigene Kriegsverbrecherpolitik schien auch vielen britischen Politikern zweifelhaft, allen voran dem konservativen Winston S. Churchill, der bis zu seiner zweiten Amtszeit ab Oktober 1951 als Oppositionsführer im Unterhaus saß. Auch der Militärhistoriker und -theoretiker Sir Basil Liddell Hart zählte schon früh zu den prominenten Fürsprechern auf britischer Seite[374]. Liddell Hart hatte nach Kriegsende privilegierten Kontakt zu deutschen Kriegsgefangenen; durch seine Befragungen der Wehrmachtgenerale entwickelte er sich zu einem intimen Kenner ihrer Strategie. Seine Beschreibung des Krieges aus ihrer Sicht, die 1950 unter dem vielsagenden Titel »Jetzt dürfen sie reden« auf Deutsch erschien, sorgte auf der Insel für Unmut, in Deutschland für Anerkennung, unter den deutschen Veteranen gar für Begeisterung[375]. Der ehemalige Stabschef beim Oberbefehlshaber West, der noch im Februar zum General der Kavallerie beförderte Siegfried Westphal, hielt den Band für »sensationell«. Er würdigte Liddell Harts Bemühen, sich in die Lage der deutschen militärischen Führung hineinzuversetzen und ihr dadurch gerecht zu werden. Dass der Autor den Krieg vom Standpunkt der militärischen Führer aus beschrieb, hielten Veteranen wie Westphal für die Bedingung kriegsgeschichtlicher Objektivität. Kein Wunder, dass sie die erweiterte Neuauflage Anfang der fünfziger Jahre als das »bei weitem [...] sachlichste Buch« priesen – in eigener Sache[376].

Der Wandel der britischen Kriegsverbrecherpolitik und damit die Begnadigung Kesselrings waren jedoch maßgeblich auf politische Gründe zurückzuführen: Die italienische Seite fürchtete um die entsprechende Hinrichtung italienischer Kriegsverbrecher in Jugoslawien und war daher nicht bereit, das Urteil an dem deut-

---

374 Vgl. Searle, A very special relationship.

375 Liddell Hart, The other side; Liddell Hart, Jetzt dürfen sie reden; vgl. dazu die Rezension von Westphal, B.H. Liddell Hart, Jetzt dürfen sie reden. Hitlers Generale berichten. In: Der Notweg, 3.1951, Nr. 2, S. 10. Vgl. auch Liddell Hart, Deutsche Generale. Auch der englische Verteidiger Erich von Mansteins zählte zu den Kritikern; vgl. seine aufsehenerregende Veröffentlichung: Reginald T. Paget, Manstein. His campaigns, die alsbald im Limes-Verlag auf Deutsch erschien: Manstein. Seine Feldzüge und sein Prozeß. Maurice Lord Hankey hatte das Vorwort verfasst. Hankeys eigener publizistischer Spitze, ein historischer Rückblick auf die Instrumentalisierung der Justiz durch die (britische) Außenpolitik u.a. in Versailles, Tokio und Nürnberg (Politics, Trials, and Errors, Oxford 1950), wünschte Hellmut Becker. In: Die Zeit (Recht der Sieger, 14.9.1950) eine deutsche Ausgabe.

376 [Siegfried] Westphal, Rez. zu B.H. Lidell Hart, Jetzt dürfen sie reden. Hitlers Generale berichten, Stuttgart u. Hamburg, 573 S. In: Der Notweg 3.1951, Nr. 2, S. 10. Liddell Harts Bewunderung für das militärische Know-how der Wehrmacht und die seiner Arbeit förderlichen guten Verbindungen spiegelte auch die Veröffentlichung der »Rommel papers« 1953 wider: The Rommel Papers. Dokumente der ehemaligen militärischen Elite – jener Feldmarschälle, deren Generalstabsschef er gewesen war – publizierte auch Westphal: Heer in Fesseln. Vgl. den umfangreichen Bericht über den »Sonderling, der mehr einem Musikprofessor ähnelt, als einem Militär-Fachmann«. In: Der Spiegel, 14.1.1953, S. 22–26.

schen Oberbefehlshaber zu vollstrecken. Auch drohten deshalb die Täter der SS eine geringere Strafe zu erhalten als die von den Briten verurteilten Wehrmachtgenerale[377].

Dass sein Todesurteil in eine lebenslängliche Haftstrafe umgewandelt worden war, verdankte Kesselring nicht zuletzt der Fürsprache desjenigen, der ihm an der Spitze der 8. britischen Armee in Italien gegenübergestandenen hatte: Generalleutnant Oliver Leese, Bernard Montgomerys Nachfolger. Was Leese in der Diktion des tradierten Soldatenbildes bestätigte, war auch im *Spiegel* nachzulesen: »Kesselring sei ein sehr tapferer Soldat gewesen, der seine Schlachten fair und ehrlich ausgefochten habe.« Mehr noch: Leese stellte das Urteil zwischen den Zeilen als Ergebnis einer Siegerjustiz dar, wenn der britische General mit den Worten zitiert wurde, dass er, bei einem anderen Verlauf der Dinge, vielleicht selbst zum Tode verurteilt worden wäre. Wer, wenn nicht der britische Kommandeur in der Schlacht bei Monte Cassino und ehemalige Gegner Rommels in Nordafrika hätte das besser beurteilen können? – mochte sich der geneigte Leser gedacht haben.

Am verbrecherischen Charakter der Erschießung von 335 Italienern in den Ardeatinischen Höhlen ließ auch *Der Spiegel* keinen Zweifel. Als den Schuldigen machte er freilich den Kommandanten der Sicherheitspolizei (SiPo) und des Sicherheitsdienstes der SS (SD) in Rom, Herbert Kappler, aus[378]. Dem SD hatte Jodl die Durchführung von Hitlers Befehl erteilt, für jeden bei dem Attentat in Rom am 23. März 1944 erschossenen Soldaten zehn italienische Geiseln zu erschießen. SS-Obersturmbannführer Kappler hatte entgegen seiner Zusage, »nur« Italiener auszuwählen, die wegen anderer Verbrechen ohnehin zum Tode verurteilt worden waren, zahlreiche Unschuldige – darunter 57 Juden – als Geiseln genommen und zum Teil selbst durch Genickschüsse getötet. Im »Blutrausch« sei er dabei sogar über die von Hitler geforderte Zahl hinausgegangen und habe fünf weitere Italiener erschossen. (Dass der Obersturmbannführer auch für die Deportation von über 1000 Juden aus Rom nach Auschwitz ein halbes Jahr zuvor verantwortlich war, blieb unerwähnt.) Während Kappler 1948 von einem italienischen Militärgericht wegen der fünf zusätzlichen Morde (nicht: wegen der befehlsgemäßen Erschießung der 330 Geiseln) zu lebenslanger Haft verurteilt wurde, hatten sich Kesselring, Mackensen und Mältzer vor einem britischen Militärgericht zu verantworten. Um die Zuständigkeit des Gerichts und damit die Rechtmäßigkeit des Urteil in Zweifel zu ziehen, betonte *Der Spiegel* diesen Unterschied und den Widerspruch zur Moskauer Erklärung der Alliierten vom 30. Oktober 1943, derzufolge als Kriegsverbrecher beschuldigte Offiziere und Mannschaften in jenen Ländern vor Gericht gestellt werden sollten, wo sie die Verbrechen begangen hatten[379]. Das war zwar richtig, ließ aber außer Acht, dass Italien unter alliierter Verwaltung stand, für die Großbritannien den Vorsitz innehatte, sodass formal ein britisches Militärgericht für einen Kriegsverbrecherprozess zuständig war.

---

377 Italienischer Fimmel. In: Der Spiegel, 25.4.1951, S. 12–16; Lingen, Kesselrings letzte Schlacht, S. 172–180.

378 Vgl. Lingen, Kesselrings letzte Schlacht, S. 81–83; apologetisch: Aschenauer, Der Fall Herbert Kappler. Kappler war Hauptbelastungszeuge im Kesselring-Prozess 1947 gewesen.

379 Italienischer Fimmel. In: Der Spiegel, 25.4.1951, S. 12–16.

Darüber hinaus wurde dem britischen Ankläger vorgehalten, er habe sich nicht dafür »interessiert«, dass der SD in Rom (wie an anderen Fronten) gar nicht der Wehrmacht unterstanden habe, sondern der SS, und dass sich das Gericht »gar nicht der Mühe unterzog« zu prüfen, was ein Oberbefehlshaber der Wehrmacht gegen einen »wildgewordenen SD-Chargen« hätte tun können. Gemeint war Karl Wolff. Die Presse legte hier genüsslich den Finger in eine Wunde westalliierter Geheimpolitik in den letzten Kriegsmonaten, die sich unmittelbar auf die Kriegsverbrecherpolitik der Nachkriegszeit – und die Historiografie der Kriegsverbrechen in Italien – auswirkte[380]. Der Obergruppenführer und General der Waffen-SS Karl Wolff, der Höchste SS- und Polizeichef Italien, wurde aufgrund seiner Bereitschaft zu einer Teilkapitulation in seiner Rolle als deutscher Verhandlungsführer der Geheimverhandlungen über einen Waffenstillstand (»operation sunrise«) mit den Westalliierten in der Schweiz entgegen der urspünglichen Planung vor einer Strafverfolgung geschützt; Allen W. Dulles, Chef der Residentur des Geheimdienstes Office of Strategic Services (OSS)[381], mit dem Wolff am 8. März 1945 in Zürich erstmals zusammengetroffen war, spielte hier eine Schlüsselrolle. Das Spruchgericht in Hamburg hatte Wolff im Entnazifizierungsverfahren 1948 aufgrund seiner Mitgliedschaft in der SS in die Kategorie der »Minderbelasteten« eingestuft und nach Anrechung seiner Zeit in Internierungshaft freigelassen – eine Amnestie erster Klasse. Die Teilkapitulation hatte gegen alliierte Absprachen verstoßen und den Westalliierten einen militärischen Vorteil verschafft (Südtirol, Hafen von Triest): Die geschonten zwei Westalliierten Armeen konnten in Süddeutschland ein weiteres Vorrücken der Roten Armee erschweren, und im Fall eines Konflikts mit Stalin hätten die Westalliierten auch auf die deutschen Soldaten der Heeresgruppe C zurückgreifen können. Die Vertuschung des Tauschgeschäftes in der Schweiz schien daher wichtiger als die rechtmäßige Verurteilung eines Mannes, den man bereits 1945/46 unter anderem wegen seiner nachgewiesenen Beteiligung an der Deportation der Juden hätte verurteilen können[382].

Der Höchste SS- und Polizeichef Italien genoss de facto, wenn nicht de jure, Immunität, während der ehemalige Oberbefehlshaber der Wehrmacht in Italien von einem britischen Militärgericht zum Tode verurteilt worden war. Daraus schlug die Presse Kapital für Kesselring. Was die Forschung erst kürzlich bestätigt hat, legte die Presse Anfang der fünfziger Jahre bereits nahe: »Polizeichef Wolf« (sic) habe schon 1944 in Zürich Verbindung zu dem »Chef der amerikanischen Europaspionage«, Allen W. Dulles, gehabt und »mit ihm konspiriert. Nach dem Kriege wurde er geschont.« Dass Wolff in dem Moment tatsächlich im juristischen Sinn Hochverrat am NS-Regime beging, klang hier auch sechs Jahre später als Vorwurf an; kein Wort davon, dass die Teilkapitulation den Krieg um mehrere Wochen verkürzte. Dass Wolff

380 Vgl. Lingen/Salter, Contrasting Strategies; Lingen, SS und Secret Service; Lingen, Immunitätsversprechen.

381 Das OSS (1942 bis 1945) war als erster zentraler Geheimdienst der USA der Vorgänger der CIA; vgl. als Einführung Warner, OSS.

382 Gegen Wolff wurde erst 1964 wegen Beihilfe zum Völkermord von dem Münchener Landgericht verurteilt. Vgl. die biografischen Skizzen von Simms, Karl Wolff; Birn, Die Höheren SS- und Polizeiführer. Vgl. auch Schiemann, Der Geheimdienst beendet den Krieg.

defacto Immunität gewährt wurde, war in einem ursächlichen Zusammenhang zu sehen, auch wenn der nicht explizit behauptet wurde[383].

Statt also die eigentlich Verantwortlichen zu bestrafen, so war zu lesen, wurde »alle Schuld über Kesselring, Mäl[t]zer und Mackensen gehäuft«, klagte nicht nur der *Spiegel*. Diese Häufung von Unrecht erklärte er kurzerhand – und mit den Worten von Kesselrings Ia, Oberst Dietrich von Beelitz, der bereits 1947 in Venedig als Entlastungszeuge aufgetreten war – mit dem Hass, den die Briten auf Kesselring als den ehemaligen Chef der Luftflotte wegen der Bombardierung Englands hegten. Der Prozess wegen des Massakers in Italien war danach nur ein willkürliches juristisches Mittel, Kesselring zu verurteilen, nachdem man ihn wegen der Bombardierung von Rotterdam – ein Luftangriff *taktischer* Natur, wie man betonte – nicht hatte juristisch fassen können.

Die Verurteilung Kesselrings wegen seiner Befehle zur Partisanenbekämpfung ließ *Der Spiegel* ebenfalls nicht gelten. Kesselrings persönlich formulierte Befehl zur Bandenbekämpfung, in der er jedem seine Deckung zugesagt hatte, der »über das bei uns übliche zurückhaltende Maß hinausgeht«, wurde zum einen als eine Reaktion auf Pietro Badoglios »Aufruf zum völkerrechtswidrigen Partisanenkampf gegen die im Rückzug befindlichen Deutschen« hingestellt – als ob die Vergeltung von Unrecht rechtens sei. Zweifellos haben die sogenannten Bandenbefehle vom 17. Juni und 1. Juli 1944 zur Radikalisierung des Krieges in Italien beigetragen. Massaker an italienischen Zivilisten unterminierten zudem die Grundlage für eine Zusammenarbeit mit der Wehrmacht und sorgten vielmehr für weitere Unterstützung der Partisanen[384]. Zum anderen rechtfertigte sich der Beschuldigte auch hier durch den Hinweis darauf, dass der Beschuldigende selbst so gehandelt habe, mit einem Seitenhieb auf die britische Kolonialherrschaft: Hatte nicht der britische General Franc Messery 1947 seinen Truppen im indischen Pandschab ebenfalls befohlen, den Aufstand unter Anwendung äußerster Waffengewalt niederzuschlagen? Da durfte auch der Hinweis nicht fehlen, dass selbst das britische »Handbuch des Kriegsrechts« Repressalien als Sühnemaßnahme gegen illegale Akte der Kriegführung ausdrücklich als völkerrechtlich zulässig erwähnte[385]. Kesselrings Verurteilung wurde so auf unterschiedliche Weise bereits als ein unrechtmäßiger Akt, als Siegerjustiz hingestellt und

383 Vgl. Lingen, SS und Secret Service. Bereits drei Jahre zuvor hatte Der Spiegel (27.11.1948, S. 28) Wolff indirekt als einen ebenso egoistischen wie perfiden »Einzelgänger« – so der Titel des Artikels – hingestellt, der heimlich über eine Teilkapitulation verhandelte, während er noch bis zum 3. April deutsche Soldaten in Italien wegen Fahnenflucht standrechtlich erschießen ließ. Dank des Counter Intelligence Corps (CIC) habe der »Schlächter« Wolff in einer Villa in Verona gelebt, bis er vor dem Nürnberger Militärgericht wieder auftauchte – als Belastungszeuge und »in vollem Lametta«, sprich: in der Uniform eines SS-Generals. Knapp zwanzig Jahre später klang das anders. Nun war von einem »heimlichen Ringen zwischen mutigen Männern« die Rede, die trotz vieler Hindernisse ihr »Werk – den Krieg früher zu beenden – schließlich vollendeten«: Der Spiegel (17.10.1966, S. 132–136) schilderte detailliert, wie das Unternehmen »Sonnenaufgang« zum Erfolg geführt wurde. Eine Abbildung zeigte Wolff in Uniform; die Bildunterschrift suggerierte widerständiges Verhalten: »Deutscher Unterhändler Wolff / Den Führer getäuscht« (S. 136).

384 Vgl. Andrae, Auch gegen Frauen und Kinder; Schreiber, Deutsche Kriegsverbrechen in Italien; Lingen, Kesselrings letzte Schlacht, S. 49–86.

385 Italienischer Fimmel. In: Der Spiegel, 25.4.1951, S. 14. Gemeint war das Manual of Military Law (MML).

Kesselring gleichsam *ex negativo* für unschuldig erklärt. Tatsächlich hatte Kesselring – das bleibt rückblickend festzuhalten – die Gewaltexzesse gegen die italienische Zivilbevölkerung, der rund 9200 Menschen zum Opfer fielen, durch seine Befehle angeheizt und für rechtmäßig erklärt, sodass er als Oberbefehlshaber für sie verantwortlich war. Die Erschießungen in den Ardeatinischen Höhlen hatte er dagegen nicht befohlen[386].

Doch die Umdeutung des Oberbefehlshabers Südwest zu einem Opfer der Siegerjustiz beruhte wesentlich darauf, dass er sich Hitlers Befehlen widersetzt und auf diese Weise Gutes getan oder doch zumindest Schlimmeres verhütet habe. *Der Spiegel* führte Kesselrings »Schwärmerei für alles Italienische« als einen Grund dafür ins Feld, dass er es »gar nicht über sein süddeutsches Herz gebracht hatte«, den »furor teutonicus« länger als einen Monat wüten zu lassen. Gutherzigkeit und Italienliebe ließen den Generalfeldmarschall, in diesem Kontext als Schulratssohn aus Bayreuth vorgestellt, vom Oberbefehlshaber Südwest zu einem Beschützer jener »alten Kultur« mutieren, die in Italien ihren Ursprung hatte. Kesselring sorgte dafür, so das Nachrichtenmagazin, dass extra ein Kunstexperte eingesetzt wurde. Sein Veto gewährleistete, dass bei dem Rückzug die antiken Brücken nicht gesprengt wurden, und er ließ Gemälde und Skulpturen unter Bewachung italienischer Kunstsachverständiger in den Grotten bei Trient sicher deponieren. Dass dies nicht die Norm deutschen Verhaltens in allen besetzten Gebieten war, dass vielmehr ein Einsatzstab Reichsleiter Rosenberg (ERR) seit 1940 Kunst- und Kulturgüter von Juden, Freimaurern und NS-Gegnern beschlagnahmte, machte ein Hinweis auf die »Aktion Rosenberg« deutlich. Freilich ließ dies Kesselring in einem noch helleren Licht glänzen. Die NSDAP, zu deren Außenpolitischen Amt unter Leitung von Alfred Rosenberg der ERR gehörte, wurde hier gegen die Wehrmacht ausgespielt. Ein General wie Kesselring passte in das verbreitete Bild des Gegensatzes von Partei und Armee im NS-Regime. Welch ein Glück, mag mancher Leser Anfang der fünfziger Jahre gedacht haben, dass es einen solchen Italienfreund und Kunstkenner nach Südeuropa verschlagen hatte. Kein Wunder, dass Kesselrings Frau derzeit von den Geschenken »italienischer Freunde« lebe[387].

Den Höhepunkt dieser in den Medien kolportierten Geschichte bildete die Rettung Roms durch Befehlsverweigerung. Nicht die Amerikaner und Briten, sondern Kesselring hatte die Ewige Stadt gerettet, indem er sich Hitlers Befehl widersetzte, die Tiber-Brücken zu sprengen, dessen Ausführung die Engelsburg und den Petersdom in Mitleidenschaft gezogen hätte. Unterschiedliche Beispiele sollten belegen, dass der Oberbefehlshaber Südwest für derlei Feingefühl bereit war, auch militärische Nachteile in Kauf zu nehmen. Mit Rücksicht auf die alten oberitalienischen Städte seien Widerstandslinien verlegt und Städte wie Florenz, Ravenna, Venedig und Genua zu »offenen Städten« erklärt worden.

386 Zu diesem Urteil kommt Lingen, Kesselrings letzte Schlacht, S. 90 f.; vgl. Lingen, Soldat bis zum letzten Tag?, S. 205–224.

387 Italienischer Fimmel. In: Der Spiegel, 25.4.1951, S. 14 f. Zum Kunstraub vgl. Kurz, Kunstraub in Europa.

»Zeugen [...] bestätigten«, berichtete die um die Glaubhaftigkeit der Aussage bemühte Illustrierte *Quick* bereits 1950, dass Kesselring »mit einer gewissen Spannung erwartete, was Hitler gegen einen General unternehmen würde, der seine Befehle so offen mißachtete«. Doch der »Führer«, der befohlen hatte, »in Rom die Entscheidungsschlacht zu führen«, unternahm nichts gegen seinen im Übrigen loyalen Generalfeldmarschall. »Es geschah nichts«, stellte die *Quick* kurz und bündig fest. Das Ignorieren des Führerbefehls blieb offenbar folgenlos[388].

Auch vor dem Vorwurf der Geiselerschießungen nahmen die Medien Kesselring mit dem Hinweis auf seinen eigenwilligen Umgang mit höchsten Befehlen in Schutz. Der Generalfeldmarschall habe versucht, einen Befehl Hitlers »abzumildern, wenn er, wie etwa in der Geiselfrage, genau das Gegenteil von dem befahl, was Hitler befohlen hatte – denn«, so räsonierte der *Quick*-Autor, »er hätte nicht einen einzigen Menschen vom Leben zum Tode befördert«, und ihn auch nicht »so exekutiert«. Nicht die Toten, sondern die Überlebenden sollten den Ausschlag für die Beurteilung der Geiselerschießungen geben. Weil er Hitlers Befehle nicht oder nicht richtig ausgeführt habe, galt Kesselring als »Retter«: als Retter der Ewigen Stadt, als »Retter der jüdischen Bevölkerung gewisser Städte«[389]. Nicht in das Bild hätte gepasst, dass Kesselring kurz vor Kriegsende als Oberbefehlshaber West noch am 3. April 1945 an die »verschworene Kampfgemeinschaft« appelliert und ganz im Sinne einer den »Fanatismus« beschwörenden Kriegspropaganda die Durchhalteparole verkündet hatte: »Jetzt versagen heißt Deutschland verraten.« Das gute Verhältnis zu Hitler kam nicht zuletzt darin zum Ausdruck, dass jener Kesselring am 29. April testamentarisch zum Oberbefehlshaber Nord ernannt hatte.

Am Ende sah es so aus, als wäre Laternsers Verteidigungsstrategie aufgegangen: In der Erinnerung schoben sich die juristischen Verfahrensmängel der unmittelbaren Nachkriegszeit vor die Zeit des Kriegsgeschehens. Zweifel an der Rechtmäßigkeit des Verfahrens weckte Zweifel an den ihm zugrunde liegenden Sachverhalten. Längst hatte sich der Akzent in der publizistischen Kampagne von Begnadigung auf Rehabilitierung der Kriegsverbrecher verschoben[390]. Auch weniger prominente Häftlinge in Werl, wie die neun Angehörigen eines Erschießungskommandos, das Anfang 1943 nahe Oslo Soldaten eines britischen Kommandotrupps hingerichtet hatte, lehnten Gnadenaktionen ab, »denn der Makel, ein Mörder zu sein, bleibt«[391]. Nicht die deutschen Kriegsverbrechen in Italien, sondern die britische Kriegsverbrecherpolitik stand am Pranger einer Öffentlichkeit, der es immer mehr um Rehabilitierung und Reintegration ihrer ehemaligen Soldaten ging. Der Krieg war in diesem Kontext nicht der Schauplatz von Kriegsverbrechen, sondern die

388 Freiheit für Kesselring. In: Quick, 30 (1950).

389 Ebd.

390 Vgl. Lingen, Kesselrings letzte Schlacht, S. 250. In diesem Sinne lautete der Titel einer Reihe, die der Stern im August 1951 veröffentlichte, um für die Entlassung von Kesselring und Manstein Stimmung zu machen: »Nicht Gnade, sondern Recht«. In: Stern, 5.8., 12.8., 19.8.1951.

391 Der Makel bleibt. In: Der Spiegel, 4.7.1951, S. 13. Eine Anzahl Häftlinge habe daher ihre Zustimmung zu einem pauschalen Gnadengesuch verweigert, »da sie Recht und nicht Gnade wünscht«. Erneut wurde betont, dass die britischen war crimes courts keine ordentlichen Gerichte gewesen seien.

Voraussetzung für die Siegerjustiz der ehemaligen Gegner – eine Kriegsfolge, unter der ehemalige deutsche Soldaten, aber auch andere Verurteilte wie etwa der Großindustrielle Alfried Krupp, zu leiden hätten. Dieser immer wieder öffentlich erhobene Vorwurf an die Adresse der Alliierten kann als Antwort auf den unterstellten Kollektivschuldvorwurf gelesen werden. Die Verteidigungsreden im Einzelfall dienten insofern auch der »Überwindung des Vorwurfs der Kollektivschuld«, von dem alle Deutschen betroffen schienen[392].

Kesselring wurde tatsächlich bereits 1952 vorzeitig entlassen; seine schlechte gesundheitliche Verfassung machte dieses Zugeständnis möglich. Wenig später veröffentlichte er seine Memoiren; von seinen Taten und seiner Loyalität gegenüber Hitler distanzierte er sich indes nicht. Nach seiner Haftentlassung leitete Kesselring bis zu seinem Tod 1960 als Bundesführer die Veteranenorganisation »Stahlhelm. Bund der Frontsoldaten«, was sein positives Image binnen Kurzem ebenso beschädigte wie seine ungeschickten Forderungen nach weiteren, unterschiedslosen Entlassungen (die er gemeinsam mit dem ehemaligen General der Fallschirmtruppe Hermann-Bernhard Ramcke erhob), und die Veröffentlichung seiner unkritischen, das Problem der Gehorsamspflicht konsequent ignorierenden Memoiren.

Bereits das Vorwort seiner Erinnerungen ließ deren apologetischen Tenor erkennen, der Kesselrings Absicht zugrunde lag, die Motive seines Handelns zu erklären. Trotz der vielen Verwendungen sei er »nur Soldat« gewesen und habe »in allen Lagen als Soldat zu handeln versucht«. Neben dieses Selbstbild des unpolitischen Spitzenmilitärs, das die Distanz zum Nationalsozialismus unterstreichen sollte, stellte Kesselring das Glanzbild einer humanen Kriegführung, in dem die Wehrmacht und deren Soldaten insgesamt als eine nachgerade vorbildliche Truppe strahlte, die sich unter widrigen Umständen des totalen Krieges ihre Humanität bewahrt habe. Den »Maßnahmen zum Schutz der italienischen Bevölkerung und Kultur« widmete Kesselring daher einen eigenen Abschnitt. Die Ausführlichkeit der Darstellung begründete er mit seiner Überzeugung, »dass das deutsche Volk und die anderen Völker der westlichen Welt erfahren sollen, dass die deutschen Soldaten trotz des blutigen Kriegshandwerks sich in einem Ausmaß von humanen, kulturellen und wirtschaftlichen Gesichtspunkten haben leiten lassen, wie sie Kriege dieses Ausmaßes ganz selten zeigen dürften«. Sein Buch sollte dazu beitragen, »die Nebeldecke, die nach 1945 über dem deutschen Soldatentum stand, weiter aufzulockern«[393]. Der Glanz der militärischen Ikone Kesselring verblasste ab 1954 schnell; seine Rolle als

[392] Dieses Ziel formulierte 1950 beispielsweise der ehemaligen Stellvertretende Vorsitzende im Aufsichtsrat der Friedrich Krupp AG, Tilo Frhr. von Wilmowsky, Warum wurde Krupp verurteilt? Der Krupp-Prozess sei kein »Akt der Gerechtigkeit, sondern [...] ein Akt der Politik, die unmittelbar aus der Kriegspsychose erwachsen ist« (S. 7 f., Vorwort). Vgl. Frei, Von deutscher Erfindungskraft.

[393] Vgl. im Athenäum-Verlag, Kesselring, Soldat bis zum letzten Tag, S. 444–450, hier S. 444; Kesselring, Gedanken zum Zweiten Weltkrieg. Zur Kritik aus den eigenen Reihen an seinem reformerischen, eher sozialpolitischen Kurs vgl. Das Problem Kesselring. In: Der Spiegel, 17.2.1954, S. 8. In einer kritischen Rezension monierte Heinz Hell, dass Kesselrings Rechtfertigung nicht mehr zu rechtfertigen sei und die Frage »Wo endet der Kadavergehorsam und wo beginnt das Verantwortungsbewußtsein wirksam zu werden« unausgesprochen bleibe. Heinz Hell, Befehl ist Befehl. Die Memoiren des Feldmarschalls Kesselring. In: Die Zeit, 4.6.1953, Nr. 23.

Sachverständiger im Prozess gegen Schörner 1957 tat ein Übriges. Für die (west) deutsche Wiederbewaffnung spielte er keine aktive Rolle mehr[394].

Außen vor blieben die zentralen juristischen und moralischen Fragen der unmittelbaren Nachkriegszeit, etwa die nach der Verhältnismäßigkeit der Repressaltötung (1 zu 10): Hat es sich um eine gesetzlich zulässige Vergeltungsmaßnahme oder um ein Kriegsverbrechen gehandelt? Auch davon, ob der Oberbefehlshaber Süd für die Radikalisierung des Krieges gegen die italienische Zivilbevölkerung eine Verantwortung trug, weil er seine Truppe gezielt angestachelt habe, war keine Rede mehr. Die Vorstellung von einem »sauberen Krieg« der Wehrmacht in Italien, für die Laternsers Verteidigung im Kesselring-Prozess 1947 die Weichen gestellt hatte, stellte ab den fünfziger Jahren kaum jemand mehr in Frage. Sie wurde Teil der Kriegserinnerungen in Westdeutschland[395]. Die Kriegverbrecherfrage selbst geriet nach der Ratifizierung der Westverträge und der Entlassung Mansteins im Frühjahr 1953 immer mehr in den Hintergrund.

Tragbare Auszeichnungen: Die Wiederkehr militärischer Symbole

Der Befehl Nr. 1 des Alliierten Kontrollrats legte am 30. August 1945 fest, dass es »ehemaligen Angehörigen der deutschen Wehrmacht und anderen deutschen Zivilpersonen« verboten war, »irgendwelche militärischen Rangabzeichen, Orden oder andere Abzeichen zu tragen«[396]. Mit den feldgrauen Uniformen verschwanden auch die vor 1945 verliehenen Orden und Ehrenzeichen alsbald aus der Öffentlichkeit – für die alliierten Soldaten waren sie ein beliebtes Souvenir. Wie nach dem Ersten Weltkrieg hatten die Ehrenzeichen ihre symbolische Bedeutung zum Teil eingebüßt[397]. Doch während die Uniformen eingefärbt, übergangsweise getragen und später weggeworfen wurden, während manche Kriegerdenkmäler endgültig geschliffen wurden, blieben zahllose Eiserne Kreuze, Deutsche Kreuze und Ritterkreuze in den Schubladen deutscher Wohnzimmer liegen – bis auf Weiteres. Ihre visuelle Botschaft blieb »abrufbereit«. Knapp die Hälfte der im August 1951 von den Allensbacher Demoskopen befragten westdeutschen Männer gab an, selbst Orden oder Kriegsauszeichnungen aus der Zeit des Dritten Reiches zu besitzen. Wenngleich der Kontrollratsbefehl erst am 23. Juli 1955 in der Bundesrepublik (und kurz darauf auch in der DDR) aufgehoben wurde[398], sprach sich gut die Hälfte dafür aus, das Tragen dieser Auszeichnungen wieder zu erlauben. Ebenso viele sahen im Hakenkreuz keinen Hinderungsgrund,

394 Vgl. Lingen, Kesselrings letzte Schlacht, S. 323, 330–351. Kesselring starb am 16. Juli 1960 in Bad Nauheim an einem Herzinfarkt.

395 Lingen, Kesselrings letzte Schlacht, S. 170.

396 Amtsblatt des Kontrollrats in Deutschland, Jg. 1945, S. 5.

397 Vgl. besonders zum Bedeutungsverlust militärischer Ehrenzeichen nach dem Ersten Weltkrieg: Winkle, Der Dank des Vaterlandes.

398 Vgl. das Gesetz über die vorläufige Rechtsstellung der Freiwilligen in den Streitkräften vom 23. Juli 1955 (BGBl. I., S. 449) sowie das Gesetz über Titel, Orden und Ehrenzeichen vom 26. Juli 1957 (BGBl. I., S. 844).

während ein gutes Viertel der Befragten das Hakenkreuz als Grund für ein Verbot nannten[399].

Auch in der Bundesrepublik steckte das Konfliktpotenzial dieser Form kollektiver Repräsentationen der ehemaligen Soldaten vorübergehend ein Feld der politischen Debatte ab, auf dem sich die Westdeutschen über den Platz des Militärischen in der Gesellschaft verständigten. Materielle Überlieferungen wie Orden und Ehrenzeichen, die Debatten über ihre visuelle Struktur und deren Sinnstiftungsangebot, kündeten sichtbar vom Stand des Wertewandels. Dabei ging es nicht in erster Linie um den Ausdruck von Mentalitäten, der sich an der symbolischen Selbstdarstellung ungewollt ablesen ließe. Vielmehr sollte wenige Jahre nach Kriegsende durch die gezielte Provokation, das bewusste Zurschaustellen der militärischen Auszeichnungen in der (Medien-) Öffentlichkeit, die eigene soldatische Leistung mit dem Interesse betont werden, die soziale Ordnung zu klassifizieren und sich als Ordensträger einen herausgehobenen Platz darin zu sichern. Die materielle Trennung von Hakenkreuz und Ritterkreuz kann symbolisch als Trennung von Nationalsozialismus und Wehrmacht gelesen werden. Zugleich spiegelt sich in der Haltung, die Einzelne in der Ordensfrage einnahmen, ihre kulturelle Selbstdeutung im Verhältnis zur demokratischen Gesellschaftsordnung. In den fünfziger Jahren tauchte die »Ordensfrage« wieder auf.

Sollten die während der NS-Zeit verliehenen Kriegsauszeichnungen auch in der Öffentlichkeit der Bundesrepublik wieder getragen werden dürfen, womöglich einschließlich des Hakenkreuzes, das Hitler als Symbol des NS-Staates (statt der Initialen seines Vor- und Nachnamens) bei der Neustiftung 1939 in die Mitte eingefügt hatte? In der Besatzungszeit war dies nicht nur verboten, sondern undenkbar gewesen; das Verbot bestand weiterhin, doch der Tabubruch wurde denkbar. Als die Frage der Wiederbewaffnung im Raum stand, mehrten sich Stimmen, vor allem in den Kreisen der Soldatenverbände, die eine Wiederverwendung der Orden ohne Umarbeitung forderten. Im September 1951 hatten Bundespräsident und Bundesregierung angekündigt, aus Anlass der Stiftung des Verdienstordens der Bundesrepublik Deutschland die Frage zu klären, ob die vor 1945 verliehenen Tapferkeitsauszeichnungen wie Eisernes Kreuz, Deutsches Kreuz und Ritterkreuz getragen werden dürften; ein Expertenausschuss sollte dem Bundesinnenminister Vorschläge dazu erarbeiten. Am 24. Oktober 1951 trat diese Ordenskommission unter Leitung des 77-jährigen Reichswehrministers a.D. Otto Gessler, der von 1950 bis März 1952 Präsident des Deutschen Roten Kreuzes war, in Bad Kissingen erstmals zusammen. Der Kommission, die bis September 1953 bestand, gehörten auch der Redakteur Kurt Pohle (MdB, SPD), der General a.D. Günther Pape, der frühere Generalfeldmarschall Kesselring und ein Feldwebel a.D., der Münchener Schreinermeister Volbracht, an[400].

Der Kommission stand eine Gratwanderung bevor. Auf der einen Seite mussten ihre Vorschläge eine reale Chance besitzen, in Bundestag und Bundesrat mehr-

[399] Jahrbuch der Öffentlichen Meinung 1947–1955, S. 379.
[400] Heuss, Politiker, S. 500; Anfänge westdeutscher Sicherheitspolitik, Bd 1 (Beitrag Rautenberg), S. 833; Orden. Mit und ohne unerreicht. In: Der Spiegel, 30.7.1952, S. 6 f.

heitlich akzeptiert zu werden, um in Gesetzesform gegossen werden zu können. Hier waren rationale innen- und außenpolitische Aspekte zu berücksichtigen. Auf der anderen Seite sollten die Ausschussmitglieder »die Gefühle deutscher Ordensträger« berücksichtigen. Das Dilemma dieser symbolischen Repräsentation der Kriegsvergangenheit lag in dem rechten Mischungsverhältnis von Kontinuität und Diskontinuität. Kamen die Orden dem Zertifikat einer Leistung gleich, die weiterhin anerkennenswert sein sollte (welchen Sinne hätte sonst das Zurschaustellen gehabt?), musste zugleich deutlich werden, dass auch die Instanz, die die Orden gespendet hatte, diese Kontinuität nicht dadurch unterlief, dass ihre Werte in einem Gegensatz zu denen standen, die zum Zeitpunkt des erneuten Tragens galten. Andernfalls wäre die Unverbrüchlichkeit der Leistung in Frage gestellt worden. Im Kern ging es daher auch in diesem Kontext um die emotionsgeladene Frage, ob und inwiefern sich eine militärische Leistung aus ihrem politischen Zusammenhang lösen ließ, oder stets danach gefragt werden sollte, *wofür* denn die Leistung erbracht worden war. Der Streit entbrannte denn auch an jenem Symbol, das wie kein anderes für den Nationalsozialismus stand: das Hakenkreuz.

Welche Vorschläge wurden debattiert, um diesem Dilemma zu entgehen? Sollte das Verbot bestehen bleiben? Sollten im Gegenteil die alten Orden unverändert getragen werden dürfen? Oder sollten die überlieferten Formen verändert, also auch hier die visuellen Strukturen an die Gegenwart angepasst werden? Dabei ging es nicht bloß um die Frage, ob das Hakenkreuz entfernt werden sollte, sondern auch darum, was gegebenenfalls an seine Stelle treten sollte: der Bundesadler, das Balkenkreuz, ein Stahlhelm, ein Eichenblatt? Nach einer Meinungsumfrage des Instituts für Demoskopie hielt es eine knappe Mehrheit der Befragten Mitte 1952 für richtig, das Tragen deutscher Orden und Kriegsauszeichnungen wieder zu erlauben. Nur 24 Prozent hielten es für falsch, weitere 24 Prozent hatten keine Meinung. Ähnlich hoch (54 %) wie der Anteil der Befürworter lag die Zahl derer, die in dem Hakenkreuz keinen Hinderungsgrund sahen, das Tragen der Orden wieder zuzulassen. Die gegenteilige Auffassung vertraten 27 Prozent, der Rest äußerte keine Meinung[401].

Nicht nur in der Presse wurden diese Fragen hin- und hergewendet; Bürger wandten sich auch direkt an das Bundesinnenministerium – worüber wiederum die Presse berichtete. Der Berliner Erich D. zum Beispiel vertrat eine weit verbreitete Auffassung. Würde man das Hakenkreuz entfernen und womöglich durch den Bundesadler ersetzen, käme dies dem Versuch einer »Geschichtsfälschung« gleich. Denn nichts ändere sich an der Leistung, genauer an dem weltweiten Urteil über die Leistung des deutschen Soldaten: »Unerreicht, und dies ganz gleich ob mit oder ohne Hakenkreuz.« Indem der Berliner das ursprünglich intendierte Zusammenspiel von materieller Überlieferung, visueller Struktur und seiner Wahrnehmung, das ja dem Militärischen den Stempel des Politischen durch das Hakenkreuz aufdrückte, neu interpretierte und allein auf das militärische Handwerk abhob, verschob er die Repräsentation auf die Ebene der Imagination. Die mit dem Orden assoziierte Vorstellung sollte die Realität des NS-Regimes ausblenden. Die Abstraktion von der

[401] Vgl. die Grafik in: Der Spiegel, 30.7.1952, S. 7.

politischen Dimension ging, wenig verwunderlich, mit einer Würdigung der militärischen Leistung Hand in Hand.

Für die Gegenposition mag Franz F. aus Garmisch-Partenkirchen stehen. Der ehemalige Offizier reagierte auf die Pläne, die alten Orden wieder zuzulassen, »mit Empörung« und Scham. Er hielt ihm vor, »dem Nazismus und Militarismus weiter den Weg zu ebnen«. Zudem war von Vorschlägen die Rede, nach dem Beispiel der Tschechoslowakei zu verfahren, die nach dem Ersten Weltkrieg die k.u.k. Orden gegen tschechische Äquivalente ausgetauscht habe. Offen war auch die Frage, ob die Kriegsauszeichnungen nicht noch nachträglich verliehen werden müssten, an jene nämlich, die sie aufgrund der chaotischen Umstände bei Kriegsende und infolge der Kapitulation nicht erhalten hatten, wie das nach 1918/19 der Fall gewesen war. *Der Spiegel* sprach von einem »Symbol-Dilemma«[402].

Wer an der Hakenkreuz-Fassung festhielt, musste das Symbol des Nationalsozialismus im Kontext des Kreuz-Symbols so uminterpretieren, dass dessen politisch-ideologische Bedeutung gegenüber einer anderen symbolischen Sinnstiftung verblasste. Der Krieg bildete eine Brücke, über die manche zu diesem Ziel gelangen wollten. Als Kriegsauszeichnung sollte der Orden von dem politischen System entkoppelt werden, in dessen Namen er verliehen worden war. Die Formulierung, die die Meinungsforscher aus Allensbach gewählt hatten, war insofern suggestiv, als hier von vornherein von »den Orden des zweiten Weltkriegs« die Rede war[403]. Eine andere Brücke wollte der ehemalige Generalfeldmarschall Albert Kesselring nutzen, der als Ehrenvorsitzender der Soldatenverbände der Ordens-Kommission angehörte und sich dafür aussprach, das Hakenkreuz beizubehalten, da es sich hier weniger um ein (variables) politisches Symbol als ein (unveränderliches) Staatssymbol handele[404].

Dagegen empfahl die Kommission im September 1953 das Tragen abgeänderter Orden. Kriegsauszeichnungen sollten wieder zur Schau gestellt werden können, aber ohne das Hakenkreuz. In dem Gutachten, das der Sachverständigen-Ausschuss für Kriegsauszeichnungen Bundespräsident Theodor Heuss (FDP) und dem Bundesinnenministerium vorlegte, gelangte er zu dem Ergebnis, dass Kriegs- und Tapferkeitsauszeichnungen nach wie vor ehrwürdig seien und daher das Problem ihres Tragens in der Öffentlichkeit bald gelöst werden müsse. Der Ausschuss sah indes die staatspolitische Notwendigkeit, dass nur solche Abzeichen getragen würden, die kein Hakenkreuz zeigten. In das Mittelstück des Eisernen Kreuzes sollte, so lautete

402 Orden. Mit und ohne unerreicht. In: Der Spiegel 30.7.1952, S. 7, dort die Zitate.

403 Vgl. die Grafik in Der Spiegel, 30.7.1952, S. 7.

404 Weil sich Kesselring im sogenannten Penzberg-Prozess hinter die Mörder gestellt hatte, die 1945 kurz vor dem Einmarsch der Amerikaner den Bürgermeister des oberbayerischen Ortes und sechs Mitbürger erschossen hätten, beantragte Franz Josef Strauß (CSU), seinerzeit Bundesminister für besondere Aufgaben, am 24. November 1953, Kesselring mit Schimpf und Schande (»cum infamia«) aus der Ordenskommission auszuschließen, die zu dem Zeitpunkt jedoch schon nicht mehr bestand. Strauß attackierte Kesselring daraufhin öffentlich. Vgl. FAZ, 30.11.1953 und SZ, 1.12.1953. Vgl. auch 9. Kabinettssitzung am 24. November 1953 TOP H: Fall Kesselring, ›Kabinettsprotokolle der Bundesregierung‹ online, www.bundesarchiv.de/concon/barch/000/k/k1953k/kap1_2/kap2_57/index.html (15.11.2013).

ihre Empfehlung wieder das dreiblättrige Eichenlaub der Traditionsform von 1813 eingefügt werden[405].

Nach dem »Ordensgesetz« vom 26. Juli 1957 durften schließlich (und dürfen bis heute) Orden aus der Zeit zwischen 1933 und 1945 *ohne* die nationalsozialistischen Embleme wie das Hakenkreuz oder die SS-Rune getragen werden. Von den militärischen Orden aus dem Ersten und Zweiten Weltkrieg einschließlich der von ehemals verbündeten Staaten verliehenen Ehrenzeichen dürfen wiederum nur jene getragen werden, die das Gesetz ausdrücklich nennt, insbesondere das Eiserne Kreuz, der Schlesische Adler, das Baltenkreuz, das Verwundetenabzeichen, das Luftschutzabzeichen, die staatlichen Dienst- und Diensttreueabzeichen sowie die übrigen Waffen- und Verdienstabzeichen[406].

Eine öffentlichkeitswirksame Gelegenheit, das Ritterkreuz zu einem wichtigen politischen Akt zu tragen, bot der Staatsbesuch des türkischen Staatspräsidenten Celâl Bayar. Bei Heuss' Besuch in der Türkei war das türkische Militär allgegenwärtig gewesen, was in einem Teil der deutschen Presse als Anknüpfungspunkt für das gute deutsch-türkische Verhältnis gewertet wurde – zeige die zur Schau gestellte Disziplinierung des Militärs doch, was die Türkei von Deutschland gelernt habe. Die historische deutsch-türkische Waffenbruderschaft finde in der NATO ihre Fortsetzung[407]. Bei Bayars Gegenbesuch vom 7. bis zum 10. Mai 1958 wollte sich Heuss nicht lumpen lassen und gab dem politischen Ereignis ein bis dahin ungewohntes militärisches Gepränge, indem er die junge Bundeswehr bei zahlreichen Gelegenheiten zur Geltung brachte. So wurde das Flugzeug des türkischen Staatspräsidenten bei seiner Ankunft erstmals von einem Konvoi von Düsenjägern eskortiert; eine Ehrenformation empfing Bayar am Flughafen. Den Weg in Bonn und zum Petersberg säumten 2500 eigens nach Bonn befohlene Soldaten, die mit den Polizisten Spalier standen. Eine Ehrenwache stand Bayar zur Seite, und für den feierlichen Empfang in Schloss Brühl hatte man das Lehrmusikkorps und das Wachbataillon der Bundeswehr kommen lassen, um den politischen Festakt zum ersten Mal mit einem Großen Zapfenstreich zu beenden[408].

Während sich der Bundespräsident, in Cut und mit Zylinder, vor dem militärisch geprägten Hintergrund als Zivilist abhob, verwies Vizekanzler Erich Mende (FDP) symbolisch auf seine eigene militärische Vergangenheit. Da Heuss angeordnet hatte, dass die Bundeswehrsoldaten ihre Orden anlegten, hatte der Generalinspekteur der Bundeswehr Adolf Heusinger gemahnt, dass sich auch die Politiker nach dem einige Monate zuvor verabschiedeten Ordensgesetz richteten. Folgt man Mendes Memoiren, bat Heuss deshalb den Vizekanzler, »Sie müssen in Brühl Ihr Kreuzle zum Frack tragen«. Heuss habe erneut argumentiert, dass die soldatische Leistung nicht durch das politische System geschmälert werde, unter dem sie erbracht worden

405 Der Spiegel, 7.10.1953, S. 3.

406 Vgl. Gesetz über Titel, Orden und Ehrenzeichen, 26. Juli 1957 (BGBl. I, S. 844); zuletzt geändert durch Art. 10 G am 19. Februar 2006 (BGBl. I, S. 334 f.). Vgl. die Abb. des Ritterkreuzes des EK, des Schnellboot-Kriegsabzeichens und des Deutschen Kreuzes in Silber ohne Hakenkreuz in: Grundkurs deutsche Militärgeschichte, Bd 3, S. 42 f.

407 Vgl. Günther, Heuss auf Reisen, S. 124–126.

408 Vgl. nur Schröder, Großer Zapfenstreich. In: SZ, 9.5.1957.

sei; entscheidend sei, dass der Soldat im guten Glauben und mit sauberen Händen im Rahmen des Völkerrechts und der Haager Kriegsordnung gekämpft habe. Mende machte deutlich, dass er die neue Ausfertigung nach dem Schinkelschen Vorbild von 1813 nicht kaufen wollte (»Orden werden verliehen – nicht im Laden gekauft!«), woraufhin Heuss dem Chef des Präsidialamtes den Auftrag erteilte, Mende ein neues Ritterkreuz zu beschaffen. Auf dem Empfang glänzten dann zwei »Kreuzle«: Außer Mende war auch Vizeadmiral Friedrich Ruge, der Inspekteur der Marine, mit dem Orden erschienen – zur Freude der Pressefotografen, die ihr Motiv gefunden hatten[409].

Dass die zweithöchste militärische Auszeichnung des NS-Regimes, das Ritterkreuz des Eisernen Kreuzes[410], an einem 8. Mai an der Brust ehemaliger Wehrmachtsoldaten, ob Politiker oder Militär, glänzte, rief jedoch ein unterschiedliches Echo hervor. *Die Welt* folgte der Regierungs-Parole und nahm es mit Zustimmung auf, *Der Spiegel* dagegen fühlte sich an die »Militärprotzerei« vergangener Tage erinnert. »Am 13. Jahrestag der deutschen Kapitulation blies eine deutsche Armee der Welt zum ersten Mal wieder den Großen Zapfenstreich.« Das Magazin wies auf die geänderte sicherheitspolitische Lage hin, die zu einer neuen Wertschätzung der soldatischen Tugenden von Türken und Deutschen geführt habe. Beide Völker seien, hieß es mit ätzendem Unterton, »in gemeinsamer großer militärischer und kleiner demokratischer Tradition« einander verbunden[411]. Die ungewohnte Zurschaustellung der Bundeswehrsoldaten und der zusätzliche Einsatz von fünf Bataillonen sorgten auch bei der Opposition für Unmut. Der Wehrexperte der SPD Helmut Schmidt – 1941/42 Offizier an der Ostfront und Träger des Eisernen Kreuzes II. Klasse – fragte kritisch nach, wieviele Soldaten zusätzlich eingesetzt wurden und inwiefern ihr Einsatz zu Repräsentationszwecken im Zusammenhang mit ihrer Ausbildung stand. Die Kommentare der Presse und das parlamentarische Nachspiel reflektieren die Skepsis, mit der die westdeutsche Öffentlichkeit drei Jahre nach Aufstellung der Bundeswehr und 13 Jahre nach der Kapitulation der Wehrmacht mit der Repräsentation militärischer Macht einschließlich ihrer historischen Seite umging.

Aufs Korn genommen wurde das »militaristische« Gehabe auch im Karneval, wo es zur närrischen Verkleidung zu passen schien. Für die Rosenmontagsumzüge bildete der »Kommiss« ein dankbares Thema. Feldgrau gekleidete Narren, mit ordenbehängter Brust, marschierten in den Umzügen seit Gründung der Bundeswehr mit. Dem Verband deutscher Soldaten (VdS) ging dieses fidele Treiben dort entschieden zu weit, wo der Soldat durch die Attribute der Wehrmacht und nicht etwa durch ein unspezifisches Landsknechtskostüm verunglimpft wurde. Die feldgraue Uniform als Fastnachtskostüm – da sahen manche Veteranen rot. Zwar räumte der Verband der Heimkehrer (VdH) ein, dass die Uniform für viele auch »wenig erfreuliche Erinnerungen« versinnbildlichte, doch für den Verband war die Uniform in erster Linie das »Sterbekleid« von Millionen deutscher Männer, die in gutem Glauben

409 Mende, Die neue Freiheit, S. 410 f.

410 Die höchste, das Großkreuz des Eisernen Kreuzes, wurde nur einmal, an Hermann Göring, verliehen, ihm im April 1945 jedoch wieder aberkannt.

411 Türkei-Besuch. Die Spalier-Soldaten. In: Der Spiegel, 14.5.1958.

gefallen waren. Die Uniform des gefallenen Vaters oder Bruders sollte daher ebenso wenig als Narrenkostüm missbraucht werden wie etwa das Eiserne Kreuz. Als Ritterkreuzträger verkleidete Narren hatten gar, klagte *Der Heimkehrer*, ein EK II am Band an den Kragen gehängt – dort, wo die im Landserjargon sogenannten Gefreitenknöpfe hingen[412].

Auch im Außeralltäglichen des Karnevals zeigte sich, wie sehr die kollektive Repräsentation des Militärischen Anlässe zur politischen Selbstvergewisserung lieferte und welchen sozialen Sprengstoff sie weiterhin besaß. Die Einstellung gegenüber den Wehrmachtsoldaten manifestierte sich in der symbolischen Praxis der Politik wie in der Alltagskultur (*popular culture*), sei es am Revers eines Staatsmannes oder in einem Karnevalsumzug. Ihre Ambivalenz gründete regelmäßig auf dem immer wieder neu auszuhandelnden Verhältnis von Militär und Politik, wobei die militärische Gegenwart und Zukunft der Bundesrepublik ohne die Deutung der militärischen Vergangenheit des Dritten Reiches nicht zu haben war. Rund zehn Jahre nach der aktiven Phase alliierter Entmilitarisierungspolitik, die ja nicht zuletzt auf symbolpolitische Maßnahmen gesetzt hatte, war die Inszenierung von Krieg und Militär – darum geht es hier – ein zentrales Phänomen der politischen und gesellschaftlichen Entwicklung der jungen Bundesrepublik.

3. Zwischenbilanz

Kehrt man zu der Leitfrage zurück, inwieweit die kollektiven Repräsentationen von Krieg und Militär den politisch-kulturellen Wandel geprägt und zum Ausdruck gebracht haben, ist an dieser Stelle Folgendes festzuhalten. Entscheidend für die »innere Demokratisierung« war nicht allein der wie immer geartete »objektive« Erfolg der Entmilitarisierung, sondern ebenso etwas anderes: die aktive Auseinandersetzung mit dem Themenbündel Krieg/Militär im Rahmen neuer Öffentlichkeiten und vor dem Hintergrund des politischen Systemwechsels. Vergangenheit, Gegenwart und immer häufiger die Zukunft standen zur Diskussion. In den jetzt öffentlichen, wenn auch von den Alliierten »eingerahmten«[413] Debatten kamen unterschiedliche Meinungen zum Ausdruck, die zum Teil bereits in der Kriegsendphase privat, unter vier Augen, im Brief oder im Tagebuch, formuliert worden waren und nun in der neuen, »lizenzierten« Medienöffentlichkeit erstmals im Leserkreis offen ausgesprochen werden konnten.

Nicht nur die Alliierten, sondern auch viele Deutsche wollten nach der Kapitulation die Werteskala der westdeutschen Nachkriegsgesellschaft neu definieren, nicht zuletzt im Hinblick auf das Militärische. Einige konnten auf ältere Überzeugungen aus der Vorkriegszeit zurückgreifen, andere hatten durch die extreme Gewalterfahrung des Krieges die Illusion der überkommenen heroischen Männlichkeitsideale verlo-

412 Fastnachtskostüm – aber ohne »EK«. In: Der Heimkehrer, 25.1.1957.

413 Die Bedeutung wechselnder (politischer, kultureller, generationeller) Kontexte als »Rahmen« der Erinnerung betont Irwin-Zarecka, Frames of Remembrance.

ren und waren zu neuen Einsichten gelangt, die in der Gestaltung von Kultur und Gesellschaft handlungsleitend werden konnten.

Maßgeblicher als die parteipolitische Zuordnung ist die Tatsache, dass eine *breite* politische Debatte befeuert und in Gang gehalten wurde, die um die kollektiven Repräsentationen des Militärs im Allgemeinen und zumindest implizit der Wehrmacht im Besonderen kreiste. Nicht nur Kommunal- und Landespolitiker und Intellektuelle, sondern auch die Verantwortlichen in der Stadtverwaltung, in der Jugendarbeit[414], in der Polizei und »ganz normale« Deutsche machten sich Gedanken über die Rolle des Militärs in der alten und neuen Gesellschaft[415]. Um die soziale, politische und kulturelle Ordnung der Zukunft zu gestalten, musste die jüngste Vergangenheit interpretiert, mussten ihre Überlieferungen mit neuen Deutungsangeboten versehen werden. Was bedeuteten der Krieg, die Zerstörung und der Verlust an Menschenleben? Welche militärischen Werte hatte der totale Krieg endgültig diskreditiert, welche hatten ungeachtet des Krieges Bestand? Welche Rolle(n) hatten die Wehrmacht als Institution und der einzelne Soldat gespielt? Dieser historische Rückblick war auch insofern brisant, als er das Problem der Verantwortlichkeit ins Blickfeld geraten ließ. Wenn bestimmte Eigenschaften, Gewohnheiten, Werte *ex post* als »militaristisch« einzustufen waren, weil sie den nationalsozialistischen Krieg mit ermöglicht hatten, konnten diejenigen nicht ignoriert werden, die diese Gewohnheiten gepflegt und sich an diesen Werten orientiert hatten. Dass die Alliierten »Militarismus« mit Preußentum verbanden und die »preußischen Junker« in diesem Zusammenhang als Feindbild Nummer 1 ausgemacht hatten, ließ *diesen* Aspekt der Kritik in nicht-preußischen Landesteilen freilich ins Leere laufen[416].

Durch ihre Medienpolitik sorgten die Westalliierten zudem für ein Forum der Öffentlichkeit, auf dem sich einzelne Stimmen der Kritik an Krieg und Wehrmacht zu einem antimilitaristischen Diskurs verbanden[417]. Hatte das NS-Regime alle Medien »gleichgeschaltet« und am Ende für die Durchhaltepropaganda genutzt, steuerten nun die Besatzungsmächte durch das Lizenzierungs- und Überwachungssystem die Printmedien und den Rundfunk. Eine offene Glorifizierung des Krieges oder Darstellung von Wehrmachtsoldaten in gewohnt heroischer Manier war nicht mehr möglich. Stattdessen klang den Westdeutschen jahrelang eine antimilitaristische Rhetorik in den Ohren, die durch die gängige Koppelung von *nazism and militarism* militärische Werte mit der nationalsozialistischen Ideologie in einem Atemzug nannte. Auch nach der Gründung der Bundesrepublik war ein Teil der Kriegs- und Heldenrhetorik nicht mehr öffentlich »sagbar«; Regelverletzungen sorgten für Skandale und unterstrichen damit die Existenz gesellschaftlich akzeptierter Grenzen, innerhalb derer Meinungen artikuliert werden konnten. Das heißt allerdings nicht,

---

414 Zur Umerziehung der Jugend zunächst in der Auseinandersetzung mit dem Zweiten Weltkrieg, ab 1948 in der Mobilisierung für den Kalten Krieg vgl. Fisher, Disciplining Germany; zur Entmilitarisierung der Jugendorganisationen in Württemberg-Baden vgl. Nawyn, »Striking at the Roots of German Militarism«, S. 455–491.

415 Zu diesem Ergebnis kommt Nawyn, »Striking at the Roots of German Militarism«, S. 120, 508.

416 Vgl. ebd., S. 509 f.

417 Bausch, Die Kulturpolitik der US-Amerikanischen Information Control Division.

dass sich am Ende der vierziger Jahre ein Konsens darüber herausgebildet hätte, wie die jüngste militärische Vergangenheit zu verstehen und zu beurteilen sei. Die Wahrnehmungs- und Deutungsmuster blieben vielmehr heterogen und erwiesen sich im folgenden Jahrzehnt als anpassungsfähig, wie später beispielsweise der ideologische Brückenschlag zur Militärreform zeigen sollte.

Es werde schwer sein, die Deutschen dazu zu bewegen, auch nur in einem Verteidigungskrieg zu kämpfen, hieß es in einem amerikanischen Geheimdienstbericht im Frühjahr 1949. Von »strongly pacifist feelings« des gemeinen Mannes war da die Rede und davon, dass die Deutschen den Krieg mehr als alles andere fürchteten[418]. Der ehemalige Wehrmachtsoldat war im Ansehen der Mitbürger drastisch gesunken[419]. Die Deutschen reagierten in den Augen der Alliierten insofern positiv auf die Entmilitarisierung, als sie sich zunehmend gegen Werte und Überzeugungen aussprachen, die als »militaristisch« galten. Eine breite und solide Mehrheit wies in fortlaufenden Meinungsumfragen viele jener Behauptungen zurück, »which express basic inclination toward the values of militarism or war«, wie die ICD Ende 1947 feststellte. So stimmten 96 Prozent der Befragten der Behauptung zu, »the human spirit is not glorified by war alone«; »war does not pay« hielten 94 Prozent für eine richtige Aussage, »a civilian is not less worthy than a soldier«: 90 Prozent, »It is better to be on the right side than the winning side in a war«: 74 Prozent, »Bombing and shellfire do not strengthen a man's character«: 67 Prozent. »Militaristische« Dispositionen ergründeten die Interviewer auch durch Fragen zum Erziehungswesen. 65 Prozent teilten die Überzeugung, dass die Schulen in Europa keinen Schaden nähmen, wenn ihnen die militärische Disziplin fehlte; 59 Prozent stimmten der Aussage zu, dass Kindererziehung ihrem Wesen nach nicht militärisch sein sollte. Grundsätzlich akzeptierte fast die Hälfte die Gleichwertigkeit von Soldat und Zivilist[420]. Auch im Hinblick auf den Zweiten Weltkrieg und die Wehrmacht fielen die Urteile differenziert aus. Der Aussage, dass der Versailler Vertrag aufgrund seiner harten Bedingungen den Zweiten Weltkrieg nicht gerechtfertigt habe, stimmten 52 Prozent der Befragten im Dezember 1947 zu. Überhaupt gebe es keinerlei Rechtfertigung dafür, dass Deutschland den Krieg begonnen habe, meinten 47 Prozent[421]. Dieselbe Statistik zeigt aber auch die deutlichen Spuren jenes Wertekanons, auf dessen Demontage die Entmilitarisierung zielte.

Das heißt nicht, dass am Ende der Besatzungszeit die Westalliierten zu der einhelligen Auffassung gelangt waren, das die Entmilitarisierungspolitik einen unbestrittenen »Antimilitarismus« hervorgerufen habe. Davon konnte schon aufgrund der Vagheit des Konzepts, der unterschiedlichen Bedeutungsschichten und der verschiedenen Auffassungen keine Rede sein. Doch die Vergangenheit des Krieges, die

418 Zit. nach Nawyn, »Striking at the Roots of German Militarism«, S. 492.

419 Vgl. Large, Germans to the Front, S. 245. Vgl. AdsD, LV NRW, SPD-Unterbezirk Krefeld, AO Nr. 4 d.

420 German Sentiment for Peace and Economic Security, Report No. 82, 8 Dec. 1947, ICD Opinion Surveys, OMGUS. Allerdings hielt zur selben Zeit etwas über die Hälfte der Befragten an der Vorstellung rassischer Überlegenheit und dem daraus hergeleiteten Recht auf Herrschaft über andere fest. Vgl. die satirische Zs. »Das Wespennest« (Stuttgart 1947), AdsD, LV Baden-Württemberg 925.

421 German Sentiment for Peace and Economic Security, Report No. 82, 8 Dec. 1947, ICD Opinion Surveys, OMGUS.

Allgegenwart seiner desaströsen Folgen und die Entmilitarisierungspolitik von außen bildeten nach 1945 den Nährboden, auf dem sich die Bandbreite der Einstellungen zum Krieg und Militär deutlich vergrößerte und in weit höherem Maße als zuvor reflektiertere, distanziertere Einstellungen gegenüber Krieg und Wehrmacht einschloss, sodass Forscher für die späten vierziger Jahre in Westdeutschland von einer »culture of antimilitarism«[422] oder, in Anlehnung an den in die USA emigrierten deutschen Historiker Alfred Vagts, einem »civilianism«[423] sprechen.

Trotz dieses Zusammenwirkens von endogenen und exogenen Faktoren war man indes von einer »Friedenskultur«[424] weit entfernt, und mit Pazifismus sollte die neue Grundeinstellung auch nicht verwechselt werden. Eine »friedensfähige politische Kultur im Sinne eines radikalen Umdenkens« entstand auch nach der totalen Niederlage nicht; der friedenspolitische Lernprozess sollte Jahrzehnte dauern. Stattdessen kann man für die unmittelbare Nachkriegszeit von einem Umdenken in Teilen der Gesellschaft und einer partiellen Bereitschaft zur Neuorientierung nicht zuletzt auf der außen- und sicherheitspolitischen Ebene sprechen[425]. Einigkeit darüber, was von dem vergangenen Krieg zu halten war oder von einem künftigen zu halten wäre, gab es nach 1945 nicht.

Gegen ein Umdenken scheint freilich auf den ersten Blick zu sprechen, dass deutsche Entscheidungsträger bereits 1948/49 über eine Wiederbewaffnung diskutierten und die Wiedererrichtung deutscher Streitkräfte forderten. Allerdings ist hier zu differenzieren. Grundsätzlich gegen einen Krieg zu sein ist etwas anderes, als einen Krieg abzulehnen, den man verliert. Nicht die militärische Gewalt an sich, sondern die militärische Niederlage wird abgelehnt. Bei begründeter Aussicht auf einen Sieg würde mancher ehemalige Wehrmachtsoldat zu den Waffen greifen. Bezogen auf die Beurteilung der eigenen Misere nach 1945 hieß das: Nicht dem Krieg, sondern dem verlorenen Krieg war die Existenzkrise der ersten Nachkriegsjahre geschuldet. Auch konnte ein Kriegsgegner die Wiederbewaffnung befürworten, um die Verteidigungsbereitschaft zu erhöhen. Aus amerikanischer Sicht zeugte diese Vielstimmigkeit einerseits von einem gewissen Erfolg der Entmilitarisierungs- und Umerziehungspolitik, andererseits von der Kontinuität älterer Deutungsmuster der Kriegs- und Militärrhetorik[426].

---

422 Berger, Cultures of Antimilitarism. Berger geht aus politikwissenschaftlicher Sicht der Frage nach, wie sich die Einstellungen gegenüber der Sicherheitspolitik und dem Militär in Deutschland und Japan so haben verändern können, dass schließlich selbst die Beteiligung an friedensstabilisierenden Einsätzen unter UN-Mandat auf innenpolitischen Widerstand stieß, von der Übernahme einer militärischen Führungsrolle zu schweigen. Die Gründe sieht er in dem Antimilitarismus der frühen Nachkriegszeit.

423 Nawyn, »Striking at the Roots of German Militarism«, S. 18; Vagts, A History of Militarism, S. 11.

424 Vgl. zum Konzept: Von der Kriegskultur zur Friedenskultur?; vgl. auch Kühne, Zeitgeschichte, S. 14. Das ist ein zentrales Thema der Historischen Friedensforschung; vgl. Alternativen zur Wiederbewaffnung; Perspektiven der Historischen Friedensforschung.

425 Lernen aus dem Krieg?; Niedhart, »So viel Anfang war nie«, S. 29. Immerhin: Die Friedensrhetorik westdeutscher Politiker der fünfziger Jahre verdeckte nicht neue Angriffspläne, sondern zeugte von einem Denken in internationalen Zusammenhängen mit dem Ziel der Friedenssicherung.

426 So lautet ein Fazit der Fallstudie von Nawyn, »Striking at the Roots of German Militarism«, S. 493–496.

Die Besatzungszeit zog in die Kriegserinnerung eine neue Erfahrungsschicht ein. Vor die Erfahrungen des letzten Kriegsjahres schoben sich die Erfahrungen der Besatzungspolitik, vor allem der Demilitarisierung, Aufklärung und justiziellen Aufarbeitung, sowie der sozialen und wirtschaftlichen Notlage unmittelbar nach Kriegsende. Dem Krieg folgte die »Katastrophe«, die Wendung zum Niedergang, die der altgriechische Begriff in wörtlicher Übersetzung bezeichnet und die nach 1945 in aller Munde war. Doch zum einen setzte sich hier ein Deutungsmuster fort, das bereits *während* des Krieges präsent gewesen war und die Wahrnehmung wie das Handeln im letzten Kriegsjahr geprägt hatte. Zum anderen konnte das Katastrophische unterschiedlich bestimmt werden. Von einer Wendung zum Niedergang konnte zum Beispiel sprechen, wer der nationalen Größe und militärischer Macht nachhing oder wer die Ehre des deutschen Soldaten durch die Anfeindungen der Besatzungsmächte in Gefahr sah.

Klar ist, dass der Krieg und die Wehrmacht in einem teilweise veränderten Deutungszusammenhang standen. Auf die unmittelbare Nachkriegszeit nach 1945 lässt sich eine Feststellung übertragen, die der liberale Offizier und Militärschriftsteller Franz Carl Endres 1924 auf die ersten Nachkriegsjahre nach 1918 gemünzt hatte: Dem Krieg folgte eine »kurze Spanne Zeit der Erkenntnis«[427]. Angesichts der Zerstörungen und Verluste, der Erfahrungen des massenhaften Sterbens und nicht zuletzt unter dem Einfluss, dem Druck der alliierten Umerziehungspolitik wurden der verbrecherische Charakter militärischen Handelns und die Verquickung des Militärs in die NS-Diktatur sowie seine ideologischen und mentalen Voraussetzungen demaskiert. Im Gegensatz zur ersten Nachkriegszeit konnte nach 1945 ein heroisches Kriegs- und Soldatenbild nicht mehr neu zusammengesetzt werden, in der Öffentlichkeit schon gar nicht mit den rassistischen und antisemitischen Anstrichen, die es zwischenzeitlich erhalten hatte. Dass gleichwohl einzelne, keineswegs unwesentliche Deutungs- und Argumentationsmuster in dem wiederum gewandelten Interpretationskontext des Kalten Krieges virulent blieben, steht auf einem anderen Blatt.

Von einer Mythisierung des Kriegserlebnisses und des Frontsoldaten, wie sie nach dem Ersten Weltkrieg üblich war, konnte nach 1945 keine Rede sein. Die nicht zu bestreitende Niederlage, die bedingungslose Kapitulation und die jahrelange Besatzungsherrschaft erstickten auch jede Neuauflage der Dolchstoßlegende im Keim. Im Unterschied zur ersten Nachkriegszeit musste sich zudem die militärische Elite vor Gericht verantworten. Die Presseberichte über die alliierten Nachkriegsprozesse führten der frühen Nachkriegsgesellschaft nicht nur die Verquickung der militärischen Elite mit dem Nationalsozialismus vor Augen, sondern ließen das Ausmaß der Verbrechen insbesondere in den besetzten Gebieten Osteuropas sowie die Beteiligung, zumindest die Anwesenheit und Kenntnis auch von einfachen Dienstgraden immer wieder deutlich werden.

Dass die Wehrmacht nicht aus dem NS-Regime herausdefiniert werden konnte, daran ließen die Prozessberichte, die Kommentare und die Leserbriefe in der Lizenzpresse der Amerikanischen Besatzungszone wenig Zweifel. Hinzu kamen der moralische Vorwurf des Opportunismus und die durch den Vergleich mit 1917/18

427 Endres, Die Tragödie Deutschlands, S. 369.

scharf konturierte Kritik an der Kriegsverlängerung. Doch der Blick zurück im Zorn auf die Wehrmacht blieb nicht ohne Widerspruch. Schon zu einem frühen Zeitpunkt zeichneten sich Entlastungsstrategien ab, die vor allem durch den Mythos des Soldatischen und die Betonung von Sekundärtugenden des Kriegers darauf zielten, die Kriegführung aus ihrem politisch-ideologischen Zusammenhang zu zerren, das Handeln der Wehrmacht mit dem Gewand des Gewöhnlichen zu bedecken und die konkrete, persönliche Verantwortung im Nebel der Vergangenheit aufzulösen. Die Rede über die Wehrmacht ist insofern symptomatisch für den Umgang mit der Schuldfrage in den frühen Nachkriegsjahren, in denen es in der Regel um Schuldtheorien und nur im Ausnahmefall um Schuldbekenntnisse ging, wie sie die Alliierten erwarteten[428].

Als semantische Trennmittel, um die Mehrheit der »wahren« deutschen Soldaten von der Minderheit nationalsozialistischer Kriegstreiber zu unterscheiden, dienten alte Wertvorstellungen wie die einer spezifisch soldatischen Ehre und Pflicht. Die Grenzen konnten durchaus unterschiedlich gezogen werden. Angesichts der öffentlichen Empörung bemühten sich vor allem die zurückgekehrten oder noch kriegsgefangenen Soldaten in der Binnenperspektive um Abstufungen. Verantwortlichkeit und Schuld erschienen auch als Funktionen des militärischen Ranges und der Generationszugehörigkeit. So diffus die Diskussion auch blieb – im Hinblick auf die vergangenheitspolitischen Integrationsbemühungen der fünfziger Jahre fällt auf, dass zumindest in der Übergangsphase zwischen dem Zweiten Weltkrieg und dem Kalten Krieg, unter dem frischen Eindruck des Kriegserlebnisses, der täglichen Erfahrung der Kriegsfolgen und der Demilitarisierungspolitik der Krieg, aber auch seine Soldaten von nicht wenigen sehr kritisch gesehen wurden, während andere frühzeitig an Entlastungsstrategien bastelten.

Die lizenzierten Massenmedien lieferten daher nur *eine* Version des vergangenen Geschehens. Ihr stand die Abwehrreaktion der verärgerten Veteranen gegenüber, die sich durch den Nürnberger Prozess und die Berichterstattung provoziert fühlten; die Argumentationslogik ihres Widerspruchs fand sich in den Plädoyers der Verteidiger wieder. Der Prozess gegen die »Hauptkriegsverbrecher« und die verschiedenen weiteren Prozesse bekräftigte die ehemalige militärische Elite in ihrer Auffassung, diskriminiert und um ihre »Ehre« gebracht zu werden. Lautstarke Kritik an der Wehrmacht und massiver Protest dagegen markierten die Bandbreite der Reaktionen[429].

Die Kriegsverbrecherfrage bot bis etwa 1953 den diskursiven Rahmen, in dem sich auf der imaginären Ebene eine kollektive Repräsentation von Krieg und Wehrmacht weiter entwickelte, in der die Kriegsverbrechen präsent blieben, die Verantwortung der militärischen Elite dafür jedoch zunehmend bestritten wurde. Flankiert von Bemühungen in den USA und Großbritannien, die Wehrmacht als einen qualifizierten Gegner erscheinen zu lassen, und vor dem Hintergrund der Wiederbewaffnungsfrage drängten die Medien der jungen Bundesrepublik auf die Freilassung der meisten verurteilten Soldaten. Von den »sogenannten Kriegsverbrechern« war die Rede und von

---

428 Vgl. zu den ideologischen Pendants, z.B. den Schuldtheorien der Kirchen oder der Intellektuellen: Hermand, Rückfall in den Kalten Krieg?

429 Nawyn, »Striking at the Roots of German Militarism«, S. 164 f.

»Siegerjustiz«, was die Rechtmäßigkeit der Urteile prinzipiell in Frage stellen sollte. Wie das Beispiel Kesselring gezeigt hat, setzten die Medien alle erdenklichen argumentativen Hebel an, um verurteilte Kriegsverbrecher zu entlasten, und erhöhten so den Handlungsdruck auf die Alliierten, den Verurteilten zu »rehabilitieren«. Der feilte nach seiner Entlassung 1952 seinerseits am Mythos einer Biografie, die von dem Leben eines »unpolitischen Soldaten« und einem »sauberen« Krieg in Italien erzählte. Das mag man als Verdrängung interpretieren. Aber, so lautet hier das Argument, noch in der Ablehnung des Schuldvorwurfs wurde dieser benannt, wurden Kriegsverbrechen geschildert und in Erinnerung gerufen, auch wenn »andere« dafür verantwortlich gemacht wurden. Es wäre daher verkürzt, hier eine Verschiebung Richtung Viktimisierung zu beobachten, als sei das Fenster zur historischen Realität, das 1945/46 geöffnet worden wäre, wieder geschlossen worden. Kenntnis der Verbrechen und Leugnung, Anklage und Verteidigung durchzogen vielmehr in schwankenden, je nach historischem Kontext neu dosierten Mischungsverhältnissen die kollektiven Selbstdarstellungen und Deutungsmuster. Diese Repräsentationen von Krieg und Militär werfen daher ein Licht auf die situationsspezifischen kulturellen Selbstdeutungen der Bundesbürger. Die Debatten über den verbrecherischen Charakter des Krieges und seiner Akteure spiegelten daher nicht zuletzt die Strategien wider, mit denen die Menschen die neue soziale Ordnung klassifizierten. Die Ordens-Frage zeigte schließlich auf der symbolischen Ebene, wie sich die gesellschaftliche Definition dessen, was wann im Hinblick auf die Repräsentationen des Krieges »tragbar« erschien, zwischen dem Beginn der Entmilitarisierungspolitik und der Rückkehr des Militärs in den fünfziger Jahren veränderte.

So ergibt sich nach diesem ersten thematischen Gang durch den Untersuchungszeitraum ein differenzierteres Bild von den Mischungsverhältnissen der Wahrnehmungs-, Deutungs- und Argumentationsmuster, auch wenn dies nicht zweifelsfrei quantifizierbar ist. Bereits *vor* Kriegsende sahen sich viele Deutsche aufgrund ihrer ureigenen Erfahrungen als Leidtragende, war die Kenntnis vom verbrecherischen Charakter des Krieges und die Angst vor Vergeltung (in der sie sich spiegelte) weiter verbreitet, als das lange angenommen wurde. Beides setzte sich über das Kriegsende und die Besatzungszeit in die fünfziger Jahre fort. Die Einsicht in den verbrecherischen Charakter des Krieges mündete jedoch nicht in die Bereitschaft, die Verantwortung dafür zu übernehmen. Anders gesagt: Nur weil man eine nationale Verantwortung ablehnte und sich selbst als Opfer sah, heißt das nicht, dass man keine Kenntnis hatte. Und pointiert formuliert: *Weil* die Zeitgenossen von den Verbrechen wussten, waren sie so bemüht, den Vorwurf zurückzuweisen. Für die kollektiven Repräsentationen des Krieges und des Militärs bot im selben Zeitraum eine der nachhaltigsten Folgen des Krieges, die Kriegsgefangenschaft, eine weitere gesellschaftliche Projektionsfläche. Hunderttausende deutscher Soldaten waren, wiewohl in sowjetischen Lagern zum Teil bis Mitte der fünfziger Jahre weggesperrt, in der westdeutschen Nachkriegsgesellschaft höchst gegenwärtig, insbesondere unter ihren bereits zurückgekehrten Kameraden, die zunächst informell schnell wieder zusammenfanden und sich dann, nach dem Ende der Besatzungszeit und dem entsprechenden Verbot, ganz formell als Interessengruppen organisierten und in der Öffentlichkeit zu Wort meldeten.

III. Veteranen im Deutungskampf

Die kulturelle Selbstdeutung von Individuen und ihre soziale Position ins Verhältnis zu setzen, zu diesem Zweck den Wandel historischer Deutungsmuster in relativ kurzer Zeit zu untersuchen sowie nach den Bedingungen und Prozessen zu fragen, welche diese Sinnkonstruktionen hervorbringen: In diese Richtungen lenkt das heuristische Instrument der kollektiven Repräsentationen den Blick. Es eignet sich daher auch im folgenden Kapitel als Leitkonzept besonders gut dazu, die ehemaligen Soldaten als Träger und Objekt historischer Bedeutungszuschreibungen im ersten Nachkriegsjahrzehnt zu betrachten und, umgekehrt, die politische Funktionalität der Rede vom (Wehrmacht-)Soldaten, vom heimgekehrten wie vom kriegsgefangenen, und ihre Sinn- und Identitätsstiftungen herauszuarbeiten. Durch die Rückkopplung an deren strukturelle Bedingungen verhindert das Konzept den ideengeschichtlichen Höhenflug ebenso wie eine kulturalistische Sichtweise, die den politischen und sozialen Zusammenhang verkennt, zugunsten einer Sozial- und Politikgeschichte der Kultur. Dahinter steht weiterhin die Grundannahme, dass die soziale Ordnung der Nachkriegszeit nicht nur einen »Rahmen« für die Repräsentationen bot, sondern die Existenz dieser Ordnung nicht zuletzt davon abhing, dass die kollektiven Repräsentationen sie durch ihre Integrationskraft und als Motor der Selbstvergewisserung konstituierten.

Die ehemaligen Soldaten lassen sich, so lautet eine weitere Hypothese, als eine Erfahrungsgemeinschaft beschreiben, die sich neben anderen durch relativ ähnliche Interpretationen der Vergangenheit als eine soziale Gruppe konstituiert. Erfahrung ist – folgt man einem verbreiteten Verständnis des Begriffs – eine individuell wie kollektiv gespeiste Form des Wissens, die dem Menschen zur Orientierung dient und auf deren Grundlage er Urteile fällt und Sinn produziert. Erfahrungen setzen frühere Wahrnehmungen, genauer ihre Verarbeitung voraus. Erfahrungsgeschichte spürt insofern der Verschränkung der individuellen Lebenspraxis mit gesellschaftlichen Zusammenhängen nach[1]. Zur Selbstthematisierung der ehemaligen Soldaten gehörte auch, wie sich zeigen wird, das Bemühen, sich zu anderen, konkurrierenden Erfahrungsgemeinschaften wie beispielsweise den Flüchtlingen und Vertriebenen[2] oder auch den ehemaligen KZ-Häftlingen ausdrücklich, durch Annäherung oder

1 Niethammer, Fragen – Antworten – Fragen. Vgl. auch Latzel, Vom Kriegserlebnis zur Kriegserfahrung.

2 Vgl. als Beispiele: Dokumente zur Austreibung der Sudetendeutschen; Normann, Ein Tagebuch aus Pommern; Lehndorff, Ostpreußisches Tagebuch. Vgl. allgemein Helbig, Der ungeheure Verlust; Wolfrum, Zwischen Geschichtsschreibung und Geschichtspolitik.

Abgrenzung, in Bezug zu setzen, wenn es um historische Bedeutungszuschreibungen ging. Darüber hinaus ist innerhalb der Gruppe der ehemaligen Soldaten zu trennen: zwischen dem Gros der, wie es hieß, »eidtreuen« Wehrmachtsoldaten auf der einen Seite und der Minderheit der »Anderen«, die, aus welchen Gründen auch immer, nicht »treu« bis zum Schluss gekämpft hatten.

So sind nach einem Aufriss der gesellschaftlichen Kriegsfolgen zunächst die Selbstorganisation der ehemaligen Soldaten, die Institutionalisierung, die soziale Praxis der »Veteranenkultur« und ihre medialen Vermittlungsformen zu beleuchten, bevor es um Muster der Selbst- und Fremdwahrnehmung, um Einstellungen, Vorstellungen und Darstellungen der Soldaten geht. Das streckenweise angespannte Verhältnis zwischen der zivilen Öffentlichkeit und den ehemaligen Soldaten lässt sich methodisch zudem als ein weiteres Konfliktfeld verstehen, in dem die Vergangenheit repräsentiert wurde und wo die Fragen nach den Ursachen für den Krieg, seine Dauer und seinen Ausgang unterschiedliche, ja entgegengesetzte Antworten hervorriefen. Dazu soll zwischen den in der Nachkriegsgesellschaft physisch anwesenden ehemaligen Soldaten und den bis 1955/56 symbolisch anwesenden Kriegsgefangenen in sowjetischem Gewahrsam unterschieden werden, für die sich die Kriegserfahrung um das Kapitel Kriegsgefangenschaft verlängert hat. Nicht diese Erfahrungen selbst stehen jedoch im Vordergrund der Analyse, sondern deren Repräsentationen als ihre sinnstiftenden Vermittler.

Der größte Teil der jüngeren Männer, die den Zweiten Weltkrieg überlebten, befand sich für eine bestimmte Zeit in Kriegsgefangenschaft und ist in der Regel bis 1948 »heimgekehrt«. War es im Ersten Weltkrieg noch eine Million, stieg die Zahl in den vierziger Jahren auf elf Millionen Deutsche, die in die Hände der Kriegsgegner gerieten[3]. Im Unterschied zur ersten Nachkriegszeit hatte das Phänomen Kriegsgefangenschaft für die Nachkriegsgesellschaft nach 1945 eine große Tragweite. Das betraf zunächst die Erfahrung der Soldaten selbst, dann aber auch die Folgen ihrer Abwesenheit für die Angehörigen. Als Gefangene bzw. als Vermisste, schließlich als »Heimkehrer« tauchten sie in unterschiedlichen Perspektiven als Teil der Kriegs- und Nachkriegsgesellschaft auf.

Die Folgen des Krieges formten die westdeutsche Gesellschaft, in die die ehemaligen Wehrmachtsoldaten »heimkehrten«, auf vielfältige Weise. Das betraf, daran sei vorab erinnert, nicht zuletzt die Zivilbevölkerung. Zehn Jahre nach Kriegsende gaben 26 Prozent der befragten Westdeutschen an, dass die Wohnung, in der sie im Krieg gewohnt hatten, »vom Luftkrieg oder überhaupt vom Krieg« »ganz zerstört« worden sei und sie ihre Bleibe »ganz verloren« hätten. In 20 Prozent der Fälle war die Wohnung »teilweise zerstört« worden[4]. Allein die demografischen Verwerfungen hatten weitreichende soziale, politische, wirtschaftliche und nicht zuletzt kultu-

---

[3] Vgl. zur Geschichte der Kriegsgefangenschaft die Beiträge in: In der Hand des Feindes. Die Geschichte der Kriegsgefangenschaft sei, so Rüdiger Overmans, »keineswegs ein vergessenes, sondern eher ein von der Öffentlichkeit ignoriertes Thema«. Overmans, Ein Silberstreif am Forschungshorizont?; Kriegsgefangene des Zweiten Weltkrieges.

[4] Jahrbuch der Öffentlichen Meinung 1947–1955, S. 389.

relle Konsequenzen[5]. Millionen Vertriebene und Hunderttausende physisch wie psychisch beeinträchtigter ehemaliger Kriegsgefangener sorgten für sozialen und politischen Sprengstoff in der jungen Demokratie. Die Spätheimkehrer sollten diesen Übergang zeitversetzt in den fünfziger Jahren erleben. Hier lebten rund zwei Millionen Männer, die aus den Weltkriegen als Kriegsbeschädigte zurückgekehrt waren. Die Familie war über die fünfziger Jahre hinaus der soziale Ort, der durch die »Privatisierung der Kriegsfolgen« besonders belastet wurde. Die Rückkehr des Mannes aus der Kriegsgefangenschaft in die Familie – jener emotionale Moment, den er jahrelang herbeigesehnt hatte[6] – löste nicht nur Probleme, sie schuf durch Invalidität und psychische Nachwirkungen auch neue[7]. In der ersten Hälfte der fünfziger Jahre bezeichnete rund die Hälfte der Befragten ihren Gesundheitszustand als »nicht ganz in Ordnung« (1951: 44 %, 1953: 36 %, 1954: 42 %) oder »schlecht« (1951, 1953 und 1954: 8 %). Im Dezember 1951 führte ein Viertel der Befragten dies auf Schäden aus der Kriegs- und Nachkriegszeit zurück[8].

Die Bandbreite der Erfahrungen von Gewalt in der Bevölkerung verdeutlichte schließlich eine Meinungsumfrage, die in den frühen fünfziger Jahren auf die Erinnerung an die Kriegs- und unmittelbare Nachkriegszeit zielte. Im März 1952 wollte das Institut für Demoskopie wissen, was junge Männer und ihre Familien »in Krieg und Nachkrieg [...] mitgemacht haben«. Die meisten erinnerten sich daran, dass sie sich Sorgen um Familienangehörige gemacht (58 %), in den Nachkriegsjahren »sehr unter Hunger gelitten« (57 %) und »schwere Luftangriffe mitgemacht« hatten (41 %). Etwas mehr als die Hälfte (51 %) gab an, dass »Menschen, die mir viel bedeutet haben, [...] gefallen oder vermißt [sind]«. Zu den weiteren Erinnerungen an das Kriegsgeschehen im engeren Sinne gehörte, dass die Familie »ausgebombt« wurde (21 %) und ein Bruder oder der Vater lange in Gefangenschaft waren (36 %). Auf das Kriegsende und die Folgen bezog sich die Angabe, schlimme Erfahrungen während der Besatzungszeit gemacht (24 %), insbesondere Flucht oder Ausweisung erlebt zu haben (21 %). 19 Prozent gaben an, das Menschen, die ihnen viel bedeuteten, schwer kriegsversehrt seien. Dass ihre Familie durch die Entnazifizierung benachteiligt worden sei, meinten 18 Prozent; 13 Prozent hatten erlebt, wie die Besatzungsmacht ihre Wohnung beschlagnahmt hatte[9]. Im Unterschied zur ersten

---

5 Vgl. folgende Gesamtdarstellungen: Görtemaker, Geschichte der Bundesrepublik Deutschland; Wolfrum, Die Bundesrepublik Deutschland; Wolfrum, Die geglückte Demokratie: Wehler, Deutsche Gesellschaftsgeschichte, Bd 5.

6 Ein Beispiel: John J. Maginnis, der der Militärregierung im amerikanischen Sektor angehörte, erinnerte sich noch 25 Jahre später, wie seine deutsche Haushälterin auf das plötzliche Wiedersehen mit ihrem Ehemann nach Kriegsende reagiert hatte. Sie war schockiert, als ihr Mann nachts überraschend aus einem sowjetischen Kriegsgefangenenlager nach Berlin zurückkehrte: »Er sieht so alt und krank aus, so alt und krank«, wiederholte sie unter Tränen. Als der etwa 50-Jährige sich später dem Amerikaner vorstellte, bemerkte auch Maginnis, dass er rund 10 Jahre älter aussah. Maginnis, Military Government Journal, S. 326, 328. Die Erinnerungen basieren auf den Daily Reports des Detachments. Vgl. Henke, Die amerikanische Besetzung Deutschlands, S. 236 f.

7 Neumann, Nicht der Rede wert. Zur Belastung der Familienbeziehung mit weiterführender Literatur siehe Goltermann, Die Gesellschaft der Überlebenden, S. 127–161.

8 Jahrbuch der Öffentlichen Meinung 1947–1955, S. 5. 23 Prozent sahen keinen Zusammenhang, 4 Prozent wussten keine Antwort.

9 Jahrbuch der öffentlichen Meinung 1947–1955, S. 23.

Nachkriegszeit hatte die Totalität des Zweiten Weltkrieges dazu geführt, dass sich die Erfahrungen extremer und massenhafter Gewalt im Krieg nicht auf die Soldaten beschränkten.

Eine Million Wehrmachtangehörige wurde vermisst; Suchmeldungen in Zeitungen und im Rundfunk gehörten noch lange zum Nachkriegsalltag. Frauen, die nicht mehr auf die Rückkehr ihres Ehemannes hoffen konnten, mit einem anderen Mann unverheiratet zusammenlebten, mussten noch zehn Jahre nach Kriegsende mit der moralischen Ächtung der Nachbarn rechnen. In der moralischen Beurteilung der »Onkel-Ehe« waren die Meinungen Mitte der fünfziger Jahre geteilt. Dass eine »Kriegerwitwe mit einem Mann wie in einer Ehe zusammen lebt – ihn aber nicht heiratet, damit sie ihre Rente nicht verliert«, lehnten 46 Prozent ab (Frauen: 50 %), verständlich fanden das 43 Prozent[10]. Hinzu kamen Millionen Frauen, die während des Bombenkrieges mit ihren Kindern in ländliche Gebiete evakuiert worden waren und nun Mühe hatten, eine neue Bleibe zu finden. Die Bundesrepublik der späten vierziger und frühen fünfziger Jahre war eine »mobile« Gesellschaft.

Um zu ergründen, inwieweit der Krieg die Menschen in der Nachkriegsgesellschaft prägte, gaben die Demoskopen die Frage an die Betroffenen weiter. Die Antworten fielen, wie nicht anders zu erwarten, heterogen aus. Wie die Kriegsgefangenschaft die Lebenseinstellung deutscher Soldaten verändert hatte, zeigte für den französischen Fall eine Umfrage, die das Sozial-Psychologische Institut Baden-Baden im Auftrag der französischen Militärverwaltung 1947 unter 649 repatriierten ehemaligen Gefangenen durchführte. Exakt die Hälfte der Befragten gab an, dass die persönlichen Erfahrungen ihre Lebensauffassung (»conception de vie«) geändert hatten. 21 Prozent sprachen von einer nützlichen Erfahrung: Sie fühlten sich reifer, ernsthafter, ihrer Familie und ihrer Arbeit stärker verbunden, lehnten Krieg und Nationalismus ab und wünschten die Versöhnung der Völker, nicht zuletzt mit den Franzosen. Nur 15 ehemalige Soldaten konzedierten einen Wandel im demokratischen Sinn. Eine kleinere Gruppe (13 %) schien durch die Erfahrungen der vergangenen Jahre gleichgültig, ja ablehnend gegenüber anderen geworden zu sein. Egoismus, Materialismus und mangelndes Vertrauen charakterisierten diese Gruppe[11]. Die Gefangenen klammerten sich an die Aussicht, zumindest die Hoffnung auf Rückkehr in das »normale« Leben. Wo diese Perspektive fehlte, weil kein Angehöriger auf den Abwesenden wartete, ging der Lebenswille leichter verloren[12]. Der Krieg hatte den

---

10 Ebd., S. 207. Vgl. auch Benz, »Maikäfer flieg! Dein Vater ist im Krieg.«

11 Archives de l'Occupation française en Allemagne et en Autriche (AOFAA), Affaires Allemandes et Autrichiennes, AAA 44,2 (sondage de l'opinion politique, opinion allemande 1947–1950), Sozial-Psychologische Institut Baden Baden, Prisonniers de guerres allemands rapatriés, No. 391, Juni 1947, S. 22 f. Vgl. zur Militärverwaltung: Krisenjahre und Aufbruchszeit. Vgl. auch D'Abzac-Epezy, Frankreich aus Sicht der deutschen Kriegsgefangenen.

12 Die Feinde von gestern, die heute als Besatzer neben und mit den Frauen der Heimatstadt lebten, weckten in manchem Gefangenen Verlustängste, die rassistische Untertöne haben konnten. Im französischen Kriegsgefangenenlager Fleury sur Orne lieferte der aus dem Erzgebirge stammende Heimatschriftsteller und Verleger Walter Findeisen ein Beispiel für die literarische Verarbeitung der Nachricht, dass die Ehefrau sich getrennt habe: Als ein Soldat nach langem Warten die Nachricht erhielt, dass seine Frau »kein Interesse« mehr an seiner Rückkehr habe, weil sie einen amerikanischen Soldaten heiraten wolle, von dem sie ein Kind erwarte, erhängte er sich mit einer Zeltschnur

Charakter geprägt. Dass man jemandem anmerkte, ob er im Krieg gewesen war, davon waren im März 1952 58 Prozent der befragten jungen Männer überzeugt. Woran meinten sie das festzustellen? »Ernst, reife Überlegenheit und eine andere Einstellung zum Leben«: Diese relativ positiven Merkmale nannten mit 17 Prozent die meisten. Hinzu kommen 2 Prozent, die eine »Anständigkeit der Gesinnung« auf den Krieg zurückführten. Auf das äußere Kennzeichen der Kriegsverwundung bezogen sich 15 Prozent. Zu den erkennbaren negativen Folgen zählten: »Nervosität und geschädigte Gesundheit« (10 %), »Verbitterung, Gleichgültigkeit« (7 %) und »Angeberei, Aufschneiderei« (1 %). Die Zuschreibung von positiven und negativen mentalen Kriegsfolgen hielt sich mithin die Waage[13].

Der Verlust der Ostgebiete verschärfte die wirtschaftlichen Probleme, sorgte aber auch für ein erstmals ausgewogenes Zahlenverhältnis von Katholiken (44 %) und Protestanten (50 %) in Deutschland und das Ende des ostdeutschen Agrarkonservativismus. Immer mehr Menschen zog es in den fünfziger Jahren in die Städte, vor allem die Großstädte. Umgekehrt verlegten manche Städter ihren Wohnsitz an den Stadtrand und »pendelten« zu ihrem Arbeitsplatz. Der wirtschaftliche Aufschwung war langfristig unübersehbar, die anhaltende Verbesserung der Lebensbedingungen prägte die Generation der Kriegskinder. Die Nettoreallöhne der Westdeutschen verdoppelten sich zwischen 1950 und 1963. Ab Ende der fünfziger Jahre wurde in immer mehr Branchen die Fünf-Tage-Woche eingeführt; seit 1956 demonstrierte der Deutsche Gewerkschaftsbund unter dem Motto »Samstags gehört Vati mir« für die Verkürzung der Wochenarbeitszeit auf 40 Stunden.

Von einer »nivellierten Mittelstandsgesellschaft« sprach der Soziologe Helmut Schelsky 1953 – auch wenn sich, wie Kritiker anmerkten, der Unterschied zwischen Arm und Reich nicht verringerte. Allerdings verblichen die Grenzen zwischen den traditionellen Milieus, die über das Kaiserreich hinaus etwa unter den Katholiken, in der Arbeiterschaft oder der Landbevölkerung zu distinkten Lebensstilen geführt hatten. In den fünfziger Jahren dagegen glichen sich die Lebensgewohnheiten immer weiter an. Wie man sich kleidete und was man in seiner Freizeit unternahm, hing nicht mehr in erster Linie von der Zugehörigkeit zu einem traditionellen Milieu ab, zumal die sozialen Hierarchien durchlässiger geworden waren. Die Deutschen wurden auch im Wortsinn mobiler. 1960 fuhren achtmal so viele Pkw auf westdeutschen Straßen wie 1950. Die Massenmedien begleiteten diesen gesellschaftlichen Umbruch. Zwar löste erst gegen Ende der fünfziger Jahre das Fernsehgerät das Radio als Leitmedium des Rundfunks im Privathaushalt ab. Doch auch die Zeitungs- und Zeitschriftenlandschaft veränderte sich, wie gesagt, gegenüber der unmittelbaren Nachkriegszeit drastisch. Politisch-kulturelle Zeitschriften wie die *Frankfurter Hefte* oder *Der Ruf* hatten die zweite Hälfte der vierziger Jahre geprägt und der Reflexion über die jüngste Vergangenheit ein anspruchsvolles Forum geboten. In

an einem Pfahl des Stacheldrahtgitters. Zuvor hatte der Erzähler einen »böse[n]« Traum, in dem sich der Rassismus spiegelte, mit dem die Schwarzen in der US-Armee wahrgenommen wurden: »Ich sah ein nacktes Weib mit schneeweißem Leib, im Arm wiegte es ein – schwarzes Kind, – das Kind eines Negers! Und das Weib lächelte – lächelte ...«. Findeisen, Mein Graues Buch, S. 71–76, hier S. 76.

13 Jahrbuch der öffentlichen Meinung 1947–1955, S. 114.

die frühen Jahre der Bundesrepublik fiel dagegen der Aufstieg der Massenblätter, der »Illustrierten« und »Magazine«, die in der Regel auf ein breites Publikum zielten und eine entsprechend hohe Auflage erreichten. Der Blick in die Zeitung gehörte für die meisten zum Alltag. Im Oktober 1951 beispielsweise gaben 28 Prozent der Befragten an, täglich 23 bis 37 Minuten mit der Zeitungslektüre zu verbringen; 11 Prozent lasen 38–52, 18 Prozent 53–67 Minuten[14]. Die Westdeutschen der fünfziger Jahre richteten sich in ihren Wohnzimmern ein. Der viel zitierte Rückzug ins Private kam häufig dem Versuch gleich, an die vermeintliche Idylle der dreißiger Jahre anzuknüpfen und dabei der Politik gegenüber möglichst fern zu bleiben.

Auf der einen Seite blieb das neue politische System, das die Nachkriegsordnung stabilisieren sollte, vielen zunächst fremd, weil sie sich kaum dafür interessierten – hatte man nicht genug private Sorgen? Auf der anderen Seite hat die öffentliche Meinung nach der Besatzungszeit weiter an Bedeutung gewonnen. Sie ist Teil des politischen Prozesses geworden. Von der neuen Öffentlichkeit war bereits die Rede (vgl. Kap. II). Hier sei nur – auch quellenkritisch – daran erinnert, dass die gezielte Meinungsforschung zu einem Instrument der Politik wurde; ihre Ergebnisse bieten heute eine spezifisch zeitgeschichtliche Quellenart. Wie in der *Oral History* werden Mitlebende systematisch befragt, doch geht es im Gegensatz zur Befragung von Zeitzeugen in der Gegenwart des Historikers nicht um deren subjektive Wahrnehmung, ihr individuelles historisches Erleben. Demoskopie als empirische Sozialwissenschaft zielt auf ein kollektives Meinungsbild einer Gesellschaft oder bestimmter sozialer Gruppen zum Zeitpunkt der Umfrage, die aufgrund ihrer Anlage in der Regel den Anspruch erhebt, repräsentativ zu sein. Das Ende des Zweiten Weltkriegs war nicht zufällig der Beginn der Meinungsumfrage in Deutschland, setzte der Wille zum Rückgriff auf demoskopische Daten doch ein Politikverständnis voraus, das die Transparenz des politischen Prozesses betont und der öffentlichen Meinung auch insofern eine Rolle zuweist[15]. Die Umfrageergebnisse waren von Anfang an nicht nur Verschluss-Sache, sondern wurden durch die Veröffentlichung in den Zeitungen und Zeitschriften, im Radio denen bekannt gemacht, um deren Meinung es ging. Medien wurden selbst zum Auftraggeber für Meinungsumfragen, die sie dann publizierten – und beeinflussten so ihrerseits die öffentliche Meinung wie auch den politischen Entscheidungsprozess. Insofern sind die publizierten Umfrageergebnisse, insbesondere die Jahrbücher der Öffentlichen Meinung des Instituts für Demoskopie (IfD) in Allensbach, wie auch weitere, archivalische Unterlagen wertvolle Quellen, die als Korrektiv für individuelle, aus den sogenannten Ego-Dokumenten gewonnene Aussagen fungieren und es erlauben, qualitative Aussagen über die ehemaligen Soldaten und von ihnen selbst auch quantitativ einzuordnen[16].

---

14 Ebd., S. 53.

15 Vgl. Public Opinion in Occupied Germany.

16 Hier: Jahrbuch der Öffentlichen Meinung 1947–1955; Jahrbuch der Öffentlichen Meinung 1956; Jahrbuch der Öffentlichen Meinung 1958–1964. Die Regelmäßigkeit der Umfragen erlaubt es, nicht nur das Meinungsbild zu einem bestimmten Zeitpunkt zu skizzieren, sondern auch seine Entwicklung über einen längeren Zeitraum zu betrachten. Klar ist aber auch, dass die »Objektivität« repräsentativer Umfragen nicht überbewertet werden darf. Nicht nur können die

1. Eine Erfahrungsgemeinschaft von »Opfern«?

a) Zur Selbstorganisation der ehemaligen Soldaten

Die weitverzweigte Selbstorganisation der Veteranen bildete im engeren Sinne eine Rahmenbedingung ihrer kulturellen Selbstdeutung und Positionierung in der westdeutschen Nachkriegsgesellschaft. Bereits unmittelbar nach ihrer Rückkehr hatten ehemalige Soldaten informelle Netzwerke geknüpft. Durch Briefwechsel, persönliche Besuche und gelegentliche Treffen im kleinen Kreise suchten sie den Kontakt mit den Kameraden wiederherzustellen und zu halten[17]. Kaum hatten die Westalliierten Ende 1949 das Organisationsverbot aufgehoben, entwickelte sich eine buntscheckige Veteranenkultur, gestützt durch die ins Kraut schießenden Organisationen auf lokaler, regionaler und schließlich auf bundesweiter Ebene[18]. Die kleinen Kameradschaftszirkel ebenso wie die großen Traditionsverbände des »Afrikakorps«, der Fallschirmjäger und der Division »Großdeutschland« oder auch der »Stahlhelm, Bund der Frontsoldaten« dienten der Versicherung des soldatischen Selbstverständnisses nach innen, aber auch seiner Darstellung nach außen.

An Stelle einer ausführlichen Institutionengeschichte soll das Phänomen der soldatischen Selbstorganisation aus den Augen eines zeitgenössischen Betrachters dargestellt werden, damit die Institutionalisierung mit ersten Angaben über ihre Wahrnehmung verknüpft werden kann. Um eine frühe, gründliche Analyse der Organisationsbestrebungen ehemaliger Soldaten vor dem Hintergrund von Kriegserfahrung, Entmilitarisierung und Wiederbewaffnung bemühte sich Anfang der fünfziger Jahre der Journalist und Schriftsteller Helmut Bohn[19], der ab 1953 als Redakteur und Verlagsleiter des Kölner Markus-Verlages arbeitete. Bohn versuchte, die Institutionalisierung der Veteranen in einen historischen, gesellschaftlichen und verteidigungspolitischen Zusammenhang zu stellen. Insofern gab die formelle Vernetzung ehemaliger Soldaten ihrerseits Anlass, das Thema Krieg und Militär aufzugreifen. Den Ausgangspunkt bildete die für Bohn offenkundig bemerkenswerte Feststellung, dass sich nur wenige Jahre nach einer »totalen Kapitulation« ehemalige Soldaten öffentlich organisierten, obwohl doch »jede Erinnerung an die militärische Vergangenheit ausgelöscht sein sollte« – ein Hinweis auf die Wahrnehmung als Widerspruch zum Entmilitarisierungsgebot der Alliierten, vielleicht auch ein Seitenhieb auf deren Versuch, Erinnerung per Dekret zu tilgen[20]. Bohn umriss

---

gewählten demoskopischen Methoden unter Experten strittig sein; schon die Auswahl der Fragen und die Fragestellung – hier passt der Modebegriff – stellen die Weichen für mögliche Antworten.

17 Vgl. als Fallstudie mit Dokumentation: Echternkamp, »Kameradenpost bricht auch nicht ab ...«.

18 Das Folgende nach Echternkamp, Mit dem Krieg seinen Frieden schließen, S. 78–93. Vgl. Soldatenbund. Wenn das interessieren sollte. In: Der Spiegel, 14.9.1951, S. 6–9. Vgl. auch Echternkamp, Arbeit am Mythos; Echternkamp, Von Opfern, Helden und Verbrechern.

19 Vgl. Bohn, Verschlungene Spuren, bes. S. 315–362. Helmut Bohn (1914–1998) übernahm 1960 mit Klaus Mathy (1918–1993) den Markus-Verlag, nachdem dieser aus der Unternehmensgruppe M. Du Mont Schauberg ausgegliedert worden war. Im Markus-Verlag wurden unter anderem Bücher zu militärpolitischen Themen publiziert, nicht selten in Zusammenarbeit mit dem Verteidigungs- und dem Innenministerium. Mitte der 1990er Jahre stellte der Verlag seine Tätigkeit ein.

20 Bohn, Eine Front gegen die Angst, S. 7. Vgl. umfassend: Breitling, Die Verbände.

zwei Extrempositionen der Einstellung gegenüber den ehemaligen Soldaten: zum einen die öffentliche Ablehnung »nach den schlimmen Erfahrungen« mit den »Soldatenbünden« der Weimarer Zeit, zum anderen die gegenteilige Auffassung, man könne sich »dem ›Soldatentum‹ nur wie einer Mystifikation in gläubiger Verehrung nähern«, am besten im Kreise der Veteranen[21].

Bohn bemühte sich um eine vermittelnde Position. Dazu reflektierte er den Bedingungszusammenhang der spezifischen Erfahrungen des letzten Krieges und die Erinnerung an ihn und seine Soldaten, nicht zuletzt im Vergleich mit dem Ersten Weltkrieg und der Kriegserinnerung der zwanziger und dreißiger Jahre. Auf der einen Seite ließ er keinen Zweifel daran, dass sich der Zweite Weltkrieg gegen eine spezifische, auf die »Helden«-Soldaten bezogene Erinnerung sperrte. Denn im Gegensatz zur Heldenverehrung nach 1918, in der vom »Heldentod« der zwei Millionen Gefallenen die Rede war und die Menschen in der Heimat nicht »mitreden« konnten, wenn es um Kämpfe à la Langemarck oder Materialschlachten ging, war 1939 bis 1945 das Spezifikum der Erfahrung von Kriegsgewalt und damit das Kriterium für eine besondere soldatische Heroisierung verloren gegangen. Bohn wies hier zu Recht auf das maßgebliche Novum der zweiten Nachkriegszeit im Vergleich zu den zwanziger und dreißiger Jahren hin, von der oben (Kap. II.1) die Rede war: Kriegserfahrungen als Erfahrungen von Gewalt waren ein Gemeingut, so dass sie als Unterscheidungsmerkmal für eine Gruppe, die Soldaten, nicht mehr in dem Maße taugten, wie das nach 1918 der Fall gewesen war. Die Tatsache, dass dieser Unterschied öffentlich reflektiert wurde, belegt, dass die Differenzierung nicht allein ex post erfolgt, sondern ein Element des zeitgenössischen Deutungszusammenhangs war, das für die Wahrnehmung der ehemaligen Wehrmachtsoldaten eine Rolle spielte. In einem »totalen Kriege« seien »die Opfer allgemein«, betonte Bohn und erinnerte an das Leiden der Zivilbevölkerung in den Großstädten: In den »Bombennächten« hätten sich »oft noch schrecklichere Szenen abgespielt als an der Front«. Die Überlebenden, ob Soldaten oder Zivilisten, hatten deshalb keine heroischen, sondern nur »sehr nüchterne Erfahrungen«, auf die sie zurückblicken konnten. Das Überleben einer Katastrophe bot den Überlebenden keinen Anlass für »Erinnerungstreffen«, wie Bohn metaphorisch formulierte: »in den Ruinen unserer Städte mögen die mystischen Adler nicht horsten«. Zudem verhinderten die Erfahrungen der Kriegsgefangenschaft in der UdSSR den Bedarf der Betroffenen, ihre letzten Kriegserlebnisse auszutauschen. Die erste Nachkriegszeit diente erneut als Vergleichsfolie. Während die Soldaten nach 1918 »als Soldaten« zurückkehrten und von einer soldatischen Kriegs- in eine zivile Nachkriegsordnung wechselten, hatten die Heimkehrer einen anderen, schwierigeren Übergang zu bewältigen. Sie kamen, so Bohn, aus der Welt der Lager, wo »die alte Ordnung des soldatischen Zusammenhaltes, die Disziplin und Kameradschaft« nicht gegolten habe. Beide Formen der Kriegserfahrungen sperrten sich daher gegen ein heroisierendes Erinnern, womöglich in institutionalisierten Formen[22].

---

21 Ebd., S. 8. Vgl. Schenck zu Schweinsberg, Die Soldatenverbände.

22 Ebd., S. 10 f. Vgl. Bohn, Die Heimkehr; Searle, Veterans' Associations.

Doch wenn für die meisten die »Ernüchterung vollkommen« war, wie ließ sich dann die Organisation ehemaliger Soldaten erklären? Helmut Bohn griff hier auf ein Leitmotiv des soldatischen Selbstbildes der Nachkriegszeit zurück. Nicht in der Militarisierung deutscher Soldaten sah er die Ursache, sondern in ihrer Entmilitarisierung durch die Alliierten. Deren »Übertreibung« habe erst den »Widerspruch« provoziert. Schließlich seien die Wehrmachtsoldaten in Nürnberg »nur mit knapper Not von dem Kainszeichen des absolut Verbrecherischen befreit worden« – eine Anspielung auf den vermeintlichen Freispruch des OKW vor dem Internationalen Militärgerichtshof (IMT), von dem die Rede war (Kap. II.2). Interessant ist nicht so sehr, dass Bohn die Zählebigkeit tief verwurzelter soldatischer Selbstbilder und Deutungsmuster unterschätzte, sondern dass er das Handeln der Veteranen – im Unterschied zu deren eigenen Sinnstiftungen – nicht auf die Kontinuität eines (nationalen) Soldatentums, eines ungebrochenen Stolzes, einer unverbrüchlichen Tradition, mithin auf ein intrinsisches Motiv zurückführte, sondern auf ein extrinsisches. Die Virulenz der auf Kontinuität fixierten Deutungsmuster wurde hier als eine Reaktion auf die Kriminalisierungsversuche von außen interpretiert, die ironischerweise auf das Bemühen zurückgingen, den Bruch in der Geschichte des deutschen Militärs zu unterstreichen. Die Erfahrung der unmittelbaren Nachkriegszeit überlagerte in diesem Argumentationsgang die Erfahrung der Kriegszeit. Emotionen verdrängten die Ernüchterung. Die Kritik der Öffentlichkeit an den Veteranenverbänden fiel hier auf sie selbst zurück.

Diese Verbände, insbesondere der Zusammenschluss zum »Verband deutscher Soldaten« (VdS) 1951, wurden daher zu Recht als Pressure Groups wahrgenommen, die den Soldaten helfen sollten, mittelfristig die eigenen sozialen Interessen durchzusetzen und kurzfristig, durch binnenmilitärische Solidarität – »die Wiederbelebung der alten Kameradschaft« – Selbsthilfe zu leisten. Zu den unterschiedlichen Interessengruppen lassen sich, erstens, die Kriegsbeschädigten zählen, die durch die Gründung des »Verbandes der Kriegsbeschädigten, Kriegshinterbliebenen und Sozialrentner Deutschland e.V.« (VdK) mit rund 15 000 Geschäftsstellen (1951) dagegen zu Felde zogen, dass ihnen Ansprüche wegen der Teilnahme an »Hitlers Raubkrieg« verweigert wurden. Eine zweite Gruppe bildeten die ehemaligen Berufssoldaten, vor allem die Offiziere a.D., die keine Pensionen bezogen, weil sie in einer besonderen Pflicht gestanden und ihre besondere »Ehre« verletzt hätten. Ihre Interessen vertrat der BvW (Bund versorgungsberechtigter ehemaliger Wehrmachtsangehöriger) unter dem Vorsitz des 1932 in den Ruhestand versetzten Admirals a.D. Gottfried Hansen, der 75 000 Mitglieder im Frühjahr 1950 zählte. Das Verbandsorgan *Der Notweg* bot ein regelmäßiges Kommunikationsforum[23]. Die dritte Gruppe stellten die entlassenen Kriegsgefangenen, insbesondere die Spätheimkehrer dar, die bei der Arbeitsplatzsuche gegenüber jenen Soldaten benach-

---

23 Ebd., S. 15 f. Die Ausweitung der sozialpolitischen Handlungsfelder des VdK spiegelt sich in der Änderung seiner Bezeichnung wider. Von 1970 bis 1994 stand VdK für »Verband der Kriegs- und Wehrdienstopfer, Behinderten und Sozialrentner Deutschlands e.V.«, 1994 bis 1998/2002 lautete die Bezeichnung »Verband der Kriegs- und Wehrdienstopfer, Behinderten und Rentner Deutschland e.V.«, seitdem »Sozialverband VdK Deutschland e.V.«.

teiligt würden, die nicht in Kriegsgefangenschaft geraten waren. Die Unterstützung bei der Wiedereingliederung in den Arbeitsmarkt wie auch die Forderung nach der Rückkehr der noch gefangenen »Kameraden« hatte sich der im Sommer 1950 gegründete »Verband der Heimkehrer, Kriegsgefangenen- und Vermißtenangehörigen Deutschlands e.V.« (VdH) auf die Fahnen geschrieben[24]. Das Entschädigungsgesetz für Kriegsgefangene, das am 30. Januar 1954 in Kraft tat, ging nicht zuletzt auf die Lobby-Arbeit des VdH zurück.

Ging es dort primär um die Interessenvertretung in eigener Sache, stand in allen Fällen auch die Pflege der »Kameradschaft« auf dem Programm. Hier fand die Sehnsucht nach Gemeinschaft ihre Fortsetzung, die während des Krieges eine Antriebskraft für das Durchhaltevermögen der Soldaten gewesen war und nun zu einem mythischen Motiv seiner Repräsentation wurde[25]. Gemeint war jetzt zum einen die Verbundenheit der Veteranen miteinander. Sie fanden regelmäßig auf Regiments- und Divisionstreffen zusammen, um sich von den Kriegserlebnissen im Rahmen ihrer jeweiligen Truppeneinheit zu erzählen und sich so »des Erlebten zu vergewissern«. Bohn sah hier die psychologische Notwendigkeit, das erlebte Grauen durch konkrete Erinnerungen zu verarbeiten, weil es sich nicht verdrängen lasse. Wo dieser Prozess einen formalen Rahmen erhielt, entstanden die Traditionsverbände auf der Grundlage der ehemaligen militärischen Einheit – in der Typologie eine vierte Gruppe. Ihre Aufgabe lag, wie Bohn beobachtete, unter anderem darin, den »als ›Kriegsverbrecher‹ angeklagten Kameraden« Rechtsbeihilfe zukommen zu lassen sowie die Geschichte ihrer Einheit zu schreiben – in apologetischer Absicht: »damit die damaligen Ereignisse ins rechte Licht gerückt werden und die Diffamierung des deutschen Soldaten endlich aufhört: Was andere Einheiten getan haben, wenn Partisanen auftauchten, wissen wir nicht [...] Bei uns jedenfalls hielt sich die Sache im Rahmen der Kriegsgesetze, und das sei hiermit offengelegt«, lautete die Devise. Doch die kameradschaftliche Verbundenheit zielte über den Kreis der Anwesenden hinaus auf jene 1,5 Millionen »alten Kameraden«, die 1950 als vermisst galten (und die man suchen musste), sowie auf die Gefallenen (deren rund 20 000 Soldatengräber im In- und Ausland zu pflegen waren)[26].

Bohn begrüßte Interessenvertretung und Selbsthilfe als demokratische Elemente; einem übergreifenden Verband wie dem frisch gegründeten VdS stand Bohn wegen der unterschiedlichen Einzelinteressen und möglicher Zielkonflikte dagegen skeptisch gegenüber. Eins war für ihn klar: Um seine Rolle in der westdeutschen Demokratie spielen zu können, musste sich jeder ehemalige Soldat »von der politischen Vergangenheit befreien [...], in der er ehrlich und sauber sein Soldatenhandwerk

24 Ebd., S. 17. Das Archiv des VdH, der sich im September 2006 auflöste, wurde vom Bundesarchiv, Abt. Militärarchiv, in Freiburg i.Br. übernommen. Vgl. zur Verbandsgeschichte: Schwelling, Heimkehr – Erinnerung – Integration. Weil es keinen Generationswechsel im Verband gab und die Deutungsmuster dieselben blieben – so argumentiert Schwelling –, entfernte sich der VdH immer mehr von den Diskursen der westdeutschen Gesellschaft, bis er sich auflöste. Anders als etwa die Vertriebenenverbände hatte sich der VdH entsprechend seinem Selbstbild als »Erfahrungsgemeinschaft« nicht um Mitglieder-Nachwuchs bemüht.

25 Vgl. Kühne, Kameradschaft; Kühne, Zwischen Vernichtungskrieg und Freizeitgesellschaft.

26 Bohn, Eine Front gegen die Angst, S. 18–21.

ausgeübt hat«. Dem Veteranenverband wurde hier eine pädagogische, aufklärerische Funktion zugewiesen, die bereits im Lichte der Wiederbewaffnung stand. Die nüchterne Auseinandersetzung mit der eigenen Rolle im Krieg war eine Voraussetzung für die Wiederverwendung, nicht im Sinne eines Aufnahmekriteriums Dritter, sondern im Sinne der mentalen Bereitschaft, »zu der alten Aufgabe unter neuen Bedingungen – dem ›Verteidigungsbeitrag‹ – Ja zu sagen«[27]. Insofern besaßen die Veteranenverbände auch in den Augen eines skeptischen Beobachters ein demokratisches Potenzial. Bohn ging noch einen Schritt weiter und stellte sie in die Tradition der Demokratie: Hatte sich nicht die mit den preußischen Reformen einsetzende Selbstständigkeit des Soldaten im 20. Jahrhundert weiterentwickelt? Waren nicht die ersten Veteranenorganisationen nach den Freiheitskriegen entstanden? Hatten nicht die Kriegervereine des Kaiserreichs demokratische Spielregeln? Und war es nicht das undemokratische Regime Hitlers, das Verbände wie den »Stahlhelm, Bund der Frontsoldaten« verboten und den »Deutschen Reichskriegerbund ›Kyffhäuser‹« gleichgeschaltet hatte? Schoss diese historische Beweisführung auch über das Ziel hinaus, zeugte sie doch von dem Bemühen, die Verbände der jungen Bundesrepublik in die demokratische Pflicht zu nehmen. Statt sie zu marginalisieren, sollten sich, so lautete der Rat des Journalisten, Persönlichkeiten mit dem notwendigen Weitblick für sie interessieren, damit sie nicht zu einer »Plantage der Militaristen« wurden.

Die zahlreichen Aktivitäten der ehemaligen Soldaten stießen in der lokalen und überregionalen Presse auf Beachtung, zumal wenn kommunale Honoratioren oder prominente Politiker an ihnen teilnahmen. Zwar sollte der direkte Einfluss auf politische Entscheidungsprozesse, auch im Hinblick auf die Struktur der 1955 gegründeten Bundeswehr, im Vergleich zur politischen Bedeutung der Soldatenverbände nach dem Ersten Weltkrieg gering bleiben. Gleichwohl ging die westdeutsche Gesellschaft auf ihre sozialen und wirtschaftlichen Bedürfnisse ein, welche die Interessenvertreter der ehemaligen Kriegsgefangenen, der Kriegsopfer und der ehemaligen Berufssoldaten mit Nachdruck in Bonn artikulierten. Nicht um ihre Verbandsgeschichten und ihre sozialpolitische Lobbyarbeit geht es hier, sondern darum, dass die Veteranenverbände Foren boten, auf denen die im doppelten Wortsinn Betroffenen in ihrer Rede von Weltkrieg und Wehrmacht Denkfiguren explizit machten und zuspitzten, die andernorts ebenso wirkungsmächtig waren, aber unausgesprochen blieben, oder aber zum offenen Widerspruch reizten und auf diese Weise die um Krieg und Frieden kreisenden Verhaltensdispositionen empirisch greifbar werden lassen.

Folgende Formen kollektiver Repräsentationen des Krieges lassen sich unterscheiden: Kameradschaftstreffen wie das der ehemaligen Angehörigen der 116. Panzerdivision, der »Windhunde«, an denen sich auch die örtlichen Honoratioren beteiligten; damit zusammenhängend feierlich begangene Gedenktage, Denk- und Mahnmal-Feiern, über die in der Lokalpresse wie auch in den überregionalen Zeitungen berichtet wurde; die »Kriegsgräberfahrten« zu »Heldenfriedhöfen« außerhalb Deutschlands[28]; vor allem die bunte Publikationspalette, die von den

[27] Ebd., S. 30. Basil Liddell Hart galt hier als Gewährsmann; Auftragstaktik. Bohn (S. 32) zitierte aus Liddell Hart, Die Verteidigung des Westens.
[28] Vgl. Der deutsche Fallschirmjäger, 1952, 10, S. 5 f.; 1952, 11, S. 3.

Divisionsgeschichten[29] über die Mitteilungsblätter der Traditionsverbände und Kameradenwerke bis zu dem Periodikum des VdS *Soldat im Volk* reichte. Wer in Zeitschriften wie *Die Gebirgstruppe* oder *Der Fallschirmjäger*, *Die Oase* oder *Leinen los!* blätterte, erfuhr nicht nur etwas über die zukünftigen Aktivitäten Gleichgesinnter, sondern auch viel über die Selbstdeutung der vergangenen Kriegszeit. In den Rezensions-Rubriken wurden militärgeschichtliche und sicherheitspolitische Publikationen rezipiert, nicht zuletzt die zunehmende Memoirenliteratur mit ihrer die Wehrmachtführung entlastenden Kritik am militärischen »Dilettanten« Hitler[30]. Die Soldatenpresse diente als Sprachrohr des soldatischen Vereinswesens und trieb zugleich die informelle Vernetzung voran. Die Bandbreite der von Kameraden aufgegebenen Kleinanzeigen, die sich ausdrücklich an ehemalige Soldaten und ihre Hinterbliebenen richteten, reichte von Stellenannoncen und Produktwerbung über Zimmernachweise und Urlaubsangebote bis hin zu »Kontaktanzeigen« für »Kameradenwitwe[n]«.

Die Marineangehörigen organisierten sich zum Teil im VdH, zum Teil in einer eigenen, ausschließlich marinebezogenen Organisation. 1952 gründeten 50 ehemalige Marineoffiziere unter der Federführung von Kapitän zur See a.D. Heinz Bonatz in Krefeld die »Marine-Offizier-Hilfe« (MOH) neu. Ihre Anfänge gehen auf das Ende des Ersten Weltkrieges zurück, als Fregattenkapitän Georg Frhr. von Bülow 1918 die MOH ins Leben gerufen hatte. Ende der fünfziger Jahre gehörten der MOH knapp 6000 Mitglieder an, soviel wie 1939 – ein Rekord in der Vereinsgeschichte. Ein Drittel der Mitglieder zählte zu den (in der Bundeswehr) wieder aktiven Marinesoldaten. Das selbstgesteckte Ziel war auch hier die Hilfe zur kameradschaftlichen Selbsthilfe. Der Verein sollte den Mitgliedern und ihren Familien in materieller Not unter die Arme greifen, ihnen aber auch angesichts der »Diffamierung« und im Falle von Flucht und Vertreibung eine »geistige Heimat« bieten[31].

Ältere Marine-Periodika wie *Köhlers Flottenkalender* und die *Marine-Rundschau* erschienen wieder, nach wie vor im Wilhelm Köhler Verlag Minden[32]. Der Arthur Moewig-Verlag in München, E.S. Mittler in Herford und Fritz Schlichtenmayer in Tübingen waren (weiterhin) die bevorzugten Verlagshäuser, in denen militärpolitische und kriegsgeschichtliche Literatur wie die Memoiren[33] ehemaliger

---

29 Vgl. nur die im Hans-Henning Podzun Verlag seit den frühen fünfziger Jahren erschienene Reihe »Die deutschen Divisionen 1939–1945«, in der auch der Münsteraner Historiker Werner Conze ein »Erinnerungsbuch« verfasste. Vgl. Conze, Die Geschichte der 291. Infanterie-Division.

30 Vgl. auch Breit, Das Staats- und Gesellschaftsbild deutscher Generale; Gerstenberger, Strategische Erinnerungen, S. 620–629. Vgl. auch etwa Ahlfen/Niehoff, So kämpfte Breslau; Lasch, So fiel Königsberg; Dönitz, Zehn Jahre und zwanzig Tage; Galland, Die Ersten und die Letzten; Ramcke, Fallschirmjäger.

31 Art. Unsere MOH. In: MOH-Nachrichten, 9. Jg., Nr. 12, S. 211. 1966 erfolgte die Umbennenung in Marine-Offizier-Vereinigung (MOV). Im Mai 1963 wählte die MOH erstmalig einen Vorsitzenden, der bereits in der Bundesmarine gedient hatte. Flottillenadmiral a.D. Alfred Schumann hatte bis März 1978 den Vorsitz inne. Schumann rief 1973 das Deutsche Marine Institut (DMI) ins Leben. Ab 1974 wurden die *MOV-Nachrichten* zu einer maritim-sicherheitspolitischen Fachzeitschrift unter dem Namen *Marine Forum* umgestaltet.

32 Köhlers Flottenkalender.

33 Vgl. z.B. Ruge, Seemacht und Sicherheit. Ruge wurde 1956 zum Inspekteur der Marine in der Bundeswehr ernannt.

Wehrmachtangehöriger, Romanhefte[34] und Berichte über Wiedersehenstreffen ehemaliger U-Boot-Fahrer[35] erschienen. Zudem ist davon auszugehen, dass in vielen Regalen Literatur aus der Zeit der Kriegsmarine stand, als »Die See deutscher Lebensraum« war, wie ein 1945 vom Oberkommando der Marine (OKM) herausgegebener Titel lautete[36].

Das Zusammengehörigkeitsgefühl machte sich nicht zuletzt daran fest, dass die ehemaligen Soldaten *eine* Sprache sprachen. Die Teilhabe an einem militärspezifischen Jargon ließ den Soldaten erkennen. Mehr noch: Teilstreitkraftspezifische Ausdrucksweisen wiesen einen Mann als ehemaligen Angehörigen des Heeres, der Kriegsmarine oder der Luftwaffe aus. In Veteranenkreisen war die Wehrmacht insofern auch rhetorisch präsent. Eine entsprechende »Fachliteratur« – wie es sie bereits nach dem Ersten Weltkrieg und früher gegeben hatte – sorgte dafür, dass beispielsweise das »Marinedeutsch« nicht in Vergessenheit geriet. Als das 1933 erstmals erschienene »derbe, aber lustige Wörterbuch« des Hannes Brummküsel 1950 neu aufgelegt wurde, ordnete ein Rezensent im *Notweg* den Band in den veränderten gesellschaftlichen Kontext ein. Verständigungsprobleme im zivilen Umfeld und wohl auch die mangelnde Akzeptanz der Soldatensprache nach 1945 hätten »die Bordsprache, die uns damals so selbstverständlich und gewohnt war«, abgeschliffen. Die fremden und befremdenden Vokabeln seien im Alltagsgespräch verschwunden. Fünf Jahre nach Kriegsende nahm niemand mehr Anstoß an der Redeweise der Veteranen – ein Zeichen der semantischen Zivilisierung. Insofern kam Wörterbüchern wie »1000 Worte Marinedeutsch« und dem Gebrauch der Soldatensprache auch eine akustische Erinnerungsfunktion zu. Wer die marinetypischen Begriffe der Alltagssprache hörte, hatte die Zeit an Bord »im Ohr«. In dieser besonderen Assoziation sah der Rezensent auch den Mehrwert der Neuauflage: »jeder Soldat hat so die Erinnerungen an seine Dienstzeit. Im Marineohr aber findet der Klang der Bordsprache noch einen besonderen Hall und weckt die Vergangenheit auf eigene Weise.« Die Sprache lieferte das Material für ein akustisches Gedächtnis an den Zweiten Weltkrieg. Mit ihrer Überlieferung wurde »ein Stück Leben eingefangen«, das in der Vergangenheit lag[37]. Erinnerung und Identitätsstiftung fielen in dieser semantischen Repräsentation zusammen.

---

[34] Vgl. z.B. Wolfslast, Anker-Heft: 22 Mann gegen Tirpitz, München: Arthur Moewig Verlag, 1955.

[35] Zeissler, Wiedersehen in Hamburg.

[36] Oberkommando der Marine, Seefahrt und Schule – Die See, deutscher Lebensraum, Berlin: Oberkommando der Marine 1945. Vgl. nur (mit Verlagsangabe): Georg von Hase, Die Kriegsmarine im Kampf um den Atlantik, Leipzig: v. Hase & Koehler, 1942; Heinrich Jacks, Zerstörer feindwärts, Berlin: E.S. Mittler & Sohn, 1944; Fritz List, Kurs Norwegen, Berlin: Steininger-Verlag, 1940; Walter Lohmann, Kameraden auf See, Berlin: Karl Curtius Verlag, 1943; Friedrich Lützow, Die heutige Seekriegsführung – Deutschland im Angriff – England in Not, Berlin: Verlag Die Wehrmacht, 1940; Friedrich Lützow, Schlacht im Atlantik – Aufmarsch am Mittelmeer, Berlin: Verlag Die Wehrmacht 1941; Seekrieg und Seemacht Teil 1 und 2, Berlin: Verlag Die Wehrmacht 1941, oder auch das vom OKM hrsg. »Liederbuch der Kriegsmarine« sowie die bei E.S. Mittler & Sohn in Berlin erscheinende Zeitschrift Marine-Rundschau.

[37] Hannes Brummküsel (d.i. Hans Bruhn), 1000 Worte Marinedeutsch, 2. Aufl., Wilhelmshaven 1950; dazu die Rezension von J. Skibowski. In: Der Notweg, 2 (1950), Nr. 11, S. 13. Der Band war zuerst 1933, ebenfalls im Wilhelmshavener Eissing Verlag, erschienen. Eine erweiterte Auflage erschien 1967; Brummküsel, 1000 Worte Marinedeutsch. Ein derbes, aber lustiges Wörterbuch.

Zum Netzwerk ehemaliger Soldaten gehörten schließlich auch militärnahe Zirkel, die sich mit verteidigungspolitischen Fragen der Gegenwart und Zukunft befassten und dazu die militärische Vergangenheit als Steinbruch ihrer Argumentation nutzten. Ein Blick in die südwestlichen Regionen zeigt darüber hinaus, welche Aufmerksamkeit diese Aktivitäten auf Seiten der Besatzungsmacht erfuhr und wie Beobachtung und Beeinflussung zusammengingen. Spätestens im Juli 1954 bekam der französische Hochkommissar André François-Poncet Wind davon, dass sich in Trier ehemalige Wehrmachtoffiziere zu einer »Arbeitsgemeinschaft für militärische Wissenschaft« zusammengefunden hätten, die von Generalmajor a.D. Ernst von Poten geleitet wurde und der auch der Präsident des Bauern- und Winzerverbandes Trier, der ehemalige Generalstabsoffizier Werner Tyrell angehörte. Die Vereinigung bestehe bundesweit und habe Verbindung ins Amt Blank – vom Vorläufer des Verteidigungsministeriums wird noch zu sprechen sein (Kap. IV.1) –, meldete das entsprechende Commissariat. Die Mitglieder widmeten sich, hieß es, militärischen Fragen wie der Organisation einer künftigen deutschen Armee, bejahten die Europäische Verteidigungsgemeinschaft (EVG) und befürworteten die enge Zusammenarbeit der Bundesrepublik mit den Vereinigten Staaten[38].

Es ging um die 1952 gegründete »Gesellschaft für Wehrkunde« (GfW, heute: Gesellschaft für Wehr- und Sicherheitspolitik), die sich in der Tradition militärnaher Organisationen vor allem ehemaliger Offiziere mit militärischen Angelegenheiten befasste und durch Vorträge und Publikationen wie *Wehr und Wissen* auf die Öffentlichkeit einzuwirken und den »Wehrgeist« zu stärken suchte[39]. Die französische Seite hielt es für angezeigt, dass französische Offiziere die Einladungen der GfW annehmen. Sie sollten als Beobachter an den Versammlungen vor allem der »Gesellschaft für Wehrkunde« teilnehmen, die wie etwa die Treffen des VdS und des früheren »Afrikakorps« in einem »esprit raisonnable et hors de toute préoccupation politique« organisiert würden. Durch die wiederholte Teilnahme werde sich zeigen, ob die Kontakte zu den militärischen Zirkeln »nützlich« seien und ausgeweitet werden sollten. Der Hochkommissar wollte jedenfalls auf dem Laufenden gehalten

[38] Archives de l'Occupation française en Allemagne et en Autriche, RP 46 d. 6132, cercle d'études militaires: L'Administrateur Robert Audoye à Monsieur le Commissaire pour l'Etat Rhénanie-Palatinat, Trèves, le 24 juillet 1954. Tyrell (1916–2001) war 1964 bis 1980 Präsident des Deutschen Weinbauverbandes.

[39] BArch, MSg 2/2255: Gedanken über die Deutsche Gesellschaft für Wehrpolitik und Wehrwissenschaften und den zweiten Weltkrieg. Ausarbeitung des Präsidenten der Gesellschaft General d.Art. Friedrich von Cochenhausen. Die 1928 gegründete »Wehrwissenschaftliche Arbeitsgemeinschaft« (WEWIA) war nach 1933 in »Deutsche Gesellschaft für Wehrpolitik und Wehrwissenschaften« umbenannt worden. Cochenhausen (1879–1946) bemühte sich, die Gesellschaft gegenüber den Alliierten als eine den Nationalsozialismus und die SS ablehnende Organisation hinzustellen, die im Dritten Reich auch keine militärische Propaganda betrieben, sondern sich für die »Hebung der Allgemeinbildung des wissenschaftlich arbeitenden Offiziers« engagiert habe (S. 4.). Cochenhausen räumte indes ein, dass er sich bis 1942 »vom Schein täuschen ließ«, weil er glaubte, »unsere vortreffliche Wehrmacht werde die Sache noch zu einem erträglichen Ende führen«. Die frühe Denkschrift spiegelt die Topoi der Kriegs- und Wehrmacht-Deutungen wider.

werden[40]. So lud die Sektion Speyer der GfW im selben Jahr beispielsweise deutsche, französische und amerikanische Soldaten zu einer Diskussion über das Thema »Deutsche Jugend zwischen Wehrunlust und Wehrverständnis« ein[41].

Vertreter der Westalliierten übernahmen gar die Gestaltung einer Vortrags- und Diskussionsveranstaltung, zu der etwa im April 1955 die Sektion Speyer unter anderem den Kommandierenden General des Westlichen Befehlsbereichs der U.S. Army (Western Area Command, U.S. Army, Europe), Generalmajor Miles Reber, samt Stabsoffizieren, sowie den Vertreter des Kommandeurs der 5. französischen Panzerdivision eingeladen hatte. Die alliierten Militärs sorgten bei ihren ehemaligen Gegnern für Unterhaltung mit einem filmischen Rückblick auf den Zweiten Weltkrieg, freilich auf einen Kriegsschauplatz, auf dem nicht die Deutschen, sondern die Japaner als Gegner aufgetreten waren. Sie hatten zwei originale Tonfilme von amerikanischen Kriegsberichterstattern mitgebracht, welche die See- und Luftschlachten um die Pazifik-Inseln Iwojima und Leyte zeigten; ein französischer Major kommentierte. »Soldaten dreier Nationen im Gespräch« lautete am folgenden Tag die Schlagzeile der *Speyerer Tagespost*[42].

Um zu erfahren, was die ehemaligen Wehrmachtoffiziere bei ihren Treffen umtrieb, musste man indes nicht unbedingt dabei sein. Oft genügte die Zeitungslektüre. Denn auch über die Veranstaltungen der GfW berichtete nicht nur gelegentlich die überregionale Presse, sondern ausführlich auch die jeweilige Lokalzeitung. Ein Beispiel bieten die von einem Hauptmann a.D. geleitete Sektion Speyer und die Berichterstattung vor allem in der *Speyerer Tagespost* und der Zeitung *Die Rheinpfalz* Mitte der fünfziger Jahre. Im Dezember 1954 etwa berichtete sie über eine Vortragsveranstaltung zur paramilitärischen Aufrüstung in der DDR. Das Thema – »Die Sowjetisierung und Militarisierung der Jugend in der Ostzone« – richtete sich gezielt an die Jugend Speyers; die GfW hatte Vertreter der Jugendverbände eingeladen. Ein Major a.D. trug zunächst über den Aufbau der »sogenannten« Volkspolizei ab 1948 vor. Der ehemalige Frontsoldat berichtete, dass bereits in den Kriegsgefangenenlagern für die Kasernierte Volkspolizei (KVP) geworben wurde und mittlerweile rund 10 000 Offiziere der Wehrmacht zu den 130 000 Mann der KVP zählten. Die KVP sei heute aufgrund ihrer Ausrüstung mit schweren Waffen längst eine »Kader-Armee«. Der Major betonte, dass die Nachwuchswerbung bereits im Kindergarten mit der Erziehung zur patriotischen Pflicht der Landesverteidigung einsetze. Dem Vortrag folgten zwei zielgruppengerechte Filmvorführungen. Zunächst wurde anhand ostdeutscher Propagandafilme gezeigt, wie etwa auf FDJ-Kundgebungen die Jugend militarisiert wurde. Auf der Leinwand marschierten Mädchen mit Gewehren, flogen Segelflieger, erzählten Jungen von den Kriegsverbrechern im Westen, glänzte die ungarische Volksarmee als Vorbild. Dann folgten heimlich gedrehte Szenen von schwer arbeitenden Frauen, langen Schlagen vor Lebensmittelläden, verfalle-

[40] Archives de l'Occupation française en Allemagne et en Autriche, RP 46 d. 6132, cercle d'études militaires: L'Ambassadeur de France, Haut-Commissaire de la République en Allemagne, à M. le Ministre Plénipotentiaire, Commissaire pour l'Etat Rhénanie-Palatinat, Mayence, le 8 octobre 1954.

[41] Vgl. Die Rheinpfalz, Nr. 247 (23.10.1954).

[42] Vgl. Speyerer Tagespost, 4.4.1955.

nen Bauernhäusern und Brachflächen, demontierten Eisenbahngleisen und befohlenen Paraden, schließlich von Arbeitern, die am 17. Juni Steine auf sowjetische Panzer warfen. Vor diesem ebenso düsteren wie bedrohlichen Szenario diskutierten die Anwesenden dann darüber, was die westdeutsche Jugend dagegen tun könne. Der Redakteur der *Speyerer Tagespost* notierte zufrieden, dass sich die Jugendlichen »lebhaft« und insgesamt mit »nüchternen und sachlichen Stellungnahmen« an der Debatte beteiligten – wenngleich offenbar auch »Vorurteile und Ressentiments« zum Ausdruck kamen. Man war sich einig in den »bitteren Vorwürfen« an die Politiker und Besatzungsmächte, weil sie »*den* Soldaten diffamierten, ihn für die Erfüllung seiner Pflicht als Kriegsverbrecher stempelten«. So konnte man der westdeutschen Jugend, die man ja gewinnen wollte, mit einem gewissen Verständnis begegnen, indem man ihre Militärskepsis und ihre Empfänglichkeit für die – wie es in Anspielung auf die erfolgreiche Verfilmung des den preußischen Kommiss in der Wehrmacht aufs Korn nehmenden Romans von Hans Hellmut Kirst »08/15« aus dem Jahr 1954 hieß – »›08/15-Einflüsse‹« auf eine falsche und einseitige Information zurückführte. Wie hätte sie sich denn einen »eigenen fairen Eindruck« bilden können[43]?

Die Botschaft war nicht zu überhören: Längst bevor im Westen von der EVG die Rede war, hatte der Osten den Weg Richtung Wiederbewaffnung eingeschlagen. Die Bundesrepublik reagierte bloß auf diese bedrohliche Entwicklung. Dabei musste sie sich beeilen, um nicht vollends ins Hintertreffen zu geraten. Deutsche Verbände aufzustellen war eine »unbedingt notwendige Sicherheitsmaßnahme«. Den Jugendlichen sollten daher die entsprechenden staatspolitischen Werte vermittelt und diese mit dem Kitt der religiösen Überzeugung zusätzlich gefestigt werden. Verpflichtung auf das Gemeinwohl statt Rückzug in den Egoismus lautete das moralische Credo, das letztlich die Wiederbewaffnung auch in den Augen der jungen Generation in Speyer legitimieren sollte. Das erinnerte an das nationalsozialistische, über ältere sozialtheoretische Vorstellungen weit hinausgehende Gemeinwohlpostulat, mit dem sich die NSDAP als klassenübergreifende Volkspartei im Kampf für die »Volksgemeinschaft« und gegen den »jüdischen materialistischen Geist« stilisiert hatte. In diesem Zusammenhang sollte der Nexus von Wehrmacht und Krieg ins Gegenteil verkehrt werden. Eine neue »Wehrmacht« aufzustellen bedeutete nicht – wie die Jugendlichen fürchteten –, einen neuen Krieg zu entfachen, sondern eine Position der Stärke zu entwickeln, um »den Osten zu vernünftigen Gesprächen [zu] zwingen«[44].

Mit ihrer geschickt inszenierten Vortrags- und Diskussionsveranstaltung suchte die GfW in Speyer Stimmung für die Wiederbewaffnung zu machen. Dazu scheute sie nicht die Konfrontation ehemaliger Wehrmachtoffiziere mit ihren Kritikern und suchte das Gespräch zwischen der Kriegsgeneration und der (wie man heute sagen würde) Generation der Kriegskinder. Die Jugendlichen betrachteten die Mitglieder der GfW wegen ihres militärischen Hintergrunds mit besonderer Skepsis, wie die

[43] Archives de l'Occupation française en Allemagne et en Autriche, RP 46 d. 6132, cercle d'études militaires: Zeitungsausschnitt Speyerer Tagespost, 2.12.1954, Herv. J.E. Vgl. ebd. den Bericht der Zeitung Die Rheinpfalz, 2.12.1954.

[44] Speyerer Tagespost, 2.12.1954.

Veranstalter annehmen konnten. Jene machten daher aus der Not eine Tugend und münzten nach dem bekannten Muster ihre persönliche Kriegserfahrung in einen Ausweis der Friedlichkeit um. »Niemand ersehne sich einen Krieg, am wenigsten die alten Soldaten, die ihn am eigenen Leibe kennengelernt haben«, resümierte die *Speyerer Tagespost*. Allerdings beriefen sich die Veteranen dann doch für die neue Armee auf die älteren Kategorien von Pflicht und Opferbereitschaft. Wenn sie von der Jugend forderten, »dieselbe Pflicht zu erfüllen wie Väter und Großväter«, dann verkannten sie freilich, dass eben diese Pflichtauffassung in den nationalsozialistischen Vernichtungskrieg geführt hatte und die Führungsphilosophie einer neuen Armee sich vom Ethos der Kriegsgenerationen deutlich abgrenzen musste[45].

Militärische Zirkel wie die GfW boten nicht nur den ortsansässigen ehemaligen Offizieren im vorpolitischen Raum eine Plattform, sondern auch für Mitarbeiter des Amtes Blank. So hatte die Sektion Speyer der GfW Wolf Graf von Baudissins Stellvertreter im Referat »Inneres Gefüge«, Hans Karst, zu einem Vortrags- und Diskussionsabend eingeladen. Im »Wittelsbacher Hof« referierte Karst im Januar 1955 zum Thema »Demokratie und Armee«. Die Veranstaltung stieß, folgt man der Lokalpresse, auf großes Interesse: Der Saal war überfüllt, die Debatte lebhaft, aber sachlich, und die Jugendverbände hatten erneut Vertreter geschickt. Karst führte dem Publikum vor Augen, was die neue »Wehrmacht« von der alten unterscheiden sollte: nach außen ihr internationaler Charakter (der Soldat habe »für ein übernationales Ganzes« zu kämpfen), nach innen der Staatsbürger-Status des Soldaten (einen »Barrasbetrieb« mit einem »Schleifer-Platzek-Typ«, auch hier erfolgte der Bezug auf den populären militärischen Roman »08/15«, werde es nicht mehr geben). In Gegenwart der ehemaligen Offiziere, die es ja für die Gründergeneration zu gewinnen galt, war das Problem von Kontinuität und Wandel besonders heikel. Die Gratwanderung wird deutlich, wenn Karst einerseits versicherte, dass die neue Armee weiterhin eine »Tradition« brauchte, andererseits einräumte, dass »wir unsere Vergangenheit [noch] nicht ›verkraftet‹ haben«; einerseits betonte, dass die Dienststelle Blank sich bemühe, »den Schatz erlebter Erfahrungen sinnvoll zu bewahren, andererseits keinen Hehl daraus machte, »notfalls [sic!] aber auch Überholtes auszumerzen«. Musik in den Ohren mancher versammelter Wehrmachtoffiziere wird die von Karst geäußerte Auffassung gewesen sein, dass die Ausbildung »hart« sein werde und der deutsche Soldat zu »äußerster Kriegstüchtigkeit« trainiert werden müsse. Die *Speyerer Tagespost* verschaffte dem Vortrag in der GfW ein größeres Echo; auch der französische Hochkommissar war unter den interessierten Lesern[46].

Auf der lokalen Ebene zeigte sich zudem die Vernetzung der unterschiedlichen Verbände, Vereine und Arbeitskreise besonders deutlich. So lud die GfW auch Mitglieder der »Arbeitsgemeinschaft Demokratischer Kreise« (ADK) zu Vortragsveranstaltungen ein[47]. Auf das Bemühen der Adenauer-Regierung, über

---

45 Ebd.

46 Archives de l'Occupation française en Allemagne et en Autriche, RP 46 d. 6132, cercle d'études militaires: Zeitungsausschnitt Speyerer Tagespost, 28.1.1955. Zu Karst vgl. Nägler, Der gewollte Soldat. Vgl. Moeller, Kämpfen für den Frieden.

47 Archives de l'Occupation française en Allemagne et en Autriche, RP 46 d. 6132, cercle d'études militaires: Zeitungsausschnitt Speyerer Tagespost, 18.2.1955.

die Veteranenverbände die ehemaligen Wehrmachtsoldaten in die demokratische Gesellschaft zu integrieren und die ehemaligen Berufssoldaten für die eigene Politik einzunehmen, sowie auf die Schlüsselrolle der ADK wird weiter unten (Kap. IV) zurückzukommen zu sein.

b) Veteranen in der Selbst- und Fremdwahrnehmung: Opfer und Leistungsträger

Die Heimkehrer zählten zum Alltag der unmittelbaren Nachkriegszeit. Ein Großteil der deutschen Soldaten, der sich nicht direkt in die Heimat hatte absetzen können, kehrte in den ersten zwei, drei Jahren aus der Kriegsgefangenschaft zurück[48]. Obwohl sie die Schlachtfelder und Lager hinter sich gelassen hatten, blieb der Krieg für die Heimkehrer in jeder Hinsicht präsent. Kaum hatten die Soldaten kapituliert, befanden sie sich in einem Deutungskampf. Denn rasch wurde deutlich, dass sich eine Schere zwischen der Selbstwahrnehmung der Soldaten und ihrem Bild in der Öffentlichkeit öffnete, das durch ihre Rolle im Krieg geprägt wurde. Das Wechselspiel von Selbst- und Fremdwahrnehmung und die Deutungsverschiebungen im ersten Nachkriegsjahrzehnt sollen daher jetzt skizziert werden.

Die Einstellung der Deutschen gegenüber den Wehrmachtsoldaten blieb heterogen. »Unlike 1919«, notierte der amerikanische Journalist Julian Bach Anfang 1946, »the returning German soldier has been greeted, not as a ›hero‹ with flowers thrown in his path as he marched home under his own banners and officers, but as an ›unfortunate fool‹ as he comes straggling in off a train in a half-destroyed station«[49]. Hochrangige Offiziere, aber auch Unteroffiziere wurden täglich unbeliebter – die einen wegen ihrer Nachgiebigkeit gegenüber Hitler und ihrer Verantwortung für die Zerstörung des eigenen Landes, die anderen wegen ihrer Arroganz und ihres Machtmissbrauchs –, während die einfachen Soldaten nicht ganz so häufig für die Nachkriegsmisere verantwortlich gemacht wurden. Aber selbst Mannschaftssoldaten, auch Wehrpflichtige, mussten rasch feststellen, dass ihre Mitmenschen ihnen bestenfalls mit Gleichmut begegneten – wenn sie sie nicht sogar als »Militaristen« beschimpften und für den NS-Terror mit verantwortlich machten. Vor allem aber ehemalige Berufssoldaten mussten etwa bei der Bewerbung im Öffentlichen Dienst damit rechnen, als »Militaristen« zunächst schlechte Karten zu haben, auch wenn die meisten am Ende eine neue Beschäftigung fanden. Potenzielle Arbeitgeber konnten einen ehemaligen Soldaten unter den Bewerbern aus ganz unterschiedlichen Gründen ablehnen: Den einen diente er als Sündenbock für den verlorenen Krieg, andere hegten ohnehin Vorurteile gegenüber dem Militär, wieder andere machten sich Gedanken, wie wohl die Besatzungsmacht bei einer Einstellung reagieren würde[50]. Empirische Studien zum Ausmaß der später viel beklagten Diskriminierung stehen indes aus.

---

48 Vgl. Heimkehr 1948.

49 Bach Jr., America's Germany, S. 291, zit. nach Nawyn, »Striking at the Roots of German Militarism«, S. 125.

50 Für Württemberg-Baden vgl. Nawyn, »Striking at the Roots of German Militarism«, S. 127–139, 141.

»Militaristen« hatten jedenfalls in der neuen Staats- und Gesellschaftsordnung nichts mehr zu suchen, die antimilitaristische Rhetorik der Militärregierungen stieß, wie gesagt, auf offene Ohren. Was jedoch die ehemaligen deutschen Soldaten betraf, gingen die Meinungen auseinander. In den ersten beiden Nachkriegsjahren fiel das öffentliche Urteil über die Verantwortlichkeit heimkehrender Soldaten vergleichsweise differenziert aus: Inwieweit jemand an den Verbrechen beteiligt oder ob er selbst zu den Opfern zu zählen war, entschied sich zunächst noch im Einzelfall. Doch schon bald, etwa ab 1947/48, galten die Soldaten prinzipiell eher als Opfer[51].

Dass der »Dank des Vaterlandes« nach der Heimkehr ausblieb, verbitterte viele ehemalige Soldaten. Vor allem jene, die mit dem Nationalsozialismus aufgewachsen und als junge Männer erstmals in einen Krieg gezogen waren, fühlten sich um ihre Ideale betrogen. Gegen Ende der vierziger Jahre rund 30 Jahre alt, machten sie ihrem Unmut über die mangelnde öffentliche Beachtung ihrer Gewalterfahrungen Luft[52]. Betroffen waren aber auch insbesondere jene, die für ihren Kriegseinsatz mit der körperlichen Versehrtheit bezahlen mussten und für den Rest ihres Lebens gezeichnet waren. Nicht allein, dass die Kriegsinvaliden kaum Anerkennung erhielten, mussten sie sich auch noch Vorhaltungen machen lassen. Gerüchte über die Diskriminierung von invaliden Männern machten die Runde und verstärkten die Erbitterung. Einen Einblick in die Gefühlswelt der Invaliden und die Virulenz rivalisierender Repräsentationen im Deutungskampf mit anderen »Erfahrungsgemeinschaften« gab Ende 1947 der schwerkriegsbeschädigte Hermann M. aus Hamburg-Bergedorf. Er berichtete in der Leserbrief-Rubrik des *Spiegel* von einem solchen Gerücht. Ihm sei erzählt worden, dass eine Frau es abgelehnt habe, einem beinamputierten Kriegsinvaliden ihren Sitzplatz in der Straßenbahn zu räumen, »mit der Bemerkung, dass ›sie einem Kriegsverbrecher dieses Entgegenkommen nicht gewähren brauche‹«[53]. Der ehemalige Wehrmachtsoldat, dem selbst ein Bein bis zum Oberschenkel amputiert worden war, sah hierin wie auch in den Presseberichten einen Ausdruck »der Brüskierung der Soldaten im allgemeinen, der Kriegsbeschädigten aber im besonderen«. M. bemühte das nationale Argument, »für die Verteidigung des Vaterlandes draußen gestanden« zu haben, »nachdem diesem der Krieg erklärt worden war« [sic], und nicht für den Nationalsozialismus und Hitler; die Soldaten waren »Soldaten Deutschlands«, und als solche hatten sie »an allen Fronten und unter größten Entbehrungen Unvergleichliches an Leistungen vollbracht«.

Darüber hinaus verglich er Kriegsinvaliden und ehemalige KZ-Häftlinge, um die negative Sicht der Wehrmachtsoldaten zu relativeren. Der *Spiegel*-Leser zog öffentlich in Zweifel, dass alle »Konzentrationäre« tatsächlich »Opfer des Faschismus« gewesen seien. Vielmehr stellte er die Vermutung in den Raum, »dass mancher [es] lediglich seinem Wunsch auf ›erhöhte Sicherheit‹ zu verdanken hat, dass er [im KZ] landete, wo er dann eine recht unangenehme Ueberraschung erleben mußte«.

---

[51] Vgl. Biess, Homecomings, S. 46–52; Olick, In the House of the Hangman.

[52] Vgl. Rüdiger Proske und Walter Weymann-Weyhe, Wir aus dem Krieg. Der Weg der jüngeren Generation. In: Frankfurter Hefte, 3 (1947), H. 9, S. 792–803.

[53] Vaterlandsverteidiger. In: Der Spiegel, 22.11.1947, S. 22. M. wies damit die zuvor geäußerte Kritik von Lothar-Walter Beyer (Leserbrief) zurück, der den Soldaten »Mangel an Einsicht«, »Mangel an persönlichem Mut« und »Hoffnung auf den Dank des Vaterlandes« vorgeworfen hatte.

M. gewährte hier einen keineswegs untypischen Einblick in den Gefühlshaushalt der ehemaligen Soldaten, in deren Augen die erfahrene Ungerechtigkeit durch die ungleiche Behandlung anderer – der tatsächlichen Opfer des NS-Regimes – subjektiv noch stärker empfunden wurde. Dabei ging es nicht allein um eine moralische, sondern um eine materielle Frage: Entschädigungszahlungen. Zwar hatte auch der Kriegsinvalide aus Hamburg nichts dagegen, dass KZ-Häftlinge, die dauerhaft unter gesundheitlichen Folgeschäden litten, eine Rente erhielten – aber bitte nur dann, wenn sie auch »nachweisen können, dass wirklich ausschließlich politische, religiöse oder rassische Gründe« zu ihrer Inhaftierung geführt hätten, und bitte maximal in der Höhe der Rente für Kriegsbeschädigte. Wie KZ-Häftlinge diesen Nachweis hätten führen sollen, blieb offen.

Der schiefe Vergleich von Soldaten und KZ-Häftlingen, der nur funktionierte, wenn man letztere dem Verdacht aussetzte, an ihrer Haft selbst schuld gewesen zu sein, und damit den Opfern des NS-Terrors die Verantwortung für ihr Leiden und die Beeinträchtigung ihrer körperlichen Unversehrtheit zuschob, mündete in einer ebenso schrägen Gerechtigkeitsvorstellung. Die gesundheitlichen Schäden der KZ-Häftlinge höher einzuschätzen als die der Kriegsbeschädigten hielt M. für »ungerechtfertigt«. Eine Entschädigung für Menschen, die das KZ ohne Folgen für ihre Gesundheit überlebt hatten, besaßen in dieser Wahrnehmung »ohnehin« keinen Anspruch auf Rente. Im Vergleich der körperlichen Versehrtheit durch Krieg und KZ brachte – das war hier deutlich herauszuhören – die kriegsbedingte Invalidität ein größeres moralisches Gewicht auf die Waagschale der Wiedergutmachung. So sehr dies aus der Sicht des einzelnen Invaliden verständlich sein mochte, so deutlich zeugen M.'s Gefühle und Argumente von einem weitgehend ungebrochenen positiven Selbstbild – auch davon, wie man der eigenen Meinung nach in der (zivilen) Öffentlichkeit wahrgenommen wurde und, vor diesem Hintergrund, von der Wahrnehmung Dritter, die mit den Folgen der NS-Zeit zu kämpfen hatten. Der Vergleich von Kriegsgewalt und KZ-Terror, der hier kurz nach dem Krieg aufschien, sollte auch in den fünfziger Jahren immer mal wieder angestellt werden; gleiches gilt für das Diskreditieren der KZ-Häftlinge, die dem Verdacht ausgesetzt wurden, zu den – wie Rudolf Pechel in der *Zeit* im ungetrübten NS-Jargon schrieb – »unerwünschten Elemente[n]«, den »Asozialen« zu gehören, da es nicht gelungen sei, die Übrigen von ihnen zu »säubern«[54]. Indem er seinem Ärger im *Spiegel* Luft machte, verdeutlichte der Kriegsinvalide aus Hamburg jedenfalls, wie wirksam offenbar die Wehrmacht-Schelte in diesen ersten Nachkriegsjahren war und wie sehr sich das Bild des Soldaten gewandelt hatte.

---

54 Vgl. etwa Rudolf Pechel, Konzentrationäre. In: Die Zeit, 11.4.1946. Der Verdacht wog umso schwerer, als man den »Asozialen« unterstellte, ihre kriminellen Kenntnisse im KZ noch verfeinert zu haben, um in der Nachkriegszeit weitere Verbrechen auszuüben. Zudem wurde den Berufsverbrechern eine Bevorzugung duch die SS nachgesagt. Es war nach dieser Logik nicht ausgemacht, ob ein KZ-Insasse zu Unrecht gelitten oder im Gegenteil von seiner Zeit im KZ auch noch profitiert hatte.

Zeichnung: Szewczuk

Verfolgt wegen ihres Glaubens, ihrer Überzeugung, ihrer Rasse oder ihres Volkstums

»Verfolgt wegen ihres Glaubens, ihrer Überzeugung, ihrer Rasse oder ihres Volkstums«. Zeichnung von Mirko Szewczuk. *Aus: Die Zeit, Nr. 30 vom 12.9.1946, S. 1.*

Wie ehemalige Soldaten ganz im Sinne der eben zitierten Äußerungen eines verärgerten Invaliden auch in der Presse in einen Deutungszusammenhang gestellt wurden, der sie als Teil einer weit gefassten Opfergruppe interpretierte, zeigt beispielhaft eine Illustration in der *Zeit*. Im September 1946, kurz nach dem ersten gesamtdeutschen Gedenktag zu Ehren der »Opfer des Faschismus«, illustrierte *Die Zeit* einen Artikel zum Thema Frieden auf ihrer Titelseite mit einer Zeichnung, die auf das Motiv der trauernden Mutter zurückgriff und in Verbindung mit der Bildunterschrift einen doppelten historischen Verweiszusammenhang herstellte[55]. Im Vordergrund, in der vom Betrachter aus gesehen linken Bildhälfte der Pressezeichnung, ist eine Frau zu sehen, die ihren rechten Arm um die Schulter eines kleinen Mädchens gelegt hat.

[55] Die Zeit, 12.9.1946, vgl. auch die Abb. unter URL: http://www.zeit.de/1946/30/index (3.5.2010). Die Zeichnung stammte von Mirko Szewczuk (1911–1957), einem in Wien geborenen Schüler von Olaf Gulbransson, der nach 1945 mit politischen Pressezeichnungen und Karikaturen hervortrat; er war Mitarbeiter der *Zeit* von 1946 bis 1949 und der *Welt* ab 1949.

Sie wendet sich vom Betrachter ab. Ihr Kopf, von einem langen Kopftuch bedeckt, ist Richtung Bildhintergrund gedreht, auf den die Frau mit der linken Hand auch deutet. Mutter und Kind blicken mit ernster, sorgenvoller Mine. Im Hintergrund, der vor allem auf der vom Betrachter aus gesehen rechten Bildhälfte dargestellt ist, befinden sich bis zum Horizont endlose Reihen von schwarzen Holzkreuzen, über denen sich schwere Wolken türmen. Der Blick des Betrachters wurde so über die Personengruppe auf die Anhäufung von Kreuzen geleitet, die zwangsläufig an einen Soldatenfriedhof, ein mit Soldatengräbern überzogenes Schlachtfeld erinnerte, dessen enormes Ausmaß durch die Unendlichkeit der bis zum Horizont reichenden Kreuze unterstrichen wurde.

Während das Motiv »trauernde Mutter mit Kind« auf diese Weise in den kriegerisch-militärischen Kontext gestellt wurde und der Deutungskonvention entsprechend die Trauer der Angehörigen um den im Krieg Gefallenen signalisierte, eröffnete die Bildunterschrift einen anderen Deutungszusammenhang. »Verfolgt wegen ihres Glaubens, ihrer Überzeugung, ihrer Rasse oder ihres Volkstums« – diese Erläuterung erinnerte an die Opfer des NS-Terrors, die aus religiösen, politischen oder rasseideologischen Gründen ermordet wurden. Eine kleiner gedruckte Textzeile darunter unterstrich das, indem sie den tagespolitischen Zusammenhang zum deutschlandweiten Gedenktag am vorausgehenden Sonntag herstellte, als »der unglücklichen Opfer gedacht [wurde], die im Kampf gegen die nationalsozialistische Diktatur ihr Leben ließen und in den Konzentrationslagern ermordet wurden«[56]. Die Überlebenden der Konzentrationslager und Gefängnisse hatten mit örtlichen Kundgebungen und Kranzniederlegungen erstmals ein Jahr nach Kriegsende an ihre Leidenszeit erinnert.

Die Verbindung von Text und Bild verschob dessen Deutungsangebot. Die toten Soldaten, wie die Mutter und das Kind, wurden Teil einer Opfergruppe, mit der sie vorderhand wenig gemein hatten. Die text-bildliche Repräsentation der Gefallenen (man darf assoziieren: der Wehrmacht) stellte diese in eine Reihe mit den durch nationalsozialistische Schergen ermordeten Männern, Frauen und Kindern – und machte sie so zu Opfern des Nationalsozialismus. Die christliche Ikonographie unterlief zugleich den im Text hergestellten Bezug zu den jüdischen Opfern. Die Bildunterschrift wie auch das in Ost und West verständliche Motiv der trauernden Mutter gaben der Trauer zudem einen nationalen Anstrich und transformierten das Totengedenken in einen nationalen Akt[57]. Die Darstellung der Frau als einer Randfigur entsprach dem im Zuge der »Remaskulinisierung« veränderten Frauenbild der Nachkriegszeit, das die aktive Rolle von Frauen im NS-Regime und während des Krieges, aber auch die Leistung der rund eine Million Soldaten-Witwen in Westdeutschland zugunsten der Betonung ihrer Leidensfähigkeit und ihrer Bedeutung für die Wahrung familiärer Werte und ewiger Tugenden in Zeiten des Umbruchs weitgehend ausblendete[58].

---

56 Ebd.

57 Vgl. Denman, Visualizing the Nation, S. 189–201, hier S. 195 f.

58 Vgl. Bäumer, Der neue Weg der deutschen Frau; Moeller, The »Remasculinization« of Germany, S. 101–106; Moeller, »The Last Soldiers of the Great War«; Herzog, Die Politisierung der Lust. Vgl. zur Debatte über Soldaten-Witwen und ihre Alltagsstrategien: Schnädelbach, Kriegerwitwen.

Die semantischen Verwerfungen des Opferbegriffs in der Repräsentation der Wehrmacht nach Kriegsende wurde aufmerksam registriert – und kritisiert. Gegen den wieder aufkommenden Missbrauch des Opferbegriffs in der Rede vom Opfertod des (Wehrmacht-)Soldaten wandte sich beispielsweise der Journalist und Schriftsteller Friedrich Mayer-Reifferscheidt in einem prägnanten Beitrag in einer der bekanntesten kulturpolitischen Zeitschriften der Nachkriegszeit, den *Frankfurter Heften*. Er stellte 1947 fest, dass es in Deutschland schon wieder »die schönsten Opferpsychosen« gebe und es an der Zeit sei, über diesen »›Opfer‹-Schwindel« offen zu sprechen, da er »den Zusammenbruch seiner eifrigsten Nutznießer überdauert« habe. Gegen die Kontinuität der Opfersemantik über die Zeit des nationalsozialistischen Krieges hinaus erinnerte Mayer-Reifferscheidt an die zwei grundsätzlich verschiedenen Bedeutungen des Wortes: »Im Deutschen gibt es ein Opfer, das man wird, und ein Opfer, das man bringt; nichts sonst.« Das schloss eine semantische Verzerrung aus, die Opfer mit Zwang verknüpfte. Die im militärischen Kontext übliche Redensart, »dass der Soldat sein Leben freudig dem Vaterland opfern müsse«, war demnach unsinnig, denn »ein *solches* Opfer ist dem Geist und Genius unserer Sprache unbekannt«. Opfern als ein sittlicher Akt setzte hier Freiwilligkeit voraus[59].

Die Sprachkritik führte zur Soldatenkritik. Wenn es per definitionem kein Opfer nach Vorschrift geben konnte, wie sollte dann ein zum Wehrdienst Verpflichteter ein Opfer bringen können? Die linkskatholischen *Frankfurter Hefte* ließen keinen Zweifel daran, dass der Tod eines jungen Mannes, der aus seinem bürgerlichen Leben heraus »beschlagnahmt, widerlich kostümiert, dem Prozess der ›militärischen Willensbrechung‹ unterworfen und auf die Schlachtbank eines Krieges gezerrt« werde, von der er ahnte, dass es sich um einen »Angriffskrieg« handele: dass der Tod eines Soldaten der Wehrmacht nicht als Opfer – dargebracht für das Vaterland, freudig oder aus Pflichtgefühl, wie die Formeln lauteten – bezeichnet werden könne. Dass die NS-Propaganda dagegen den Soldatentod als Heldentod verherrlicht hatte, stand auf einem anderen Blatt; auch dass die Angehörigen und Freunde die Phrase vom »Helden, der sein Leben auf dem Altar des Vaterlandes geopfert habe«, zumeist bereitwillig akzeptiert hatten.

In der Logik des hellsichtigen Einwurfs lag es, dass der Soldat selbst gar kein Opfer bringen konnte – sondern allenfalls seinerseits zu einem Opfer der Politiker und »Militaristen« geworden war. Der Wehrmachtsoldat gehörte für Mayer-Reifferscheidt zu einem »für eine ungerechte Sache ausziehend[n] Kollektiv von Berauschten, Verdummten und Gezwungenen, angeführt, gelenkt und kommandiert durch einen Haufen von Räubern und Gewalttätern, von amtlich ermächtigten Mördern und Beutemachern«[60]. Die oft gehörte Rückzugsposition ehemaliger Soldaten, nicht dem Nationalsozialismus, sondern dem Vaterland gedient zu haben, ließen die *Frankfurter Hefte* nicht gelten. Zu offenkundig sei die Verquickung beider gewesen, als dass man sich aus »echte[m] Patriotismus«, das hieß: freiwillig, verbunden fühlen und berechtigterweise für das Land sein Leben aufs Spiel setzen konnte. Ein richtiges Opfer dagegen brachten jene, die sich von den falschen nicht

---

59 Mayer-Reifferscheidt, Opfer. In: Frankfurter Hefte, 2 (1947), S. 308–310, hier S. 308, Herv. im Orig.

60 Ebd., S. 309.

täuschen ließen: »Diejenigen, die das vorschriftsmäßige Heldenopfer des deutschen Militarismus durchschauten« und danach handelten. Das machte sie zu schlechten Soldaten – aber zu wahren »Helden«. Wer beispielsweise seine Meinungen zu Verhältnissen kundtue, die von den übrigen »beschwiegen« würden, und mit dem Tod bestraft werde, opfere sein Leben der Wahrheit oder Menschlichkeit.

Mayer-Reifferscheidts Begriffsanalyse war mehr als ein klingendes Wortspiel. Hier ging es um eine für den Nachkriegsdiskurs zentrale, heftig umkämpfte Einsicht: die Relativität militärischer Normen. Soldatisches Handeln war nie Selbstzweck, sondern eine Funktion seiner politischen Ziele und konnte legitimerweise nur unter Berücksichtigung dieser Tatsache angemessen beurteilt werden. Je schlechter eine nationale Angelegenheit sei, für die Soldaten eingesetzt würden, desto weniger vertrage sie »den Geist der Prüfung, der die Relativität der soldatischen Tugenden aufdecken möchte«. Im Hinblick auf die Wehrmacht und ihr »verheerendes Wirken in Deutschland« (ein unfreiwilliges Wortspiel?) konnte der Autor darauf verweisen, dass ein Urteil »nun endlich ein für allemal festgelegt worden [ist], und zwar vor dem Nürnberger Tribunal«[61]. Zur selben Zeit, Mitte 1947, beobachtete die ICD von OMGUS ihrerseits scharfsinnig, welchen semantischen Hebel die von ihr befragten Meinungsführer ansetzten, um die ehemaligen Wehrmachtsoldaten zu entlasten: »a strong tendency [...] to differentiate between militarism – which was universally condemned – and soldierlieness (*Soldatentum*), for which the majority expressed anything from tolerance to admiration«[62]. Militarismus war das eine, deutsches Soldatentum etwas ganz anderes: Die Karriere, die dieser Topos in den fünfziger Jahren machte, begann in der unmittelbaren Nachkriegszeit.

Ironischerweise stärkte die Entmilitarisierungspolitik der Alliierten das positive Selbstbild der Soldaten. Die Spruchkammern, die im Zuge der Entnazifizierung auch die ehemaligen Soldaten unter die Lupe nahmen, konzentrierten sich in der Regel auf die »nationalsozialistische« Vergangenheit des Betroffenen, nicht auf deren »militaristischen« Anteile. In der Praxis der Entnazifizierung und Entmilitarisierung schien die Sorge um den »Militarismus« der Mitbürger für die Beurteilung durch die Spruchkammern keine große Rolle zu spielen. Nicht nur deutsche Zivilisten wurden selten nach Handlungen und Einstellungen befragt, die man als militaristisch hätte einstufen können; auch ehemaligen Offizieren blieben in der Regel Fragen erspart, anhand derer sich die im Gesetz Nr. 104 genannten Kennzeichen des Militarismus hätten feststellen lassen[63]. Die Urteile der Spruchkammern spiegelten zumeist die Argumentationslogik der Verteidigung wider. Offensichtlich hingen die Beteiligten den überkommenen Idealen von soldatischer Ehre, unbedingter Gehorsamspflicht und Pflichterfüllung nach. Insofern schienen die Entscheidungen der Spruchkammern das positive Bild, das die ehemaligen Wehrmachtsoldaten von sich selbst zeichneten, gleichsam offiziell zu bestätigen. Indem sie zwischen einem »militaristischen« Kriegsverbrecher und einem unpolitischen Soldaten, der über den tieferen Sinn seines Tuns nicht nachzudenken hatte, strikt trennten und der

61 Ebd., S. 310.
62 Zit. nach Nawyn, »Striking at the Roots of German Militarism«, S. 171.
63 Zu dem Ergenis kommt Nawyn, »Striking at the Roots of German Militarism«, S. 200.

Masse der befragten Berufsoffiziere diese Qualität bescheinigten, bildeten auch die Spruchkammern einen Nährboden für den »Mythos von der sauberen Wehrmacht«. Das lag nicht nur daran, dass weitreichende Bestrafungen die Normalisierung des Alltagslebens verzögert hätten, sondern auch an der ungenauen Definition von »Militarist«, an der Schwierigkeit, rückblickend »militaristische« Motive zu erkennen, nicht zuletzt aber an der fehlenden Bereitschaft oder dem Unvermögen der deutschen Verteidiger, Staatsanwälte und Spruchkammer-Angehörigen, die über 1939 zurückreichende Frage nach dem kausalen Zusammenhang von »Militarismus« und Krieg zu stellen, um die es den Alliierten im Kern ging[64]. Umgekehrt gaben die oben (Kap. II.2) geschilderten Maßnahmen der alliierten Entmilitarisierungspolitik, die Internierung und die Streichung der Pensionen den deutschen Veteranen scheinbar handfeste Beweise an die Hand, mit denen sie ihre »Diffamierung« durch die Alliierten und ihre vermeintliche Rolle als Sündenbock für die Gesamtgesellschaft belegen konnten.

Anfang der fünfziger Jahre stellte ein Oberst a.D. sichtlich zufrieden fest, dass es »nicht mehr so [war], wie noch vor wenigen Jahren, wo man keine Tageszeitung lesen konnte, ohne auf eine Beschimpfung des deutschen Soldaten zu stoßen«. Vorbei sei die Zeit, »wo Arbeitsämter die aus der Kriegsgefangenschaft heimkehrenden Berufssoldaten als ›asoziale Elemente‹ behandelten [...] und Betriebsführer aus Angst vor ihrem Betriebsrat eine Einstellung ablehnten«. Heute brauche sich der ehemalige Berufssoldat »nur noch in seltenen Ausnahmefällen über eine solche Behandlung zu beklagen«[65]. Stattdessen »ertönt nun plötzlich der Ruf nach ihm, nach seiner Hilfe!«, schrieb ein begeisterter Veteran aus Essen in einem Leserbrief an die Soldatenzeitung *Der Notweg*[66]. Aus Bochum berichtete ein Beobachter, dass ein Kameradschaftstreffen der »Windhunde« ganz »ohne jeden Saal- oder Polizeischutz« stattgefunden hatte. Mit Genugtuung beobachtete er, dass die Arbeiter in einer der größten deutschen Industriestädte die Versammlung ehemaliger Angehöriger der 116. Panzerdivision nicht durch »Störungsversuche« und »Provokationen« behindert hätten. Er nahm das als einen Beweis dafür, »dass die deutsche Bevölkerung in ihrer Mehrheit dem Soldatentum nicht ablehnend gegenübersteht«. Die »bösartige Haltung« von Teilen der deutschen Presse dagegen spiegele nur einen kleinen Teil der Volksmeinung wider[67]. Tatsächlich stellten die Demoskopen 1953 fest, dass eine Mehrheit von 60 Prozent der Männer und 51 Prozent der Frauen im August 1953 nicht glaubte, »dass man den deutschen Soldaten des letzten Krieges irgendwelche Vorwürfe über [sic] ihr Verhalten in den besetzten Ländern machen kann«. Rund 20 Prozent waren sich da nicht so sicher und antworteten »teilweise« oder »weiß nicht«. Am Ende waren nur 7 Prozent der Männer und 5 Prozent der Frauen der Auffassung, dass die Wehrmachtsoldaten sich Vorwürfe gefallen lassen müssten[68].

---

64 Ebd., S. 210–213.

65 H. Jürgens, Die »Ehrenrettung«. In: Der Notweg, 3 (1951), Nr. 2, S. 8. Vgl. Schütz, Von Lageropfern.

66 Karl Wagner, Der gerade Weg. In: Der Notweg, 3 (1951), Nr. 3, S. 9.

67 Institut für Zeitgeschichte (IfZ), Archiv, ED 337: Teilnachlass Gerhard Graf v. Schwerin, Bd 21 (Bericht Nr. 18 aus Kreisen ehemaliger Soldaten).

68 Jahrbuch der öffentlichen Meinung 1947–1955, S. 142. Was das Verhältnis Wehrmacht / Ausland anging, war im August 1953 exakt die Hälfte der befragten Männer der Meinung, »dass ungerechte

Die Beispiele zeigen, wie sich das Bild der ehemaligen deutschen Soldaten in dem von Entmilitarisierung und Wiederbewaffnung abgesteckten Spannungsfeld der politischen Mentalität binnen weniger Jahre aufgehellt hatte, ohne jedoch seine Brisanz zu verlieren. Das gab der Selbst- und Fremdwahrnehmung der ehemaligen Soldaten eine zeitliche Komponente, unterschied sich ihre Erfahrung doch je nach dem Zeitpunkt ihrer »Heimkehr«. Noch Mitte der fünfziger Jahre klagten ehemalige Soldaten darüber, dass sie bei ihrer Rückkehr in die Heimat nicht nur auf Gleichgültigkeit und Unverständnis, sondern auch auf offene Ablehnung gestoßen waren. »Immer wieder«, hieß es in einer Studie des Instituts für Sozialforschung, habe man die Erfahrung gemacht, dass man den Heimkehrern auch noch die Schuld für den Krieg und seine Folgen in die Schuhe habe schieben wollen. Beispielhaft war folgende Äußerung eines Soldaten, der 1948 entlassen worden war. Ein großer Teil der Bevölkerung habe auf dem Standpunkt gestanden, »dass die so spät – damals sagten wir ja schon ›so spät‹, ohne zu ahnen, dass es für andre noch viel später würde – dass die so spät heimkehrenden Kriegsgefangenen tatsächlich in irgendeiner Form, na, Kriegsverbrecher ist wohl zu viel gesagt, aber doch in irgendeiner Form am Unglück des damaligen Deutschland wenigstens sehr hauptschuldig waren«[69]. Ein anderer berichtete, wie ihm 1947 im Arbeitsamt nach seiner Angabe, Berufssoldat gewesen zu sein, vorgeworfen wurde, »ja, auch so'n Kriegsverbrecher; Sie können in Y. Steine klopfen gehen« – der Sachbearbeiter hatte zwölf Jahre im Konzentrationslager verbracht[70]. Wenngleich sicher nicht alle Heimkehrer von derartigen Vorwürfen gleichermaßen betroffen waren, wurde in der Debatte der Nachkriegszeit eine kollektive »Diffamierung« der Soldaten unterstellt.

Dass der Wandel des Soldatenbildes in den fünfziger Jahren diese Erfahrungen der Ablehnung in der unmittelbaren Nachkriegszeit zu verdrängen drohte, registrierten die Betroffenen wohl. Zumindest in den Gesprächen untereinander kritisierten sie, dass ein Mantel des Schweigens über die anfänglichen Verurteilungen gedeckt werden, ja die jüngste Vergangenheit uminterpretiert werden sollte. Nun »wird die Sache so hingestellt, als wenn die Leute nie etwas über die Soldaten gesagt hätten, nie geschimpft hätten, und hätten uns nur bedauert, wie wir nach Beendigung der Kriegsgefangenschaft nach Hause gekommen sind. Da wird heute so getan, als ob

---

Vorwürfe gegenüber dem deutschen Soldaten vom Ausland inzwischen zurückgenommen worden sind«. Ein Viertel der Befragten teilte diesen Eindruck nicht, ein Drittel hatte keine Meinung.

69 Institut für Sozialforschung, Zum politischen Bewußtsein ehemaliger Kriegsgefangener. Eine soziologische Untersuchung im Verband der Heimkehrer, Frankfurt a.M. 1957 (ZMSBw, Bibliothek: Signatur G 34/128). Die Studie wurde durchgeführt im Auftrag der Bundeszentrale für Heimatdienst in »engster Verbindung« mit dem VdH, Leitung: Egon Becker; Ziel u.a.: Stellung der ehemaligen Kriegsgefangenen zur Vergangenheit, wie sie in der »vorherrschenden Gruppenmeinung« in der Kommunikation der Heimkehrer untereinander zum Ausdruck kam. Die Soziologen bezogen sich auf 40 Gruppendiskussionen zwischen Oktober 1956 und Mai 1957 mit 389 Teilnehmern im Rahmen von Veranstaltungen des VdH an verschiedenen Orten in der Bundesrepublik sowie eine zusätzliche »Quotenbefragung« von 552 VdH-Mitgliedern am 15./16. Juni 1957 am Rande des Heimkehrer-Deutschland-Treffens in Frankfurt a.M. Vgl. ebd., Anhang 1, S. 6.

70 Ebd., S. 7.

nie etwas gewesen wär[e] von wegen einer Diskriminierung der Soldaten oder der Gefangenen. Heute ist das alles wieder vergessen«[71].

Den Betroffenen dagegen hatte sich diese Erfahrung tief ins Gedächtnis gebrannt. Das galt für die Spätestheimkehrer weniger als für die Spätheimkehrer der ersten Nachkriegsjahre. Wer mit der Masse der Soldaten in den ersten zwei, drei Jahren entlassen worden war, hatte vergleichsweise wenig zusätzlich gelitten und gute Chancen, einen Platz in der Nachkriegsgesellschaft zu finden. Wer dagegen erst Mitte des Jahrzehnts nach Hause kam, hatte eine deutlich längere Zeit in Gefangenschaft verbracht, konnte aber auf die inzwischen aufgebaute soziale und karitative Infrastruktur der Selbsthilfeorganisationen und rechtliche Unterstützung bauen. Ehemalige Soldaten, die in der zweiten Hälfte der fünfziger Jahre auf die Nachkriegszeit zurückblickten, machten insofern eine Zäsur in der Wahrnehmung durch die Bevölkerung aus. Wer 1949/50 zurückgekehrt war, war »nicht nur zu spät gekommen, sondern [...] auch sogar zu früh gekommen«, hieß es in einem Gespräch unter Heimkehrern, was mit dem Zwischenruf »Natürlich!« und zustimmendem Gemurmel bekräftigt wurde[72]. Nicht nur im Vergleich zur zivilen Gesellschaft, sondern auch bei der Abgrenzung untereinander entwickelten ehemalige Soldaten das Gefühl, zu kurz gekommen zu sein.

Welche sinnstiftenden Bedeutungen schrieben Veteranen der Vergangenheit vor diesem Hintergrund zu? Ehemalige Soldaten nutzten in den fünfziger Jahren ihre Infrastruktur, vor allem die eigenen Medien, um ein positives Selbstbild zu propagieren. Zwei Handlungsfelder lassen sich unterscheiden. Zum einen ging es darum, der Öffentlichkeit ideologisch überhöhte Vergangenheitsentwürfe anzubieten, die die relative Zufälligkeit des Geschichtsverlaufs zugunsten einer sinnvollen historischen Entwicklung aufhoben und den ehemaligen Wehrmachtsoldaten nicht nur als passives Opfer, sondern auch als (potenziell) aktiven Leistungsträger im »heißen« wie im Kalten Krieg darstellten. Zum anderen arbeitete man sich an der negativen Außenwahrnehmung durch die Alliierten ab, wie sie die Inhaftierung der als Kriegsverbrecher verurteilten Kameraden implizierte.

Für viele Veteranen war ein Vergangenheitsentwurf attraktiv, der die Komplexität des beschleunigten Wandels von der Kriegs- zur Nachkriegsgesellschaft reduzierte, die Verwerfungen in der eigenen Biografie um 1945 glättete und dem deutschen Soldaten einen sinnvollen Part in einem Prozess zuwies, der die historische Kontingenz zugunsten einer Kontinuität, wenn nicht gar Zwangsläufigkeit der Nachkriegsgeschichte auflöste. So lag beispielsweise dem *Deutschen Soldatenkalender*, der seit 1953 in München erschien, erklärtermaßen die Absicht zugrunde, durch den Blick auf »die Vergangenheit deutschen Soldatentums [...] dessen geschichtliche Leistung zu würdigen« und dem »Zerrbild« entgegenzutreten, das nach 1945 entstanden sei. Hier wirkte der aus der Kriegs- und frühen Nachkriegszeit bekannte Mythos einer spezifisch soldatischen Sittlichkeit fort. So wurden die »zeitlose[n] Mannes- und Soldatentugenden« gepriesen und mit der Behauptung nachgerade

71 Ebd.
72 Ebd., S. 10 f.

ontologisch verklärt, dass ohne sie »weder eine Vergangenheit möglich war noch eine Zukunft sein wird«[73].

Wie die zeitlichen Konturen verschwammen auch die Kampflinien. Die neue Waffenbrüderschaft mit den westlichen Alliierten konnte zur konsequenten Fortsetzung des vergangenen Kriegsgeschehens umgedeutet werden. Die Kontinuität des antisowjetischen Feindbildes auf der einen Seite, das Konstrukt einer christlich-abendländischen »Schicksalsgemeinschaft« auf der anderen wiesen den alten und neuen deutschen Soldaten einen Stammplatz auf der richtigen Seite zu. Durch ein Geschichtsbild, das über den Zweiten und Ersten Weltkrieg hinausgriff, ging der Wehrmachtsoldat erneut in einem »deutschen Soldatentum« auf, das »in sich wandelnder Gestalt durch die Jahrhunderte den Gefahren aus dem Osten gewehrt« habe. Der Überfall auf die Sowjetunion war nach diesem Deutungsmuster der bislang letzte Versuch deutscher Soldaten, ihrer Mission gerecht zu werden. Im Namen »Stalingrad« verdichtete sich die Opferbereitschaft der 6. Armee – nicht die Verantwortungslosigkeit ihrer militärischen Führer[74].

Zu den Leitmotiven der Veteranenpresse gehörte die Vorstellung, sich ungeachtet der Zäsur von 1945 in einer Kampfsituation zu befinden, deren wesentliche Koordinaten unverändert geblieben waren. Diese Kampfsituation ließ sich in unterschiedlichen Graden ideologisch überhöhen. Um ein extremes Beispiel in der Tradition großdeutscher Phantasien zu geben: Von dem Postulat ausgehend, dass das militärische Prinzip von Befehl und Gehorsam weiterhin Gültigkeit beanspruchen konnte, unterstrich ein ehemaliger Wehrmachtsoldat im *Notweg* ausdrücklich die grundsätzliche Kontinuität der Gefährdungslage gegen die, wie er meinte, voreilige Annahme, dass die Gefahr vorüber, der Krieg vorbei und die Wehrmacht nicht mehr vorhanden sei. Jenseits des »Rechtskampf[es]« um Versorgungsansprüche hätten die Veteranen weiterhin für ein höheres Ziel zu kämpfen: die Wiedergewinnung der deutschen Einheit und eines Großdeutschland. Ganz im Stil des soldatischen Nationalismus schwadronierte der Veteran von der Erfüllung eines historischen Gesetzes, »wonach wir in zwei Weltkriegen als Soldaten und Deutsche angetreten sind, um jene ›geprägte Form‹ des neuen Reiches im europäischen Raum zu entwickeln, ›die keine Zeit und keine Macht zerstückeln soll‹«. Einen Beweis für die Geltungskraft dieser transzendentalen Mission sah er darin, dass sie im Ersten und Zweiten Weltkrieg dem »wehrhaften Volke die ungeheure, selbstbewusste Kraft« gegeben habe, »die Blutopfer von zehn Jahren zu ertragen«. Im *Notweg* wurde fünf Jahre nach dem Ende des Totalen Krieges die Not der Kriege und Nachkriegszeiten nicht

---

73 Deutscher Soldatenkalender, 1954, Vorwort, S. 1.

74 Zur Rezeption der Niederlage von Stalingrad vgl. die Beiträge in: Stalingrad. Mythos und Wirklichkeit; Hettling, Täter und Opfer; Morina, Legacies; vgl. auch Kühne, Zwischen Männerbund und Volksgemeinschaft. So bilanzierte Werner Conze (Geschichte der 291. Infanterie-Division, S. 79) 1953: Die alten Soldaten wüssten, »dass sie im Osten gegen einen Gegner gestanden haben, der heute wieder auf der Lauer liegt, um neue Sklaven zu gewinnen. Die Mannestugenden, durch die die Elch-Division zusammenhielt, sind uns darum heute nötiger denn je. Wenn wir dies bedenken, dann ist die Geschichte der 291. Inf.Div. für die alten ›Elche‹ nicht ein Blatt schmerzlicher Erinnerung voller Bitterkeit, sondern Ansporn zur Bewährung unter neuen Bedingungen, in denen die Lebenden ihrer toten Kameraden sich würdig erweisen müssen.«

als Konsequenzen eines zweifelhaften, spätestens 1945 diskreditierten Nationalismus interpretiert, sondern umgekehrt als Nachweis für dessen historisch unzweifelbare Gesetzmäßigkeit genommen. Die Gefahr sah der Autor »mehr denn je« in einem »atheistischen Materialismus«, sodass die ehemaligen Wehrmachtsoldaten auch im »*kalten* Krieg« in ihrer soldatischen Pflicht stünden[75]. Eines der ältesten Kriegsbilder wurde hier gleichsam auf den Kopf gestellt. Demzufolge kam der Kampf einem Gottesurteil gleich: Der Sieger durfte Gott und die Geschichte auf seiner Seite wissen. In dem hier angebotenen Deutungsversuch wurden das Leiden und Sterben des Unterlegenen zu einem Erkennungszeichen für die Parteinahme *der* Geschichte. Diese Deutung des Krieges knüpfte an die nationalsozialistische Propaganda nahtlos an. Jene Veteranen, die einer neuen Wehrmacht das Wort redeten, konnten danach den Anspruch anmelden, »*weiter* unsere geschichtliche Aufgabe zu erfüllen«[76].

Um ein positives Selbstbild besorgt, verwiesen die Veteranen gerne auf nichtdeutsche Autoritäten, die sich positiv über die Wehrmachtsoldaten geäußert hatten. Ebenso beliebt war an dieser Stelle die Argumentationsfigur des tu quoque. Zeigte der Finger zunächst auf die Soldaten der Roten Armee und ihre Verbrechen an Deutschen im Frühjahr 1945, geriet fünf Jahre später selbst die U.S. Army ins Schussfeld der Veteranen. Um das Relativieren bemüht, machte der Vorsitzende des »Bundes versorgungsberechtigter ehemaliger Wehrmachtangehöriger und ihrer Hinterbliebenen« (BvW), Admiral a.D. Gottfried Hansen, aus seiner Überzeugung keinen Hehl, »dass die UNO-Truppen in Korea manche Kriegsmaßnahme getroffen haben und noch zu treffen haben werden, die als entsprechende deutsche Maßnahme im letzten Kriege zum Verbrechen gestempelt worden ist«[77]. Nicht nur die Deutschen, auch die Alliierten waren Kriegsverbrecher: So lautete die vermeintlich exkulpierende Botschaft.

Dass diese Deutung sich durchaus im Rahmen dessen bewegte, was in der westdeutschen Gesellschaft denk- und sagbar war, belegt eine Meinungsumfrage, die die Konsensfähigkeit der Meinung ehemaliger Soldaten in diesem Punkt testete. Im August 1954 konfrontierten die Demoskopen aus Allensbach die Interviewpartner mit folgender Aussage, die angeblich aus einer Rede stammte, die vor kurzer Zeit auf einem Soldatentreffen gehalten wurde: »Die wirklichen Kriegsverbrecher sind die, die den unseligen Frieden allein gemacht haben, die ohne militärische Gründe ganze Städte zerstörten, die die Bomben auf Hiroshima warfen und die neue Atombomben

[75] Ernst v. Niessen, Gehorsam und Beispiel. Ein Beitrag zur moralischen Aufrüstung. In: Der Notweg, 2 (1950), Nr. 11, S. 9; Herv. im Orig. Niessen zog indirekt einen schiefen historischen Vergleich zu der Zeit der napoleonischen Kriege, wenn er Friedrich Genz – den »deutschen Österreicher« – mit folgenden Worten zitierte. »Es ist sonderbar, dass ich gerade in dieser letzten, einer der verzweifelsten Epochen unserer unglücklichen Zeit und mitten unter diesen niederschmetternden Katastrophen mehr als je zuvor in dem Glauben stark geworden bin, dass die Unterjochung Europas nicht gelingen kann.«

[76] [Gottfried] Hansen, Gedanken zur Zeit. In: Der Notweg, 2 (1950), Nr. 11, S. 1.

[77] Schreiben des BvW-Vorsitzenden Gottfried Hansen vom 1.11.1950 an die drei Hohen Kommissare »im Namen von 100 000 einstigen deutschen Berufssoldaten«. In: Der Notweg, 2 (1950), Nr. 11, S. 1 f.

herstellen.« Fand diese Aussage Gefallen oder nicht? Fast der Hälfte der Befragten gefiel die Rede, 29 Prozent gefiel sie nicht, ein Viertel äußerte keine Meinung[78].

Auch die Ehefrauen der ehemaligen Soldaten meldeten sich zu Wort. In Aufrufen zur »Gerechtigkeit« betonten zum einen die Witwen den Idealismus ihrer Männer, deren höchste Werte das Wohl des Volkes und die Treue zu ihrem Eid gewesen seien. Sie zeigten sich erbittert über die Vorstellung, »was unsere Männer sagen würden, wenn sie wüssten, wie das deutsche Volk und seine jetzige Regierung ihre hohe Gesinnung und ihr Opfer mit Schmähung und Entrechtung vergelten«, indem sie den Hinterbliebenen Versorgungsrechte vorenthielten. Zum anderen bezeugten die Ehefrauen der Berufssoldaten das Leiden der Soldatenfamilien im Frieden: Sie beschworen das Bild der Männer, die »mit schweren Narben an Leib und Seele, oft krank, aus dem Felde oder aus langer Gefangenschaft heimgekehrt, verzweifelt ringen, um das tägliche Brot für uns und unsere Kinder zu schaffen«. Die sich selbst für Volk und Vaterland geopfert oder gleichsam von Amts wegen ihre Opferbereitschaft bewiesen hatten, wurden zum Opfer eben jenes Volkes und Vaterlandes stilisiert[79].

Das verzweifelte Bemühen um Kontinuität, das aus diesen *öffentlichen* Deutungen im Dunstkreis der Veteranenverbände – aus der Verbandspresse, den Generalsmemoiren, den Gedenkveranstaltungen – spricht, blendete die aktive Gewalterfahrung der Soldaten, das Töten und vor allem die Verbrechen im Vernichtungskrieg in Osteuropa, weitestgehend aus. Das heißt im Umkehrschluss nicht – darauf wurde wiederholt hingewiesen –, dass sie im Zuge eines vermeintlichen Normalisierungs- oder Verdrängungsprozesses in Vergessenheit geraten wären[80]. Wechselt man nun die Betrachtungsebene und schaut im Lichte neuerer Forschung auf die *private* Seite des Umgangs der ehemaligen Soldaten mit ihrer Vergangenheit, zeigt sich im Vergleich zweierlei. Einerseits suchte auch der Einzelne seiner Biografie eine Kontinuität zu verleihen, die über den privaten Zivilisationsbruch hinweghalf. Denn der Tod, die Toten und die Kriegsgräuel waren »in der ganz persönlichen Erinnerung und privaten Imagination [...] präsent«[81]. Andererseits folgten die psychi-

[78] Jahrbuch der öffentlichen Meinung 1947–1955, S. 276.

[79] Die Witwen und Frauen der ehem. versorgungsberechtigten Wehrmachtangehörigen (Stadt und Kreis Oehringen), Ruf um Gerechtigkeit! (21.1.1951), Aus den Länder-Notgemeinschaften. In: Der Notweg, 3 (1951), Nr. 2, S. 4 (Württemberg, Baden).

[80] Vgl. dazu auch Kauders, »Repression« and »Philo-Semitism«, S. 97–122; Bessel, Leben nach dem Tod.

[81] Goltermann, Die Gesellschaft der Überlebenden, S. 16 f. Allerdings sollte die allgemeine Präsenz der Kriegsgräuel in der »Imagination«, wie sie bei den psychiatrischen Fällen auftrat, nicht überschätzt werden. Nimmt man den Inhalt von Träumen als Indiz, ergibt sich in der frühen Nachkriegszeit folgendes Bild: Während die Hälfte derer, die Ende 1949 abends nicht einschlafen konnten oder nachts wach lagen, weil sie über Dinge nachgrübelten, die ihnen Sorge oder Furcht bereiteten, an den Alltag dachte, machten sich immerhin 11 Prozent der Frauen und 5 Prozent der Männer Gedanken über die Vergangenheit. Im Oktober 1948 träumten 26 Prozent der befragten Frauen, 7 Prozent der Männer von Fliegerangriffen, 9 Prozent der Männer vom Feuer an der Front, 5 Prozent träumten von beidem. Von denen, die von diesen Erinnerungen heimgesucht wurden, empfanden 9 Prozent die Träume häufig als »aufregend«, 3 Prozent als »quälend«, 5 Prozent empfanden sie »nur noch blaß« oder mit Gleichmut. Anders formuliert: Rund zwei Drittel der Befragten gaben drei Jahre nach Kriegsende an, nicht von Fliegerangriffen oder Feuer zu träumen. Jahrbuch der öffentlichen Meinung 1947–1955, S. 9. Freilich ist auch hier quellenkritisch anzu-

schen Mechanismen einer anderen »Logik« als die öffentliche Repräsentation. In der Übergangszeit der ersten Nachkriegsjahre suchten manche – das zeigen zumindest die Erinnerungsfragmente in den psychiatrischen Krankenakten von Kriegsheimkehrern – eine neue, von dem »Ich« der NS-und Kriegszeit unterschiedliche Identität zu entwickeln. Das diente nicht nur dem Ziel, sich vor eigenen Schuldvorwürfen zu schützen oder den eigenen Lebenslauf im Nationalsozialismus zu kaschieren, sondern war auch eine Folge von Angstgefühlen, die durch die Gewalterfahrung während des Krieges hervorgerufen wurden, und von einer grundstürzenden Desillusionierung, die nach der Rückkehr von der Front oder aus dem Kriegsgefangenlager in eine neue Welt das Selbstbild angekratzt, wenn nicht gar zerstört hatte[82]. Wo es an äußerer Kontinuität mangelte, wollte man sich wenigstens an die Vorstellung klammern, sich selbst letztlich treu geblieben zu sein.

Der Krieg habe, so lautete die Selbstdeutung mancher ehemaliger Soldaten, die eigene Person verfremdet, man sei gar nicht man selbst gewesen. Dank dieser Vorstellung einer gespaltenen Identität ließ sich zumindest ein Teil der eigenen Person von der ausgeübten Gewalt, vom Töten trennen und damit aus der Verantwortung nehmen. Wie sonst hätte sich das Mitwirken am Krieg, nicht zuletzt die Beteiligung am Vernichtungskrieg im Osten, rückblickend rechtfertigen lassen – dessen Terror die ehemaligen Soldaten im Übrigen selten konkretisierten? Wo sie sich an ein anderes »Ich« klammerten, schimmerte die Erinnerung an die Kriegsgräuel durch; die Rede von der Verdrängung würde diesem Versuch, mit der eigenen Verstörtheit umzugehen, ebenso wenig gerecht wie die Annahme, bei der rückwirkenden Doppelung des Ich handele es sich bloß um eine instrumentelle Schutzbehauptung gegenüber den Alliierten[83]. Deren Entnazifizierungs- und Umerziehungspolitik lief immer wieder dem Versuch der Betroffenen zuwider, die jüngste Vergangenheit als »unwirklich« zu verdrängen und anstandslos in eine Normalität zu verfallen, als hätte es das NS-Regime und den Krieg nicht gegeben. In der privaten Vorstellung von der Vergangenheit waren der Tod und die Toten allgegenwärtig. Hier liegt eine Grundspannung der ersten Nachkriegsjahre, die es dem desorientierten Individuum sehr schwer machte, zwischen Vergangenheit und Gegenwart, zwischen überkommener Beschämung und neuer Herausforderung, seine innere Ruhe wiederzufinden[84]. Das mag die Bereitschaft mancher Soldaten erklären, sich an der öffentlichen Konstruktion eines positiven Selbstbildes *des* Soldaten in den *kollektiven* Repräsentationen zu beteiligen, in der die individuell zu verantwortende Biografie in der kollektiv imaginierten Vergangenheit eines abstrakten deutschen Soldatentums aufgehoben wurde.

Dass sich deutsche Soldaten gar auf deutschem Boden im alliierten Gewahrsam befanden, passte nicht in dieses positive Selbstbild. Werl, Landsberg und Spandau waren vielen Westdeutschen als Orte bekannt, in denen Deutsche als Kriegsverbrecher

---

merken, dass nachträgliche Angaben über einen Traum nicht das eigentliche Geschehen treffen. Vgl. Koselleck, Terror und Traum, S. 278–299.

82 So lautet die These von Goltermann, Gesellschaft der Überlebenden, S. 108–126. Danach das Folgende. Vgl. Goltermann, »Verletzte Köper«; Goltermann, Im Wahn der Gewalt.

83 Ebd., S. 116 f.

84 Ebd., S. 103–105.

im Gefängnis einsaßen. Immerhin 46 Prozent der Befragten (58 % der Männer) nannten im September 1952 Werl, 44 Prozent Spandau, 35 Prozent Landsberg. Fast die Hälfte gab an, davon gehört oder gelesen zu haben, wie es im Spandauer Kriegsverbrechergefängnis aussah, 29 Prozent hielten die Behandlung für »ungerecht«. »Zu Unrecht«: So lautete auch mehrheitlich die Antwort auf die Frage, ob Dönitz (63 %), Heß (43 %), Kesselring (65 %) oder Speer (50 %) im Gefängnis saßen[85]. Wenn die Veteranen ein Junktim zwischen Freilassung und Wiederbewaffnung herstellten, befanden sie sich in guter Gesellschaft. Die Hälfte der Befragten (55 % der Männer, 46 % der Frauen) stimmte im September 1951 der Aussage zu, dass eine Wiederbewaffnung solange nicht in Frage kam, wie »*der* deutsche Soldat noch als Kriegsverbrecher angesehen wird«[86].

Die Kritik an der Inhaftierung bildete daher einen zweiten Deutungszusammenhang und ein weiteres Handlungsfeld im (vor)politischen Raum, auf das aus diesem Blickwinkel und mit der Frage nach Inhalt und Formen der Repräsentation hier kurz zurückzukommen ist, ohne dass dabei erneut die Kriegsverbrecherpolitik behandelt wird.

Schon 1949 war der Manstein-Prozess in der deutschen Öffentlichkeit auf Unverständnis gestoßen. Die aktenkundige Zusammenarbeit der 11. Armee mit den Sonder- und Einsatzgruppen hatte das Idealbild des erfolgreichen Generalfeldmarschalls nicht trüben können. Die organisierten Veteranen traten deshalb vehement für die Freilassung der, wie es bald hieß, »sogenannten Kriegsverbrecher« ein. Sie wiesen die Schuld ihrer verurteilten Kameraden zurück – mehr noch: Sie münzten die Verurteilung in einen Schuldvorwurf an die Alliierten um.

Im Hinblick auf den 1946 zu lebenslanger Haft verurteilten Oberbefehlshaber der Kriegsmarine Erich Raeder mahnte der recht umtriebige Vorsitzende des BvW Admiral a.D. Hansen die Alliierten, die verbleibende Zeit zu nutzen, um »an ihm noch einigermaßen wiedergutmachen zu können, was man ihm angetan hat«[87]. Hansen, der Ende 1950 im *Notweg* einen offenen Brief an die drei Hochkommissare abdrucken ließ, sprach sich im Namen nicht nur aller ehemaligen Untergebenen des »Großadmirals Dr. h.c. Raeder«, sondern auch der im BvW organisierten ehemaligen Berufssoldaten für die Freilassung Raeders aus, den er als einen tadellosen militärischen Führer, einen moralisch einwandfreien und christlichen Menschen und ein zu Unrecht verfolgtes Opfer einer Siegerjustiz bezeichnete, die ex post »unvermeidbare Maßnahmen der Kriegführung zu Verbrechen stempelte«. Die Korrekturen und Wiedergutmachungen – nicht: die Begnadigung – im Einzelfall wollte Hansen als ein politisches Problem von (west)europäischem Ausmaß gewertet wissen: Die ungelöste Kriegsverbrecherfrage wäre auch künftig eine Hypothek für die Völker des abendländischen Kulturkreises[88]. Die Diskussion über die Kriegsgefangenschaft und die Versorgungsfragen weist auf das weitgesteckte Koordinatensystem eines vikti-

---

[85] Jahrbuch der öffentlichen Meinung 1947–1955, S. 202.

[86] Ebd., S. 359. Herv. J.E.

[87] Hansen, Ein Briefwechsel. In: Der Notweg, 2 (1950), Nr. 11, S. 2. Dort die Briefe G. Hansens an die drei Hohen Kommissare vom 1.11.1949, die Antwort François-Poncets vom 4.11. und Hansens Replik vom 14.11.1950.

[88] Hansen, ebd., 14.11.1950.

misierenden Diskurses hin, in dem schließlich der Zweite Weltkrieg selbst als ein Geschehen interpretiert werden konnte, dem die Wehrmacht gleichsam an vorderster Front zum Opfer gefallen war.

Die soziale Praxis des Protests veranschaulicht eine Demonstration auf dem Marktplatz in Wittlich 1952. An dem Ort in der Südeifel, der wegen des Kriegsverbrechergefängnisses der französischen Besatzungsmacht eine große Symbolwirkung hatte, vermengte sich die Erinnerung an die Soldaten in sowjetischem Gewahrsam mit der Kritik an den westlichen Alliierten. Der französische Hochkommissar André François-Poncet war frühzeitig alarmiert. Wie er etwa dem *Wittlicher Tageblatt* vom 5. Oktober 1952 hatte entnehmen können, war aus Anlass der »Kriegsgefangenen-Gedenkwoche« geplant, auf umliegenden Bergen Mahnfeuer zu entfachen und in der Stadt Banderolen anzubringen, auf denen die Freilassung der Gefangenen gefordert würde. Zudem war ihm zu Ohren gekommen, dass einzelne Gruppen in Wittlich für die Kriegsgefangenen auf die Straße gehen wollten. François-Poncet befürchtete, dass der Funke auf das Gefängnis überspringen und es dort zu einem Aufstand kommen könnte. In einem chiffrierten Telegramm forderte er den französischen Kommissar für Rheinland-Pfalz auf, etwas gegen diese Provokationen zu unternehmen. Dabei hatte er auch im Sinn, dass gewaltsame Aktionen die Amnestiepolitik unterlaufen könnten, die er für die Zukunft plane. Vorsorglich wurden die Sicherheitsmaßnahmen im Gefängnis verschärft[89]. Die Gratwanderung des Hohen Kommissars erhellt aus einem anderen Detail. An den zwei behördlich angeordneten Schweigeminuten, in denen am Samstag, dem 25. Oktober 1952 nach 12 Uhr jeder Verkehr ruhen sollte, wollte sich die französische Besatzungsmacht verständlicher Weise nicht beteiligen. Um jedoch einen Zwischenfall zu vermeiden, ordnete François-Poncet an, dass in der fraglichen Zeit keine (französischen) Fahrzeuge auf öffentlichen Straßen unterwegs sein sollten[90].

Am Abend des 26. Oktober 1952 versammelten sich nach Schätzung des französischen Unterpräfekten etwa 1500 bis 2000 Menschen auf dem Marktplatz in Wittlich zu einer »Treuekundgebung«. In Anwesenheit von Vertretern der katholischen und der evangelischen Kirche sowie des VdH scheute der rheinland-pfälzische Landtagspräsident August Wolters (CDU) kein Pathos. In der Tatsache, dass sich noch sieben Jahre nach Kriegsende Deutsche im Gewahrsam »ehemaliger Feindstaaten« befänden, sah er nicht nur einen Verstoß gegen Völkerrecht und Menschlichkeit, sondern einen Grund dafür, dass »der deutsche Mensch [...] an Recht und Gerechtigkeit« zweifele. Wolters kehrte das moralische Verhältnis um. Hatten die Alliierten geglaubt, den Deutschen nach 1945 Mores lehren zu müssen, so waren es nun diese selbst, die meinten, den Alliierten eine Lektion in Sachen Moral erteilen zu können. Der Landtagspräsident beendete seine Rede mit einem Gebet; ein Orchester

---

89 Archives de l'Occupation française en Allemagne et en Autriche, RP, 42 d. 5000/00 Wittlich: Traduction d'un télégramme chiffré, Haussaire à Commissaire Land Rhénanie-Palatinat, Bonn 14 oct. 1952: »Ces initiatives revêtent l'allure d'une provocation et risquent de susciter à l'intérieur de la prison des troubles dont les conséquences pourraient être graves en raison de l'état d'esprit des gardiens Allemands et de l'insuffisance de l'effectif de notre service de surveillance.«

90 Ebd.: Traduction d'un télégramme chiffré, Haussaire à Commissaire Land Rhénanie-Palatinat, Mayence, Bade, Wurtemberg, Stuttgart etc., Bonn, 23 oct. 1952.

spielte das »Deutschlandlied«, die Anwesenden sangen die dritte Strophe, bevor man gegen 21.30 Uhr friedlich auseinanderging. Eine Spendensammlung zugunsten der Gefangenen in Wittlich erbrachte rund 40 DM und 600 Zigaretten. Während der Kundgebung wurden auf dem Fallerberg, nur 200 Meter vom Gefängnis entfernt, Mahnfeuer angezündet, die bis 22 Uhr leuchteten. Einzelne Personen gingen mit Fackeln ausgerüstet in die Nähe des Gefängnisses und riefen bis spät in die Nacht Parolen. Der Unterpräfekt hatte den Eindruck, dass die Delegierten des VdH angewiesen worden waren, mäßigend auf die Versammelten einzuwirken. Der Sprecher des VdH distanzierte sich von den illegalen Demonstrationen vor dem Gefängnis. Die 3000 Mann Wachpersonal hatten für alle Fälle Ausgangssperre[91].

Zielte die politische Stoßrichtung des Kriegsgefangenen-Gedenkens grundsätzlich auf die UdSSR – dazu gleich mehr –, traf die Forderung des VdH, alle willkürlich zu Kriegsverbrechern abgestempelten Kameraden freizulassen, gleichermaßen die Westmächte. Ihnen warf der Verband vor, »durch die Zurückhaltung ehemaliger deutscher Soldaten« der sowjetischen Seite ein Argument zu liefern, rund 85 000 Deutsche als politische Geiseln in Zwangsarbeitslagern festzuhalten[92]. In seinem Aufruf formulierte der VdH scharf, dass »die Sondergesetze der Siegerjustiz« in Europa keinen Platz haben dürften. Sein Appell galt nicht zuletzt den Veteranen im westeuropäischen Ausland. Sie sollten »aus ihrem eigenen Erleben als unsere ehemaligen ritterlichen Gegner und Kriegsgefangenen« auf die Freilassung der Deutschen hinwirken. Die gemeinsame Erfahrung von Krieg und Kriegsgefangenschaft wurde umgemünzt in den vermeintlichen Konsens darüber, dass Freiheit wertvoll und Frieden ohne Freiheit nicht möglich ist.

Die Aktivitäten der Heimkehrerorganisation zielten daher zunächst auch auf die in der Bundesrepublik wie in westeuropäischen Staaten gefangenen Soldaten. So versuchte der VdH, die westlichen Alliierten im Kontext des Ost-West-Gegensatzes und der Kriegsgefangenenproblematik in der UdSSR in die moralische Pflicht zu nehmen, um die Entlassung der in westlichem Gewahrsam befindlichen Soldaten zu erreichen. In einem »Appell in letzter Stunde«, einem Flugblatt, das 1952 in 500 000 Exemplaren an Haushalte verteilt wurde, warnte der VdH davor, mit dem sogenannten Generalvertrag (dem am 26. Mai 1952 geschlossenen Vertrag über die Beziehungen zwischen der Bundesrepublik Deutschland und den Drei Mächten) auch den sogenannten Kriegsverbrecher-Artikel zu übernehmen. Er erinnerte daran, dass die Sowjetunion »mit gleichem ›Recht‹ [behauptet], dass sie nur noch ›Kriegsverbrecher‹ zurückhält, wie es die Westmächte für sich in Anspruch nehmen«. Würden die Westmächte ihrerseits das Problem lösen – das heißt die deutschen Soldaten freigelassen –, nähme das moralische Gewicht ihrer Forderungen an die sowjetische Seite enorm zu. Auch aus der im Raum stehenden Beteiligung deutscher Soldaten an einer europäischen Armee suchte der VdH Kapital zu schlagen

[91] Ebd.: Le Sous-Préfet A. Foulquie à Monsieur le Commissaire pour le Land Rhénanie-Palatinat, Trèves, le 27 oct. 1952. Vgl. auch ebd. die Zeitungsausschnitte aus der Rhein-Zeitung (27.10.1952) und der Allgemeinen Zeitung (27.10.1952).

[92] Ebd.: Zeitungsausschnitt: »Gebt die Kriegsgefangenen endlich frei!«. In: Wittlicher Tageblatt, Nr. 243, 18./19.10.1952.

mit dem Argument, dass die anderen europäischen Soldaten den deutschen wohl kaum Achtung zollen könnten, wenn sie »Schulter an Schulter mit ihnen an den Gefängnissen der eigenen Kameraden vorbeimarschierten«[93]. Der Generalvertrag sollte auch eine Generalamnestie sein: Das forderte der VdH. Die Lösung der Kriegsgefangenenfrage im Westen bedeutete den erforderlichen »Schlußstrich unter die Vergangenheit«, den der VdH wiederum als Voraussetzung für die friedliche Kooperation in Europa wie auch für die Lösung der Kriegsgefangenenproblematik in der UdSSR ansah.

Der VdH führte dazu nicht nur Gespräche mit den Hochkommissaren, mit den Justizministern der Benelux-Staaten und Frankreichs, er schickte auch Delegierte in die Gefängnisse von Landsberg (1953, 1954), Werl und Wittlich, wie nach Loos-les-Lille (1957), Paris und Caen, St. Gilles (Belgien), Luxemburg und Breda, um den »gefangenen Kameraden« persönlich »Kraft zum Durchhalten« zu vermitteln und sich ein Bild von ihrer Situation zu machen[94]. Frauenreferentinnen kümmerten sich derweil um die Familien. 1953 befanden sich laut VdH noch 730 »Kriegsgefangene« in westlichem Gewahrsam, davon 104 in Frankreich[95].

Der VdH war indes nur eine von zahlreichen Gruppierungen, die sich ab 1945 für die Freilassung der inhaftierten Kriegsverbrecher einsetzten und sie wie ihre Angehörigen durch Sachspenden unterstützten[96]. Eine prominente Rolle in diesem Netzwerk spielte seit 1946 Helene Elisabeth Prinzessin von Isenburg. Mit besten Verbindungen zum Hochadel, zur katholischen Kirche und zum konservativen Großbürgertum organisierte sie Hilfsaktionen für die Internierten. Die »Mutter der Häftlinge« wurde im Oktober 1951 (bis 1959) erste Präsidentin des Vereins »Stille Hilfe für Kriegsgefangene und Internierte e.V.«, zu dessen Gründungs- und Vorstandsmitgliedern auch der Münchener Weihbischof Johannes Neuhäusler, der evangelische Landesbischof von Württemberg, Theophil Wurm, der Münchener Rechtsanwalt und Verteidiger in Nürnberg Rudolf Aschenauer als juristischer Berater sowie einige ehemalige nationalsozialistische Funktionsträger zählten. Die »Stille Hilfe« fand durchaus die Aufmerksamkeit der Öffentlichkeit. So berichtete *Der Spiegel* über Isenburgs Bemühungen, durch direkten Kontakt zur Frau des amerikanischen Hohen Kommissars, um im Gespräch »von Frau zu Frau« – man traf sich im Hause der McCloys in Bad Homburg – Gnade für 28 Todeskandidaten zu erbitten, die seit geraumer Zeit, als Zeichen der bevorstehenden Exekution, durch rote Jacken besonders gekennzeichnet waren[97]. McCloy sagte die Prüfung der

[93] Freiheit ohne Furcht. Zehn Jahre Heimkehrerverband. Hrsg. vom Verband der Heimkehrer, Kriegsgefangenen und Vermißtenangehörigen Deutschlands e.V., Bad Godesberg [1960], S. 82. Vgl. Der Heimkehrer, 3 (1953), Mai, Nr. 5.

[94] Freiheit ohne Furcht, Zehn Jahre Heimkehrerverband, Bad Godesberg, o.J. [1960], S. 25.

[95] Ebd., S. 27.

[96] Vgl. Schröm/Röpke, Stille Hilfe für braune Kameraden; Klee, Persilscheine und falsche Pässe.

[97] Meine liebe Prinzessin. In: Der Spiegel, 31.1.1951, S. 8–10. Helene Elisabeth hatte 1930 Wilhelm Prinz von Isenburg und Büdingen (1903–1956) geheiratet, der 1937 als Professor für Sippen- und Familienforschung in München lehrte; im Spiegel wurde sie daher als »Gattin des Historikers und Genealogen Prinz von Isenburg« vorgestellt; der rasseideologische Hintergrund wurde dezent ausgeblendet. Aschenauer leitete die von Neuhäusler und Wurm gegründete »Christliche Gefangenenhilfe«, die in »Arbeitsgemeinschaft für Recht und Wirtschaft« umbenannt worden war.

»Rotjacken« im Einzelfall zu, seine Frau schickte derweil eine Spende. Bis Mai 1946 waren in Landsberg 277 Personen gehängt worden, die wegen Kriegsverbrechen verurteilt waren; bis zum 7. Juni 1951 stieg die Zahl der vollstreckten Todesurteile auf 288 an.

Die Fürsorge für die Verurteilten stieß jedoch in der Öffentlichkeit nicht nur auf unbedingte Zustimmung, von dem Protest auf jüdischer Seite zu schweigen. *Der Spiegel* nahm den Vorstoß auch zum Anlass, an die Verbrechen zu erinnern, die den Verurteilten, um die sich Isenburg, Neuhäusler und andere so sorgten, zur Last gelegt wurden. Zum einen ging es um 13 Männer, die im Nürnberger »Einsatzgruppenprozess« zum Tode verurteilt worden waren. Unter »SS-General Otto Ohlendorf« hätten dessen »Liquidierungskommandos in der Sowjet-Union 90 000 Juden den Genickschuß gegeben«. Um möglichen Einwänden entgegenzutreten, setzte sich der Artikel mit dem Entlastungsargument von Ohlendorfs Verteidigern auseinander, Heydrich habe dem »›eingefleischten Anthroposophen und intellektuellem Querkopf‹ [...] das blutrünstige Ostkommando verpaßt [...], um ihn kirre zu machen«. Ohlendorf sei zudem für die »Mordtaten« persönlich nicht verantwortlich, weil Hitler das »Judenmassaker« befohlen habe; vielmehr habe Ohlendorf es »›noch glimpflich‹« ausgeführt, zitierte *Der Spiegel* den Verteidiger Wilhelm Spengler, nicht ohne auf dessen Vergangenheit als SD-Standartenführer im Reichssicherheitshauptamt und darauf hinzuweisen, dass Isenburg dies »nur allzu gern glaubte«[98].

Zum anderen wurde die belgische Stadt Malmedy zur Sprache gebracht – freilich weniger wegen der Kriegsverbrechen im Dezember 1944 als wegen des Malmedy-Prozesses in Dachau im Mai 1946. Denn in Landsberg saß auch der ehemalige SS-Standartenführer Joachim Peiper ein, dessen Kampfgruppe der 6. Armee (Sepp Dietrich) zugeteilt worden war. Die Soldaten der Panzertruppe, darunter viele, die wie Peiper selbst zuvor an der Ostfront eingesetzt gewesen waren, hatten im Zuge der Ardennenoffensive den nachfolgenden deutschen Truppen einen Korridor geöffnet. Südlich von Malmedy war Peipers Truppe am 17. Dezember ein amerikanischer Lkw-Konvoi in die Hände gefallen; rund 100 GIs waren gefangen genommen worden. Nachfolgende SS-Männer hatten dann 87 Gefangene mit Maschinengewehren und Bordwaffen beschossen und die überlebenden Verwundeten zum Teil aus nächster Nähe getötet. Unbemerkt von der SS, hatten 40 GIs das Massaker überlebt. Ein amerikanisches Militärgericht verurteilte 1946 die beteiligten Angehörigen der SS, derer man hatte habhaft werden können; 43 Männer wurden zum Tode verurteilt, darunter Peiper[99].

Fünf Jahre trieb die westdeutsche Öffentlichkeit in diesem Zusammenhang ein anderes Unrecht um. Nicht die Frage, wie die deutschen SS-Angehörigen mit den Amerikanern, sondern wie diese anschließend mit den Deutschen umgegangen waren, stand im Vordergrund. Berichte wie der im *Spiegel* zielten darauf, die Seriosität

---

Über karitative Unterstützung und Rechtsbeistand hinaus bestätigte sie sich auch politisch, nicht zuletzt im Kontakt mit dem Ausland. Vgl. Der Spiegel, 28.2.1951, S. 6.

98 Spengler war u.a. Leiter der Amtsgruppe III C (Kultur). Vgl. Wildt, Generation des Unbedingten.

99 Vgl. Sigel, Im Interesse der Gerechtigkeit.

der Militärgerichtsbarkeit in Frage zu stellen. In »Scheinverhandlungen« und mit »Scheinurteilen« seien die Angeklagten unter extremen psychischen Druck gesetzt und so zu Geständnissen getrieben worden. Die zwischenzeitlichen Revisionen der Urteile – 62 der 73 – nahm *Der Spiegel* ebenfalls zum Beweis der »Fragwürdigkeit« der Militärjustiz. Als unverdächtige Zeugen galten erneut Amerikaner wie der amerikanische Chefverteidiger Oberst Willis M. Everett im Malmedy-Prozess der republikanische Senator Joseph McCarthy und der amerikanische Hochkommissar McCloy, der die Hinrichtungen in Landsberg 1948 aufgrund der »Fehlurteile« hatte stoppen lassen[100]. Während das Nachrichtenmagazin den Lesern einen lebhaften, konkreten Eindruck von den rechtswidrigen Verhörmethoden verschaffte, blieb das Kriegsverbrechen von Malmedy im Dunkeln. Die 71 Getöteten tauchten unvermittelt im Rückblick auf; die Amerikaner »fanden« sie. Der Tötungsvorgang wurde als Gegenstand einer Behauptung der Einwohner in indirekter Rede abgeschwächt. Zwei Fotos auf der Seite des Artikels zeigen Isenburg und, darunter, Joachim Peiper, dem ein großes Schild mit der Zahl 42 umgehängt wurde. Es handelte sich um eine Ausschnittvergrößerung einer Aufnahme, die die Angeklagten während des Prozesses zeigte. Die Bildunterschrift wies Peiper als »Oberst Peiper« aus; im Fließtext waren, wie selbstverständlich, in Parenthese nach dem Namen die Orden und Ehrenzeichen des smarten Ritterkreuzträgers genannt, dessen Verband zur Leibstandarte Adolf Hitler gehört hatte.

Tatsächlich wurden viele Haftstrafen verkürzt; der Oberkommandierende der US-Streitkräfte in Deutschland, General Thomas T. Handy, gab den Gnadengesuchen der zum Tode verurteilten SS-Angehörigen statt. Peipers Todesstrafe wandelte Handy am 31. Januar 1951 in eine lebenslange Haftstrafe um. Fünf Jahre später wurde Peiper vorzeitig entlassen[101]. Am Ende blieben sieben Todeskandidaten übrig: die ehemaligen SS-Offiziere Oswald Pohl, Otto Ohlendorf, Erich Naumann, Werner Braune, Paul Blobel, Georg Schallermair und Hans-Theodor Schmidt. *Der Spiegel* stellte sie unter der für die Ambivalenz der eigenen Einstellung bezeichnenden Überschrift »Sie mögen schuldig sein« den Lesern noch einmal vor und erinnerte erneut an die Verurteilungen durch den Internationalen Militärgerichtshof in Nürnberg (im sog. Pohl-Prozess bzw. im sogenannten Einsatzgruppen-Prozess) und vor den Militärgerichten in Dachau[102]. Die Konzentrationslager, die Zerstörung des Warschauer Ghettos, medizinische Experimente an Gefangenen, die Ermordung von über 90 000 Menschen in den rückwärtigen Frontgebieten durch die Einsatzgruppen – all diese Stichworte der Kriegsverbrechen fielen. Die Leser erfuhren dann freilich vor allem von den Bemühungen der Verteidiger, insbesondere Rudolf Aschenauers, die Verurteilten mit juristischen und moralischen Argumenten zu entlasten. So wur-

[100] Zu McCloy vgl. Schwarz, America's Germany; Schwarz, Die Begnadigung deutscher Kriegsverbrecher.

[101] Vgl. Westemeier, Joachim Peiper. Ab 1957 arbeitete Peiper bei dem Stuttgarter Sportwagenunternehmen Porsche KG.

[102] Der Spiegel, 28.2.1951, S. 5–7. Unreflektiert hieß es von der Einsatzgruppe D, dass sie »mit Juden, Zigeunern und kommunistischen Funktionären aufzuräumen hatte«. Der Titel zitierte aus einer Bemerkung des Gefängnisgeistlichen – eines Trägers des EK I aus dem Ersten Weltkrieg: »Sie mögen schuldig sein, aber sie haben alles bereits tausendfach gebüßt« (S. 7).

de mit Aschenauer an den Verstoß gegen den Rechtssatz des ex post facto und des tu quoque erinnert und daran, dass der im März 1950 gebildete Gnadenausschuss die Dokumente der Verteidigung nicht berücksichtigt habe. Zu Schallermair etwa hieß es laut Verteidigung, er sei von einem rachsüchtigen ehemaligen KZ-Insassen angezeigt worden sei; von Naumann, er habe seinen Kommandoposten nur »widerstrebend« wahrgenommen, »geschont, wo er nur schonen konnte« und als SD- und Polizeiführer in Holland Verbrechen des SD verhindert. Die Verteidigung erreichte einen vorübergehenden Hinrichtungsstopp.

Wie tief die Wut über die Verurteilungen saß und wie sehr die Auffassungen von Recht und Unrecht durcheinander gerieten, zeigt auch ein vielsagender Vorfall in Aurich, gleichsam aus umgekehrter Perspektive. Nach dieser Logik, in der verurteilte Wehrmachtsoldaten zu Unrecht inhaftiert waren, sollten in den Augen der Bevölkerung auch deutsche Staatsbürger verurteilt werden, die der Polizei halfen, einen Entflohenen wieder in Haft zu nehmen. So wurde 1952 in Aurich der Fischhändler Wilhelm H. öffentlich als »Verräter« gebrandmarkt, weil er – wenn auch wohl aufgrund eines Missverständnisses – der Polizei einen Tipp gegeben hatte, wie sie des in Werl entflohenen ehemaligen Obergefreiten Wilhelm K. habhaft werden konnte. K. hatte 1944 in einem Arbeitslager einen russischen Zwangsarbeiter erschossen, nachdem er ihn beim Diebstahl von Lebensmitteln erwischt hatte und von ihm bedroht worden war. Hatte ein deutsches Gericht den Obergefreiten freigesprochen, hatte ihn ein britisches Militärgericht 1948 zu lebenslanger Haft als »Kriegsverbrecher« verurteilt; die Strafe war später auf 21 Jahre reduziert worden. *Der Spiegel* führte seinen Lesern diese Vorgänge der Kriegs- und Nachkriegszeit ebenso vor Augen wie die Reaktion empörter Auricher Bürger. So wurde vor H.s Wohnung »unter Volksgejohle« ein Schild mit der Aufschrift »Hier wohnt *der Verräter* H[...]« aufgestellt; vor seinem Fischstand spuckten die Menschen auf den Boden und beschimpften ihn, und im Stadtrat erklärte der Bürgermeister für die Fraktion von CDU und FDP, dass H. sich »eines Verbrechens an einem deutschen Menschen schuldig« gemacht habe – das Erschießen eines »russischen Menschen« fiel da nicht ins Gewicht. Die Hetzkampagne war ein lokales Politikum: H. stand der Auricher SPD vor, und wenige Wochen vor den niedersächsischen Kommunalwahlen am 9. November bot das Ereignis Munition, um »mit nationalen Tönen« um die Stimmen der Anhänger der soeben verbotenen Sozialistischen Reichspartei (SRP) zu werben[103].

Die Beispiele zeigen, wie sich ehemalige Soldaten und SS-Angehörige mit Hilfe der Soldaten-Organisationen und der Veteranenpresse und unterstützt von einer breiten, wenngleich nicht der gesamten Öffentlichkeit um ein positives Selbstbild im Spannungsfeld von Vergangenheit und Zukunft bemühten. Zum einen stützte sich die Selbstthematisierung auf Deutungen des Krieges und der Wehrmacht, die die ehemaligen Protagonisten als ausgewiesene und einschlägig erfahrene Leistungsträger empfahlen, die im antikommunistischen Kampf zur Verfügung standen (auch wenn in den frühen fünfziger Jahren, unter dem Druck des VdH, Ärzte anhaltende Gesundheitsprobleme als Folge von »Dystrophien«, von Unterernährung

[103] Hervorhebung im Orig. unterstrichen. Der Spiegel, 8.10.1952, S. 6 f., dort eine Abb. des Plakates und des entflohenen Häftlings in Wehrmachtuniform.

vor allem, diagnostizierten, womit sich unter Umständen Rentenansprüche begründen ließen)[104]. Zum anderen bot die Inhaftierung der verurteilten Kameraden eine breite Projektionsfläche für die Selbstthematisierung der Soldaten und weiter Teile der Gesellschaft. Die Praxis des Protests bot einen Raum für symbolische Selbstdarstellungen, mit denen die Veteranen soziale Unterschiede markierten. Die politische Funktionalität historischer Bedeutungszuschreibungen liegt hier auf der Hand. Das gilt allemal für die Kontroversen um eine dritte Gruppe – neben der Masse der Heimkehrer und einer Minderheit der Inhaftierten in der Bundesrepublik –, die physisch gar nicht präsent war: die deutschen Kriegsgefangenen in sowjetischem Gewahrsam.

c) Die Gegenwart der Abwesenden: Symbolische Repräsentation und politische Instrumentalisierung der Kriegsgefangenen

Das Schicksal der deutschen Kriegsgefangenen in der Sowjetunion zählte zu den wichtigsten ungelösten Problemen der Nachkriegsgesellschaft in der jungen Bundesrepublik[105]. Zwar hatten sich die Außenminister von Frankreich, Großbritannien, den USA und der Sowjetunion im April 1947 darauf geeinigt, dass alle deutschen Kriegsgefangenen bis Ende 1948 wieder in Deutschland sein sollten. Doch die sowjetische Seite hielt diese Zusage nicht ein und machte zudem ungenaue, ja falsche Angaben über die Zahl der deutschen Soldaten in ihrem Gewahrsam. Im Mai 1950 sprach die Sowjetunion von lediglich 13 500 verbliebenen Deutschen, die wegen Kriegsverbrechen rechtmäßig zu langen Haftstrafen verurteilt worden seien[106]. Der Streit um die Zahlen nährte die Spekulation über das Schicksal der letzten Kriegsgefangenen[107]. Das Rote Kreuz wie auch kirchennahe Organisationen waren ebenso um verlässliche quantitative Angaben bemüht wie das Bundesministerium für Vertriebene, Flüchtlinge und Kriegsgeschädigte (BVFK). So lange jedoch die Zahlen der deutschen Verluste an der Ostfront unbekannt oder zumindest ungenau waren, so lange konnte prinzipiell jeder Vermisste als Kriegsgefangener der Sowjets gelten. 1955 lagen lediglich für rund 9000 Kriegsgefangene verlässliche Angaben vor, die im Briefkontakt mit ihren Angehörigen in der Bundesrepublik standen. Mit dem Argument, dass vielen Soldaten dieser Kontakt nicht ermöglicht würde, war in offiziellen Stellungnahmen auf deutscher Seite von weitaus höheren Zahlen die Rede: bis zu 100 000 deutsche Soldaten würden noch in der UdSSR festgehalten, hieß es beispielsweise in einer Stellungnahme der Bundesregierung Ende 1950[108]. Dagegen

---

104 Vgl. Goltermann, Gesellschaft der Überlebenden.

105 Vgl. Steinbach, Die sozialgeschichtliche Dimension der Kriegsheimkehr; Biess, Homecomings; Biess, Vom Opfer zum Überlebenden des Totalitarismus; zur Gefangenschaft selbst vgl. nur Overmans, Soldaten hinter Stacheldraht; Overmans, Das Schicksal der deutschen Kriegsgefangenen.

106 Lang, Stalins Strafjustiz.

107 Hunderttausende von Kriegsgefangen fehlen. In: Tagesspiegel, 6.1.1949; 400 000 deutsche Sklaven. In: Bonner Rundschau, 18. Jan. 1950; Aussenminister-Appell für Kriegsgefangene. In: Die Welt, 13. Mai 1950. Vgl. die Bilanz des VdH von 1960 in: Freiheit ohne Furcht, S. 30.

108 Vgl. Moeller, War Stories (2004), S. 39 f. Moeller verweist u.a. auf: Über 100 000 Gefangene in der UdSSR. In: Frankfurter Rundschau, 12.9.1953; Die Wahrheit über die Kriegsgefangenenzahlen. In: Stuttgarter Zeitung, 24.10.1953.

meldete *Der Spiegel* im Mai 1953: »Die Zahlen sinken«[109]. Meinungsumfragen lassen die Bandbreite der Spekulationen und der Verunsicherung erahnen, die wiederum die Diskussion anheizte. Im Oktober 1953 waren gut 20 Prozent der Befragten überzeugt, das noch zwischen 50 000 und 100 000 deutsche Kriegsgefangene in der Sowjetunion lebten, 10 Prozent gingen von 100 000 bis 250 000 aus, 6 Prozent von bis zu einer halben Million, 5 Prozent gar von einer Million und mehr. Etwa genauso viele vermuteten niedrigere Zahlen. Dass bis zu 20 000 Kriegsgefangene in der UdSSR lebten, schätzten 11 Prozent, zwischen 20 000 und 50 000 vermuteten 21 Prozent. Ein Drittel meinte, dass sich über die Zahl keine Angaben machen ließen. Dass weniger als eine halbe Million deutscher Kriegsgefangener in Russland gestorben seien, glaubten 11 Prozent, auf bis zu eine Million schätzten 4 Prozent, zwischen einer und zwei Millionen 6 Prozent, und 4 Prozent waren sicher, dass mehr als zwei Millionen Soldaten in Russland den Tod gefunden hatten[110]. Zwei Jahre später teilten 27 Prozent der befragten Westdeutschen mit, einen Verwandten zu haben, der entweder als im Osten vermisst galt oder sich nachweislich in sowjetischer Kriegsgefangenschaft befand. Dass sie einen Bekannten hatten, für den das zutraf, gaben 15 Prozent der Befragten an[111].

Nicht nur die zahlreichen betroffenen Familien, sondern auch die bereits »heimgekehrten« Kameraden, die womöglich gemeinsam an der Ostfront gekämpft hatten und die es häufig einem glücklichen Zufall verdankten, dass sie nicht in sowjetische Kriegsgefangenschaft geraten oder rechtzeitig entlassen worden waren, sorgten dafür, dass Kriegsgefangenschaft und Heimkehr ein zentrales Thema blieben. Die Frage nach dem Verbleib der Soldaten war bis zur Rückkehr der »Letzten« Mitte der fünfziger Jahre ein innen- und außenpolitisches Thema, zu dem sich nicht zuletzt die bereits zurückgekehrten Veteranen im lokalen Umfeld ebenso wie auf Landesebene äußerten[112]. Anders formuliert: Die physische Abwesenheit dieser ehemaligen Soldaten, verstanden als eine unmittelbare Kriegsfolge, die den Zeitgenossen auf die Vergangenheit zurückwies, bot vielfältige Möglichkeiten einer symbolischen Repräsentation, in der sich Kriegs- und Nachkriegszeit überlagerten. Die Kriegsgefangenschaft in der Sowjetunion, genauer ihre Repräsentation in der Bundesrepublik, verlängerte den Krieg gleichsam bis in die Mitte der fünfziger Jahre.

Erneut ist daher nach den visuellen und sprachlichen Strukturen zu fragen, die dem Betrachter Muster der Sinnstiftung anboten, nach den Vorstellungen auf der imaginären Ebene und der Praxis der Repräsentation, der symbolischen Selbstdarstellung zu fragen. Auf welche Weise wurden die Kriegsgefangenen in der jungen Bundesrepublik vergegenwärtigt? Durch welche Medien wurden Vorstellungen von Kriegsgefangenschaft als Kriegsfolge vermittelt und wie prägten die Medien dieses Bild? Welche soziale und symbolische Praxis diente der Repräsentation des

---

109 Kriegsgefangene: Die Zahlen sinken. In: Der Spiegel, 27.5.1953, S. 4 f.

110 Jahrbuch der öffentlichen Meinung 1947–1955, S. 199.

111 Ebd. Vgl. Borchard, Die deutschen Kriegsgefangenen.

112 Vgl. Bohn, Die Letzten. Als lokales Beispiel vgl. nur den »Aufruf!« der Arbeitsgemeinschaft der soldatischen Verbände Groß-Dortmund« (1951). In: Archiv für Christlich-Demokratische Politik, II-006-059-119. Zum Kontext: Smith, Heimkehr aus dem Zweiten Weltkrieg; Lehmann, Gefangenschaft und Heimkehr.

Soldaten? Danach ist schließlich zu fragen, in welchem Zusammenhang das gemeinsame Erinnern und die individuelle Erinnerung mit den Deutungsmustern des Kalten Krieges standen?

Wenn es um Kriegsgefangene geht, stehen zumeist die fünfziger Jahre im Vordergrund der Geschichte der Bundesrepublik. Dabei wird leicht übersehen, dass die Angst um den kriegsgefangenen Vater, Sohn oder Ehemann – wie könnte es anders sein? – auch in der zweiten Hälfte der vierziger Jahre die Menschen umtrieb. Im politischen Raum waren die Erinnerung an sie und der Appell an die Alliierten, die Gefangenen zwei, drei Jahre nach der Kapitulation freizulassen, Tagesordnungspunkte der Orts- und Bezirksverbände der Parteien und ein Thema politischer Reden. Bemerkenswert ist im Rückblick, dass sich diese kollektive Repräsentation von Kriegsgefangenschaft mit dem Bewusstsein des »eigenen« verbrecherischen Handelns zu einem Argument verband, das die Alliierten aufforderte, sich nicht auf eine moralische Stufe mit den Nationalsozialisten zu stellen. Als der Innenminister des Landes Württemberg-Baden und Landesvorsitzende der SPD, Fritz Ulrich, auf dem 2. Landesparteitag in Esslingen 1947 an die Millionen deutschen Kriegsgefangenen erinnerte, ließ er an der Einsicht in die an sowjetischen Kriegsgefangenen begangenen deutschen Kriegsverbrechen keinen Zweifel: Es sei »uns bekannt, dass die Sadisten und Verbrecher des Dritten Reichs sich schwer gegen internationales Recht und gegen die Menschlichkeit vergangenen haben«, stellte er fest und präzisierte: »durch schlechte Behandlung von Gefangenen, die in so großer Zahl umgebracht worden sind«. Würden die Alliierten zulassen, dass dieses Verbrechen weiter »Böses« hervorbringe, würden sie ihrerseits ein Unrecht begehen, lautete die implizite Schlussfolgerung. Das Protokoll notierte »stürmischen Beifall«, als Ulrich dann an die Alliierten appellierte, »uns unsere Gefangenen frei[zugeben]«[113].

Auf vielfältige Weise wurde die Erinnerung an die deutschen Gefangenen in der ersten Hälfte der fünfziger Jahre wachgehalten. 1950 organisierten sich die Heimkehrer bundesweit. Als Zusammenschluss regionaler Heimkehrerorganisationen entstand der erwähnte Verband der Heimkehrer, Kriegsgefangenen und Vermißtenangehörigen Deutschlands e.V. (VdH) »im Zeichen kameradschaftlichen Geistes« mit dem erklärten Ziel, als einzig legitimierte Organisation »sich besser als bisher für die Interessen der Heimkehrer einzusetzen«[114]. Ende 1951 zählte der VdH 160 000 Mitglieder. Innenpolitisch forderte er die Entschädigung für jene Soldaten, deren Rückkehr sich durch die Politik der UdSSR verzögerte; außenpolitisch drängte der VdH auf Freilassung der Kameraden, die sich in der Sowjetunion weiterhin hinter

[113] Fritz Ulrich, Die politische Entwicklung in Württemberg-Baden nach dem Zusammenbruch des Dritten Reiches, Rede auf dem Parteitag in Esslingen (26./27.4.1947), S. 7 f. In: Archiv der sozialen Demokratie, SPD LV Baden-Württemberg, 1. Ulrich (1888–1969) hatte nach dem Attentat vom 20. Juli 1944 vier Monate im KZ Dachau verbracht. Vgl. auch den Appell der Jungen Union auf der »Zonentagung der Jungen Generation vom 4. bis 7. August 1946 in Recklinghausen«. In: Archiv für Christlich-Demokratische Politik, IV-014-056/1, S. 4 (Entschließung).

[114] Der Heimkehrer, 1. Jg., April 1950, Nr. 2; vgl. auch die Grundsatzrede des VdH-Hauptgeschäftführers Werner Kießling, Zum zehnjährigen Wirken des Verbandes Heimkehrer. In: Der Heimkehrer, 25.9.1959, S. 6; Schwelling, Heimkehr – Erinnerung – Integration.

Stacheldraht befanden. So richtete er beispielsweise am Vorabend des Heimkehrer-Deutschland-Treffens am 18./19. Juni 1955 in Hannover einen öffentlichen Appell an Bundeskanzler Adenauer, über die Freilassung deutscher Kriegsgefangener zu verhandeln. Der 8. Mai 1955 war zugleich »der deutsche Muttertag«[115]. Das Sprachrohr des VdH, die Verbandszeitung *Der Heimkehrer*[116], wurde nach eigener Darstellung binnen fünf Jahren zur größten Zeitung für ehemalige Soldaten und erreichte 1955 eine Auflage von einer Viertelmillion Exemplaren[117]. Unter anderem diente das Organ der Suche nach Vermissten. Regelmäßig publizierte *Der Heimkehrer* in der Art eines »Steckbriefs« Porträts der Vermissten. In diesem zentralen Aufgabenfeld kooperierte der VdH mit Suchdiensten wie dem des Deutschen Roten Kreuzes (DRK).

Ehemalige Kriegsgefangene organisierten sich auch nach Lagerzugehörigkeit, wie zum Beispiel der 1949/50 gegründete »Arbeitskreis der Heimkehrer und Kriegsgefangenen-Angehörigen des Lagers Borowitschi UdSSR«, der laut Satzung vor allem karitative Aufgaben wahrnahm, aber auch innen- und außenpolitischen Druck auszuüben suchte[118]. So standen im Mittelpunkt des sozialen Engagements für die Kriegsgefangenen die »Paketaktionen«. Gemeinsam stellten die VdH-Angehörigen Lebensmittelpakete zusammen. Im Rahmen der »Paketaktionen« wurden aus Mitteln des VdH zwischen 1950 und 1955 über 200 000 Pakete an Kriegsgefangene verschickt[119].

Um ein Beispiel für die politische Lobbyarbeit zu geben: Nach einer Meldung der sowjetischen Nachrichtenagentur TASS vom 4. Mai 1950, dass die UdSSR die Repatriierung deutscher Kriegsgefangener als beendet betrachtete und wissen ließ, dass 9717 Gefangene wegen schwerer Kriegsverbrechen eine Strafe verbüßten und gegen 3815 Gefangene noch Verfahren liefen, veröffentlichte der Arbeitskreis einen »Aufklärungsbericht« in Deutsch, Englisch, Französisch und Italienisch: »Deutsche Kriegsgefangene in der Sowjetunion rufen das Gewissen der Welt!« Darin wurde über die Verhaftungen und Verteilungen von deutschen Kriegsgefangenen im Lagerbereich 7270 (Borowitschi) berichtet[120]. Die Broschüre wurde bei unterschiedlichen Gelegenheiten an in- und ausländische Journalisten verteilt, etwa im August 1950 auf Pressekonferenzen während des 2. Deutschen Evangelischen Kirchentages in Essen und am Rande des Kongresses der Liberalen Internationalen unter Schirmherrschaft von Vizekanzler Franz Blücher (FDP) in Stuttgart. An der Publikation, die wiederholt aktualisiert und 1951 und 1952 neu herausgebracht wurde, waren weitere karitative Organisationen wie der Johanniter-Orden und die Frauenhilfe Essen beteiligt.

---

[115] Erneuter Appell des VdH an Bundeskanzler Adenauer. In: Der Heimkehrer, 5.5.1955, S. 2. Dort auch zu den Zielen des Treffens.

[116] Der Heimkehrer. Stimme der Kriegsgeneration. Hrsg. vom Verband der Heimkehrer, Kriegsgefangenen und Vermißtenangehörigen Deutschlands. Bundesausgabe, Bonn.

[117] Das hat der Verband der Heimkehrer geleistet. In: Der Heimkehrer, 3.9.1955, S. 3.

[118] Vgl. zur Geschichte des Arbeitskreises: Entstehen und Wirken, S. 9–18 (mit zahlreichen Dokumenten im Anhang).

[119] Das hat der Verband der Heimkehrer geleistet. In: Der Heimkehrer, 3.9.1955, S. 3. Bis 1960 wurden 284 000 »Betreuungspakete« mit einem Warenwert von 5,9 Millionen DM versandt. Siehe Freiheit ohne Furcht (wie Kap. III, Anm. 93), S. 58 f.

[120] Vgl. Entstehen und Wirken, S. 108–114.

Mit Unterstützung des VdH und der Bundesregierung entwickelte sich eine vielfältige soziale und symbolische Praxis[121] der – im doppelten Wortsinn – Repräsentation von Kriegsgefangenen. Ob in der *Frankfurter Allgemeinen Zeitung*, im *Stern* oder im *Spiegel*: Die Presse sorgte durch Berichte zurückgekehrter Kriegsgefangener dafür, dass das Bild der Deutschen hinter Stacheldraht im Alltag präsent blieb. Die Wehrmacht existierte unter veränderten Bedingungen fort, könnte man angesichts der Metapher von der »Armee hinter Stacheldraht« meinen[122]. Mit dramatisierenden Überschriften wie »Der Hölle entronnen« oder »Gemordet wurde nachts« sollte das (Kauf-)Interesse der Leserinnen und Leser geweckt werden[123].

Entsprechend groß war beispielsweise im März 1955 das Interesse an Presseberichten zum Thema. Knapp die Hälfte der Befragten habe die Schlagzeile »Neuer Heimkehrer-Transport an der Zonengrenze erwartet« zum Anlass genommen, den entsprechenden Artikel zuerst zu lesen, fanden die Demoskopen heraus[124]. So schrieb ein ehemaliger deutscher Kriegsgefangener, der zunächst zu 25 Jahren Zwangsarbeit verurteilt und später begnadigt worden war, im *Spiegel* über seine »eigenen Erfahrungen« im zentralasiatischen Karaganda, einem Lager südöstlich des Urals (in dem auch der Historiker Reinhart Koselleck bis 1945 als Kriegsgefangener war). Hans Rebach musste, hieß es, nach seiner Heimkehr feststellen, dass man sich in Westdeutschland ein falsches Bild über die sowjetischen Strafarbeitslager machte. Man stelle sich üblicherweise von Stacheldraht und Wachtürmen umgebene Lager »im Stile der ehemaligen Konzentrationslager« vor. Tatsächlich handele es sich um riesige »Strafgebiete«, in denen sich Sträflinge scheinbar frei bewegten – ohne allerdings in der weitläufigen, von Patrouillen überwachten Steppe wirklich entkommen zu können. Rebach verglich das Lager mit einem selbstverwalteten »Menschenreservat«. Eine Landkarte zeigte, wo überall sich derartige »Strafräume« in der UdSSR befanden[125].

Nicht nur Zeitungen und Zeitschriften, auch Bücher dienten als Medium, das, zum Teil mit Zeichnungen angereichert, Vorstellungen vom Lageralltag vermittelte. Die verbandseigene »Buchkameradschaft im VdH«[126] und der »Verlag der Heimkehrer« (Göppingen)[127] förderten den Vertrieb von Heimkehrerliteratur. Authentizität, wie sie etwa die Publikation von Briefen gewährleisten sollte, war ein

[121] Vgl. Moeller, War Stories (2004), S. 40–44.

[122] Armee hinter Stacheldraht. In: Stern, 12.2.1950.

[123] Vgl. Moeller, War Stories (2004), S. 222, FN 84: R. Weinmann, Russland, wie ich es gesehen habe, in: FAZ, 8.3.1952; Josef Schmidt, Nachrichten aus den Lagern des Schweigens: Im Lager Friedland trafen 193 Spätheimkehrer ein, in: SZ, 21.6.1952; Der Hölle entronnen, in: Berliner Morgenpost, 27.9.1953; Hier warten immer noch Kriegsgefangene und Internierte auf ihre Heimkehr, in: Münchener Merkur, 3.10.1953.

[124] Jahrbuch der öffentlichen Meinung, Bd 1, S. 56. Die Schlagzeile fand bei Frauen etwas mehr Interesse als bei Männern. Das zweitgrößte Interesse weckte offenbar die Frage der Wiedervereinigung (46 %).

[125] Gemordet wurde nachts. Ein Bericht aus dem sowjetischen Zwangsarbeitslager Karaganda. In: Der Spiegel, 23.5.1951. Vgl. auch die Karten in: Die Welt, 26.6.1952.

[126] Vgl. die Mitgliederwerbung in: Der Heimkehrer, 5.5.1955, S. 7.

[127] Vgl. beispielsweise die Werbung in: Der Heimkehrer, 3.9.1955, S. 8.

Verkaufsargument[128]. In diesem Zusammenhang erlebte auch die Kriegsliteratur der zwanziger und dreißiger Jahre manche Neuauflage. Edwin Erich Dwingers literarischem Bericht über die Kriegsgefangenschaft in Russland etwa – »Die Armee hinter Stacheldraht« – bescheinigte der Verlag eine große Aktualität. Werke des nationalistischen Militarismus, die bereits nach dem Ersten Weltkrieg die politischen Ressentiments gegenüber der Sowjetunion geschürt und das schwere Schicksal deutscher Kriegsgefangener in russischem Gewahrsam ausgemalt hatten, blieben über das zweite Kriegsende 1945 hinaus von tagespolitischem Interesse. Nicht allein, dass es erneut Millionen Kriegsgefangene in Russland gab; vielmehr hatten sich, wie der Verlag betonte, auch die Umstände kaum verändert: »Russlands innerstes Wesen bleibt sich immer gleich.« Der Band schildere daher auch heute noch »sein Leid, sein Opfer, seinen Tod« auf unübertroffene Weise. Er war nachgerade ein »Standardwerk des ›Plennis‹«[129]. In der Schriftenreihe des VdH erschienen 25 Bände bis 1960. Zu den Verbandspublikationen zählte die Trilogie »Harfen im Stacheldraht«, »Menschen im Feuer«, »Du bist es, auserwählt«[130].

Dass die Kameradschaft der Kriegsgefangenen die wesentliche Voraussetzung dafür war, dass die Soldaten die Zeit hinter Stacheldraht überstanden hatten, war ein Topos der Erlebnisberichte. Die Isolierung nach außen wurde durch die Gemeinschaft im Innern kontrastiert. Leiden war geteiltes Leiden. Diese Gemeinsamkeit machte, analog zur Fronterfahrung, die »Erlebnisgemeinschaft«[131] der Heimkehrer aus. Allerdings waren die Grenzen der Kameradschaft zuweilen mit nationalen, wenn nicht rasseideologischen Pflöcken abgegrenzt. Ein Sonderfall wie die Gefangenschaft des Geschäftsführers einer deutsch-japanischen Ingenieurfirma legte das offen. Dr. Helmut Leutelt war 1945 zusammen mit Chinesen, Japanern und Mongolen in der Mandschurei von sowjetischen Soldaten gefangen genommen, in die Gegend nördlich der Mongolei verschleppt und 1947 in Sverdlovsk, dem heutigen Jekaterinburg (Ural) wegen angeblicher Spionage zu zwanzig Jahren Zwangsarbeit verurteilt worden; die Haft hatte er bis zu seiner Freilassung 1955 in den Lagern im Nordural

[128] Vgl. zum Beispiel Harry Mielert, Russische Erde; Helmut Bohn, Vor den Toren des Lebens. In russischer Kriegsgefangenschaft 1944–47. Die Verlagswerbung des Otto Dikreiter Verlag (Berlin, Frankfurt a.M.) stellte durch Zitate aus der Hannoverschen Presse und den Badischen Nachrichten die »Wahrhaftigkeit« des 34-jährigen Verfassers bzw. des Berichts heraus. Bohn wurde gar mit Erich Maria Remarque und Fjodor Dostojewski verglichen; das Buch sei wie ein »spannender Film« und vermittle treffend die »Atmosphäre des Dahinvegetierens; Verlagswerbung in: Dwinger, Wenn die Dämme brechen, S. 646.

[129] Dwinger, Die Armee hinter Stacheldraht; vgl. Wurzer, Die Kriegsgefangenen der Mittelmächte, der wiederholt auf Dwingers Schilderungen zurückgreift, S. 263 f. Der Begriff »Plennis« ist eine zeitgenössische deutsche umgangssprachliche Bezeichnung, die vom russischen Begriff für Kriegsgefangene »vojna plenni« abgeleitet wurde.

[130] Im Verlag Der Heimkehrer erschienen: Harfen im Stacheldraht. Eine Anthologie der Kriegsgefangenenlyrik (Zusammentellung: Fritz Rabe), Göppingen 1954 (79 S.); Menschen im Feuer. Erzählungen (Zusammenstellung: Fritz Rabe). Im Auftrag des Verbandes der Heimkehrer, Kriegsgefangenen und Vermißten-Angehörigen Deutschlands e.V., Heidelberg 1955 (Scharnhorst-Buchkameradschaft, 157 S.); Du bist es, auserwählt. Das Zeugnis der Gefangenen. Hrsg. von Wolfdietrich Kopelke und Fritz Rabe, Berlin 1956 (214 S.).

[131] Zur zeitgenössischen Verwendung des Begriffs vgl. z.B.: Ist die Erlebnisgemeinschaft »nicht gefragt«? In: Der Heimkehrer, 10.5.1959, S. 2.

und im Gebiet Taischet verbüßt. Zehn Jahre später veröffentlichte Leutelt einen Bericht über diese Zeit in Sibirien; ein Auszug erschien zum zehnten Jahrestag des Kriegsendes im *Heimkehrer*. Jahrelang sei Leutelt »der einzige Deutsche zwischen Zehntausenden von Asiaten und später auch Osteuropäern« geblieben, hieß es dort in der Einleitung. Im Unterschied zu jenen Kameraden, die »als Angehörige eines Volkes die gleichen Empfindungen hatten« und mit denen man sich in der Muttersprache verständigen konnte, war Leutelt dieses »Glück« nicht zuteil geworden. Seine Erlebnisse aus der Kriegsgefangenschaft seien »anderer Art«, denn die Menschen in den Lagern seien »anders« gewesen als die, mit denen die große Masse deutscher Kriegsgefangener in der Sowjetunion zusammen gelebt habe[132].

Auch der Antibolschewismus diente als ein ideologisches Bindeglied der vermeintlichen Tatsachenberichte über deutsche Kriegsgefangene in der Sowjetunion. Damit ließen sich dem Nationalsozialismus nahe Autoren auch in Schutz nehmen. Gegen den vorweggenommenen Vorwurf an Dwinger etwa, dem NS-Staat gedient zu haben, betonte der Verlag, Dwingerss einziger »Dienst« habe in seinem »bedingungslosen Antibolschewismus« bestanden, den er vor, während und nach der Zeit des Nationalsozialismus vertreten habe[133]. *Der Spiegel* wies auf diesen politischen Einschlag eines literarischen Genres hin, das sich hinter dem Anspruch auf eine sachlich-nüchterne Berichterstattung verbarg. Denn Autoren wie Dwinger schöpften zwar aus eigenem Erleben, urteilten aber von einem klaren Standpunkt aus, der sich außerhalb der geschilderten osteuropäischen Welt, im Umkreis der »abendländische[n] Dome« befand. Die Publikation des Berichterstatters war daher stets auch der Versuch, »zu protestieren und Gefühle der Abwehr und des Widerstandes wachzurufen«[134].

Kriegsgefangenschaft fand auch auf der Bühne statt. Wer sich vorübergehend in die ferne Welt des Lageralltags versetzen lassen wollte, konnte entsprechende Theateraufführungen besuchen. Auf dem zweiten Heimkehrer-Deutschlandtreffen 1957 inszenierte beispielsweise eine bayerische Heimkehrer-Spielgruppe das Schauspiel »Die Gefangenen« von Stefan Bracava[135]. Bekannter wurde freilich ein Stück, das bereits 1947 als Hörspiel konzipiert war: »Draußen vor der Tür« starb der Landser Beckmann am Ende des gleichnamigen Stückes von Wolfgang Borchert, vor Verzweiflung über die Gleichgültigkeit seiner Mitmenschen. Beckmann, mit einer zerschossenen Kniescheibe aus dem Krieg zurück, war »einer von denen, die nach Hause kommen und die dann doch nicht nach Hause kommen, weil für sie kein Zuhause mehr da ist«. Weil sie als Parabel über die Situation der Heimkehrer rezipiert wurde, geriet die Geschichte, die am 21. November 1947, einen Tag nach dem

---

132 Menschen in Menschenhand. In: Der Heimkehrer, 10.5.1955, S. 2. Vgl. Leutelt, Menschen in Menschenhand.

133 Verlagswerbung zu Dwingers Schilderung des russischen Bürgerkrieges (Zwischen Weiss und Rot. Die russische Tragödie, 1930). In: Dwinger, Wenn die Dämme brechen, S. 645 f.

134 Der Spiegel, 26.12.1951, S. 30.

135 Laienspiel und Film: Ausdruck des Erlebens. In: Sonderheft Der Heimkehrer, Nr. 13/14, Juli 1957; die Abb. zeigt Männer hinter Stacheldraht auf einer Bühne. Vgl. auch: Freiheit ohne Furcht (wie Kap. III, Anm. 93), S. 150 f. (Abb.)

Tod des erst 26-jährigen Autors in Hamburg uraufgeführt worden war, zu einem großen Bühnenerfolg.

Auch das Radio sorgte für die Präsenz der Kriegsgefangenen. Seit 1953 erinnerte die Wunschkonzert-Sendung »Was ihr wollt« jeden Sonntagnachmittag um 15 Uhr im Nordwestdeutschen Rundfunk (NWDR) an die Soldaten. »Wir beginnen die Sendung mit einem Lied für die noch nicht zurückgekehrten Kriegsgefangenen«, lautete der Eröffnungssatz. Zum Auftakt der Sendung erklang stets ein ihnen gewidmetes Lied, das sich die Angehörigen der Gefangenen gewünscht hatten. »Hunderte« Musikwünsche speziell von betroffenen Hörerinnen und Hörern seien bereits berücksichtigt worden. Der VdH lobte das Wunschkonzert als eine Möglichkeit, regelmäßig darauf hinzuweisen, dass es »noch Deutsche gibt, die hinter Stacheldraht leben«[136].

Zur sozialen Praxis der gemeinsamen, öffentlichen Erinnerung zählten schließlich auch regelmäßig wiederkehrende Veranstaltungen wie die »Gedenktage«, »Gedenkwochen« und »Heimkehrer-Deutschlandtreffen«. Am 26. Oktober 1950 rief die Bundesregierung erstmals zum »Tag der deutschen Kriegsgefangenen« auf[137], der fortan unter der Regie des VdH stand. Bei allen Unterschieden gab es in allen Städten ähnliche Rituale. Alarmsirenen und Kirchenglocken weckten die Aufmerksamkeit der Bürger und läuteten das Ereignis ein; in Schweigemärschen zogen die Menschen durch die Straßen, einige trugen Gedenktafeln, welche die Solidarität mit den abwesenden Soldaten zum Ausdruck brachten. Durch die Praxis des gemeinsamen öffentlichen Erinnerns gaben sich die Menschen als persönlich Betroffene zu erkennen, die sich wechselseitig – und sich selbst – versicherten, dass sie die kriegsgefangenen Soldaten auch mehr als fünf, zehn Jahre nach Kriegsende nicht vergessen hatten und nicht vergessen würden. »Tag der Treue« lautete denn auch 1954 das Motto.

Demselben Zweck dienten die jährlichen »Gedenkwochen«. Sie waren eine Zeit der besonders intensiven Mobilisierung für die Sache der Kriegsgefangenen. Den Honoratioren der Städte, der Parteien und der Veteranen-Verbände boten sie eine Gelegenheit für Ansprachen, in denen sie explizit – wie bereits das Publikum durch seine bloße Anwesenheit – die enge Verbundenheit bekundeten und versprachen, die Kameraden und ihre Angehörigen nicht zu vergessen. In (West-)Berlin ließ es sich der Regierende Bürgermeister Ernst Reuter 1953 nicht nehmen, eine öffentliche Ansprache zu halten. Nicht nur Plakate[138], sondern auch eine mehrere Meter hohe Kerze kündeten von der öffentlichen Demonstration der Erinnerung. Nicht das stille Gedenken, sondern eine öffentlichkeitswirksame Veranstaltung lenkte hier das Interesse auf die deutschen Soldaten in der Sowjetunion. So organisierten die Veranstalter während der Gedenkwoche in West-Berlin einen

---

136 Jeden Sonntag im NWDR: Ein Lied für die Heimkehrer. In: Der Heimkehrer, 3.9.1955, S. 7.

137 Vgl. etwa Norbert Hammacher, Gedenktag der Kriegsgefangenen. In: fdk, 1. Jg., Nr. 73 (20.10.1950), S. 6 f.

138 Moeller, War Stories (2004), Abb. 16. Vgl. als Beispiel für die Beteiligung der Parteien: Archiv des Liberalismus (ADL), Signatur 367, Rednerschnellbrief 4/52, S. 2: FDP unterstützt Woche der Kriegsgefangenen; ebd., 8/52, Anlage: Bericht und Bildbeilage über Großkundgebungen des LV Berlin anläßlich der Kriegsgefangenen-Gedenkwoche.

Marathon mit Fackelträgern[139]. Im Jahr zuvor, im Oktober 1952, hatten Tausende freiwilliger Helfer des VdH in der Kriegsgefangenen-Gedenkwoche rund sieben Millionen Unterschriften für die Freilassung der Kriegsgefangenen gesammelt. Die Listen wurden in den »Ehrenschreinen« der Landesverbände auf der niedersächsischen Burg Greene, »hart an der Zonengrenze«, aufbewahrt[140]. Die Burg galt als »Bundesweihestätte« des VdH.

Neben der gemeinsamen Erinnerung an die Kriegsgefangenen im öffentlichen Raum fanden ab Mitte der fünfziger Jahre jährliche Massenveranstaltungen statt, die speziell den ehemaligen Soldaten ein Forum der Erinnerung an die gemeinsame Zeit in Krieg und Kriegsgefangenschaft und des Gedenkens an die noch nicht entlassenen Kameraden boten. Zum ersten »Heimkehrer-Deutschlandtreffen« 1955 kamen 150 000 Teilnehmer nach Hannover. 1957 pilgerte eine Viertel Million Menschen zum zweiten Deutschland-Treffen nach Frankfurt am Main. Sie unterzubringen und zu verpflegen, bedeutete einen logistischen Kraftakt, der – wie die Berichterstattung gerne betonte – nicht zuletzt durch freiwillige Hilfe (um nicht zu sagen: Sponsoring) gestemmt werden konnte: Die Maggi-Werke spendierten 15 000 Suppen, die Frankfurter Metzger-Innung lieferte kostenlos 200 Kilogramm Speck und die Bäcker-Innung 2000 Brötchen. Für die Unterbringung in Massenquartieren sorgte unter anderem der Bundesgrenzschutz, der 15-Mann-Zelte für das Zeltlager nahe den Messehallen bereitgestellt hatte. Als Ausdruck der Anteilnahme wurde diese Hilfe unter den ehemaligen Kriegsgefangenen sorgfältig registriert. Ausführlich berichtete darüber Der *Heimkehrer* in einem reich bebilderten Sonderheft. Das mitmenschliche Engagement passte zu dem Motto, unter dem die Veranstaltung durchgeführt wurde. »Zur Verantwortung gerufen«: Das war ein Appell an die ehemaligen Soldaten wie auch ein Ausdruck ihres Selbstverständnisses, aber auch eine Botschaft an die übrige Bevölkerung. Wie schon zwei Jahre zuvor, als die Devise »Kriegsgeneration sucht Europa« hieß, signalisierten die Massenveranstaltungen die Gegenwartsorientierung derer, von denen man eher annehmen konnte, dass sie die Vergangenheit noch nicht überwunden hatten.

Das jährliche Ereignis blieb nicht auf Großstädte wie Hannover, Frankfurt a.M. oder Köln beschränkt. Sorgte bereits die Presse für eine landesweite Präsenz, hatten die Organisatoren der Veranstaltung einen Vorlauf gegeben, der das Thema der Kriegsgefangenschaft in einem hochgradig symbolischen Akt von Ort zu Ort trug. Wie das olympische Feuer von Athen immer wieder durch einen Staffettenlauf an den jeweiligen Austragungsort der Olympischen Spiele gebracht wird, ging den Heimkehrer-Treffen der Transport einer bestimmten Glocke voraus. Die »Friedland-Glocke« läutete seit dem zweiten Heimkehrer-Deutschland-Treffen 1957 in Frankfurt am Main die Veranstaltung ein. Der Klang der Glocke, die 1949 zum Adventssonntag im Auffanglager Friedland erstmals ertönte, war, wie es im

---

139 Vgl. die Abbildungen 18 und 19 bei Moeller, War Stories (2004).

140 Freiheit ohne Furcht (wie Kap. III, Anm. 93), S. 24, 56 f. (Abb.). Die Unterzeichnenden bekannten: »Ich bekenne mit meiner Unterschrift meine Verbundenheit mit den deutschen Kriegsgefangenen in aller Welt. Ich fordere die Freiheit aller von den Gewahrsamsmächten. Ich glaube erst dann an den Friedenswillen aller Regierungen, wenn alle Kriegsgefangenen in ihre Heimat entlassen sind.«

Heimkehrer hieß, für die ehemaligen Kriegsgefangenen wie der »Klang der Freiheit« – eine akustische Erinnerung an den Moment der Befreiung und an den Ort, der mit diesem Moment für die meisten Heimkehrer verbunden war. Die Friedlandglocke wurde in einem öffentlichen Schauspiel aus dem Lager bei Göttingen zum Ort des jeweiligen Treffens transportiert. 1958 beispielsweise verlief die Route von Friedland unter anderem über Göttingen, Kassel, Gießen, Wetzlar, Koblenz, Andernach und Bonn nach Köln. In den jeweiligen Orten wurde die Ankunft der Glocke mit einer Zeremonie auf dem Marktplatz gefeiert; ihr Klang sollte von dem Motto des VdH künden: »Ohne Furcht der Freiheit dienen[141]!«

Die Gedenktage, Gedenkwochen und Deutschland-Treffen boten immer wieder einen besonderen Anlass, durch mehrere Millionen Plakate, Flugblätter und Handzettel auf das Schicksal der Kriegsgefangenen in der UdSSR hinzuweisen[142]. Das schematisierte Bild eines Soldaten oder seines kahlrasierten Kopfes hinter Stacheldraht diente auf deutscher Seite als eingängiges Symbol für die komplexe Kriegsgefangenenproblematik. Mit Stacheldraht assoziierten die Westdeutschen immer weniger die Konzentrationslager des NS-Regimes als die Kriegsgefangenenlager der Sowjetunion[143].

Waren diese Formen der sozialen und symbolischen Praxis der Repräsentation an den Jahres-Rhythmus gebunden und räumlich konzentriert, erinnerten in Städten und Dörfern landauf, landab bis 1955, zehn Jahre nach Kriegsende, mehr als 1000 Mahnmale und Mahntafeln an die Gefangenen[144]; bis 1960 stieg die Zahl noch einmal auf 1455 an[145]. Kreuze, Gedenksteine, Tafeln, Folianten, Haine, Inschriften fixierten das Versprechen ihrer Stifter: Wir warten auf Euch!

Für eine millionenfache Verbreitung eines Symbols der Kriegsgefangenschaft, die Silhouette eines kahlen Kopfes hinter Stacheldraht, sorgte ab dem 9. Mai 1953, einem »Muttertag«, die Deutsche Bundespost. Sie widmete den deutschen Kriegsgefangenen eine 10-Pfennig-Briefmarke – die erste Ausgabe in einem kombinierten Präge-Druck-Verfahren. Die von Karl Hans Walter (Stuttgart) entworfene schlicht gehaltene Marke zeigt die Kopfsilhouette auf grauem Hintergrund und trägt die am Rand links und oben umlaufende Aufschrift »Gedenket / unserer Gefangenen«. Zwei Stacheldrähte verlaufen im Vordergrund quer über den Schädel und horizontal auf der Höhe des Halses. Aufgrund des Druckverfahrens und des dafür gewählten weicheren Papiers treten Kopf, Augen, Nase, Mund und Ohr wie in einem Relief plastisch hervor[146].

---

141 In Köln läutet die Friedlandglocke. In: Der Heimkehrer, 10.5.1959, S. 4. Dort die Abb. der Route.

142 Das hat der Verband der Heimkehrer geleistet. In: Der Heimkehrer, 3.9.1955, S. 3.

143 Vgl. die Abb. bei Moeller, War Stories (2001), S. 10 f. Auf einem Plakat der SPD hieß es: »5000000 FEHLEN / GEBT SIE FREI!«; »Unsere Kriegsgefangenen und die Verschleppten des Sowjetterrors klagen an«. Ein Plakat zur Wanderausstellung des VdH 1953 verkündete: »Wir mahnen. Kriegsgefangenschaft als Erlebnis und Aufgabe.«

144 Das hat der Verband der Heimkehrer geleistet. In: Der Heimkehrer, 3.9.1955, S. 3.

145 Die Zahl nach: Freiheit ohne Furcht (wie Kap. III, Anm. 93), S. 210.

146 Vgl. auch die Abb. unter URL: http://www.kiel-briefmarken.de/WWW/PHILNET/KIEL/KIELHOME.NSF/(HTML)/PresseDBZ8-D?OpenDocument (20.11.2010).

Postwertzeichen der Deutschen Bundespost: »Gedenkt unserer Gefangenen«, Ausgabe: 9.5.1953, gültig bis 31.12.1954. Auflage: 101 200 000. *Entwurf: Prof. Karl Hans Walter.*

Die Marke erregte wegen ihrer politischen Aussage nicht nur in West-, sondern auch in Ostdeutschland große Aufmerksamkeit. Die SED ließ sich ungern an ihre unrühmliche Rolle in der Kriegsgefangenenproblematik erinnern. Briefe, auf denen die westdeutsche Marke mit dem Kriegsgefangenenmotiv klebte, wurden in der DDR geschwärzt oder mit Hilfe der sogenannten Adenauer-Klebemarke konterkariert: Vignetten mit der Aufschrift »Gedenket der Gefangenen, die in Adenauers Kerkern schmachten«, wurden über Briefmarken oder Poststempel mit missliebigen politischen Aussagen auf fremden Postsendungen geklebt[147]. Das symbolische Motiv der Kriegsgefangenschaft ließ das Postwertzeichen zu einer nur auf den ersten Blick harmlosen Waffe der Propaganda im »Postkrieg« zwischen West- und Ostdeutschland werden[148]. Mit anderen Worten: Die Erinnerung an den Zweiten Weltkrieg und seine Folgen wurde auf der symbolischen Ebene auch zu einem Modus der Erfahrung des Kalten Krieges.

Stacheldraht und Grenzen: Mit diesen Schlüsselbegriffen ließ sich die Rede über die Kriegsgefangenschaft auch semantisch und symbolisch in die Nähe der Kritik an der deutschen Teilung verbinden. So startete der »Freiheitslauf der deutschen Jugend« in Meersburg am Bodensee am unvollendet gebliebenen Ehrenmal der deutschen Kriegsgefangenen des Ersten Weltkrieges. Er führte als Staffettenlauf mit Fackeln rheinaufwärts, durch das Ruhrgebiet bis zur niedersächsischen Grenze, wo sich der »Ehrenturm der deutschen Kriegsgefangenen« befand. Von dort wurden die Fackeln auf dem Luftweg nach West-Berlin transportiert. Auf dem Ernst-Reuter-

---

147 Vgl. Museumsstiftung Post und Telekommunikation, Berlin: Vignetten-Druckbogen der DDR 1953, Inv. Nr. 2.2002.7051.

148 Darin mag man eine Fortsetzung der Briefmarkenpropaganda sehen, wie sie die Alliierten bereits während des Krieges betrieben hatten, indem sie gängige Motive abänderten und ihre Botschaft ins Gegenteil verkehrten: Man denke etwa an die zu Hitlers 48. Geburtstag 1937 erschienene 6-Pfennig-Marke, die Hitlers Kopf zeigt. In der amerikanischen Propagandafälschung wurde der Hitler-Kopf durch einen Hitler-Totenschädel über Grabkreuzen ersetzt; Galgen ersetzten für die Wertbezeichnung in den oberen Ecken, die Inschrift am unteren Markenrand »Deutsches Reich« trug den Zusatz »1944«. http://www.museumsstiftung.de/stiftung/d1xx_sammlungen.asp?dbid=10&kattype=B&kat=109&page=3 (20.11.2010).

Platz standen, wie es später in einer Publikation des VdH hieß, »Kriegsgenerationen und Jugend in der Bekundung der Freiheit, widernatürliche Grenzen überwindend, von der Schweizer Grenze bis zur alten Reichshauptstadt zusammen«[149]. Der symbolische Staffettenlauf quer durch Deutschland, gleichsam über die DDR hinweg, verband in seiner geschickten Inszenierung nicht nur die Westdeutschen mit den deutschen Soldaten in sowjetischer Gefangenschaft; auch Ost- und Westdeutsche sowie die Kriegs- und Nachkriegsgeneration wurden symbolisch zusammengebracht. Wenn sich der VdH für die »deutschen Gefangenen« einsetzte, konnte das zweierlei bedeuten: das konkrete Bemühen um die Repatriierung und Reintegration der Kriegsgefangenen, aber auch das abstrakte Streben nach einem freien, vereinten Deutschland – »denn auch die 17 Millionen in Mitteldeutschland sind unfreie Menschen und bedürfen des Kraftstroms unserer Liebe«[150]. Stacheldraht wurde zu einem verbindenden Symbol. »Dem Draht entronnen, durch Draht getrennt«: Mit dieser Formel brachte der VdH seine politische Absicht zum Ausdruck, als Heimkehrerverband auf die Wiedervereinigung hinzuwirken.

Das Bild der durch Stacheldraht erzwungenen Lagergesellschaft wurde zudem zum Ideal einer verschworenen Gemeinschaft überhöht, die nicht trotz, sondern wegen des Drahtes die Soldaten in einem positiven Sinn »zusammengeschlossen« hatte. Die so verstandene Lagergemeinschaft wurde in einem Kontext, in dem es um die Überwindung der deutschen Teilung ging, mit der nationalen Zusammengehörigkeit und Solidarität assoziiert. »Wir waren die Gemeinschaft«, hieß es in einem Rückblick des VdH, »die ein Abbild der Gemeinschaft unserer Nation sein *sollte*«. Umso weniger schien es nach der Heimkehr vorstellbar, geschweige denn hinnehmbar, dass diese soldatisch-nationale Gemeinschaft gewaltsam getrennt würde und die einen Kameraden in der Bundesrepublik, die anderen in der DDR lebten. Der VdH hatte daher einen speziellen Hilfsfonds eingerichtet, um die Veteranen auf der anderen Seite des Stacheldrahtes mit Paketen zu unterstützen. Solange der »Zonenkamerad« – so hieß auch der Fonds – nicht in einem vereinten Deutschland leben könne, so lange seien auch die (westdeutschen) Kameraden »nicht heimgekehrt«[151].

In diesem Deutungszusammenhang nahm Berlin als geteilte Stadt eine besondere Funktion ein. Vor allem West-Berlin wurde dort, wo ein Bogen von den Erinnerungen an Krieg, Kriegsgefangenschaft und Heimkehr zur politischen Aufgabe der Gegenwart geschlagen wurde, zum »Gleichnis eines riesigen Lagers, umgeben von Stacheldraht und Posten«. So ermöglichte der VdH nicht nur (bis 1960: 8300) bedürftigen West-Berliner Kindern einen Aufenthalt in Westdeutschland, sondern sprach sich auch dafür aus, westdeutsche Kinder nach Berlin zu schicken, damit sie »das Erlebnis des Schlagbaums [...], des Gefangenenlagers Berlin und des inneren Widerstandes seiner Bevölkerung« haben[152].

---

149 Freiheit ohne Furcht (wie Kap. III, Anm. 93), S. 24.

150 Ebd., S. 31.

151 Ebd., S. 188 f. Herv. J.E. Vgl. die Abb., die eine Gruppe von Männern Frauen und Kindern zeigt, die durch eine Stacheldrahtrolle getrennt wird. Der Fonds sammelte 121 500 DM bis 1960. Ebd., S. 210.

152 Ebd., S. 192; die Zahlenangabe ebd., S. 210.

Die Rhetorik der Gewalt, mit der das Bild des Stacheldrahtes ebenso einherging, wie es auf den Aspekt der Trennung verwies, unterstrich den Zusammenhang, der hier zwischen Kriegsgefangenschaft und deutscher Teilung konstruiert wurde. Die Teilung habe kein Deutscher gewollt, deshalb sei sie ein »Produkt der Gewalt«[153]. Mit der Heimkehr der allermeisten Soldaten schien sich die Aufgabe des VdH nicht erledigt zu haben. Hier zeigte sich besonders deutlich, wie sehr die Repräsentationen des Krieges und der ehemaligen deutschen Soldaten mit der aktuellen politischen Situation verquickt waren.

Die materielle Inszenierung von Kriegsgefangenschaft besaß schließlich eine besondere Anschauungs- und Anziehungskraft. In West-Berlin zeigte 1952 eine Ausstellung den Nachbau von Stacheldrahtzaun und hölzernem Wachturm[154]. Eine weitere Ausstellung unter dem Titel »Ohne Furcht der Freiheit dienen« schilderte die Rückkehr des Heimkehrers in die Familie, die Gemeinschaft mit seinen Kameraden und seine aktive Mitarbeit in der Kommune und im Staat, aber auch die Leistungen des VdH. Bundesweite Aufmerksamkeit fand in den frühen fünfziger Jahren eine Wanderausstellung, die im März 1951 zunächst unter dem Titel »Kriegsgefangene reden« in der Frankfurter Paulskirche der Öffentlichkeit vorgestellt wurde. Zehntausende Westdeutscher besuchten allein im Frühjahr 1953 die Schau, die das Leben in sowjetischer Kriegsgefangenschaft zeigte. Bis 1955 sahen laut VdH 600 000 Besucher die Ausstellung, die dann den Titel trug: »Wir mahnen: Erlebnis ist Aufgabe«[155]. Viele der knapp 1300 Exponate, vor allem handwerkliche Arbeiten, die während der Kriegsgefangenschaft entstanden waren, stammten aus dem Kriegsgefangenen-Archiv des VdH.

Der Grundstock des Fundus war jedoch bereits in den späten zwanziger Jahren gelegt worden, als man Gegenstände der Kriegsgefangenschaft im Ersten Weltkrieg – handwerkliche Arbeiten ebenso wie Lagerzeitungen, Bilder und Zeichnungen oder Heimkehrerbriefe – in einem Archiv und Museum gesammelt und ausgestellt hatte. Die Sammlung war 1939 dem Deutschen Roten Kreuz übergeben worden. Als sie Anfang 1950 wieder auftauchte, hatte sie einen neuen Bestimmungszweck: Sie sollte, wie es im Katalog hieß, für jene genutzt werden, »die aus Kriegsgefangenen zu Kriegsverbrechern gemacht, als Verschleppte zur Sklavenarbeit zurückgehalten wurden«. Dabei lag der spezifische Ansatz der Ausstellung erklärtermaßen darin, den Besuchern die »*menschliche* Seite« der Kriegsgefangenschaft vor Augen zu führen, die in der politischen Debatte häufig aus dem Blick gerate. Diese Form der Repräsentation wandelte sich. Die Exponate aus der ersten Nachkriegszeit wurden laufend durch neue Dokumente und Gegenstände ergänzt, die Heimkehrer des Zweiten Weltkrieges zur Verfügung stellten. Der Ort der Paulskirche war wegen seines symbolischen Stellenwertes als – wie man heute sagen würde – Erinnerungsort der deutschen Freiheitsbewegung zum Schauplatz der Inszenierung bestens geeignet.

Die öffentliche Erinnerung der Heimkehrer war ihre Mahnung, die Gefangenen nicht zu vergessen. Allerdings blieb die Erinnerung nicht auf die deutschen

---

153 Ebd., S. 188.
154 Moeller, War Stories (2004), Abb. 15; vgl. Beil, Erfahrungsorte des Krieges.
155 Das hat der Verband der Heimkehrer geleistet. In: Der Heimkehrer, 3.9.1955, S. 3.

Kriegsgefangenen in der Sowjetunion beschränkt. Die Veranstalter der Wanderausstellung zeigten sich skeptisch gegenüber dem Herausstellen einzelner Opfergruppen. Die Leidenserfahrung in den Kriegsgefangenenlagern wies über sich selbst hinaus. Weil sie jahrelang am Boden »vegetiert« hätten, seien die ehemaligen deutschen Kriegsgefangenen in der Lage, über »das eigene Leid hinüber zu tasten zu dem ganzen Umfang des Leidens«. Die Heimkehrer sahen sich – wenn man etwa dem Selbstverständnis folgt, das der Ausstellungskatalog präsentierte – als Teil einer »große[n] Gemeinschaft aller Gequälten«. Ob die Qualen »hinter dem faschistischen, bolschewistischen oder demokratischen Stacheldraht« erlitten worden waren, spielte hier keine Rolle. Die Heimkehrer stellten sich als »Märtyrer« in eine Reihe mit den »unschuldig gestorbenen Märtyrern *aller* Völker«, mithin auch der zu Märtyrern verklärten Opfern des Nationalsozialismus[156].

Die Abbildungen des Ausstellungskatalogs zeigen zum einen die Leitmotive des Leidens: Zwangsarbeit, Heimweh, Wehrlosigkeit im Kerker – aber auch den Verrat der Kameradschaft[157]. Zum anderen spiegeln die Bilder der Madonnenfiguren, der »Geige aus Kistenholz« oder eines Schachbretts den Willen der Kriegsgefangenen wider, sich auch unter widrigen Umständen ein Minimum an Kultur zu bewahren. Was die Ausstellung nicht zeigte, monierte *Die Tat* anlässlich der Schau während des zweiten Heimkehrer-Deutschlandtreffens in Frankfurt 1957: Sie »verschweigt, dass die Hand, die uns die Wunden schlug, in Notwehr handelte, verschweigt, wer die Waffen geschmiedet hat«[158].

Die Ausstellung diente der Sinnstiftung ausdrücklich noch auf eine andere Weise: als ethische Orientierungshilfe auf dem Weg zu menschlichen Werten, die dem VdH in Vergessenheiten zu geraten drohten. Vor dem Hintergrund einer kulturpessimistischen Einstellung, der Sorge vor einem Werteverlust, die auch hier auf den Begriff der »Vermassung« gebracht wurde, erhielt die Kriegsgefangenschaft ihre besondere Bedeutung als ein (historischer) Ort, an dem sich das Problem der Vermassung in seiner extremen Form manifestierte und daher eine Lösung bot. In diesem Deutungsmuster waren Sinnlosigkeit und Sinnhaftigkeit zwei Seiten einer Medaille: Hinter der »äußeren« Sinnlosigkeit der Gefangenschaft lugte ein »innerer Sinn« hervor, der sich erst auf den zweiten Blick erkennen ließ. Die Ausstellung wies deshalb in die Vergangenheit, Gegenwart und Zukunft gleichermaßen. Sie lenkte den Blick auf die zurückliegenden Jahre des Lagerlebens, das für Zehntausende weiterhin die Gegenwart bedeutete, und sie diente als moralischer »Wegweiser« aus der vermeintlichen Kulturkrise[159].

Nicht ins Bild passte da die Nachricht, dass ein Heimkehrer den Ausstellungsmachern ein Plagiat untergeschoben hatte: Eine eindringliche Lithografie, die eine betende Mutter zeigte, entpuppte sich nicht als Ausdruck der Verarbeitung erfah-

---

156 Ausstellung »Wir mahnen. Kriegsgefangenschaft als Erlebnis und Aufgabe«. Veranstaltet vom Verband der Heimkehrer, Kriegsgefangenen und Vermißten-Angehörigen Deutschlands e.V., Bad Godesberg, in Verbindung mit dem Kriegsgefangenen-Archiv und Museum, 1954, S. 6.

157 Vgl. die Zeichnung »Der Spitzel« von Horst Braun. In: Ausstellung »Wir mahnen [...]« (wie Kap. III, Anm. 156), S. 9.

158 Zitiert nach So sah uns die Presse. In: Der Heimkehrer, 10.8.1957.

159 Ausstellung »Wir mahnen [...]« (wie Kap. III, Anm. 156), S. 13 (»Vom Sinn der Ausstellung«).

renen Leides, sondern als eine Steinzeichnung, die anhand einer Vorlage nachträglich angefertigt worden war; der Fotograf hatte sein Foto wiedererkannt, das eine Fachzeitschrift 1950 erstmals veröffentlicht hatte[160]. Das Frankfurter Kriegsgefangenen-Archiv und -Museum hatte das Plagiat für 500 Mark erworben. Besonders pikant war, dass Bundeskanzler Adenauer ein Exemplar erworben hatte, als die Schau in Bad Godesberg aufgebaut war – für 1000 Mark, wie die Presse zu berichten wusste.

Den Soldaten der Wehrmacht bescheinigte beispielsweise der VdH ganz im Zeichen des Totalitarismus, »zumeist zweimal Opfer eines totalitären Systems geworden« zu sein: als Soldat in der nationalsozialistischen Diktatur und als Kriegsgefangener in der bolschewistischen. Doch diese Feststellung mündete nicht in Selbstmitleid und diente auch nicht nur dazu, Entschädigungsleistungen einzufordern. Vielmehr wurde die doppelte Diktaturerfahrung umgemünzt in ein Pfund, mit dem die Soldaten in der Demokratie wuchern konnten und sollten. Die »Erlebnisse in Krieg und Gefangenschaft« verpflichteten die Soldaten auch politisch: als Kämpfer für die Freiheit[161].

In dieser Praxis der Repräsentation wurde zumeist das Bild des einfachen Soldaten gezeichnet, der im Krieg an der Ostfront seine Pflicht erfüllt habe, von Hitler und seiner verbrecherischen Clique betrogen wurde und schließlich seine Leistungsfähigkeit und Kameradschaft unter den Bedingungen der sowjetischen Lagerwelt unter Beweis stellte. Ein tieferes, selbstkritisches Verständnis für die Ursachen und den Charakter des nationalsozialistischen Krieges konnte sich bei dieser Fokussierung kaum entwickeln[162]. Vielmehr galt die fortgesetzte Kriegsgefangenschaft vielen Westdeutschen als ein Ausgleich für eigene Untaten; die Männer in den sowjetischen Lagern leisteten symbolisch für alle Deutschen Reparationen durch ihre Beteiligung am Wiederaufbau Russlands. Freilich war man in den frühen fünfziger Jahren überzeugt, längst quitt zu sein, sodass jeder weitere Tag das Strafmaß zu Unrecht erhöhte[163].

In der gesetzlichen Verpflichtung zur Ausgleichszahlung an seine Soldaten sah der VdH denn auch weniger eine auf das Individuum zielende Wohlfahrtsleistung, sondern »die Pflicht des deutschen Volkes [...], die unbezahlten Reparationsarbeiten seiner deutschen Kriegsgefangenen wenigstens symbolhaft zu entschädigen«. Darüber hinaus hegte man die Hoffnung, diese bezifferbare Entschädigungsleistung bei künftigen Friedensverhandlungen den Gewahrsamsmächten wie eine Rechnung zu präsentieren[164]. Mit dem Verweis auf diese Ersatz-Funktion der Soldaten leitete man die Erwartung an die Westdeutschen ab, die Heimkehrer nunmehr ihrerseits bei der Reintegration in die Gesellschaft zu unterstützen.

Sicher, die Diskussionen über die Spätheimkehrer aus den sowjetischen Lagern zwischen 1953 und 1955/56 lieferten auch einen medialen Rahmen, in dem überregionale Zeitschriften und Zeitungen mit der neuen Betrachtungsweise der

---

160 Ebd., S. 23 (Bild »Die betende Mutter«, Lithografie von Georg Wichmann). Vgl. Bilderschwindel. Gefangene reden. In: Der Spiegel, 10.11.1954, S. 8.

161 Freiheit ohne Furcht (wie Kap. III, Anm. 93), S. 214.

162 Moeller, War Stories (2004), S. 41.

163 So lautet auch die These von Moeller, ebd., S. 41.

164 Freiheit ohne Furcht (wie Kap. III, Anm. 93), S. 34.

»Psychosomatik« die seelischen Spätfolgen der körperlichen Gewalterfahrung des Krieges thematisierten, so wie in den ersten Nachkriegsjahren einige »Trümmerfilme« – Wolfgang Staudtes »Die Mörder sind unter uns« (1946) oder Gerhard Lamprechts »Irgendwo in Berlin« (1946) – die psychischen Leiden ehemaliger Kriegsteilnehmer einem verständnisvollen Publikum vor Augen geführt hatten. Mitte der fünfziger Jahre wurde so das private Wissen um die Veränderung der Persönlichkeit durch Krieg und Kriegsgefangenschaft in einer psychiatrischen Begrifflichkeit öffentlich vermittelbar, was sich mit dem politischen Interesse traf, die deutschen Soldaten in der UdSSR als Opfer darzustellen[165]. Doch der Nachdruck lag auf der innen- wie außenpolitischen Funktionalität der Umdeutung von Gefangenschaftserfahrungen.

d) Erfahrung vs. Erwartung: Konsumkritik und Kriegsgefangenschaft

Mit einem zeitlichen Abstand von rund zehn Jahren fanden sich die letzten ehemaligen Wehrmachtsoldaten in der westdeutschen Gesellschaft wieder und mussten angesichts drastisch veränderter Rahmenbedingungen ihre bisherigen Erfahrungen von Krieg und Kriegsgefangenschaft mit dem Alltag einer Konsumgesellschaft in Einklang bringen[166]. Hier lassen sich die Spannung von Erwartung und Erfahrung und ihre Auswirkung auf die historischen Deutungs- und Sinnstiftungsversuche besonders deutlich erkennen. Mit Blick auf diese Gruppe geht es daher noch einmal um die Funktionalität historischer Deutungen und die Vermittlungsfunktion kollektiver Repräsentationen in einem sozialen, politischen und kulturellen Umfeld, das in einem scharfen Kontrast zum Leben in der Lagergemeinschaft stand.

Die Soldaten, die in ihre Heimat zurückkehren konnten, fanden sich nicht wirklich in einer vertrauten Umgebung wieder. Sie stießen vielmehr auf die ihnen völlig unbekannte westliche Konsumgesellschaft, in der man vom Wohlstand träumte, statt vom Hunger Alpträume zu bekommen. Unbekannt waren ihnen solche Modeerscheinungen wie Pferdeschwanz und Pagenfrisur, der Lippenstift, die Nylonstrümpfe, der »Buggi« und die Jazz-Musik. Die Jugendrebellion im Herbst 1955, die mit der westdeutschen Premiere des Films »Blackboard Jungle« verbunden war, in dem Bill Haley mit »Rock around the Clock« auftrat, präsentierte neue Muster jugendlicher Männlichkeit[167]. An den Veteranen aus Russland war diese »Amerikanisierung« der westdeutschen Nachkriegskultur vorbeigegangen. Aus der Sicht konservativer Bundesbürger standen die Soldaten deshalb für jene Werte, die dadurch in Gefahr geraten waren: Bescheidenheit, Disziplin, Harmoniebedürfnis. Beim Anblick der zunehmend sexualisierten Konsumkultur, der vollen Schaufenster, des Autoverkehrs und der Unterhaltungselektronik hätte der Kontrast zu den zerbombten Stadtzentren, den Trümmerlandschaften Mitte der vierziger Jahre kaum größer sein können.

---

165 Vgl. die Analyse bei Goltermann, Die Gesellschaft der Überlebenden, S. 347–352. Danach das Folgende.

166 Wildt, Am Beginn der »Konsumgesellschaft«.

167 Vgl. Poiger, Jazz, Rock, and Rebels; Poiger, A New ›Western‹ Hero?; Poiger, Rebels with a Cause?

Das westdeutsche Stadtbild Mitte der fünfziger Jahre stand im krassen Gegensatz zu der Ansicht, die sich dem Wehrmachtangehörigen im Urlaub während des letzten Kriegsjahres geboten hatte, und zu den sowjetischen Kriegsgefangenenlagern. Das Staunen der Heimkehrer über den Luxus in der Heimat übersetzten kulturkritische Journalisten zuweilen als eine moralische Mahnung, über die Warenwerte die »wahren Werte« nicht zu vergessen. Wer mit Entbehrungen zu leben gelernt hatte und vom Konsumrausch verschont geblieben war, eignete sich gut dafür, den Schönen und Reichen ihre Dekadenz vorzuhalten und eine moralische Erneuerung einzuleiten. Journalisten, die an den deutschlandweiten Heimkehrertreffen teilgenommen hatten, präsentierten ihren Lesern die ehemaligen Kriegsgefangenen als Vorbilder für eine konsumkritische Bescheidenheit. »Kameradschaft«, wie sie sich im Teilen von Brot und Zigarette widerspiegelte, galt etwa der *Kasseler Post* als ein rares Gut in Zeiten der »Wirtschaftswunderhetze«. Das traf auch auf die Heimkehrer selbst zu. *Die Westfalenpost* (Hagen) bemerkte, dass die Erinnerung des VdH-Vorsitzenden August Fischer, mancher Kriegsgefangener habe gelobt, nach seiner Heimkehr am Jahrestag zeit seines Lebens nur eine Wassersuppe zu essen, auch manchem Heimkehrer wie eine »längst vergessene Vergangenheit« erschien. Dieses Bekenntnis zur Genügsamkeit kontrastierte in der Berichterstattung mit dem »protzigen Riviera-Wandel stilloser Wirtschaftskapitäne«, einem Virus, von dem auch mancher »kleine Mann« angesteckt sei. Übermut signalisierte Vergessen. Der Heimkehrer selbst erinnerte an ein Arbeitsethos, nach dem Verzicht viel, Überfluss nichts bedeutete. Als ein Ereignis der Vergangenheit war die Kriegsgefangenschaft nach dieser Lesart, wie die sozialdemokratische Heilbronnner Regionalzeitung *Neckar-Echo* 1957 formulierte, »zu einer Mahnung daran geworden, dass der Mensch mehr als der Käufer von Kühlschränken, Fernsehtruhen und elektrischen Waschmaschinen ist«. Weit mehr als der konsumverwöhnte »Bundesrepublikaner« verkörperte der ehemalige Kriegsgefangene »das Gewissen unserer Zeit«[168].

»Wir sahen die Heimat, aber das Bild stimmte mit unseren Vorstellungen nicht überein«, hieß es rückblickend zum Auftakt einer Publikation zum zehnjährigen Bestehen des VdH. »Eine perfektionierte Bürokratie, die Massengesellschaft, die Übermacht der technischen Welt, der Zwang zum Konsum«: Diese gesellschaftlichen Veränderungen wurden zum einen als Ausdruck des historischen Wandels erfahren, der mit Verunsicherung und Orientierungslosigkeit einherging. Die westdeutsche Konsumgesellschaft war in den Augen des ehemaligen Soldaten »ein unersättlicher Strudel, der den Einzelnen zu verschlingen droht«[169]. Zum anderen nahmen die Männer diese Veränderung vor der besonderen Kontrastfolie ihrer Kriegs- und Kriegsgefangenschaftserfahrungen wahr. In dieser Deutung wurde die wiedergewonnene Freiheit radikal in Frage gestellt. Stand »nicht auch die freie Welt«, in die der Soldat zeitverzögert entlassen wurde, »unter Zwang in vielerlei Gestalt«[170]? Angesichts der erneuten, wenngleich anders gelagerten Erfahrung von Unfreiheit

[168] Zitiert nach einem Pressespiegel des VdH nach dem Heimkehrer-Deutschlandtreffen in Frankfurt a.M.: So sah uns die Presse. In: Der Heimkehrer, 10.8.1957.

[169] Freiheit ohne Furcht (wie Kap. III, Anm. 93).

[170] Ebd.

– Konsumterror statt Willkürherrschaft – kehrte sich die Freude über das Ende des Zwangs in das Leiden an der Freiheit um. Zugleich wurde die Unfreiheit im Lager dadurch relativiert, dass man dem äußeren Zwang eine »innere Freiheit« gegenüberstellte, die sich die Soldaten den widrigen Umständen zum Trotz bewahrt hätten, oder mehr noch: die sie dank dieser Umstände überhaupt erst gewonnen hätten.

In der Jubiläumspublikation des Heimkehrerverbandes wurden die Erfahrungen an der Front und während der Gefangenschaft in Worten und visuell, durch eine Text-/Bildabfolge, so effektvoll miteinander verknüpft, dass sich in der Schwäche die Stärke erwies. Im Artilleriefeuer vorwärtsstürmend oder mit dem Rücken an der Wand Deckung suchend, habe man Angst gehabt, aber zugleich erkannt: »Der Geist steht über der Materie!« Ebenso war Angst das beherrschende Gefühl des hilflosen Gefangenen in Lagerkleidung angesichts eines Tribunals uniformierter Rotarmisten, doch zugleich habe man begriffen: »Das Gewissen steht über der Macht!« Am Ende, in der Baracke, wo müde Gestalten in ihren Betten den Worten eines Pastors lauschten, wurde der Ausweg aus der Hilflosigkeit religiös interpretiert als die Bereitschaft des Einzelnen, sein Schicksal in Gottes Hände zu legen und auf diese Weise die Furcht zu überwinden. Am Schluss dieser Besinnung auf die subjektive Seite und ihre religiöse Überhöhung auf dem Weg vom kämpferischen Soldaten zum apathischen Lagerinsassen stand dann die paradoxe Feststellung: »Wir wurden innerlich frei!« Die Zeit der Kriegsgefangenschaft konnte so als eine »tiefe Erfahrung der Freiheit« umgedeutet werden, die sich dann mit der lediglich äußeren Freiheit der modernen westdeutschen Gesellschaft und, mehr noch, mit ihren Zwängen kontrastieren ließ. Die Unmenschlichkeit der Gewalterfahrungen erschien als Bedingung der Erfahrung wahrer Menschlichkeit, zu der die Wertschätzung des Einzelnen gehörte. Diese Interpretation half einerseits, durch die Konstruktion einer Kontinuität der Zwangserfahrung Kanten abzuschleifen und biografische Brüche zu mildern. Andererseits brachte sie die Enttäuschung zum Ausdruck, wie sie etwa auf die Formel »Managertum statt Menschentum« gebracht wurde. Nun ging es dem VdH als einem Interessenverband nicht zuletzt um Geld und Güter – ein Widerspruch, der ausdrücklich zurückgewiesen wurde mit dem Hinweis darauf, dass es sich um die Entschädigung für bereits erbrachte (Reparations-)Leistungen handele. So beteuerte der VdH im Kontext einer Leistungsbilanz, dass er den »hektischen Tanz um das goldene Kalb des 20. Jahrhunderts« nicht mitmache, weil seine Mitglieder in der »Angst der Todesnächte« die Bedeutungslosigkeit materieller »Götzen« erkannt hätten[171]. Diese Verarbeitung des subjektiv, durch den Aufschub der Gefangenschaft, als beschleunigt erlebten Wandels zeugt von einem bekannten, bereits in der Zwischenkriegszeit erprobten Muster: dem Versuch, aus dem Krieg an der Front und im Lager einen sozial-psychischen Zugewinn zu erhalten, der bei aller Einsicht in die Barbarei des Krieges diesem einen bleibenden Wert abtrotzt, ohne ihn zu verherrlichen, und so für mehr Selbstgewissheit in einer überwältigenden Gegenwart sorgt. Die stete, nach einer Niederlage besonders große Sorge der Kriegsteilnehmer, nicht umsonst gekämpft zu haben – diese Konstante der soldatischen Erinnerung – rief auch nach dem Zweiten Weltkrieg nach einer Sinnstiftung.

[171] Ebd., S. 34.

Die Kritik an der Überflussgesellschaft mündete nicht selten in einer Kritik auch an der mentalen Sättigung, an einer geistigen Lethargie, die gleichsam der mentale Ausdruck materieller Bedürfnisbefriedigung war. Das setzte umgekehrt die positive, den Geist anregende Deutung der selbst erfahrenen Entbehrungen, ja der materiellen Zerstörung voraus. In einem Heimkehrergedicht geriet die reale Offenheit einer Ruine zum Sinnbild geistiger Offenheit und intellektueller Neugier – der Wiederaufbau dagegen zum Rückfall in die Selbstgenügsamkeit:

»Das letzte, was ich von dir sah, Deutschland, / War der Krater einer Kathedrale. / Es war, als schösse er Funken des innigsten Gedächtnisses / Bis hinüber in die von ›Mond‹ Einöde meiner mühseligen Knechtsgänge Jahr um Jahr in Sibirien. / O dass sie geöffnet bliebe, so dachte ich, die / Wohnung des Geistes und der Liebe, so wie sie die Kriegshand geöffnet hatte mit ihrem eisernen Zugriff /.../ Doch als ich wiederkam / Waren die Dächer wieder auf allem Heiligtum / ... / War alles anders und in der Hut. / Und es trugen die Frauen wieder am Überflüssigen bis zur Müdigkeit, und in den Männern war die Gewissheit / in der das Unruheglück des Aufbruchs erstirbt. / O Fluch der Gewissheit! / Fluch allem Überflüssigen! Fluch jedwedem Dach überm Herzen, das die Freiheit erstickt in der Wärme und in der Torheit / [...][172].«

Die Erfahrungen der Kriegsgefangenschaft, die Gewöhnung an ein anstrengendes Leben voll harter Arbeit – wie es die Medien kolportierten – ließ die Heimkehrer außerdem wie prädestiniert für den Wiederaufbau erscheinen. Die Honoratioren, die sich in Friedland zur Begrüßung einfanden, wurden nicht müde zu betonen, wie sehr die Hilfe der Männer für den wirtschaftlichen Aufbau benötigt werde. Die Veteranen sollten ihre besonderen Erfahrungen in das gemeinsame Unternehmen einbringen und sich, sobald sie sich erholt hatten, am nationalen Kraftakt des Wiederaufbaus beteiligen. Aus der gemeinsamen Erfahrung ließ sich eine einheitliche politische Einstellung der Heimkehrer zu der politischen Lage in Westdeutschland indes nicht ableiten, wie eine soziologische Studie 1957 zeigte. Entgegen der Selbsteinschätzung der Heimkehrer besaß die gesellschaftliche und wirtschaftliche Stellung des Einzelnen in der westdeutschen Gesellschaft die größte politische Prägekraft. Von einem einheitlichen politischen Bewusstsein der Heimkehrer konnte demzufolge keine Rede sein[173]. Die zeitgenössischen Interviews der Soziologen lassen sich als Quelle nutzen, um Aussagen über das Selbstbild der Heimkehrer, über Muster der Vergangenheits- und Gegenwartsdeutungen zu treffen.

Dabei ist jedoch an einen methodologischen Aspekt zu erinnern, den auch dieses Beispiel bestätigt. Es geht hier letztlich um den historischen »Umarbeitungsprozess«, durch den Ereignisse zu Erfahrungen werden, mithin um die Zeit zwischen dem historischen Ereignis und der Erzählsituation[174]. Die Mitte der fünfziger Jahre durchgeführten Interviews weisen insofern zurück auf das erste Nachkriegsjahrzehnt. Erinnerungsinterviews geben den Blick auf eine »Erinnerungssynthese« frei. Weni-

---

172 Ebd. (Autor: Wolfgang Schwarz). Zu den Identitätskonstruktionen der Heimkehrer vgl. Wienand, Den Übergang vom Krieg in die Nachkriegszeit erzählen.

173 Institut für Sozialforschung, Zum politischen Bewußtsein ehemaliger Kriegsgefangener.

174 Vgl. Jureit, Konstruktion und Sinn, S. 6. Jureits theoretische Differenzierungen basieren auf der empirischen Grundlage von Interviews mit Juden in den USA, die den Holocaust überlebt haben.

ger das erinnerte biografische Ereignis als die in der Zeit danach variierenden Sinn- und Bedeutungszuweisungen stehen im Mittelpunkt, die beispielsweise durch das in Gesprächen und durch Lektüre gesammelte Wissen beeinflusst werden. Das gilt grundsätzlich nicht nur für die Interviewforschung, sondern für alle Arten von »Erinnerungsquellen« wie Erinnerungsberichte, Zeugenaussagen und nicht zuletzt Memoiren und Autobiografien. Sie unterscheiden sich von Archivalien *prinzipiell* durch die zeitliche Distanz zwischen dem Ereignis und seiner Thematisierung in einer späteren Erzählsituation. Zudem hat die Gedächtnisforschung gezeigt, dass weniger die zeitliche Nähe zum Ereignis als die Wahrnehmungsfähigkeit in dem Moment sowie die Sinn- und Bedeutungszuschreibungen maßgeblich für die »Authentizität« der Erinnerung sind[175]. Aufschlussreich im Sinne unserer Fragestellung sind die Aussagen deshalb nicht, weil sie einen Eindruck der Kriegsgefangenschaft vermitteln, sondern weil sie etwas über deren Aktualisierung zum Zeitpunkt der Erzählung aussagen. Hier – räumlich und zeitlich verstanden: in der Bundesrepublik Mitte der fünfziger Jahre – liegt die Erfahrungsdimension, in der zwischen Erlebnis und Deutung nicht unterschieden werden kann. Über diese Ebene der Sinnkonstruktion ginge hinweg, wer von der erzählten kurzerhand auf die erlebte Geschichte schließt.

Die Rückkehr der Kriegsgefangenen in die »Heimat« löste ambivalente Gefühle aus. Neben die Erleichterung und Freude über die neue Freiheit trat die ernüchternde Einsicht, dass der Preis der wiedergewonnenen Freiheit darin lag, mit ihr umgehen zu müssen. Selbstständigkeit, Selbstbestimmung, Eigeninitiative: Das waren Anforderungen des Alltags, auf die die ehemaligen Soldaten weder durch die Kriegs-, noch durch ihre Nachkriegserfahrungen vorbereitet waren. »Hinter Stacheldraht, da war man, na, da lief das alles, ging alles nach dem Schema F, nach'm Programm; jetzt stand man auf sich selbst gestellt«, lautete ein typischer Kommentar[176]. Für so manchen war der erste Tag in der neuen Umgebung wie »ein Schlag mit dem Holzhammer«. Die Frage von Freunden und Bekannten, wie es denn gewesen sei, ließ sich kaum beantworten. Die vielen Jahre im Lager zu bilanzieren war schon deshalb frustrierend, weil die ehemaligen Gefangenen häufig mit dem Unverständnis ihrer Umwelt rechnen mussten. Für Außenstehende war es naturgemäß unmöglich, das von Dritten Erlebte »nachzuvollziehen«. Vielmehr stießen die Veteranen auch auf den Unwillen oder das Unvermögen anzuerkennen, dass das Leben in Kriegsgefangenschaft im Vergleich mit dem Leben in Nachkriegsdeutschland prinzipiell, wegen des Freiheitsverlustes und der damit verbundenen Trennung von der Familie, furchtbarer war. »›*Uns* ist es hier auch schlecht gegangen‹, kriegt man zur Antwort, ›wir haben auch auf'm Bau arbeiten müssen in den ersten Jahren‹«, zitierte ein Heimkehrer aus seinen Erfahrungen[177].

Vor dem Hintergrund dieser Entfremdung nahm die Erinnerung an die Lagergemeinschaft positive Züge an. Zwar war der Alltag entbehrungsreich und das Zusammensein erzwungen, aber man befand sich in einer Gemeinschaft mit denen, die gleichermaßen betroffen waren und die denselben Regeln zu folgen hat-

175 Gedächtnis: Probleme und Perspektiven.
176 Institut für Sozialforschung, Zum politischen Bewußtsein ehemaliger Kriegsgefangener, S. 3.
177 Ebd., S. 12. Herv. im Orig.

ten. Dieses Gefühl, die Geborgenheit einer Gemeinschaft verloren zu haben, wurde durch die Wahrnehmung noch gesteigert, einer durch und durch materialistischen Werteordnung ausgesetzt zu sein. Die Gemeinschaft bildete den Gegenbegriff zur Vermassung. Im Kriegsgefangenenlager hätten die Soldaten nicht der Vermassung erlegen, sondern zu einer Gemeinschaft gefunden, die sie »mit herüberretteten«. Diese Kontinuität einer »festgefügte[n] Gemeinschaft«, die im Dienste des Staates steht, ohne von ihm abhängig zu sein, reichte im Selbstverständnis des VdH bis in die Kriegszeit zurück[178]. Die Solidarität der »Notgemeinschaft« kontrastierte mit dem »Egoismus« Nachkriegsdeutschlands. Der oft nervenaufreibende Umgang mit Arbeits-, Wohnungs- und Versorgungsämtern führte zu einer Bürokratiekritik, zumal er nicht selten aus einem verengten Blickwinkel als eine heimkehrerspezifische Erfahrung interpretiert wurde[179].

Insbesondere diejenigen, die Mitte der fünfziger Jahre aus der sowjetischen Kriegsgefangenschaft zurückkehrten, waren der Auffassung, im Gegensatz zu denen, die sie in der Heimat antrafen, nicht nur länger, sondern stellvertretend, nämlich »für Deutschland gelitten« zu haben. Während sie eingesperrt waren, hätten »andre Hunderttausende, die *genauso auch* an der Schuld beteiligt sind wie wir«, in Freiheit gelebt und »schon wieder an ihren fetten Töpfen« sitzen können[180].

Die Studie des Instituts für Sozialforschung stellte eine zeitlich verzögerte, doppelte Enttäuschung unter den Heimkehrern fest: zunächst darüber, dass sie für die Entbehrungen im Krieg nicht durch den langezeit erhofften Sieg belohnt wurden, sodann darüber, dass ihr zusätzliches Leiden in der Kriegsgefangenschaft nicht hinreichend honoriert wurde[181].

Diese Enttäuschung äußerte sich nicht zuletzt darin, dass die ehemaligen Soldaten besonders sensibel die staatlichen Entschädigungsleistungen registrierten, die anderen Kriegsgeschädigten durch den Lastenausgleich seit 1952 gewährt wurden. Die Empörung über Entschädigungszahlungen richtete sich, wie die Frankfurter Studie 1957 feststellte, weniger gegen Flüchtlinge, Vertriebene und »Ausgebombte« – dazu zählten schließlich auch zahlreiche Veteranen und ihre Angehörigen – als gegen die Opfer des Nationalsozialismus. Im Vergleich der Entschädigungsleistungen und -verfahren spielte der Krieg, genauer: die Deutung der eigenen und der fremden Situation im Krieg eine wichtige Rolle. So äußerte beispielsweise ein Heimkehrer im Gespräch mit seinen »Kameraden«, dass »auch diejenigen, die ein KZ überstanden haben, die haben jedenfalls besser gelebt [...] wie wir in der Gefangenschaft oder im Schützengraben jedenfalls vorne« – was mit dem Zwischenruf »Richtig!« quittiert wurde. Ähnliches wurde den Remigranten vorgehalten, die »auf stillschweigendem Wege weggegangen sind, wo auch [...] ein Adolf Hitler an denen auch keinen Finger krumm gemacht hätte, nich«. Während die einen, die Soldaten, aktiv am Kriegsgeschehen beteiligt oder passiv von ihm betroffen waren, hätten sich andere dem entzogen, so lautete die Quintessenz dieses abstrusen Vergleichs

178 Freiheit ohne Furcht (wie Kap. III, Anm. 93), S. 36.
179 Institut für Sozialforschung, Zum politischen Bewußtsein ehemaliger Kriegsgefangener, S. 4 f.
180 Ebd., S. 8. Herv. im Orig.
181 Ebd., S. 9.

der unterschiedlichen Erfahrungen im Krieg. Hinzu kam die Unterstellung, dass im Konzentrationslager ohnehin mehrheitlich »asoziale Elemente« und »Verbrecher« eingesperrt waren und Entschädigung schon deshalb zu Unrecht gezahlt werde[182]. Hier wirkte die nationalsozialistische Propaganda in einer Weise fort, die solche Argumente gegen besseres Wissen zuließ.

Wenn die ehemaligen Kriegsgefangenen ihre Erinnerungen austauschten oder wenn in den Publikationen des VdH von den Erfahrungen der Kriegsgefangenschaft die Rede war, dann ging es in der Regel um die Zeit in östlichem, vor allem sowjetischem Gewahrsam. Die entbehrungsreiche »russische« Kriegsgefangenschaft hatte, so lautete ein wiederkehrendes Argument, die Menschen nachhaltig geprägt. Zwang, Hunger, unwürdige Verhältnisse hätten ein Gespür für ein wahrhaft humanes Zusammenleben entwickeln lassen. Darüber hinaus hätten die Kriegsgefangenen fortgesetzte konkrete Erfahrungen mit der Unfreiheit des Bolschewismus sammeln können. Beide Erfahrungen prädestinierten sie zu Fürsprechern der freiheitlich demokratischen Grundordnung.

Angesichts der Niederlage und des Zusammenbruchs des vertrauten politischen Systems, des eigenen körperlichen Elends und der persönlichen Ungewissheit hatten zahlreiche Soldaten den Entschluss gefasst, nie wieder Soldat zu sein – ein Vorsatz, der nach ihrer eigenen Auffassung für eine Mehrzahl wenige Jahre später nicht mehr galt. Trotz der chaotischen Verhältnisse der Gefangennahme, der Märsche in die einfachen Sammellager und des Lebens in den Baracken zeigten sich die meisten Soldaten überzeugt, dass es sich um eine begrenzte Leidenszeit, um eine Übergangsphase handelte, die sie durch Anpassung und Widerstand überstehen mussten. Einen Lichtblick bot die Aussicht auf die Rückkehr in die Heimat. Der Gedanke an Heimat und Heimkehr ließ die meisten durchhalten. »Heimat« war nicht ein konkreter Ort, sondern eine Chiffre für das, was man so vermisste: Nahrung und Kleidung, die Familie und die Freunde, ein Bett und eine Wohnung vor allem.

Mitte der fünfziger Jahre traf der Bannstrahl der Heimkehrer-Erinnerung nicht nur das sowjetische Lagerpersonal, sondern auch die sogenannte Lageraristokratie: diejenigen deutschen Soldaten, die sich dem »antifaschistischen« Kampf angeschlossen und zahlreiche Funktionen in der Lagerverwaltung übernommen hatten. »Von den Russen sind wir nicht halb so schlecht behandelt worden, als wie von unseren deutschen Kameraden, das steht fest. Denn Schweine waren nur die unsern[183].« Wo deren Verhalten nicht nur geschildert, sondern ideologisch gedeutet wurde, lag das Verwerfliche vor allem im Verrat an den früheren Leitbildern und an dem Prinzip, dass sich ein Soldat in Feindeshand »als Deutscher zu bewähren« habe. Ein Leitsatz der NS-Propaganda galt fort: Vor allem in der Not habe sich die »Volksgemeinschaft« zu bewähren. Kameradschaft, Treue, Gehorsam, Pflichtgefühl und Nationalstolz standen weiterhin hoch am Wertehimmel.

Heimkehrer verurteilten den Bolschewismus vor allem aufgrund der eigenen konkreten Erfahrungen in den Lagern, weniger aufgrund ideologischer Erwägungen. Die Umschulungsversuche verpufften oder wirkten kontraproduktiv. Im Vergleich

182 Ebd., S. 13 f.
183 Ebd., S. 34.

mit dem in Deutschland herrschenden politischen System während des Krieges betonte die Mehrheit – folgt man den zeitgenössischen Interviews der Frankfurter Soziologen –, den Unterschied zwischen Nationalsozialismus und Kommunismus. Mochte es sich, was manche einräumten, in beiden Fällen um Diktaturen handeln, hob sich doch das NS-Regime insbesondere durch den höheren Lebensstandard »positiv« von dem System ab, das die Soldaten dann in der UdSSR, in den Lagern, erlebten. Den Deutschen sei es unter dem Nationalsozialismus auch während des Krieges besser gegangen als den Sowjetbürgern in den fünfziger Jahren. Wo dagegen auf die Konzentrationslager und die Judenvernichtung hingewiesen wurde, führte ein Vergleich mit der eigenen Erfahrung der Gefangennahme und Gefangenschaft zu »schiefen« Gegenargumenten. »Mir persönlich ist es lieber«, meinte ein Heimkehrer 1957, »ich werde schnell erledigt, als dass ich, als ¼ meiner Kameraden am Leben bleibe und ¾ sehe ich so langsam verrecken [sic]. Von meinem Haufen sind ¾ zugrunde gegangen, gut ¾, und ¼ ist am Leben geblieben. Da bin ich schon lieber für schnelle Sachen in der Gaskammer meinetwegen[184].« Für den Leiter der Studie waren diese Argumente ein Zeichen mangelnder Einsicht in den *prinzipiellen* Charakter diktatorischer Herrschafts- und Gesellschaftsordnungen. Dass viele Heimkehrer Einzelnes aus seinem Zusammenhang mit dem Schlechten herauslösten, als »gut« werteten und das Schlechte so verschleierten, ließ es zweifelhaft erscheinen, ob sie gegen die Diktatur grundsätzlich gefeit waren – wenngleich ihre Ablehnung des Bolschewismus außer Frage stand. 77 Prozent aller befragten Heimkehrer – und 90 Prozent der 1955/56 zurückgekehrten – zeigten sich überzeugt, dass die »bolschewistische Gefahr«, von der allenthalben die Rede war, »wirklich besteht«[185].

Die jüngste Vergangenheit spielte in den Gesprächen der Heimkehrer, insbesondere derjenigen, die dem Mittelstand angehörten, eine wichtige Rolle. Die eigenen, während der Gefangenschaft geprägten Bilder der Vergangenheit wirkten auch dann fort, als die Zukunft nach der Rückkehr in die Heimat wieder »offen« war. Doch so wenig die Erfahrungen in einem einheitlichen politischen Bewusstsein resultierten, so wenig kann von einem einheitlichen historischen Bewusstsein die Rede sein.

Zu den Zügen dieses Vergangenheitsbildes gehörte die Auffassung, dass vor 1945 ein stärkeres Zusammengehörigkeitsgefühl die Deutschen vereint habe, als das in der von Parteien, Gewerkschaften und anderen Interessenverbänden zerrissenen Nachkriegsgesellschaft der Fall sei. Im Vergleich mit den vierziger Jahren bemängelten die ehemaligen Soldaten das fehlende Nationalgefühl. »wir wussten [damals], wir sind Glieder eines Vaterlandes und wir sind gleichzeitig Diener dieses Vaterlandes und wir alle sind nur stark in der Gemeinschaft«, so umriss ein Heimkehrer den Unterschied. Ein anderer zeigte sich im Gespräch mit ehemaligen Kameraden enttäuscht, »dass der Begriff der Volksgemeinschaft völlig geschwunden war«[186]. Neben die Klage über den Mangel an Gemeinsinn gesellte sich in der Regel die Kritik an der fehlenden »Ordnung«, die im NS-Regime noch geherrscht habe und nun vom »Materialismus der Massen« bedroht sei. Selten wurde der Zusammenhang reflektiert,

---

[184] Ebd., S. 43.
[185] Vgl. die Umfrageergebnisse in: Ebd., S. 44, Tab. 9.
[186] Ebd., S. 56.

in dem Dienst, Pflicht und Ordnung mit Willkür und Zwang in der Diktatur gestanden hatten. Im Protest gegen Parteilichkeit, Interessenkonkurrenz, Zweckrationalität wurde der Gegenwart der fünfziger Jahre eine (selektive) Vergangenheit als Spiegel gegenübergestellt, die bis in den Ersten Weltkrieg zurückreichte und sich mit einer Kritik an der Weimarer Republik verband. Das Gemeinschaftsgefühl, das manche Heimkehrer so schmerzlich vermissten, besaß seinen Ursprung – wie einer von ihnen betonte – »in dem Erlebnis der Generation aus dem ersten Weltkrieg, in dem Erlebnis der Freikorps-Leute, in dem Erlebnis, die die ersten Arbeitsdienstlager aufgemacht haben [sic], um, nicht wahr, die Arbeitslosen von der Straße herunterzunehmen«. Die Gemeinschaft wurde nicht durch politische Zweckverbände künstlich hergestellt, sondern wuchs »aus dem kameradschaftlichen Erlebnis heraus« zur gegenseitigen Hilfe. Nicht um die erste deutsche Republik ging es hier, sondern um Deutschland[187].

So reagierten manche Soldaten ablehnend auf die DEFA-Verfilmung von Heinrich Manns Roman »Der Untertan«, der 1957 endlich in die westdeutschen Kinos kam[188]. Sie teilten die Kritik an den überkommenen Werten nicht. Der Film wurde etwa als ein »Produkt der sowjetzonalen Filmindustrie« abgetan. Ein Heimkehrer sah darin gar »eine Verhetzung des deutschen Menschen« und stellte mit Bedauern die Gleichgültigkeit der meisten Zuschauer fest. Im Gespräch suchte ein anderer die positive Bedeutung der Tugenden wie Pflichtbewusstsein, Treue, Ordnung zu unterstreichen, indem er sie zu mentalen Voraussetzungen der Kriegführung erklärte – und sie damit ungewollt in Frage stellte. »Wenn das deutsche Volk [...] so gewesen wäre, wie sie der Film und das Buch von Mann darstellt [...], dann hätten wir 1914–18 keine vier Jahre, sondern eine Woche ausgehalten[189].« Diese Verklärung des Krieges zu einer Bewährungsprobe war die Ausnahme, aber eine Möglichkeit, vor dem Hintergrund der eigenen Kriegserfahrungen die traditionellen Werte des Kaiserreichs hochzuhalten.

Dass viele ehemalige Soldaten die Nachkriegsgesellschaft insofern aus der historischen Distanz beäugten und sich an idealisierten Vergangenheiten orientierten, lässt sich in den allgemeinen Zusammenhang des historischen Urteils in der frühen Bundesrepublik einfügen. Die qualitativen Angaben der Heimkehrer lassen sich dank der Demoskopen zu quantitativen Daten in Beziehung setzen und einordnen. Im historischen Bewusstsein rund der Hälfte der Westdeutschen besaßen die weiter zurückliegenden Kapitel der deutschen Geschichte einen deutlich höheren Stellenwert als die zeitgenössische Gegenwart und die jüngste Vergangenheit. Die Meinungsforscher fanden heraus, dass die Zeit vor dem Ersten Weltkrieg knapp einem Drittel der männlichen Jugendlichen 1952 offenbar als eine ideale Ära erschien. 29 Prozent

---

[187] Ebd., S. 62 f.

[188] Der »Interministerielle Prüfausschuss« in Bonn hatte die Vorlage des von Wolfgang Staudte produzierten Films, der 1951 in Ost-Berlin Premiere gehabt hatte, wiederholt zurückgewiesen. Für Staudte war der Film Teil einer Trilogie: »Die Mörder sind unter uns« (1946), »Rotation« (1948) und schließlich »Der Untertan« gehen den mentalen Dispositionen nach, die zum Aufstieg des Nationalsozialismus geführt haben. Zugleich ließ sich der Film als zeitlose Studie von Unterwerfung und Unterdrückung verstehen. Beides betraf die ehemaligen Soldaten unmittelbar.

[189] Institut für Sozialforschung, Zum politischen Bewußtsein ehemaliger Kriegsgefangener, S. 59.

hätten lieber im Kaiserreich als in der westdeutschen Nachkriegsgesellschaft gelebt, 9 Prozent schwärmten von der Zeit Goethes und Schillers. Immerhin 7 Prozent hätten lieber im Dritten Reich gelebt, nur 2 Prozent in der ersten deutschen Demokratie, der Weimarer Republik. Knapp die Hälfte (47 %) wollten sich keine bessere Zeit für ihr Leben als die eigene Lebenszeit vorstellen[190]. In dieselbe Richtung zielte die Frage, wann es Deutschland im 20. Jahrhundert am schlechtesten gegangen sei? In der Nachkriegszeit zwischen 1945 und 1948, antwortete die große Mehrheit der Befragten (80 %), Frauen wie Männer, im November 1951. Es folgten mit großem Abstand die ersten drei Jahre der Bundesrepublik (8 %), der Zweite Weltkrieg (8 %) und die Weimarer Republik (7 %). Waren die Kriegsjahre des Dritten Reiches schon nicht die schlechteste Zeit, waren es die Friedensjahre des NS-Regimes erst recht nicht. Nur 2 Prozent waren der Auffassung, dass es Deutschland zwischen der »Machtergreifung« 1933 und 1938 am schlechtesten gegangen sei; ebenso wenige (3 %) votierten für den Ersten Weltkrieg[191]. Die umgekehrte Frage lautete, wann es Deutschland dem Gefühl nach am besten gegangen sei? Kaum einer votierte für die Kriegs- oder die Nachkriegszeit (jeweils 2 %) oder die Weimarer Republik (7 %); die meisten favorisierten dagegen das Kaiserreich (45 %) und die erste Hälfte des NS-Regimes (40 %)[192].

Im Kaiserreich und im Dritten Reich lebten dann auch jene »großen Deutschen«, die nach Ansicht vieler für Deutschland am meisten geleistet hatten: Otto von Bismarck – mit Zustimmungswerten zwischen 30 und 36 Prozent 1950 bis 1955 –, Kaiser, Könige, Feldherren (7–10 %) und Adolf Hitler (1951: 10, 1952 und 1953: 9, 1955: 7 %). Erst Mitte der fünfziger Jahre hatte Konrad Adenauer Hitler um 10 Prozentpunkte (17 %) in der Gunst überholt[193]. Was dem Ansehen Hitlers offenbar zehn Jahre nach Kriegsende vor allem geschadet hatte, war der Krieg. Knapp die Hälfte (48 %) der Befragten meinte im Mai 1955, »dass Hitler ohne den Krieg einer der größten Staatsmänner gewesen wäre«. Wäre er nicht – meinten nur 36 Prozent; 14 Prozent wussten dazu nichts zu sagen. Der Krieg habe, hieß es eingangs in der Fragestellung der Demoskopen, »alles, was zwischen 1933 und 1939 aufgebaut worden war und noch viel mehr« vernichtet. Der Krieg an sich, nicht die NS-Herrschaft trennte hier die guten von den schlechten Zeiten[194].

Die zeitgenössischen Interpretationen zeigen dreierlei: Erstens wird die Differenz zwischen Erwartung und Erfahrung deutlich. Die im Erfahrungshorizont der

---

190 Jahrbuch der Öffentlichen Meinung 1947–1955, S. 116.

191 Ebd., S. 125.

192 Ebd., S. 126.

193 Ebd., S. 126.

194 Ebd., S. 277. Doch nicht nur der »Führer« stand auch nach seinem »Abgang« relativ hoch im Kurs, auch der Nationalsozialismus wurde als Ideologie im Oktober 1948 von weit weniger als einem Drittel der Westdeutschen grundsätzlich abgelehnt. Weitere 15 Prozent waren sich nicht sicher. 57 Prozent hielt dagegen den Nationalsozialismus für eine gute Idee, die schlecht ausgeführt worden war. 1952 hatte noch ein Viertel von Hitler eine gute Meinung, 27 Prozent waren unentschieden; d.h. weniger als die Hälfte der Menschen hatte von Hitler keine gute Meinung. Hoch im Kurs des öffentlichen Ansehens standen weiterhin Dönitz, von dem 46 Prozent eine gute Meinung hatten und nur 7 Prozent nicht, sowie Speer, von dem 30 Prozent eine gute Meinung hatten und nur 97 Prozent nicht. Ebd., S. 134 f.

Kriegs- und Vorkriegszeit genährten Erwartungen auf ein Leben nach der Rückkehr aus der Kriegsgefangenschaft prallten auf die Realität einer westdeutschen Nachkriegsgesellschaft, die sich im Zuge des Wiederaufbaus, der Demokratisierung und Westintegration fundamental gewandelt hatte: politisch, wirtschaftlich und kulturell. Je später die ehemaligen Wehrmachtsoldaten in diese Heimat, die keine mehr war, zurückkehrten, desto größer war die Chance, dass sie diese Veränderung als Zumutung wahrnahmen, die es zu interpretieren galt. Die kollektiven Repräsentationen des Krieges einschließlich der Kriegsgefangenschaft als seiner direkten Folge hatten auch hier eine vermittelnde Funktion, indem sie der eigenen Vergangenheit eine sinnstiftende historische Bedeutung zuschrieben, mit der die Westdeutschen auf diese Gegenwart rational und emotional reagieren, um nicht zu sagen, mit der sie sie verarbeiten konnten. Zweitens konstituierte diese Bedeutungszuschreibung in der Auseinandersetzung mit der Umgebungsgesellschaft die Spätheimkehrer der fünfziger Jahre als eine Erfahrungsgemeinschaft, die sich implizit wie explizit von anderen Erfahrungsgemeinschaften abgrenzte. Auch in diesem Zusammenhang lässt sich beobachten, dass der Rekurs auf die »eigene« Vergangenheit und ihre symbolische Darstellung soziale Differenzen markieren sollte. Drittens lässt sich beides – die Konstruktion von Bedeutung und Identität – in den gesamtgesellschaftlichen Prozess der Nachkriegsdemokratisierung einordnen. Als Antwort auf die neue Lebenswirklichkeit in der Bundesrepublik ist die öffentliche Umdeutung der Vergangenheit von Krieg und Kriegsgefangenschaft als ein wichtiges Element der Selbstvergewisserung der Westdeutschen zu verstehen. Schließlich kann die Abgrenzung im Modus der Vergangenheitsdeutung nicht darüber hinwegtäuschen, dass sie *nicht* in die Abkehr der Spätheimkehrer von der gegenwärtigen Staats- und Gesellschaftsordnung mündete, die wiederum die innenpolitische Auseinandersetzung radikalisiert hätte. Was im Rückblick nach 60 Jahren durch den teleologischen *bias* leicht aus dem Blick geraten mag, stand dem zeitgenössischen Beobachter deshalb deutlich vor Augen: Es hätte auch anders kommen können. Den Vergleichsmaßstab der zweiten Nachkriegszeit bildete die erste. Mitte der fünfziger Jahre werteten die Soziologen das Ergebnis ihrer Interviews als einen markanten Unterschied gegenüber dem abweisenden Verhalten der Frontkämpfergeneration gegenüber der Weimarer Republik nach 1918. Ein solcher Unterschied zeigte sich schließlich auch im Totenkult, im Umgang mit den Gefallenen.

e) Gefallenengedenken: Historische Sinnstiftung zwischen Gedenkfeier und Grabpflege

Bislang war von der Selbst- und Fremdwahrnehmung der Soldaten die Rede, die den Krieg überlebt hatten und entweder »heimgekehrt« waren oder sich noch in Gefangenschaft befanden. Ein Streiflicht soll nun auf die toten Soldaten, genauer: auf das Gedenken an die Gefallenen als ein Modus der kollektiven Repräsentation des Krieges geworfen werden[195]. Der Totenkult ist in unserem Zusammenhang als ein

[195] Vgl. ausführlicher zum Folgenden: Echternkamp, Kein stilles Gedenken. In internationaler Perspektive vgl. Gefallenengedenken im globalen Vergleich. Vgl. auch Mosse, Gefallen.

weiteres Handlungs- und Konfliktfeld zu verstehen, auf dem öffentlich um ein sinnstiftendes Verständnis des Krieges und der Rolle der Wehrmachtsoldaten gerungen wurde. Die politische Funktionalität der historischen Bedeutungszuschreibung steht auch in diesem Kontext außer Frage. Der gemeinsame Akt des Erinnerns, den nicht zuletzt die bereits bekannten Akteure aus dem Umfeld der Veteranenverbände prägten, ist vor allem als ein politischer Prozess zu verstehen, von dem ein auf die jeweilige Gegenwart und Zukunft einer Gesellschaft gerichtetes Deutungsangebot ausgeht. Es handelt sich hier weniger um die Toten als um die jeweilige »Identitätsstiftung der Überlebenden« (Koselleck). Politisches Totengedenken ist insofern Teil des historischen Wandels, und auf diese Historizität zielt die spezifisch geschichtswissenschaftliche Analyse von Gedenk- und Erinnerungsformen als Modi der Repräsentation von Krieg und Militär. Das Leitkonzept der Repräsentation lenkt erneut den Blick auf die materielle, unmittelbar wahrnehmbare Dimension, auf deren visuelle und sprachliche Struktur, auf die Vorstellungen, die sich durch das Zusammenwirken beider ergeben, sowie auf die soziale Praxis der symbolischen Darstellung, sei es in der Gedenkfeier, sei es in der Gestaltung eines Soldatenfriedhofes.

Aus diesem Vorverständnis resultiert die Frage: Wie trauerten die Westdeutschen in den fünfziger Jahren um die Millionen Toten des Zweiten Weltkrieges? Wie sollte – darum geht es hier vor allem – an die Soldaten der Wehrmacht erinnert werden, die im Krieg, vor allem im letzten Kriegsjahr gefallen waren? Wie sollte man derer gedenken, die im Bombenkrieg, durch Flucht und Vertreibung ums Leben gekommen waren? An diesen Fragen entzündeten sich immer wieder Erinnerungskonflikte, in deren Kern konkurrierende Deutungen und Sinnstiftungen der Kriegsvergangenheit standen.

Besonders umstritten blieb das öffentliche Gedenken an die Gefallenen. Wenn in der jungen Bundesrepublik toter Soldaten gedacht wurde, ging es nicht um die eigenen Soldaten (der Bundeswehr), sondern um die »anderen« (in erster Linie der Wehrmacht). Diese Verschiebung hat dem westdeutschen Totenkult ein Konfliktpotenzial gegeben, das stets aufs Neue offenkundig wurde. Auf der einen Seite stand die private Trauer um den Verlust eines Angehörigen, der im Krieg gefallen war, und gegebenenfalls die religiöse Pflicht, des Verstorbenen zu gedenken; hinzu kam das verständliche Bedürfnis der Veteranen, ihren ehemaligen Kameraden ein würdiges Andenken zu bewahren. Auf der anderen Seite gründete die demokratische Legitimation der Bundesrepublik auf ihrer Distanz zur NS-Diktatur. Was immer dem gewaltsamen Tod der Soldaten einen Sinn geben mochte – für die Freiheitlich-demokratische Grundordnung der Bundesrepublik waren sie jedenfalls nicht gestorben. Insofern standen der positive Modus der Erinnerung und der tendenziell negative Bezug auf die jüngste Vergangenheit von Diktatur und Krieg in einem normativen Spannungsverhältnis, das die diskursiven und symbolischen Zuschreibungen, die zwangsläufig die Kriegsvergangenheit in die Gegenwart der Trauernden zurückholte, ebenso prägte wie die soziale Praxis des Totengedenkens.

Auch zehn Jahre nach Kriegsende gab es in der Bundesrepublik keinen einheitlichen politischen Totenkult, kein nationales Denkmal und kein allgemeines Gedenkritual. Stattdessen entwickelten sich zunächst dezentrale Erinnerungsorte, Gedenkformen und -rituale, die staatspolitisch aufgeladen werden konnten. Dauerhaft konnte ein staatliches Totengedenken mit offizieller Symbolfunktion in einer zentralen Einrichtung indes nicht institutionalisiert werden. Doch mit der Wiedereinführung eines staatlichen Feiertages bot der Staat ab 1952 die wiederkehrende Gelegenheit, der Kriegstoten zu gedenken. Der »Volksbund Deutsche Kriegsgräberfürsorge« (VDK) hatte 1919 einen »Volkstrauertag« als Gedenktag für die gefallenen Soldaten des Ersten Weltkrieges initiiert. Das NS-Regime hatte ihn zum »Heldengedenktag« umgedeutet, an dem die Heldenverehrung an die Stelle des Totengedenkens trat. Seit den fünfziger Jahren fanden im Bundestag, in den Länderparlamenten und den Kommunen wieder Gedenkstunden mit Kranzniederlegungen statt. Die »diskursive Unschärfe« der Symbole erlaubte die Instrumentalisierung über die Systembrüche hinweg[196].

In der Regel trafen sich die Trauernden am örtlichen Mahnmal, häufig einem Kriegerdenkmal. Erstmals 1950 organisierte der Volksbund eine Feierstunde im Bundestag, die seit 1952 zwei Sonntage vor dem ersten Advent stattfand, was den christlichen Bezug der Feierstunde betonte und sie vom »Heldengedenktag« abgrenzte, dessen Termin Hitler 1939 in den März verlegt hatte. In seiner Mitgliederzeitschrift verkündete der VDK seine Absicht: »Zurück zum alten Volkstrauertag als einer Todes- und Lebensfeier des ganzen geeinten Volkes, geeint in seinen gegenwärtigen und vergangenen Generationen, verbunden in unzerstörbarer Liebe mit denen draußen, die in höchster Ehre für ihre Heimat gefallen sind[197].«

Das Ritual bestand üblicherweise aus einer Feierstunde und einer Kranzniederlegung. Dem diskursiven Element folgte regelmäßig die symbolische Komponente. Die soziale Reichweite dieser zweigeteilten Trauerpraxis wurde dadurch wesentlich erhöht, dass die Massenmedien in der Regel von diesen Veranstaltungen vor Ort berichteten. Seit den frühen fünfziger Jahren wurden die zentralen Feierstunden im Rundfunk, seit 1955 auch im Fernsehen übertragen. Ein fester musikalischer Bestandteil war das »Lied vom guten Kameraden«, das auch nach der ersten Zeile des Gedichts von Ludwig Uhland (1809) bekannt ist: »Ich hatt' einen Kameraden«. In der von Friedrich Silcher vertonten Fassung diente das populäre Soldatenlied bis in den Zweiten Weltkrieg hinein der Stilisierung des Soldatentods zum heldenhaften Opfer, ohne prinzipiell politisch festgelegt zu sein[198].

In den Trauerreden und Zeitungsartikeln im Umfeld des Volkstrauertages wird besonders deutlich, wie sehr das öffentliche Gedenken ein Teil der politischen Kultur ist und regelmäßig die Frage aufwirft, wofür der Bürger gestorben ist – und wofür

---

196 Die Kontinuität der Sinnstiftungsmuster und Funktionsmechanismen betont anhand der Parameter Zeit, Ort, Lied und Kranzniederlegung: Kaiser, »Sie wollen gar nicht, dass wir mit lauten Worten sie ›Helden‹ nennen«; Kaiser, »Allerheldentotenfest«.

197 Kriegsgräberfürsorge, 26 (1950), S. 11; vgl. Hughes, »Through No Fault of Our Own«.

198 Vgl. Kühne, Kameradschaft; Ich hatt' einen Kameraden, Mainz 1999. Der Text lautet: Ich hatt' einen Kameraden, / Einen bessern findst du nit. / Die Trommel schlug zum Streite, / Er ging an meiner Seite / In gleichem Schritt und Tritt. // Eine Kugel kam geflogen, / Gilt's mir oder gilt es dir? / Ihn hat es weggerissen, / Er liegt mir vor den Füßen, / Als wär's ein Stück von mir. // Will mir die Hand noch reichen, / Derweil ich eben lad. / Kann dir die Hand nicht geben, / Bleib du im ew'gen Leben / Mein guter Kamerad!

er künftig stirbt. Was rechtfertigt seinen gewaltsamen Tod? Die Legitimation des Todes diente und dient noch stets der Legitimation jener sozialen Handlungseinheit, die sich an ihre Toten, ihre getöteten Toten erinnert. Der gewaltsame Tod, zumeist als Opfer gedeutet, ist »ein Unterpfand des Überlebens«[199]. Mortui viventes obligant. Die Deutungsmuster der Erinnerung an die Toten der Wehrmacht konnten mit unterschiedlichen politischen Botschaften verknüpft werden und sich in der Zeit wandeln. Das Gedenken war insofern bedeutungsoffen. Die Mahnung, die den Toten zugeschrieben wurde, lief beispielsweise je nach politischer Präferenz entweder darauf hinaus aufzurüsten, um durch Abschreckung des Gegners einen Krieg zu vermeiden, oder nie wieder Streitkräfte aufzustellen und sich nicht auf einen Krieg vorzubereiten.

Das Totengedenken an den Volkstrauertagen der fünfziger Jahre rief nicht nur die Erinnerung an die Gefallenen wach, sondern auch die Erinnerung an das Gedenken selbst. Am Volkstrauertag dachte mancher Ältere daran, wie sehr sich die Rezeption und Akzeptanz des Gedenkens seit dem Krieg geändert hatte. Es sei kaum mehr möglich, »von Helden und Märtyrern, von Treue und Vaterland, von Ehre und Heimatliebe zu sprechen«; die Begriffe hatten in den Augen eines ehemaligen Soldaten ihre Glaubwürdigkeit, Verbindlichkeit und emotionale Kraft weitgehend eingebüßt. In der Praxis des Gedenkens dachten ältere Teilnehmer mit »Wehmut« an die stärkere gesellschaftliche Anteilnahme früherer Zeiten. *Der Heimkehrer* sah darin nicht nur die Hypothek des Dritten Reiches, sondern auch die Zerrissenheit der Gesellschaft. Der Volkstrauertag bot aus dieser Perspektive vor allem eine Gelegenheit der nationalen Versöhnung. »Über den Gräbern die Hände reichen« – so lautete die zentrale Metapher, die das Totengedenken mit der sozialen Integration der westdeutschen Nachkriegsgesellschaft verknüpfte[200].

Ein ehrendes Gedenken erhielten nicht zuletzt die ehemaligen Spitzenfunktionäre der Soldatenverbände der zwanziger und dreißiger Jahre. Ein Beispiel zeigt, wie deren Tod Gelegenheit zur Vergangenheitsdeutung gab. Als am 4. November 1950 der langjährige Zweite Bundesvorsitzende des »Stahlhelm, Bund der Frontsoldaten«, Theodor Duesterberg, mit 75 Jahren im niedersächsischen Hameln starb, beschwor ein Anonymus in einem Nachruf im *Notweg* das Bild eines Mannes im Widerstand gegen das NS-Regime[201]. Duesterberg habe im »schroffen Gegensatz« zur NSDAP gestanden: Er sei der Gegenkandidat Hitlers bei der Wahl zum Reichspräsidenten 1932 gewesen, habe sich im Unterschied zu seinem Co-Vorsitzenden Franz Seldte nicht in Hitlers Regierung aufnehmen lassen und sein Amt als Bundesvorsitzender niedergelegt, als der »Stahlhelm« auf Betreiben des Reichsarbeitsministers Seldte »gleichgeschaltet« wurde. Der Nachruf erinnerte an Duesterbergs vorübergehende Haft im Konzentrationslager Dachau (nach dem »Röhm-Putsch« 1934) und bilanzierte, dass sich der Bundesvorsitzende des »Stahlhelm« zwölf Jahre »im Widerstand

199 Koselleck, Einleitung. In: Der politische Totenkult, S. 9.
200 Über den Gräbern die Hände reichen. Gedanken und Besinnung zum Volkstrauertag. In: Der Heimkehrer, 10.11.1957
201 [Anonymus,] Theodor Duesterberg †. In: Der Notweg, 2 (1950), 11 (Nov.), S. 11. Zum »Stahlhelm« noch immer maßgeblich: Berghahn, Der Stahlhelm.

gegen Diktatur« befunden habe[202]. Im Kontext der bipolaren Nachkriegszeit suggerierte das eine demokratische Überzeugung. Dass Duesterberg sich vor der »Machtergreifung« der Nationalsozialisten für die Mitwirkung des »Stahlhelm« in der antirepublikanischen »Harzburger Front« ausgesprochen hatte, der neben der DNVP auch die NSDAP angehörte, passte ebenso wenig ins Bild wie die Tatsache, dass die Bundesvorsitzenden Duesterberg und Seldte den »Stahlhelm« zu einem Sammelbecken der extremen Rechten gemacht hatten, dessen Politik sich massiv gegen den Versailler Vertrag und die Weimarer Verfassung gerichtet hatte. Auch hätte man, wäre es denn opportun erschienen, darauf hinweisen können, dass Duesterbergs Misserfolg bei der Präsidentschaftskandidatur womöglich damit zusammenhing, dass er von den Nationalsozialisten mit antisemitischen Bemerkungen verunglimpft worden war.

Stattdessen wurde Theodor Duesterberg im Jargon des soldatischen Nationalismus als Repräsentant der Frontkämpfergeneration gefeiert, als Verkörperung der Frontkameradschaft des Ersten Weltkrieges. So werde ihm die positive Erinnerung jener »Vertreter der besten deutschen Menschen, die das Erlebnis der Frontkameradschaft des ersten Weltkrieges auf zivile Weise für das Vaterland nützlich machen wollten«, gewiss sein. Die »Alte[n] Stahlhelmer« würden Duesterbergs »kameradschaftlich-ritterliche Führung« nicht vergessen. Das Deutungsangebot, das der Nachruf bereithielt, lag ganz auf der Rechtfertigungslinie, die Duesterberg mit seinen kurz zuvor erschienenen Memoiren vorgezeichnet hatte[203]. Der Stahlhelm-Funktionär war hier bemüht, die Distanz zum Nationalsozialismus herauszustreichen, um den Vorwurf – in der Diktion des Anonymus: die »Verleumdung« – zu entkräften, dass der stramm nationalkonservative Veteranenverband und damit sein Spitzenfunktionär Steigbügelhalter Hitlers waren. In beiden Fällen traten die gleichlautenden Interessen und die ideologische Affinität von DNVP und NSDAP, die im Rückblick von der demokratischen Warte ausgesehen überwogen, hinter die Unterschiede zurück[204].

Außerhalb des militärischen Milieus waren die Opfergruppe und damit das sinnstiftende Deutungsmuster weiter gefasst. Das zeigt eine lokale Gedenkveranstaltung Mitte der fünfziger Jahre. Die Stadt und der Landkreis Osterode im Harz errichteten 1954 auf dem Ührder Berg eine »Gefallenen-Gedächtnisstätte«. Wie der Bürgermeister und der Landrat betonten, galt das Gedenken »den großen Opfern«, welche »die Ereignisse auf den Schlachtfeldern« von den Menschen aus Osterode, den Zivilisten wie den Soldaten, verlangt hatten. Die persönlichen Erfahrungen des Kriegsendes stützten diese Interpretation. Die zurückhaltende Rede von den »Ereignissen« anonymisierte den Angriffskrieg, schob die Frage nach seinen Ursachen beiseite und entlastete so alle Beteiligten. Mehr noch: Die Redner rangen den Kriegserlebnissen einen positiven, auf Gegenwart und Zukunft gerichteten doppelten Sinn ab. Zum einen ging die Erinnerung an das eigene Leiden

202 Theodor Duesterberg hatte zwar mit Carl Goerdeler in Verbindung gestanden, ansonsten aber keine Beziehungen zu Widerstandskreisen unterhalten.

203 Duesterberg, Der Stahlhelm und Hitler.

204 [Anonymus,] Theodor Duesterberg † (wie Kap. III, Anm. 201).

und die Toten in den Appell an das Zusammengehörigkeitsgefühl der Lebenden über. Er galt nicht nur den Einheimischen und Vertriebenen in Osterode, sondern wurde nationalistisch überhöht, ganz in der nationalistischen Begrifflichkeit der Kriegszeit. Das »Erinnerungsmal« galt den Honoratioren als ein »Symbol des gemeinsamen Opferganges der deutschen Stämme«, die Erinnerung daran bildete einen »Gemeinbesitz des ganzen deutschen Volkes«. Die lokale Trauer wirkte wie eine emotionale Klammer der nationalen Identität, die vor Ort den Zweck hatte, Einheimische und Neubürger zusammenzubinden. Zum anderen bildete die Stätte einen Ort, der ein Gefühl von »Dankbarkeit und Achtung« für die gefallenen Soldaten auslösen sollte. Das Denkmal zeuge von der »aufopfernden Pflichterfüllung des einzelnen Soldaten«, vom Willen der Truppenteile »aller deutscher Stämme, im Dienst [...] des Volkes [...] die Gebote der Waffenehre und Kameradschaft als sinnfälligsten Ausdruck soldatischer Gemeinschaft im Sieg und in der Niederlage zu wahren«. Der Zweite Weltkrieg erschien auch in dieser symbolischen Repräsentation als die letzte Gelegenheit, die überkommenen soldatischen Tugenden unter Beweis zu stellen. Ein anwesender Pfarrer ließ es sich nicht nehmen, selbst einen Kranz vor dem Ehrenmal niederzulegen[205].

Zur medialen Vergegenwärtigung von Krieg und Militär führte nicht nur das Gedenken der während des Krieges oder der nach Kriegsende gestorbenen prominenten Wehrmachtsoldaten in Westdeutschland, sondern auch das Nachkriegsproblem der Umbettung der zumeist außerhalb des Reiches gefallenen Soldaten in zentrale Grabstätten im Ausland. Deutsche Soldatenfriedhöfe vor allem in Westeuropa sorgten als umstrittene zivil-militärische Erinnerungsorte für Anlässe, über die Rolle des Militärs in Gegenwart und Vergangenheit nachzudenken. Schon der Versailler Vertrag von 1919 hatte in Artikel 225 festgelegt, dass »die alliierten und assoziierten Mächte und die deutsche Regierung die Gräber der in den betreffenden Ländern begrabenen Heeres- und Marineangehörigen achten und unterhalten werden«. Ende 1919 hatten sich dann nicht-staatliche Vereinigungen, die sich um die Soldatengräber kümmerten, zum VDK zusammengeschlossen, der fortan die staatliche Gräberfürsorge unterstützen sollte. Sein Ziel war die Herrichtung und Pflege der deutschen Soldatenfriedhöfe im In- und Ausland.

Eisen- und Steinkreuze prägten neben naturästhetischen Elementen wie weiten Rasenflächen deutsche Soldatenfriedhöfe. Im Auge des Betrachters ging die Individualität des Gefallenen durch eine rigide Uniformität der Grabanlagen leicht verloren. Den einzelnen Soldaten in den Hintergrund treten zu lassen war das zentrale Gestaltungsmerkmal. Seine symbolische Aussage lag auf der Hand. Die Einheitlichkeit der Grabgestaltung stand für die Einheit der Toten in einem militärischen, aber auch in einem nationalen Sinn. »Das Persönliche geht auf in der großen Schicksals- und Grabesgemeinschaft der Gefallenen«, hieß es 1929 in der Zeitschrift

---

205 BArch, RH 26-59/5; BArch, N 24/121, 122 (Friedrich Hoßbach, Ansprache anlässlich der Einweihung der Gedächtnisstätte in Osterode am Harz, 5.9.1954). Vgl. auch das Gedicht von Hans Erich Giebel, Gedicht: Ehrenmal am Uehrder Berg. In: Heimat-Kalender des Kreises Osterode und des Südwestrandes des Harzes, 1955, S. 3 (mit Abb.).

Kriegsgräberfürsorge[206]. Strenge Uniformität war Ausdruck für die Nation als Ganzes, die der Volksbund nicht als ein »bequemes Einebnen und herzloses Gleichmachen« missverstanden wissen wollte. In der Uniformität sah er vielmehr den »innerlich begründete[n] Ausweg zu dem Ziel, die Gefallenen in einem geistbelebten Denkmal zusammenzufassen, deren vereinte Kraft sich für uns weihte.«

1946 konnte der Volksbund seine Tätigkeit wieder aufnehmen. Generalsekretär (bis 1969) wurde Otto Markgraf, vor 1945 »Bundesamtsführer« des gleichgeschalteten Volksbundes. Am 27. Mai 1952 wurde der rechtliche Rahmen geschaffen, als der Bundestag das Gesetz für die Erhaltung und Pflege der Kriegsgräber (Kriegsgräbergesetz) verabschiedete und der Bund damit die Kosten für Anlage und Pflege der Gräber übernahm. 200 DM für jedes Grab betrug der Zuschuss durch die damit betrauten Landesregierungen. 1954 beauftragte die Bundesregierung den Volksbund schließlich mit der Aufgabe, die deutschen Soldatengräber im Ausland zu suchen, zu sichern und zu pflegen. Mehr als zehn Jahre nach Kriegsende hatte der VDK im Bundesgebiet mehr als 40 000 Tote aus vereinzelten Feldgräbern und verwahrlosten kleineren Soldatenfriedhöfen auf größere letzte Ruhestätten umgebettet, die im Gegensatz zu der Vielzahl kleinerer Anlagen weniger kostenträchtig und effizienter zu pflegen waren. Gut 400 Ehrenstätten und »Ehrenteile« auf Gemeindefriedhöfen hatten die Mitglieder des Volksbundes errichtet[207]. Dieser positiven Bilanz stand zum einen die desolate Lage in West-Berlin und in der DDR gegenüber, wo es kein Äquivalent der westdeutschen Kriegsgräberfürsorge gab.

Zum anderen galt es, im Ausland, wo die weitaus meisten deutschen Kriegstoten auf vereinzelten Feldfriedhöfen und in Einzelgräbern beerdigt waren, dafür zu sorgen, dass durch Pflege und Umbettung auf größere Soldatenfriedhöfe eine dauerhafte Ruhestätte gesichert wurde. Im Juni 1955 legte der VDK die erste deutsche Kriegsgräberstätte nach dem Zweiten Weltkrieg außerhalb der Bundesrepublik an: den Soldatenfriedhof in der luxemburgischen Gemeinde Sandweiler. Der Gräberdienst der U.S. Army hatte 1945 etwa 5600 deutsche Soldaten, die während der Kämpfe im Winter 1944/45 den Tod gefunden hatten, in Sandweiler nahe der Stadt Luxemburg bestattet. Nachdem die Anlage an den Volksbund übergeben worden war, betteten Mitarbeiter nochmals über 5000 Gefallene aus 150 kleineren Grablagen in Luxemburg nach Sandweiler um. Rund 2000 Angehörige reisten zur Einweihung mit Sonderzügen aus Deutschland an.

Die Grabstätten deutscher Soldaten im Ausland boten in den fünfziger Jahren immer wieder einen Ausgangspunkt für die Vergegenwärtigung der Kriegsvergan-

206 Kriegsgräberfürsorge, 1929, Heft 10. Zitiert nach Norbert Fischer, Der uniformierte Tod. Soldatenfriedhöfe. In: Raum für Tote. Die Geschichte der Friedhöfe von den Gräberstraßen bis zur anonymen Bestattung. Hrsg. von der Arbeitgemeinschaft Friedhof und Denkmal, Zentralinstitut und Museum für Sepulkralkultur Kassel, Braunschweig 2003, S. 255–264. Vgl. auch Willi Kammerer, Deutsche Kriegsgräberstätten im Westen. Hrsg. vom Volksbund Deutsche Kriegsgräberfürsorge, Kassel 2001.

207 Vgl. Wo sie ihre letzte Ruhe fanden. Umbettung deutscher Soldatengräber in fünf Ländern abgeschlossen – Neue Aufgaben in Frankreich und Italien. In: Der Heimkehrer, 25.4.1957. Vgl. auch die Übersichtskarten zu deutschen Soldatenfriedhöfen (1957–1961), BArch, N 24/216; Straßenkarten mit Eintragungen über Soldatenfriedhöfe (1954–1955), BArch, N 24/215; Zur Lage und Geschichte in den einzelnen Staaten: http://www.volksbund.de/kgs/ (20.11.2010).

genheit und ihrer politischen Indienstnahme. Die Gräber symbolisierten nicht nur den Kriegstod, sondern wurden auch als Zeichen, als Mahnmale für den beklagenswerten Umgang mit den Wehrmachtsoldaten noch im Tode interpretiert. Der Zustand der Soldatenfriedhöfe gab insbesondere der Veteranenpresse immer wieder Anlass zur Klage[208]. Doch auch die westdeutschen Illustrierten wie *Quick* und *Stern* schickten ihre Reporter ins Ausland, damit sie (sich) vor Ort ein Bild machen und ihren Lesern aus eigener Anschauung berichten konnten. Der Tenor der Berichte lief auf die vorwurfsvolle Frage hinaus, wie man in den Ländern der ehemaligen Kriegsgegner oder Verbündeten mit den deutschen Gefallenen umging. Die Berichte, nicht selten mit Fotoaufnahmen unterlegt, faszinierten nicht nur wegen ihres außergewöhnlichen Sujets – wann schilderten Illustrierte schon Friedhöfe? –, sondern auch weil sie die Leser wie auf eine Zeitreise mitnahmen zu den Schlachtfeldern des Zweiten Weltkrieges in West-Europa und in Nordafrika. So gelangten sie zu Repräsentationen des Krieges im Sinne materieller Überlieferungen, die zwischen dem Betrachter und der Vergangenheit standen. Ihre »Textur« lud zu einer Sinnstiftung ein, die im Zusammenwirken mit den Wahrnehmungs- und Deutungsvorgaben der Reportage regelmäßig auf eine Anklage der ehemaligen Kriegsgegner hinauslief. Der Gang zu den Gräbern eröffnete insofern immer wieder die Möglichkeit, über den Krieg insgesamt, das Kriegsgeschehen in der jeweiligen Region und die Rolle deutscher Soldaten zu reflektieren.

In einem »erbarmungswürdigen Zustand« sei der deutsche Soldatenfriedhof in Salerno, befand beispielsweise 1950 der Chefredakteur des *Stern*, der sich persönlich an jenen Ort südlich von Neapel begeben hatte, wo die Alliierten im September 1943 gelandet waren. Er nahm die Leser mit auf seinen Weg »durch Disteln und hohes Gras« in den Reihen der Gräber, deren schiefe Kreuze die Fotos zeigten. Die Wahrnehmung, das sich niemand um den Friedhof kümmerte, übertrug er auf die Haltung gegenüber den Toten: Man könnte den Eindruck gewinnen, »sie alle seien Unbekannte, Namenlose, Vergessene – Besiegte noch im Tode«. Die Soldatenfriedhöfe kündeten nicht vom Dank des Vaterlandes. Der Anblick trieb »uns«, wie der Redakteur seine Leser vereinnahmend formulierte, »die Scham vor den deutschen Toten von Salerno« ins Gesicht. Denn das, so hörte man heraus, hatten sie nicht verdient, die »wie Millionen anderer Gefallener ihr Leben für uns gaben, im guten Glauben, dass sie für eine gute Sache kämpften«. Dem Bericht folgte ein Appell, durch Spenden den Soldatenfriedhof in Salerno aufzubauen – mit großem Erfolg, wie der *Stern* berichten konnte[209].

Für den VDK entwickelte sich die »Auslandsarbeit« denn auch seit Mitte der fünfziger Jahre immer mehr zu einem Schwerpunkt seiner Tätigkeit. Die rechtliche Voraussetzung für die Umbettung, für die Anlage und Pflege größerer deutscher Soldatenfriedhöfe lag in Abkommen zwischen der Bundesrepublik und den betrof-

---

[208] Vgl. etwa die Klage eines ehemaligen Kriegsgefangenen: So ruhen sie ... In: Der Heimkehrer, 5.5.1955, S. 3. Ein Foto zeigt ein heruntergekommenes Grab in Frankreich.

[209] Besiegte – auch im Tode? In: Stern, 31 (1950); vgl. auch Die Toten von Salerno fanden eine Mutter. In: Stern, 38 (1950); dazu Schornstheimer, Die leuchtenden Augen der Frontsoldaten, S. 72 f.; Schornstheimer, »Harmlose Idealisten und draufgängerische Soldaten«.

fenen Staaten. In der zweiten Hälfte des Jahrzehnts gab es solche zwischenstaatliche Abkommen, denen oft langwierige Verhandlungen vorausgegangen waren, mit Belgien, Luxemburg, Norwegen, Ägypten, Italien und Frankreich. Jede Umbettung musste sorgfältig protokolliert werden, damit man anhand der vorhandenen Daten der Kriegsgräberdatei und der Grablageorte die Zugehörigkeit der sterblichen Überreste nochmal überprüfen konnte. Wo die Erkennungsmarke und das Soldbuch nicht mehr vorhanden waren und auch kein anderer Gräberdienst Informationen über die Bestatteten besaß, mussten die Leichen vermessen werden. Die Länge des Oberschenkel- oder Oberarmknochens (die auf die Körpergröße schließen ließen), das Zahnschema, die Haarfarbe: mit diesen Merkmalen sollte die Identität geklärt werden. Wo sich bei den Leichen noch persönliche Gegenstände wie Uhren oder Ringe fanden, wurden sie den Angehörigen übermittelt, sofern sich wiederum deren Aufenthaltsort ermitteln ließ. Die Identifizierung hatte jedoch nicht nur einen administrativen Hintergrund, sondern besaß auch eine symbolische Bedeutung: »der Unbekannte [sollte] seinen Namen zurückerhalten«. Ein Drittel aller Umgebetteten waren bis 1957 auf diese Weise identifiziert worden. Aus diesem Grund gab es regelmäßig auch keine Massengräber. Selbst der unbekannte Gefallene erhielt ein Einzelgrab[210].

Nach dem ersten Friedhof in Sandweiler wurden durch Umbettungen weitere größere deutsche Soldatenfriedhöfe angelegt, vor allem im westlichen Ausland. Im belgischen Lommel wurde der bis dahin größte Soldatenfriedhof für 40 000 der 46 000 auf belgischem Territorium gestorbenen Soldaten errichtet. Die zweite große Ruhestätte entstand bei Recogne-Bastogne für 6000 Gefallene. Im Rahmen eines internationalen Jugendlagers legten Jugendliche aus 15 Nationen in Lommel Wege an, pflanzten Heidekraut auf die Grabreihen und korrigierten Kreuzinschriften. Das »Totenfeld« in zuvor öder Gegend wurde durch die Anlage des Ehrenfriedhofes in eine farbenfrohe Landschaft verwandelt. An die Stelle »trostloser Verlassenheit« traten »blühende Heide, grüne Rasenwege, junge Bäume und Sträuche«. Die »Frieden und Trost« signalisierende Landschaftsarchitektur konterkarierte das »endlose Heer der grauen Betonkreuze«. Zugespitzt formuliert: Mit dem Tod kam das Leben.

Auf sechs Sammelfriedhöfe, deren Ausbau 1957 zum Teil noch nicht abgeschlossen war, wurden die Gräber der 12 000 deutschen Kriegstoten in Norwegen zusammengelegt: Oslo-Alfaset (3000), Stavanger (995), Bergen (1613), Trondheim (2062), Botn-Saltdal (2600) und Narvik (1543). Die im libyschen Kampfraum gefallenen Wehrmachtsoldaten waren bereits zwischen 1951 und 1953 durch Angehörige des VDK nahezu vollständig geborgen worden. Die 6010 Toten des »Afrikakorps« wurden in der deutschen Ehrenstätte von Tobruk »zur Ruhe gebettet«, in einem festungsartigen Gebäude, das 1955 nach dem Vorbild arabischer Wehrmoscheen aus Steinquadern mit quadratischem Grundriss und Rundtürmen an den Ecken erbaut worden war. Im Zentrum eines offenen Hofes tragen vier Engel ein großes Becken auf ihren Schultern. Auf einer der von Arkadenbögen gesäumten Seiten listet eine

210 Diese und die folgenden Zahlenangaben nach dem bilanzierenden Artikel: Wo sie ihre letzte Ruhe fanden. Umbettung deutscher Soldatengräber in fünf Ländern abgeschlossen – Neue Aufgaben in Frankreich und Italien. In: Der Heimkehrer, 25.4.1957.

Steintafel neben einer Reliefdarstellung Trauernder die nordafrikanischen Schlachten des Zweiten Weltkrieges auf. Mit dunklen Mosaiksteinchen wurden die Namen der in den Gruftkammern gebetteten deutschen Toten auf der Rückwand der Arkaden verzeichnet. 4200 in Ägypten gefallene Angehörige des »Afrikakorps« wurden – während der Suezkrise 1956 – umgebettet und auf dem Ehrenfriedhof bei El-Alamein bestattet. Dessen achteckiger Grundriss ist der apulischen Stauferburg von Castel del Monte nachempfunden. Form und Material des Ehrenmals von El-Alamein und von Tobruk waren den klimatischen Verhältnissen der Wüste angepasst und würden, urteilte *Der Heimkehrer* 1957, »ein würdiges Denkmal unserer Toten in Afrika« sein[211]. Der Verweis auf die Wüste als die geografische Besonderheit des nordafrikanischen Kriegsschauplatzes galt nicht nur der Erinnerung an die besonderen klimatischen Belastungen der Soldaten, sondern stand etwa in der Gedenkinschrift in Tobruk auch als Metapher für die natürliche, schicksalhafte Bedrohung[212].

Zu der Zeit setzte der VDK den Akzent auf die »Umbettungsaktionen« in Italien und Frankreich. Vergleichsweise günstige Bedingungen herrschten in Italien, wo die Aufzeichnungen des Gräberdienstes der Wehrmacht und die Verlustmeldungen der Truppe erhalten geblieben waren. Von rund 102 000 der 110 000 Gefallenen war bis dahin die Grablage an 3306 verschiedenen Orten lokalisiert worden. 1956 begann nach Plänen der Bauleitung des Volksbundes der Ausbau einer Ehrenstätte in Pomezia, südlich von Rom, wo über 25 000 Wehrmachtsoldaten beerdigt werden sollten; die Einweihung fand am 6. Mai 1960 statt. Ein gerader Weg führte den Besucher vom Eingangsgebäude an den von Pinien umrahmten Gräberfeldern mit den Natursteinkreuzen vorbei zum zentralen, über der Gruft des Kameradengrabes errichteten Denkmal. Vier Säulen tragen einen Baldachin, dessen Unterseite mit Mosaiken verkleidet ist. Die Mittelsäule zeigt vier überlebensgroße Figuren von Soldaten und trauernden Angehörigen. Insgesamt wurden Ende der fünfziger Jahre zehn Friedhöfe für deutsche Gefallene in Italien geplant.

Besonders umfangreich waren die Umbettungen der Gefallenen in Frankreich, wo rund 250 000 deutsche Soldaten auf fast 3400 verschiedenen Grablageorten beerdigt worden waren. In Elsaß-Lothringen und im Burgund wurde 1957 mit der Zusammenführung begonnen; besonders viele Feldgräber existierten zu der Zeit noch in der Bretagne und in der Normandie. In Frankreich waren zwanzig Sammelfriedhöfe geplant. Hinzu kam die Aufgabe, die 900 000 verstreuten deutschen Soldatengräber aus dem Ersten Weltkrieg zu pflegen, die durch den jüngsten Krieg beschädigt worden waren[213].

---

[211] Wo sie ihre letzte Ruhe fanden. Umbettung deutscher Soldatengräber in fünf Ländern abgeschlossen – Neue Aufgaben in Frankreich und Italien. In: Der Heimkehrer, 25.4.1957.

[212] »Über gezeichnetem Haupt / die nackte Gewalt des Gestirnes / ward der Kampf uns verhängt / und wir ertrugen die Glut. / Namen nennen euch hier den Ort / wo wir kämpften und fielen. Wüste heißt dieser Ort / Erde, spurloser Sand / Wüstenwind hüllte uns ein / die Leiber versengend, die Herzen. / Schicksalssturm löschte das Licht / unseres irdischen Tages. / Was wir gewesen, Ihr seid's / Und was uns verhängt war bedroht euch. / Lernt aus verwehter Spur / Sorgt, dass die Wüste nicht wächst.«

[213] Vgl. Der Heimkehrer, 25.4.1957.

Die Ruhestätten wurden Reiseziele. Knapp ein Viertel der Bundesbürger, die älter als 14 Jahren waren, ging 1954 auf Urlaubsreise, davon 15 Prozent ins Ausland (1960: 31); die Traumziele hießen Südtirol und Gardasee[214]. Vor diesem Hintergrund organisierten auch die Soldatenverbände entsprechende Exkursionen, für die sie in der Presse die Werbetrommel rührten. In der zweiten Hälfte der fünfziger Jahre entwickelte sich ein regelrechter Gräber-Tourismus unter den ehemaligen Soldaten und ihren Angehörigen, die auf den Spuren ihres Kameraden bzw. ihres Ehemannes, Sohnes oder Vaters wandelten. Bebilderte Reiseberichte über den Besuch deutscher Soldatenfriedhöfe im Ausland waren fortan der Teil der Veteranenkultur.

In nationaler Hinsicht war der sozialen Praxis der Gräberreise und ihrer medialen Repräsentation eine sozial integrierende Funktion zugedacht. Das ehrende Gedenken der Wehrmachttoten sollte auf die überlebenden Soldaten ausstrahlen und ihnen einen angemessenen Platz in der westdeutschen Gesellschaft sichern, der zwischen der Heroisierung der Vor- und Kriegszeit und der Geringschätzung der frühen Nachkriegszeit lag. Noch in der Anlage der Soldatengräber sollte nach Auffassung des VDK eine Normalisierung des Verhältnisses der Deutschen zu *dem* Soldaten zum Ausdruck kommen: weder »glorifizierendes Heldenmal« noch »Schindanger« sollten die Grabstätten seien. Denn der Soldat als solcher sei, was die Deutschen nach dem Krieg erst wieder hätten lernen müssen, kein Verbrecher – und auch kein Held. Als Mensch, »der eine oft tödlich bittere Pflicht freiwillig oder erzwungen erfüllte«, gebühre ihm eine würdige Grabstätte. Ohne den Soldatentod zu verherrlichen, sollte die »Ruhestätte« das »besondere Schicksal« des Soldaten würdigen[215]. In der Rede über die Kriegsgräber spiegelte sich das Ringen um das zeitgenössische postheroische Soldatenbild. Nicht auf dem Sockel, aber auch nicht am Pranger wollten sich die ehemaligen Wehrmachtsoldaten sehen. Trauer und Stolz gehörten für sie zusammen.

2. Deutungskonkurrenz und Sinnstiftung: Kriegsgeschichten von »Anderen«

Erfahrungsgemeinschaften konstituieren sich wesentlich durch gemeinsame Deutungen der Vergangenheit, wie sie hier als kollektive Repräsentationen untersucht werden. Der heuristische Nutzen des Konzepts liegt unter anderem darin, die Aufmerksamkeit auf das Konfliktpotenzial der Repräsentationen in der sozialen und politischen Praxis zu lenken. Indem ihre Träger durch symbolische Selbstdarstellung soziale Differenzen markieren, grenzen sie sich von anderen sozialen Gruppen ab. Die Vergegenwärtigung der Vergangenheit ist insofern nicht primär der Ausdruck unbewusster Mentalitäten, sondern das Instrument einer Strategie, die soziale Ordnung zu klassifizieren und der eigenen Gruppe darin dann eine herausragende Stellung zu sichern. Auf der einen Seite konkurrierten die ehemaligen Soldaten, die im Fokus dieser Untersuchung stehen, mit »zivilen« Teilen der Bevölkerung, die ih-

[214] Zur Kultur- und Sozialgeschichte des Tourismus vgl. Prahl, Entwicklungsstadien des deutschen Tourismus; Goldstrand und Teutonengrill; Schildt, Moderne Zeiten?

[215] Der Heimkehrer, 25.4.1957.

rerseits unter den Kriegsfolgen zu leiden hatten: den »Ausgebombten« etwa, oder den Flüchtlingen und Vertriebenen. Wenn im Folgenden gleichwohl weiterhin von Soldaten die Rede ist, dann nicht, um das Zerrbild einer Gesellschaft zu entwerfen, in der die Wehrmachtsoldaten (unverstandene) Opfer waren. Vielmehr geht es darum zu zeigen, wie die Konstruktion einer soldatischen Erfahrungsgemeinschaft auch der, wenn man so will, internen Abgrenzung zur Identitätsbildung bedurfte und auf welch schwankendem Boden sie sich bewegte. Deutungsverschiebungen in der Umgebungsgesellschaft vor allem führten dazu, dass die Parameter der kulturellen Selbstdeutung in fortwährenden Deutungskämpfen immer wieder neu austariert werden mussten. Eine Kontrastfolie, um nicht zu sagen ein rotes Tuch bildete auf der anderen Seite für die Mehrheit der ehemaligen Soldaten, die »bis zum Schluss« ehrenhaft gekämpft hatten, die Minderheit derer, die das nicht getan hatte: die Männer des militärischen Widerstands, die Deserteure und Überläufer, aber auch die Kriegsverbrecher. Zur gesellschaftlichen Selbstverständigung der Westdeutschen gehörte es daher, den Platz dieser »anderen« Soldaten durch historische Bedeutungszuschreibungen in der Nachkriegsgesellschaft zu definieren. Dies zu untersuchen lohnt umso mehr, als die explizite Auseinandersetzung mit den »Anderen« in Vergangenheit und Gegenwart, sei es im Modus der Abgrenzung oder der Annäherung, ein wesentliches Element der Demokratisierung darstellt, zumal es in diesem Kontext, fernab der justiziellen Aufarbeitung, immer wieder um das Vermessen der Grenze zwischen Rechtmäßigkeit und Verbrechen im nationalsozialistischen Krieg ging. In diesem Anteil am Selbstverständigungsprozess und der Pluralisierung von sinnstiftenden Deutungsangeboten liegt die politische Funktionalität der entsprechenden kollektiven Repräsentationen.

a) Militärischer Widerstand: Traditionsstiftung als politischer Akt und biografische Herausforderung

Die Vorstellung von einem verbrecherischen Krieg speiste sich nicht nur aus der symbolpolitischen und justiziellen Entmilitarisierung durch die Alliierten. Vielmehr tauchte die Kehrseite jenes idealisierten Selbstbildes, das sich im Dunstkreis der Veteranenverbände und der ehemaligen Generalität abzeichnete, in dem Bemühen jener auf, die als Reaktion auf die Prämissen der Entmilitarisierung das Bild eines »anderen Deutschland« zu zeichnen suchten und dazu den militärischen Widerstand als eine, wenn auch klitzekleine Facette der Vorstellung von der deutschen Armee herausstellten. Diese frühen Berichte, Erzählungen und Erinnerungen Betroffener waren insofern ambivalent, als sie auf der einen Seite den Ausnahmecharakter einiger weniger bezeugten, indem sie auf der anderen Seite zwangsläufig das Verhalten der Mehrheit unter Verdacht stellten. So repräsentierten diese Geschichten des Widerstandes teils mit drastischen Worten gute und schlechte Aspekte der Kriegsvergangenheit.

Bereits in der zweiten Hälfte der vierziger Jahre stellte der 20. Juli 1944 einen Kristallisationspunkt der Einstellung gegenüber Krieg und Wehrmacht im Rückblick dar. Das Attentat auf Adolf Hitler bündelte das moralische Problem des militärischen Widerstandes. Während des Krieges verurteilten viele Deutsche das Attentat auf den »Führer«, weil sie auf einen Sieg hofften. Die NS-Propaganda klang vielen plausibel, wenn sie die Attentäter als feige Verräter ohne Ehre brandmarkte. Die Verurteilten selbst hatten angesichts der Zensur keine Chance, die Gründe für ihr Handeln zu erläutern. Zwar hatte es bereits 1938 erstmals Pläne für den Sturz des Diktators gegeben, als dessen Anspruch auf das Sudetenland eine außenpolitische Krise hervorgerufen hatte. Doch erst die Erfahrungen des Krieges, die Verbrechen in Polen und der Vernichtungskrieg gegen die Sowjetunion, trugen wesentlich dazu bei, dass in der militärischen Opposition die Entscheidung für das Attentat fiel[216].

In der unmittelbaren Nachkriegszeit konnte man über die Verbrechen des Krieges und ihre Wahrnehmung durch empörte Zeitgenossen oder in den postum publizierten Aufzeichnungen aus dem Kreis des Widerstandes lesen. Verschiedene Zeitzeugen meldeten sich unmittelbar nach Kriegsende zu Wort: der ehemalige Offizier Fabian von Schlabrendorff[217] etwa oder Hans Bernd Gisevius, der als »Sonderführer« dem Amt Ausland/Abwehr im OKW angehört hatte[218]. Der Beginn der Widerstandsforschung, zu der auch die von Hans Rothfels, dem 1951 aus den USA remigrierten Historiker, zunächst in Englisch verfasste wissenschaftliche Auseinandersetzung mit dem Fokus auf den 20. Juli zählt[219], ist vor dem Hintergrund der pauschalen Kritik der angelsächsischen Alliierten an *den* Deutschen und der Verunglimpfung des Widerstandes als Landesverrat in nationalistischen, militärischen Kreisen zu verstehen. Den Zeitzeugen und der Forschung ging es daher nicht zuletzt darum, eine Idee vom »anderen Deutschland« zu vermitteln.

Dementsprechend wurde umgekehrt ein düsteres Bild vom Zweiten Weltkrieg und der Wehrmacht gezeichnet. Das zeigen die Texte, das zeigt ihre Rezeption. In seiner Besprechung von Schlabrendorffs Erlebnisbericht in den *Frankfurter Heften* brachte der Rezensent Karl O. Paetel die durch das Buch vermittelte Einsicht in den »Mythos« der Wehrmacht auf den Punkt. Es zeige, »wie falsch und verhängnisvoll der auch von den meisten Hitlergegnern durch ein Jahrzehnt fast monomanisch festgehaltene Mythos von ›*der* Wehrmacht‹ als einer politisch aktiven oppositio-

---

216 Vgl. die Beiträge in: Der 20. Juli 1944. Bewertung und Rezeption des deutschen Widerstandes; Stauffenberg: Der 20. Juli 1944; Steinbach, Widerstand im Widerstreit. Mittlerweile ist die lange unbeachtete Nähe des Widerstandes zum Regime näher ausgelotet worden. So wird diskutiert, inwieweit auch die Angehörigen des militärischen Widerstandes mit den verbrecherischen Befehlen, den Judenmorden und Partisanenerschießungen in Berührung kamen, wieviel sie wussten und billigten oder ob sie sich selbst an der Umsetzung der Befehle beteiligten. Nicht zuletzt an der Person Henning von Tresckows, dem an der Partisanenbekämpfung beteiligten führenden Kopf der Militäropposition, scheiden sich allerdings die Geister. Vgl. NS-Verbrechen und der militärische Widerstand.

217 Schlabrendorff, Offiziere gegen Hitler.

218 Gisevius, Bis zum bittern Ende. Gisevius (1904–1974) war am Attentat des 20. Juli 1944 beteiligt gewesen und Anfang 1945 in die Schweiz geflohen, wo er zuvor im Auftrag der Abwehr als Vizekonsul am Generalkonsulat tätig gewesen war und Verbindung zu Allen Dulles, dem Leiter des OSS in Bern, gehalten hatte. 1946 veröffentlichte er seine – umstrittenen – Erinnerungen in mehreren Sprachen. Vor dem IMT trat er als Zeuge der Anklage auf; von 1950 bis 1955 lebte Gisevius in Dallas, Texas. Vgl. Ammar, Hans Bernd Gisevius.

219 Rothfels, Die deutsche Opposition gegen Hitler. Vgl. dazu Cornelißen, Hans Rothfels, Gerhard Ritter und die Rezeption des 20. Juli 1944; Eckel, Hans Rothfels, S. 291–307.

nellen Einheit ist«. Schlabrendorffs Bericht verdeutliche, dass »Mangel an zivilem Mut, Aufbegehren und Sich-Ducken, schlechtes Gewissen und Bramabarsieren, Opportunismus und Dummheit« unter den rund dreißig führenden Militärs die Regel waren. Das Scheitern des Attentats war für den sozialistischen Schriftsteller und Korrespondenten Paetel ein Beleg für das Scheitern der Generalität. Die Verwendung des Heeres für eine »antinationalsozialistische Aktion« sei, hieß es zynisch, zu einem Vabanquespiel geworden, weil die Teilnahme der meisten obersten Offiziere »fast ebenso vom Zustand ihrer Verdauung abzuhängen schien wie vom Stand ihrer Einsichten«[220].

Bereits 1946 erschienen postum die Tagebücher des ehemaligen deutschen Botschafters in Rom, Ulrich von Hassell[221]. Der Diplomat, der die innenpolitischen Umsturzpläne von Carl Goerdeler, Ludwig Beck und Johannes Popitz mit debattiert hatte und nach einem gelungenen Umsturz Außenminister hätte werden sollen, war von der Gestapo am 28. Juli 1944 festgenommen, vom Volksgerichtshof am 8. September 1944 zum Tode verurteilt und am selben Tage in Berlin-Plötzensee ermordet worden. Der konservative Jurist von Hassell hatte die Außenpolitik des »entfesselten ›Proletheus‹«, wie er Hitler insgeheim tituliert hatte, von Anfang an kritisiert, weil er davon ausging, dass sie zum Krieg führen werde[222]. Die Westdeutschen konnten seitdem nachlesen, wie ein kritischer Beobachter die Kriegsereignisse Woche für Woche beurteilt und die Protagonisten verurteilt hatte, ohne dass es dazu einer Entmilitarisierungs- und Umerziehungspolitik Dritter gebraucht hätte. Deshalb lohnt der Blick auf die Textur dieser Überlieferung und die Muster der Sinnstiftung, die sie für den Leser bereit hielt.

Früh stimmte Hassell mit Carl Goerdeler darin überein, dass »die Kriegspolitik ein verbrecherischer Leichtsinn« sei[223], von führenden Militärs wie Brauchitsch, Halder oder Raeder aber kein Widerspruch zu erwarten sei. Hassell sah hier die Nachwirkungen von 1918. Im Januar 1940 notierte er, dass »der preußische Gehorsam« – den er im Übrigen in der Truppe und im Offizierkorps vermisste – »in der obersten Region, wo der Gehorsam durch eigenes Urteil und politische Verantwortung ergänzt werden müßte, [...] umso sklavischer und gegen bessere Erkenntnis angewendet« werde[224]. Nach dem Angriff auf die Sowjetunion zeigte er sich erstaunt, dass »in breiten Kreisen, gerade der Wehrmacht, das Prestige von Hitler (nicht der Partei) immer noch groß ist« und jener unter den Offizieren zunächst sogar wieder an Ansehen gewonnen habe. Der General der Flieger Otto Hoffmann

220 Karl O. Paetel, Offiziere gegen Hitler. In: Frankfurter Hefte, 2 (1947), H 1, 109 f., Zitat auf S. 109; zum Rezensenten ebd., S. 111. Paetel urteilte auf dem Umweg eines historischen Zitats noch drastischer; er gab aus der Rede des französischen Schriftstellers Graf Mirabeau an die Hessen folgende Passage wieder (S. 110): »Diese Treue gegen Eure Führer, die die Germanen, Eure Altvorderen auszeichnete, diese Gewohnheit zu gehorchen, ohne zu bedenken, dass es heiligere Pflichten als den Gehorsam gibt, Pflichten, die allen Eidschwüren vorgehen, diese Leichtgläubigkeit, die euch dem Antrieb einer kleinen Anzahl von Unsinnigen oder Ehrgeizigen folgen läßt: Das sind Eure Fehler, aber es werden Verbrechen sein, wenn Ihr nicht am Rande des Abgrundes haltmacht«.

221 Hassell, Vom anderen Deutschland; vgl. Hassell, Die Hassell-Tagebücher.

222 Hassell, Vom anderen Deutschland, S. 305; vgl. Schöllgen, Ulrich von Hassell.

223 Hassell, Vom anderen Deutschland, S. 86 f. (11.10.1939).

224 Ebd., S. 120 f. (28.1.1940).

von Waldau äußerte sich Hassell gegenüber ganz im Sinne der NS-Propaganda vom Präventivkrieg[225]. Immer wieder zog der Spitzendiplomat über die höheren und höchsten Ränge der Wehrmacht her, etwa das Offizierkorps der Marine, in dem sich »die Bramsigkeit des ungebildeten ›miles gloriosus‹ mit Mangel an Zivilcourage und sittlichen Grundlagen« mische[226]. Der »deutsche Durchschnittsoffizier« erschien dem Juristen verblüffend »kindlich-naiv«[227].

Dass Hassell mit seiner Einschätzung nicht allein stand, zeigen seine Notizen über Meinungsäußerungen Dritter. Auch Hans Bernd Gisevius, seit Kriegsbeginn im Amt Ausland/Abwehr im OKW unter Admiral Wilhelm Canaris tätig, sei am Ende des ersten Kriegsjahres von den Generalen, die »mit Titeln, Ritterkreuzen und Dotationen gemästet« würden, enttäuscht gewesen und habe wachsenden »Widerstand gegen die Schweinerei, vor allem gegen die SS« viel eher von den rangniedrigeren Offizieren erwartet[228].

Beeindruckt von den schnellen Erfolgen auf dem Balkan und in Nordafrika 1940, erkannte auch Hassell die militärische Leistung der Wehrmacht an, ohne sie indes absolut zu setzen. Vielmehr sah er gerade darin eine besondere Tragik, dass sie als militärisches Instrument dazu diente, die »Zerstörung Europas à la perfection« durchzuführen[229]. Die riskante Verlegung der Kriegsschiffe »Gneisenau«, »Scharnhorst« und »Prinz Eugen« von Brest durch den Ärmelkanal in deutsche Häfen – die Operation »Cerberus« – quittierte er im Februar 1942 mit den Worten: »Glänzende Leistung im Zeichen einer verbrecherischen Politik[230].« Dass der Krieg alles andere als ein ritterlicher Kampf war, daran konnte der Leser der Tagebücher Hassells keinen Zweifel haben. Der Diplomat schilderte bereits ab den ersten Kriegsmonaten immer wieder das Entsetzen der informierten Funktionselite über die Art der Kriegführung im Osten. Durch die »grauenhaften Bestialitäten der SS, vor allem gegen Juden« sah der nationalkonservative Diplomat »den deutschen Namen befleckt«. Von »Ausrottungspolitik« war die Rede; konkrete Beispiele – Vergewaltigungen, Erschießungen eingesperrter Frauen – führten den Lesern vor Augen, was gemeint war[231]. Dies entging den Soldaten und dem zivilen Personal nicht, versuchten doch »immer häufiger junge Offiziere, Beamte oder sogar SS-Leute« der Tätigkeit im besetzten Polen zu entgehen, weil »sie sich schämen, Deutsche zu sein«[232]. Mit Blick auf die Westfront notierte Hassell im Herbst 1940 Diebstahl »in ganz großem Stile«[233].

225 Ebd., S. 228 (Sept. 1941). Wiederholt kritisierte Hassell die Nähe der Generäle zum NS-Regime und ihren Gehorsam gegenüber Hitler: Die Generäle hätten es »in geradezu fabelhafter Weise fertiggebracht [...], ihre Autorität vor allem Hitler gegenüber auf null zu reduzieren.« (S. 285, Nov. 1942). Die Einschätzung wurde durch Beobachtungen aus dem militärischen Milieu belegt; so wurde etwa Alfred Graf von Waldersee zitiert, der über »den subalternen Kadavergehorsam hoher Generäle« (Stalingrad) berichtet habe (S. 288, Dez. 1942). Vgl. zu Keitel, ebd., S. 262.

226 Ebd., S. 173 (Nov. 1940).

227 Ebd., S. 258 (März 1942).

228 Ebd., S. 162 (Sept. 1940).

229 Ebd., S. 200 f. (10.4.1941).

230 Ebd., S. 254 (13.2.1942).

231 Ebd., S. 118 (28.1.1940), vgl. auch ebd., S. 166.

232 Ebd., S. 166 (Sept. 1940).

233 Ebd., S. 166 (Sept. 1940).

Auch von den verbrecherischen Befehlen war hier die Rede. Mit ihrer Weitergabe hätten Generale wie Halder oder Brauchitsch »das Odium der Mordbrennerei der bisher allein belasteten SS auf das Heer [...] übertragen. Sie haben die Verantwortung übernommen und durch einige an sich gar nichts ändernde, aber den Schein wahrende Zusätze [...] sich selbst und andere getäuscht. – Hoffnungslose Feldwebel«[234]!

Das hier gemalte Bild vom Krieg im Osten wurde im Unterschied zu den Verklärungen vieler Veteranen nicht mit den hellen Deckfarben des abendländischen Kulturkampfes überzogen, sondern erschreckte durch grausame Szenen des Kämpfens und Mordens – sowie die Einsicht, das dieses auch in der Heimat bekannt war. Hassell hielt im August 1941 fest, wie ihm in München ein junger Offizier von der Ostfront berichtete: Er habe 350 Frauen und Kinder, angebliche Partisanen, in einer Scheune zusammengetrieben und auf Befehl nach Bedenkzeit mit dem Maschinengewehr erschossen. Der Offizier wollte nie wieder an die Front[235]. Zu den Gerüchten über die Morde an der Zivilbevölkerung, den Juden, traten die Meldungen über die Verbrechen an den sowjetischen Kriegsgefangenen[236].

Hassell versuchte nicht, die Verbrechen zu einer Angelegenheit allein der SS zu machen, als hätten sie auch ohne die Wehrmacht stattgefunden, sondern sah ausdrücklich den Zusammenhang zwischen Kriegführung und Kriegsverbrechen. Bereits Ende 1939 stellte er fest, dass die Armee für die »maßlosen Schweinereien in Polen [...] mitverantwortlich bleibt«[237]. Im Gegenteil konfrontierten Hassells Tagebücher die Leser mit der Auffassung des informierten Zeitgenossen, dass allein die Wehrmacht in der Verantwortung gestanden habe, ein Land wie Polen gegen die SS zu retten[238]. Auch erlag der Jurist nicht der Versuchung, diese Massenmorde gegen das Sterben deutscher Zivilisten im Reich aufzurechnen. Angesichts der Luftangriffe der Royal Air Force erinnerte Hassell daran, dass wir »uns selbst mit unbekümmerter Brutalität auf alles, was uns vorkommt, [stürzen]«[239].

Auch wenn sich die Empörung des nationalkonservativen Beobachters über die Massenmorde in Polen und in der Sowjetunion paradoxerweise aus dem Gefühl speiste, die deutsche Nation (mithin: man selbst) werde herabgesetzt, und dieses Gefühl ganz in der Semantik des 19. Jahrhunderts als Schande, Schmach und Ehrverlust gefasst wurde: Die verbrecherischen Sachverhalte der Kriegführung lagen ebenso offen zutage wie das Versagen der militärischen Funktionselite. Während diese bereits an ihren Selbstrechtfertigungen feilte, war ab 1946 ein kritisches Urteil in literarische Formen gegossen. Blinder Gehorsam und mangelndes Urteilsvermögen, wo wacher Verstand und Verantwortungsbewusstsein am Platz gewesen wären; ein falsches Pflichtverständnis, das die Treue zum NS-Regime über eine »höhere Pflichtauffassung« gestellt und das Interesse der Soldaten an ihrer eigenen Zukunft

---

234 Ebd., S. 212 (Juli 1941); vgl. ebd., S. 215.

235 Ebd., S. 220 (August 1941).

236 Ebd., S. 234 (Nov. 1941). Hassell notierte die »Angewidertheit aller anständigen Menschen durch das schamlose Vorgehen im Osten gegen Juden und Gefangene«. Vgl. mit Bezug auf einen Bericht Hans von Dohnanyis über einen entsprechenden OKW-Erlass, ebd., S. 231 f. (Okt. 1941).

237 Ebd., S. 105 (5.12.1939); vgl. ebd., S. 86 f. (11.10.1939).

238 Ebd., S. 178 (19.1.1941).

239 Ebd., S. 164 (Sept. 1940).

ignoriert hatte[240]: So lauteten die Hauptvorwürfe. Kluge Köpfe wie Hassell wussten zu unterscheiden zwischen der binnenmilitärischen Norm handwerklichen Könnens und seiner Instrumentalisierung für politische Zwecke, die sich an anderen, nicht zuletzt ethischen Maßstäben messen lassen musste. Für sie war auch klar, dass in erster Linie die Befehlshaber in der Verantwortung standen politisch mitzudenken, während der »Durchschnittssoldat« nur seine Pflicht tat[241]. Die Vorstellung, eine zunächst rechtmäßige Kampfhandlung sei gleichsam außer Kontrolle geraten, hatte hier ebenfalls keinen Platz. Der Krieg selbst erschien auch nicht ansatzweise gerechtfertigt – Widerstand umso mehr.

Zum »ersten Jahrestag des 20. Juli« gab es erste Würdigungen des Widerstandes. Der Verleger Wilhelm Dreecken beispielsweise lobte den Mut der Männer des Widerstandes, ihr Leben und das Leben ihrer Familie aufs Spiel gesetzt und ihre »Ehre« riskiert zu haben[242]. Für die Beurteilung des Attentats war die Einschätzung der Motive der Attentäter maßgeblich. Dreecken sah den Sinn und Zweck des Attentats nicht allein in einem nationalen, sondern auch in einem internationalen Zusammenhang. So sei es den Männern des Widerstandes auf der einen Seite darum gegangen, »das deutsche Volk von der Gewaltherrschaft eines Verbrechers« zu befreien und Hitler daran zu hindern, Deutschland gänzlich zu ruinieren; sie wollten den Deutschen, »wenn auch unter schwersten Opfern«, die Möglichkeit geben, »die Untaten der Nazimachthaber zu sühnen zu versuchen, sich selbst zu erholen und am Neuaufbau Europas mitzuwirken«. Auf der anderen Seite wollten sie, so Dreecken, mit ihrer Tat die »Menschheit von dem ›Weltfeind Nr. 1‹ [...] befreien«, um »die Welt von der Barbarei des Nazismus zu erlösen«. Mit beidem habe sich die Absicht verbunden, den Krieg so rasch wie möglich zu beenden. Die Kehrseite dieser positiven Einschätzung war die Kritik an jenen Militärs, die das verhindert hatten: insbesondere an Major Otto Ernst Remer (der in Berlin als Kommandeur des Wachbataillons »Großdeutschland« den Putsch niedergeschlagen hatte) und am Befehlshaber des Ersatzheeres, Generaloberst Friedrich Fromm (der sich nicht zu einer aktiven Beteiligung hatte entschließen können)[243]. Trotz seines Scheiterns wurde dem Attentatsversuch der Offiziere ein Sinn zugeschrieben. Dass »ihre Tat *nicht* umsonst«, gewesen war, weil danach Hitlers Macht zerfiel, stand für Dreecken außer Frage. Da die Offiziere ihr Leben für das Wohl anderer riskiert hatten, galten sie ihm als »Märtyrer«. Einen Sinn hatte für ihn die Erinnerung an den 20. Juli wenige Wochen nach Kriegsende auch deshalb, weil das Gedenken zur Reflexion über die eigene Verantwortung für die politische und militärische Entwicklung der jüngsten Vergangenheit aufforderte. Der Jahrestag war daher »für das ganze deutsche Volk« der Anlass, »uns zu prüfen, wieviel Schuld jeder Deutsche selbst trägt an dem Zusammenbruch unsers Vaterlandes, der die Folge ist der vergangenen zwölf Jahre«[244].

---

240 Ebd., S. 315 (Juni 1943).
241 Ebd., S. 237 (Nov. 1941).
242 Wilhelm Dreecken, Deutsche Selbstbesinnung am ersten Jahrestag des 20. Juli, Lahr 1945 (Broschüre).
243 Zu Fromm vgl. Kroener, Der starke Mann im Heimatkriegsgebiet.
244 Dreecken, Deutsche Selbstbesinnung (wie Kap. III, Anm. 242), S. 3 f.

Die frühe Konzentration des Gedenkens auf den 20. Juli 1944 erklärte sich nicht nur mit dem Außergewöhnlichen des Attentats und der nachfolgenden Verhaftungswelle oder der Quellenlage. Vielmehr schien das Zusammenwirken von nationalkonservativen und bürgerlich-liberalen Vertretern mit Repräsentanten der demokratischen Arbeiterbewegung ein idealer historischer Ausgangspunkt für eine zukunftsweisende Traditionsstiftung in Westdeutschland zu sein. Die verbindende Klammer um diese unterschiedlichen sozialen Gruppen bildete der Respekt vor dem gemeinsamen humanitären, christlich fundierten Gesinnungsethos, das insbesondere der nationalkonservative Historiker Gerhard Ritter, der in die Attentatspläne eingeweiht und mit Carl Goerdeler befreundet war, Mitte der fünfziger Jahre den Männern und Frauen des Widerstandes bescheinigte[245].

Innerhalb der nationalkonservativen Opposition hatten seit 1939/40 Repräsentanten der Gewerkschaften und Sozialdemokraten an Einfluss gewonnen. Sie waren zwar kaum programmatisch hervorgetreten, hatten sich aber im Unterschied zu den bürgerlichen Mitverschwörern auf eine (damals wie heute unbekannte) Zahl von Sympathisanten stützen können, die den Umsturz in der Region und in den Kommunen mitgetragen hätten. Zu diesen im Hintergrund aktiven Sozialisten zählten Ludwig Schwamb, Ernst von Harnack und Gustav Dahrendorf sowie Emil Henk[246], ein aus dem Heidelberger Raum stammender Journalist. Dieser meldete sich nach Kriegsende ebenfalls zu Wort, um aus diesem Blickwinkel die Rolle des Militärs und seines Verhältnisses zu den zivilen Gruppen der Widerstandsbewegung zu beleuchten[247]. Henk, der von 1949 bis zu seinem Tode 1971 dem Kuratorium des »Hilfswerks 20. Juli 1944« vorstand, unterstrich den *politischen*, das hieß hier: den nicht allein militärischen Charakter der Vorbereitung des Attentats. Der 20. Juli war mehr als »eine lächerliche Militärrevolte« von wenigen putschenden Generälen, die in der Diktatur chancenlos geblieben wäre, sondern eine Verschwörung auf breiter sozialer Basis, zu der Henk die Gewerkschaften, die Kirchen und die bürgerliche Mitte – nicht aber die Kommunisten – zählte. Die Verquickung von Militär und Zivil habe dem bloßen militärischen Gewaltakt als dem ersten notwendigen Schritt des »Aufstandes« seinen politischen Sinn gegeben[248]. Henk erkannte, dass der Krieg dafür die Rahmenbedingungen gesetzt hatte – zum Guten wie zum Schlechten. Der Kriegsverlauf habe zum einen, durch die Siege, einen Aufstand lange verhindert, zum anderen dann jedoch jene »Verzweiflungszustände« der breiten Masse herbeigeführt, ohne die Hitler nicht zu stürzen gewesen wäre, und militärische und zivile Oppositionelle zusammengebracht. Der militärische Erfolg der (West-)Alliierten,

---

245 Ritter, Carl Friedrich Goerdeler (1954). Diese Tendenz ließ die kommunistisch motivierte Opposition bis in die sechziger Jahre ebenso aus dem Blick geraten wie die weniger spektakulären, diffusen Widerstandshandlungen im Alltag des Dritten Reiches. Zu Ritter vgl. Cornelißen, Gerhard Ritter. Vgl. zur Rezeptionsgeschichte: Baur, Das ungeliebte Erbe.

246 Vgl. Mommsen, Die Stellung der Sozialisten; Mommsen, Der 20. Juli und die deutsche Arbeiterbewegung. Der SPD-Politiker Schwamb war am 23.1.1945 in Berlin-Plötzensee ermordet worden, Harnack am 5. März 1945.

247 Henk, Die Tragödie des 20. Juli 1944. Ein Exemplar des Heftes findet sich in der Bibliothek des ZMSBw (bis 2012 MGFA), Signatur: 11/578.

248 Ebd., S. 8 f.

die Landung in der Normandie, war eine Voraussetzung für den Anschlag, da sonst der »Anmarsch des Ostens« gedroht hätte[249].

Das Urteil über die beteiligten Offiziere und Generale fiel in den Augen des Vertreters der Arbeiterbewegung zwiespältig aus. Auf der einen Seite beschrieb er sie als reaktionäre, in ihrem Milieu gefangene Menschen, die von Revolution und Konspiration, von Staat und Umsturz keine Vorstellung hatten, weil sie außerhalb ihres »Berufsschicksals« lagen. Das Scheitern des Attentats lag demzufolge darin begründet, dass das Militär dem Anschlag auf Hitler nicht die Massenerhebung, den Generalstreik und »bewaffnete Aktionen« folgen ließ, weil es die Folgen eines Bürgerkrieges fürchtete. Da in der »Despotie« nur die Waffenträger einen Staatsstreich einleiten und, so Henk, nur die Massen ihn entscheidend durchführen können, scheiterte der Staatstreich, weil bereits der »Militärputsch« scheiterte. »Militärs sind eben Waffenträger und keine Verschwörer. Sie hatten daher dem Zufall – diesem Unhold der Geschichte – viel zu viel Spielraum gelassen[250].« Konkret warf der Journalist den Generalen eine mangelhafte Organisation des Umsturzes im Reich vor.

Auf der anderen Seite sah Henk in dieser Schwäche die Stärke des militärischen Widerstandes: Weil ihr Handeln derart außerhalb ihres Horizontes lag und sie in der geschichtlichen Situation »gegen ihren eigenen Charakter und gegen ihre eigene Welt handeln« mussten, zollte er ihnen seinen Respekt und zeigte sich überzeugt, dass der Entschluss zum Widerstand »diese Männer für immer vor der Geschichte [ehrt][251].« Auch der sozialistische Journalist schlug nationale Töne an, wenn er den Widerständlern über die Wahrung der persönlichen »Ehre« hinaus bescheinigte, »sinnbildlich für eine ganze Nation die Ehre aus der Barbarisierung herausgehoben« zu haben. Der Akt des Attentats wurde auch hier symbolisch als ein Opfer verstanden. Die Tat war im Moment vergebens, nicht jedoch auf Dauer der Tod[252].

Damit waren unmittelbar nach Kriegsende zentrale Deutungs- und Sinnstiftungsmuster formuliert worden, wie sie die Rezeption des 20. Juli fortan prägten[253]. Institutionellen Rückhalt erhielt sie 1949, als auf Initiative von Überlebenden und Hinterbliebenen sowie des Bundespräsidenten Theodor Heuss die Stiftung »Hilfswerk 20. Juli 1944« gegründet wurde. Ihr Ziel war es, die Angehörigen der Widerständler, insbesondere derer, die nach dem gescheiterten Attentat 1944/45 ermordet worden waren, materiell und seelisch zu unterstützen[254].

---

249 Ebd., S. 35.

250 Ebd., S. 57.

251 Ebd., S. 17 f.

252 Ebd., S. 63.

253 Zum Widerstandsbild der Alliierten vgl. Kettenacker, Die Haltung der Westalliierten gegenüber Hitlerattentat und Widerstand; Der deutsche Widerstand gegen Hitler.

254 Zu den Gründern zählten Walter Bauer, Fabian von Schlabrendorff und Elisabeth Gärtner-Strünck; zum Vorsitzenden des Kuratoriums der in Nörten-Hardenberg, dem Wohnsitz von Carl Hans Graf von Hardenberg, gegründeten Stiftung wurde Emil Henk gewählt, in den Vorstand wurden Walter Bauer und Paul Collmer gewählt; die Leitung hatte Renate Gräfin von Hardenberg. Seit 1994 wurde auf den Zusatz »Hilfswerk« verzichtet. Seit 1954, dem 10. Jahrestag des 20. Juli 1944, bereitet die Stiftung mit der Bundesregierung die jährlichen Gedenkfeiern vor. Vgl. http://www.stiftung-20-juli-1944.de/stiftung.php (20.11.2010).

Der 20. Juli war, wie Meinungsumfragen zeigten, eine feste, wenngleich äußerst umstrittene Größe im historischen Bewusstsein der Westdeutschen. Sieben Jahre nach dem Attentatsversuch erinnerten sich 89 Prozent der Befragten an die Ereignisse; unter den Männern waren es gar 95 Prozent. Das Urteil fiel jedoch sehr unterschiedlich aus. Im Juni 1951 urteilten 40 Prozent positiv über die Verschwörer, 30 Prozent negativ. Nicht wenige hatten keine Meinung oder schwankten im Urteil (zusammen 19 %)[255]. Entsprechend gemischt war die Auffassung in der Frage, ob man Widerstandskämpfern wie den Männern – von Frauen war hier keine Rede – des 20. Juli ein hohes Regierungsamt übertragen sollte. Ein Viertel war grundsätzlich dagegen, ein anderes Viertel grundsätzlich dafür, 22 Prozent wollten sich nicht entscheiden, und 29 Prozent machten die Antwort vom Einzelfall abhängig. Eindeutiger fiel die Ablehnung aus, wenn es sich um jene Männer handelte, die vom Ausland aus gegen Hitler operiert hatten, die Emigranten also. Denen wollten 45 Prozent der Männer und 34 Prozent der Frauen kein hohes Regierungsamt übertragen; für die Einzelfallprüfung plädierten 26 Prozent, nur 13 Prozent hatten nichts dagegen[256].

Stellten die Demoskopen präzisiere Fragen nach den Beurteilungskriterien und der moralischen Berechtigung, zeigte sich, wie sehr der Widerstand mit dem Kriegsverlauf in einen Argumentationszusammenhang gebracht wurde, dessen Logik ganz auf der Linie der NS-Propaganda lag. Zwar bejahten 41 Prozent, dass derjenige Widerstand hätte leisten sollen, der nach 1933 »fest davon überzeugt war, dass unter Hitler Unrecht und Verbrechen begangen wurden«. Anders verhielt es sich jedoch, wenn der Krieg als Zeitpunkt des Widerstandes angenommen wurde. Ein gutes Drittel war 1952 überzeugt, dass man mit dem Widerstand bis Kriegsende hätte warten sollen, ein knappes Drittel war sich nicht sicher, nur 20 Prozent blieben bei der Auffassung, dass Unrecht und Verbrechen auch in Kriegszeiten Widerstand gerechtfertigt hätten. Mit dieser Verteilung hängt der Nexus von Widerstand und Kriegsausgang zusammen. Über ein Drittel der Befragten meinte etwa zur selben Zeit, dass Deutschland den Krieg gewonnen bzw. vielleicht gewonnen hätte, wenn es keine Widerstandsbewegung gegen Hitler gegeben hätte. Und: Ohne sie ginge es Deutschland »besser« oder »vielleicht besser« (jeweils 14 %), ein Drittel hatte keine Meinung. Nur die restlichen 14 Prozent waren der Auffassung, dass es den Deutschen ohne Widerständler besser gegangen wäre[257].

Brisanz erhielten diese Bedeutungzuschreibungen dadurch, dass sie im politischen Raum nicht unverbindlich blieben. Auf der Suche nach nationalgeschichtlichen Vorbildern für die junge Demokratie und einem positiven Signal nach außen machten führende Staatsmänner den Widerstand gegen die Diktatur aus. Dieser vergangenheitspolitische Akt traf die ehemaligen Soldaten nicht nur, weil er ihren eigenen Vergangenheitsentwurf potenziell in Frage stellte, sondern weil er auch die neuen westdeutschen Streitkräfte historisch fundieren sollte. Die höchst umstrittene Dar- und Vorstellung des Krieges und der Rolle der Wehrmacht aus der Sicht ihrer entschiedenen Gegner wurde in den fünfziger Jahren, vor allem im Zuge der mili-

---

255 Jahrbuch der öffentlichen Meinung 1947–1955, S. 138.
256 Ebd., S. 139.
257 Ebd., S. 138.

tärischen Traditionsstiftung für die Soldaten der Bundeswehr, zur Norm erhoben, was den Rechtfertigungsdruck auf die Mehrheit der ehemaligen Soldaten erhöhte. Der Sinn, der namentlich dem gescheiterten Attentatsversuch zugeschrieben wurde, markierte eine soziale Differenz und eine politische Scheidelinie, die Einstellungs- und Karrierechancen beeinflussen konnten. Um diese beiden Stoßrichtungen der Repräsentation des militärischen Widerstandes, »von oben« und »von unten«, sowie die damit verbundenen Deutungsverschiebungen geht es im Folgenden.

Vergegenwärtigung militärischer Vergangenheit zu politischen Zwecken: Das bedeutete für die ehemaligen Soldaten – und ab 1955/56 für die neuen Soldaten der Bundeswehr – die Pflege einer spezifischen »Tradition«. Die Rückbesinnung auf die Vergangenheit der eigenen Truppengattung oder Einheit war kein unpolitisches Brauchtum, wie manche Veteranen leichtgläubig annahmen. Traditionspflege war ein Politikum ersten Ranges und deshalb ein Gegenstand der öffentlichen Debatte. Denn in diesem Punkt waren sich die kritischen Beobachter des aufkommenden Veteranenwesens einig: »Bei uns«, so schilderte Helmut Bohn die Situation in der jungen Bundesrepublik treffend, »kommt die Beschäftigung mit der Vergangenheit an Explosivstoff einer politischen Handlung gleich[258]«.

Was im Allgemeinen galt, hatte im militärischen Kontext eine besondere Bedeutung. Diese Feststellung, die nicht nur Journalisten gleich zu Beginn der Entstehung von Veteranenverbänden Anfang der fünfziger Jahre trafen, war eine deutliche Absage an die gegenteilige Auffassung derer, die sich gegen eine erneute Politisierung ihrer Zunft – wenn auch unter umgekehrtem Vorzeichen – zur Wehr setzten und in dem naiven Glauben waren, (die) militärische Vergangenheit so definieren zu können, dass sie außerhalb des Politischen lag. In der Tat schien der flüchtige Blick in die Vergangenheit der Soldatenverbände die unheilvollen Konsequenzen einer politischen Rückkopplung zu belegen. Hatte man nicht mit der Politisierung der Soldatenverbände nach dem Ende des Ersten Weltkrieges, mit der politischen Konkurrenz von »Stahlhelm«, »Reichsbanner Schwarz-Rot-Gold« und »Deutscher Reichskriegerbund ›Kyffhäuser‹« insofern schlechte Erfahrungen gemacht, als sie die »Entzweiung des Volkes« vorantrieb[259]?

Ging man jedoch wie Bohn davon aus, dass jeder Akt der Traditionspflege grundsätzlich ein politischer war, musste eine politische Grundaussage getroffen werden. Die »soldatische Leistung« allein eignete sich dazu ebenso wenig wie die »soldatischen Tugenden«, stellte er klar. Denn »Tapferkeit und Kameradschaft, Verantwortungsfreudigkeit und Hingabe an die Gemeinschaft, Lebensbejahung und Todesbereitschaft« seien nur scheinbar unpolitisch, tatsächlich aber immer an soziale und politische Normen geknüpft. Die konnten für einen Demokraten nur in der demokratischen Staats- und Gesellschaftsordnung liegen, sodass Bohn den »ehrliche[n] Wunsch zur Verteidigung des demokratischen Staates« als ein tragfähiges Wertefundament ausmachte. Um die politische Orientierung des scheinbar unpolitischen Militärs zu verdeutlichen, erinnerte Bohn daran, wie unterschiedlich die drei Wehrmachtteile 1944/45 wahrgenommen worden waren: Die Rede war von

---

258 Bohn, Eine Front gegen die Angst, S. 28–30.
259 Ebd., S. 26 f.

der »Kaiserlichen Marine, dem reaktionären Heer und der nationalsozialistischen Luftwaffe«. Weil Tradition politisch war, konnte sie nicht beliebig sein. Daher wurde früh die Frage aufgeworfen, welche Tradition aus der Vielzahl möglicher Traditionen man denn wählen wollte[260]?

Eine gemeinsame, vergleichsweise klare Position formulierten verschiedene Studentenverbände, darunter der »Bund Demokratischer Studentenvereinigungen« (BDSV), der »Liberale Studentenbund Deutschlands« (LSD), der »Ring Christlich-Demokratischer Studenten« (RCDS) und der »Sozialistische Deutsche Studentenbund« (SDS). In einem Memorandum zur Wehrverfassung forderten sie 1954, dass die Tradition neuer Streitkräfte nur darin liegen könne, »das Vermächtnis jener zu hüten, die um der Freiheit Willen dem vergangenen Regime unter Einsatz ihres Lebens Widerstand leisteten«. Zwar schickten auch die Studenten die Entlastungsformel voraus, nach der das NS-Regime seine Soldaten »mißbraucht« habe. Doch flüchteten sie nicht in die pathetischen Formeln von Anstand, Treue und Ehre, von Pflicht und Vaterlandsliebe. Vielmehr sprachen sie aus, dass die Wehrmachtsoldaten Zielen gedient hätten, »deren Unmenschlichkeit in der Geschichte ohne Beispiel ist«. Mehr noch: Die Studenten definierten den militärischen Ehrbegriff um, nahmen ihm seine vermeintliche Ahistorizität und stellten ihn in den Kontext der nationalsozialistischen Verbrechen. Die »Ehre« der künftigen Streitkräfte sollte nach Auffassung der Studentenverbände darin liegen, »das Vertrauen jener zu gewinnen, die aus rassischen oder politischen Gründen vom Nationalsozialismus verfolgt wurden«[261].

In der offiziellen Konzeption der »Inneren Führung« für die Bundeswehr, von der weiter unten (Kap. IV) ausführlich die Rede sein wird, unterstrich das historische Beispiel des 20. Juli 1944 von Anfang an die Notwendigkeit, durch die Erziehung in der Truppe ethische Verhaltensnormen zu vermitteln, die den Soldaten gegen »das Totalitäre« immunisierten. Widerstand wurde hier nicht als ein speziell militärisches Problem betrachtet – so wollten es zumindest die Traditionalisten verstanden wissen, die widerständiges Verhalten in der Armee mit Ungehorsam und Befehlsverweigerung gleichsetzten, die Schlagkraft der Bundeswehr in Gefahr sahen und daher die traditionsstiftende Vorbildfunktion der Widerständler negierten. Als Staatsbürger der Bundesrepublik sollte sich auch der Soldat durch das historische Vorbild in die Pflicht nehmen lassen, »wachsam und selbstkritisch [zu] bleiben, damit *nicht wieder* das Totalitäre auf legalem Wege Herrschaft über uns gewinnt«. Die Aktualität der Erinnerung lag in der Sensibilisierung gegenüber der anhaltenden Gefahr des Totalitären. Der Sinn einer Beschäftigung mit dem Widerstand im Dritten Reich lag daher für die Reformer nicht zuletzt darin, anhand des historischen, zum Teil selbst

260 Ebd., S. 28–30.

261 ADL, Signatur D1-2572: Denkschrift der politischen und freien Studentenverbände Deutschlands zur Gestaltung einer deutschen Wehrverfassung (1954), S. 2. Der Bundesverband des der CDU/CSU nahestehenden RCDS der war 1951 in Bonn gegründet worden. Der SPD-nahe SDS war 1946 in Hamburg ins Leben gerufen worden; zu seinen Mitgliedern zählten viele ehemalige Soldaten und Offiziere, darunter Helmut Schmidt. Vgl. Fichter/Lönnendonker, Kleine Geschichte des SDS. An der Denkschrift war auch die 1948 gegründete deutsche Gruppe der im International Student Movement for the United Nations (ISMUN) zusammengeschlossenen Studentenverbände beteiligt.

erfahrenen Beispiels Einsichten in die Funktionsweise totalitärer Regime zu gewinnen. Explizit wurde in diesem Kontext an die 17 Millionen Deutschen erinnert, die »*weiter* in einem Unrechtsstaat leben« müssten. Die militärischen Visionäre machten aus diesem tagespolitischen Zusammenhang keinen Hehl: Wer den ethischen Wert des Widerstandes von 1944 nicht anerkenne, »kann nicht qualitativ zwischen Bonn und Pankow unterscheiden«[262].

Die Frage, ob ehemalige Soldaten die Entscheidung der Attentäter des 20. Juli anerkannten, das hieß aus Sicht der Militärreformer auch: sie als eine legitime »Gewissens-Entscheidung« zu verstehen und ihren sittlichen Wert zu würdigen, war eine Gretchenfrage, die der im Juli 1955 per Gesetz bestellte Personalgutachterausschuss an Bewerber für Offizierdienstposten vom Oberst aufwärts richtete (ehemalige Obersten und Generale der Waffen-SS sowie Angehörige des NKFD blieben von der Wiederverwendung grundsätzlich ausgeschlossen). In den Richtlinien dieses unabhängigen Ausschusses, dem neben 25 »zivilen« Männern und Frauen auch 13 ehemalige Berufssoldaten angehörten, spiegelte sich nicht nur das Bemühen, das Attentat ethisch zu deuten und so zu legitimieren; die Handelnden wurden auf diese Weise aus ihrer zeitgebundenen Verantwortung gelöst und in die »überzeitliche Verantwortung« gestellt, so dass sie »unvergängliche[n] sittliche[n] Gebote[n]« folgten. Der Ausschuss bediente sich auch der Kompromissformel, welche die Anerkennung der Wenigen mit der Achtung der Vielen verknüpfte, die man ja für sich gewinnen wollte. Hatten sich die einen übergeordneten ethischen Normen verpflichtet gefühlt, hatten die anderen »im Gefühl der Pflicht« bis zum Ende ihr Leben riskiert[263]. In beiden Fällen hatten die Soldaten, folgt man der Formel, pflichtgemäß gehandelt. Dieses Argument sollte dem gängigen Vorwurf des Verrats den Wind aus den Segeln nehmen.

Zum 10. Jahrestag des Attentatsversuchs meldete sich der Bundespräsident zu Wort. Am 19. Juli 1954 appellierte Theodor Heuss an die Zuhörer im Auditorium Maximum der Freien Universität zu Berlin, nicht das Scheitern des Unternehmens zum Maßstab zu nehmen, sondern den guten Willen. Für Heuss war klar, »dass die Erfolglosigkeit [des] Unternehmens dem Symbolcharakter des Opferganges nichts von seiner Würde raubt«. Zudem erinnerte er daran, dass der Krieg im Juli 1944 längst militärisch verloren war, die Attentäter sich daher nicht dem Vorwurf eines »Dolchstoßes« auszusetzen hätten, wie er noch 1943 im Gespräch mit Goerdeler vermutet habe. Der Bundespräsident setzte sich mit den virulenten Vorbehalten, ja Schmähungen der Attentäter auseinander, ohne es indes an Verständnis für all jene fehlen zu lassen, die bis zum Kriegsende gekämpft hatten. Mit Heuss sprach erstmals ein Staatsoberhaupt den Männern des 20. Juli seinen »Dank« aus. Ihre Tat deutete er zum einen in nationaler Rhetorik als einen Akt der Läuterung, der die »Scham« von

---

262 Handbuch Innere Führung (1957), S. 85, Herv. J.E.; Wiggershaus, Die Bedeutung und Nachwirkung des militärischen Widerstandes.

263 Richtlinien des Personalgutachter-Ausschusses (Auszug). In: Handbuch Innere Führung (1957), S. 81.

dem »besudelten deutschen Namen wieder weggewischt« habe, zum anderen als eine »Verpflichtung« für die Nachgeborenen, die »noch nicht eingelöst« sei[264].

Mitte der fünfziger Jahre war das Thema in der Alltagskultur (*popular culture*) angekommen. Der Widerstand lieferte nun den Stoff für filmische Erzählungen[265]. Zuvor hatten erfolgreiche Filme wie »Rommel, der Wüstenfuchs« (Regie: Henry Hathaway, 1952) mit James Mason in der Titelrolle sowie Alfred Weidenmanns Kassenschlager »Canaris« 1954 mit O.E. Hasse in der Hauptrolle den Zweiten Weltkrieg auf die Leinwand gebracht. Dabei waren die Rollen klar verteilt, das entsprach der Erwartung des Publikums und stärkte die öffentliche Resonanz. Die »gute« Wehrmacht und die »böse« NS-Führung wurden auseinandergehalten. Schwierigere Rezeptionsbedingungen mussten Filme haben, die komplexere Verhältnisse darstellten.

Gleich zwei deutsche Filme setzten sich 1955 mit dem Thema des fehlgeschlagenen Attentats auseinander. In »Es geschah am 20. Juli« (Regie: Georg Wilhelm Pabst, Erstaufführung: 19.6.1955) wurden die Ereignisse minutiös nachgezeichnet, bis hin zur Erschießung von Claus Schenck Graf von Stauffenberg (Bernhard Wicki), während die verschiedenen Strömungen und Gewissenskonflikte eher aus dem Blick gerieten. Nur drei Tage später, am 21. Juni, hatte die von Artur Brauner produzierte Geschichte des Attentats Uraufführung. Unter der Regie von Falk Harnack, der als Mitglied der »Weißen Rose« selbst dem Widerstand angehört hatte, beschrieb der Film »Der 20. Juli. Das Attentat auf Hitler« die Vorbereitungen und die Ereignisse bis zur Erschießung von Oberst Stauffenberg (Wolfgang Preiss). Die filmische Erzählung begann in der Gegenwart der Zuschauer, 1955: Im Hof des ehemaligen OKW-Gebäudes in der Bendlerstraße gedachte ein ebenfalls am Widerstand beteiligtes Paar der Toten und rekapitulierte die Ereignisse vor elf Jahren. Beide Filme sorgten für Schlagzeilen. Die zeitliche Übereinstimmung dieser doppelten filmischen Repräsentation – die Presse sprach vom *40.* Juli – heizte die Auseinandersetzung in den Feuilletons an[266].

---

[264] Rückblickend lohnt der Hinweis, dass Heuss' Rede eine von zwei Reden eines deutschen Bundespräsidenten ist, die der Nachwelt in Erinnerung geblieben sind. Auch die seines Amtsnachfolgers Richard von Weizsäcker 30 Jahre kreiste um das Verhältnis der Deutschen zum Nationalsozialismus und zum Zweiten Weltkrieg. Heuss, 20. Juli 1944. Ansprache; Heuss, Soldatentum in unserer Zeit. Heuss sah in den Soldaten des 20. Juli die »Märtyrer« der Wehrmacht. Zu den ersten Publikationen zum Thema vgl. Ritter, Carl Friedrich Goerdeler; Rothfels, Die deutsche Opposition gegen Hitler.

[265] Vgl. Görner, Der 20. Juli 1944 im deutschen Film; Reichel, Erfundene Erinnerung; Tschirbs, Der 20. Juli in der deutschen Film- und Fernsehproduktion.

[266] Vgl. etwa »20. Juli. Das Recht nach dem Tode«. In: Der Spiegel, 6.4.1955; »Der sachverständige Herr Remer«. In: Süddeutsche Zeitung, 26.4.1955; W.G., »Zweimal Stauffenberg«. In: Die Welt, 27.4.1955; »Streit um einen Film zum 20. Juli. Zwei Gesellschaften wollen Streifen herausbringen / Vorwürfe aus West-Berlin«. In: Frankfurter Allgemeine Zeitung, 10.5.1955; »Das Ende ist noch völlig offen. Erbitterter Filmstreit um den 20. Juli«. In: Frankfurter Rundschau, 14.5.1955; Hans Borgelt, »Die innere und äußere Wahrheit. Ein Film über den 20. Juli«. In: Der Tagespiegel, 15.5.1955; »20. Juli. Duell der Produzenten«. In: Der Spiegel, 1.6.1955; »Protest der Überlebenden. Zwei Filme über den 20. Juli und ein Gesetzentwurf«. In: Die Zeit, 2.6.1955; »Ohne Rücksicht auf Verluste«. In: Stern, 19.6.1955; Walter Görlitz, »Zweimal ›20. Juli‹. Nach peinlichem Vorspiel Premiere in 29 Kinos«. In: Die Welt, 22.6.1955; Walter Görlitz, »Geschah es wirklich so? Zwei

Der Kuratoriumsvorsitzende des »Hilfswerks 20. Juli 1944« wies Brauner auf die »massenpsychologischen« Probleme hin: Den meisten Deutschen, meinte Emil Henk, sei das historische Geschehen, das zum 20. Juli geführt hatte, nicht bekannt; das Attentat bewerteten die meisten, insbesondere das ehemalige Offizierkorps, negativ; und ein Umsturz komme beim deutschen Publikum ohnehin nicht gut an. Im Gegensatz zum Canaris-Film sei dem Publikum nicht unmittelbar eingängig, warum sich die Männer zum Mord an dem Diktator verschworen hätten. Die historisch korrekte Nacherzählung im Film führe keineswegs zwangsläufig zu dem Nachweis, dass die Widerständler keine Umstürzler, sondern »moralische Befreier« waren – im Gegenteil, fürchtete Henk. Auch die Witwen der Widerständler – Annedore Leber, Erika von Tresckow, Anneliese Goerdeler beispielsweise – zeigten sich bei dem Gedanken einer Verfilmung eher entsetzt und lehnten eine Unterstützung ab[267]. Sicher ist, dass beide Filme dem deutschen Publikum erstmals Stauffenberg als Helden präsentierten.

Henks Hinweis auf ein »massenpsychologisches« Problem lässt ebenso wie die Kompromissformeln der Militärreformer und die um Vermittlung bemühte Rede des Bundespräsidenten einen zweiten Aspekt erkennen: die Kehrseite dieses Deutungsangebots »von oben«. Je deutlicher die Protagonisten des militärischen Widerstandes zu einem Fixpunkt militärischer Tradition und nationaler Selbstvergewisserung avancierten, desto größer wurde die biografische Herausforderung für die große Mehrheit der ehemaligen Wehrmachtsoldaten und desto gefährlicher wurde der damit verbundene soziale und politische Sprengstoff. Identitätsstiftung und Integration drohten in einen Zielkonflikt zu geraten, wenn es um die Konstruktion von Tradition ging. Darauf deuteten bereits die Formeln der Politiker hin, die das Dilemma abfedern sollten. Wechselt man die Blickrichtung vom normativen Deutungsangebot zur Wahrnehmung durch die Betroffenen, zeigt sich, was die ehemaligen Soldaten von dieser Traditionsstiftung »von oben« hielten. Zu fragen ist vor allem, mit welchen Deutungs- und Argumentationsmustern sie versuchten, die biografische Herausforderung zu meistern, die darin lag, den normativen Bruch durch subjektive und situationsspezifische Selbst- und Wirklichkeitskonstruktionen zu überbrücken. Diese spiegeln das Verhältnis des Individuums zu sich selbst und zu seiner sozialen Umgebung wider. Vor allem in einer Lebensphase, in der bisher für gültig gehaltene Welt- und Wertesysteme erschüttert werden, stellt die »biografische Arbeit« einen Versuch dar, angesichts des veränderten sozialen Handlungskontextes durch dynamische Aushandlungsprozesse die neuen Erfahrungen in existierende Strukturen einzubauen und zu transformieren[268].

Zwar stand in den fünfziger Jahren außer Frage, dass die militärische Niederlage an der Ost- und Westfront zum Zusammenbruch des Dritten Reiches geführt hatte. Im Gegensatz zu den zwanziger Jahren zweifelte niemand daran, dass die deut-

---

Filme über den 20. Juli«. In: Christ und Welt, 30.6.1955; C.E.L., »Zweimal 20. Juli«. In: Die Zeit, 30.6.1955.

267 Zit. nach Tschirbs, Der 20. Juli in der deutschen Film- und Fernsehproduktion, S. 212. Dort Abb. der Filmplakate.

268 Statt eines biografietheoretischen Exkurses sei hier verwiesen auf: Große, Lebensbrüche als Chance?. Vgl. auch: Biographische Arbeit.

schen Streitkräfte besiegt worden waren. Einer »Dolchstoßlegende«, wie sie nach 1918 grassierte, war daher nach 1945 prinzipiell der Boden entzogen. Es fehlten die Voraussetzungen für die krude Annahme, dass die Niederlage (auch) »von innen« herbeigeführt worden wäre und die Wehrmachtsoldaten von deutscher Seite »verraten« wurden. Zu deutlich war die militärische Niederlage, zu präsent waren ihre politischen, sozialen und wirtschaftlichen Konsequenzen.

Gleichwohl stand die Frage von Verrat und Treue unübersehbar im Raum, wenn es darum ging, das Verhalten der Wehrmachtsoldaten rückblickend zu beurteilen. Das traf für die persönliche Bilanz der Mehrheit der Soldaten, die in der Regel – sei es aus Überzeugung, sei es aus Zwang – »bis zum Ende« gekämpft hatten, ebenso zu wie für das Bild jener Minderheit, die sich nicht konform verhalten und teilweise in die militärische Opposition gegangen war. Bereits die Zeitgenossen verknüpften diese Vorstellung vom Verrat an der kämpfenden Truppe mit dem Topos des Dolchstoßes. Immerhin gebe es keine Dolchstoßlegende, konzedierten die Soziologen des Frankfurter Instituts für Sozialforschung in ihrem Forschungsbericht zum politischen Bewusstsein der Heimkehrer 1957. Doch ein Ergebnis der Interviews lag auch darin, dass die »Widerstandsbewegung« vielen Soldaten zu einem »Stachel« geworden war. Das militärisch-ritterliche Ideal des Kampfes bis zur Entscheidung, das ein Aufgeben, geschweige denn den Verrat ausschloss, stand offenkundig in einem Spannungsverhältnis zu der Tatsache, dass eine militärische Elite den Versuch unternommen hatte, ihre militärische Führung zu ermorden.

Einen ersten, aufschlussreichen Anhaltspunkt für die Stoßrichtung der »biografischen Arbeit« bietet der Blick auf die öffentliche Selbstdarstellung führender Politiker. So zeigt sich der Wandel in der Einstellung gegenüber dem Krieg und der Wehrmacht in den ersten Jahren der Bundesrepublik in der Änderung der Kurzbiografien der Mitglieder des Deutschen Bundestages. Bevor gegen Ende der ersten Legislaturperiode 1953 das *Handbuch des Deutschen Bundestages* neu aufgelegt wurde, waren die 402 Abgeordneten gebeten worden, ihren bisherigen Eintrag zu prüfen und gegebenenfalls zu ändern[269]. Zu dem, was einige 1949 über sich selbst mitteilen wollten und sie drei Jahre später nicht mehr für mitteilenswert hielten, zählte ihre Rolle im Krieg.

Einige, die sich zunächst bemüht hatten, zu den politisch Verfolgten und zur Opposition gerechnet zu werden, legten nun nicht mehr soviel Wert darauf wie Ende der vierziger Jahre. So hatte Justizminister Thomas Dehler (FDP) zunächst betont, dass er von 1933 bis 1942 einer »Oppositionsgruppe gegen Hitler« angehört habe, »die später mit Dr. Gördeler in Verbindung stand«, und auch erwähnt, dass er 1938 verhaftet und 1944 in ein »Zwangsarbeitslager« geschickt worden sei. Zudem hatte er angeführt, nach Kriegsende »Generalankläger für Großfälle im Zuge der politischen Säuberung« gewesen zu sein. Von all dem fand sich 1952 nichts mehr. Auch der SPD-Abgeordnete Franz Marx hielt es offenbar im Unterschied zu 1949 nicht mehr für angezeigt, darauf hinzuweisen, dass er 1933 verhaftet und ins KZ

[269] Sänger, Die Volksvertretung. Sänger, Chefredakteur der Deutschen Presse-Agentur, setzte damit die Tradition der Handbücher über den Reichstag fort. Vgl. Biographisches Handbuch der Mitglieder des Deutschen Bundestages.

Dachau verschleppt worden war[270]. Eduard Wahl (CDU) ließ den Hinweis streichen, dass er nach dem 20. Juli 1944 »wegen politischer Belastung zur Wehrmacht eingezogen« worden sei. Umgekehrt erweiterten einige Abgeordnete ihre Einträge in dem Nachschlagewerk und präzisierten ihre militärische Verwendung in der Wehrmacht. Wo zuvor lediglich vage von einer »Teilnahme am 2. Weltkrieg« die Rede gewesen war, präzisierte Bundestagspräsident Hermann Ehlers (CDU): »Kriegsteilnahme (1939/45), Batterieführer, Abteilungsadjutant«; Erich Mende (FDP) gab an: »1936–1945 Soldat (Regimentskommandeur)«. Die Beispiele zeugen von dem Bemühen prominenter Politiker, das Kapitel Kriegszeit in ihrem Lebenslauf so umzuschreiben, dass es den Erwartungen der anvisierten Wählerschaft besser entsprach. Die Reformulierungen im Nachschlagewerk spiegelten das veränderte politische Klima wider. Wenn es »wieder eine Ehre sein soll, den Waffenrock für die Verteidigung des Abendlandes zu tragen«, konnte auch die militärische Verwendung in der Wehrmacht als Teil der Selbstdarstellung im politischen Raum wieder mehr zur Geltung gebracht werden[271].

Für die Masse der ehemaligen Soldaten, die Krieg und Kriegsgefangenschaft überlebt hatten, lag das Problem in der unausweichlichen Konfrontation mit der Tatsache, dass es eine Alternative des soldatischen Handelns gegeben hatte – eine Feststellung, die zunächst einmal die unterstellte oder behauptete Zwangsläufigkeit des eigenen Handelns mit einem dicken Fragezeichen versah. Wie gingen die Veteranen damit um? Wie bestimmten sie ihr Verhältnis zu den Widerstandskämpfern? Wo die Rede in Gesprächen untereinander auf den »Widerstand« kam, ging es weniger um jene, die ihre Beteiligung am Umsturzversuch des 20. Juli mit dem Leben zahlen mussten; de mortuis nil nisi bene. Vehementer dagegen richteten sich die Ressentiments gegen jene, die überlebt hatten und in der Politik oder später im Militär neue Führungspositionen einnahmen[272].

Veteranen, die sich zugleich abfällig über die Kriegführung geäußert und betont hatten, dass ihnen 1941/42 frühzeitig klar geworden sei, dass etwas falsch laufe, insbesondere an der Ostfront, sahen sich umso stärker herausgefordert zu erklären, wie sie mit dieser Einsicht umgegangen waren. Vier Antwortstrategien ließen sich unterscheiden, deren Stichworte lauten: Unterlaufen, Gehorsam und Pflichterfüllung, Aufschub, Schuldzuweisung.

Eine erste Möglichkeit der Entlastung lag darin herauszustellen, dass man selbst zwar nicht offen revoltiert, wohl aber im Rahmen seiner Möglichkeiten versucht hatte, das Beste daraus zu machen, und entsprechende Befehle unterlaufen habe. Man habe sich in der Truppe viel »darüber« unterhalten; alle hätten »Bedenken« gegen den »Russlandfeldzug« gehabt, stellte ein Heimkehrer fest; »und als dann die

270 Vgl. Bundestag. Soldat (1939/45). In: Der Spiegel, 23.9.1952, S. 10 f. Dort weitere Beispiele.

271 Der Spiegel, 23.9.1952, S. 10 f.

272 So erklärte beispielsweise ein Heimkehrer 1957, dass ihm ein »kleine[r] SA-Mann oder der kleine Hitlerjunge, der wusste [, dass er] in dem Moment, wo er für seine Idee auf der Strasse marschierte, [...] sein Leben aufs Spiel setzt, hundertmal mehr wert [ist] als wie einer dieser Herren, die heute in der Bundesrepublik oder sonst in irgendeinem Militär eine grosse Rolle spielen und sich als Widerstandskämpfer rausstellen«. Institut für Sozialforschung, Zum politischen Bewußtsein ehemaliger Kriegsgefangener, S. 61.

berühmten oder berüchtigten Führerbefehle kamen, dieser Partisanenbefehl und der Kommissarbefehl usw., das wurde einfach abgelehnt. Und diese Befehle wurden im allgemeinen, es kam natürlich immer sehr auf den betreffenden örtlichen Führer an, aber im allgemeinen wurden sie sabotiert. Es wurde einfach nicht gemacht.« Auch Hitlers Politik der »verbrannten Erde« wurde hier als ein Beispiel genannt. So hätten Soldaten auf den »Gewissenskonflikt« reagiert, der aus dem Zwiespalt von Gehorsamspflicht einerseits und »anständigen soldatischen Auffassungen« andererseits entstanden sei[273]. Die Instanz des Gewissens, die im öffentlichen Diskurs mit dem Widerstand verbunden war, wurde hier bemüht, ohne dass man sich den Vorwurf einhandeln wollte, einen formalen Verstoß begangen zu haben.

Ein zweites Muster der Entlastung zielte auf die Pflicht, die vor allem als Gehorsamspflicht definiert wurde. »Ich habe als Soldat zu gehorchen«, stellte ein Heimkehrer klar, »ich hab dann eben den Krieg im Auftrag meiner Regierung zu führen.« Das Grundprinzip jeder militärischen Organisation, die Struktur von Befehl und Gehorsam, diente hier als eine übergeordnete Regel, die, weil sie so zeitlos und international war, selbstverständlich auch für deutsche Soldaten der Wehrmacht Geltung beanspruchen konnte. Am Ende stand gleichwohl die Einsicht, dass der militärische Einsatz 1939 bis 1945 einem Ziel gedient hatte, das zumindest rückblickend keins mehr sein konnte.

Eine dritte Variante zielte auf die bloße zeitliche Differenz von Einsicht und Handeln: *Nach* dem Sieg sollte abgerechnet werden. Wenn sie sich in Gesprächsrunden an ihre Kriegszeit erinnerten, suchten einige Veteranen einen Ausweg aus dem Dilemma mit dem Hinweis, dass sie eine Lösung des behaupteten Widerspruchs von Gehorsam und Ablehnung auf die Zeit nach Kriegsende verlegt hätten. Dieses Argumentationsmuster bot deshalb eine besondere Chance der Selbstrechtfertigung, weil es die Pflicht zu gehorchen mit dem Willen zum Handeln auf eine Weise verband, die schwer zu widerlegen war. Indem der offene Konflikt in die Zukunft verlagert und aus dem Kriegsgeschehen selbst herausgenommen wurde, entgingen die ehemaligen Soldaten dem Vorwurf ihresgleichen, den Kampf durch Verrat gefährdet, und dem ihrer Kritiker, den Nationalsozialismus tatenlos hingenommen zu haben. Nicht während des Krieges, wohl aber nach einem Sieg wäre die Zeit der Abrechnung schon gekommen. Ein Veteran sprach gar von einer »innere[n] Revolution«, die nach einem Sieg unvermeidlich gewesen wäre[274]. Dass es sich hier um Wunschdenken handelte, lag nahe. Der Aufschub war vorgeschoben.

Pointiert formuliert, lag dieser Erinnerung die Annahme zugrunde, dass es zwei Gruppen unter den Soldaten gab, die sich zu unterschiedlichen Zeitpunkten gegen das NS-Regime wandten bzw. wenden wollten. Während jene den Krieg durch ein Attentat möglichst rasch zu beenden suchten, ging es der zweiten Gruppe darum, zunächst den Kampf weiterzuführen und nach dem Kriegsende, das heißt nach dem Sieg einen politischen Systemwechsel herbeizuführen. In Erinnerung an häufige Gespräche mit den Kameraden seiner Einheit über dieses Thema gab ein Veteran Mitte der fünfziger Jahre an, dass man sich einig gewesen sei, nach der Rückkehr aus

[273] Ebd., S. 105.
[274] Ebd.

dem Krieg die »Auseinandersetzung mit den Goldfasanen und mit den Parteibonzen« zu suchen. (Das Gesprächsprotokoll vermerkt: »Zustimmung: Richtig, richtig!«)[275]. In jedem Fall galt es dieser Ansicht nach zunächst bis zum Sieg weiterzukämpfen.

Mit diesem Argumentationsmuster entging man ganz sicher dem Vorwurf, den Soldateneid gebrochen und die Gehorsamspflicht verletzt zu haben. Ob andere von der eigenen Bereitschaft zum Konflikt mit dem Regime überzeugt werden konnten, war indes fraglich. Wohl zu Recht sahen die Frankfurter Soziologen in diesem Muster einen Versuch der Rationalisierung des eigenen Verhaltens im Krieg. Tatsächlich entsprang die Fortsetzung des Kampfes wohl weniger dem politischen Kalkül verkappter Regimegegner an der Front als dem Festhalten an Idealen, der Selbsttäuschung über einen doch noch möglichen Sieg und den Zwängen des Regimes.

Eine vierte Entlastungsstrategie folgte schließlich dem Grundsatz, dass Angriff die beste Verteidigung ist. Die Kehrseite der Rechtfertigung des eigenen Verhaltens bildete die Schuldzuweisung an die Adresse der Widerstandskämpfer. Auch wenn sie ethische Gründe für ihr Handeln geltend machten – die Masse der ehemaligen Kameraden teilte wohl die Auffassung jenes ehemaligen und angehenden (!) Soldatens, der sie schlicht für »Verräter« hielt. Dass Offiziere, die dem Widerstand angehörten oder ihm nahestanden, in der Bundeswehr eine neue Aufgabe erhielten und Führungsfunktionen übernahmen, musste bei einer derartigen Einstellung Probleme bereiten. »Ich weiß nicht, wie das weitergehen wird«, klagte der angehende Bundeswehrsoldat im Hinblick auf seinen neuen Beruf bei der Bundeswehr, »wenn da Leute drin sind, die man offiziell heute als Verräter bezeichnet«. Loyalitäts- und Autoritätskonflikte waren programmiert. Das Problem wurde auch offen angesprochen. Er könne sich nicht vorstellen, dass er sich einem Kompaniechef »widerspruchslos unterstellen« werde, der beispielsweise zu dem Kreis um Freiherrn von Schlabrendorff »oder ähnlicher Leute« gehört hat. Die Soldaten stießen sich daran, dass die Widerstandskämpfer in ihren Publikationen offen erklärten, die aktive Phase des Widerstandes just in jenem Moment eingeläutet zu haben, »wo Deutschland in der schwersten Entscheidung war«[276].

In den Augen derer, die den militärischen Widerstand von 1944 verurteilten, hatten deren Angehörige als künftige Vorgesetzte in der Bundeswehr ein Glaubwürdigkeitsproblem. Wer einmal seinen Eid gebrochen habe und sich dessen auch noch rühme, der gebe auch heute keine Garantie dafür, »dass sie ein zweites Mal den Eid, den sie jetzt gegeben haben, nicht auch morgen wieder brechen«[277]. Eine solche Deutung ignoriert den Gegensatz der politischen Systeme, in denen die Soldaten jeweils ihren Eid leisteten. Da dieser Gegensatz nicht zu übersehen war, lässt der skizzierte Gedankengang die weiterreichende Einsicht zu, dass der politische Kontext für die Ausübung des Soldatenberufs nach wie vor für irrelevant gehalten wurde. Krasser hätte der Widerspruch zu der neuen, an das Grundgesetz gekoppelten militärischen Führungsphilosophie der »Inneren Führung« nicht ausfallen können.

[275] Ebd., S. 106.
[276] Ebd., S. 107.
[277] Ebd.

Der Vorwurf, das Vaterland verraten zu haben, zielte nicht nur auf Soldaten, die in den Widerstand gegangen waren. Er traf all jene, die ihre »Pflicht« verletzt hatten, die Emigranten, die in Kriegsgefangenschaft übergelaufenen Kameraden des Bundes Deutscher Offiziere (BDO) und des Nationalkomitees Freies Deutschland (NKFD). »Ich muss sagen«, bekannte ein ehemaliger Soldat 1957, »ein Emigrant ist für mich heute noch der Verräter, der er damals war«. Der Verrat lag für den Veteranen darin, dass sich der Emigrant seiner Pflicht entzogen, »die Heimat« im Stich gelassen und deren Verteidigung anderen überlassen habe[278].

Ganz gleich, ob die Veteranen daran glaubten oder nicht: Diese Argumente waren Schutzbehauptungen gegenüber einer Öffentlichkeit und einem neuen militärischen Umfeld, in dem das Verhältnis von Militär und Politik, von Soldat und Staat neu definiert wurde. Schlüsselbegriffe des soldatischen Selbstverständnisses wie Pflicht, Treue und Ehre erhielten vor dem Hintergrund der jüngsten Kriegsvergangenheit neue Bedeutungen oder wurden relativiert. Wer sich rückblickend auf sie bezog, um sein Handeln und Nicht-Handeln zu rechtfertigen, verkannte diese Deutungsverschiebung oder lehnte sich bewusst dagegen auf. Denn die zunächst bloß formalen Prinzipien wie Treue und Pflicht, genauer das bloß formale Verständnis von Treue und Pflicht, hatten ja gerade in die Katastrophe und zu dieser Umwertung geführt. Die Soziologen des Frankfurter Instituts für Sozialforschung brachten das 1957 in ihrem Forschungsbericht auf den Punkt: Die Veteranen, die so argumentierten, waren »blind dafür, dass gerade die Treue die, die treu waren, schuldig werden ließ«, und dass gerade das Festhalten an der formalen Pflicht in den Verrat geführt habe: »an jenen Menschen und Einrichtungen, die dem System zum Opfer fielen«[279].

Eine gewisse Anerkennung wurde einem Widerstandskämpfer bestenfalls unter der Bedingung zuteil, dass er – wie die übrigen Soldaten – bereit gewesen war, für ein Ideal sein Leben zu opfern. Das war in einem unmittelbaren Sinn zu verstehen. Nur ein Attentäter, der seinen eigenen Tod mit dem des anderen verband, nötigte der Nachwelt ein Minimum an Respekt ab, nicht zuletzt deshalb, weil er sich damit von dem Verdacht freisprach, (auch) aus egoistischen Gründen gehandelt zu haben. Bei einem solchen Verständnis überrascht es nicht, dass Stauffenberg als Vorbild selbst unter den eingeschränkten Bedingungen ungeeignet war. So kritisierte ihn ein Veteran deshalb, »weil die Absicht erkennbar war, dass Stauffenberg sich nicht opferte für seine Sache und Überzeugung, sondern er glaubte, dadurch später mal einen Posten zu erhalten. »Ich [...] hätte ihn geachtet, wenn er die Pistole genommen hätte und hätte den Mann [= Hitler] beseitigt und wäre dabei zertrampelt worden«[280].

Die Versuche der politischen Bildung, beispielsweise der Bundeszentrale für Heimatdienst (der späteren Bundeszentrale für politische Bildung), durch Informationsabende und kostenlose Broschüren und Bücher ein positives Bild des Widerstandes zu zeichnen, riefen deshalb hier Widerspruch hervor. Ein ehemaliger Soldat, der sich als ein »begeistertes« Mitglied der NSDAP zu erkennen gab, stieß

278 Ebd., S. 108.
279 Ebd.
280 Ebd., S. 109.

sich nach einer von der Bundeszentrale veranstalteten Gesprächsrunde daran, dass die Männer des Widerstandes »heute sehr heroisiert« würden. Die Anerkennung des ehemaligen Parteigenossen (der Wert darauf legte, zwar NSDAP-Mitglied, aber kein Nationalsozialist gewesen zu sein) hätten die Widerstandskämpfer nur erhalten, »wenn einer von diesen Herren bereit gewesen wäre, für diese Gedankengänge [sein] Leben einzusetzen«[281].

Derlei Argumente gingen nicht nur an der Tatsache vorbei, dass nach dem 20. Juli eine Hetzjagd auf alle Verdächtigen begonnen hatte und zahlreiche Widerstandskämpfer das Kriegsende nicht überlebt hatten; zu schweigen davon, dass ein Widerstand, der sich öffentlich gerierte, von vornherein zum Scheitern verurteilt gewesen wäre. Ganz abgesehen davon, dass dies nicht den Motiven der Hitler-Attentäter entsprach, spiegelte sich in solchen Äußerungen eine soldatische Mentalität wider, die weit ins 19. Jahrhundert zurückreichte. Die Frankfurter Soziologen sahen 1957 in diesen und anderen Äußerungen der beobachteten Soldaten den Ausdruck einer tiefverwurzelten Sehnsucht nach Ruhe und Ordnung um ihrer selbst willen. Wer opponierte, trat aus der Reihe und schwamm nicht mit dem Strom, wie dergleichen Metaphern häufig lauteten. Dagegen schien es zur Lebensauffassung der meisten Menschen zu gehören, sich mit den Verhältnissen zu arrangieren, ganz gleich, was das für andere bedeuten mochte. Der Preis für die eigene Ruhe lag im Verlust der persönlichen Freiheit. In der Wut auf die Widerständler lässt sich denn auch mit den Frankfurter Soziologen eine Spur der Einsicht in diesen Zusammenhang vermuten. Aus einem weiten, gesamtgesellschaftlichen Blickwinkel ist festzuhalten, dass der militärische Widerstand die Schutzbehauptung der Alternativlosigkeit soldatischen Handelns zwischen 1939 und 1945 massiv erschütterte und damit auch die kulturelle Selbstdeutung eines Großteils der männlichen Bevölkerung ins Wanken brachte. Als vergangenheitspolitische Deutungsvorgabe rief die Traditionsstiftung ihrerseits Widerstand hervor. Die kollektive Repräsentation dieses Kapitels der Vergangenheit von Krieg und Militär lässt das Konfliktpotenzial der historischen Bedeutungszuschreibung besonders deutlich erkennen. Gleichwohl lassen sich die hier skizzierten Argumentationsstrategien als Teile von Deutungskämpfen interpretieren, die einerseits die Zählebigkeit überkommener Deutungsmuster erkennen lassen, die andererseits jedoch auf die »funktionierende«, mit den jeweiligen Rahmenbedingungen vereinbare Pluralität konkurrierender Vorstellungen hinweisen, die einer politischen und sozialen Radikalisierung das Wasser abgrub.

b) Überläufer, Deserteure, Kriegsverbrecher: Spiegelbildliche Selbstdeutungen

Der militärische Widerstand bot einen Anknüpfungspunkt für eine positive Repräsentation der jüngsten Militärgeschichte und eignete sich so *prinzipiell* für die Sinn- und Identitätsstiftung. Doch, so lautet die Hypothese, auch das Gegenteil war möglich: die symbolische Selbstdarstellung durch Abgrenzung von »Anderen«, die als abschreckende Beispiele für militärisches Handeln in der Wehrmacht präsentiert

---

281 Ebd., S. 110.

wurden, um gleichsam mit historischem Brennmaterial eine negative Integration zu befeuern. Auch auf diese Weise wurde die Nachkriegsordnung so klassifiziert, dass sich die Träger der entsprechenden kollektiven Repräsentation einen prominenten Platz sichern konnten. Die mediale Öffentlichkeit, vom Nachrichtenmagazin bis zur Regenbogenpresse und *popular culture*, stellte das Bild der »bösen« Soldaten anschaulich heraus, das wie ein Kontrastmittel die Zukunftstauglichkeit der »normalen« Wehrmachtsoldaten unterstrich.

1951 sorgte eine *Spiegel*-Serie für Aufsehen, die sich gut drei Monate lang im Genre des »Tatsachenberichts« anhand persönlicher Erinnerungen mit einem düsteren Kapitel der Wehrmacht befasste: der Strafeinheit 999. Die Brisanz der Artikelfolge lag insbesondere darin, dass hier Verbrechen der Wehrmacht an den *eigenen* Soldaten thematisiert wurden. Die »Bewährungstruppe 999« gehörte zu dem umfangreichen Netz von Strafinstitutionen, das von Wehrmachtgefängnissen über Heeresgefängnisse an der Front, Feldstrafgefangenenabteilungen und Feldstraflager bis hin zu den Einheiten der Bewährungstruppe 500 (ca. 27 000 Soldaten) und der Bewährungsbataillone mit der Nummer 999 reichte, zu denen im Laufe des Krieges allein etwa 28 000 Soldaten zählten, darunter etwa ein Drittel politischer Gegner des NS-Regimes, zum großen Teil aus der Arbeiterbewegung[282].

Nach dem Überfall auf die Sowjetunion und angesichts der steigenden Verluste war das NS-Regime dazu übergegangen, auch bisher als »Wehrunwürdige« stigmatisierte Männer zu mobilisieren. Als wehrunwürdig galten Personen, die wegen staatsfeindlicher Betätigung verurteilt worden waren. Das Oberkommando der Wehrmacht verfügte Anfang Oktober 1942 die »Aufstellung der verstärkten Afrika-Brigade 999 aus ehemaligen Wehrunwürdigen«, mit der wenig später, von der Öffentlichkeit abgeschirmt, auf dem Truppen-Übungsplatz Heuberg in der Schwäbischen Alb begonnen wurde. Zu den Zwangsrekrutierten gehörten rund 10 000 politisch vorbestrafte »Wehrunwürdige« und circa 20 000 Personen, denen kriminelle Vergehen – dazu zählten beispielsweise Vergehen gegen die Nürnberger Rassegesetze – zur Last gelegt worden waren und die in der Regel im »Moorlager« im Emsland härteste Arbeiten verrichteten. Die Drangsalierung durch ein regimetreues »Stammpersonal« sollte nicht nur jeden Widerstand brechen, sondern auch die Widerständler dezimieren. An die vierzig Angehörige der Strafeinheiten wurden während der Ausbildungszeit bis Sommer 1943 exekutiert. Wurden Einheiten der Afrika-Division 999, zu der die Brigade zwischenzeitlich erweitert worden war, im März 1943 in Nordafrika eingesetzt, um den Rückzug der deutsch-italienischen Truppen zu decken, bevor sie im Mai in Kriegsgefangenschaft gerieten, wurden die meisten 999er in Griechenland eingesetzt, wo viele zu den Partisanen der griechischen Volksbefreiungsarmee ELAS

---

282 Aus »antifaschistischer« Sicht: Klausch, Die Geschichte der Bewährungsbataillone 999; Messerschmidt, Die Wehrmachtjustiz. 1997 machte die Gedenkstätte Deutscher Widersand (Berlin) die Bewährungsbattaillon zum Thema einer von der Arbeitsgemeinschaft »Ehemalige 999er« arrangierten Sonderausstellung (5.5.–4.7.1997): »Wer waren die 999er? Wehrunwürdige Antifaschisten in den Strafeinheiten der Wehrmacht«. Zu den prominenten Politikern mit 999er-Vergangenheit zählte der spätere (1969–1982) Minister für innerdeutsche Beziehungen, MdB Egon Franke (SPD).

überliefen. Einige Bataillone kämpften 1943/44 auch an der Ostfront, wo sich einzelne Angehörige dem Nationalkomitee Freies Deutschland anschlossen.

In einem der »Tatsachenberichte« schilderte, um nur ein Beispiel zu geben, ein ehemaliger Angehöriger der Strafdivision 999, der Maschinenschlosser Friedrich Eisenacher, im *Spiegel* 1951 nicht nur, wie er als politischer Häftling nach Jahren der KZ-Haft – er hatte dem paramilitärischen Kampfverband der KPD, dem »Roten Frontkämpferbund« (RFB) angehört und war des Hoch- und Landesverrats für schuldig befunden worden – im XIII. Festungs-Infanterie-Bataillon 999 als Soldat eingesetzt und als eigentlich »Wehrunwürdiger« unter menschenverachtenden Bedingungen für den »Bewährungseinsatz« in Griechenland ausgebildet wurde[283]. Er zeigte auch die Enttäuschung darüber, dass die Alliierten entgegen ihrer an »die Fronknechte Hitlers« gerichteten Flugblatt-Propaganda bei der Gefangennahme am 8. Mai auf der ostägäischen Insel Leros offenbar aus Unkenntnis nicht zwischen den politischen Gefangenen und kriminellen Häftlingen zu unterscheiden wussten. Die britische Kriegsgefangenschaft entpuppte sich als »eine Fortsetzung der vorausgegangenen Qualen. Wir blieben Zuchthäusler, ob politische oder kriminelle, Soldaten letzten Grades.« Zum Symbol der Erniedrigung in Unfreiheit wurde erneut der Stacheldraht: Dieses Mal verband er symbolisch das britische Kriegsgefangenenlager mit dem Truppenübungsplatz Heuberg auf der Schwäbischen Alb, einem »KZ« nahe Stetten – »Holzbaracken [...], Ziegelbauten, Stacheldraht drumherum, Wachtürme und Posten« –, wo ab Oktober 1942 die ersten 999er-Soldaten ausgebildet worden und Exekutionen an der Tagesordnung gewesen waren. Dass dem ehemaligen »Politischen« die Zeit als »999er« bei der Begründung eines Anspruchs auf Haftentschädigung 1950 nicht angerechnet worden war, kam noch hinzu. Diese als *Spiegel*-Serie gedruckten Erinnerungen zeugten auf dreifache Weise vom Leid des Betroffenen: durch das Schicksal als politischer Gefangener und »Wehrunwürdiger« in der Wehrmacht, die mangelnde Würdigung dieser Tatsache in der alliierten Kriegsgefangenschaft und schließlich die Verweigerung einer Entschädigung in der Bundesrepublik.

Die Resonanz auf die *Spiegel*-Serie fiel wegen der möglichen unterschiedlichen Lesarten sehr unterschiedlich aus. Insofern ist die Artikelfolge ein Paradebeispiel dafür, dass sich aus einer bestimmten Vergegenwärtigung der Kriegsvergangenheit nicht auf eine einheitliche Rezeption schließen lässt. Was war von dem »Bewährungsbataillon« zu halten? Und was von Art und Inhalt seiner Repräsentation in der Presse? Diese Fragen gaben Anlass zu vielfältigen Differenzierungen und zum Teil konträren Meinungsäußerungen der Leserschaft. Während die einen aus eigener Anschauung bestätigten, dass die Berichte über das »Soldaten-KZ« zutrafen, und in Leserbriefen weitere, durch persönliche Kenntnis oder Erfahrung belegte drastische Beispiele

---

283 Vgl. »Sie haben etwas gutzumachen«. Ein Tatsachenbericht vom Einsatz der Strafsoldaten. In: Der Spiegel, 31.1.1951, S. 23–30; ebd., 7.2.1951, S. 20–23; ebd., 14.2.1951, S. 19–24; ebd., 21.2.1951, S. 18–22; ebd., 28.2.1951, S. 19–22; ebd., 7.3.1951, S. 19–23; ebd., 14.3.1951, S. 19–22; ebd., 21.3.1951, S. 21–25; ebd., 27.3.1951, S. 16–18; ebd., 4.4.1951, S. 27–31; ebd., 11.4.1951, S. 17–20; ebd., 18.4.1951, S. 17–22; ebd., 25.4.1951, S. 23–26; ebd., 2.5.1951, S. 15–19. Heinz G. Konsaliks Roman »Strafbataillon 999« (München 1959) wurde umgehend verfilmt. Der Film mit Sonja Ziemann (Regie: Harald Philipp) hatte 1960 Premiere.

nachschoben, mahnten andere, dass es »heute angebracht [sei], in den Zeitungen für die Ehre des deutschen Soldaten einzustehen und nicht den deutschen Soldaten noch mehr in den Schmutz zu ziehen«. Ein ehemaliger Soldat berichtete, dass er als Kriegsgefangener auf der britischen Kanalinsel Guernsey »menschenwürdige« Zustände erlebt habe und man die Zustände auf Leros nicht als typisches deutsches Verhalten verallgemeinern dürfe[284]. Wer so argumentierte, machte sich in der überkommenen Semantik des Nationalismus die nationale Ehre zum Maßstab und las den Artikel vor dem Hintergrund der Kollektivschuld-Debatte der vierziger Jahre. Die Beschäftigung mit der Vergangenheit zerstörte demzufolge das Zerrbild der Deutschen im Ausland. Wer wie *Der Spiegel* über die Verbrechen der Deutschen berichtete, musste sich vorhalten lassen, Deutschland zu schaden. »Warum publizieren Sie immer wieder nur die deutschen Verbrechen an der Menschlichkeit und diskriminieren damit Deutschland?«, klagte etwa Wilhelm J. aus Winsen a.d. Luhe im Mai 1951. Wenn *Der Spiegel* schon meinte, »die Verbrechen von Deutschen während des Krieges immer wieder breittreten zu müssen«, möge er auch auf die Verbrechen nach 1945 hinweisen, »also in einer Zeit, in der keine Kriegsnotwendigkeit als Entschuldigung vorgebracht werden kann«. Die Verbrechen wurden nicht bestritten, aber relativiert durch die Umstände – den Krieg selbst – und den Verweis auf die Verbrechen der Gegenseite[285]. Auch in der Presse der frühen fünfziger Jahre war von deutschen Kriegsverbrechen zu lesen, in den Augen einiger Zeitgenossen gar zu oft.

Ein ehemaliger Zugführer einer Feldstrafeinheit wandte sich gegen die positive Darstellung der betroffenen Soldaten, der »999er«: die allerwenigsten seien politische Gefangene und »saubere, anständige Kerle« gewesen. Das berichtete ein Soldat, dessen Regiment eine Kampfgruppe »999er« zur »Bandenbekämpfung« in Griechenland zugeteilt worden war. Dem Mitleid mit den Strafdivisionen, das die Serie in den Augen vieler Leser wohl wecken wollte, wurde auch das Mitleid mit den normalen Wehrmachtsoldaten entgegengehalten: »Wer fragt nach den Hunderttausenden von unschuldigen [= deutschen] Kriegsgefangenen, die in Russland und Jugoslawien gestorben sind [?]«[286]. Von hier war es nicht weit bis zu dem Fingerzeig an die Adresse der Alliierten. Mit leichter Ironie, so scheint es, räumte Dieter R. aus Bad Lauterbach ein, dass es von »den ehemaligen Herren der Wehrmacht [gewiß] nicht fein [war], einwandfreie ›politische‹ Verbrecher mit Kriminellen zusammenzustecken«. Sein Vorschlag an die Redaktion des *Spiegel*, doch einmal »zwangsweise Besucher von Väterchen Stalins Reich« zu interviewen, zielte aber auf das nicht näher präzisierte Fehlverhalten der sowjetischen Seite[287]. Wieder andere nahmen die Angehörigen des SS-Brigade Dirlewanger in Schutz, indem sie auf die Geringfügigkeit vermeintlicher Verbrechen hinwiesen, die während des Dritten Reiches für eine Verurteilung ausgereicht habe.

Die mehrteilige Serie forderte nicht nur die Leser zu Stellungnahmen auf, sondern ermöglichte auch die Auseinandersetzung der Leser untereinander, durch

284 Leserbrief. In: Der Spiegel, 28.2.1951, S. 38 f.
285 Leserbrief. In: Der Spiegel, 23.5.1951.
286 Leserbrief. In: Der Spiegel, 28.2.1951, S. 38 f.
287 Leserbrief. In: Der Spiegel, 2.5.1951.

Kommentare zu vorangegangenen Leserbriefen. War es zum einen strittig, wie hoch der Anteil der »Politischen« unter den 999ern war, rief zum anderen die Gleichsetzung von »politisch« und »kommunistisch« Widerspruch hervor. Das Strafbataillon war hier nur ein Beispiel neben anderen Formen des NS-Terrors. Die Reduzierung des politischen Widerstandes auf den kommunistischen Antifaschismus: Diese ideologische Engführung der offiziellen Erinnerungspolitik in der DDR war wohl gemeint, als sich die »Arbeitsgemeinschaft ehemaliger politischer 999er« aus Hannover zu Wort meldete und dem *Spiegel*-Leser Fietje D. vorhielt, »Opfer einer von gewisser Seite geführten, bewußten Geschichtsfälschung« geworden zu sein, die auch heute noch behaupte, dass die ehemaligen politischen Insassen der KZ, der Haftanstalten wie auch des Bewährungsbataillons überwiegend Kommunisten gewesen seien. Tatsächlich habe es neben KPD- und SPD-Angehörigen auch »zahlreiche mutige Männer aus allen christlich-religiösen Richtungen« gegeben[288]. Auch der Gründer und Vorsitzende der Arbeitsgemeinschaft ehemaliger 999er in Bayern, Oskar Holewa, meldete sich zu Wort. Mit dem Hinweis auf seine mehrjährige Erfahrung bei der Betreuung der Verfolgten und Opfer der NS-Herrschaft kritisierte er die *Spiegel*-Serie dafür, die zunächst auf die KZ bezogene »Legende« der kommunistischen Dominanz unter den politischen Gefangenen auf die »999er« zu übertragen.

Die Schreckensberichte über die Zustände in den Strafeinheiten und die Gräueltaten ließen sich Anfang der fünfziger Jahre in eine verbreitete Weltsicht einordnen, die mit dem »Materialismus« den Untergang des Abendlandes dräuen sah[289]. So deutete Hans S. aus Bad Gandersheim die Berichte als Menetekel eines Bedrohungsszenarios, in dem »wir als Volk« angesichts der »Vernichtung im nihilistischen Sog« bald in eine ähnliche Lage geraten wie die Strafsoldaten. Er war sich sicher: Künftige kriegerische Auseinandersetzungen würden »Bürgerkriege« sein, in denen »ganze Völker« zwischen die Fronten gerieten – so lautete die Botschaft der Artikelserie. Hier wurden NS-Terror und Wehrmachtjustiz generalisiert und als Ausdruck einer universalen Entwicklung genommen, an die der historische Blick eindringlich erinnerte. Eine Botschaft, die über die Anteilnahme für die Betroffenen hinausging, wurde dem Bericht über die Strafsoldaten auch dort zugeschrieben, wo er »allen Überlebenden dieses Wahnsinnskrieges« vor Augen führte, »wie man mit Menschen umgegangen ist, deren einziger Fehler es war, anders zu denken als die derzeitigen Machthaber«. Der Leserbriefschreiber aus Hamburg befürwortete diese Repräsentation der Kriegsvergangenheit als ein Beispiel historischer Aufklärung im Sinne eines demokratischen Politikverständnisses[290].

Wenig Begeisterung weckte die späte Rückkehr eines der prominentesten Soldaten der Wehrmacht, des Generalfeldmarschalls Ferdinand Schörner, der im Januar 1955, vor der großen letzten Welle der Spätheimkehrer, vorzeitig aus sowjetischer Haft entlassen wurde[291]. Von Hitler hoch geschätzt, war Schörner in der

[288] Leserbrief. In: Der Spiegel, 9.5.1951, S. 42 f. Zur DDR vgl. Danyel, Die Erinnerung; Morina, Der Krieg.
[289] Vgl. Schildt, Zwischen Abendland und Amerika.
[290] Leserbrief Hans-Günther P. In: Der Spiegel, 2.5.1951.
[291] Vgl. zur Person: Steinkamp, Generalfeldmarschall Ferdinand Schörner.

Truppe als Schleifer verschrien. Der überzeugte Nationalsozialist, der zwischen 1933 und 1945 vergleichsweise rasch vom Hauptmann zum Generalfeldmarschall befördert worden war und sein Goldenes Parteiabzeichen gerne vor sich her trug, war als Oberkommandierender diverser Armeen und Heeresgruppen wegen seiner unverhohlenen »rücksichtslosen Härte« gefürchtet, mit der er vor allem in den letzten Kriegsjahren durch Standgerichte und Degradierungen für »Disziplin« sorgte. Vollends ruiniert wurde sein Ruf jedoch durch den gescheiterten Versuch, sich am 9. Mai 1945 in Zivil mit einem »Fieseler Storch« – und viel Geld aus der Kasse seines Stabes – in die österreichischen Alpen abzusetzen, um nicht wie seine Soldaten in sowjetische Kriegsgefangenschaft zu geraten. Die Amerikaner hatten ihn jedoch der Roten Armee übergeben.

Als Schörner zehn Jahre später in Ost-Berlin eintraf, war sich die westdeutsche Presse in ihrer offenen Ablehnung des »Kameradenschinders« weitgehend einig. Selbst der Verband deutscher Soldaten (VdS) hielt Schörner vor, durch sein ehrloses und feiges Verhalten die Achtung der ehemaligen Kameraden verloren zu haben. Die Hoffnung vieler, dass er wie Friedrich Paulus in der DDR bliebe, zerschlug sich jedoch rasch. Schörner reiste aus familiären Gründen weiter nach Bayern. Seine Entlassung war ein Ereignis, das in der Öffentlichkeit viel Aufmerksamkeit erzielte. Als das Institut für Demoskopie im Februar 1955 eine Umfrage startete, gaben 83 Prozent der Befragten an, von Schörners Entlassung aus russischer Kriegsgefangenschaft gehört zu haben. Über die Hälfte (54 %) hielt es für richtig, dass der ehemalige General vor ein deutsches Gericht gestellt würde, das sein Fehlverhalten im Krieg untersuchen solle. Nur 20 Prozent meinten dagegen, man sollte den Ex-General »in Ruhe lassen«[292].

In der Bundesrepublik war Schörner mithin nicht willkommen, zumal er die junge Republik kurz vor dem Beitritt zur NATO in eine missliche Situation zu bringen drohte: Der Generalfeldmarschall a.D. konnte sich auf einen angenehmen Ruhestand als Pensionär freuen, da ihm als ehemaligen Berufsoffizier auf der Grundlage des »131er-Gesetzes« von 1951[293] eine Pension gezahlt werden musste. Das wäre erneut ein gefundenes Fressen für die Gegner der Wiederbewaffnung gewesen. Schörner hätte, wie der ebenfalls staatlich versorgte Albert Kesselring und der wegen Kriegsverbrechen verurteilte ehemalige General der Fallschirmgruppen Hermann Ramcke zuvor, der Bundesregierung durch sein Verhalten einen Bärendienst erwiesen. In einem Leserbrief an den *Stern* machte sich ein ehemaliger Panzerfahrer Luft, der unter Schörner gedient hatte: »Erlaube mir, Ihnen über den verfluchten Hund Schörner ein paar Zeilen zu schreiben«, hieß es im militärischen Duktus. »Viele Leute müssen heute noch leiden, nur weil sie Nazis waren, und so einen Verbrecher in Menschengestalt hat man nicht umlegen können? Schade[294]!«

---

292 Jahrbuch der öffentlichen Meinung 1947–1955, S. 199; vgl. Biess, Amnesty.

293 Das nach Art. 131 des Grundgesetzes sogenannte, einstimmig verabschiedete Gesetz regelte die Wiedereingliederung von Beamten, die von den Alliierten aus politischen Gründen entlassen worden waren, und von ehemaligen Berufssoldaten in den Öffentlichen Dienst.

294 Leserbrief. In: Stern, 8 (1955). Vgl. Der umstrittene Heimkehrer. In: Quick, 7 (1955).

Am Beispiel Schörner sollte deshalb nicht zuletzt dem Ausland gezeigt werden, dass der Wille der westdeutschen Regierung, die ehemaligen Berufssoldaten in die demokratische Gesellschaft zu integrieren, Grenzen hatte. Dass weite Teile der Öffentlichkeit einschließlich der Interessenvertretung der ehemaligen Berufssoldaten so deutlich auf Distanz gingen, hatte sein Gutes: Die Abgrenzung von dem »bösen Wehrmachtgeneral unterstrich die Glaubwürdigkeit der »Guten«; der Kontrast erhöhte die positive Selbstdarstellung einer Runde ehrenhafter Ritterkreuzträger. Das wahre (deutsche) Soldatentum profilierte sich in der Gegenüberstellung mit dem falschen, das als Ausdruck des »Militarismus« verstanden wurde. Schörner erhielt keine staatliche Heimkehrerhilfe.

Von einer Generalamnestie wollte man im Fall Schörner, der den Tod deutscher Soldaten zu verantworten hatte, nichts mehr wissen. Da die Bundesregierung jedoch wenige Monate zuvor, im Sommer 1954, bei der Neufassung des Strafrechtsamnestiegesetzes im Schulterschluss mit dem VdS darauf geachtet hatte, dass Verbrechen bei Standgerichtsverfahren in der Regel nicht verfolgt würden, sofern sie in der Kriegsendphase begangen worden waren, führten die Ermittlungen der Münchener Staatsanwaltschaft zu standrechtlichen Erschießungen von Wehrmachtsoldaten auf Schörners Befehl zunächst nicht weit. Ein beamtenrechtliches Disziplinarverfahren, in dem ihm vorgehalten wurde, im Mai 1945 seine Pflichten verletzt zu haben, sollte nun die Pensionszahlungen verhindern; bereits für die Dauer des Verfahrens blieben Schörner die Zahlungen verwehrt. Dafür hatte eine kurzfristige, verfassungsrechtlich bedenkliche Änderung der Disziplinarordnung ex post gesorgt. Am Ende konnten dem Generalfeldmarschall a.D. doch noch justiziable Vergehen nachgewiesen werden: die willkürliche Hinrichtung eines jungen Soldaten, der im März 1945 unter Alkoholeinfluss am Steuer eines Lkw ein Nickerchen gemacht hatte, sowie der rechtswidrige Befehl im Januar 1945 zur Hinrichtung des Stadtkommandanten von Neiße (poln. Nysa), der sich entschieden hatte, die Stadt nicht weiter gegen einen übermächtigen Gegner zu verteidigen und dadurch zu gefährden. Wegen erfolgten und versuchten Totschlags verurteilte das Landgericht München Schörner im Oktober 1957 schließlich zu viereinhalb Jahren Haft; damit verfielen die Pensionsansprüche. Schörner verbrachte zwei Jahre hinter Gittern. Der Rest der Haftstrafe wurde zur Bewährung ausgesetzt[295].

Unter den Heimkehrern von 1955 war im Gegensatz zu den Behauptungen der sowjetischen Propaganda die Zahl derer gering, die nachweislich Kriegsverbrechen oder Verbrechen gegen die Menschlichkeit begangen hatten. Adenauer hatte die Zusage geben müssen, dass die westdeutsche Justiz gegen rund 500 der Freigelassenen, darunter knapp 200 SS-Männer, ermitteln werde, denen die sowjetische Seite schwerste Kriegsverbrechen vorwarf. Dazu zählte Karl Clauberg, der als SS-Arzt in Auschwitz an weiblichen Häftlingen Experimente zur Sterilisierung durchgeführt hatte; er wurde im November 1955 verhaftet[296]. Auch der ehemalige SS-Offizier Gustav Sorge wurde

[295] Bundespräsident Heinrich Lübke (CDU) gewährte Schörner 1963 gnadenhalber einen Teil der Pension. Schörner starb mit 81 Jahren 1973 in München. Vgl. Steinkamp, Generalfeldmarschall Ferdinand Schörner.

[296] Vgl. Klee, Auschwitz, die NS-Medizin und ihre Opfer.

im Februar 1956 verhaftet. Der »Eiserne Gustav«, ein ehemaliger Stellvertreter des Rapportführers, des Vorgesetzten aller Blockführer, und Leiter des Arbeitsdienstes im KZ Sachsenhausen, war bereits 1946 im Sachsenhausen-Prozess zu lebenslanger Haft und Zwangsarbeit verurteilt und in das nördlich des Polarkreises gelegene Straflager Workuta gebracht worden. In der Bundesrepublik wurde er schließlich erneut wegen Mordes an 67 Häftlingen zu lebenslanger Freiheitsstrafe verurteilt[297]. Ein KZ-Arzt und einige KZ-Wachleute wurden bestraft; die Verbrechen im Rahmen der »Partisanenbekämpfung« dagegen blieben ungesühnt. Auch die Justiz hatte wenig Interesse daran, den Krieg der Wehrmacht in Ost- und Südosteuropa juristisch aufzuarbeiten. Die Verurteilung der wenigen Kriminellen lieferte zugleich ein Argument für die Auffassung, dass es sich bei der Masse der Heimkehrer – wie bei allen Wehrmachtsoldaten an der Ostfront – grundsätzlich um ehrenhafte deutsche Soldaten gehandelt hatte, die sich nichts zu schulden kommen ließen[298].

Freilich gab es eine weitere Ausnahme von dieser Regel. Wer in Kriegsgefangenschaft auf die sowjetische Seite gewechselt und sich in den Dienst der Roten Armee gestellt hatte, konnte ebenso wenig mit einem freundlichen Empfang in Westdeutschland rechnen. Wie vor 1945 galt er vielen auch ein Jahrzehnt später als Vaterlandsverräter. General Walther von Seydlitz-Kurzbach war ein prominenter Fall, dem die Medien viel Aufmerksamkeit widmeten. Bei Stalingrad 1943 in Kriegsgefangenschaft geraten, beteiligte sich Seydlitz an der Gründung des Bundes Deutscher Offiziere (BDO), dessen Präsident er wurde[299]. Als Vizepräsident spielte er im Nationalkomitee Freies Deutschland (NKFD) eine führende Rolle[300]. Doch die Sowjets hatten ihn, anders als Paulus, nach Kriegsende nicht aus der Kriegsgefangenschaft entlassen, sondern wegen Kriegsverbrechen sogar zu 25 Jahren Haft verurteilt. Als er mit der letzten Gruppe 1955 freikam, gab es in der öffentlichen Meinung, wie die Presseberichte aus dem Friedland-Lager zeigten, keinen Zweifel: Seydlitz hatte sich schuldig gemacht – an den Deutschen. Durch seinen Aufruf zum Widerstand gegen die Wehrmacht hatte er die eigenen Kameraden verraten und ihr Leben aufs Spiel gesetzt; die große Mehrheit der Soldaten dagegen hatte nur ihre Pflicht getan, so schien es. Die meisten Westdeutschen sahen BDO und NKFD weiterhin als verräterische Organisationen an; wer sich ihnen angeschlossenen hatte, musste mit dem Vorwurf des Vaterlandsverrats rechnen. Zwischen Seydlitz und den übrigen Generälen stand »eine Mauer des Schweigens«, denn, so schrieb die *Quick*, »keiner wollte mit dem ›Verräter‹ ein Wort sprechen«. Auf dem Foto war Seydlitz' Gesicht durch einen Hut verdeckt, den seine Frau hinhielt[301].

Ein anderer prominenter Fall war Heinrich Graf von Einsiedel, ein Urenkel Bismarcks, der wiederholt die Seiten gewechselt hatte. Einsiedel war Jagdflieger, von Juli 1941 bis August 1942 an der Ostfront, hatte in sowjetischer Kriegsgefangenschaft das NKFD und BDO mit begründet und war Vizepräsident des NKFD. Nach sei-

297 Sorge starb 1978 in Haft. Vgl. Justiz und NS-Verbrechen, Bd XV (lfd. Nr. 473), http://www1.jur.uva.nl/junsv/brd/files/brd473.htm (20.11.2010).
298 So argumentiert auch Moeller, War Stories (2004), S. 113; vgl. Meyer, Stalinistischer Schauprozeß.
299 Vgl. die Biografie von Warth, Verräter oder Widerstandskämpfer?
300 Das Nationalkomitee »Freies Deutschland«; Frieser, Krieg hinter Stacheldraht.
301 Politik – abgemeldet. In: Quick, 43 (1955).

ner Entlassung aus der Gefangenschaft 1947 hatte er zunächst als Redakteur bei der amtlichen *Täglichen Rundschau* in der Sowjetischen Besatzungszone gearbeitet, bevor er 1948 nach Westdeutschland ging. Dort veröffentlichte er zwei Jahre später seine Erinnerungen an die Zeit der Kriegsgefangenschaft.

Im selben Jahr erschien auch ein Buch seines ehemaligen Kameraden Hans »Assi« Hahn 1950[302]. Der Major a.D. Hahn war 1943 mit 28 Jahren in sowjetische Kriegsgefangenschaft geraten, ein halbes Jahr nachdem Einsiedel über Stalingrad abgeschossen worden war, und 1948 entlassen worden. Seine Erinnerung an die Ereignisse – die erste Auflage von 5000 Exemplaren war Anfang 1950 bereits vergriffen – präsentierte *Der Spiegel* als das notwendige Korrektiv zu Einsiedels »peinliche[r] Geschichte des Nationalkomitees«[303]. Die wurde als ein »aus der Stacheldrahtpsychose schwacher Charaktere zu verstehende Selbsttäuschung deutscher Offiziere« gebrandmarkt, die sich über ihre Instrumentalisierung zu sowjetischen Propagandazwecken nicht im Klaren waren oder davon nichts wissen wollten. Hahns aus dem Gedächtnis geschriebener Rückblick eignete sich besonders gut als Widerpart, weil der junge Jagdflieger für seine Entschlossenheit bekannt war, mit der er den Ansinnen der sowjetischen Seite entgegentrat. Da es geradezu sein »Trick« gewesen sei, durch eine »kontinuierlich feste ablehnende Haltung« bekannt zu werden und sich so vor der Liquidierung zu schützen – hatte Stalin nicht zugesichert, deutsche Offiziere gut zu behandeln? –, konnte sein Bericht einem Offizier wie Einsiedel einen Spiegel vorhalten. Führte er doch den Beweis, dass man sich nicht mit den Sowjets einlassen musste, um ungeschoren davonzukommen. Auf welche Seite sich die Offiziere stellten, wurde hier nicht als eine politische Frage definiert, sondern zu einem moralischen Problem der Charakterschwäche oder -stärke umgedeutet. Die zentrale Frage lautete unterschwellig, ob man für die Verbesserung der persönlichen Lage – symbolisiert durch die bessere Ernährung – bereit gewesen war überzulaufen, mithin um des persönlichen Vorteils willen der Masse der Kameraden zu schaden. Wer dem NKFD angehörte, schloss demnach einen faustischen Pakt. »Tagebuch der Versuchung« lautete der Titel von Einsiedels Band; und *Der Spiegel* sah Hahn, so die Bildunterschrift unter einem Foto, einer »teuflischen Versuchung ausgesetzt«.

Der Spiegel spitzte diese Botschaft zu, indem er zwei Ausschnitte aus den Publikationen von Einsiedel und Hahn spaltenweise gegenüberstellte, in denen diese den Versuch ihrer Anwerbung durch den Kommissar des sowjetischen Geheimdienstes NKWD schilderten. Während jener unter der geschilderten Drohung, nach Osten verschleppt zu werden, kooperierte, lehnte dieser die Aufforderung, in den BDO einzutreten, zweimal ab – mit der einzigen Konsequenz, dass sein »Verpflegungszuschuß« fortfiel[304]. Hahns Bericht musste umso glaubhafter erscheinen, als er bestätigte, dass umgekehrt die Unterzeichnung der Resolution des NKFD nicht automatisch

302 Einsiedel, Tagebuch der Versuchung; Hahn, Ich spreche die Wahrheit! Einsiedel (1921–2007) war 1957–1992 Mitglied der SPD, MdB (PDS) 1994–1998.

303 Kriegsgefangene. Wie ein Grammophon. In: Der Spiegel, 12.12.1951, S. 8–13. Das Magazin druckte einen Auszug aus Hahns Band unter dem Titel »Der Adventskirchgang von Jelabuga«.

304 Der Spiegel, 12.12.1951, S. 10. In einem weiteren parallelen Abdruck wurde durch die jeweilige Schilderung eines Treffens der beiden Kriegsgefangenen die unterschiedliche (Selbst-)Wahrnehmung verdeutlicht.

zu einer früheren Entlassung aus der Kriegsgefangenschaft geführt habe und selbst Anhänger des NKFD nach Kriegsende gehängt worden seien. *Der Spiegel* sah darin »fast so etwas wie eine nachträgliche Rehabilitierung« des NKFD; tatsächlich verstärkte der Hinweis nur die moralische Zweifelhaftigkeit des Überlaufens auf die sowjetische Seite, indem er deren Unzuverlässigkeit und Undankbarkeit herausstellte. Kriegsgefangenschaft wurde zu einer nationalistisch überhöhten Nagelprobe auf das Gewissen der Soldaten. Diese Vorstellung verfing auch bei einigen Lesern, die etwa durch den behaupteten Vergleich mit anderen Armeen die besondere Verwerflichkeit »der Einsiedels« in den Reihen der Wehrmacht unterstrichen. Heinz W. aus Düsseldorf etwa fand es »beschämend«, dass Finnen, Japaner, Italiener und Rumänen, wie er meinte, in russischer Gefangenschaft »besser zusammenhielten als wir Deutsche«. Die Wehrmacht hatte in dieser Perspektive den Test auf die »sittliche Stärke und moralische Verfassung der Armee« nicht bestanden[305].

Die Verachtung, die Einsiedel aus den Reihen der Veteranen entgegenschlug, gab den Blick auf deren rückblickende Deutung frei. Der ehemalige Jagdflieger Hans-Jürgen von Cramon beispielsweise wies Einsiedels Herabwürdigung deutscher Soldaten als »Faschisten« ebenso zurück wie seinen Versuch, die Ideen und Ziele des NKFD mit denen des militärischen Widerstandes vom 20. Juli gleichzusetzen und dadurch zu legitimieren. Der Oberst i.G. a.D. vermutete im *Notweg*, dass Einsiedel sich »in östlicher Dialektik« dem Westen anbiedern wollte. Dem Handeln Einsiedels stellte Cramon zwei Verhaltensmuster als Vorbilder gegenüber. Zum einen variierte er das Argument der Vaterlandsverteidigung, wenn er an seinen vermissten Bruder erinnerte, der »als treuer Soldat seines Vaterlandes in größter Notzeit und nur in Gedanken an das Wohl seiner Heimat, aber nicht als Hitlerknecht« bis zum Schluss gekämpft habe. Zum anderen geißelte er Einsiedels Opportunismus, der ja gleich zweimal die Lager gewechselt hatte. Demgegenüber schienen jene Offiziere und Soldaten der Wehrmacht »würdiger«, die sich für die sowjetische Position entschieden hatten und »nunmehr dort unter Inkaufnahme aller eventueller Risiken ausharr[t]en«[306].

Die dichotomische Darstellung zweier ehemaliger Jagdflieger der Wehrmacht blendete die politische Dimension des Verhaltens in der Kriegsgefangenschaft weitgehend aus. So war zunächst keine Rede davon, ob es im Sinne einer raschen Beendigung des ohnehin verlorenen Krieges sinnvoll war, im Rahmen der sowjetischen Propaganda auf die kämpfenden Kameraden einzuwirken, oder ob es den Betroffenen zumindest subjektiv so scheinen mochte. Diese Entpolitisierung wie auch die Selbststilisierung Hahns blieben freilich nicht unwidersprochen, vor allem nicht bei jenen, die sich den Blick für die Opfer des Nationalsozialismus bewahrt oder selbst unter ihm gelitten hatten, und bei jenen, die sich in der Opposition zum NS-Regime befunden hatten. So mokierte sich Lothar-Walter Beyer, der dem Hamburger Landesverband des im März 1950 gegründeten »Bundes der Verfolgten

[305] Der Spiegel, 2.1.1952, S. 34.

[306] Hans-Jürgen von Cramon, Rez. zu Heinrich Gf. v. Einsiedel, Tagebuch der Versuchung, Berlin, Stuttgart (Pontes). In: Der Notweg, 3 (1951), Nr. 2, S. 9 f. Cramon war u.a. 1940 Kommodore des Jagdgeschwaders 53; vgl. Biess, »Russenknechte«.

des Naziregimes« (BVN) angehörte, über Hahns heroisierende Selbstdarstellung, indem er Zweifel an der Zuverlässigkeit seiner Erinnerung anmeldete, Übertreibungen herausstellte und Widersprüche offenlegte. Die behauptete Nonchalance gegenüber den sowjetischen Peinigern stieß besonders bitter auf. Hahn sei, hieß es ironisch, »wahrhaft ein Gigant und – ei der daus – wie er forsch mit den NKWD-Beamten umgegangen ist und sogar Herrn Ulbricht im Leninbart kraulte.« Auch die »nationalen Phrasen« hielt Beyer ihm vor[307]. Einsiedel selbst meldete sich ebenfalls in einem Leserbrief zu Wort. Er schilderte Hahn als einen Mann, der ihm noch in der Gefangenschaft von Hitlers Waffen und Reserven vorgeschwärmt, mithin an den Endsieg geglaubt habe, und – in den Worten des sowjetischen Kommissars – ein »rassenreiner Nazi« sei, wie er ihm unter deutschen Offizieren noch nie begegnet sei. Von der Presse und von seinem ehemaligen Kameraden attackiert, hielt Einsiedel Hahn vor, sich nachträglich mit moralisierendem Gestus in eine »penetrante Helden- und Märtyrerrolle« hineingesteigert zu haben. Einsiedel machte die Gegenrechnung auf. Mit Männern wie Hahn im Rücken, die auf den Endkampf gehofft hätten, sei es besonders schwer gewesen, überhaupt etwas für die gefangenen Kameraden zu erreichen – weshalb der Versuch umso beachtlicher erscheinen musste. Hier wurde der Spieß umgedreht und die dieselbe Vergangenheit entgegengesetzt interpretiert.

Die Wiederbewaffnung in der DDR[308], bei der mancher ehemalige Wehrmachtsoldat seine Rolle spielte, bot eine dauerhafte Projektionsfläche für die Kritik an den Überläufern und die Bestätigung der eigenen soldatischen Identität. Immer wieder wusste die Presse über die rasanten »sowjetzonalen« Karrieren ehemaliger Wehrmachtangehöriger zu berichten, die zu militanten Funktionären des Kommunismus mutiert waren. Vom Wehrmacht-General zum »Vopo-General«: So mokierte sich beispielsweise *Der Spiegel* 1952 über den Generalinspekteur der Volkspolizei Vincenz Müller[309] und illustrierte dessen Verwandlung durch zwei Fotos, die ihn zunächst in Wehrmachtuniform, dann in der Uniform der Volkspolizei zeigten. Aus der Beteiligung eines Wehrmachtgenerals am Massenmord an den Juden machte der *Stern* in diesem Fall keinen Hehl. »Müller leitete persönlich den Einsatz von Heeresteilen bei den Judenerschießungen. In Artemowsk wurden 1300 Juden liquidiert«[310]. Während in der Regel die Medien die Kooperation von Wehrmacht und Einsatzgruppen nicht thematisierten, durfte dieser Hinweis nicht fehlen, wenn es darum ging, einen missliebigen »Verräter« in ein schlechtes Licht zu rücken.

In den Kurzbiografien, mit denen die Presse die (angehende) militärische Elite der DDR vorstellte, wurde die »politische Radikalkur« geschildert, der sie als Kriegsgefangene in der UdSSR unterzogen worden waren, wie der ehemalige Schütze Heinz Keßler (Jg. 1920), der Oberbefehlshaber der neuen ostdeutschen Luftwaffe werden sollte. Allerdings wurden die westdeutschen Leser darauf hingewiesen, dass die »ehemaligen NS-Wehrmachtspezialisten« nach Abschluss der Aufstellung

307 Der Spiegel, 2.1.1952, S. 34. Beyer verspottete den ehemaligen Jagdflieger als heutigen Segelflieger.
308 Vgl. Volksarmee schaffen; Wenzke, Das unliebsame Erbe; Diedrich/Wenzke, Die getarnte Armee; Niemetz, Das feldgraue Erbe.
309 Vgl. Diedrich, Vincenz Müller.
310 Der große Schwindel. In: Stern, 13 (1952).

der Volkspolizei mit Ausnahme von Vincenz Müller, dem ehemaligen General des XII. Armeekorps, an weniger prominenter Stelle, etwa als Truppenkommandeure, eingesetzt seien, »aus optischen Gründen«. War von der Wehrmacht im Kontext der Wiederverwendung in der DDR die Rede, wurde sie auch sprachlich als nationalsozialistische Streitkraft politisch gefasst. Die semantische Schärfe diente in diesen Fällen dazu, den ideologischen Schwenk herauszustreichen, den einige Angehörige der militärischen Elite der DDR vollzogen hatten, und so die Unglaubwürdigkeit der Person und der Institution zu untermauern. Die historische Dimension der militärischen Prägung wurde gelegentlich, wie bei dem 1894 geborenen Keßler, ehemals Leutnant des Ersten Weltkrieges, bis ins Kaiserreich verlängert, um die binnenmilitärische Reichständigkeit der DDR-Streitkräfte besonders zu betonen. So sprach *Der Spiegel* etwa von den »umgeschulten altpreußischen Generalen«, die den Männern der Kasernierten Volkspolizei und den »Barrasfeldwebeln« die »militärische Disziplin preußischer Schule« beibrachten[311]. Die ehemaligen Wehrmachtsoldaten, die in sowjetischer Kriegsgefangenschaft dem BDO und NKFD angehört hatten und nun in der »Ostzone« bei der Wiederbewaffnung dienten, hatten Verrat begangen: zunächst im Krieg an den eigenen Kameraden, dann im Nachkrieg an der eigenen Nation, deren Interessen die meisten Westdeutschen durch die Bundesrepublik vertreten sahen.

Als Verräter wurden in den fünfziger Jahren (und weit darüber hinaus[312]) nicht zuletzt die Wehrmachtsoldaten einer anderen Gruppe angesehen: die Deserteure. Erinnerungspolitischen Sprengstoff enthielt die Frage der Eidtreue in der Beurteilung der »normalen« Fahnenflüchtigen, jener Soldaten, die der Wehrmacht aus welchem Grund auch immer den Rücken gekehrt hatten. Mehr als 15 000 deutsche Soldaten hatte die Wehrmachtjustiz als »Verräter der Volksgemeinschaft« zwischen 1939 und 1945 hinrichten lassen. Jene Soldaten, denen die Flucht gelungen war, mussten in der Nachkriegszeit häufig mit dem Stigma der Fahnenflucht leben und galten als vorbestraft[313]; erst 2002 wurden Urteile der Wehrmachtjustiz gegen Deserteure pauschal aufgehoben.

Der Münchener Rundfunkredakteur und Schriftsteller Alfred Andersch spitzte das Problem 1952 zu. Sein autobiografischer, vom Existenzialismus inspirierter Bericht »Die Kirschen der Freiheit« wirbelte gehörig Staub auf, weil es hier, wie der Cheflektor des Rowohlt-Verlages, Kurt W. Marek (Pseudonym: C.W. Ceram) in einer Stellungnahme zu dem Manuskriptangebot erkannte, »um eins der heikelsten Themen« ging, nämlich »um die philosophische und moralische Legitimierung der Desertion«. Marek witterte deshalb einen verlegerischen Misserfolg; der Text erschien im Verlag der *Frankfurter Hefte*[314]. Die Recht- oder Unrechtmäßigkeit der

[311] Sowjetzonen-Armee. Genosse Oberbefehlshaber. In: Der Spiegel, 29.10.1952, S. 8 f. Herv. J.E.

[312] Vgl. hier nur Wette, Deserteure der Wehrmacht rehabilitiert.

[313] Vgl. zum Lebensweg und den sich wandelnden Selbstbildern von sechs Deserteuren, die sich in die Schweiz abgesetzt hatten: Koch, Fahnenfluchten.

[314] Andersch (1914–1980) war als Organisationsleiter des kommunistischen Jugendverbandes von Südbayern im Frühjahr 1933 verhaftet und drei Monate im Konzentrationslager Dachau inhaftiert worden. Nachdem er im September 1933 einer zweiten KZ-Haft in Dachau nur knapp entgangen war, zog er sich in die »innere Emigration« zurück. Als Bausoldat wurde er 1940 erstmals zur Wehrmacht eingezogen und bald wieder entlassen; 1943 wurde der Büroangestellte erneut

Fahnenflucht, d.h. ihre Beurteilung nach Kapitulation und Systemwechsel, bildete einen neuralgischen Punkt im positiven Selbstverständnis der ehemaligen Soldaten. Fahnenflucht war das Gegenstück zur »Treue« gegenüber den Kameraden und dem Führer, an den man sich durch den Eid gebunden wähnte. Wer der soldatischen Ehre das Wort redete und seinen Dienst in der Wehrmacht mit diesen Argumenten rechtfertigte, musste zwangsläufig die Desertion als einen Verrat an dieser Ehre verurteilen. Der 38-jährige Andersch, der am 6. Juni 1944 als Soldat der 20. Luftwaffen-Felddivision bei Oriolo an der Arno-Front zur U.S. Army übergelaufen war, »sägt[e] [...] an den beiden Wurzeln des deutschen Soldatentums: [...] an der Kameradschaft und dem Eid«, wie *Der Spiegel* treffend bemerkte[315]. Während die Anwürfe der Entmilitarisierungspolitik von außen, von den ehemaligen Kriegsgegnern stammten und aufgrund dessen abgetan werden konnten, äußerte hier ein ehemaliger Wehrmachtsoldat selbst ätzende Kritik.

Zwar lag auf der Hand, dass auch Andersch sein eigenes Verhalten während des Krieges rechtfertigen wollte. Doch damit allein ließen sich seine Argumente nicht vom Tisch wischen. Der ehemalige Obergrenadier wies die Vorstellung von Kameradschaft ebenso zurück wie er die Eidbindung gegenüber Hitler bestritt. Andersch ging noch weiter. Er stellte der Soldatenehre die Konzeption einer »Ehre des Deserteurs« gegenüber. Während die spezifische Ehre des Soldaten in seiner Bereitschaft zum Sterben liege, der Soldat also ein »potentieller Selbstmörder« sei – die Andersch von der »tierhaften Sorte Kämpfer« unterschied, die »potentielle Mörder« seien –, gründe die Ehre des Deserteurs auf seiner Entscheidung, sich vom Tode ab- und dem Leben zuzuwenden. Weniger in der Angst vor dem Sterben als in dem Willen zum Leben sah Andersch den Beweggrund für den Fahnenflüchtigen. Der Augenblick der Fahnenflucht wurde ihm zu einem Moment der Freiheit, der Entschluss zur Desertion zu einer Entscheidung im existenzialistischen Sinn.

Mit Kameradschaft wusste der ehemalige Jugendfunktionär seit seiner KZ-Haft nichts mehr anzufangen. Auf den totalen Staat hatte er mit einer »totalen Introversion« (Andersch) reagiert. In der öffentlichen Debatte über das politische Verständnis des Militärs im Deutungsdreieck von Weltkrieg, Wehrmacht und Wiederbewaffnung

eingezogen und als Obergrenadier in Dänemark und Italien eingesetzt, wo er 1944 desertierte. Als Kriegsgefangener in den USA arbeitete er an der Zeitschrift *Der Ruf* mit, die er dann von 1946 bis 1947 zusammen mit Hans Werner Richter in der Amerikanischen Besatzungszone publizierte. Anders gehörte der »Gruppe 47« an. Vgl. Reinhardt, Alfred Andersch. 1993 hatte W.G. Sebald eine Debatte um Anderschs moralische Integrität angestoßen. Dabei ging es nicht um die Desertion, sondern um den strategischen Nutzen, den Andersch nach 1945 aus der Tatsache gezogen hatte, dass seine Frau jüdischer Herkunft war. Im Frühjahr 1943 hatte Andersch, um von der Reichsschrifttumskammer eine Schreiberlaubnis zu erhalten, auf Scheidung von seiner »halbjüdischen« Frau Angelika gedrängt (als deren Mutter längst deportiert worden war). Nach seiner Fahnenflucht berief er sich dagegen auf seine Ehe mit ihr, um gegenüber den Amerikanern als politisch zuverlässig zu gelten. Zuletzt wurde der wahre Grund für seine Entlassung aus der Wehrmacht 1941 bekannt: Nicht, weil er wegen seiner ehemals kommunistischen Tätigkeit und KZ-Haft als politisch unzuverlässig galt, sondern wegen seiner Ehe mit einem »Mischling« war Andersch entlassen worden. Vgl. Jörg Döring, Behält der Literaturpfaffe doch das letzte Wort?. In: FAZ, 19.8.2008, S. 39. Inwieweit dies den moralischen Wert seines Werkes kompromittiert, ist eine andere Frage.

315 Fahnenflucht. Die Ehre des Deserteurs. In: Der Spiegel, 15.10.1952, S. 30–33, hier S. 31.

musste Andersch mit seiner literarisch-dokumentarischen Repräsentation der Wehrmacht provozieren, deren Existenz als übergeordnetes Ganzes er in Frage stellte. Statt der *einen* Wehrmacht, um die sich die Mythen ranken könnten, sah der Deserteur unzählige (tapfere) Männer, die allenfalls aus Zwang kämpften oder gegenüber der Zumutung der bedingungslosen Kapitulation ihr Gesicht wahren wollten, aber alle die Sinnlosigkeit des Kämpfens längst erkannt hatten. »Die deutschen Soldaten haben das Gesicht gewahrt«, räumte Andersch ein. »Aber es hat im letzten Krieg niemals eine Wehrmacht gegeben, sondern einzig und allein Millionen bewaffneter Männer, deren größter Teil nicht die geringste Lust hatte zu kämpfen« – eine gezielte Übertreibung[316].

Dass der Eid auf Hitler ein Problem darstellte, mochte Andersch nur den Offizieren zugestehen. Was dagegen die Mannschaften anging, stellte der ehemalige Obergrenadier fest, habe er »keinen einzigen Soldaten getroffen, der jemals ein Wort über den Eid verloren hätte«. Dessen Bedeutung hielt er deshalb für eine nachträgliche Konstruktion zum Zwecke der Entlastung. Dass die Verweigerung des Dienstes in der Wehrmacht oder auch nur des Eides mit Todesstrafe oder langjähriger KZ-Haft belegt war, bestätige, dass der Eid unter Zwang geleistet worden und daher »null und nichtig« gewesen sei. Auch in diese Reflexion über die Wehrmachtsoldaten mischte sich 1952 die tagespolitische Kritik. Die autobiografische Erinnerung an die Fahnenflucht war ein Rückgriff auf die Kriegsvergangenheit zu gegenwärtigen Zwecken. Die Demontage des Eides auf Hitler geriet zu einer Absage an den militärischen Eid schlechthin. Die Erfahrung der »Absurdität des Krieges der Kanalratte« (so nannte Andersch Hitler) nährte die Überzeugung von der »Absurdität der allgemeinen Wehrpflicht und des Soldateneides«. Beide wurden, folgte man Andersch, in dem jüngsten, imperialistischen wie ideologischem Krieg par excellence nicht mehr als Bindung, sondern als Zwang »erfahren«. In der politischen Schlussfolgerung schien dem Schriftsteller daher nur eine Freiwilligenarmee denkbar, die umso schlagkräftiger wäre[317].

In derartigen Thesen sah *Der Spiegel* gefährliche »Tretminen«, die seine Kritiker »hochgehen« lassen würden[318]. Die eigenen Leser beschimpften denn auch Andersch als einen »primitiven Wegläufer«[319], der »individuell mit asozial« verwechsele[320], und verteidigten die Schlüsselbegriffe Eid, Kameradschaft und Soldatenehre gegen Anderschs Ablehnung, der sie egozentrische Motive unterstellten. Ehre könne nur der erwerben, argumentierte Fritz G. aus Hamburg moralisch, der durch aktives Handeln ein gutes Werk vollbringe und sich von schlechten Taten fernhalte[321]. Am Prinzip des unbedingten Gehorsams und der unbedingten Pflichterfüllung, die eine Abwägung gar nicht erst zuließ, hielten andere unbeirrbar fest – als dem zentra-

---

316 Ebd., S. 32.
317 Ebd.
318 Ebd.
319 Erich S. (München), Leserbrief. In: Der Spiegel, 29.10.1952, S. 34.
320 Oscar W. (Heidelberg), Leserbrief. In: Der Spiegel, 24.11.1952, S. 35.
321 Fritz G. (Hamburg), Leserbrief. In: Der Spiegel, 29.10.1952, S. 34.

len Funktionsmechanismus militärischer Schlagkraft[322]. Andere lehnten das Werk des Schriftstellers aufgrund seiner inneren Widersprüche ab. So würde die Ehre des Deserteurs, wäre sie weltweit verbreitet, zweifellos den Weltfrieden schaffen – doch Andersch schwebte offenbar eine Freiwilligenarmee zur gerechten Abwehr eines ungerechten Angriffs vor. Auch Andersch gehöre daher zu den »gebrannte[n] Kinder[n] des 20. Jahrhunderts«, die erfahren mussten, dass »trotz der bitteren Erfahrungen zweier verheerender Weltkriege die Abrüstung [...] nur ein trügerischer Traum bleiben wird«. Zudem lasse sich die Existenz des soziologischen Phänomens Kameradschaft nicht leugnen, selbst aus einem pazifistischen Blickwinkel nicht. Oskar Z. aus Frankfurt am Main, der sich als Dr. phil. auswies, meinte daher, dass der Band kein geeigneter Beitrag zur Frage des Friedens sei[323].

Doch es gab auch Gegenstimmen. So erinnerten die einen daran, dass es gerade gegen Kriegsende zahlreiche Desertionen gegeben habe, die keine Gefährdung der Truppe mehr dargestellt hätten. »Aussteigen« sei, hieß es im Jargon des Landsers, »serienweise« vorgekommen[324]. Andersch war mithin kein Einzelfall. Andere äußerten ihre Bewunderung für die »Leistung« des ehemaligen Wehrmachtsoldaten, den Mut gehabt zu haben, sich in radikaler Ehrlichkeit sich selbst gegenüber als Deserteur dem öffentlichen Urteil zu stellen – und damit nicht zuletzt der Öffentlichkeit im Ausland gegenüber den Zwiespalt zu verdeutlichen, in dem hunderttausende Wehrmachtsoldaten gestanden hätten: ein Gegner Hitlers und »seines Rassenwahns« zu sein und »trotzdem dafür kämpfen zu müssen«. Die Autobiografie eines Deserteurs wurde auch insofern als ein Tabubruch wahrgenommen, als ihr Thema in die Vergangenheit und Gegenwart zugleich wies. Das Werk und die Reaktion der Leser gaben auch nach zeitgenössischer Einschätzung einen Einblick in den »wehrpolitische[n] Geisteszustand vieler Deutscher«[325]. Erneut wurde der Deutungszusammenhang von Kriegsvergangenheit und Wiederbewaffnung deutlich.

Die Fahnenflucht-Frage barg noch ein anderes tagespolitisches Potenzial. Wer die Desertion aus der Wehrmacht – aber auch den Widerstand und die Kriegsdienstverweigerung – mit dem Hinweis auf das politische System legitimierte, dem die Soldaten den Rücken kehrten, konnte die Gewissensfrage auf die Kasernierte Volkspolizei der DDR umlenken. Wenn das Postulat des absoluten Gehorsams dazu diente, die Fahnenflucht des Wehrmachtsoldaten zu verdammen, war es nur konsequent, auch von jedem »zwangsrekrutierten Voposoldaten« Gehorsam zu fordern und ihm das Recht auf Desertion und Flucht nach West-Berlin abzusprechen. Hier sahen Kritiker die negativen politischen Folgen, die »der ›Ehrenkomplex‹ dieser Ewig-Gestrigen« zeitigte. Das Konstrukt einer spezifischen Soldaten-Ehre bedingte die bedingungslose »Unterstützung jeder Diktatur«. Die Fahnenflucht eines deutschen Soldaten im Zweiten Weltkrieg konnte moralisch umso höher gewertet werden,

322 Werner J. (Hamburg), Leserbrief. In: Der Spiegel, 7.1.1953, S. 35. J. erhöhte den unbedingten Gehorsam gar zu einem Garanten für den »Bestand eines Volkes«.

323 Oskar Z. (Frankfurt a.M.), Leserbrief. In: Der Spiegel, 5.11.1952; zur Bekräftigung der »soziologischen Bedeutung der militärischen Kameradschaft« vgl. auch Paul B. (Hamburg), Leserbrief. In: Der Spiegel, 24.12.1952, S. 35; Aldo G. (Düsseldorf), Leserbrief. In: Der Spiegel, 7.1.1953, S. 35.

324 Udo H. (Frankfurt a.M.), Leserbrief. In: Der Spiegel, 24.12.1952, S. 35.

325 Herbert Sch. (Karlsruhe), Leserbrief. In: Ebd.

je unmoralischer der Zweck seines Soldatseins erschien. In dieser Argumentsfigur fanden sich denn auch klare Worte über den Charakter des nationalsozialistischen Krieges. Von einem »Raub- und Angriffskrieg« war da ebenso die Rede wie von den »Massenvergasungs- und Völkerdezimierungsziele[n]«. Wer wollte da noch von soldatischer »›Pflicht‹« sprechen[326]? Wo lag der Unterschied zwischen einem »Hitler-Deserteur« und einem »Stalin-Deserteur«, den man in Deutschland als einen anständigen Menschen betrachte, während die *Prawda* ihn als ehrlos verdammte[327]? Und so sahen jene Leser, die Anderschs Werk als eine historisch-politische Repräsentation des Militärischen guthießen, in der Empörung der vielen anderen einen Ausdruck ihres Bedauerns, selbst »nicht konsequent« gehandelt zu haben, wie Alexander H. aus Gelsenkirchen vermutete[328].

Einen Kontrapunkt der Kritik an übergelaufenen Offizieren der Wehrmacht setzte das Urteil im umgekehrten, nicht minder prominenten Fall: der causa Wlassow. Der russische General Andrei A. Wlassow (Vlasov), nach 1942 Oberbefehlshaber der sowjetischen 2. Stoßarmee, die an der Wolchow-Front für die Befreiung des von deutschen Truppen belagerten Leningrad gekämpft hatte, war am 12. Juli 1942 in deutsche Gefangenschaft geraten, hatte die Seiten gewechselt und mit Hilfe der Wehrmacht die Russische Befreiungsarmee (ROA) aufgestellt, deren Oberbefehl er am 10. Februar 1945 übernommen hatte[329]. Wlassow war wenige Tage nach der Kapitulation im Mai 1945 festgenommen und im August 1946 in Moskau gehängt worden. Erich Edwin Dwinger suchte bereits wenige Jahre später, Wlassow in einem »authentischen Bericht« mit der gewohnten dichterischen Großzügigkeit ein literarisches Denkmal zu setzen. Für seine Arbeit als Chronist erntete Dwinger Kritik aus den Reihen ehemaliger Angehöriger der Abteilung WPr (Wehrmachtpropaganda Ost) IV des OKW. Sachliche Fehler monierte der Redakteur der *Düsseldorfer Nachrichten*, Wilfried Strik-Strikfeld, der Wlassow aus einem Gefangenenlager in der Ukraine nach Berlin gebracht hatte, wo er zu einer Schlüsselfigur der antistalinistischen Zersetzungspropaganda wurde. Aber auch Dwingers poetische Überhöhung ins Sentimentale stieß auf Widerspruch. Dadurch gerieten, bemängelte ein Rezensent im *Spiegel*, der »›historische‹ Wlassow« und das eigentliche Problem aus dem Blick. Das Überlaufen des russischen Generals wurde im Sinne der Abendland-Ideologie als ein »Aufbäumen der gequälten Menschennatur gegen den Zwang des Massenstaates« gedeutet. Wlassow habe jedoch keine politische Antwort auf die Frage gehabt, wie man, wenn nicht mit Zwang und Gewalt, »die östlichen Massen führen, erziehen und in ihrer materiellen Existenz sichern« könnte. In *dieser* Überhöhung trat der zunächst verwerfliche Akt der Desertion zurück. Weniger vom »Überlaufen« als von einem »Übertritt« war denn auch die Rede. Wlassows Handeln stand hier vielmehr beispielhaft für den ebenso verzweifelten wie verständlichen Versuch, den Zwängen des Bolschewismus zu entkommen. Während sich deutsche Offiziere, die sich im

326 Haro F. W. (Berlin), Leserbrief. In: Ebd. Vgl. auch H.M. (Regensburg), Leserbrief. In: Ebd.

327 Vgl. Werner J. (Bremerhaven), Leserbrief. In: Der Spiegel, 7.1.1953, S. 35. J. hielt nicht den Egoismus des Deserteurs, sondern das »gedankenlose Robotertum der Massen« für verwerflich.

328 Alexander H. (Gelsenkirchen), Leserbrief. In: Der Spiegel, 24.12.1952, S. 35.

329 Vgl. Hoffmann, Die Tragödie der »Russischen Befreiungsarmee«; Schröder, Deutschbaltische SS-Führer.

Kampf gegen Hitler auf die Seite des Gegners gestellt hatten, militärischen Verrat und Charakterschwäche vorhalten lassen mussten, fiel das Urteil über einen übergelaufenen General der Roten Armee milder aus – zumal die deutschen Erfahrungen mit russischen Überläufern im Hinblick auf einen möglichen Dritten Weltkrieg eine gewisse Brisanz besaßen. Hier lag die »brennend aktuelle Seite des Problems ›Wlassow‹«[330].

Das Strafbataillon 999, Kameradenschinder, SS-Kriegsverbrecher, Überläufer, Helfershelfer der DDR, Fahnenflüchtige: Diese verschieden gelagerten Beispiele verdeutlichen gleichermaßen, wie sich die Masse der ehemaligen Wehrmachtsoldaten mithilfe der medialen Öffentlichkeit auch ex negativo als Erfahrungsgemeinschaft konstituierte. Dargestellt und gedeutet wurde in diesen Fällen nicht, jedenfalls nicht in erster Linie, die *eigene* Vergangenheit in der Wehrmacht, sondern die Vergangenheit der »Anderen«. In den Deutungskämpfen der ersten Hälfte der fünfziger Jahre dienten diese als Kontrastfolie, mit deren Hilfe die eigene Gruppe ihre Position in der Nachkriegsgesellschaft untermauerte. Die kulturelle Selbstdeutung vollzog sich hier im Modus der Abgrenzung. Indem die Presse und ihre Leser die Anderen öffentlich als Verbrecher und Verräter brandmarkten, definierten sie die eigene soziale Position durch eine Differenz, die in dichotomischen Begriffspaaren wie Verrat und Treue, Ehrlosigkeit und Ehre gefasst wurde. Die Emotionalität, mit der die ehemaligen Soldaten die »Verräter« vorführten, ließe sich als Ausdruck echter Empörung aufgrund tief verwurzelter Werte interpretieren. Für die Analyse der sozialen und politischen Funktionalität der historischen Bedeutungszuschreibung führt dagegen der Hinweis weiter, dass es sich hier um Strategien einer spiegelbildlichen Selbstdarstellung handelte, die nicht nur kollektive Identität stiften, sondern auch die Masse der ehemaligen Soldaten als einen ehrenwerten Teil der Gesellschaft darstellen sollte, mit berechtigten Ansprüchen neben anderen, vom Kriege betroffenen Erfahrungsgemeinschaften.

c) Das Ausland und der »Führer«: Abwehr durch Abgrenzung

Kollektive Repräsentationen historischen Geschehens beinhalten regelmäßig eine Vorstellung davon, welche Antriebskräfte dafür gesorgt hatten, dass etwas geschah. Insbesondere dann, wenn die rückblickende Sinnstiftung einer epochalen Krise wie dem Zweiten Weltkrieg gilt, verbindet sich diese Frage nach den historischen Akteuren mit dem Urteil über die Verantwortlichkeit der Beteiligten. Um die zurückliegenden Kriegs- und Vorkriegsjahre auf eine Weise sinnvoll einzuordnen, die

---

330 Der Spiegel, 26.12.1951, S. 31. Zu Wlassow vgl. ausführlich die Rezension zu Jürgen Thorwalds literarisch-dokumentarischem Band: Wen sie verderben wollen – Bericht des großen Verrats, Stuttgart 1952. In: Der Spiegel, 24.12.1952, S. 27–31, mit Textauszug. Das Buch erschien später u.d.T. Die Illusion. Rotarmisten gegen Stalin. Die Tragödie der Wlassow-Armee, München 1995. Thorwald (d.i. Heinz Bongartz) war während des Krieges Mitarbeiter des Oberkommandos der Marine, dessen Publikationen sich zwischen populärer Geschichtsschreibung und Propaganda bewegten. Nach 1945 gehörte er zu den Mitbegründern von *Christ und Welt*; seit 1951 arbeitete er als Journalist der *Quick*. Sein Buch über die »Die Große Flucht« (Bd 1: Es begann an der Weichsel. Flucht und Vertreibung der Deutschen aus dem Osten, Stuttgart 1949; Bd 2: Das Ende an der Elbe. Die letzten Monate des Zweiten Weltkrieges im Osten) machte ihn einem größeren Publikum bekannt.

dem individuellen Bemühen um biografische Kontinuität entgegenkam, wurden die Ursachen des Krieges und sein Verlauf in der frühen Bundesrepublik auf eine Weise vorgestellt und in den Medien dargestellt, welche die historische Verantwortung den »Anderen« zuwies. Psychoanalytisch ließe sich das als ein Abwehrmechanismus verstehen. Hier soll dieser Mechanismus vor allem als eine spezifische Form der historischen Bedeutungszuschreibung analysiert werden, die ex negativo dazu diente, die eigene Vergangenheit so zu deuten, dass eine Differenz zwischen der (großen Mehrheit der) ehemaligen Soldaten, wenn nicht der westdeutschen Nachkriegsgesellschaft insgesamt, und einem Dritten deutlich wurde, die den eigenen Anteil am historischen Geschehen und damit die mögliche Verantwortung für eigenes Handeln minimierte oder gar negierte. Es geht in diesem Zusammenhang daher nicht primär um eine Beschreibung der Feindbilder nach Kriegsende, sondern um die präzisere Frage, welche Rolle und Bedeutung vor allem dem ehemaligen Feind für die Kriegs- und Vorkriegszeit in der Nachkriegszeit zugedacht wurde. Die Analyse dieser Dimension der historischen Deutung verbindet dazu zwei Ebenen: der medialen, öffentlichen Repräsentation in der ersten Hälfte der fünfziger Jahre mit der Ebene der privaten, individuellen Vorstellungen, wie sie Veteranen im zeitgenössischen Erinnerungsinterview zum Ausdruck brachten. Zusätzlich werden demoskopische Daten herangezogen, die Meinungsforscher im Untersuchungszeitraum zu einschlägigen Aspekten des historischen Bewusstseins der Westdeutschen erhoben haben.

Einem Bild der eigenen Vergangenheit, in dem der oder das »Andere« als entscheidender Akteur ausgemacht wurde, entsprach – das sei vorausgeschickt – ein Selbstbild, das den individuellen Handlungsspielraum in der geschichtlichen Entwicklung der vergangenen Jahre für äußerst gering einschätzte. Die Heimkehrer hielten sich in der Regel selbst für unbedeutende Rädchen in einem großen Getriebe. »Denn vorher waren wir doch weiter nichts wie Nummern, mit 'ner Feldpostnummer um'n Hals, net wahr, dieses Ding, weiter waren wir nichts, nicht«, beteuerte ein Veteran. »Wenn einer gestorben war, gefallen war, dann ist die Kennmarke zur Hälfte abgebrochen nach Hause geschickt worden. 'ne Numer waren wir, ein Rädchen im Dritten Reich[331].«

Welchen Part wiesen die ehemaligen Soldaten und die (mediale) Öffentlichkeit nun Dritten im Rückblick auf die Vorgeschichte und den Verlauf des Krieges zu? In der Regel wurden diese »Anderen« in nationalen Kategorien definiert: als *da*s Ausland. Nicht Deutschland, sondern andere Staaten spielten in diesem Szenario die Hauptrolle. Die Kriegsursache hing zum Beispiel für einige Soldaten, die an einer von Soziologen beobachteten Diskussion teilnahmen, unmittelbar mit dem Ende des Ersten Weltkrieges zusammen. Über Hitlers Machtübernahme und die Wirtschaftskrise der dreißiger Jahre reichte die Ursachenkette zurück bis zum Kriegsende 1918 und zum Versailler Vertrag. Am Ende lag die Schuld bei den westlichen Alliierten. So gab ein ehemaliger Soldat den Franzosen und Engländern »sehr viel Schuld, dasss die Schrecken des zweiten Krieges gekommen sind«, was die Heimkehrer in der Runde mit dem Zwischenruf »Ja, ja« bekräftigten. Zwar räumte er mit Blick auf 1914/18 ein, dass Krieg »bestraft« werden müsse, aber die Strafe dür-

331 Institut für Sozialforschung, Zum politischen Bewußtsein ehemaliger Kriegsgefangener, S. 60.

fe nichts Ehrenrühriges haben. Denn, so der Mann weiter, »sag mir mal ein Volk, das Diffamierung hinnimmt, als selbstverständlich«. Die Geschichte, nicht zuletzt die preußische, liefere genügend Beispiele für andere Friedensschlüsse. Insofern stimmten die am Gespräch beteiligten ehemaligen Soldaten darin überein, dass in der »europaschädliche[n] Politik der damaligen Siegermächte« die eigentliche Ursache des Zweiten Weltkrieges liege[332].

Die Kritik an der Appeasement-Politik von außen wog noch schwerer, wenn sie in einen Kausalzusammenhang mit der innenpolitischen Entwicklung gestellt und als Bremsklotz eines möglichen deutschen Widerstandes gegen den Kriegstreiber Hitler interpretiert wurde. Durch den Rekurs auf das Münchener Abkommen vom 29./30. September 1938, in dem sich die Regierungschefs von Großbritannien, Frankreich und Italien ohne Beteiligung der tschechoslowakischen Seite mit dem Deutschen Reich auf eine Lösung der »Sudetenkrise« geeinigt hatten, ließ sich ein solcher historischer Kontext herstellen. So erinnerte beispielsweise fünf Jahre nach Kriegsende der *Stern* an die Anfänge des militärischen Widerstandes: den Plan einer Gruppe von Offizieren unter Führung des zurückgetretenen Generals Ludwig Beck, den zum Krieg entschlossenen Hitler 1938 zu verhaften. Bereits damals hätten deutsche Generale einen Staatsstreich geplant und vorgehabt, »Hitler gefangen zu nehmen, für geisteskrank zu erklären und in ein Irrenhaus zu sperren«, hieß es. Allein, der britische Premierminister habe den Generalen einen Strich durch die Rechnung gemacht – erfuhren die Leserinnen und Leser –, als er Hitler einen Teil der Tschechoslowakei zugestand. »Hitler feierte nun einen neuen Triumph«, stellte der *Stern* fest und fragte rhetorisch: »Kann man ihn für wahnsinnig erklären, wenn die Welt wahnsinnig genug ist, ihm immer zu neuen Siegen zu verhelfen[333]?« Wohl kaum, wird sich auch der Leser gedacht haben.

Auf dieser Linie lag auch die rückblickende Deutung der Aufrüstung der Wehrmacht, zu der Hitler ab 1935 Heer, Kriegsmarine und Luftwaffe zusammengefasst hatte. Der Abschied von dem 100 000-Mann-Heer, das der Versailler Vertrag vorgeschrieben hatte, zugunsten einer neuen personellen und materiellen militärischen Stärke war eine Voraussetzung der nationalsozialistischen Expansionspolitik gewesen. Gegen den späteren Vorwurf, Hitler habe Deutschland durch diese Rüstungspolitik in den Krieg getrieben, argumentierte ein ehemaliger Soldat, dass Hitler die Nachbarstaaten ja gewarnt und zugesagt habe, nichts dergleichen zu tun, wenn sie ihrerseits abrüsteten. Da dies nicht geschehen sei, habe Hitler aufgerüstet. Hier wurde Hitler zwar eine aktive Rolle in der Kriegsvorbereitung zugebilligt, die er jedoch gleichsam gegen seinen Willen übernommen hatte[334]. Doch es fanden sich auch Gegenstimmen, die an die ideologische Verquickung von Nationalsozialismus und Krieg sowie daran erinnerten, dass dieser Zusammenhang jedermann bekannt war oder doch jedermann hätte bekannt sein können. Denn »dass Hitler zum Krieg führen mußte, das war von vornherein gegeben, wer sich das Programm der nationalsozialistischen Partei durchlas«, stellte ein Gesprächsteilnehmer fest. Freilich

332 Ebd., S. 94.
333 Mein Gewissen ist mein Anwalt. In: Stern, 43 (1950).
334 Ebd., S. 94.

konnte dieses Argument ebenfalls dazu verwendet werden, den Westmächten durch den Vorwurf eine Mitschuld zu geben, sie hätten die Drohungen, die Hitler bereits 1924/25 in seinem programmatischen Machwerk »Mein Kampf« ausgestoßen hatte, nicht wahrhaben wollen und stattdessen eine Politik des Appeasement betrieben. Die Engländer hätten, meinte ein ehemaliger Soldat 1957, »es nie ernst genommen eigentlich, was so da rauszulesen war aus dem ›Kampf‹«[335].

Mit diesem Argument, dass von der kriegstreiberischen Rolle des NS-Regimes ausging, die Möglichkeit der Kenntnis davon einräumte und die Ignoranz der anderen behauptete, ließ sich auch das eigene Verhalten der Deutschen, nämlich ihre Gleichgültigkeit gegenüber einer solchen Politik erklären. Mancher Leser von »Mein Kampf« habe – im Gegensatz etwa zu den wirtschaftlichen Forderungen und der Kritik an den Bestimmungen des Versailler Vertrages – die martialische Logik weniger ernst genommen und die Frage, ob es womöglich zu einem Krieg kommen werde, für zweitrangig angesehen. Die Besserung der sozialen und wirtschaftlichen Verhältnisse habe die Menschen interessiert. »Was dann nachher kam, [...] ob das wirklich so sein muss und zum Kriege führt, na, das wird sich dann erst mal herausstellen«, so umriss ein Heimkehrer die seines Erachtens plausible Haltung seiner Landsleute in den Friedensjahren des Dritten Reiches[336].

Mit diesen Auffassungen über die Kriegsursachen standen die interviewten Heimkehrer nicht allein. Ein knappes Viertel der Befragten hatte zuvor die Verantwortung bei den anderen Mächten, bei Großbritanien, Frankreich, Polen und den Vereinigten Staaten gesehen; Versailles lautete auch hier das Stichwort. Ein knappes Drittel der Befragten gab im Oktober 1951 »Deutschland (Hitler, NSDAP, wir) die Schuld für den Kriegsausbruch (32 %). Gleiche Schuld auf allen Seiten sahen 18 Prozent. Der Rest glaubte, dass anonyme Mächte wie das »Schicksal« oder der internationale Kapitalismus für den Krieg verantwortlich seien[337]. Deutungsexperten untermauerten das Argumentationsmuster, das auf die Untätigkeit der Anderen zielte. Als der Göttinger Historiker Hermann Heimpel, der ab 1941 an der »Reichsuniversität Straßburg« gelehrt hatte, Mitte der fünfziger Jahre »Gedanken zur Zeit« formulierte und auf die Zwischenkriegszeit zurückblickte, machte er nicht nur den Versailler Vertrag für die Affinität der Deutschen zum Nationalsozialismus mitverantwortlich – »das im falschen Vorwurf der Alleinschuld am Weltkrieg« lebende deutsche Volk »fiel [...] Hitler anheim« –, sondern sprach auch dem Ausland eine geschichtliche Verantwortung zu, »das, in Revanche befangen, gegen die Weimarer Republik zu lange *un*nachgiebig, das, in seinem Pazifismus gefangen, gegen das Dritte Reich lange nachgiebig war«[338].

Schuldzuweisungen an die sowjetische Seite sahen anders aus. Warfen deutsche Illustrierte Großbritannien und Frankreich vor, nicht rechtzeitig interveniert zu haben, um den Weltfrieden zu retten, konnte dieses Argument gegen die UdSSR nicht ins Feld geführt werden – schließlich galt sie selbst als Kriegstreiber. Vielmehr blieb in

335 Ebd.
336 Ebd.
337 Jahrbuch der öffentlichen Meinung 1947–1957, S. 137.
338 Heimpel, Kapitulation vor der Geschichte?, S. 7.

den fünfziger Jahren (und weit darüber hinaus) die Vorstellung eines Präventivkrieges virulent, wie sie schon die NS-Propaganda geschürt hatte. Der Sowjetunion wurde unterstellt, dass sie Deutschland früher oder später ohnehin attackiert und in einen Krieg gezogen hätte; Hitler sei dieser Absicht 1941 lediglich zuvorgekommen. Ganz gleich, ob Hitler den militärischen Konflikt begonnen habe: Der Krieg, so äußerte sich ein ehemaliger Soldat, »wäre auch wieder gekommen, früher oder später gekommen, wenn ihn Hitler nicht begonnen hätte«. Wo die Unvermeidbarkeit des Krieges erst einmal außer Frage stand, war es nicht weit bis zu der Schlussfolgerung, dass es besser, ja notwendig gewesen war, als erster zuzuschlagen. Hitler jedenfalls habe den Standpunkt vertreten, fügte der Heimkehrer hinzu – und man hört seine Zustimmung heraus –, »wer zuerst schlägt, schiesst, hat mehr vom Leben und hat also zuerst geschossen«. Insofern galt Hitler zwar als »einer der Hauptschuldigen«, doch unter den Gesprächsteilnehmern herrschte Einvernehmen darüber, dass es »noch mehr Schuldige an diesem Krieg« gab[339].

Der UdSSR konnte deshalb insofern eine Schuld zugewiesen werden, als sie Hitler zu einem Angriff gezwungen habe, ohne den die Geschichte eine weit schlimmere Entwicklung genommen hätte. In diesem Kontext standen wie zur Bekräftigung der Schuldzuweisung die Berichte aus den letzten Kriegsmonaten, die ganz im Stil der Goebbels-Propaganda auf den Kampf gegen den Bolschewismus abhoben. Die Kontinuität nationalsozialistischer Feindbilder war zudem nicht zu übersehen. Wenn die auflagenstärksten Illustrierten von polnischen und russischen Männern und Frauen sprachen, bedienten sie sich der bekannten Klischees. Polen galten als dreckig, dumm und faul, als versoffen, verlogen und verschlagen. Auch über die Russen, zumeist im Singular: über *den* Russen oder *den* »Iwan«, gab es weiterhin festgefügte Meinungen[340]. »Ohne Zweifel ist der russische Mensch primitiv und anspruchslos«, meinte der ehemalige Jagdflieger Hans-Jürgen von Cramon 1951 nach seinen Erfahrungen feststellen zu können[341]. Beschreibungen deutscher Soldaten spiegeln dagegen denselben Kanon militärischer Tugenden wider, wie ihn zehn, fünfzehn Jahre zuvor die nationalsozialistischen »Wochenschauen« angepriesen hatten: Härte, Selbstbeherrschung, Ausdauer und Fanatismus.

Zu den Bedingungen kollektiver Repräsentationen, deren Berücksichtigung das Konzept grundsätzlich anmahnt, gehörte der Kalte Krieg, der sich auch als Deutungszusammenhang des Zweiten Weltkrieges verstehen lässt. Angesichts der außenpolitischen Ost-West-Konfrontation ließ sich der Angriff auf die UdSSR nach 1945 zusätzlich legitimieren. Lag nicht das »Unternehmen Barbarossa« ganz auf der Linie jener Politik der Stärke, auf welche die Westmächte und die westliche Militärallianz auch nach Kriegsende setzten? Die Gründung der Bundeswehr und der Beitritt der Bundesrepublik zur NATO 1955 schienen schlagende Belege dafür zu sein, dass die deutsche Außenpolitik 14 Jahre zuvor so falsch nicht gewesen

339 Institut für Sozialforschung, Zum politischen Bewußtsein ehemaliger Kriegsgefangener, S. 96.

340 Vgl. Schornstheimer, Die leuchtenden Augen der Frontsoldaten, S. 105–151.

341 Hans-Jürgen von Cramon, Rez. zu Heinrich Gf. v. Einsiedel, Tagebuch der Versuchung, Berlin, Stuttgart (Pontes). In: Der Notweg, 3 (1951), Nr. 2, S. 9 f. Er zeigte sich jedoch zugleich beeindruckt von der Entschlossenheit, mit der die Rotarmisten an ihre Heimat und den »Endsieg« glaubten.

sein konnte. Hatte man doch bereits 1941 – darauf lief die Argumentation vieler Heimkehrer hinaus – die nun vielbeschworene »bolschewistische Gefahr« erkannt und entsprechend gehandelt. Der vor allem rasseideologisch motivierte Angriff auf die UdSSR wurde so in die Kontinuität des Kampfes gegen den Kommunismus gestellt; das klang oben bereits an, als es um die biografischen Selbstthematisierungen ging. Während Rassismus und Lebensraumideologie zur Deutung der Kriegsursachen nach 1945 offiziell nicht mehr taugten, hatte das antikommunistische Moment in Westdeutschland an Zugkraft sogar noch gewonnen.

Soziologen beobachteten unter den Heimkehrern Mitte der fünfziger Jahre in diesem Punkt eine eigentümliche Mischung zweier Gefühle: zum einen die Befriedigung darüber, doch recht gehabt zu haben, zum anderen die Schadenfreude darüber, dass die Westmächte nunmehr die Erbschaft der antibolschewistischen Politik Hitlers anzutreten schienen – eine außenpolitische Ironie der Geschichte mit innenpolitischer Entlastungsfunktion. Vor dem Hintergrund der Wiederbewaffnung zog ein Heimkehrer die vermeintliche historische Parallele: »Wir haben wieder [amerikanische] Soldaten, sollen mit denen Seite an Seite gegen den Bolschewismus ein Abwehrblock sein, genauso wie es 1939 war, nur mit dem Unterschied, damals [1945] wurden die Leute, die [wie die Deutschen] aus fremden Ländern, aus Europa kamen, dafür bestraft, und heute werden wir dafür eventuell geehrt, wenn wir mitmachen[342].« Nicht zu übersehen war, wie die nationalsozialistische Propaganda von der Verteidigung des Abendlandes und vom europäischen Kreuzzug hier fortwirkte. Auch die von manchem Deutschen im Frühjahr 1945 gehegte Illusion, dass sich die westlichen Alliierten nach einem Separatfrieden mit dem Reich verbündeten und gemeinsam gegen den Feind im Osten vorgingen, war zehn Jahre später als Deutungsmuster präsent. So gehörte zur Schadenfreude die Vermutung, dass die Westmächte »vielleicht den Russen an die Wand gedrückt« hätten, wenn sie 1945 in Verhandlungen mit der Regierung Dönitz den östlichen Alliierten nicht als Partner verkannt hätten. »Aber der Russe, der war schlau (Zwischenruf: Und jetzt sind's die Feinde.) Ja[343].«

Dieser Duktus traf die Einstellung so mancher Leser, wie deren Leserbriefe zeigen. Zwar erscheine es im Jahr 1957 schwer verständlich, warum die Zeitgenossen Hitler geglaubt hätten, räumte ein Leser ein, um nachzuschieben: »Wäre aber Hitler nicht gewesen, dann wäre heute der gesamte Westen in Moskaus Händen[344].« Ein anderer forderte die Redaktion des *Stern* zu einem kontrafaktischen Artikel auf. »Noch niemand hat darüber geschrieben, was wohl geschehen wäre, wenn Hitler nicht an die Macht gekommen wäre. Vielleicht ständen die Roten dann schon am Atlantik[345].« Hätte es keinen Krieg gegeben, zumindest keinen Krieg gegen die Sowjetunion, wären die Folgen weit verheerender gewesen, lautete hier die verquere Botschaft, in der sich indes die anhaltende Hochschätzung des »Führers« bei einem Teil der Westdeutschen ausdrückte. Fast ein Viertel der Befragten hatte 1952 von Hitler eine

342 Institut für Sozialforschung, Zum politischen Bewußtsein ehemaliger Kriegsgefangener, S. 96.
343 Ebd., S. 97.
344 Leserbriefe. In: Stern, 52 (1957).
345 Leserbriefe. In: Stern, 52 (1957).

»gute Meinung«, 27 Prozent hatten weder eine gute noch eine schlechte. Für den »großen Deutschen«, der »am meisten für Deutschland geleistet« habe, hielten ihn 1952 immerhin noch neun, 1956 acht Prozent[346]. Jedenfalls verband sich in dieser Sichtweise die nationalsozialistische Präventivkriegsthese mit einer kontrafaktischen Sinnstiftung zu einem historischen Brückenschlag über 1945 hinweg.

Die Figur des Anderen, der als der eigentlich Schuldige, mindestens Mitschuldige präsentiert wurde, fand sich auch in öffentlichen Darstellungen des Kriegsverlaufs. Das Motiv klang im antislawischen Stereotyp der Verschlagenheit bereits an, taugte aber ohne Weiteres auch für sinnstiftende Interpretationen der Gewalt auf dem westlichen Kriegsschauplatz. Partisanen als Provokateure: Diese Rolle wurde den Widerstandskämpfern in Ost- und Südosteuropa, aber auch in Frankreich zugewiesen, wenn Gräueltaten von deutscher Seite nicht zu leugnen und zu erklären waren. Das zeigte sich bereits weiter oben für den prominenten Einzelfall Kesselring, wo es um die italienischen Partisanen ging. Aber auch bei anderer Gelegenheit wurde dieses Entlastungsargument bemüht, mal mit klaren Worten, mal mit suggestiven Bemerkungen, mal zwischen den Zeilen. Vor allem die französische Widerstandsbewegung gegen die deutsche Besatzungsmacht, die Résistance, musste immer wieder dafür herhalten, das Verhalten der Wehrmacht und der SS zu entschuldigen. In den frühen fünfziger Jahren zum Beispiel ließ *Der Spiegel* einen Pfarrer zu Wort kommen, der ab 1948 in seiner Eigenschaft als Delegierter der ökumenischen Kommission der protestantischen Weltkirche Seelsorger deutscher Kriegsverbrecher in Frankreich war. Gerhard Lindner tat seine Meinung kund, »dass sich der deutsche Soldat in Frankreich im Allgemeinen sehr anständig betragen hat.« Allerdings räumte Lindner ein, dass es auch zu »nicht immer gerechtfertigten Härten« gekommen sei. Die Ursache hierfür – Details blieben dem Leser erspart – sah der Seelsorger im Verhalten der französischen Widerstandsbewegung, »besonders gegen Kriegsende«. Lindner, ehemals Unteroffizier, schilderte, wie er sich beim Anblick von Soldaten, die nach dem Anschlag auf einen Urlauberzug in ihrem Blut lagen, gewünscht habe, die »Kerle« in die Hände zu bekommen[347].

Wenn schon ein Geistlicher solche Rachedanken hegte und zugab, wer mochte dann den Landsern übelnehmen, dass sie sich zu Racheakten hinreißen ließen? Der Partisanenkampf eignete sich nicht zuletzt deshalb für die Projektion von Schuld, weil nicht reguläre Truppen einander bekämpften, sondern es sich um eine, wie man heute sagen würde, asymmetrische Kriegführung handelte. Da ließ sich der Gegenseite leicht eine besondere Heimtücke attestieren. Soldaten auf Urlaub, die einem blutigen Sabotageakt zum Opfer fielen; der nichtsahnende Landser, der von hinten erstochen wurde; Uniformierte, die von Zivilisten überrascht wurden: Das waren einprägsame und leicht zu vermittelnde Bilder mit hoher Suggestivkraft. *Der Spiegel* gab in den frühen fünfziger Jahren eine entsprechende Szene aus einem französischen Film über die Résistance wie in einer symbolischen Verdichtung der Dichotomie

---

[346] Jahrbuch der öffentlichen Meinung 1947–1957, S. 135; Jahrbuch der öffentlichen Meinung 1958–1964, S. 297, vgl. ebd., S. 319. Bis 1956 führte »Bismarck« die Umfrage an, dann gewann »Adenauer« einen leichten Vorsprung.

[347] Lindner, Der Staatsanwalt entschuldigt sich. In: Der Spiegel, 26.12.1951, S. 12–14, hier S. 14.

von Treue und Feigheit wider, die durch die Reaktion der französischen Zuschauer in die Gegenwart verlängert wurde: »Ein älterer deutscher Landser steht treu und brav seinen Posten. Es ist Nacht. Ein paar Zivilisten nähern sich. Der Landser denkt sich: Na, das sind Zivilisten, dreht sich um und schiebt seine Runde weiter. In diesem Augenblick springt einer der Zivilisten den Mann von hinten an und stößt ihm ein blitzendes Messer in den Rücken. Beifallsgemurmel im Kinosaal[348].«

Für die Kontrastfigur des französischen Partisanen boten zu dieser Zeit vor allem *ein* Ereignis und seine Rechtsfolgen einen Kontext der kollektiven Repräsentation: das Massaker von Oradour-sur-Glane. In dem kleinen Ort nahe Limoges hatten Angehörige der SS-Panzerdivision »Das Reich« am 10. Juni 1944 über 640 Männer, Frauen und Kinder erschossen und verbrannt, um Vergeltung für die nach der Landung der Alliierten in der Normandie gewachsene Partisanenaktivität zu üben[349]. Wenn in *jenem* Kontext das Kriegsverbrechen von Oradour thematisiert wurde, lag das Aufrechnen nahe. Stand erst einmal das Bild des Partisanenkampfes dem Leser vor Augen, überlagerte es leicht das Geschehen von Oradour – zumal wenn dieses Schreckenszenario nicht mit derselben Anschaulichkeit geschildert wurde und hinter dem bloßen Namen verborgen blieb. Immerhin: Dass auch in Frankreich Verbrechen von deutscher Seite begangen worden waren, stand außer Frage. »Aber was hätte ich jenem jungen ehemaligen SS-Mann sagen sollen«, fragte der Militärseelsorger die Leser des *Spiegel* rhetorisch, »der in seiner Zelle zu mir sagte: ›Ich schwöre Ihnen, Herr Pfarrer, ich habe den wahren Sachverhalt nicht gekannt‹«[350]. Angesichts der Gräueltaten französischer Partisanen mussten die vermeintliche Ahnungslosigkeit eines SS-Angehörigen und das auch hier bemühte Argument des Befehlsnotstandes sowie der Kollektivhaftung Mitleid wecken: mit dem SS-Mann, nicht mit seinen Opfern.

Geschickt verknüpfte der *Spiegel*-Bericht zudem den Namen des Ortes mit der französischen Sondergesetzgebung vom 15. September 1948, die sich an Normen des Internationalen Militärgerichtshofs in Nürnberg orientiert hatte. Wenn gemeinsam begangene Kriegsverbrechen einer Einheit oder Gruppe zur Last gelegt wurden, die einer vom Internationalen Tribunal als verbrecherisch bezeichneten Organisation angehörten (wie der Waffen-SS), konnten danach alle Einzelpersonen dieser Einheit oder Gruppe als Mittäter betrachtet werden. Es sei denn, ihnen gelang es zu beweisen, dass ihre Zugehörigkeit erzwungen worden war oder dass sie am Verbrechen nicht beteiligt gewesen waren[351]. Die sogenannte Lex Oradour galt als Synonym für eine unrechtmäßige, mit den Grundsätzen des Strafrechts nicht vereinbare Kollektivhaftung, weil sie, wie die Verteidiger nicht müde wurden zu betonen, gegen den Rechtsgrundsatz des Nullum crimen, nulla poena – sine lege verstieß, die Beweislast umkehrte und die individuelle Schuld zugunsten einer Kollektivschuld verneinte[352].

[348] Ebd.; vgl. auch Knoch, Der späte Sieg des Landsers.
[349] Fouché, Massacre at Oradour.
[350] Lindner, Der Staatsanwalt entschuldigt sich. In: Der Spiegel, 26.12.1951, S. 12–14, hier S. 14.
[351] Vgl. den Wortlaut in: Journal Officiel, Lois et Décrets, 1948, S. 9138.
[352] Erstmals kam das Gesetz am 6.8.1949 im Prozess vor dem Militärgericht in Lille zum Tragen, wo gegen die Beteiligten einer Vergeltungsaktion im Dorf Ascq am 1.4.1944 verhandelt wurde, bei der

Das hatte auch der Bundesjustizminister im ersten Kabinett Adenauer, Thomas Dehler (FDP), offen kritisiert, als der Deutsche Bundestag am 1. Dezember 1949 und am 11. Januar 1950 über die Kriegsverbrecherproblematik debattierte. In die Zuständigkeit von Dehlers Ministerium fiel der Rechtsschutz für die verurteilten Kriegsgefangenen. Da die deutschen Inhaftierten wegen der Schuldvermutung in einer »Zwangslage« seien, könne man mit ihnen »nur Mitleid haben«, kritisierte Dehler, der sich für einen Schluss-Strich aussprach[353]. Im kleinen Kreise verglich der »fränkische Feuerkopf« – wie Erich Mende ihn nannte – die alliierte Justiz mit dem nationalsozialistischen Volksgerichtshof. Dehler, der wegen seiner jüdischen Frau als »wehrunwürdig« aus der Wehrmacht ausgeschlossen und wiederholt wegen seiner Kontakte zur Widerstandsbewegung inhaftiert worden war, sah in Landsberg, Werl und Wittlich und an den Gerichtsorten im Ausland gar den »bösen Geist von Roland Freisler« am Werk[354].

Besonders deutlich wurde die Widersinnigkeit des »September-Gesetzes« in dem Fall, wo jemand als Kriegsverbrecher in Haft saß, der wie Adam Essinger aus Reichenbach im Odenwald zur Tatzeit nachweislich im Urlaub gewesen war. Dass dieses Gesetz auch in Frankreich kritisiert wurde, konnte auf deutscher Seite nur als Bestätigung der eigenen Position verstanden werden. Der mit Oradour verbundene Schuldvorwurf kehrte sich auf diese Weise *gegen* die französische Seite. Diese Ausweitung des »Anderen« auf *die* Franzosen, zumindest die am Verfahren Beteiligten, ließ sich wiederum historisch herleiten. Der Kreis schloss sich, wenn der erwähnte Pfarrer im *Spiegel* berichtete, dass der Untersuchungsrichter bei französischen Militärgerichten »häufig ein Widerständler« sei. Die Aussage war alles andere als eine sachliche Feststellung, folgte ihr doch ein vernichtender Abriss des Prozederes. Der Beschuldigte sei aufgrund »allgemeiner vager Verdachtsmomente« oder wegen einer »kollektiven Anschuldigung« verhaftet worden. Der Richter habe von vornherein eine Schuld vermutet. Mit Hilfe der Presse, in der dann Fotos des Verhafteten gezeigt würden, werde ein Zeuge gesucht, der dann in einem Raum mit dem Richter den Beschuldigten identifiziere. Kein Wunder, mochten die Leser meinen, dass ein ehemaliger Angehöriger der Résistance dem als »Kriegsverbrecher« verhafteten Deutschen keine Gerechtigkeit widerfahren lasse, zumal die französische Öffentlichkeit, von der Presse »aufgeputscht«, ein hartes Urteil fordere. Der Richter erscheint in dieser durch den Prozess gebrochenen Darstellung der Geschichte nicht nur voreingenommen, sondern auch manipulierbar[355]. Von seinem Urteil war entsprechend wenig zu halten.

86 Franzosen ums Leben gekommen waren. Vgl. z.B. Der Spiegel, 15.6.1950, S. 11.

353 Vgl. Wengst, Thomas Dehler, S. 160.

354 Mende, Die neue Freiheit, S. 194. Mende bezieht sich auf eine Besprechung in Dehlers Amtszimmer in der Bonner »Rosenburg«, dem Sitz des Bundesministers der Justiz, im Dezember 1950. Roland Freisler, der ab 1942 als Präsident des Volksgerichtshofes für Todesurteile und Schauprozesse u.a. gegen die Mitglieder der Widerstandsgruppe »Weiße Rose« und die Verschwörer des 20. Juli 1944 verantwortlich war, gilt als Verkörperung der Rechtsbeugung im NS-Regime.

355 Gerhard Lindner, Der Staatsanwalt entschuldigt sich. In: Der Spiegel, 26.12.1951, S. 12–14, hier S. 13.

Das Beispiel Oradour eignete sich schließlich auch deshalb zur Vergegenwärtigung deutscher Kriegführung, weil sich hier eine Differenz zwischen »typisch« und »untypisch« herausstellen ließ, mit der das Verbrechen einem anderen »Anderen«, sprich: der SS zugeordnet wurde. So ließ man den Gewaltexzess in Oradour nicht als Normalfall deutscher Kriegführung gelten. Die üblichen Klischees passten nicht, stellte Marion Gräfin Dönhoff fest, wenige Tage vor Beginn des Prozesses 1953, in dem 19 ehemalige SS-Männer der 3. Kompanie vor Gericht gestellt wurden und gegen 40 in Abwesenheit verhandelt wurde[356]. Denn die Franzosen könnten nicht behaupten, »Oradour sei typisch für die deutsche Brutalität«, schließlich hatten sich der Militärbefehlshaber General Carl Heinrich von Stülpnagel wie auch der Oberbefehlshaber West, zunächst Generalfeldmarschall Gerd von Rundstedt, dann Generalfeldmarschall Günther von Kluge, bis in den März 1945 hinein bemüht, den Fall Oradour kriegsgerichtlich zu ahnden. Noch könnten die Deutschen behaupten, dass es sich bei den inhaftierten Landsleuten um »unschuldige Märtyrer« handele – ein Reflex, den Dönhoff auf ein »mißverstandene[s] Nationalgefühl« zurückführte.

Die Differenz zwischen dem (nationalen) Eigenen und dem Anderen ließ sich schließlich vollständig auflösen, wenn beide Seiten als Teil eines übergreifenden historischen Prozesses dargestellt und insofern beide gleichermaßen entlastet wurden. *Die Zeit* wollte das Kriegsverbrechen in erster Linie kulturkritisch verstanden wissen: als Ausdruck eines Prozesses der »Demoralisierung«, einer Zivilisationskrise, in der das Geistige und Geistliche durch »Mechanismen« ersetzt wurden. Demnach hatte Hitlers totalitäres Regime zwar diesem »unmenschlichen Denken« zum Durchbruch verholfen, die eigentlichen Wurzeln aber lagen tiefer. Das Massaker, das SS-Männer in Oradour-sur-Glane angerichtet hatten, wurde so auf die abstraktere Ebene eines lebensphilosophischen Problems gehoben, das alle Menschen, Deutsche wie Franzosen, gleichermaßen anging – und damit kein spezifisch deutsches Problem mehr war. Dass 12 der 19 Angeklagten aus dem Elsass stammten, also französische Staatsbürger waren, wie die Presse notierte, verstärkte im konkreten Fall diese Aufhebung der nationalen Zuschreibung.

Im Oradour-Prozess in Bordeaux 1953 kamen die zum Tode verurteilten Elsässer umgehend frei, weil das französische Parlament ein Amnestie-Gesetz angenommen hatte, dass jenen Franzosen, die zwangsweise in die Wehrmacht eingegliedert worden waren, Straffreiheit für Delikte gewährte, die sie als Angehörige ihrer Einheit begangenen hatten[357]. Dagegen befanden sich zum Tode und zu Freiheitsstrafen verurteilte deutsche Staatsangehörige weiter in Haft. Wegen dieser Rechtsungleichheit hielt man es auf deutscher Seite »schon aus innenpolitischen Gründen« nicht für

---

[356] Marion Gräfin Dönhoff, Der Fluch von Oradour. Eine Tat mörderischen Wahnsinns und ein Menetekel. In: Die Zeit, 8.1.1953. Zur französischen Kriegsverbrecherproblematik und zum Militärgerichtsverfahren vgl. Moisel, Frankreich und die deutschen Kriegsverbrecher, bes. S. 41–181, zum Oradour-Prozess: S. 159–167; Brochhagen, Nach Nürnberg, S. 128–150. Der als »Schlächter von Oradour« bekanntgewordene Kriegsverbrecher Heinz Barth starb 86-jährig 2007; er war in Abwesenheit zum Tode verurteilt worden und hatte unter falschem Namen bis 1981 unerkannt in Gransee bei Berlin gelebt; 1983 war er in der DDR zu lebenslanger Haft verurteilt, 1997 aus gesundheitlichen Gründen entlassen worden.

[357] Vgl. Rupieper, Vom Umgang mit Geschichte.

möglich, sich mit dieser Situation abzufinden, wie etwa der Rechtsanwalt Walters meinte, der im Auftrag der Zentralen Rechtsschutzstelle die Verteidigung der deutschen Angeklagten in Bordeaux übernommen hatte. Vielmehr waren politische Beobachter wie der Diplomat Heinz Trützschler von Falkenstein der Auffassung, dass der Zeitpunkt für eine Demarche in Paris »psychologisch geeignet« sei, zumal auch die Lex Oradour zwischenzeitlich, am 28./30. Januar 1953, aufgehoben worden war, was die Zweifel an der Haltbarkeit der gesamten Kriegsverbrecherproblematik auch in französischen Kreisen verstärkte[358].

Dönhoff, die für *Die Zeit* aus Bordeaux berichtete, schilderte die »armseligen Untergebenen« des untergetauchten SS-Hauptsturmführers Otto Kahn, junge Arbeiter der Jahrgänge 1926 bis 1927, die nach Hitlerjugend, Lehre und Arbeitsdienst einige Monate in der SS und acht Jahre im Gefängnis verbracht hatten. Wenngleich die Tatbeteiligung wie ein unglücklicher Zufall erscheinen mochte, hegte Dönhoff an der grundsätzlichen Verantwortung des Einzelnen keinen Zweifel; insofern waren die jungen Männer mitschuldig, auch wenn das Massaker in der Kirche nicht sie, sondern »die im Ostfeldzug abgebrühten Unteroffiziere« durchgeführt hatten[359]. Der Prozess bot Gelegenheit, detailliert an den Verlauf des Massakers zu erinnern – und beides als ein Drama nach Shakespearescher Art zu deuten, in dem das Grauen keine Grenzen kennt. Wiederholt evozierte der Artikel das Verbrechen, wenn er wiedergab, wie Augenzeugen den Tathergang schilderten. Der Leser hatte, wenn er die Prozessberichte las, nach knapp zehn Jahren vor Augen, wie die hilflosen Menschen auf dem Marktplatz zusammengetrieben wurden; er hörte gleichsam die Maschinengewehrsalven der Exekutoren und die Schreie der verzweifelten Frauen und Kinder; er roch die Asche der 50 ausgebrannten Häuser und die brennenden Leichenberge. Auch war von Zeugen zu lesen, die angeschossen unter den Leichen ihrer Familienangehörigen lagen, später hervorkriechen und sich retten konnten[360].

Dass die Partisanentätigkeit der Feinde und der Krieg im Allgemeinen verbrecherisches Handeln auf deutscher Seite rechtfertigen sollten, belegt auch das folgende Beispiel für den südosteuropäischen Kriegsschauplatz. Am 30. Januar 1953 sprach das Hamburger Schwurgericht Generalmajor a.D. Georg Benthack von der Anklage des Totschlags frei. Vom 18. Januar bis 9. Mai Festungskommandant – so wurden die deutschen Oberbefehlshaber auf Kreta 1941 bis 1945 bezeichnet –, hatte Benthack am 10. Mai 1945, also nach der deutschen Kapitulation, vier deutsche Soldaten wegen Befehlsverweigerung erschießen lassen. In der Presse wurde die Schuldfrage jenes Generals ventiliert, den die Briten zunächst unter ihrem Oberbefehl als »fortress commander« eingesetzt hatten, bevor er im Juni 1945 (bis 1948) in Kriegsgefangenschaft

358 Akten zur Auswärtigen Politik, Bd 1, Dok. 75, S. 216 f.: Aufzeichnung des Legationsrats I. Klasse Trützschler von Falkenstein, 20. Februar 1953. Vgl. für die FDP: ADL, Signatur: 367, Rednerschnellbrief 17/53, Sonderbeilage: Der Oradour-Prozeß (Keine unterschiedliche Behandlung); ebd., 21/53, S. 12: Dehler gegen Benachteiligung deutscher Verurteilter (Oradour).

359 Marion Gräfin Dönhoff, Das Tragische am Massenmord von Oradour. In: Die Zeit, 19.2.1953.

360 Ebd.; zur Erinnerungsgeschichte des Ortes Oradour vgl. Farmer, Martyred Village. Im Oktober 2010 nahm die deutsche Justiz Ermittlungen gegen sechs mutmaßliche Tatbeteiligte wieder auf, nachdem Dokumente der DDR-Staatssicherheit neue Hinweise geliefert hatten. 2013 erinnerte erstmals ein deutscher Bundespräsident, Joachim Gauck, in Oradour an die Kriegsverbrechen.

genommen wurde. Einer der ohne Kriegsgerichtsurteil Erschossenen hatte unter Alkoholeinfluss und in der Annahme, die Kapitulation stehe unmittelbar bevor, die Absicht geäußert, mit einer Tellermine die Offiziermesse in die Luft zu jagen. War der Soldat ein Wichtigtuer oder ein Verbrecher? Musste der Kommandant die Todesstrafe verhängen, um die Disziplin aufrechtzuhalten?

Im *Stern* wurden die Erschießungen schließlich mit der Gesamtsituation auf Kreta 1945 erklärt: »Der Krieg auf Kreta hatte eigene Gesetze«, war in einem Artikel über »Die letzten Tage auf Kreta« zu erfahren. Diese Gesetze wurden »bestimmt von dem heißen Himmel, den Partisanen und von der merkwürdigen Schwüle, die hier über einer Truppe liegt«. Ein solches Deutungsmuster stellt den Kausalzusammenhang auf den Kopf. Die Todesurteile der deutschen Besatzungsmacht gegenüber den eigenen Soldaten wie auch die Geiselerschießungen resultierten danach zum einen aus den anstrengenden klimatischen Verhältnissen auf der griechischen Mittelmeerinsel, zum anderen aus dem Verhalten der griechischen Zivilbevölkerung, der Partisanen, Attentäter, Saboteure. Dieser stillschweigenden Schuldverschiebung diente wohl auch, dass der *Stern* an dem untadeligen Charakter des Generalmajors und des Oberstabsrichters keinen Zweifel ließ. Jener habe es »grundsätzlich ab[gelehnt], Geiseln erschießen zu lassen oder unmenschliche Maßnahmen zu ergreifen oder zu billigen«, dieser habe als »gerecht, ein wenig weich, aber unbestechlich« gegolten. Beiden »galten und gelten«, bescheinigte der *Stern*, »als persönlich makellos«[361]. Die Geschworenen sprachen Benthack frei, weil sie anerkannten, dass er dem Befehl des OKW entsprechend gehandelt habe, die Disziplin auch ohne Kriegsgericht durchzusetzen.

Nur Befehle ausgeführt zu haben zählte ohnehin zu den zentralen Entlastungsargumenten in jenen Deutungen der Vergangenheit, in denen stets der »Andere« das Heft des Handelns in der Hand hielt. Im extremen, aber häufigsten Fall hatte der Andere einen Namen: Adolf Hitler. Immer wieder stieß man in den Kriegsverbrecherprozessen der fünfziger Jahre – und in den Berichten über sie in den Zeitungen und Zeitschriften – auf ein Argumentationsmuster, das die Verantwortung für das eigene Handeln, zumindest im strafrechtlichen Sinn, auf vorgesetzte Personen abwälzte, im Zweifelsfall auf den »Führer« selbst. Vom Topos des Befehlsnotstands in der Verteidigung war bereits die Rede; hier genügt deshalb ein Beispiel für seine Verbreitung in der medialen Öffentlichkeit. Als der frühere Militärbefehlshaber von Belgien, General Alexander von Falkenhausen, im Mai 1950 seinem Prozess entgegensah, widmete sich die Illustrierte *Quick* in einer Artikelserie der »Tragödie eines deutschen Offiziers der alten Schule, der die Befehle eines Mannes ausführen musste, der keinen Ehrbegriff kannte – die Befehle Hitlers«. Seine Verteidiger, hieß es, wollten zudem nachweisen, dass die Deportationen von Juden und Zwangsarbeitern auf Befehle aus Berlin zurückgingen, die teilweise ohne Wissen Falkenhausens oder gar trotz seines Protestes durchgeführt worden seien[362].

361 Die letzten Tage auf Kreta. In: Stern, 6 (1953).

362 Mein Gewissen ist mein Anwalt. In: Quick, 40 (1950) ff. Als Hitlers Sonderbevollmächtigter für den Arbeitseinsatz, Fritz Sauckel, Falkenhausen im Frühjahr 1944 bedrängte, die Achtzehn- und Neunzehnjährigen zum Arbeitseinsatz einzuziehen, wies der Militärbefehlshaber ihn zurück. *Quick*

Die durch Befehl von oben angenommene Zwangssituation wurde freilich nur im Hinblick auf die inkriminierten Handlungen unterstellt; wo dagegen die Verteidigung die »gute Taten« des Angeklagten zu seiner Entlastung herausstellte, ging sie von der Selbstbestimmtheit des Handelnden aus. Gehorsam entlastete, Ungehorsam auch. Zu den prominenten Befehlsverweigerern der Wehrmacht zählte (sich) Dietrich von Choltitz. Am 12. August 1944 zum General der Infanterie befördert und zum Kommandierenden General und Wehrmachtbefehlshaber von Groß-Paris ernannt, hatte er sich seit dem 9. August 1944 für gut zwei Wochen mehreren Befehlen Hitlers widersetzt, Paris bis zum letzten Mann zu verteidigen und gegebenenfalls zu zerstören. »Paris darf nicht oder nur als Trümmerfeld in die Hand des Feindes fallen«, lautete der Führerbefehl vom 23. August 1944. Am 25. August hatte Choltitz die weitgehend unversehrte Stadt an den Chef der Pariser Résistance, Henri Rol-Tanguy, übergeben, der im Auftrag von General Jacques Philippe Leclerc die Kapitulation annahm. Choltitz war in das britische Kriegsgefangenenlager Trent Park gebracht und 1947 entlassen worden. Umstritten ist heute, inwieweit er mit dem Widerstand aktiv in Kontakt getreten war, ob er überhaupt die technischen Möglichkeiten für eine Zerstörung gehabt hätte und welche Rolle die Warnung der Alliierten gespielt hat, er werde im Falle einer Zerstörung als Kriegsverbrecher behandelt. In der Nachkriegszeit galt Choltitz – auch in Teilen der französischen Öffentlichkeit – als »Retter von Paris«.

An diesem positiven Bild bastelte Choltitz selbst, als er in einem »Tatsachenbericht« Anfang der fünfziger Jahre seine Sicht der Ereignisse auf rund einhundert Seiten ausbreitete[363]. Bereits die grafische Gestaltung des Buchumschlags sollte dem Lesepublikum die Dramatik der Situation und ihre heroische Auflösung signalisieren. Im Hintergrund ist die Silhouette der Stadt Paris anhand der markanten Erhebung von Sacré Coeur auf der linken und des Eiffelturms auf der rechten Seite deutlich zu erkennen. Die katholische Kirche und die monumentale Konstruktion der Pariser Weltausstellung von 1889 dienen zugleich als Symbole, die Paris als ein Zentrum des Glaubens wie der Moderne ausweisen. Über dieses Bild liegt, wie ein Telegrammstreifen gestaltet, von links nach oben rechts der im Telegrammstil mit Minuskulen gefasste Titel: »... brennt paris? adolf hitler ...«. Auf diese Frage, die Hitler im August 1944 aus dem Führerhauptquartier an deutsche Kommandostellen in Frankreich gerichtet habe, gab das Bild die bekannte, verneinende Antwort. Die Gestaltung des Covers vermittelte unmissverständlich die Botschaft des Bändchens: Der General ließ Paris nicht brandschatzen.

Dass sich ein hochrangiger Offizier seinem obersten Befehlshaber widersetzt hatte, sollte nicht als unmilitärisch missverstanden werden. Gegen diesen möglichen Einwand aus den Reihen der eidtreuen Soldaten stellte bereits der Klappentext klar, dass Choltitz »durch geschicktes Handeln und *soldatisches* Auftreten« die Gefahr der

schilderte die Szene eindringlich: »Je mehr Saukel in Wurt gerät, um so eisiger wird der General. Saukel muß unverrichteter Dinge nach Berlin zurückfliegen. In der Tür wendet er sich um und ruft theatralisch: Sie werden von mir hören!«

363 Choltitz, ... brennt paris?. Dort die folgenden Zitate. Vgl. auch Choltitz, Soldat unter Soldaten. Choltitz wurde 1966 in Baden-Baden mit militärischen Ehren beigesetzt. Vgl. Müller, Die Befreiung von Paris.

Zerstörung von Paris abgewandt habe. Einen Befehl nicht ausgeführt zu haben, wurde hier nicht als Befehlsverweigerung, mithin als Verstoß gegen die militärischen Regeln, sondern als Ausdruck einer spezifischen militärischen Tugend, einer besonderen Standfestigkeit, interpretiert. Insofern räumte Choltitz auf der einen Seite ein, dass kein General an seiner Stelle anders gehandelt und die Zerstörung von Paris gebilligt hätte. Auf der anderen Seite unterstrich er seine persönliche Leistung, wenn er ergänzte, dass es dazu auf die nötige »Nervenkraft« ankam. Dies zu belegen war das erklärte Ziel seiner Erinnerungen. Dass der General in führender Position an der Besatzung Frankreichs mitgewirkt hatte, trat gegenüber diesem auf die Befehlsverweigerung reduzierten Bild in den Hintergrund.

Mehr noch: Die Besatzung selbst erschien nicht als das Ergebnis einer Entscheidung, die auf der politischen Ebene getroffen und auf der militärischen durchgeführt worden war und in den Krieg mit Frankreich geführt hatte, sondern als das Resultat dieses Krieges selbst. Deutsche und Franzosen hatte »dieser unselige Krieg wiederum als Gegner einander gegenübergestellt«, hieß es in dem Büchlein des ehemaligen Stadtkommandanten. Dessen Ziel sei es stets gewesen, den Auftrag »mit den besten Folgen für das Wohl meiner eigenen Nation und damit für das Verhältnis der beiden Völker durch[zu]führen«. Und so sollte auch der Rückblick der Völkerverständigung und dem Frieden dienen. Kein Wunder, dass Choltitz dem deutschen Botschafter Otto Abetz, der ähnlich argumentierte (und in dessen Prozess er ein Jahr zuvor in Paris als Zeuge ausgesagt hatte), seine Anerkennung zollte[364]. Die Besatzungsherrschaft, zumindest bei Kriegsende, stand hier ganz im Zeichen der deutsch-französischen Freundschaft, möchte man meinen. An die dunklen Flecken erinnerte Choltitz gleichwohl: indem er »schonungslos das Gebaren der SS und ihrer Führer« verurteilte. Die Verbrechen wurden nicht geleugnet, doch die Verantwortlichkeiten waren klar verteilt.

Falls Befehle nicht verweigert worden waren, ließ sich gleichwohl ein Entlastungsargument konstruieren. »Wäre es nicht noch schlimmer gekommen, wenn ...?« lautete dann die kontrafaktische Suggestivfrage. Auch im Fall des ritterlichen Falkenhausen machten die Medien das Argument geltend, dass der Angeklagte einen noch größeren Schaden verhindert habe. »Es sind 240 Menschen in Belgien erschossen worden, während von Falkenhausen Militärbefehlshaber war«. Diesen Vorwurf schien auch die *Quick* nicht anzuzweifeln. Allerdings folgte das Entlastungsargument wider die Tatsachen auf dem Fuß. »Alles spricht dafür, dass viel mehr Menschen umgekommen wären, wenn ein anderer auf seinem Posten gesessen hätte«[365]. Nun wird ein Dieb nicht dadurch zum Gönner, dass er weniger stiehlt, als er oder ein anderer hätte stehlen können.

Hitler war auch die Zielscheibe der Kritik, um nicht zu sagen: der Manöverkritik der Veteranen. In ihren Gesprächen gelangten ehemalige Soldaten zu einer negativen Sicht auf den Krieg gegen die UdSSR. Maßgeblich waren hier nicht der Charakter des Angriffskrieges oder die Kriegsverbrechen, sondern die strategischen Defizite ei-

---

364 Choltitz, brennt paris?, S. 47 f.; vgl. Abetz, Das offene Problem; Ray, Annäherung an Frankreich im Dienste Hitlers?

365 Mein Gewissen ist mein Anwalt. In: Quick, 40 (1950).

ner inkompetenten militärischen Führung. Die Kritik an der von einem anderen zu verantwortenden Kriegführung und die eben erwähnte prinzipielle Zustimmung zum Krieg im Osten schlossen einander nicht aus. So schüttelten die Soldaten (zumindest rückblickend) den Kopf darüber, dass der 22. Juni 1941 den Übergang zu einem Zweifrontenkrieg bedeutete. Hatte der Erste Weltkrieg nicht gelehrt, ein solches Wagnis besser nicht einzugehen? Lag die Ursache für Hitlers »Untergang« nicht bereits in dem Fehler, gegen drei Weltmächte gleichzeitig Krieg zu führen? War nicht der Ausbruch eines zweiten Weltkrieges – ungeachtet der Schuldfrage – ein Beweis dafür, »dass wir die übrige Welt falsch eingeschätzt haben«? Diesen Tenor hatten viele kritische Bemerkungen. Auch Hitlers verfehlte Bündnispolitik wurde als ein Grund angeführt, warum der Krieg, so wie er de facto ablief, kritisiert wurde. Nach der Erfahrung von 1914/18 hätte man die Lehre ziehen müssen, nicht wieder gegen eine Überzahl von Gegnern zu kämpfen, wie sie als Folge des Bruchs mit der Bismarckschen Bündnispolitik existiert habe. Tatsächlich habe man es in zwei Weltkriegen mit denselben Feinden zu tun gehabt. Daher sahen manche Veteranen rückblickend ein schweres strategisches Versäumnis darin, dass ein Bündnis mit Großbritannien nach 1933 nicht zustande gekommen war, was durch Hitlers Allianz mit dem Duce, die Achse Berlin-Rom, nicht wettgemacht worden sei.

Mitte der fünfziger Jahre wiesen die ehemaligen Soldaten die Schuld für die schlechte Kriegführung nicht den Generalen zu, sondern Hitler. Hier lässt sich eine deutliche Verschiebung gegenüber der Einstellung der Mannschaften während der letzten Kriegsjahre feststellen. Umfragen unter deutschen Kriegsgefangenen zwischen 1943 und 1945 hatten die Integrationskraft der Wehrmacht noch durch die starke Bindung zwischen Mannschaften und ihren direkten Vorgesetzten – nicht aber den Stabsoffizieren und der Generalität – erklärt, und der »Führer« verlieh dem einzelnen Landser ein Gefühl der Stärke[366]. Zehn Jahre später hatte Hitlers Bild Kratzer erhalten, und die Bindung war auf das höhere Offizierkorps, vor allem die Generalität, übergegangen. Das mag man, wie seinerzeit die Soziologen, damit erklären, dass jene für die soldatischen, politischen und sozialen Werte standen, an denen die ehemaligen Mannschaftssoldaten auch in der neuen Staats- und Gesellschaftsordnung der Bundesrepublik mehrheitlich festhielten.

Umgekehrt bemängelten die Heimkehrer Hitlers Kriegspolitik zum Nachteil eines deutschen Kriegserfolges. Nicht dass der Krieg überhaupt geführt worden war, sondern dass er schlecht geführt worden war, stieß jenen ehemaligen Soldaten auf, die sich kritisch über den Krieg äußerten. Letztlich wurden Kriegspolitik und Kriegführung daran gemessen, wie sehr sie die militärische Niederlage zu verantworten und, umgekehrt, inwieweit sie die Deutschen um den Sieg gebracht hatten. Mit dem entgangenen Sieg im Hinterkopf, ganz der militärischen Sichtweise verhaftet, urteilten sie über Kriegsverlauf und -ausgang. Für sie stand »einwandfrei fest«: »Ein gewonnener Krieg ist immer besser als ein verlorener, nich [sic].« Insofern war es »schade, dass wir den Krieg verloren haben«. Die Alternative Krieg oder Frieden schien sich nicht zu stellen, zumindest dann nicht, wenn man unter sich war und

[366] Curfein/Janowitz, Trends in Wehrmacht Morale; Shils/Janowitz, Cohesion and Disintegraton in the Wehrmacht in World War II. Darauf wiesen die Soziologen 1957 auch hin.

offen reden konnte[367]. Die Ursache für die Niederlage Deutschlands wurden Anfang der fünfziger Jahre unverändert wie folgt ausgemacht: An erster Stelle stand das ungleiche Kräfteverhältnis, die Übermacht der Gegner (1950: 33 %, 1952: 32 %). An Verrat und Sabotage glaubte ein Viertel der Befragten (25 % bzw. 23 %). Konkreter wurden jene, die die Kapitulation wie die zitierten Veteranen auf die »schlechte Führung, schlechte Politik« (15 % bzw. 14 %) oder auf Hitler (11 % bzw. 13 %) zurückführten.

Zielten die genannten Muster historischer Bedeutungszuschreibung darauf, den Anderen für den Krieg verantwortlich zu machen, verzichtete schließlich eine weitere, häufige Formel von vornherein darauf, Kriegsursachen, -verlauf und -folgen in ein Bedingungsgefüge einzuordnen und Kausalzusammenhänge zu konstruieren, die über den militärischen Konflikt hinauswiesen. Schuld am Krieg war der Krieg – so lautete dann die hohle Phrase. Die schrecklichen Ereignisse der Kriegszeit einschließlich der Kriegsverbrechen waren eine Folge des Krieges. Der Krieg, wenn er denn einmal »ausgebrochen« war, hatte seine Konsequenzen und generierte sich quasi selbst. So bedauerte der *Stern* 1952 Werner Voigt, dem das Militärgericht in Lille 1949 vorgeworfen hatte, an der Erschießung von 77 Männer der französischen Ortschaft Ascq beteiligt gewesen zu sein. Zu dem Blutbad war es gekommen, nachdem der Zug, der eine Panzer-Aufklärungsabteilung der 12. SS-Panzer-Division »Hitlerjugend« an die Invasionsfront transportierte, auf eine Mine gelaufen war. Der *Stern*, der darüber berichtete, zeichnete das Bild von weinenden Vätern und Müttern auf beiden Seiten, um den Eindruck allgemeiner Trauer über sinnloses Leid zu erwecken. Voigt und seine Kameraden seien, hieß es, »unschuldig an diesem Leid. Will man sie bestrafen, weil man die Schuldigen nicht fand?« Doch ist nicht – fragt sich der *Stern* und fragt sich der Leser – »am Ende der Krieg allein schuld, der Krieg, der auf beiden Seiten so viel Unrecht und Verbrechen häufte«[368]? In dieser selbstreferentiellen Deutung in Reinform war kein Platz für die Frage nach der Verantwortlichkeit konkreter, namentlich bekannter Personen, politischer Systeme oder bestimmter Staaten. Wo Krieg herrschte, waren die Dinge nun einmal so, wie sie im Krieg sind. Diese Tautologie barg zudem eine moralische Botschaft. Weil Krieg ist, scheint es müßig, die Schuld- und Sinnfrage überhaupt zu stellen. Sie erübrigte sich in dem Maße, wie dem Zirkelschluss die Logik abging.

Festzuhalten ist, dass die Figur des Anderen in der Darstellung der Medien wie in der Vorstellung einzelner Veteranen ein Deutungsmuster bildete, das Entstehungs- und Verlaufsgeschichte des Zweiten Weltkriegs eine Bedeutung zuschrieb, die von eigenen Handlungsspielräumen ablenkte. Einerseits entsprachen solche Urteile der massenhaften Erfahrung der Soldaten, die in der Regel kurzfristigen Befehlen gehorchen mussten, ohne über mittel- oder gar längerfristige Ziele informiert zu sein. Andererseits lässt sich diese Art der Repräsentation als Rationalisierung verstehen:

---

367 Institut für Sozialforschung, Zum politischen Bewußtsein ehemaliger Kriegsgefangener, S. 98.

368 Ein Todgeweihter bittet um Gerechtigkeit. In: Stern, 16 (1952), zit. nach Schornstheimer, Die leuchtenden Augen der Frontsoldaten, S. 153 f. Zur Berichterstattung vgl. auch den Artikel Das Gesetz ist Mord. In: Der Spiegel, 15.6.1950, S. 11–13. Neun Personen waren zum Tode veurteilt worden; die Strafen wurden in langjährige Haftstrafen umgewandelt.

als Bemühen, dem vergangenen Geschehen einen Sinn unterzuschieben, der den Anforderungen der Nachkriegsgesellschaft gerecht wurde. Mit dem Fingerzeig auf die Politiker der Westmächte und der Sowjetunion, auf die feindlichen Partisanen, den eigenen »Führer«, schließlich den Krieg als solchen ließ sich in der frühen Bundesrepublik auch öffentlich vom Krieg reden, ohne nur von der eigenen Verantwortung sprechen zu müssen.

Dieser Befund soll jedoch nicht als ein Beleg für die Verdrängung der Verbrechen missverstanden werden. Die Komplexität der Wahrnehmung geht in der Dichotomie Wir vs. die Anderen nicht auf. Vielmehr hat sich gezeigt, dass die Verschiebung der Verantwortung für Verbrechen deren Repräsentation bedingte. Zunächst mussten die historischen Fakten wenigsten in den Grundzügen bekannt sein, erst danach ließen sie sich externalisieren. In den fünfziger Jahren reichte dazu häufig die Andeutung, weil das Gemeinte geläufig und erinnerlich war. Am Ende soll deshalb an dieser Stelle, wo es um die Anderen ging, die Äußerung eines ehemaligen Soldaten stehen, der den Blick zurück auf die Wehrmacht lenkte. So erinnerte ein Heimkehrer 1957 seine Kameraden an Übergriffe in Polen, ohne sie indes als solche zu bezeichnen. »Da [in Polen] hat sich das damals [1939] schon gezeigt, dass in Einheiten verschiedenster Art, ob das Infanterie war oder motorisierte Einheiten, dass es da Menschen gegeben hat, [...] die ihre Finger nicht in der Tasche lassen konnten, die haben dort schon geräubert und gestohlen, was nicht niet- und nagelfest war.« Als ob andere das in Frage zögen, unterstrich er, dass es sich hier um eine »unumstößliche Tatsache« handele. Als ein Indiz dafür, dass die Wehrmacht in der Sowjetunion gegen das Kriegsvölkerrecht verstoßen hatte, erinnerte ein weiterer Heimkehrer daran, wie die Einstellung der nicht-russischen Völker gegenüber den deutschen Soldaten umgeschlagen war. Der Mann, der beim Einmarsch in der Ukraine dabei war, erzählte, dass die Mehrheit der Ukrainer den deutschen Soldaten zunächst nicht feindlich gesonnen gewesen sei. Als man sich zwei, drei Jahre später – als die Wehrmacht auf dem Rückzug war – wiedertraf, war die Stimmung eine andere. Denn von den Russen hätten die Ukrainer Schwarzbrot bekommen, »und wie wir kamen, kriegten sie Fußtritte, kriegten sie überhaupt nichts mehr [zu essen][369]«. Ein Bewusstsein eigener Schuld zeichnete sich auch ab, wenn die Besatzungszeit rückblickend als eine Kriegsfolge, genauer: eine Folge der eigenen Kriegführung verstanden wurde. Hätte man denn etwas anderes von der Sowjetunion erwarten können? Auf diese Frage gab ein Heimkehrer eine klare Antwort: »Wir konnten nicht erwarten, dass die [Russen] uns anders behandeln. Das konnten wir nicht. [...] Denn wir haben uns aufgeführt gegenüber den Russen, das dürfen wir nicht vergessen[370].« Dieses differenziertere Urteil, das aus der eigenen Erfahrung abgeleitet wurde, deckt sich mit den oben geschilderten Einschätzungen bei Kriegsende und belegt noch einmal ex post die für 1944/45 festgestellte Einsicht in den verbrecherischen Charakter des Krieges im Osten. Auch wenn viele ehemalige Soldaten die Ursachen für den Krieg außerhalb Deutschlands suchten[371], schloss dies ein Bewusstsein von schuldhaftem Verhalten

369 Institut für Sozialforschung, Zum politischen Bewußtsein ehemaliger Kriegsgefangener, S. 102.
370 Ebd.
371 Jahrbuch der öffentlichen Meinung 1947–1957, S. 137.

auf deutscher Seite, wenn nicht der eigenen Schuld, weiterhin keineswegs aus, vor allem für die Kriegführung in Osteuropa. Sogar die Abgrenzung von den Anderen erinnerte paradoxerweise an dieses Schuldbewusstsein.

d) Betrüger, Spione und andere »Einzelgänger«: Zur Trivialisierung des Krieges in der Medienöffentlichkeit

Das Spektrum der sprachlichen und visuellen Strukturen medialer Überlieferungen von Kriegsvergangenheit, in denen Andere als Protagonisten präsentiert wurden, umfasste schließlich ein Genre, das stark durch die Eigenart der Medienöffentlichkeit selbst geprägt wurde und in hohem Maße einem Mechanismus gehorchte, der heute als »Medienlogik« bezeichnet wird. Hinsichtlich der Deutung von Vergangenheit verweist der medienwissenschaftliche Begriff auf die Art und Weise, wie Geschichte in den Medien dargestellt wird. Mit welchen Erzähltechniken, Präsentationsstilen und Formaten soll die öffentliche Aufmerksamkeit geweckt werden? Das ist hier für die übergeordnete Fragestellung deshalb bedeutsam, weil die spezifische Darstellungsform wiederum das historische Bewusstsein der Leserinnen und Leser prägte[372]. Dass die Logik der Medien in der Regel nicht der »Logik« der Geschichte entspricht, steht auf einem anderen Blatt. Auch wenn die späten vierziger und frühen fünfziger Jahre Lichtjahre von einer Medialisierung der Geschichte entfernt waren, wie sie ab den neunziger Jahren das Verhältnis von Öffentlichkeit und Politik kennzeichnete, lässt sich ausgehend vom Konzept der Repräsentation die Darstellung und Vorstellung vom Zweiten Weltkrieg im ersten Nachkriegsjahrzehnt auch unter diesem Aspekt erörtern. Denn im Zeichen des »Konsensjournalismus«[373] war die westdeutsche Presse ihrem Selbstverständnis nach nicht die »vierte Gewalt«, die durch Aufklärung auf Distanz zu Regierung und Gesellschaft ging, und insofern näher am Geschmack des Publikums lag, das außer Information auch Unterhaltung nachfragte.

Die Medien tendieren aufgrund ihrer Nachfrageorientierung prinzipiell dahin, komplizierte Themen ungeachtet ihrer tatsächlichen Relevanz zu vermeiden und, wo das nicht möglich ist, die Komplexität des Geschehens zu reduzieren, auch zu Lasten der objektiven Information. Statt abstrakter Probleme werden eher konkrete Ereignisse aufgegriffen; dem historischen Geschehen wird durch Personalisierung eine Gestalt gegeben. Dabei werden wiederum solche Themen bevorzugt ausgewählt, die bei vielen Leserinnen und Lesern starke Emotionen hervorrufen. Weil die medialen Darstellungen vor allem dann Interesse wecken, wenn sie polarisieren, sind zudem Themen und Personen von besonderem journalistischem Interesse, an denen sich die Geister scheiden. Die Präsentation des Themas zielt, weil sie ein anhaltendes Publikumsinteresse wecken möchte, häufig auf geheimnisvolle Inszenierungen, die

372 Die umgekehrte, in der politischen Kommunikationsforschung diskutierte Frage lautet, inwiefern sich Politiker, Parteien und Parlamente an den Aufmerksamkeitsregeln und Darstellungsformaten dieser Medienlogik orientieren und beispielsweise Pseudo-Ereignisse inszenieren, um größtmögliche Aufmerksamkeit zu wecken; vgl. nur Schulz, Politische Kommunikation, S. 36 f.

373 Vgl. Hodenberg, Konsens und Krise, sowie die Ausführungen in Kap. I.

einen Spannungsbogen über längere Zeit aufrechterhalten, das heißt zum Beispiel: für die Dauer eines Fortsetzungsartikels mit anschließenden Leserkommentaren. Gelegentlich wurden Medienberichte über Einzelpersonen durch die Publikation ihrer Memoiren, die in Illustrierten als Vorabdruck erschienen, ausgelöst, die wiederum den Anlass für weitere Reportagen oder Besprechungen in den Zeitungen und Zeitschriften boten. Vor diesem Hintergrund geht es nun um einen Modus der Kriegsgeschichten, in dem die Anderen skurrile Figuren waren, die sich aus der grauen Masse der Erfahrungsgemeinschaft der Heimkehrer abhoben. Ihre Rolle im Krieg war faszinierend und abstoßend zugleich. Auf jeden Fall besaß ihre Darstellung einen größeren Unterhaltungswert als beispielsweise die Berichte über den monotonen Lageralltag Zigtausender Kriegsgefangener.

Zu diesen Figuren zählten unbekannte oder wenig später in Vergessenheit geratene Betrüger, die führende Militärs und Politiker narrten, aber auch schillernde Persönlichkeiten wie der Spion Richard Sorge oder der Offizier der Waffen-SS Otto Skorzeny, deren wechselvolle Viten auch in den folgenden Jahrzehnten »Stoff« für die Medien boten. An eine Köpenickiade erinnerte die Geschichte des Soldaten Friedrich Olmes, der seit 1944 mehrfach im Gefängnis gesessen hatte[374]. Der 22-jährige Niedersachse hatte 1943 an der Ostfront vorgeblich eine Wunderwaffe gegen die Sowjetpanzer erfunden: das »Olmes-Rohr, das später unter der Landser-Bezeichnung ›Ofenrohr‹ bei der Truppe eingeführt wurde«. Tatsächlich handelte es sich um den Nachbau der amerikanischen »Bazooka«. Im Hauptquartier wurde der Oberjäger Olmes, dem der Ruf vorauseilte, zahlreiche Panzer hinter der feindlichen Linie geknackt zu haben, von Keitel, Jodl und Hitler empfangen, bevor es nach Karinhall, dem Landsitz Görings, weiterging. Nach Kriegsende hatte Generaloberst a.D. Kurt Student offengelegt, wie das Olmes-System funktionierte. Er erinnere sich an den Fall, »weil er als Köpenickiade gröbsten Stils in der deutschen Wehrmacht wohl einmalig dasteht«. Alle wollten Olmes kennenlernen, niemand ließ sich das ominöse Ofenrohr vorführen. Olmes hatte falsche Schulterstücke geführt und sich mit zahllosen Auszeichnungen dekoriert: Ob Deutsches Kreuz in Gold, die Eisernen Kreuze I. und II. Klasse, Narvikschild, Kreta-Ärmelband, Afrika-Ärmelband, Fallschirmjäger-Abzeichen, Verwundetenabzeichen, Panzervernichtungs-Streifen – kaum ein Orden mit dem der junge Aufschneider sich nicht selbst geschmückt hatte. Nach kurzer Haft war er wieder auf freien Fuß gesetzt worden, nachdem er – vier Wochen vor dem 20. Juli 1944 – versichert hatte, Angaben über eine Offiziersverschwörung gegen Hitler machen zu können. Einen Urlaub in Hildesheim nutzte Olmes, um das Kriegsende als Eisenbahner getarnt abzuwarten. Den Alliierten versicherte er unter anderem, als Sonderbeauftragter für die Spionageabwehr der deutschen Atomforschung im Führerbunker ein- und ausgegangen zu sein. Der Aufenthalt im Vernehmungslager hatte ihm wiederum Gelegenheit geboten, weitere Prominente kennenzulernen, etwa Hitlers ehemaligen Leibarzt Karl Brandt. Dessen Unterlagen waren 1950 die Grundlage für seine Veröffentlichung unter dem Pseudonym

---

374 Vgl. den ausführlichen Artikel. In: Der Spiegel, 15.5.1951, S. 8–18. Olmes wurde 1962 in Bremen wegen versuchten Betruges, Unterschlagung und Urkundenfälschung in 69 Fällen zu zweieinhalb Jahren Gefängnis verurteilt. In: Der Spiegel, 30.5.1962, S. 40.

»Friedrich Oscar«: »Über Galgen wächst kein Gras«[375]. Ein Soldat, dem es gelungen war, in betrügerischer Absicht die Prominenz von Partei und Militär vorzuführen, lieferte nach dem Krieg Unterhaltungsstoff, der Krieg mit Komik würzte und das Publikum auf eine Zeitreise durch Krieg und Nachkrieg mitnahm.

Stoff für eine weniger komische, aber mindestens so unterhaltsame *Story* aus der Kriegszeit bot das Leben des Richard Sorge, an das *Der Spiegel* im Sommer 1951 mit einer 17-teiligen Artikel-Serie erinnerte. Sorge war ein deutscher Journalist, der für die Sowjetunion in Japan spioniert hatte. Er hatte offiziell für die *Frankfurter Zeitung* und für den deutschen Nachrichtendienst an der Botschaft gearbeitet und zu dem deutschen Militärattaché und (seit 1938) Botschafter in Tokio, Eugen Ott, in einem engen Verhältnis, in einem noch engeren zu dessen Frau gestanden. Sorge war 1941 aufgeflogen und am 7. Oktober 1944 in Japan gehängt worden[376]. Gegen das von amerikanischer Seite genährte Gerücht, Sorge sei noch am Leben und stehe in Stalins Diensten, und gegen die Überschätzung des Einflusses seiner Spionage auf den Verlauf des Krieges hob *Der Spiegel* die Bedeutung des deutschen Agenten hervor[377]. Sorge sei am Zustandekommen des Hitler-Stalin-Paktes beteiligt gewesen, habe Stalin mit präzisen Zeit- und Stärkeangaben vor dem deutschen Angriff auf die Sowjetunion gewarnt und schließlich die Schlacht vor Moskau beeinflusst, hieß es in der Serie, die ihre Leserinnen und Leser in das manchmal mondäne, manchmal zwielichtige Agentenmilieu entführte. Dagegen wies das Magazin auf das grundsätzliche Problem nachrichtendienstlicher Informationen hin. Da der Auftraggeber eine Falle des Gegners befürchten muss, kann er der Information nicht vorbehaltlos trauen. Trotz, oder vielmehr wegen dieser Unbestimmtheit über die historische Reichweite des Handelns eines »Einzelgängers«, lieferte der Fall Sorge jede Menge biografisches Material für einen unterhaltsamen Gang durch das Zeitalter der Weltkriege. *Der Spiegel* zeichnete akribisch den mysteriösen Lebensweg des kommunistischen Journalisten und Agenten nach, der 1924 für den Nachrichtendienst der Komintern angeworben und 1933 in Japan eingesetzt worden war, wo er für die Rote Armee ein Spionagenetz knüpfte. Ein kommunistischer Agent im internationalen Geheimdienstmilieu, ein Liebhaber schöner Frauen, ein politischer Hasardeur: mit einer solchen Person im Fokus ließ sich eine Geschichte aus der Zwischenkriegs- und Kriegszeit zwischen Berlin, Moskau und Tokio anregend erzählen. Fotos unter-

---

375 Oscar, Über Galgen wächst kein Gras. Das 95-seitige Bändchen war zunächst verboten, dann aber zur Publikation freigegeben worden. Joseph R. McCarthy, ehemals Mitglied des Untersuchungsausschusses des US-Senats, der die Vorwürfe gegen die amerikanische Prozessführung in den Malmedy-Kriegsverbrecher-Verfahren untersuchen sollte, hatte in einer Rede im Senat, in der er die amerikanischen Kriegsverbrecherprozesse in Europa anprangerte, Churchill mit den Worten zitiert »Ueber Schlachtfeldern wächst das Gras sehr schnell, über Galgen niemals«. Den Arzt Brandt verurteilten die Alliierten im Nürnberger Ärzteprozess 1946/47 wegen medizinischer Kriegsverbrechen und Verbrechen gegen die Menschlichkeit; 1948 wurde er hingerichtet. Vgl. Schmidt, Hitlers Arzt Karl Brandt.

376 1964 wurde er posthum zum Held der Sowjetunion erklärt. Vgl. Spionage, Ideologie, Mythos; Kreitz, Die Sache mit Sorge.

377 Herr Sorge sass mit zu Tisch. Porträt eines Spions. Die Fortsetzungsreihe begann in Der Spiegel, 13.6.1951, S. 29–34, und endete in Der Spiegel, 3.10.1951, S. 36–41.

stützten die Wirkung dieser Mischung von *Sex and Crime* im Krieg, etwa mit einem Foto, das eine barbusige Asiatin beim Baden zeigte.

Der Stoff wurde 1954 von Veit Harlan verfilmt, einem der führenden Regisseure des NS-Regimes, der in Goebbels' Auftrag den antisemitischen Hetzfilm *Jud Süß* gedreht hatte. Die Hauptfigur seines ersten Nachkriegsfilms mit dem reißerischen Titel »Verrat an Deutschland (Der Fall Dr. Sorge)« war Richard Sorge (mit Paul Muller in der Hauptrolle). Die Freiwillige Selbstkontrolle der Filmwirtschaft (FSK), der die Alliierten im September 1949 ihre Kontrollfunktion übertragen hatten, hatte den Film, wohl wegen seiner zu positiven Darstellung des Spions und einer vermeintlich sowjetfreundlichen Sicht nicht freigegeben; erst nach Änderungen wurde er zugelassen[378]. Harlan musste sich heftig kritisieren lassen, Sorge als einen Idealisten mit hehren Motiven hingestellt und eine schlichte Spionagestory ohne Erkenntnisgewinn gedreht zu haben, die auch von der volkseigenen DEFA in Potsdam-Babelsberg hätte produziert werden können, statt im Gloria-Filmverleih in München. Der Film galt als seicht, aber deshalb nicht als politisch harmlos. Die Messlatte für einen Film über die Kriegsvergangenheit lag hoch. Ein Film über den »sowjetischen Spion deutscher Herkunft« hätte, um vor der Kritik bestehen zu können, den Wehrwillen der Westdeutschen stärken und zeigen sollen, »wie wir unsere Freiheit verteidigen müssen«, hieß es in der *Zeit*[379].

Ein drittes Beispiel für die Trivialisierung des Krieges unter dem Einfluss der Medienlogik bietet die Präsenz von Otto Skorzeny in der Medienöffentlichkeit der Nachkriegsgesellschaft. Der »gefährlichste Mann der Welt« veröffentlichte 1950 seine Memoiren in der Illustrierten *Quick*[380]. Der ehemalige Offizier der Waffen-SS, Hitlers Haudegen, fesselte die Leser mit seinen Erinnerungen an die letzte deutsche Offensive 1944/45, als die Wehrmacht durch einen überraschenden Vorstoß in den Ardennen für kurze Zeit den Glauben an eine Kriegswende nähren konnte. Der ehemalige SS-Obersturmbannführer, der 1943 im Zusammenhang mit der Befreiung des gefangengehaltenen Benito Mussolini bekannt geworden war, machte sich fünf Jahre nach Kriegsende ernsthaft Gedanken darüber, ob ihm die Pariser Bevölkerung noch gram sei, weil während der Ardennenoffensive »eine nächtliche Ausgangssperre über die lebenslustige Stadt verhängt«, Straßensperren errichtet und »der Großstadtverkehr behindert« worden seien und das berühmte »Café de la Paix« ins Visier der Sicherheitsbehörden geraten sei.

Skorzeny hatte für das »Unternehmen Greif« einen Kommandoverband aufgestellt, in dem Soldaten in amerikanischen Uniformen hinter der feindlichen Linie operieren sollten. Er war nach Kriegsende unter anderem wegen dieser und anderer kriegsrechtlicher Vergehen als Kriegsverbrecher angeklagt worden. Skorzeny entging einer Verurteilung, weil ein britischer Offizier behauptet hatte, auch alliierte Soldaten hätten in der Uniform des Gegners operiert. Am 27. Juli 1948 war Skorzeny aus dem

378 Vgl. dazu: Das Publikum soll entscheiden. In: Der Spiegel, 2.2.1955; Die Zeit, 1.2.1955.

379 Vgl. Erika Müller, Die rote und die goldene Pest. In: Die Zeit, 20.1.1955.

380 Vgl. etwa Quick, 23 (1950); Skorzeny, Geheimkommando Skorzeny; Skorzeny, Wir kämpften, wir verloren; Skorzeny, Meine Kommandounternehmen. Das Sujet ist weiter nachgefragt; die jüngste Auflage erschien u.d.T. Klassiker der Zeitgeschichte: Meine Kommandounternehmen in Dresden 2007.

Gefängnis in Darmstadt geflohen. In seinen Memoiren präsentierte er sich und seine Kameraden als »ehrliche Deutsche«, die »nur unsere Pflicht getan« hätten. Seine Flucht rechtfertigte er damit, dass er angesichts der Inkompetenz der Spruchkammer die Geduld verloren und der »Freiheitsberaubung« ein Ende setzen wollte. Um nicht als ein Mann dazustehen, der sich seiner Verantwortung entzog, betonte er zudem, dass er vor dem halb freiwilligen Gang in die Gefangenschaft aus Pflichtgefühl gegenüber seinen Kameraden nicht geflohen sei, was ein leichtes gewesen wäre[381]. Skorzeny tat hier alles, um das Bild des souveränen Haudegens nicht durch die Vorstellung eines feigen Soldaten zu trüben.

Von der abenteuerlichen Idee, Wehrmachtsoldaten als verkappte GIs in den Einsatz zu schicken, berichtete wenig später *Der Spiegel* anhand der Erinnerungen eines Teilnehmers der »Aktion ›Greif‹«[382]. Skorzeny wurde vorgehalten, in seinen Memoiren den auf die Panzerbrigade 150 bezogenen »Schweigeeid« gebrochen zu haben. Skorzeny »hätte den Mund halten müssen«, meinte jedenfalls der ehemalige Feldwebel Heinz Rohde. Er hatte sich auch nach Kriegsende an das Schweigepflicht gehalten – nicht zuletzt aus Furcht, von den Amerikanern noch zu Rechenschaft gezogen zu werden. Immerhin, daran wurden die Leser des *Spiegel* erinnert, sei während der Vorbereitung der Aktion ein deutscher Soldat erschossen worden, weil er in einem Feldpostbrief an seine Eltern nicht vorsichtig genug formuliert hatte. Nach der Publikation der Memoiren Skorzenys jedoch fühlte sich auch der Kinobesitzer aus dem holsteinischen Ahrensböck verpflichtet »auszupacken«. Der Bericht war auf den ersten Blick und in erster Linie eine aufregende Geschichte. Für Rohde verband sich damit jedoch eine Botschaft: Seine »Kriegserinnerungen« – so hieß es in der Artikelüberschrift – sollten den Lesern zeigen, »›wie leichtfertig man uns damals in den Tod geschickt hat‹«.

Der Sohn eines Amerikaners und einer Deutschen berichtete, wie er während eines Genesungsaufenthaltes in Hamburg für einen »Sondereinsatz«, für den Soldaten mit englischen Sprachkenntnissen gesucht wurden, rekrutiert und in dem Lager in Grafenwöhr, später auf dem Truppenübungsplatz Wahn (bei Köln) ausgebildet worden war. Schon bald wurde »gemunkelt«, dass Skorzeny seine Hände im Spiel hatte und General Dwight D. Eisenhower – wie Mussolini vom Gran Sasso – aus dem Hotel »Trianon« in Versailles entführt werden sollte, wo sich im Herbst 1944 das Hauptquartier der alliierten Streitkräfte in Nordwesteuropa, SHAEF, befand. Die Sache wurde schließlich »ganz geheimnisvoll«, als mit amerikanischen Beutefahrzeugen, nach amerikanischer Felddienstvorschrift und im Bemühen um einen amerikanischen Slang der frontnahe Einsatz geübt wurde. *Der Spiegel* griff hier vor, um die Spannung zu erhöhen. Den »Teams« war nicht klar, hieß es, dass der gegnerische Nachrichtendienst wahrscheinlich Wind davon bekommen hatte, dass Wehrmachtsoldaten in alliierter Uniform hinter den Linien eingesetzt werden sollten. Blausäure-Ampullen, in Feuerzeugen versteckt, sollten im

[381] Skorzeny, Geheimkommando Skorzeny, S. 418, 420, 362.

[382] Kriegserinnerungen. Mit Shakespeare-Englisch. In: Der Spiegel, 10.1.1950, S. 10–13. Es folgt (S. 14 f.) der Nachdruck eines entsprechenden Abschnitts aus Skorzenys Memoiren. Dort die folgenden Zitate.

Fall einer Gefangennahme den letzten Ausweg weisen. Die um Spannung bemühte Geschichte ließ komische Elemente nicht vermissen: Besser als die Verpflichtung, im »Shakespeare-Englisch« zu radebrechen, gefiel den »Muß-Amerikanern«, dass sie »Camels und Lucky Strikes« rauchen und Kaugummi kauen durften. Rohde war mit dem Soldbuch und Souvenir-Fotos eines amerikanischen Sergeants ausgestattet. Für eine makabere Note sorgte die Tatsache, dass die Fotos von »seinen« Kindern und »seiner« Frau Elyse aus Oklahoma (die dem *Spiegel* neben Fotos von Skorzeny und Rohde »in Ami-Verkleidung« zur Illustration dienten) teils von amerikanischen Kriegsgefangenen, teils von toten GIs stammten. Bereits die ersten Teams hinter der Hauptkampflinie hätten »eine tolle Spionenpsychose« verursacht; zwei Teams seien von den Amerikanern »gekillt« worden. Gleichwohl überwog das Spannende und Abenteuerliche dieses »Tarneinsatz[es]«, bei dem sich die Männer in der ständigen Gefahr enttarnt zu werden an dem amerikanischen Vorposten vorbei bis zur Divisionsfeldwache vorarbeiteten.

Von einem zweiten Einsatz berichtete Rohde im *Spiegel* dann gar in der Ich-Form, was die Leser noch unmittelbarer an dem packenden Geschehen teilhaben ließ. Die Rede war von den »Enthüllungen« des ehemaligen Feldwebels. Die persönliche Erinnerung an ein Kommandounternehmen, das Skorzeny eine Anklage wegen Kriegsverbrechen einbrachte, wurde zu einem spannenden Sensationsbericht, dem jede kritische Distanz abging. Im Hinblick auf die Versetzung an die Ostfront, wo die meisten Beteiligten in die Nähe von Schwedt/Oder bei der aussichtslosen Sicherung eines Brückenkopfes für eine Gegenoffensive gegen die Rote Armee ums Leben kamen, sprach der *Spiegel* gar von einem »Opfergang«. An der Rechtmäßigkeit ihres Einsatzes und der Sinnhaftigkeit ihres Sterbens gab es keinen Zweifel. Kein Wunder, dass am Ende der Hinweis auf die militärischen Auszeichnungen nicht fehlen durfte: Der Kinobesitzer aus Holstein hatte für seinen »Ardenneneinsatz« das Deutsche Kreuz in Gold erhalten, Skorzeny war mit der Ehrenblattspange ausgezeichnet worden. Ein Porträtfoto zeigte ihn in der Uniform der Waffen-SS mit Ritterkreuz. Die Wehrmachtkritische Mahnung, die Rohde mit seinen persönlichen Kriegserinnerungen vermitteln wollte, ging in diesem Bericht unter[383].

Dazu passte die Gestaltung der Leserbriefseite in einer späteren Ausgabe. Zwei Ausrisse von Seiten des amerikanischen Magazins *Life* im oberen und unteren Fünftel der Seite illustrierten »brutal ausführlich« – so die Bildunterschrift – die »Liquidierung« dreier deutscher Soldaten, die beim Ausspionieren gefangen genommen worden waren. Eine Bildserie mit drei Fotos zeigte, wie die Männer zum Platz ihrer Hinrichtung gebracht, an der Rückwand des Gefängnisses an Pfählen festgebunden und schließlich von einem Kommando erschossen wurden[384].

Anekdotisch-heroische Geschichten vom Krieg mussten nicht zwangsläufig vor 1945 spielen. Manche Husarenstücke fanden in der Gegenwart statt: Minenräumen beispielsweise. Allein in der Eifel wurden in den ersten sechs Jahren nach Kriegsende rund 30 000 scharfe Bomben und Granaten von Minensuchtrupps gesprengt; 79 Tote hatte der Kampfmittel-Beseitigungsdienst, den die Bezirksregierung in Aachen seit

[383] Der Spiegel, 10.1.1950, S. 14.
[384] Der Spiegel, 31.1.1950, S. 41. In Leserbriefen meldeten sich weitere »Pseudo-Amis« zu Wort.

August 1949 losschickte, bis dahin in der Eifel zu beklagen. Von den Blindgängern, die während des Krieges nicht durch die Feuerwerker beseitigt worden und bei Kriegsende liegengeblieben waren, hatte zunächst die britische »Enemy Amunition Depot Control Unit« (EADCU) mit deutschem Personal 24 gesprengt, was größere Schäden anrichtete als die gefährlichere Entschärfung, die jedoch die Kenntnis der Konstruktion des Zünders voraussetzte. Aus Sorge vor Gebäudeschäden war die Bevölkerung nicht immer geneigt, ihre Kenntnis der Fundorte preiszugeben, sofern diese nicht im eigenen Hinterhof lagen. Schon zuvor seien die »V1« wegen ihrer häufigen Abstürze kurz nach dem Start in der Eifel als »Eifelschreck« gefürchtet gewesen, klagte ein Leser aus dem Kreis Cochem[385]. Zwischen 1949 und 1951 waren 13 abgestürzte »V1« gefunden und unschädlich gemacht worden.

Die Tätigkeit der Räumdienste bot in den fünfziger Jahren manchem Journalisten den Stoff für packende Geschichten, mit (ehemaligen) Soldaten vor realer Kriegskulisse, für Husarenstücke in der Grauzone von Krieg und Nachkrieg. »Desperados des deutschen Nachkrieges« nannte *Der Spiegel* jene Männer, die »gleichsam alle noch immer im Kriegsdienst stehen«[386]. Jene Pioniere, die 1944/45 die Minen gelegt hatten, entfernten sie nun wieder. Für die ehemaligen Offiziere, Flüchtlinge, junge Männer, die außer ihrer Pionierausbildung keinen Beruf gelernt hatten, dauerte der Krieg noch an, nur unter geänderten Vorzeichen und mit Gefahrenzulage, aber ohne Lebensversicherung. Auch äußerlich waren die Männer dank der verwaschenen »Klamotten des Krieges« als ehemalige Soldaten zu erkennen.

Der Leser roch den Pulverdampf und die Asche, wenn sich der mit Dynamit beladene Opel-»Blitz« die Hänge des Hürtgenwaldes hinaufquälte, vorbei an den von »zahllosen verkohlten Baumstümpfen gespickten Anhöhen«. Zu dem Landschaftsbild, das die Presse zeichnete, passte der Eindruck, den sie von den Arbeitern vermittelte: raubeinige Männer, die sich ihren »Landserhumor« ebenso erhalten hatten wie die »grobkörnige Kameradschaft«; die Minensucher grölten »Landserlieder« und stießen »Landserflüche« aus. Zu ihrem Vokabular zählten Ausdrücke wie »Schwein gehabt« und »hochgehen lassen«, und ihre Arbeit bezeichneten sie als »Einsatz«, hob *Der Spiegel* hervor – und hielt so den Unterschied zwischen militärischem Jargon und »zivilem« Deutsch nach zeitgenössischem Sprachempfinden fest. Die Zitate mischten sich mit den Formulierungen des Verfassers zu einem Militärjargon, sodass sich der Bericht wie ein Einsatzbericht las. Und so kam denn dem *Spiegel*-Autor die Reise mit der Minensuchgruppe in das ehemalige Kriegsgebiet Anfang der fünfziger Jahre auch wie eine »Fahrt an die Front« vor.

Nach dieser Einleitung berichtete der Einsatzleiter des Kampfmittel-Beseitigungsdienstes im *Spiegel* über seine Heldentat: die lebensgefährliche Entschärfung eines Marschflugkörpers, der als »V1« bekannt geworden war. Über dessen technischen Aufbau hatte das Magazin die Leser zuvor genau informiert. Der Einsatzleiter berichtete, wie es gelungen war, das »Geheimnis« um den Aufschlagzünder der »V1« zu lüften, dessen Konstruktion der Leser des *Spiegel* anhand schematischer

385 Eifelschreck. In: Der Spiegel, 10.8.1950, S. 42. Vgl. auch den Leserbrief eines ehemaligen Angehörigen einer V1-Einheit. In: Ebd., 6.9.1950, S. 43.

386 Wie ich die V1 entschärfte. In: Der Spiegel, 27.6.1951, S. 14–16. Danach das Folgende.

Zeichnungen nachvollziehen konnte, um die Schilderung des Entschärfens besser zu verstehen und auch zu begreifen, warum die »V1« trotz des Aufschlagens nicht explodiert war[387]. Wozu der »Vogel« – wie es im Text verniedlichend hieß – zuvor in der Luft gewesen war, darüber wurde hier nichts geschrieben. Man las von der Verwegenheit der Männer des Räumdienstes, von der Angst der deutschen Bevölkerung, von den technischen Ursachen für verfrühte Abstürze. Von den Waffen erfuhr man lediglich, dass es sich um ein »FZG 76« handele, die die »Goebbels-Propaganda« V1 (Vergeltungswaffe 1) genannt habe. Auch so ließ sich das Kriegsende fünf Jahre später inszenieren: durch die aufregende Heldengeschichte von verwegenen Männern im Kampf mit einer noch immer todbringenden Waffe[388]. Das sprach die Leser an.

Die kollektive Repräsentation der Vergangenheit und die Muster der Sinnstiftung, die sie anbot, wurden (auch) durch die Regeln der Medienlogik beeinflusst. Wie die Geschichten von Betrügern, Spionen und Hasardeuren exemplarisch zeigen, ließ sich das komplexe Kriegsgeschehen durch die Personalisierung der Perspektive vereinfachen. Anhand der Biografie skurriler Figuren ließen sich Ereignisse sukzessive darstellen. *Sex and Crime* im Krieg: diese Mixtur bot dem Lesepublikum nicht nur Ablenkung durch Unterhaltung. Die spezifische Art der thematischen Aufbereitung, der Präsentation in Text und Bild, verzerrte einerseits das Bild des Krieges, indem sie ihn trivialisierte. Anderseits lässt sich auch dieser Rückblick auf den Krieg als *eine* weitere Schicht der Repräsentation verstehen, die zur öffentlichen Verständigung über die Jahre vor 1945 dazugehörte. Trotz der Verengung des Blickwinkels auf »Einzelgänger« wie Olmes, Sorge und Skorzeny öffnete sie Wege in die Vergangenheit.

Ihr Beitrag zur gesellschaftlichen Selbstverständigung lag nicht zuletzt darin, dass zeitgenössische Beobachter die Entwicklung einer medienspezifischen Trivialisierung des Krieges registrierten und zu konkurrierenden Deutungen und Sinnstiftungen ins Verhältnis setzten. Anfang der fünfziger Jahre unterschied der Journalist und Verleger Helmut Bohn zwei entgegengesetzte Arten der Darstellung des Krieges und stellte sie in einen Zusammenhang mit der Einstellung gegenüber dem Krieg an sich. Auf der einen Seite werde ein Bild gezeichnet, in dem der Krieg als eine Kette tapferer Taten erscheine; diese Darstellungsweise bereite die Bevölkerung auf einen neuen Krieg vor. Auf der anderen Seite werde das Kriegsgeschehen als eine ununterbrochene Schießerei hingestellt, die den Tod unausweichlich mache; hier erschien der Krieg als ein Verbrechen, galten die Soldaten als Mörder. Jenseits dieser Dichotomie von bellizistischen und pazifistischen Repräsentationen sah Bohn die Gefahr, dass das Kriegserlebnis durch die zeitliche Distanz verzerrt, verherrlicht, banalisiert werde. »Was einst ein blutiges Ereignis war, wird zu einem Strauß von Anekdoten.« In den Augen des Journalisten zeichnete sich eine Entwicklung der medialen Erinnerung an den Krieg ab, in der das Realistische hinter das »Anektodisch-Heroische« zurücktrat. Dieser Rückschritt erinnerte an die Entwicklung der Nachkriegsliteratur nach

[387] Vgl. zuvor den technikgeschichtlichen Artikel zur Entwicklung der Raketen: In 5 Jahren zum Mond. In: Der Spiegel, 30.6.1950, S. 26–30; dazu die Leserbriefe in: Ebd. 10.8.1950, S. 41.

[388] Wie ich die V1 entschärfte. In: Der Spiegel, 27.6.1951, S. 14. FZG, Flakzielgerät, hatte zunächst der Tarnname gelautet.

1918: von Erich Maria Remarques »Im Westen nichts Neues« zu Hans Zöberleins Bestseller »Der Glaube an Deutschland«[389]. Um gegenzusteuern, empfahl der Journalist, Zeitzeugen zu befragen, Archive einzurichten und dem Krieg einen Platz im Museum zu geben[390]. Die museale Darstellung des Krieges sollte die realistische Vorstellung vom Krieg und die Einstellung ihm gegenüber vor seiner Banalisierung in der Medienöffentlichkeit in Schutz nehmen. Deutlicher ließen sich die Form der Repräsentation und die kulturelle Selbstdeutung des Betrachters nicht aufeinander beziehen.

3. Zwischenbilanz

Für die politische, soziale und kulturelle Selbstverständigung der westdeutschen Nachkriegsgesellschaft zwischen Kriegsende und Wiederbewaffnung waren die sinn- und identitätsstiftenden Deutungen des Zweiten Weltkrieges und der Kriegsfolgen von zentraler Bedeutung. Die kollektiven Repräsentationen des Krieges, die Darstellungen, Vorstellungen und Einstellungen, dienten den Westdeutschen unter den geänderten innen- und außenpolitischen Bedingungen dazu, ihre individuellen Erfahrungen und ihre neuen sozialen Positionen aufeinander zu beziehen. In unterschiedlichen Kontexten wurde die politische Funktionalität der historischen Bedeutungszuschreibungen erkennbar. Vor allem die ehemaligen Soldaten der Wehrmacht, Heimkehrer und Spätheimkehrer, standen dabei als Träger und Objekt dieser Sinnkonstruktionen im Mittelpunkt.

Über die informellen Netzwerke der ersten Nachkriegsjahre hinaus schuf die Selbstorganisation von Veteranen, die nach der Aufhebung des alliierten Organisationsverbots in der Bundesrepublik möglich wurde, die Rahmenbedingungen für eine vielschichtige Veteranenkultur. Institutionelle Zusammenschlüsse auf unterschiedlichen Ebenen und eigene Publikationsorgane eröffneten den Heimkehrern die Möglichkeit, auf verschiedenen politischen Konfliktfeldern – die Inhaftierung der verurteilten Soldaten, die Kriegsgefangenschaft in der UdSSR – die öffentliche Debatte und die Art und Weise ihrer sozialen Integration mitzugestalten.

Durch ähnliche Interpretationen der jüngsten Vergangenheit konstituierte sich ein Teil der ehemaligen Wehrmachtsoldaten als eine soziale Gruppe, die hier als eine Erfahrungsgemeinschaft beschrieben wurde. Zu dieser Selbstthematisierung im Modus der Vergangenheitsdeutung gehörte die Positionierung gegenüber anderen, konkurrierenden Erfahrungsgemeinschaften wie beispielsweise den Flücht-

[389] Hans Zöberlein, Der Glaube an Deutschland – Ein Kriegserleben von Verdun bis zum Umsturz, München: Franz Eher 1931. Der Roman des nationalsozialistschen Schriftstellers, ehemaligen Freikorpsmitglieds und SA-Mannes zählte zu den erfolgreichsten Weltkriegsromanen der dreißiger und vierziger Jahre. Er wurde 1934 unter dem Titel »Stoßtrupp 1917« verfilmt. Zöberlein (1895–1964) ließ 1945 als Anführer eines Werwolf-Kommandos mehrere Einwohner der Stadt Penzberg bei München hinrichten, die den nationalsozialistischen Bürgermeister absetzen und die Stadt an die Alliierten übergeben wollten. Zöberlin verbrachte dafür zehn Jahre, bis 1958, in Haft. Vgl. Delabar, »Aufhören, aufhören, he aufhören – hört doch einmal auf!«

[390] Bohn, Eine Front gegen die Angst, S. 44 f.

lingen und Vertriebenen oder den ehemaligen KZ-Häftlingen, durch Annäherung oder Abgrenzung. Die individuell wie kollektiv gespeisten Formen des (historischen) Wissens, die das Orientierungs- und Urteilsvermögen des Einzelnen bestimmen, die Erfahrungen also, lenkten den Blick nicht nur zurück auf die Vergangenheit, sondern auf die Gegenwart, die im Lichte der Erfahrungen von Krieg und Gefangenschaft »verarbeitet« wurde. Umgekehrt prägte die veränderte Lebenssituation die Interpretation des Erfahrenen. Der Kalte Krieg wurde hier als ein weiterer Deutungszusammenhang ausgemacht, in dem sich dem heißen Krieg ein spezifischer Sinn abgewinnen ließ, vor allem im Bemühen um biografische Kontinuität. Der Sinn, den die Heimkehrer dem Kampf, vor allem dem Kampf gegen den Bolschewismus, oder ihrer Kriegsgefangenschaft im Rückblick zusprachen, war Teil ihrer Auseinandersetzung mit der sozialen und politischen Neuordnung, die sie nach ihrer Rückkehr vorfanden. Waren Krieg und Militär zum einen aufgrund der andauernden Kriegsgefangenenproblematik gleichsam durch Abwesenheit im Nachkrieg präsent, sorgte zum anderen die Anwesenheit der aus der Kriegsgefangenschaft entlassenen Soldaten für Gesprächsstoff. Die Bedingungen der Entlassung, die Umstände der Rückkehr wie auch der Ankunft, schließlich die Konfrontation mit dem westdeutschen Alltag der späten vierziger und der fünfziger Jahre. Diese Themenfelder boten immer wieder Anlässe für die Rede über den Krieg und seine Folgen und trugen zugleich zur Selbstverständigung, zur Selbstlegitimation und zum Selbstbild der jungen Bundesrepublik bei, nicht zuletzt in der doppelten Abgrenzung vom Nationalsozialismus und vom Kommunismus.

Wie die Untersuchung der entsprechenden Repräsentationen in ihren verschiedenen Formen und Praxen gezeigt hat, nahmen sich die Soldaten keineswegs lediglich als Opfer der Geschichte wahr, noch stellten sie sich in der Öffentlichkeit so dar. Vielmehr fügten sie passive und aktive Erfahrungen so zusammen, dass sie sich als einschlägig ausgewiesene, erfahrene und erprobte Leistungsträger für die Nachkriegsgesellschaft empfehlen konnten. Leiden und Leisten waren zwei Seiten einer Medaille.

Zum einen bekräftigt das den älteren Befund: Die Totalität des Zweiten Weltkrieges hatte für dessen Vergegenwärtigung im Nachkrieg zur Folge, dass die ehemaligen Soldaten nicht die einzigen waren, die extreme Gewalt erfahren hatten. Sie mussten sich deshalb das Bedauern von Anfang an mit Millionen anderen vom Krieg betroffenen Deutschen – den Toten des Bombenkrieges, den Kriegsbeschädigten, den Kriegerwitwen und Kriegswaisen, den Flüchtlingen und Vertriebenen – teilen und wurden insofern rasch zu einem Teil jenes Selbstbildes, das die meisten Deutschen von sich selbst als Opfer entwarfen und in dessen Namen die Interessenvertretungen für ihre jeweilige Klientel Entschädigungsansprüche formulierten. Waren die einen durch den Krieg geschädigt, waren es die anderen, wie sie es sahen, durch seine Folgen: die Entnazifizierung, die Restitution des »arisierten« Eigentums, die Entlassung der belasteten Beamten und Richter sowie die Benachteiligung der ehemaligen Soldaten.

Zum anderen wurde deutlich, welche Rolle das Leistungsideal in der historischen Sinnstiftung der ehemaligen Soldaten spielte. Die bürgerliche Leistungsidee, die sich seit dem späten 18. Jahrhundert entwickelt und dann im 19. Jahrhundert gegen das feudale Privileg des Geburtsrechts weitgehend durchgesetzt hatte, bevor es der Nationalsozialismus sozialdarwinistisch überhöhte[391], schimmerte auch in den Selbstdeutungen der Heimkehrer und den medialen Darstellungen ihrer Erfahrungen durch. Weder schloss das im Krieg erlittene Leid die Leistungsfähigkeit grundsätzlich aus, noch blieb diese Leistungsfähigkeit auf die Soldaten beschränkt. Insofern lässt sich dieser Aspekt der Selbstdeutung seinerseits als Teil des Bemühens um Integration in eine bürgerliche Gesellschaft verstehen, für die Leistungsbereitschaft nach wie vor einen hohen Wert darstellte. An der Spitze der Eigenschaften, die sich die Westdeutschen einer Meinungsumfrage zufolge im Juli 1952 zuschrieben, standen die Leitideen des Leistungsethos: »Fleiß, Tüchtigkeit, Strebsamkeit«; fast zwei Drittel der Befragten setzten ihr Kreuzchen hier. Es folgten mit großem Abstand »Ordnungsliebe, Zuverlässigkeit, Gründlichkeit, Sauberkeit« (21 %), »Gutmütigkeit, Gutwilligkeit« (12 %) und »Treue« (11 %). Dagegen rangierten »Mut, Tapferkeit, soldatische Fähigkeiten« auf der Skala der vermeintlich besten Eigenschaften weit unten: Nur 7 Prozent der vom Institut für Demoskopie Befragten waren dieser Auffassung[392].

Die öffentliche Repräsentation der Erfahrungen an der Front und im Lager lässt sich daher als ein Prozess der Vermittlung zwischen der Vergangenheit und der Gegenwart interpretieren. Dabei konkurrierte die Erfahrungsgemeinschaft nicht nur mit anderen, nicht-soldatischen Gruppen (mit denen sie sich teilweise überschnitt), sondern auch mit Minderheiten unter den ehemaligen Soldaten selbst. Aus der Kriegsvergangenheit ließen sich auch anders gelagerte Sinnangebote ableiten, die zu den favorisierten Deutungsmustern einer Mehrheit teilweise in einem Spannungsverhältnis standen. Das zeigte sich besonders deutlich an der Zurückhaltung, ja am Protest gegenüber einer politischen Sinnstiftung »von oben«, die den militärischen Widerstand gegen den Diktator als eine vorbildliche Handlungsalternative hinstellte, während sich die Männer im Dunstkreis der Veteranenverbände hinter die vermeintliche Alternativlosigkeit der Eidtreue und Ehre zurückzogen. Die hier entwickelten Deutungsmuster belegen für das Nachkriegsjahrzehnt eindrucksvoll, was die Sozialisations- und die Habitusforschung immer festgestellt haben: die Langlebigkeit von wertorientierten Vorstellungen über strukturelle Zäsuren hinweg. Der Topos der Befehlsverweigerung, der dagegen einzelne Militärs positiv herausheben sollte, belegte ironischerweise jene Handlungsspielräume, die im Rekurs auf den Befehlsnotstand bestritten wurden. Wer einen Befehl verweigerte, endete nicht zwangsläufig vor einem Erschießungskommando. Zumindest in den oberen Rängen

---

[391] Zu der These, dass der im Dritten Reich angeheizte Leistungswille, seiner sozialdarwinistischen Elemente entkleidet, ein mentaler Faktor des »Wirtschaftswunders« und ein Movens der Sozialen Marktwirtschaft gewesen ist, die Bundesrepublik insofern in einer Kontinuität über 1945 hinweg steht, vgl. Wehler, Deutsche Gesellschaftsgeschichte, Bd 5. Vgl. auch Hettling, Bürgerlichkeit im Nachkriegsdeutschland; Hettling, »Bürgerlichkeit« und Zivilgesellschaft; Bürgertum nach 1945.

[392] Jahrbuch der öffentlichen Meinung 1947–1955, S. 126. Auch in der Außenwahrnehmung: Amerikanische Reiseführer wie Fodors Germany 1953 lobten – nicht zuletzt im deutsch-französischen Vergleich – die Sauberkeit im Nachkriegsdeutschland, und betonten die Leistungsbereitschaft der Deutschen: Koshar, »Germany Has Been a Melting Pot«, S. 163 f.; vgl. Bach Jr., America's Germany.

war es offenbar möglich, einen Befehl des »Führers« zu unterlaufen, zu sabotieren, ja Hitler offen zu widersprechen, ohne dass dies fatale Konsequenzen nach sich gezogen hätte. Im schlimmsten Fall drohte die Entlassung aus der Wehrmacht. Wer sich nicht auf einen Befehl oder seine Verweigerung bezog, konnte immer noch behaupten, Schlimmeres verhütet zu haben. Leichter, weil im Konsens mit der Mehrheit und den ideologischen Wahrnehmungsvorgaben des Kalten Krieges, fiel die Abgrenzung von anderen Anderen: den unbestrittenen Kriegsverbrechern in den eigenen Reihen, den Überläufern und »Verrätern«, die sich der Sowjetunion bzw. der DDR angedient hatten, oder den Deserteuren, die ihre Kameraden im Stich gelassen hatten.

Von einer identitätsstiftenden Abgrenzung im nationalen Außenverhältnis, die im Hinblick auf die historische Verantwortlichkeit zugleich als Abwehrmechanismus verstanden werden kann, künden schließlich die individuellen und medialen Repräsentationen der ehemaligen Kriegsgegner im Rückblick auf die Kriegs- und Vorkriegszeit. Wer hatte den Nationalsozialismus, den Krieg, und Hitler zu verantworten? Diese Frage stand nicht erst seit Kriegsende im Raum. Nach dem Ende des NS-Regimes war sie offen debattiert worden; die alliierte Umerziehungspolitik, der unausgesprochene Vorwurf der deutschen Kollektivschuld und dessen Zurückweisung hatten den Tenor bestimmt. In der Bundesrepublik lieferten dann der Krieg und die nun als Vorkriegszeit charakterisierten dreißiger Jahre Deutungszusammenhänge, in denen die Schuldfrage thematisiert wurde. Auch in diesem Punkt ließ der Rückbezug auf die militärische und außenpolitische Vergangenheit Stimmungen und Werte erkennen, die das Selbstverständnis der Westdeutschen ausmachten und zur emotionalen wie soziopolitischen Stabilisierung der Nachkriegsordnung beitrugen. Die Politik der USA, Großbritanniens und der UdSSR vor allem konnte nach zwanzig Jahren so umgedeutet werden, dass die Ursachen für den Kriegsausbruch 1939 und für die Ausweitung des Krieges nach Osteuropa nicht im Deutschen Reich lagen. Die späteren westlichen Alliierten mussten sich in diesem Sinne die gescheiterte Appeasement-Politik vorhalten lassen; die Sowjetunion stand weiterhin unter dem Verdikt der falschen Präventivkriegsthese. In der Binnenperspektive war es schließlich der »Führer«, der allein aufgrund seiner politischen und militärischen Fehler die Verantwortung für den Krieg und den Kriegsausgang trug.

Gleichwohl wäre es zu simpel, hier nur Abwehr- und Verdrängungsprozesse am Werk zu sehen. Denn die Schrecken von Krieg und Völkermord blieben im Nachkrieg gegenwärtig. Sie kamen nicht nur in persönlichen Krisensituationen zum Ausdruck, sondern auch in öffentlichen Repräsentationen des Krieges. Paradoxerweise brachten die Versuche, die Verbrechen anderen anzulasten, diese immer wieder in der Medienöffentlichkeit zur Sprache. Selbst die gleichzeitige Trivialisierung des Krieges, welche die Komplexität des totalen Krieges auf überschaubare Ereignisse und erkennbare Figuren reduzierte, die den Stoff für spannende Unterhaltung boten, lieferte Bilder des Krieges, die sich das Lesepublikum aufgrund eigener Erinnerung leicht weiter ausmalen konnte. Immerhin jeder vierte erwachsene Deutsche, hoben die Allensbacher Meinungsforscher Ende 1953 hervor, sei der Auffassung, dass sich bestimmte Truppenteile oder zumindest doch einzelne Soldaten in den vor 1945 besetzten Ländern »unkorrekt« verhalten hätten. Diese selbstkritische Auffassung vertraten im gleichen Umfang auch ehemalige Offiziere, Unteroffiziere und Mannschaften[393].

Ob zum Zweck der Unterhaltung, Verharmlosung oder Aufklärung: Mediale Repräsentationen des Krieges waren von der Besatzungszeit bis in die frühen Jahren der Bundesrepublik in der neuen Öffentlichkeit so häufig, dass sie bei manchen Westdeutschen grundsätzlich für Verdruss sorgten. In Leserbriefen äußerte sie ihren Unmut. »Warum werden diese alten Sachen immer wieder ausgegraben?«, fragte ein Leser des *Stern* 1955, »Könnt ihr das alles nicht vergessen oder wollt ihr es nicht?[394].« Ein anderer resümierte: »Wir haben doch alle miteinander die Nase gestrichen voll von dieser glorreichen Vergangenheit«; er forderte: »Schluß mit den Nazi-Memoiren, Schluß aber auch mit den Aufklärungsberichten, die doch nichts Gutes tun können und das Volk nur mehr verbittern«[395].

Festzuhalten ist jedenfalls, dass sich zwischen Entmilitarisierung und Wiederbewaffnung eine Pluralisierung von sinnstiftenden Deutungsangeboten für die Kriegszeit beobachten lässt. Die soziale Ordnung der Nachkriegszeit bot nicht nur einen Rahmen für die kollektiven Repräsentationen dieser Vergangenheit. Die Existenz dieser Ordnung hing vielmehr von ihrer Selbstvergewisserung ab, die ohne historische Bedeutungszuschreibungen nicht auskam. Hier liegt die politische Funktion des Krieges im Nachkrieg. Die verschiedenen, teils konkurrierenden, teils komplementären Deutungen bildeten für die Politik der Wiederbewaffnung und Westintegration wichtige Bezugspunkte. Vor allem die Erfahrungsgemeinschaft im Dunstkreis der Veteranenverbände schien der Regierung von Bundeskanzler Adenauer aufgrund ihres Organisationsgrades, ihres Medienapparats und ihrer sozialen Praxis ein geeigneter Transmissionsriemen für die Vermittlung von Vorstellungen vom Krieg und vom Militär zu sein, die mit der Führungsphilosophie der neuen Streitkräfte vereinbar sein würden. Hier setzt der folgende Teil der Untersuchung an.

---

[393] Die Kritik fiel mit steigendem Bildungsgrad etwas deutlicher aus. Diejenigen, die meinten, man könne den Wehrmachtsoldaten Vorwürfe machen, führten dies auf eigene Beobachtungen zurück – darunter in Litzmanstadt oder, so eine Nachrichtenhelferin, in der Ukraine – und nannten unnötige mutwillige Zerstörungen, Plünderungen, ein »zu straff[es]« Vorgehen gegen die Zivilbevölkerung und Vergewaltigung (»Manche haben Kinder dagelassen und was sie sonst noch alles gemacht haben!«) oder sprachen allgemein von »Schweinereien«. Die Stimmung im Bundesgebiet 120: Vorwürfe gegen die Soldaten des letzten Krieges (28. November 1953).

[394] Leserbrief. In: Stern, 8 (1955).

[395] Leserbrief. In: Stern, 47 (1955).

IV. Der Krieg als Chance?

Kaum waren die letzten Generale aus der Kriegsgefangenschaft heimgekehrt, wurden die ersten neuen ernannt. Die »Wiederbewaffnung« der beiden deutschen Staaten, die Kontroversen über die mögliche Aufstellung neuer Streitkräfte, führte zu der ersten großen, auch auf der Straße ausgetragenen Auseinandersetzung in der bundesrepublikanischen Gesellschaft[1]. Die Demoskopen vermaßen akribisch die Gräben, die diese Frage durch die westdeutsche Nachkriegsgesellschaft aufriss. Den Aufbau einer »neuen Wehrmacht« im Rahmen einer europäischen Armee und der NATO lehnte im März 1950 eine knappe Mehrheit (52 %) der Männer und Frauen in der Bundesrepublik ab, ein Drittel der Befragten befürwortete die Wiederbewaffnung, 15 Prozent hatten keine Meinung. Als sich das Szenario Anfang 1952 konkretisierte und die Forderungen der Westmächte nach einer Beteiligung der Bundesdeutschen an einer »europäischen Verteidigungsarmee« laut wurden, lag die Quote der Ablehnung noch bei 40 Prozent (März 1953: 44 %), während der Anteil der Unentschlossenen auf 25 Prozent (März 1953: 23 %) gestiegen war. Weiterhin machten die Befürworter etwa ein Drittel (35 %, März 1953: 33 %) aus[2]. »Die Wiederbewaffnung Deutschlands hemmt den Wiederaufbau und außerdem haben wir von Kriegen endgültig genug« – diese Formulierung drückte im September 1951 die Meinung von 36 Prozent der befragten Bundesbürger aus.

Fast ebenso viele verknüpften freilich Staatlichkeit und Militär miteinander. Kein Staat ohne eine eigene Armee: Nach diesem Grundsatz war die Wiederbewaffnung Deutschlands notwendig[3]. Und trotz der Kriegsfurcht, von der gleich die Rede sein wird, hielten es nur ein Viertel der Befragten auf lange Sicht für besser, sich im Falle eines Angriffs überrollen zu lassen. 45 Prozent befürworteten eine Verteidigung, 29 Prozent waren unentschieden[4]. Schaut man auf die Entwicklung zwischen Juli 1950 und Juli 1954, bewegte sich die Zustimmung zur »Teilnahme deutscher Truppen an einer westeuropäischen Armee« zwischen dem Höchstwert von 50 Prozent im Sommer 1951 und dem Tiefstwert von 33 Prozent zwei Jahre später, mit Spitzen von 45 Prozent bzw. 43 Prozent im Oktober 1952 und März 1953 und einem leichten Anstieg auf 36 Prozent Mitte 1954. Im selben Zeitraum stieg die Zahl

---

1 Vgl. zum politischen Hintergrund: Höfner, Die Aufrüstung Westdeutschlands; Krieger, Adenauer und die Wiederbewaffnung; Schubert, Wiederbewaffnung und Westintegration; Herbst, Stil und Handlungsspielräume; Steininger, Wiederbewaffnung; Zwischen Kaltem Krieg und Entspannung; Anfänge westdeutscher Sicherheitspolitik, Bd 3 (Beitrag Thoß), bes. S. 154–177.

2 Jahrbuch der Öffentlichen Meinung 1947–1955, S. 357 f.

3 Ebd., S. 359.

4 Ebd., S. 355.

der Befürworter mehr oder weniger kontinuierlich von 22 Prozent im Herbst 1950 auf 33 Prozent im Sommer 1954, sodass sich Gegner und Befürworter die Waage hielten. Die Quote der Unentschiedenen pendelte relativ konstant zwischen 10 und 20 Prozent[5]. Ging es um den »Aufbau einer selbständigen deutschen Armee«, bewegte sich der Anteil der Befürworter zwischen 33 Prozent im Herbst 1950 und maximal 45/46 Prozent Anfang 1952 und in der zweiten Jahreshälfte 1954. Der Prozentsatz der Gegner pendelte zwischen 48 Prozent im Herbst 1950 und 43 Prozent Anfang 1955, während sich auch hier rund 20 Prozent unentschieden zeigten[6].

Zwar konnte angesichts dieser Zahlen von einer Wiederbewaffnungsbegeisterung keine Rede sein, von einer breiten pazifistischen Strömung jedoch ebenso wenig. Es sei falsch zu glauben, Aufrüstung sei angesichts der militärischen Stärke Russlands sinnlos und die Hauptsache sei es, einen Krieg zu vermeiden, weshalb man den Russen nachgeben müsse – diese Aussagen hielten 66 Prozent bzw. 72 Prozent der Befragten im März 1952 für unzutreffend. Auch zeigten sich zwei Drittel der Befragten Mitte 1955 – als kein Zweifel daran bestand, dass der Wehrdienst nicht zu vermeiden war – von der positiven erzieherischen Funktion des Militärs weiterhin überzeugt. 75 Prozent der befragten Männer und Frauen meinten, dass der Militärdienst im Großen und Ganzen einen eher guten Einfluss auf junge Menschen ausübe. Das hieß umgekehrt nicht, dass man glaubte, die jungen Menschen, die sich freiwillig meldeten, würden dies aus positiven Motiven wie dem Dienst fürs Vaterland tun, sondern – davon waren 65 Prozent im Januar 1955 überzeugt – weil sie »sonst nicht wissen, was sie tun sollen«. Fast die Hälfte riet vom Soldatenberuf weiterhin ab. War im März 1950 noch über die Hälfte (55 %) gegen eine allgemeine Wehrpflicht, knapp ein Drittel dafür, kehrte sich das Verhältnis 1953 um[7]. Immerhin ein Viertel war im November 1954 der Auffassung, dass Soldaten auch abends nach Dienst nur in Uniform Ausgang haben sollten, einem weiteren Viertel war das egal; die Hälfte der befragten Männer dagegen lehnte den Uniformzwang ab und sprach sich für eine »Zivil-Erlaubnis« aus[8]. Fast die Hälfte der zwischen 1951 und 1955 Befragten befürwortete zudem die Möglichkeit der Kriegsdienstverweigerung, ein gutes Drittel lehnte das ab[9]. Dementsprechend unterschrieben 50 Prozent der Befragten im Dezember 1953 die Aussage, dass ein Mann den Kriegsdienst zurückweisen könne, wenn er sich weigere, »weil er im letzten Krieg zuviel durchgemacht hat.« 30 Prozent sahen darin freilich keinen Hinderungsgrund, und nimmt man die Unentschiedenen dazu, zeigt sich die Spaltung auch in diesem Punkt deutlich. Die Gewalterfahrung vor 1945 wirkte in dieser Frage nach, war aber offenbar für die Mehrheit kein überzeugender Grund für die Kriegsdienstverweigerung[10]. Ein anderer Eckpunkt des politischen Bewusstseins war schließlich die Frage, für wie wahrscheinlich die Westdeutschen das Szenario einer Wiederbewaffnung überhaupt hielten, mit anderen Worten, für wie drängend sie die Frage selbst erachteten. Spätestens Ende 1953 zweifelte fast nie-

5 Vgl. die grafische Darstellung von 1950 bis 1955 ebd., S. 360 f.
6 Ebd., S. 372 f.
7 Ebd., S. 374 f.
8 Ebd., S. 376.
9 Ebd., S. 377.
10 Ebd., S. 378.

mand mehr daran, dass die Bundesrepublik eine neue Armee haben würde. Mit einer Wiederbewaffnung im folgenden Jahr rechneten 44 Prozent, ein Viertel ging von einem späteren Zeitpunkt aus. Nur verschwindende 3 Prozent gaben sich überzeugt, dass es »nie« zu einer deutschen Wiederbewaffnung kommen werde[11].

Wenige Jahre nach Kriegsende bildete sich damit ein zentrales politisches Konfliktfeld heraus, dessen Eckpunkte die statistischen Daten markieren. Auf diesem vermimten Gelände kam den kollektiven Repräsentationen der jüngsten Vergangenheit – den Vorstellungen vom Krieg, den Einstellungen gegenüber der Wehrmacht und deren Darstellungen in der Praxis des (vor)politischen Raumes – eine Schlüsselrolle zu. Das gesellschaftspolitische Erfordernis, die ehemaligen Soldaten in die Nachkriegsgesellschaft zu integrieren; das Bemühen der Adenauer-Regierung, sie für eine mögliche Wiederverwendung in einer neuen »Wehrmacht« und eine skeptische Öffentlichkeit für die Politik der Westintegration zu gewinnen; der Versuch der Militärreformer, eine Führungsphilosophie zu entwickeln, welche die neuen Streitkräfte durch Abgrenzung von der Wehrmacht legitimieren sollte: In all diesen Kontexten zeigte sich wiederum die politische und soziale Funktionalität der Vergangenheit für die Demokratisierung der westdeutschen Nachkriegsgesellschaft, die, so lautet die These, ohne diese kontroversen Vergegenwärtigungen von Vergangenheit nicht erfolgreich verlaufen wäre. Dabei war der Blick durchaus nach vorn gerichtet. In dieser Perspektive hatte, wie sich zeigen wird, der Rekurs auf die »Kriegserfahrungen« – in der Selbstthematisierung wie in der Öffentlichkeitsarbeit der Regierung – auch einen positiven Klang. Das soll im Folgenden für den militärischen Bereich gezeigt werden, in dem die sicherheitspolitische Diskussion über das neue und alte Militär den Rahmen bildet.

1. Historisch gerüstet: Kriegs- und Soldatenbilder in militärischer Führungsphilosophie und politischer Öffentlichkeitsarbeit

Die »Remilitarisierung«, wie die Kritiker den Aufbau neuer Streitkräfte nannten, schien einer Wende um 180 Grad gegenüber der Entmilitarisierungspolitik und -rhetorik der unmittelbaren Nachkriegsjahre gleichzukommen und lenkte Wasser auf die Mühlen derer, die mit diesem weiteren Schritt auf dem Weg der Westbindung die Chancen auf ein vereinigtes Deutschland schwinden sahen. Zugleich rührte die Aussicht auf eine Wiederbewaffnung unmittelbar an den Kriegserfahrungen von Millionen Menschen, für die die Vorstellung von künftigen Soldaten in der Bundesrepublik zwiespältige Erinnerungen an deutsches Militär und die Folgen militärischer Gewalt auslösten. Bei der (geheimen) Planung und Durchführung der Aufstellung der »neuen Wehrmacht« wie auch bei der öffentlichen Debatte fungierten daher die alte Wehrmacht und der Zweite Weltkrieg als maßgebliche Referenzpunkte. Das Selbstverständnis der neuen westdeutschen Streitkräfte wurde nicht nur durch die Erfordernisse der modernen technisierten Kriegführung und der

[11] Ebd., S. 358.

Einbeziehung der Zivilbevölkerung in die propagandistische Auseinandersetzung des Kalten Krieges geprägt, sondern bestimmte sich wesentlich durch ihr Verhältnis zu den Streitkräften der NS-Diktatur.

Der Ambivalenz dieses Verhältnisses zwischen personeller Kontinuität und normativer Abgrenzung entsprach eine lebhafte Konkurrenz um die historische Interpretation der Kriegsvergangenheit in gegenwärtiger Absicht, dem jeweiligen Gruppeninteresse angemessen. Doch auch aus der Sicht der ehemaligen Alliierten prägte ein mythisches Bild der Wehrmacht die Pläne für eine Einbeziehung der Deutschen in den Konflikt gegen die UdSSR. Die bedeutsamste Protestbewegung im ersten Jahrzehnt der Bundesrepublik kreiste jedenfalls um *militärische* Fragen der Gegenwart und Zukunft – mit Sinnzuschreibungen der Vergangenheit. Um die wesentlichen Deutungsmuster und ihre politischen Funktionen geht es im Folgenden. Doch zunächst soll eine Skizze der gut erforschten innen- und außenpolitischen Umstände der Wiederbewaffnung den ereignisgeschichtlichen Hintergrund ausleuchten, soweit er zum besseren Verständnis der Problematik beiträgt. Hier sind erstens der politik- und mediengeschichtliche Aspekt, zweitens dann die außenpolitische Entwicklung in puncto Wiederbewaffnung zu nennen.

Die frühe Bundesrepublik war von einem Politikstil geprägt, der treffend als »Kanzlerdemokratie«[12] beschrieben worden ist: Immer mehr Macht lag in Konrad Adenauers Händen. Durch seine Position im Parlamentarischen Rat und als erster Regierungschef dehnte er die Richtlinienkompetenz des Kanzlers, wie sie das Grundgesetz vorsah, faktisch zu weitgehender alleiniger Entscheidungsgewalt aus; die Schalthebel der Macht befanden sich im Bundeskanzleramt, von wo aus die Ministerien gelenkt wurden. Bis 1955 gab es weder einen Verteidigungs-, noch einen Außenminister; Adenauer allein hatte das Vortragsrecht bei den Hohen Kommissaren. Besonders brisant: Der Bundeskanzler hatte als einziger in der Regierung unmittelbaren Einfluss auf den Umgang mit den Medien und der Öffentlichkeit. Das Bundespresse- und Informationsamt (BPA) unterstand dem Kanzleramt direkt. Auch wenn die Zeitgeschichtsforschung uneins ist in der Frage, ob das Merkmal »Kanzlerdemokratie« für die Adenauer-Ära reserviert bleiben sollte: Es kennzeichnet den autoritären, ganz auf die Person bezogenen Politikstil, der im Sieg bei der Bundestagswahl 1957 kulminierte. Der patriarchalische Duktus des über Siebzigjährigen schien in den Augen vieler Westdeutscher die Stabilität zu garantieren, nach der man sich seit dem Krieg gesehnt hatte.

Adenauer sah in der Pressepolitik ein Machtinstrument. Da die Zeit der parteigebundenen Richtungspresse wie in der Weimarer Republik passé war, sollte das Bundespresseamt im Sinne der Regierung »Propaganda« machen – demokratisch gewendet, war der Begriff anfangs weiterhin gebräuchlich. Auch die quasiprivaten »Teegespräche« des Kanzlers mit eingeladenen Journalisten, die riskante Pressekonferenzen ersetzen sollten, zielten auf eine regierungstreue und vermeintlich nationalen Interessen dienende Berichterstattung[13]. Die nüchterne Weitergabe

[12] Vgl. Doering-Manteuffel, Strukturmerkmale der Kanzlerdemokratie; Schwarz, Adenauers Kanzlerdemokratie.

[13] Vgl. Adenauer, Teegespräche 1950–1954 und 1955–1958.

wirklicher Informationen dagegen gehörte nicht zu dieser medienpolitischen Praxis, eher die gezielte Information ausgewählter Pressevertreter, die auf dem konservativen Regierungskurs lagen[14].

Das Bundespresseamt sollte nicht nur die Medienpolitik koordinieren und die Regierung über die Medienlandschaft informieren. Es führte auch regelrechte Propagandakampagnen für die konservative Regierung durch, nicht zuletzt in der Wiederbewaffnungsdebatte, und wertete die Presse in ihrem Sinne aus. Rund 400 zumeist verbeamtete Mitarbeiter beschäftigte das Bundespresseamt 1955. Um die Öffentlichkeitsarbeit kümmerte sich der Chef des Bundeskanzleramtes (1951–1953), Staatssekretär Otto Lenz. Er hob 1951 auch die – in der Forschung lange übersehene – Arbeitsgemeinschaft Demokratischer Kreise (ADK) als weiteres medienpolitisches Instrument der CDU/CSU aus der Taufe, auf das zurückzukommen sein wird. Mehr als 17 000 Mitarbeiter waren 1953 in dieser sich nach außen unabhängig gebenden Vereinigung unter der Leitung von Hans Edgar Jahn ehrenamtlich tätig[15]. Zur Praxis gehörten Diskussionsabende, Vortragsveranstaltungen, Filmvorführungen und Tagungen, nicht selten unter dem organisatorischen Deckmantel einer anderen Institution. Aus dem Bundespresseamt flossen schließlich – klammheimlich – Gelder an nationalkonservative bis rechtsextreme Blätter wie die *Deutsche Soldatenzeitung*, den *Frontsoldat*, die *Wehrwissenschaftliche Rundschau* und die *Wehrkunde*, aber auch an Organe der Vertriebenenpresse und des Katholizismus, vor allem *Christ und Welt*[16]. Auch *Die Zeit* wurde Anfang der fünfziger Jahre finanziell unterstützt. Diese Steuerung der Öffentlichkeit durch das Bundespresseamt, das Einhegen der Journalisten und ihre Verpflichtung auf die Sache der Regierung im Namen nationaler Geschlossenheit funktionierte in diesem Jahrzehnt recht gut, auch wenn der Kanzler sich immer wieder über die Grenzen dieser Medienpolitik in der Tradition Bismarcks ärgerte; auf die Nachrichtenagenturen beispielsweise hatte die Regierung keinen Einfluss.

In diesem Klima wurden ältere Muster autoritärer Mediensteuerung aus der Zeit vor 1933, aber auch des Nationalsozialismus wie selbstverständlich übernommen. Dem steht nicht entgegen, dass auch ganz moderne, westliche Elemente wie die Öffentlichkeitsarbeit des ADK, der Rückgriff auf die Demoskopie oder indirekte Formen der Einflussnahme einflossen. Insgesamt haben Forschungen zur neueren Mediengeschichte gezeigt, dass die Medienpolitik der fünfziger Jahre »im großen und ganzen restriktiv und restaurativ« war, was das Verhältnis von Staat und Medien betraf. In der Kanzlerdemokratie blieben die Medien auf den nationalen und antikommunistischen Konsens, sprich die konservative Regierungspolitik verpflichtet. Eine kritische Auseinandersetzung mit der jüngsten Vergangenheit, mit Krieg und Wehrmacht, passte schlecht in dieses Bild[17].

---

14 Hodenberg, Konsens und Krise, S. 157 f.

15 Ebd., S. 163 f.

16 Ebd., S. 164 f.; Walker, Das Presse- und Informationsamt, S. 228. Vgl. auch Daniel, Die Politik der Propaganda.

17 Diese Bilanz zieht Hodenberg, Konsens und Krise, S. 179, 182.

Die außenpolitische Konstellation stellte sich, das ist der zweite Aspekt, folgendermaßen dar. Die künftige Westbindung der jungen Bundesrepublik war längst vor deren Gründung 1949 ausgemacht; die Einbindung der Trizone in den Marshallplan 1947 gilt gemeinhin als der entscheidende Moment[18]. Die Integration in die jüngst ins Leben gerufenen politischen und militärischen Organisationen des Westens – die 1948 gegründete »Organisation for European Economic Co-operation« (OEEC, seit 1971 OECD) am 25. Oktober 1949, den Europarat am 2. Mai 1951 und schließlich die »North Atlantic Treaty Organization« (NATO) im Mai 1955 – war eine Entwicklung, über die bis weit in die fünfziger Jahre und zum Teil darüber hinaus innenpolitsich heftig gestritten wurde, weil sie die deutsche Teilung zu zementieren schien.

In diesem Kontext stand die Entscheidung für die Aufstellung westdeutscher Streitkräfte und ihre Einbettung in die westliche Militärallianz. Auch in diesem Punkt reichten die Planungen weit hinter den Beginn der öffentlichen Debatten zurück. Bereits Anfang 1948 begannen im britischen Foreign Office erste Planungen für die Einbeziehung Westdeutschlands (und Spaniens – wo nach wie vor das Franco-Regime herrschte!) in ein europäisches Verteidigungssystem; im Frühjahr 1948, als vor dem Hintergrund der Sowjetisierungspolitik in Osteuropa über den Brüsseler Pakt diskutiert wurde, griff die internationale Presse das Thema auf[19]. Winston S. Churchill heizte die öffentliche Diskussion 1950 weiter an, als er die Integration westdeutscher Streitkräfte in ein europäisches Verteidigungssystem forderte. Das lag in der Logik der amerikanischen Containment-Politik, den sowjetischen Gegner unter anderem durch die Einbindung Westdeutschlands und die Nutzung seiner ökonomischen und militärischen Ressourcen »einzudämmen«. Der Koreakrieg (1950–1953) schließlich setzte die Frage einer westdeutschen Aufrüstung endgültig auf die Agenda[20]; wie der Schumann-Plan einer wirtschaftlichen Kooperation im Bereich Kohle und Stahl sollte der Krieg im geteilten Korea die Entwicklung auf dem sicherheitspolitischen Feld in den fünfziger Jahren maßgeblich prägen. Ehemalige deutsche Generäle werteten den Koreakrieg gegenüber dem britischen Geheimdienstchef, General Kenneth Strong, als den »Wendepunkt in unserem Leben; in erster Linie, weil er in den USA und den übrigen westlichen Ländern zur Aufrüstung führte«[21]. Verständlich wird das, wenn man sich die Befürchtung der Zeitgenossen vor Augen hält, dass nach dem sowjetischen Vordringen in Ost- und Südosteuropa bis 1948 sowie der kommunistischen Revolution in China 1949 der Einmarsch nordkoreanischer Truppen in den Süden des Landes am 25. Juni 1950 das Startsignal für weitere Angriffe sei, auch in Europa und nicht zuletzt im ebenfalls geteilten Deutschland. Die Gegenoffensive der U.S. Army kurz darauf nahm einen Krieg mit der Sowjetunion in Kauf.

---

18 Vgl. Herbst, Option für den Westen.

19 Vgl. Anfänge westdeutscher Sicherheitspolitik, Bd 1 (Beitrag Wiggershaus), S. 325 f.; zur deutschen Militärgeschichte nach 1945 vgl. den Überblick von Wenzke/Zündorf, »Ein Eiserner Vorhang ist niedergegangen.«

20 Mai, Westliche Sicherheitspolitik. Als Einführung: Steininger, Der vergessene Krieg; Wiggershaus: »Deutschland 1950 – ein »zweites Korea«?

21 Zit. nach Steininger, Deutsche Geschichte, Bd 2, S. 146.

Der amerikanische Präsident Harry S. Truman billigte im September 1950 die rasche Aufstellung westdeutscher Streitkräfte; die französische Seite erreichte für ihre Zustimmung am 24. Oktober als Kompromiss, dass die deutschen Verbände auf Bataillons- und Regimentsebene in eine supranationale europäische Armee integriert werden sollten. Auf der Basis des Pleven-Plans, benannt nach dem damaligen französischen Ministerpräsidenten, kamen die Westmächte im September 1951 darin überein, dass im Rahmen einer »Europäischen Verteidigungsgemeinschaft« (EVG) deutsche Streitkräfte aufgestellt werden sollten. Dem »Deutschland-Vertrag«, auch »Generalvertrag« genannt, vom 26. Mai 1952 folgte am 27. Mai das EVG-Abkommen in Paris. Der Deutschland-Vertrag beendete formal das Besatzungsstatut und ließ eine – wenngleich eingeschränkte – Souveränität der Bundesrepublik zu. (Die Entscheidungen über Truppenstationierungen beispielsweise behielten sich die drei Westmächte weiterhin vor.) Weil jedoch der EVG-Vertrag in der französischen Nationalversammlung am 30. August 1954 nicht ratifiziert wurde, trat auch der Deutschlandvertrag in seiner ersten Fassung nicht in Kraft. Dagegen stimmte Paris dem Beitritt der Bundesrepublik zur NATO und zur neu geschaffenen »Westeuropäischen Union« (WEU) sowie der Neuverhandlung des Generalvertrages zu; am 23. Oktober 1954 wurden die Pariser Verträge unterzeichnet, die der Bundesrepublik mit Wirkung vom 5. Mai 1955 die Souveränität gaben – sieht man von alliierten Vorbehalten zu Gesamtdeutschland und Berlin einmal ab, die erst 1990 mit den Zwei-plus-Vier-Verträgen gegenstandslos wurden. Die endgültige Festlegung der Grenzen Deutschlands wurde hier unter den Vorbehalt eines Friedensvertrages gestellt; zudem verpflichteten sich die Alliierten, mit friedlichen Mitteln auf eine Wiedervereinigung des ehemals verfeindeten Deutschland in Freiheit hinzuarbeiten. Die Kriegsvergangenheit trat hinter die strategischen Pläne zurück. In den USA sei man »guten Willens, Weltkrieg II zu vergessen, um Weltkrieg III zu verhindern«, so fasste der Hamburger Liberale Willy Max Rademacher seine Eindrücke nach einer Reise in die Vereinigten Staaten zusammen. Denn die Amerikaner seien sich bewusst, dass über die Freiheit in der Welt auch in Europa entschieden werde, und erwarteten die Mitarbeit der Europäer[22].

a) Militärisches Selbstverständnis zwischen »alter« und »neuer Wehrmacht«

Bundeskanzler Adenauer sah in einem Junktim von Wiederbewaffnung und Souveränität einen Weg, seine außen- und innenpolitischen Ziele zu verknüpfen. Für ihn kam der Koreakrieg insofern zur rechten Zeit, als er die Forderung der Alliierten nach deutschen Soldaten als ein Mittel zur raschen Gewährung der Souveränität der Bundesrepublik nutzen konnte. Adenauers Haltung in der Frage eines deutschen Wehrbeitrags wurde – da ist sich die Forschung weitgehend einig – wesentlich von seinem Ziel geprägt, das Besatzungsstatut nach und nach zu lockern. Bereits kurz *vor* dem Ausbruch des Koreakrieges hatte er den Briten und Amerikanern die Aufstellung deutscher Truppen angeboten; am 29. August 1950 präsentierte er ihnen ein gehei-

22 ADL, Sig. 367: Rednerschnellbr. Jg. 1953, Nr. 23–29: Rademacher, Amerikanischer Bilderbogen, S. 15.

mes, auch seinen Ministern unbekanntes »Memorandum über die Sicherung des Bundesgebietes nach innen und außen«, in dem er seine Bereitschaft wiederholte, ein deutsches Kontingent zu stellen. Der Koreakrieg wirkte auf die Frage eines westdeutschen Wehrbeitrags wie ein Katalysator[23].

Hatte die Bundesregierung noch ein Jahr zuvor, im Petersberger Abkommen (22.11.1949), zusichern müssen, dass sie »mit allen ihr zur Verfügung stehenden Mitteln die Neubildung irgendwelcher Streitkräfte« abwenden werde, trieb Adenauer die Aufstellung westdeutscher Streitkräfte spätestens ab Oktober 1950 systematisch voran. Bereits im Mai hatte er den General der Panzertruppen a.D. Gerhard Graf von Schwerin zum »Berater des Bundeskanzlers in Sicherheitsfragen« ernannt; im Juli begann der Aufbau der »Zentrale für Heimatdienst«, wie die Tarnbezeichnung lautete. Im Oktober wurde Theodor Blank, der Mitbegründer und Vorsitzende der IG Bergbau, zum »Beauftragten für die mit der Vermehrung der alliierten Truppen zusammenhängenden Fragen« ernannt – eine taktische Entscheidung Adenauers, die dem Protest der Gewerkschaften gegen die Wiederaufrüstung das Wasser abgraben sollte. Das Amt Blank entwickelte sich zu einer Schaltzentrale für die Wiederbewaffnung, in der nicht zuletzt ehemalige Soldaten tätig waren[24].

Die wichtigen demokratischen Parteien stimmten darin überein, dass die Organisation der neuen Streitkräfte keine Neuauflage von Reichswehr und Wehrmacht sein dürfe. Eine hohe Kampfkraft sollte durch eine mentale und intellektuelle (in der Sprache der Protagonisten: geistige) Orientierung der Soldaten erzielt werden, die sich von dem überkommenen Wertekanon der Wehrmacht mit ihrer formalen Disziplin fundamental unterschied. Demgegenüber setzten »Traditionalisten« wie der Leiter der Unterabteilung Planung der Militärischen Abteilung, Oberst a.D. Bogislaw von Bonin, der einstige Chef der Operationsabteilung im Oberkommando des Heeres (1944/45), darauf, die Stärken der Wehrmacht nunmehr an der Seite westlicher Partner im Kampf gegen den Bolschewismus zu nutzen.

Ebenfalls im Oktober 1950 versammelte Adenauer ehemalige Generale zu einer Expertenrunde im Eifel-Kloster Himmerod. Zum Kreis der 15 Offiziere der Wehrmacht, die sich vom 6. bis 9. Oktober im Geheimen trafen, zählten zehn ehemalige Generale und Admirale. Aufgrund ihrer späteren Schlüsselpositionen – insgesamt gingen aus dem Himmeroder Kreis sieben Generale hervor, die in höchste militärische Positionen der Bundeswehr und der NATO gelangten – prägten sie das politische und militärische Leitbild der neuen Streitkräfte und ihrer Soldaten[25].

---

23 Vgl. Steininger, Deutsche Geschichte, Bd 2, S. 145 f. Dort (S. 165–167) auch auszugsweise das Memorandum vom 29.8.1950.

24 Vgl. die organisationsgeschichtliche Studie von Krüger, Das Amt Blank, dort zur »Dienststelle Schwerin« und den personellen Verflechtungen, S. 17–28. Bundesministerium der Verteidigung lautete die Bezeichnung ab 1961. Zu den personellen Querelen vgl. etwa: Amt Blank. Bürger in Uniform. In: Der Spiegel, 5.11.1952, S. 9 f. Umfangreich die Titelgeschichte: Theo Blank. Der härteste Schädel in Bonn. In: Der Spiegel, 10.12.1952, S. 6–13.

25 Sechs der teilnehmenden Offiziere starben vor oder während der Aufstellung der westdeutschen Streitkräfte: Generaloberst a.D. Heinrich von Vietinghoff-Scheel (1887–1952), Admiral a.D. Walter Gladisch (1882–1954), General der Flieger a.D. Robert Knauss (1892–1955), General der Flieger a.D. Rudolf Meister (1897–1958), General der Infanterie a.D. Hermann Foertsch (1895–1961), Friedo von Senger und Etterlin (1891–1963; Mitglied des Personalgutachterausschusses für die

Als Ergebnis der militärischen Fachgespräche wurde ein Memorandum vorgelegt. In der »Himmeroder Denkschrift« hielten die Teilnehmer dieser Expertenrunde die Grundgedanken und Leitlinien fest, die in die Planungen für ein westdeutsches Verteidigungskontingent einflossen[26]. Als Magna Charta der Bundeswehr bezeichnete daher Graf von Schwerin die Denkschrift im Rückblick. Hier ist sie als zeitgenössisches Dokument von doppeltem Interesse: Zum einen lassen sich an einer Schnittstelle im Übergang von der »alten« zur »neuen Wehrmacht« diese früh formulierten Leitprinzipien auf Kontinuitäten und Brüche im Kriegs- und Soldatenbild befragen, wie sie später die Aufstellungsphase der Bundeswehr prägten; zum anderen gibt das Memorandum einen Einblick in die Denkweise einer militärischen Elite aus Heer, Luftwaffe und Marine und lässt deren Selbstbild und militärisches Selbstverständnis fünf Jahre nach Kriegsende erkennen.

Aufschlussreich für die Einstellung der Regierung sind zunächst die Gesichtspunkte, nach denen die Männer der Wehrmachtelite, sofern sie sich nicht noch in Kriegsgefangenschaft befanden, für dieses Gremium ausgewählt wurden, das auch als Gesprächspartner für die Allliierten vorgesehen war, mithin auch in deren Augen akzeptable Gegenüber präsentieren musste. Als Nachweis verantwortungsvollen Handelns galt zum einen die Beteiligung an der Teilkapitulation in Italien (Heinrich von Vietinghoff-Scheel, 1944 Oberbefehlshaber Südwest der Heeresgruppe C, Ferdinand von Senger und Etterlin und Hans Röttiger), zum anderen die angenommene Zugehörigkeit zum Kreis des Widerstandes gegen Hitler (Hans Speidel, Adolf Heusinger, Robert Knauss, Johann Adolf Graf von Kielmansegg). Am Ende der geheimen Tagung im Zisterzienserkonvent stand die von Kielmansegg redigierte »Denkschrift über die Aufstellung eines deutschen Kontingents im Rahmen einer übernationalen Streitmacht zur Verteidigung Westeuropas«. Die militärische Expertenkommission äußerte sich zu den »militärpolitischen« Grundlagen, zur operativen Lage der Bundesrepublik, zur Organisation eines Deutschen Kontingents, zur Ausbildung seiner Soldaten und schließlich zu seinem »inneren Gefüge«.

Bundeswehr). Vier der teilnehmenden ehemaligen Generale/Admirale wurden im Generalsrang in der Bundeswehr verwendet: Hans Speidel (1897–1984): 1956–1964, erster deutscher Oberbefehlshaber Alliierte Landstreitkräfte Europa Mitte (LANDCENT); Adolf Heusinger (1897–1982): 1956–1964, erster Generalinspekteur, erster deutscher Vorsitzender des NATO-Militärausschusses; und Hans Röttiger (1896–1960): 1956–1960, erster Inspekteur des Heeres; sowie Admiral Friedrich Ruge (1894–1985): erster Inspekteur der Bundesmarine. Einen Generalsrang in der Bundeswehr bekleideten auch drei der fünf ehemaligen Stabsoffiziere der Wehrmacht: Oberst i.G. a.D. Johann Adolf Graf von Kielmansegg (1906–2006): 1956–1966, zuletzt NATO-Oberbefehlshaber der Alliierten Streitkräfte Europa Mitte; Major a.D. Wolf Graf Baudissin (1907–1993): 1955–1967, zuletzt Stellvertretender Chef des Stabes für Planung und Operation beim NATO-Oberkommando Europa (SHAPE); Major i.G. a.D. Horst Krüger (1916–1989): 1955–1973. Zwei Teilnehmer wurden Mitarbeiter im späteren Bundesnachrichtendienst (BND): Kapitän zur See a.D. Alfred Schulze-Hinrichs (1893–1972) und Oberst i.G. a.D. Eberhard Graf von Nostitz (1906–1983). Vgl. Pauli, Wehrmachtoffiziere in der Bundeswehr.

26 Rautenberg/Wiggershaus, Die »Himmeroder Denkschrift«; vgl. Anfänge westdeutscher Sicherheitspolitik, Bd 1 (Beitrag Rautenberg); Bald, Die Bundeswehr. Zur Rezeption in der Bundeswehr vgl. z.B. Winfried Steinemann, 50 Jahre Himmeroder Denkschrift. Die Denkschrift (BArch, BW 9/3119) ist auch auf der Website des Bundesarchivs einzusehen: www.bundesarchiv.de (1.2.2014).

Welche Bedeutung kam dem Krieg, der Wehrmacht und der Nachkriegszeit in der Konzeption eines deutschen Kontingents zu? Welche älteren Vorstellungen, welche neuen Gedanken wurden artikuliert? Hier geht es ausschließlich um den ersten und den letzten Abschnitt der Denkschrift, die daher als ein zeitgenössisches Dokument eines spezifischen Milieus, nicht, wie in der Forschung üblich, ex post als programmatischer Text militärischer Traditionsstiftung betrachtet werden soll.

Die Teilnehmer gingen von der außen- und innenpolitisch ungünstigen Lage aus: der verbreiteten Skepsis gegenüber einer Remilitarisierung. Zwar sei, hieß es in ungebrochener Diktion, »im deutschen Volk« die »Wehrkraft« durchaus vorhanden, Lücken in der Verteidigung zu füllen, doch es mangele vielen Deutschen noch an »Wehrwillen«. Mit einem zentralen Begriff des soldatischen Militarismus, wie er zuletzt in der nationalsozialistischen Kriegspropaganda je später, je öfter bemüht wurde, und in der Semantik des deutschen Nationalismus definierte man die Aufrüstung als Bereitschaft, das Risiko eines militärischen Konfliktes einzugehen. Das deutsche Volk sei »innerlich noch nicht bereit, [für die freiheitlichen Werte des Westens] Opfer zu bringen«. Die Schuld an diesem mangelnden »Behauptungswillen« trug nach Ansicht der ehemaligen Offiziere die Nachkriegspolitik der Alliierten, die mit dem in Veteranenkreisen allgegenwärtigen Begriff der »Diffamierung« gebrandmarkt wurde. Nicht die Gewalterfahrungen der Kriegszeit, nicht die Einsicht in die Rolle des Militärs als eines Teils des NS-Regimes erklärte hier die Distanz der Deutschen, sondern die Art, wie die Alliierten seit Kriegsende mit ihnen umgingen. Ausdrücklich schloss das die Soldaten der Waffen-SS ein, die ja, wie es hieß, im Rahmen der Wehrmacht eingesetzt worden und deshalb zu rehabilitieren seien.

So standen am Anfang der Denkschrift die aus dieser Prämisse abgeleiteten »militärpolitischen« Forderungen an die Westmächte: nationale Souveränität und militärische Gleichberechtigung. Das wurde anhand eines Beispiels aus dem Krieg gegen die Sowjetunion illustriert. Die Expertenkommission lehnte eine Lösung ab, die »den deutschen Mann nach Art des russischen ›Hiwi‹ des letzten Krieges« in kleinen Verbänden in die westlichen Einheiten einordne[27]. (Das Deutsche Kontingent sollte daher insgesamt, nicht etwa in einzelne Kampfverbände aufgelöst, Teil einer künftigen supranationalen, europäisch-föderativen Armee sein.) Anders formuliert: Die Soldaten einer neuen deutschen Wehrmacht sollten von den künftigen Verbündeten nicht so behandelt werden, wie sie selbst als Angehörige der alten Wehrmacht die Zwangsverbündeten behandelt hatten. Nach innen hielt die Kommission die »Rehabilitierung *des* deutschen Soldaten« für unabdingbar. Das umfasste die Forderung nach einer förmlichen Erklärung der Alliierten sowie nach der Freilassung »der als ›Kriegsverbrecher‹ verurteilten Deutschen, soweit sie nur auf Befehl gehandelt und sich keiner nach alten deutschen Gesetzen strafbaren Handlung schuldig gemacht haben«. Zwar gingen die Männer in Himmerod nicht so weit, eine Generalamnestie zu postulieren, doch teilten sie offenkundig die Vorstellung

[27] Rautenberg/Wiggershaus, Die »Himmeroder Denkschrift«, S. 37. Der Begriff »Hilfswillige« (»Hiwis«) bezeichnete v.a. jene Soldaten der Roten Armee, die nach ihrer Gefangennahme zunächst zu einfachen Arbeiten, später in bewaffneten Einheiten insbesondere der Heeresgruppe Mitte eingesetzt worden waren.

einer insgesamt unrechtmäßigen Verurteilung durch eine Siegerjustiz. Zu diesem Zweck forderte man »Maßnahmen zur Umstellung der öffentlichen Meinung« im In- und Ausland – ein Verständnis von öffentlicher Meinung, das sich eher an der staatlichen Propaganda diktatorischer Regime als an der Rolle von Medien in einer Demokratie und komplexen, widerstreitenden Meinungsbildungsprozessen in einer pluralistischen Gesellschaft orientierte[28]. Auch die Bundesregierung und das Parlament sollten eine »Ehrenerklärung« für »*den* deutschen Soldaten« abgeben und durch »planmäßige [...] Aufklärungsarbeit« dafür sorgen, dass ein »Ethos der Landesverteidigung [...] das gesamte Volk erfasse«, einschließlich der Opposition und der Gewerkschaften[29]. In einer Stellungnahme für die Bundesregierung hielt Graf von Schwerin den Begriff der Ehrenerklärung für erklärungsbedürftig. Er unterstrich, dass es nicht darum gehe, den Soldaten »eine besondere Ehrauffassung« zu bestätigen, sondern darum, die Wehrmachtsoldaten aller Rangstufen, sofern sie nur ihre »soldatische Pflicht« erfüllt und »kein Vergehen im kriminellen Sinn« begangen hätten, den zivilen Staatsbürgern rechtlich und moralisch offiziell gleichzusetzen[30].

Die Expertenkommission der ehemaligen Wehrmachtelite und (in Teilen) künftigen Bundeswehrführung war sich der Problematik bewusst, die der Übergang von alten zu neuen militärischen Strukturen bedeutete, der wesentlich durch den radikalen Wandel der politischen Rahmenbedingungen geprägt war. An keiner Stelle wird die Ambivalenz der Neuorientierung so deutlich wie dort, wo der Balanceakt zwischen Alt und Neu selbst thematisiert wurde. In diesem Kontext fiel der seitdem in Bundeswehrkreisen oft zitierte Satz, dass »ohne Anlehnung an die Formen der alten Wehrmacht heute *grundlegend* Neues zu schaffen« sei[31]. Dieser strukturelle Bruch zwischen Vergangenheit und Gegenwart wurde freilich abgefedert durch die Feststellung, dass man den »soldatischen Erfahrungen« ebenso Rechnung zu tragen habe wie den »Gefühlen des deutschen Volkes«. Gemeint war nicht die ja durchaus erfahrungsgesättigte und hoch emotionale »Ohne mich«-Haltung, sondern das Reservoir an überkommenen Vorstellungen eines militärischen Kodex im allgemeinen und einer eigentümlichen Vergangenheit der Deutschen im Besonderen. So hielten es die ehemaligen Offiziere für notwendig, in der Binnenorganisation der neuen Streitkräfte zu vermitteln: zwischen »dem berechtigten Wunsche nach dem hergebrachten Ansehen des Soldaten in der Öffentlichkeit« einerseits und dem »notwendigen neuen Inhalt und den aufgelockerten Formen« andererseits – was an das Auftreten der US-Soldaten denken ließ[32]. Auf diese Ambivalenz und ihre Folgen für die Repräsentation des Krieges ist zurückzukommen.

---

28 Ebd., S. 37, Herv. J.E.; ähnlich S. 53 (»Einwirken auf Volk und Gegner«), hier werden v.a. die Jugend und die Kommunisten in der DDR als Zielgruppe herausgehoben.

29 Ebd., S. 38, Herv. J.E.

30 Stellungnahme des Grafen v. Schwerin zur Denkschrift des militärischen Experten-Ausschusses vom 28.10.19510. In: Ebd., S. 58–60, hier S. 58.

31 Ebd., S. 53, Herv. im Orig.

32 Ebd., S. 53. Beispielhaft für »überlebte« Institutionen standen die Burschenschaften, das Verbot des Tragens ziviler Kleidung außerhalb der Kaserne und das Ordonnanzwesen in den Kasinos (ebd., S. 55).

Im Gegensatz zur Wehrmacht galten jetzt die demokratische Staats- und Gesellschaftsordnung wie auch die europäische Idee als neue Bezugsgrößen, ohne dass indes die älteren Loyalitätsformeln des Nationalismus ihre Gültigkeit verloren hätten. Auch in diesem Punkt zeigte sich ein halbes Jahrzehnt nach Kriegsende das Bemühen, zwischen älteren und neuen Werten im Kontext des Militärischen zu vermitteln. So sollten die Soldaten künftig ein klares, positives Bild von Europa besitzen, das normativ verstanden wurde als der Ort, an dem die politischen Werte von Selbstbestimmung und sozialer Gerechtigkeit entstanden seien und weiterhin gelten sollten, die das Militär zu verteidigen habe. Die Verpflichtung auf diese europäischen »Ideale« und eine europäische Identität stand daher höher als »alle traditionellen nationalen Bindungen« – eine Rangfolge, die auch symbolisch abgebildet und durch eine entsprechende politische und historische Bildung vermittelt werden sollte. Diesem Plädoyer für eine supranationale Orientierung folgte das für die nationale Ausrichtung der »neuen Wehrmacht«, die wiederum ältere ideologische Elemente enthielt. Mit dem europäischen »Zusammengehörigkeitsgefühl« sollte »die *gesunde Vaterlandsliebe*« einhergehen. Wer (West-)Europa verteidigte, der verteidigte auch »die deutsche Heimat und Familie«[33]. Das Attribut »gesund« insinuierte in der Manier des 19. Jahrhunderts die Verträglichkeit eines von »Nationalismus« strikt zu trennenden »Patriotismus« mit übernationalen Werten[34].

Wie sehr der Blick auf die internationale Einbindung deutscher Streitkräfte durch das Prisma des Nationalismus gebrochen war, zeigte auch wenig später die Sorge des Referatsleiters »Militärwissenschaft« im Amt Blank. Der ehemalige Chef des Generalstabs des XXXI. Armeekorps, Hans Meier-Welcker, der nach seiner Rückkehr aus der Kriegsgefangenschaft 1947 in Göttingen Geschichte studiert hatte und 1951 promoviert worden war, warnte in einer historischen Studie vor der Entwurzelung des deutschen Volkstums für den Fall, dass künftige deutsche Soldaten in europäischem Dienste einer »organisatorische[n] Gleichmacherei« zum Opfer fielen. Für Meier-Welcker, der ab 1957/58 erster Amtschef des Militärgeschichtlichen Forschungsamtes (MGFA) wurde, war klar, dass die freiheitliche Ordnung »ihren Boden im Volkstum« hat und analog zur Achtung der Menschenwürde in den Streitkräften »auch das Volkstum in der Verteidigungsgemeinschaft geachtet werden« müsse[35].

Ein nationaler Vorbehalt gegen die Wiederaufstellung deutscher Streitkräfte wurde im Übrigen in Himmerod nicht formuliert; die Offiziere und Generale gingen von Deutschland in den Grenzen von 1937 aus. Adenauers Berater für Militär- und Sicherheitsfragen setzten dieser positiven Antriebskraft die negative des Antibolschewismus als die einzig wirkungsvolle entgegen. Die meisten Deutschen würden, hieß es aus der Zentrale für Heimatdienst, einer Wiederbewaffnung nur

33 Ebd., S. 53 f. Zur Kontinuität der Krankheitsmetaphorik vgl. Kapczynski, The German Patient.
34 Vgl. Echternkamp, Der Aufstieg.
35 Meier-Welcker, Deutsches Heerwesen im Wandel der Zeit, S. 136.

zustimmen, wenn sie von einer »›Notwehr‹ gegen eine Vergewaltigung durch den Bolschewismus« ausgehen müssten[36].

Ging es bei diesen Selbstverpflichtungen um die politische Reichweite, galt der militärische Eid der politischen Ordnung: der demokratischen Verfassung[37]. Was im Kollektivsingular *des* deutschen Soldaten anklang, ließ sich am Ende mit dem Begriff des »wahren Soldatentums« noch einmal variieren: So lautete die Formel, mit der das Militärwesen der Zukunft vom »Militarismus« der Vergangenheit abgesetzt werden konnte – wie auch vom »Pazifismus«[38]. *Dem* deutschen Soldaten bescheinigte die ehemalige Militärelite denn auch eine »stets bewährte Treue und Unbestechlichkeit«[39]. Als Schlusswort wies dieses historisch fundierte Attribut geschickt in die Zukunft eines deutschen Verteidigungsbeitrags, von dem die Verbündeten gewiss profitieren würden – ihr »Vertrauen« vorausgesetzt. Die Selbstgewissheit, mit der man sich hier eine unverbrüchliche und über den politischen Bruch hinausweisende Qualität bescheinigte, setzte eine unpolitische Auffassung des Soldaten für die Zeit vor 1945 voraus und stand insofern in einem Widerspruch zu der eigenen Konzeption, als diese eine politische (wenngleich überparteiliche) Grundhaltung und die Verpflichtung auf die politische Ordnung verlangte.

Hier zeigte sich der Spagat zwischen Programmatik und Pragmatik, der eigene Positionen durch die Rücksicht auf Teile der öffentlichen Meinung, nicht zuletzt der Veteranen, prägte. Ohne das »Vertrauen« der ehemaligen Soldaten, diese Empfehlung gaben deren ehemalige Führer dem Bundeskanzler mit auf den Weg, würde der Expertenkommission kein Erfolg beschieden sein; je mehr Vertrauen die Gesellschaft dem Soldaten entgegenbringe, desto mehr profitiere sie von seinem Können[40]. Das sah man auf der Regierungsseite ähnlich. So wurde die Position des ersten militärischen Beraters Adenauers in einem amtsinternen Memorandum zwar nicht als die eines »Wortführers« der ehemaligen Berufssoldaten, sondern »nur« als die eines »ehrlichen Maklers« beschrieben, dem die Wünsche der Soldaten »möglichst exakt vorformuliert« überreicht würden. Dass er sie dann »wärmstens vortragen und vertreten« werde, sei jedoch »selbstverständliche Ehrenpflicht«[41]. In einem Aide mémoire empfahl Schwerin im Juli 1950 dann auch, zur Vorbereitung »personeller Kadres« auf »die alten Kriegskameradschaften der als ›Crack-Divisionen‹ bekannten Einheiten« zurückzugreifen. Die Soldatenverbände müsse man »benutzen, um ein Netz von Vertrauensleuten über das ganze Land zu ziehen«[42]. Freilich stieß Schwerin unter den Ehemaligen seiner eigenen »Windhund«-Division auf

---

36 Stellungnahme des Grafen v. Schwerin zur Denkschrift in: Rautenberg/Wiggershaus, »Die Himmeroder Denkschrift«, S. 60.

37 Ebd., S. 53 f., Herv. im Orig. Gedacht war u.a. daran, ein »europäisches Geschichtsbild« zu schaffen und den Soldaten durch die Beschäftigung mit den sozialen, politischen, ökonomischen und völkerrechtlichen Fragen zu einem »europäischen Soldaten« zu machen. Ebd., S. 54 f.

38 Ebd., S. 55.

39 Ebd., S. 57.

40 Ebd.

41 BArch, BW 9/3118, fol. 21 f.: Aufzeichnung Nr. 10/50 (Bonn 30.9.1950).

42 BArch, BW 9/3110, fol. 26: Aide mémoire Nr. 2 (Bonn, 21.7.1950).

Vorbehalte[43]. So entstand eine Mixtur von zukunftsweisenden Empfehlungen auf der einen Seite und aus der Zeit vor 1945 überkommenen Vorstellungen von militärischer Ehre, soldatischen Rechten und Pflichten, vom Verhältnis zwischen Staat, Militär und Gesellschaft auf der anderen Seite. Sie resultierte nicht zuletzt aus dem Kompromiss unterschiedlicher Positionen innerhalb des Teilnehmerkreises – etwa zwischen Hermann Foertsch und Graf von Baudissin[44]. Einig war man sich darin, die eigene Rolle schleunigst zu legalisieren und den Aufbau neuer Streitkräfte nicht länger im Geheimen zu betreiben. Die Bildung der »Schwarzen Reichswehr« in den zwanziger Jahren diente als negatives Beispiel: Der Regierungsauftrag hatte nicht verhindern können, dass die Opposition und das Ausland die Vorbereitung eines »Revanchekriegs« argwöhnten – ein weiterer Seitenhieb auf die Alliierten[45]. Himmerod war, das zeigen nicht zuletzt die janusköpfigen Soldatenbilder, durch die personelle und streckenweise auch mentale Kontinuität ein Bindeglied zwischen Wehrmacht und Bundeswehr. Der symbolischen Nähe zum Krieg entsprach die räumliche Nähe des Tagungsortes zur Haftanstalt Wittlich, in der die Franzosen deutsche Kriegsgefangene inhaftiert hatten.

Als das Amt Blank im Juni 1955 in »Bundesministerium für Verteidigung« umbenannt wurde, war die Aufstellung der Bundeswehr offiziell. Erste Überlegungen unter dem Eindruck des Koreakrieges, aus kriegserfahrenen Soldaten kurzfristig eine »Mobilmachungsarmee« aufzustellen, waren nun ebenso überholt wie die jahrelangen Planungen einer Integration deutscher Verbände in eine europäische Armee. Bereits Ende 1954 begann dann der Aufbau einer vollständigen, Heer, Marine und Luftwaffe umfassenden Streitkraft im Rahmen der NATO. Die ersten 101 Soldaten rückten am 12. November 1955 in der Bonner Ermekeil-Kaserne ein; die ersten Freiwilligen traten am 2. Januar 1956 in Andernach, Nörvenich und Wilhelmshaven ihren Dienst an. Im Sommer des Jahres wechselten rund 9000 Angehörige des Bundesgrenzschutzes (BGS) in die Bundeswehr, der im März 1951 als paramilitärische Polizei des Bundes mit dem Auftrag der Grenzsicherung gegründet worden war und ehemaligen Soldaten einen neuen Arbeitsplatz geboten hatte[46]. Zur selben

43 Manig, Die Politik der Ehre, S. 221. Schwerin hatte ab November 1942 die später in 116. Panzerdivision umbenannte 16. motorisierte Infanteriedivision geführt, die einen zugelaufenen Windhund als Maskottchen hatte.

44 Ob »die Not zum Kompromiß auch eine Pflicht genannt werden« darf, weil »Soldaten eher geneigt sind, bewahrend zu denken und zu handeln«, sei dahingestellt. Rautenberg/Wiggershaus, Die »Himmeroder Denkschrift«, S. 30.

45 Ebd., S. 56. Der Vorwurf sei »bis heute nicht verstummt«.

46 In der quasi-militärischen Funktion des BGS sahen die einen den Beginn einer verkappten Remilitarisierung; andere nahmen den Widerspruch zwischen der Aufgabenstellung und Ausrüstung aufs Korn. »Soldaten waren es nicht« untertitelte etwa Der Spiegel (1.10.1952, S. 8) zwei Fotos von BGS-Angehörigen, die im Spessart Partisanenbekämpfung übten. Der Widerspruch zwischen der »allzu leichten Bewaffnung« und der Aufgabenstellung wurde durch den Bezug auf den Zweiten Weltkrieg noch auf andere Weise, durch die Erinnerung an die Erfahrung in der Wehrmacht, herausgestrichen: Die »zum Teil ostfronterfahrenen Partisanenjäger« hätten beim Durchkämmen des Geländes weniger »Partisanennester« gefunden als der Grenzschutzinspekteur Gerhard Matzky, General a.D., der sich von den Amerikanern einen »Storch« augeliehen hatte – ein Seitenhieb auf die alliierte Rüstungsbegrenzung. Bereits im Sommer 1950 hatte Erich Mende Bundesinnenminister Gustav Heinemann darauf hingewiesen, dass sich zahlreiche »Kriegskameraden« zur Verfügung

Zeit, 1956, debattierte der Bundestag die Wehrgesetze und regelte den Dienst durch weitere Freiwillige und Wehrpflichtige. In der DDR wurde derweil gegen diese Gesetzgebung im Umfeld der Bundeswehr als Teil des Aufbaus einer »neuen imperialistischen Wehrmacht« und Zeichen der »Schaffung einer demokratisch verbrämten Kriegsordnung« Stimmung gemacht[47].

Im April 1957 wurden dann erstmals junge Männer in die Kasernen der Bundeswehr einberufen. Seine Ankündigung, bis zum 1. Januar 1959 zwölf Heeresdivisionen aufzustellen, die zwei Jahre später durch Luftwaffe und Marine ergänzt würden, konnte Blank indes aufgrund des Mangels an Personal und Liegenschaften nicht einhalten. Sein Widersacher, der Militärexperte der Unionsfraktion Franz Josef Strauß, favorisierte dagegen eine Aufrüstung auf ein hohes technisches Niveau, einschließlich Atomwaffen. Strauß löste Blank im Herbst 1956 als Verteidigungsminister ab[48].

Das Problem der Kontinuität einer militärischen Elite als Teil der westdeutschen »Funktionselite« – den formalen Begriff hatte der Berliner Soziologe Otto Stammer gerade als Gegenbegriff zu »Wertelite« geprägt[49] –, mithin die Frage der Wiederverwendung ehemaliger Wehrmachtsoldaten, sollte der eigens dazu ins Leben gerufene Personalgutachterausschuss klären, von dem bereits kurz die Rede war. Auf der Führungsebene (ab Oberst aufwärts) sollte er die charakterliche und politische Eignung der Bewerber prüfen – ein im Vergleich mit der Justiz, der Medizin oder der Wirtschaft einmaliger Filterprozess, der den neuen Streitkräften größere Skandale ersparen sollte, die mit der nationalsozialistischen Vergangenheit ihres Führungspersonals zusammenhingen. Für die untere Führungsebene hingegen war eine solche Begutachtung schon aus quantitativen Gründen ausgeschlossen.

Die zentralen Strukturprobleme der Aufbauphase resultierten aus der jüngsten Vergangenheit und liegen im Spannungsfeld von Kontinuität und Diskontinuität. Die Kernfrage lautete – darin stimmten SPD und weite Teile der Union überein –, wie die bundesdeutsche Armee in Staat und Gesellschaft der demokratischen Bundesrepublik so integriert werden könne, dass sich die fatalen Entwicklungen der Weimarer Republik und des Dritten Reiches nicht wiederholten. Die Notwendigkeit eines fundamentalen Neubeginns, das heißt einer Abkehr von den militärischen, mit Preußen verbundenen Traditionen, stand daher für die meisten außer Frage. Doch zunächst war die »neue Wehrmacht« darauf angewiesen, Personal aus der alten zu

---

stellen würden; er sollte darauf hin eine entsprechende Namensliste vorlegen. Vgl. Mende, Die neue Freiheit, S. 177. In der FDP vertrat General a.D. Kurt Brennecke (LV NRW) die Meinung, dass man einzelne »wirklich kriegserfahrene, frühere Offiziere und Unteroffiziere der Wehrmacht« durchaus in die Bundeswehr übernehmen könne – vielleicht sogar schneller als »kriegserfahrenen ehemaligen Wehrmachtsangehörige, die sich seit 1945 nicht mehr mit militärischen Dingen befaßt haben«. ADL, Signatur 892: Bundesverteidigungsausschuß, Protokolle, 1955: Denkschrift Brennecke (17.11.1955) betr. Übernahme des BGS in die Streitkräfte, S. 1.

47 Kühlig/Schwarz, Bundeswehr hinter Paragraphengittern, S. 168; vgl. Wenzke, Zur Sicht der NVA.

48 Vgl. zur Aufbauphase aus der vom MGFA herausgegebenen Reihe »Sicherheitspolitik und Streitkräfte der Bundesrepublik Deutschland«: Lemke [u.a.], Die Luftwaffe 1950 bis 1970; Hammerich [u.a.], Das Heer 1950 bis 1970; Sander-Nagashima, Die Bundesmarine 1950 bis 1972; Die Bundeswehr 1955 bis 2005.

49 Vgl. Stammer, Das Elitenproblem in der Demokratie; Schäfers, Elite.

rekrutieren. Etwa 10 000 Offiziere und fast 50 Generale und Admirale stammten aus der früheren Wehrmacht.

Den Neubeginn signalisierten vor allem zwei Entscheidungen. Zur parlamentarischen Kontrolle des Militärs wurde nach schwedischem Voribld das Amt des »Wehrbeauftragten des Deutschen Bundestages« geschaffen, der freilich erst 1959 sein Amt antreten konnte[50]. Das eigentliche Aufbruchsignal im militärischen Binnenraum lag im Reformprojekt einer neuen Führungsphilosophie: der »Inneren Führung«, die den Soldaten als »Staatsbürger in Uniform« konzipierte und demokratische Werte auch auf die militärische Ausbildung und Menschenführung übertragen wissen wollte[51]. Das neue normative Soldatenbild wurde maßgeblich von dem Grundsatz geprägt, dass in der Armee eines demokratischen Staates dieselben Werte zu gelten hätten wie in der Gesellschaft. Es nahm die Soldaten als Angehörige der Zivilgesellschaft ernst und verpflichtete sie auf die freiheitlich-demokratische Grundordnung des Staates, dem sie dienen. Das Novum dieser Militärreform lag nicht zuletzt in der radikal veränderten Haltung zum Krieg, der im Gegensatz nicht nur zur nationalsozialistischen Auffassung nicht mehr als eine Chance männlicher Bewährung galt, sowie in der Maxime, den freien Menschen in der Armee mit dem vollwertigen Soldaten zu verbinden – und zwar als Voraussetzung für deren militärische Schlagkraft[52].

Das war eine klare Absage an das überkommene Kriegs- und Soldatenbild. Der Krieg, so Baudissin, könne »für den Staatsbürger in Uniform kein Feld ersehnter Bewährung sein, wo erst die Mannestugenden geweckt und be[s]tätigt werden können«[53]. Der protestantisch-preußische Aristokrat, ehemaliger Major im Generalstab der Wehrmacht, war 1941 in alliierte Gefangenschaft geraten und hatte den Zweiten Weltkrieg in einem Kriegsgefangenenlager in Australien überstanden. Am 8. Mai 1951 war er auf Betreiben von Johann Adolf Graf von Kielmansegg als Referent für das »Innere Gefüge« in das Amt Blank übernommen worden[54]. Kriegerische Schlachten verherrlichen, den Soldaten heroisieren und seinen Tod glorifizieren: All das kam für Baudissin nicht mehr in Frage.

Baudissin gehörte einer Generation an, die überzeugt war, einen tiefen historischen Einschnitt erlebt zu haben. Krisenbewusstsein und Aufbruchstimmung prägten sie gleichermaßen. Bis in die frühe Bundesrepublik reichten die Spuren einer kulturpessimistischen Weltsicht, die seit den zwanziger Jahren (Oswald Spengler) die Grundhaltung einer Generation bestimmte, vorübergehend unterbrochen vom Nationalsozialismus, dann noch einmal verstärkt durch die »Katastrophe« von 1945 und die Erfahrungen der unmittelbaren Nachkriegszeit. Man wähnte die abendländische Kultur in Gefahr und sah sich und seinesgleichen als Retter in der Not. Die

[50] Vgl. Schlaffer, Der Wehrbeauftragte, S. 47–89.

[51] Vgl. Nägler, »Innere Führung«. Zum Entstehungszusammenhang: Hartmann, Innere Führung.

[52] Nägler, Muster des Soldaten, S. 85.

[53] Baudissin, Soldat für den Frieden, S. 208; vgl. Hammerich, »Kerniger Kommiss« oder »Weiche Welle«?

[54] Vgl. zu Baudissin: Hartmann/Richter/Rosen, Wolf Graf von Baudissin; Gesellschaft, Krieg und Frieden; Wolf Graf von Baudissin.

lutherische Prägung trug bei einem Aristokraten wie Baudissin wesentlich dazu bei, sich in der tätigen Verantwortung für die Gesellschaft zu sehen[55].

Allerdings kämpften die Befürworter der Inneren Führung, namentlich Baudissin, aber auch Kielmansegg und Ulrich de Maizière[56] jahrelang auf einsamem Posten. Während die Soldaten, von den jungen Rekruten abgesehen, zwangsläufig aus den Reihen der Wehrmacht stammten und dort militärisch sozialisiert worden waren, stellte die veränderte Führungsphilosophie die Weichen für einen Wertewandel, der auf ein neues Verständnis von militärischer Traditionswürdigkeit zielte. Die Geschichte der Inneren Führung ist jedoch bis in die frühen siebziger Jahre eine Geschichte ihrer mangelnden Akzeptanz in der Truppe[57]. Ein Blick in den *Jahresbericht Innere Führung* hatte Baudissin schon 1956 enttäuscht. Er notierte in sein Tagebuch, dass es unter Offizieren durchaus üblich sei, sich über die Gesamtkonzeption oder einzelne Regelungen offen und ungestraft hinwegzusetzen[58].

So ließ der erste Skandal nicht lange auf sich warten. Am 16. Januar 1956 ging dem Vizeadmiral Karl-Adolf Zenker, der bereits 1951 zu den Mitarbeitern im Amt Blank gezählt hatte und an der Erarbeitung der Leitlinien für den Wiederaufbau der Marine beteiligt war, das nötige Gespür für die gebotene Distanz in der Traditionsstiftung gänzlich ab. In seiner Ansprache vor den ersten Marinesoldaten suchte er die Bundesmarine in die Kontinuität einer hundertjährigen Tradition deutscher Seestreitkräfte zu stellen[59]. Das Nachkriegsjahrzehnt war in seinen Augen bloß die »Unterbrechung« einer »ehrenvolle[n] Tradition«. Dass diese Sicht nicht jeder teilte, musste Zenker klar sein. Wohl auch deshalb versicherte er den Männern der Marine-Lehrkompanie, dass sie sich der Tradition »nicht zu schämen« brauchten. Der Vizeadmiral, der in den letzten Kriegsmonaten als Admiralstabsoffizier im Oberkommando der Kriegsmarine gedient hatte, blendete die wechselnden politischen Zusammenhänge kurzerhand aus und beschwor stattdessen die vermeintlich ahistorischen Qualitäten der Marine: »Einsatzbereitschaft«, »Ernst und Entschlossenheit« – ohne zu fragen, wofür diese soldatischen Tugenden jeweils instrumentalisiert worden waren. Stattdessen raunte er von der »ritterliche[n] Haltung auch im Kampf« und dem »Opfermut« der Marineangehörigen. Unter den bekannten Versatzstücken des heroisierenden Veteranen-Diskurses der fünfziger Jahre fehlte

55 Vgl. Dörfler-Dierken, Baudissins Konzeption Innere Führung. Siehe z.B. Baudissins Rede auf einer Tagung des Evangelischen Arbeitskreises der CDU Rheinland am 5. Februar 1955 in Düsseldorf: »Der evangelische Christ und die Wehrfrage«. In: Archiv für Christlich-Demokratische Politik, IV-001-024/1 (Landestagungen Rheinland des EAK). Baudissin warnte hier vor einer »einseitigen politischen Orientierung« der Kirche – d.h. gegen die Wiederbewaffnung – und mahnte mehr »staatsbürgerliche Kenntnisse« der Theologen an.

56 De Maizière war als 18-Jähriger 1930 in die Reichswehr eingetreten, hatte später im Generalstab des Heeres Stauffenberg kennengelernt, sich aber nicht zu einem aktiven Widerstand durchringen können. Als politisch denkender Offizier zählte er ab 1950 zu den Gründungsvätern der Bundeswehr. Vgl. mit dem Schwerpunkt auf der Zeit nach 1945 die Biografie von Zimmermann, Ulrich de Maizière.

57 Bald, Die Militärreform; vgl. Nägler, Der gewollte Soldat.

58 Schlaffer, Die Innere Führung, S. 143 f.

59 Krüger, Das schwierige Erbe (2005).

dann auch der Verweis auf das Gütesiegel des ehemaligen Gegners nicht, dessen »Anerkennung« die Kriegsmarine »sogar noch während des Krieges« gefunden habe.

Mehr noch: Zenker nutzte seine Ansprache zu einem Plädoyer für die Freilassung der ehemaligen Großadmirale Raeder und Dönitz, schwadronierte von deren »Schicksal«, stellte sie als politische Häftlinge einer das Recht beugenden Siegerjustiz hin. Wenn Zenker an die Verwerfungen des Kriegsendes erinnerte, dann nur, um daraus die Rechtsbeugung der Siegerjustiz abzuleiten. Jovial versicherte er der ersten Marine-Lehrkompanie, was »jeder von uns alten Marineleuten« wisse: dass die Kriegsmarine »sauber, anständig und ehrenhaft geführt« worden sei. Am Ende seiner Rede zog Zenker gar eine weitere Trumpfkarte des soldatischen Nationalismus, die nicht mehr stach – wenn es denn nach der neuen Führungsphilosophie der Bundeswehr gegangen wäre. Die Großadmirale hätten lediglich »ihre Pflicht gegenüber ihrem Volk erfüllt«. Dass es offenbar nicht zu ihrer nationalen Pflicht gehört hatte, die Ziele und Mittel der politischen Führung auf ihre »Ehrenhaftigkeit« abzuklopfen, galt als ausgemacht. Die Verve, zu der sich der fast 50-jährige Admiral hinreißen ließ, erklärte sich gewiss nicht zuletzt dadurch, dass die in Spandau Inhaftierten als Projektionsfläche der eigenen Kriegsvergangenheit dienten: Ihr Schicksal stand »stellvertretend für uns alle, die wir damals in gutem Glauben einer verantwortungslosen politischen Führung gedient haben«. Diese unreflektierte Deutung der Kriegsvergangenheit entsprach nicht der Art militärischer Sinnstiftung, die sich die Reformer vorgestellt hatten. Mit einer Großen Anfrage setzte die SPD die öffentliche Diskussion über die Tradition der Marine auf die Agenda des Deutschen Bundestages[60]. Die Berichte des ersten Wehrbeauftragten, Helmuth von Grolman, bekräftigten ab 1959 die immensen Schwierigkeiten des überhasteten Aufbaus der neuen Streitkräfte, die in wenigen Jahren eine Gesamtstärke von 500 000 Mann erreichen sollte. Er zog dem intellektuellen Lernprozess enge Grenzen. Am Ende der ersten, krisenhaften Aufstellungsphase 1965 hatte das Konzept sogar »noch avantgardistischere Züge« gewonnen[61].

b) Integrationsbemühungen der Adenauer-Regierung im vorpolitischen Raum

Die Bundesregierung suchte die öffentliche Meinung in der Wehrfrage mit den modernen Mitteln der Öffentlichkeitsarbeit zu lenken und dem sozialen Protest entgegenzuwirken. Adenauers besonderes Augenmerk galt einem Bereich, der sich immer mehr als eigenes Politikfeld abzeichnete: der politischen Integration der ehemaligen Berufssoldaten, deren nationalistische Reflexe gegen die Wiederbewaffnung ihrer Wiederverwendung oftmals entgegenstanden. Das propagierte Ziel, die neuen Streitkräfte so zu strukturieren, dass ihr inneres Gefüge zu dem demokratischen Staat passte, dem sie dienen; die Rolle des 20. Juli als Prüfstein bei der Rekrutierung des höheren Offizierkorps; schließlich der Versuch, die Soldaten durch

60 Vgl. zur parlamentarischen Diskussion: Krüger, Das schwierige Erbe (2005). 1961 wurde Karl-Adolf Zenker zweiter Inspekteur der Marine. Vgl. hierzu aus Der Spiegel, 43/1964.

61 Schlaffer, Die Innere Führung, S. 143 f.; Nägler, Muster des Soldaten, S. 88.

das Bundeskanzleramt und seine Hilfsinstrumente stärker zu kontrollieren: All das lässt sich als Bemühen der Bundesregierung interpretieren, die ehemaligen Soldaten seit 1952/53 intensiver als bisher an den politischen Leitlinien »auszurichten«[62]. Weil sich die neuen Streitkräfte nicht zuletzt durch die Abgrenzung von den alten legitimierten, kam man dabei, so lautet die Annahme, um die Themen Wehrmacht und Zweiter Weltkrieg nicht herum. Wie wurde das vorhandene historische Wissen organisiert? Inwiefern wurden Deutungen des Krieges und der Wehrmacht als Orientierungshilfen herangezogen? Welcher Sinn wurde der jüngsten Vergangenheit womöglich angesichts zeitgenössischer Bedrohungsperzeptionen im Hinblick auf die Wiederbewaffnung zugewiesen, wo gab es Spannungen? Öffentlichkeitsarbeit diente insofern der gesteuerten Selbstverständigung über die alte diktatorische und die neue demokratische Ordnung. Den Formen und Inhalten soll nun vor allem anhand von Schlüsseltexten aus der Gründungsphase der Bundeswehr nachgegangen werden, die darauf hin »gegen den Strich« zu lesen sind.

Seit 1952 existierte im Bundespresseamt ein zunächst geheimes »Wehrreferat«, das mit der Meinungslenkung befasst war. So wurden zum Beispiel Publikationen subventioniert, deren Autoren ganz auf der Linie des sicherheitspolitischen Regierungskurses lagen. Im Amt Blank bemühte sich Johann Graf von Kielmansegg, im Krieg zuletzt 1944/45 Oberst i.G. und Kommandeur eines Panzergrenadierregiments, um die Koordination der »Wehraufklärung«[63]. Aufgrund der Aufgabenteilung mit dem Bundespresse- und Informationsamt verzichtete das Amt darauf, sein Pressereferat zu einer eigenen Presseabteilung auszubauen.

In Abstimmung mit dem Amt Blank forcierte das Bundespresseamt seine »Öffentlichkeitsarbeit in Verteidigungsfragen«[64]. Film- und Printmedien dienten zunächst dazu, die Debatte über die Wiederbewaffnung zu beeinflussen. Ein »publizistischer Patrouillengang im Nebel von Niemandsland« sei die »Wehrpropaganda heute«, so beschrieb ein ehemaliger Soldat im *Heimkehrer* prosaisch das brisante Dilemma. Denn einerseits erwarte die Öffentlichkeit zu Recht Informationen, andererseits sollten die Wehrpropagandisten nicht offen sagen, »was los ist«[65]. Die Demoskopen in Allensbach wurden um Rat gefragt. Welche Mittel und Wege eine »Dienststelle der Bundesrepublik« nutzen könne, um auf die öffentliche Meinung einzuwirken, sollte 1955 eine Untersuchung herausfinden[66]. Ohnehin rief Propaganda bei den Älteren

---

62 Manig, Die Politik der Ehre, S. 449.

63 Kielmansegg war zuvor in Gestapo-Haft, 1945/46 in amerikanischer Kriegsgefangenschaft. Nach seiner Ernennung zum Brigadegeneral war er 1955–1958 im alliierten Hauptquartier der NATO. Vgl. zur Vita Feldmeyer/Meyer, Johann Adolf Graf von Kielmansegg.

64 Vgl. Hoffmann, Adenauer: »Vorsicht und keine Indiskretionen!«

65 Himmelfahrtskommando. In: Der Heimkehrer, 3.9.1955, S. 2. Anlass für die Glosse waren personalpolitische Querelen um den Pressechef des BMVg, Hans Guhr, und Max Karl Graf von Trauttmansdorff aus dem Referat Wehrpolitik des Bundespresseamtes.

66 Institut für Demoskopie, Nr. 399, Gutachten (März 1955). Die Experten definierten ihre Aufgabe nicht im Sinne der »Einflussnahme«, sondern der »Popularisierung eines bestimmten Anliegens« (d.h. der Wiederbewaffnung). »Werbung« verstanden sie als eine »psychologische und technische Aufgabe« mit dem Ziel, »die Verbreitung eines weiter ›oben‹, also höheren Orts, fixierten Gedankenguts zu besorgen«. Ihre Empfehlung lautete, vor allem die Frauen als Zielgruppe anzupeilen. Um das Meinungsbild zu beeinflussen, sollte man »in der weiblichen Bevölkerung des Bundesgebietes der Theorie vom Friedenscharakter des deutschen Wehrbeitrages grössere

grundsätzlich eher Stirnrunzeln hervor. Die Intellektuellen, die zum Teil noch im Kaiserreich sozialisiert worden waren (die zwischen 1880 und der Jahrhundertwende geborenen »Wilhelminer«), zum Teil in den zwanziger Jahren, trieb bei dem Gedanken an die öffentliche Meinung die Furcht vor der Propaganda um, welche die Massen verführen könnte. In der Kritik an den Massenmedien spiegelte sich ein technikfeindlicher Kulturpessimismus wider, der die moderne Entwicklung als Gefahr für das Individuum deutete. Ob konservativ oder »kritisch«: Der gefürchteten »Vermassung« und »Entfremdung« des Einzelnen durch die Kulturindustrie und den Konsum hielten die Intellektuellen die »Persönlichkeit« entgegen; statt auf die massenmediale Öffentlichkeit setzten sie auf die Privatsphäre. Hinter dieser unisono präsenten Einstellung der »Wilhelminer« standen die Erfahrung der Propaganda zunächst – in ihren Anfängen – im Ersten Weltkrieg, im NS-Regime und vor allem in den Jahren des Zweiten Weltkrieges. Der Kalte Krieg und der Anprall der Propaganda aus dem Osten verlängerte die skeptisch-konservative Haltung des Bildungsbürgertums in der Konzeption von Öffentlichkeit aus der Kaiserzeit bis in die späten fünfziger Jahre[67]. Andere Formen der Public Relations versprachen daher mehr Erfolg.

Vor allem die erwähnte Arbeitsgemeinschaft Demokratischer Kreise (ADK) kann als das Ergebnis des Bemühens der Adenauer-Regierung verstanden werden, sich aktiv an die ehemaligen Soldaten zu wenden und ihnen im vorparlamentarischen Raum ein politisches Angebot zu unterbreiten[68]. Ihr Leiter Jahn hatte im Dritten Reich antisemitische und antikommunistische Schriften publiziert und war als Nationalsozialistischer Führungsoffizier (NSFO) tätig gewesen[69]. Nach seiner Rückkehr aus britischer Kriegsgefangenschaft 1947 war er als Vertriebener nach Westdeutschland übergesiedelt, wo er als Journalist und Publizist arbeitete[70]. Finanziell unterstützt vom Bundespresseamt, entwickelte sich die ADK – entgegen ihres offiziell überparteilichen Charakters – rasch zu einem effizienten Instrument der Public Relations[71]. Durch die Gründung lokaler und regionaler Ableger,

Glaubwürdigkeit verschaffen«. Die Demoskopen rieten deshalb, dazu auf Emotionen zu setzen statt auf »politisch-akademische« Argumente.

67 Vgl. Hodenberg, Konsens und Krise. Der Kulturpessimismus fand in der zweiten Hälfte der fünfziger Jahre im Fernsehen sein Feindbild.

68 Vgl. Stosch, Die Adenauer-Legion; Oppelland, Arbeitsgemeinschaft Demokratischer Kreise. Die ADK führte bis 1963 über 50 000 Tagungen und Diskusssionsveranstaltungen durch; 1963 hatte sie rund 104 000 Mitarbeiter. Nach der Bildung der Großen Koalition wurde sie ab 1966 aufgelöst. Vgl. zur Rolle der ADK als »parastaatliche[r] Integrationsagentur« für ehemalige Soldaten auch: Manig, Politik der Ehre, S. 488–516.

69 Vgl. Hans Edgar Jahn, Der Steppensturm – Der jüdisch-bolschewistische Imperialismus, Dresden 1943. Wenig ergiebig: Jahn, An Adenauers Seite.

70 Vgl. ebd.

71 Jahn griff den amerikanischen Ansatz und Begriff auf, den er als »Herstellung von Beziehungen zur breiten Öffentlichkeit« übersetzte und nicht mit »staatsbürgerlicher Erziehung« oder »politischer Bildung« verwechselt wissen wollte; Jahn, Was will die Arbeitsgemeinschaft Demokratischer Kreise?, S. 5. Das Interesse an »zeitpolitischen Ereignissen« sollte genutzt werden, um Menschen als Demokraten für Politik zu interessieren und ins Gespräch miteinander zu bringen. Freilich ging es nicht darum, »durch analytische Haarspaltereien alles zu zerreden«, sondern durch eine »positive Diskussion echte Beiträge zu liefern«.

durch Zehntausende von Vortragsveranstaltungen vor Multiplikatoren und durch die Vernetzung mit ähnlich gesinnten Vereinen wie der erwähnten Gesellschaft für Wehrkunde informierte die ADK nicht nur über parteipolitisch kontroverse Themen wie Europapolitik und Soziale Marktwirtschaft, sondern auch über einen deutschen Wehrbeitrag und die Mitgliedschaft in der EVG – und sondierte die öffentliche Meinung in diesen Fragen. Auch in diesem Kontext halbamtlicher »Aufklärungstätigkeit« in jener Zielgruppe, die dem politischen Zeitgeschehen »abwartend« gegenüberstand, wurden Militär und Krieg, alt und neu, lebhaft diskutiert[72].

Obwohl sich die ADK nach ihrer Gründung gegenüber der Öffentlichkeit als überparteiliche Organisation präsentierte, die den Bürger für die Demokratie gewinnen wollte und keine partei- oder wirtschaftspolitischen Ziele verfolgte, ließ die Parteizugehörigkeit ihrer Gründer an der Regierungsnähe keinen Zweifel. Neben Lenz sind etwa der CDU-Bundestagsabgeordnete Joseph Joos und Paul Graf Yorck von Wartenburg, ein Bruder des ermordeten Widerständlers zu nennen. Jahn selbst gehörte seit 1947 der CDU in Schleswig-Holstein an. So überrascht es nicht, dass die ADK ein verkapptes Mittel der Öffentlichkeitsarbeit war, das die Positionen der Regierung unterhalb der offen ausgetragenen Debatten zwischen den Parteien an den Mann bringen und die Regierungspolitik, vor allem die strittige Sicherheitspolitik, populärer machen sollte. Insbesondere diente die ADK dazu, die protestantischen bürgerlichen Schichten für die Adenauer-CDU[73] zu gewinnen, die durch ihre »Ohne mich«-Haltung, gepaart mit nationalen Vorbehalten und einer grundsätzlichen Parteienskepsis, auf Distanz zur CDU geblieben waren[74]. Die formal unpolitischen Vereinigungen der Veteranen bildeten neben anderen Formen des bürgerlichen Vereins- und Verbandswesens geeignete Adressaten einer »Aufklärungsarbeit« im Sinne der Regierung und damit nicht zuletzt zugunsten der CDU. Durch individuelle Kontakte zu den »Meinungsführern« und durch Gesprächskreise sollten, so das Kalkül der ADK-Gründer, den Mitgliedern der Verbände die politischen Vorstellungen vermittelt werden, ohne dass deren parteipolitische Gebundenheit offen zu Tage träte, wie das in den offiziellen Verlautbarungen der Partei der Fall war. Darüber hinaus sollten die Kontakte den Informationsfluss in die umgekehrte Richtung lenken. Von den Mittelsmännern zu den Verbänden erhoffte sich die Regierung Informationen über die Stimmung im bürgerlichen Lager, um die verkappte Propaganda entsprechend zu justieren. Zu demselben Zweck sollten Meinungsforscher beauftragt werden. Die Verwendung staatlicher Mittel für parteipolitische Zwecke – der Rückgriff auf den Etat des Bundespresseamtes – schien in den Augen der Protagonisten vor allem deshalb gerechtfertigt, weil sie sich angesichts der vermeintlichen Omnipräsenz der Sozialdemokratie zunächst in der Defensive sahen.

Im Konfliktfeld der Wiederbewaffnung, wo die kollektiven Repräsentationen des Krieges und seiner Soldaten mit der Haltung der Veteranen gegenüber der Remilitarisierung eng verknüpft waren, spielten ehemalige Berufssoldaten auch auf

[72] Ebd., S. 8.
[73] Vgl. Bösch, Die Adenauer-CDU.
[74] Vgl. zum Folgenden: Manig, Die Politik der Ehre, S. 491–494.

Seiten der Regierungspropaganda unter dem Deckmantel der ADK eine wichtige Rolle. Sie waren eine wichtige, wenn nicht die wichtigste Zielgruppe der ADK in den frühen fünfziger Jahren, und insbesondere die ehemaligen Offiziere ließen sich am besten durch ihresgleichen gewinnen. Viele waren arbeitslos und standen daher als informelle Mitarbeiter der ADK zur Verfügung. Hinzu kam, dass Jahn aus seiner Zeit in der Jungen Union und der CDU in Schleswig-Holstein, deren Organisation auf Kreis- und Landesebene von ehemaligen Berufssoldaten stark geprägt war, über beste Kontakte zu den ehemaligen Stabsoffizieren verfügte[75]. Diese waren angesichts der – trotz Versorgungszahlungen seit 1952 – häufig schwierigen Einkommensverhältnisse an einem Nebenverdienst als Angestellte der regierungstreuen ADK durchaus interessiert, zumal sie sich auf diese Weise als demokratietaugliche Staatsbürger und damit für eine eventuelle Wiederverwendung als Stabsoffiziere empfehlen konnten. Als Verbesserungen des 131er-Gesetzes den Streit um die Versorgungsfrage abkühlten und die Kriegsverbrecherfrage seit Anfang 1953 ebenfalls an Brisanz verlor, schob sich die seit Juli 1950 öffentlich debattierte Frage der Wiederbewaffnung und eines deutschen »Wehrbeitrags« in den Mittelpunkt des soldatischen Interesses. Die ranghöchsten Vertreter der Wehrmacht in der ADK und gefragte Redner der ersten Stunde waren General a.D. Günter Blumentritt, Generalmajor a.D. Erich Dethleffsen und Admiral a.D. Hellmuth Heye, der Vorsitzende des Deutschen Marinebundes (seit 1953) und nachmaliger Wehrbeauftragter des Deutschen Bundestages[76].

Keine Frage, die CDU-nahe Organisation fungierte als ein Sammelbecken der Veteranen, auf deren Einstellungswandel im Hinblick auf die Wiederbewaffnung sie zugleich zielte. Unter dem Deckmantel der sicherheitspolitischen »Aufklärungsarbeit« wurden auf Kosten des Steuerzahlers Gesprächskreise organisiert, Referenten entsandt, Broschüren gedruckt und Informationsbriefe verteilt. Im Rückgriff auf das existierende Vereins- und Verbandswesen sollte die Gesellschaft mit den eigenen Vorstellungen durchdrungen werden; Veranstaltungen, in denen die ADK selbst als Organisator firmierte, standen dahinter zurück. Marinekameradschaften, der VdS oder Traditionsgemeinschaften waren in der Regel die Veranstalter vor Ort. Der Wahlsieg der CDU bei der Bundestagswahl 1953 war nicht zuletzt ein Erfolg der Werbekampagnen der ADK. Weil man das auch im Bundeskanzleramt so sah, weitete sich der Wirkungskreis der ADK in den folgenden Jahren immer weiter aus, ohne dass sich die Verflechtung der ADK mit den ehemaligen Berufssoldaten gelöst hätte.

Fragt man nach den Vermittlungsbedingungen der regierungskonformen Repräsentationen des Krieges und des Militärs, weist das Netzwerk der ADK auf die strukturellen Gegebenheiten der Öffentlichkeit in der frühen Bundesrepublik hin. Einerseits waren die Hochzeiten der Honoratiorenpolitik passé, andererseits hatte sich der Parteienstaat noch nicht durchgesetzt. In dieser Zwischenphase spielten informelle Verflechtungen und halboffizielle Foren eine wichtige Rolle, um im vorpolitischen Raum Einfluss auf die kollektiven Repräsentationen der Vergangenheit zu nehmen. Hier wurden der Zusammenbruch des NS-Regimes und die Rolle der Wehrmacht in einer Weise interpretiert, die sich nicht an den Ideologemen

[75] Zur Verquickung von ADK und Soldaten vgl. mit Beispielen: ebd., S. 494–502.
[76] Vgl. ebd., S. 506.

des Nationalsozialismus und des Militarismus orientierte, sondern an den neuen Kernelementen von Demokratie und einem »demokratischen« Militärverständnis, das den Soldaten als politisch verantwortlichen Staatsbürger entwarf und insofern zum Aufbau einer neuen demokratischen Kultur beitrug. Die innere Demokratisierung der Bundesrepublik wäre ohne dieses Absorbieren des soldatischen Nationalismus ebenso wenig zu haben gewesen wie ihre Wiederbewaffnung und Westbindung. Das Aushandeln der Repräsentationen von Krieg und Militär, auch auf der symbolischen Ebene, das reale Rückwirkungen auf soziale und politische Fragen wie die Versorgung oder die Wiederverwendung hatte, war Teil dieses Prozesses und, neben alliierten Restriktionen, eine wesentliche Bedingung dafür, dass die Radikalisierung einer breiten Trägergruppe im Zeichen eines soldatischen Nachkriegsnationalismus ausblieb.

So entfaltete die ADK – um ein regionales Beispiel zu geben – auch in Rheinland-Pfalz ihre Aktivitäten, unter den Augen des französischen Hohen Kommissars. Nachdem es in Kaiserslautern im Juni 1952 zu einem Gründungstreffen, an dem rund 30 Funktionäre von CDU und FDP teilnahmen, gekommen war, wurde ihm im Juli 1952 »une vague de réunions« gemeldet: 500 Zuhörer in Speyer, mehr als 600 in Landau zeugten von dem großen Interesse an der ADK. In Darmstadt war die Aula der Technischen Hochschule bis auf den letzten Platz besetzt, nachdem die ADK zu ihrer dritten Veranstaltung in der Stadt eingeladen hatte. Wie die Lokalpresse hervorhob, befanden sich auch zahlreiche Frauen und Jugendliche unter den Zuhörern, die sich von dem Vortrag eines Soldaten des Ersten Weltkrieges zum Thema »Krieg oder Frieden« fesseln ließen. Das Interesse mochte auch daher rühren – so wurde im Darmstädter *Tageblatt* vermutet –, dass es sich bei dem Referenten um einen geläuterten Kommunisten handelte, der seinen für nicht-sowjetische Kommunisten typischen Idealismus verlor, als er die UdSSR Stalins aus eigener Anschauung kennenlernte[77]. Zu Recht konstatierten französische Beobachter den antikommunistischen Grundton der Veranstaltung und meldeten, dass die bohrende Frage von Sozialdemokraten nach der Finanzierung der ADK stets ausweichend beantwortet würde[78]. Die hielten die ADK ohnehin für eine Art Propagandaministerium[79].

Der Oberst a.D. Erdmann (FDP, Speyer) grenzte in einer Versammlung in Hardenburg nahe Bad-Dürkheim das Soldatenbild der Wehrmacht von dem der neuen deutschen Armee ab: Während es dem Soldaten in der ehemaligen deutschen Armee verboten gewesen sei, am politischen Leben teilzuhaben, werde künf-

---

77 Erlebnisse in Sowjetrussland. In: Darmstädter Tageblatt, 4.8.1952.

78 Archives de l'Occupation française en Allemagne et en Autriche, RP 13 d. 0001/6-23, Arbeitsgemeinschaft Demokratischer Kreise: Le Délégué du Commissaire pour le Land Rhénanie-Palatinat dans la Province du Palatinat à Monsieur le Gouverneur, Commissaire pour le Land Rhénanie-Palatinat, Neustadt, le 30 juillet 1952.

79 Ebd., Arbeitsgemeinschaft Demokratischer Kreise: Le Délégué de cercle d'Ahrweiler à Monsieur le Ministre Plénipotentiaire, Commissaire pour l'Etat de Rhénanie-Palatinat, Ahrweiler, o.D. (Februar 1954). Die Franzosen waren u.a. durch einen Gewährsmann der ADK Ahrweiler über die Finanzierung durch das Bundespresseamt und die Unterstützung mit Broschüren und Filmen informiert und gingen auch von der Finanzierung durch industrielle Kreise aus.

tig das Gegenteil der Fall sein[80]. Auf einer ADK-Veranstaltung in Trier sprach sich der ehemalige Konteradmiral und Ritterkreuzträger Walter Hennecke für die EVG aus: Die Bundesrepublik könne zwischen den Blöcken nicht unbewaffnet bleiben, aber die militärische Sicherheit müsse im europäischen Rahmen gewährleistet werden[81]. In Rhöndorf fand im November 1954 eine Versammlung der ADK statt, an der zahlreiche Vertreter der Soldatenverbände teilnahmen. Aus Trier waren der Präsident der »Arbeitsgemeinschaft der Soldatenverbände« und Oberst a.D. Sielaff, der Vizepräsident des VdS, erschienen. Zu Wort meldeten sich General a.D. Heusinger, Admiral a.D. Gerhard Wagner und Jahn vom Amt Blank. Alle betonten die Unabänderlichkeit einer deutschen Wiederbewaffnung und sahen eine Aufgabe der Soldatenverbände darin, die angesichts eines möglichen Wehrdienstes ablehnend reagierende Jugend davon zu überzeugen, »qu'un peuple sans armée est un peuple sans honneur«. Die ältere Kriegsgeneration sollte den Jungen das Vorbild liefern[82].

In Bingen bot die ADK Anfang 1955 dem ehemaligen Admiral Friedrich Ruge Gelegenheit, im Vergleich der Weltkriege strategische Überlegungen für einen künftigen Krieg anzustellen. Das Deutsche Reich habe zweimal einen Krieg verloren, weil es sich mit großen Seemächten angelegt habe. Das werde der industriell ohnehin schwachen UdSSR ähnlich gehen. Eine künftige deutsche Marine werde stark genug sein, um die Ostsee zu beherrschen und sowjetische U-Boote daran zu hindern, das Kattegat oder das Skagerrak zu passieren. Im Kriegsfall würde Westdeutschland die Pflicht haben, Dänemark zu beschützen, das sonst einem russischen Angriff schutzlos ausgeliefert wäre. Der kühne Vorgriff des Ex-Admirals – der 1956 zum ersten Inspekteur der Marine ernannt wurde – stieß im Publikum auf Zustimmung; die Bestätigung des Experten, dass der Westen militärisch überlegen sei, beruhigte. Ein atomares Kriegsszenario entwarf dagegen auf derselben Veranstaltung Oberst a.D. Troller aus Freudenstadt. Im modernen Krieg der Zukunft würden Panzer und Artillerie keine Rolle mehr spielen. Man könnte vielmehr Atomraketen auf Russland schießen, dessen Rückständigkeit einen Gegenschlag nicht erwarten lasse. Gleichwohl fürchtete auch Troller einen neuen Weltkrieg: Vor Überraschungen könne man schließlich nicht sicher sein, und die Zivilbevölkerung liefe im Kriegsfall zudem Gefahr, ausgelöscht zu werden. Als Raketenfachmann der Wehrmacht zeigte er sich zudem überzeugt, dass man die neue Wehrmacht nicht nach dem Vorbild der alten bilden könne. Künftig müsse jeder Soldat ein Techniker sein. Statt die Angst der Deutschen vor einer neuen Katastrophe zu schüren, wurde in Bingen Zuversicht auf einen Sieg des Westens zur Schau getragen. Über den Optimismus der ehemali-

---

80 Ebd., Arbeitsgemeinschaft Demokratischer Kreise: réunion interne de l'arbeitsgemeinschaft demokratischer kreise les 26 et 27 juillet à hardenburg, 29/07/1952.

81 Ebd., Arbeitsgemeinschaft Demokratischer Kreise: Le Sous-Préfét [...] dans le district de Trèves à Monsieur le Gouverneur, Commissaire pour le Land Rhénanie-Palatinat, Trèves, le 29 juin 1953. Auf dem Treffen äußerte sich ein Teilnhemer offen gegen die Wiederbewaffnung; die Landeszeitung sah auf Drängen der CDU von einem Bericht ab.

82 Ebd., Arbeitsgemeinschaft Demokratischer Kreise: L'Administrateur R. Audoye, Délégué du Commissaire pour le Land Rhénanie-Palatinat dans le District de Treves à Monsieur le Ministre, Commissaire pour le Land Rhénanie-Palatinat, Trèves, le 18 novembre 1954.

gen Wehrmachtoffiziere waren die Anwesenden dann doch überrascht, notierte ein französischer Beobachter[83].

So wurden im Konfliktfeld der »Wehrfrage« ideale Rahmenbedingungen für die Vermittlung von Repräsentationen im vorpolitischen Raum geschaffen, die den Krieg und die Rolle der Wehrmachtsoldaten in einer Weise interpretierten, die mit der Wiederbewaffnungspolitik der Adenauer-Regierung kompatibel waren. Dazu wurde auch das aus der NS-Zeit bekannte Instrument der »Sprachregelung« eingesetzt. Nicht zuletzt sollten in diesem Kontext nationalistisch überhöhte Deutungen auf Kosten der rechtsextremen Konkurrenz in Richtung CDU kanalisiert werden und die prominenten, politisch lernfähigen Vertreter dieses soldatischen Nationalismus zu einem Seitenwechsel, um nicht zu sagen: zum Überlaufen bewegt werden. Anders formuliert: Konkurrierende Repräsentationen der Vergangenheit bildeten in der Gegenwart der frühen fünfziger Jahre (seit Ende 1951) den Rahmen für die Integration der Wehrmachtsoldaten in die Gesellschaft der Bundesrepublik. Dass es, ironischerweise, darum ging, den Blick der Soldaten nach vorn in die Zukunft zu richten, darf über die politische Funktionalität von Repräsentationen der Vergangenheit nicht hinwegtäuschen. In diesem Kontext setzte sich ein Deutungsmuster durch, das bis weit in die achtziger Jahre wirkungsmächtig sein würde: die strikte Trennung von Wehrmacht und SS.

Während der VdS politische Anerkennung erfuhr, hatte der 1951 gegründete Traditionsverband der ehemaligen Offiziere der Waffen-SS, die zunächst dezentral organisierte »Hilfsgemeinschaft auf Gegenseitigkeit der ehemaligen Angehörigen der Waffen-SS e.V.« (HIAG) ein Problem[84]. Im Unterschied zu den übrigen Veteranen mussten die ehemaligen Waffen-SS-Angehörigen, von denen sich rund 250 000 in der Bundesrepublik befanden, mit dem Stigma leben, dass die SS im Nürnberger Prozess gegen die Hauptkriegsverbrecher 1946 als verbrecherische Organisation eingestuft worden war. Vergeblich erhoben die Angehörigen der Hilfsgemeinschaft die zentrale Forderung, seit 1951 nicht zuletzt im Presseorgan der HIAG, dem *Wiking-Ruf* (seit 1956: *Der Freiwillige*), Soldaten der Waffen-SS mit den Soldaten der Wehrmacht gleichzustellen, von anderen Gliederungen der SS abzugrenzen und die Waffen-SS so auch im Hinblick auf das gesellschaftliche Ansehen zu rehabilitieren. Apologetische Darstellungen sollten die Vorstellung von der Waffen-SS als einer ganz normalen militärischen Einheit verbreiten. Einer der Gründer der HIAG, Paul Hausser, ehemals Inspekteur der SS-Verfügungstruppe und SS-Oberstgruppenführer, hatte das seit 1946 vorgemacht. Die rechtsextreme HIAG, der sich jeder zehnte Waffen-SS-Veteran angeschlossen hatte, fand trotz ihrer durchgängig antisemitischen und antidemokratischen Einstellungen (bis in die siebziger Jahre) bei CDU-, aber auch SPD-Politikern ein offenes Ohr und konnte materielle Verbesserungen durchsetzen.

---

83 Archives de l'Occupation française en Allemagne et en Autriche, RP 13 d. 0001/6-23, Arbeitsgemeinschaft Demokratischer Kreise: L'Administrateur R. Audoye, Délégué du Commissaire pour le Land Rhénanie-Palatinat dans le District de Treves à Monsieur le Ministre, Commissaire pour le Land Rhénanie-Palatinat, Trèves, le 18 novembre 1954.

84 Erstmals auch anhand der Akten des Bundesvorstandes: Wilke, Geistige Regeneration; Wilke, Die »Hilfsgemeinschaft auf Gegenseitigkeit«; Large, Reckoning without the Past; vgl. bereits 1967: Tauber, Beyond Eagle and Swastika, vol. 1. Die HIAG löste sich 1992 auf.

Wehrmacht und Waffen-SS wurden jedoch nicht, wie das bis 1951 zunächst möglich schien, gleichgestellt, und auch in der Bundeswehr bekamen ehemalige Angehörige der Waffen-SS keinen Fuß in die Tür. Hier stieß die Integration auf Grenzen.

Für den Übergang von der NS-Diktatur zur bundesrepublikanischen Demokratie kam es nicht so sehr auf die »innere Umkehr«, also darauf an, ob Veteranen die demokratischen Spielregeln der Nachkriegsgesellschaft und die regierungskonformen Repräsentationen der Vergangenheit aus innerer Überzeugung oder aus Opportunismus akzeptierten. Maßgeblich war vielmehr – auch in der Logik der ADK –, dass sich bestimmte Deutungen der jüngsten Vergangenheit als öffentlich akzeptiert durchsetzten, andere als inakzeptabel erkannt wurden und sich damit die Einsicht verband, sie im öffentlichen Raum (etwa in der Presse) oder im halböffentlichen (etwa auf Verbandssitzungen) nicht lauthals zu vertreten. Für die Integration der ehemaligen Funktionselite zählte nicht der wahre Sinneswandel – wer hätte den schon bescheinigen können? –, sondern die für jedermann offenkundige Übernahme der demokratiekonformen Deutungs- und Sinnstiftungsmuster, beispielsweise im Zusammenhang mit der Bewertung des Attentats vom 20. Juli 1944. Wer gesellschaftlichen Respekt erwartete, musste seine möglicherweise, ja wahrscheinlich fortbestehenden Ressentiments gegen den militärischen Widerstand auf die Privatsphäre beschränken[85]. Hier spiegelt sich das relativ kurzfristige Kalkül wider, welches das Konzept der Repräsentation auf der methodischen Ebene im Unterschied zu dem der »Mentalität« berücksichtigt. Nicht um den Wandel tief verwurzelter unausgesprochener Mentalitäten geht es, sondern um situationsbezogene, das hieß nicht zuletzt: von der politischen Konstellation abhängige Bedeutungszuschreibungen in öffentlicher Rede, die den von der sozialen Deklassierung nach 1945 geschockten Akteuren gesellschaftliche Respektabilität und politischen Einfluss versprachen.

Nach 1955/56 ging es vor allem darum, die neuen Streitkräfte in die Gesellschaft zu integrieren. Dazu griff das Bundespresseamt früh auf Meinungsforschungsinstitute zurück, die wie das bereits erwähnte Allensbacher Institut für Demoskopie (IfD) oder EMNID in Bielefeld auf die in den USA erprobten Instrumente der Demoskopie setzten[86]. Meinungslenkung war daher keine Einbahnstraße, sondern reagierte auf die Ergebnisse von Meinungsumfragen zum Stimmungsbild der westdeutschen Gesellschaft. Die Wahl der Motive und Texte in der Freiwilligenwerbung deuten auf diesen Zusammenhang hin[87]. Für eine umfangreiche Medienkampagne sollte man die Kenntnisse der modernen Werbung nutzen, riet etwa das IfD der Bundesregierung[88]. Tatsächlich wurde eine massive Verteidigungswerbung mit Plakaten, Broschüren und Anzeigen organisiert, gestützt auf private Werbeunternehmen und finanziert aus dem Bundeshaushalt. Auch die Verbandspresse wie das Organ der ehemaligen Kriegsgefangenen rührte gelegentlich die Werbetrommel für die Bundeswehr und plädierte nicht zuletzt gegenüber ihren eigenen Lesern für mehr Verständnis.

---

85 Manig, Die Politik der Ehre, S. 512 f.

86 Zur Demoskopie vgl. Raphael, Die Verwissenschaftlichung des Sozialen.

87 Vgl. dazu: Loch, Das Gesicht der Bundeswehr, S. 131. Vgl. auch Schmidt, Die bildhafte Vermittlung.

88 Anfänge westdeutscher Sicherheitspolitik, Bd 3 (Beitrag Ehlert), S. 332.

Die neue Führungsphilosophie lieferte das Argument: Da in der Bundeswehr kein »08/15«-Geist mehr herrsche und der Soldat ein Staatsbürger in Uniform sei, dürften ihm andere Staatsbürger nicht als einen »Menschen ›minderer Klasse‹« betrachten[89].

In einer über 100 Seiten starken Broschüre informierte das Amt Blank im Sommer 1955, nach der Ratifizierung der Pariser Verträge, über seine Vorstellungen »Vom künftigen deutschen Soldaten« – so lautete der Titel der Broschüre[90]. Der Bundeskanzler warb in einem Grußwort um das »Vertrauen«, das die Bevölkerung den künftigen Soldaten entgegenbringen müsste, damit sie Freiheit und Frieden sichern könnten. Hier wie in dem Vorwort des Verteidigungsministers Blank wurde die wechselseitige Abhängigkeit von Militär und ziviler Gesellschaft herausgestrichen. Die Soldaten stellen sich »zur Verfügung«, erfüllen die ihnen vom »Volk« gestellte Aufgabe und handeln ihrerseits im Bewusstsein »staatsbürgerlicher Verantwortung«. Auch wenn manche Formulierungen an die überkommene Terminologie erinnern – die Autoren appellierten an den »Opfersinn« der Soldaten, ohne freilich zu präzisieren, worin sie das Opfer sahen[91] –, wurde doch das Bemühen deutlich, die neuen Streitkräfte nicht als Staat im Staate, sondern als einen integralen Teil einer freiheitlichen Gesellschaft darzustellen und so mit älteren Vorstellungen von militärischer Exklusivität zu brechen. Das lag ganz auf der Linie der Denkschrift von Himmerod. Die senkrecht verlaufenden schwarz-rot-goldenen Streifen auf der rechten Seite des Umschlages können als augenfälliges Signal diese Rückbindung betrachtet werden.

Die Erläuterungen zu den unterschiedlichsten Aspekten der Wiederbewaffnung verfügten über zwei Referenzgrößen, die mal explizit benannt, mal implizit mitgedacht wurden: zum einen den gegenwärtigen und künftigen Gegner – den totalitären Bolschewismus[92] –, zum anderen die eigene militärische und kriegerische Vergangenheit. Insbesondere der Zweite Weltkrieg, die Wehrmacht und die weiter zurückweisenden Vorstellungen von deutschem Militär boten eine Folie, auf der die aktuellen Konzepte entwickelt wurden. Die Ambivalenz der Normen war auch hier nicht zu übersehen.

Einerseits legte Blank Wert auf Kontinuität, um die Aufstellung neuer Streitkräfte anschlussfähig zu machen. So verwies er vorab auf »das Beispiel der Soldaten aller Dienstgrade, die vor uns tapfer und anständig, jeder an seiner Stelle, ihre Pflicht taten«, und leitete daraus die Verpflichtung der Leser ab, sich ihrerseits »nüchtern

---

89 Das Verhältnis von Zivil und Militär. Die Bundeswehr verdient mehr Verständnis in der Öffentlichkeit. In: Der Heimkehrer, 25.8.1957.

90 Vom künftigen deutschen Soldaten.

91 Ebd., S. 7. An anderer Stelle war davon die Rede, dass sich die Gesellschaft »des Opfers ihrer Soldaten würdig zu erweisen habe«, indem sie den Jugendlichen nicht zuletzt in der Schule ein positives Verständnis von der Rolle der Soldaten vermittele, wenngleich nicht im Sinne der »Verherrlichung des Soldatentums« oder gar einer »vormilitärischen Ausbildung« (ebd., S. 57). Von einem weiten Opferbegriff kündete die Aufzählung der Dinge, für die die Jugend nicht bereit sei, Opfer zu bringen: »Opfer an Zeit, beruflichen Chancen, Gesundheit, ja möglicherweise gar an Leben« (ebd., S. 31).

92 Hier nahm Blank die Westdeutschen in die moralische, nationale Pflicht. Nichts würde die Deutschen im Osten mehr erschüttern als ein überhandnehmender »Ohne-mich-Standpunkt« oder die Resignation in der Bundesrepublik, stellte er mit dem Hinweis auf den Freiheitswillen der Männer und Frauen am 17. Juni 1953 fest. Ebd., S. 11.

und gewissenhaft« mit der Wiederbewaffnung auseinanderzusetzen«. Das war ein Kotau vor den Veteranen[93]. Eine gangbare Brücke in die Vorvergangenheit schlug die Schrift auch im Hinblick auf militärische Normen als Teil der »soldatischen Überlieferung«. Schlecht waren demzufolge nicht die militärischen Vorschriften, die »im Schmelztiegel einer jahrhundertelangen Entwicklung geläutert« worden waren – diese salbungsvolle Formulierung sollte wohl die Legitimation durch Tradition überhöhen –; schlecht sei vielmehr gewesen, dass ihr eigentlicher Sinn »in dem überstürzten Aufbau nach 1935« verloren gegangen sei[94].

So machten die Reformer den nur auf den ersten Blick elitär anmutenden Begriff der Ritterlichkeit zu einem Dreh- und Angelpunkt der künftigen soldatischen Tradition. Die Bedeutungsverschiebung war erklärungsbedürftig. Ritterlichkeit sei nicht etwa nur den Rittern eigen, stellte Baudissin denn auch klar, sondern sei zu einem Wertbegriff geworden, der allgemeine Verbindlichkeit beanspruche. Wille zum Dienst, persönliches Verantwortungsbewusstsein und Hilfsbereitschaft: Das waren die Ingredienzen des ethischen Leitbegriffs, der Soldatsein aus der Perspektive des Dienens statt aus der des Herrschens definierte, wie es einem überholten patriarchalischen, ständischen Offiziersethos entsprochen hätte[95].

Die Traditionslinie, die hier über das Kriegsende 1945 hinaus gezogen wurde, wollten die Reformer jedoch nicht als Beweis der von ihren konservativen Kontrahenten postulierten ahistorischen Sonderexistenz des Soldaten missverstanden wissen. Die zentralen ethischen Leitwerte der neuen Streitkräfte – neben der sittlichen Verantwortung, Menschlichkeit, Friedensliebe, Treue – wurden in den Ausbildungs- und Informationsschriften ausdrücklich *nicht* als »spezifisch soldatische« Einstellungen präsentiert, auch nicht als national kodierte, »spezifisch deutsche Traditionen«. Der Wertehorizont, in dem die Haltung des künftigen deutschen Soldaten liegen sollte, wurde vielmehr wesentlich weiter, nämlich in der gesamteuropäischen Geschichte gespannt. Die militärische Erziehung sollte auf die Vermittlung »abendländisch[e]r« Wertvorstellungen zielen. Da diese wiederum christlich buchstabiert wurden, schloss sich der Kreis der historischen Herleitung: Der neue deutsche Soldat war der alte abendländische: der *miles christianus*. Dazu passte die religiöse Interpretation des Kalten Krieges als eines Konfliktes zwischen Christentum und »materialistische[m] Bolschewismus«[96]. Kurz: Charaktereigenschaften wie »Ritterlichkeit«, Verantwortungsbewusstsein, Gewissen wurden nun von allen Soldaten erwartet und – das war das eigentlich Neue – an die im Grundgesetz verankerten Normen von Recht und Freiheit gekoppelt.

Umgekehrt lehnte Baudissin die Rückbindung militärischer Normen an die »Leitbilder vergangener, andersgearteter Sozialordnungen« ausdrücklich ab, weil sie der Realität nicht mehr entsprächen[97]. Deutsche Kasernen sollten kein exterritorialer Bereich mehr sein, der eine Ordnung mit eigenen Regeln gegen die Außenwelt

93 Ebd., S. 11.
94 Ebd., S. 60.
95 Ebd., S. 75.
96 Ebd., S. 75 f.
97 Ebd., S. 76.

abschottete und seine historisch-militärische Legitimation in der »mythischen Vorstellung vom ewigen Soldaten« fand[98].

Mit der Frage der Historizität des Militärischen hing die grundsätzliche Frage nach der Notwendigkeit einer Militärreform aufs engste zusammen. Denn warum sollten Veränderungen erforderlich sein, wenn die Geschichtlichkeit der soldatischen Existenz bestritten wurde? Nur wer akzeptierte, dass das Soldatsein von wechselnden zeitgeschichtlichen Bedingungen wie etwa der jeweiligen Staatsform abhing, konnte politische Zäsuren als zwingenden Reformgrund erkennen. Weil darüber in den fünfziger Jahren kein Konsens herrschte, strichen die Reformer die »Jahreszahl 1945« heraus und erinnerten an Stalingrad, Dresden und Berlin, an die zahlreichen historischen Formen, die für die Deutschen das seien, was Jena und Auerstedt für die Scharnhorstsche Heeresreform gewesen seien – nur unter umgekehrtem Vorzeichen[99].

Schließlich griff das Amt Blank die im Raum stehende Frage der personellen Kontinuität von alter und neuer Wehrmacht auf. Ohne Umschweife antizipierten die Werber für die Wiederbewaffnung ein negatives Image der untergegangenen Armee. »Nach allem, was man in den letzten Jahren über die Wehrmacht gehört hat,« vermutete man in der Bevölkerung Skepsis, dass wiederverwendete Offiziere und Unteroffiziere der Wehrmacht nicht geeignet seien, den künftigen Soldaten nach Idealen zu erziehen, die sich durch die Distanzierung von den älteren, mithin den eigenen, definierten. Dem wurden drei Vorzüge entgegengehalten: die Tatsache, dass sie sich zehn Jahre im zivilen Leben »bewähren« mussten und deshalb, das wurde unterstellt, ein größeres Verständnis für das »bürgerliche Leben« aufbrächten; die Möglichkeit einer entsprechenden Vorausbildung; schließlich das Potenzial an Erfahrung[100]. Den künftigen Chefs und Kommandeuren der Bundeswehr wurde ihre »Kriegs- und Nachkriegserfahrung« zugute gehalten; zumeist als Reserve-Offiziere hätten sie den Krieg an der Front erlebt und stünden den entsprechenden Problemen »aus dieser Erfahrung aufgeschlossen gegenüber«[101].

Andererseits bezogen die neuen Konzepte ihre politische und gesellschaftliche Legitimität aus dem unbestrittenen Bruch mit älteren Mustern militärischen Handelns und Denkens. Dahinter steckte der Versuch, um die alten und potenziellen neuen Soldaten zu werben und gleichzeitig Bedenken in der Bevölkerung zu zerstreuen. Schließlich wollte kaum jemand dort weitermachen, wo die Wehrmacht aufgehört hatte. Ende 1954 hielten 60 Prozent der Westdeutschen (72 % der Männer) Reformen für unabdingbar. Nur 15 Prozent befürworteten eine Ausbildung in der Bundeswehr »wie früher«. Die Ausbildung solle »nicht so streng« sein, meinte ein Viertel; der Kasernenhofton müsse verschwinden (20 %), man brauche mildere Dienstvorschriften (13 %). Dass deutsche Soldaten im Gegensatz zu früher künftig ein Wahlrecht haben sollten, befürworteten 68 Prozent (73 % der Männer)[102]. Dass der Auftrag der Bundeswehr ein defensiver sein musste, lag ohnehin auf der

98 Ebd., S. 18.
99 Ebd., S. 18 f.
100 Ebd., S. 57 f.
101 Handbuch Innere Führung (1957), S. 41.
102 Jahrbuch der öffentlichen Meinung 1947–1955, S. 376.

Hand. »Hurrapatriotismus oder Kreuzzugsideen« lagen daher nach Meinung der Militärplaner nicht im Sinn der Wiederbewaffnung, sondern allein die Verteidigung; nicht nationalistisch motivierte Angriffspläne gegen den Rest Europas, sondern defensive Ziele, die in einem positiven Sinn patriotische Gefühle mit europäischer Loyalität verknüpften und so die Westintegration der Streitkräfte mit der westlichen Orientierung der bundesrepublikanischen Bevölkerung verbanden. »Liebe zu Vaterland und Heimat, der Glaube an eine europäische Zukunft werden der Jugend die Kraft geben[103].«

Die Ambivalenz zeigte sich auf der Metaebene, wenn die Frage nach dem Umgang mit der Vergangenheit, das hieß vor allem: der Vergangenheit des nationalsozialistischen Krieges, ausdrücklich aufgeworfen wurde. Als unbestreitbar galt weiterhin die Annahme, dass für die Kampfkraft und Einsatzbereitschaft der künftigen Truppe deren historische Verankerung unabdingbar sei. Gegenwärtige und zukünftige Aufgaben seien mit »geschichtlicher Verwurzelung« unlösbar verbunden. Ein radikaler Bruch mit dem Konzept der Tradition, der sich nicht auf die Inhalte, sondern auf das Konzept selbst bezogen hätte, stand offenbar nicht zur Disposition. Trotz der fatalen Instrumentalisierung von Geschichte, von militärischer Geschichte zumal, im Dritten Reich begaben sich die Planer lieber auf den schwierigen Weg der Neuformulierung des historischen Curriculums in den Streitkräften, als dass sie auf die vermutete Mobilisierungs- und Legitimationsfunktion historischer Rückbezüge von vornherein verzichtet hätten. »Keine Armee kann ohne lebensvolle Tradition bestehen«, hieß es kategorisch. Denn »die Taten, Leiden und Leistungen unserer Soldaten in allen Epochen der deutschen Geschichte berechtigen uns, Kräfte der Gesinnung aus der deutschen Vergangenheit zu schöpfen, aber auch in der geistigen Überlieferung Europas zu finden«. Immerhin war der geschichtliche Rekurs nicht mehr zwangsläufig ein nationalgeschichtlicher. Die Forderung nach Geschichte in der Truppe war vor dem Hintergrund einer allgemeineren Klage über den unterstellten »Verfall geschichtlichen Bewußtseins« zu sehen. Der künftige Soldat jedenfalls war verpflichtet, »sich seines geschichtlichen Erbes bewußt zu werden« – was man so oder so verstehen konnte[104].

Außer Frage stand für die Reformer, dass die neue Tradition in den Streitkräften eine veränderte Auswahl des historischen Sujets voraussetzte. Ältere Formen und Inhalte der Traditionsstiftung hatten sich selbst widerlegt und taugten nicht mehr für die Zukunft. Daher sei es dem Soldaten unmöglich, »Überkommenes ungeprüft zu übernehmen«. Blank forderte die »kritische Besinnung, geschichtliche Rechenschaft und Erinnerung« und damit »den Mut zu neuem Beginn und, wenn es sein muß, zu neuen Wegen«[105]. Der künftige Soldat sollte »Glanz und Elend seines Volkes und seiner soldatischen Vorgänger« nüchtern erkennen. Die Werbeschrift des Ministeriums räumte mit Kriegs- und Soldatenbildern auf, die dem militärischen Großkonflikt eine positive, kathartische Wirkung zuschrieben und sie mit soldatischen Männlichkeitsidealen verbanden. Dieses – wie man heute sagen würde

103 Vom künftigen deutschen Soldaten, S. 11.
104 Ebd., S. 19 f.
105 Ebd., S. 19.

– postheroische Selbstverständnis, für das die Planer warben, zeigte sich etwa in der Klarstellung, dass »der Krieg ein furchtbares Übel [ist], das allen ehemaligen Vorstellungen vom ›Stahlbad‹ oder von der ›Bewährung des Mannestums‹ Hohn spricht«[106]. Die negative Anspielung auf den soldatischen Nationalismus, der die Kriegsliteratur der Weimarer Republik charakterisiert hatte[107] und der im kulturellen Wissen der fünfziger Jahre weiterhin präsent war, kündete von einem »veränderte[n] Kriegsbild« – nicht zuletzt infolge des Kalten Krieges und der atomaren Bedrohung[108]. Tatsächlich hatte die heroische Kriegsdeutung in weiten Teilen der Bevölkerung und der Truppe spätestens 1944/45 bereits ihre Überzeugungskraft eingebüßt, unbeschadet der NS-Propaganda, die nicht zuletzt durch diese Differenz ihre Glaubhaftigkeit verloren hatte. Insofern konnten die Reformer in ihrem Bemühen, zwei offizielle Kriegsbilder gegeneinander abzugrenzen, auf teilweise vorhandene Veränderungen in den Köpfen aufbauen.

Typische Kennzeichen der früheren militärischen Ausbildung, welche die Kritiker schlagwortartig auf den Begriff gebracht hatten, wies das Amt Blank explizit zurück. In den neuen Streitkräften sei kein Platz für »Drill« und »Einzelkämpfertum«; vorgesehen sei vielmehr eine »Ausbildung ohne Kommiß«[109]. Damit wurden die historisch unterlegten Kampfbegriffe der »Ohne mich«-Bewegung aufgenommen und zurückgewiesen. Die offizielle Selbstdarstellung des Militärs nach den Plänen der Reformer griff hier historische, erfahrungsgesättigte Vorstellungen vom preußisch-deutschen Kasernenalltag auf, die zur selben Zeit den Stoff für eine außerordentlich erfolgreiche Romantrilogie und deren Verfilmung lieferten. Als Fortsetzungsroman zunächst erschien 1954 in der »Neuen Illustrierten« Hans Hellmut Kirsts Roman »08/15 – In der Kaserne«[110]. Im Genre des Militärschwanks nahm Kirst die Absurditäten des militärischen Alltags, insbesondere die unwürdigen Ausbildungsmethoden der Wehrmacht aufs Korn. Die zentralen Figuren – der Gefreite Asch, der »Schleifer« Platzek und der Kanonier Vierbein – wurden auf Jahre zum Inbegriff einer überholten Form der soldatischen Ausbildung und Menschenführung. Wie sich die Militärreform in ihrer historischen Argumentation in den populärkulturellen Kontext der Kriegs- und Soldatenbilder stellt, unterstrich diese implizit und explizit die Reformbedürftigkeit des Militärs im Falle einer deutschen Wiederbewaffnung. Beiden diente die Kriegsvergangenheit als Anschauungs- und Quellenmaterial einer auf die Zukunft bezogenen Argumentation, sei es in der literarischen und filmischen Inszenierung, sei es in der Öffentlichkeitsarbeit militärischer Visionäre. Dass diese Hinweise zehn Jahre nach Kriegsende für notwendig erachtet wurden, ließ im Umkehrschluss auf die Kontinuität heroischer Kriegs- und Soldatenbilder folgern, die das Amt Blank in Teilen der Gesellschaft zu Recht vermutete.

Wie ließ sich die Anerkennung eines tiefgreifenden Wandels des Kriegsbildes mit der Werbung für die Wiederaufstellung deutscher Streitkräfte verbinden? Die

---

106 Ebd., S. 27.

107 Vgl. Prümm, Die Literatur des Soldatischen Nationalismus; Müller, Der Krieg und die Schriftsteller.

108 Vom künftigen deutschen Soldaten, S. 55.

109 Ebd., S. 58 f., 85–87.

110 Vgl. etwa den expliziten Bezug auf die »08/15-Propaganda« in der Publikation des BMVg, Handbuch Innere Führung (1957), S. 107 und 114 (Unterkapitel »Schleifer Platzeck«).

Informationsschriften des Amtes Blank zogen dazu eine deutliche Trennlinie zwischen der neuen Beurteilung des Krieges als eines militärischen Großkonfliktes und dem Bild des einzelnen Soldaten. Der Krieg mochte grundsätzlich eine Plage sein, »aber niemals ist der Soldat [...] selbst ein ›Übel‹«[111]. Der künftige Soldat musste freilich ein *für seine Zwecke* ausgebildeter, in sich gefestigter Mensch sein. Damit wurden die entgegengesetzten älteren Vorstellungen auch hier zurückgewiesen, etwa die Annahme, die Armee sei die »Schule der Nation« oder der Wille des Soldaten müsse zunächst »gebrochen« werden[112]. Die Erziehung zu staatsbürgerlicher Mitverantwortung, die den Soldaten als politisch informierten Menschen voraussetzte, definierte sich ebenfalls in einer bis ins 19. Jahrhundert zurückgreifenden Abgrenzung gegenüber älteren Beispielen der deutschen Militärgeschichte. Sowohl Erich Ludendorffs Versuch, 1917 durch die Einführung des »Vaterländischen Unterrichts« die Moral zu stärken, als auch Hitlers Absicht, die Wehrmachtsoldaten durch die NSFO zu erziehen, wurden in Erinnerung gerufen und verworfen. Hitler »verfälschte politische Bildung in ›Ausrichtung‹ und Propaganda«[113]. Die Kriegspropaganda in der *Deutschen Wochenschau* galt vielen als Inbegriff der ideologischen Manipulation. Diese Argumente fanden zweifellos eine gute Resonanz, weil die ehemaligen Soldaten sich sofort und ungern an die Propaganda, namentlich an die NSFO als Vertreter der NSDAP erinnern konnten; zudem hielt die westdeutsche Presse auch diesen Aspekt des Krieges präsent[114].

Die politische Qualität des künftigen Soldaten sollte freilich auf dem Grundgesetz beruhen. Doch war die Armee einer Demokratie auch eine demokratische Armee? Wie schwierig die Abgrenzung fiel, zeigt ein Sprecher des Amtes Blank (vermutlich Kielmansegg), der 1952 auf dem Landestag der Jungen Union in Hamburg die Grenzen der Neuorientierung zog. Er wies die Unterscheidung von autokratischer und demokratischer Armee als widersinnig zurück, es gebe »nur eine gute und eine schlechte Truppe«. Mit der preußisch-deutschen Soldatentradition und ihren ethischen Prinzipien wolle man nicht brechen, ließ der Redner wissen. Allerdings gehe es weniger um Parademärsche als um die Ausbildung im Gelände und die Beherrschung der Waffen. Eine Soldatengewerkschaft hielt er für undenkbar; jedoch müssten die künftigen Soldaten zur Selbstverantwortung erzogen werden und während ihrer mi-

---

111 Vom künftigen deutschen Soldaten, S. 27.

112 Ebd., S. 57 f., Herv. J.E.

113 Ebd., S. 36. Vgl. die ZDv 11/1 »Leitsätze für die Erziehung des Soldaten«, sowie zum NSFO: Handbuch Innere Führung (1957), S. 156. Der NSFO galt als Beleg für den Grundfehler der Propaganda im NS-Regime, durch die »ideologische Vergewaltigung der Wirklichkeit« dem Menschen die politische Mündigkeit abzusprechen und an dem Realismus des erfahrenen Frontsoldaten vorbeizugehen. Das Handbuch verweist auf Carl Schmitt (Verfassung des Führerstaates, Berlin 1937) mit einem Zitat, demzufolge der »Führer« den allgemeinen Willen des Volkes vollziehe, auch wenn dies mit den Maßnahmen des Führers nicht übereinstimme.

114 Eine filmgeschichtliche Serie, die Der Spiegel 1950/51 publizierte, erläuterte die Manipulation am Beispiel gestellter Kampfaufnahmen. Um der »defaitistischen Heimatbevölkerung« zu zeigen, »wie großartig der Krieg vorwärts gehe«, habe man auf einem Teich in Babelsberg mit hölzernen Miniaturmodellen gearbeitet, die alliierten Kriegs- und Handelsschifftypen nachgebildet waren; elektrische Effekte hätten Geschützfeuer oder Explosionen simuliert, während eine Miniaturkamera über dem Teich die Perspektive eines herabstürzenden Stukas vortäuschte (Der Spiegel 3/1951, S. 20; mit Abb. Die Deutsche Wochenschau 1940, »Siegesfahnen über Deutschland!«).

litärischen Ausbildung sich auf ihren späteren Zivilberuf vorbereiten können. *Die Zeit* kommentierte: »Es wird eine Armee ohne Pathos sein, aber nicht eine Armee ohne Ethos[115].«

Beinahe wortgleich hatte Kielmansegg im selben Jahr während einer Tagung der Arbeitsgemeinschaft Demokratischer Kräfte formuliert: Das Wort von der demokratischen Armee »klingt sehr schön«, könne jedoch der Wirklichkeit nicht standhalten. »Es gibt weder demokratische noch undemokratische Armeen, es gibt nur gute und schlechte Armeen!« Kielmansegg bevorzugte daher die Wendung »Armee in der Demokratie« und »Demokratie in der Armee«, dem richtigen Verhältnis von freiheitlichem und »ordnungsgebundenem« Raum im Rahmen des soldatischen Gesetzes von Befehl und Gehorsam. Der Ausgangspunkt dürfe künftig nicht die größtmögliche Ordnung sein, die mehr oder weniger kleine Freiräume lasse, sondern umgekehrt die größtmögliche Freiheit des Soldaten, die ihre Grenze allein darin finde, dass die notwendige Ordnung – »Ausbildung, Härte, Einsatzbereitschaft« – nicht gefährdet, sondern gefördert werde[116].

Diese Umkehrung der Logik von Ordnung und Freiheit als ein notwendiges Signum der Binnenstruktur neuer deutscher Streitkräfte begründete der ehemalige Kommandeur eines Panzergrenadierregiments nun mit dem Generationswechsel und dem erfahrungsbedingten Einstellungswandel der Jugend. Die Generation der Jugendlichen der fünfziger Jahre – die künftigen Rekruten – habe »nach dem Fegefeuer der Jahre des Dritten Reiches, des Krieges *und Nachkrieges*« eine andere Sicht der Dinge, rational wie emotional, als die Generation des 1906 geborenen Kielmansegg, von den Älteren zu schweigen. Wollte man motivierte und leistungsstarke junge Soldaten, musste man diesen Einstellungswandel berücksichtigen. Die mentalen Auswirkungen der Erfahrungen von Krieg und Kriegsfolgen wurde nicht zuletzt aus einem ganz pragmatischen Kalkül als eine zwingende Begründung für den Wandel der Führungsphilosophie angeführt, über dessen Radikalität sich der Mitarbeiter des Amtes Blank ebenso wenig Illusionen machte wie über die Skepsis seiner Zuhörer auf der ADK-Tagung. Seine Argumente gegen vorweggenommene Einwände lassen ahnen, dass die Anwesenden das kriegsbedingt neue Soldatenbild nur schwer mit dem Ideal einer einsatzbereiten Truppe zusammenbringen konnten. Das moderne Gegenbild zum überkommenen Soldatenideal, das Kielmansegg zu zeichnen suchte – der schikanöse Unteroffizier Himmelstoß aus Remarques Roman diente als literarisches Muster –, verkehrten die Anwesenden zu einem Zerrbild des »weichen Bürgersoldaten«, des Rekruten, dem der Feldwebel morgens den Kaffee ans Bett bringt[117]. Und im Verbandsorgan der ehemaligen Kriegsgefangenen wollte man die neu justierte Bedingtheit militärischen Gehorsams nicht erkennen und in der Neudefinition der Gehorsamsgrenzen nur neuen Wein in alten Schläuchen se-

---

115 Armee mit Befehl und Gehorsam. In: Die Zeit, Nr. 22, 29.5.1952.

116 Johann Adolf Graf von Kielmansegg, Gedanken zur äußeren und inneren Struktur der EVG und ihrer Streitkräfte. In: Feldmeyer/Meyer, Johann Adolf Graf von Kielmansegg, S. 138–143 (Dok. 7), Zitate S. 140 f. Vgl. auch den anthropologischen Blick auf die Produktion und Funktion von »Gehorsam« in: Gehorsam.

117 Kielmansegg, Gedanken (wie Anm. 116), S. 140 f., Herv. J.E. Dass die Vermutung nicht haltbar war, zeigt für Baudissin: Hammerich, »Kerniger Kommiss« oder »Weiche Welle«?

hen. Im Vergleich mit der eigenen Kriegserfahrung hieß es ironisch, dass »der neue Soldat [...] keine Gefahr laufen [werde], in ähnliche Situationen zu geraten wie seine alten Kameraden, die heute noch in Ost und West deswegen sitzen«. Denn, so erläuterte ein Kommentar zum Soldatengesetz 1955 im *Heimkehrer*, die Bindung an das Gewissen auf der einen Seite werde durch die Gehorsamspflicht auf der anderen Seite ausgehebelt, sodass sich an dem Prinzip des »Befehl-ist-Befehl« nichts ändere, außer dem Vokabular[118].

So entwickelten die Mitarbeiter des Amtes Blank ein postheroisches und zugleich wertschätzendes Soldatenbild, dessen Kontinuität auf der Ebene der deutenden Erfahrung (und nicht der Deutungsangebote der NS-Propaganda) bis in die Kriegszeit zurückreichte. Krieg erhielt einen neuen Stellenwert; grundsätzlich abgelehnt wurde er nicht. Im Spagat zwischen Pazifismus und Militarismus zeichneten die Mitarbeiter des Amtes Blank ein modifiziertes, auf die Verteidigung der freiheitlichen Grundordnung durch bewaffnete Staatsbürger mit politischer Verantwortung und historischem Bewusstsein zielendes Kriegs- und Soldatenbild. Den Deutungsrahmen bildeten die Kriegserfahrung der Vergangenheit und die Bedrohungsperzeption der Gegenwart.

c) Moralische Wiederaufrüstung: Die Partei-Soldaten der FDP

Für die westdeutschen Parteien stellten die ehemaligen Soldaten ein großes Wählerpotenzial dar, das sie mehr oder weniger intensiv umwarben. Politikgeschichtlich interessanter als die kurzfristige Interessenorganisation durch die neonazistische, 1952 verbotene Sozialistische Reichspartei (SRP) ist die letztlich erfolgreiche Einbindung der Veteranen in die demokratischen Parteien. Während die regierende CDU die ehemaligen Berufssoldaten durch die ADK band und eben noch rechtsextreme Veteranen als respektierte Bürger für die demokratische Bundesrepublik zu gewinnen suchte – davon war bereits ausführlich die Rede –, bot sich ihnen auch die FDP an, indem sie sich in der Tradition der Nationalliberalen des Kaiserreichs als Hüter des nationalen militärischen Erbes empfahl[119]. Neben der Frage nach ihrer Rolle auf dem Politikfeld der Integration ehemaliger Berufssoldaten ist hier auch die umgekehrte Frage aufschlussreich, welche Rolle das Militärische in der politischen Entwicklung der Partei spielte. Denn Anfang der fünfziger Jahre besaß das Militärische im Richtungsstreit der Partei zwischen dem linksliberalen südwestdeutschen Flügel und dem nationalliberalen, der sich den Kampf gegen Adenauers Politik der Westintegration um den Preis der Wiedervereinigung auf die Fahnen geschrieben hatte, erhebliche Bedeutung.

Der Einsatz der FDP für die Veteranen hatte zur Folge, dass die neben SPD, CDU und CSU vierte Partei zu einem politischen Sammelbecken ehemaliger Wehrmachtsoldaten wurde. Die programmatische Ausrichtung führte schon

118 Geist in der Zwangsjacke. In: Der Heimkehrer, 3.9.1955, S. 1.

119 Wagner, FDP und Wiederbewaffnung. Als parteiengeschichtlicher Überblick: Dittberner, Die FDP, bes. S. 326 f.

früh zu engen Kontakten der Liberalen auf Bundes- und Landesebene mit »Alten Kameraden« und den Veteranenorganisationen. Zahlreiche Männer, die zur Wehrmachtelite gezählt hatten, fanden sich im Umfeld führender FDP-Politiker. So zählten beispielsweise zum Freundeskreis von Theodor Heuss der Oberst d.R. und Ritterkreuzträger Eberhard Wildermuth (FDP, Bundesminister für Wohnungsbau) und der General a.D. Hans Speidel. In Düsseldorf gehörte der ehemalige General der Panzertruppen und Oberbefehlshaber einer Panzerarmee, Hasso von Manteuffel, zu den häufigen Gästen im Landesbüro der FDP; in München war der ehemalige General der Gebirgstruppen und zuletzt Oberbefehlshaber, Hubert Lanz, im bayerischen Landesverband tätig. Der junge Erich Mende schließlich gehörte als (einziger) ehemaliger Berufsoffizier dem ersten Deutschen Bundestag an und war wehrpolitischer Sprecher der FDP[120].

Der Ausschuss für Sicherheits- und Verteidigungsfragen (Bundesverteidigungsausschuss), der erstmals am 30. September 1952 in Bad Godesberg tagte, war ebenso wie die Wehrausschüsse der Landesverbände ein Anziehungspunkt für viele ehemalige Berufssoldaten und »Kriegsteilnehmer aller Dienstgrade«[121]. Den Vorsitz des Bundesverteidigungsausschusses der FDP hatte auf Drängen des Bundesvorsitzenden Franz Blücher General a.D. Kurt Brennecke übernommen. Dass dieses offene politische Engagement ehemaliger Generale in der Öffentlichkeit mit Skepsis beobachtet wurde, dessen war sich Brenner bewusst. Gegenüber dem FDP-Vorsitzenden hatte er zu bedenken gegeben, ob nicht besser ein Politiker den Vorsitz inne haben sollte, weil geargwöhnt werde, »daß an die Spitze des Ausschusses nur Generäle träten und womöglich der Ausschuß eine eigene Politik betreiben wolle«, was Brenner mit dem Hinweis auf die Abstimmung mit Vorstand und Bundestagsfraktion bestritt. Blücher ließ die Bedenken indes nicht gelten und überzeugte Brenner vielmehr, dass es »durchaus möglich sei, dass ›ein alter Soldat‹ die Führung übernehme«[122].

Prominente Veteranen kandidierten für die FDP. So stand Hasso von Manteuffel im nordrhein-westfälischen Wahlkampf 1953 an fünfter Stelle der Landesliste. Er sollte, wie Friedrich Middelhauve und der Landesgeschäftsführer Wolfgang

---

120 Vgl. zur politischen Führung: Nickel, Dehler – Maier – Mende.

121 Mende, Die neue Freiheit, S. 182 f. An den Sitzungen des Bundesverteidigungsausschusses nahmen Mitte der fünfziger Jahre u.a. folgende ehemalige Offiziere als Delegierte oder Gäste teil: Oberst a.D. Paul Bockamp (Bundesgeschäftsstelle); General a.D. Kurt Brennecke (LV NRW), Major a.D. Walter Brunck (LV Bayern), Generalleutnant a.D. Hans-Armin Czech (LV Schleswig-Holstein), Generalleutnant a.D., Ernst Goettke (LV NRW), Generalleutnant a.D. Konrad Haase (LV Rheinland-Pfalz), Oberst a.D. Reinhold Kreitmeyer (Lüneburg), General d.Geb. Tr. a.D. Hubert Lanz, Kapitän zur See a.D. Richard Leffler (LV Hamburg), General der Pz.Tr. a.D. Hasso von Manteuffel (LV NRW), Major a.D. Erich Mende (LV NRW), Erich Oberst a.D. Hans von Ploetz (LV Hessen), General a.D. Julius Schulz, Oberstleutnant a.D. Walter Schwarz (LV Schleswig-Holstein), Oberstleutnant a.D. Albert Stückler. Für den Liberalen Studentenbund Deutschlands (LSD) saß Barthold C. Witte mit am Tisch; als einzige Frau nahm MdB Marie-Elisabeth Lüders teil, die Ehrenvorsitzende des Frauenrings, die bereits nach dem Ersten Weltkrieg ihr Interesse an militärischen Fragen bekundet hatte: Lüders, Das unbekannte Heer. Vgl. die Protokolle ADL, Signatur 904: Bundesverteidigungsausschuß 1952–1954; ebd., Signatur 892: Bundesverteidigungsausschuß, Protokolle, 1955.

122 ADL, Signatur 904: Bundesverteidigungsausschuß 1952–1954, Denkschrift Kurt Brennecke, Gedanken zur EVG, 14.5.1952, S. 1.

Döring hofften, die Stimmen der ehemaligen und künftigen Soldaten gewinnen. Middelhauve hätte auch Kesselring gerne auf die Liste gesetzt, doch der lehnte ab[123].

Ob bekannte Wehrmachtangehörige für die Partei kandidieren sollten, war aber auch in der FDP umstritten. Vor allem als die Liberalen trotz Bundespräsidenten-Bonus und Regierungsbeteiligung bei der Wahl zum 2. Deutschen Bundestag am 6. September 1953 mit 9,5 Prozent der abgegebenen Stimmen hinter den 11,9 Prozent von 1949 zurückblieben (während die CDU/CSU deutlich zulegte und 45,2 Prozent erreichte), zeigten sich zum Beispiel der Hamburger Willy Max Rademacher und der Berliner Politologe Hans Reif überzeugt, dass der nordrhein-westfälische Landesverband durch den Panzergeneral auf der Landesliste dem Wahlkampf geschadet hatte. Die Soldaten hätten dem Zivilisten Adenauer ihre Unterstützung gegeben, da sie verständlicherweise von den Generalen Hitlers die Nase voll hätten, lautete die Kritik[124]. Das Allensbacher Institut für Demoskopie, das Adenauer beraten hatte, führte dessen Wahlerfolg nicht nur auf das Nachlassen der wirtschaftlichen Existenzangst, sondern auch auf den Rückgang der allgemeinen Angst vor einem weiteren Krieg zurück, der bei mehr als der Hälfte der Bevölkerung die Bereitschaft gefördert habe, die Wiederbewaffnungspolitik des Bundeskanzlers zu tolerieren, sodass die Wahlwerbung insbesondere der Gesamtdeutschen Volkspartei (GVP) gegen einen Wehrbeitrag nur bei einer Minderheit verfangen habe[125].

Doch die FDP war nicht die einzige Partei, die ehemalige hochdekorierte Soldaten des Zweiten Weltkrieges als Aushängeschilder nutzte. Im nordrhein-westfälischen Landtagswahlkampf von 1954 beispielsweise hatten die Wiederbewaffnungsgegner, vor allem die Sozialdemokraten, Kommunisten und Gewerkschaftler, aus Sicht der Liberalen unliebsame Unterstützung bekommen. Besonders in Ostwestfalen und Lippe, in Minden, Bielefeld, Höxter, Detmold, vertraten die Anhänger der rechtsextremen Deutschen Reichspartei, darunter ehemalige Offiziere, den »Ohne mich«-Standpunkt. Die künftigen deutschen Soldaten wurden als »Söldner der Amerikaner« verunglimpft. Mende vermutete Verbindungen zu »sowjetzonalen Funktionären« des NKFD[126].

Die ideelle und sozialpolitische Unterstützung ehemaliger Wehrmachtsoldaten durch die FDP stieß unter den ehemaligen Berufssoldaten, den Kriegsopfern und Heimkehrern naturgemäß auf Zustimmung und brachte der Partei ebenso wie die Beteiligung der Liberalen bei der Gründung von Interessenverbänden der Soldaten und Kriegsopfer viele Sympathiepunkte ein. Schon auf ihrem ersten Bundesparteitag am 11. und 12. Juni 1949 in Bremen fasste die FDP entsprechende Beschlüsse: Den heimkehrenden Soldaten sollte durch Ausbildungsförderung und Darlehen die Wiedereingliederung in die Gesellschaft erleichtert werden, und ein Suchdienst sollte nach Vermissten und Verschleppten fahnden. Was die als Kriegsverbrecher verurteilten ehemaligen Soldaten anging, wollte sich die FDP für eine bessere Behand-

[123] Mende, Die neue Freiheit, S. 278 f. Vgl. zum Folgenden auch Wagner, FDP und Wiederbewaffnung.
[124] Mende, Die neue Freiheit, S. 281 f. Vgl. zu Rademacher: Brauers, Die FDP in Hamburg.
[125] Vgl. Wahl-Analyse. Der Adenauer-Sog. In: Der Spiegel, 16.9.1953, S. 10 f. Die Einschätzung stammt von »des Kanzlers Demoskop« Peter Neumann.
[126] Mende, Die neue Freiheit, S. 317.

lung stark machen; der Landesverband von Nordrhein-Westfalen drängte sogar auf eine Generalamnestie[127]. In Bonn eröffnete er ein Büro für Soldatenfragen. Mende besuchte persönlich die in den Gefängnissen St. Gilles (Brüssel) und La Santé (Paris) einsitzenden ehemaligen Angehörigen der Wehrmacht und auch der Waffen-SS. Als Weihnachtsgeschenk organisierte das Büro der Liberalen eine Spende von zehntausend Zigaretten der Hamburger Firma Reemtsma, die als Rotkreuz-Spende deklariert wurde[128]. Mende wohnte auch dem Prozess gegen Falkenhausen in Brüssel bei und traf dort den Rechtsanwalt und das FDP-Mitglied Ernst Achenbach. Der ehemalige enge Mitarbeiter von Otto Abetz, mitverantwortlich für die Judendeportationen in Frankreich, hatte bereits im IG-Farben-Prozess die Verteidigung übernommen und war hier erneut als deutscher Anwalt tätig. Die FDP unterstützte auch die Familien prominenter »Kriegsverurteilter«. 1953 beteiligten sich die Liberalen an einer Spendenaktion, zu der der Vorsitzende des VdS, Hansen, aufgerufen hatte: Mit einer Spende von 400 DM ermöglichte die FDP den Ehefrauen der in Spandau inhaftierten Großadmirale a.D. Raeder und Dönitz eine Reise nach Berlin[129].

Mende, der als junger Berufsoffizier unter anderem im Mittelabschnitt der Ostfront in der Sowjetunion eingesetzt gewesen war, räumte in einem Gespräch mit Adenauer im Februar 1952 ein, dass er dort auf beiden Seiten »Verbrechen und Scheußlichkeiten« erlebt habe. Ihm gehe es bei seinen Bemühungen um die Inhaftierten nicht um die »grausam verübten Verbrechen, von denen wir zum Teil erst nach dem Krieg erfahren haben«, sondern um die »Verstrickungen durch den Befehlsnotstand und manche in der Härte des Kriegsgeschehens und der Gnadenlosigkeit einer Diktatur entstandenen Verfehlungen, vor allem junger Soldaten«[130]. Die Beweggründe des inkriminierten militärischen Handelns wurden auf die Umstände – den Krieg, die Diktatur – verlagert und mit dem Argument des Befehlsnotstands zusätzlich entlastet, so auch während einer Plenarsitzung der Liberalen am 17. September 1952. Der FDP gehe es in der Frage der Kriegsverurteilten um »alle jene, die als Angehörige der Wehrmacht, der Waffen-SS, der Polizei, ja im totalen Krieg vielleicht auch als Angehörige der Zivilverwaltung *aus den besonderen Verhältnissen des Krieges* in Schuld verstrickt wurden und hier schuldig oder teilschuldig geworden sind, oder die vielleicht sogar unschuldig sind und Opfer von Siegerwillkür, von

---

127 Ebd., S. 181 f.

128 Ebd., S. 195. Gerne erinnerte sich Mende später an die Danksagungen der als Kriegsverbrecher verurteilten und vorzeitig entlassenen Wehrmachtsoldaten. So bedankte sich Kesselring am 12.12.1952 bei Mende, indem er ihn zum Abendessen in seine Wohnung einlud; aus Bielefeld schickte General a.D. Wilhelm Schubart ein Dankschreiben für die Freilassung seines Sohnes aus jugoslawischer Gefangenschaft; aus Garmisch-Partenkirchen übermittelte Generalfeldmarschall a.D. Walter List nach seiner Entlassung aus Landsberg seinen Dank. Soldaten aller Dienstgrade und Truppenteile von Wehrmacht und Waffen-SS hätten ihm per Telegramm, telefonisch oder durch einen Besuch im Bundeshaus für sein Engagement gedankt. Mende, Die neue Freiheit, S. 250 f. Vgl. auch ADL, Signatur 367: Rednerschnellbrief 6/52, S. 2: Manstein dankt FDP für beispielhaftes Eintreten in Fragen der Kriegsverurteiltenproblematik; ebd., Rednerschnellbrief 8/52, 5: von Mackensen dankt der FDP für Einsatz zugunsten der Kriegsverurteilten.

129 ADL, Signatur 367: Rednerschnellbrief 27/53, S. 13: FDP ermöglichte Ehefrauen der »Spandauer« Berlin-Reisen.

130 Mende, Die neue Freiheit, S. 215.

Besatzungsjustiz aus der Morgenthau-Psychose, von Missverständnissen, vielleicht von Verfahrensmängeln mit Berufszeugen und Geständniserpressungen geworden sind«. Mit der Metapher der Verstrickung, die den Betroffenen zu einem hilflosen Objekt Dritter machte, und durch die Kriminalisierung der Alliierten wurden auch hier die kriegerischen Umstände für die Verbrechen der Soldaten verantwortlich gemacht, nicht die Soldaten für die verbrecherischen Umstände des Krieges. Als Negativfolie dienten jene »Verbrecher im wahrsten Sinne des Wortes«, die sich »ohne die Not des Krieges« als »asoziale Element« betätigt hätten[131].

Auf dieser Linie lag dann auch die Einlassung des Fraktionsvorsitzenden der Liberalen, August-Martin Euler, in der Wehrdebatte des Bundestages am 7. und 8. Februar 1952, mit der er die Wiederbewaffnung zugleich in den historischen und tagespolitischen Zusammenhang rückte: »Ich kann mir nicht vorstellen, daß neue deutsche Truppen unter den Fenstern des Gefängnisses von Werl vorbeimarschieren, solange dort außer den Generalfeldmarschällen von Manstein und Kesselring viele verdiente Offiziere und gemeine Leute einsitzen, die doch nur die Möglichkeiten der Kriegsführung gegen einen heimtückischen und grausamen Gegner ausgeschöpft haben, wie das in Korea gegenüber heimtückischen und grausamen Banditen auch geschehen ist[132]!« Mit solchen Erklärungen und den vorab formulierten Vorbehalten für ihre Zustimmung zu einem deutschen Wehrbeitrag hatte die FDP der sozialdemokratischen Opposition die besten Argumente genommen[133].

Der Umgang mit der jüngsten Vergangenheit sorgte 1952/53 für parteiinterne Spannungen und mit der Naumann-Affäre[134] um Goebbels' ehemaligen Staatssekretär für einen öffentlichen Skandal. Mit einer klaren Symbolik signalisierte der FDP-Landesparteitag in Nordrhein-Westfalen die nationalkonservative Orientierung, in der die Kriegsvergangenheit präsent war. Der Parteitag in Bielefeld begann im Juli 1952 mit der Darbietung eines Streichorchesters, das ein Motiv aus »Les préludes« von Franz Liszt erklingen ließ. Dieses war den Delegierten als Erkennungsmelodie der Sondermeldungen des Oberkommandos der Wehrmacht im Großdeutschen Rundfunk bestens vertraut. Die Vorstellungen und Forderungen wurden in einem »Deutschen Programm« formuliert, an dessen Entwurf neben Werner Naumann, Best, Achenbach und Alfred Six auch Hans Fritzsche, im Dritten Reich als Radio-Kommentator bekannt, mitgearbeitet hatte. Naumann wurde zudem von dem

131 Ebd., S. 239, Herv. J.E.

132 Ebd., S. 218.

133 Vgl. Richard Tüngel, Die Niederlage der SPD. In: Die Zeit, 14.2.1952.

134 Werner Naumann, der dank des Amnestiegesetzes von 1950 das Licht der Öffentlichkeit nicht mehr zu scheuen brauchte, hatte einen Kreis ehemals hochrangiger Nationalsozialisten um sich geschart. Der rechte Flügel der FDP weckte Erinnerungen an die Harzburger Front, jene Gruppierung, die in der späten Weimarer Republik nationalistische Republikfeinde vereint hatte. Spiritus rector war der Düsseldorfer Landtagsabgeordnete Ernst Achenbach, der sich zusammen mit Werner Best, dem ehemaligen Reichskommissar in Dänemark, und Alfred Six, ehemals SS-Obergruppenführer, für eine Generalamnestie der inhaftierten Wehrmachtsoldaten einsetzte und eine Europa-Armee aus nationalen Gründen ablehnte und stattdessen auf ein wiedervereintes Deutschland mit eigener Armee setzte – der sogenannte dritte Standpunkt, mit dem man auch die Neutralisten zu gewinnen hoffte. Vgl. Frei, Vergangenheitspolitik, S. 361–396. Zur Naumann-Affäre auch Mende, Die neue Freiheit, S. 256–260.

ehemaligen SS-Standartenführer Wolfgang Diewerge unterstützt, der unter ihm in Goebbels' Propagandaministerium eine prominente Rolle gespielt hatte. Der Rand der in Bielefeld ausliegenden Exemplare des Deutschen Programms war denn auch in Schwarz-Weiß-Rot gehalten, den Farben des Deutschen Reiches zwischen 1871 und 1922 sowie 1933 und 1945.

Auf dem Bundesparteitag der FDP in Bad Ems im November 1952 versuchte der rechte Parteiflügel mit Middelhauve an der Spitze zwar vergeblich, das »Deutsche Programm« gegen das zurückhaltendere »Liberale Manifest« durchzusetzen, hinter dem unter anderem Lüders, Dehler und Reinhold Maier, der Ministerpräsident von Baden-Württemberg, standen. Doch der zum stellvertretenden Parteivorsitzenden gewählte Middelhauve konnte die Partei darauf einschwören, als »nationale Sammlungsbewegung« auf Stimmenfang rechts von der CDU zu gehen. Die Briten verhafteten Mitte Januar 1953 unter Berufung auf das Besatzungsstatut in Düsseldorf, Solingen und Hamburg sechs ehemalige NSDAP-Funktionäre und FDP-Mitglieder, darunter Naumann[135]. Wenngleich der Verdacht, sie würden als Rädelsführer einer rechtsextremen Vereinigung die Macht in der Bundesrepublik zu erlangen suchen, wohl überzogen war, ging es den Beteiligten doch um nichts Geringeres als eine Rehabilitierung des Nationalsozialismus durch die Unterwanderung einer etablierten Partei – zu einer Zeit, als 44 Prozent von 1200 Befragten in einer Umfrage der amerikanischen Hohen Kommission erklärten, dass sie mehr Gutes als Schlechtes am Nationalsozialismus fänden[136]. Doch eine ernstzunehmende politische Kraft, die an den Nationalsozialismus anknüpfte, hatte in der Bundesrepublik – das hatte die Naumann-Affäre gezeigt – keine Chance. Rechts von der konfessionsübergreifenden CDU/CSU und Adenauers gemäßigtem Konservativismus war in der Bundesrepublik der fünfziger Jahre kein Platz für eine nationalistische Außen- und

[135] ADL, Signatur 367: Rednerschnellbrief 16/53, Sonderbeilage: Verhaftung des Naumann-Kreises; ebd., Rednerschnellbrief 17/53: Pressepolemik um die »NS-Verschwörungen«. Vgl. auch z.B. Komplott früherer Nationalsozialisten aufgedeckt. In: Die Neue Zeitung, 16.1.1953, S. 1. Friedrich Middelhauve leugnete zunächst jegliche Verbindung der FDP zu den Verhafteten und die Gefahr einer rechtsextremen Unterwanderung solange, bis Tagebuchauszüge ans Licht kamen, die das Gegenteil belegten. Eine parteiinterne Untersuchungskommission bestätigte schließlich den Unterwanderungsversuch durch Seilschaften ehemaliger NS-Funktionäre. Während einigen Protagonisten die Mitgliedschaft in der FDP entzogen und Middelhauve und sein Landesvorstand zumindest getadelt wurden, verlief das Parteiausschlussverfahren gegen den wohl wichtigsten Verbindungsmann zu den ehemaligen ranghohen Nationalsozialisten, Ernst Achenbach, im Sande. Achenbach konnte seine Karriere von 1957 bis 1976 als Mitglied des Bundestages fortsetzen und wäre beinahe EG-Kommissar geworden, hätten nicht Beate und Serge Klarsfeld 1974 nachgewiesen, dass Achenbach in seiner Zeit an der deutschen Botschaft in Paris an der Deportation von Juden beteiligt gewesen war. Vgl. zu Middelhauve: Buchna, Nationale Sammlung.

[136] Am 19. Januar 1953 hatte die Hohe Kommission das Ergebnis der vom 10. bis 20. Dezember des Vorjahres durchgeführten Umfrage veröffentlicht. Vgl. Meinungsumfrage zu Neonazismus führt zu öffentlicher Debatte. In: Die Neue Zeitung, 20.1.1953, S. 1. Adenauer kritisierte gegenüber dem amtierenden Hohen Kommissar Samuel Reber, dass hier durch die Formulierung der Frage und die angeführten Vergleichszahlen irreführenderweise der Eindruck erweckt werde, als sei die Zustimmung zum Nationalsozialismus gestiegen. Vgl. Adenauer, Briefe 1951–1953, S. 329 f.; für die FDP: ADL, Signatur 367: Rednerschnellbrief 19/53, S. 36: Hintergründe der US-Befragungsaktion (Wiederaufleben des Nationalsozialismus in der Bundesrepublik?); ebd., Rednerschnellbrief 20/53: McCloy, Keine NS-Gefahr für Deutschland!

Verteidigungspolitik im hergebrachten Sinne. Das Mischungsverhältnis von Altem und Neuen musste vorsichtiger und immer wieder neu austariert werden, besonders im Verhältnis zu den ehemaligen Soldaten.

Der Umgang mit der Militärgeschichte wurde rasch zum Zankapfel, die Beteiligung etwa an der Umbenennung von Straßen zum Politikum. So warfen die Liberalen der SPD 1953 vor, durch ihre Geschichtspolitik (wie man heute sagen würde) die »nationale Würdelosigkeit verewigen« zu wollen. Im »Rednerschnellbrief« der FDP musste sich die SPD für ihre Symbolpolitik kritisieren lassen, mit der sie in vorauseilendem Gehorsam die Entmilitarisierung der Alliierten betrieben habe. Nach Kriegsende habe sie den Alliierten bei der »bildersturmartigen Ausmerzung aller Erinnerungsmöglichkeiten an bedeutende Gestalten und Zeitläufe der preußisch-deutschen Geschichte« mehr als erforderlich geholfen. Konkret richtete sich der Vorwurf eines militärgeschichtlichen Ikonoklasmus auf das Streichen und Ersetzen von (Straßen-)Namen, die einen Bezug zum Militär und zur Reichsgründung hatten. Als Beispiel nannte die FDP die Umbenennung des Berliner Tirpitz-Ufers in Reichpietschufer. Hier sollte »bewußt die Erinnerung an den Schöpfer der ersten deutschen Hochseeflotte ersetzt werden [...] durch eine späte Glorifizierung eines, der damaligen USPD nahestehenden meuternden Matrosen«. Um die ungebrochene Tradition der Marine bemüht, stellten die Liberalen ihr Urteil rhetorisch in die Kontinuität des Urteils derer, die den jungen Max Reichpietsch erschossen hatten. Der Matrose habe schließlich 1917 die Mannschaften »einiger deutscher Großkampfschiffe in Kiel zur offenen Auflehnung gegenüber der Flottenleitung und zum Verlassen ihres Schiffes aufgewiegelt« und sei dafür »nach einem ordnungsgemäßen Kriegsgerichtsurteil im September 1917 auf der Wahner Heide bei Köln erschossen« worden[137].

Das Zusammenspiel von Freidemokraten und Veteranen zeigte die symbolische Praxis des Bundesparteitags der FDP in Lübeck vom 26. bis 28. Juni 1953. Transparente verkündeten das Motto der Freidemokraten: »FDP – sozial, liberal und national«. Auf einem anderen Blatt stand, dass über Gewichtung von Liberalismus und Nationalismus unter Alt-Liberalen wie Maier und Nationalkonservativen wie Middelhauve gestritten worden war. Von der Naumann-Affäre und dem Deutschen Programm war hier keine Rede mehr. Dass Maier, in dieser Situation verstärkt um nationale Töne bemüht, Tendenzen zum bayerischen Separatismus der unmittelbaren Nachkriegszeit aufs Korn nahm, um sie mit der reichsdeutschen Haltung in Stuttgart zu kontrastieren, sorgte in München für Verstimmung. Diese »Erinnerungen an die schauerliche Zeit der deutschen Auflösung« zeigte den Deutschen, wie *Die Zeit* feststellte, die Schwäche jenes föderalen Gerüstes, das ihren Bundesstaat trage[138].

Dem Parteitag mangelte es nicht an politischen Symbolen und Inszenierungen. Wenige Tage nach dem Aufstand in der DDR wehte die schwarz-rot-goldene Fahne

---

137 ADL, Signatur 367: Rednerschnellbrief 25/53 (10.4.1953), S. 14 f. Vgl. nur ebd., Rednerschnellbrief 4/52, S. 8: DGB gegen Pflege soldatischer Tradition; ebd., Rednerschnellbrief 7/52, S. 10: MdB Prof. Brill, SPD, »Mörder erneut vor der Tür!« (SPD diffamiert erneut Soldatenbünde).

138 Vgl. Otto Wacker, Reinhold Maier und die Bayern. Echo auf peinliche Nachkriegserinnerungen in Stuttgart und München. In: Die Zeit, 9.7.1953.

neben der blau-weiß-roten Schleswig-Holsteins; das deutschnationale Schwarz-Weiß-Rot war seltener zu sehen. Die erste Strophe des Deutschland-Liedes war im Programmheft abgedruckt. Mende und Manteuffel hielten Reden zu den Themen Wiederbewaffnung und Wiedervereinigung. Anschließend brachten Busse die Teilnehmer zum Grenzübergang Lübeck-Eichholz, wo auf einer »Reichstreuekundgebung« im Fackelschein der Geist der Reichsgründung von 1871 beschworen wurde. Für den musikalischen Rahmen sorgten Veteranen: Das Musikkorps Lübeck des VdS versetzte die liberalen Zuhörer mit seinen Militärmärschen in eine »Aufbruchs- und Hochstimmung«[139]. »Ohne Musikkorps, Fanfarenzug, Fahneneinmarsch [...] und ›Reichstreuekundgebung‹ scheint es nicht mehr zu gehen«, spottete dagegen *Der Spiegel.* Dass der Abgeordnete Mende auf Plakaten als »Major a.D.« angekündigt worden war, mithin seine Vergangenheit als Soldat der Wehrmacht zu einer politischen Veranstaltung herauskehrte, wurde ebenfalls für bemerkenswert gehalten, war also keineswegs selbstverständlich[140].

In ihrem Programm, das die Liberalen in Lübeck beschlossen, äußerten sie sich wiederholt zu den rechtlichen, materiellen und sozialen Kriegsfolgen und den politischen Antworten der FDP. Als eine der ersten, außenpolitischen Forderungen formulierte das Programm das Ziel, dass »die acht Jahre nach Einstellung der Feindseligkeiten immer noch in fremdem Gewahrsam festgehaltenen Kriegsgefangenen und Kriegsverurteilten freizulassen« oder aber »in deutsche Hand« zu übergeben seien[141]. Am Ende des Zehn-Punkte-Katalogs standen die Forderungen zur »Überwindung der Kriegsfolgen«. Ausgehend von der Feststellung, dass die Konsequenzen »des schrecklichen Krieges« weiterhin auf »uns« lasten und mehr zu tun bleibe, als bislang bereits getan worden sei, formulierten die Liberalen ihre Ziele: Förderung des Wohnungsbaus, wirtschaftliche Eingliederung der »Heimatvertriebenen« und der »Sowjetzonenflüchtlinge«, Entschädigung für langjährige Kriegsgefangenschaft, Rentenerhöhung für Schwerkriegsbeschädigte, Witwen und Waisen, rechtliche Gleichstellung der unter Art. 131 GG fallenden Personen (also unter anderem die Wiedereingliederung der ehemaligen Beamten und Berufssoldaten in den öffentlichen Dienst) sowie ein abschließendes Bundesgesetz zur »Wiedergutmachung nationalsozialistischen Unrechts«[142]. Die Verbesserung der sozialen Lage ehemaliger Wehrmachtsoldaten nahm in der politischen Agenda der FDP einen festen Platz ein – kein Wunder angesichts der personellen Verbindungen und Verquickungen auf allen Ebenen.

---

139 Mende, Die neue Freiheit, S. 274.

140 FDP-Parteitag. Kirkpatrick hat's gesagt. In: Der Spiegel, 1.7.1953, S. 5.

141 Wahlprogramm der Freien Demokratischen Partei. Beschlossen auf dem Bundesparteitag in Lübeck am 26. Juni 1953. In: ADL, Signatur A 1–50, fol. 92 (S. 2): Bestand Bundesparteitage.

142 Wahlprogramm der Freien Demokratischen Partei. Beschlossen auf dem Bundesparteitag in Lübeck am 26. Juni 1953. In: ADL, Signatur A 1–50, fol. 92 (S. 2), fol. 96 (S. 9): Bestand Bundesparteitage. Vgl. auch ADL, Signatur 367: Rednerschnellbrief 4/52, S. 2: FDP fordert schnelle Beratung der 131er Novelle; ebd., Rednerschnellbrief 2/52, 2: FDP setzt Sonderzuwendungen für Pensionäre und 131er durch; ebd., Rednerschnellbrief 17/53, 3: Kriegsopferrente ist ein Ehrensold; ebd., 17/53, 4: FDP fordert Entschädigung für deutsche Kriegsgefangenenarbeit.

Wenige Wochen vor dem Parteitag hatten hochrangige FDP-Politiker an der Delegiertenversammlung des VdS/BvW am 21. März 1953 teilgenommen. Kurz nachdem der Bundestag den EVG-Vertrag ratifiziert hatte, erläuterten Blücher, Mende und Herwarth Miessner die Haltung der FDP zum »deutschen Soldatentum«. Der parteiinterne »Rednerschnellbrief« informierte über den Auftritt, um »Rednern und Propagandisten« der FDP eine Argumentationshilfe für den bevorstehenden Bundestagswahlkampf an die Hand zu geben. Wie die Veteranen war auch Vizekanzler Blücher der Überzeugung, dass es ein spezifisches deutsches Soldatentum gebe. Diese im militärischen Milieu weit verbreitete Konzeption grenzte das Militär durch seine nationalen Besonderheiten nach außen ab und fasste es zugleich zu einer epochenübergreifenden Einheit zusammen, die wiederum die jeweiligen historischen Besonderheiten im Verlauf der nationalen Vergangenheit hinter die vermeintlichen zeitlosen, übergreifenden Eigenarten zurücktreten ließ. Im Unterschied zu den Deutungsanstrengungen der Veteranen jedoch stellte Blücher nicht die an dieser Stelle gerne genannten militärischen Tugenden wie Tapferkeit, Kameradschaft oder Kampfgeist in den Vordergrund. Er hob vielmehr auf die besondere ethische Qualität des Soldatenberufes an sich ab, die er an zwei Kriterien festmachte: an der Todesbereitschaft des Soldaten sowie an deren nationalem Bezug. »Deutsches Soldatentum« bezeichnete hier »die Bereitschaft des einzelnen, alles und auch sein Leben im Interesse des gesamten Volkes zu opfern«. Deutsches Soldatentum, aus seiner geschichtlichen Rückbindung gelöst, wurde für den Liberalen zu einer Chiffre der Sittlichkeit. In der altbekannten Opferrhetorik begründete Blücher den Wert des Militärs mit »diese[r] Bereitschaft, sich selbst auszulöschen für das Ganze«[143]. Soldatentum stilisierte er zum Inbegriff der Sittlichkeit. Mende legte nach, indem er zwischen einem so definierten »Soldaten« und einem »Militaristen« trennte, für den der Krieg die Fortsetzung der Politik mit anderen Mitteln sei[144]. Die Botschaft war klar: Wer dem deutschen Soldaten gegenüber (ob dem ehemaligen oder dem künftigen) eine negative Haltung einnahm, handelte selbst unmoralisch. Damit bot die FDP dem umgekehrten Versuch der Remilitarisierungsgegner Paroli, die den deutschen Soldaten als Mörder, mithin als eine in höchstem Maße unmoralische Person hinstellten. Offen blieb, wie das deutsche Soldatentum als Reinform der Moral inmitten der reinsten Unmoral hatte jahrelang agieren können.

Aus dieser Nähe zu den Veteranen einen besonderen Sachverstand der FDP für die Frage der Wiederbewaffnung abzuleiten, wie das die Freidemokraten taten, war freilich schon deshalb gewagt, weil ja so mancher ehemalige Wehrmachtsoldat gegen die Remilitarisierung der Bundesrepublik eingestellt war. Mende stellte die Liberalen mir ihrem rationalen Urteil in diesem Punkt jenen Menschen gegenüber, die aufgrund ihrer »Emotionen gegen die jüngste Vergangenheit« der Wiederaufstellung deutscher Streitkräfte widersprachen. Der Bundeshauptausschuss, das nach dem Parteitag zweithöchste Gremium der FDP, votierte im August 1950 in Kassel einstimmig für »eine Wehrpolitik, die der politisch-geographischen Lage der Bundesrepublik, den

[143] ADL, Signatur 367: Rednerschnellbrief 24/53, S. 1: Führende FDP-Politiker sprechen zum VdS-BvW.

[144] Ebd.

militärischen Gegebenheiten und der Entwicklung der Rüstungstechnik entspricht«. Die moderne Wiederbewaffnung müsse jedoch eine zeitgemäße Verbindung mit der historischen Entwicklung der deutschen Soldatentradition eingehen[145].

Welche Vorstellungen sich mit dieser Formel verbanden, erhellt nicht zuletzt aus den parteiinternen Diskusionen darüber, wie es um die westdeutsche Wehrbereitschaft bestellt und mit welchen Mitteln diese zu stärken sei. Die Phantasie, die zum Beispiel der Sicherheitsausschuss der FDP in diesem Punkt entwickelte, lässt erkennen, welche älteren Vorstellungen, Deutungs- und Argumentationsmuster weiterhin zustimmungsfähig waren und wo das bruchlose Anknüpfen auf Grenzen der Neuorientierung stieß. Auf einer Arbeitstagung Ende November 1952 in Bonn wurden Stimmungsbilder aus den verschiedenen Ländern zusammengetragen, Meinungen ausgetauscht und Vorschläge formuliert. Aus Hamburg berichtete Kapitän zur See a.D. Richard Leffler, dass die Menschen trotz der Flüchtlinge häufig für die Neutralität Deutschlands seien. »Der einfache Mann sagt: ›Um Gotteswillen, wir dürfen uns doch nicht wehren!‹, lieber Kommunisten sein«. Aus dem Schwarzwald beobachtete Pfeiffer eine Akzentverschiebung in der Einstellung der Wiederbewaffnungsgegner. Die Leute wollten sich »auf Flucht, nicht aber auf Kampf oder auf Verteidigung einstellen«. Dagegen hatte Manteuffel offenbar den Eindruck gewonnen, dass die »Ohne mich«-Bewegung an Momentum verloren habe. Typisch sei eher die Auffassung: »›Wenn es schon sein muß, dann machen Sie es doch, Sie haben doch so viel Erfahrung‹. Selbst tun wollen diese Leute nichts«[146]. Eine gewisse Herablassung gegenüber den uneinsichtigen Mitbürgern war hier nicht zu übersehen.

Doch die zentrale Frage lautete, was man dagegen tun könne? Der Vertreter des Liberalen Studentenbundes (LSD), der Heidelberger Diplomvolkswirt Klaus-Jürgen Meisner, setzte auf die emotionale Integrations- und Mobilisierungskraft der Bedrohungsperzeption. »Die Gefahr aus dem Osten muß der Hammer sein, der Europa zusammenschweißt.« Diesen Antibolschewismus zu schüren und zum Beispiel an die »Grausamkeiten der Bolschewisten« zu erinnern, die »leider [...] alle zu sehr in Vergessenheit geraten« seien, war ein indirektes Instrument zur moralischen Wiederaufrüstung. Allerdings begab man sich damit auf eine Gradwanderung zwischen Kriegs- und Verteidigungsbereitschaft. Zwar war für Meisner klar, dass die »Armee, die wir aufbauen, [...] für den Krieg gedacht« war, doch das »dürfen wir trotzdem nicht in unserer Argumentation anklingen lassen, daß wir etwa den Krieg *wollten*! Das ist gefährlich und schadet sehr«. Zwischen den nach außen vorgebrachten Argumenten und der offenen Aussprache in den inneren Zirkeln galt es mit psychologischem Feingespür gut zu unterscheiden, wenn man überhaupt gehört werden wollte. Die strategische Leitlinie der Öffentlichkeitsarbeit war klar: Aufrüstung ließ sich wenn, dann am ehesten defensiv, mit der Notwendigkeit der Verteidigung be-

145 Mende, Die neue Freiheit, S. 182.

146 ADL, FDP Bundesgeschäftsstelle, Bonn, 10.1.1953, Rundschreiben Si/1/53 (Bericht auf der Grundlage der Arbeitstagung des Si-Ausschusses am 29./30.11.1952 in Bonn), darin: Bericht über die Arbeitstagung des Ausschusses für Sicherheitsfragen am 29./30. Nov. 1952 in Bonn, S. 14.

gründen[147]. Deshalb stieß auch der Vorschlag einiger FDP-Vertreter, im Vorgriff auf die Wiederaufstellung deutscher Streitkräfte einen paramilitärischen Arbeitsdienst, einen »Nationalen Aufbaudienst«, für Jugendliche einzuführen, auf wenig Resonanz. Die Jugend »wird sich einer Wehrpflicht nicht deshalb unterziehen, weil es sich lohnt, Soldat zu sein oder weil sie gerne Soldat spielt, sondern nur deshalb, weil es eine Notwendigkeit ist, die Demokratie zu verteidigen«, hieß es in einer Sitzung des Ausschusses 1954 klar. Eine allgemeine Wehrpflicht mögen die Jugendlichen als die demokratische Form des Wehrdienstes anerkennen, aber »eine Ersatzlösung, [...] nur um die Jugend zu beschäftigen und zu ›drillen‹, wird sie kategorisch ablehnen«[148].

Im Sicherheitsausschuss machten sich die Liberalen auch Gedanken über Art und Umfang der politischen Bildung künftiger deutscher Soldaten. Dazu ließ man sich aus erster Hand über die historischen Vorgängermodelle informieren. Über die »Staatspolitische Schulung in der Wehrmacht« – wie die ideologische Indoktrination im Sinne des Nationalsozialismus hier umschrieben wurde – referierte beispielsweise Generalleutnant a.D. Friedrich Weber Ende Mai 1953[149]. Eine Kopie seines Manuskriptes wurde an alle Landesverbände geschickt. Der wehrpolitische Ausschuss des nordrhein-westfälischen Landesverbandes warnte daraufhin in einem Schreiben an die Bundesgeschäftsstelle davor, die militärische Ausbildung durch zuviel Ausbildungsstoff zu überfrachten. Mit dem Verweis auf die Erfahrungen in den letzten Kriegsmonaten 1944/45 erinnerte man daran, dass ab einem bestimmten Punkt die »Manneszucht« der Truppe durch die Überforderung untergraben werde. Das Schreiben aus Bonn berief sich auf einen »verantwortungsbewußte[n] Regimentskommandeur«, der gegen Kriegsende errechnet habe, dass er mit über 24 Stunden nicht ausgekommen wäre, hätte er alle Ausbildungsverfügungen erfüllen wollen. Der »NS-Führungsunterricht« im Zweiten Weltkrieg wie auch der »Vaterländische Unterricht« im Ersten Weltkrieg dienten insofern als abschreckende Beispiele, als sie »zu spät« eingesetzt und unangemessen gehandhabt worden seien. Eine weitere Empfehlung galt der Wortwahl. Um negativen Assoziationen un-

---

147 Ebd., S. 13. Vgl. das 1. Heft aus der Schriftenreihe des LSD, für das Meisner, Wolfgang Möhring (Berlin) und Barthold C. Witte (Bonn) verantwortlich zeichneten: Bürger, Armee, Staat. Forderung des Liberalen Studentenbundes Deutschlands zu einer künftigen Wehrverfassung, Bonn 1952, ADL, Signatur D1–2572. Das Thema stand wiederholt auf der Tagesordnung. 1954 zeigte sich Generalleutnant a.D. Ernst Goettke in diesem Zusammenhang »entsetzt«, dass Klassen in höheren Schulen von »den russisch und polnisch besetzten Gebieten Deutschlands« nichts gehört hätten und auch von der Situation in »Ostpreußen [...] keine Ahnung« hätten. Er schlug vor, Gelder nach dem Bundesjugendplan nur an jene Institutionen zu vergeben, wo »nachgewiesenermaßen das Gemeinschaftsgefühl im vaterländischen Sinne gepflegt wird. Außerdem seien ausreichend Gelder für die Ausbildung richtiger Jugendführer vorzusehen.« Er wird im Protokoll zitiert mit den Worten: »Die Jugend ist zu fassen, wenn man sie marschieren läßt.« Zwangsmitgliedschaft wie bei der FDJ lehnte er jedoch ab. ADL, Signatur 904: Bestand Bundesverteidigungsausschuß 1952–1954: Bericht über die Sitzung des Sicherheitsausschusses der FDP am 7./8.8.1954 in Bonn (20.8.1954), S. 25 f.

148 ADL, Signatur 904: Bestand Bundesverteidigungsausschuß 1952–1954: Bericht über die Sitzung des Sicherheitsausschusses der FDP am 7./8.8.1954 in Bonn (20.8.1954), S. 7. Walter Ostendorff wunderte sich darüber, daß nicht schon längst im BGS »junge Leute für eine künftige Wehrmacht« ausgebildet worden seien, woraufhin Manteuffel ihn an die außenpolitischen Zwänge erinnerte. Ebd., S. 8.

149 ADL, Signatur 904: Bestand Bundesverteidigungsausschuß 1952–1954: Vortrag des Gen.Ltn. a.D. Friedrich Weber vom 31.5.1953 (Deggendorf), »Staatspolitische Schulung in der Wehrmacht«.

ter den ehemaligen Soldaten entgegenzuwirken, sollte der Begriff »Weiterbildung« gewählt und nicht von Erziehung, Schulung oder Unterricht gesprochen werden, denn »der Soldat an der Front, besonders der ältere, ist für solche Formulierungen empfindlich«[150].

Über die Totalität eines kommenden Krieges, das heißt einer künftigen Kriegführung, sollten die Deutschen dabei nicht im Unklaren gelassen werden, empfahl Pfeiffer in seinem Leitreferat[151]. Die »Wehrwissenschaft« sollte dabei eine Schlüsselrolle für die »moralische Aufrüstung« spielen. Mit dem Ziel, militärisches Arkanwissen zum Teil des Allgemeinwissens zu machen, sollten zum Beispiel an den Universitäten Lehrstühle für Wehrwissenschaft eingerichtet und Wehrwissenschaft als Pflichtfach für alle Studierenden vorgesehen werden. Das Curriculum sollte zum einen Allgemeine Wehrwissenschaft, zum anderen einen speziellen, auf das entsprechende Studienfach bezogenen wehrwissenschaftlichen Anteil enthalten. Darüber hinaus müssten wehrwissenschaftliche Themen »geschickt« dem »studium generale« beigefügt werden, woraufhin General a.D. Julius Schulz in einer assoziativen Verknüpfung daran erinnerte, dass früher Generale an den Universitäten Vorträge gehalten hätten oder gar hauptamtlich beschäftigt gewesen seien[152]. Pfeiffers Vorschläge, militärisches Know-how und soldatische Werte über das Bildungswesen zu vermitteln, gingen noch weiter. Wehrwissenschaft sollte auch für Fortbildungs- und Berufsschulen aller Art mit Schülern ab einem Alter von 14 Jahren Pflichtfach werden – auch der junge Staatsbürger müsse das nötige »Rüstzeug« erhalten. Fachvorträge an Volkshochschulen und Volksbildungswerken galten ebenfalls als geeignete Instrumente, militärische Sichtweisen zu popularisieren. Als ein vorläufiges, vorstaatliches Forum, ein »Zentrallaboratorium« der Öffentlichkeitsarbeit, empfahl der Referent die im Vorjahr, am 5. Januar 1952, in München gegründete »Gesellschaft für Wehrkunde« (GfW), von der bereits die Rede war[153].

Angesichts der Brisanz dieser weitreichenden Pläne einer militärisch-moralischen Aufrüstung warnte der Oberhausener Bundestagsabgeordnete Martin Blank (FDP), dass derartige Überlegungen erst nach der Ratifizierung der Pariser Verträge an die Öffentlichkeit gelangen dürften. Zudem äußerte er Zweifel, ob die Einrichtung von wehrwissenschaftlichen Lehrstühlen wegen der grundgesetzlich abgesicherten Länderhoheit realisierbar sei. Skeptisch zeigte er sich auch im Hinblick auf die GfW, weil die »mit dunklen Geldern finanziert« werde. Aus diesem Grund, hieß es, lehne auch das Amt Blank die Zusammenarbeit ab. Manteuffel, der die Ziele der GfW teilte, wies zudem auf die »Wehrpolitische Gesellschaft« hin, die »einige gute Hefte« herausgebe. Schulz schlug vor, über das bayerische Ausschussmitglied Erwin Brunner mit der GfW in Verbindung zu treten[154].

---

150 Ebd., LV NRW, Wehrpolitischer Ausschuß, Bonn, 10.9.1953, an: FDP, Bundesgeschäftsstelle, Sicherheitsreferat, Betr. Staatspolitische Schulung in der Wehrmacht, S. 3.

151 Ebd., S. 19. Pfeiffer referierte zum Thema: »Die Wehrwissenschaft im Zeitalter totaler Kriegführung«.

152 Ebd., S. 21.

153 Ebd., S. 19.

154 ADL, FDP Bundesgeschäftsstelle, Bonn, 10.1.1953, Rundschreiben Si/1/53 (Bericht auf der Grundlage der Arbeitstagung des Si-Ausschusses am 29./30.11.1952 in Bonn), darin: Bericht über die Arbeitstagung des Ausschusses für Sicherheitsfragen am 29./30.11.1952 in Bonn, S. 20.

Eine besondere Zielgruppe der Öffentlichkeitsarbeit waren die Frauen. Analog zu dem vor 1945 präsenten Deutungsmuster, dass der Krieg an der Front und der »Heimatfront« geführt werde, mithin die Frauen wie die Soldaten im militärischen Einsatz seien, erinnerte man im Sicherheitsausschuss der FDP 1952 an deren verteidigungspolitische Bedeutung. »Was die Frauen als Helfer zuhause tun«, meinte Meisner, sei »genauso gut wie ein Wehrdienst, wie der der Frontsoldaten.« Damit lieferte er das Stichwort für Marie-Elisabeth Lüders, die im Ersten Weltkrieg als Leiterin der Frauenarbeitszentrale im Kriegsministerium die Vermittlung weiblicher Arbeitskräfte für den Kriegseinsatz koordiniert hatte; seit 1953 saß sie als Berliner Abgeordnete für die FDP im Bundestag. 1936 hatte sie ihre Erfahrungen in der Frauenarbeit im Krieg veröffentlicht. In dieser für die dreißiger Jahre typischen heroisierenden Kriegserinnerung mischten sich völkischer Nationalismus, Militarismus und ein konservatives Frauenbild, das die Opfer der Frauen als Pflicht gegenüber Volk und Vaterland glorifizierte[155].

Lüders, die bei dem Wirtschafts- und Sozialwissenschaftler Gustav Schmoller promoviert worden war, verwies die Ausschussmitglieder auf die Lektüre ihres Buches und empfahl sich als Expertin, die zudem bei den Frauen großes Ansehen besitze und deshalb »den Frauen *und Ihnen* helfen« könne: »Ich bin die einzige Frau, die Erfahrung hat, wie man Frauen ansprechen kann, ohne sozialistische, nationalistische oder kommunistische Tendenzen zu bringen«, meinte sie und verdeutlichte sogleich, was das für die zielgruppengerechte Werbung bedeutete: »Mit dem ganzen Intellekt kann man Frauen nicht halten. Wir müssen bedeutend einfacher und rein menschlich die Dinge erfassen. Nur nicht so ungeheuer klug sein wollen, damit erreichen wir nichts«[156]. Auf jeden Fall waren die Anwesenden sich darin einig, dass man auch die Frauen für den Wehrdienst gewinnen müsse, auch wenn das noch schwieriger sein werde, als die Jugend zu gewinnen. Denn man müsse »nach all dem Schrecklichen, was geschehen ist, auf die natürlichen Hemmungen bei den Frauen« eingehen. Es sei sicher schwierig, »eine Art Wehrdienst für Frauenvereine« einzurichten. Hätte man jedoch erst einmal die Frauen gewonnen, käme man auch an die Jugend heran, lautete die bekannte Taktik[157]. Für die wehrgeistige Mobilisierung

---

155 M.-E. Lüders, Das unbekannte Heer. Frauen kämpfen für Deutschland 1914–1918. Mit einem Geleitwort des Reichskriegsministers und Oberbefehlshabers der Wehrmacht Generaloberst von Blomberg, Berlin: E.S. Mittler & Sohn, 1936. Der Klappentext schwärmte, dieses »Buch eigenen Kriegserlebens« werde von »Liebe und Kampf« beherrscht. Es gehe um die »glühende, Körper und Seelen durchdringende Liebe zu Volk und Vaterland« und die »Tragik des Kriegskampfes der Millionen Frauen um Freiheit, Ehre und Zukunft [...] des deutschen Menschen«. Lüders führe dem Leser »unzählige Frauenbataillone« vor Augen, voller »Entbehrung und Leiden«, die arbeiteten »wie Männer«, um die Not zu lindern im »heimatlichen Schützengraben«. Das »unbekannte Heer« werde erstmalig als ein »lebendiger Teil der großen draußen kämpfenden Armee« sichtbar, beide wüchsen aus dem »Erleben« zusammen. Durch diese verbindende Darstellung werde erst »das Ringen des deutschen Volkes bis zum Letzten verständlich«.

156 ADL, FDP Bundesgeschäftsstelle, Bonn, 10.1.1953, Rundschreiben Si/1/53 (Bericht auf der Grundlage der Arbeitstagung des Si-Ausschusses am 29./30.11.1952 in Bonn), darin: Bericht über die Arbeitstagung des Ausschusses für Sicherheitsfragen am 29./30. Nov. 1952 in Bonn, S. 12, Herv. J.E.

157 Ebd., S. 24 f. Meisner führte die Existenz der Bundesrepublik gar auf den Einsatz der Frauen im Krieg zurück: »Hätten wir während des Krieges unsere Frauen und Mütter nicht gehabt, dann

der jungen Bundesrepublik griffen die Liberalen auch auf die geschlechtsspezifischen Erfahrungen zurück.

Mit dem Verhältnis von Front und Heimat, mit der Umdeutung der Geschlechterrollen, die viele Deutsche in der zweiten Kriegshälfte erfahren hatten, hing ein weiterer Aspekt der Aufrüstung zusammen, der im Sicherheitsausschuss erörtert wurde. Meisner erinnerte an die bittere Erfahrung vieler Frontsoldaten, die während eines Urlaubs in der Heimat »die ungeheure Last und Unerträglichkeit des Bombenkrieges und des ungenügenden Schutzes dagegen gespürt« hatten. Gestützt auf seine persönlichen Erfahrungen und Erinnerungen malte Meisner das Bild des hilflosen Soldaten. Für ihn sei es »furchtbar« gewesen, »wenn ich mich zuhause im Luftschutzraum verkriechen mußte«. Denn während sich die Soldaten an der Front verteidigen konnten, waren den Menschen im Reich die Hände gebunden. Insofern war »der Krieg in der Heimat [...] viel schlimmer als der an der Front«. Aus dieser Kriegserfahrung leitete Meisner die militärpolitische Forderung ab, im Zusammenhang der Wehrfrage auch das Luftschutzproblem zu lösen. Nur so könne man den Frontsoldaten die Angst um ihre Familien nehmen und die Bereitschaft zum Militärdienst erhöhen. Doch auch in diesem Punkt war den Ausschussmitgliedern klar, dass es sich bei dem Aufbau eines flächendeckenden Luftschutzes in der Bundesrepublik um ein »heiße[s] Eisen« handele, das man nicht ohne weiteres »in das Feuer der öffentlichen Diskussion werfen sollte«. Der Blick hinter verschlossene Türen, wo die Liberalen kein Blatt vor den Mund zu nehmen brauchten, zeigt die Einstellungen gegenüber der Bedeutung des Militärs, die Kontinuität des Antibolschewismus und den politischen Willen, im Wirkungszusammenhang von Kriegserfahrungen und -erinnerungen Strategien für die moralische Aufrüstung der Westdeutschen zu ersinnen.

Trotz dieser programmatischen und personellen Verbindung zu den ehemaligen Soldaten und der damit gewonnenen spezifisch militärischen Expertise wurden die Liberalen von Adenauer nicht hinreichend in die Wiederbewaffnungspläne und -aktivitäten einbezogen – das meinten zumindest verärgerte FDP-Politiker. So hatte sich der Kanzler im Oktober 1950 für Theodor Blank als »Beauftragten des Bundeskanzlers für die mit der Vermehrung der alliierten Truppen zusammenhängenden Fragen« entschieden, ohne vorher seinen Koalitionspartner kontaktiert zu haben. Mende meinte rückblickend, dass die Liberalen mit Hermann-Eberhard Wildermuth einen geeigneten Kandidaten bei der Hand gehabt hätten; der Bundesminister für Wiederaufbau (ab 1950: für Wohnungsbau) war ein mit dem Ritterkreuz des Eisernen Kreuzes ausgezeichneter Oberst der Wehrmacht[158]. Bereits von der Berufung des ehemaligen Generals der Panzertruppe Graf von Schwerin, Blanks Vorgänger, hatte der Fraktionsvorstand der FDP erst aus der Zeitung erfahren. Und nur auf Umwegen, unter anderem über Speidel, hatte der liberale Vizekanzler

hätten wir unsere ganze Bundesrepublik zumachen können.«

158 Auf einer Franktionssitzung, auf der Blank über sein Amt und seine Vorstellungen zur Wiederbewafihung sprach, flüsterte Wildermuth dem neben ihm sitzenden Mende zu: »Ich hätte das noch gern als meine letzte Arbeit gemacht, anständige Soldaten heranzubilden!« Mende, Die neue Freiheit, S. 252 f. Wildermuth starb am 9. März 1952.

Blücher von der Klausurtagung im Kloster Himmerod Wind bekommen. Die neue Wehrmacht sollte wohl, so lautete ein stichelndes Bonmot, die Hausmacht der CDU/CSU werden[159].

In diesem Zusammenhang von soldatischer Erfahrung, militärischer Expertise und politischer Personalpolitik geriet Mende einmal mit Heuss aneinander. Als der Ritterkreuzträger dem Bundespräsidenten gegenüber die Enttäuschung in der FDP im Fall Blank deutlich machte und Wildermuth als möglichen Kandidaten nannte, bezeichnete Heuss, der Blank vorgezogen hatte, Wildermuth voller Spott als einen »miles gloriosus«. Mende hielt daraufhin dem Bundespräsidenten vor, mit dieser pejorativen Formulierung nicht nur Wildermuth, sondern alle Soldaten des Zweiten Weltkrieges zu treffen. Der ehemalige Major der Wehrmacht nutzte den schwachen Punkt in Heuss' Biografie: sein Abstimmungsverhalten im Reichstag 1933. »Wir wären es vielleicht nicht geworden, wenn Sie und Ihresgleichen nicht dem Ermächtigungsgesetz Hitlers zugestimmt hätten!«, hielt Mende Heuss entgegen. »Damit hat es nämlich angefangen, und zwischen Narvik, Stalingrad und El Alamein hat es für Millionen schrecklich geendet[160]«!

Wie hielten es die Freidemokraten mit dem Attentat vom 20. Juli? Wie wirkte sich die negative Haltung prominenter Vertreter der Soldaten- und Traditionsverbände aus? Auch unter den Liberalen gingen die Meinungen in diesem Brennpunkt der Reflexion über den nationalsozialistischen Krieg und die Wehrmacht noch auseinander. Die wegweisende Rede des Bundespräsidenten Heuss zum zehnten Jahrestag 1954 wurde bereits erwähnt. Hasso von Manteuffel dagegen zeigte sich weiterhin stolz, nicht zum Kreis der Widerstandskämpfer gehört, sondern seinen Eid gehalten und seine Pflicht erfüllt zu haben. Im Sicherheitsausschuss der FDP kam das Thema immer wieder auf den Tisch, wenn es etwa um die Auswahlkriterien für künftige Unteroffiziere und Offiziere ging. So zeigte sich Heinz Pfeiffer (Landesverband Baden) 1953 besorgt, dass der Anteil der »als wenig anpassungsfähig oder gar relativ lebensuntüchtig zu bezeichnenden Elemente« im Verhältnis zur Zahl der »Nicht-Mehr-Wollenden« nicht zu hoch werden dürfe, zumal sich die etwa 40-jährigen ehemaligen Offiziere, die in der westdeutschen Wirtschaft arriviert seien und sich »im zivilen Leben durchgesetzt haben«, nicht bewerben würden. In diesem Kontext betonte Pfeiffer, dass die Gründe für eine vorzeitige Entlassung aus der Kriegsgefangenschaft genau zu prüfen seien: Unter dem Hinweis auf die Beteiligung am Attentat des 20. Juli »[versteckt] sich oft Feigheit oder Landesverrat«. Fritz Bones (Landesverband NRW) wies, gleichsam beruhigend, darauf hin, dass sich »vom 20. Juli [...] nur 4 Leute in der Dienststelle [Blank]« befänden, wenn auch »naturgemäß [...] in Schlüsselpositionen«. Einig war man sich dagegen in der Ablehnung all jener Offiziere, die noch nach der Währungsreform bei den Besatzungsmächten gearbeitet und einen »bequemen Nebenerwerb« gehabt hätten, obwohl es genügend

[159] Ebd., S. 183 f.

[160] Ebd., S. 189, vgl. 252. Heuss nannte den ehemaligen Oberst Mende fortan schon einmal »Major«. Ebd., S. 190.

»deutsche Arbeitsplätze« gebe[161]. Die Ressentiments, die im nationalkonservativen Milieu der FDP gegenüber dem verteidigungspolitischen Vorgehen der Regierung, namentlich des ehemaligen Gewerkschaftsfunktionärs Theodor Blank, gepflegt wurden, waren kaum zu übersehen. Sie rührten aus der Kontinuität eines soldatischen Nationalismus, die mit den neuen, politischen Normen für die Aufstellung einer demokratischen Armee kaum vereinbar war.

Auch im Landtagswahlkampf in Nordrhein-Westfalen 1954 waren die Liberalen uneins über die Beurteilung des 20. Juli. Um nach außen einen Eindruck der Geschlossenheit zu vermitteln, waren die Liberalen um eine Sprachregelung bemüht. Kurt Brennecke bat Mende, im Bundesvorstand und in der Fraktion vorzufühlen, dieser bat Dehler, eine »allgemeinverbindliche Formel für die Partei« zu finden. Das Ergebnis der Gespräche, an denen auch die Generale a.D. Speidel und Heusinger sowie die Mitglieder des FDP-Sicherheitsausschusses teilgenommen hatten, sah so aus:

> »Wir achten die Tat des 20. Juli 1944 als einen aus Verantwortung und Gewissensnot gebotenen Versuch aufrechter Patrioten, das Hitlerregime zu beseitigen, den Krieg zu beenden, Friedensverhandlungen einzuleiten und einen demokratischen und sozialen Rechtsstaat aufzubauen. Das Scheitern dieses Versuchs haben die Beteiligten mit ihrem Leben bezahlen müssen. Ihr Handeln und Vermächtnis wird Deutschland in Ehren halten. Wir achten aber auch das Opfer aller Soldaten, die ohne Einsichten in die Lage und in Unkenntnis der tatsächlichen Gegebenheiten glaubten, ihre Pflicht bis zum bitteren Ende der Kampfhandlungen erfüllen zu müssen. Es darf daher keinen Graben unter alten und neuen Soldaten und über den 20. Juli 1944 geben. Ein jeder muß vor Gott und seinem Gewissen verantworten, was er getan oder unterlassen hat[162].«

Diese Kompromissformel suchte beiden Seiten gerecht zu werden. Indem sie das Verhalten der Männer des 20. Juli ebenso ehrte wie das gegenteilige Verhalten der

---

161 ADL, Signatur 904: Bestand Bundesverteidigungsausschuß 1952–1954: »Bericht über die Arbeitstagung des Ausschusses für Sicherheitsfragen am 29./30. Nov. 1952 in Bonn, S. 32 c-d. Pfeiffer hielt ein Korreferat zu dem Vortrag Generalleutnant a.D. Ernst Goettke. Jenseits der Ressentiments eruierte die FDP die Übernahme der bei den Alliierten Beschäftigten in ein deutsches Verteidigungskontingent. So nahmen Vertreter der FDP-Bundesgeschäftsstelle an einer Tagung der Vertreter der GSO der britischen Zone, des »Labor Service« in der amerikanischen und der Dienstgruppen in der französischen Zone vom 13. bis 15.3.1953 in Königswinter ein. 60 000 deutsche Männer seien im Dienst der Besatzungsmächte bei den Truppen beschäftigt – ohne Interessenvertretung, bei mangelnder Fürsorge, ungleichen Arbeits- und Tarifverträgen, in einer ungeklärten Rechtslage. Auf Seiten der Dienstgruppen werde eingeräumt, dass einzelne Einheiten auch »minderwertige Elemente« unter sich haben wie Schieber und Schwarzmarkthändler, doch im Durchschnitt kämen rund 30 Prozent der Offiziere, 50 Prozent der Unteroffiziere und 75 Prozent der Spezialisten sowie 50 Prozent der Masse der Dienstgruppenangehörigen im Hinblick auf Charakter und fachliche Eignung für eine Übernahme in Frage, berichteten die FDP-Mitglieder im Sicherheitsausschuss der FDP. Die oft gehörte Meinung, daß »der jahrelange tägliche Umgang der deutschen Männer mit den Angehörigen der Besatzungstruppen einen recht ungünstigen Einfluß auf charakterlich schwache Personen gehabt hat«, sei übertrieben. Vielmehr könnte das deutsche Dienstgruppenpersonal von seinen Erfahrungen mit alliiertem Gerät profitieren. ADL, Signatur 904: Bestand Bundesverteidigungsausschuß 1952–1954: Tagung der Vertreter der GSO der brit. Zone, des »Labor Service« in der amerikanischen und der Dienstgruppen in der frz. Zone in Königswinter, 13.–15.3.1953, S. 2–4. Vgl. auch die Denkschrift von Karl von Schoenau, dem Schriftführer des bayerischen Landesausschusses für Wehrpolitik der FDP, vom 18.2.1953. Ebd.

162 Zit. nach Mende, Die neue Freiheit, S. 320 f.

übrigen Soldaten, stellte sie den militärischen Widerstand nicht positiv heraus. Eine Sprachregelung des Sowohl-als-auch sollte die beiden Gruppen erklärtermaßen zusammenhalten. Der Masse der ehemaligen Wehrmachtsoldaten bescheinigte die FDP, sich pflichtgemäß geopfert zu haben, ohne eine Vorstellung von den »tatsächlichen Gegebenheiten«, das heißt vom verbrecherischen Charakter des NS-Regimes gehabt zu haben. Die soldatische Ehre mit ihrem Eid- und Treuebegriff stand außer Frage.

Als 1956 im Bundestag das Soldatengesetz debattiert wurde, das am 1. April 1956 das Freiwilligengesetz von 1955 ablösen sollte, sprach sich Erich Mende dafür aus, die Idee eines spezifisch soldatischen Ethos in das Gesetz explizit aufzunehmen. Eine Armee sei mehr als die Summe von Soldaten und Material: »ein besonderer Organismus«, für den der »Geist« entscheidend sei. Dieser Geist sollte sich, forderte Mende, aus zwei Quellen speisen: aus dem Bekenntnis zu der neuen freiheitlich-demokratischen Grundordnung einerseits, aus der »Ehrfurcht vor bewährten Vorbildern und soldatischen Traditionen unserer hieran nicht armen Geschichte« andererseits. In einer Präambel zu dieser »Magna Charta militaris« (Mende) sollte sich das Parlament als Repräsentant des deutschen Volkes zu seinen neuen Soldaten bekennen[163].

Zudem befürwortete der freidemokratische Ritterkreuzträger in der Aussprache zu dem Gesetz die Bezeichnung »Wehrmacht« für die neuen Streitkräfte. Mende erinnerte daran, dass sich das Wort »Wehrmacht« bereits 1848 in der Paulskirchenverfassung und 1919 in der Weimarer Reichsverfassung finde. Dass jeder, nicht nur jeder Deutsche, mit »Wehrmacht« *die* Wehrmacht assoziierte, schien ihn nicht zu stören. Über die Anträge Mendes für die FDP-Fraktion – der auch von prominenten Veteranen wie Kesselring und dem VdS vertreten wurde[164] – und Richard Jaegers für die CDU/CSU, die mit dem Namen Bundeswehr den defensiven Charakter betonen wollte, führte der Sicherheitsausschuss des Bundestages am 12. Juli 1955 keine Entscheidung herbei; das Problem wurde vertagt. In der Zeitschrift *Der Heimkehrer* setzten sich derweil ehemalige Kriegsgefangene in Beiträgen und Leserbriefen für die Beibehaltung des Namens »Wehrmacht« ein, während, wie ein Leser im September 1955 kritisch anmerkte, Zeitschriften wie *Der Spiegel* und die *Süddeutsche Zeitung* seit Wochen von »Bundeswehr« sprächen, als wäre das bereits selbstverständlich. Sprachlogisch hielt er dem entgegen, dass man sich doch nur eine machtvolle Wehr, eine Wehr-Macht eben wünschen könne, nicht

163 Ebd., S. 373.

164 Vgl. Lingen, Kesselrings letzte Schlacht, S. 307. Adenauer und sein Vizekanzler Mende hatten Kesselring als Soldatenvertreter zu einem Gespräch empfangen. Auch der VdS unter Gottfried Hansen hatte sich in einer Stellungnahme zum Soldatengesetz an die Mitglieder von Bundestag und Bundesrat mit dem Vorschlag gewandt, das Wort »Streitkräfte« durch »Wehrmacht« zu ersetzen. Der VdS hob vor allem auf den Bekanntheitsgrad des Begriffes als Oberbegriff für die einzelnen Streitkräfte im In- und Ausland, seine sprachliche Verwurzelung und die Analogie zu Begriffen wie Wehrpflicht und Wehrdienst ab. Vorsorglich betonte der Verband jedoch, dass der Terminus »Im Übrigen« keine Wortschöpfung des Nationalsozialismus sei, sondern sich bereits in der Reichsverfassung von 1919 sowie »im Artikel III des Entwurfs einer Reichsverfassung vom 28.3.1849 finde. Vgl. ADL, Signatur VdS, Bonn Sept. 1955, Stellungnahme des VdS zum Entwurf des Gesetzes über die Rechtsstellung des Soldaten (Soldatengesetz).

jedoch eine Wehr, die – wie die Feuerwehr das Feuer – den »Bund« bekämpfe, keine Bundeswehr also – eine Begriffsverwirrung, über die sich bestenfalls fanatische Föderalisten freuen könnten[165].

Noch im Januar 1956 hatte die FDP-Bundestagsfraktion Adenauer gegenüber ihr Festhalten am Begriff »Wehrmacht« bekräftigt und ihn gedrängt, sich doch nunmehr für eine definitive Bezeichnung zu entscheiden. Nicht nur er selbst, sondern »die überwiegende öffentliche Meinung gebrauchen die seit der Weimarer Verfassung selbstverständliche Bezeichnung ›Wehrmacht‹«[166]. Das Institut für Demoskopie empfahl zur gleichen Zeit aufgrund einer Umfrage, dass es für die »Popularisierung« der neuen deutschen Truppe am besten wäre, sie offiziell als »Wehrmacht« zu bezeichnen. Auf breite Ablehnung stoße dagegen die Bezeichnung »Streitkräfte«[167]. Erfolglos blieb auch Theodor Blanks Idee, analog zu dem gängigen Begriff der Teilstreitkräfte von »Gesamtstreitkräften« zu sprechen. Das entsprach der Bezeichnung der Abteilung im Amt Blank. Als Adenauer in Andernach zur selben Zeit die ersten Freiwilligen begrüßte, wandte er sich noch an die »Soldaten der neuen Streitkräfte«[168]. Erst am 22. Februar 1956 legte der Verteidigungsausschuss die Bezeichnung »Bundeswehr« fest[169].

Das Wehrpflichtgesetz, mit dem der Bundestag am 7. Juli 1956 die allgemeine Wehrpflicht einführte und die heikle Grundsatzfrage, ob die Bundeswehr eine Berufs- oder eine Wehrpflichtarmee sein solle, entschied, wurde gegen die Stimmen der FDP (wie der SPD) verabschiedet. Mit dem historischen Verweis auf die Rolle der Reichswehr nach dem Ersten Weltkrieg als Staat im Staate waren sich die Koalitionsregierung und die Opposition zunächst einig gewesen, dass die Wehrpflicht das geeignete Instrument zur Integration der Bundeswehr in die Gesellschaft und ihrer demokratischen Kontrolle sei. Eine Armee könne »ihre sittliche Aufgabe erfüllen und nur dann im Herzen der Nation wurzeln, wenn diese Armee eine Armee des Volkes ist«, denn nur dann wisse jeder Soldat »um die seelische und geistige Entwicklung seines Volkes«. So hatte die national überhöhende idealistische Deutung gelautet, mit der sich beispielsweise Blücher noch 1953 für die allgemeine Wehrpflicht ausgesprochen hatte[170]. Vor dem Hintergrund des amerikanischen Strategiewechsels, der eine atomare Aufrüstung und eine Reduzierung der Landstreitkräfte vorsah, favorisierten Liberale und Sozialdemokraten eine Berufsarmee. Ende Juni 1956 empfahl der Bundeshauptausschuss der FDP, der auf der Festung Ehrenbreitstein tagte, in einer »wehrpolitischen Entschließung« der Bundestagsfraktion, das Wehrpflichtgesetz abzulehnen, schon weil zentrale Fragen wie die Dauer der Dienstzeit, die Besoldung

---

165 Briefe, die uns angehen. In: Der Heimkehrer, 3.9.1955, S. 2.

166 ADL, Signatur 892: Bestand Bundesverteidigungsausschuß, Protokolle, 1955: FDP-Fraktion des Bundestages an Adenauer, 31.1.1956.

167 Institut für Demoskopie, Die Stimmung im Bundesgebiet Nr. 234: Wehrmacht, Bundeswehr oder Streitkräfte? (14. Februar 1956).

168 Konrad Adenauer, Besuch bei den neuen Streitkräften in Andernach (20. Januar 1956). In: Friedenssicherung durch Verteidigungsbereitschaft, S. 88 f.

169 Mende, Die neue Freiheit, S. 373.

170 ADL, Signatur 367: Rednerschnellbrief 24/53, S. 2: Führende FDP-Politiker sprechen zum VdS-BvW.

oder die Beschwerde- und Disziplinarordnung offen geblieben waren. Hinzu kamen innenpolitische Gründe, die das Gesetz mit der Bewältigung der Kriegsfolgen in einen Zusammenhang stellten. Die Klientel der ehemaligen Wehrmachtsoldaten fest im Blick, hielt es der Ausschuss für fraglich, ob derzeit »schon die psychologischen Voraussetzungen für eine Verabschiedung des Wehrpflichtgesetzes gegeben sind«. Die Ausschussmitglieder nannten die bekannten Reibungspunkte: die ungeklärten Rechtsverhältnisse der von Artikel 131 GG betroffenen ehemaligen Berufssoldaten, die »noch nicht abschließend gelöste Kriegsverurteiltenfrage« sowie das ungelöste Problem, wie ehemalige Angehörige der Waffen-SS beim Aufbau der Bundeswehr zu behandeln seien. Der Ausschuss schlug deshalb statt der Einführung der allgemeinen Wehrpflicht zunächst den beschleunigten Aufbau von »Kaderverbänden« durch Übernahme des BGS-Personals vor[171].

Diese Affinität zur Wehrmacht, die den Blick immer wieder zurück auf die Kriegszeit vor 1945 lenkte, bedeutete indes nicht, dass für die militärisch interessierten Freidemokraten die Kriegführung des Zweiten Weltkrieges das Maß aller Dinge blieb. Im Gegenteil: Als sich der Bundeshauptausschuss der FDP im Juli 1955 einen Überblick über die militärische Lage Deutschlands verschaffte, stellte der Referent Erich Mende den großen Unterschied zwischen dem Zweiten und einem Dritten Weltkrieg heraus, um zu zeigen, »wie falsch es ist, noch in den Vorstellungen des 2. Weltkrieges zu denken«[172]. In seiner Lagebeurteilung, die auch an den Bundesvorstand und die Mitglieder des Verteidigungsausschusses verteilt wurde, suchte Mende den Liberalen die epochale Zäsur von 1945 zu verdeutlichen, die der Einsatz atomarer und elektronischer Waffen bedeutet habe.

Zur Verdeutlichung kontrastierte der Major a.D. die aus Kriegszeiten bekannte alte mit der noch wenig bekannten neuen Waffentechnik. Mende nannte Beispiele für die technologische Entwicklung: die Geschwindigkeit, Reichweite und Zerstörungskraft des atomar bewaffneten Langstreckenbombers Boeing B 52, der im April 1952 seinen Erstflug absolviert hatte und mit dem Düsenjäger des Zweiten Weltkrieges wenig gemein hatte[173]; die weiterentwickelte Luftabwehr durch

171 ADL, Signatur A12–23: Bundeshauptausschuß, 30.6.1956, Protokoll der Sitzung des Bundeshauptausschusses der FDP am 30.6.1956 in Koblenz-Ehrenbreitstein, im Anhang »Wehrpolitische Entschließung«, fol. 45.

172 ADL, Signatur A12–19: Bundeshauptausschuß, 2.7.1955, Protokoll (fol. 16–24): Referat Dr. E. Mende MdB, Die militärische Lage Deutschlands, gehalten am 2.7.1955 vor dem Hauptausschuß der FDP.

173 Die Protokolle gewähren einen Einblick in die militärische Fachsimpelei der Liberalen zwischen Kriegsvergangenheit und militärischer Zukunft. Mende wurde konkret: Der Düsenjäger des Zweiten Weltkriegs, »den wir damals auch schon hatten«, sei 600 km/h schnell gewesen, während die Geschwindigkeit heute bei 1200 bis 1600 km/h liege. Flog der Düsenjäger damals in 7 bis 8 km Höhe, würden sich »die Luftkämpfe des 3. Weltkrieges [...] in einer Höhe von 18 bis 20 km abspielen. »Der 4motorige Bomber vom Typ Liberator, den wir in böser Erinnerung haben, trugen noch eine Bombenlast von etwa 10 t im Höchstfall« bei einem Aktionsradius von 3000 km. Und auch das zivile Gegenstück, so Mende zur Illustration, »die Superkonstellation, mit der Sie nach Berlin fliegen«, habe »vier Motoren, fünf Mann Besatzung [...], einen Aktionsradius von 6000 km und ein Eigengewicht von 60 Tonnen«. Dagegen habe »der neue Stratobomber B 56 sowohl der Sowjets wie der Amerikaner« – den Mende 1954 in North Dakota besichtigt hatte – ein Eigengewicht von 100 Tonnen und eine Flügelspannweite »nicht von 38, sondern von 88 Metern, eine Besatzung

präzisionsgelenkte Munition, welche die älteren Flakgeschütze überflüssig mache[174]; die Aufklärung durch das Radar – »das Zauberwort des 20. Jahrhunderts« –, mit dem man 400 bis 600 km ins Land des Gegners hineinschauen könne und so mehr Zeit für die Warnung der Zivilbevölkerung und die eigene Angriffsvorbereitung gewinne[175]; schließlich die Nuklearwaffen auf Raketenträgern nach dem Modell der deutschen V1 und V2, die den Transport von Bomben durch strategische Flugzeuge Vergangenheit werden lasse. Mende erinnerte daran, dass die USA mit Wernher von Braun wie auch die UdSSR durch die Eroberung des fast unzerstörten Peenemünde an entsprechenden (Transkontinental-)Raketen mit einer Reichweite von 7000 bis 10 000 km bauten und die Deutschen folglich damit rechnen müssten, dass »in einem 3. Weltkrieg [die Atombombe] gar nicht aus der Luft durch Flugzeuge geworfen zu kommen braucht, sondern daß durch Eigenbewegung der Raketen bereits jede Totalvernichtung beider Seiten eintreten kann«. Entscheidend sei, wie Mende am Beispiel der Wirkung der Angriffe auf London mit der V2 erläuterte, weniger die zerstörerische Wirkung als die Tatsache, dass die Waffe so »unheimlich« war. Dass die Londoner sie vor dem Einschlag kaum hören und sehen konnten, habe für einen »gewaltigen Nervenkrieg« in der britischen Hauptstadt gesorgt[176]. Die Erinnerung an den Terror der sogenannten Vergeltungsschläge gegen die Engländer kehrte hier als ein gegen die Deutschen gerichtetes Schreckensszenario zurück. Die politische Folgerung, die Mende im Bundeshauptausschuss der FDP aus dieser historisch gesättigten Lagebeurteilung für die Zukunft zog, lag in der Notwendigkeit der Allianz mit den Vereinigten Staaten. Den Kriegseintritt der USA im Zweiten Weltkrieg deutete der Freidemokrat als einen Akt der Übernahme von Verantwortung für die Freiheit in Europa, aus der die Deutschen sie nicht entlassen dürften[177].

Der Blick hinter die einst verschlossenen Türen des Bundesverteidigungsausschusses und der wehrpolitischen Ausschüsse der Landesverbände, den die Sitzungsprotokolle freigeben, zeigt, welche Vorstellungen die Liberalen in parteiinternen Diskussionen von der Kriegsvergangenheit und der militärischen Zukunft entwickelten und wie

nicht von 5, sondern von 22 Mann, eine Stockwerkhöhe des Rumpfes von 14m, d.h. ein 14stöckiges Gebäude, und einen Aktionsradius von 13 000 km«, der durch Betanken in der Luft auf 20 000 km gesteigert werde könne. ADL, Signatur A12–19: Bundeshauptausschuß, 2.7.1955, Protokoll (fol. 16–24): Referat Dr. E. Mende MdB, Die militärische Lage Deutschlands, gehalten am 2.7.1955 vor dem Hauptausschuß der FDP (fol. 19).

174 »Alle kennen doch die Flak des 2. Weltkrieges mit allen ihren guten Elektron-Geräten, die es schon gab. Diese Flak gibt es in Kürze nicht mehr, weil durch Erfindung einer sich selbst steuernden Elektron-Rakete das gesamte Abwehrsystem auf das Raketenwesen umgestellt wurde. Auch das deutsche Rüstungswesen wird keine Flakgeschütze mehr bauen oberhalb des 5cm-Kalibers, unterhalb braucht man es nur noch zur Abwehr von Tieffliegern.« London und Washington beispielsweise seien schon jetzt durch einen »Raketengürtel« geschützt, der selbststeuernde Raketen bis 50 km Höhe schicke. ADL, Signatur A12–23: Bundeshauptausschuß, 2.7.1955, fol. 19.

175 Ebd.

176 Ebd., fol. 21. Die Bedeutung des Überraschungseffektes erklärte Mende den Ausschussmitgliedern zudem mit dem Beispiel des deutschen Angriffs auf Polen 1939 (das seine Flugzeuge nach dem raschen Angriff nicht mehr einsetzen konnte) und des »überfallartigen Angriff[s]« auf die Sowjetunion 1941 (der zur Zerstörung von rund der Hälfte der sowjetischen Luftwaffe binnen einer Woche geführt habe).

177 Ebd., fol. 22.

diese die tages- und parteipolitischen Debatten prägten. Zwischen den Zeilen der geheimen Sitzungsprotokolle lässt sich erkennen, welche sinnstiftenden Deutungs- und Argumentationsmuster den Stellungnahmen einzelner Abgeordneter zugrunde lagen und für konsensfähig gelten konnten. Zum Teil finden sich hier die aus der öffentlichen Debatte bekannten Topoi wie der des »deutschen Soldatentums«, zum Teil hielten die Liberalen unter Ausschluss der Öffentlichkeit mit weitergreifenden Ideen etwa zur militärischen Mobilisierung der Westdeutschen nicht hinter dem Berg. Die Vorstellungen mochten unrealistisch sein, sie zeigten gleichwohl die Entschlossenheit und das Kalkül, mit dem seit Beginn der fünfziger Jahre das Bedrohungsgefühl weiter Bevölkerungsteile für »wehrpolitische« Zwecke instrumentalisiert werden sollte. Männer wie Frauen, Studenten, Soldaten – zielgruppengerecht und im Zusammenwirken mit Gruppierungen wie der GfW sollte die öffentliche Meinung zugunsten eines positiven Bildes von deutschem Soldatentum gestern und morgen beeinflusst werden. Nicht nur im politischen, sondern auch im vorpolitischen Raum waren prominente Liberale aktiv. Dazu setzten sie auf die Strahlkraft einer überholten symbolischen Praxis, die manchem übel aufstieß. Der Zweite Weltkrieg und die Wehrmacht bildeten die historischen Bezugsgrößen, als positives Beispiel, wenn die Kontinuität soldatischer Werte betont wurde, als Negativfolie, wenn es um die Veranschaulichung des Fortschritts in der Rüstungstechnologie ging. Das gespaltene Verhältnis zum Attentatsversuch des 20. Juli konnte da nicht überraschen. Kein Zweifel, die FDP sah sich als Motor der moralischen Wiederaufrüstung. Ihr wehrpolitischer Gegner hatte einen Namen: die »Ohne mich«-Bewegung.

d) Die politische Funktionalität der »Kriegserfahrung« im Kalten Krieg

Beide Zielvorstellungen: die Erziehung des Soldaten anhand übergreifender ethischer Ideale und politischer Grundüberzeugungen sowie die Verklammerung von Militär und ziviler Gesellschaft auf dieser gemeinsamen Grundlage hingen eng mit einem Kriegsverständnis zusammen, das wesentlich durch die Art und Weise geprägt wurde, wie historische Erfahrungen und zeitgenössische Wahrnehmungen ineinander verwoben wurden. Die eingangs geschilderten gemeinsamen Bewusstseinsprägungen und Erfahrungschancen vor 1945 ließen sich dazu unterschiedlich abrufen. In systematischer Hinsicht lassen sich hier Repräsentationsformen danach unterscheiden, ob die jeweiligen Bedeutungszuschreibungen auf Kontinuität oder Diskontinuität hin angelegt waren. Anders formuliert: Wurden spezifische Chancen der Kriegserfahrung gleichsam in die Gegenwart verlängert (und auf diese Weise nachträglich für sinnvoll erklärt)? Oder wurden Gegenwart und Zukunft des Militärs von der Vergangenheit gekappt (die dann, immerhin, noch als Antithese taugte)?

Kontinuitäten

Ein zentrales diskursives Element der Militärreform bildete jene Deutung des Kalten Krieges, die diesen auf spezifische Weise in die Kontinuität des Zweiten

Weltkrieges rückte. »Bereits vor 1945 mußten wir erfahren«, hieß es im *Handbuch Innere Führung*, der im September 1957 unter Baudissins Federführung erschienenen Ausbildungshilfe für Offiziere und Offizieranwärter[178], »daß der moderne Krieg nicht mehr allein durch den Soldaten an der Front geführt und entschieden wird«. Das gemeinsame Signum dieses modernen Krieges sahen die Reformer um Baudissin darin, dass die Grenze zwischen Heimat und Front aufgehoben worden war und kein separater militärischer Raum mehr existierte, in dem allein die Kampfhandlungen stattfanden. Explizit evozierte das Handbuch die (nationalsozialistischen) Kriegsverbrechen – »die Vernichtung von Frauen und Kindern weit hinter der Front« (das konnte sich auf den Krieg in Ost- und Südosteuropa ebenso beziehen wie auf den alliierten Bombenkrieg über dem Reichsgebiet) und die »Massaker« an Kriegsgefangenen und politischen Gegnern – und die Einbeziehung der zivilen Bevölkerung in die Kriegführung, etwa als Ziel der Propaganda. Nichts belegte diesen radikalen Wandel besser als das quantitative Verhältnis zwischen den zivilen und den militärischen Toten. Die Zahlen sollten für sich sprechen. Fast die Hälfte der 54 Millionen Menschen, die durch Kriegseinwirkung zwischen 1939 und 1945 ums Leben gekommen seien, seien Zivilisten, zumeist Frauen, Kinder und alte Menschen gewesen[179].

Erst das 20. Jahrhundert, »weltanschaulich in letzter Konsequenz der Nationalsozialismus«, bildete die Bruchstelle, an der die Politik dem Krieg untergeordnet wurde, stellte die Ausbildungshilfe für Offiziere und Offizieranwärter klar. Mit eindeutigen historischen Beispielen und Zitaten aus einschlägigen Quellen führte sie den Offizieren vor Augen, was die Konzeption des »totalen Krieges« bedeutete und welche verbrecherischen Konsequenzen sie schließlich hatte. Nach einem kurzen Hinweis auf Ludendorffs Rolle sollte ein längeres Zitat aus der Militärzeitschrift *Deutsche Wehr* von Ende 1935 zunächst beispielhaft die Apotheose des Krieges belegen. Das Blatt erhöhte den Krieg zu einer dem Frieden gegenüber »gleichwertige[n] Daseinsform« und feierte den Beginn einer Zeit, in der er das Maß aller Dinge geworden sei[180].

Doch den diskursiven Rückgriff auf den »totalen Krieg« beschränkten die Militärreformer nicht auf den theoretischen Aspekt. Ganz konkret evozierten sie die passive und aktive Gewalterfahrung der vierziger Jahre und wiesen sie ausdrücklich als Teil einer gemeinsamen Erfahrung aus: »Die Folgen dieser radikalen Haltungsänderung,« hieß es, »haben *wir alle* erlebt – erst als Zuschauer oder Werkzeug, später als Opfer.« Von einem generalisierenden, unverbindlichen Rückblick auf den Krieg und einer undifferenzierten Selbstdarstellung als Opfer war man hier weit entfernt. Täter, Mitläufer, Opfer: Die Bandbreite reichte von

---

178 Handbuch Innere Führung (1957). Die »Hilfe zur Klärung der Begriffe« ging auf Referate zurück, die im Jahr zuvor während des ersten Offizierslehrgangs in Sonthofen gehalten worden waren, und nun allen Offizieren und Offiziersanwärtern wie auch der interessierten Öffentlichkeit über die Methodik der neuen Führungsphilosophien Auskunft geben sollte. Vgl. dazu sowie zu den Autoren der zwölf Textbeiträge: Nägler, Der gewollte Soldat, S. 264–268, bes. Anm. 752.

179 Handbuch Innere Führung (1957), S. 34 f. Vgl. Information für die Truppe, H. 3/1956, S. 88 f.

180 Ebd., S. 61. Zitiert wird dort aus: Deutsche Wehr. Die Zeitschrift für Wehrmacht und Wehrpolitik, 19.12.1935.

der eigenen aktiven bis zur passiven Rolle im Krieg. Das *Handbuch Innere Führung* wurde konkret. So konfrontierte es die Offiziere und interessierten Leser mit dem sogenannten Bandenbefehl, in dem Hitler am 16. Dezember 1942 Verbrechen gegen die Zivilbevölkerung nicht nur billigte, sondern verlangte. Die Publikation des Bundesministeriums für Verteidigung ließ keinen Zweifel daran, dass dieser Befehl mit der Genfer Konvention ebenso wenig zu tun hatte wie mit »soldatischer Ritterlichkeit«. Es wurde durch Zitate aus dem »Führerbefehl« anschaulich daran erinnert, dass die Truppe verpflichtet worden war, ohne jede Einschränkung gegen Frauen und Kinder vorzugehen, dass Rücksichtnahme als ein Verbrechen gegen das deutsche Volk gelte und dass – »und hier wird es erst recht bedenklich« – kein Deutscher für sein Verhalten im Bandenkampf zur Rechenschaft gezogen würde.

Ein zweites Beispiel lieferte ein Befehl vom 22. Juli 1940, der sich auf »Gerüchte« bezog, die »die Truppe beunruhigten«. Den Soldaten, vor allem den Offizieren, sei untersagt worden, »an dem im Generalgouvernement durchgeführten Volkstumskampf, z.B. Behandlung der polnischen Minderheiten, der Juden und kirchlichen Dinge«, Kritik zu üben. Baudissin entlarvte die ideologische Semantik des Befehlstextes, ohne den damit kaschierten Massenmord auszusprechen: »seit Jahrhunderten tobender Volkstumskampf ... endgültige völkische Lösung ... einmalige scharf durchgreifende Maßnahmen«. Indirekt wurden die Einsatztruppen der SS (»bestimmte Verbände der Partei und des Staates«) als Täter angeführt. Um die Glaubhaftigkeit der angeführten Textpassagen zu erhöhen und die Authentizität der Quellen zu belegen, wurde darauf hingewiesen, dass die Dokumente im Original vorlägen und sorgfältig geprüft worden seien. Darüber hinaus verwies eine Fußnote auf die Signaturen der Dokumente und den Fundort: das Institut für Völkerrecht der Universität Göttingen – einschließlich Straße und Hausnummer[181].

Welche Gratwanderung die Militärreformer zwischen den Traditionalisten in den eigenen Reihen und der militärkritischen Öffentlichkeit wagten, wenn sie über die Kriegsvergangenheit sprachen, wird auch in diesem sensiblen Kontext deutlich. Denn den drastischen Worten über die völkerrechtswidrige Kriegführung folgten die Kautelen gegenüber den Ehemaligen. So stellte Baudissin klar, dass das ausführliche Zitieren der Befehle weder als Anklage gegen einzelne Urheber noch als Zuweisung einer kollektiven Schuld an unbeteiligte Soldaten zu verstehen sei. Und selbstverständlich ließen sich auch »großartige Beispiele gegenteiliger Haltung deutscher Soldaten« anführen – hier wurde die »Rettung von Paris« durch Choltitz herausgestellt – und, auch das, es gab Verfehlungen »auf Feindesseite«. Doch all dies war laut dem Handbuch für die Beurteilung dessen, worum es ging, »unwesentlich«. »Die Erteilung verbrecherischer Befehle durch die Spitze, ihre Weitergabe bis in die untersten Befehlsbereiche, [...] das befohlene Beiseitestehen, wenn neben dem Soldaten Verbrechen geschehen« – diese in der europäischen Geschichte »einmalig[en]« Vorgänge der unmittelbaren Vergangenheit sollten belegen, warum die Bundeswehr nicht ohne weiteres an die deutsche Soldatentradition anknüpfen konnte[182].

---

[181] Ebd., S. 62.
[182] Ebd., S. 63.

Mit dem Topos der »Kriegserfahrung« ließ sich in diesem Zusammenhang auch gut gegen den militärischen Standesdünkel argumentieren. Denn wenn die Erfahrung des letzten Krieges gezeigt hatte, dass Zivilisten wie Soldaten gleichermaßen in Lebensgefahr waren und die Erfahrung insofern analog war, worauf sollte sich dann – die Frage drängte sich auf – die besondere Ehre des Soldatenstandes gründen[183]?

Von hier aus ließ sich aber vor allem eine Kontinuitätslinie über das Kriegsende hinweg in die fünfziger Jahre ziehen. Denn auch die bolschewistische Bedrohung betraf alle, die sich dem Ziel einer Weltrevolution in den Weg stellten – ganz gleich, ob sie dem Militär angehörten oder nicht. Zu den Waffen des Gegners zählten »Klassenkampf«, ideologische »Unterwanderung« und nicht zuletzt eine Propaganda, die »aus den psychologischen Hexenkesseln politisch-ideologischen Kampfes« stammte. Das galt umso mehr, als das militärische Gleichgewicht und die atomare Bedrohung ein »heißes Gefecht« verhinderten. Auch zu Friedenszeiten verwischten also die Grenzen zwischen Zivilbevölkerung und Militär. Die ältere Vorstellung des Soldaten als Beschützer seiner Familie und Verteidiger des Vaterlandes an der Front war längst überholt, argumentierte Baudissin[184]. Wehrmachtsoldaten, vor allem, wenn sie an der Ostfront gekämpft hatten, fühlten sich an die eigene psychologische Kriegführung erinnert. Lautsprecherwagen beschallten den Gegner, aus Propaganda-Werfern, -Bomben und -Ballonen regnete es Flugblätter, die Rotarmisten zum Überlaufen aufforderten – und den »Passierschein« gleich mitlieferten, schilderte etwa Rolf K. aus Hildesheim, der offenkundig einer Propaganda-Einheit angehört hatte. *Der Spiegel* druckte Fotos eines französisch- und eines russischsprachigen Spruchbandes sowie eines zerschossenen Lautsprecherwagens ab, die ein Leser zugesandt hatte[185]. Der Soldat der alten wie der neuen Wehrmacht befand sich daher in einem »permanenten Bürgerkrieg«. Diese übergreifende Deutung lieferte ein historisch fundiertes, verteidigungspolitisches Argument für den Kern des Konzepts der Inneren Führung: die Integration von Militär und Gesellschaft.

Nicht nur von amtlicher Seite, sondern auch im vorpolitischen Raum wurden mit modernen Mitteln der Plakatwerbung die Erfahrungen des Kriegsendes ins Bewusstsein gerufen und für die politische Mobilisierung im Kalten Krieg genutzt. Die schematische Bildvorgabe der Plakate verdichtete symbolisch die entsprechenden Erfahrungschancen. Um ein Beispiel zu geben: Der vom Bundesministerium für gesamtdeutsche Angelegenheiten unterstützte »Volksbund für Frieden und Freiheit

---

183 Ebd., S. 34.

184 Handbuch Innere Führung (1957), S. 34 f. Die Bedeutung massiver Propaganda hatten nicht zuletzt die Amerikaner im Koreakrieg verdeutlicht, wie die deutsche Presse berichtete. Die neue Kriegführung kam in der Begrifflichkeit der alten daher, wenn von »Bomben« die Rede war, die »im Gehirn platzen«; statt Dynamit, Phosphor oder Napalm enthielten die Geschosse der »Propaganda-Bomber« bis zu 45 000 Zettel mit Bildern und Texten, die den Gegner zum Überlaufen aufforderten. Vgl. etwa: Propaganda. Bomben platzen im Gehirn. In: Der Spiegel, 13.6.1951, S. 18–20.

185 Der Spiegel, 11.7.1951. Rolf K. blickte nicht ohne Stolz auf die deutsche »Propaganda-Kriegführung« zurück: die Idee des »Passierscheins« sei so erfolgreich gewesen, dass alle Gegner sie übernommen hätten. Um Befürchtungen zu entkräften, fügte er hinzu, dass sowjetische Überläufer ihre Informationen »freiwillig« geliefert und in gesonderten Überläufer-Lagern eine bessere Verpflegung erhalten hätten als die übrigen Kriegsgefangenen.

e.V.« (VFF), den Verleger und Journalisten in Hamburg zur Agitation gegen die DDR gegründet hatten[186], warb im Herbst 1951 mit einem schwarz-weißen Plakat, das die Erinnerung an das Kriegsende durch visuelle und textliche Mittel mit der antikommunistischen Einstellung verband und in einen positiven Zusammenhang mit der Wiederbewaffnung stellte[187]. Unter der in Großbuchstaben fettgedruckten Titelzeile »OHNE MICH« beherrscht die Abbildung einer Frau und eines Mannes das Bild. Der Mann ist anhand der Uniform, der Pistolentasche und der Kopfbedeckung mit dem roten Stern sofort als Soldat der Roten Armee zu erkennen. Er zieht eine blonde Frau zu sich heran, deren Augen und Mund weit aufgerissen sind; sie verschränkt ihre Arme vor dem Gesicht und beugt ihren Oberkörper weit nach hinten. Die Verteilung der Frau auf der linken, des Soldaten auf der rechten Bildseite spiegelt die geografische Zuordnung von Westen und Osten wider. Die Herkunft des Rotarmisten aus dem Osten wird durch den asiatischen (mongolischen) Gesichtsausdruck und durch eine schwarze, wie ein dunkles Loch wirkende Fläche hinter dem Mann verstärkt und negativ konnotiert. Der Blick und die Körperhaltung der Frau signalisieren Entsetzen und Ablehnung. Für den Betrachter bestand kein Zweifel, dass die Szene an die massenhaften Vergewaltigungen der Roten Armee 1945 erinnerte. Des Textzusatzes am linken Rand »Frau, komm ...« hätte es dazu nicht mehr bedurft. Im unteren Drittel der Bildfläche stand versetzt zu lesen: »Das ist das Ende vom Liede / wenn man / den Pieck, Grotewohl, Dorls, Gereke[188], Remer und Genossen / folgt«. Die untere Zeile wies den VFF als Urheber des Plakats aus.

Die Angst vor dem kommunistischen Gegner, durch den visuellen historischen Rückgriff auf das katastrophale Kriegsende im Osten angefacht und belegt, sollte hier die Aufrüstung der Bundesrepublik als die notwendige politische Entscheidung zum Schutz der Bundesbürger erscheinen lassen, deren Unschuld und Wehrlosigkeit durch den weiblichen Part verkörpert wurde. Der Titel »... OHNE MICH« ist mehrschichtig. Zum einen stellte er auf den ersten Blick den Zusammenhang zur Protestbewegung her, zum anderen stellte er die Bedeutung ihres Slogans auf den Kopf: Die Zurückweisung galt nun den durch das Schreckensbild der Vergangenheit negativ

---

[186] Vgl. Mathias Friedel, Der Volksbund für Frieden und Freiheit. Zu den Gründern zählte Franz Wilhelm Paulus, Verleger der Hamburger Allgemeinen Zeitung. Auch der amerikanische Geheimdienst Counter Intelligence Corps (CIC) unterstützt den VFF. Dessen Präsidenten waren Jürgen Hahn-Butry (1950–1951) und Fritz Cramer (1951–1966). Eberhard Taubert (1907–1976) war zweiter Vorsitzender bis 1955. Als seine NS-Vergangenheit, vor allem seine Mitwirkung an Todesurteilen des Volksgerichtshofs, publik wurde, musste er zurücktreten. 1958 wurde er als Berater für das von Franz Josef Strauß eingerichtete Referat »Psychologische Kampfführung« im BMVg tätig. Vgl. Klaus Körner, Von der antibolschewistischen zur antisowjetischen Propaganda, Dr. Eberhard Taubert. Vgl. auch den Artikel Taube nagt am Kohlstrunk. Antikommunist Eberhard Taubert in Aktion. In: Der Spiegel, 18. Oktober 1951, S. 15.

[187] Vgl. die Abbildung in: Steininger, Deutsche Geschichte, Bd 2, S. 163 (Abb. 6).

[188] Günther Gereke (1893–1970), 1948–1950 niedersächsischer Landwirtschaftsminister, war wegen seiner Kontakte nach Ost-Berlin von Adenauer seiner Ämter enthoben worden. Im Auftrag des Bundesministeriums für gesamtdeutsche Fragen suchte der VFF Gereke, der die Westintegration als Hindernis der Wiedervereinigung ablehnte, als Ost-Agenten zu verleumden. Im Juli 1952 siedelte Gereke in die DDR über. Vgl. den Art. Günther Gereke – Auf Kurs gegen Adenauer. In: Der Spiegel, 10. August 1950, S. 7–9; Winterhagen, Günther Gereke.

konnotierten Funktionären der DDR, die als treibende Kraft der Aufrüstungsgegner angesprochen waren – ein Argument, das durch die Unterstellung funktionierte, die Protestbewegung werde durch die SED gesteuert und arbeite ganz in deren, sprich: im gegnerischen Sinne. »Ohne mich« konnte daher auch als Antwort auf die Haltung der Wiederbewaffnungsgegner gelesen werden. Der VFF knüpfte unmittelbar an die antibolschewistische Propaganda des NS-Regimes an. Das dürfte umso leichter gefallen sein, als zu den Gründern ein ehemaliger Mitarbeiter von Goebbels gehörte: der Journalist Eberhard Taubert alias »Dr. Erwin Kohl«.

Tatsächlich war die Angst vor einem neuen Krieg in der zweiten Hälfte der vierziger und der ersten Hälfte der fünfziger Jahre nicht unbegründet; ihre bewusstseinsprägende Kraft und damit ihre Bedeutung als Parameter der Deutungskonflikte darf im Rückblick – mit dem historischen Wissen, dass der Dritte Weltkrieg nicht stattfand – nicht unterschätzt werden. Meinungsumfragen belegen diese Kriegsfurcht und zeigen ihre Konjunkturen zwischen Kriegsende und Koreakrieg (25. Juni 1950 bis 27. Juli 1953). Zwei Jahre nach Kriegsende, im Juli 1947, zeigte sich mehr als die Hälfte der befragten Schüler und Studenten überzeugt, dass in den kommenden fünf Jahren ein neuer Krieg ausbrechen werde. 14 Prozent der Befragten nahmen das »mit großer Sicherheit«, 48 bzw. 50 Prozent »mit einiger Sicherheit« an. Rund ein Viertel hielt einen Kriegsausbruch für unwahrscheinlich, nur 4 bzw. 6 Prozent hielten ihn für ausgeschlossenen. Immerhin 11 Prozent der Schüler hatten keine Meinung[189]. Vier Jahre später hatte die Kriegsfurcht allgemein abgenommen. Im März 1951 glaubten 36 Prozent nicht, dass in den kommenden drei Jahren ein dritter Weltkrieg ausbrechen werde, 1952 stieg die Zahl auf 46 Prozent. Umgekehrt hielten nur 29 Prozent den Kriegsausbruch für möglich (»kann ausbrechen«), ein Jahr später nur noch 20 Prozent. Auf über ein Drittel angestiegen war der Anteil derer, die dazu keine Meinung hatten: 35 (1951) bzw. 34 Prozent (1952)[190]. Im September 1954 machten sich immerhin 40 Prozent »Sorge, daß in den nächsten drei Jahren ein neuer Weltkrieg ausbrechen könnte«[191].

Dass im Kriegsfall Ostdeutsche die Waffen gegen Westdeutsche richten würden, hielten die meisten Menschen in der Bundesrepublik für unwahrscheinlich. Aus Überzeugung werde das niemand tun, meinten 39 Prozent, »nur wenige Fanatiker« würden kämpfen, meinten 34 Prozent. Statt eines breiten »Bruderkrieges« hätte man es wohl nur mit der protomilitärischen [Kasernierten] Volkspolizei (19 %) und den Mitgliedern der SED (17 %) zu tun – und mit einem Großteil der Jugend, wie immerhin 15 Prozent glaubten. Die erwachsenen Männer dagegen – also jene Deutschen, die keine zehn Jahre zuvor in derselben Armee gekämpft hatten – würden in der Masse nicht gegen die Westdeutschen – und damit gegen die ehemaligen Kameraden – kämpfen; das traute man nur 4 Prozent zu[192]. Dieser perzipierten Zurückhaltung der Deutschen aus der »Ostzone« gegenüber einem Bruderkrieg entsprach die eige-

189 Jahrbuch der Öffentlichen Meinung 1947–1955, S. 352.
190 Ebd., S. 352 f.
191 Vgl. zur Entwicklung der Sorge vor einem neuen Weltkrieg zwischen 1950 und 1954 die grafische Darstellung ebd., S. 354.
192 Ebd., S. 353.

ne geringe Bereitschaft, »Soldat zu werden, wenn Westdeutschland aus dem Osten angegriffen würde« (wie die Frage des IfD in den frühen fünfziger Jahren lautete). Fast die Hälfte der im Oktober 1950 Befragten (49 %) war dazu nicht bereit, weitere 13 Prozent waren unentschieden; fast ebenso viele Frauen (42 %) gaben an, sie würden versuchen, die männlichen Familienangehörigen im Falle eines Krieges daran zu hindern, Soldat zu werden[193].

Die Repräsentation des Zweiten Weltkrieges, aber auch des Ersten, besaßen erklärtermaßen die Funktion, die Angst vor einem dritten Weltkrieg politisch zu nutzen – nicht im Sinne des Pazifismus, sondern mit dem Ziel, die Verteidigungsbereitschaft im Kalten Krieg zu erhöhen, indem die gemeinsame Erinnerung soziale Integrationskraft entfaltete. Die Kriegserfahrungen präsent zu halten war daher auch für den Journalisten Helmut Bohn eine Voraussetzung dafür, den Frieden zu wahren. »Daß wir im Zeitalter der Angst leben, kann nicht aufgehoben werden, indem wir das Schreckliche zweier Weltkriege und ihrer Folgen vergessen. [...] An der Erinnerung des Krieges [...] kann sich eine neue Gemeinschaft sammeln: Eine Front gegen die Angst«[194]. Die Erinnerung an die Kriegsvergangenheit war daher ein wichtiges Ingredienz der »wehrhaften Demokratie« und ein Movens des demokratischen Verteidigungswillens. Hinzu kam, dass diese Vorstellung ihrerseits nicht gänzlich neu war und die Verbindung von Militär und Demokratie ihr historisches Vorbild hatte. Bohn nannte als Beispiel Gustav Noske, dessen Memoiren kurz nach seinem Tod 1946 erschienen waren[195]. Mit dem Namen Noske verband sich die Niederschlagung der kommunistischen Aufstände in der frühen Weimarer Republik. Als Volksbeauftragter für Heer und Marine und als Reichswehrminister war Noske (SPD) verantwortlich für die Niederschlagung des Spartakusaufstandes im Januar 1919 (bei der Rosa Luxemburg und Karl Liebknecht ermordet wurden), der Berliner Märzaufstände und Aufstände unter anderem in München und Bremen. Als historisches Beispiel für eine wehrhafte Demokratie – Kommunisten titulierten ihn gerne als »Bluthund« – lag Noske daher ganz auf der Linie des Antibolschewismus. Während er die Rätebewegung nach sowjetischem Vorbild bekämpfen ließ, hielt er sich gegenüber den Freikorps weitgehend zurück.

Erfahrungsbrüche

Wurde so einerseits die Kontinuität der Kriegserfahrungen für die Wahrnehmung des Systemkonflikts als Kalter Krieg herausgestrichen, ließen sich umgekehrt auch markante Brüche betonen. Kriegserfahrungen führten in dieser Deutung zu Brüchen in der Einstellung vor allem der jüngeren Generation gegenüber (militärischen) Autoritäten – eine Erkenntnis, welche die Militärreformer ihrerseits für eine zielgruppengerechte Werbung nutzen wollten.

---

193 Ebd., S. 355.

194 Bohn, Eine Front gegen die Angst, S. 60.

195 Noske, Erlebtes aus Aufstieg und Niedergang einer Demokratie. Noske (1868–1946) war nach dem 20. Juli 1944 verhaftet worden; eine Rückkehr auf die politische Bühne nach 1945 gelang ihm nicht mehr. Vgl. Wette, Gustav Noske.

Anhand eines historisch untermauerten Generationsbegriffs entwickelten die Militärreformer ein klares Bild von der Zielgruppe der potenziellen Rekruten – vor dem Hintergrund der Kriegserfahrungen. Dazu gingen sie von einem markanten Generationsunterschied aus, der qualitativ über die übliche Distanz zwischen der älteren Generation und einer jüngeren, auf ihre Eigenständigkeit pochenden Generation hinausgehe, wie sie sich zuletzt in der Jugendbewegung vor und nach dem Ersten Weltkrieg gezeigt hatte. Den spezifischen Charakter der Jugend in den fünfziger Jahren führten sie auf besondere Erfahrungen der zeitgenössischen Jugendlichen zurück. Zu deren prägenden Grunderlebnisse[n] und -erfahrungen« rechneten sie Bombenkrieg, Flucht und Hunger[196].

Um symbolische Verdichtung bemüht, rief etwa das *Handbuch Innere Führung* die »Bombennächte«, die »Trecks«, das »Kartoffelbuddeln« und den »Schwarzen Markt« in Erinnerung. Diese Notzeit hatte, so lautete das Argument, die jungen Menschen um ihre Jugendphase gebracht und sie vorzeitig in die Welt der Erwachsenen katapultiert. Gestützt auf eine Meinungsumfrage von EMNID, gingen die Autoren davon aus, dass die »größere Lebenserfahrung« zu einer stärkeren Affinität gegenüber den Erwachsenen führe. Einerseits signalisierte etwa das frühzeitige Tragen langer Hosen die äußere Annäherung, andererseits gebe es keine patriarchalischen Autoritätsvorstellungen mehr. Autorität – nicht zuletzt die Autorität des militärischen Vorgesetzten – begründete sich nicht mehr formal, sondern durch das authentische Vorleben der geforderten Werte. So zerfiel seit Mitte der fünfziger Jahre – über ein Jahrzehnt vor »1968« – auch das autoritär-hierarchische Verständnis der Vater-Rolle mit ihrem militaristischen Verständnis von patriarchalischer Männlichkeit zugunsten eines neuen Vertrauensverhältnisses zwischen den Generationen[197].

Die Entfremdung zwischen den Generationen führten die Autoren aber auch darauf zurück, dass die Älteren in den Augen der Jüngeren ihre Glaubwürdigkeit verloren haben. Die rhetorische Frage: »Soll man ihr das zu Last legen?« verwies indirekt auf ihre Rolle in der NS-Vergangenheit und signalisierte Verständnis[198]. Reformer wie Baudissin griffen hier die jüngsten jugendsoziologischen Studien auf – »Die skeptische Generation«, Helmut Schelskys Arbeit über die westdeutschen Jugendlichen zwischen 1945 und 1955, war soeben (1957) publiziert worden –, machten deren Ergebnisse für ihre veränderten Vorstellungen militärischer Führung fruchtbar und orientierten ihre Öffentlichkeitsarbeit (um nicht mit den Zeitgenossen von Wehraufklärung zu sprechen) an den Einstellungen und Erwartungen ihrer jugendlichen Zielgruppe. Die Deutungen der Kriegszeit kristallisierten sich im Begriff der Erfahrung.

Waren die konkreten historischen Erfahrungen zumeist schlecht, der Begriff der Kriegserfahrungen mithin negativ konnotiert, so konnte der Erfahrungsbegriff auch für die Kriegszeit positiv aufgeladen werden. Wenn es um die ethische Grundfrage nach dem rechten Menschenbild und seine Rolle in der Erziehung ging, diente das

196 Handbuch Innere Führung (1957), S. 105.

197 So lautet die These von van Rahden, Wie Vati die Demokratie lernte, S. 115.

198 Handbuch Innere Führung (1957), S. 105. Die Textpassage stammt von Wangenheim. Vgl. Nägler, Der gewollte Soldat, S. 266.

menschliche Verhalten im Krieg als empirisches Anschauungsmaterial für die grundsätzliche Ambivalenz. Anhand der Extremsituation des Krieges ließen sich negative wie positive Verhaltensweisen nachweisen. Der Krieg diente dann als jüngstes und besonders eindrückliches Beispiel für die anthropologische Erkenntnis, dass der Mensch zum Guten wie zum Bösen fähig ist. Die Bewährung in der Kampfsituation, das Standhalten in bisher unvorstellbaren Situationen, die Hilfsbereitschaft des Anderen »im Schlammtrichter oder hinter Stacheldraht und Gitter«, »genauso aber auch auf dem Weg der Vertreibung der Deutschen von Ost nach West oder vor den zusammengebombten Häusern und zerschlagenen Existenzen im Nachkriegschaos«: Darin sahen die Militärreformer Zeugnisse moralischer Größe. Das galt für Soldaten wie für Zivilisten gleichermaßen und ging über 1945 hinaus. Insofern barg der Krieg einen veritablen, »Schatz von Erfahrungen«, den es noch zu bergen galt[199].

Der Rekurs auf die Kriegsvergangenheit für das ethische Argument besaß den pädagogischen Vorzug, im Erlebnishorizont der Zeitgenossen zu liegen. Es ging nicht um die philosophisch-abstrakte Herleitung eines Menschenbildes, sondern adressatengerecht um ein konkretes Bild des Menschen, »das wir selbst erlebt haben – im Kriege, in der Kriegsgefangenschaft, in der Nachkriegszeit«. Der Erlebnischarakter gab dem Argument besonderen Nachdruck. Als ein »Erlebnis unserer Zeit« könne es nicht mehr vergessen werden[200]. Die politische Bildung in der Bundeswehr war auch deshalb stets eine historische. Der hohe Stellenwert dieser historisch fundierten politischen Bildung resultierte in den fünfziger Jahren zum einen aus dem konkreten Erfahrungshintergrund von Krieg und Nachkrieg, zum anderen aus der grundsätzlichen Einsicht im Kontext der militärischen Führungsphilosophie, dass die Auseinandersetzung mit tagespolitischen Problemen wie umgekehrt die staatsbürgerliche Führung der Truppe ohne die Kenntnis der Vergangenheit nicht zu haben war. Der Soldat als politisches Wesen in der Demokratie »braucht geschichtliches Wissen«, nicht nur handwerkliches Know-how, um seinem Staat angemessen zu dienen, erklärte denn auch Verteidigungsminister Franz Josef Strauß zum Auftakt einer mehrbändigen Handbuchreihe 1957[201].

Der Soldat und sein Verhältnis zu seinem zivilen Mitbürger wurden im Zeichen der Integration von Militär und Gesellschaft neu definiert. Auf drei Ebenen der symbolischen Repräsentation (bildliche Darstellung, Uniformierung, Vereidigung) wurde der jüngsten militärischen Vergangenheit eine Bedeutung zugeschrieben, die im Zeichen einer demonstrativen Diskontinuität stand. Es ging um eine zukunftsweisende Freiwilligenwerbung, in der die Vergangenheit spiegelverkehrt auftauchte; um das äußere Erscheinungsbild der Bundeswehrsoldaten, das auf den ersten Blick ein der Wehrmacht entgegengesetztes Selbstbild signalisieren sollte; schließlich um eine neue Eidesformel, die das neue Selbstverständnis der Streitkräfte in einer Demokratie widerspiegelte.

In einer der ersten, auf Kontaktgewinnung zielenden Werbeanzeigen für »Die Deutsche Bundeswehr«, deren Aufteilung in Bild-, Text- und Couponteil wegwei-

199 Ebd., S. 108 f.
200 Ebd.
201 Schicksalsfragen der Gegenwart, zit. Bd 1, S. 7.

Werbung für den freiwilligen Dienst in der »Deutschen Bundeswehr«, um 1956.
SKA/IMZBw

Freiwilligen-Werbung 1956.
SKA/IMZBw

send war, wurde noch in der ersten Zeile auf die nicht weiter spezifizierte, aber national verstandene »Bedrohung« hingewiesen, vor der sie Schutz gewähren soll; der Schutz gilt »Land und Volk«. In einem zweiten Schritt knüpft die Werbung an die Vorstellung einer besonderen soldatischen Ehre an, wenn sie von dem »harten, aber ehrenvollen Beruf« des Soldaten spricht. Dies wird, drittens, um das rationale Argument der guten Ausbildungs- und Aufstiegschancen während der Aufbauphase erweitert[202]. Der gleiche Text findet sich in einer Werbeanzeige aus dem Jahre 1956, dessen visueller Teil einen jungen Mann zeigt, der seine Zivilkleidung – Jacke und Hut – auf einem Stuhl abgelegt und die Uniform soweit angezogen hat, dass er nur noch das Koppelschloss schließen muss. Die Anzeige stellt die freiwillige Meldung (»Freiwillig« lautet die Headline oben rechts) als Ausdruck der eigenen Entscheidungsfreiheit heraus, nicht ohne an das soeben verabschiedete Wehrpflichtgesetz zu erinnern.

Die erste Plakatwerbung – die im Unterschied zur Anzeigenwerbung auf größere Distanz wirken soll und deshalb nur einen geringen Textanteil aufweist – zeigt in einer farbigen, auf das Wesentliche beschränkten Zeichnung drei als Angehörige von Marine, Luftwaffe und Herr zu erkennende Männer, die nicht ohne eine gewisse

202 Vgl. auch Loch, Das Gesicht der Bundeswehr, S. 116 (Abb. 7), S. 118 (Abb. 11).

Dynamik aus dem Raum auf den Betrachter zukommen. Die drei freundlich lächelnden jungen Soldaten treten gemeinsam auf; militärische Rangabzeichen fehlen. Der Text im unteren Viertel weist sie als »Freiwillige« aus, die Werbung stellt allein die beruflichen Vorzüge der kurzen Ausbildung und guten Aufstiegsmöglichkeit heraus. Im Bild wie im Text treten militärische, auf den Kampf bezogene Attribute zurück. Der ikonografische Bruch mit den Selbstdarstellungen der Wehrmacht ist nicht zu übersehen. Die Trias friedlich einherschreitender Soldaten – der eine muss erst noch seinen Pilotenhelm festzurren – steht im Gegensatz zu dem Bild des heldenhaften Einzelkämpfers oder der kleinen, im Kampf zusammengeschweißten Gruppe. Das Bild musste daher auf den zeitgenössischen Betrachter »im Vergleich mit der Wehrmachtsikonografie antithetisch« wirken[203].

Ganz ähnlich vermittelt ein anderes, 1957/58 entworfenes Plakat der Freiwilligenwerbung ein unprätentiöses Wir-Gefühl, dessen militärischer Kontext visuell durch die Trias der Angehörigen der Teilstreitkräfte und textlich durch die Zeile »Unsere Bundeswehr stellt Freiwillige ein!« zum Ausdruck gebracht wird. Die schlichte Botschaft verzichtet auf militärromantisches Beiwerk. Die jungen Freiwilligen, auf deren Gesichter der Blick des Betrachters gelenkt wird, signalisieren freundliche Offenheit, nicht Härte, Entschlossenheit oder Opferbereitschaft, wie es die Propagandamaler während des Krieges geprägt hatten[204]. Diese Soldatendarstellung, mit der die Bundeswehr sich als Teil der Gesellschaft präsentierte, wies zugleich bekannte Züge auf: Schon die Reichswehr und die Wehrmacht hatten mit dem Possessivpronomen ein Zusammengehörigkeitsgefühl des Betrachters wecken wollen; der in Fraktur gefasste Schriftzug in der Mütze des Matrosen sendet ein konservatives Signal; und die schwarz-rot-goldenen Kokarden und Fahne deuten dezent die nationale Zugehörigkeit an[205].

Eine Analyse der Freiwilligenwerbung kommt dann auch zu dem Schluss, dass die Plakate den Versuch der Bundesregierung widerspiegeln, die Bundeswehr in einer Gesellschaft zu verankern, die vor nicht allzu langer Zeit hitzige Debatten gegen die Aufrüstung geführt hatte. Dazu wurde ein postheroisches Soldatenbild gezeichnet, das zwar das Militär visuell in den Vordergrund rückte, auf dieser Folie jedoch verschiedene, nur mittelbar militärische Argumente für den Beruf des Soldaten entwickelte. In der ersten Phase der bildlichen Selbstdarstellung der Bundeswehr liegen daher die Unterschiede gegenüber den heroischen Bildern des Wehrmachtsoldaten auf der Hand. Zugleich lassen die Plakate der fünfziger Jahre Gestaltungsformen und -techniken der dreißiger und vierziger Jahre erkennen. Die neue Bundeswehr präsentierte sich hier insofern in einem vertrauten, dem ästhetischen Geschmack der Zeit entsprechenden Umfeld[206]. Darüber hinaus ist jedoch an den Befund

---

203 Zu diesem Ergebnis kommt Loch, Das Gesicht der Bundeswehr, S. 158, dort die Abb. 8, S. 117. Vgl. Loch, Soldatenbilder im Wandel.

204 Schmidt, »Maler an der Front«; Kunst und Propaganda.

205 Loch, Das Gesicht der Bundeswehr, S. 160 f., dort die Abb. 13, S. 117.

206 Zu diesem Ergebnis kommt Loch, Das Gesicht der Bundeswehr, S. 176. Loch betont den Wechselbezug zwischen dem veränderten Soldatenbild der Nachkriegsgesellschaft und seiner »postheroischen Ikonografie«. Ebd., S. 177. Vgl. dazu auch: Kommunikation als Beobachtung. Thema und Medium stehen in einem Zusammenhang. Bestimmte politische Themen set-

der politischen Kommunikationsforschung zu erinnern, dass Bilder zwar Teil der Ausdruckssteigerung von Politik sind, ihre Überzeugungskraft jedoch nicht grenzenlos ist. Zwar werden Bilder eingesetzt, um eine bestehende politische Absicht zu vermitteln, in der Annahme, dass sie diese Funktion erfüllen. Doch nicht jede Visualisierung ist in diesem Sinne erfolgreich. Wie sehr die Bilder überzeugen können, hängt zum einen von ihrer Schlüssigkeit ab, zum anderen vom Zusammenspiel mit dem Vorverständnis des Betrachters. Visualisierungen müssen daher auch als Teil einer *cultural performance* verstanden werden. Sie machen Imaginäres sinnlich fassbar[207]. Das Plakat eines fiktiven Soldaten, der so gar nicht aussieht wie ein Soldat, visualisiert nicht zuletzt die Distanz zum Soldaten der Wehrmacht – und erinnert so an ihn. Werbeplakate für die neuen Streitkräfte wiesen insofern zurück auf die alten und, je nach dem historisch-politischen Bewusstsein des Betrachters, auf die Verbrechen im nationalsozialistischen Krieg.

Durch einen vergleichsweise unprätentiösen Stil signalisierte das neue äußere Erscheinungsbild der Soldaten deren Nähe zur bürgerlichen Gesellschaft. Die neuen Uniformen, die erstmals im Juni 1955 in einer Wochenschau den Kinobesuchern gezeigt wurden, brachten auf der symbolischen Ebene, durch den weitgehenden Verzicht auf die überkommenen militärischen Ornamente, die Distanz zur eigenen Vergangenheit zum Ausdruck[208]. Die Kleidung bestand aus einer Kampf-, Arbeits- und Dienst-/Ausgehuniform. Der Schnitt dieser Ausgehuniform entsprach im Wesentlichen der damaligen Herrenmode. Sie bestand für Heer und Luftwaffe aus einem schiefergrauen Zweireiher und einer ebenso grauen Hose. Eher unauffällige Truppengattungsabzeichen aus Blech auf den Schulterklappen und am Revers hatten die Kragenlitzen in den Farben der Waffengattung sowie die geflochtenen Schulterstücke ersetzt, wie sie von der preußischen Uniform her bekannt war. Auf den Schulterklappen, die aus demselben Stoff genäht waren wie die Uniform, waren blecherne Dienstgradabzeichen angebracht. Im Gegensatz zur Wehrmachtuniform zeichneten sich die neuen Kleider des westdeutschen Soldaten durch Schlichtheit aus. Die Zielutopie des »Staatsbürgers in Uniform« war hier im Wortsinn vorweggenommen. Die Botschaft kam an – wie nicht zuletzt die Häme der Traditionalisten zeigte. Man habe wohl »Angst, auch nur einen Knopf zu verwenden, der an gestern erinnert,« spottete ein (anonymer) ehemaliger Soldat in einem Leserbrief an den *Heimkehrer*[209]. So mancher vermisste die »Tradition«, die sich für die ehemaligen Wehrmachtsoldaten auch an der Kontinuität des äußeren Erscheinungsbildes festmachte. »Selbst »unser bewährter alter Stahlhelm« sei durch eine Kopie des amerikanischen Modells ersetzt worden, bemängelte ein anderer Leserbriefschreiber[210].

---

zen bestimmte Formen der Verbildlichung voraus, umgekehrt prägt die spezifische Praxis der Visualisierung das kollektive (Bild-)Gedächtnis. Vgl. dazu: Strategien der Visualisierung, S. 603.

207 Ebd.

208 Vgl. auch das Kap. Uniformen. In: Handbuch Innere Führung (1957), S. 53–56, in dem die »Angriffe auf unsere neue Uniform« durch einen historischen Rückblick auf deren Veränderlichkeit zurückgewiesen werden.

209 Briefe, die uns angehen. In: Der Heimkehrer, 3.9.1955, S. 2.

210 Ebd.

Das im historischen Vergleich recht zivile Erscheinungsbild wurde augenfällig, als die ersten Freiwilligen am 12. November 1955 – das Datum des 200. Geburtstages des preußischen Militärreformers Scharnhorst setzte wie das überdimensionierte Eiserne Kreuz an der Wand mit dem Rekurs auf die Befreiungskriege des frühen 19. Jahrhunderts ein weiteres historisches Signal – ihre Ernennungsurkunden erhielten: Nur ein Dutzend Soldaten trug die Ausgehuniform, die übrigen 89 waren in »normalen« Anzügen erschienen, weil noch nicht genügend neue Uniformen gefertigt worden waren.

Der unprätentiöse Stil findet sich schließlich in der stilisierten, transparent wirkenden grafischen Darstellung eines Soldaten auf dem Umschlag der zentralen innermilitärischen Publikation, der Zeitschrift *Information für die Truppe* wider, die 1956 erstmals erschien. Dieselbe Nähe zum zivilen Leben, insbesondere zum Alltag der jugendlichen Zielgruppe, brachte die filmische Vermittlung des Reformprogramms zum Ausdruck. Der rund 25-minütige Zeichentrickfilm »Was ist Innere Führung?« und vor allem der für die Nachwuchswerbung gedrehte Farbfilm »Der Alltag des Soldaten« sollten in der Ausbildung durch die geschickte Nutzung von Elementen der Jugendkultur einen soldatischen Habitus vor Augen führen, der sich durch den Anschein einer gewissen Zwanglosigkeit des Kasernenalltags und einer Unverkrampftheit im Umgang miteinander vom Soldatenbild der Wehrmacht, von Kommiss und »Barras«, deutlich abhob[211]. Dass die Soldaten außerhalb des Dienstes die Uniform gar nicht erst anzogen, war ein weiteres Merkmal ihrer Zivilität. Es unterstrich den programmatischen Anspruch, dass der Soldat stets Bürger bleibe, und grenzte das soldatische Erscheinungsbild von dem der Vergangenheit weiter ab – womit »das Privileg des ›Uniformträgers‹ gebrochen« wäre, wie es der Berliner Landesverband des Liberalen Studentenbundes formuliert hatte[212].

Im Kontext der deutsch-deutschen Beziehungsgeschichte stand schließlich die zentrale symbolische Handlung, die den Übergang vom Zivilisten zum Soldaten augenfällig machte: der Eid. Die Schwurpraxis und die wechselnden Eidesformeln spiegeln den politisch-gesellschaftlichen Umbruch nicht erst nach 1945 wider. Wozu verpflichtet sich der Soldat? In der Beantwortung der Eid-Frage sprang die Ambivalenz der Repräsentation des Militärs im Spannungsfeld von Vergangenheit und Zukunft erneut ins Auge. Das *Handbuch Innere Führung* antizipierte die Einwürfe der Kritiker unter den ehemaligen Soldaten, die nachdrücklich gegen die Vereidigung der bundesdeutschen Rekruten eingetreten waren, weil sie, wie es hieß, »meinten, etwas vom Ernst des Eides zu wissen« und deshalb die gar nicht so ernste Zeremonie der Vereidigung ablehnten[213]. Der Eid wurde als »intimste und persönlichste Handlung« bezeichnet, seine »Heiligkeit« betont. Diese sakralisierte Handlung kontrastierte mit der »pompöse[n] und anonyme[n] Kollektiv-Schaustellung«. Der Soldat gab sein

---

211 Vgl. mit Abb. Schmidt, Die bildhafte Vermittlung, S. 165–188.

212 ADL, Signatur D1–2572: LV Berlin, Gedanken zu einem deutschen Wehrgesetz (Delegiertenversammlung in München 1951).

213 Handbuch Innere Führung (1957), S. 9 f., dort die folgenden Zitate. Zum Streit um die Wiedereinführung des Eides vgl. Abenheim, Bundeswehr und Tradition, S. 116; vgl. auch den Überblick über die Schwurpraxis als politisches Phänomen vom Kaiserreich bis in die Gegenwart: Lange, Der Fahneneid.

Versprechen vor der letzten, »absoluten und unbestechlichen« Instanz. Das Handbuch deutete den Eid als eine christliche Symbolhandlung, durch die der Eidleistende seine bürgerliche Existenz in die Hände dessen legt, »dem einzig und allein totaler Gehorsam gebührt«. Der Eid setzte den Vereidigten deshalb nicht einem anderen *Menschen* aus, weil nach Gottes Willen die sittlichen Werte und Maßstäbe nicht vom Eidträger gesetzt würden. Der Eid entließ den Vereidigten daher auch nicht aus der unmittelbaren persönlichen Verantwortung, weil sein Gewissen nicht schweigen konnte. Der vor Gott geleistete Eid zog – daran jedenfalls könne für Christen kein Zweifel bestehen – der übernommenen Verpflichtung Grenzen. Die Begründung der religiösen Rückbindung des Eides wird durch die Opposition zu dem Eid und der Vereidigungspraxis in der Wehrmacht verständlich. Tatsächlich sollte die (freiwillige) religiöse Beteuerungsformel »so wahr mir Gott helfe« die Bindung verstärken[214].

Die Hinweise auf die Heiligkeit des Eides und die Tapferkeit des Soldaten fanden sich auch in der Eidesformel der Reichswehr/Wehrmacht von 1934. Der wesentliche Unterschied, den Baudissin in der Selbstdarstellung entsprechend herauskehrte, lag im Eidnehmer und in der Begrenzung der Verpflichtung durch das Veto einer sittlichen Letztinstanz, hatte doch der Wehrmachtsoldat »dem Führer des Deutschen Reiches und Volkes, Adolf Hitler, dem Oberbefehlshaber der Wehrmacht, unbedingten Gehorsam« schwören müssen. Dagegen hatte der Fahneneid von 1919 mit der monarchischen Tradition gebrochen und die Angehörigen der Reichswehr zur Treue gegenüber der Reichsverfassung und zum Schutz des Deutschen Reiches sowie seiner gesetzmäßigen Einrichtungen, verpflichtet; der religiöse Bezug war erstmals entfallen.

Umstritten dagegen war von Anfang an, was das Handbuch zum Teil überging: die Antwort auf die doch entscheidende Frage, *worauf* der Eid den vereidigten Soldaten denn verpflichtete? Baudissin nannte allein und daher scheinbar eindeutig den »treue[n] Dienst an dieser unserer Bundesrepublik« als Gegenstand der Verpflichtung. Die Zweiteilung der Eidesformel wurde hier ignoriert. Tatsächlich verpflichteten sich Soldaten gemäß der Eidesformel, »der Bundesrepublik Deutschland treu zu dienen und das Recht und die Freiheit *des deutschen Volkes* tapfer zu verteidigen«, mithin auch der Deutschen in der DDR und, nach dem Verständnis vieler, in den ehemaligen deutschen Ostgebieten. Die für die militärische Praxis in den Kompanien maßgeblichen »Richtlinien für die Vereidigung« vom 8. März 1956 stellten die Formel explizit in den Kontext des Alleinvertretungsanspruchs der Bundesrepublik[215]. Diese gesamtdeutsche Formel, die über das Staatsvolk der Bundesrepublik hinauswies, war von Anfang an umstritten, weil sie den Gewissenskonflikt nur verstärkte, in den ein

---

[214] Zu den Problemen der eidlichen Inanspruchnahme der Zeugenschaft Gottes aus theologischer Sicht vgl. Theologische Realenzyklopädie, Bd 9, S. 396 f.

[215] In der »Zentralen Dienstvorschrift Militärische Formen und Feiern« (ZDv 10/8) von 1966/67 wurde diese gesamtdeutsche Verpflichtung ersatzlos gestrichen. Vgl. dazu den Kommentar von Carl Claus, Der korrigierte Bundeswehr-Eid. Die Bundesrepublik wird Vaterland – Hassels alte Unterschrift unter einem neuen Erlaß. In: Die Zeit, 5.1.1968, Nr. 1. Vgl. ZDv 10/2, Eid und feierliches Gelöbnis; die ZDv 10/8 »Soldatische Formen und Feiern« befand sich in Vorbereitung. Vgl. auch die systemkritische Studie von Euskirchen, Militärrituale; Flink, Notwendiger Rückhalt. Eid und feierliches Gelöbnis, Information für die Truppe, 3/98, S. 16–19.

Soldat im Verteidigungsfall geraten konnte, wie etwa der Bundestagsabgeordnete Erwin Feller (Gesamtdeutscher Block / Bund der Heimatvertriebenen und Entrechteten, GB/BHE) während der Debatte zum Soldatengesetz im März 1956 einwandte. Schließlich müsste er Leipzig erst einmal erobern, bevor er es verteidigen könnte. Auch die Kirchen, die der Verteidigungsausschuss vor der Verabschiedung des Gesetzes um Gutachten gebeten hatte, rieten aus diesem Grunde von einer gesamtdeutschen Formulierung ab. Der Soldateneid, wie ihn Paragraf 9 des Soldatengesetzes schließlich formulierte, war insofern eine Kompromissformel, in der sich die Politik der Vergangenheit und Gegenwart widerspiegelte. Festzuhalten ist, dass der Kalte Krieg auch hier die Bedingungen der kollektiven Repräsentationen bestimmte. Diese lieferten eine Antwort auf die epochale Krise der Vergangenheit und zugleich auf den schwelenden Konflikt in der zeitgenössischen Gegenwart.

e) Remilitarisierung als Konfliktfeld kollektiver Repräsentationen

Eine Geschichte der deutschen Friedensbewegung nach 1945 steht noch aus[216] – um sie geht es hier auch nicht. Vielmehr sollen jene konkurrierenden Repräsentationen von Krieg und Nachkrieg beleuchtet werden, in denen die politische Konfrontation mit dem Regierungskurs zum Ausdruck kam. Die Wiederbewaffnungsgegner schrieben dem Krieg im Hinblick auf die Ent- bzw. Remilitarisierung eine konträre Bedeutung zu, die dann auch in der symbolischen Praxis Gestalt annahm. Die Wiederbewaffnung als ein zentrales Konfliktfeld strukturiert daher im Folgenden die Analyse. Die »Volksbefragungskampagne« 1950/51, die »Paulskirchen-Bewegung« von Januar bis März 1955, schließlich die »Kampf-dem-Atomtod-Bewegung« 1957 bildeten Höhepunkte des sozialen und politischen Protests.

Die Aufrüstungspläne sorgten für Kontroversen, die auf Regierungsebene durch Adenauers wenig kooperative Vorgehensweise zusätzlich angefacht wurden[217]. Während eine Minderheit der Aufstellung neuer Streitkräfte unter bestimmten Bedingungen, wie gesehen, positiv gegenüberstand, lehnte die Mehrheit der Westdeutschen die »Remilitarisierung« ab. So lautete der Kampfbegriff, um den seinerzeit gestritten wurde[218]. Mit der Opposition der beiden Kirchen[219] und der SPD musste die Bundesregierung ohnehin rechnen. Für die Sozialdemokraten besaß die Wiedervereinigung Priorität gegenüber der militärischen Integration in das westliche Bündnis, wenngleich ihr Vorsitzender Kurt Schumacher einem deutschen

---

216 Vgl. z.B. Holger Nehring, Politics of Security; Nehring, National Internationalists; Frieden und Friedensbewegungen in Deutschland.

217 Vgl. Anfänge westdeutscher Sicherheitspolitik, Bd 2 (Beitrag Volkmann); Jacobsen, Zur Rolle der Öffentlichen Meinung; Anfänge westdeutscher Sicherheitspolitik, Bd 3 (Beitrag Ehlert); Anfänge westdeutscher Sicherheitspolitik, Bd 1 (Beitrag Foerster); Geyer, Der Kalte Krieg. Zur Rolle der Gewerkschaften: Volkmann, Zur innenpolitischen Diskussion; Trottenberg, Bundeswehr und Gewerkschaften. Zur FDP: Wagner, FDP und Wiederbewaffnung.

218 Gegen den Kampfbegriff wandte sich beispielsweise der Vizepräsident des Deutschen Bundestages, Hermann Schäfer (FDP). Vgl. »Remilitarisierung« – ein irreführendes Schlagwort. Vizepräs. Dr. Schäfer zu der Schumacher Erklärung. In: fdk, 1. Jg., Nr. 75 (27.10.1950), S. 5.

219 Vgl. Vogel, Kirche und Wiederbewaffnung.

Verteidigungsbeitrag zunächst zugestimmt hatte. Nur im Rahmen der Vereinten Nationen dürfe ein wiedervereintes Deutschland einen Wehrbeitrag leisten, lautete die Position, die außerhalb der SPD kaum auf Resonanz stieß[220]. (Dass ein sozialdemokratischer Bürgermeister die Stationierung aus infrastrukturpolitischen Gründen befürwortete, war die Ausnahme und eine Pressemeldung wert[221].) »Ohne mich« lautete das Motto einer Haltung in großen Teilen des protestantischen Bürgertums, die sich aus pazifistischen und nationalneutralistischen Motiven speiste.

Das hohe Maß an Ablehnung lässt sich jedoch nicht nur auf eine pazifistische Strömung zurückführen, sondern auch auf die grundsätzliche Neuorientierung vieler Westdeutscher nach dem Krieg. Das »Ohne mich!« galt nicht nur dem Militär und resultierte nicht nur aus der bangen Vorstellung, dass man selbst oder der Sohn (wieder) den Soldatenberuf ergreift oder eingezogen würde. In den Ressentiments spiegelte sich vielmehr auch der Rückzug ins Private, in die wirtschaftliche Sicherheit des bürgerlichen Lebens, in die gerade gewonnene staatsbürgerliche Freiheit *von* Staat und Militär. Die Wiederbewaffnung und vor allem die Wehrpflicht mussten aus diesem Blickwinkel als eine Bedrohung des Friedens und der materiellen Sicherheit erscheinen – zumal jenen, für die das Militärische jegliches »Pathos« verloren hatten. Wer keinen militärromantischen Ideen nachhing, erblickte in der Aufstellung der Streitkräfte daher umso eher einen Akt der »Remilitarisierung« des gesellschaftlichen Lebens[222]. Zudem sahen viele Protestanten in der CDU weiterhin weniger eine interkonfessionelle Sammlungsbewegung als eine Partei katholischer Provenienz und Dominanz, sodass viele den bürgerlichen Rechtsparteien in der Koalition näher standen. (Davon war bereits die Rede, als es um das Bemühen der CDU ging, die ehemaligen Berufssoldaten mit regierungsnahen Hilfsmitteln wie der ADK zu integrieren.) Mit Martin Niemöller[223] und Gustav Heinemann standen denn auch führende Protestanten an der Spitze der Remilitarisierungsgegner. Einen größeren

---

220 Vgl. Sywottek, Die Opposition der SPD und KPD.

221 Manche Orte witterten früh die materiellen Vorzüge, die die Stationierung von Bundeswehrsoldaten in strukturschwachen Gegenden bedeuten würde. Schlagzeilen machte das badische Dorf Walldürn, dessen Bürgermeister (SPD) 1952 eine Garnsion für den Ort forderte und sich – vergeblich – mit einer Resolution an das Amt Blank wandte. Zuvor hatte er in den Fränkischen Nachrichten die Vorzüge der Ansiedelung von Militär aufgezählt. Die Liste des ehemaligen Leutnants aus dem Ersten Weltkrieg reichte von der steigenden Nachfrage in der Bauindustrie und im Konsumgüterbereich über die Verbesserung des Straßen- und Schienenetzes bis zu der Chance für die Mädchen des Ortes, Ehemänner unter den Soldaten zu finden. Wir wollen Garnisonen. In: Der Spiegel, 22.10.1952, S. 6 f. Zur Bedeutung des Kasernenbaus in strukturschwachen Regionen vgl. Schmidt, Integration und Wandel.

222 Geyer, Der Kalte Krieg, S. 286 f.

223 Der Spiegel, 17.1.1951, S. 9–14, widmete dem ehemaligen U-Boot-Kommandanten und Freikorpsführer Niemöller, der als Pfarrer durch seine Jahre im KZ Sachsenhausen und Dachau zu einem weltweiten Symbol des kirchlichen Widerstandes geworden war, einen längeren Artikel, der seine kritische Haltung und seinen Entschluss, Pfarrer zu werden, u.a. auf seine Erfahrung im Ersten Weltkrieg zurückführte. Als Steuermann auf U 39 hatte er erlebt, wie nach der Torpedierung eines französischen Truppentransporters vor Saloniki sein Boot erneut angriff, um einen Begleit-Zerstörer an der Rettung der schiffbrüchigen Soldaten zu hindern. »Und plötzlich bereitete sich das ganze Rätsel ›Krieg‹ vor unseren Augen aus«, zitierte der Artikel Niemöller aus dessen 1934 erschienenem Buch »Vom U-Boot zur Kanzel«, »Mit einmal wußten wir aus einem Stückchen eigenen Erlebens um die Tragik der Schuld, der zu entgehen der einzelne kleine Mensch einfach zu

Nachhall erzeugte die Kritik in den Medien. Sie verbindet sich namentlich mit Paul Sethe[224], einem der fünf Gründungsherausgeber der *Frankfurter Allgemeinen Zeitung* (FAZ), und Rudolf Augstein, dem Herausgeber des *Spiegel*.

Verständnis für die starke Verbreitung der »Ohne mich«-Einstellung in Westdeutschland und eine kritische Haltung gegenüber den Alliierten zeigte Anfang der fünfziger Jahre ein britischer Beobachter. »Die Alliierten haben bei der Ausrottung des deutschen Militarismus derart tiefreichende Erfolge erzielt«, schrieb Basil H. Liddell Hart, »daß sie jetzt bei einem Wechsel ihrer Politik vor ärgerlichen und schwer zu überwindenden Hemmungen stehen«[225]. Auch Theodor Blank äußerte im Bundestag Verständnis für die Zurückhaltung, mit der die westdeutschen Jugendlichen dem Wehrdienst begegneten – »nach allem, was wir erlebt haben«. Ohne zu konkretisieren, ob er die Kriegserfahrungen, die Entmilitarisierungspolitik oder beides im Auge hatte, sah Blank diese historisch bedingte Einstellung nicht bloß, wie seine nationalkonservativen Kritiker, als eine Hypothek, sondern auch als eine Chance, die politischen und militärischen Führungskräfte in die Pflicht zu nehmen, die künftigen Rekruten von der Notwendigkeit des Wehrdienstes zu »überzeugen«. Statt den Jugendlichen Verantwortungslosigkeit vorzuwerfen, appellierte er an das Verantwortungsbewusstsein der Älteren. Hier kam die neue militärischen Führungsphilosophie zum Ausdruck: Der junge Mensch kann nur dann als Staatsbürger und Soldat seine Aufgabe erfüllen, wenn »er deren [...] Sinn erkannt hat«[226].

Die hohe deutschlandpolitische Brisanz des Themas, die vielfache Verknüpfung von Wiederbewaffnung und Wiedervereinigung, drückte der Debatte ebenfalls ihren Stempel auf. Eine deutsche Wiederbewaffnung unterminiere den Aufbau einer friedlichen Gesellschaft und mache die baldige deutsch-deutsche Vereinigung unmöglich, lauteten die Argumente auf der einen Seite. Die andere Seite dagegen schwang gerne die Keule des Kommunismus-Verdachts, um die Motive der »Ohne mich«-Bewegung politisch und moralisch zu diskreditieren. In ihren Augen erschütterte die Ablehnung der bewaffneten Macht die Grundfeste der Demokratie; Staatlichkeit schien ihnen ohne die organisierte militärische Gewalt nicht denkbar. In diesem Geflecht von par-

---

schwach und zu hilflos ist.« Ein Foto Niemöllers in der Kapitänleutnants-Uniform ist untertitelt: »Das ganze große Rätsel Krieg« (S. 13).

224 Der nationalliberale Sethe (1901–1967), der deutschlandpolitisch einen »Dritten Weg« favorisierte musste 1955 auf Druck der Bundesregierung den Hut nehmen. Vgl. Noack, Paul Sethe. Sethe hatte in Bonn mit einer militärgeschichtlichen Arbeit zum Thema »Die ausgebliebene Seeschlacht – Eine Betrachtung der englischen Flottenführung 1911–1915« promoviert. Von 1955 bis 1965 war er (mit Unterbrechung) Chef des politischen Ressorts der Welt. Vgl. auch Augsteins Nachruf: Abschied von Paul Sehte. In: Die Zeit, Nr. 26, 30.6.1967.

225 Liddell Hart, Gedanken zur Verteidigung Europas, Coburg: Nation Europa-Verlag, 1951, zit. nach der Rezension von E. von Pfister. In: Der Notweg, 4 (1951), Nr. 4, S. 9. Liddell Hart kritisierte Roosevelts und Churchills Forderung nach einer bedingungslosen Kapitulation als einen Fehlentschluss, der den einzigen »feuersicheren Vorhang für Europa« beseitigt habe – eine Kritik an der westalliierten Kriegspolitik, die an die Vorstellung eines gemeinsamen Kampfes gegen die UdSSR anknüpfte und die nicht nur Geyr von Schweppenburg gefiel, der den Band für Die Zeit (31.8.1950) besprach.

226 Theodor Blank, Rede in der Debatte des Deutschen Bundestages über das Freiwilligengesetzt (27. Juni 1955), zit. nach Sicherheitspolitik der Bundesrepublik Deutschland, Teil 2, S. 362–364.

tei-, verteidigungs- und deutschlandpolitischen Interessen blitzten das NS-Regime, der Zweite Weltkrieg und die Wehrmacht, aber auch die Entmilitarisierungspolitik der Alliierten immer wieder als historische Bezugsgrößen unterschiedlicher, ja gegensätzlicher Deutungs- und Argumentationsmuster auf.

Der erste Rücktritt eines Ministers in der jungen Bundesrepublik zeigte dies im Hinblick auf die inneren Beweggründe und ihre Verbreitung durch die Medien. Am 9. Oktober 1950 hatte Gustav Heinemann (CDU) das Amt des Bundesinnenministers aufgegeben. Heinemann hatte zuvor gegenüber dem NWDR und der Nachrichtenagentur dpa – zu Adenauers großer Verärgerung – in einem Memorandum[227] die Remilitarisierung unter anderem mit folgendem religiös-historischen Argument zurückgewiesen. Wer eine Politik aus christlicher Verantwortung betreibe, müsse sich in diesem zentralen Punkt fragen, was Gottes Wille sei. Der Erste und der Zweite Weltkrieg dienten Heinemann als geschichtlicher Beleg dafür, dass die militärische Option nicht dem göttlichen Willen entsprach: »Wir sind in zwei blutige Kriege und zwei nationale Katastrophen hineingeraten, weil wir allzu sehr bereit waren, unser Vertrauen auf die Kraft der Waffen zu setzen.« Für Heinemann, der während des Dritten Reiches zum Widerstandszirkel der Bekennenden Kirche um Martin Niemöller zählte, war klar: »Gott hat uns gezeigt, daß diese Rechnung eine Fehlrechnung ist.« Erneut auf Waffengewalt zu bauen, deutete der noch amtierende Innenminister als einen Ausdruck mangelnden Vertrauens gegenüber Gott. Wer die Wiederbewaffnung befürwortete, sah sich hier als Ungläubiger an den Pranger gestellt. Heinemann zeigte sich überzeugt, »daß der Ruf nach einer deutschen Remilitarisierung ebenso sehr Ausdruck einer ungläubigen Angst ist, wie die fatalistische Apathie, von der ein anderer Teil unseres Volkes befallen ist«. Mehr noch war mit dem göttlichen Strafgericht zu rechnen, wie die Weltkriege gezeigt hätten: »nach unserer besonderen deutschen Erfahrung« drohe nach jeder Form des Unglaubens »die Strafe Gottes, auch im nationalen Leben«[228]. Im Übrigen warnte Heinemann vor den Auswirkungen, die ein solcher Schritt auf ehemalige Kriegsgegner hätte. Wenn schon das Wiedererstehen deutscher Soldaten in Frankreich ein solches Misstrauen wecke, was werde es erst in Russland auslösen, »das den Furor teutonicus in besonderem Maße erlebt und ebenfalls nicht vergessen hat«[229]?

Heinemann hatte Adenauer in seinem Rücktrittsschreiben dafür kritisiert, dass er sich auf eigene Initiative an die Alliierten gewandt und die westdeutsche »Bereitschaft zur Remilitarisierung« erklärt habe. Er warnte nicht nur vor den zerstörerischen Folgen, die ein Krieg für Deutschland hätte, weil es unweigerlich zu einem Schlachtfeld zwischen Ost und West würde und daher nicht militärisch zu schützen sei. Ausdrücklich wies er auf die Entmilitarisierung durch die Alliierten 1945 hin. Nachdem es eines ihrer vornehmsten Kriegsziele gewesen sei, die Deutschen zu ent-

---

[227] Vgl. Dokumente zur Deutschlandpolitik, Reihe 2, Bd 3, S. 370, Nr. 145: 13. Oktober 1950: Aus dem Memorandum des Bundesministers des Innern a.D., Heinemann.

[228] 103. Kabinettssitzung am Dienstag, den 10. Oktober 1950, zitiert nach: Edition »Die Kabinettsprotokolle der Bundesregierung« online, http://www.bundesarchiv.de/cocoon/barch/0000/k/k1950/kap1_3/para2_1.html?highlight=true&search=strafegottes&stemming=true&field=all#/highlightedTerm (18.9.2013), Adenauer zitiert aus Heinemanns pro memoria, Ziffer 9.

[229] Sicherheitspolitik der Bundesrepublik Deutschland, Teil 1, S. 94.

waffnen, das Militär verächtlich zu machen, sogar die Luftschutzbunker zu zerstören und das deutsche Volk antimilitaristisch umzuerziehen, habe man jetzt allen Anlass, auf gegenteilige Forderungen so zurückhaltend wie möglich zu reagieren[230].

Die Gegenwart der Kriegsvergangenheit zeigte sich – um die Blickrichtung von der bundes- auf die lokalpolitischen Ebene zu wechseln – auch auf einer Sitzung des Freiburger Ortsvereins der SPD im November 1950, kurz nach Heinemanns Rücktritt. Die Versammlung stand ganz im Zeichen des Protests gegen die »Remilitarisierung«. Unter dem Eindruck einer Rede des ehemaligen badischen Innenministers Adam Remmele bekundeten die Genossen im vollbesetzten Saal ihren »flammenden Protest gegen jede Art der Wiederaufrüstung und Remilitarisierung Deutschlands«. Die Warnungen der älteren Teilnehmer stießen offenbar auf die volle Zustimmung der jüngeren Generation, der Jungsozialisten. In einer Resolution forderte der Ortsverein den Parteivorstand der SPD auf, sich in dieser Frage an den Artikel 4 des Grundgesetzes zu halten, wonach kein Deutscher zum Kriegsdienst gezwungen werden darf. In der Überzeugung, dass »das deutsche Volk mit großer Mehrheit« die Aufrüstung ablehne, ersuchten die Freiburger Sozialdemokraten den Parteivorstand und die Bundestagsfraktion, die Frage einer »Wiederaufrüstung« durch eine Volksabstimmung entscheiden zu lassen[231].

Dem französischen Kommissar für das Land Baden wurde indes berichtet, dass es auf der Versammlung im Restaurant »Zum Güterbahnhof« hoch hergegangen war. So mahnte der Bundestagsabgeordnete Friedrich Maier (SPD) die 90 Teilnehmer, dass sich die Irrtümer und Fehlschläge der Vergangenheit wiederholen würden, wenn die Deutschen die Remilitarisierung nicht ablehnten; die sei ohnehin nicht erforderlich, sofern die Alliierten ihr Engagement verstärkten und die Verteidigung Deutschlands gewährleisteten, das nie wieder als Glacis dienen oder ein Opfer der wohlbekannten Praxis der verbrannten Erde werden dürfe. Dagegen wandte ein (kommunistischer) Teilnehmer ein, dass bereits die Präsenz der alliierten Truppen eine große Belastung darstelle, die sich nicht noch vergrößern dürfe. Im Gegensatz dazu sprach sich wiederum ein junger Anhänger der Europäischen Gemeinschaft für eine Europäische Armee auf Augenhöhe aus. Den Kommunisten rief Maier wutentbrannt zu, dass es nur an ihnen liege, dass man sich überhaupt mit dieser Frage beschäftigen müsse, weil es eine kommunistische Armee in der Sowjetischen Zone gebe[232].

Als der SPD-Ortsverein Freiburg im November 1951 die Wehrfrage diskutierte, brachte der Bezirkssekretär die Einstellung der Genossen auf den Punkt. Selbstverständlich sei man für die »nationale Selbstverteidigung«, der »Ohne mich«-Standpunkt sei »abwegig«. Doch könne die SPD das Angebot der Westmächte, zwölf Infanteriedivisionen zu stellen, solange nicht annehmen, wie man die politische, wirtschaftliche und militärische Gleichberechtigung nicht garantiere. Hier lag nicht nur

230 Ebd., S. 93.

231 Zeitungsausschnitt: Wir sind kein Kanonenfutter! In: Das Volk, Nr. 133, 7.11.1950, Kopie in: Archives de l'Occupation française en Allemagne et en Autriche, Bade 2151/1, d. 6, SPD Fribourg.

232 Archives de l'Occupation française en Allemagne et en Autriche, Bade 2151/1, d. 6, SPD Freiburg, Haut-Commissariat de la République Française en Allemagne / Commissariat pour le Land Bade, District de Fribourg, 8 novembre 1950, compte rendu.

im Freiburger Ortsverein der neuralgische Punkt der Diskussion. Die Jungsozialisten warnten zudem vor der Gefahr, »daß wilde Militaristen und Hitler-Generale wieder zur Spitze drängen, Leute also, für die zu kämpfen sich nicht lohnt«[233]. Für Zurückhaltung und Ablehnung gab es unterschiedliche Gründe; die Sorge vor einer Wiederkehr der Vergangenheit war einer.

Diese Angst kam auch in privater Runde, etwa im Kreise jüngerer ehemaliger Wehrmachtsoldaten in Leverkusen zum Ausdruck. »Nein, einfach Nein« habe ein knapp 30-jähriger junger Mann auf die Frage nach der Wiederbewaffnung geantwortet. »Es ist mir alles ganz gleich, was da kommt. Auch das Schlimmste kann nicht so schlimm sein wie ein neuer Krieg. Ich will nicht von Neuem ausgenutzt werden.« Die meisten jungen Männer seien »illusionslos, skeptisch und ablehnend [...] gegenüber dem Nimbus und Glanz einer Armee, die sie nur im Elend und ohne jeden Glanz erlebt haben«[234]. Das spiegelte sich in den Medien wider. So rückte beispielsweise die Chefredaktion des NWDR die verquere Position der Veteranen zurecht, wenn sie betonte, dass die vermeintlich durch die Besatzungsmächte genommene Ehre bereits »ein für allemal verspielt« worden sei, als sich die Wehrmacht »bedingungslos unter das Kommando eines Gangster-Häuptlings gestellt« habe[235]. In dieselbe Kerbe schlug ein Leser der FAZ, der als Reserveoffizier eines preußischen Garderegiments den Verlust des Ehrgefühls, der Point d'honneur, mit der sogenannten Fritsch-Affäre (1938) datierte[236].

Einen besonderen Anlass für die politische Auseinandersetzung lieferten schließlich die von der DDR lancierten Aktivitäten für eine inoffizielle »Volksbefragung gegen die Remilitarisierung« auch in Westdeutschland, die mit dem Votum für oder gegen einen Friedensvertrag mit der DDR gekoppelt war[237]. Am 7. Februar 1951 hatte in Essen ein »Friedenskongreß« getagt und von der Adenauer-Regierung eine Volksbefragung zum Thema gefordert. Als sich am 14. April in der Ruhrmetropole ein »Zentraler Ausschuß« zur Durchführung der Befragung organisierte, debattierte der Bundestag am 26. April über eine Anfrage der CDU/CSU, FDP, Deutschen Partei (DP) und Bayernpartei (BP) gegen die »Verfassungswidrige Volksabstimmung«, wie es in der Interpellation hieß[238]. Immer wieder von Zwischenrufen des stell-

233 Archives de l'Occupation française en Allemagne et en Autriche, Bade 2151/1, d. 6, SPD Freiburg, Zeitungsausschnitt: Gleichberechtigung als Voraussetzung. In: Das Volk, Nr. 139, 20.11.1951, S. 8.

234 IfZ, Archiv, ED 337, Bd 21, Bericht Nr. 7 aus Kreisen ehemaliger Soldaten (3.7.1951). Auch unter den jüngeren Männern des Arbeitsdienstes in der britischen Zone seien nur 20–30 Prozent bereit, Soldat zu werden, schätzte ein anderer Berichterstatter nach Gesprächen. Vielmehr hätten sie den Verdacht, dass man sie »auf kaltem Weg militarisieren« wolle. Ebd., Nr. 28 (8.1.1952). Anders sah es in den Reihen des Bundesgrenzschutzes aus: Hier gab es Freiwillige, die keine Polizisten, sondern »richtige Soldaten« werden wollten. Ebd., Bericht Nr. 2 aus Kreisen des Grenzschutzes (27.7.1951).

235 BArch, BW 9/3103, fol. 65 (L. Mischke an G. Hansen, Berlin, 13.10.1949).

236 August Dresbach, Brief an die Herausgeber, FAZ vom 6.10.1950, zit. nach Abschrift BArch, BW 9/3103, fol. 94.

237 Vgl. Vierneisel, Die Volksbefragung 1951.

238 Deutscher Bundestag, 1. Wahlperiode 1949, 139. Sitzung, Drucksache Nr. 2185, S. 5485–5499. Zu den Abgeordneten vgl. grundsätzlich: Biographisches Handbuch der Mitglieder des Deutschen Bundestages 1949–2002. Vgl. auch die Berichterstattung aus kommunistischer Sicht im »Volksblatt. Mitteilungen der Bundestagsfraktion der KPD«, z.B. ebd., 23. Juli 1951: »Wir Deutsche machen

vertretenden Fraktionsvorsitzenden der KPD, Heinz Renner, unterbrochen, hielt Walter Brookmann (CDU) der KPD vor, dass sie »sogar auf das natürliche und gesunde Empfinden des deutschen Volkes für den Gedanken des Friedens« spekuliere. Den Fraktionen ging es darum, statt eines einzigen »Gegenschlag[es]« der Bundesregierung gegen diesen sowjetzonalen »Angriff« eine umfangreiche »Welle der Aufklärungspropaganda« auszulösen. Die Volksbefragung wurde nicht als plebiszitäres Mittel und Instrument der Meinungsumfrage abgelehnt, sondern als ein »Vorwand« für eine Aktion, die sich letzten Endes gegen die freiheitlich demokratische Grundordnung der Bundesrepublik richte, hieß es in der Begründung des Verbots, die Bundesinnenminister Robert Lehr vortrug. Er verglich das Junktim in der Abstimmung, das der Bundesrepublik einen Angriffskrieg unterstellte, mit der Kriegspropaganda des NS-Regimes; man habe es mit »gelehrige[n] Schülern von Herrn Goebbels« zu tun. Die historische Parallelisierung ging noch weiter. Lehr erinnerte die Abgeordneten daran, dass schon einmal eine Demokratie missbraucht worden sei, um sie zugunsten eines »totalitären Staates« zu beseitigen. (»Abg. Renner: Ja, ja! Heil Hitler!«). Die Verkündung des Verbots der Befragung und der zu ihrer Durchführung dienenden Vereinigungen brachte die Stimmung auf den Siedepunkt. Dass Lehr auch an die Adresse der Sozialistischen Reichspartei (SRP) gerichtet die »Hetzer des Neofaschismus« wegen ihrer Angriffe auf die Ordnung verurteilte und sie aufgrund dieses gleichen Ziels wieder in die Nähe der KPD rückte, trug nicht zur Beruhigung bei. Der Innenminister griff auf die nationalsozialistische Vergangenheit zurück, um die Erinnerung für sein politisches Argument zu nutzen. Die Mehrheit des deutschen Volkes habe noch »nicht vergessen, welch unabsehbares [sic!] Unheil die Nazi-Diktatur über unser Volk [sic!] und die Völker Europas gebracht hat«[239].

Befürworter einer Volksbefragung, die wie etwa die Abgeordnete des katholischen Zentrums Helene Wessel nicht der kommunistischen Seite zuzurechnen waren, verwahrten sich davor, dass die »ehrlichen Friedensfreunde« mit den Kommunisten in einen Topf geworfen würden. Gegen den propagandistischen Missbrauch des Protestes durch SED und KPD forderte sie die Regierung vielmehr auf, »die Parole vom Frieden« innen- und außenpolitisch nicht den Kommunisten zu überlassen und umgekehrt nicht ihrerseits die »Angst vor dem Osten« als Propagandamittel für die Remilitarisierung zu missbrauchen. Hier konnte Wessel an Kurt Schumacher anknüpfen, der sich 1950 in diesem Sinne geäußert hatte. Die Zentrums-Abgeordnete warnte vor einem »Eisernen Vorhang« – zwischen Regierung auf der einen, Bundestag und Bevölkerung auf der anderen Seite[240].

Für die KPD wies der Abgeordnete Friedrich Rische – seinerseits von Zwischenrufen wie »Iwans raus!«, »Sowjetagenten!« unterbrochen – die Behauptung zurück, ein Protest gegen die Remilitarisierung sei schon deshalb unsinnig, weil es diese gar nicht gebe. Auch er nutzte den Vergleich mit der jüngsten Vergangenheit,

nicht mit. Der Widerstand gegen eine deutsche Söldner-Armee wächst«. In: Archiv für Christlich-Demokratische Politik, II-006-059-119.

239 Deutscher Bundestag, 1. Wahlperiode 1949, 139. Sitzung, Drucksache Nr. 2185, S. 5488–5491.

240 Vgl. auch: Helene Wessel, In der wichtigsten Frage muss das Volk gehört werden. In: Die Tat, Mai 1951.

um den schleichenden Charakter einer Aufrüstung im Verborgenen herauszustellen. »Genau wie Göring im Jahre 1934« habe die Regierung durch die Aufstellung einer Grenzschutzpolizei und einer Bereitschaftspolizei sowie die Aufteilung Westdeutschlands in zwölf Wehrbezirke die Wiederaufrüstung längst eingeleitet. Der historische Vergleich untermauerte zudem unausgesprochen die Prämisse der Remilitarisierungsgegner, dass Wiederbewaffnung wieder zu einem Krieg führen werde. Dass Rische als Beweis für die Existenz einer westdeutschen Rüstungsproduktion ein Gewehr hoch hielt, wurde mit schallendem Gelächter quittiert. Herbert Wehner (SPD), von Rische als »Renegat« beschimpft, betonte mit einem weiteren historischen Vergleich totalitäre Parallelen zwischen der SED und dem NS-Regime. Die »Schreckensurteile«, die in der Sowjetischen Besatzungszone gegen jene Männer verhängt würden, die sich gegen Kriegsdienst aussprachen, seien schlimmer als die im Dritten Reich.

Ein Plakat der westdeutschen Frauenfriedensbewegung veranschaulichte die politische Instrumentalisierung der Vergangenheit. Das Poster wandte sich mit Text und Bild an die »Frauen und Mütter!«. Die obere rechte Hälfte dominierte die Zeichnung einer Frau, die ein kleines, in ein Laken gehülltes Kind schützend in beiden Armen trug, während ihr sorgenvoller Blick nach links ging. Das Bild erhielt eine gewisse Dynamik dadurch, dass sich die Frau nach rechts fortwandte und ihr Kind am rechten Bildrand in Sicherheit brachte. Gefahr drohte aus dem Westen, Sicherheit war im Osten zu finden – lautete die unausgesprochene, visuelle Botschaft. Die rote Farbe vor weißem Hintergrund unterstrich das Gefahrenvolle der Situation. Links neben der Grafik war als Mahnung zu lesen: »Denkt an die Schrecken des vergangenen Krieges!«. Die untere Hälfte des Plakats enthielt einen weiteren Textteil, der als Konsequenz der Kriegserinnerung und -erfahrung zum Handeln aufforderte: »Sagt NEIN zur Wiederaufrüstung! / Sagt JA zu Verhandlungen und Verständigungen!«. »Nein« und »Ja« waren wie Mutter und Kind als Symbol der Kriegsleiden in demselben Rot gehalten. Die untere Zeile des Plakats wies die Westdeutsche Frauenfriedensbewegung als Urheber aus. Das Plädoyer für die Kooperation mit der DDR folgte auch hier aus Ablehnung der Remilitarisierung.

Ein Großteil der westdeutschen Presse machte 1951 gegen die Volksabstimmungskampagne der SED Stimmung. Die Journalisten mokierten sich zum einen über die »volkseigenen Aufrüster« in der DDR, über Material- und Personalprobleme in den dortigen Rüstungsbetrieben, zum anderen stellten sie die massiven eigenen Aufrüstungsbemühungen als Widerspruch zu dem Drängen auf Volksabstimmung gegen die Remilitarisierung Westdeutschlands heraus[241]. Die bundesdeutsche Presse wies mehrheitlich die Kampagne als Versuch der SED zurück, »die ehrliche Ablehnung der Remilitarisierung durch Millionen Bürger« in ein »politisches Kollektiv-Votum der westdeutschen Bevölkerung für die Ostzonen-Regierung umzumünzen«. Sie suchte die Aktion als eine Agitation zu entlarven, die von Pankow aus gesteuert werde. Die ehemaligen Soldaten galten hier als wichtiger Adressatenkreis und als

[241] Remilitarisierung: Im Kampf für den Frieden. In: Der Spiegel, 15.5.1951, S. 8.

Argument[242]. »Ihr müßt darauf hinweisen,« zitierte der *Spiegel* die Anweisungen der SED-Funktionäre Franz Dahlem, Gerhart Eisler und Karl Schirdewan für die westdeutschen Aktivisten, »daß alle ehrlichen Soldaten und Offiziere, die längst die Sinnlosigkeit eines neuen Krieges erkannt haben, auf unserer Seite stehen«. Die Erfahrung eines bestimmten Krieges wurde hier ohne Umschweife als Ablehnung jedes weiteren Krieges übersetzt, die ihrerseits als schlagendes Argument gegen die Wiederbewaffnung gelten sollte. Als »honorige Zugpferde« nannten die Direktiven den Generalmajor der Luftwaffe a.D. Karl Henschel, den ehemaligen ersten Offizier der »Emden«, Helmuth von Mücke – beide Vorsitzende des Hauptausschusses für die Volksbefragung –, und den ehemaligen Kommandeur des Infanterieregiments 79, Fritz Gehrke, aber auch andere Prominente wie den Rennfahrer Manfred von Brauchitsch.

Zugleich blieb das deutsche Militär schlecht gelitten. Das zeigte sich nicht nur in den bekannten öffentlichkeitswirksamen Aktionen wie etwa den Maikundgebungen des Deutschen Gewerkschaftsbundes (DGB) 1951, auf denen Transparente militärkritische Slogans wie »Butter statt Kanonen, höheren Lohn statt Divisionen!« und »Gegen Remilitarisierung – für Friedensvertrag 1951!« verkündeten. Sondern das manifestierte sich auch im Alltag, etwa in den scheinbar nebensächlichen, aber symptomatischen Querelen um einen Düsseldorfer Postbeamten im selben Jahr. Über dessen unhöfliches Verhalten hatte sich ein Kunde in der Zeitung öffentlich beschwert. Das forderte die Deutsche Postgewerkschaft zu einer öffentlichen Erklärung heraus, in der sie das Verhalten des Beamten auf seine militärische Vergangenheit zurückführte. Die Bezirksleitung in Frankfurt am Main erläuterte den Lesern, dass Post und Bahn nach dem Ersten Weltkrieg ehemalige Soldaten nach einer aktiven 12-jährigen Dienstzeit hatten übernehmen müssen. Dieser Kollegenkreis im mittleren Dienst habe den zivilen Post- und Bahnbeamten »immer wieder gewissen Kummer gemacht, weil er gerne in den von Ihnen beanstandeten Ton verfallen ist, zumal in der Zeit des Dritten Reiches, als dieser Ton gang und gäbe war«, berichtete die Bezirksleitung und bestätigte damit die Erfahrung des Kunden. Zugleich suchte sie die Unzufriedenheit mit Hinweis auf ihr Bemühen abzuschwächen, die geringe Zahl der verbliebenen ehemaligen Soldaten im Postdienst, »die sich an die Neuzeit und an ihre Aufgabe als Diener der Öffentlichkeit nicht gewöhnen konnten, am Schalter gegen andere junge, tüchtige Kräfte auszuwechseln«. Der Kasernenton schloss Kundenfreundlichkeit aus. Die Veteranen wurden hier ohne Umschweife als Männer präsentiert, die aufgrund ihrer Umgangsformen für den Kundenkontakt ungeeignet waren. Das wiederum erregte den Unwillen eines ehemaligen Soldaten aus dem Umfeld des nationalsozialistischen »Reichstreubundes ehemaliger Berufssoldaten« (RTrB). In der Veteranenpresse wies Otto Mosbach den Vorwurf zurück, die ehemaligen Berufsoldaten seien durch ihren »Unteroffiziergeist«, ihren »Feldwebelton« für einen zivilen Beruf ungeeignet oder genössen »Militäranwärter-Vorrechte«. Mosbach fühlte sich an die Diffamierung in den zwanziger Jahren erinnert, die sich vor allem gegen Berufsunteroffiziere

---

242 Spatzen in Stalins Hand. In: Der Spiegel, 15.5.1951, S. 5–8. Schirdewan war seit 1949 Leiter der Westkommission beim Parteivorstand der SED. Der Artikel suchte zudem Eisler aufgrund seines Lebensstils und seiner schillernden Vergangenheit als KPD-Funktionär zu diskreditieren.

Plakat der GVP zur Bundestagswahl 1953.
BArch Plak 005-032-038

gerichtet hatte, die wie schon im Kaiserreich als »Militäranwärter« nach dem Truppendienst eine Wehrmachtfachschule für Verwaltung, Wirtschaft oder Technik besucht hatten, um in den mittleren oder gehobenen öffentlichen Dienst übernommen zu werden[243].

Dass insbesondere die Generalität unter den Militärkritikern schlecht gelitten war, ist wiederholt deutlich geworden. General a.D. zu sein galt hier als ein Stigma, das die Betroffenen schon einmal zu einem Vergleich mit der Judenverfolgung im NS-Regime verleitete. Als etwa die freidemokratischen Parteipresse Mitte 1950 über die Störung einer Ansprache Manteuffels vor Düsseldorfer Jungdemokraten durch die FDJ berichtete, wurde der Vorwurf »Er war einmal General« mit der Feststellung »Er ist Jude« verglichen. Die Parallele zwischen der Ablehnung des Antisemitismus und der Ressentiments gegenüber den Generalen nach 1945 implizierte nichts Geringeres als die Assoziation der Juden und der Generalität als Opfer vor bzw. nach 1945[244].

Die aus der »Notgemeinschaft für den Frieden Europas« hervorgegangene Gesamtdeutsche Volkspartei (GVP), die Heinemann nach seinem Austritt aus der CDU als Protest gegen die Remilitarisierung gegründet hatte[245], visualisierte 1953 die Frage der Wiederbewaffnung als Gegensatz von Tod und Leben[246].

Auf einem in zwei senkrechte Hälften gegliederten Wahlplakat wird in voller Höhe mittig ein junger Mann abgebildet, dessen Zweiteilung den Gegensatz verkörpert. Seine vom Betrachter aus gesehen linke Körperhälfte ist uniformiert; man sieht einen (halben) Stahlhelm, eine (halbe) Uniform, eine lederne Munitionstasche mit

[243] Otto Mosbach, Soll das wieder anfangen? In: Der Notweg, 4 (1951), Nr. 4, S. 7 f. Mosbach hatte für den Reichstreubund publiziert. Vgl. Soldat mit Leib und Seele. Eine Auswahl von Aufsätzen, bearbeitet und zusammengestellt im Auftrage des Reichstreubundes ehemaliger Berufssoldaten von Otto Mosbach, Potsdam [1935].

[244] fdk, 1. Jg., Nr. 40 (16.6.1950), 6. Nicht ohne Häme erinnerte sich Erich Mende später daran, dass er in seinem Oberbergischen Wahlkreis gegen einen Gewerkschaftsfunktionär antreten musste, den sieben Jahre älteren ehemaligen Hauptmann Fritz Eschmann, der selbst Ritterkreuzträger war. Die Gewerkschaftspresse habe ihn da nur schwer als Militaristen beschimpfen können. Mende, Die neue Freiheit, S. 279.

[245] Zur GVP vgl. Heimann, Die Gesamtdeutsche Volkspartei; Müller, Die Gesamtdeutsche Volkspartei.

[246] Vgl. die Abb. auch in: Grundkurs deutsche Militärgeschichte, Bd 3, S. 59.

Gürtelschlaufen und ein aufgestelltes Gewehr. Die rechte Körperhälfte zeigt dagegen einen jungen, blonden und muskulösen Mann in Fußballkleidung: mit weißen Hemd, kurzer weißer Hose, weißen Strümpfen und (einem) Fußballschuh, unter dem Arm einen Lederball. Der zweifarbige Hintergrund unterstreicht die dichotomische Anordnung des Motivs. Während der Soldat mit seiner braunen Uniform sich nur geringfügig von dem schwarzen Hintergrund abhebt, hebt sich der hell gekleidete Fußballspieler angenehm von dem grünen Hintergrund ab, wobei die Bordüre von Hemd, Hose und Strümpfen dieses Grün aufnimmt und die Harmonie unterstreicht. Diese Gegenüberstellung von Schwarz/Braun und Grün/Weiß betont durch die Farbwahl zusätzlich die im Plakat angelegte Grundspannung von Krieg und Frieden, die zugleich eine von Vergangenheit und Zukunft ist. Die Richtung der Anordnung: von links (Soldat) nach rechts (Fußballspieler), unterstreicht dieses chronologische Element der Aussage.

Weitere Symbole bringen die zur politischen Entscheidung anstehende Alternative zum Ausdruck. Auf schwarzem Hintergrund, zwischen dem vom Betrachter aus gesehen linken Bildrand und dem Motiv des Soldaten schimmert blass ein Dutzend Kreuze, die in diesem Kontext an die Holzkreuze über Soldatengräbern erinnern. Militär und Tod wurden hier wirkungsvoll zu einer bildlichen Einheit zusammengefügt. Die großen Letter der Kopfzeile »So oder so ...« drücken die Alternative sprachlich aus; der Zusatz »Du hast die Wahl« war zugleich im übertragenen Sinn als Appell und im konkreten Sinn als Hinweis auf die anstehende Bundestagswahl zu verstehen. Die politische Aussage konnte angesichts der deutlichen visuellen Botschaft vergleichsweise kleingedruckt ausfallen: »Gegen Aufrüstung / Für Wiedervereinigung« – wenngleich der negative Wirkungszusammenhang von Wiederbewaffnung und Wiedervereinigung ein neues, bildlich nicht gestütztes Argument einführte. Größer fiel dagegen die Bezeichnung der Partei GVP aus, die im Kleingedruckten, wie zur Erklärung, aufgelöst und um die Namen der prominenten Kandidaten [Gustav] Heinemann, [Helene] Wessel, [Joseph] Wirth ergänzt wurde.

Wenn der gesellschaftliche Protest der frühen fünfziger Jahre weitgehend folgenlos blieb, lag das zum einen an dem relativ geringen Organisationsgrad der eher spontan reagierenden »Ohne mich«-Bewegung. Die »Notgemeinschaft für den Frieden Europas« erreichte wenig, und die von Heinemann erst 1952 gegründete GVP hinkte den Ereignissen bereits hinterher. Die bis Ende des Jahrzehnts kirchenfeindliche Haltung der noch marxistisch geprägten SPD stand gemeinsamen Aktivitäten von Arbeiterschaft und protestantischem Bürgertum im Weg. Umgekehrt konnte die Union ihren Einfluss unter den Protestanten ausweiten, wie die Wahl des Oberkirchenrats Hermann Ehlers, eines Unterstützers der Westpolitik, zum Bundestagspräsidenten und die Gründung des Evangelischen Arbeitskreises (EAK) zeigte.

Anfang 1955 sorgte die Opposition gegen die im Oktober des Vorjahres unterzeichneten Pariser Verträge für einen neuen Anlass zur historischen Selbstthematisierung. In der nach ihrer Auftaktveranstaltung in Frankfurt sogenannten Paulskirchen-Bewegung versammelten sich rund eintausend Sozialdemokraten, Mitglieder der Gewerkschaften, der GVP und der Evangelischen Kirche. Zu der Kundgebung in

Demonstration gegen die Wiederbewaffnung in München, Februar 1955.
dpa/Süddeutsche Zeitung

der Paulskirche hatten der SPD-Vorsitzende Erich Ollenhauer, der evangelische Theologieprofessor Helmut Gollwitzer und der Heidelberger Soziologe Alfred Weber aufgerufen. Im »Deutschen Manifest« protestierten sie am 29. Januar 1955 gegen die Wiederbewaffnung und die Einbindung der beiden deutschen Staaten in gegnerische Militärbündnisse. Allerdings konnte man sich nicht zu einem Generalstreik entschließen; die Protestbewegung verlor nach der Ratifizierung der Verträge im Bundestag Ende Februar schon bald an Wirkung, auch wenn es auf regionaler Ebene zu zahlreichen Protestkundgebungen kam. Mit Schweigemärschen, Autokorsos und Kundgebungen riefen an die 150 000 Menschen in Westdeutschland zum Widerstand gegen die »Remilitarisierung« der Bundesrepublik (wie auch der DDR) und für Verhandlungen über eine Wiedervereinigung auf. Auf einer der letzten großen Demonstrationen gegen die Westbindung zogen am 16. März 1955 rund tausend Freiburger mit Fackeln durch die Innenstadt und forderten eine Volksbefragung: »Es geht um unsern Kragen, drum müßt ihr uns befragen!«, lautete eine Losung auf den mitgeführten Transparenten. Kurz darauf, im Mai, wurde die Bundesrepublik Mitglied des Nordatlantischen Verteidigungsbündnisses und ein (eingeschränkt) souveräner Staat – mit der Verpflichtung, binnen weniger Jahre eine halbe Million Soldaten aufzustellen.

Heinemann wandte sich weiter gegen die westdeutsche Wiederbewaffnung, weil sie von der Wiedervereinigung wegführe. In seiner im Rundfunk übertragenen Rede erinnerte er daran, dass die Niederlage 1945 nicht allein ein ostdeutsches Schicksal sei: »Unsere Brüder und Schwestern drüben haben aber den Krieg nicht allein verloren!« Westdeutschland dürfe daher nicht zu einer Bastion der Wirtschaftswunderkinder werden. Heinemann stieß sich an der christlichen Verbrämung der Blockbildung, während in Wirklichkeit die Devise gelte: »Viel verdienen, Soldaten, die das verteidigen, und Kirchen, die beides segnen[247]«. Noch plakativer evozierten Wehrdienstgegner den Tod, um ihre Angst und Ablehnung

[247] Rede Gustav Heinemanns auf der Kundgebung in der Frankfurter Paulskirche: »Rettet Einheit, Freiheit, Frieden! Gegen Kommunismus und Nationalismus!« am 29. Januar 1955. Deutsches

zum Ausdruck zu bringen. Auf einer Demonstration in Köln 1956 stand auf großen Plakaten, die an Autos befestigt waren, zu lesen: »Nicht für Dollar / Nicht für Rubel / Fort mit dem / Kasernentrubel!«. In einem offenen Wagen, mit dem Mitglieder der Ortsgruppe der Wehrdienstverweigerer e.V. durch die Stadt fuhren, stand ein junger Mann, der sich eine Totenkopfmaske vor das Gesicht und einen Helm auf den Kopf gesetzt hatte, um auf diese Weise an den Soldatentod zu erinnern[248].

Der Bundestag brachte derweil die Wehrgesetzgebung voran. Kurz nach Inkrafttreten der Wehrverfassung am 22. Mai 1956 wurde im Juli das Wehrpflichtgesetz verabschiedet, das für alle Männer zwischen dem 18. und 45. Lebensjahr eine Wehrpflicht von 12 Monaten vorsah, West-Berliner ausgenommen[249]. Schon 1950 hatten die Verfasser der Himmeroder Denkschrift eine Wehrpflicht-Armee empfohlen, um die notwendige Truppenstärke zu erreichen und Militär und Staat zu verbinden. Nachdem die ersten Freiwilligen, darunter zahlreiche Angehörige des Bundesgrenzschutzes, bereits 1956 ihren Dienst in Andernach, Nörvenich und Wilhelmshaven angetreten hatten, rückten am 1. April 1957, zwölf Jahre nach der bedingungslosen Kapitulation, rund 10 000 junge Männer des Geburtsjahrgangs 1937 in die Kasernen ein. Für mehr Wehrtaugliche unter den 95 000 gemusterten Männern war gar kein Platz: Es mangelte an Ausbildern und Kasernen; in den Wehrmacht-Kasernen hatten sich die Alliierten einquartiert.

Damit endete die wehrpflichtlose Zeit der »weißen Jahrgänge« 1929 bis 1937[250]. Allerdings hatte das Grundgesetz (Art. 4,3) festgeschrieben, dass niemand gegen sein Gewissen zum Dienst mit der Waffe gezwungen werden durfte. Im Frühjahr 1957 nahm daher die »Zentralstelle für Kriegsdienstverweigerer« ihre Arbeit auf und unterstützte ebenso wie die »Internationale der Kriegsdienstgegner« die Verweigerer, die jedoch bis in die siebziger Jahre bei weiten Teilen der Bevöklerung als »Drückeberger«, als Abweichler von der sozialen Norm galten und eine kleine Minderheit blieben.

Der Massenprotest gegen die Aufrüstung brandete im Frühjahr 1957 erneut auf und hielt das Thema Krieg und Militär einschließlich seiner historischen Dimension in den Schlagzeilen. Nachdem Adenauer sich auf einer Pressekonferenz dafür ausge-

Rundfunkarchiv Frankfurt a.M., 75 U 3265–66; 10'05«, http://www.dra.de/online/hinweisdienste/wort/ 1999/juli23.html (12.5.2008).

248 Vgl. das Foto in: Grundkurs deutsche Militärgeschichte, Bd 3, S. 43.

249 Von 1962 bis 1972 dauerte der Grundwehrdienst 18, von 1973 bis 1990 15 Monate. Die SED zog es dagegen aus politischem Kalkül zunächst vor, für die 1956 gegründete Nationale Volksarmee (NVA) die Wehrpflicht nicht einzuführen. Wer weiß, wieviele Jugendliche andernfalls die DDR über die noch offene Grenze gen Westen verlassen hätten? 1962 endete in der DDR die »freiwillige« Dienstpflicht.

250 1960 änderte der Bundestag das Wehrpflichtgesetz und führte einen verkürzten Grundwehrdienst von einem bis zu sechs Monaten Dauer ein. Die einzigen Söhne von Gefallenen und die Angehörigen des zivilen Bevölkerungsschutzes wurden vom Wehrdienst freigestellt. Zudem sollte fortan das Los über die Einberufung entscheiden. Mit diesem Gesetz habe der Bundestag, wie Die Zeit festhielt, die alten Anschauungen von der Wehrpflicht über Bord geworfen und »die aus der Französischen Revolution stammende Vorstellung von einem ›Volk in Waffen‹ endgültig ins Museum verbannt«. Militärdienst und ziviler Bevölkerungsschutz wurden stärker verklammert – ältere kriegsgediente und »weiße« Jahrgänge konnten dazu herangezogen werden –, und die Regierung wurde ermächtigt, bereits im »Spannungsfall« die Bundeswehr personell aufzufüllen. Vgl. Wer muß unter die Soldaten? In: Die Zeit, 1.7.1960.

sprochen hatte, die Bundeswehr mit Atomwaffen auszustatten, antworteten 18 bekannte Atomwissenschaftler am 12. April 1957 mit der »Göttinger Erklärung«. Die Forscher – unter ihnen vier Nobelpreisträger – führten die katastrophalen Folgen des Einsatzes atomarer Waffen vor Augen und appellierten an die Bundesregierung, von einer atomaren Bewaffnung der westdeutschen Streitkräfte abzusehen. Der Appell stieß in den Gewerkschaften, Studentenorganisationen und Kirchen auf ein großes Echo und fand die Unterstützung vieler Intellektueller. Binnen eines Jahres riefen Sozialdemokraten, Gewerkschafter, protestantische Theologen und Wissenschaftler die außerparlamentarische Kampagne »Kampf dem Atomtod« ins Leben, die durch Massendemonstrationen der Regierung einheizte. Für die größte Demonstration am 17. April 1958 in Hamburg ließen sich bis zu 150 000 Menschen mobilisieren. Nachdem sich der Bundestag im März 1958 für die Atombewaffnung ausgesprochen und das Verfassungsgericht zwei Monate später eine Volksbefragung untersagt hatte, ebbte der Protest ab, zumal die SPD ihren politischen Kurs änderte und sich von der außerparlamentarischen Opposition zugunsten der politischen Zusammenarbeit abwandte.

Und die ehemaligen Soldaten? Die Haltung der Heimkehrer, die ja zu einem kleinen Teil eben erst in die Bundesrepublik gelangt waren, blieb zwiespältig, wie die soziologische Studie zu ihrem politischen Bewusstsein 1957 zeigte, die bereits in dieser Studie herangezogen wurde. Zwar hielt die Mehrzahl der Heimkehrer die »bolschewistische Gefahr« für eine reale Bedrohung. Doch ob sie dieser Gefahr durch einen eigenen, persönlichen Einsatz im Rahmen des Wehrdienstes in der Bundeswehr entgegentreten sollten, darüber waren sie geteilter Meinung. Auf die Frage »Sind Sie persönlich für oder gegen die Wiederbewaffnung der Bundesrepublik?«, antworteten 52 Prozent der 434 befragten Heimkehrer »Dafür«; 39 Prozent sprachen sich dagegen aus, 9 Prozent hatten keine Meinung. Unter den 1955/56 zurückgekehrten »Spätestheimkehrern« lag die Zahl der Befürworter bei immerhin 68 Prozent, während sie bei den »Früheimkehrern« 49 Prozent betrug. Damit war die Zustimmung in den Kreisen der ehemaligen Kriegsgefangenen Mitte der fünfziger Jahre größer als in der westdeutschen Bevölkerung insgesamt, für die das Allensbacher Institut in einer repräsentativen Umfrage unter 2000 Personen ab 18 Jahren 1956 eine Zahl von 44 Prozent errechnet hatte.

Anders gesagt: Je länger die ehemaligen Soldaten in der UdSSR ihre Erfahrungen mit dem Bolschewismus gemacht hatten, desto eher sprachen sie sich für westdeutsche Streitkräfte aus. Diesen Zusammenhang, den Verweis auf die eigenen Erfahrungen, stellten die Veteranen auch immer wieder selbst her (neben wertkonservativen Hinweisen etwa auf die Notwendigkeit, der Jugend im Militär Zucht und Ordnung beizubringen). Diese mehrheitlich positive Haltung gegenüber dem eigenen Militär über zehn Jahre nach Kriegsende zeigt, wie sehr sich viele von ihrer früheren, bei Kriegsende gefassten Meinung abgewandt hatten.

Freilich gab es auch weiterhin unter den ehemaligen Soldaten ausgesprochene Gegner eines neuen Wehrdienstes, sei es aus prinzipiellen Gründen, oder sei es, weil man die Aufstellung einiger deutscher Verbände angesichts der sowjetischen Übermacht für unsinnig hielt und befürchtete, dass die deutsche Soldaten lediglich als »Kanonenfutter« der Westmächte missbraucht würden[251]. Eine Minderheit machte keinen Hehl aus ihrer Überzeugung, dass Krieg *per se* nur Probleme bereitet, statt sie zu lösen. Ein Heimkehrer hatte deshalb »schwere Bedenken«, zu dieser Wiederaufrüstung ›ja‹ zu sagen. Er begründete das mit seinen Erfahrungen als Infanterist; der Mann hatte nach zweijährigem Reichsarbeitsdienst vom 1. September bis 8. Mai in einem Divisionsstab gedient und erlebt, wie »häufig mit Menschenleben verschwenderisch umgegangen [worden] war«, wieviele Kameraden sinn- und nutzlos geopfert wurden. In sowjetischer Kriegsgefangenschaft war er Zeuge geworden, »wie Hunderte in dem Winter 45/46 an Fleckfieber starben und auf einem Schlitten aus dem Lager gefahren wurden«. Zudem gehörte er zu jenen Soldaten, die nicht in ihre Heimat zurückkehren konnten und in Westdeutschland ihren Platz finden mussten. Mit dieser persönlichen Kriegserinnerung begründete er im Gespräch mit anderen Heimkehrern seine politische Auffassung: die Ablehnung der Bundeswehr[252].

Das Konzept der Repräsentation weist bereits darauf hin, dass sich die Bedeutung, die der Vergangenheit in verschiedenen Konfliktfeldern zugeschrieben wird, nicht unmittelbar aus der »repräsentierten« Vergangenheit selbst ableiten lässt. Das zeigt sich auch im Fall der Heimkehrer. Wenngleich die Kriegsgefangenen im Wesentlichen ähnliche Erfahrungen gemacht hatten und diese in den Medien in einem relativ homogenen Bild reproduziert wurden, gelangten sie doch zu unterschiedlichen politischen Auffassungen, wie die Soziologen des Frankfurter Instituts für Sozialforschung bilanzierten[253].

So stimmte auch der VdH in offiziellen Stellungnahmen einem deutschen Wehrbeitrag weder ohne Wenn und Aber zu, noch lehnte er ihn ab. Im Grundsatz galt die immer wieder beschworene Einsicht, dass der Kriegsgefangene aufgrund seiner Erfahrungen den Krieg ablehne, zugleich aber wie kein anderer wisse, was Freiheit bedeute, und dass es sie ohne den Willen, sie zu verteidigen, nicht gäbe. Hinzu kam die Tatsache, dass weiterhin »Kriegsverurteilte« in den Gefängnissen der westlichen Verbündeten saßen. Insofern könne der VdH eine neue Armee nur dann bejahen, wenn die Bundesregierung »alles dazu getan haben würde, daß die letzten Soldaten des Krieges endlich frei würden«. Allerdings ließ man hier auch keinen Zweifel daran, dass es undenkbar sei, »daß gerade wir ein Hindernis sind«, wenn die Freiheit in Gefahr sei[254].

Gegen Ende des Jahrzehnts setzte sich der Protest fort, und der Zweite Weltkrieg warf weiter seinen langen Schatten. Als der erste kriegsgediente Jahrgang, der Jahrgang 1922, erfasst und gemustert werden sollte, gingen die Männer wieder auf die Straße. Viele waren als Abiturienten zur Wehrmacht eingezogen worden, hatten Jahre in Kriegsgefangenschaft verbracht und, sofern sie zu den rund 320 000 »Übriggebliebenen« ihrer Altersgruppe zählten, oft keine bürgerliche Existenz auf-

---

251 Institut für Sozialforschung. Zum politischen Bewusstsein ehemaliger Kriegsgefangener, S. 45 f.

252 Ebd., S. 103.

253 Ebd., S. 50.

254 Freiheit ohne Furcht, S. 236. Zur Verknüpfung der Zustimmung zur Wiederbewaffnung mit der Gefangenenproblematik vgl. das Memorandum des VdH, das den Bundestagsabgeordneten am 23. Februar 1955, am Tag der 1. Lesung des EVG-Vertrages, zuging. In: Ebd., S. 236–238.

bauen können. In der Presse wurden die Proteste groß aufgemacht; *Der Heimkehrer* warnte indes davor, den Unwillen allein auf diesen Jahrgang und die aktiven Demonstranten zu beschränken: »Die Stimmung unter den anderen kriegsgedienten Jahrgängen ist nicht anders[255].« Deshalb hielt *Der Heimkehrer* auch nichts davon, jegliche Unmutsbekundung ehemaliger Soldaten einzig auf kommunistische Infiltration zurückzuführen, statt sie ernstzunehmen. Beides wurde auseinandergehalten. Kein Zweifel bestand auf der einen Seite daran, dass die kommunistische Propaganda noch stets Wasser auf die Mühlen einer Protestbewegung in Westdeutschland gegossen hatte und dass es willfährige »Handlanger«, womöglich ehemalige Aktivisten der Antifa, unter den Demonstranten gab, die ein neues Betätigungsfeld entdeckt hatten; Ähnlichkeiten in der Rhetorik der Spruchbänder mit den Parolen des »Deutschen Soldatensenders 935« (DSS 935) schienen das zu bestätigen[256].

Auf der anderen Seite hielt das größte Presseorgan ehemaliger Kriegsgefangener jedoch daran fest, dass der Unmut ganz unabhängig von kommunistischer Propaganda, gewerkschaftlicher Rechtsberatung oder kirchlich-moralischem Flankenschutz maßgeblich davon abhängig war, welche Erfahrungen die Kriegsteilnehmer zuvor gemacht hatten und wie sie meinten, wahrgenommen und an den politischen Prozessen beteiligt worden zu sein, die zu einer möglichen Wiederverwendung führen könnten. Am Ende der fünfziger Jahre, fast auf den Tag zwanzig Jahre nach Kriegsbeginn, zog *Der Heimkehrer* eine Bilanz der Erfahrungen junger Soldaten der Wehrmacht zwischen 1939 und 1959, die hier nicht zuletzt als Ausdruck der Selbstwahrnehmung im Kontext der Wiederbewaffnung interessiert. Die Liste der prägenden Faktoren setzte indes auch hier nicht erst mit der Entmilitarisierungspolitik der Alliierten ein. Sie reichte in die Zeit *vor* 1945 zurück zu den Kriegserfahrungen der jungen Soldaten:

> »Es ist zuviel auf diese Männer eingeschlagen worden. Im Krieg wurde das Letzte von ihnen verlangt. Beim Zusammenbruch sahen sie sich nicht selten verlassen. In der Kriegsgefangenschaft – in Ost und West – wurden sie gedemütigt und geistig wie seelisch ›geschleift‹, ›entmilitarisiert‹. Nie wieder dürften sie eine Waffe in die Hand nehmen! Die Wehrmacht wurde zerschlagen, verschrottet. Alle Soldaten wurden kollektiv als Kriegsverbrecher behandelt, mit oder ohne individuelle Anklage. Daheim empfing sie viele Jahre als erster Willkommensgruß ein Entnazifizierungsfragebogen. Die Arbeitsplätze waren besetzt. Die schönsten Jahre ihres Lebens waren unwiederbringlich verloren. Sie erlebten und erleben Prozesse vor deutschen Gerichten gegen ehemalige deutsche Soldaten wegen der blinden Ausführung militärischer Befehle [...]. Sie mußten ihre Rechtsansprüche als ehemalige Soldaten und Kriegsopfer erst bitter erkämpfen [...]. Sie quälen sich schließlich mit ihrem Gewissen ab, dessen Mangel man ihnen nach dem Zusammenbruch immer wieder vorgeworfen hat[257].«

---

255 Die Probe mit dem Jahrgang 1922. In: Der Heimkehrer, 10.9.1959, S. 1 f., zit. S. 2. Vgl. Die Übriggebliebenen. In: Der Spiegel, 28.1.1958, S. 24.

256 Der Propagandasender war zusammen mit dem Deutschen Freiheitssender 904 (DFS 904) nach dem Verbot der KPD 1956 in Burg bei Magdeburg errichtet worden und strahlte seine Sendungen auf Mittelwelle Richtung Bundesrepublik aus.

257 Die Probe mit dem Jahrgang 1922. In: Der Heimkehrer, 10.9.1959, S. 1 f., zit. S. 2. Vgl. analog die Stellungnahme des VdS zum Soldatengesetz im September 1955. Einer Denkschrift an die Mitglieder von Bundestag und Bundesrat schickte der Vorsitzende Hansen eine Präambel voraus,

Deshalb, so lautete die Schlussfolgerung dieser Selbsterklärung, seien die heute 37-Jährigen »überfordert«, wenn sie sie nun plötzlich einen Brief mit der Aufforderung zur Musterung im Briefkasten fänden. Diese Einschätzung blieb nicht auf das Genre der Soldatenpresse beschränkt. Zu demselben Schluss und Verständnis für die Reaktion der Männer – und zu demselben Unverständnis gegenüber dem unsensiblen Vorgehen des Verteidigungsministeriums – gelangte beispielsweise Josef Müller-Marein in der *Zeit*. Kriegserinnerung wurde hier wirkungsvoll als Sinneswahrnehmung evoziert. Der Musterungsbescheid mit seinen Schlüsselwörtern verströmte bei den Adressaten, denen Marein in einem stilistischen Winkelzug die Fähigkeit zur Synästhesie unterstellte, nachgerade unangenehme Gerüche: Der bloße Anblick des Wortes »Uniform« ließ sie einen »Modergeruch« empfinden, »der aus abgetragenem, halbverfäultem Stoff aufsteigt«; das Wort »Soldat« rief mit Sicherheit, so Marein, die Erinnerung an einen Menschen wach, »der im Erdloch mit einem Maschinengewehr und einer Brotkruste lebt, an den Füßen die Stiefel seiner gefallenen Soldaten«[258].

Aus der Sicht nationalkonservativer Veteranen legte die Fremdwahrnehmung die Koordinaten für ihre Chronologie des Nachkriegsjahrzehnts fest. Nicht die militärgeschichtlichen Einschnitte von Kapitulation, Auflösung und Wiederaufstellung von Streitkräften oder der Bruch des politischen Systems und der Wandel der Führungsphilosophie waren dafür entscheidend, sondern die Wahrnehmung durch die »Anderen«. In dieser Selbsterklärung 15 Jahre nach Kriegsende wurde eine kulturelle Dimension der sozialen Reintegration besonders deutlich: die öffentliche Wertschätzung. Deren Geltungsbereich erstreckte sich zwangsläufig über 1945/49

in sich diese Wahrnehmung der Nachkriegszeit widerspiegelte: »Hinter uns liegt ein 10jähriges militärisches Vakuum«, hieß es da, womit nicht nur die Tatsache gemeint war, dass es zwischen 1945 und 1955 keine Streitkräfte in Deutschland gab. Vielmehr ging es Hansen darum, dass dieses Jahrzehnt »von Verzerrungen über die Leistungen und die Aufgaben des deutschen Soldaten sowie deren Stellung zum Staat« geprägt war. Diese Verzerrungen hatten sich nach Meinung des Verbandes in der Zeit gewandelt: »Vom ›Soldat als Verbrecher‹ (1945) bis zum ›Soldat als notwendiges Übel‹ (1955) spannt sich der Bogen dieser Irrungen, die auch heute noch nicht ganz überwunden sind«. ADL, Signatur 892: Bundesverteidigungsausschuß, Protokolle, 1955: VdS, Bonn Sept. 1955, betr. Stellungnahme des VdS zum Entwurf des Gesetzes über die Rechtsstellung des Soldaten (Soldatengesetz), Vors. G. Hansen (Drucksache). Mit der Formulierung spielte Hansen vermutlich auf eine Rede im Bundestag an, die Theodor Blank zur Begründung der Einführung des Freiwilligengesetzes wenige Monate zuvor gehalten hatte. Blank hatte betont, dass die Notwendigkeit, sich vor Angriffen zu schützen, zwar ein »notwendiges Übel« sei, dies jedoch niemandem das Recht gebe, auch »den Soldaten als ein Übel zu betrachten«. Blank fürchtete, dass eine solche Sichtweise die gesellschaftliche Integration der Streitkräfte weiter erschwere. Theodor Blank, Rede in der Debatte des Deutschen Bundestages über das Freiwilligengesetz (27. Juni 1955). Zit. nach: Sicherheitspolitik der Bundesrepublik Deutschland, 2. Teil, S. 362–364. Vgl. Blank, Rede anläßlich der Ernennung der ersten freiwilligen Soldaten.

258 Josef Müller-Marein, Jahrgang 1922 kann nicht vergessen. In: Die Zeit, 28.8.1959. Der Artikel greift einen Vorfall bei einer Kundgebung nahe Köln auf, wo sich der Bundesminister für Wohnungsbau, Paul Lücke, den Fragen der rund 500 protestierenden Angehörigen des »Jahrgangs 1922« zu stellen suchte, seine Auffassung aber der aufgeregten Menge nicht zu vermitteln vermochte. Marein schob die die nicht gehaltene Rede im Konditional nach, um zu zeigen, wie man hätte feinfühliger auf die Betroffenen eingehen, ihre Kriegserfahrungen herausstellen und etwa betonen können, dass sie zu den zehn Jahrgängen mit den »größten Opfern« gehörten, dass sie sicher den jüngeren Rekruten eine »antidrillhafte Kameradschaft« beibringen könnten.

hinaus zurück auf die Kriegs- und unmittelbare Nachkriegszeit. Um die ging es dann auch immer wieder, ausdrücklich oder zwischen den Zeilen.

Diese kollektive Repräsentation der Veteranen von Krieg und Militär war darüber hinaus eine Element der politischen Entwicklung vor dem Hintergrund der deutschen Teilung und der Einbindung der beiden deutschen Staaten in die entgegengesetzten Militärbündnisse. Im Für und Wider der Remilitarisierung kristallisierten sich nicht zuletzt immer wieder Elemente des politischen Selbstverständnisses auf dem Weg zu einer pluralistischen Gesellschaft heraus, die auf die sechziger Jahre deuteten. Die nationale Erzählung von Krieg *und* Nachkrieg wurde, so viel steht fest, von den ehemaligen Wehrmachtsoldaten um ein Kapitel erweitert, in dem »Ausnutzung«, »Enttäuschung«, »Geringschätzung« Schlüsselbegriffe waren. Wegen seines passiven Tenors fügte sich das Kapitel nahtlos in ein anschlussfähig viktimisierendes Narrativ der zweiten Hälfte der vierziger Jahre ein, schloss aber umgekehrt die positiv gestimmte Erzählung von Leidens- und Leistungsfähigkeit und vom Erwerb des wertvollen kulturellen Kapitals, der »Erfahrung«, keineswegs aus. Diese Kriegserzählung war national in dem umfassenden Sinn, dass es hier um die historische Rolle *des* deutschen Soldaten ging, dass die Vergangenheit nationalgeschichtlich konzipiert und dass diese Konzeption in der westdeutschen Öffentlichkeit medial verbreitet wurde.

2. Zwischenbilanz

Kollektive Repräsentationen der Vergangenheit lassen erkennen, so lautete eine Ausgangsthese, inwiefern der Zusammenbruch und die militärische Niederlage von 1945 einen Einschnitt dargestellt haben, wie sich die Westdeutschen auf dem Weg der Modernisierung an neue Rahmenbedingungen angepasst haben, die sich zwischen 1945 und 1955 ihrerseits drastisch veränderten. Das Konzept als heuristisches Modell hat den Blick auf unterschiedliche Formen und Inhalte von historischen Bedeutungszuschreibungen auf der Makroebene der politischen und vorpolitischen Öffentlichkeit in der westdeutschen Nachkriegsgesellschaft gelenkt und die symbolischen Strategien offengelegt, die für bestimmte Gruppen, nicht zuletzt die ehemaligen Soldaten, konstitutiv und identitätsstiftend waren.

Wiederbewaffnung und Modernisierung bildeten zwei Fluchtpunkte für die Untersuchung der Frage nach der politischen und sozialen Funktionalität der jüngsten Vergangenheit von Krieg und Militär in Westdeutschland. Für die Analyse umreißen sie ein weiteres Konfliktfeld mit je spezifischen Formen und Inhalten. Vor dem Hintergrund der deutschen Teilung und der Einbindung der beiden deutschen Staaten in die entgegengesetzten Militärbündnisse ging es um die sicherheitspolitische Frage der »Remilitarisierung«, die Rolle der ehemaligen Soldaten und die Integrations- und Mobilisierungsbestrebungen von CDU und FDP im politischen wie im vorpolitischen Raum. Bei der neuen politischen Elite fanden die Veteranen früh ein offenes Ohr. Manche teilten deren Auffassung, ein bedauernswertes Opfer des Nationalsozialismus und der Besatzungsherrschaft zu sein, andere hielten das

Vorenthalten der Pensionen für einen Rechtsverstoß, wieder andere dachten pragmatisch und wollten die Reintegration dieser sozialen Gruppe beschleunigen. So oder so stellten die ehemaligen Wehrmachtsoldaten ein bedeutsames Wählerpotenzial dar[259].

Die Frage, wie es künftig um die militärische Entwicklung der Bundesrepublik bestellt sein sollte, führte immer wieder zurück auf Repräsentationen der vor 1945 gemachten Erfahrungen. Wenn die ehemaligen Soldaten Krieg und Nachkrieg thematisierten, war einerseits viel von Ausnutzung, Diffamierung und Frustration die Rede. Das passive Selbstbild fügte sich in einen Viktimisierungsdiskurs problemlos ein. Andererseits schloss der Rekurs auf den Krieg positiv gestimmte Erzählungen von Leidens- und Leistungsfähigkeit keineswegs aus. Die politische Funktionalität der historischen Bedeutungszuschreibung in der Selbstthematisierung lag vielmehr darin, dass »Erfahrung« als kulturelles Kapital eingesetzt wurde, mit dem sich der ehemalige Soldat für die demokratische Nachkriegsgesellschaft empfahl.

Die sicherheitspolitische Entwicklung und ihre innenpolitischen Folgen ließen ein Konfliktfeld entstehen, auf dem konkurrierende Repräsentationen verhandelt wurden. Welche Lehren ließen sich aus der jüngsten Militärgeschichte für den Aufbau neuer Streitkräfte, vor allem für ihre Führungsphilosophie ziehen? Welche Kontinuitäten, welche Brüche zeichneten sich ab? Mit welchen Formen und Inhalten der Öffentlichkeitsarbeit ließen sich die ehemaligen Berufssoldaten integrieren und für eine Politik der Westintegration einschließlich Wiederbewaffnung gewinnen? Diese Fragen zielten auf die Gegenwart und Zukunft, ließen sich aber ohne eine Deutung der Vergangenheit nicht beantworten. Dieses Aushandeln von Positionen diente nicht nur der Sinn- und Identitätsstiftung. Die unter den Bedingungen einer neuen Öffentlichkeit offen ausgetragenen Konflikte um die Vergangenheit trieben vielmehr den Prozess der Nachkriegsdemokratisierung auf eine vergleichsweise friedliche Weise voran. Dass die mit den Aufgaben der gesellschaftlichen Integration und Identitätsstiftung verbundenen Probleme nicht zu einer politischen Radikalisierung in der westdeutschen Nachkriegsgesellschaft geführt haben, ist auch auf das Einüben friedlicher Konfliktformen auf dem Feld der historischen Selbstthematisierung zurückzuführen.

Schaut man einen Moment zurück auf den ersten Teil, scheint es so, als ob die Pläne der USA, die Bundesrepublik aufzurüsten, und der massenhafte Protest gegen die Wiederbewaffnung Westdeutschlands in den frühen fünfziger Jahren eine Umkehrung der Konstellation nach 1945 wären; so wird es auch bis heute oft betrachtet. Doch haben Deutsche und Amerikaner wirklich die Rollen getauscht? Für die USA auf der einen Seite war die Angst vor einem deutschen Militarismus, einer wiedererstarkten Wehrmacht, welche die Welt mit einem neuen Krieg überziehen würde, in den Hintergrund getreten. Die größere Sorge bereitete nunmehr die Sowjetunion. Zwar kehrte sich die Einstellung der USA gegenüber der militärischen Rolle Deutschlands ins Gegenteil – von der Ent- zur Remilitarisierung –, doch bei näherem Hinsehen zeigt sich auch eine ungebrochene Kontinuität der Wahrnehmung. In den vierziger wie in den fünfziger Jahren galten deutsche Offiziere den Amerikanern als bestens ausgebildet und trainiert. Hatte die Besatzungsmacht

259 Vgl. Manig, Die Politik der Ehre, S. 90–92.

das deutsche Militär deshalb zunächst als Bedrohung gesehen (und gegengesteuert), wollten die Amerikaner ab den frühen fünfziger Jahren sein Potenzial (nun) für ihre Zwecke nutzen. Entmilitarisierung im Sinne eines Wertewandels der Gesellschaft im Hinblick auf die Stellung des Militärs schloss zudem die Remilitarisierung im Sinne einer militärisch-technischen Aufrüstung derselben Gesellschaft nicht per se aus. In den Augen amerikanischer Planer war eine deutsche »Wehrmacht« eine notwendige, aber keine hinreichende Bedingung für die »militaristische« Gesinnung der Gesamtgesellschaft, wie das eigene Beispiel der US-Streitkräfte zeigte.

Auf der anderen Seite war auch die Motivation der Westdeutschen vielschichtiger, als es im Rückblick erscheinen mag. Der breite Protest gegen die Aufstellung neuer Streitkräfte, gegen die Wehrpflicht und die atomare Bewaffnung konnte unterschiedliche Gründe haben. Pazifismus, also eine ablehnende Haltung gegenüber dem Krieg an sich, war nur ein mögliches Motiv. Ein anderes hatte mit der Einstellung gegenüber dem neuen Staat zu tun, um dessen Streitkräfte es ging. Ein Viertel bis ein Drittel der Westdeutschen sprach der Bundesrepublik in den fünfziger Jahren die Legitimität und das Recht auf eine neue Wehrmacht ab – vor allem solange ehemalige Wehrmachtsoldaten, als Kriegsverbrecher verurteilt, in den Gefängnissen der Briten, Amerikaner und Franzosen einsaßen, die Politik den ehemaligen »Kameraden« die schuldhafte Beteiligung an einem sinnlosen, verbrecherischen Krieg einzureden suchte und die »Ehre«, um die sie die Allliierten nach Kriegsende gebracht hätten, nicht wiederhergestellt sei. Veteranen, die Gegenwart und Vergangenheit auf diese Weise wahrnahmen, weigerten sich, in neuen deutschen Streitkräften zu dienen. Schließlich lieferte die konkrete Ausgestaltung eines möglichen militärischen Beitrags der Deutschen einer weiteren, nationalistischen Gruppe ein Argument, die Wiederbewaffnung abzulehnen. Sie stieß sich an der vorgesehenen Einbindung deutscher Soldaten in eine europäische Armee und forderte stattdessen eine selbstständige deutsche Wehrmacht. Insofern weisen auch auf deutscher Seite Kontinuitätslinien in die unmittelbare Nachkriegs- und die Kriegszeit zurück.

V. Ausblick und Resümee

Der Zweite Weltkrieg und die Wehrmacht verloren nach der Wiederbewaffnung 1955/56 ihre Bedeutung für die politische und kulturelle Selbstverständigung der Westdeutschen nicht. Die politische Funktionalität der entsprechenden historischen Bedeutungszuschreibungen blieb grundsätzlich unverändert. Freilich verschoben sich die innen- und außenpolitischen, die gesellschaftlichen und kulturellen Parameter für die auf den Krieg bezogenen Darstellungen, Vorstellungen und Einstellungen. Neue strukturelle Rahmenbedingungen, aber auch einzelne Ereignisse führten zu Konjunkturen kollektiver Repräsentationen von Krieg und Militär von den späten fünfziger Jahren über 1989/90 bis in die Gegenwart. Die Phasen dieser Entwicklung, die mit der Auseinandersetzung mit dem Nationalsozialismus zusammenhängen, nicht aber in ihr aufgehen, sollen abschließend wie aus der Vogelperspektive betrachtet werden. Die Skizze unterliegt ihrerseits den Chancen und Risiken einer *Post Cold War*-Perspektive. Zum historischen Wissen zählt die Kenntnis von der längerfristigen sicherheitspolitischen Entwicklung und der Zäsur von 1989/90, nicht zuletzt von der Stabilität der demokratischen Nachkriegsordnung in Westdeutschland.

Als roter Faden zeichnete sich, das sei vorausgeschickt, eine weitere Pluralisierung sinn- und identitätsstiftender Deutungen auf verschiedenen Konfliktfeldern ab. Diese Deutungskonkurrenz äußerte sich in der Gleichzeitigkeit ungleicher, ja unvereinbarer Vor- und Darstellungen. Das gewachsene historische Fachwissen, das die Deutungsexperten bereitstellten und das kritische Journalisten verbreiteten, auf der einen Seite, die Formen und Inhalte der militärischen Traditionspflege unter ehemaligen und aktiven Soldaten und in ihrem Umfeld auf der anderen Seite: Zwischen diesen beiden Polen tat sich ein Spannungsfeld auf.

Seit dem Ende des Jahrzehnts änderten sich wesentliche Rahmenbedingungen für die Inhalte und für die Formen kollektiver Repräsentationen des Krieges und der Wehrmacht. Dieser tiefgreifende Wandel unterstreicht im Rückblick noch einmal die spezifische Prägekraft des ersten Nachkriegsjahrzehnts, das hier den Untersuchungszeitraum absteckt, für die kulturelle Selbstdeutung. Auf der einen Seite hatte sich die politische Großwetterlage verschoben. Das atomare Patt zwischen den USA und der UdSSR, so schien es eine Zeit lang, würde für die vergleichsweise friedliche Konkurrenz der Systeme sorgen. Die Furcht vor einem unmittelbar bevorstehenden dritten Weltkrieg, wie sie der Koreakrieg geschürt hatte, ließ nach. Auf der anderen Seite änderten sich die Bedingungen im Inneren. Erstens war die Wiederbewaffnung keine Eventualität mehr, sondern eine Tatsache. Am 1. April 1957 wurden erstmals fast 10 000 Wehrpflichtige des Geburtsjahrgangs

1937 einberufen; Ende des Jahres zählte die Truppe bereits 118 000 Mann. Der Personalgutachterausschuss, der zumindest das militärische Führungspersonal der NS-Zeit von der Bundeswehr fernhalten sollte, wurde aufgelöst. 1962 waren elf der nach dem NATO-Planungsdokument MC 70 vorgesehenen zwölf Divisionen des Heeres der NATO unterstellt; die Gründungs- und Aufbauphase der Bundeswehr war – nicht ohne die ersten Skandale – im Wesentlichen abgeschlossen. Im zivil-militärischen Verhältnis gewannen die Streitkräfte an Akzeptanz. Der Bau der Berliner Mauer im August 1961 und die Kubakrise im Oktober und November 1962 sensibilisierten viele für das Problem der äußeren Sicherheit. Festzuhalten bleibt, dass sich nunmehr in der Bundesrepublik ein militärisches Milieu in einem festen, staatlichen Rahmen weiterentwickeln konnte, das zuvor auf das vorpolitische Umfeld der Veteranenverbände angewiesen war. Die neue »Wehrmacht« war fortan Subjekt und Objekt historischer Bedeutungszuschreibungen, die der alten Wehrmacht galten.

Zweitens lassen sich ab den späten fünfziger und frühen sechziger Jahren ein Mentalitätswandel und, damit verbunden, eine fundamentale Politisierung der Öffentlichkeit beobachten. Das deutlichste Merkmal dieses Mentalitätswandels war die Erosion des autoritären Führungs- und Erziehungsstils. Der Wandel betraf nicht nur die Privatsphäre. Regierung und Bundespresseamt verloren den Einfluss, den sie in den fünfziger Jahren auf die mediale Öffentlichkeit gehabt und, wie gesehen, für das Werben um die Veteranen genutzt hatten. Die patriarchalische Form der Meinungslenkung in der Kontinuität der politischen Kultur der dreißiger und vierziger Jahre, welche die mediale Repräsentation des Krieges »von oben« zunächst geprägt hatte, wurde zu einem Auslaufmodell. Die »Öffentlichkeit«, deren Konzepte wegen ihrer Bedeutung für das Verhältnis von Staat und Gesellschaft in den langen Sechzigern zu Schlüsselkategorien der intellektuellen Debatten wurden[1], wandelte sich im Unterschied zu den ersten beiden Dritteln der fünfziger Jahre auf eine Weise, die sich als grundlegende Politisierung charakterisieren lässt. Fortan ging es um die Gesellschaft, nicht um Individuum und Innerlichkeit[2]. Medienpolitische Konflikte wie die Spiegel-Affäre 1962 waren ein Ausdruck des Streits um die Regeln, die Inhalte und Funktionen der politischen Öffentlichkeit. Erst in den sechziger Jahren, mit dem Aufstieg des Fernsehens, probten auch politische Magazine wie *Panorama* und *Report* die kalkulierte Provokation und spalteten die politisch interessierte Öffentlichkeit in einem bis dato unbekannten, um nicht zu sagen unerhörten Maße. Illustrierte wie *Quick* und *Stern* rückten nach links; konservative Organe wie *Christ und Welt* verloren an Bedeutung. Jetzt erst wuchs der Einfluss der amerikanischen Unterhaltungsindustrie auf die Populärkultur der Bundesrepublik spürbar, jetzt erst begegneten die Westdeutschen der amerikanischen Massenkultur mit größerer Offenheit; jetzt erst kamen die Erforschung und die kritische Auseinandersetzung mit der Zeit des Nationalsozialismus und des Krieges in Gang, deren Repräsentationen bis dahin vor allem von Erinnerungen der Beteiligten geprägt waren.

Eine dritte wesentliche Änderung der Rahmenbedingungen sinnstiftender Deutungen des Krieges betraf deren sozialen Träger. Der Generation der »Wilhelminer«

---

1 Hodenberg, Konsens und Krise. Zum Konzept »Öffentlichkeit«: ebd., S. 31 f.

2 Ebd., S. 63 f.

folgte die jüngere Generation der etwa zwischen 1918 und 1935 Geborenen, für die sich zwischenzeitlich verschiedene Sammelbezeichnungen gefunden haben: Von der »Flakhelfer-Generation« und der »HJ-Generation« ist ebenso die Rede wie von der vermeintlich unpolitischen »skeptischen Generation« (Helmut Schelsky)[3] oder, zuletzt, der »45er-Generation«[4]. Mehrheitlich in den zwanziger Jahren geboren, waren sie, wie der 1927 geborene Publizist Christian Graf von Krockow formulierte, alt genug, um den Krieg, den Aufstieg und den Fall des Dritten Reiches bewusst miterlebt zu haben, und jung genug, um wieder neu anfangen zu können. Diese neue Generation erlebte und prägte die Veränderung des politischen Klimas seit den späten fünfziger Jahren. Denn mit der Alterskohorte der »Fünfundvierziger« wuchs eine Generation heran, die seit den späten fünfziger Jahren und in der ersten Hälfte der sechziger Jahre in der westdeutschen Medienlandschaft Einfluss gewann und Karriere machte. Nicht zufällig fand sie früh das Interesse zeitgenössischer Soziologen; Schelskys Pionierstudie erschien 1957. Das Kriegsende bildete den biografischen Fixpunkt. Der Erfahrungsraum von Totalitarismus, Krieg, Niederlage und Besatzungsherrschaft, das Spannungsfeld von Hoffnung und Enttäuschung, Zusammenbruch und Neubeginn machten die »skeptischen« Jugendlichen relativ resistent gegenüber ideologischer Verblendung und förderten mittelfristig ihre Bereitschaft zu demokratischem Engagement, ohne dass sie sich über die Herkunft der Elterngeneration aus dem Nationalsozialismus öffentlich aufregten. Im Ausblick auf die sechziger Jahre erscheinen daher die um 1930 Geborenen als die eigentlichen Vorkämpfer des Aufbruchs in eine Gesellschaft, die sich durch veränderte Lebensweisen, gesellschaftliche Normen und politische Einstellungen, nicht zuletzt durch ein geschärftes historisch-politisches Bewusstsein von der frühen Nachkriegsgesellschaft ebenso abhoben wie durch eine Vielfalt von Lebensentwürfen, zu der schließlich auch – als ein Beispiel – die Kriegsdienstverweigerung zählte[5]. Auf diese Ausgangsbedingungen trafen wiederum die »68er«. Sie bauten aus, was bereits vorhanden war: die kritische Öffentlichkeit, die gesicherte Pressefreiheit und nicht zuletzt das öffentliche Bewusstsein für den gesellschaftlichen Umbruch, den die Kriegsgeneration vor allem als Kriegsfolge, das heißt als von außen aufgezwungen kennengelernt hatte. Den Jahren des Aufbruchs von etwa 1957 bis 1965 folgten die Jahre des Protests, in denen die Mitte der dreißiger bis in die späten vierziger Jahre Geborenen den Ton angaben. Die Studentenbewegung, die außerparlamentarische Opposition, »engagierte« Journalisten sorgten für einen »Aufbruch in die Zukunft«[6], der an einen neuen Umgang mit der Vergangenheit gekoppelt war. Kurz: Die Existenz der Bundeswehr, die Politisierung der Öffentlichkeit und der Generationenwechsel schufen grundlegend neue Voraussetzungen für die gesell-

3 Kersting, Helmut Schelskys »Skeptische Generation«.

4 Mit dem Schwerpunkt auf den politisch-intellektuellen Debatten der sechziger und siebziger Jahre vgl. Moses, German Intellectuals and the Nazi Past; Moses, The Forty-Fivers. Den Begriff prägte zuerst Joachim Kaiser. Vgl. bereits Bude, Deutsche Karrieren. Wehler, Nur ein »Mythos« des Neuanfangs?

5 Vgl. Wandlungsprozesse in Westdeutschland.

6 Aufbruch in die Zukunft.

schaftliche Selbstvergewisserung, die neben den älteren Mustern auch neue Formen und Inhalte kollektiver Repräsentationen von Krieg und Militär ermöglichten[7].

Am Wandel der monumentalen Repräsentationsformen und -inhalte lassen sich die tiefgreifenden Deutungsverschiebungen beispielhaft ablesen. Während die Kriegsfolgendenkmäler in den fünfziger Jahren – zumeist mit einer gegenständlichen Formensprache und im lokalen Kontext – an Kriegsgefangenschaft, Flucht und Vertreibung, an den Aufstand vom 17. Juni 1953 und an die deutsche Teilung erinnerten, gab es seit 1967 mit der noch von Bundeskanzler Adenauer initiierten »Friedland-Gedächtnisstätte« erstmals ein *zentrales* Denkmal, das dem Krieg und seinen Folgen gewidmet war[8]. Massive Kritik, aber auch die Demontage älterer, nutzlos gewordener Kriegsgefangenendenkmäler weisen auf die Pluralisierung der Repräsentationsformen und -inhalte hin. Seit den späten fünfziger Jahren verloren die historischen Bedeutungszuschreibungen der ehemaligen Soldaten und ihrer Verbände, die in der öffentlichen Erinnerung an den Krieg das eigene Leiden und die eigene Leistung herausgestellt hatten, an Deutungsmacht. Kritische Stimmen gewannen dagegen an Gewicht. Dieser anders gepolte Rekurs auf den Zweiten Weltkrieg als einen nationalsozialistischen Krieg spiegelte sich in neuen Formen der monumentalen Darstellung: Denkmäler für die Opfer des nationalsozialistischen Terrors und ehemalige Konzentrationslager als Gedenkstätten waren seit Mitte der sechziger Jahre Ausdruck und Folgen dieser Deutungsverschiebung. Ein zentraler Gefallenenkult bildete sich indes nicht heraus; unter anderem stand die deutsche Teilung neuen Nationaldenkmälern im Wege. Stattdessen behalf man sich mit dezentralen Feiern und Denkmälern für die Gefallenen. Die Ambivalenz der allgegenwärtigen Gedenkformel »Den Opfern von Krieg und *Gewaltherrschaft*« stellte das Gedenken weiterhin in den doppelten Verweiszusammenhang von NS- und SED-Diktatur. Die Universalisierung der Opfergruppe und der ahistorische Mythos *des* deutschen Soldatentums blendeten die spezifische historische Realität der Wehrmacht aus[9].

Deutungsverschiebungen lassen sich auch beobachten, wenn es – nun im historischen Rückblick – um ein anderes Thema des ersten Nachkriegsjahrzehnts ging: die Kriegsgefangenenproblematik. Ein Beispiel für die Printmedien ist ein Artikel des *Spiegel* über das Mammutprojekt der Maschke-Kommission. Die seit 1957 von Erich Maschke geleitete Wissenschaftliche Kommission zeichnete »zum erstenmal [...] das Bild des deutschen Plenny mit wissenschaftlicher Gründlichkeit«. Zwar fand der Leser erwartungsgemäß eine seitenlange, mit Zitaten aus den Heimkehrer-Berichten und Kriegsgefangenen-Tagebüchern ausführlich gespickte Schilderung des Alltags der Gefangenen, die rechtlos, unter primitiven Bedingungen, in der Lagerhierarchie mit deutscher »Lagerprominenz« und deutschen Spitzeln dahinvegetierten. Doch für einen kurzen Moment schimmerte hier auch das von deutscher Seite begon-

7 Schildt, Die Eltern auf der Anklagebank?
8 Schwelling, Gedenken im Nachkrieg.
9 Vgl. Bedingt erinnerungsbereit.

gene Kriegsverbrechen an den sowjetischen Kriegsgefangenen durch[10]. Die ältere Deutung als Zeit des Leidens, des Martyriums, wurde hier durch den Hinweis auf die größeren Verluste der anderen Seite – und damit die eigene Täterschaft – und die deutschen Verluste im Ersten Weltkrieg relativiert.

Nicht nur von den Opfern des NS-Terrors, auch von den Tätern war nun häufiger zu hören und zu lesen. Ihr Auftritt im öffentlichen Raum der späten fünfziger und frühen sechziger Jahre hing mit spektakulären Ereignissen wie aufsehenerregenden Gerichtsprozessen zusammen, denen die Medienöffentlichkeit breiten Platz einräumte (auch, weil sie durch die Personalisierung von Geschichte der Medienlogik entgegenkamen). Ab 1958 unterschied sich die deutsche Strafverfolgung von NS-Tätern nach ihren strukturellen Bedingungen und dem öffentlichen Meinungsbild von der vorangegangenen Phase, die Ende der vierziger Jahre begonnen hatte[11]. War es für die Überlebenden schwierig, wenn nicht unmöglich gewesen, in den Wirren der Nachkriegszeit und unter dem Schock des Erlebten die Täter auf eigene Faust ausfindig zu machen, änderte der »Ulmer Einsatzgruppenprozess« 1958 die Lage. Als der ehemalige Polizeidirektor von Memel, Bernhard Fischer-Schweder, versuchte, seine Wiedereinstellung in den öffentlichen Dienst auf dem Rechtsweg zu erstreiten, wurde er dank einer Zeitungsreportage als Mittäter bei Massenerschießungen von Juden in Litauen identifiziert. Zehn Angehörigen von SD, Gestapo und Polizei, die 1941 über 5500 Juden ermordet hatten, wurde in Ulm der Prozess gemacht[12]. Durch den Prozess avancierte der von SD und Sicherheitspolizei begangene Massenmord in Osteuropa zu einem Thema in der sich wandelnden Medienöffentlichkeit. Im selben Jahr wurde die »Zentrale Stelle der Landesjustizverwaltungen zur Aufklärung nationalsozialistischer Verbrechen« in Ludwigsburg gegründet, die eine systematische

---

10 Skoro domoi. In: Der Spiegel, 14.4.1969, S. 61–92. Der Spiegel zog, als es um die Todesrate ging, zwei Vergleiche: Mit rund 35 Prozent sei die Sterberate der Deutschen »nicht nur geringer [gewesen] als die der fünf Millionen Rotarmisten in Nazi-Gewahrsam (60 Prozent), sie war auch geringer als die der knapp 160 000 Feldgrauen, die 1914 bis 1918 in russische Kriegsgefangenschaft gerieten«, wo die Todesquote fast 40 Prozent betragen habe. Zudem betonte der Artikel in diesem Zusammenhang mit »Professor Maschke«, dass es keine Anzeichen dafür gebe, dass die Russen die deutschen Kriegsgefangenen mit Absicht verhungern ließen, schon weil sie auf die Arbeitskraft angewiesen gewesen seien. Die Einschränkung ging noch weiter. Die deutschen Gefangenen hätten unter der allgemein schlechten Ernährungslage »ebenso« gelitten wie die russischen Zivilisten. Am Ende war gar von russischer Hilfsbereitschaft die Rede, die manchem Gefangenen das Leben gerettet habe. Die Botschaft wäre freilich noch deutlicher ausgefallen, hätte sich der Hinweis auf das absichtsvolle (und damit verbrecherische) Handeln auf deutscher Seite nicht nur zwischen den Zeilen gefunden.

11 Die Gruppe der möglichen Angeklagten war auf zweifache Weise eingeschränkt. Zum einen begrenzten die Kontrollratsgesetze Nr. 4 und Nr. 10 die Zuständigkeit der deutschen Gerichte auf Verfahren wegen Taten an Deutschen. Zum anderen wurden die Ermittlungen nicht von Staats wegen, sondern nach Anzeige durch die Geschädigten eingeleitet – sieht man vom Tatbestand des Mordes ab. Der Kläger musste folglich Gelegenheit gehabt haben, seinen Peiniger zu identifizieren. Dieses Verfahren prägte in hohem Maße die Gruppe der Angeklagten, da ein Opfer seine Täter wohl im Konzentrationslager oder im Getto, nicht jedoch bei »Aktionen« der Einsatzkommandos oder der Partisanenbekämpfung längere Zeit von Angesicht zu Angesicht beobachten konnte. Vgl. Birn, Die Strafverfolgung nationalsozialistischer Verbrechen, S. 396 f.

12 Vgl. dazu Rückerl, Die Strafverfolgung, S. 49 f. Rückerl war von 1966 bis 1984 Leiter der »Zentralen Stelle«. Zur öffentlichen Wahrnehmung der NS-Prozesse vgl. NS-Prozesse.

Ermittlung auf der Grundlage von Zeugenaussagen und Aktenauswertung ermöglichen sollte[13]. Den Neubeginn einer juristischen Aufarbeitung der NS-Zeit signalisierten darüber hinaus zwei weitere Prozesse: zum einen 1961/62 der Prozess in Jerusalem gegen Adolf Eichmann, der als Leiter des für die Organisation der Vertreibung und Deportation der Juden zuständigen Referats im Reichssicherheitshauptamt mitverantwortlich für die Ermordung von rund sechs Millionen Menschen in Europa war; zum anderen die Frankfurter Auschwitz-Prozesse zwischen 1963 und 1965, die daran erinnerten, dass der Krieg die Voraussetzung für die Besetzung weiter Teile Europas und die dort massenhaft begangenen Verbrechen gewesen war. Die Prozesse waren öffentliche Ereignisse. Die Medien repräsentierten die Vergangenheit deutlicher als zuvor in einem Licht, das Deutsche als Täter und Andere als ihre Opfer zeigte, nicht die deutschen Opfer des Bombenkrieges, der Flucht und Vertreibung und der Kriegsgefangenschaft[14]. Die bisherige Form der »Vergangenheitsbewältigung« sorgte in Teilen der westdeutschen Gesellschaft für wachsenden Unmut; hier entwickelte sich eine kritischere Art der Geschichtsbetrachtung. Fraglich ist allerdings, ob das gesteigerte Interesse an den NS-Opfern und den unter Langzeitschäden leidenden Überlebenden der Konzentrationslager der Annahme entgegensteht, dass auch die ehemaligen Soldaten schon recht bald, nachdem die Wut auf die Wehrmacht unmittelbar nach Kriegsende abgeklungen war, in den großen Kreis der deutschen Opfergemeinschaft aufgenommen worden sind[15].

Und die Deutungsexperten? Mit der Vergangenheit von Krieg und Wehrmacht beschäftigten sich nun auch die Politik- und Geschichtswissenschaft. Deren neue Teildisziplin, die Zeitgeschichte, befasste sich eigens mit dem nationalsozialistischen Regime und seinen Entstehungsbedingungen. Eine Generation jüngerer Historiker vor allem, die den Krieg als Flakhelfer erlebt hatte, suchte seit Ende der fünfziger Jahre auch außerhalb der Forschungsinstitute und Universitäten, in der Presse, in Rundfunk und Fernsehen, die Öffentlichkeit aufzuklären. Die »informelle Allianz von zeitgeschichtlicher Wissenschaft und Publizistik«[16] schrieb gegen das öffentliche Vergessenwollen und die private Abwehr der Einsicht in die mögliche Mittäterschaft von Familienangehörigen an. Sie war von dem moralischen Ansinnen getrieben, die Westdeutschen mit der Kriegsvergangenheit zu konfrontieren und die öffentliche Auseinandersetzung mit dem Vernichtungskrieg zu erzwingen. Einige Beispiele für Pionierarbeiten müssen hier genügen[17]: Martin Broszat (1926–1989), Direktor des Instituts für Zeitgeschichte, belegte 1961 die Massenmorde als einen Aspekt der Besatzungspolitik in Polen[18]; 1965 wies Andreas Hillgruber (1925–1989) nach, dass der Krieg gegen die Sowjetunion von vornherein als rasseideologischer

13 Zur Geschichte der »Zentralen Stelle« vgl. Weinke, Eine Gesellschaft ermittelt gegen sich selbst. Die Ludwigsburger Personen-, Tatort- und Einheitskartei bot und bietet ein zentrales Hilfsmittel für die Behörden. Vgl. zur Publizistik: KZ-Verbrechen vor deutschen Gerichten, Bd 1.

14 Vgl. etwa Horn, Erinnerungsbilder.

15 So lautet eine zentrale These von Goltermann, Die Gesellschaft der Überlebenden, S. 445 f.

16 Wehler, Vom Tätervolk zum Opfervolk?

17 Vgl. ausführlich und mit weiteren Literaturangaben: Echternkamp, Wandel durch Annäherung.

18 Broszat, Nationalsozialistische Polenpolitik.

Vernichtungskrieg geplant war[19]; Karl-Dietrich Bracher (*1922) schrieb 1969 gegen den apologetischen Mythos von der Eigenständigkeit der Wehrmacht im NS-Staat und ihrer Funktion als Refugium der »inneren Emigration« an[20]; im selben Jahr belegte der Leitende Historiker des Militärgeschichtlichen Forschungsamtes (MGFA), der Jurist Manfred Messerschmidt (*1926), die Indoktrination der Wehrmacht durch den Nationalsozialismus[21]. 1978 veröffentlichte das Institut für Zeitgeschichte die Arbeit von Christian Streit (*1942), die den Tod der drei Millionen sowjetischen Kriegsgefangenen in deutschem Gewahrsam schildert[22]; 1981 erschien schließlich die Pionierstudie von Helmuth Krausnick (1905–1990) und Hans-Heinrich Wilhelm über den Massenmord der Einsatzgruppen in Osteuropa, »ein Buch, das für viele ein Schock war, weil es die Dimension des nationalsozialistischen Völkermords grell beleuchtete, aber auch weil es keinen Raum mehr ließ für die Legende, die Wehrmacht habe vom Treiben der SS nichts gewußt[23]«. Das MGFA startete 1979 die Reihe »Das Deutsche Reich und der Zweite Weltkrieg«, in der 1983 der (kontroverse) vierte Band über den Angriff auf die Sowjetunion erschien[24]. Kurz: In den sechziger, siebziger und frühen achtziger Jahren hatten die Zeitgeschichte und die Militärgeschichte erste wissenschaftliche Breschen in die Kriegsvergangenheit geschlagen und die verbrecherischen Seiten des nationalsozialistischen Krieges wie die Beteiligung der Wehrmacht als militärisches Instrument des Nationalsozialismus herausgearbeitet.

Bis diese wissenschaftliche Erkenntnis über die Medienöffentlichkeit ihren Weg in die breite Bevölkerung fand, dauerte es mindestens bis in die zweite Hälfte der achtziger Jahre. Es war aber die Ausstrahlung der amerikanischen Spielfilmserie »Holocaust« im deutschen Fernsehen 1979, die in weiten Kreisen der Westdeutschen einen Bewusstseinswandel einleitete, indem sie den Massenmord an den europäischen Juden während des Zweiten Weltkrieges einem breiten Fernsehpublikum vor Augen führte[25]. Dieser Bewusstseinswandel wurde dann in den achtziger und neunziger Jahren durch die Massenmedien auf der einen Seite und staatliche, geschichtspolitische Inszenierungen des Opfer-Gedenkens auf der anderen weiter vorangetrieben. Der sogenannte Historikerstreit über die Einzigartigkeit des Holocaust und seine Bedeutung für die Identität der Bundesrepublik führten seit 1986 das Konfliktpotenzial der NS- und Kriegszeit auch der jüngeren Generation vor Augen (während in der DDR die offizielle Faschismustheorie den Ostdeutschen diese

[19] Hillgruber, Hitlers Strategie.

[20] Die Selbstständigkeit der Wehrmacht erwies sich unter den Bedingungen des totalitären Regimes als »Illusion«; die Wehrmachtführung sei mehr und mehr zu einem »Werkzeug nationalsozialistischer Kriegs- und Vernichtungspolitik« geworden; und »zumindest in den führenden Militärgremien [konnten] über Hitlers Expansions- und Eroberungspläne von Anfang an kaum Zweifel bestehen«. Gegen die Legende von der ›überpolitischen‹ Wehrmacht wies er darauf hin, dass deren »Kollaboration« mit dem Regime auf weit weniger Widerstand gestoßen sei als die Zusammenarbeit mit der Republik von Weimar. Vgl. Bracher, Die Deutsche Diktatur, S. 258–261.

[21] Messerschmidt, Die Wehrmacht im NS-Staat. Messerschmidt hatte das Kriegsende vom Mai 1944 an als Flakhelfer erlebt.

[22] Streit, Keine Kameraden.

[23] Krausnick/Wilhelm, Die Truppe des Weltanschauungskrieges; Benz, Zum Tod von Helmuth Krausnick.

[24] Das Deutsche Reich und der Zweite Weltkrieg, Bd 4.

[25] Vgl. Brandt, »Wenig Ausstrahlung«?

Selbstreflexion weiterhin nahezu unmöglich machte, da sie dem Kapitalismus die alleinige Schuld gab).

Doch in weiten Teilen der westdeutschen Öffentlichkeit, im militärischen Milieu zumal, wurde nach wie vor ein anderes, makelloses Bild der Wehrmacht hochgehalten. Zu hartnäckig hielt sich eine Vorstellung vom Krieg und von der (Sonder-)Rolle des Militärs in Staat und Gesellschaft, als dass sich die militärpolitischen »Reformer« um Wolf Graf von Baudissin gegen die »Traditionalisten« – wie die Mehrheit der militärischen Führungsschicht seit den sechziger Jahren genannt wurde – hätten durchsetzen können, die die Leitgedanken der »Inneren Führung« in Ausbildung und Lehre oft unterliefen. Hier rächte sich der Gründungskompromiss, die vordergründige Verbindung letztlich unvereinbarer Positionen in der Himmeroder Denkschrift. Wo das Soldatenhandwerk als ein Beruf *sui generis* galt und der Soldat nur als Soldat, nicht als politisch verantwortlicher Bürger, ließ sich auch die Wehrmacht in sinn- und identitätsstiftende Deutungen reibungslos integrieren, die auf die Kontinuität von militärischer Effizienz und Professionalität in Deutschland hinausliefen. Die Benennung von Kasernen nach Generalen der Wehrmacht war eine Form der symbolischen Repräsentation, die auch nach außen ein überkommenes Verständnis von »Tradition« signalisierte.

Daran änderten de facto auch die sogenannten Traditionserlasse wenig. Um den Wildwuchs symbolischer Repräsentationen in den Kasernen einzudämmen, hatten die Verteidigungsminister, zunächst Kai-Uwe von Hassel (CDU) 1965, dann Hans Apel (SPD) 1982, verbindlich festgelegt, was denn »überlieferungswürdige« Werte aus der deutschen Geschichte seien. Während sich im ersten Erlass keine Aussagen über die Wehrmacht als Institution fanden, stellte der zweite vor dem Hintergrund der Proteste gegen die Nachrüstung klar, dass die Streitkräfte »teils schuldhaft verstrickt« waren, teils »schuldlos mißbraucht« worden seien. 1982 lautete die geschichtspolitische Konsequenz unmissverständlich: »Ein Unrechtsregime wie das Dritte Reich kann Tradition nicht begründen[26].« Im selben Jahr startete das MGFA die historische Wanderausstellung »Aufstand des Gewissens«, die den militärischen Widerstand als die einzig mögliche Traditionssäule der Bundeswehr aus dieser Zeit etablieren sollte – und damit zwangsläufig die Kenntnis des verbrecherischen Krieges auf dem Stand der Forschung in die Kasernen und in die Öffentlichkeit trug[27]. Doch trotz dieser Deutungsverschiebung blieben ältere Topoi im militärischen Milieu und in den Erfahrungsgemeinschaften der Veteranen erhalten. Die nach dem Krieg eingeübten historischen Bedeutungszuschreibungen existierten in einer Weise fort, die für andere Sichtweisen keinen Platz ließen. Wie zählebig tradierte Denkmuster in den Köpfen des militärischen Führungspersonals noch Mitte der achtziger Jahre waren, zeigt eine private Umfrage unter »alten Offizierskameraden« der Bundeswehr[28].

[26] Vgl. Wette, Die Bundeswehr im Banne des Vorbildes, S. 86.

[27] Das zeigt die rezeptionsgeschichtliche Analyse. Vgl. Jörg Echternkamp, Ansichtssache Widerstand. Die Repräsentation der Kriegsvergangenheit im Spiegel der militärgeschichtlichen Wanderausstellung »Aufstand des Gewissens« – Ein rezeptionsgeschichtlicher Blick auf die politische Kultur in Deutschland 1982–2000 (in Vorb). Vgl. auch Echternkamp, Memorialising the Military.

[28] Auf die Schlüsselfrage, warum sie 1945 weitergekämpft hätten, antwortete ein Drei-Sterne General der Bundeswehr a.D., im Krieg mit 25 Jahren Regimentskommandeur an der Ostfront, mit dem

Auf der Verbandsebene galt das nicht zuletzt für den VdH, der im Gegensatz zu den Vertriebenenverbänden auf die Rekrutierung jüngerer Mitglieder verzichtete[29]. Statt sich mit dem nationalsozialistischen Krieg und der Rolle der Wehrmacht auseinanderzusetzen, hielten viele aktive und ehemalige Soldaten am Kämpfermythos fest. Soldaten als Täter spielten im Geschichtsbild der Bundeswehr lange eine Statistenrolle.

Kollektive Repräsentationen des Zweiten Weltkrieges waren stets auch ein Ausdruck der Ost-West-Konfrontation. Auf dem Wege der historischen Bedeutungszuschreibungen erhielt der Kalte Krieg unterhalb der außenpolitischen Ebene einen Sinn[30]. Deshalb markierten das Ende des Kalten Krieges und die Überwindung der deutschen Teilung einen weiteren Wendepunkt. Als 1989 die »alte« Bundesrepublik zur Berliner Republik mutierte, mussten West- und Ost-Deutsche ein neues Selbstbild entwerfen und ihre Vergangenheit vor und nach 1945 neu definieren. Nicht nur die vierzig Jahre DDR erschienen in einem neuen Licht. Die neunziger Jahre waren von zahlreichen politisch-kulturellen Debatten geprägt: Über die Neubewertung der »68er«, die Rolle der »Roten Armee-Fraktion« im »deutschen Herbst« 1977 und, wieder einmal, den deutschen Patriotismus wurde nicht nur in den Fachzeitschriften, sondern auch in den Medien gestritten[31]. Auf der Metaebene diskutierten Historiker die Frage, ob und inwiefern »1989« die Bedeutung von »1945« als Wendepunkt der neueren deutschen und europäischen Geschichte beeinträchtigte[32], während die Weltkriegs- und Wehrmachtforschung vom Boom einer runderneuerten Disziplin der Militärgeschichte profitierte.

Indes: Zu einem brisanten Thema der gesellschaftlichen Selbstverständigung wurden der nationalsozialistische Krieg und die Wehrmacht nicht aufgrund der wissenschaftlichen Forschung, sondern durch deren Rezeption in einer Wanderausstellung, die das Hamburger Institut für Sozialforschung 1995 eröffnete[33]. Erst diese Form der Repräsentation, die Visualisierung vor allem durch Fotografien, und der provozierende Titel »Verbrechen der Wehrmacht 1941 bis 1944« sorgten Mitte der neunziger Jahre nach einer gewissen zeitlichen Verzögerung dafür, dass im vorpolitischen wie im politischen Raum historische Deutungskämpfe offen ausbrachen. Vordergründig ging es um handwerkliche Fehler der (ersten) Ausstellung, im Kern jedoch um die Gretchenfrage, ob oder inwieweit *die* Wehrmacht oder einzelne Wehrmachtsoldaten

---

Hinweis auf die Kameradschaft, auf »Ehre und Würde« und die Pflicht zur Verteidigung der Heimat. Ein Oberst der Bundeswehr a.D., der 1945 Hauptmann und Bataillonskommandeur war und noch im April 1945 einen Angriff auf Siegen geführt hatte, meinte: »Der Soldat, der nicht mehr an den Sieg glaubt, gibt sich auf und geht zugrunde.« BArch, MSg 200/1195: Jürgen und Eva-Maria von Samson-Himmelstjerna, 1945. Ein Jahr in Briefen und Tagebüchern, S. 3 f.

29 Schwelling, Gedenken im Nachkrieg, S. 11. Der VdH löste sich 2006 auf. Vgl. auch Siegfried, Zwischen Aufarbeitung und Schlußstrich.

30 Zu diesem Ergebnis gelangte ein internationaler Workshop in der Villa Vigoni im April 2009 (Veranstalter: Renato Moro, Holger Nehring und Leopoldo Nuti), der die Bedeutungen von »Cold War« in Europa thematisierte.

31 Wege in die neue Bundesrepublik.

32 Kocka, 1945: Neubeginn oder Restauration?

33 Vgl. den Ausstellungskatalog: Verbrechen der Wehrmacht. Dimensionen des Vernichtungskrieges. Zur medialen Verbreitung vgl. v.a. Zeit-Punkte: Gehorsam bis zum Mord? (1995).

mit den vor allem in Ost- und Südosteuropa verübten Kriegsverbrechen in Verbindung standen. Waren sie nur »verstrickt« (wie eine Sprachformel bis heute lautet), oder waren sie aktiv beteiligt? Die Ausstellung lenkte den Blick im wörtlichen Sinn auf die Täter – eine Repräsentation der Vergangenheit, die dem Bild der »Traditionalisten« diametral gegenüberstand. Die neu konzipierte zweite Wehrmacht-Ausstellung, vom Kulturstaatsminister Julian Nida-Rümelin (SPD) 2001 eröffnet, korrigierte alte Fehler, setzte neue Schwerpunkte, bestätigte aber die Kernaussage der ersten: die Beteiligung der Wehrmacht am »Vernichtungskrieg«[34].

Der Deutungskonflikt, eine der großen, auch im Parlament ausgetragenen Geschichtsdebatten der Berliner Republik[35], stand unter der Überschrift der »Legende von der sauberen Wehrmacht«. Doch es ging nicht nur darum, der historischen Wahrheit auf die Spur zu kommen; die hätte sich schon früher nachlesen lassen. Im Kern drehte sich die gesamtgesellschaftliche Debatte um das Selbstverständnis der Deutschen und ihre Verantwortung. Für die Traditionalisten in der Bundeswehr stand die militärische Ideologie des »soldatischen Ethos« auf dem Spiel, die der Mythos Wehrmacht historisch grundierte[36]. Brisant war das Problem nicht zuletzt infolge des sicherheitspolitischen Paradigmenwechsels: der Transformation der Bundeswehr von einer Armee der Landesverteidigung zu einer »Armee im Einsatz«. Wer durch entsprechende historische Bedeutungszuschreibungen den »Mythos Wehrmacht« verteidigen oder zerstören wollte, bewegte sich auf einem Konfliktfeld, das sich angesichts der wiedererlangten nationalen Souveränität und der neuen außenpolitischen Bewegungsfreiheit der Berliner Republik als ein besonders vermimtes Gelände herausstellte. Der Zukunft der neuen »selbstbewussten Nation« sollte ihre Vergangenheit nicht im Wege stehen. Insofern ging es in der Wehrmachtsdebatte um weit mehr als um Geschichte. Historische Bedeutungszuschreibungen dienten – mutatis mutandis wie im ersten Nachkriegsjahrzehnt – der innen- und außenpolitischen Selbstverständigung. In der Folge der öffentlichen Debatte justierte auch die Bundeswehr symbolische Repräsentationen neu und benannte Kasernen um. Die Kaserne der inzwischen (2010) aufgelösten Heeresflugabwehrschule in Rendsburg beispielsweise wurde am 8. Mai 2000 nach dem Feldwebel Anton Schmid benannt, der in Wilna 300 Juden gerettet hatte und zum Tode verurteilt worden war[37].

Rund zehn Jahre später führte kein Weg an der Einsicht vorbei, dass die Bundeswehr für ihren neuen »Auftrag« als »Armee im Einsatz« unzureichend gewappnet war. Das war auch ein Anlass, über historische Ursachen dieses Rückstandes und ihre Folgen zu sinnieren. Die im Kalten Krieg zur Landesverteidigung und zur Verteidigung im Bündnisfall nach Maßgabe der NATO aufgestellte Armee (»Unser Ernstfall ist der Frieden«) sei keine Armee für den Krieg, hieß es. Und weiter: »Nun

---

34 Vgl. als Resümee: Verbrechen der Wehrmacht. Bilanz einer Debatte.

35 Vgl. Die Wehrmachtausstellung. Dokumentation einer Kontroverse, dort auf S. 170–219 die Dokumentation der Bundestagsdebatten am 13. März und 24. April 1997, die gemeinhin als eine »Sternstunde« der deutschen Parlamentsgeschichte gelten. Klotz, Die Ausstellung »Vernichtungskrieg, Verbrechen der Wehrmacht 1941 bis 1944«; Jureit, »Zeigen heißt verschweigen«. Zur »Vergangenheitsbewältigung« in den 1990er Jahren vgl. König, Die Zukunft.

36 Vgl. etwa Latzel, Soldatenverbände gegen die Ausstellung.

37 Zu Schmid vgl. Wette, Feldwebel Anton Schmid.

kann man sagen: wie schön. Endlich sind wir Deutsche, wie uns die Alliierten immer haben wollten, heraus aus den Knobelbechern, und darum ist die Bundeswehr wie sie ist«[38]. Doch diese Ironie der Geschichte lässt die neue sicherheits- und außenpolitische Sachlage nicht mehr zu. Eine öffentliche Debatte scheint deshalb überfällig. Die deutsche Öffentlichkeit, nicht zuletzt die Politik, muss über den Auftrag der Bundeswehr »grundlegend diskutier[en]«. Dazu gehörte auch die Frage, wie mit den traumatisierten Soldaten umzugehen ist. Das Problem der Reintegration und Versorgung der (Spät-)Heimkehrer in den fünfziger Jahren stellt sich heute auf eine andere Weise neu. Ob die postheroische und nationalgeschichtlich fixierte Traditionsstiftung bei Bundeswehrsoldaten angesichts der multinationalen Einsatzwirklichkeit noch verfängt, ist eine offene Frage[39]. Ebenso steht eine Kernfrage der symbolischen Repräsentation des Militärischen: das Gefallenengedenken im Raum. Die Notwendigkeit und die Grenzen der Selbstverständigung über das Verhältnis von Militär, Krieg und ziviler Gesellschaft zeigten sich 2008/09, als die Debatte über das »Ehrenmal« der Bundeswehr über einige Ansätze im politischen, wissenschaftlichen Raum und in den Medien nicht hinauskam[40].

Vor diesem Hintergrund überrascht nicht, dass 2010 das »Aussetzen« der Wehrpflicht zwar einiges Gezerre auf der politischen Bühne mit sich brachte, aber wiederum keine breite, grundsätzliche Debatte in der Gesellschaft auslöste. Dabei war die Entscheidung für die Wehrpflicht und gegen die Berufsarmee ein Kernelement der westdeutschen Militärreform der fünfziger Jahre. Angesichts der historischen Erfahrung vor 1945 sollte die Wehrpflicht die neuen Streitkräfte in der zivilen Gesellschaft verankern – so lautete deshalb ein halbes Jahrhundert lang das Credo der westdeutschen Sicherheitspolitik. Eine Armee nur aus Berufssoldaten lasse sich, kritisierte der verteidigungspolitische Sprecher der Unionsfraktion Ernst-Reinhard Beck (CDU) 2010, mit der deutschen Kultur und der deutschen Geschichte nicht vereinbaren. Der 1945 geborene Beck erinnerte daran, dass die Militärreformer »eine gesellschaftliche Abschottung wie bei Reichswehr und Wehrmacht verhindern« wollten[41].

Schließlich: Nach der intensiven Auseinandersetzung mit dem NS-Regime vor allem in den achtziger und neunziger Jahren lässt sich ab der Jahrtausendwende eine weitere wesentliche Deutungsverschiebung beobachten. Die Deutschen präsentieren sich (wieder) in erster Linie als Opfer. Diese erneute Akzentverlagerung in der Selbstverständigung ist an dieser Stelle umso bemerkenswerter, als der Krieg, das Kriegsende und der unmittelbare Nachkrieg in den Vordergrund rücken.

---

38 Stephan-Andreas Casdorff, Von Grund auf. Auftrag, Ausrüstung, Finanzen, Struktur: Die Bundeswehr ist renovierungsbedürftig. In: Potsdamer Neueste Nachrichten, 20.3.2010, S. 6.

39 Vgl. hier nur Mannitz, Armee ohne Heldentod, sowie: Die Bundeswehr 1955 bis 2005.

40 Vgl. Bedingt erinnerungsbereit; Hettling, Militärisches Ehrenmal; Hettling, Militärisches Totengedenken. In internationaler Perspektive: Gefallengedenken im globalen Vergleich.

41 Ernst-Reinhard Beck, Zentrale Errungenschaft der Bürgerwehrpflicht nicht ohne Not aufgeben. In: Leipziger Volkszeitung, 19.8.2010; Rheinischer Merkur, 17.6.2010. Abgesehen von dem erhofften finanziellen Vorteil der Truppenreduzierung und der längst fehlenden Wehrgerechtigkeit, welche die Wehrpflicht ausgehöhlt hatte, hatte der sicherheitspolitische Paradigmenwechsel zu diesem historischen Einschnitt geführt: Die Wehrpflicht passe nicht mehr zu den Erfordernissen einer professionellen, flexibel auf den internationalen Einsatz ausgerichteten Armee, lautete das Argument.

Indem sie das nationalsozialistische Regime aus dem Rückblick auf die vierziger Jahre weitgehend ausblendet, dient die Repräsentation des Krieges wiederum als Vermittlungsinstanz für diese neue Selbstthematisierung durch die Vergegenwärtigung von Vergangenheit. Nicht die Opfer des Völkermords, sondern die durch Bombenkrieg, Flucht und Vertreibung und Kriegsgefangenschaft traumatisierten Deutschen stehen im Rampenlicht der Medienöffentlichkeit. Wie in den fünfziger Jahren wurden dabei das Kriegsende und die unmittelbare Nachkriegszeit zu *einer* Erfahrungsschicht des Leidens zusammengezogen[42].

Nicht, dass die kritische Auseinandersetzung in Frage gestellt worden wäre – an dem zwischenzeitlich erweiterten Stand der Forschung führte kein Weg mehr vorbei –, aber der Akzent, der seitdem auf dem Selbstbild als »Tätervolk« lag, wurde so verschoben, dass die Deutschen (auch) als Opfervolk ins Blickfeld, ja in den Vordergrund der historischen Betrachtung des Krieges rückten. Das gelang nicht zuletzt deshalb, weil der Impuls dazu 2002 von einem Schriftsteller kam, der nicht im Verdacht stand, die deutschen Opfer gegen die Opfer der Deutschen aufrechnen zu wollen, der aber erst 2006 der deutschen Öffentlichkeit bekannt geben sollte, als 17-Jähriger der Waffen-SS angehört zu haben. Günter Grass' Novelle »Im Krebsgang« schilderte die wohl größte Schiffskatastrophe bei Kriegsende, den Untergang der »Wilhelm Gustloff«, die durch ein sowjetisches U-Boot torpediert worden war. Das Publikumsinteresse war groß, und die öffentliche Debatte über Flucht und Vertreibung setzte prompt ein. Mehr als ein halbes Jahrhundert nach Kriegsende war der Bedarf nicht zu übersehen, die Deutschen auch als Leidtragende des Krieges zu thematisieren. Für die kollektive Repräsentationen des Zweiten Weltkrieges bedeutete dies, dass der Krieg weniger als ein nationalsozialistisches Unternehmen der aggressiven Expansion und Massenvernichtung von Juden und Slawen denn als ein Gewaltphänomen wahrgenommen wurde, unter dem nicht zuletzt die Deutschen selbst enorm gelitten hatten.

Auf dieser Interpretationslinie lag denn auch der zweite Impuls, das medienwirksame Erscheinen des Buches »Der Brand« 2002 von Jörg Friedrich. Die akribische Schilderung der Zerstörungen, die der Bombenkrieg der Alliierten in deutschen Städten anrichtete, stieß offenbar ebenfalls in eine Marktlücke und wurde rasch ein Bestseller. Doch Historiker und Journalisten waren sich in ihrem Urteil weitgehend einig, dass hier das Risiko einer reinen Opfergeschichte offen zutage trat. Nicht nur, dass Friedrich auf die unverzichtbare Kontextualisierung verzichtete und den Krieg auf den Bombenkrieg der Alliierten verkürzte. Er rückte auch noch die Luftangriffe der Briten durch eine suggestive, methodisch ungebremste Sprache in die Nähe der Judenvernichtung. Die von Autor und Verlag genährte verkaufsfördernde Vorstellung, das Buch sei ein Tabubruch – als hätten sich die Deutschen sich nicht jahrzehntelang in erster Linie als Opfer begriffen, als gäbe es nicht längst eine Fachliteratur zum Thema –, täuschte nicht über das methodische Problem hinweg, das eine derartige Verkürzung für eine kollektive Repräsentation des Krieges bedeutete. Die Medien griffen das Thema umgehend auf; allein *Der Spiegel* wid-

[42] Vgl. auch die Bemerkungen und Hinweise in der Einleitung. Vgl. als Überblick: Germans as Victims.

mete ihm Serien und Sonderhefte, und das ZDF zeigte zum Beispiel im März 2006 ein zweiteiliges »Dokudrama« zur Bombardierung Dresdens im Februar 1945[43]. Solche individualisierten Leidensgeschichten vor historischem Hintergrund waren und sind ein Publikumserfolg, der das Interesse an dieser neuen Sicht auf den Krieg unterstreicht[44].

Hatte es über dreißig Jahre gedauert, bis sich eine offen (selbst)kritische Sicht des Krieges durchsetzte, ist es also knapp dreißig Jahre später erneut zu einer Veränderung der kollektiven Repräsentationen des Krieges gekommen. Den Debatten über die Deutschen als Täter und über ihre Opfer, über die Kontinuität der NS-Eliten in der Bundesrepublik und die Rolle der Wehrmacht im Vernichtungskrieg folgte eine Rückbesinnung auf das eigene Leiden. Dieser »Gezeitenwechsel« (Norbert Frei) birgt Risiko und Chance zugleich. Auf der einen Seite ist die Gefahr nicht von der Hand zu weisen, dass nach der intensiven, erfolgreichen »Aufarbeitung« das Pendel zurückschlägt. Eine einseitige, auf das eigene Erleben zentrierte Sicht des Krieges würde den Blick auf das Signum des nationalsozialistischen Krieges verstellen: seine Verquickung mit dem industriellen Massenmord an jenen Menschen, die das NS-Regime als »Feinde der Volksgemeinschaft« definiert hatte. Würden die immer detaillierteren Darstellungen und filmischen Inszenierungen des Leidens der Deutschen weiter in den Vordergrund rücken, drohte ein Viktimisierungskult, der den reflektierten Umgang mit dem Leiden durch das eigene Mitleid verdrängte. Eine globale Tendenz kommt erschwerend hinzu: Weltkrieg und Holocaust haben als Filmmotive in Europa und den USA mittlerweile eine symbolische, mithin zeitlose Bedeutung erlangt, während auf der Rezipientenseite die Jahre des »Zeitzeugen«-Publikums passé sind[45].

Auf der anderen Seite besteht die Chance, vor dem Hintergrund des erreichten Forschungsstandes und seiner Vermittlung in das historische Bewusstsein der Öffentlichkeit ein komplexeres Bild des Zweiten Weltkrieges zu zeichnen, das der Ambivalenz der deutschen Kriegserfahrungen Rechnung trägt. Das Ende des Kalten Krieges, der die Repräsentationen des heißen Krieges ideologisch überformt hatte, bietet eine gute Voraussetzung. Mit einem Abstand von einem halben Jahrhundert wird die Geschichtsbetrachtung inzwischen ihrerseits historisiert[46]. Nicht zuletzt die

---

[43] Der »Eventmovie« der Produktionsfirma Teamworx bescherte dem ZDF einen großen Marktanteil von rund 32 Prozent. 12,68 Millionen Deutsche sahen den ersten Teil, mehr als 11 Millionen den zweiten. In Sachsen lag der Marktanteil gar zwischen 42,5 und 45 Prozent. Vgl. Der Spiegel, 7.3.2006, »Dresden«-Quote. Feuersturm mit Millionenpublikum. Vgl. dagegen: Hage, Zeugen der Zerstörung; Vees-Gulani, Trauma.

[44] Ein Beispiel: Flucht und Vertreibung setzte im März 2007 der Zweiteiler »Die Flucht« in Szene, in der die als »Tatort«-Kommissarin populäre Schauspielerin Maria Furtwängler als Gräfin Lena von Mahlenberg eine Hauptrolle spielte. Der Film schildert die Flucht vom elterlichen Gut in Ostpreußen 1944/45. »Der ergreifende und historisch fundierte Film behandelt somit einen Stoff, über den oftmals Jahrzehnte geschwiegen wurde, weil er mit deutscher Schuld und Scham behaftet ist«, hieß es in der Ankündigung. arte.tv, 2. März 2007, http://www.arte.tv/de/Fernsehfilme-auf-ARTE/Interviews/1495974.html (31.3.2010). Worauf diese Schuld zurückzuführen gewesen wäre, ließ der Film indes weitgehend offen.

[45] Noack, Gedächtnis in Bewegung.

[46] Vgl. als Überblicksdarstellung: Reichel, Vergangenheitsbewältigung in Deutschland.

Wiedervereinigung lieferte dieser »Geschichte zweiten Grades« neue Impulse, weil sie zu einem deutsch-deutschen Vergleich in der Nach-Nachkriegszeit einlud[47].

Die geschichtswissenschaftliche Grundregel, dass historische Ereignisse zu kontextualisieren sind, bedeutet für den Zweiten Weltkrieg in erster Linie, das Geflecht von Ursache und Wirkung zu berücksichtigen. Ohne den rasseideologisch motivierten Angriffs- und Vernichtungskrieg, den die Wehrmacht geführt und über dessen verbrecherische Folgen sich die Bevölkerung größtenteils im Klaren war, hätten die Deutschen nicht unter der militärischen Gewalt ihrer Gegner gelitten. Ohne die deutschen Luftangriffe auf »England« hätte es keinen strategischen Bombenkrieg über dem Reich gegeben; ohne den Vernichtungskrieg in Osteuropa keine Flucht und Vertreibung. Über diesen historischen Zusammenhang – der keine Rechtfertigung für völkerrechtswidriges Handeln ist – sollte kein Leser, kein jüngerer Leser zumal, hinweggetäuscht werden. Das eigene Leid verwies auf die Opfer.

Auf den ersten Blick mag es paradox erscheinen: Zwar hat es tektonische Verschiebungen im Vergangenheitsbezug gegeben; unverändert geblieben ist jedoch das erinnerungskulturelle Grundmuster, das seit den sechziger, siebziger Jahren in (West-)Deutschland vorherrscht und längst zur erinnerungspolitischen Norm avanciert ist: die Identifizierung mit den NS-Opfern. Man kann dieses Grundmuster als das funktionale Äquivalent jener »monumentalischen« Historie bezeichnen, die Friedrich Nietzsche in seinen kulturkritischen *Unzeitgemäßen Betrachtungen* als einen Modus der Geschichtsbetrachtung beschrieben hat. An die Stelle einer heroisierenden Rückschau auf die Vergangenheit mit der Hoffnung, sie möge durch Analogien die Menschen zu großen Taten antreiben und sich in der Zukunft wiederholen, trat ein auf die Opfer fokussiertes Narrativ der Vergangenheit mit dem moralischen Tenor, sie möge die Menschen von ähnlichen Taten abhalten und sich in Zukunft *auf keinen Fall* wiederholen[48].

Dieses Grundmuster wird nunmehr jedoch in einer sozialen und politischen Konstellation aktualisiert, die sich seit einigen Jahren grundlegend geändert hat. An diesem neuralgischen Punkt setzt die jüngste Kritik an der deutschen »Opferidentifikation« (Ulrike Jureit) an[49]. Zwar war und ist die Beschäftigung mit den Opfern des nationalsozialistischen Terrors, die das generationell aufgeladene Muster der Erinnerung an den Krieg und das NS-Regime bis heute prägt, notwendig, weil sie die Verbrechen benannte und einer breiten Mehrheit vor Augen führte. Auch war es ein wichtiger Teil der Selbstvergewisserung der westdeutschen Nachkriegsgesellschaft. Doch diese »Opferidentifikation« bedarf, so lautet der Einwand, dringend der Ergänzung, weil sie die Täter aus der öffentlichen Erinnerung weitgehend verdrängt hat. Die Erinnerung an die Verfolgten und Ermordeten, das »gefühlte Opfer«, bleibt nicht zuletzt aus deutscher Perspektive unvollständig, wenn sie nicht das Gedächtnis der Tat einbindet. Das Berliner Holocaust-Mahnmal ist

47 Die geteilte Vergangenheit; Herf, Divided Memory.

48 Andreas Wirsching, Vom Nutzen der Geschichte, Vortrag am Militärgeschichtlichen Forschungsamt, 8. November 2010. Friedrich Nietzsche, Unzeitgemässe Betrachtungen. Zweites Stück: Vom Nutzen und Nachtheil der Historie für das Leben (1874).

49 Das Folgende nach Jureit/Schneider, Gefühlte Opfer, S. 33.

ein Beispiel, weil es, wie bereits der damalige Präsident des Zentralrats der Juden in Deutschland, Paul Spiegel, bei der Eröffnung monierte, den Blick auf die Toten richtet, nicht aber, was in Deutschland doch nahe gelegen hätte, auf die Personen, die getötet haben, und auf den Zusammenhang, in dem der Massenmord möglich wurde.

Heute löse, so lautet Jureits Bilanz, der Verdacht Unbehagen aus, dass die Vielzahl der Erinnerungsprojekte und die zuweilen pathetischen Gedenkrituale nicht mehr weiter führen und, pointiert formuliert, nicht jene »Erlösung durch Erinnerung« bringen, von der Richard von Weizsäcker im Rückgriff auf eine jüdische Redensart in seiner Rede zum Jahrestag des Kriegsendes 1985 gesprochen hatte. Der durch Generationenwechsel und Migration forcierte demografische Wandel hat dazu geführt, dass es kaum noch einen familiären Bezug zum Zweiten Weltkrieg gibt und auch keine direkte Verantwortung von Menschen, die bis vor Kurzem unter uns lebten. Hinzu kommt die Internationalisierung der Erinnerungskultur, wie sie im Kontext des Holocaust-Gedenkens und der Jahrestage der Weltkriege zum Ausdruck kommt. Diese neue Konstellation verlangt nach neuen Grundmustern des Vergangenheitsbezugs, nach neuen Formen und Inhalten.

Nimmt man die hier vorgelegte Analyse des »Kriegs im Nachkrieg« als den empirischen Testfall auf die Validität der Kategorie der kollektiven Repräsentation, ist diese, so lautet die methodische Empfehlung, als neues Grundmuster des Umgangs mit der Vergangenheit besser geeignet als jener Modus der Geschichtsbetrachtung, der sich auf die Kommemoration der Opfer des NS-Terrors beschränkt und von den Tätern und Mitläufern weitgehend absieht. Ein solches Plädoyer mag nicht der erinnerungspolitischen Norm entsprechen. Doch im Unterschied zu der Betrachtung, wie sie sich spätestens seit den siebziger Jahren eingeschliffen hat, trägt es der fundamental gewandelten (und sich weiter verändernden) gesellschaftlichen und politischen Konstellation Rechnung, die ein differenziertes Geschichtsbild nicht nur fordert, sondern auch zulässt. Ein solcher weiter gefächerter Zugang würde auch die »eigenen« Opfer berücksichtigen können, ohne noch in die Falle der Opferkonkurrenz zu geraten, in der die Flüchtlinge und Vertriebenen aus den ehemaligen Ostgebieten, die »Ausgebombten« und Kriegswaisen gegen die NS-Opfer aufgerechnet würden. Denn das Risiko, hinter den erinnerungskulturellen Stand der Hinwendung zu den Opfern zurückzufallen, ist in der Nach-Nachkriegszeit gering; das Dritte Reich und der nationalsozialistische Krieg lassen sich aus der staatlich wie medial inszenierten Selbstthematisierung schwer streichen. Im Übrigen vertrügen die Repräsentationen der Zeit von 1939 bis 1945 im Land der Nachfahren von Tätern und Opfern durchaus ein größeres Irritationspotenzial. Das würde sich dem Vergessen entgegenstemmen, das mit jedem Erinnern Hand in Hand geht. Ist schon die Auswahl des Vergangenen zwangsläufig selektiv, verblasst ihre Wirkung zusätzlich durch die Banalisierung des Gedenkens – Kritiker sprechen von einer »Erinnerungsindustrie«.

Mit dieser Ausweitung der Perspektive nach innen könnte dann ihre Ausweitung nach außen einhergehen. Kollektive Repräsentationen der Vergangenheit können – so lautet ein weiterer Anstoß zur Weiterentwicklung der Geschichtsbetrachtung – nicht länger national eingerahmt sein. Souveräne Staaten, deren Regierungen die Beschränktheit nationaler Souveränität reflektieren und freiwillig beschränken können, kurz: postsouveräne Nationalstaaten (Ulrich Bielefeld)[50] sollten auch im Umgang mit der Vergangenheit nicht länger so tun, als wäre es »ihre eigene«, als endete der kollektive Gedächtnishorizont an den Grenzzäunen des Nationalstaats. Im Gegenteil bildeten und bilden sich national-kollektive Repräsentationen nicht in einem Vakuum, sondern in mehr oder minder engen Wechselbeziehungen mit anderen national-kollektiven Repräsentationen heraus, durch Verflechtung oder Abgrenzung. Eine Europäisierung der Repräsentationsgeschichte, die Opfer, Mitläufer und Täter gleichermaßen berücksichtigt, könnte dem künftigen erinnerungskulturellen Erfordernis auch methodisch Rechnung tragen[51].

Was lässt sich im Rückblick festhalten? Betrachtet man die Nachkriegsgesellschaft nicht als ein gegebenes »Objekt«, sondern geht von einer dynamischen Betrachtung des Sozialen aus, die auf dessen Konstituierung durch »Vergesellschaftung« (Georg Simmel) abhebt, wird aus dem vermeintlichen Zustand ein Prozess, den es empirisch zu untersuchen gilt. Da es keine soziale Wirklichkeit ohne die Wahrnehmungs- und Denkweisen der beteiligten Menschen gibt, müssen diese in die Untersuchung einbezogen werden. Die Frage lautete daher nicht, wie Krieg und Nachkrieg »stattfanden«, sondern wie deren historische »Wirklichkeit« konstruiert wurde. Dann lässt sich auch die Verflechtung beider in der historischen Realitätskonstruktion schärfer fassen. Hatte die Nachkriegszeit zum Erwartungshorizont vor allem der Endphase des Krieges gehört, spielte der Krieg im Nachkrieg für dessen Konstruktion eine Schlüsselrolle[52].

Jahrzehntelang gab der moralisierende Kampfbegriff der »Vergangenheitsbewältigung« für die Beschäftigung mit der Vergangenheit nach 1945 die Richtung vor. Während die einen die Vergangenheit durch »Aufarbeitung« »bewältigen« wollten, um endlich einen Schluss-Strich ziehen und das dunkle Kapitel deutscher Geschichte vergessen zu können, ging es den anderen im Gegenteil darum, die Erinnerung an die Verbrechen der Vergangenheit wachzuhalten und die Opfer nicht auch noch um ihr Gedächtnis zu bringen, wie Theodor Adorno gemahnt hatte[53]. Die Vergangenheit galt aus diesem Blickwinkel grundsätzlich als »unbewältigt«. Dem Bewältigungsprozess wurde zudem ein auf das nationale Kollektiv erweiterter psychoanalytischer Effekt zugeschrieben: nur Erinnern und Aufarbeiten schütze die Deutschen vor den Folgen einer »Verdrängung« der Vergangenheit. Für den Historiker muss eine solche Sichtweise schon deshalb unbefriedigend bleiben, weil die Unterstellung der Verdrängung diese der historischen Betrachtung zu ent-

---

50 Bielefeld, Nation und Weltgesellschaft.

51 Vgl. zur Rolle des Zweiten Weltkrieges hier: Echternkamp/Martens, Der Weltkrieg als Wegmarke?; Echternkamp, Die Inszenierung des Krieges. Vgl. auch Jarausch, Zeitgeschichte zwischen Nation und Europa.

52 Dahinter steckt weiterhin der wissensoziologische Ansatz von Berger/Luckmann, Die gesellschaftliche Konstruktion der Wirklichkeit. Vgl. Koselleck, »Erfahrungsraum« und »Erwartungshorizont«.

53 Adorno, Was bedeutet Aufarbeitung der Vergangenheit; Reichel, Vergangenheitsbewältigung als Problem: Jesse, »Vergangenheitsbewältigung«; Rückerl, Die Strafverfolgung von NS-Verbrechen; Rückerl, NS-Verbrechen vor Gericht; Kriegsverbrechen im 20. Jahrhundert; Lexikon der »Vergangenheitsbewältigung«.

ziehen sucht. Wo eine Vergangenheit »verdrängt« wurde, muss und kann man sich mit ihrer Gegenwart auch nicht beschäftigen, so scheint es. Es lohnte dann auch nicht – folgt man dieser Sichtweise –, nach den Funktionsmechanismen dieser »Vergangenheitsbewältigung« zu fragen.

Methodische Vorsicht ist auch dort angebracht, wo der Vorwurf der »Verdrängung« erhoben wird. Dass historische Ereignisse nicht – genauer: nicht in dem rückblickend angemessenen Maße – ausgesprochen und öffentlich formuliert wurden, konnte andere, extrinsische Ursachen haben als einen psychischen Abwehrmechanismus, der bedrohliche Vorstellungen aus der bewussten Wahrnehmung ausschloss. Bestimmten, durchaus bekannten und in der individuellen Kriegserinnerung präsenten Themen wie die verbrecherische Kriegführung wurde in unterschiedlichen Zeitphasen mal mehr, mal weniger Raum eingeräumt. Die innen- und außenpolitischen, auch die erinnerungskulturellen Rahmenbedingungen legten fest, ob für bestimmte Themen Platz im öffentlichen Diskurs war oder nicht. Von einer Tabuisierung der Kriegsverbrechen oder gar des Krieges konnte in der unmittelbaren Nachkriegszeit, unter den Bedingungen der Besatzungspolitik, keine Rede sein[54].

Stattdessen sind Historikerinnen und Historiker in den letzten Jahren daran gegangen, nach den Formen, Inhalten und Funktionen der medialen Konstruktion von Vergangenheit zu fragen. Wie sprachen die Menschen über den Krieg und seine Soldaten, als die Waffen schwiegen? Wie wurden die Kriegsvergangenheit und das Militär in Wort und Bild vergegenwärtigt? Inwiefern veränderten sich die Vorstellungen der (West-)Deutschen von »Krieg« und »Militär« im Übergang von der nationalsozialistischen Kriegs- zur demokratischen Nachkriegsgesellschaft? In welcher sozialen und symbolischen Praxis kam das zum Ausdruck? Schließlich: Was bedeutete dieser mögliche Wertewandel für die gesellschaftliche, politische und kulturelle Transformation und die damit verbundene Anpassung an die neuen sozialen, politischen, militärischen Strukturen, die sich zu einem Großteil durch ihre Abgrenzung von denen des NS-Regimes legitimierten?

Hier setzte die vorliegende Studie an. Das Konzept der kollektiven Repräsentationen (Roger Chartier) diente dazu, entgegen rückwirkenden Zuschreibungen die changierenden Anteile der Vergangenheit in der zeitgenössischen Gegenwart differenzierter zu kontextualisieren und zu analysieren, als das bislang möglich war. Repräsentationen wurden hier nicht als Abbilder der Wirklichkeit verstanden, sondern als deren Vermittlungsweisen. Sie organisierten (historisches) Wissen und erzeugten durch die Aneignung im Denken, Sprechen und Handeln, zumeist in der Interaktion mit anderen Menschen, eine Wirklichkeit, die sie fortlaufend veränderten. Quellen wurden nicht als Widerspiegelung der Vergangenheit begriffen, sondern als »Repräsentationen« untersucht. Der Umgang mit individuellen Erfahrungen kriegerischer Gewalt, ob zeitnah oder aus größerer Distanz, vollzog sich nicht zuletzt durch ihre vielfältige Repräsentation, die ihrer Destruktivität nachträglich einen Sinn zuwies. Wo Krieg und Militär im Untersuchungszeitraum repräsentiert wurden, entstand, so gesehen, ein Forum der kollektiven Selbstverständigung über jene soziale und politische Ordnung, die der Krieg zerstört hatte. Repräsentationen

[54] Vgl. Echternkamp, Wut auf die Wehrmacht?

dienten zugleich als Orientierungshilfen, damit sich die Menschen in der neuen Ordnung zurechtfanden. Dazu stand nicht im Widerspruch, dass diese narrativen Konfigurationen in einer pluralistischen Gesellschaft nicht festgelegt, sondern fortlaufend ausgehandelt wurden, mithin zwischen Konsens und Dissens pendelten. Doch die soziale Ordnung lieferte nicht bloß einen wie immer gedachten Rahmen für diese Aushandlungsprozesse. Vielmehr hing ihre Existenz von den Repräsentationen ab, die um die Bedeutungen von Krieg und Militär kreisten und insofern eine integrierende, die Ordnung erst konstituierende Wirkung besaßen. Kollektive Repräsentationen sind Vorstellungen und Darstellungen. Nur wenn sie medial vermittelt wurden und wenn mit und über sie kommuniziert wurde – in der Tageszeitung, durch ein Protesplakat oder in der Alltagspraxis des örtlichen Veteranenvereins –, entfalteten sie ihre Gestaltungskraft als Muster der Weltdeutung.

Nicht obwohl, sondern weil das Erkenntnisinteresse dem gesamtgesellschaftlichen Prozess der postnationalsozialistischen Bundesrepublik galt und der Akzent daher auf den *kollektiven* Repräsentationen lag, sollte die individuelle, private Dimension nicht ausgeblendet werden. Die Erfahrungen, die die Deutschen mit dem Krieg und den Kriegsfolgen gemacht haben, bilden zunächst einmal millionenfache Erlebnisse einzelner Männer und Frauen ab. Dem wurde auf zwei Wegen Rechnung getragen: zum einen durch die idealtypische Beschreibung von Erlebnisstrukturen, zum anderen durch die ergänzende Berücksichtigung der subjektiven Dimension, der Sicht »von unten«.

Als eine Folge der methodischen Vorentscheidung, die kollektiven Repräsentationen zu untersuchen, wurden zudem die Deutungsebenen und Handlungsfelder im Sinne eines *jeu d'échelles* wiederholt gewechselt. Krieg und Militär gerieten auf unterschiedlichen Ebenen der narrativen und symbolischen Repräsentation und in den verschiedenen chronologischen Etappen, den »Erfahrungsschichten«, in den Blick. Die Palette reichte von offiziellen Deutungsangeboten in der Propaganda respektive Öffentlichkeitsarbeit bis zur subjektiven Wahrnehmung im Interview mit einzelnen Betroffenen; sie erstreckte sich vom vorpolitischen Raum, in dem etwa die Veteranenverbände und regierungsnahe »Arbeitskreise« aktiv waren, bis in den politischen Raum, wo die Regierung, das Amt Blank bzw. das Verteidigungsministerium und politische Parteien Formen und Inhalte der Repräsentationen des Krieges bestimmten. Entsprechend vielfältig sind die Quellenarten, die als empirische Basis der Interpretation dienen. Amtliche Verlautbarungen wurden ebenso herangezogen wie die Verbandspublizistik, Zeitungen, Illustrierte und kulturpolitische Hefte ebenso wie Tagebücher, Feldpostbriefe und Memoiren. Damit verband sich ein Wechsel der Kommunikationsebenen. Berücksichtigt wurde nicht nur der rationale Austausch von Argumenten etwa auf dem Forum der politisch-kulturellen Zeitschriften, sondern auch die symbolische Kommunikation (Rituale), die visuelle Kommunikation (Propaganda- und Werbeplakate), die Massenmedien (Zeitungen, Illustrierte) ebenso wie persönliche Gespräche, Diskussionsrunden und lokale Netzwerke. Schließlich wechselte der Blick wiederholt zwischen der »nationalen« und der lokalen Ebene kollektiver Repräsentationen; mehrfach wurde die Außen-Perspektive der DDR berücksichtigt, um an das deutsch-deutsche Verhältnis in der Ost-West-Konfrontation als eine Bedingung der westdeutschen Identitäts- und Sinnstiftung zu erinnern. Dem Krieg und der Wehrmacht wurden, so lautete die Prämisse, Bedeutungen zugewiesen, die über das historische Geschehen hinauswiesen und für die Interpretation der Gegenwart von Bedeutung waren. Es ging daher weniger darum, an was die Deutschen sich hätten erinnern *sollen* (Adorno, Mitscherlich), als vielmehr darum, an was sie sich tatsächlich (empirisch) erinnert haben[55].

Im Mittelpunkt stand die Frage nach den Deutungsmustern und Argumentationsstrategien, aber auch nach der symbolischen Praxis, mit deren Hilfe die eigenen Kriegserlebnisse und die Rolle der Wehrmacht im ersten Nachkriegsjahrzehnt mit Sinn versehen und in das »kollektive Gedächtnis« der Westdeutschen eingepasst wurden. Dagegen sollte nicht versucht werden, in essentialistischer Manier dem deutschen Militarismus nach 1945 nachzugehen. Grundsätzlich galt: Die überkommenen Erzähl- und Deutungskonventionen ließen sich nicht ohne Weiteres fortführen, da sich eine Rahmenbedingung ins Gegenteil verkehrt hatte: Die bejahende Sicht des Krieges, welche die großen Kriegserzählungen bis in die Jahre um den Ersten Weltkrieg geprägt hatte, existierte kaum mehr. Seit dem Ersten Weltkrieg war der gesellschaftliche Konsens über die Sinnhaftigkeit von Kriegen einem Zwang zur Rechtfertigung gewichen, dessen Selbstbezüglichkeit (Wie ließ sich das eigene Verhalten rechtfertigen oder kritisieren?) das Verhältnis von Krieg und Medien im 20. Jahrhundert fortan geprägt hat[56].

Die Untersuchung der »Textur« einer Darstellung verrät zum einen viel über die zum Zeitpunkt der Erinnerung geltenden politischen, sozialen, moralischen und nicht zuletzt militärischen Werte einer Gesellschaft. Zum anderen weisen die Deutungskonkurrenzen auf die Konfliktlinien, die zwischen unterschiedlichen, als Erfahrungsgemeinschaft verstandenen sozialen Gruppen der Nachkriegsgesellschaft verliefen. Hier liegt der doppelte heuristische Nutzen einer Analyse der kollektiven Repräsentationen von Krieg im Nachkrieg.

Würde man sich jedoch dazu allein mit dem Wendepunkt der unmittelbaren Nachkriegszeit befassen, bliebe die Untersuchung auf halbem Wege stecken. Deshalb wurde der zeitliche Bogen so gespannt, dass er vom Kriegsende über die Besatzungszeit und die ersten Jahre der Bundesrepublik bis in die Gründungsphase neuer Streitkräfte in der Mitte der fünfziger Jahre reichte und damit eine Zeitspanne abdeckte, in der sich die Parameter kollektiver Repräsentationen von Krieg und Militär grundlegend änderten. Der anfängliche Rückblick bis in die erste Nachkriegszeit nach 1918 und der Ausblick bis in die Gegenwart sollten diesen intensiver betrachteten Untersuchungszeitraum in eine historische Perspektive rücken. Damit verknüpfte sich das methodische Interesse, die in der begrifflichen Trennung angelegte und durch die häufige Arbeitsteilung von Weltkriegs- und Nachkriegsforschung in der Geschichtswissenschaft verstärkte Dichotomie von »Erfahrung« (während des Krieges) und »Erinnerung« (nach dem Krieg) durch eine Herangehensweise zu überwinden, die auf die Kontinuität und Diskontinuität von Deutungs- und Darstellungskonventionen zielt. Die Historizität der Repräsentationen steht außer

[55] Das ist auch der Ansatz u.a. von Moeller, War Stories (2004), S. 18, und Biess, Homecomings.
[56] Vgl. Daniel, Bücher vom Kriegsschauplatz, S. 121.

Frage. Der »realhistorische« Wandel änderte die politischen, sozialen und kulturellen, nicht zuletzt die militärischen Rahmenbedingungen der Deutungen, aber *nicht zwangsläufig* diese selbst, so lautete eine weitere Hypothese.

Über die in den drei Zwischenbilanzen zusammengefassten inhaltlichen Ergebnisse hinaus soll am Ende der stärker methodisch-theoretisch orientierte Versuch führen, die wesentlichen Ergebnisse dieser repräsentationsgeschichtlichen Analyse unter systematischen Gesichtspunkten thesenartig auf den Punkt zu bringen, in die laufenden Forschungsdebatten einzuordnen und dabei gegebenenfalls in einen größeren zeitlichen Zusammenhang zu stellen.

1. Krieg und Wehrmacht in wechselnden Deutungszusammenhängen: Festhalten lässt sich zunächst der grundsätzliche Befund, dass die Konventionen der Repräsentationen des Krieges und des deutschen Militärs unter den radikal veränderten Rahmenbedingungen der jungen Bundesrepublik zu jenen Sinnkonstruktionen zählten, die den politischen und vorpolitischen Raum wesentlich geprägt haben. Neben den anhaltenden materiellen Kriegsfolgen sorgten vor allem die sozialen Verwerfungen infolge des Krieges für dessen Präsenz weit über die Kapitulation im Mai 1945 hinaus. Die justizielle Auseinandersetzung mit den Kriegsverbrechern unter den Soldaten und mit der Rolle der Wehrmacht; das Problem der Kriegsgefangenen in der Sowjetunion; die Reintegration der entlassenen Soldaten in die Konsumgesellschaft; die Trauer um die Toten: all das führte dazu, dass sich die westdeutsche Gesellschaft wiederholt und öffentlich über den Krieg und seine Soldaten verständigen musste. Was *der* Krieg im Einzelnen für verschiedene Gruppen bedeutete, welche Konsequenzen das für die zeitgenössische Gegenwart besaß und wie umgekehrt die sozialen und politischen Erfordernisse der Gegenwart zum öffentlichen Rekurs auf die kriegerische Vergangenheit führten, musste stets aufs Neue ausgehandelt werden. Die Analyse bestätigt insofern das revidierte Urteil über die Frühzeit der Bundesrepublik: Bereits in der ersten Hälfte der fünfziger Jahre war Westdeutschland nicht nur »eine Welt der Enge und der Bewegungsnöte«, sondern auch »der Freiräume und bestimmungslose[n] Leerflächen«, der intellektuellen Regellosigkeit[57].

2. Vergegenwärtigung der Kriegsvergangenheit als handlungsleitende Deutungen der inneren Demokratisierung: Darstellungen und Vorstellungen von Krieg und Wehrmacht waren Ausdruck der öffentlichen Selbstverständigung über die gegenwärtige »Wirklichkeit«, als Re-Präsentationen waren sie subjektive und kollektive Interpretationen der Realität. Mit anderen Worten: In der sozialen und symbolischen Praxis öffentlicher Kriegserinnerung – am Volkstrauertag, in der »Kriegsgefangenen-Gedenkwoche«, auf der Demonstration der Remilitarisierungsgegner – wie auch in der Rede über den Krieg und seine Soldaten in den Massenmedien und der Popularkultur ging es im Kern um die Frage, wie die Gegenwart der Westdeutschen aussah und wie ihre Zukunft aussehen sollte. Nirgendwo zeigte sich das deutlicher als auf dem Konfliktfeld der Wiederbewaffnungsproblematik, das als Deutungs- und Argumentationszusammenhang Vorgestern, Gestern und Morgen verband.

57 So urteilte Joachim Fest (Jg. 1926) im Rückblick auf den Neuanfang, wie er ihn nach der Flucht aus der Kriegsgefangenschaft 1947 erinnerte. Fest, Ich nicht, S. 346 f.

Dieses Verhandeln über Vergangenes führte zu sozialem und politischem Handeln – in Veteranenorganisationen, in sicherheitspolitischen Arbeitskreisen oder im Amt Blank – und induzierte so gesellschaftlichen Wandel. Insofern hatten die kollektiven Repräsentationen von Krieg und Militär in der Frühzeit der Bundesrepublik viel mit Vorstellungen von der (militärischen) Zukunft, mit einem Bewusstsein für und Erwartungen an die Gestaltung einer künftigen Ordnung zu tun. Wo es um die Rolle ehemaliger Wehrmachtsoldaten vor 1945 ging, stand in der Regel ihr Platz in der zeitgenössischen Gesellschaftsordnung in Rede.

Die spezifischen Repräsentationen des Krieges und seiner Soldaten wiesen nicht nur in die Vergangenheit, sondern auch in die Zukunft. Stets ging es darum, durch Deutungen der Kriegszeit Themen historisch zu unterfüttern, die auf der (tages) politischen Agenda standen: die Freilassung deutscher Kriegsgefangener aus dem Gulag, die Amnestie und »Rehabilitierung« der als Kriegsverbrecher inhaftierten Deutschen in westdeutschen Gefängnissen; das Werben um Wehrmachtsoldaten a.D. für den Dienst in der Bundeswehr; deren Legitimation durch eine neue militärische Führungsphilosophie im Spagat zwischen Kontinuität und Diskontinuität. Der Rekurs auf die jüngere militärische Vergangenheit, die Argumentations- und Deutungsmuster, die in den unterschiedlichen Repräsentationsformen aufschienen, gaben in der extrem unsicheren Gegenwart der frühen Nachkriegszeit Orientierung für den Aufbau einer neuen, demokratischen Gesellschaft, in der das Militär – auch international – seinen Platz neu definieren musste. Um mit Reinhart Koselleck zu sprechen: Wenn ein Signum der Moderne darin liegt, dass seit der Französischen Revolution Erfahrungsraum und Erwartungshorizont auseinanderklaffen, dann können die historischen Bedeutungszuschreibungen als Versuche interpretiert werden, diese durch sinn- und identitätsstiftende Konstruktionen von Krieg im Nachkrieg stellenweise zu überbrücken. Repräsentationen des Krieges wurden hier deshalb als Vermittlungsinstanz zwischen den Jahren vor und nach der Zäsur von 1945 verstanden.

Das gilt, erstens, im engeren militärischen Sinn, wenn sich Veteranen als (ostfront)erprobte Kämpfer für die Bundeswehr im Kalten Krieg empfahlen. Das gilt sodann, zweitens, im Sinne des ökonomischen Wertesystems, wenn Leistungswille und Arbeitsethos Konstanten aus der Kriegszeit in der Nachkriegszeit darstellten. Die Gewöhnung an ein anstrengendes Leben voll harter Arbeit in den Lagern, wie es die Medien in Westdeutschland kolportierten, schien die »Heimkehrer« für den Wiederaufbau zu prädestinieren. Der Kriegseinsatz war die persönliche Nagelprobe für die individuelle Leistungsbereitschaft. Die Kluft wurde schließlich, drittens, dort überbrückt, wo sich Menschen die besondere Demokratietauglichkeit infolge der Diktaturerfahrenen bescheinigten, namentlich, wenn sich »Heimkehrer« nach den Jahren in sowjetischen Lagern eine besondere moralische Qualität zuschrieben, ein profundes Bewusstsein nämlich für den Wert der Freiheit und der Menschenwürde, wie es einzig die intensive Leidenserfahrung ermöglicht habe. Mit diesem moralischen »Alleinstellungsmerkmal« empfahlen sich auch die Spätheimkehrer vor dem Hintergrund des Ost-West-Konfliktes für die Reintegration in die westdeutsche Gesellschaft.

Viertens setzte umgekehrt, mit einem negativen Vorzeichen, auch die Abgrenzung vom nationalsozialistischen Krieg und von der Militärtradition bis 1945 Wegmarken für die Zukunft. Die in der öffentlichen Debatte, in der Belletristik und in Pamphleten, zum Ausdruck gebrachte Sorge, »Bundeswehr« bedeute »Barras«, und die gegenteilige Versicherung aus dem Amt Blank bzw. dem Bundesministerium für Verteidigung spiegelten das Bemühen wider, die Institutionalisierung militärischer Gewalt nach der vorangegangenen Demilitarisierung durch Unterschiede zu legitimieren.

Der Untersuchungszeitraum umfasst, was die innere Demokratisierung betrifft, zwei Phasen: erstens die Zeit der alliierten Vorgaben und der Aneignungen in der Besatzungszeit von 1945 bis 1949, zweitens die Phase der »semi-autoritären Demokratie« (um einen Begriff zu gebrauchen, der heute vor allem auf osteuropäische Regime in der postkommunistischen Transformation verwendet wird), in der eine nicht demokratisch sozialisierte politische Elite die Demokratisierung voranbrachte, bevor in einer weiteren Phase ab den späten fünfziger und frühen sechziger Jahren eine neue Generation – die in den zwanziger und dreißiger Jahren geborenen »45er« – an Einfluss gewann und schließlich in den 60er Jahren die Demokratie zu einem Lebensgefühl wurde. Das funktionale Argument, wonach Repräsentationen notwendige Vermittlungsinstanzen für die Selbstverständigung einer Nachkriegsgesellschaft sind, betont in diesem Forschungszusammenhang in erster Linie die politisch-kulturellen Folgen des Krieges und geht über die nicht selten moralisierende Frage nach der Nachwirkung des Nationalsozialismus hinaus. Ohne die Ergebnisse dieser Forschung, die aus guten Gründen lange ein Schwerpunkt der Zeitgeschichte war, wäre eine solche Akzentverschiebung in der Interpretation freilich nicht möglich gewesen – schon aufgrund der Verquickung von Krieg und Nationalsozialismus[58].

3. Krieg, Kontingenz und das Bedürfnis nach Sicherheit: Mentale Dispositionen ändern sich nicht von heute auf morgen. Durch jahrelange Sozialisation tief verankerte Werte weisen ein enormes Beharrungsvermögen auf, über politische und soziale Brüche hinweg. Das ist bekannt, erklärt aber wenig. Im konkreten historischen Fall waren es die spezifischen Erfahrungen extremer Beschleunigung der letzten Kriegsphase und der frühen Nachkriegszeit, die das Sicherheitsbedürfnis stärkten[59]. Das »Wirtschaftswunder« verlängerte durch sein rasantes ökonomisches Wachstum diese verunsichernde Beschleunigungserfahrung, bevor es ab Mitte der fünfziger Jahre auf materieller Ebene die erhoffte Stabilität brachte. Die Normalität, nach der sich die Menschen lange vor Kriegsende gesehnt hatten, orientierte sich in erster Linie an der verlorenen Normalität der Vergangenheit, erst in zweiter Linie an den Werten und Normen, die in der pluralistischen Demokratie gelten sollten. Im Kaiserreich lagen nach Meinung von 45 Prozent der Befragten Deutschlands die besten Jahre des 20. Jahrhunderts, so lautete das seither von Zeithistorikern häufig

[58] Die frühen sechziger Jahre gelten Zeithistorikern als die Zeit der »zweiten Gründung« der Bundesrepublik. Insgesamt erscheinen die sechziger Jahre als Aufbruchsphase und Durchbruch der inneren Demokratisierung. Herbert, Liberalisierung als Lernprozeß, S. 14; Görtemaker, Geschichte der Bundesrepublik Deutschland, S. 184; Schildt, Ankunft im Westen, S. 38 f.; Dynamische Zeiten; Demokratisierung und gesellschaftlicher Aufbruch.

[59] Das betont zu Recht: Conze, Security as a Culture, S. 17. Vgl. auch Braun, Das Streben nach Sicherheit.

zitierte Ergebnis einer Meinungsumfrage aus dem Jahr 1951. Weitere 40 Prozent schwärmten von den Jahren zwischen 1933 und 1939[60]. Das traf – darum ging es hier – auf die militärische Dimension des gesellschaftlichen Wandels besonders zu. Die Ambivalenz von Alt und Neu zeigte sich beispielsweise nicht nur in der sozialen Praxis und im Wertesystem der Veteranen, sondern auch in den Broschüren, mit denen die Militärreformer bei den ehemaligen Soldaten für eine neue »Wehrmacht« warben.

Nach außen sollte die Verteidigungspolitik mit der Wiederbewaffnung und der Integration der Bundesrepublik in das westliche Bündnissystem den Bürgern die gewünschte Sicherheit bieten, nach innen der Wohlfahrtsstaat mit seinem System sozialer Sicherheit. Die Unsicherheit der Kriegs- und Nachkriegszeit sollte damit ein Ende haben. Zugleich ging die Angst vor einem Dritten Weltkrieg um; das antibolschewistische Feindbild und ältere Klischees vom tumben, aber gefährlichen Iwan kamen hinzu (keineswegs nur in Deutschland) und hatten nichts von dem Radikalisierungspotenzial verloren, das Feindbilder grundsätzlich kennzeichnet[61].

Die Repräsentationen des Krieges und der deutschen Soldaten waren nicht zuletzt ein Ausdruck des Bemühens vor allem, aber nicht nur der ehemaligen Soldaten, um Selbstvergewisserung in der neuen Ordnung. Die Rückkehr nach (West-) Deutschland aus dem Krieg war keine. Sie entpuppte sich als Aufbruch in eine zumindest streckenweise radikal veränderte, unbekannte Welt. Das betraf gleichermaßen die Millionen Flüchtlinge und Vertriebenen. Die Verunsicherung erhöhte den Orientierungsbedarf und befeuerte die Sehnsucht nach Sicherheit[62]. Und was schien die Zukunft besser vorhersehbar zu machen und ihre prinzipielle Kontingenz einzuschränken als auf die Vergangenheit zu blicken und erkennbare Veränderungen festzustellen oder Kontinuitätslinien zu ziehen? Diese setzten zu einem Teil bereits im Krieg an (etwa wenn es um Leidensfähigkeit, Leistungswillen, Durchhaltevermögen, Solidaritätserlebnisse ging), zum Teil reichten sie bis in die Vorkriegszeit zurück. In Westdeutschland fand eine »Modernisierung im Wiederaufbau« statt[63]. Ein Großteil der Westdeutschen orientierte sich an politischen, sozialen und kulturellen Mustern des »Westens« und der zwanziger und dreißiger Jahre (deren Wurzeln wiederum in vielen Fällen im Kaiserreich lagen). Im Gegensatz etwa zu der Bedeutung, die den antinapoleonischen »Freiheitskriegen« für das 19. Jahrhundert zukam, war der Zweite Weltkrieg nicht, jedenfalls nicht in erster Linie, der historische Ort, in dem diese Werte offiziell lokalisiert wurden, es sei denn ex negativo. Zwischen den Zeilen jedoch zeigte sich die Kontinuität bestimmter Werte durch den Krieg hindurch, ja durch den Krieg bekräftigt.

4. Der Mythos vom deutschen »Soldatentum« und die Ambivalenz der politischen Semantik: Die westdeutsche Gesellschaft wird seit einiger Zeit gerne als eine »postheroische« bezeichnet. Die Erfahrungen extremer militärischer Gewalt im Zweiten Weltkrieg hätten dazu geführt, heißt es, dass die Deutschen keine Helden mehr

60 Jahrbuch der öffentlichen Meinung 1947–1955, S. 125 f.
61 Vgl. etwa: Vom Sinn der Feindschaft.
62 Vgl. Conze, Die Sehnsucht nach Sicherheit.
63 Modernisierung im Wiederaufbau.

hätten, jedenfalls nicht im Militär[64]. In der Tat erhielt das überkommene Kriegs- und Soldatenbild einen Knacks. Doch der Abstand, auf den man zu dem überkommenen heroischen Ideal ging, war veränderlich. In der unmittelbaren Nachkriegszeit, unter dem Druck der Kriegsmüdigkeit und der flankierenden Entmilitarisierungspolitik der Alliierten, waren die Wehrmachtsoldaten in weiten Teilen der zivilen Gesellschaft schlechter gelitten als von dem Moment an, als das Militärische im Vorfeld der Wiederbewaffnung erneut einen größeren Stellenwert erhielt. Dieser Schwenk in einer verblüffend kurzen Zeitspanne lässt sich jedoch nicht allein mit den geänderten sicherheitspolitischen Bedingungen erklären. Vielmehr zeigte sich hier das Beharrungsvermögen tief verwurzelter Überzeugungen davon, was »das deutsche Soldatentum« ausmache. Semantisch erlaubte es der Kollektivsingular, die jeweiligen historischen Besonderheiten, namentlich den instrumentellen Zusammenhang von Wehrmacht und Nationalsozialismus, zugunsten einer übergreifenden Repräsentation des Militärs auszublenden. So konnten die öffentlich nicht mehr akzeptablen Komponenten der nationalsozialistischen Ideologie – Rassismus, Antisemitismus, Imperialismus – für das Militär abgelehnt werden, während man zugleich die epochenübergreifenden positiven Grundzüge deutschen »Soldatentums« im 19. und 20. Jahrhundert herausstellte und damit auf die Kontinuität von Deutungsmustern setzte, die ihrerseits bereits das Kriegs- und Soldatenbild vor 1945 geprägt hatten.

Das Beharrungsvermögen mentaler Dispositionen kam in der Kontinuität der politischen Semantik besonders zum Ausdruck, im engeren und weiteren Sinn des Wortes. Die Analyse der symbolischen Repräsentationen von Krieg belegt, dass es in der politischen Sprache der vierziger und fünfziger Jahre von denselben, wiederkehrenden Schlüsselbegriffen wimmelte, als hätte es den Zivilisationsbruch nicht gegeben. Bereits aus der Vorkriegs-Zeit stammte die Metaphorik des Militärischen, die etwa die Wörterbücher des Marine-Jargons explizit in die fünfziger Jahre zu verlängern suchten. Hier gründeten die Kriegs- und Soldatenbilder, die ohne ihre nationalsozialistische Überhöhung nach 1945/49 zumindest teilweise wieder zur Verfügung standen. Zwar waren viele Deutsche bereits während des Krieges zu einem heroischen Soldatenbild auf Distanz gegangen, und das Ideal des fanatischen Kämpfers im Weltanschauungskrieg, das die Nationalsozialistischen Führungsoffiziere (NSFO) propagiert hatten, hatte ebenfalls bereits vor Kriegsende ausgedient, wenn es denn überhaupt überzeugt hatte.

Doch dass Soldaten Männer sui generis und Ritterlichkeit, Tapferkeit, Treue, vor allem aber »Ehre« Schlüsselkategorien des Militärischen waren, blieb für viele Angehörige der Kriegsgeneration im Dunstkreis der Veteranenverbände unbestritten. Auch der Kollektivsingular des deutschen Soldaten oder das Kollektivum »deutsches Soldatentum« zählten dazu, schließlich die ganze Palette der Grundbegriffe, die der deutsche Nationalismus seit dem 19. Jahrhundert zu bieten hatte: Volk, Nation, Vaterland, Vaterlandsliebe (gerne auch mit dem Epithet »gesunde«), deutsche Heimat, Volkstum[65]. Bezeichnend für die Präsenz des Militärischen ist es, dass die Begriffe Allgemeingut und nicht nur in den Hinterzimmern der Regimentskameraden-

64 Vgl. Münkler, Der Wandel des Krieges.
65 Vgl. zum Nationalismus nach 1945: Echternkamp, »Verwirrung im Vaterländischen«?

Treffen zu hören waren. Wie vor 1945 forderten Politiker »Opfer« oder mahnten doch zumindest die »Opferbereitschaft« der Deutschen an – wofür, das blieb der Tagespolitik überlassen. Ob das Opfer darin lag, Wehrdienst zu leisten, oder im Gegenteil darin, nicht wieder zum Opfer von Barras oder gar Krieg zu werden: die Metapher blieb aktuell. Selbst Reformer nutzten mithin vertraute Begriffe, um das Vertrauen derer zu erlangen, die sie allemal im Munde führten.

Wenn Baudissin die Norm der »Ritterlichkeit« aktualisierte, indem er sie an die Werte des Grundgesetzes koppelte, wurde eine solche semantische Brücke von der Vergangenheit in die Zukunft gebaut. Das Beispiel zeigte, wie »neue« Werte an »alte« Werte anknüpften und so plausibel erscheinen sollten. Die Analyse dieses militärischen Diskurses (hier nicht als Diskurs des Militärs zu verstehen) zeigt wie durch ein Brennglas den zähen kulturellen Ablösungsprozess, als der sich der Wertewandel jenseits der Wehrmacht lesen ließ. Der mentale und semantische Rückgriff auf die Vorkriegszeit spiegelte die Ambivalenz des Bemühens, die neuen Normen der demokratischen Staats- und Gesellschaftsordnung einzuführen und damit ältere für ungültig zu erklären, zugleich jedoch an alten Kategorien festzuhalten.

In manchen Fällen sollten Dichotomien wie wahr/falsch oder gesund/ungesund identische Begriffe voneinander abgrenzen. Tatsächlich blieben die Grenzlinien schwammig, zumal die Zeitgenossen regelmäßig nur die positive Variante wählten. Wenn vom »wahren« Soldatentum die Rede war, was war dann das »falsche«, von dem kaum einer sprach? Wenn die »gesunde« Vaterlandsliebe, der »gesunde« Patriotismus der Wehrmacht-Soldaten beschworen wurden, was kennzeichnete dann den falschen, kranken? Wenn die Marine »anständig« geblieben war, war dann das Heer »unanständig« geworden und inwiefern? Das blieb unklar, einerseits. Andererseits verwies jede positive Formulierung auf ihre Schattenseite. Noch in der Negation schien das Bewusstsein schuldhaften Verhaltens im Zweiten Weltkrieg auf.

Neu waren nicht nur die semantischen Verschiebungen der normativen Begriffe, die das Ende des Nationalsozialismus im öffentlichen Diskurs erzwungen hatte, sondern auch ihre Legitimation. Die genannten Werte wurden häufig nicht mehr, jedenfalls nicht mehr ausschließlich aus einem binnenmilitärischen oder national(geschichtlich) definierten Bezugssystem hergeleitet, sondern durch einen supranationalen Wertekanon legitimiert, der in der Regel als ein spezifisch europäischer interpretiert und im christlich-konservativen Milieu mit der Mission des christlichen Abendlandes gegen den atheistisch-asiatischen Kommunismus verknüpft wurde. Dass die Abendlandideologie, die auf das 19. Jahrhundert zurückging und in der Zwischenkriegszeit eine Blütezeit hatte, nach 1945 eine Renaissance erlebte, erklärt sich nicht nur dadurch, dass der Nationalsozialismus den Begriff nicht diskreditiert hatte, sondern dass er wie geschaffen schien für die ideologische Überhöhung der Remilitarisierung und der Westintegration der Bundesrepublik.

Kollektive Repräsentationen von Krieg und Militär wirkten wie Transmissionsriemen der demokratischen Nachkriegsordnung, indem sie neue politische und gesellschaftliche Normen mit einem drängenden Thema verbanden. Als Teil der gesellschaftlichen Selbstvergewisserung verbanden diese Darstellungen vielfältige Vorstellungswelten und Politikfelder: von Kulturkritik über die Abendland-Ideologie und den Antikommunismus bis zur Führungsphilosophie der Militärreform. Die Analyse unterschiedlicher Text- und Bild-Medien hat – hier liegt ein Vorzug des auf sprachliche und visuelle »Texturen« zielenden Repräsentationsmodells gegenüber dem begriffsgeschichtlichen Ansatz – die intertextuellen Verweise und Zusammenhänge zwischen Texten und Bildern verdeutlicht. Der Zweite Weltkrieg wurde beispielsweise in der fiktionalen Literatur, in der Autobiografie oder, so wäre zu ergänzen, in der historischen und militärwissenschaftlichen Fachliteratur thematisiert. Manche Veröffentlichungen erschienen vorab als Fortsetzungsreihe in den Tageszeitungen und Illustrierten. Dort wurden die Buchpublikationen wiederum ebenso besprochen wie in der Verbandspresse der Heimkehrer, wobei sich der Rezensent auf die Reaktionen beziehen konnte, die das Buch andernorts ausgelöst hatte. Fiktionale Figuren wie der »Schleifer Platzeck« fanden Eingang in die Broschüren der Öffentlichkeitsarbeit des Amtes Blank; Roman- und Memoirentitel wie »08/15« bzw. »Verlorene Siege« geronnen zu allgemein verständlichen Formeln. In der westdeutschen Medienöffentlichkeit standen Krieg und Militär deshalb in einem engen Verweiszusammenhang.

5. Kontinuität der politischen Funktionalität des Soldatenberufs: Sowohl das NS-Regime als auch die Bundesregierung (als auch die SED in der SBZ/DDR) entwarfen insofern ein analoges Soldatenbild, als sie den politischen Soldaten forderten. Sie unterschieden sich freilich radikal in ihrem Grundverständnis von Politik und den jeweiligen politischen Normen. Der fanatische Kämpfer im Weltanschauungskrieg, den die nationalsozialistischen Medien und die NSFO in der Truppe propagierten, hatte mit dem Gegenentwurf der neuen Führungsphilosophie, dem Ideal des Staatsbürgers in Uniform, inhaltlich nichts gemein – außer seine Verpflichtung auf Normen, die letztlich außerhalb des militärischen Systems lagen. Diese Analogie ist nicht nur eine analytische Beobachtung ex post, sondern auch ein zeitgenössischer Topos und insofern ein Prägefaktor in den politischen und sozialen Handlungsfeldern. Ehemaligen Soldaten diente er dazu, Kontinuitäten zu konstruieren und so die Kontingenzerfahrung abzufedern. Kritiker der Wiederbewaffnung bekräftigte die fortgesetzte politische Funktionalität des Soldaten in ihrer Haltung des Nicht-Noch-Einmal.

Das postheroische und zugleich wertschätzende Soldatenbild, das die Adenauer-Regierung in den fünfziger Jahren entwickelte, kontrastierte zwar mit der NS-Propaganda. Doch das neue Deutungsangebot war auch insofern nicht ganz so neu, als es an die Erfahrungen vieler Menschen anknüpfen konnte, die sich bereits in den letzten Kriegsjahren nicht mehr ohne Weiteres durch Heldenmythen hatten blenden lassen. Zwischen Heroisierung und Wertschätzung zog sich freilich nur ein schmaler Grat. Anders als auf einem Schwarz-Weiß-Bild waren vielerlei Schattierungen möglich, in denen sich die Deutungs- und Erinnerungskonflikte manifestierten. Zugespitzt formuliert: Die Apotheose des Krieges hatte ihren Höhepunkt längst vor seinem Ende überschritten.

6. Militärreform als Deutungskonflikt und »Erfahrung« als kulturelles Kapital: In diesem Verweiszusammenhang wird auch verständlich, auf welch' hohe mentale Hürden die Reformer im Amt Blank und später im Verteidigungsministerium in der Aufbauphase der neuen »Wehrmacht« stießen. Die wichtigen demokratischen Parteien stimmten darin überein, dass die Organisation der neuen Streitkräfte keine Neuauflage von Reichswehr und Wehrmacht sein durfte. Eine hohe Kampfkraft sollte durch eine mentale und intellektuelle – in der Sprache der Protagonisten: geistige – Neuorientierung erreicht werden. Zum einen mussten die Reformer daher den Spagat zwischen Tradition und Fortschritt üben, wenn sie junge und ältere, kriegsgediente Männer für die Reorganisation militärischer Gewalt in der Bundesrepublik gewinnen wollten. Es bedurfte vielfältiger rhetorischer Klimmzüge, um das Alte zu verwerfen und im selben Atemzug das »Bewährte« aufzugreifen. Schließlich waren die meisten der rund 1000 Generale, die seit 1956 (bis 1990) der Bundeswehr ihren Stempel aufgedrückt haben, ehemalige Offiziere der Wehrmacht. Sie setzten nach Kriegsende den »Übertreibungen« des Nationalsozialismus ein konservatives Normengerüst entgegen. Dazu gehörten weiterhin der Antibolschewismus, ältere Soldaten- und Kriegsbilder sowie die grundsätzlich affirmative Einstellung gegenüber dem Militär als einem Garanten, ja als einer Bedingung von Staatlichkeit und nationaler Souveränität. Nur eine Minderheit wich von diesen Normvorgaben ab, opponierte öffentlich oder suchte die Vermittlung[66]. Legitimierte sich die Bundeswehr als Armee in einer Demokratie nicht zuletzt durch ihre Abgrenzung von der Wehrmacht als einer Armee in der Diktatur, wollten die Wenigsten auf historische Rückbindung gänzlich verzichten. Sie weigerten sich, mit der Tradition auch gleich Tradition als Konzept über Bord zu werfen. Über die Inhalte der Tradition wurde debattiert; das Konzept selbst stand nie zur Debatte und verkörperte insofern bereits historische Kontinuität[67]. »Nicht Restauration der alten Armee – keine Kopie der Wehrmacht, sondern eine neue Armee, eine Armee ohne Pathos«[68], formulierte eine Werbeschrift, die der FAZ-Redakteur und Major a.D. Adelbert Weinstein im Auftrag der Bundesregierung angefertigt hatte.

Zum anderen wird in der breiten Perspektive verständlicher, warum die weitsichtige Konzeption der neuen Führungsphilosophie mit dem Leitbild des Soldaten als eines Bürgers in Uniform auch zehn, fünfzehn Jahre nach Kriegsende nicht verfangen konnte und die mangelnde Akzeptanz den Wehrbeauftragten viel Kopfschmerzen bereitete, bevor in den siebziger Jahren, nach dem Generationenwechsel, auch die Truppe mit der »Inneren Führung« etwas anfangen konnte. Im Kontext des Militärischen wurde das Bemühen eines Teils der politischen Elite sichtbar, zwischen älteren und neuen Werten zu vermitteln. Die »Rehabilitierung *des* deutschen Soldaten« und die Wiederherstellung seiner »Ehre« zählten zu den semantischen Brückenschlägen, die noch einmal den Januskopf der Neuorientierung und der politischen Semantik erkennen ließen. Das Nebeneinander von neuen und alten Eliten,

---

66 Vgl. die Fallstudien von Naumann, Generale in der Demokratie, S. 91.

67 Das gilt bis heute. Zu fragen wäre freilich, ob den Soldaten im 21. Jahrhundert nicht mehr zugemutet werden kann als ein hochgradig selektives »Best of« deutscher Militärgeschichte, das sie zwangsläufig in die Falle eines teleologischen Rückblicks tappen lässt. Vgl. Echternkamp, À la recherche du passé militaire.

68 Weinstein, Armee ohne Pathos. Weinstein (1916–2003) war nach dem Abitur zur Wehrmacht gegangen. Bis 1947 in britischer Gefangenschaft, gehörte er seit 1948 der Redaktion der FAZ an und galt als deren Militärexperte.

die Koexistenz älterer Normen und Reformvorstellungen leiteten wie ein Übergang über die normativen Verwerfungen auf dem Politikfeld des Militärischen hinweg.

Der in diesem Kontext häufige Erfahrungsbegriff reflektierte in der zeitgenössischen Wahrnehmung die auf Gegenwart und Zukunft bezogene Deutung des Erlebnisses von Krieg und Kriegsgefangenschaft. Erlebtes wurde zur Erfahrung. »Erfahrung« war jedoch häufig ein Kampfbegriff mit normativem Deutungsanspruch. Ob im Milieu der Veteranen, der Militärreformer oder der »Ohne mich«-Bewegung: Die jeweilige Einstellung gegenüber dem Krieg und dem Militär und die damit zusammenhängende Haltung gegenüber dem politischen System der Bundesrepublik wurde nicht zuletzt mit den »Erfahrungen«, das hieß zumeist: mit den *eigenen* Erfahrungen, begründet. Dieser Erkenntnisgewinn geht auf die methodische Entscheidung zurück, für die Analyse der kollektiven Repräsentationen Erfahrung nicht als Gegenbegriff zu Erinnerung zu wählen, sondern von einem phänomenologischen Verständnis des Erfahrungsbegriffs auszugehen und ihn als Komponente der Selbstthematisierung, als Mittel der Selbstdeutung in den Blick zu nehmen.

»Erfahrung« lieferte ein Bindeglied zwischen Gegenwart und Vergangenheit, wo ein gesellschaftlicher Riss einen Bruch in den Biografien bedeutet hätte. Prinzipiell Neues schaffen, ohne die Erfahrungen der Älteren in den Wind zu schlagen: So lautete die salvatorische Klausel etwa in dem Werben der Adenauer-Regierung um die ehemaligen Wehrmachtsoldaten. Vieles mochte, um im Bild zu bleiben, unwirksam oder undurchführbar geworden sein, allein die Erfahrungen blieben erhalten und sorgten dafür, dass der Vertrag mit der älteren Generation seinen Zweck erfüllte. Soldaten beriefen sich auf ihre Erfahrung als ein besonderes Qualifikationsmerkmal; Politiker wiesen die zivile Öffentlichkeit auf diese Erfahrung Dritter hin. In den fünfziger Jahren erfuhr dieser Topos eine temporale Erweiterung, als die Erfahrungen der Kriegszeit durch die der Nachkriegszeit zu einem größeren Erfahrungsraum und Deutungszusammenhang ausgedehnt wurden.

Der Rekurs auf die »Erfahrung« in der Repräsentation von Krieg und Soldaten besaß nach dem Ende des totalen Krieges ein hohes Integrationspotenzial. Waren nicht alle Deutschen mit militärischer Gewalt konfrontiert gewesen? Die Soldaten hatten das »Monopol« auf die extreme Gewalterfahrung seit dem Bombenkrieg verloren. Daran ließ sich anknüpfen, wenn man aus der Geschichte Lehren ziehen oder angesichts der vermeintlich gemeinsamen Vergangenheit für eine gemeinsame Zukunft mobilisieren wollte. Dass die Gewalterfahrungen von Soldaten und Zivilisten und je nach Kriegsschauplatz ganz unterschiedlich waren, es gar Inseln der Gewaltlosigkeit gegeben hatte, und dass zwischen aktiver und passiver Gewalt ein kategorialer Unterschied lag, blieb dabei häufig außen vor. Freilich musste das nicht zwangsläufig der Fall sein, wie das Handbuch »Innere Führung« gezeigt hat, das seine Leser als Opfer und Täter ansprach. »Erfahrung« als Deutungsmuster konnte im Hinblick auf das zivil-militärische Verhältnis auch insofern nivellieren, als das Spezifikum des Soldatenberufs und eine besondere, teils noch immer reklamierte soldatische »Ehre« durch die Deutung des Krieges als einer gemeinsamen Leidenserfahrung in Frage gestellt wurde. Da Gewalterfahrung im Kalten Krieg ebenfalls potenziell Soldaten und Zivilbevölkerung erfasste, das heißt ebenfalls ein totalitärer Krieg sein würde, verlängerte sich die Erfahrung, genauer: verlängerte sich der Geltungsbereich des Deutungsmusters in die Gegenwart und Zukunft und gewann so an Plausibilität.

Doch Erfahrungen wurden nicht allein auf der rationalen Ebene ins Spiel gebracht, sondern dienten auch als emotionales Unterfutter. Das trifft für die Erfahrungen der tiefempfundenen »Kameradschaft« in den Kriegsgefangenenlagern zu (die durch die negativen Beispiele noch an Wert erhielt) und für das Gefühl für Freiheit angesichts der Erfahrung des Eingesperrtseins, das der Stacheldraht symbolisierte. Auch in der zentralen politischen Frage der Wiederbewaffnung flossen die Kriegserfahrungen immer wieder explizit, auch in der symbolischen Praxis, in die Argumente und Appelle der Befürworter wie auch der Gegner einer Remilitarisierung ein. Mit der Erfahrung extremer passiver und aktiver Gewalt legitimierten die einen die Notwendigkeit des militärischen Schutzes (Hatte der Krieg nicht die Notwendigkeit militärischer Stärke gezeigt?), die anderen ihren Widerstand gegen die Rückkehr des Militärs (Hatte der Krieg nicht den Irrsinn der Hochrüstung bewiesen?). Anders formuliert: Die Erinnerung an die Erfahrungen der Kriegszeit war ein fundamentaler Teil der Erfahrungen der Gegenwart der Nachkriegszeit.

8. Der Krieg als Zeit des Leidens: Wenn die Westdeutschen vom Krieg redeten – so lautet eine gängige Forschungsthese –, dominierte die Auffassung, selbst Opfer geworden zu sein: ein Opfer des Nationalsozialismus, der Luftangriffe, der Vertreibung, kurz: *des* Krieges höchstselbst. Diese Stilisierung der Deutschen als Opfer sei das Leitmotiv der »Kriegsgeschichten« (Robert G. Moeller) gewesen; die Rede über Krieg und Militär war insofern ein Bestandteil des »Viktimisierungsdiskurses« (Thomas Kühne). Das trifft (nur) zum Teil zu. Richtig ist, dass diese Vorstellung jene Deutschen beherrschte, die unter dem Krieg und seinen Folgen noch bis weit in die fünfziger Jahre zu leiden hatten. Die kriegsgefangenen Soldaten und die Heimkehrer vor allem waren in der westdeutschen Öffentlichkeit präsent. Dafür sorgten die Angehörigen, die Politiker und die jeweilige Lobby durch Gedenktage, bundesweite Massenveranstaltungen, Ausstellungen und Publikationen. Eine vielfältige soziale und symbolische Praxis gab den Betroffenen ein Gesicht und eine Stimme.

Waren die deutschen Opfer mithin sehr präsent, befanden sich die Opfer der Deutschen im Hintergrund. Ihr Tod wurde kaum betrauert, als hätte es sich um zu vernachlässigende Leben gehandelt. All jene, die der Nationalsozialismus als Feinde der »Volksgemeinschaft« ausgegrenzt, verfolgt und ermordet hatte, blieben in der Regel namenlos. Sie meldeten sich – sofern sie überlebt hatten – selten selbst zu Wort. Was ihnen angetan worden war, blieb für die Westdeutschen in der Regel abstrakt und fern ihrer eigenen Lebenswelt[69]. Insofern bot etwa die Debatte über die Rückkehr der Kriegsgefangenen (wie auch die sozialpolitische Diskussion über Hilfsmaßnahmen für Flüchtlinge und Vertriebene) den Westdeutschen eine Plattform, die Kriegs- und NS-Vergangenheit aus einem bestimmten Blickwinkel zu betrachten, der sich von der kritischen Sicht der Alliierten deutlich unterschied. Wo es um die Beschäftigung mit – um nicht zu sagen: die Bewältigung – der Vergangenheit deutscher Kriegsopfer ging, wurde zwar grundsätzlich bestätigt, dass alle Deutschen den Krieg verloren, aber nur wenige ihn zu verantworten hatten und dass die Last

69 Vgl. die Überlegungen zum »prekären Leben« bei: Butler, Raster des Krieges.

der Kriegsfolgen unterschiedlich verteilt war. Das quantitative Argument der großen Zahl deutscher Opfer – der Vermissten, der Vertriebenen, der Kriegsgefangenen – lief auf die Annahme hinaus, dass die Deutschen von allen Betroffenen die meisten Opfer zu beklagen hatten. Das in »Millionen« bezifferte Opfer der Deutschen ließ sich als eine beispiellose Kollektivstrafe deuten[70]. Insofern bestätigt sich die zunächst These, »that a selective past, a past of German suffering, was in fact ubiquitous in the 1950s«[71].

Aus diesem Blickwinkel vor allem kam es bereits in der ersten Hälfte der fünfziger Jahre zu einer bemerkenswerten Verschiebung in der Erinnerungstektonik. Die Grenzen des Zeitraums der jüngsten Vergangenheit, der als epochaler Zusammenhang vorgestellt wurde, verschoben sich mindestens um zwei, drei Jahre über das eigentliche Kriegsende hinaus in die späten vierziger Jahre. Die Jahre der Flucht und Vertreibung und ihrer Folgen, der Alltag unter dem Regime der Besatzungstruppen, die Entnazifizierung und vermeintliche »Diffamierung« der Wehrmachtsoldaten, die materielle Notlage vor allem im »Hungerwinter« von 1946/47: Diese Erfahrungen rechneten die meisten einer Zeit des Leidens zu, die für viele mit den Luftangriffen während des Krieges begonnen hatte. In der Rückschau wurden die Kriegsfolgen zu einem Teil des kriegsbedingten Leidens. Nimmt man die Kriegsgefangenenproblematik hinzu und hebt auf den öffentlichen Diskurs ab, zog sich das Kriegsende gar bis in die Mitte der fünfziger Jahre hinaus. Zusammengenommen waren diese Erfahrungen Wasser auf den Mühlen eines Deutungsmusters, das die Deutschen aus dem Entstehungszusammenhang von Nationalsozialismus und Zweitem Weltkrieg herausnahm und eine kollektive Selbstwahrnehmung als Opfer begünstigte. Die ehemaligen Soldaten waren *ein* Teil davon und befanden sich daher prinzipiell in einer »Opferkonkurrenz«.

Weniger der Krieg als militärisches Ereignis als die direkte und indirekte, medial vermittelte Erfahrung von Gewalt über 1945 hinaus prägte die öffentliche Repräsentation in den fünfziger Jahren. In *diesem* Kontext verringerte sich zwangsläufig der Anteil, den der nationalsozialistische Krieg im Rekurs auf die Vergangenheit erhielt. Mehr noch: Wo der Akzent auf den Folgen des Krieges lag und die Siegermächte zu Akteuren wurden, die man für das erneute Leiden verantwortlich machen konnte, verlor der Krieg selbst an Gewicht – die Frage nach der eigenen Verantwortung trat in den Hintergrund. Die von Passivität geprägte Selbstwahrnehmung verschob den Erfahrungshorizont, und umgekehrt verstärkte dessen Verschiebung die Tendenz einer viktimisierenden Rückschau. Auch in diesem Deutungszusammenhang, das bleibt erneut festzuhalten, liegen die Anfänge in der Zeit des Krieges, vor allem der Kriegsendphase. Als Opfer sahen sich die meisten Täter und Mitläufer bereits *vor* 1945.

10. Der Krieg als Möglichkeit und Last: Das Reden und Schweigen über Krieg und Militär war ein wesentlicher Teil der Überlebensstrategie der Deutschen nach den extremen Erfahrungen von Gewalt und Terror. Entgegen der ideologischen Überformung des Zusammenbruchs zur Götterdämmerung in der nationalsozialis-

---

70 Zu diesem Ergebnis kommt auch Moeller, War Stories (2001), S. 44.

71 Ebd., S. 18.

tischen Propaganda und im Gegensatz auch zu dem anfänglichen Entsetzen darüber, dass so manche Goebbelschen Schreckensszenarien von der Wirklichkeit bestätigt wurden, zeigte sich ein Überlebenswille, der sich nicht erst nach der Kapitulation, sondern bereits während der mehrmonatigen Agonie des Dritten Reiches, also während des Krieges, abgezeichnet hatte[72].

Die Analyse lässt das Mischungsverhältnis von passiven, viktimisierenden und aktiven, mobilisierenden Sinnstiftungen in der historischen Bedeutungszuschreibung erkennen. Hier zeigt sich ein weiteres Mal die »Ausformung spezifischer Erinnerungskulturen« zwischen einem »hegemonialen, hoch integrierten und verbindlichen Gedächtnis einerseits und der Konkurrenz von Erinnerungsgemeinschaften und gruppenspezifischen Kollektivgedächtnissen« andererseits[73]. Der fraglos leidvollen Kriegs- und Nachkriegszeit suchten viele auch positive Züge abzutrotzen. Die Erfahrungen von Zerstörung und Verlust wurden zu Erfahrungen der Solidarität und als Chance für den allfälligen Neuanfang im Zeichen der Moderne umgemünzt. Der tendenziell manichäische Ansatz der Ideologiekritik würde die Grauzonen zwischen negativ/positiv, aktiv/passiv, überkommen/modern unzureichend erfassen und damit der zeitgenössischen Wahrnehmung auf der subjektiven und der mittleren kollektiven Ebene nicht gerecht. Die »Kriegsgeschichten« gehen daher nicht in einem Viktimisierungsdiskurs auf. Tatsächlich hat die repräsentationsgeschichtliche Analyse, die nicht von vornherein auf ein spezifisches Deutungs- und Argumentationsmuster abhebt, die Mehrdeutigkeit der Inszenierung und medialen Repräsentation von Krieg im Nachkrieg gezeigt. Der Topos, im Krieg die Leidens- und Leistungsfähigkeit unter Beweis gestellt zu haben, widersprach dem Selbstbild des passiv Leidenden. Krieg und Nachkrieg erschienen als Zeiten des Leidens *und* der Leistung.

11. Die Präsenz der anderen Opfer: Doch die Vorstellung von Krieg und Militär erschöpft sich auch aus einem anderen Grund nicht dauerhaft in dieser Selbst-Viktimisierung. Frühzeitig existierte ein Bewusstsein für den verbrecherischen Charakter des Krieges und seine wahren Opfer. Auch wenn sich das nicht in Prozentzahlen fassen lässt: Bereits während des Krieges blieb den Soldaten wie auch der Zivilbevölkerung nicht verborgen, dass zumindest der Krieg im Osten mit einer »normalen« Kriegführung wenig zu tun hatte. Die gegen Kriegsende konkreter werdende Angst vor der Rache des Gegners speiste sich insbesondere aus diesem Wissen, wie sich aus Tagebüchern und Feldpostbriefen ablesen ließ. Der Prozess gegen die Hauptkriegsverbrecher vor dem Internationalen Militärgerichtshof in Nürnberg und die ausführliche Berichterstattung in der Lizenzpresse vor allem führten den Deutschen ein Bild des Krieges und der Wehrmacht offen vor Augen, das den ideologischen Überhöhungen der NS-Propaganda ebenso Hohn sprach wie überkommenen Vorstellungen von militärischer Ehre. Auch wenn diese Phase der Repräsentation nur kurz währte und nicht ohne Weiteres mit einer Zeit der Erkenntnis gleichgesetzt werden kann, wurde die eigene Rolle nicht, jedenfalls nicht nur als Opferrolle gesehen.

---

72 Geyer, Die eingebildete Heimkehr.

73 Sandl, Historizität der Erinnerung, S. 106.

Dass die Mehrheit seit den späten vierziger und in den fünfziger Jahren von dem verbrecherischen Charakter des Krieges nichts mehr wissen wollte, ja nie etwas gewusst zu haben vorgab, hatte in den allermeisten Fällen mit Unwissenheit nichts zu tun, wie die Analyse des letzten Kriegsjahres gezeigt haben sollte. Der Aufschrei moralischer Empörung, mit der die meisten Deutschen etwa auf die Rehabilitierung der »sogenannten« Kriegsverbrecher drängten, lässt sich auch als das Bemühen lesen, moralische Sicherheit zurückzugewinnen, indem man sich der Rechtmäßigkeit soldatischen Handelns auch zu Wehrmachtzeiten vergewisserte – und sich dies von den Alliierten bestätigen ließ. Adenauers und Eisenhowers bekannte Ehrenerklärungen bekräftigten wie ein Siegel diese kollektive Rehabilitierung.

Als sich die Akzente der Kriegsrepräsentation nach der Besatzungszeit verschoben und die *deutschen* Opfer – die Bombengeschädigten, die Kriegsgefangenen, die Flüchtlinge und Vertriebenen – weiter in den Vordergrund des historischen Bewusstseins rückten, wurden die Opfer der Deutschen aus diesem diskursiven »Raum« keineswegs ausgeschlossen. Die Verfolgten und Ermordeten des NS-Regimes, die Kriegsverbrechen und Verbrechen gegen die Menschlichkeit waren weiterhin, wenn auch in zweiter Reihe, präsent. Teils erinnerten die Medien ihre Leser explizit daran, etwa wenn in einem anderen thematischen Kontext an die Verbrechen erinnert wurde. Das kann man als ein Marginalisieren des im Rückblick Zentralen dieses Krieges interpretieren und sich darüber moralisch entrüsten; vieles spricht jedoch dafür, es so zu lesen, dass hier am Rande an etwas erinnert wurde, das wie selbstverständlich bei den Lesern, aber auch den Leserinnen als bestens erinnerlich vorausgesetzt werden konnte. Schließlich lag das Geschehen erst wenige Jahre zurück und war über 1945 hinaus auch durch die alliierte Politik der Umerziehung durch Aufklärung gezielt wachgehalten worden. Deshalb auch reichten zuweilen kleine Hinweise zwischen den Zeilen und Anspielungen auch in der fiktionalen Literatur. Mehr noch: Selbst dort, wo etwa die Veteranen ein so einseitiges, geradezu ins Groteske übersteigertes Zerrbild von der Wehrmacht und ihrem Krieg zeichneten und gegen den Angriff auf ihre »Ehre« öffentlichkeitswirksam zu Felde zogen, schien die negative Seite des Krieges wie eine dunkle Folie durch. Noch diese Abwehrmechanismen von großen Teilen der postnationalsozialistischen Gesellschaft ließen erahnen, ja erkennen, was denn da abgewehrt und ausgeblendet werden sollte. Zu dieser Lesart gelangt man freilich nicht durch den (ahistorischen) Rückblick auf die Texte aus heutiger Perspektive, sondern umgekehrt durch die (historisierende) Lektüre der Quellen in der zeitgenössischen Perspektive, die durch die zurückliegenden Erfahrungen von Krieg und Nachkrieg vorgegeben war und deshalb in die Studie einbezogen wurde. Was auf den flüchtigen Blick unvollständig und daher unzulässig erscheint, stellt sich bei näherem Hinsehen deutlich anders dar. Was bekannt war, musste nicht (immer wieder) gesagt werden. Anders formuliert: Nicht weil es nicht ausgesprochen werden konnte oder durfte, wurde es nicht gesagt, sondern weil es wie ein offenes Geheimnis[74] unausgesprochen so präsent war, dass die dauerhafte öffentliche Thematisierung den Zeitgenossen nicht erforderlich schien. Um kein

[74] Vgl. Bajohr/Pohl, Der Holocaust als offenes Geheimnis; Longerich, »Davon haben wir nichts gewußt!« Vgl. auch Kulka, »Public Opinion« in Nazi Germany; Kershaw, Popular Opinion.

Missverständnis aufkommen zulassen: Dass diese Einschätzung sich nicht mit dem historischen Urteil deckt und ihren Preis in der Entfremdung der Generationen und der Elitenkontinuität hatte, steht auf einem ganz anderen Blatt. Dieser Befund sperrt sich nicht nur gegen die lange vorherrschende Vorstellung von der »Verdrängung«, sondern korrigiert auch die neuere These der »Selbst-Viktimisierung« der Deutschen, die sich so selektiv an den Krieg erinnert hätten, dass die Verbrechen des Krieges in ihrer Erinnerung, erst recht in der Medienöffentlichkeit, nicht vorgekommen seien[75].

12. Repräsentationen des Krieges in der Kultur des Kalten Krieges: Ein Großteil der öffentlichen Repräsentationen des Zweiten Weltkrieges und der Wehrmacht standen unter dem außen- wie innenpolitischen Vorzeichen des Systemkonflikts zwischen Ost und West, wie sich aus der *Post Cold War*-Perspektive besonders deutlich zeigt. Für eine Geschichte dieses Konflikts dagegen ist der umgekehrte Effekt aufschlussreich. Der Kalte Krieg gewann seine Bedeutung für die politische Kultur der Bundesrepublik nicht zuletzt dadurch, dass er die Interpretation der Vergangenheit von Krieg und Nationalsozialismus mit bestimmte. Im Sinne einer Historisierung des Kalten Krieges lässt sich zugespitzt formulieren: Die Repräsentation des Heißen Krieges war eine Erscheinungsform des Kalten Krieges. Die zeitgenössische Gegenwart manifestierte sich als Kalter Krieg unter anderem in der Deutungspraxis des vorangegangenen nationalsozialistischen Weltkrieges. Indem der Krieg in *diesem* Kontext enger als sonst mit dem NS-Regime in Verbindung gebracht wurde, ließ sich eine Verbindung zu den (kommunistischen) Diktaturen der Nachkriegszeit herstellen. Auch ohne das theoretische Unterfutter der Totalitarismustheorien schien vielen Westdeutschen die Analogie diktatorischer Gewalt vor und nach 1945 eingängig. Die semantische Flexibilität der Schlüsselbegriffe wie »Lager« oder »Terror« und ikonenhafte Zeichen wie der Stacheldraht erleichterten auf der symbolischen Ebene der Repräsentationen den politischen und historischen Brückenschlag.

Diese Deutungs- und Argumentationsmuster waren eingebettet in ein Wertesystem, das wesentlich vom antitotalitären Grundkonsens und von einem langlebigen Antikommunismus geprägt war. Diese zielten wie die Ideologie des christlichen Abendlandes auf kulturelle und politische Reorientierung. Der Antikommunismus der Nachkriegszeit nährte sich einerseits aus tiefgehenden Wurzeln, die bis in die Zeit nach der Russischen Revolution zurückreichten und von der NS-Propaganda aufgegriffen worden waren[76]. Andererseits lieferte das Kriegsende neuen Stoff, um das Bild kommunistischer Grausamkeit zu zeichnen. Ein Weiteres kommt hinzu: Von kommunistischen Verbrechen in Vergangenheit und Gegenwart zu reden trug zu einer Vor- und Darstellung des Krieges bei, in der ein totalitäres Regime gegen ein anderes ausgespielt werden konnte. Die Gewaltexzesse der kommunistischen Diktatur standen, so schien es, denen der nationalsozialistischen in nichts nach. Der Hinweis auf die Gewaltakte der sowjetischen Seite im Krieg und danach diente in Westdeutschland

[75] Zum Einfluss dieser Vorstellung auf die Geschichtsdebatten vgl. Kühne, Die Viktimisierungsfalle; vgl. auch Moeller, Sinking Ships, S. 1–35, zur Opferrhetorik in der Debatte über Flucht und Vertreibung: Germans as Victims; Moeller, Germans as Victims?

[76] Zum Antikommunismus der Nachkriegszeit vgl. Major, The Death of the KPD; Weitz, Creating German Communism.

als ein Argument für die Universalität des Totalitarismus im 20. Jahrhundert, der seinerseits als ein Resultat der »Vermassung« moderner Gesellschaften verstanden wurde – und nicht als ein spezifisches deutsches Phänomen[77]. Für die Soldaten lag hier eine Chance, den eigenen biografischen Brüchen mit den Bandagen ideologischer Kontinuität vorzubeugen, schien doch der Krieg zumindest im Osten prinzipiell berechtigt gewesen zu sein.

Die Repräsentationen des Zweiten Weltkrieges flossen in die deutsch-deutsche Beziehungs- und Abgrenzungsgeschichte ein. Die militärische Vergangenheit war aufgrund des Wertewandels als Steinbruch für tagespolitische Argumente bestens geeignet, wie sich wiederholt gezeigt hat. Da die SED die westdeutschen Wiederbewaffnungsgegner unterstützte, bot sich der Adenauer-Regierung die Möglichkeit, die »Ohne mich«-Bewegung rundheraus unter Kommunismusverdacht zu stellen und als einen Störfaktor zu diskreditieren, der von Pankow aus ferngesteuert werde. Brisant waren vor allem die letztlich ergebnislosen Versuche, Einfluss auf die ehemaligen Wehrmacht-Offiziere zu nehmen.

13. Militär und die Modernität der Medien: Aus mediengeschichtlicher Sicht bleibt festzuhalten, dass die Haltung der Menschen zu Krieg und Militär einen neuralgischen Punkt im Verhältnis von Politik und Öffentlichkeit darstellte. Ohne öffentliche Unterstützung ließ sich keine Armee aufbauen und mobilisieren, ließ sich kein Krieg führen. Deshalb kam es in den vierziger wie in den fünfziger Jahren für die Regierungen maßgeblich darauf an, wenngleich mit unterschiedlichen Vorzeichen, die öffentliche Meinung in Erfahrung zu bringen und sie, so weit es ging, zu steuern. Für die Meinungslenkung wurde das aus den USA bekannte Instrumentarium genutzt. Vor wie nach 1945 bemühte sich die politische Führung um eine Rückkopplung von öffentlicher Meinung und Propaganda. Mit Werbeplakaten, Annoncen und – wie man heute sagen würde – Flyern, aber auch lancierten Beiträgen in überregionalen Zeitungen und Zeitschriften wurden Medienkampagnen inszeniert, man denke nur an den öffentlichen Druck auf die Alliierten wegen der Freilassung Kesselrings. All das zeugt von der Bedeutung der Public Relations, der Öffentlichkeitsarbeit im vorpolitischen Raum, wie sie etwa das Bundespresseamt und das Amt Blank betrieben, und der Rolle der Journalisten.

Der Untersuchungszeitraum der frühen Nachkriegszeit fällt unter diesem Gesichtspunkt in die »Ära der eingehegten Kritik«[78]. Zwar suchten die westlichen Alliierten durch ihre Lizenzierungspolitik, durch ideellen und personalpolitischen Einfluss die deutschen Medien im Sinne der Demokratie neu zu orientieren, dennoch stießen sie sich an Adenauers Medienpolitik und seinen Versuchen, durch das Bundespresseamt und durch »Arbeitskreise« die Meinung zu steuern. Der »Konsensjournalismus«[79] begünstigte ein Klima, in dem nicht zuletzt in der öffentlichen Vermittlung des »Militärischen« tradierte Deutungs- und Sinnstiftungsmuster noch lange und in weiten Teilen der Gesellschaft ihre Gültigkeit behielten. Allerdings zeigt sich in der teils ätzenden Kritik an ungebrochenen Deutungs- und Argumentationsmustern

[77] Moeller, War Stories (2001), S. 5.
[78] Vgl. Hodenberg, Politische Generationen; Hodenberg, Konsens und Krise, Kap. 3.
[79] Hodenberg, Konsens und Krise, S. 195.

und der symbolischen Praxis der militärischen Vergangenheit, dass eine Zeitschrift wie *Der Spiegel* bereits in den frühen fünfziger Jahren Öl ins Feuer goss, vor allem, wenn er die militärische Funktion konsequent an den politischen Zweck koppelte und so die unreflektierte Traditionsbildung unterlief, *ohne* freilich in Widerspruch zu Adenauers Militärreformern zu geraten.

Die halbautoritären Steuerungsmechanismen ermöglichten es auf der anderen Seite dem Amt Blank und dem Verteidigungsministerium, die Kriegsgeneration und die Kohorte der Kriegskinder mit militärischen Reformvorstellungen vertraut zu machen, die das Militär in der Demokratie von dem in der Diktatur unterscheiden sollten. Dabei darf nicht vergessen werden, dass sich bereits das NS-Regime an den modernen Formen von Public Relations orientiert hatte und auch die Adenauer-Regierung auf die Methoden der Meinungsforschung zum Zwecke der Meinungslenkung zurückgriff. Die Auseinandersetzung um den Wert des Militärs zeigt, dass sich insofern moderne Züge mit einem traditionellen Selbstverständnis verquickten. Zudem lassen sich die Bemühungen der älteren Soldatengeneration um Kontinuität auch als Abwehr gegen die frühe Kritik an den überkommenen Werten lesen, die in der Presse unter dem Einfluss der (damaligen) amerikanischen und britischen Idealvorstellung von Journalismus als einer kritischen, aufklärerischen Berichterstattung geübt worden war.

Sinn- und identitätsstiftende Bilder, Symbole und Texte tragen zur Konstruktion von Macht bei, weshalb Regierende auf deren Form und Inhalt Einfluss nehmen wollen[80]. Die Konkurrenz dieser Deutungen, für die Chartiers Konzept der kollektiven Repräsentation sensibilisiert, ist deshalb geradezu eine Bedingung für die Stabilisierung der westdeutschen Nachkriegsordnung gewesen. Indem sie sich gegenseitig in Frage stellten, ja bedrängten, bildeten die Vergegenwärtigungen von Vergangenheit eine Antriebskraft in dem zähen Selbstverständigungsprozess der westdeutschen Nachkriegsgesellschaft. Dieser Befund greift den *funktionalen* Charakter der Argumentation des Philosophen Hermann Lübbe auf, wonach das »kommunikative Beschweigen« der persönlichen Vergangenheiten in den fünfziger Jahren den gemeinsamen, generationenübergreifenden Aufbau einer neuen Gesellschaft erst ermöglicht habe[81]. *Inhaltlich* ist die im Kontext der Debatte über den »Nationalsozialismus im deutschen Nachkriegsbewusstsein« formulierte These insofern zu modifizieren, als die Ambivalenz der Repräsentationen des nationalsozialistischen *Krieges* nur unzureichend als ein konsensuales »Beschweigen« beschrieben werden kann. Die implizite Dichotomie von Reden und Schweigen geht an der Vielschichtigkeit und Mehrdeutigkeit der historischen Bedeutungszuschreibungen, die dem Krieg und der Wehrmacht galten, ebenso vorbei wie an der Gleichzeitigkeit konkurrierender Deutungsmuster. Die Aufwertung des militärischen Widerstandes, der implizit das Handeln der Mehrheit kritisierte; die Anspielung auf die Kriegführung in Osteuropa, die keiner weiteren Erläuterung bedurfte; die Prozessberichte und die Zeitschriftenartikel, die, wenngleich in exkulpatorischer Absicht geschrieben,

[80] Vgl. für den Ansatz, wenn auch wenig kohärent: Machtfragen.

[81] Lübbe, Vom Parteigenossen zum Bundesbürger. Früh schon: Kogon, Das Recht auf den politischen Irrtum. In: Frankfurter Hefte, 2 (1947), S. 641–655.

Massaker und Geiselerschießungen vor Augen führten: All das sprach eine deutliche, den Zeitgenossen wohl verständliche Sprache. Was den Krieg betraf, so wurde die Vergangenheit nicht bloß »beschwiegen«, das heißt nicht erwähnt, weil sie als bekannt vorausgesetzt wurde. Dennoch musste auch in diesem Fall in späteren Jahrzehnten ein Preis gezahlt werden: Die Pluralisierung der Deutungen ermöglichte über lange Jahre auch die Koexistenz von letztlich unvereinbaren, wissenschaftlich nicht mehr haltbaren Positionen – eine Diskrepanz, die nicht zuletzt die Wirkung der Militärreform dauerhaft geschwächt hat.

Darstellungen der militärischen Vergangenheit haben im ersten Nachkriegsjahrzehnt auf unterschiedlichen Konfliktfeldern auf eine Art und Weise miteinander konkurriert, die mit den jeweiligen politischen, sozialen und kulturellen Rahmenbedingungen vereinbar war. Eine Betrachtung, die diese Konkurrenz auf die Dichotomie von affirmativ und subversiv verkürzt, wird dem Verständnis der politischen Funktionalität historischer Bedeutungszuschreibungen nicht gerecht. Die Pluralisierung der Vorstellungen vom Krieg im Nachkrieg und die Deutungsverschiebungen zeugen von den vielschichtigen Aushandlungsprozessen, in denen zwischen der nationalsozialistischen Kriegs- und der demokratischen Nachkriegsgesellschaft, zwischen überkommenen und zukunftsweisenden Werten, durch selektive Rückgriffe auf die jüngste Geschichte vermittelt werden sollte. Gegen den Teleologieverdacht (der Lübbe traf), diese Entwicklung werde retrospektiv deshalb für wesentlich, ja für »richtig« gehalten, weil sie in die erfolgreiche Gegenwart geführt habe, ist noch einmal an die grundsätzliche Offenheit des Ausgangs der Deutungskonflikte im ersten Nachkriegsjahrzehnt zu erinnern und daran, dass der Kollaps der ersten deutschen Demokratie nur rund zwanzig Jahre zurücklag. Dann lassen sich die Repräsentationen als ein Modus der kulturellen Selbstdeutung interpretieren, der nach dem Zusammenbruch von 1945 eine Radikalisierung verhindert und, ironischerweise, die neue demokratische Staats- und Gesellschaftsordnung durch den Krieg im Nachkrieg stabilisiert hat.

Abkürzungen

AA	Auswärtiges Amt
AAA	Affaires Allemandes et Autrichiennes
Abb.	Abbildung
ACDP	Archiv für Christlich-Demokratische Politik
a.D.	außer Dienst
ADK	Arbeitsgemeinschaft Demokratischer Kreise
ADL	Archiv des Liberalismus
AdsD	Archiv der sozialen Demokratie
AfS	Archiv für Sozialgeschichte
AHR	American Historical Review
Anm.	Anmerkung
AOFAA	Archives de l'Occupation française en Allemagne et en Autriche
AOK	Armeeoberkommando
APuZ	Aus Politik und Zeitgeschichte
ARD	Arbeitsgemeinschaft der öffentlich-rechtlichen Rundfunkanstalten der Bundesrepublik Deutschland
Art.	Artikel
AWS	Anfänge westdeutscher Sicherheitspolitik
BArch	Bundesarchiv
Bd	Band
BDO	Bund Deutscher Offiziere
BDSV	Bund Demokratischer Studentenvereinigungen
bes.	besonders
BGBl.	Bundesgesetzblatt
BGS	Bundesgrenzschutz
BMVg	Bundesministerium der Verteidigung
BP	Bayernpartei
BPA	Bundespresse- und Informationsamt
BVFK	Bundesministerium für Vertriebene, Flüchtlinge und Kriegsgeschädigte
BVN	Bund der Verfolgten des Naziregimes
BvW	Bund versorgungsberechtigter Wehrmachtsangehöriger und ihrer Hinterbliebenen
CCS	Combined Chiefs of Staff
CDU	Christlich-Demokratische Union
CEH	Central European History

CIA	Central Intelligence Agency
CIC	Counter Intelligence Corps
CRIA	Centre de recherche interdisciplinaire sur l'Allemagne
CSU	Christlich-Soziale Union
DANA	Deutsche Allgemeine Nachrichtenagentur
D.C.	District of Columbia
DDP	Deutsche Demokratische Partei
DDR	Deutsche Demokratische Republik
DEFA	Deutsche Film AG
DENA	Deutsche Nachrichtenagentur
DGB	Deutscher Gewerkschaftsbund
DHI	Deutsches Historisches Institut
DM	Deutsche Mark
DMI	Deutsches Marine Institut
Dok.	Dokument
DP	Deutsche Partei
dpa	Deutsche Presse-Agentur
DR	Deutsche Reichspartei
DRK	Deutsches Rotes Kreuz
DSS	Deutscher Soldatensender
DFS	Deutscher Freiheitssender
DNVP	Deutschnationale Volkspartei
EADCU	Enemy Amunition Depot Control Unit
EAK	Evangelischer Arbeitskreis
ebd.	ebenda
EGKS	Europäische Gemeinschaft für Kohle und Stahl
EHESS	École des Hautes Études en Sciences Sociales
EK	Eisernes Kreuz
EMNID	Erforschung der öffentlichen Meinung, Marktforschung, Nachrichten, Informationen, Dienstleistungen
ERR	Einsatzstab Reichsleiter Rosenberg
EVG	Europäische Verteidigungsgemeinschaft
f.	folgende
FAZ	Frankfurter Allgemeine Zeitung
fdk	freie demokratische korrespondenz
FDJ	Freie Deutsche Jugend
FDP	Freie Demokratische Partei
FH	Frankfurter Hefte
fol.	Folio
FR	Frankfurter Rundschau
FRUS	Foreign Relations of the United States
Fs.	Festschrift
FSK	Freiwillige Selbstkontrolle der Filmwirtschaft
FZG	Flakzielgerät

GfW	Gesellschaft für Wehrkunde, heute Gesellschaft für Wehr- und Sicherheitspolitik
GG	Geschichte und Gesellschaft
GHI	German Historical Institute
GM/SA	German Mine-Sweeping Administration
GVP	Gesamtdeutsche Volkspartei
GWU	Geschichte in Wissenschaft und Unterricht
Herv.	Hervorhebung
HIAG	Hilfsgemeinschaft auf Gegenseitigkeit der ehemaligen Angehörigen der Waffen-SS e.V.
HU	Humboldt-Universität
HZ	Historische Zeitung
i.G.	im Generalstab
ICD	Information Control Division
IfD	Institut für Demoskopie
IfdT	Information für die Truppe
IfZ	Institut für Zeitgeschichte
IMT	International Military Tribunal
Inf.Div.	Infanterie-Division
ISMUN	International Student Movement for the United Nations
JCS	Joint Chiefs of Staff
Jg.	Jahrgang
Kap.	Kapitel
KLV	Kinderlandverschickung
KPD	Kommunistische Partei Deutschlands
KVP	Kasernierte Volkspolizei
KZ	Konzentrationslager
KzS	Kapitän zur See
LSD	Liberaler Studentenbund Deutschland
LV	Landesverband
MC	Military Committee
MdB	Mitglied des Deutschen Bundestages
MdL	Mitglied des Landtages
MGFA	Militärgeschichtliches Forschungsamt
MGM	Militärgeschichtliche Mitteilungen
MGZ	Militärgeschichtliche Zeitschrift
MML	Manual of Military Law
MOH	Marine-Offizier-Hilfe
MOV	Marine-Offizier-Vereinigung
NARA	National Archives and Records Administration
NATO	North Atlantic Treaty Organization
NKFD	Nationalkomitee Freies Deutschland
NKWD	Volkskommissariat für innere Angelegenheiten
No.	number

NRW	Nordrhein-Westfalen
NS	Nationalsozialismus
NSDAP	Nationalsozialistische Deutsche Arbeiterpartei
NSFO	Nationalsozialistischer Führungsoffizier
NSV	Nationalsozialistische Volkswohlfahrt
NVA	Nationale Volksarmee
NWDR	Nordwestdeutscher Rundfunk
NZ	Die Neue Zeitung
o.J.	ohne Jahr
o.O.	ohne Ort
OECD	Organisation for Economic Co-operation and Development
OEEC	Organisation for European Economic Co-operation
OHL	Oberste Heeresleitung
OKH	Oberkommando des Heeres
OKM	Oberkommando der Marine
OKW	Oberkommando der Wehrmacht
OMGUS	Office of Military Government for Germany (U.S.)
Orig.	Original
OSS	Office of Strategic Services
PMG	Provost Marshal General
POW/ P.O.W.	Prisoner of War
PRO	Public Record Office
RAF	Royal Air Force
RCDS	Ring Christlich-Demokratischer Studenten
RFB	Roter Frontkämpferbund
RM	Rheinischer Merkur
ROA	Russkaja Osvoboditel'naja Armija (Russische Befreiungsarmee)
RSHA	Reichssicherheitshauptamt
RTrB	Reichstreuebund ehemaliger Berufssoldaten
RVK	Reichsverteidigungskommissar
s.	siehe
S.	Seite
SA	Sturmabteilung
SBZ	Sowjetische Besatzungszone
SD	Sicherheitsdienst des Reichsführers SS
SDS	Sozialistischer Deutscher Studentenbund
SED	Sozialistische Einheitspartei Deutschlands
SFB	Sonderforschungsbereich
SHAEF	Supreme Headquarters Allied Expeditionary Force
SHAPE	Supreme Headquarters Allied Powers Europe
SiPo	Sicherheitspolizei
SKA/ IMZBw	Streitkräfteamt/ Informations- und Medienzentrale der Bundeswehr

SPD	Sozialdemokratische Partei Deutschlands
SRP	Sozialistische Reichspartei
SS	Schutz-Staffel
SZ	Süddeutsche Zeitung
t.	tome
TNA	The National Archives
Tsp.	Der Tagesspiegel
TU	Technische Universität
u.a.	und andere; unter anderem
UdSSR	Union der Sozialistischen Sowjetrepubliken
u.d.T.	unter dem Titel
UNO	United Nations Organisation
UNWCC	United Nations War Crimes Commission
US	United States
USA	United States of America
USPD	Unabhängige Sozialdemokratische Partei Deutschlands
V1	Vergeltungswaffe 1
VdH	Verband der Heimkehrer, Kriegsgefangenen- und Vermißtenangehörigen
VdK	Verband der Kriegsbeschädigten, Kriegshinterbliebenen und Sozialrentner Deutschlands e.V.
VDK	Volksbund Deutsche Kriegsgräberfürsorge
VdS	Verband deutscher Soldaten
VFF	Volksbund für Frieden und Freiheit
VfZ	Vierteljahrshefte für Zeitgeschichte
vgl.	vergleiche
VoMi	Volksdeutsche Mittelstelle
WEU	Westeuropäische Union
WEWIA	Wehrwissenschaftliche Arbeitsgemeinschaft
WK	Weser-Kurier
z.B.	zum Beispiel
ZDF	Zweites Deutsches Fernsehen
ZDv	Zentrale Dienstvorschrift
ZfS	Zeitschrift für Soziologie
zit.	zitiert
ZRS	Zentrale Rechtsschutzstelle
Zs.	Zeitschrift

Quellen und Literatur

Quellen

Archives de l'Occupation française en Allemagne et en Autriche (Colmar, seit 2010 Paris)

Affaires allemandes et autrichiennes (AAA):
44, 2
324, 2
Bade 2151/1, d. 6
Bade 2151/2, d. 20
Bonn 47/XM, s/d. 1
Rhénanie - Palatinat 13, d. 0001/6-23
Rhénanie - Palatinat 42, d. 5000/00
Rhénanie - Palatinat 46, d. 6132

Archiv des Liberalismus (Gummersbach)

Druckschriften, 367 (Freie Demokratische Korrespondenz; Rednerschnellbrief)
FDP, Bundeshauptausschuß, A-12
FDP, Bundesparteitage, A-50
FDP, Bundesverteidigungsausschuß,
904 (1952–1954)
892 (1955, Protokolle)
FDP, Ostbüro, 2925 (1953–1956)

Archiv für Christlich-Demokratische Politik der Konrad-Adenauer-Stiftung e.V. (Bonn)

Abt. I (Nachlässe, Deposita)
- I-442-001
- I-669-001

Abt. II (Kreisverbände)
- II-006-059-118 (Dortmund)
- II-015-K 018/1 (Kiel)
- II-015-K 018/3 (Kiel)
- II-015-K 018/4 (Kiel)
- II-141-001/1 (Main-Taunus)
- II-142-K 005/2 (Kassel)
- II-142-A 039 (Kassel)
- II-142-K 001/1 (Kassel)

Abt. IV (Vereinigungen)
- IV-001-024/1 (Evangelischer Arbeitskreis)
- IV-014-056/1 (Junge Union)

Archiv der Deutschen Sozialdemokratie (Bonn)

SPD, LV Baden-Württemberg, 1
SPD, LV Baden-Württemberg, 2
SPD, LV Baden-Württemberg, 925
SPD, LV NRW, SPD-Unterbezirk Krefeld

Willy Brandt, Der zweite Weltkrieg. Ein kurzer Überblick. Hrsg. vom Komitee für Demokratischen Wiederaufbau (SDU), Stockholm 1945

Bundesarchiv (Koblenz)

N 24/216
N 24/215
RH 26-59/5

Bundesarchiv, Abt. Militärarchiv (Freiburg, i.Br.)

BW 9/3103
MSg 1/2684 und 1/2685
MSg 200/1138
MSg 200/1195
MSg 2/2212
MSg 2/2255
MSg 2/2365
MSg 2/5045
RH 26-59/5
ZSg 2/412

Institut für Demoskopie Allensbach, Archiv

Das Dritte Reich. Eine Studie über Nachwirkungen des Nationalsozialismus (im Auftrag des NWDR, 1949)

Die Stimmung im Bundesgebiet 15 (August 1951): Helden oder Verräter? Rückschau auf den 20. Juli 1944

Das politische Klima. Ein Bericht über die Stimmung im Bundesgebiet 1951

Die jungen Männer. Interessen – Neigungen – Verhalten. Rohergebnisse einer Umfrage unter Angehörigen der Geburtsjahrgänge 1927–1934 (März 1952)

Die Stimmung im Bundesgebiet 118: Chancen für führende Männer des Dritten Reiches (19. November 1953)

Die Stimmung im Bundesgebiet 120: Vorwürfe gegen die Soldaten des letzten Krieges (28. November 1953)

Die Stimmung im Bundesgebiet 196: Vorschau auf die deutschen Soldaten, I (31. März 1955)

Die Stimmung im Bundesgebiet 199: Vorschau auf die deutschen Soldaten, II (18. April 1955)

Gutachten (26. März 1955) [Möglichkeiten einer Dienststelle, auf öffentliche Meinung einzuwirken]

Die Stimmung im Bundesgebiet 234: Wehrmacht, Bundeswehr oder Streitkräfte? (14. Februar 1956)

Die Stimmung im Bundesgebiet 236: Die Wehrfrage (16. Februar 1956)

Freiwillig zur Bundeswehr? Eine Umfrage im Bundesgebiet. Durchgeführt im Auftrage des Presse- und Informationsamtes der Bundesregierung (1956)

Wehr-Umfrage. SPIEGEL (1956)

Institut für Zeitgeschichte, Archiv (München)

ED 337, Bd 21,
Bericht Nr. 7 aus Kreisen ehemaliger Soldaten (3.7.1951). Nr. 28 (8.1.1952).
Bericht Nr. 2 aus Kreisen des Grenzschutzes (27.7.1951)

National Archives and Records Administration (College Park, Maryland, USA)

Record Group 59, Box 34
Record Group 59, Box 203
Record Group 389, Box 3

Public Record Office, seit 2003 The National Archives (London/Kew)

Cabinet Office
CAB 120/556

Foreign Office
FO 371/46702
FO 371/46864
FO 371/55818

Prime Minister's Office
PREM 3, 193/2

War Office
WO 205/1035
WO 205/1045-1047
WO 208/3136
WO 208/3140

Zentrale Stelle der Landesjustizverwaltungen zur Aufklärung nationalsozialistischer Verbrechen (Ludwigsburg)

VI 117 AR 182/63, S. 80, Abschrift aus der Spruchkammerakte Skorzeny XIII/V/P 2766/48, Blatt 205, Spruchkammer Darmstadt-Lager, Bonn, 10.9.1948 (Abschrift)
VI 117 AR 182/63, S. 61, Eidesstattliche Erklärung von Walter Wiskott, Bochum, 15.7.1948, aus der Spruchkammerakte Skorzeny XIII/V/P 2766/48, Blatt 357–360 (Abschrift von Abschrift)
Wilhelm Dreecken, Deutsche Selbstbesinnung am ersten Jahrestag des 20. Juli, Lahr 1945, StA Freiburg W 307, Nr. 1183 (Sammlung Karl Fritz, Abschrift)

Zentrum für Militärgeschichte und Sozialwissenschaften der Bundeswehr (ZMSBw, bis 2012 Militärgeschichtliches Forschungsamt), Bibliothek (Potsdam)

Institut für Sozialforschung an der Johann Wolfgang Goethe-Universität, Zum politischen Bewußtsein ehemaliger Kriegsgefangener. Eine soziologische Untersuchung im Verband der Heimkehrer. Unveröffentlichter Forschungsbericht, Frankfurt a.M. 1957 (Signatur G 34/128)
Presseausschnitt-Sammlung Militärgeschichtliches Institut, Potsdam: Soldaten-Verbände I–IV, 1951–1954 (Potsdamer Bestand, 73239–73244)
Volk im Volke. Zum Problem der Ostflüchtlinge im Westen. Hrsg. von Information Services Divison CCG, BE, o.J. o.O. (Signatur F 500/3378)

Zeitschriften, Zeitungen

Aufbau
Christ und Welt
Darmstädter Tageblatt
Das Reich
Der deutsche Fallschirmjäger
Der Heimkehrer
Der Notweg
Der Spiegel
Deutsche Wehr
Deutscher Soldatenkalender
Die Neue Zeitung
Die Rheinpfalz
Die Sammlung
Die Wandlung
Die Zeit
Frankfurter Allgemeine Zeitung
Frankfurter Hefte
Frankfurter Rundschau
Front und Heimat
Information für die Truppe
Kriegsgräberfürsorge
Leinen los!
Marine-Rundschau
MOH-Nachrichten
Neue Zürcher Zeitung
NZ
Quick
Revue
Rheinischer Merkur
Rhein-Neckar-Zeitung
Speyerer Tagespost
Stern
Süddeutsche Zeitung
Der Tagesspiegel
Westfalen-Zeitung
Wiking-Ruf

Literatur und Dokumentationen bis ca. 1960

Abetz, Otto, Das offene Problem. Ein Rückblick auf zwei Jahrzehnte deutscher Frankreichpolitik. Mit einer Einführung von Ernst Achenbach, Köln 1951

Abusch, Alexander W., Der Irrweg einer Nation. Ein Beitrag zum Verständnis der deutschen Geschichte (1946), Berlin 1947

Adenauer: Teegespräche 1950–1954 bzw. 1955–1958. Hrsg. von Rudolf Morsey und Hans-Peter Schwarz. Bearb. von Hanns Jürgen Küsters (Bd 1–3), Hans Peter Mensing (Bd 4), Berlin 1984 und 1986

Adler, Hans-Günther, Die verheimlichte Wahrheit. Theresienstädter Dokumente, Tübingen 1958

Adler, Hans-Günther, Theresienstadt, 1941–1945. Das Antlitz einer Zwangsgemeinschaft, Tübingen 1955; Reprint der 2. Aufl. 1960: Adler, Hans-G., Theresienstadt, 1941–1945. Das Antlitz einer Zwangsgemeinschaft, Göttingen 2005

Adorno, Theodor W., Was bedeutet: Aufarbeitung der Vergangenheit? (1959). In: Theodor Adorno, Eingriffe. Neun kritische Modelle, Frankfurt a.M. 1963, S. 125–146

Ahlfen, Hans von, und Hermann Niehoff, So kämpfte Breslau. Verteidigung und Untergang von Schlesiens Hauptstadt, München 1959

Akten zur Auswärtigen Politik der Bundesrepublik Deutschland. Hrsg. im Auftrag des Auswärtigen Amts vom Institut für Zeitgeschichte, Bd 1, München 1989

Allemann, Fritz René, Bonn ist nicht Weimar, Köln 1956

Arendt, Hanna, The Aftermath of Nazi Rule: Report from Germany. In: Commentary, 10 (1950), S. 342–353

Bach Jr., Julian, America's Germany. An Account of the Occupation, New York 1946

Bartke, Karl, Wie können die Deutschen gesund werden?, 2. Aufl., Zürich 1945

Bäumer, Gertrud, Der neue Weg der deutschen Frau, Stuttgart 1946 (= Der Deutschenspiegel. Schriften zur Erkenntnis und Erneuerung, Heft 1)

Bauer, Josef Martin, So weit die Füße tragen, München 1955

Besser, Joachim, Neuwertung der Vergangenheit. Die deutschen Zeitschriften im Kampf um ein neues Geschichtsbild. In: Die Sammlung, 2 (1947), S. 574–584

Blank, Theodor, Rede anläßlich der Ernennung der ersten freiwilligen Soldaten am 12. November 1955. In: Wehrkunde, 4 (1955), S. 522 f.

Böll, Heinrich, Briefe aus dem Krieg 1939–1945, 2 Bde. Hrsg. und kommentiert von Jochen Schubert. Mit einem Vorwort von Annemarie Böll und einem Nachwort von James H. Reich, Köln 2001

Bohn, Helmut, Eine Front gegen die Angst. Die Chance der Soldatenbünde, Frankfurt a.M., Freiburg i.Br. 1951

Bohn, Helmut, Die Heimkehr aus russischer Kriegsgefangenschaft, Frankfurt a.M. 1951

Bohn, Helmut, Die Letzten. Was wurde und was wird aus den deutschen Gefangenen in Sowjetrußland und den anderen Ostblockstaaten?, Köln 1954

Bor, Peter, Gespräche mit Halder, Wiesbaden 1950

Bourke-White, Margaret, Deutschland, April 1945. »Dear Fatherland Rest Quietly«. Mit einer Einleitung von Klaus Scholder, München 1979

Brandt, Willy, Der zweite Weltkrieg. Ein kurzer Überblick. Hrsg. vom Komitee für Demokratischen Wiederaufbau (SDU), Stockholm 1945

Breitling, Rupert, Die Verbände der Bundesrepublik. Ihre Arten und ihre politische Wirkungsweise, Meisenheim a. Glan 1955

Brummküsel, Hannes, 1000 Worte Marinedeutsch, 2. Aufl., Wilhelmshaven 1950

Choltitz, Dietrich von, Soldat unter Soldaten, Konstanz, Zürich, Wien 1951

Choltitz, Dietrich von, ... brennt paris? adolf hitler ... Tatsachenbericht des letzten deutschen Befehlshabers in Paris, Mannheim o.J. [1950]

Conze, Werner, Die Geschichte der 291. Infanterie-Division 1940–1945, Bad Nauheim 1953

Dinklage, Ludwig, Köhlers Flottenkalender, Minden: Wilhelm Köhler Verlag 1955–1959

Döblin, Alfred, Südwestdeutschland, Ende 1945. In: Europa in Ruinen. Augenzeugenberichte aus den Jahren 1944–1948. Hrsg. von Hans Magnus Enzensberger, München 1995, S. 181–191

Dönitz, Karl, Zehn Jahre und zwanzig Tage. Erinnerungen 1935–1945, Bonn 1958; 11. Aufl., Bonn 1991 mit einem Nachwort von Jürgen Rohwer: Die Schlacht im Atlantik in der historischen Forschung

Dokumentation der Vertreibung der Deutschen aus Ost-Mitteleuropa, Bd 1: Die Vertreibung der deutschen Bevölkerung aus den Gebieten östlich der Oder-Neiße. Bearb. von Theodor Schieder. Hrsg. vom Bundesministerium für Vertriebene, Flüchtlinge und Kriegsgeschädigte, Bonn 1954, Reprint München 1984

Dokumente deutscher Kriegsschäden. Evakuierte, Kriegssachgeschädigte, Währungsgeschädigte. Die geschichtliche und rechtliche Entwicklung, Bd I. Hrsg. vom Bundesministerium für Vertriebene, Flüchtlinge und Kriegsgeschädigte, Bonn 1958

Dokumente deutscher Kriegsschäden. Evakuierte, Kriegssachgeschädigte, Währungsgeschädigte. Die geschichtliche und rechtliche Entwicklung, Bd II/2: Die Lage des deutschen Volkes und die allgemeinen Rechtsprobleme der Opfer des Luftkrieges von 1945–1948. Hrsg. vom Bundesministerium für Vertriebene, Flüchtlinge, Kriegsgeschädigte, Bonn 1960

Dokumente zur Austreibung der Sudetendeutschen. Hrsg. von der Arbeitsgemeinschaft zur Wahrung sudetendeutscher Interessen. Eingel. und bearb. von Wilhelm Turnwald, München 1951

Dokumente zur Deutschlandpolitik, Bd 3: 1. Januar bis 31. Dezember 1950. Veröffentlichte Dokumente. Bearbeitet von Hanns Jürgen Küsters und Daniel Hofmann. Unveröffentlichte Dokumente. Bearbeitet von Hanns Jürgen Küsters und Carsten Tessmer, 2 Bde, München 1997

Dorn, Walter L., Inspektionsreisen in der US-Zone. Notizen, Denkschriften und Erinnerungen aus dem Nachlaß. Hrsg. von Lutz Niethammer, Stuttgart 1973

Dos Passos, John, Das Land des Fragebogens – 1945: Reportagen aus dem besiegten Deutschland, Frankfurt a.M. 1997

Duesterberg, Theodor, Der Stahlhelm und Hitler, Wolffenbüttel 1949, 2. Aufl., Hameln 1950

Dwinger, Edwin Erich, Die Armee hinter Stacheldraht. Sibirisches Tagebuch, Jena 1929

Dwinger, Edwin Erich, Wenn die Dämme brechen ... Untergang Ostpreußens, Berlin [u.a.] 1950

Einsiedel, Heinrich Graf von, Tagebuch der Versuchung. 1942–1950, Berlin 1950

Endres, Franz Carl, Die Tragödie Deutschlands. Im Banne des Machtgedankens bis zum Zusammenbruch des Reiches. Von einem Deutschen, Stuttgart 1924

Europa in Ruinen. Augenzeugenberichte aus den Jahren 1944–1948. Gesammelt und mit einem Prospekt versehen von Hans Magnus Enzensberger, München 1995

Findeisen, Walter, Mein Graues Buch. Erlebnisse und Erkenntnisse hinter Stacheldraht, Lengefeld im Erzgeb. 1946

Foertsch, Herrmann, Der deutsche Soldat, o.O. 1934

Foertsch, Hermann, Der Offizier der deutschen Wehrmacht. Eine Pflichtenlehre, 5. Aufl., Berlin 1941

Foreign Relations of the United States, Diplomatic Papers 1945. The Conference of Berlin (The Potsdam Conference), 2 vols., Washington, DC 1960

Frisch, Max, Tagebuch 1946–1949, Frankfurt a.M. 1950

Galland, Adolf, Die Ersten und die Letzten. Die Jagdflieger im Zweiten Weltkrieg, München 1953

Gilbert, Gustave M., Nürnberger Tagebuch. Gespräche der Angeklagten mit dem Gerichtspsychologen, 12. Aufl., Frankfurt a.M. 2004

Glueck, Sheldon, The Nuremberg Trial and Aggressive War, New York 1946

Goebbels, Joseph, Dreissig Kriegsartikel für das deutsche Volk, München 1943

Gurfein, Murray Irwan, and Morris Janowitz, Trends in Wehrmacht Morale. In: Public Opinion Quarterly, 10 (1946), S. 78–84

Hahn, Assi, Ich spreche die Wahrheit! Sieben Jahre kriegsgefangen in Russland, Eßlingen 1951

Halder, Franz, Hitler als Feldherr, München 1949

Handbuch Innere Führung. Hilfen zur Klärung der Begriffe. Hrsg. vom Bundesministerium für Verteidigung, Führungsstab der Bundeswehr – B, [Bonn] 1957

Harfen im Stacheldraht. Eine Anthologie der Kriegsgefangenenlyrik [Ausstellung Fritz Rabe], Göppingen 1954

Harris, Whitney R., Tyranny on Trial. The evidence at Nuremberg, Dallas, TX 1954

Die Hassell-Tagebücher 1938–1944. Aufzeichnungen vom Anderen Deutschland. Hrsg. von Friedrich Freiherr Hiller von Gärtringen, Berlin 1988

Hassell, Ulrich von, Vom anderen Deutschland. Aus den nachgelassenen Tagebüchern 1938–1944, Zürich 1946, 3. Aufl. 1947

Heimpel, Hermann, Kapitulation vor der Geschichte? Gedanken zur Zeit, 2. Aufl., Göttingen 1957

Heinkel, Ernst, Stürmisches Leben. In Zusammenarbeit mit Jürgen Thorwald, Stuttgart 1953

Henk, Emil, Die Tragödie des 20. Juli 1944. Ein Beitrag zur politischen Vorgeschichte, Heidelberg 1946 (2. erw. Aufl. 1946)

Heuss, Theodor, Politiker und Publizist: Aufsätze und Reden, ausgewertet und kommentiert von Martin Vogt, Tübingen 1984

Heuss, Theodor, Soldatentum in unserer Zeit. Rede vom 12.3.1959. In: Theodor Heuss, Politiker und Publizist, S. 488–499

Heuss, Theodor, 20. Juli 1944. Ansprache des Bundespräsidenten Prof. Dr. Theodor Heuss in der Feierstunde zur 10. Wiederkehr des 20. Juli 1944, gehalten am 19. Juli 1954 (...). Hrsg. vom Presse- und Informationsamt der Bundesregierung, Bonn o.J. [1955]

Hofer, Walther, Der Nationalsozialismus. Dokumente 1933–1945, Frankfurt a.M. 1987
Hosenfeld, Wilm, »Ich versuche jeden zu retten«. Das Leben eines deutschen Offiziers in Briefen und Tagebüchern. Im Auftrag des MGFA hrsg. von Thomas Vogel, München 2004
Institut für Sozialforschung an der Johann Wolfgang Goethe-Universität, Zum politischen Bewußtsein ehemaliger Kriegsgefangener. Eine soziologische Untersuchung im Verband der Heimkehrer. Unveröffentlichter Forschungsbericht, Frankfurt a.M. 1957
Jahrbuch der öffentlichen Meinung 1947–1955. Hrsg. von Elisabeth Noelle und Erich Peter Neumann, Allensbach 1956
Jahrbuch der Öffentlichen Meinung 1956. Hrsg. von Elisabeth Noelle und Erich Peter Neumann, Allensbach 1957
Jahrbuch der Öffentlichen Meinung 1958–1964. Hrsg. von Elisabeth Noelle und Erich Peter Neumann, Allensbach 1965
Janowitz, Morris, German Reactions to Nazi Atrocities. In: American Journal of Sociology, 52 (1946), S. 141–146
Jaspers, Karl, Die Schuldfrage. Zur politischen Haftung Deutschlands (Heidelberg 1946), Neuausg., München 1987
Kayser, Walther, Die nationalpolitische Bedeutung der Wehrmacht, Hamburg 1937
Kesselring, Albert, Gedanken zum Zweiten Weltkrieg, Bonn 1955
Kesselring, Albert, Soldat bis zum letzten Tag, Bonn 1953
Klemperer, Viktor, »Ich will Zeugnis ablegen bis zum letzten.« Tagebücher 1933–1945, Bd 8, Berlin 1995
Köhlers Flottenkalender 1955; 1956; 1957; 1958; 1959. Schriftleitung: Ludwig Dinklage, Minden 1955–1959
Kogon, Eugen, Der SS-Staat. Das System der deutschen Konzentrationslager, München 1946 (2. Aufl. 1947)
Kühlig, Gerhard, Schwarz, Gert, Bundeswehr hinter Paragraphengittern, Berlin (Ost) 1957
Lasch, Otto, So fiel Königsberg. Kampf und Untergang von Ostpreußens Hauptstadt, München 1958, 2. Aufl. 1959, Neuaufl. Stuttgart 1976, zuletzt 2002
Laternser, Hans, Verteidigung der Soldaten. Plädoyers vor alliierten Gerichten, Bonn 1950
Lehndorff, Hans von, Ostpreussisches Tagebuch. Aufzeichnungen eines Arztes aus den Jahren 1945–1947, 2. Aufl., München 1961
Leutelt, Helmut, Menschen in Menschenhand. Ein Bericht aus Sibirien, München 1958
Liddell Hart, Basil, Gedanken zur Verteidigung Europas, Coburg 1951
Liddell Hart, Basil, Jetzt dürfen sie reden. Hitlers Generale berichten, Stuttgart [u.a.] 1950
Liddell Hart, Basil, The other Side of the Hill, London 1948, 2. erw. Aufl. 1951
Ludendorff, Erich, Der totale Krieg, München 1935
Lüders, Marie-Elisabeth, Das unbekannte Heer. Frauen kämpfen für Deutschland 1914–1918. Mit einem Geleitwort des Reichskriegsministers und Oberbefehlshabers der Wehrmacht Generaloberst von Blomberg, Berlin 1936
Maginnis, John J., Military Government Journal. Normandy to Berlin. Ed. by Robert A. Hart, Amherst, MA 1971

Meier-Welcker, Hans, Deutsches Heerwesen im Wandel der Zeit. Ein Überblick über die Entwicklung vom Aufkommen der stehenden Heere bis zur Wehrfrage der Gegenwart, Frankfurt a.M. 1954
Meinecke, Friedrich, Weltbürgertum und Nationalstaat, o.O., o.J.
Menschen im Feuer. Erzählungen, zusammengestellt von Fritz Rabe. Im Auftrag des Verbandes der Heimkehrer, Kriegsgefangenen und Vermißten-Angehörigen Deutschlands e.V., Heidelberg 1955
Mielert, Harry, Russische Erde. Kriegsbriefe aus Rußland, Stuttgart 1950
Moskau – Bonn. Die Beziehungen zwischen der Sowjetunion und der Bundesrepublik Deutschland, 1955–1973. Dokumentation. Hrsg. von Boris Meissner, Köln 1975
Norman, Käthe von, Ein Tagebuch aus Pommern 1945–1946. Aufzeichnungen. Hrsg. vom Bundesministerium für Vertriebene, München 1955 (= Dokumentation der Vertreibung der Deutschen aus Ost-Mitteleuropa, Beih. 1)
Noske, Gustav, Erlebtes aus Aufstieg und Niedergang einer Demokratie, Offenbach 1947
Der Nürnberger Prozeß: Das Protokoll des Prozesses gegen die Hauptkriegsverbrecher vor dem Internationalen Militärgerichtshof 14. November 1945–1. Oktober 1946. Mit einer Einführung von Christian Zentner, Berlin 2000 [Elektronische Ressource]
Olmes, Friedrich [= Oscar Friedrich], Über Galgen wächst kein Gras. Die fragwürdige Kulisse der Kriegsverbrecherprozesse im Spiegel unbekannter Dokumente, Braunschweig 1950
Ott, Wolfgang, Haie und kleine Fische, München 1954
Pabel, Hilmar, Jahre unseres Lebens. Deutsche Schicksalsbilder, Stuttgart 1954
Padover, Saul K., Lügendetektor. Vernehmungen im besiegten Deutschland 1944/45, Frankfurt a.M. 1999
Paget, Reginald T., Manstein. His campaigns and his trial, London 1951, dt.: Manstein. Seine Feldzüge und sein Prozeß, Wiesbaden 1952
Pfeil, Elisabeth, Der Flüchtling, Gestalt einer Zeitenwende, Hamburg 1948
Plievier, Theodor, Stalingrad, Berlin 1945; München: Desch 1948 (6.–15. Tausend, Lizenzausgabe für amerikanische, britische und französische Besatzungszone), Neuausg., Köln 2001 (Hrsg. und mit einem Nachw. von Hans-Harald Müller)
Der Prozess gegen die Hauptkriegsverbrecher vor dem Internationalen Militärgerichtshof. Nürnberg 14. November 1945–1. Oktober 1946. Amtlicher Text Urkunden und anderes Beweismaterial, Nürnberg 1947, fotomechanischer Nachdruck: 18 Bände, München 1984
Public Opinion in Occupied Germany. The OMGUS Surveys, 1945–1949. Ed. by Anna J. and Richard L. Merritt, Urbana, Chicago, London 1970
Rademacher, Willy Max, Amerikanischer Bilderbogen. Eindrücke einer USA-Reise, Bonn 1953
Ramcke, Hermann Bernhard, Fallschirmjäger. Damals und danach, Frankfurt a.M. 1951
Rautenberg, Hans-Jürgen, und Norbert Wiggershaus, Die »Himmeroder Denkschrift« vom Oktober 1950. Politische und militärische Überlegungen für einen Beitrag der Bundesrepublik Deutschland zur westeuropäischen Verteidigung, 2. Aufl., Sonderdr., Karlsruhe 1985 (zuerst in: MGM, 21 (1977), 1, S. 135–206)
Ritter, Gerhard, Carl Friedrich Goerdeler und die deutsche Widerstandsbewegung, 1954
Ritter, Gerhard, Staatskunst und Kriegshandwerk. Das Problem des ›Militarismus‹ in Deutschland, 2. Aufl., München 1959

The Rommel Papers. With the assistance of Lucie-Maria Rommel, Manfred Rommel and Fritz Bayerlein. Ed. by Basil Liddell Hart, London 1953, Nachdruck New York 1982
Rothfels, Hans, Die deutsche Opposition gegen Hitler, Krefeld 1949
Rothfels, Hans, Die deutsche Opposition gegen Hitler. Eine Würdigung, neue Ausgabe, Frankfurt a.M. 1958
Rückerl, Adalbert, Die Strafverfolgung von NS-Verbrechen 1945–1978. Eine Dokumentation, Heidelberg 1979 (= Recht, Justiz, Zeitgeschichte, 31)
Ruge, Friedrich, Seemacht und Sicherheit, Tübingen 1955
Sänger, Fritz, Die Volksvertretung. Handbuch des Deutschen Bundestages, 1. Wahlperiode (1949–1953), unveränd. Neudruck d. Aufl. 1949, Darmstadt 1985
Schelsky, Helmut, Wandlungen der deutschen Familie in der Gegenwart, Stuttgart 1953, 3., erw. Aufl., Stuttgart 1955
Schicksalsfragen der Gegenwart. Handbuch politisch-historischer Bildung. Hrsg. vom Bundesministerium für Verteidigung, Innere Führung, 6 Bde, Tübingen 1957–1961
Schlabrendorff, Fabian von, Offiziere gegen Hitler, Zürich 1946
Shils, Edward A., and Morris Janowitz, Cohesion and Disintegraton in the Wehrmacht in World War II. In: Public Opinion Quarterly, XII (1948), S. 280–315
Sicherheitspolitik der Bundesrepublik Deutschland, Dokumentation 1945–1977. Hrsg. von Klaus von Schubert, 2. Teil, Köln 1979
Skorzeny, Otto, Geheimkommando Skorzeny, Hamburg 1950
Skorzeny, Otto, Meine Kommandounternehmen. Krieg ohne Fronten. Hrsg. von Herbert Greuél, 2. Aufl., Wiesbaden 1976
Skorzeny, Otto, Wir kämpften, wir verloren, 2. Aufl., Königswinter 1973, 3. Aufl., Lohmar 1972
Sommer, Helmut, 135 000 gewannen das Vaterland: Die Heimkehr der Deutschen aus Wolhynien, Galizien und dem Narewgebiet, 6. Aufl., Berlin 1940
Die SPD-Fraktion im Deutschen Bundestag. Sitzungsprotokolle 1949–1957, Halbbd 1: 1.–181. Sitzung. Bearb. von Petra Weber, Düsseldorf 1993 (= Quellen zur Geschichte des Parlamentarismus und der politischen Parteien, Reihe 4: Deutschland seit 1945, 8/1)
Spitta, Theodor, Neuanfang auf Trümmern: Die Tagebücher des Bremer Bürgermeisters Theodor Spitta 1945–1947. Hrsg. von Ursula Büttner und Angelika Voß-Louis, München 1992 (= Biografische Quellen zur deutschen Geschichte, 13)
Stammer, Otto, Das Elitenproblem in der Demokratie. In: Schmollers Jahrbuch für Gesetzgebung, Verwaltung und Volkswirtschaft, 71 (1951), S. 513–540
Thayer, Charles W., The Unquiet Germans, New York 1957
Thorwald, Jürgen, Am Ende der Elbe, Stuttgart 1950
Thorwald, Jürgen, Es begann an der Weichsel, Stuttgart 1950
Tucholsky, Kurt, Panter, Tiger & Co. Eine neue Auswahl aus seinen Schriften und Gedichten. Hrsg. von Mary Gerold-Tucholsky, Reinbek b. Hamburg 1960
Das Urteil von Nürnberg 1946. Mit einem Vorwort von Jörg Friedrich, 6. Aufl., München 2005
Vagts, Alfred, A History of Militarism. Romance and Realities of a Profession, New York 1937
Verhandlungen des Deutschen Bundestages. Stenographische Berichte, Bde 1 ff., Bonn 1949 ff.

Vom künftigen deutschen Soldaten. Gedanken und Planungen der Dienststelle Blank, Bonn o.J. [1955]

Weinstein, Adelbert, Armee ohne Pathos. Die deutsche Wiederbewaffnung im Urteil ehemaliger Soldaten, Bonn 1951

Westphal, Siegfried, Heer in Fesseln. Aus den Papieren des Stabschefs von Rommel, Kesselring und Rundstedt, Bonn 1950

Wilmowsky, Tilo Frhr. von, Warum wurde Krupp verurteilt? Legende und Justizirrtum, Stuttgart 1950

Wir mahnen. Kriegsgefangenschaft als Erlebnis und Aufgabe, veranstaltet vom Verband der Heimkehrer, Kriegsgefangenen und Vermißten-Angehörigen Deutschlands e.V. in Verbindung mit dem Kriegsgefangenen-Archiv und Museum e.V., Frankfurt a.M. 1954

Wolfslast, Wilhelm, Anker-Heft: 22 Mann gegen Tirpitz, München 1955

Zeissler, Herbert, Wiedersehen in Hamburg. U-Boot-Treffen 1954, Hamburg 1955

Literatur und Dokumentationen ab ca. 1960

Abenheim, Donald, Bundeswehr und Tradition. Die Suche nach dem gültigen Erbe des deutschen Soldaten, München 1989 (= Beiträge zur Militärgeschichte, 27) (engl.: Reforging the Iron Cross: The Search for Tradition in the West German Armed Forces, Princeton, NJ 1988)

Absolon, Rudolf, Die Wehrmacht im Dritten Reich, 6 Bde, Boppard a.Rh. 1969–1995

D'Abzac-Epezy, Claude, Frankreich aus Sicht der deutschen Kriegsgefangenen nach 1945: Die Rolle der französischen Propaganda. In: Militär in Deutschland und Frankreich, S. 127–144

Abzug, Robert H., Inside the Vicious Heart: Americans and the Liberation of Nazi Concentration Camps, New York [et al.] 1985

8\. Mai 1945 – Befreiung oder Kapitulation? Hrsg. von Rainer Schröder, Berlin 1997 (= Grundlagen des Rechts, 4)

Adenauer und die Deutsche Frage. Hrsg. von Josef Foschepoth, 2. Aufl., Göttingen 1990

Adenauer und die Wiederbewaffnung. Hrsg. von Wolfgang Krieger, Bonn 2000 (= Rhöndorfer Gespräche, 18)

Adenauers Moskaubesuch. Eine Reise im internationalen Kontext. Hrsg. von Helmut Altrichter, Bonn 2007

Albrecht, Ulrich, Der preussisch-deutsche Militarismus als Prototyp. Aspekte der internationalen wissenschaftlichen Diskussion. In: Militarismus in Deutschland, S. 38–60

»Als der Krieg kam, hatte ich mit Hitler nichts mehr zu tun«. Zur Gegenwärtigkeit des »Dritten Reiches« in Biographien. Hrsg. von Gabriele Rosenthal, Opladen 1990

»Als der Krieg zu Ende war«. Erinnerungen an den 8. Mai 1945. Hrsg. von H. Sarkowicz, Frankfurt a.M. 1995

»Als der Krieg zu Ende war«. Literarisch-politische Publizistik 1945–1950. Hrsg. von Bernhard Zeller. Katalog einer Ausstellung des deutschen Literaturarchivs im Schiller-Nationalmuseum in Marbach, 4. Aufl., Marbach 1995

Alternativen zur Wiederbewaffnung. Friedenskonzeptionen in Westdeutschland 1945–1955. Hrsg. von Detlef Bald und Wolfram Wette, Essen 2008

The American Impact on Postwar Germany. Ed. by Reiner Pommerin, Providence, RI, Oxford 1997

The American Impact on Western Europe: Americanization and Westernization in Transatlantic Perspective. GHI Washington, DC., Bulletin 24. Spring 1999, S. 21–33

Ammar, Sarah Ben, Hans Bernd Gisevius. Chroniquer résistant du Régime hitlérien, Lille 2002

Amnestie oder die Politik der Erinnerung in der Demokratie. Hrsg. von Garry Smith und Avishai Margalit, Frankfurt a.M. 2002

Amos, Heike, Die Westpolitik der SED 1948/49–1961. »Arbeit nach Westdeutschland« durch die Nationale Front, das Ministerium für Auswärtige Angelegenheiten und das Ministerium für Staatssicherheit, Berlin 1999

Andrae, Friedrich, Auch gegen Frauen und Kinder. Der Krieg der deutschen Wehrmacht gegen die Zivilbevölkerung in Italien 1943–1945, München 1995

Andreas-Friedrich, Ruth, Schauplatz Berlin. Tagebuchaufzeichnungen 1945–1948, Frankfurt a.M. 1984 (auch u.d.T.: Der Schattenmann. Tagebuchaufzeichnungen 1938–1948, Berlin 2000)

Anfänge westdeutscher Sicherheitspolitik 1945–1956. Hrsg. vom MGFA, Bd 1: Roland G. Foerster [u.a.], Von der Kapitulation bis zum Pleven-Plan, München 1982; Bd 2: Lutz Köllner [u.a.], Die EVG-Phase, München 1989; Bd 3: Hans Ehlert [u.a.], Die NATO-Option, München 1993; Bd 4: Werner Abelshauser und Walter Schwengler, Wirtschaft und Rüstung, Souveränität und Sicherheit, München 1997

Annan, Noel, Changing Enemies. The Defeat and Regeneration of Germany, Ithaca, NY 1997

Aschenauer, Rudolf, Der Fall Herbert Kappler. Ein Plädoyer für Recht, Wahrheit und Verstehen, München 1967

Aspekte der deutschen Wiederbewaffnung bis 1955. Mit Beitr. von Hans Buchheim [u.a.], Boppard a.Rh. 1975 (= Militärgeschichte seit 1945, 1)

Assmann, Aleida, Erinnerungsräume. Formen und Wandlungen des kulturellen Gedächtnisses, München 1998

Assmann, Aleida, Der lange Schatten der Vergangenheit. Erinnerungskultur und Geschichtspolitik, München 2006

Assmann, Aleida, 1945 – Der blinde Fleck in der deutschen Erinnerungskultur. In: Aleida Assmann und Ute Frevert, Geschichtsvergessenheit, Geschichtsvergessenheit. Vom Umgang mit deutschen Vergangenheiten nach 1945, Stuttgart 1999, S. 97–139

Assmann, Aleida und Jan, Kultur und Konflikt. Aspekte einer Theorie des unkommunikativen Handelns. In: Kultur und Konflikt, S. 11–48

Assmann, Jan, Das kulturelle Gedächtnis. Schrift, Erinnerung und politische Identität in frühen Hochkulturen, München 1992

»Auch in Deutschland waren wir nicht wirklich zu Hause«. Jüdische Remigration nach 1945. Hrsg. von Irmela von der Lühe, Göttingen 2008

Aufbruch in die Zukunft, Die 1960er Jahre zwischen Plannungseuphorie und kulturellem Wandel: DDR, ČSSR und Bundesrepublik Deutschland im Vergleich. Hrsg. von Heinz-Gerhard Haupt und Jörg Requate, Göttingen 2004

Aufstand des Gewissens. Der militärische Widerstand gegen Hitler und das NS-Regime 1933 bis 1945. Im Auftrag des BMVg hrsg. vom MGFA, Herford [u.a.] 1984
Axer, Christine, Die Aufarbeitung der NS-Vergangenheit. Deutschland und Österreich im Vergleich und im Spiegel der französischen Öffentlichkeit, Wien 2010
Baar, Lothar, Kriegsfolgen und Kriegslasten Deutschlands. Zerstörungen, Demontagen und Reparationen, Berlin 1993
Baberowski, Jörg, Was sind Repräsentationen sozialer Ordnungen im Wandel? Anmerkungen zu einer Geschichte interkultureller Begegnungen. In: Arbeit an der Geschichte. Wie viel Theorie braucht die Geschichtswissenschaft? Hrsg. von Jörg Baberowski, Frankfurt a.M., New York 2009, S. 7–18
Bajohr, Frank, und Dieter Pohl, Der Holocaust als offenes Geheimnis. Die Deutschen, die NS-Führung und die Alliierten, München 2006
Bald, Detlef, Alte Kameraden. Offizierkader in der Bundeswehr. In: Willensmenschen. Über deutsche Offiziere. Hrsg. von Ursula Breymaer, Frankfurt a.M. 1999, S. 50–64
Bald, Detlef, Die Bundeswehr. Eine kritische Geschichte 1955–2005, München 2005
Bald, Detlef, Johannes Klotz und Wolfram Wette, Mythos Wehrmacht. Nachkriegsdebatten und Traditionspflege, Berlin 2001
Bald, Detlef, Die Militärreform in der »Ära Brandt«. Zur Integration von Militär und Gesellschaft. In: Entschieden für Frieden. 50 Jahre Bundeswehr 1955 bis 2005. Im Auftrag des MGFA hrsg. von Klaus-Jürgen Bremm, Hans-Hubertus Mack und Martin Rink, Freiburg i.Br. 2005, S. 341–354
Bald, Detlef, Reform des Militärs in der Ära Adenauer. In: Geschichte und Gesellschaft, 28 (2002), S. 204–232
Banal Militarism. Zur Veralltäglichung des Militärischen im Zivilen. Hrsg. von Tanja Thomas und Fabian Virchow, Bielefeld 2006
Bankier, David, Die öffentliche Meinung im Hitler-Staat. Die »Endlösung« und die Deutschen, Berlin 1995
Bankier, David, The Germans and the Final Solution. Public Opinion under Nazism, Oxford 2003
Barnouw, Dagmar, Germany 1945: Views of War and Violence, Bloomington, IN 1996, dt.: Ansichten von Deutschland (1945). Krieg und Gewalt in der zeitgenössischen Photographie, Basel 1997
Baron, Ulrich, »Stalingrad als Thema der deutschsprachigen Literatur«. In: Stalingrad. Mythos und Wirklichkeit, S. 222–232
Baron, Ulrich, und Hans-Harald Müller, Weltkriege und Kriegsromane. Die literarische Bewältigung des Krieges nach 1918 und 1945 – eine Skizze. In: Lili. Zeitschrift für Literatur und Linguistik, 19 (1989), 75, S. 14–28
Barth, Boris, Dolchstoßlegenden und politische Desintegration: Das Trauma der deutschen Niederlage im Ersten Weltkrieg 1914–1933, Düsseldorf 2003
Bartov, Omer, Hitler's Army: Soldiers, Nazis, and War in the Third Reich, Oxford 1992
Baudissin, Wolf Graf von, Soldat für den Frieden. Entwürfe für eine zeitgemäße Bundeswehr. Hrsg. und eingel. von Peter von Schubert, München 1970
Baur, Tobias, Das ungeliebte Erbe. Ein Vergleich der zivilen und militärischen Rezeption des 20. Juli 1944 im Westdeutschland der Nachkriegszeit, Frankfurt a.M. 2007

Bausch, Ulrich M., Die Kulturpolitik der US-Amerikanischen Information Control Division in Württemberg-Baden von 1945 bis 1949. Zwischen militärischem Funktionalismus und schwäbischem Obrigkeitsdenken, Stuttgart 1992

Becker, Johannes, M. Die Remilitarisierung der Bundesrepublik Deutschland und das deutsch-französische Verhältnis. Die Haltung führender Offiziere (1945–1955), Marburg 1987

Bedingt erinnerungsbereit. Soldatengedenken in der Bundesrepublik. Hrsg. von Manfred Hettling und Jörg Echternkamp, Göttingen 2008

Behrenbeck, Sabine, Der Kult um die toten Helden. Nationalsozialistische Mythen, Riten und Symbole, Vierow b. Greifswald 1996

Beierwaltes, Andreas, Demokratie und Medien. Der Begriff der Öffentlichkeit und seine Bedeutung für die Demokratie in Europa, Baden-Baden 2000

Beil, Christine, Erfahrungsorte des Krieges. Kriegsgefangenenausstellungen der Adenauerzeit. In: Die Erfahrung des Krieges, S. 239–260

Bender, Klaus, Deutschland, einig Vaterland? Die Volkskongressbewegung für deutsche Einheit und einen gerechten Frieden in der Deutschlandpolitik der Sozialistischen Einheitspartei Deutschlands, Frankfurt a.M. 1992

Benz, Ute, »Maikäfer flieg! Dein Vater ist im Krieg.« Aspekte der Heimkehr aus familialer Sicht. In: Heimkehr 1948, S. 176–191

Benz, Wigbert, Paul Carell. Ribbentrops Pressechef Paul Karl Schmidt vor und nach 1945, Berlin 2005

Benz, Wolfgang, Postwar Society and National Socialism. Remembrance, Amnesia, Rejection. In: Tel Aviver Jahrbuch für deutsche Geschichte, 19 (1990), S. 1–12

Benz, Wolfgang, Potsdam 1945. Besatzungsherrschaft und Neuaufbau im Vier-Zonen-Deutschland, München 1993

Berger, Peter, und Thomas Luckmann, Die gesellschaftliche Konstruktion der Wirklichkeit. Eine Theorie der Wissenssoziologie, Frankfurt a.M. 1970

Berger, Thomas U., Cultures of Antimilitarism: National Security in Germany and Japan, Baltimore 1998

Berghahn, Volker, Europe in the Era of Two World Wars: From Militarism and Genocide to Civil Society, 1900–1950, Princeton, NJ 2006

Berghahn, Volker, Militarism. The History of an International Debate, 1861–1979, New York 1982

Berghahn, Volker, Recasting Bourgeois Germany. In: The Miracle Years. A Cultural History of West Germany 1949–1968. Ed. by Hanna Schissler, Princeton, N.J. 2001, S. 326–340

Berghahn, Volker, Der Stahlhelm. Bund der Frontsoldaten 1918–1935, Düsseldorf 1966

Berghoff, Hartmut, Zwischen Verdrängung und Aufarbeitung. Die bundesdeutsche Gesellschaft und ihre nationalsozialistische Vergangenheit in den fünfziger Jahren. In: GWU, 49 (1998), 2, S. 96–114

Bernig, Jörg, Eingekesselt. Die Schlacht von Stalingrad in deutschsprachigen Romanen nach 1945, New York [u.a.] 1997 (= German life and civilization, 23)

Besiegt und befreit. Stimmen vom Kriegsende 1945. Hrsg. von Gerhard Hirschfeld und Irina Renz, Göttingen 1995

Bessel, Richard, Leben nach dem Tod. Vom Zweiten Weltkrieg zur Zweiten Nachkriegszeit. In: Wie Kriege enden. Hrsg. von Bernd Wegner, Paderborn [u.a.] 2002, S. 239–258

Bielefeld, Ulrich, Nation und Weltgesellschaft. In: Mittelweg 36, 17 (2008), 3, S. 83–95

Biess, Frank, Between Amnesty and Anti-Communism. The West German Kameradenschinder Trials, 1948–1960. In: Crimes of War: Guilt and Denial in the Twentieth Century. Ed. by Omer Bartov and Mary Nolan, New York 2002, S. 138–160

Biess, Frank, Homecomings. Returning POWs and the Legacies of Defeat in Postwar Germany, Princeton, NJ 2006

Biess, Frank, Vom Opfer zum Überlebenden des Totalitarismus. Westdeutsche Reaktionen auf die Rückkehr der Kriegsgefangenen aus der Sowjetunion, 1945–1955. In: Kriegsgefangenschaft im Zweiten Weltkrieg. Eine vergleichende Perspektive. Hrsg. von Günther Bischof und Rüdiger Overmans, Ternitz-Pottschach 1999, S. 365–389

Biess, Frank, »Russenknechte« und »Westagenten«: Kriegsheimkehrer und die (De)legitimierung von Kriegsgefangenschaftserfahrung in Ost- und Westdeutschland nach 1945. In: Nachkrieg in Deutschland, S. 59–89

Biess, Frank, Survivors of Totalitarianism: Returning POWs and the Reconstruction of Masculine Citizenship in West Germany, 1945–1955. In: The Miracle Years, S. 57–82

Biographische Arbeit. Perspektiven erziehungswissenschaftlicher Biographieforschung. Hrsg. von Margret Kraul und Winfried Marotzki, Leverkusen 2002

Biographisches Handbuch der Mitglieder des Deutschen Bundestages 1949–2004. Hrsg. von Rudolf Vierhaus und Ludolf Herbst unter Mitarbeit von Bruno Jahn, 3 Bde, München 2002/03

Bird, Keith W., Erich Raeder, Admiral of the Third Reich, Annapolis, MD 2006

Birn, Bettina Ruth, Die Höheren SS- und Polizeiführer. Himmlers Vertreter im Reich und in den besetzten Gebieten, Düsseldorf 1986

Birn, Bettina Ruth, Die Strafverfolgung nationalsozialistischer Verbrechen und deren politische und moralische Folgen für die beiden Deutschland. In: Ende des Dritten Reiches – Ende des Zweiten Weltkriegs, S. 393–418

Birn, Bettina Ruth, Wehrmacht und Wehrmachtangehörige in den deutschen Nachkriegsprozessen. In: Die Wehrmacht. Mythos und Realität, S. 1081–1099

Böhler, Jochen, Auftakt zum Vernichtungskrieg. Die Wehrmacht in Polen 1939, Bonn 2006

Böhler, Jochen, »Größte Härte ...«. Verbrechen der Wehrmacht in Polen September-Oktober 1939 (Ausstellungskatalog), Hamburg 2005

Böhler, Jochen, Der Überfall. Deutschlands Krieg gegen Polen, 2009

Bösch, Frank, Die Adenauer-CDU. Gründung, Aufstieg und Krise einer Erfolgspartei, 1945–1969, Stuttgart 2001

Bohn, Helmut, Verschlungene Spuren. Eine politische Biographie 1914–1998. Hrsg. und erg. von Edel von Freier, Dresden 2003

The Bomb. Nuclear Weapons in their Historical, Strategic and Ethical Context. Ed. by Beatrice Heuser, London 1999

Borchard, Michael, Die deutschen Kriegsgefangenen in der Sowjetunion. Zur politischen Bedeutung der Kriegsgefangenenfrage 1949–1955, Düsseldorf 2000

Bracher, Karl Dietrich, Die Deutsche Diktatur. Entstehung, Struktur, Folgen des Nationalsozialismus, 6. Aufl., Berlin 1980 (Erstausgabe, Köln 1962)

Brandlmeier, Thomas, Von Hitler zu Adenauer. Deutsche Trümmerfilme. In: Zwischen Gestern und Morgen. Westdeutscher Nachkriegsfilm 1946–1962. Hrsg. von Hilmar Hoffmann und Walter Schobert, Frankfurt a.M. 1989, S. 33–59

Brandt, Susanne, »Wenig Ausstrahlung«? Die Ausstrahlung des Films »Holocaust« im westdeutschen Fernsehen (1978/79). In: Erinnerungskulturen, S. 257–268

Brauers, Christof, Die FDP in Hamburg 1949 bis 1953. Start als bürgerliche Linkspartei, München 2007

Braun, Hans, Helmut Schelskys Konzept der »nivellierten Mittelstandsgesellschaft« und der Bundesrepublik der 50er Jahre. In: AfS, 29 (1985), S. 199–223

Braun, Hans, Das Streben nach Sicherheit in den 50er Jahren. Soziale und politische Ursachen und Erschienungsweisen. In: AfS, 18 (1978), S. 279–306

Bredow, Wilfried von, Demokratie und Streitkräfte. Militär, Staat und Gesellschaft in der Bundesrepublik, Wiesbaden 2000

Bredow, Wilfried von, Filmpropaganda für Wehrbereitschaft. Kriegsfilme in der Bundesrepublik. In: Filme und Gesellschaft in Deutschland. Dokumente und Materialien. Hrsg. von Wilfried von Bredow und Rolf Zwek, Hamburg 1975, S. 316–326

Bredow, Wilfried von, Militär und Demokratie in Deutschland. Eine Einführung, Wiesbaden 2008

Breit, Gotthart, Das Staats- und Gesellschaftsbild deutscher Generale beider Weltkriege im Spiegel ihrer Memoiren, Boppard a.Rh. 1973 (= Militärgeschichtliche Studien, 17)

Brink, Cornelia, Ikonen der Vernichtung. Öffentlicher Gebrauch von Fotografien aus nationalsozialistischen Konzentrationslagern nach 1945, Berlin 1998 (= Schriftenreihe des Fritz-Bauer-Instituts, 14)

Brochhagen, Ulrich, Nach Nürnberg. Vergangenheitsbewältigung und Westintegration in der Ära Adenauer (1994), Berlin 1999

Broszat, Martin, Nationalsozialistische Polenpolitik 1939–1945, Stuttgart 1961 (= Schriftenreihe der VAZ, 2)

Brüdigam, Heinz, Der Schoß ist fruchtbar noch ...: Neonazistische, militärische, nationalistische Literatur und Publizistik in der Bundesrepublik, 2. Aufl., Frankfurt a.M. 1965

Buchna, Kristian, Nationale Sammlung an Rhein und Ruhr. Friedrich Middelhauve und die nordrheinwestfälische FDP 1945–1953, München 2010

Buchstab, Günther, Die Nürnberger Prozesse und der Heidelberger Kreis (1949–1955). In: Macht und Zeitkritik. Hrsg. von Hans-Peter Schwarz, Paderborn [u.a.] 1999, S. 61–74

Bude, Heinz, Deutsche Karrieren. Lebenskonstruktionen sozialer Aufsteiger aus der Flakhelfer-Generation, Frankfurt a.M. 1987

Bürgertum nach 1945. Hrsg. von Manfred Hettling, Bernd Ulrich und Jörg Später, Hamburg 2005

Die Bundeswehr 1955 bis 2005. Rückblenden – Einsichten – Perspektiven. Im Auftrag des MGFA hrsg. von Frank Nägler, München 2007 (= Sicherheitspolitik und Streitkräfte der Bundesrepublik Deutschland, 7)

Burdick, Charles S., Deutschland und die Entwicklung der amtlichen amerikanischen Militärgeschichtsforschung (1920–1960). In: Deutschland zwischen Krieg und Frieden. Beiträge zur Politik und Kultur im 20. Jahrhundert. Hrsg. von Karl Dietrich Bracher. Fs. für Hans-Adolf Jacobsen, Düsseldorf 1991, S. 99–107

Burdick, Charles S., Vom Schwert zur Feder. Deutsche Kriegsgefangene im Dienst der Vorbereitung der amerikanischen Kriegsgeschichtsschreibung über den Zweiten Weltkrieg. Die organisatorische Entwicklung der Operational History (Germany) Section. In: MGM, 10 (1971), S. 69–80

Buruma, Ian, The Wages of Guilt: Memories of War in Germany and Japan, New York 1994

Busch, Stefan, »Und gestern, da hörte uns Deutschland«. NS-Autoren in der Bundesrepublik. Kontinuität und Diskontinuität bei Friedrich Griese, Werner Beumelburg, Eberhard Wolfgang Möller und Kurt Ziesel, Würzburg 1998 (= Studien zur Literatur- und Kulturgeschichte, 13)

Buscher, Frank M., The U.S. High Commission and German Nationalism, 1949–52. In: CEH, 23 (1990), 1, S. 67–75

Buschfort, Wolfgang, Parteien im Kalten Krieg. Die Ostbüros von SPD, CDU und FDP, Berlin 2001

Buschmann, Nikolaus, und Horst Carl, Zugänge zur Erfahrungsgeschichte des Krieges. Forschung, Theorie, Fragestellung. In: Die Erfahrung des Krieges, S. 11–26

Butler, Judith, Raster des Krieges. Warum wir nicht jedes Leid beklagen, Frankfurt a.M. 2010

Casdorff, Claus Hinrich, Weihnachten 1945. Ein Buch der Erinnerungen, 4. Aufl., München 1986 (Erstauflage Königstein/Ts. 1981)

Chamberlain, Brewster S., »Todesmühlen«: Ein früher Versuch zur Massen-»Umerziehung« im besetzten Deutschland, 1945–1946. In: VfZ, 29 (1981), S. 420–436

Chartier, Roger, Kulturgeschichte zwischen Repräsentationen und Praktiken. In: Die unvollendete Vergangenheit. Geschichte und die Macht der Weltauslegung. Hrsg. von Roger Chartier, Frankfurt a.M. 1992, S. 7–23

Chartier, Roger, Die Welt als Repräsentation. In: Alles Gewordene hat Geschichte. Die Schule der »Annales« in ihren Texten 1929–1992. Hrsg. von Matthias Middell und Stefan Sammler, Leipzig 1994, S. 320–347

Clark, Christopher, Preußen. Aufstieg und Niedergang, 1600–1947, München 2007

Confino, Alon, Collective Memory and Cultural History. Problems of Method. In: AHR, 102 (1997), S. 1386–1403

Confino, Alon, Traveling as a Culture of Remembrance: Traces of National Socialism in West Germany, 1945–1960. In: History and Memory, 12 (2000), S. 92–121

Confino, Alon, and Peter Fritzsche, Introduction. In: The Work of Memory. New Directions in the Study of German Society and Culture. Ed. by Alan Confino and Peter Fritzsche, Urbana, IL 2002

Conze, Eckart [u.a.], Das Amt und die Vergangenheit. Deutsche Diplomaten im Dritten Reich und in der Bundesrepublik. Unter Mitwirkung von Annette Weinke und Andrea Wiegeshoff, München 2010

Conze, Eckart, »Moderne Politikgeschichte«. Aporien einer Kontroverse. In: Deutschland und der Westen. Internationale Beziehungen im 20. Jahrhundert. Hrsg. von Guido Müller. Fs. für Klaus Schwabe, Stuttgart 1998, S. 19–30

Conze, Eckart, Security as a Culture: Reflections on a ›Modern Political History‹ of the Federal Republic of Germany. In: German Historical Institute London Bulletin, XXVIII (2006), 1 (May), S. 5–34

Conze, Eckart, Die Sehnsucht nach Sicherheit. Eine Geschichte der Bundesrepublik Deutschland von 1949 bis in die Gegenwart, München 2009

Cornelißen, Christoph, Gerhard Ritter. Geschichtswissenschaft und Politik im 20. Jahrhundert, Düsseldorf 2001 (= Schriften des Bundesarchivs, 58)

Cornelißen, Christoph, Hans Rothfels, Gerhard Ritter und die Rezeption des 20. Juli 1944. Konzeptionen für ein »neues Deutschland«? In: Hans Rothfels und die deutsche Zeitgeschichte. Hrsg. von Johannes Hürter und Hans Woller, München 2005, S. 97–120

Cornelißen, Christoph, Was heißt Erinnerungskultur? Begriff – Methoden – Perspektiven. In: GWU, 54 (2003), 10, S. 548–563

Crivellari, Fabio, Marcus Kirchmann und Rudolf Schlögl, Einleitung: Die Medialität der Geschichte und die Historizität der Medien. In: Die Medien der Geschichte. Historizität und Medialität in interdisziplinärer Perspektive. Hrsg. von Fabio Crivellari [u.a.], Konstanz 2004, S. 9–45

Culbert, David, American Film Policy in the Re-Education of German after 1945. In: The Political Re-Education of Germany and Her Allies after World War II. Ed. by Nicholas Pronay and Keith Wilson, London 1985, S. 173–181

Cultural Memory Studies. An International and Interdisciplinary Handbook. Ed. by Astrid Erll and Ansgar Nünning, Berlin 2008

Daniel, Ute, Bücher vom Kriegsschauplatz. Kriegsberichterstattung als Genre des 19. und frühen 20. Jahrhunderts. In: Geschichte für Leser. Populäre Geschichtsdarstellungen im 19. und 20. Jahrhundert. Hrsg. von Wolfgang Hardtwig und Eckhard Schütz, Stuttgart 2005, S. 94–121

Daniel, Ute, Die Politik der Propaganda. Zur Praxis gouvernementaler Selbstrepräsentation vom Kaiserreich bis zur Bundesrepublik. In: Propaganda. Meinungskampf, Verführung und politische Sinnstiftung (1789–1989). Hrsg. von Ute Daniel und Wolfram Siemann, Frankfurt a.M. 1994, S. 44–82

Danyel, Jürgen, Die beiden deutschen Staaten und ihre nationalsozialistische Vergangenheit: Elitenwechsel und Vergangenheitspolitik. In: Deutsche Vergangenheiten – eine gemeinsame Herausforderung. Der schwierige Umgang mit der doppelten Nachkriegsgeschichte. Hrsg. von Christoph Kleßmann, Hans Misselwitz und Günter Wichert, Berlin 1999, S. 128–138

Danyel, Jürgen, Die Erinnerung an die Wehrmacht in beiden deutschen Staaten. Vergangenheitspolitik und Gedenkrituale. In: Die Wehrmacht. Mythos und Realitiät, S. 1138–1149

Danyel, Jürgen, Die geteilte Vergangenheit. Gesellschaftliche Ausgangslagen und politische Dispositionen für den Umgang mit Nationalsozialismus und Widerstand in beiden deutschen Staaten nach 1949. In: Historische DDR-Forschung: Aufsätze und Studien. Hrsg. von Jürgen Kocka, Berlin 1993, S. 129–147

Eine Debatte ohne Ende? Raubkunst und Restitution im deutschsprachigen Raum. Hrsg. von Julius H. Schoeps und Anna-Dorothea Ludewig, Berlin 2007

Delabar, Walter, »Aufhören, aufhören, he aufhören – hört doch einmal auf!« Hans Zöberlein: »Der Glaube an Deutschland (1931)«. In: Von Richthofen bis Remarque. Hrsg. von Thomas F. Schneider, Amsterdam 2003, S. 399–421

Delacor, Regina M., Attentate und Repressionen. Ausgewählte Dokumente zur zyklischen Eskalation des NS-Terrors im besetzten Frankreich 1941/42, Ostfildern 2000

Demokratie im Schatten der Gewalt. Geschichte des Privaten im deutschen Nachkrieg. Hrsg. von Daniel Fulda [u.a.], Göttingen 2008

Demokratiewunder. Transatlantische Mittler und die kulturelle Öffnung Westdeutschlands 1945–1970. Hrsg. von Arnd Bauerkämper, Konrad H. Jarausch und Marcus M. Payk, Göttingen 2005

Demokratisierung und gesellschaftlicher Aufbruch. Die sechziger Jahre als Wendezeit der Bundesrepublik. Hrsg. von Matthias Frese, Julia Paulus und Karl Teppe, Paderborn [u.a.] 2003 (= Forschungen zur Regionalgeschichte, 44)

Denman, Mariatte C., Visualizing the Nation. Madonnas and Mourning Mothers in Postwar Germany. In: Gender and Germanness: Cultural Productions of Nation. Ed. by Patricia Herminghouse and Magda Mueller, Providence, RI 1997, S. 189–201

Deutsche Erinnerung. Berliner Beiträge zur Prosa der Nachkriegsjahre (1945–1960). Hrsg. von Ursula Heukenkamp, Berlin 2000

Deutsche Erinnerungsorte, 3 Bde. Hrsg. von Etienne François und Hagen Schulze, München 2001

Das Deutsche Reich und der Zweite Weltkrieg, Bd 9: Die deutsche Kriegsgesellschaft 1939 bis 1945. Halbbd 1: Politisierung, Vernichtung, Überleben. Halbbd 2: Ausbeutung – Deutungen – Ausgrenzung. Im Auftrag des MGFA hrsg. von Jörg Echternkamp, Stuttgart 2005

Das Deutsche Reich und der Zweite Weltkrieg, Bd 10: Der Zusammenbruch des Deutschen Reiches 1945, Halbbd 2: Die Folgen des Zweiten Weltkrieges. Im Auftrag des MGFA hrsg. von Rolf-Dieter Müller, München 2008

Der deutsche Widerstand gegen Hitler. Wahrnehmung und Wertung in Europa und den USA. Hrsg. von Gerd R. Ueberschär, Darmstadt 2002

Deutscher, Isaac, Reportagen aus Nachkriegsdeutschland. Mit einem Vorwort von Tamara Deutscher, Hamburg 1980

Diedrich, Torsten, Paulus, Das Trauma von Stalingrad. Eine Biographie, 2. Aufl., Paderborn [u.a.] 2008

Diedrich, Torsten, Vincenz Müller – Patriot im Zwiespalt. In: Genosse General!, S. 125–157

Diedrich, Torsten, und Rüdiger Wenzke, Die getarnte Armee. Geschichte der Kasernierten Volkspolizei der DDR 1952 bis 1956. Hrsg. vom MGFA, Berlin 2001 (= Militärgeschichte der DDR, 1)

Diefendorf, Jeffry, In the Wake of War. The Reconstruction of German Cities after World War II, Oxford 1993

Diehl, M. James, The Thanks of the Fatherland: German Veterans after the Second World War, Chapel Hill, NC, London 1993

Dittberner, Jürgen, Die FDP: Geschichte, Personen, Organisation, Perspektiven. Eine Einführung, Wiesbaden 2005

Doering-Manteuffel, Anselm, Strukturmerkmale der Kanzlerdemokratie. In: Der Staat, 30 (1991), S. 1–18

Domansky, Elisabeth, A Lost War. Worl War II in Postwar German Memory. In: Thinking about the Holocaust after Half a Century. Ed. by Alvin H. Rosenfeld, Bloomington, IN 1997, S. 233–272

Dörfler-Dieken, Angelika, Baudissins Konzeption Innere Führung und lutherische Ethik. In: Wolf Graf von Baudissin, S. 55–68

Douglas, Sholto, Combat and Command. The Story of an Airman in Two World Wars, New York 1963

Dubiel, Helmut, Niemand ist frei von der Geschichte. Die nationalsozialistische Herrschaft in den Debatten des Deutschen Bundestages, München, Wien, 1999

Dülffer, Jost, Aussichtslose Kämpfe, Kriegsgefangenschaft und Rückkehr – Soldatenerfahrungen im Westen 1944–1946. In: »Wir haben schwere Zeiten hinter uns«: Die Kölner Region zwischen Krieg und Nachkriegszeit, Vierow 1996, S. 21–43

Dülffer, Jost, Frieden nach dem Zweiten Weltkrieg? Der Friedensschluß im Zeichen des Kalten Krieges. In: Jost Dülffer, Frieden stiften, S. 198–219

Dülffer, Jost, Frieden stiften. Deeskalations- und Friedenspolitik im 20. Jahrhundert. Hrsg. von Marc Frey, Ulrich S. Soénius und Guido Thiemeyer, Wien 2008

Dülffer, Jost, Hitler, Nation und Volksgemeinschaft. In: Die deutsche Nation. Hrsg. von Otto Dann, Vierow 1994, S. 96–116

Düsterberg, Rolf, Soldat und Kriegserlebnisliteratur. Deutsche militärische Erinnerungsliteratur (1945–1961) zum Zweiten Weltkrieg – Motive, Begriffe, Wertungen, Tübingen 2000 (= Studien und Texte zur Sozialgeschichte der Literatur, 78)

Durucz, Peter, Ungarn in der auswärtigen Politik des Dritten Reiches 1942–1945, Göttingen 2006

Ebert, Jens, Zwischen Mythos und Wirklichkeit. Die Schlacht von Stalingrad in deutschsprachigen authentischen und literarischen Texten, 2 Bde, Diss. Humboldt-Universität, Berlin 1989

Echternkamp, Jörg, À la recherche du passé militaire. La »tradition« en tant qu'interface entre pouvoirs militaire et civil depuis la guerre froide jusqu'à aujourd'hui. In: Pouvoir civil, pouvoir militaire en Allemagne. Aspects politiques, sociaux et culturels. Ed. par Corine Defrance, Françoise Knopper et Anne-Marie Saint-Gille, Paris 2013, S. 199–218

Echternkamp, Jörg, Arbeit am Mythos. Soldatengenerationen der Wehrmacht im Urteil der west- und ostdeutschen Nachkriegsgesellschaft. In: Nachkrieg in Deutschland, S. 421–443

Echternkamp, Jörg, Der Aufstieg des deutschen Nationalismus 1770–1840, Frankfurt a.M. 1998

Echternkamp, Jörg, Die Bundesrepublik Deutschland 1945/49–1969, Paderborn [u.a.] 2013

Echternkamp, Jörg, Fin de la guerre – passage à la paix? Traits principaux de la société allemande en 1945. In: Revue d'Allemagne et des pays de langue Allemande, 40 (2008), 2, S. 189–207

Echternkamp, Jörg, Im Kampf an der inneren und äußeren Front. In: Das Deutsche Reich und der Zweite Weltkrieg, Bd 9/1, S. 1–92

Echternkamp, Jörg, Im Schlagschatten des Krieges. Von den Folgen militärischer Gewalt und nationalsozialistischer Herrschaft in der frühen Nachkriegszeit. In: Das Deutsche Reich und der Zweite Weltkrieg, Bd 10/2, S. 657–697

Echternkamp, Jörg, Die Inszenierung des Krieges in Europa. In: Das gemeinsame Haus Europa. Handbuch zur europäischen Kulturgeschichte. Hrsg. von Wulf Köpke, Hamburg 1999, S. 410–424

Echternkamp, Jörg, »Kameradenpost bricht auch nie ab ...« Ein Kriegsende auf Raten im Spiegel der Briefe deutscher Ostheimkehrer 1946–1951 (Dokumentation). In: MGZ, 60 (2001), S. 437–500

Echternkamp, Jörg, Krieg. In: Dimensionen internationaler Geschichte. Hrsg. von Jost Dülffer und Winfried Loth, München 2012, S. 9–28

Echternkamp, Jörg, Kriegsschauplatz Deutschland 1945. Leben in Angst – Hoffnung auf Frieden: Feldpost aus der Heimat und von der Front, Paderborn [u.a.] 2006

Echternkamp, Jörg, Memorialising the Military. Traditions, Exhibits, and Monuments in the West German Army from the 1950s to the Present. In: Memorialisation in Germany since 1945. Ed. by Bill Niven and Chloe Paver, Basingstoke 2009, S. 388–398

Echternkamp, Jörg, Militärgeschichte. In: Zeitgeschichte. Konzepte und Methoden. Hrsg. von Frank Bösch und Jürgen Danyel, Göttingen 2012, S. 293–312

Echternkamp, Jörg, Militärische Geschichtspolitik im internationalen Vergleich. Probleme und Perspektiven der historischen Deutung durch »Tradition«. In: Internationale Tradition im Vergleich. Hrsg. von Oliver Rathkolb, Erwin Schmidl und Heidemarie Uhl, Wien 2014 (in Vorb.)

Echternkamp, Jörg, Mit dem Krieg seinen Frieden schließen – Wehrmacht und Weltkrieg in der Veteranenkultur 1945–1960. In: Von der Kriegskultur zur Friedenskultur?, S. 78–93

Echternkamp, Jörg, Nach dem Krieg. Alltagsnot, Neuorientierung und die Last der Vergangenheit 1945–1949, Zürich 2003

Echternkamp, Jörg, 1914–1945: Ein zweiter Dreißigjähriger Krieg? Vom Nutzen und Nachteil eines Deutungsmodells der Zeitgeschichte. In: Das deutsche Kaiserreich in der Kontroverse. Probleme und Perspektiven. Hrsg. von Sven Oliver Müller und Cornelius Torp, Göttingen 2009, S. 265–280

Echternkamp, Jörg, Stilles Gedenken. Die Toten der Wehrmacht im Erinnerungskonflikt der Bundesrepublik. In: Bedingt erinnerungsbereit, S. 46–57

Echternkamp, Jörg, »Verwirrung im Vaterländischen«? Nationalismus in der deutschen Nachkriegsgesellschaft 1945–1960. In: Die Politik der Nation, S. 219–246

Echternkamp, Jörg, Von Opfern, Helden und Verbrechern. Anmerkungen zur Bedeutung des Zweiten Weltkriegs in den Erinnerungskulturen der Deutschen 1945–1955. In: Kriegsende 1945 in Deutschland, S. 301–316

Echternkamp, Jörg, Wandel durch Annäherung oder: Wird die Militärgeschichte ein Opfer ihres Erfolges? Zur wissenschaftlichen Anschlußfähigkeit der deutschen Militärgeschichte seit 1945. In: Perspektiven der Militärgeschichte, S. 1–38

Echternkamp, Jörg, Wege aus dem Krieg. Für die Historisierung von Nachkriegsgesellschaften im 19. und 20. Jahrhundert. In: Kriegsenden, Nachkriegsordnungen und Folgekonflikte, S. 1–19

Echternkamp, Jörg, Wut auf die Wehrmacht? Vom Bild der deutschen Soldaten in der unmittelbaren Nachkriegszeit. In: Die Wehrmacht. Mythos und Realität, S. 1058–1080

Echternkamp, Jörg, und Stefan Martens, Der Weltkrieg als Wegmarke? Die Bedeutung des Zweiten Weltkriegs für eine europäische Zeitgeschichte. In: Der Zweite Weltkrieg in Europa, S. 1–34

Eckart, Felix von, Ein unordentliches Leben, Lebenserinnerungen, Düsseldorf 1967

Eckel, Jan, Hans Rothfels. Eine intellektuelle Biographie im 20. Jahrhundert, Göttingen 2005 (= Moderne Zeit, 10)

Egyptien, Jürgen, Erzählende Literatur über den Zweiten Weltkrieg aus dem Zeitraum 1945 bis 1965. Einleitende Bemerkungen zu Forschung, Gegenstand und Perspektiven. In: Der Zweite Weltkrieg in erzählenden Texten zwischen 1945 und 1965, S. 7–18

Egyptien, Jürgen, und Raffaele Louis, 100 Kriegsromane und -erzählungen des Zeitraums 1945 bis 1965. Eine kommentierte Synopse ihrer Publikationsgeschichte. In: Der Zweite Weltkrieg in erzählenden Texten zwischen 1945 und 1965, S. 211–237

Ehlert, Hans, Innenpolitische Auseinandersetzungen um die Pariser Verträge und die Wehrverfassung 1954 bis 1956. In: Anfänge westdeutscher Sicherheitspolitik, Bd 3, S. 235–560

Die Einsatzgruppen in der besetzten Sowjetunion 1941/42. Die Tätigkeits- und Lageberichte des Chefs der Sicherheitspolizei und des SD. Hrsg. und eingel. von Peter Klein, Berlin 1997 (= Publikationen der Gedenk- und Bildungsstätte Haus der Wannsee-Konferenz, 6)

Einsatzgruppen in Polen. Darstellung und Dokumentation. Hrsg. von Jochen Böhler, Klaus-Michael Mallmann und Jürgen Matthäus, Darmstadt 2008

Ende des Dritten Reiches – Ende des Zweiten Weltkrieges. Eine perspektivische Rückschau. Im Auftrag des MGFA hrsg. von Hans-Erich Volkmann, München 1995

Entstehen und Wirken: Geschichte des Arbeitskreises 1947–1957. Hrsg. vom Arbeitskreis der Heimkehrer und Kriegsgefangenen-Angehörigen des Lagers Borowitschi UdSSR. Bearb. von Helmuth von Dressler, Essen 1968

Enzyklopädie Erster Weltkrieg. Hrsg. von Gerhard Hirschfeld, Gerd Krumeich und Irina Renz in Verbindung mit Markus Pöhlmann, Paderborn [u.a.] 2003, aktual. und erw. Studienausgabe, Paderborn [u.a.] 2009

Die Erfahrung des Krieges. Erfahrungsgeschichtliche Perspektiven von der Französischen Revolution bis zum Zweiten Weltkrieg. Hrsg. von Nikolaus Buschmann und Horst Carl, Paderborn [u.a.] 2001 (= Krieg in der Geschichte, 9)

Erinnerung, Geschichte, Identität 3. Hrsg. von Aleida Assmann und Heidrun Friese, Frankfurt a.M. 1998

Erinnerungskulturen. Deutschland, Italien und Japan seit 1945. Hrsg. von Christoph Cornelißen, Lutz Klinkhammer und Wolfgang Schwentker, Frankfurt a.M. 2003

Erinnerungstage. Wendepunkte der Geschichte von der Antike bis zur Gegenwart. Hrsg. von Etienne François und Uwe Puschner, München 2010

Erll, Astrid, Kollektives Gedächtnis und Erinnerungskultur. Eine Einführung, Stuttgart 2005

Erster Weltkrieg – Zweiter Weltkrieg. Ein Vergleich. Krieg, Kriegserlebnis, Kriegserfahrung in Deutschland. Im Auftrag des MGFA hrsg. von Bruno Thoß und Hans-Erich Volkmann, Paderborn [u.a.] 2002

Es wird nicht mehr zurückgeschossen. Erinnerungen an das Kriegsende. Hrsg. von Reinhard Appel, Köln 1996

Euskirchen, Markus, Militärrituale. Analyse und Kritik eines Herrschaftsinstruments, Köln 2005 (= PapyRossa – Hochschulschriften, 59)

Evans, Richard J., The Third Reich at War, London 2008

Experience and Memory. The Second World War in Europe. Ed. by Jörg Echternkamp and Stefan Martens, New York [et al.] 2010, Neuaufl. 2013 (= Contemporary European History, 7)

Farmer Sarah, Martyred Village. Commemorating the 1944 Massacre at Oradour-sur-Glane, Berkeley, CA [et al.] 1999

Fehrenbach, Heide, Cinema in Democratizing Germany: Reconstructing National Identity after Hitler, Chapel Hill, NC [et al.] 1995

Feldmeyer, Karl, und Georg Meyer, Johann Adolf Graf von Kielmansegg 1906 bis 2006. Deutscher Patriot, Europäer, Atlantiker. Mit einer Bild- und Dokumentenauswahl von Helmut R. Hammerich, Hamburg, Berlin, Bonn 2007

Fest, Joachim, Ich nicht. Erinnerungen an eine Kindheit und Jugend, 2. Aufl., Reinbek b. Hamburg 2008

Fischer, Alexander, Entmilitarisierung und Aufrüstung in Mitteleuropa 1945–1956, Herford 1983

Fischer, Norbert, Der uniformierte Tod. Soldatenfriedhöfe. In: Raum für Tote. Die Geschichte der Friedhöfe von den Gräberstraßen bis zur anonymen Bestattung. Hrsg. von der Arbeitsgemeinschaft Friedhof und Denkmal, Zentralinstitut und Museum für Sepulkralkultur Kassel, Braunschweig 2003, S. 255–264

Fisher, Jaimey, Disciplining Germany. Youth, Reeducation, and Reconstruction after the Second World War, Detroit, MI 2007

Flüchtlinge und Vertriebene in der westdeutschen Nachkriegsgeschichte. Bilanzierung der Forschung und Perspektiven für die künftige Forschungsarbeit. Hrsg. von Doris von der Brelie-Lewien, Rainer Schulze und Helga Grebing, Hildesheim 1987

Förster, Jürgen, Die Wehrmacht im NS-Staat. Eine strukturgeschichtliche Analyse, München 2007 (= Beiträge zur Militärgeschichte kompakt, 2)

Foerster, Roland G., Innenpolitische Aspekte der Sicherheit Westdeutschlands (1947–1950). In: Anfänge deutscher Sicherheitspolitik, Bd 1, S. 403–575

Foschepoth, Josef, Adenauers Moskaureise 1955. In: ApuZ, B 2/1986, S. 30–46

Foschepoth, Josef, Westintegration statt Wiedervereinigung. Adenauers Deutschlandpolitik, 1949–1955. In: Adenauer und die Deutsche Frage, S. 29–60

Foschepoth, Josef, Zur deutschen Reaktion auf Niederlage und Besatzung. In: Westdeutschland 1945–1955. Unterwerfung, Kontrolle, Integration. Hrsg. von Ludolf Herbst, München 1986, S. 151–165

Foschepoth, Jürgen, German Reaction to Defeat and Occupation. In: West Germany under Construction, S. 73–89

Fouché, Jean-Jacques, Massacre at Oradour, France, 1944: Coming to Grips with Terror, Dekalb, IL 2005

Frei, Norbert, Amerikanische Lizenzpolitik und deutsche Pressetradition. Die Geschichte der Nachriegszeitung Südost-Kurier, München 1986 (= Schriftenreihe der VfZ, 52)

Frei, Norbert, Erinnerungskampf. Zur Legitimationsproblematik des 20. Juli 1944 im Nachkriegsdeutschland. In: Von der Aufgabe der Freiheit. Politische Verantwortung und bürgerliche Gesellschaft im 19. und 20. Jahrhundert. Hrsg. von Christian Jansen, Lutz Niethammer und Bernd Weisbrod, Berlin 1995, S. 493–504

Frei, Norbert, Karrieren im Zwielicht. Hitlers Eliten nach 1945, 2. Aufl., Frankfurt a.M. 2002

Frei, Norbert, 1945 und wir. Das Dritte Reich im Bewußtsein der Deutschen, München 2005, erw. Ausgabe, München 2009

Frei, Norbert, NS-Vergangenheit unter Ulbricht und Adenauer: Gesichtspunkte einer vergleichenden »Bewältigungsforschung«. In: Die geteilte Vergangenheit, S. 125–132

Frei, Norbert, Die Presse. In: Die Geschichte der Bundesrepublik Deutschland, Bd 4. Hrsg. von Wolfgang Benz, München 1989, S. 370–417

Frei, Norbert, Vergangenheitspolitik. Die Anfänge der Bundesrepublik und die NS-Vergangenheit, München 1996, 2. Aufl. 1997

Frei, Norbert, Von deutscher Erfindungskraft oder: Die Kollektivschuldthese in der Nachkriegszeit. In: Rechtshistorisches Journal, 16 (1997), S. 621–634

Frei, Norbert, »Wir waren blind, ungläubig und langsam«: Buchenwald, Dachau und die amerikanischen Medien im Frühjahr 1945. In: VfZ, 35 (1987), S. 385–401

Frevert, Ute, Neue Politikgeschichte. In: Kompass der Geschichtswissenschaft. Ein Handbuch. Hrsg. von Joachim Eibach und Günther Lottes, Göttingen 2002, S. 152–164

Frevert, Ute, Die Sprache des Volkes und die Rhetorik der Nation. Identitätssplitter in der deutschen Nachkriegszeit. In: Doppelte Zeitgeschichte. Deutsch-deutsche Beziehungen, 1945–1990. Hrsg. von Arnd Bauerkämper, Martin Sabrow und Bernd Stöver, Bonn 1998, S. 18–31

Friedel, Mathias, Der Volksbund für Frieden und Freiheit (VFF) – eine Teiluntersuchung über westdeutsche antikommunistische Propaganda im Kalten Krieg und deren Wurzeln im Nationalsozialismus, St. Augustin 2001 (= Publizistik im Gardez, 3)

Frieden und Friedensbewegungen in Deutschland 1892–1992. Ein Lesebuch. Hrsg. von Karlheinz Lipp, Reinhold Lütgemeier-Davin und Holger Nehring, Essen 2010 (= Frieden und Krieg, 16)

Friedensbewegungen in Deutschland: Eine Quellensammlung. Hrsg. von Karlheinz Lipp, Reinhold Lütgemeier-Davin und Holger Nehring, Essen 2009

Friedenssicherung durch Verteidigungsbereitschaft. Deutsche Sicherheitspolitik 1949–1989. Dokumente. Hrsg. von Hans-Adolf Jacobsen, Uwe Heuer und Hans-Jürgen Rautenberg, Mainz 1989

Friedrich, Hans-Edwin, »Ihr Geist und ihr Körper hatten sich an die Angst gewöhnt«. Wahrnehmungen des Krieges in Wolfgang Otts Roman »Haie und kleine Fische«. In: Treibhaus. Jahrbuch für die Literatur der fünfziger Jahre, 3 (2007), S. 19–38

Friedrich, Jörg, Das Gesetz des Krieges. Das deutsche Heer in Rußland 1941–1945. Der Prozeß gegen das Oberkommando der Wehrmacht, 3. Aufl., München 1995

Frieser, Karl-Heinz, Krieg hinter Stacheldraht. Die deutschen Kriegsgefangenen in der Sowjetunion und das Nationalkomitee »Freies Deutschland«, Mainz 1981

Fritzsche, Peter, Life and Death in the Third Reich, Cambridge, MA 2008

Fritzsche, Peter, Volkstümliche Erinnerung und deutsche Identität nach dem Zweiten Weltkrieg. In: Verletztes Gedächtnis, S. 75–97

»Der Führer war wieder viel zu human, viel zu gefühlvoll«: Der Zweite Weltkrieg aus der Sicht deutscher und italienischer Soldaten. Hrsg. von Christian Gudehus, Sönke Neitzel und Harald Welzer, Frankfurt a.M. 2011

Füssl, Karl-Heinz, Die Umerziehung der Deutschen. Jugend und Schule unter den Siegermächten des Zweiten Weltkriegs, 1945–1955, Paderborn [u.a.] 1994
Gallus, Alexander, Medien, öffentliche Meinung und Demoskopie. In: Demokratien des 21. Jahrhunderts im Vergleich. Historische Zugänge, Gegenwartsprobleme, Reformperspektiven. Hrsg. von Eckhard Jesse und Roland Sturm, Opladen 2003, S. 313–340
Gallus, Alexander, und Marion Lüthe, Öffentliche Meinung und Demoskopie, Opladen 1998
Garbe, Detlef, »In jedem Einzelfall ... bis zur Todesstrafe«. Der Militärstrafrechtler Erich Schwinge. Ein deutsches Juristenleben, Hamburg 1989 (= Kleine historische Bibliothek, 1)
Gedächtnis: Probleme und Perspektiven der interdisziplinären Gedächtnisforschung. Hrsg. von Siegfried J. Schmidt, Frankfurt a.M. 1991
Gefallenengedenken im globalen Vergleich. Nationale Tradition, politische Legitimation und Individualisierung der Erinnerung. Hrsg. von Manfred Hettling und Jörg Echternkamp, München 2013
Gehorsam. Hrsg. von Alf Lüdke und Michael Wildt, Köln 2007
Geiger, Klaus F., Kriegsromanhefte in der BRD. Inhalte und Funktionen, Tübingen 1974 (= Untersuchungen des Ludwig-Uhland-Instituts der Universität Tübingen, 35)
Das gemeinsame Haus Europa. Handbuch zur europäischen Kulturgeschichte. Hrsg. von Wulf Köpke und Bernd Schmelz, München 1999
Gender and Germanness: Cultural Productions of Nation. Ed. by Patricia Herminghouse and Magda Mueller, Providence, RI, Oxford 1997
Gender and the Long Postwar: Reconsiderations of the United States and the Two Germanys, 1945–1989. In: GHI Washington, D.C., Bulletin, 43 (2008), S. 163–170
Generationen: Zur Semantik eines sozialwissenschaftlichen Grundbegriffs. Hrsg. von Ulrike Jureit und Michael Wildt, Hamburg 2005
Geppert, Dominik, Die Ära Adenauer, Darmstadt 2002
Gerhard, Uta, Bestandsaufnahme mit Zeitwert. Ein nachträglicher Blick auf das Kompendium »Public Opinion in Occupied Germany«. In: Zeithistorische Forschungen/Studies in Contemporary History, Online-Ausgabe, 2 (2005)
Gerhardt, Uta, Wandlungen der Sozialstruktur in Westdeutschland 1945 bis 1949. In: Deutschland im Wandel. Sozialstrukturelle Analysen. Hrsg. von Wolfgang Glatzer und Ilona Ostner, Opladen 1999, S. 49–64
The German-American Encounter. Conflict and Cooperation between Two Cultures, 1800–2000. Ed. by Frank Trommler and Elliott Shore, New York 2001
Germans as victims. Remembering the past in contemporary Germany. Ed. by Bill Niven, Basingstoke 2006
Gersdorff, Ursula von, Das Erlebnis des zweiten Weltkriegs in der deutschen Literatur. In: Jahresbibliothek, 32. Hrsg. von der Bibliothek für Zeitgeschichte, Weltkriegsbücherei, Stuttgart 1960, S. 411–426
Gerstenberger, Friedrich, Strategische Erinnerungen. Die Memoiren deutscher Offiziere. In: Vernichtungskrieg. Verbrechen der Wehrmacht, S. 620–629
Geschichte vor Gericht. Historiker, Richter und die Suche nach Gerechtigkeit. Hrsg. von Norbert Frei, Dirk van Laak und Michael Stolleis, München 2000

Gesellschaft, Krieg und Frieden im Denken von Wolf Graf von Baudissin. Hrsg. von Martin Kutz, Baden-Baden 2004 (= Forum Innere Führung, 23)

Die geteilte Vergangenheit. Zum Umgang mit dem Nationalsozialismus und Widerstand in beiden deutschen Staaten. Hrsg. von Jürgen Danyel, Berlin 1995 (= Zeithistorische Forschungen, 4)

Geyer, Michael, Der Kalte Krieg, die Deutschen und die Angst. Die westdeutsche Opposition gegen Wiederbewaffnung und Kernwaffen. In: Nachkrieg in Deutschland, S. 267–318

Geyer, Michael, Die eingebildete Heimkehr. Im Schatten der Niederlage. In: Demokratie im Schatten der Gewalt, S. 72–96

Geyer, Michael, The Place of the Second World War in German Memory and History. In: New German Critique, 71 (1997), S. 5–40

Gienow-Hecht, Jessica C.E., Transmission Impossible. American Journalism as Cultural Diplomacy in Postwar Germany, 1945–1955, Baton Rouge, LA 1999

Gisevius, Hans Bernd, Bis zum bitteren Ende. Bericht eines Augenzeugen aus den Machtzentren des Dritten Reiches, 2 Bde, Zürich 1946 (16.–20. Tsd.), Zürich 1954 (75. Tsd.), Neuaufl., München 1982

Glaser, Matthias, Das Militärische Sicherheitsamt der Westalliierten von 1949–1955, Bonn 1992 (= Beiträge zur deutschen Zeitgeschichte, 1)

Goedde, Petra, GIs and Germans: Culture, Gender, and Foreign Relations, 1945–1949, New Haven, CT 2002

Görner, Eberhard, Der 20. Juli 1944 im deutschen Film. In: ApuZ, B 27/2004, S. 31–38

Görtemaker, Manfred, Geschichte der Bundesrepublik Deutschland. Von der Gründung bis zur Gegenwart, München 1999

Goeschel, Christian, Selbstmord im Dritten Reich, Frankfurt a.M. 2011

Goldhagen, Daniel, Hitlers willige Vollstrecker. Ganz gewöhnliche Deutsche und der Holocaust, Berlin 1996

Goldstrand und Teutonengrill. Kultur- und Sozialgeschichte des Tourismus in Deutschland 1949 bis 1989. Hrsg. von Hasso Sode, Berlin 1996 (= Berichte und Materialien der FU Berlin, Institut für Tourismus, 15)

Goltermann, Svenja, Die Gesellschaft der Überlebenden. Deutsche Kriegsheimkehrer und ihre Gewalterfahrungen im Zweiten Weltkrieg, 2. Aufl., München 2009

Goltermann, Svenja, Im Wahn der Gewalt. Massentod, Opferdiskurs und Psychiatrie 1945–1956. In: Nachkrieg in Deutschland, S. 343–363

Goltermann, Svenja, Kriegsheimkehrer in der westdeutschen Gesellschaft. In: APuZ, B 36/37/2009, S. 34–39

Goltermann, Svenja, »Verletzte Körper« oder »Building National Bodies«. Kriegsheimkehrer, »Krankheit« und Psychiatrie in der westdeutschen Nachkriegsgesellschaft, 1945–1955. In: WerkstattGeschichte, 24 (1999), S. 83–98

Graml, Hermann, Die verdrängte Auseinandersetzung mit dem Nationalsozialismus. In: Zäsuren nach 1945. Essays zur Periodisierung der deutschen Nachkriegsgeschichte. Hrsg. von Martin Broszat, München 1990, S. 169–183

Gregor, Neil, »Is he still alive, or long since dead?« Loss, Absence and Remembrance in Nuremberg, 1945–1956. In: German History, 21 (2003), S. 183–203

Greiner, Christian, »Operational History (German) Section« und »Naval Historical Team«. Deutsches militärstrategisches Denken im Dienst der amerikanischen Streitkräfte von 1946 bis 1950. In: Militärgeschichte. Probleme, Thesen, Wege, S. 409–435
Gries, Rainer, Die Rationen-Gesellschaft. Versorgungskampf und Vergleichsmentalität, Leipzig, München und Köln nach dem Kriege, Münster 1990
Große, Stefanie, Lebensbrüche als Chance? Lern- und Bildungsprozesse im Umgang mit kritischen Lebensereignissen – eine biographieanalytische Studie, Göttingen 2008 (= Internationale Hochschulschriften, 508)
Grossmann, Atina, A Question of Silence. The Rape of German Women by Occupation Soldiers. In: West Germany under Construction, S. 33–52
Günther, Frieder, Heuss auf Reisen. Die auswärtige Repräsentation der Bundesrepublik durch den ersten Bundespräsidenten, Stuttgart 2006
Habe, Hans, Im Jahre Null, rev. und erw. Ausg., München 1977
Habermas, Jürgen, Strukturwandel der Öffentlichkeit (1962), Neuaufl., Frankfurt a.M. 1990
Häusser, Alexander, und Gordian Maugg, Hungerwinter: Deutschlands humanitäre Katastrophe 1946/47, Berlin 2009
Hage, Volker, Zeugen der Zerstörung. Die Literaten und der Luftkrieg. Essays und Gespräche, Frankfurt a.M. 2003
Hahn, Brigitte J., Umerziehung durch Dokumentarfilm? Ein Instrument amerikanischer Kulturpolitik im Nachkriegsdeutschland (1945–1953), Münster 1997 (= Kommunikationsgeschichte, 4)
Halbwachs, Maurice, Das Gedächtnis und seine sozialen Bedingungen. Aus dem Franz. von Lutz Geldsetzer, Frankfurt a.M. 1985 (= suhrkamp taschenbuch wissenschaft, 538)
Halbwachs, Maurice, Das kollektive Gedächtnis, Frankfurt a.M. 1991
Hammerich, Helmut R., [u.a.] Das Heer 1950 bis 1970. Konzeption, Organisation und Aufstellung, München 2006 (= Sicherheitspolitik und Streitkräfte der Bundesrepublik Deutschland, 3)
Hammerich, Helmut R., »Kerniger Kommiss« oder »Weiche Welle«. Baudissin und die kriegsnahe Ausbildung in der Bundeswehr. In: Wolf Graf von Baudissin, S. 127–137
Hardtwig, Wolfgang, Fiktive Zeitgeschichte? Literarische Erzählung, Geschichtswissenschaft und Erinnerungskultur in Deutschland. In: Verletztes Gedächtnis, S. 99–123
Hardtwig, Wolfgang, Geschichte für Leser. Populäre Geschichtsschreibung in Deutschland im 20. Jahrhundert. In: Geschichte für Leser. Populäre Geschichtsdarstellungen im 19. und 20. Jahrhundert. Hrsg. von Wolfgang Hardtwig und Eckhard Schütz, Stuttgart 2005, S. 12–32
Hardtwig, Wolfgang, Geschichtskultur. In: Lexikon Geschichtswissenschaften: hundert Grundbegriffe. Hrsg. von Stefan Jordan, Stuttgart 2002, S. 112–116
Harpprecht, Renate, Wer durch die Hölle ging ... In: Die Stunde Null, S. 99–101
Hartenian, Larry, Controlling Information in U.S. Occupied Germany, 1945–1949. Media Manipulation and Propaganda, Lewiston, NY 2003 (= Studies in Twentieth – Century American, History, 8)
Hartmann, Christian, Halder. Generalstabschef Hitlers 1938–1942, Paderborn [u.a.] 1991
Hartmann, Christian, Wehrmacht im Ostkrieg. Front und militärisches Hinterland 1941/42, 2. Aufl., München 2010 (= Quellen und Darstellungen zur Zeitgeschichte, 75)

Hartmann, Uwe, Innere Führung. Erfolge und Defizite der Führungsphilosophie für die Bundeswehr, Berlin 2007

Hartmann, Uwe, Frank Richter und Claus von Rosen, Wolf Graf von Baudissin. In: Klassiker der Pädagogik im deutschen Militär. Hrsg. von Detlef Bald, Uwe Hartmann und Claus von Rosen, Baden-Baden 1999, S. 210–226

Hartwig, Dieter, Karl Dönitz – Versuch einer kritischen Würdigung. In: Deutsches Schiffahrtsarchiv, 12 (1989), S. 133–152

Harvey, Elisabeth, Erinnern und Verdrängen: Deutsche Frauen und der »Volkstumskampf« im besetzten Polen. In: Heimat – Front. Militär und Geschlechterverhältnisse im Zeitalter der Weltkriege. Hrsg. von Karen Hagemann und Stefanie Schüler-Springorum, Frankfurt a.M. 2002, S. 291–310

Harvey, Elisabeth, »Der Osten braucht dich!« Frauen und nationalsozialistische Germanisierungspolitik, Hamburg 2010

Haupt, Heinz-Gerhard, Historische Politikforschung. Praxis und Probleme. In: Neue Politikgeschichte. Perspektiven einer historischen Politikforschung. Hrsg. von Ute Frevert und Heinz-Gerhard Haupt, Frankfurt a.M. 2005, S. 304–313

Heimann, Siegfried, Die Gesamtdeutsche Volkspartei. In: Parteien-Handbuch. Die Parteien der Bundesrepublik Deutschland 1945–1980. Hrsg. von Richard Stöss, Bd 2, Opladen 1984, S. 1487–1489

Heimkehr 1948. Geschichte und Schicksal deutscher Kriegsgefangener. Hrsg. von Annette Kaminsky, München 1998

Heinemann, Elizabeth, Complete Families, Half Families, No Families at All: Female-Headed Housholds and the Reconstruction of the Familiy in the Early Federal Republic. In: CEH, 29 (1996), S. 29–60

Heinemann, Elizabeth, The Hour of Women: Memories of Germany's ›Crisis Years‹ and West German National Identity. In: AHR, 101 (1996), S. 354–395

Heinemann, Elizabeth, What Difference Does a Husband Make? Women and Marital Status in Germany, 1933–1961, Berkeley, CA 1999

Heinemann, Ulrich, Die verdrängte Niederlage. Politische Öffentlichkeit und Kriegsschuldfrage in der Weimarer Republik, Göttingen 1983

Heinrichs, Dirk, Hauptmann d.R. Wilm Hosenfeld – Retter in Warschau. In: Retter in Uniform. Handlungsspielräume im Vernichtungskrieg der Wehrmacht. Hrsg. von Wolfram Wette, 2. Aufl., Frankfurt a.M. 2002

Helbig, Louis Ferdinand, Der ungeheure Verlust. Flucht und Vertreibung in der deutschsprachigen Belletristik der Nachkriegszeit, Wiesbaden 1998 (= Studien der Forschungsstelle Ostmitteleuropa an der Universität Dortmund, 3)

Henke, Klaus-Dietmar, Die amerikanische Besetzung Deutschlands, 3. Aufl., München 2009

Herbert, Ulrich, Liberalisierung als Lernprozeß. Die Bundesrepublik in der deutschen Geschichte – eine Skizze. In: Wandlungsprozesse in Westdeutschland, S. 7–49

Herbert, Ulrich, Rückkehr in die Bürgerlichkeit? NS-Eliten in der Bundesrepublik. In: Rechtsradikalismus in der politischen Kultur der Bundesrepublik. Hrsg. von Bernd Weisbrod, Hannover 1995, S. 157–173

Herbst, Ludolf, Option für den Westen. Vom Marshallplan bis zum deutsch-französischen Vertrag, München 1989

Herbst, Ludolf, Stil und Handlungsspielräume westdeutscher Integrationspolitik. In: Vom Marshallplan zur EWG: Die Eingliederung der Bundesrepublik Deutschland in die westliche Welt. Hrsg. von Ludolf Herbst, Werner Bührer und Hanno Sowade, München 1990, S. 5–17

Herf, Jeffrey, Zweierlei Erinnerung. Die NS-Vergangenheit im geteilten Deutschland, Berlin 1998 (engl.: Divided Memory. The Nazi Past in the Two Germanys, Cambridge 1997)

Hermand, Jost, Darstellungen des Zweiten Weltkrieges. In: Neues Handbuch der Literaturwissenschaft, Bd 21: Literatur nach 1945 I., Wiesbaden 1979, S. 11–60

Hermand, Jost, Rückfall in den Kalten Krieg? Der gegenwärtige Historikerstreit im Lichte der Diskussion um die deutsche Schuld zwischen 1945 und 1950. In: Streitfall Deutsche Geschichte. Geschichts- und Gegenwartsbewußtsein in den 80er Jahren. Hrsg. von der Landeszentrale für politische Bildung, Essen 1988, S. 141–159

Herrmann, Meike, Historische Quelle, Sachbericht und autobiographische Literatur. Berichte von Überlebenden der Konzentrationslager als populäre Geschichtsschreibung (1946–1964)? In: Geschichte für Leser. Populäre Geschichtsschreibung in Deutschland im 20. Jahrhundert. Hrsg. von Wolfgang Hardtwig und Erhard Schütz, Stuttgart 2005, S. 123–145

Herzog, Dagmar, Die Politisierung der Lust. Sexualität in der deutschen Geschichte des 20. Jahrhunderts, Berlin 2005

Hettling, Manfred, Bürgerlichkeit im Nachkriegsdeutschland nach 1945. In: Bürgertum nach 1945, S. 7–37

Hettling, Manfred, »Bürgerlichkeit« und Zivilgesellschaft. Die Aktualität einer Tradition. In: Zivilgesellschaft als Geschichte, S. 45–63

Hettling, Manfred, Die Historisierung der Erinnerung. Westdeutsche Rezeption der nationalsozialistischen Vergangenheit. In: Tel Aviver Jahrbuch für deutsche Geschichte, 29 (2000), S. 357–378

Hettling, Manfred, Kriegserlebnis. In: Enzyklopädie Erster Weltkrieg, S. 638 f.

Hettling, Manfred, Militärisches Ehrenmal oder politisches Denkmal? Repräsentationen des toten Soldaten in der Bundesrepublik. In: Wege in die neue Bundesrepublik, S. 131–152

Hettling, Manfred, Militärisches Totengedenken in der Berliner Republik. In: Bedingt erinnerungsbereit, S. 11–21

Hettling, Manfred, Der Mythos des kurzen 20. Jahrhunderts. In: Saeculum. Jahrbuch für Universalgeschichte, 49 (1998), S. 327–345

Hettling, Manfred, Nationale Weichenstellungen und Individualisierung der Erinnerung. In: Gefallenengedenken im globalen Vergleich, S. 11–42

Hettling, Manfred, Politischer Totenkult im internationalen Vergleich. In: Berliner Debatte Initial, 20 (2009), 3, S. 104–116

Hettling, Manfred, Täter und Opfer? – deutsche Soldaten in Stalingrad. In: AfS, 35 (1995), S. 515–531

Hettling, Manfred, und Jörg Echternkamp, Heroisierung und Opferstilisierung. Grundelemente des Gefallenengedenkens in Deutschland von 1813 bis heute. In: Gefallenengedenken im globalen Vergleich, S. 123–158

Hey, Bernd, Zwischen Vergangenheitsbewältigung und heiler Welt. Nachkriegsdeutsche Befindlichkeiten im Spielfilm. In: GWU, 52 (2001) 4, S. 229–237

Hilger, Dietrich Die mobilisierte Gesellschaft In: Die zweite Republik. 25 Jahre Bundesrepublik Deutschland. Eine Bilanz. Hrsg. von Richard Löwenthal und Hans-Peter Schwarz, Stuttgart 1974, S. 95–122

Hillgruber, Andreas, Hitlers Strategie. Politik und Kriegführung 1940–1941, Frankfurt a.M. 1965

Hinterher merkt man, dass es richtig war, dass es schiefgegangen ist. Nachkriegserfahrungen im Ruhrgebiet. Hrsg. von Lutz Niethammer, Berlin 1983

Die historische Meistererzählung. Deutungslinien der deutschen Nationalgeschichte nach 1945. Hrsg. von Konrad H. Jarausch und Martin Sabrow, Göttingen 2002

Hitlers Eliten nach 1945. Hrsg. von Norbert Frei in Zusammenarbeit mit Tobias Freimüller [u.a.], 3. Aufl., München 2007

Hitlers militärische Elite, Bd 2: Vom Kriegsbeginn bis zum Weltkriegsende. Hrsg. von Gerd R. Ueberschär, Darmstadt 1998

Hockerts, Hans-Günther, Zugänge zur Zeitgeschichte: Primärerfahrung, Erinnerungskultur, Geschichtswissenschaft. In: ApuZ, B 28/2001, S. 15–30

Hodenberg, Christina von, Konsens und Krise. Eine Geschichte der westdeutschen Medienöffentlichkeit 1945–1973, Göttingen 2006 (= Moderne Zeit, 12)

Hodenberg, Christina von, Politische Generationen und massenmediale Öffentlichkeit: Das Beispiel der Fünfundvierziger in der Bundesrepublik. In: Generationen: Zur Semantik eines sozialwissenschaftlichen Grundbegriffs. Hrsg. von Ulrike Jureit und Michael Wildt, Hamburg 2005, S. 266–294

Höfner, Karlheinz, Die Aufrüstung Westdeutschlands. Willensbildung, Entscheidungsprozesse und Spielräume westdeutscher Politik 1945 bis 1950, München 1990 (= Deutsche Hochschulschriften, 17)

Höhn, Maria, GIs, Veronikas and Lucky Strikes: German Reactions to the American Military Presence in the Rhineland-Palatinate during the 1950s, Ph.D. Univ. of Philadelphia 1995

Hönicke, Michaela, »Know Your Enemy«: American Wartime Images of Germany, 1942–1943. In: Enemy Images in American History. Ed. by Ragnhild Fiebig-von Hase and Ursula Lehmkuhl, Providence, RI 1997, S. 231–278

Hönicke-Moore, Michaela, American Interpretations of National Socialism, 1933–1945. In: The Impact of Nazism. New Perspectives on the Third Reich and Its Legacy. Ed. by Alan E. Steinweis and Daniel E. Rogers, Lincoln, NE 2003, S. 1–18

Hoenisch, Michael, Film as an Instrument of the U.S. Reeducation Program in Germany after 1945 and the Example of »Todesmühlen«. In: The Role of the United States in the Reconstruction of Italy and West Germany, 1943–1949. Ed. by Ekkehart Krippendorff, Berlin 1981, S. 127–157

Hoffmann, Christa, Stunde Null? Vergangenheitsbewältigung in Deutschland, 1945 bis 1989, Bonn 1992

Hoffmann, Joachim, Die Tragödie der »Russischen Befreiungsarmee« 1944/45. Wlassow gegen Stalin, München 2003

Hoffmann, Johannes J., Adenauer: »Vorsicht und keine Indiskretionen!« Zur Informationspolitik und Öffentlichkeitsarbeit der Bundesregierung 1949–1955, Aachen 1995

Holian, Anna, Between National Socialism and Soviet Communism. Displaced Persons in Postwar Germany, Ann Arbor, MI 2011

Der Holocaust als offenes Geheimnis. Die Deutschen, die NS-Führung und die Alliierten. Hrsg. von Frank Bajohr und Dieter Pohl, München 2006
Holzer, Horst, Die aktuelle Illustrierte Quick. Zwischen Lunapark und moralischer Anstalt. In: Facsimile Querschnitt durch die Quick, München 1968, S. 6–14
Hoppe, Ulrike, »Hätte ich Dir bloß das blaue Kleid gegeben ...«. Erinnerungen an die Bombardierung Wandsbeks und Eilbeks im Juli 1943. In: Verletzungen, S. 118–133
Horn, Sabine, Erinnerungsbilder. Auschwitz-Prozess und Majdanek-Prozess im westdeutschen Fernsehen, Essen 2009
Horstmann, Lally, Kein Grund für Tränen. Aufzeichnungen aus dem Untergang. Berlin 1943–1946. Mit einer Einführung von Harold Nicholson. Aus dem Engl. übertr. und hrsg. von Ursula Voß, Berlin 1995
Hughes, Michael L., Shouldering the Burdens of Defeat. West Germany and the Reconstruction of Social Justice, Chapel Hill, NC 1999
Hughes, Michael L., »Through no Fault of Our Own«: West Germans Remember Their War Losses. In: German History, 18 (2000), 2, S. 193–213
Humburg, Martin, Feldpostbriefe aus dem Zweiten Weltkrieg. Zur möglichen Bedeutung im aktuellen Meinungsstreit unter besonderer Berücksichtigung des Themas »Antisemitismus«. In: MGM, 58 (1999), S. 321–343
Hurwitz, Harold, Die Stunde Null der deutschen Presse. Die amerikanische Pressepolitik in Deutschland 1945–1949, Köln 1972
Identität. Hrsg. von Odo Marquard und Karl-Heinz Stierle, München 1979
Identitäten. Hrsg. von Aleida Assmann und Heidrun Friese, Frankfurt a.M. 1998 (= Erinnerung, Geschichte, Identität, 3)
In der Hand des Feindes. Kriegsgefangenschaft von der Antike bis zum Zweiten Weltkrieg. Hrsg. von Rüdiger Overmans, Köln, Weimar, Wien 1999
The Invention of Tradition. Ed. by Eric J. Hobsbawm and Terence Ranger, Cambridge 1983
Irwin-Zarecka, Iwona, Frames of Remembrance. The Dynamics of Collective Memory, New Brunswick, NJ 1994
Jacobsen, Hans-Adolf, Zur Rolle der Öffentlichen Meinung bei der Debatte um die Wiederbewaffnung. In: Aspekte der deutschen Wiederbewaffnung, S. 61–117
Jahn, Hans-Edgar, An Adenauers Seite. Sein Berater erinnert sich, München 1987
»Die Jahre weiß man nicht, wo man die heute hinsetzen soll«. Faschismuserfahrungen im Ruhrgebiet. Hrsg. von Lutz Niethammer, Berlin 1983, 2. Aufl., Bonn 1986
Jarausch, Konrad H., Die Umkehr. Deutsche Wandlungen 1945–1995, München 2004
Jarausch, Konrad H., Zeitgeschichte zwischen Nation und Europa. Eine transnationale Herausforderung. In: APuZ, B 39/2004, S. 3–10
Jarausch, Konrad H., und Michael Geyer, Zerbrochener Spiegel. Deutsche Geschichten im 20. Jahrhundert, München 2005
Jardin, Pierre, Aux racines du mal: 1918 – Le déni de defaite, Paris 2005
Jaspers, Karl, Lebensfragen der deutschen Politik, München 1963
Jesse, Eckhard, »Vergangenheitsbewältigung« in der Bundesrepublik Deutschland. In: Der Staat, 26 (1987), S. 539–565
Jeux d'échelles. La micro-analyse à l'expérience. Ed. par Jacques Revel, Paris 1996
Judt, Tony, Geschichte Europas von 1945 bis zur Gegenwart, Frankfurt a.M. 2006

Jureit, Ulrike, Generationsforschung, Göttingen 2006
Jureit, Ulrike, Konstruktion und Sinn. Methodische Überlegungen zu biographischen Sinnkonstruktionen, Oldenburg 1998 (= Oldenburger Universitätsreden, Nr. 103, S. 1–31)
Jureit, Ulrike, »Zeigen heißt verschweigen«. Die Ausstellungen über die Verbrechen der Wehrmacht, in: Mittelweg 36, 13 (2004), 1, S. 3–27
Jureit, Ulrike, und Christian Schneider, Gefühlte Opfer. Illusionen der Vergangenheitsbewältigung, Stuttgart 2010
Jureit, Ulrike, und Jozef Sandnik, »Als ich eine Nummer war …«. Ein Überlebender des Konzentrationslagers Neuengamme erinnert sich an Hamburg. In: Verletzungen, S. 134–144
Justiz und NS-Verbrechen. Sammlung deutscher Strafurteile wegen nationalsozialistischer Tötungsverbrechen 1945–1999, Bd 10: Die vom 6.7.1952 bis zum 17.6.1953 ergangenen Strafurteile, lfd. Nr. 323–360. Bearb. im »Seminarium voor Strafrecht en Strafrechtspleging Van Hamel« der Universität Amsterdam von Adelheid L. Rüter-Ehlermann, Amsterdam 1973
Kaelble, Hartmut, Die zeitgenössische Erfahrung des 8. Mai 1945. In: 8. Mai 1945 – Befreiung oder Kapitulation?, S. 115–136
Kaiser, Alexandra, »Allerheldentotenfest«. Politische Sinnstiftung und rituelle Formen des Gefallenengedenkens. In: Alliierte im Himmel. Populare Religiosität und Kriegserfahrung. Hrsg. von Gottfried Korf, Tübingen 2006, S. 83–124
Kaiser, Alexandra, »Sie wollen gar nicht, dass wir mit lauten Worten sie ›Helden‹ nennen«. Der Volkstrauertag und der Mythos vom Sinn des Sterbens im Krieg. In: Politische Mythen im 19. und 20. Jahrhundert in Mittel- und Osteuropa, S. 63–80
Kapczynski, Jennifer M., The German Patient. Crisis and Recovery in Postwar Culture, Ann Arbor, MI 2011
Karlsch, Rainer, Allein bezahlt? Die Reparationsleistungen der SBZ/DDR 1945–53, Berlin 1993
Karrieren der Gewalt. Nationalsozialistische Täterbiographien. Hrsg. von Klaus-Michael Mallmann und Gerhard Paul, 2. Aufl., Darmstadt 2005
Karrieren im Nationalsozialismus. Funktionseliten zwischen Mitwirkung und Distanz. Hrsg. von Gerhard Hirschfeld und Tobias Jersak, Frankfurt a.M. 2004
Karrieren im Zwielicht. Hitlers Eliten nach 1945. Hrsg. von Norbert Frei, 2. Aufl., Frankfurt a.M. 2002 und u.d.T.: Hitlers Eliten nach 1945, 3. Aufl., München 2007
Kaschuba, Wolfgang, Kulturalismus: Kultur statt Gesellschaft? In: GG, 21 (1995), S. 80–95
Kauders, Anthony D., »Repression« and »Philo-Semitism« in Postwar Germany. In: History and Memory, 15 (2003), S. 97–122
»Keiner fühlt sich hier mehr als Mensch …« Erlebnis und Wirkung des Ersten Weltkriegs. Hrsg. von Gerhard Hirschfeld [u.a.], Essen 1993 (= Schriften der Bibliothek für Zeitgeschichte, N.F. 1)
Kempner, Robert W., Ankläger einer Epoche. Lebenserinnerungen. In Zusammenarbeit mit Jörg Friedrich, Frankfurt a.M. 1983
Kempowski, Walter, Fuga furiosa. Winter 1945, 6 Bde, München 1999
Kershaw, Ian, Das Ende. Kampf bis in den Untergang. NS-Deutschland 1944/45, München 2011

Kershaw, Ian, Hitler, the Germans, and the Final Solution, London 2008
Kershaw, Ian, Popular Opinion and Political Dissent in the Third Reich: Bavaria, 1933–1945, Oxford 1983
Kersting, Franz Werner, Helmut Schelskys »Skeptische Generation« von 1957. Zur Publikations- und Wirkungsgeschichte eines Standardwerkes. In: VfZ, 50 (2002), S. 465–495
Kilian, Katrin, Die Anderen zu Wort kommen lassen. Feldpostbriefe als historische Quelle aus den Jahren 1939 bis 1945. In: MGZ, 60 (2001), S. 153–166
Kilian, Katrin, Kriegsstimmungen. Emotionen einfacher Soldaten in Feldpostbriefen. In: Das Deutsche Reich und der Zweite Weltkrieg, Bd 9/2, S. 251–288
Kirsch, Jan-Holger, Populäre Geschichtsschreibung, Göttingen 2010
Kirsch, Jan-Holger, »Wir haben aus der Geschichte gelernt«. Der 8. Mai als politischer Gedenktag in Deutschland, Köln 1999
Kittel, Manfred, Die Legende von der »zweiten Schuld«. Vergangenheitsbewältigung in der Ära Adenauer, Frankfurt a.M. 1993
Klausch, Hans-Peter, Die Geschichte der Bewährungsbataillone 999 unter besonderer Berücksichtigung des antifaschistischen Widerstandes, 2 Bde, Köln 1987
Klee, Ernst, Auschwitz, die NS-Medizin und ihre Opfer, Frankfurt a.M. 1997
Klee, Ernst, Persilscheine und falsche Pässe. Wie die Kirchen den Nazis halfen, 5. Aufl., Frankfurt a.M. 1991
Kleinsteuber, Hans J., Artikel »Öffentliche Meinung«. In: Wörterbuch Staat und Politik. Hrsg. von Dieter Nohlen, 3. Aufl., München 1991, S. 414–416
Kleßmann, Christoph, Adenauers Deutschland- und Ostpolitik 1955–1963. In: Adenauer und die Deutsche Frage, S. 61–79
Kleßmann, Christoph, Die doppelte Staatsgründung. Deutsche Geschichte 1945–1955, 5., überarb. und erw. Aufl., Bonn 1991 (= Schriftenreihe der Bundeszentrale für politische Bildung, 193)
Klotz, Johannes, Die Ausstellung »Vernichtungskrieg, Verbrechen der Wehrmacht 1941 bis 1944«. Zwischen Geschichtswissenschaft und Geschichtspolitik. In: Mythos Wehrmacht, S. 116–176
Knabe, Hubertus, Tag der Befreiung? Das Kriegsende in Ostdeutschland, Berlin 2005
Knoch, Habbo, Der späte Sieg des Landsers. Populäre Kriegserinnerungen der fünfziger Jahre als visuelle Geschichtspolitik. In: Der Krieg im Bild – Bilder vom Krieg. Hrsg. vom Arbeitskreis Historische Bildforschung, Frankfurt a.M. 2003, S. 163–186
Knoch, Habbo, Die Tat als Bild. Fotografien des Holocaust in der deutschen Erinnerungskultur, Hamburg 2001
Knopp, Guido, Damals 1945 – Das Jahr Null, Stuttgart 1994
Knopp, Guido, Das Ende 1945. Der verdammte Krieg, München 1995
Koch, Magnus, Fahnenfluchten. Deserteure der Wehrmacht im Zweiten Weltkrieg – Lebenswege und Entscheidungen, Paderborn [u.a.] 2008 (= Krieg in der Geschichte, 42)
Koch, Manfred, Volkskongreßbewegung und Volksrat. In: SBZ-Handbuch, S. 349–357
Kocka, Jürgen, 1945: Neubeginn oder Restauration? In: Wendepunkte deutscher Geschichte 1848–1945. Hrsg. von Carola Stern und Heinrich August Winkler, Frankfurt a.M. 1979, S. 141–168

Köhler, Otto, Wir Schreibmaschinentäter. Journalisten unter Hitler – und danach, 2. Aufl., Köln 1989
König, Helmut, Die Zukunft der Vergangenheit. Der Nationalsozialismus im politischen Bewußtsein der Bundesrepublik, Frankfurt a.M. 2003
Köpf, Peter, Schreiben nach jeder Richtung. Goebbels-Propagandisten in der westdeutschen Nachkriegspresse, Berlin 1995
Körner, Klaus, Von der antibolschewistischen zur antisowjetischen Propaganda, Dr. Eberhard Taubert. In: Der Kalte Krieg – Vorspiel zum Frieden?, S. 54–68
Kommunikation als Beobachtung. Medienwandel und Gesellschaft 1880–1960. Hrsg. von Habbo Knoch und Daniel Morat, Paderborn [u.a.] 2003
Koselleck, Reinhart, Der Einfluß der beiden Weltkriege auf das soziale Bewusstsein. In: Der Krieg des kleinen Mannes, S. 324–343
Koselleck, Reinhart, Einleitung. In: Der politische Totenkult. Kriegerdenkmäler in der Moderne. Hrsg. von Reinhart Koselleck und Michael Jeismann, München 1994
Koselleck, Reinhart, »Erfahrungsraum« und »Erwartungshorizont« – zwei historische Kategorien. In: Reinhart Koselleck, Vergangene Zukunft. Zur Semantik geschichtlicher Zeiten, 3. Aufl., Frankfurt a.M. 1995 (Erstausgabe 1979), S. 349–375
Koselleck, Reinhart, Kriegerdenkmale als Identitätsstiftungen der Ueberlebenden. In: Identität, S. 255–276
Koselleck, Reinhart, Vom Sinn und Unsinn der Geschichte. Aufsätze und Vorträge aus vier Jahrzehnten. Hrsg. und mit einem Nachw. von Carsten Dutt, Frankfurt a.M. 2010
Koselleck, Reinhart, Terror und Traum. Methodologische Anmerkungen zu Zeiterfahrungen im Dritten Reich. In: Reinhart Koselleck, Vergangene Zukunft. Zur Semantik geschichtlicher Zeiten, 3. Aufl., Frankfurt a.M. 1995, S. 278–299
Koser-Oppermann, Ursula, Evakuiert, umquartiert, einquartiert. Wohnen in der zerstörten Stadt. In: Verletzungen, S. 175–187
Koshar, Rudy, »Germany Has Been a Melting Pot«. American and German Intercultures, 1945–1995. In: The German-American Encounter, S. 158–178
Koshar, Rudy, Germany's Transient Pasts: Preservation and National Memory in the Twentieth Century, Chapel Hill, NC 1998
Kossert, Andreas, Kalte Heimat. Die Geschichte der deutschen Vertriebenen nach 1945, München 2008
Koszyk, Kurt, Presse unter alliierter Besetzung. In: Mediengeschichte der Bundesrepublik Deutschland. Hrsg. von Jürgen Wilke, Bonn 1999, S. 31–58
Koszyk, Kurt, Pressepolitik für Deutsche, Berlin 1986 (= Geschichte der deutschen Presse, 4)
Kraft, Thomas, Fahnenflucht und Kriegsneurose. Gegenbilder zur Ideologie des Kampfes in der deutschsprachigen Literatur nach dem Zweiten Weltkrieg, Würzburg 1994
Krammer, Arnold P., Deutsche Kriegsgefangene in Amerika 1942–1946, Tübingen 1995
Krammer, Arnold P., Feinde ohne Uniform. Deutsche Zivilinternierte in den USA während des Zweiten Weltkrieges. In: VfZ, 44 (1996), S. 581–603
Kraus, Herbert, Großadmiral Karl Dönitz. In: Hitlers militärische Elite, Bd 2, S. 45–54
Kraus, Herbert, Karl Dönitz und das Ende des »Dritten Reiches«. In: Deutsche Marinen im Wandel. Vom Symbol nationaler Einheit zum Instrument internationaler Sicherheit.

Im Auftrag des MGFA hrsg. von Werner Rahn, München 2005 (= Beiträge zur Militärgeschichte, 63), S. 525–545
Krause, Michael, Flucht vor dem Bombenkrieg. »Umquartierungen« im zweiten Weltkrieg und die Wiedereingliederung der Evakuierten in Deutschland, 1943–1963, Düsseldorf 1997 (= Beiträge zur Geschichte des Parlamentarismus und der politischen Parteien, 109)
Krausnick, Helmut, und Hans-Heinrich Wilhelm, Die Truppe des Weltanschauungskrieges. Die Einsatzgruppen der Sicherheitspolizei und des SD 1938–1942, Stuttgart 1981 (= Quellen und Darstellungen zur Zeitgeschichte, 22)
Krausnick, Helmut, und Hans-Heinrich Wilhelm, Die Truppe des Weltanschauungskrieges; Wolfgang Benz, Zum Tod von Helmuth Krausnick. In: VfZ, 38 (1990), S. 349–351
Krauss, Marita, Heimkehr in ein fremdes Land. Geschichte der Remigration nach 1945, München 2001
Kreitz, Isabel, Die Sache mit Sorge – Stalins Spion in Tokio, Hamburg 2008
Der Krieg des kleinen Mannes. Eine Militärgeschichte von unten. Hrsg. von Wolfram Wette, München 1992
Krieg im Frieden. Die umkämpfte Erinnerung an den Ersten Weltkrieg. Quellen und Dokumente. Hrsg. von Bernd Ulrich und Benjamin Ziemann, Frankfurt a.M. 1997
Der Krieg in den Gründungsmythen europäischer Nationen und der USA. Hrsg. von Nikolaus Buschmann und Dieter Langewiesche, Frankfurt a.M. 2003
Der Krieg in der Nachkriegszeit. Der Zweite Weltkrieg in Politik und Gesellschaft der Bundesrepublik. Hrsg. von Michael T. Greven und Oliver von Wrochem, Opladen 2000
Kriegsende 1945 in Deutschland. Im Auftrag des MGFA hrsg. von Jörg Hillmann und John Zimmermann, München 2002 (= Beiträge zur Militärgeschichte, 55)
Kriegsende 1945. Verbrechen, Katastrophen, Befreiungen in nationaler und internationaler Perspektive. Hrsg. von Bernd-A. Rusinek, Göttingen 2004
Kriegsenden, Nachkriegsordnungen und Folgekonflikte. Wege aus dem Krieg im 19. und 20. Jahrhundert. Hrsg. von Jörg Echternkamp, Freiburg i.Br. 2012
Kriegsgefangene des Zweiten Weltkriegs. Gefangennahme – Lagerleben – Rückkehr. Hrsg. von Günter Bischof, Stefan Karner und Barbara Stelzl-Marx, Wien, München 2005
Kriegsgefangene – Voennoplennye. Sowjetische Kriegsgefangene in Deutschland, Deutsche Kriegsgefangene in der Sowjetunion. Hrsg. vom Haus der Geschichte der Bundesrepublik Deutschland, Düsseldorf 1995
Kriegsniederlagen. Erfahrungen und Erinnerungen. Hrsg. von Horst Carl [u.a.], Berlin 2004
Kriegsverbrechen im 20. Jahrhundert. Hrsg. von Wolfram Wette und Gerd R. Ueberschär, Darmstadt 2001
Krisenjahre und Aufbruchszeit: Alltag und Politik im französisch besetzten Baden 1945–1949. Hrsg. von Edgar Wolfrum, Peter Fässler und Reinhard Grohnert, München 1996
Kroener, Bernhard R., Der starke Mann im Heimatkriegsgebiet – Generaloberst Friedrich Fromm. Eine Biographie, Paderborn [u.a.] 2005
Krüger, Dieter, Das Amt Blank. Die schwierige Gründung des Bundesministeriums für Verteidigung, Freiburg 1993 (= Einzelschriften zur Militärgeschichte, 38)
Krüger, Dieter, Reinhard Gehlen (1902–1978). Der BND-Chef als Schattenmann der Ära Adenauer. In: Konspiration als Beruf. Deutsche Geheimdienstchefs im Kalten Krieg, Berlin 2003, S. 207–236

Krüger, Dieter, Das schwierige Erbe. Die Traditionsansprache des Kapitäns zur See Karl-Adolf Zenker und ihre parlamentarischen Folgen. In: Deutsche Marinen im Wandel. Vom Symbol nationaler Einheit zum Instrument internationaler Sicherheit. Im Auftrag des MGFA hrsg. von Werner Rahn, München 2005 (= Beiträge zur Militärgeschichte, 63), S. 549–564

Kruse, Volker, Mobilisierung und kriegsgesellschaftliches Dilemma. Beobachtungen zur kriegsgesellschaftlichen Moderne. In: Zeitschrift für Soziologie, 38, 3 (2009), S. 198–214

Kruse, Wolfgang, Die Erfindung des modernen Militarismus. Krieg, Militär und bürgerliche Gesellschaft im politischen Diskurs der Französischen Revolution, München 2003 (= Pariser Historische Studien, 62)

Kühn, Heinz, Widerstand und Emigration. Die Jahre 1928–1945, Hamburg 1980

Kühne, Thomas, »Friedenskultur«, Zeitgeschichte, Historische Friedensforschung. In: Jahrbuch für historische Friedensforschung, 9 (2000), S. 13–33

Kühne, Thomas, Kameradschaft. Die Soldaten des nationalsozialistischen Krieges und das 20. Jahrhundert, Göttingen 2006 (= Kritische Studien zur Geschichtswissenschaft, 173)

Kühne, Thomas, Die Viktimisierungsfalle. Wehrmachtsverbrechen, Geschichtswissenschaft und symbolische Ordnung des Militärs. In: Der Krieg in der Nachkriegszeit, S. 183–196

Kühne, Thomas, Zwischen Männerbund und Volksgemeinschaft. In: AfS, 38 (1998), S. 165–189

Kühne, Thomas, Zwischen Vernichtungskrieg und Freizeitgesellschaft. Die Veteranenkultur der Bundesrepublik (1945–1995). In: Nachkrieg in Deutschland, S. 90–113

Kühne, Thomas, und Benjamin Ziemann, Militärgeschichte in der Erweiterung. Konjunkturen, Interpretationen, Konzepte. In: Was ist Militärgeschichte?, S. 9–46

Kulka, Otto, »Public Opinion« in Nazi Germany: The Final Solution. In: The Nazi Holocaust. Historical Articles on the Destruction of European Jews, vol. 5/1. Ed. by Michael R. Marrus, London 1989, S. 139–150

Kultur und Konflikt. Hrsg. von Jan Assmann und D. Harth, Frankfurt a.M. 1990

Kunczik, Michael, Verdeckte Öffentlichkeitsarbeit unter Adenauer. Die Arbeitsgemeinschaft Demokratischer Kreise. In Massenmedien und Zeitgeschichte. Hrsg. von J. Wilke, Konstanz 1999, S. 381–394

Kunst und Propaganda in der Wehrmacht. Gemälde und Grafiken aus dem Russlandkrieg. Hrsg. von Veit Veltzke, Bielefeld 2005

Kunz, Andreas, Wehrmacht und Niederlage. Die bewaffnete Macht in der Endphase der nationalsozialistischen Herrschaft 1944 bis 1945, München 2007

Kurz, Jacob, Kunstraub in Europa 1938–1945, Hamburg 1989

Lambauer, Barbara, Otto Abetz et les Français ou l'envers de la collaboration, Paris 2001

Landwehr, Achim, Diskurs – Macht – Wissen. Perspektiven einer Kulturgeschichte des Politischen. In: Archiv für Kulturgeschichte, 85 (2003), S. 71–117

Lang, Martin, Stalins Strafjustiz gegen deutsche Soldaten. Die Massenprozesse gegen deutsche Kriegsgefangene in den Jahren 1949 und 1950 in historischer Sicht, Herford 1981

Lange, Sven, Der Fahneneid. Die Geschichte der Schwurverpflichtung im deutschen Militär, Bremen 2003 (= Schriftenreihe des Wissenschaftlichen Forums für Internationale Sicherheitspolitik, e.V., 19)

Lange, Wigand, Theater in Deutschland nach 1945. Zur Theaterpolitik der amerikanischen Besatzungsbehörden, Frankfurt a.M. 1980 (= Europäische Hochschulschriften: Deutsche Sprache und Literatur, 366)

Langewiesche, Dieter, Zum Wandel von Krieg und Kriegslegitimation in der Neuzeit. In: Journal of Modern European History, 2 (2004), S. 5–27

Large, David Clay, Germans to the Front. West German Rearmament in the Adenauer Era, Chapel Hill, NC 1996

Large, David Clay, Reckoning without the Past. The HIAG of the Waffen-SS and the Politics of Rehabilitation in the Bonn Republic. In: Journal of Modern History, 59 (1987), S. 79–113

Latzel, Klaus Feldpostbriefe: Überlegungen zur Aussagekraft einer Quelle. In: Verbrechen der Wehrmacht. Bilanz einer Debatte, S. 171–181

Latzel, Klaus, Kriegsbriefe und Kriegserfahrung. Wie können Feldpostbriefe zur erfahrungsgeschichtlichen Quelle werden? In: WerkstattGeschichte, 22 (1999), S. 7–23

Latzel, Klaus, Soldatenverbände gegen die Ausstellung »Vernichtungskrieg« – der lange Schatten des letzten Wehrmachtsberichts. In: Der Krieg in der Nachkriegszeit, S. 325–336

Latzel, Klaus, Vom Kriegserlebnis zur Kriegserfahrung. Theoretische und methodische Überlegungen zur erfahrungsgeschichtlichen Untersuchung von Feldpostbriefen. In: MGM, 56 (1997), S. 1–30

Latzel, Klaus, Wehrmachtsoldaten zwischen »Normalität« und NS-Ideologie, oder: Was sucht die Forschung in der Feldpost? In: Die Wehrmacht. Mythos und Realität, S. 573–588

Laurien, Ingrid, Politisch-kulturelle Zeitschriften in den Westzonen 1945–1949. Ein Beitrag zur politischen Kultur der Nachkriegszeit, Frankfurt a.M. 1991

Lehmann, Albrecht, Gefangenschaft und Heimkehr. Deutsche Kriegsgefangene in der Sowjetunion, München 1986

Lehmann, Albrecht, Im Fremden ungewollt zuhause. Flüchtlinge und Vertriebene in Westdeutschland 1945–1990, 2. Aufl., München 1993

Lemke, Bernd [u.a.], Die Luftwaffe 1950 bis 1970. Konzeption, Aufbau und Integration einer Teilstreitkraft der Bundeswehr, München 2006 (= Sicherheitspolitik und Streitkräfte der Bundesrepublik Deutschland, 2)

Lernen aus dem Krieg? Deutsche Nachkriegszeiten 1918 und 1945. Hrsg. von Gottfried Niedhart und Dieter Riesenberger, München 1992

Les lieux de mémoire, 7 vols. Ed. par Pierre Nora, Paris 1984–1992

Lexikon der »Vergangenheitsbewältigung« in Deutschland. Debatten- und Diskursgeschichte des Nationalsozialismus nach 1945. Hrsg. von Torben Fischer und Matthias N. Lorenz, Bielefeld 2007

Liddell Hart, Basil, Deutsche Generale des 2. Weltkriegs. Aussagen, Aufzeichnungen und Gespräche, Klagenfurt 1977

Lieb, Peter, Konventioneller Krieg oder NS-Weltanschauungskrieg. Kriegführung und Partisanenbekämpfung in Frankreich 1943/44, München 2008

Lingen, Kerstin von, Immunitätsversprechen. Wie SS-Obergruppenführer Wolff der Strafverfolgung entging. In: MGZ, 68 (2009), S. 1–42

Lingen, Kerstin von, Kesselrings letzte Schlacht. Kriegsverbrecherprozesse, Vergangenheitspolitik und Wiederbewaffnung: der Fall Kesselring, Paderborn [u.a.] 2004

Lingen, Kerstin von, Konstruktion von Kriegserinnerung. Der Prozess gegen Generalfeldmarschall Albert Kesselring vor einem britischen Militärgericht in Venedig (1947) und das Bild vom Krieg in Italien. In: MGZ, 59 (2000), S. 435–450

Lingen, Kerstin von, Soldat bis zum letzten Tag? Generalfeldmarschall Albert Kesselring. In: Karrieren im Nationalsozialismus, S. 205–224

Lingen, Kerstin von, Soldiers into Citizens. ›Wehrmacht‹ officers in the Federal Republic of Germany (1945–1960). In: GHI London, Bulletin, 27 (2005), 2, S. 45–67

Lingen, Kerstin von, SS und Secret Service. »Verschwörung des Schweigens«. Die Akte Karl Wolff, Paderborn [u.a.] 2010

Lingen, Kerstin von, Verschwörung des Schweigens. »Operation Sunrise«, Kapitulation in der Schweiz, Immunitätsversprechen in Nürnberg: Allen Dulles und SS-Obergruppenführer Karl Wolff (1945–1984), Paderborn [u.a.] 2009

Lingen, Kerstin von, »... wenn wir zum letzten Kampf in Italien antreten«. Die Konstruktion von Kriegserinnerung am Beispiel des Kriegsverbrecherprozesses gegen Albert Kesselring. In: Erster Weltkrieg – Zweiter Weltkrieg, S. 687–709

Lingen, Kerstin von, and Michael Salter, Contrasting Strategies within the War Crimes Trials of Kesselring and Wolff. In: Liverpool Law Review, 26 (2005), 3, S. 225–266

Lipp, Carola, Politische Kultur oder das Politische und Gesellschaftliche in der Kultur. In: Kulturgeschichte Heute. Hrsg. von Wolfgang Hardtwig und Hans-Ulrich Wehler, Göttingen 1996, S. 78–110

Loch, Thorsten, Das Gesicht der Bundeswehr. Kommunikationsstrategien in der Freiwilligenwerbung der Bundeswehr 1956 bis 1989, München 2008 (= Sicherheitspolitik und Streitkräfte der Bundesrepublik Deutschland, 8)

Loch, Thorsten, Soldatenbilder im Wandel. Die Nachwuchswerbung der Bundeswehr in Werbeanzeigen. In: Visual History. Ein Studienbuch. Hrsg. von Gerhard Paul, Göttingen 2006, S. 265–282

Lockenour, Jay, Soldiers as Citizens: Former Wehrmacht Officers in the Federal Republic of Germany, 1945–1955, Lincoln, NE 2001

Lommatzsch, Erik, Hans Globke (1898–1973). Beamter im Dritten Reich und Staatssekretär Adenauers, Frankfurt a.M. 2009

Longerich, Peter, »Davon haben wir nichts gewußt!« Die Deutschen und die Judenverfolgung 1933–1945, München 2006

Lorenz, Thomas, »Die Weltgeschichte ist das Weltgericht!« Der Versailler Vertrag in Diskurs und Zeitgeist der Weimarer Republik, Frankfurt a.M. 2008

Lübbe, Hermann, Der Nationalsozialismus im politischen Bewußtsein der Gegenwart. In: Deutschlands Weg in die Diktatur. Hrsg. von Martin Broszat [u.a.], Berlin 1983, S. 329–349

Lübbe, Hermann, Vom Parteigenossen zum Bundesbürger. Über beschwiegene und historisierte Vergangenheiten, Paderborn [u.a.] 2007

Maase, Kasper, BRAVO Amerika: Erkundungen zur Jugendkultur der Bundesrepublik in den fünfziger Jahren, Hamburg 1992

Machtfragen. Zur kulturellen Repräsentation und Konstruktion von Macht in Antike, Mittelalter und Neuzeit. Hrsg. von Alexander H. Arweiler und Bardo M. Gauly, Stuttgart 2008

Mai, Gunther, Westliche Sicherheitspolitik im Kalten Krieg. Der Korea-Krieg und die deutsche Wiederbewaffnung 1950, Boppard a.Rh. 1977 (= Militärgeschichte seit 1945, 4)
Mailänder Koslov, Elissa, Gewalt im Dienstalltag. Die SS-Aufseherinnen des Konzentrations- und Vernichtungslagers Majdanek 1942–1944, Hamburg 2009
Major, Patrick, The Death of the KPD. Communism and Anti-Communism in West-Germany, 1945–1956, Oxford 1997
Manig, Bert-Oliver, Die Politik der Ehre. Die Rehabilitierung der Berufssoldaten in der frühen Bundesrepublik, Göttingen 2004 (= Veröffentlichungen des Zeitgeschichtlichen Arbeitskreises Niedersachsen, 22)
Mann, Erika, Blitze überm Ozean. Aufsätze, Reden, Reportagen. Hrsg. von Irmela von der Lühe und Uwe Naumann, Reinbek b. Hamburg 2001
Mannitz, Sabine, Armee ohne Heldentod. Vergangenheitspolitische Leitbilder der Bundeswehr unter dem Druck des Wandels zur Einsatzarmee. In: Möglichkeiten und Grenzen kollektiver Erinnerung. Ambivalenz und Bedeutung des Kriegsopfer-Gedenkens. Hrsg. von Hermann Düringer, Sabine Mannitz und Karl Starzacher, Frankfurt a.M. 2007, S. 117–134
Marcuse, Harold, Das ehemalige Konzentrationslager Dachau. Der mühevolle Weg zur Gedenkstätte, 1945–1968. In: Dachauer Hefte, 6 (1990), S. 182–205
Marcuse, Harold. Legacies of Dachau. The Uses and Abuses of a Concentration Camp, 1933–2001, Cambridge, MA 2001
Martens, Alexander U., Heinz G. Konsalik. Porträt eines Bestseller-Autors, München 1991
Massaquoi, Hans J., »Neger, Neger, Schornsteinfeger!« Meine Kindheit in Deutschland. Mit einem Nachwort von Ralph Giordano, München 1999 (engl.: Destined to Witness, New York 1999)
Maubach, Franka, Die Stellung halten. Kriegserfahrungen und Lebensgeschichten von Wehrmachthelferinnen, Göttingen 2009
Maurer, Michael, Alte Kulturgeschichte – Neue Kulturgeschichte? In: HZ, 280 (2005), S. 281–304
McMurray, David M., Conserving individual autonomy in exile. Hans Habe's struggle against totalitarism, Nashville, TN 2001
Mediengeschichte der Bundesrepublik Deutschland. Hrsg. von Jürgen Wilke, Bonn 1999 (= Schriftenreihe der Bundeszentrale für politische Bildung, 361)
Mende, Erich, Die neue Freiheit 1945–1961, München 1984
Mensch, der Krieg ist aus! Zeitzeugen erinnern sich an den 8. Mai 1945. Hrsg. von Werner Filmer und Heribert Schwan, Düsseldorf 1995
Mergel, Thomas, Kulturwissenschaft der Politik: Perspektiven und Trends. In: Handbuch der Kulturwissenschaften, Bd 3: Themen und Tendenzen. Hrsg. von Friedrich Jäger und Jörn Rüsen, Stuttgart 2004, S. 413–425
Mergel, Thomas, Überlegungen zu einer Kulturgeschichte der Politik. In: GG, 28 (2002), S. 574-606
Messerschmidt, Manfred, Vorwärtsverteidigung. Die »Denkschrift der Generale« für den Nürnberger Gerichtshof. In: Vernichtungskrieg. Verbrechen der Wehrmacht, S. 531–550
Messerschmidt, Manfred, Die Wehrmacht im NS-Staat. Zeit der Indoktrination, Hamburg 1969 (= Truppe und Verwaltung, 16)

Messerschmidt, Manfred, Die Wehrmachtjustiz 1933–1945, Paderborn [u.a.] 2005

Messerschmidt, Manfred, und Fritz Wüllner, Die Wehrmachtjustiz im Dienste des Nationalsozialismus. Zerstörung einer Legende, Baden-Baden 1987

Meyer, Beate, »Man nahm so vieles hin ohne Regung.« (Vera L.) Überlegungen zu lebensgeschichtlichen Auswirkungen einer Kindheit in der Endkriegsphase. In: Verletzungen, S. 26–45

Meyer, Georg, Adolf Heusinger. Dienst eines deutschen Soldaten 1915 bis 1964, Hamburg 2001

Meyer, Georg, Soldaten ohne Armee. Berufssoldaten im Kampf um Standesehre und Versorgung. In: Von Stalingrad zur Währungsreform, S. 683–750

Meyer, Georg, Zur Situation der deutschen militärischen Führungsschicht im Vorfeld des westdeutschen Verteidigungsbeitrages, 1945–1950/51. In: Anfänge westdeutscher Sicherheitspolitik, Bd 1, S. 577–735

Meyer (jun.), Kurt, Geweint wird, wenn der Kopf ab ist, Freiburg i.Br. 1998, 2000

Meyer, Sibylle, und Eva Schulze, Von Liebe sprach damals keiner: Familienalltag in der Nachkriegszeit, München 1985

Meyer, Sibylle, und Eva Schulze, Wie wir das alles geschafft haben. Alleinstehende Frauen berichten über ihr Leben nach 1945, München 1985

Meyer, Ulrike, Mit dem Krieg leben. Frauenalltag in St. Pauli 1939–1945. In: Verletzungen, S. 94–117

Meyer, Winfried, Stalinistischer Schauprozeß gegen KZ-Verbrecher? Der Berliner Sachsenhausen-Prozeß vom Oktober 1947. In: Dachauer Hefte, 13 (1997), S. 153–180

Michels, Eckard, Die Bundesrepublik und die französische Fremdenlegion 1949–1962. In: Politischer Wandel, organisierte Gewalt und nationale Sicherheit, S. 447–462

Michels, Eckard, Deutsche in der Fremdenlegion 1870–1965. Mythen und Realitäten, 5. Aufl., Paderborn [u.a.] 2006

Militär in Deutschland und Frankreich 1870–2010. Vergleich, Verflechtung und Wahrnehmung zwischen Konflikt und Kooperation. Im Auftrag des DHI Paris und des MGFA, Potsdam, hrsg. von Jörg Echternkamp und Stefan Martens, Paderborn [u.a.] 2012

Militär und Gesellschaft im 19. u. 20. Jahrhundert. Hrsg. von Ute Frevert, Stuttgart 1997

Militärgeschichte. Probleme, Thesen, Wege. Im Auftrag des MGFA ausgew. und zusammengest. von Manfred Messerschmidt [u.a.], Stuttgart 1982 (= Beiträge zur Militär- und Kriegsgeschichte, 25)

Militärische Aufbaugenerationen der Bundeswehr. Ausgewählte Biografien. Im Auftrag des MGFA hrsg. von Helmut R. Hammerich und Rudolf J. Schlaffer, München 2011 (= Sicherheitspolitik und Streitkräfte der Bundesrepublik Deutschland, 10)

Militärische Erinnerungskultur. Soldaten im Spiegel von Biographien, Memoiren und Selbstzeugnissen. Hrsg. von Michael Epkenhans, Stig Förster und Karen Hagemann, Paderborn [u.a.] 2006 (= Krieg in der Geschichte, 29)

Militärische Erinnerungskulturen vom 14. bis zum 19. Jahrhundert. Träger – Medien – Deutungskonkurrenzen. Hrsg. von Horst Carl und Ute Planert, Göttingen 2012

Militarismus in Deutschland 1871 bis 1945: Zeitgenössische Analysen und Kritik. Hrsg. von Wolfram Wette, Münster 1999

Miller, Lee, Der Krieg ist aus. Deutschland 1945. Fotos und Reportagen. Aus dem Engl. von Flora Falke, Berlin 1995

Mimesis, Alterität und Erinnerung. Hrsg. von Susanna Burghartz und Gesine Krüger, Wien 2008

The Miracle Years. A cultural History of West Germany 1949–1968. Ed. by Hanna Schissler, Princeton, NJ, Oxford 2001

»Mir selber seltsam fremd«. Die Unmenschlichkeit des Krieges. Russland 1941–44. Hrsg. von Stefan Schmitz, Frankfurt a.M. 2003

Mitchell, W[illiam] J[ohn] T[homas], Was ist ein Bild? In: Bildlichkeit. Internationale Beiträge zur Poetik. Hrsg. von Volker Bohn, Frankfurt a.M. 1990, S. 17–68

Moderne Zeiten? Krieg, Revolution und Gewalt im 20. Jahrhundert. Hrsg. von Jörg Baberowski, Göttingen 2006

Modernisierung im Wiederaufbau. Die westdeutsche Gesellschaft der 50er Jahre. Hrsg. von Axel Schildt und Arnold Sywottek, Bonn 1998

Moeller, Robert G., Germans as Victims? Thoughts on a Post-Cold War History of World War II's Legacies. In: History & Memory, 17, (2005), 1/2, S. 147–194

Moeller, Robert G., Heimkehr ins Vaterland. Die Remaskulinisierung Westdeutschlands in den fünfziger Jahren. In: MGZ, 60 (2001), S. 403–436

Moeller, Robert G., Kämpfen für den Frieden: 08/15 und westdeutsche Erinnerungen an den Zweiten Weltkrieg. In: MGZ, 64 (2005), S. 359–389

Moeller, Robert G., »The Last Soldiers of the Great War« and Tales of Family Reunions in the Federal Republic of Germany. In: Signs, 24 (1998), 1, S. 126–146

Moeller, Robert G., Protecting Motherhood. Women and the Family in the Politics of Postwar West Germany, Berkeley, CA 1993

Moeller, Robert G., The »Remasculinization« of Germany in the 1950s: Introduction. In: Signs, 24 (1998), 1, S. 101–106

Moeller, Robert G., Remembering the War in a Nation of Victims: West German Pasts in the 1950s. In: The Miracle Years, 83–109

Moeller, Robert G., Sinking Ships, the Lost Heimat and Broken Taboos: Günter Grass and the Politics of Memory in Contemporary Germany. In: CEH, 12, (2003), 2, S. 147–181

Moeller, Robert G., War Stories: The Search for a Usable Past in the Federal Republic of Germany. In: AHR, 101 (1996), S. 1008–1048

Moeller, Robert G., War Stories. The Search for a Usable Past in the Federal Republic of Germany, Berkeley, CA [et al.] (2001) 2004

Moisel, Claudia, Frankreich und die deutschen Kriegsverbrecher. Politik und Praxis der Strafverfolgung nach dem Zweiten Weltkrieg, Göttingen 2004 (= Beiträge zur Geschichte des 20. Jahrhunderts, 2)

Mommsen, Hans, Die Stellung der Sozialisten in der Bewegung des 20. Juli 1944, Bochum 2002

Mommsen, Hans, Der 20. Juli und die deutsche Arbeiterbewegung. In: Hans Mommsen, Alternative zu Hitler. Studien zur Geschichte des deutschen Widerstandes, München 2000, S. 284–312

Monod, David, Settling Scores. German Music, Denazification, and the Americans, 1945–1953, Chapel Hill, NC, London 2005

Morina, Christina, Der Angriffskrieg als Lesestoff. Darstellung und Deutung des Russlandfeldzuges in der deutsch-deutschen Nachkriegsliteratur (1945–1960). In: Zeitgeschichte online, Mai 2005, URL: www.zeitgeschichte-online.de (7.2.2014)

Morina, Christina, Der Krieg als Vergangenheit und Vermächtnis: Zur Rolle des Zweiten Weltkriegs in der politischen Kultur Ostdeutschlands. In: Kriegsenden, Nachkriegsordnungen und Folgekonflikte, S. 179–198

Morina, Christina, Legacies of Stalingrad. Remembering the Eastern Front in Germany since 1945, Cambridge 2011

Moses, Dirk, The Forty-Fivers. A Generation between Fascism and Democracy. In: German Politics and Society, 17 (1999), S. 94–126; dt.: Die 45er. Eine Generation zwischen Faschismus und Demokratie. In: Neue Sammlung, 40 (2000), S. 233–263

Moses, Dirk, German Intellectuals and the Nazi Past, Cambridge, MA 2007

Mosse, George L., Gefallen für das Vaterland. Nationales Heldentum und namenloses Sterben, Stuttgart 1993 (engl.: Fallen Soldiers. Reshaping the Memory of the World Wars, New York, Oxford 1990)

Müller, Hans-Harald, Der Krieg und die Schriftsteller. Der Kriegsroman der Weimarer Republik, Stuttgart 1986

Müller, Josef, Die Gesamtdeutsche Volkspartei. Entstehung und Politik unter dem Primat nationaler Wiedervereinigung 1950–1957, Düsseldorf 1990

Müller, Klaus-Jürgen, Die Befreiung von Paris und die deutsche Führung. In: Kriegsjahr 1944: Im Großen und im Kleinen. Hrsg. von Michael Salewski und Guntram Schulze-Wegener, Stuttgart 1995

Müller, Klaus-Jürgen, Generaloberst Ludwig Beck. Eine Biografie, Paderborn [u.a.] 2007

Müller, Rolf-Dieter, und Gerd R. Ueberschär, Kriegsende 1945. Die Zerstörung des Deutschen Reiches, Frankfurt 1995

Müller, Sven Oliver, Deutsche Soldaten und ihre Feinde. Nationalismus an Front und Heimatfront im Zweiten Weltkrieg, Frankfurt a.M. 2007

Münkler, Herfried, Der Wandel des Krieges. Von der Symmetrie zur Asymmetrie, Weilerswist 2006

Mythos Wehrmacht. Nachkriegsdebatten und Traditionspflege. Hrsg. von Detlef Bald, Johannes Klotz und Wolfram Wette, Berlin 2001

Nachkrieg in Deutschland. Hrsg. von Klaus Naumann, Hamburg 2001

Nägler, Frank, Der gewollte Soldat und sein Wandel. Personelle Rüstung und Innere Führung in den Aufbaujahren der Bundeswehr 1956 bis 1964/65, München 2010

Nägler, Frank, »Innere Führung«. Zum Entstehungszusammenhang einer Führungsphilosophie für die Bundeswehr. In: Entschieden für Frieden. 50 Jahre Bundeswehr 1955 bis 2005. Im Auftrag des MGFA hrsg. von Klaus-Jürgen Bremm, Hans-Hubertus Mack und Martin Rink, Freiburg i.Br. 2005, S. 321–339

Nägler, Frank, Muster des Soldaten und Aufstellungskrise. In: Die Bundeswehr 1955 bis 2005, S. 81–99

Naimark, Norman M., Die Russen in Deutschland. Die sowjetische Besatzungszone 1945 bis 1949, Berlin 1997

Das Nationalkomitee »Freies Deutschland« und der Bund Deutscher Offiziere. Hrsg. von Gerd R. Ueberschär, Frankfurt a.M. 1995

Der Nationalsozialismus vor Gericht. Die alliierten Prozesse gegen Kriegsverbrecher und Soldaten 1943–1952. Hrsg. von Gerd R. Ueberschär, Frankfurt a.M. 1999
Nationen und ihre Selbstbilder. Postdiktatorische Gesellschaften in Europa. Hrsg. von Regina Fritz, Carola Sachse und Edgar Wolfrum, Göttingen 2008
Naumann, Klaus, Einleitung. In: Nachkrieg in Deutschland, S. 9–26
Naumann, Klaus, Generale in der Demokratie. Generationsgeschichtliche Studien zur Bundeswehrelite, Hamburg 2007
Naumann, Klaus, Nachkrieg. Vernichtungskrieg, Wehrmacht und Militär in der deutschen Wahrnehmung nach 1945. In: Mittelweg, 36 (1997), S. 11–25
Nawyn, Kathleen J., Ausrottung des »Kämpferischen Geistes!« Zur Beseitigung militaristischer Denkmäler im amerikanisch besetzten Württemberg-Baden, 1945–1947. In: Banal Militarism, S. 129–147
Nawyn, Kathleen J., »Striking at the Roots of German Militarism«: Efforts to Demilitarize German Society and Culture in American-Occupied Württemberg-Baden, 1945–1949«, Ph.D., Chapel Hill, NC 2008
Nehring, Holger, National Internationalists: British and West German Protests against Nuclear Weapons, the Politics of Transnational Communications and the Social History of the Cold War, 1957–1964. In: CEH, 14 (2005), S. 559–582
Nehring, Holger, Politics of Security. The British and West German Protest Movements against Nuclear Weapons and the Early Cold War, 1945–1970, Oxford 2013
Neitzel, Sönke, Abgehört: Deutsche Generäle in britischer Kriegsgefangenschaft 1942–1945, Berlin 2005
Neitzel, Sönke, und Harald Welzer, Soldaten: Protokolle vom Kämpfen, Töten und Sterben, 4. Aufl., Frankfurt a.M. 2011
Neue Politikgeschichte. Perspektiven einer historischen Politikforschung. Hrsg. von Ute Frevert und Heinz-Gerhard Haupt, Frankfurt a.M. 2005 (= Historische Politikforschung, 1)
Neumann, Vera, Nicht der Rede wert: Die Privatisierung der Kriegsfolgen in der frühen Bundesrepublik. Lebensgeschichtliche Erinnerungen, Münster 1999
1945 – Der Krieg und seine Folgen. Kriegsende und Erinnerungspolitik in Deutschland. Hrsg. von Burkhard Assmuss, Kay Kufeke und Philipp Springer, Berlin 2005
Nickel, Gunther, Faction. Theodor Plievier. Stalingrad. In: Von Böll bis Buchheim, S. 49–62
Nickel, Lutz, Dehler – Maier – Mende. Parteivorsitzende der FDP: Polarisierer, Präsident, Generaldirektor, München 2005 (= Demokrat, 2)
Nicklas, Thomas, Macht – Politik – Diskurs. Möglichkeiten und Grenzen einer Politischen Kulturgeschichte. In: Archiv für Kulturgeschichte, 86 (2004), S. 1–25
Niedhart, Gottfried, »So viel Anfang war nie« oder »Das Leben und nichts anderes«. In: Lernen aus dem Krieg? Deutsche Nachkriegszeiten 1918 und 1945. Hrsg. von Gottfried Niedhart und Dieter Riesenberger, München 1992, S. 11–38
Niemetz, Daniel, Das feldgraue Erbe. Wehrmachtseinflüsse im Militär der SBZ/DDR. Hrsg. vom MGFA, Berlin 2006 (= Militärgeschichte der DDR, 13)
Niethammer, Lutz, Fragen – Antworten – Fragen. Methodische Erfahrungen und Erwägungen zur Oral History. In: »Wir kriegen jetzt andere Zeiten«, S. 392–445
Niethammer, Lutz, Gedächtnis und Geschichte. Erinnernde Historie und die Macht des kollektiven Gedächtnisses. In: WerkstattGeschichte, 30 (2001), S. 32–37

Niethammer, Lutz, [u.a.], Heimat und Front. Versuch, zehn Kriegserinnerungen aus der Arbeiterklasse des Ruhrgebiets zu verstehen. In: »Die Jahre weiß man nicht, wo man die heute hinsetzen soll«, S. 162–232

Niethammer, Lutz, Kollektive Identität. Heimliche Quellen einer unheimlichen Konjunktur, Reinbek b. Hamburg 2000

Niven, Bill, Facing the Nazi past. United Germany and the legacy of the Third Reich, London, New York 2002

Niven, Bill, Germans as Victims. Remembering the past in contemporary Germany, Basingstoke 2002

Noack, Bettina, Gedächtnis in Bewegung. Die Erinnerung an Weltkrieg und Holocaust im Kino, Paderborn 2010

Noack, Paul, Paul Sethe. Publizistische Opposition gegen Adenauer. In: Adenauer und die Deutsche Frage, S. 235–249

Nora, Pierre, Das Abenteuer der Lieux de mémoire. In: Nation und Emotion. Hrsg. von Etienne François, Hannes Siegrist und Jakob Vogel, Göttingen 1995, S. 83–92

NS-Prozesse und deutsche Öffentlichkeit. Besatzungszeit, frühe Bundesrepublik und DDR. Hrsg. von Jörg Osterloh und Clemens Vollnhals, Göttingen 2011

NS-Verbrechen und der militärische Widerstand gegen Hitler. Hrsg. von Gerd R. Ueberschär, Darmstadt 2000 (= Schriftenreihe des Fritz-Bauer-Instituts, 18)

Nutz, Walter, Der Krieg als Abenteuer und Idylle. Landser-Hefte und triviale Kriegsromane. In: Gegenwartsliteratur und Drittes Reich. Deutsche Autoren in der Auseinandersetzung mit der Vergangenheit. Hrsg. von Hans Wagener, Stuttgart 1977, S. 265–283

Olick, K. Jeffrey, In the House of the Hangman. The Agonies of German Defeat, 1943–1949, Chicago, IL 2005

Oppelland, Torsten, Arbeitsgemeinschaft Demokratischer Kreise. In: Lexikon der Christlichen Demokratie, S. 424 f.

Orth, Karin, und Jan Melsen, »Hamburg beschäftigt mich am meisten«. Erinnerungen eines KZ-Überlebenden an den Hamburger Feuersturm. In: Verletzungen, S. 145–155

Overmans, Rüdiger, Das Schicksal der deutschen Kriegsgefangenen des Zweiten Weltkriegs. In: Das Deutsche Reich und der Zweite Weltkrieg, Bd 10/2, S. 379–507

Overmans, Rüdiger, Ein Silberstreif am Forschungshorizont? Veröffentlichungen zur Geschichte der Kriegsgefangenschaft. Bibliographischer Essay. In: In der Hand des Feindes, S. 483–551

Overmans, Rüdiger, Soldaten hinter Stacheldraht. Deutsche Kriegsgefangene des Zweiten Weltkriegs, Berlin 2000

Overy, Richard, Verhöre. Die NS-Elite in den Händen der Alliierten 1945, Berlin 2002

Pape, Birgit, Kultureller Neubeginn in Heidelberg und Mannheim 1945–1949, Heidelberg 2000

Pauli, Frank, Wehrmachtsoffiziere in der Bundeswehr. Das kriegsgediente Offizierkorps der Bundeswehr und die Innere Führung 1955–1970, Paderborn [u.a.] 2009

Peitsch, Helmut, Nachkriegsliteratur 1945–1989, Osnabrück 2009 (= Schriften des Erich Maria Remarque-Archivs, 24)

Peitsch, Helmut, Towards a History of Vergangenheitsbewältigung: East and West German War Novels of the 1950s. In: Monatshefte, 87 (1995), S. 287–308

Perspektiven der Historischen Friedensforschung. Hrsg. von Benjamin Ziemann, Essen 2002
Perspektiven der Militärgeschichte. Raum, Gewalt und Repräsentation in historischer Forschung und Bildung. Im Auftrag des MGFA hrsg. von Jörg Echternkamp, Thomas Vogel und Wolfgang Schmidt, München 2010 (= Beiträge zur Militärgeschichte, 67)
Pfeifer, Jochen, Der deutsche Kriegsroman 1945–1960. Ein Versuch zur Vermittlung von Literatur und Sozialgeschichte, Königstein/Ts. 1981
Pietrow-Ennker, Bianka, Die Sowjetunion in der Propaganda des Dritten Reiches. Das Beispiel der Wochenschau. In: MGM, 46 (1989), S. 79–120
Plato, Alexander von, und Almut Leh, »Ein unglaublicher Frühling«. Erfahrene Geschichte im Nachkriegsdeutschland 1945–1948, Bonn 1997
Plöger, Christian, Von Ribbentrop zu Springer. Zu Leben und Wirken von Paul Karl Schmidt alias Paul Carell, Marburg 2009
Pöhlmann, Markus, »Das große Erleben da draußen«. Die Reihe Schlachten des Weltkrieges (1921–30). In: Von Richthofen bis Remarque. Deutschsprachige Prosa zum I. Weltkrieg. Hrsg. von Thomas F. Schneider und Hans Wagner, Amsterdam 2003 (= Amsterdamer Beiträge zur neueren Germanistik, 53), S. 113–131
Poiger, Uta G. , Jazz, Rock, and Rebels: Cold War Politics and American Culture in a Divided Germany, Berkeley, CA 2000 (= Studies on the History of Society and Culture, 35)
Poiger, Uta G., A New ›Western‹ Hero? Reconstructing German Masculinity in the 1950s, In: Signs, 24 (1998), 1, S. 147–162
Poiger, Uta G., Rebels Without a Cause? American Popular Culture, the 1956 Youth Riots, and the new Conception of Masculinity in East and West Germany. In: The American Impact on Postwar Germany, S. 93–124
Poiger, Uta G., Rock'n' Roll. Female Sexuality, and the Cold War Battle over German Identities. In: West Germany under Construction, S. 373–410
Die Politik der Nation. Deutscher Nationalismus in Krieg und Krisen 1760 bis 1960. Im Auftrag des MGFA hrsg. von Jörg Echternkamp und Sven Oliver Müller, München 2002 (= Beiträge zur Militärgeschichte, 56)
Politische Mythen im 19. und 20. Jahrhundert in Mittel- und Osteuropa. Hrsg. von Heidi Hein-Kircher und Hans Henning Hahn, Marburg 2006 (= Tagungen zur Ostmitteleuropa-Forschung, 24)
Der politische Totenkult. Kriegerdenkmäler in der Moderne. Hrsg. von Reinhart Koselleck und Michael Jeismann, München 1994
Politischer Wandel, organisierte Gewalt und nationale Sicherheit. Beiträge zur neueren Geschichte Deutschlands und Frankreichs. Fs. für Klaus-Jürgen Müller. Im Auftrag des MGFA hrsg. von Ernst Willi Hansen, Gerhard Schreiber und Bernd Wegner, München 1995 (= Beiträge zur Militärgeschichte, 50)
Politisches Denken in Deutschland nach 1945. Erfahrung und Umgang mit der Kontingenz in der unmittelbaren Nachkriegszeit. Hrsg. von Michael Th. Greven, Opladen 2007
Prahl, Hans-Werner, Entwicklungsstadien des deutschen Tourismus seit 1945. In: Zur Sonne, zur Freiheit! Beiträge zur Tourismusgeschichte. Hrsg. von Hasso Spode, Berlin 1991 (= Berichte und Materialien der FU Berlin, Institut für Tourismus, 19), S. 95–108
Prantl, Heribert, Wehrmachtverbrechen. Eine deutsche Kontroverse, Hamburg 1997

Propaganda. Meinungskampf, Verführung und politische Sinnstiftung (1789–1989). Hrsg. von Ute Daniel und Wolfram Siemann, Frankfurt a.M. 1994

Protte, Katja, Auf der Suche nach dem Staatsbürger in Uniform. Frühe Ausbildungs- und Informationsfilme der Bundeswehr. In: Krieg und Militär im Film des 20. Jahrhunderts. Hrsg. von Bernhard Chiari, Matthias Rogg und Wolfgang Schmidt, München 2003 (= Beiträge zur Militärgeschichte, 59), S. 569–610

Prümm, Karl, Entwürfe einer zweiten Republik: Zukunftsprogramme in den »Frankfurter Heften«, 1946–1949. In: Deutschland nach Hitler. Zukunftspläne im Exil und aus der Besatzungszeit 1939–1949. Hrsg. von Thomas Koebner, Gert Sautermeister und Sigrid Schneider, Opladen 1987, S. 330–343

Prümm, Karl, Die Literatur des Soldatischen Nationalismus der 20er Jahre (1918–1933). Gruppenideologie und Epochenproblematik, Kronberg/Ts. 1974 (= Theorie, Kritik, Geschichte, 3)

Rabinbach, Ansons, In the Shadow of Catastrophe: German Intellectuals between Apocalypse and Enlightenment, Berkeley, CA 1997

Radlmaier, Steffen, Das Land des Fragebogens, Reinbek b. Hamburg 1999

Radlmaier, Steffen, Der Nürnberger Lernprozess. Von Kriegsverbrechern und Starreportern, Frankfurt a.M. 2001

Rahden, Till van, Wie Vati die Demokratie lernte. Zur Frage der Autorität in der frühen Bundesrepublik. In: WestEnd. Neue Zeitschrift für Sozialforschung, 4 (2007), 1, S. 113–125

Raim, Edith, Justiz zwischen Diktatur und Demokratie. Wiederaufbau und Ahndung von NS-Verbrechen in Westdeutschland 1945–1949, München 2013 (= Quellen und Darstellungen zur Zeitgeschichte, 96)

Raphael, Lutz, Die Verwissenschaftlichung des Sozialen als methodische und konzeptionelle Herausforderung für eine Sozialgeschichte des 20. Jahrhunderts. In: GG, 22 (1996), S. 165–193

Rass, Christoph, »Menschenmaterial«. Deutsche Soldaten an der Ostfront. Innenansichten einer Infanteriedivision 1939–1945, Paderborn [u.a.] 2003 (= Krieg in der Geschichte, 17)

Rass, Christoph, Das Sozialprofil von Kampfverbänden des deutschen Heeres 1939 bis 1945. In: Das Deutsche Reich und der Zweite Weltkrieg, Bd 9/1, S. 641–741

Rass, Christoph, Verbrecherische Kriegführung an der Front. In: Verbrechen der Wehrmacht. Bilanz einer Debatte, S. 80–90

Rauh-Kühne, Cornelia, Die Entnazifizierung und die deutsche Gesellschaft. In: AfS, 35 (1995), S. 35–70

Rautenberg, Hans-Jürgen, Zur Standortbestimmung für künftige deutsche Streitkräfte. In: Anfänge westdeutscher Sicherheitspolitik, Bd 1, S. 737–879

Ray, Roland, Annäherung an Frankreich im Dienste Hitlers? Otto Abetz und die deutsche Frankreichpolitik 1930–1942, München 2000

Reese, Willy Peter, Mir selber seltsam fremd. Die Unmenschlichkeit des Krieges. Russland 1941–1944. Hrsg. von Stefan Schmitz, 2. Aufl., Hamburg 2003

Reichel, Peter, Die Auseinandersetzung mit der NS-Diktatur von 1945 bis heute, München 2001

Reichel, Peter, Erfundene Erinnerung. Weltkrieg und Judenmord in Film und Theater, Wien 2004
Reichel, Peter, Politik mit der Erinnerung: Gedächtnisorte im Streit um die nationalsozialistische Vergangenheit, München 1995
Reichel, Peter, Vergangenheitsbewältigung als Problem unserer politischen Kultur. Einstellungen zum Dritten Reich und seine Folgen. In: Vergangenheitsbewältigung durch Strafverfahren?, S. 145–163
Reichel, Peter, Vergangenheitsbewältigung in Deutschland. Die Auseinandersetzung mit der NS-Diktatur von 1945 bis heute, München 2001
Reiß, Matthias, »Die Schwarzen waren unsere Freunde«. Deutsche Kriegsgefangene in der amerikanischen Gesellschaft 1942–1946, Paderborn 2001
Renner, Rolf Günter, Hirn und Herz. Stalingrad als Gegenstand ideologischer und literarischer Diskurse. In: Stalingrad. Ereignis – Wirkung – Symbol, S. 472–492
Restitution and Memory. Material Restoration in Europe. Ed. by Dan Diner and Gotthart Wunberg, Oxford 2007
Ricoeur, Paul, Geschichtsschreibung und Repräsentation der Vergangenheit, Münster 2002
Ricoeur, Paul, La mémoire, l'histoire, l'oubli, Paris 2000
Ricoeur, Paul, Das Rätsel der Vergangenheit. Erinnern – Vergessen – Verzeihen, Göttingen 1998
Robert, Ulla, Starke Frauen – ferne Väter. Töchter reflektieren ihre Kindheit im Nationalsozialismus und in der Nachkriegszeit, Frankfurt a.M. 1994
Robin, Ron, The Barbed-Wire College: Reeducating German POWs in the United States During World War II, Princeton, NJ 1995
Roeck, Bernd, Visual turn? Kulturgeschichte und die Bilder. In: GG, 29 (2003), S. 294–315
The Role of the United States in the Reconstruction of Italy and West Germany, 1943–1949. Ed. by Ekkehart Krippendorff, Berlin 1981 (= Materialien des John-F.-Kennedy-Instituts der FU Berlin, 16)
Rosenfeld, Gavriel D., Munich and Memory. Architecture, Monuments, and the Legacy of the Third Reich, Berkeley, CA 2000 (= Weimar and Now: German Cultural Criticism, 22)
Rosenthal, Gabriele, Vom Krieg erzählen, von den Verbrechen schweigen. In: Vernichtungskrieg. Verbrechen der Wehrmacht, S. 651–664
Rückerl, Adalbert, NS-Verbrechen vor Gericht. Versuch einer Vergangenheitsbewältigung, 2. Aufl., Heidelberg 1984
Rupieper, Hermann-Josef, Die amerikanische Demokratisierungspolitik in Westdeutschland 1945 bis 1952«. In: »Freundliche Feinde?« Die Alliierten und die Demokratiegründung in Deutschland«. Hrsg. von Heinrich Oberreuter und Jürgen Weber, München 1996
Rupieper, Hermann-Josef, Vom Umgang mit Geschichte: Das Militärgerichtsverfahren von Bordeaux und ›raison d'état‹ 1953. In: Nation und Europa. Studien zum internationalen Staatensystem im 19. und 20. Jahrhundert. Hrsg. von Peter Krüger und Gabriele B. Clemens, Stuttgart 2000, S. 221–236
Rupieper, Hermann-Josef, Die Wurzeln der westdeutschen Nachkriegsdemokratie. Der amerikanische Beitrag 1945–1952, Opladen 1993
Das Rußlandbild im Dritten Reich. Im Auftrag des MGFA hrsg. von Hans-Erich Volkmann, 2., unveränd. Aufl., Köln [u.a.] 1994

Sander-Nagashima, Johannes Berthold, Die Bundesmarine 1950 bis 1972. Konzeption und Aufbau. Mit Beitr. von Rudolf Arendt, Sigurd Hess, Hans Joachim Mann und Klaus-Jürgen Steindorff, München 2006 (= Sicherheitspolitik und Streitkräfte der Bundesrepublik Deutschland, 4)

Sandl, Marcus, Historizität der Erinnerung / Reflexivität des Historischen. Die Herausforderung durch die kulturwissenschaftliche Gedächtnisforschung. In: Erinnerung, Gedächtnis, Wissen. Studien zur kulturwissenschaftlichen Gedächtnisforschung. Hrsg. von Günter Oesterle, Göttingen 2005, S. 89–119

Sauer, Wolfgang, Die politische Geschichte der deutschen Armee und das Problem des Militarismus. In: Politische Vierteljahrsschrift, 6 (1965), S. 407–436

Schatten der Vergangenheit. Das BKA und seine Gründungsgeneration in der frühen Bundesrepublik. Hrsg. von Imanuel Baumann [u.a.], Köln 2011

Schenck zu Schweinsberg, Krafft Frhr., Die Soldatenverbände in der Bundesrepublik. In: Studien zur politischen und gesellschaftlichen Situation der Bundeswehr. Erste Folge. Hrsg. von Georg Picht, Witten, Berlin 1965, S. 96–177

Schiemann, Katherine, Der Geheimdienst beendet den Krieg. »Operation Sunrise« und die deutsche Kapitulation in Italien. In: Geheimdienstkrieg gegen Deutschland. Subversion, Propaganda und politische Planungen des amerikanischen Geheimdienstes im Zweiten Weltkrieg. Hrsg. von Jürgen Heideking und Christof Mauch, Göttingen 1993, S. 142–165

Schildt, Axel, Ankunft im Westen. Ein Essay zur Erfolgsgeschichte der Bundesrepublik, Frankfurt a.M. 1999

Schildt, Axel, Die Eltern auf der Anklagebank? Zur Thematisierung der NS-Vergangenheit im Generationenkonflikt der bundesrepublikanischen 1960er Jahre. In: Erinnerungskulturen, S. 317–332

Schildt, Axel, Moderne Zeiten. Freizeit, Massenmedien und »Zeitgeist« in der Bundesrepublik der 50er Jahre (= Hamburger Beiträge zur Sozial- und Zeitgeschichte, 31)

Schildt, Axel, Zwischen Abendland und Amerika. Studien zur westdeutschen Ideenlandschaft der fünfziger Jahre, München 1999

Schildt, Axel, und Arnold Sywottek, »Reconstruction« and »Modernization«. West German Social History during the 1950s, In: West Germany under Construction, S. 413–443

Schivelbusch, Wolfgang, Die Kultur der Niederlage. Der amerikanische Süden 1865, Frankreich 1871, Deutschland 1918, Berlin 2001

Schivelbusch, Wolfgang, Vor dem Vorhang. Das geistige Berlin 1945–1948, München 1995

Schlaffer, Rudolf J., Die Innere Führung. Wolf Graf von Baudissins Anspruch und Wahrnehmung der Wirklichkeit, In: Wolf Graf von Baudissin, S. 139–149

Schlaffer, Rudolf J., Der Wehrbeauftragte 1951 bis 1985. Aus Sorge um den Soldaten, München 2006 (= Sicherheitspolitik und Streitkräfte der Bundesrepublik Deutschland, 5)

Schlemmer, Thomas, Umbruch in der Provinz. Die Region Ingolstadt zwischen Neubeginn, Boom und Krise 1945–1975, München 2008 (= Quellen und Darstellungen zur Zeitgeschichte, 6)

Schmidbauer, Wolfgang, Ich wußte nicht, was mit Vater ist. Das Trauma des Krieges, Hamburg 1998

Schmidt, Ulf, Hitlers Arzt Karl Brandt. Medizin und Macht im Dritten Reich, Berlin 2009
Schmidt, Wolfgang, Die bildhafte Vermittlung des Staatsbürgers in Uniform in den Anfangsjahren der Bundeswehr. In: Wolf Graf von Baudissin, S. 165–188
Schmidt, Wolfgang, Integration und Wandel. Die Infrastruktur der Streitkräfte als Faktor sozioökonomischer Modernisierung in der Bundesrepublik 1955 bis 1975, München 2006 (= Sicherheitspolitik und Streitkräfte der Bundesrepublik Deutschland, 6)
Schmidt, Wolfgang, »Maler an der Front«. Zur Rolle der Kriegsmaler und Pressezeichner der Wehrmacht im Zweiten Weltkrieg. In: Die Wehrmacht. Mythos und Realität, S. 635–684
Schmidtchen, Gerhard, und Elisabeth Noelle-Neumann, Die Bedeutung repräsentativer Bevölkerungsumfragen für die offene Gesellschaft. In: Politische Vierteljahresschrift, 4 (1963), S. 168–195
Schnädelbach, Anna, Kriegerwitwen. Lebensbewältigung zwischen Arbeit und Familie in Westdeutschland nach 1945, Frankfurt a.M. 2009
Schöllgen, Gregor, Ulrich von Hassell 1881–1944. Ein Konservativer in der Opposition, München 1990
Scholten, Jens, Offiziere: Im Geiste unbesiegt. In: Hitlers Eliten nach 1945. Hrsg. von Norbert Frei in Zusammenarbeit mit Tobias Freimüller [u.a.], 3. Aufl., München 2007, S. 117–164
Schornstheimer, Michael, »Harmlose Idealisten und draufgängerische Soldaten«. Militär und Krieg in den Illustriertenromanen der fünfziger Jahre. In: Vernichtungskrieg. Verbrechen der Wehrmacht, S. 634–650
Schornstheimer, Michael, Die leuchtenden Augen der Frontsoldaten. Nationalismus und Krieg in den Illustriertenromanen der fünfziger Jahre, Berlin 1995
Schreiber, Gerhard, Deutsche Kriegsverbrechen in Italien. Täter, Opfer, Strafverfolgung, München 1996
Schreiber, Gerhard, Partisanenkrieg und Kriegsverbrechen der Wehrmacht in Italien 1943 bis 1945. In: Repression und Kriegsverbrechen. Die Bekämpfung von Widerstands- und Partisanenbewegungen gegen die deutsche Besatzung in West- und Südeuropa. Hrsg. von Guus Mershoek, Ahlrich Meyer und Jean Solchany, Berlin 1997, S. 93–129
Schröder, Hans Joachim, Die gestohlenen Jahre. Erzählgeschichten und Geschichtserzählungen im Interview. Der Zweite Weltkrieg aus der Sicht ehemaliger Mannschaftssoldaten, Tübingen 1992
Schröder, Hans Joachim, Die Vergegenwärtigung des Zweiten Weltkrieges in biographischen Interviewerzählungen. In: MGM, 49 (1991), S. 9–37
Schröder, Matthias, Deutschbaltische SS-Führer und Andrej Vlasov 1942–1945. »Rußland kann nur von Russen besiegt werden«. Erhard Kroeger, Friedrich Buchardt und die »Russische Befreiungsarmee«, Paderborn [u.a.] 2001
Schröm, Oliver, und Andrea Röpke, Stille Hilfe für braune Kameraden. Das geheime Netzwerk der Alt- und Neonazis. Ein Insider-Report, Berlin 2002
Schubert, Klaus von, Wiederbewaffnung und Westintegration. Die innere Auseinandersetzung um die militärische und außenpolitische Orientierung der Bundesrepublik 1950–1954, Stuttgart 1970
Schütz, Erhard, Von Lageropfern und Helden der Flucht. Kriegsgefangenschaft Deutscher – Popularisierungsmuster in der Bundesrepublik. In: Geschichte für Leser. Populäre

Geschichtsschreibung in Deutschland im 20. Jahrhundert. Hrsg. von Wolfgang Hardtwig und Erhard Schütz, Stuttgart 2005, S. 181–203

Schuld und Sühne? Kriegserlebnis und Kriegsdeutung. Hrsg. von Ursula Heukenkamp, Amsterdam 2001

Schulz, Winfried, Politische Kommunikation. Theoretische Ansätze und Ergebnisse empirischer Forschung, 2. vollst. überarb. und erw. Aufl., Wiesbaden 2008

Schuster, Martin, Presse. In: Deutschland unter alliierter Besatzung 1945–1949/55. Hrsg. von Wolfgang Benz, Berlin 1999, S. 158–161

Schwartz, Thomas Alan, America's Germany. John J. McCloy and the Federal Republic of Germany, Cambridge, MA 1991

Schwartz, Thomas Alan, Die Begnadigung deutscher Kriegsverbrecher. John J. McCloy und die Häftlinge in Landsberg, in: VfZ, 38 (1990), S. 375–414

Schwartz, Thomas Alan, John J. McCloy and the Landsberg Cases. In: American Policy and the Reconstruction of West Germany, 1945–1955. Ed. by Jeffry M. Diefendorf, Axel Froh and Hermann-Josef Rupieper, New York 1993, S. 442–449

Schwarz, Hans-Peter, Adenauers Kanzlerdemokratie und Regierungstechnik. In: APuZ, B 1–2/89, S. 15–27

Schwarz, Uta, Wochenschau, westdeutsche Identität und Geschlecht in den fünfziger Jahren, Frankfurt a.M. 2002 (= Geschichte und Geschlechter, 3)

Schweling, Otto Peter, Die deutsche Militärjustiz in der Zeit des Nationalsozialismus. Bearb., eingel. und hrsg. von Erich Schwinge, Marburg 1977

Schwelling, Birgit, Gedenken im Nachkrieg. Die »Friedland-Gedächtnisstätte«. In: Zeithistorische Forschungen / Studies in Contemporary History, Online-Ausgabe, 5 (2008), H. 2, URL: http://www. zeithistorische-forschungen.de/16126041-Schwelling-2-2008 (4.8.2010)

Schwelling, Birgit, Heimkehr – Erinnerung – Integration. Der Verband der Heimkehrer, die ehemaligen Kriegsgefangenen und die westdeutsche Nachkriegsgesellschaft, Paderborn [u.a.] 2010

Schwelling, Birgit, Wege in die Demokratie. Eine Studie zum Wandel und zur Kontinuität von Mentalitäten nach dem Übergang vom Nationalsozialismus zur Bundesrepublik, Opladen 2001 (= Forschung Politikwissenschaft, 119)

Schwendemann, Heinrich, »Deutsche Menschen vor der Vernichtung durch den Bolschewismus zu retten«. Das Programm der Regierung Dönitz und der Beginn einer Legendenbildung. In: Kriegsende 1945 in Deutschland, S. 9–33

Schwieriges Erbe: Der Umgang mit dem Nationalsozialismus und Antisemitismus in Österreich, der DDR und der Bundesrepublik Deutschland. Hrsg. von Werner Bergmann, Rainer Erb und Albert Lichtblau, Frankfurt a.M. 1995

Schwinge, Erich, Bilanz der Kriegsgeneration. Ein Beitrag zur Geschichte unserer Zeit, Marburg 1978

Schwinge, Erich, Verfälschung und Wahrheit. Das Bild der Wehrmachtgerichtsbarkeit, Tübingen 1988

Searle, Alaric, A very special relationship: Basil Liddell Hart, Wehrmacht Generals and the Debate on West German Rearmement, 1945–1953. In: War in History, 5 (1998), 3, S. 327–357

Searle, Alaric, Veterans' Associations and Political Radicalism in West Germany, 1951–54. A case study of the Traditionsgemeinschaft Großdeutschland. In: Canadian Journal of History, 34 (1999), S. 221–248

Searle, Alaric, Wehrmacht Generals, West German Society, and the Debate on Rearmement, 1949–1959, Westport, CT 2003

Sebald, W.G., Luftkrieg und Literatur. Mit einem Essay zu Alfred Andersch, München 1999

Segesser, Daniel Marc, Recht statt Rache oder Rache durch Recht? Die Ahndung von Kriegsverbrechen in der internationalen wissenschaftlichen Debatte 1872–1945, Paderborn [u.a.] 2010 (= Krieg in der Geschichte, 38)

Seitz, Hartmut, Lebendige Erinnerung. Die Konstitution und Vermittlung lebensgeschichtlicher Erfahrungen in autobiographischen Erzählungen, Bielefeld 2004

Selbstbilder und Fremdbilder. Repräsentationen sozialer Ordnungen im Wandel. Hrsg. von Jörg Baberowski, Hartmut Kaelble und Jürgen Schriewer, Frankfurt a.M. 2008 (= Eigene und fremde Welten. Repräsentationen sozialer Ordnung im Vergleich, 1)

Shandley, Robert, R., Rubble Films. German Cinema in the Shadow of the Third Reich, Philadelphia, PA 2001

Shattered Past. Ed. by Konrad H. Jarausch and Michael Geyer, Princeton, NJ 2003

Sheehan, James, Where have all the Soldiers Gone? The Transformation of Modern Europe, Boston 2008 (dt.: Kontinent der Gewalt. Europas langer Weg zum Frieden, München 2008)

Sie waren dabei. Mitläuferinnen, Nutznießerinnen, Täterinnen im Nationalsozialismus. Hrsg. von Marita Krauss, Göttingen 2008 (= Dachauer Symposien zur Zeitgeschichte, 8)

Siegfried, Detlef, Zwischen Aufarbeitung und Schlußstrich. Der Umgang mit der NS-Vergangenheit in den beiden deutschen Staaten 1958–1969. In: Dynamische Zeiten. Die 60er Jahre in den beiden deutschen Gesellschaften. Hrsg. von Axel Schildt, Detlef Siegfried und Karl Christian Lammers, Hamburg 2000, S. 77–113

Sigel, Robert, Im Interesse der Gerechtigkeit. Die Dachauer Kriegsverbrecherprozesse 1945–1948, Frankfurt a.M. [u.a.] 1992

Simms, Brendan, Karl Wolff – Der Schlichter. In: Die SS: Elite unter dem Totenkopf, 30 Lebensläufe. Hrsg. von Ronald Smelser, Enrico Syring, Paderborn [u.a.] 20013 S. 441–456

Smith, Arthur L., Heimkehr aus dem Zweiten Weltkrieg. Die Entlassung der deutschen Kriegsgefangenen. Aus dem Amerik. übertr. von Rainer Michael Gottlob, Stuttgart 1985 (= Schriftenreihe der VfZ, 51)

Snyder Hook, Elizabeth, Awakening from War: History, Trauma and Testimony in Heinrich Böll. In: The Work of Memory: New Directions for the Study of German Society and Culture. Ed. by Alon Confino and Peter Fritzsche, Urbana, IL 2002, S. 136–156

Solchany, Jean, Comprendre le nazisme dans l'Allemagne des années zéro (1945–1949), Paris 1997

Soldat im Volk. Eine Chronik des Verbandes Deutscher Soldaten (VdS), Wiesbaden 1989

Speidel, Hans, Aus unserer Zeit. Erinnerungen, Berlin 1977

Spionage, Ideologie, Mythos – Der Fall Richard Sorge. Hrsg. von Heiner Timmermann, Sergej A. Kondraschow und Hisaya Shirai, Münster 2005

Sprecher, Drexel A., Inside the Nuremberg Trial: A Prosecutor's Comprehensive Account, Lanham 1998
Stalingrad. Ereignis – Wirkung – Symbol. Im Auftrag des MGFA hrsg. von Jürgen Förster, München 1992 (= Serie Piper, 1618)
Stalingrad. Mythos und Wirklichkeit einer Schlacht. Hrsg. von Wolfram Wette und Gerd. R. Ueberschär, Frankfurt a.M. 1992
Stalins Willkürjustiz gegen die deutschen Kriegsgefangenen. Hrsg. von Günther Wagenlehner, Bonn 1993
Stauffenberg: Der 20. Juli 1944, Frankfurt a.M. 2004, auch u.d.T.: Stauffenberg und das Attentat vom 20. Juli 1944: Darstellung, Biographien, Dokumente. Hrsg. von Gerd R. Ueberschär, Frankfurt a.M. 2004
Steinbach, Peter, Die sozialgeschichtliche Dimension der Kriegsheimkehr. In: Heimkehr 1948, S. 325–340
Steinbach, Peter, Widerstand im Widerstreit. Der Widerstand gegen den Nationalsozialismus in der Erinnerung der Deutschen, Paderborn 1994 (2., wesentl. erw. Aufl. 2001)
Steinbach, Peter, Zur Auseinandersetzung mit nationalsozialistischen Gewaltverbrechen in der Bundesrepublik Deutschland. Ein Beitrag zur deutschen politischen Kultur nach 1945. In: GWU, 35 (1984), S. 65–85
Steinert, Marlis G., Hitlers Krieg und die Deutschen. Stimmung und Haltung der deutschen Bevölkerung im Zweiten Weltkrieg, Düsseldorf, Wien 1970
Steininger, Rolf, Deutsche Geschichte. Darstellung und Dokumente in vier Bänden, Bd 2: 1948–1955, Neuausg., Frankfurt a.M. 2002
Steininger, Rolf, Der vergessene Krieg. Korea 1950–1953, München 2006
Steininger, Rolf, Wiederbewaffnung. Die Entscheidung für einen westdeutschen Verteidigungsbeitrag: Adenauer und die Westmächte 1950, Erlangen, Bonn, Wien 1989
Steinkamp, Peter, Generalfeldmarschall Ferdinand Schörner. In: Hitlers militärische Elite, Bd 2, S. 236–244
Stephan, Karsten, Erinnerungen an den Zweiten Weltkrieg. Zum Zusammenhang von kollektiver Identität und kollektiver Erfahrung, Baden-Baden 2006
Stern, Frank, The Historic Triangle: Occupiers, Germans, and Jews in Postwar Germany. In: West Germany Under Construction, S. 231–249
Stöver, Bernd, Die Bundesrepublik Deutschland, Darmstadt 2002
Stosch, Stefan, Die Adenauer-Legion. Geheimauftrag Wiederbewaffnung, Konstanz 1994
Strachan, Hew, Die Vorstellungen der Anglo-Amerikaner von der Wehrmacht. In: Die Wehrmacht. Mythos und Realität, S. 92–104
Strategien der Visualisierung. Verbildlichung als Mittel politischer Kommunikation. Hrsg. von Herfried Münkler und Jens Hacke, Frankfurt a.M. 2009 (= Eigene und fremde Welten. Repräsentationen sozialer Ordnungen im Vergleich, 14)
Straub, Jürgen, Personale und kollektive Identität. Zur Analyse eines theoretischen Begriffs. In: Identitäten, S. 73–104
Strauß, Franz Josef, Die Erinnerungen, Berlin 1989
Streit, Christian, Keine Kameraden. Die Wehrmacht und die sowjetischen Kriegsgefangenen, 1941–1945, 3. Aufl., Bonn 1997

Stunde 1 oder die Erfindung von Ost und West. Hrsg. von Tilo Köhler und Rainer Nitsche, Berlin 1995

Die Stunde Null. Erinnerungen an Kriegsende und Neunanfang. Hrsg. von Gustav Trampe, Stuttgart 1995

Sywottek, Arnold, Die Opposition der SPD und KPD gegen die deutsche Wiederaufrüstung in der Tradition sozialdemokratischer und kommunistischer Friedenspolitik seit dem Ersten Weltkrieg. In: Frieden, Gewalt, Sozialismus. Hrsg. von Wolfgang Huber und Johannes Schwerdtfeger, Stuttgart 1976, S. 496–610

Tauber, Kurt Philipp, Beyond Eagle and Swastika. German Nationalism Since 1945, 2 vols, Middletown, CT 1967

Taylor, Frederick, Zwischen Krieg und Frieden. Die Besetzung und Entnazifizierung Deutschlands 1944–1946, Berlin 2011

Taylor, Telford, Die Nürnberger Prozesse. Hintergründe, Analysen und Erkenntnisse aus heutiger Sicht, 2. Aufl., München 1996

Tent, James F., Mission on the Rhine. Reeducation and Denazification in American-Occupied Germany, Chicago, IL 1982

Theologische Realenzyklopädie. Hrsg. von Gerhard Müller, Horst Balz und Gerhard Krause, 36 Bde, Berlin 1976–2004

Theorien öffentlicher Kommunikation. Problemfelder, Positionen, Perspektiven. Hrsg. von Günter Bentele und Manfred Rühl, München 1993 (= Schriftenreihe der Deutschen Gesellschaft für Publizistik und Kommunikationswissenschaft, 19)

Thoß, Bruno, Der Beitritt der Bundesrepublik zur WEU und NATO im Spannungsfeld von Blockbildung und Entspannung (1954–1956). In: Anfänge westdeutscher Sicherheitspolitik, Bd 3, S. 1–234

Tormin, Walter, Der schwere Weg zur Demokratie. Politischer Neuaufbau in Hamburg 1945/46, Hamburg 1995

Trittel, Gunter J., Hunger und Politik. Die Ernährungskrise in der Bizone (1945–1949), Frankfurt a.M. 1990

Trottenberg, Wilhelm, Bundeswehr und Gewerkschaften (1945–1966). Ende einer hundertjährigen Feindschaft, Münster, Hamburg 1995 (= Bonner Beiträge zur Politikwissenschaft, 5)

Tschirbs, Rudolf, Der 20. Juli in der deutschen Film- und Fernsehproduktion. In: Der 20. Juli 1944 und das Erbe des deutschen Widerstandes. Hrsg. von Günther Brakelmann und Manfred Keller, Münster 2005, S. 210–238

Tschopp, Silvia Serena, und Wolfgang J. Weber, Grundfragen der Kulturgeschichte, Darmstadt 2007

Umkämpfte Vergangenheit. Geschichtsbilder, Erinnerung und Vergangenheitspolitik im internationalen Vergleich. Hrsg. von Norbert Frei, Petra Bock und Edgar Wolfrum, Göttingen 1999

Die unvollendete Vergangenheit. Geschichte und die Macht der Weltauslegung. Hrsg. von Roger Chartier. Aus dem Franz. von Ulrich Raulff, Frankfurt a.M. 1992

Vaillant, Jérôme, Frankreichs Beitrag zur Demokratisierung Deutschlands nach dem Zweiten Weltkrieg. In: Freundliche Feinde? Die Alliierten und die Demokratiegründung in Deutschland. Hrsg. von Heinrich Oberreuter und Jürgen Weber, München 1996

Vees-Gulani, Susanne, Trauma and Guilt. Literature of Wartime Bombing in Germany, Berlin 2003
Veltzke, Veit, Kunst und Propaganda in der Wehrmacht. Gemälde und Grafiken aus dem Russlandkrieg. Katalog zur Ausstellung im Preußen-Museum Nordrhein-Westfalen, Minden und Wesel, Bielefeld 2005
Verbrechen der Wehrmacht. Bilanz einer Debatte. Hrsg. von Christian Hartmann, Johannes Hürter und Ulrike Jureit, München 2005
Verbrechen der Wehrmacht. Dimensionen des Vernichtungskrieges 1941–1944. Ausstellungskatalog. Hrsg. vom Hamburger Institut für Sozialforschung. Konzeption: Jan Philipp Reemtsma, Gesamtredaktion: Ulrike Jureit, 2., durchges. und erg. Aufl., Hamburg 2002
Vergangenheitsbewältigung durch Strafverfahren? NS-Prozesse in der Bundesrepublik Deutschland. Hrsg. von Jürgen Weber und Peter Steinbach, München 1984
Verletzungen. Lebensgeschichtliche Verarbeitung von Kriegserfahrungen. Hrsg. von Ulrike Jureit und Beate Meyer, Hamburg 1994
Verletztes Gedächtnis. Erinnerungskultur und Zeitgeschichte im Konflikt. Hrsg. von Konrad H. Jarausch und Martin Sabrow, Frankfurt a.M. 2002
Vernichtungskrieg. Verbrechen der Wehrmacht 1941–1944. Ausstellungskatalog. Hrsg. von Hannes Heer und Klaus Naumann, Hamburg 1996, 3. Aufl., Frankfurt a.M. 1997
Verwandlungspolitik: NS-Eliten in der westdeutschen Nachkriegsgesellschaft. Hrsg. von Wilfried Loth und Bernd-A. Rusinek, Frankfurt a.M., New York 1998
Vierneisel, Beatrice, Die Volksbefragung 1951. In: Deutschland-Archiv, 40 (2007), 3, S. 436–444
Visual History. Ein Studienbuch. Hrsg. von Gerhard Paul, Göttingen 2006
Vogel, Johanna, Kirche und Wiederbewaffnung. Die Haltung der Evangelischen Kirche in Deutschland und die Auseinandersetzung um die Wiederbewaffnung der Bundesrepublik 1945–1956, Göttingen 1978 (= Arbeiten zur kirchlichen Zeitgeschichte, Reihe B: Darstellungen, 4)
Vogt, Martin, Theodor Heuss, Soldatentum in unserer Zeit. Rede vom 12.3.1959. In: Theodor Heuss. Politiker und Publizist, S. 488–499
Volkmann, Hans-Erich, Die innenpolitische Dimension Adenauerscher Sicherheitspolitik in der EVG-Phase. In: Anfänge westdeutscher Sicherheitspolitik, Bd 2, S. 235–604
Volkmann, Hans-Erich, Zur innenpolitischen Diskussion um einen westdeutschen Verteidigungsbeitrag am Beispiel der Gewerkschaften, 1947–1956. In: Entmilitarisierung und Aufrüstung in Mitteleuropa 1945–1956. Hrsg. vom MGFA, Bonn 1983, S. 144–163
Volkmann, Hans-Erich: Deutsche Historiker im Umgang mit Drittem Reich und Zweitem Weltkrieg 1939–1949. In: Ende des Dritten Reiches – Ende des Zweiten Weltkrieges, S. 861–911
Volksarmee schaffen – ohne Geschrei! Studien zu den Anfängen einer ›verdeckten Aufrüstung‹ in der SBZ/DDR 1947 bis 1952. Im Auftrag des MGFA hrsg. von Bruno Thoß, München 1994 (= Beiträge zur Militärgeschichte, 51)
Vom Marshallplan zur EWG. Die Eingliederung der Bundesrepublik Deutschland in die westliche Welt. Hrsg. von Ludolf Herbst, Werner Bührer und Hanno Sowade, München 1990(= Quellen und Darstellungen zur Zeitgeschichte, 30)

Vom Sinn der Feindschaft. Hrsg. von Christian Geulen, Anne von der Heiden und Burkhard Liebsch, Berlin 2002

Vom Vergessen, vom Gedenken. Erinnerungen und Erwartungen in Europa zum 8. Mai 1945. Hrsg. von Brigitte Sauzay [u.a.], Göttingen 1995

Von Böll bis Buchheim. Deutsche Kriegsprosa nach 1945. Hrsg. von Hans Wagner, Amsterdam, Atlanta, GA 1997 (= Amsterdamer Beiträge zur neueren Germanistik, 42)

Von der Kriegskultur zur Friedenskultur? Zum Mentalitätswandel in Deutschland seit 1945. Hrsg. von Thomas Kühne, Münster 2000

Von Stalingrad zur Währungsreform. Zur Sozialgeschichte des Umbruchs in Deutschland. Hrsg. von Martin Broszat, Klaus-Dietmar Henke und Hans Woller, München 1988 (= Quellen und Darstellungen zur Zeitgeschichte, 26)

Wagener, Hans, Soldaten zwischen Gehorsam und Gewissen. Kriegsromane und Kriegstagebücher. In: Gegenwartsliteratur und Drittes Reich. Deutsche Autoren in der Auseinandersetzung mit der Vergangenheit, Stuttgart 1977, S. 241–264

Wagner, Dietrich, FDP und Wiederbewaffnung. Die wehrpolitische Orientierung der Liberalen in der Bundesrepublik Deutschland 1949–1955, Boppard a.Rh. 1978 (= Militärgeschichte seit 1945, 5)

Walker, Horst O., Das Presse- und Informationsamt der Bundesregierung. Eine Untersuchung zu Fragen der Organisation, Koordination und Kontrolle der Presse- und Öffentlichkeitsarbeit der Bundesregierung, Frankfurt a.M. 1982

Wandlungsprozesse in Westdeutschland. Belastung, Integration, Liberalisierung 1945–1980. Hrsg. von Ulrich Herbert, Göttingen 2002 (= Moderne Zeiten, 1)

War and Memory in the Twentieth Century. Ed. by Martin Evans and Ken Lunn, Oxford und New York 1997

Warner, Michael, OSS: America's First Central Intelligence Agency, Washington, DC 2000

Warth, Julia, Verräter oder Widerstandskämpfer? Wehrmachtgeneral Walther von Seydlitz-Kurzbach, München 2006

Was heißt Kulturgeschichte des Politischen? Hrsg. von Barbara Stolberg-Rilinger, Berlin 2005 (= Zeitschrift für Historische Forschung, Beiheft 35)

Was ist Militärgeschichte? In Verb. mit dem Arbeitskreis Militärgeschichte e.V. hrsg. von Thomas Kühne und Benjamin Ziemann, Paderborn [u.a.] 2000 (= Krieg in der Geschichte, 6)

Wedekind, Michael, Nationalsozialistische Besatzungs- und Annexionspolitik in Norditalien 1943 bis 1945. Die Operationszonen »Alpenvorland« und »Adriatisches Küstenland«, München 2003 (= Militärgeschichtliche Studien, 38)

Wege in die neue Bundesrepublik. Politische Mythen und kollektive Selbstbilder nach 1989. Hrsg. von Jens Hacke und Herfried Münkler, Frankfurt a.M. 2009 (= Eigene und fremde Welten, 13)

Wegner, Bernd, Erschriebene Siege. Franz Halder, die »Historical Division« und die Rekonstruktion des Zweiten Weltkrieges im Geiste des Generalstabs. In: Politischer Wandel, organisierte Gewalt und nationale Sicherheit, S. 287–302

Wehler, Hans-Ulrich, Deutsche Gesellschaftsgeschichte, Bd 5: Bundesrepublik und DDR 1949–1990, München 2008

Wehler, Hans-Ulrich, Nur ein »Mythos« des Neuanfangs? Die Generation ’45. In: Kultur im Konflikt. Claus Leggewie revisited. Hrsg. von Christoph Bieber, Benjamin Drechsel und Anne-Katrin Lang, Bielefeld 2010, S. 284–287

Wehler, Hans-Ulrich, Vom Tätervolk zum Opfervolk? Der Diskurs über die deutsche Zeitgeschichte und die Rhetorik der Viktimisierung. In: Land ohne Unterschichten? Neue Essays zur deutschen Geschichte. Hrsg. von Hans-Ulrich Wehler, München 2010, S. 18–24

Die Wehrmacht. Mythos und Realität. Im Auftrag des MGFA hrsg. von Rolf-Dieter Müller und Hans-Erich Volkmann, München 1999

Die Wehrmachtausstellung. Dokumentation einer Kontroverse. Hrsg. von Hans-Günther Thiele, Bonn 1997

Weidauer, Friedemann, Sollen wir ihn reinlassen? Wolfgang Borcherts »Draußen vor der Tür« in neuen Kontexten. In: German Life and Letters, 59 (2006), 1, S. 122–139

Weihnachten 1945. Ein Buch der Erinnerungen. Hrsg. von Claus Hinrich Casdorff, Frankfurt a.M. 1989

Weinke, Annette, Eine Gesellschaft ermittelt gegen sich selbst. Die Geschichte der Zentralen Stelle Ludwigsburg 1958–2008, 2., um ein Vorw. erw. Aufl., Darmstadt 2009

Weitz, Eric D., Creating German Communism, 1890–1990. From Popular Protest to Socialist State, Princeton, NJ 1997

Wengst, Udo, Geschichtswissenschaft und ›Vergangenheitsbewältigung‹ in Deutschland nach 1945 und nach 1989/90. In: GWU, 46 (1995), S. 189–205

Wengst, Udo, Thomas Dehler 1897–1967. Eine politische Biographie, München 1997

Wenzke, Rüdiger, Das unliebsame Erbe der Wehrmacht und der Aufbau der DDR-Volksarmee. In: Die Wehrmacht. Mythos und Realität, S. 1113–1138

Wenzke, Rüdiger, Zur Sicht der NVA auf die »Innere Führung« der Bundeswehr. In: Wolf Graf von Baudissin, S. 189–202

Wenzke, Rüdiger, und Irmgard Zündorf, »Ein Eiserner Vorhang ist niedergegangen.« Militärgeschichte im Kalten Krieg 1945–1968/70. In: Grundkurs deutsche Militärgeschichte, Bd 3: Die Zeit nach 1945. Armeen im Wandel. Im Auftrag des MGFA hrsg. von Karl-Volker Neugebauer, München 2008, S. 1–149

Westdeutschland 1945–1955. Unterwerfung, Kontrolle, Integration. Hrsg. von Ludolf Herbst, München 1986

Westemeier, Jens, Joachim Peiper (1915–1976). Zwischen Totenkopf und Ritterkreuz. Lebensweg eines SS-Führers, 2. Aufl., Bissendorf 2006

West Germany under Construction. Politics, Society, and Culture in the Adenauer Era. Ed. by Robert G. Moeller, Ann Arbor, MI 1997

Westphal, Siegfried, Der deutsche Generalstab auf der Anklagebank. Nürnberg 1945–1948, Mainz 1978

Wette, Wolfram, Das Bild der Wehrmacht-Elite nach 1945. In: Hitlers militärische Elite, Bd 2, S. 293–308

Wette, Wolfram, Die Bundeswehr im Banne des Vorbildes Wehrmacht. In: Mythos Wehrmacht, S. 17–115

Wette, Wolfram, Deserteure der Wehrmacht rehabilitiert. Ein exemplarischer Meinungswandel in Deutschland (1980–2002). In: Zeitschrift für Geschichtswissenschaft, 52 (2004), S. 505–527

Wette, Wolfram, Die deutsche militärische Führungsschicht in den Nachkriegszeiten. In: Lernen aus dem Krieg?, S. 39–66

Wette, Wolfram, Feldwebel Anton Schmid. Ein Held der Humanität, Frankfurt a.M. 2013

Wette, Wolfram, Gustav Noske. Eine politische Biographie, Düsseldorf 1987

Wette, Wolfram, Militarismus in Deutschland. Geschichte einer kriegerischen Kultur, Darmstadt 2008

Wette, Wolfram, Das Rußlandbild in der NS-Propaganda: Ein Problemaufriß. In: Das Rußlandbild im Dritten Reich. Hrsg. von Hans-Erich Volkmann, Köln 1994, S. 55–78

Wette, Wolfram, Soldaten hinter Stacheldraht. Zur Lage der deutschen militärischen Führungsschicht nach der Kapitulation vom 8. Mai 1945. In: Wolfram Wette, Militarismus und Pazifismus – Auseinandersetzungen mit den deutschen Kriegen, Bremen 1991, S. 209–258

Wette, Wolfram, Die Wehrmacht. Feindbilder, Vernichtungskrieg, Legenden, Frankfurt a.M. 2002

Wettig, Gerhard, Entmilitarisierung und Wiederbewaffnung in Deutschland 1943–1955. Internationale Auseinandersetzungen um die Rolle der Deutschen in Europa, München 1967 (= Schriften des Forschungsinstituts der deutschen Gesellschaft für Auswärtige Politik e.V., 25)

Wiegand, Reinhold, Kriegsfolgengesetzgebung in der Bundesrepublik Deutschland. In: AfS, 35 (1995), S. 77–90

Wieland, Lothar, Bundesministerium für Vertriebene, Flüchtlinge und Kriegsgeschädigte, Frankfurt a.M. 1968

Wienand, Christiane, Den Übergang vom Krieg in die Nachkriegszeit erzählen. Transformationserzählungen und Identitätskonstruktionen heimgekehrter Kriegsgefangener nach 1945. In: Kriegsenden, Nachkriegsordnungen und Folgekonflikte, S. 161–178

Wiggershaus, Norbert, Die Bedeutung und Nachwirkung des militärischen Widerstandes in der Bundesrepublik Deutschland und in der Bundeswehr. In: Aufstand des Gewissens, S. 501–528

Wiggershaus, Norbert, »Deutschland 1950 – ein ›zweites Korea‹? Bedrohungsvorstellungen Bundeskanzler Adenauers nach Ausbruch des Korea-Krieges«, Freiburg i.Br. 1979

Wiggershaus, Norbert, Die Entscheidung für einen westdeutschen Verteidigungsbeitrag 1950. In: Anfänge westdeutscher Sicherheitspolitik, Bd 1, S. 325–402

Wildt, Michael, Am Beginn der »Konsumgesellschaft«. Mangelerfahrung, Lebenshaltung, Wohlstandshoffnung in Westdeutschland in den fünfziger Jahren, Hamburg 1994 (= Forum Zeitgeschichte, 3), Neuausg. u.d.T.: Vom kleinen Wohlstand. Eine Konsumgeschichte der fünfziger Jahre, 1996

Wildt, Michael, Generation des Unbedingten. Das Führungskorps des Reichssicherheitshauptamtes, Hamburg 2002

Wilke, Karsten, Geistige Regeneration der Schutzstaffel in der frühen Bundesrepublik? Die »Hilfsgemeinschaft auf Gegenseitigkeit der Angehörigen der ehemaligen Waffen-SS« (HIAG). In: Die SS, Himmler und die Wewelsburg, S. 433–448

Wilke, Karsten, Die »Hilfsgemeinschaft auf Gegenseitigkeit« (HIAG) 1950–1990. Veteranen der Waffen-SS in der Bundesrepublik, Paderborn [u.a.] 2011

Winkle, Ralph, Der Dank des Vaterlandes. Eine Symbolgeschichte des Eisernen Kreuzes 1914 bis 1936, Essen 2007

Winterhagen, Friedrich, »Günther Gereke« – der erste Innenminister Niedersachsens, ein Wanderer zwischen den politischen Welten. In: Juristische Zeitgeschichte. Jahrbuch, 1 (2000), S. 356–368

»Wir kriegen jetzt andere Zeiten«. Auf der Suche nach den Erfahrungen des Volkes in nachfaschistischen Ländern. Hrsg. von Lutz Niethammer und Alexander von Plato, Berlin, Bonn 1985 (= Lebensgeschichte und Sozialkultur im Ruhrgebiet 1930 bis 1960, 3)

Die wirren Jahre. Deutschland 1945–1948. Hrsg. von Jürgen Engert, Berlin 1996

Wörterbuch der »Vergangenheitsbewältigung«. Die NS-Vergangenheit im öffentlichen Sprachgebrauch. Hrsg. von Thorsten Eitz, und Georg Stötzel, Hildesheim 2007

Wolf Graf von Baudissin 1907–1993. Modernisierer zwischen totalitärer Herrschaft und freiheitlicher Ordnung. Im Auftrag des MGFA hrsg. von Rudolf J. Schlaffer und Wolfgang Schmidt, München 2007

Wolfrum, Edgar, Die Bundesrepublik Deutschland 1949–1990, Stuttgart 2005

Wolfrum, Edgar, Die geglückte Demokratie. Geschichte der Bundesrepublik Deutschland von ihren Anfängen bis zur Gegenwart, Stuttgart 2006

Wolfrum, Edgar, Geschichte als Waffe. Vom Kaiserreich zur Wiedervereinigung, 2. Aufl., Göttingen 2002

Wolfrum, Edgar, Geschichtspolitik in der Bundesrepublik Deutschland. Der Weg zur bundesrepublikanischen Erinnerung, 1948–1990, Darmstadt 1999

Wolfrum, Edgar, Zwischen Geschichtsschreibung und Geschichtspolitik. Forschungen zu Flucht und Vertreibung nach dem Zweiten Weltkrieg. In: AfS, 36 (1996), S. 500–522

Wolmar, Wolfgang von, Als Verteidiger in Nürnberg : Otto Kranzbühler und der Nürnberger Prozess, Hamburg 1982

Wood, James A., Captive Historians, Captivated Audience: The German Military History Program, 1945–1961. In: Journal of Military History, 69 (2005), 1, S. 123–147

Wrochem, Oliver von, Erich von Manstein. Vernichtungskrieg und Geschichtspolitik, Paderborn [u.a.] 2006

Wulfhorst, Traugott, Der »Dank des Vaterlandes.« Sozialpolitik und -verwaltung zur Integration ehemaliger Wehrmachtsoldaten und ihrer Hinterbliebenen. In: Die Wehrmacht. Mythos und Realität, S. 1037–1057

Die Wurzeln der westdeutschen Nachkriegsdemokratie. Der amerikanische Beitrag 1945–1952. Hrsg. von Hermann-Josef Rupieper, Opladen 1993

Wurzer, Georg, Die Kriegsgefangenen der Mittelmächte in Russland im Ersten Weltkrieg, Göttingen 2005

Young, James E., The Texture of Memory. Holocaust Memorials and Meaning, New Haven, CT 1993

Zagovec, Rafael A., Gespräche mit der »Volksgemeinschaft«. Die deutsche Kriegsgesellschaft im Spiegel westalliierter Frontverhöre. In: Das Deutsche Reich und der Zweite Weltkrieg, Bd 9/2, S. 289–381

Zeit-Punkte: Gehorsam bis zum Mord? Der verschwiegene Krieg der deutschen Wehrmacht. Fakten, Analysen, Debatte, Hamburg 1995 (= Die Zeit, Themenheft 3)

Zelizer, Barbie, Remembering to Forget: Holocaust Memory through the Camera's Eye, Chicago, IL 1998

Die Zerstörung Dresdens 13. bis 15. Februar 1945. Gutachten und Ergebnisse der Dresdner Historikerkommission zur Ermittlung der Opferzahlen. Hrsg. von Rolf-Dieter Müller, Nicole Schönherr und Thomas Widera, Göttingen 2010

Zierenberg, Malte, Von Schiebern und Schwarzen Märkten. Zur Geschichte des Berliner Schwarzhandels im Übergang vom Zweiten Weltkrieg zur Nachkriegszeit, Göttingen 2008

Zimmermann, John, Das Bild der Generäle – Das Kriegsende 1945 im Spiegel der Memoirenliteratur. In: Der Krieg im Bild – Bilder vom Krieg. Hamburger Beiträge zur Historischen Bildforschung. Hrsg. vom Arbeitskreis Historische Bildforschung, Frankfurt a.M. 2003, S. 187–211

Zimmermann, John, Pflicht zum Untergang die deutsche Kriegführung im Westen des Reiches 1944/45, Paderborn [u.a.] 2009 (= Zeitalter der Weltkriege, 4)

Zimmermann, John, Ulrich de Maizière. General der Bonner Republik. 1912–2006, München 2012

Zivilgesellschaft als Geschichte. Studien zum 19. und 20. Jahrhundert. Hrsg. von Ralph Jessen, Sven Reichardt und Ansgar Klein, Opladen 2004 (= Bürgergesellschaft und Demokratie, 13)

Der 20. Juli 1944: Bewertung und Rezeption des deutschen Widerstandes gegen das NS-Regime. Hrsg. von Gerd R. Ueberschär, Köln 1994; Neuaufl. u.d.T.: Der 20. Juli. Das »andere Deutschland« in der Vergangenheitspolitik nach 1945, Berlin 1998

Der Zweite Weltkrieg in Europa. Erfahrung und Erinnerung. Hrsg. von Jörg Echternkamp und Stefan Martens, Paderborn 2007 (engl.: Experience and Memory. The Second World War in Europe. Ed. by Jörg Echternkamp and Stefan Martens, Oxford 2010)

Der Zweite Weltkrieg in erzählenden Texten zwischen 1945 und 1965. Hrsg. von Jürgen Egyptien, München 2007 (= Jahrbuch für die Literatur der fünfziger Jahre, 3)

Zur Geschichte der deutschen Kriegsgefangenen des Zweiten Weltkrieges, 20 Bde, Bielefeld 1972–1974

Zwischen Kaltem Krieg und Entspannung. Sicherheits- und Deutschlandpolitik der Bundesrepublik im Mächtesystem der Jahre 1953–1956. Im Auftrag des MGFA hrsg. von Bruno Thoß und Hans-Erich Volkmann, Boppard a.Rh. 1988

Personenregister

Ortsregister

Sachregister